图书在版编目（C I P）数据

尚义县志：1989—2010 / 尚义县地方志编纂委员会编. -- 北京 ：方志出版社，2020.12
ISBN 978-7-5144-4687-6

Ⅰ. ①尚… Ⅱ. ①尚… Ⅲ. ①尚义县—地方志—1989—2010 Ⅳ. ①K292.24

中国版本图书馆 CIP 数据核字（2020）第 266349 号

尚义县志（1989—2010）

编　　者：尚义县地方志编纂委员会
责任编辑：王海荣
出 版 者：方志出版社
地址　北京市朝阳区潘家园东里9号（国家方志馆4层）
邮编　100021
网址　http://www.zgfzcb.cn
发　　行：方志出版社图书经销中心
电话（010）67110500
经　　销：各地新华书店
印　　刷：山东黄氏印务有限公司
开　　本：889×1194　　1/16
印　　张：61.15
字　　数：1434千字
版　　次：2020年12月第1版　　2020年12月第1次印刷
印　　数：0001～2000册
ISBN 978-7-5144-4687-6　　定价：680.00元

尚义县地方志编纂委员会

名誉主任　王占理

主　　任　徐进海

常务副主任　常秀平

副 主 任　黄义海　刘晓文　郝超文

委　　员　郝月飞　付利军　张高才　高海成　李志栋　邓　平　袁鹏飞　樊力成　通晓宇
张凤其　赵树成　杨东琛　韩桂峰　王振宇　张治龙　秦粉林　温进玉　史维贵

《尚义县志（1989—2010）》编辑部

主　　编　邓　平

副 主 编　秦粉林　段　友

编　　辑　王轶智　程凯斌　张　栋　高海雄　张　佑　罗　俊　马　进　常亚军　刘海新
武淑芳

工作人员　王利红

图片提供者　胡喜魁　张相发　石尚德　杨晓杰　邓　秀　邓　平　李登峰　秦学文　郝再富
张智海　王万贤　白瑞祥

《尚义县志（1989—2010）》县级评审委员会

主　　任　常秀平

副 主 任　付利军

成　　员　靳振高　郝超文　张佃永　石尚德　樊佃武　刘海新　刘惠深　邢万柱　袁天玺
武淑芳　李树峰　王振胜　王万贤　王丙祥　罗　俊　杨剑毅

《尚义县志（1989—2010）》省市级评审组成员

王　君　要公磊　朱会林　任丽英　赵俊丽　刘建洲　李淑萍　张积涛　郑小明　张　超

《尚义县志（1989—2010）》终审人员

杨洪进　赵俊丽　郑小明　阴记东　朱会林　缴世忠　马铁松　李　靖

序

乱世筑城，盛世修志，历史上志书修撰悉于承平之时。方今国运昌盛，民族复兴，修志正逢其时，存史资政，递述一邑行进之辙迹，善莫大焉。尚义县建制较晚，经历政权更迭，舆图换稿。二十世纪三十年代有《尚义县志》《张北县志》所记载事情均非今尚义县之全域。且旧志多记述户籍、风土、物产、习俗等，落墨寥寥，传达给后世信息无多。八十年代，尚义县成立县志办公室，组织人员编写新中国第一部县志，历经10余载，于2000年出版问世。《尚义县志》上追人迹初涉境域之时，下讫1988年，将悠长的历史纵深凝缩于一册，客观真实记录了尚义大地上的人事沧桑巨变，特别是中国共产党执政以来，尚义人民励精图治，在社会主义建设各个时期所取得的辉煌成就，激励之音犹铿铿在耳。出版以来，成为县内外人士全面了解尚义之津梁，发挥着方志应有的作用。然逝水悠悠，距《尚义县志》记载所止年限匆匆又逾三十余年，其间，改革开放给尚义带来前所未有的社会巨变，昔日塞外小县已荒寒不再，一个拥有绿色生态、城乡焕彩，人民生活富足的尚义已经阔步进入新时代。这是全县人民新一轮奋斗的硕果，我们理当郑重记载。

2009—2011年，第二部尚义县志续修工作启动，又称二轮修志。修志工作者在总结上部县志修撰经验基础上，为家园情怀和史志情怀所驱使，甘于清贫和寂寞，不计寒暑，故纸堆里披沙拣金，电脑屏前指键有声，经十载打磨，四易其稿，终于成书。

志书修成之日，适逢我们履职尚义，幸甚！

尚义县志是尚义人民写就的。每一次翻阅县志，都怀着一份崇敬，深感这一方土地的凝重和壮美、人民的勤劳和智慧。

考古证实，尚义县境内新石器时期即有先民生息，中古时期又为少数民族游牧地，也曾为王权所眷顾，北魏鲜卑族建立政权定都平城（今山西省大同市）后，极具战略防御意义的“北方六镇”之一柔玄镇即建在县境北部，今故址尚存。在这片土地上，远去了辽金时的寥廓长空，蒙元季骏马秋风。而蜿蜒于坝下群山间的明长城和坝上驿路台站仍无声诉说着昔时波澜壮阔的塞上风云。尚义人民曾有过辉煌的农耕史和革命史，积淀了宝贵的文化遗存和精神财富。第一部县志不忘追寻先贤的业绩，以饱含深情的笔墨，记录了他们在特定历史时空中的奋斗身影，反映出尚义人民勤劳朴厚、坚韧顽强、诚实守信、雄犷豪迈的禀赋。在历次革命斗争中，尚义人民建立了不可磨灭的英雄业绩。这片苍茫大地养育的革命志士，令后人景仰并为之骄傲。新中国成立后，尚义人民艰苦奋斗，努力完成了社会主义改造任务，进入全新的社会主义时期。改革开放以来，尚义儿女凝聚实干，全县政治、经济和各项社会事业取得了空前进步，二轮县志记述的时间起点正在这一时期，书中缕述在历届县委、县政府以经济建设为中心，以开放的思维，带领全县人民在深化改革当中锐意进取，尤其是社会主义市场经济体制确立以来，社会生产力得到解放，全县城乡人民生活水平节节攀升，生态建设和人居环境日新月异的发展史实。

2003 年，省委书记白克明（左）到尚义大营盘乡五台蒙古营考察民族旅游项目

2000 年 4 月 15 日，省长钮茂生（左四）、副省长郭庚茂到尚义七甲乡马奶沟村考察小尾寒羊养殖情况

2006 年 6 月 18 日，省长季允石（左二）到尚义调研城镇化建设工作

2008 年 6 月 30 日，省政协主席刘德旺（左三）到尚义视察工作

县城秀水迎宾大道

打造园林县城

1985 年建成的尚义县医院大楼

尚义县医院（2010 年）

尚义县妇幼保健院（2010 年）

尚义一中教学楼

尚义二中教学楼

尚义县职教中心

麒麟山公园

2010 年治理后的鸳鸯河

尚义县城森林公园

秀水广场（2009 年）

祥福苑住宅小区

2006年白郭线通车后废弃的勿乱沟大桥

张集铁路与白郭线在小蒜沟交会

张集铁路小蒜沟镇下纳岭段

2005年4月6日，在北京钓鱼台国宾馆国华能源投资公司与尚义县人民政府签订了100万千瓦的风电项目开发协议书

2005年10月，在满井镇举行的国华尚义风电项目一期工程典礼暨二、三期工程开工仪式

风电设备运输安装组图

朝阳下的风力发电

1995 年 9 月，尚义县造纸厂生产的亚麻箱纸板达到国家标准

1998 年，尚义县元件厂的工人们在检验产品质量

尚义县童装厂加工车间（2000 年）

尚义皮毛制品远销海外（2001 年）

芹菜

尚义县蔬菜种植、加工、销售形成产业链

尚义莜麦种植区

“张杂谷”在下马圈乡推广种植取得丰收（2008 年）

尚义县节水灌溉（2006 年）

2004 年，在北京农产品展销会上展销尚义县口蘑

尚义口蘑产品

2005 年，省财政厅领导在尚义考察口蘑生产销售情况

五台蒙古营牧民向游客敬献哈达

赛羊会成为尚义县的一张亮丽名片

2020 年 6 月 29 日，《尚义县志（1989—2010）》省级评审委员会人员合影

前排（左起）：朱会林　张积涛　徐进海　任利英　王占理　王　君　常秀平　郑小明

后排（左起）：常亚军　张　超　邓　平　要公磊　付利军　秦粉林　段　友

2020 年 6 月 29 日，《尚义县志（1989—2010）》省级评审会现场

2020 年 4 月 14 日，《尚义县志（1989—2010）》编纂委员会部分领导和编辑部人员合影

前排（左起）：张佃永　郝超文　常秀平　付利军　邓　平　段　友

后排（左起）：程凯斌　常亚军　马　进　张晓英　武淑芳　秦粉林　张　栋　王轶智　张　佑
刘海新　李　宁

目 录

第四篇　中国共产党地方组织

第五篇　地方人民代表大会

第六篇　地方人民政府

第七篇　地方人民政协

第八篇　综合政务管理

第九篇 综合经济管理

第十篇　基础设施建设

第十一篇　法　治

第十二篇　群众团体

第十三篇 军 事

第十四篇 经济综情

第十五篇 农 业

第十六篇　工业与建筑业

第十七篇　商贸流通　服务业

第十八篇　金融业

第十九篇 教 育

第二十篇　科学技术

第二十一篇　卫　生

第二十二篇　文化　广播　体育

人　物

索　引

修志始末

尚义县志
SHANGYI XIANZHI
1989—2010

概　述

概 述

尚义县位于河北省张家口市西北、内蒙古高原南缘、明长城北侧。东邻张北县，西南以长城为界，与山西省天镇县接壤，南偏东与河北省怀安县、万全县接壤，西连内蒙古兴和县，西北部以察汗淖尔中心为界与内蒙古商都县相望。县域地理坐标为北纬40° 44′ ~ 41° 32′，东经113° 49′ ~ 114° 26′。全境南北长88.8千米，东西宽55.5千米，总面积2632.47平方千米。县城距北京市280千米，距张家口市110千米，至大同市180千米，到呼和浩特市240千米。区位地处晋冀蒙三省区交界，是京津冀经济圈、晋冀蒙经济圈的交会地，京、津、冀、蒙周边地区物流圈和北方现代物流供应站中的重要枢纽。

1934年5月，置尚义设治局。1935年12月，日军侵占尚义，1936年1月，将尚义设治局改为尚义县公署。1944年6月，将张北县第二区4个乡划归尚义县，日伪县公署由大青沟搬迁至南壕堑。

1945年8月，八路军解放尚义，1946年10月，国民党占领尚义县。1949年1月，中国人民解放军第二次解放尚义。1952年11月，察哈尔省建制撤销，尚义县归属河北省张家口专区。1958年12月，撤销尚义县，并入张北县。1960年2月，尚义、商都从张北县析出，尚义划归商都县，1961年7月从商都县析出，恢复尚义县，属张家口专区。1970年，张家口专区改称张家口地区，尚义属之。1993年7月，张家口地区、张家口市合并，尚义县属张家口市。

1989年，尚义县行政区划辖2个镇、15个乡、5个社区、181个行政村、618个自然村。

2010年，全县辖7个镇、7个乡、7个社区、172个行政村、592个自然村。共75460户，194338人，其中农业人口148325人。全县共有回族、蒙古族、满族、藏族、维吾尔族、苗族、彝族、布依族、朝鲜族等少数民族1063人，其中回族719人、蒙古族271人、满族34人。南壕堑镇是县党政机关所在地，是全县政治、经济和文化中心，位于县域中部西端丘陵区鸳鸯河川，城区规划面积28平方千米，常住人口4.8万人。

因内蒙古高原南缘线经过尚义县腹地，从而形成境内显著的北高南低地貌特征，俗称北部为“坝上”，南部为“坝下”。坝上为高原区，间有微丘，总体呈舒缓状高原景观。平坦无际，水草肥美，淖泊星罗棋布，是古代敕勒川的组成部分；坝下为山区，沟壑纵横，峰峦起伏，分布着部分原始次生林。最低海拔小蒜沟镇桃平村880米，最高海拔大青山主峰1919米。大青山属阴山余脉，山势奇峭，为境内群峰之祖，明长城蜿蜒于崇山峻岭间。

尚义县版图在晋、冀、蒙交会处，清朝初年，在蒙古草原设有驿站，以马匹护送官吏往来，县境内的四台、五台即是其中两站。清末民国初，今尚义县境是“张（张家口）库（库伦，即今乌兰巴托）大道”西北线重要节点，是商旅去往乌兰巴托、俄国等地的经由之地。忆往昔，“张库大道”驼铃声声，县域集镇商贾云集，给域内的商业带来了最初的繁荣，大青沟镇也一度成为坝上地区的“旱码头”。

尚义县处于东亚大陆性季风气候中温带亚干旱区，大陆性气候特点十分明显，全年多受蒙古高压控制，春季多风，夏季凉爽，秋季昼夜温差大，冬季严寒，气候干燥，无霜期短，“十年九旱”。年平均气温4.0℃；年平均降水量412.8毫米；年平均相对湿度57%；年平均无霜期146天；全年日照时数2760.3小时，占可照时数的62%；年平均风速为3.7米/秒，最多风向为西北风；年平均蒸发量为1837.9毫米。

尚义县境域开阔，自然资源丰富。县境内大多是史前的火山活动地层，为成矿储矿提供了有利条件。全县共有矿产10大类40多个矿种，主要有磁铁、赤铁、铜、金、耐火土、石灰岩、煤、泥炭、石棉、石墨、石英石、花岗岩、紫砂页岩、硅藻土、水晶石、浮石。境内林草面积广阔，动植物资源丰富。全县草场9.67万公顷，牧草种类繁多，共有500多个品种。全县各类林地面积13.37万公顷，森林覆盖率26.1%，树种以杨树、松树、榆树、果树为主。全县有草本植物408种，木本植物124种，其中可以入药的达百种。特别是根茎肥实的甘草、质地优良的黄芩、黄芪、麻黄、赤芍、防风、蒲公英等中药材产量最大。蘑菇、黄花、蕨菜、地毛、沙棘果等名贵土特产闻名于省内外。陆栖脊椎动物300多种，其中以鸟类最多，次为兽类，两栖类、爬行类较少。珍稀特产有黄羊、伶鼬等。其他动物主要有野兔、狍子、黄鼬、狐、貂、马夜狐、獾、刺猬、蝙蝠、蜥蜴、蛇等。鸟类有大雁、杜鹃、斑翅、石鸡、啄木鸟等。鱼类主要有鲤鱼、鲢鱼、草鱼、鲫鱼等。两栖动物有青蛙、蟾蜍。

境内地表水来自天然降水和东洋河、银子河流入的过境水。除蒸发和渗漏外，平均径流量35.7毫米，自产地表径流量9387立方米/年。由于降水量和地形、植被的差异，地表径流量的地区分布不均匀，总的趋势是坝下多于坝上，中部多于北部。地下水主要来自天然降水补给。

尚义县也是华北地区风能和太阳能资源最好的区域之一。全县海拔1300米以上地域范围内，10米高度年均风速6米/秒左右，70米高度年均风速7.8米/秒左右，年均有效风速时数在7200小时以上，平均年等效利用时数2200小时，属风能资源分布二类地区，规划风电开发容量500万千瓦，列入河北省千万千瓦风电基地规划245万千瓦，列入张家口三期风电百万基地规划130万千瓦。全县年均日照时数2815小时，年均太阳辐射总量139.027千卡/平方厘米，年等效利用时数1500小时左右，属太阳能资源分布二类地区，初步规划光电开发容量为600万千瓦，是河北省第一个完成光电规划的县区。

尚义县境内山原川泽兼备，淖泊镶嵌，林草丰茂，旅游资源特色鲜明。境内分坝上和坝下两个地貌单元。坝上属高原草原，天高气爽，农耕文明和游牧文化于此交融，流淌着独特的地域气息，四百多平方千米的“北大滩”雄沉宏阔，一望无垠。察汗淖尔昔日一碧千顷，鸥鹭点点，察汗淖尔以湿地形态呈现，其间苇草离离，候鸟翔集，与蓝天白云融为一体，别有观赏价值。坝下属丘陵浅山区，林峦森秀，山石盘郁。大青山山势巍峨，山间鸟语花香，狐狍出没，鹰鹞盘旋。伫立峰巅，长风浩荡，坝下山川尽收眼底，晨可观日出，夜可读星空。此外，境内旅游胜迹还有石人背地质公园、明长城遗址、鱼儿山等。

尚义地处塞外，长期以来，因交通不便且基础设施相对落后，经济发展速度较为缓慢。改革开放以来，在党的政策指引下，多种经济成分充分显示活力，市场经济建设取得了较大成就，全县人民生活水平逐步提高。1989—

2010年，尚义县制订并组织实施了国民经济和社会发展“七五”至“十一五”计划、规划。经济保持了持续、稳定、较快的发展，经济总量逐年增长，经济结构不断优化，多种经济成分并行发展，人民生活水平得到空前改善。其间，农村完成了二轮土地承包，农业实现了内部产业结构调整；工商企业完成了破产、拍卖、股份制改造等改革；三次产业结构调整，二、三产业占全县国民经济的比重逐步提高。基础设施建设、文化建设、人居环境、群众收入、社会保障实现了与经济的同步发展。

1989年，全县地区生产总值完成7952万元，至2010年，全县地区生产总值增至22.15亿元，是1989年的27.85倍；全部财政收入，1989年625万元，2010年增至12805万元，是1989年的20.49倍；社会固定资产投资1989年191万元，2010年增至365199万元，是1989年的1912倍。全县社会商品零售总额，1989年6787万元，2010年增至62141万元，是1989年的9.16倍；金融机构年末各项存款余额，1989年5011万元，2010年增至185771万元，是1989年的37.07倍；农民人均纯收入，1989年188.37元，2010年增至3252元，是1989年的17.26倍；城镇居民人均可支配收入，1989年929.14元，2010年增至11419元，是1989年的12.29倍。

尚义县具有发展农业、牧业、林业的有利条件，全县经济以农业占主导地位，属于传统农业县，同时多业并举，种植、养殖、加工协调发展。全县耕地面积6.52万公顷。农作物主要以蔬菜、马铃薯、小麦、莜麦、胡麻、谷黍、杂豆为主。除蔬菜外，其他作物均为年种一茬。历史上尚义农业经营粗放，十年九旱，广种薄收，基本上是靠天吃饭，旱灾、虫灾害频发，罕有丰年。尚义县历届县委、县政府始终坚持把发展农业放在各项经济工作的首位，进入20世纪90年代，不断调整发展战略，强化农业基础设施建设，实施以小流域治理、机井防渗渠配套、库区灌溉为主的中低产田改造，在全县推行了地膜覆盖和膜下滴灌节水农业。转变农业发展方式，调整和优化种植结构，以农产品质量安全为标准，种植耐旱作物、无公害蔬菜、有机农产品。推广了大棚设施蔬菜、引进新品种、农业作业机械化，实现了从传统农业向现代农业的转变。提升品质、壮大特色、创新品牌，其间蔬菜、马铃薯、燕麦等农产品深加工在全县形成了产业链条，产品享誉海内外，全面提升了发展能力和市场竞争能力，实现农业增效和农民增收。

畜牧业在尚义县经历了长期的发展过程，随着农业机械化的普及，使役型牲畜退出历史，“一退双还”工程实施后，全面禁牧，倡导和鼓励舍饲养殖，畜牧业生产开始向商品化方向转变。20世纪90年代县内大量引进西门塔尔牛、小尾寒羊，其间涌现出大批的养殖专业户，成为农民脱贫致富的典型。1997年，县委提出全民大唱“牧业戏”的思路，大牲畜饲养量增长1.60%。2004年，县域北部、中部大力发展奶牛，奶牛养殖成为大牲畜养殖的一个重要组成部分。2006年年底，全县奶牛发展到了1.50万头。2010年年底全县大牲畜存栏3.19万头，比1989年增长6倍。

1989年，全县有县办国有工业企业、县办集体工业企业、部门办工业企业共28家，乡镇工业企业35家。随着改革的不断深化，这些企业经历了改制和破产。与此同时，全县私营经济从小到大，逐渐成为县域经济主体。至2010年，全县国有控股工业企业3家，从业人员714人，个体工业户数发展到1090户，从业人员20180人，私营工业企业89家，从业人员2947

人，实现工业总产值102803万元。第三产业随着经济体制改革的进行，商贸流通、运输、邮政、电信、金融、餐饮、娱乐及房地产迅速兴起，到2010年第三产业增加值66137万元，从业人员2.17万人。

2000年以后，立足县内资源，发展风能新兴产业。通过招商引资，外来资本逐步成为全县工业经济的重要组成部分。2010年年底，共有国华、龙源、察哈尔、三峡新能源、中广核华电和国电等6家风电集团在尚义县投资，共有12处风电工程竣工投产，累计完成风电装机100.5万千瓦。

进入21世纪，全县城乡建设突飞猛进，人居环境实现了质的飞跃，县城建成了第一个居民住宅小区——祥福苑小区。之后，一幢幢各具特色的楼房如雨后春笋遍布城区。县城街巷也实现了硬化、绿化、美化和亮化，新建广场公园为人们提供了休闲健身的场所。随着社会主义新农村建设的启动，乡村人居环境也得到了显著改善。

1989—2010年是全县公路建设迅速发展期，至2010年公路总里程达到1394.6千米。其中途经县域的国道从无到有；省级干线公路2条，县级公路3条，乡镇公路15条，通村公路73条，县境公路里程的增加和建设标准的提升，极大地方便了尚义与外界的沟通。张集铁路、京藏高速、110国道穿越尚义县境，省道张尚线、东商线贯穿东西，县道白郭线连接南北。

其间，全县的电力、邮电、通信事业得到了空前发展，短短20年间，邮政业陆续实现邮件运输汽车化，邮路自办化、农村投递摩托化。电信业连续进行了磁石人工交换机—程控交换机—数字程控交换机3次更新换代，并陆续引进移动通信、无线寻呼、数据通信、传输光缆等一系列现代化通信手段，通信信号覆盖全县，电脑、网络进入千家万户，政府办公和学校教学基本实现信息化。2010年年底，全县宽带用户38760户，移动电话用户达到8.5万余户；电力事业发展迅速，相继新建9个35千伏变电站，1999年实现全县村村通电。

全县文教卫生事业蓬勃发展。尚义人民历来耕读并重，1977年恢复高考后，全县教育事业走上正轨，大批有志青年有的考入各类院校，有的通过“电大”“函大”“自考”等成人教育形式获得学历，如今有的成为学者、专家，有的成为地方和部队领导。1990年以来，县委、县政府提出“办人民满意教育”的口号，集中力量改善办学条件。1998年，借助“1·10”地震后重建家园机遇，新建、维修校舍274所，按照国家“普九”达标要求，通过加大教育投入、布局调整、整合教育资源等手段，全县14个乡镇均普及了小学和初等教育，促进了教育的公平，全县教育教学质量稳步提高，尊师重教在全社会蔚然成风。11月，通过国家和省政府“基本普及九年义务教育、基本扫除青壮年文盲”工作验收。2010年年底，全县有各类学校26所，在校学生19468名。学龄儿童入学率达100%，巩固率100%，毕业率100%，普及率100%。

县内设有广播电台、电视差转台和卫星地面接收站。有线、无线调频广播、电视已形成网络，覆盖全县，2008年，全县广播电视实现数字化。县城设有影剧院、体育场、图书馆等，各乡设文化站、图书阅览室。全县文学、艺术创作队伍繁荣，不断有佳作问世。县内创办的报刊有《鸳鸯河》《尚义报》《麒麟文艺》。县艺术团常年下乡巡回演出，并经常活跃在周边县区，受到广泛赞誉。其间自创节目多次登上央视舞台。

医疗卫生事业有了很大发展，缺医少药的

局面已彻底改变。1989—2010年，先后新建了妇幼保健院、疾病预防控制中心，扩建改建了县医院、中医院，建立健全了乡镇卫生院，并配备了较先进的医疗设备，医疗技术不断提高。传染病、地方病已得到了有效的控制和防治。食品检验工作逐步健全。全县爱国卫生运动开展扎实有效。2010年，全县有医疗卫生机构227个，有专业卫生人员533人，医疗床位450张。

全县科学技术得到广泛的普及、推广和应用。特别是“十五”期间，加快科技兴农步伐，围绕亚麻、马铃薯、杂粮杂豆、错季蔬菜、皮毛、西门塔尔牛、小尾寒羊和河北细毛羊、瘦肉型猪、食用菌等进行产业开发，重点推广节水灌溉、旱作农业、高产栽培、保鲜技术，均取得了成效。农业常规技术和新技术的覆盖率、良种的普及率达到90%以上，在农业总体效益中，科技进步因素所占比重达到40%。在工业科技方面，以创新为动力，自主调整产业产品结构，走上了产学研一体化的道路，县办工业企业科技要素在整体效益中所占比重达到50%，乡镇企业达到30%。

尚义县山川悠远、风物淳厚、人杰地灵。改革开放以来，人民改变命运、追求幸福生活的热情得到最大程度的释放，全县生产力水平显著提高，社会财富急剧增长，人民生活水平显著提高。如今，欣逢国运昌盛之时，尚义儿女群情豪迈，继续向着更加美好的未来前行！

尚义县志

SHANGYI XIANZHI

1989—2010

大事记

大事记

1989年

4月11日　尚义县新闻工作者协会成立。

6月16日　县青年象棋协会与县总工会、团县委共同举办尚义县第二届青年棋王大赛。

6月21日　根据省地有关选派非党、妇女干部精神，尚义县从151名推荐干部中选拔出13名非党干部和妇女干部，担任乡科级领导职务。其中任乡镇副职4名，任县直科局副职8名，任正职1名。

7月7日　下午4时许，有龙卷风经过境内小蒜沟乡南沟村，风向由西北向东南，风的宽度约750米，中心强度约100米/秒。龙卷风所经之处，不少柏树、柳树、果树树头被折断。有胸径75厘米的杨树从3米处被刮断卷走，约53.33公顷农作物被毁。龙卷风从村边经过，未造成人畜伤亡。

7月11日　侯文章任中共尚义县委副书记、县政府代县长；免去张新政中共尚义县委副书记、县政府县长职务；免去安俊杰中共尚义县委副书记职务。

7月15日　举办全县首届青年歌手比赛总决赛，来自不同行业的20名青年歌手参加了决赛。地区音协、群艺馆的专家参加了评奖活动，比赛采取当场打分的形式，评出一等奖1名、二等奖3名、三等奖5名。

8月8日　县城举办牲畜物资交流大会，交流项目有五金交电、日用百货、服装鞋帽、针纺织品、生产资料、生活用品、烟酒茶糖、土产日杂、手工业品、农副土特产品、畜产品、大牲畜、家禽家畜。

8月16日　中午，成群菜粉蝶由坝上高原迁飞，经永胜地河和土木路河上空，沿着河谷飞向东南。

9月25日　李世隆任尚义县科技副县长。

10月18日　23时发生地震。房内有震感，电视信号受扰，水缸中瓢声大作；屋外鸡叫狗吠，夜空中鹊鸟乱叫、惊飞。县内无人员伤亡和财产损失。稍后获悉震中位于大同市阳高县，震级6.2级。

10月19日　张家口地区乡镇企业局在尚义县召开现场经验交流会，推广尚义县地毯加工入户的经验，并在《张家口日报》头版头条刊登经验介绍文章。

11月15日　晋冀蒙三省区阳高、丰镇、兴和、怀安、天镇、商都、尚义七县政协联席会在尚义县召开，会期3天，17日结束。

12月15日　商业部部长胡天、副省长张润生在地委书记张德盈、行署副专员随法太陪同下，到尚义县大苏计乡三疙瘩井村的20户受灾农民家中，详细询问灾区农民当年生活安排和来年农业生产的准备情况。

12月20日　尚义县残疾人联合会成立。

1990年

1月6日　民政部部长崔乃夫一行到坝上四县慰问受灾群众，走访了尚义部分乡镇。

1月15日　以张家口市副市长梁继业为团

长、副秘书长乔栋为副团长的坝上慰问团，到尚义县慰问。为受灾群众带来了5万千克大白菜。

2月10日　元宵节，尚义县首届农民戏剧节开幕，历时3天。在各乡镇演出的基础上，选出优秀节目到县城会演，评出了一、二、三等奖。

2月14日　省委宣传部干部张栋林兼任中共尚义县委副书记。

3月22日　张家口地区开展畜禽保护冠军杯竞赛以来，尚义县连续3年蝉联冠军，地委行署向尚义县颁发了奖杯、奖金和锦旗。

4月16日　政协尚义县第四届委员会第一次会议，选举岳贵廷任政协主席；李天永、王世英、张鸿璐、尤思勋、古长兰任政协副主席。

4月17日　尚义县第十届人民代表大会第一次会议，选举王德忠为县人大常委会主任；王珍、梁世文、李文有、侯瑞、景启英任县人大常委会副主任；侯文章任政府县长；许化民、姚新升、赵修德、刘善修、刘富成任政府副县长；李世隆任科技副县长；段恩济任法院院长；王天富任检察院检察长。

是日　省长岳岐峰在张家口地区行署专员王权的陪同下，到尚义县勿乱沟村、牛家营村实地察看地膜玉米种植情况。

6月25日　张家口地区行署副专员费道到大营盘乡五台蒙古营村召开了以地区财政、民政、扶贫、纪委、供电、民委和县政府及有关部门负责人参加的现场办公会，协调解决该村的输电工程建设问题。

6月28日　尚义籍台胞赵凤玉携妻郭钢市、同乡白崇绪，归乡探视胞姐赵凤英。

7月1日　尚义县酒类商品实施专卖，由县糖酒公司专营。

7月11日　下午4时20分，套里庄、甲石河、炕塄、八道沟、后石庄井、大苏计6个乡和红土梁、大青沟2个镇遭受雨雹袭击，雨雹持续30分左右，雹径最大30毫米。43个行政村104个自然村3.08万人受灾。

8月　县政协成立祖国统一工作委员会。

9月3日　大营盘乡五台蒙古营举行通电仪式。至此，全县所有少数民族村全部通电。

9月17日　在全国飞播牧草经验交流会上，尚义县介绍了成功经验。

9月10日　国务委员陈俊生走访尚义贫困户，提出贫困面貌可以改变，要坚持自力更生为主国家扶持为辅长期艰苦奋斗的脱贫模式。

9月25日　县城鸳鸯河西首座便民桥开通，县委书记袁中为大桥题词。

是月　经河北省民政厅批准，撤销土木路乡，改为红土梁镇，镇政府驻地不变，所辖区域不变。

10月　大营盘蒙古营村党支部书记豪杰被国家民委评为全国民族团结先进个人。

12月　据1990年人口普查汇总数据，全县共有人口178164人，其中男93521人、女84643人。全县汉族176272人，蒙古族387人，回族1409人，朝鲜族1人，满族94人，畲族1人。

1991年

1月15日　尚义县迎新春商品物资交易会在县城召开。县内外70个单位参加了商品展销。

3月2日　凌晨2时4分发生地震，震感强烈，震后，鹅毛大雪飞扬不止。

4月17日　县房管所公布处理公房事宜。

5月6日　尚义县黄金选矿厂投资22万元，建成了一条日加工处理矿石25吨的生产线。该厂1988年建成，3年共生产黄金42.5千克，实现利润86万元。

5月14日　侯文章任中共尚义县委书记。

1992年

1月10日　县百货大楼正式营业。县领导及数千名群众参加了剪彩仪式，邻近10个县及地区商业局的代表出席剪彩仪式。开业当天客流量达万余人次，营业额达5万余元。

1月10—11日　尚义县委召开五届二次全委扩大会议。会议传达了《中共中央关于进一步加强农业和农村工作的决定》以及省委四届三次全会精神。县委书记侯文章作《认真贯彻八中全会精神，开创尚义县农业和农村工作新局面》的报告，县委副书记靳振贵宣读《中共尚义县委1992年工作指导要点》。

2月17日　尚义县在大青沟举办首届大青沟元宵灯火晚会。张家口地区行署副专员陈亮、县委书记侯文章、县长李志、县委办公室主任温金贵等出席了灯火晚会。

4月11日　张家口地区地委书记张德盈、副书记王树常、地委组织部部长袁中到尚义县考察。下午，县委书记侯文章随同地委领导赴内蒙古卓资县，山西临猗、隰县、孝义县考察学习经济体制改革经验。

5月4日　县委召开常委扩大会议。县委书记侯文章介绍了山西隰县县级体制改革的经验。参会的县委常委、副县长、县人大常委会主任、县政协主席就尚义县的改革进程进行了研究。

5月5日　县直机关全体干部职工大会在县电影院召开，1400人参加。县委副书记王万珍主持，县委书记侯文章就尚义县如何搞好县级改革作了讲话。

5月16日　县工商联恢复建立。

5月17日　省委书记邢崇智在省委副秘书长、办公厅主任张建新，办公厅副主任袁树峰，地委书记张德盈，副书记王树常，张家口市委书记田震田，常务副市长艾润飙的陪同下，到尚义县考察了大青沟市场、县地毯厂、县造纸厂、县毛纺厂。考察结束后，听取了县委书记侯文章关于尚义县经济建设、体制改革等情况的汇报。

6月　县城开始实施自来水入户工程。

7月14日　县委在县电影院召开县直机关干部、职工下基层、下企业动员大会。县领导及县直机关1000余名干部、职工出席会议。会议要求：县直机关年龄在40周岁以下，未在基层工作过的中青年干部，都要积极响应县委的号召，主动申请到基层、企业工作。

7月28日　县委在县小礼堂召开县直机关干部下基层大会。会议宣布204名中青年干部充实到乡镇和企业。县委书记侯文章，副书记王万珍、靳振贵，常务副县长许化民出席会议。

8月1日　县毛纺厂为割圈毛皮生产车间举行奠基仪式。县委、县人大、县政府、县政协、县纪检委领导出席奠基仪式。

8月31日　县委在县小礼堂召开乡镇体制改革会议，各乡镇党委书记，乡镇长及县直各单位负责人参加会议。

10月13日　尚义县成立九大公司。县长李志签发文件，任命尚义县新成立的造纸业开发服务公司、毛皮业服务公司、工美加工服务公司、机械加工开发服务公司、食品加工开发服务公司、建筑业开发服务公司、建材开发服务公司、化学工业开发服务公司、矿业开发服务公司等公司的经理、副经理。

10月29日　县委在县宾馆召开县直机关干部、职工300人参加的大会。县委书记侯文章主持会议，县委副书记靳振贵就县直党政机关撤并、缩编讲了意见。之后，经县委研究决定，县委共设9个单位（局级），县政府设21个单位，基本上完成了机构撤并、定编、分流的任务。至此，县直党政机关共设30个。

11月6日　麒麟宾馆举行竣工剪彩仪式。

11月　县工商局、县物价局、县技术监督局三局合并，称尚义县工商物价局。

12月16日　中共尚义县六届一次全会和县委通过的纪委一次全会选举：县委书记侯文章，县委常委侯文章、李志、王万珍、靳振贵、申兰旺、赵修德、张钧、温金贵、贾宽斌、任玉林、张桂梅，县委副书记李志、王万珍、靳振贵，纪委书记申兰旺。

是年　南壕堑镇农民王福独资成立了尚义县第三建筑公司。

是年　因部队裁员，51068部队撤出大阳坡驻地，营房院闲置。

1993年

2月6—9日　政协尚义县第五届一次会议在麒麟宾馆召开。会议通过了田丽亚代表政协第四届委员会所作的工作报告，选举产生了新的政协领导机构，王万珍任政协主席，田丽亚、赵进、张鸿路、路满、常永功任副主席。

2月7—10日　尚义县第十一届人民代表大会第一次会议召开。大会通过了县长李志代表尚义县人民政府所作的工作报告。会议选举王德忠为县人大常委会主任，李文有、梁世文、侯瑞、张秀荣任县人大常委会副主任，李志任县长，赵修德、刘善修、刘富成、杨凤莲、白纯银、曹汉武、李世隆任副县长。

3月8日　大营盘乡由15个行政村合并为6个行政村：程家村行政村（原六顷地、王二宏合入）、六十庄行政村（原孙家村、刘油坊合入）、大营盘行政村（原霍洞沟、四号地合入）、王条卜行政村（原壕堑、四刘元合入）、十二号行政村（原补龙湾合入）、蒙古营行政村。村干部由186人精减到71人，节省村干部补贴和办公费用3万多元，减轻农民负担人均2元。

6月　张家口市首座县级大功率电视发射台——西赛山电视发射台竣工，并投入使用。

7月15日　七甲乡七甲村村干部王某为孙子过满月，设家宴邀请亲朋好友66人，因当午误食病猪肉，下午吃请人全部中毒，紧急送到县、乡医院抢救，全部脱离危险。

7月21日　尚义县出台《尚义县城镇住房制度改革实施方案》和《尚义县住房制度改革方案实施细则》。这次房改在租金少提不补、住房缴纳租赁保证金、出售公有住房、发展“三集资”建房、建立住房公积金制和住房基金6个方面，进行了改革。

7月23日　尚义县推行土地租赁制。全县11个乡镇的72个行政村5.8万多名农业人口，自愿承租土地1.82万公顷。承租形式：（1）集体统一确定承包费、承租户自由选择地块，（2）出租方确定租金标底，承租户竞争承租；（3）将原承包地转为承租。

是月　张家口地、市合并后，尚义煤矿归属张家口市煤炭工业局管理。

9月10—22日　县委先后召开常委会、常委扩大会、县委工作会议，分析研究尚义县经济发展现状，在重新审视县情的基础上，初步确立了尚义县经济发展的总体思路是认真坚持党的基本路线，死死扭住经济建设这个中心，以市场为导向，以改革为动力，以效益为重点，依托资源，城乡一体，富民强县，为实现“振雄风，创新业，上台阶，建强县”做出新贡献。

9月底　县委、县政府决定：将所有分流到九大公司的干部一律调回原单位工作。自1992年8月20日九大公司组建到解体，共运行13

个月。

12 月 2 日　尚义县放开粮食统销价格。

12 月 15 日　大永胜矿井发生矿难，2 人遇难。月底采用钻孔注浆堵流沙方案，解决了大永胜基建井主井 16 米大面积冒落事故，并用密集楔法安全地通过冒巷。

1994 年

2 月 28 日　19 时 50 分县造纸厂失火。县委书记侯文章、县长李志、县委副书记王万珍到现场指挥救火。次日凌晨 1 点多市消防大队派来两辆消防车参加救火，直到凌晨 5 点许扑灭。这场火灾，造成仓库内的纸箱全部化为废品，损失 10 万元左右。后经公安局查明失火原因，确认 4 名儿童玩火引起火灾。

是日夜　县文物管理所馆藏的 32 件文物被趁乱窃走，其中二级文物 2 件、三级文物 23 件、其他文物 7 件。至 2010 年年底尚未破案。

4 月 3 日　尚义县第十一届人大常委会举行第九次会议。会议听取和审议了县政府《关于计划生育工作的报告》《关于 1993 年财贸工作情况和 1994 年财贸工作安排意见的报告》《关于惩治腐败加强廉政建设的报告》，以及县人大常委会关于县十一届人大三次会议期间代表提出的议案、建议移交办理意见和关于进一步规范办理代表批评、建议和意见的规定。会议还通过了《尚义县人民政府土地管理实施办法》，决定了人事任免等事项。

4 月 5 日　县雪城毛纺织厂举行割圈毛皮引进设备首批安装调试运行仪式，由县领导、技术人员、金融、电力、保险等有关部门组成的验收小组，对设备进行了验收。

7 月 1 日　县造纸厂停产半年后，由内蒙古正北华贸易公司承包经营，正式投产。承包期限为四年，乙方上缴承包费依次为 30 万元、50 万元、70 万元、90 万元，原有固定资产折旧费的 50％归尚义县支配。另外 50％归乙方支配，用以更新设备。合同生效后两个月前，职工生活费由尚义县解决。此后由乙方负责。新企业易名为“内蒙古正北华贸易总公司尚义造纸厂”，乙方法人代表改为张进华。

是年　夏秋季节，尚义县遭受了严重旱灾。尤其是北片大苏计、大营盘、哈拉沟、大青沟、后石庄井 5 个乡镇，在用雨时节长达 40 多天滴水未降，为新中国成立后所罕见。

8 月 20 日　副省长顾二熊在市委副书记于振华、副市长杨桂珍的陪同下，围绕如何使尚义县尽快脱贫致富课题开展专题调查研究。其间，顾二熊先后到尚义县毛纺厂、南壕堑大棚菜基地等县办企业、乡镇企业和部分乡镇的农牧区进行了考察，决定增拨 300 万元专款扶持县毛纺厂割圈毛皮生产线；同时，拨付 50 万元专款，用于南壕堑镇周围建设错季蔬菜基地。

8 月　尚义县一中与县人民武装部合作，对高一新生进行了为期一周的军事训练。这是“文化大革命”后学校第一次对学生进行军训。

9 月 28 日　尚义县文学艺术界联合会成立，选举赵锦德为尚义县文联主席。

11 月 8 日　尚义县通往内蒙古自治区兴和县交界处的友谊大桥建成通车。

是年　尚义县完成了对县元件厂、县毛纺厂、县外贸公司等 12 家国营、集体企业的转制调查。对 5 家工业企业进行了股份制试点。

是年　尚义县第五中学撤销，并入小蒜沟乡中学。

1995 年

1 月 17 日　尚义县委、县政府发布《关于加大开发力度、扩大内引外联、加速全县经济发展的意见》。

3月29日　为落实国家“八七”扶贫攻坚计划，经省委、省政府与北京市委、市政府协商，决定北京市房山区对口包扶尚义县。

是月　尚义县首次安排部署公务员考核工作。

4月7日　尚义县秀水窑村发生一起奇特的喜鹊聚会现象，数百只喜鹊前来为一只死喜鹊“送别”，现场蔚为壮观。

5月5日　县水利水保局局长卢千林被评为全国先进工作者，出席了国务院召开的全国劳动模范和先进工作者表彰大会。其间，受到了党和国家领导人的接见，并合影留念。

5月10日　县委召开领导班子成员会议。中共张家口市委副书记张宝华代表市委宣读决定：免去侯文章中共尚义县委书记，调任万全县委书记；李志不再担任尚义县人民政府县长职务。任命乔登贵为中共尚义县委书记；任命申兰旺为中共尚义县委副书记、并代理政府县长工作，同时免去申兰旺中共尚义县纪律检查委员会书记职务。

5月18日　尚义县供电开发公司采用清华大学博士秦彪发明专利技术试制的BQ90型采暖散热器，获河北省第九届技术交易会暨第六届发明展览会金奖。

6月5日　尚义县毛纺厂新上项目割圈毛皮正式投入试产并获得成功。

7月12日　尚义县为期10天的夏季物资交流大会开幕。

7月20日　尚义县第十一届人大常委会第十六次会议召开。通过了尚义县人大常委会关于任命华北电力学院党委委员北京研究生部动力系主任、教授杨昆，冶金部第一勘察局516队党委委员、总工程师姚启俊，石油部中油管道局正泰扬业务副总经理刘自力三人为尚义县政府副县长的决定。

9月15日　县粉丝厂在尚义县乡镇企业中率先推行全员劳动合同制用工制度。召开劳动签约签证大会，粉丝厂法人代表白世海与粉丝厂128名职工进行了劳动合同的签约。

9月28日　停产两年七个月的县造纸厂恢复生产，400多名职工进入生产第一线。

10月30日　撤销机关事务局，县委办公室设后勤科，县政府办公室设接待科。

是年　“尚义县有线电视工程”建成，成为张家口市唯一一个自行设计、自行施工并达到国家标准的550兆赫ZCATV系统工程。

1996年

1月　撤销永胜地乡，整建制并入红土梁镇。合并后，红土梁镇辖16个行政村57个自然村。

2月　撤销南壕堑乡，整建制并入南壕堑镇。合并后的南壕堑镇下辖20个行政村（街）97个自然村、2个居委会。

是月　撤销勿乱沟乡、小蒜沟乡，合并为小蒜沟镇。合并后小蒜沟镇辖17个行政村52个自然村。

3月4日　县工商局、县物价局、县技术监督局三局分设。

3月26日　尚义县人民武装部由地方管理转为军队编制，交接仪式在麒麟宾馆二会议室举行。

4月29日　尚义县召开尚义县矿产资源新闻发布会。

6月1日　县政府在严打黑心商贩卖病死猪肉、米性猪肉的同时，决定在县城、大青沟、红土梁三家食品公司实行生猪定点检疫、定点纳税、定点屠宰。

6月18日　中日合资经营张家口华玉粮油制品有限公司在尚义县正式成立。该公司为尚义县第一家中外合资企业。项目总投资350万元人民币，注册资金250万元人民币。其中，县粮食局以价值150万元人民币的厂房、设备、场地等实物投资，占注册资金的60%，日本玉成株式会社以现汇100万元人民币投资，占注册资金的40%，双方以出资所占比例享受利益和承担风险，合资期限11年。

10月　经省民政厅批准，八道沟乡更名为八道沟镇，所辖区域不变，乡政府驻地八道沟村。

11月28日　尚义县贾海集贸中心落成暨南壕堑建筑建材市场改建工程竣工剪彩。贾海集贸中心和南壕堑建筑建材市场，总投资52万元，其中贾海集贸中心投资36万元，占地面积1350平方米；南壕堑畜牧市场改建为建材市场，占地面积7727平方米，建筑面积1540平方米，建房33间，总投资16万元。

12月29日　总投资165万元，总建筑面积1440平方米的尚义县汽车站（现平安大街48号）候车室营业楼竣工营运。

是年　尚义县公安局被评为全省优秀公安局，南壕堑镇派出所被评为全省百强派出所。

1997年

3月12日　政协尚义县第五届委员会第五次会议在县城召开，会议通过了政协尚义县第五届委员会五次会议决议。大会以举手表决的方式选举靳振贵为县政协主席。

4月16日　尚义县与天津市塘沽区结为友好区县。

4月19日　尚义县民政局首届300万元大奖组福利彩票发行。

4月27日　尚义县扫盲工作顺利通过省、市教委验收，结果为脱盲1429人，占全部文盲人数的99.8%。

5月6日　大青沟供销社主任王儒秀作为出席全国供销社系统劳动模范、先进工作者和先进集体代表，受到党和国家领导人朱镕基、李岚清、陈俊生接见。

5月19日　尚义县劳动力市场正式成立。

6月20日　郭（磊庄）花（儿台）公路改建工程正式批准立项。

6月22日　尚义县首个歌舞厅——电影公司雅典娜歌舞厅在尚义影院举行开业仪式。

7月上旬　全县14个乡镇70666.67公顷耕地，不同程度发生了草地蝗虫虫害。

7月18日　由尚义籍爱心人士韩适应夫妇捐助的一所新学校在后石庄井乡落成。全国人大常委会副委员长程思远题写了校名"韩雪梅希望学校"。

9月25日　闲置多年的大青沟牲畜市场启动，启动三个月统计，牲畜上市达1.8万头（匹），成交达84头（匹），成交额达400万元。

10月5日　尚义县举行成立水务局揭牌仪式。

11月18日　省委副书记卢展工在市委领导刘鹤峰陪同下，到尚义县大营盘乡的傅家村走访农户，检查虫灾。同时到雪城毛纺厂查看生产、项目情况。

是年　尚义县落实宗教政策，在南壕堑新建天主堂1处，便利了信教群众的宗教生活。

是年　草地螟在尚义县坝上地区大规模发生。

是年　尚义县开始建立城镇居民最低生活保障机制。

1998 年

1 月 10 日　11 时 50 分，在尚义县和张北县交界地区发生里氏 6.2 级地震。县内遭受震灾较为严重的有炕塄乡、套里庄乡、后石庄井乡、甲石河乡、下马圈乡、小蒜沟镇 6 个乡镇 62 个行政村 180 个自然村。其中，重灾 24000 户 72150 人。

1 月 12 日　省长叶连松、省委副书记许永跃、副省长杨迁在市政法委书记王宽、市委宣传部部长乔登贵、市委农工部部长武志雄的陪同下，分别到受灾较重的炕塄乡白彦不落村和后石庄井乡的曹家村查看地震灾情、慰问群众。

1 月 27 日　市委书记杨德庆、市长张宝义一行到石井乡曹家村进行慰问，为 6 户受灾严重的农户送去慰问金，每户 300 元。

2 月 4 日　国际救世军组织中国事务部部长雷庆放率团一行 5 人，到尚义县的套里庄乡元卜洞村、小坝子村和后石庄井乡的曹家村、马连洼村查看地震灾情，慰问受灾群众。来宾为尚义县捐款 60 万元（其中 4.5 万元用作元卜洞村重建小学经费），同时为 1000 名灾民运来取暖煤 3000 吨。

2 月 11 日　中共尚义县第七次代表大会在麒麟宾馆召开。出席会议代表共 180 名。大会选举产生了中共尚义县委第七届委员会，申兰旺为县委书记，郭有富、温金贵、曹汉武为县委副书记，县委委员 25 名。选举产生了尚义县第七届纪律检查委员会，张桂梅当选纪委书记，宋发、王万利当选副书记，纪委常务委员 7 名。

2 月 17—19 日　中国人民政治协商会议尚义县第六届委员会第一次会议在麒麟宾馆召开。全县 118 名委员出席了会议。大会选举产生了政协尚义县第六届委员会，常务委员 15 名。田丽亚为主席，杨生格、路满、卢千林、潘和荣为副主席。

2 月 18—20 日　尚义县第十二届人民代表大会第一次会议在麒麟宾馆召开。出席大会代表共 163 名。代县长郭有富作了政府工作报告。大会选举产生了第十二届人民代表大会常务委员会主任、副主任，张钧为主任，梁世文、张秀荣、贠明、徐若飞为副主任。郭有富当选为人民政府县长。张发、刘善修、王聪著、靳振高、张凤翔、李忠、岳国忠为副县长。

3 月 6 日　爱德基金会助理秘书长谈礼英，国际 ACT 组织官员卡特森、省委统战部副部长韩瑞英、市委统战部副部长王振军等一行，到后石庄井乡的南苏计村，对援助项目进行考察，将援助地震灾区的 50 万元资金，用于筹备建筑材料，救助工作要求于 8 月底全部完成。

4 月 10 日　省政协主席吕传赞为尚义县政协题词："参政议政，振兴尚义"。

4 月 26 日　副省长何少存、省建委副主任朱正举、乡村处处长孙修杰一行 5 人，到尚义县套里庄乡小坝子村、炕塄乡小白彦不落村，考察重建工作。

是月　"1·10"地震后，尚义县争取世行贷款 913 万美元（折合人民币 7576 万元），用于震后重建工作。

是月　11 万间民房重建工作全部开工。

5 月　红土梁大西沟村民朱荣家一青色骡子生下一黑色马驹，马驹脚部先天畸形，站立不稳。

6 月 2 日　9 时 30 分和 10 时 50 分，尚义县与张北县交界处分别发生 4.6 级、4 级两次余震，未造成人员、牲畜伤亡。

6 月 16—17 日　日本神户华侨总会和日本

青年丰会组成赈灾慰问团，到尚义县套里庄乡元卜洞村、小坝子村进行慰问，共捐款折合人民币70万元。

7月28日　尚义县投资金额最大的旅游项目——察汗淖草原村建成，开始接待游客。市人大常委会主任王权参加了开游仪式。

是月　由县图书馆策划的“大自然的警告——地震知识展览”在县图书馆大厅展出，历时1个月，展出图片100余幅，参观人数达10000人次。省、市多家媒体对此做了相关报道。

9月18日　由河北省政协港澳委员会捐建的尚义县后石庄井乡联同希望小学落成。

10月1日　尚义县公安无线寻呼台全面开通。

10月5日　杨哈公路全线贯通。杨哈线东起张北县杨朋庄，西至尚义县哈拉沟，全长76.7千米，动用土石方95.6万立方米，修建长度为105米的大桥1座、中小桥梁6座，新改建涵洞60座。

10月14日　尚义县通过“普九”省验、国检，提前一年实现了“普九”。省“双基”评估验收小组对尚义县新建校舍、配套器材以及规范管理给予高度评价。

10月29日　香港大公报社捐助41万元援建的联丰大公小学落成。

11月19日　民营企业三骉公司皮装城在大市场东侧落成。

11月26日　尚义县首次开通到天津的客运班线。

12月　“1·10地震”发生后，北京王府井医药器械公司、留日学生校友会、澳门中华教育会援助46.4万元，建成大苏计乡小梁子、八道沟镇北石楞、红土梁镇土木路、后石庄井乡中达营子等5所小学。

1999年

1月6日　尚义县召开“1·10地震”一周年暨抗震救灾，重建家园总结表彰会，县委、县政府对抗震救灾重建家园工作中，做出突出贡献的34个先进集体和140名先进个人进行了表彰。

3月29—30日　省长钮茂生、副省长郭庚茂、省政协主席王幼辉，到尚义县就扶贫攻坚任务的落实情况进行调研考察。

是月　尚义煤矿大坝沟井、大阳坡井先后放假，各科室只留1人轮流值班，企业处于瘫痪状态。

4月20日　邯郸对口帮扶尚义座谈会在尚义县麒麟宾馆召开。

6月9日　冀蒙线西段勘界工作第二次协商会议在尚义县召开。内蒙古自治区民政厅、河北省民政厅勘界办、乌盟民政局、张家口市民政局的负责人，商都、化德、康保、尚义四县主管副县长和县民政局负责人出席会议。

6月25日　大营盘乡补龙湾万亩草滩遭受蝗虫袭击，县畜牧水产局组织灭虫队和当地群众一起到受灾草滩扑灭蝗虫。

7月7日　农业部全国农业推广中心病虫防治处处长朴永范一行到尚义县考察虫灾情况。副县长王聪著及县农业局负责人陪同深入八道沟镇田间地头，详细了解草地螟的发生情况和农作物的受灾情况。

7月23日　尚义煤矿大永胜井，在1050水平东翼6号煤大巷发生一起掘进突发冒顶事故，2名矿工遇难。

7月29日　县委、县政府在京召开尚义县蔬菜促销新闻发布会。

8月3日　尚义县第二个旅游景点——大青沟镇青湖度假村举行开游仪式。

8月7日　由香港《文汇报》组织资助的套里庄乡文汇中学落成。

9月6日　省政协主席吕传赞到尚义县考察农业受灾情况。

9月8日　尚义县酒业有限公司举行开业庆典仪式，河北省白酒协会、市扶贫办、市农开办等单位参加开业仪式。

10月23日　由天津青少年发展基金会引荐美国毅产基金会捐助20万元兴建的八道沟镇永真希望小学举行竣工庆典仪式。

11月8日　尚义县举行《尚义县志》首发式。

11月30日　邯郸市对口帮扶尚义县的首批20名援尚干部到岗。

是年　受干旱的严重影响，以草地螟、蝗虫为主的各类虫害严重发生，发生面积4万公顷。其中，草地螟发生面积1万公顷，蝗虫发生面积3万公顷，严重威胁着农作物的生长。

是年　尚义县引进资金123万元。其中：60万元支持口磨中心、皮毛厂，粮油加工厂等技改项目，63万元修缮了部分小学校舍。

是年　经河北省民政厅批准，后石庄井乡改称为石井乡，行政区域不变。

2000年

4月15日　省长钮茂生、副省长郭庚茂带领省农口有关部门负责人到大营盘乡六十庄、七甲乡妈奶沟村，对退耕还林、还草、畜牧养殖、扶贫攻坚等工作进行考察。市长张宝义、副市长徐受棠、县委书记申兰旺、县长郭有富、副县长王聪著等市县领导陪同考察。

6月7日　尚义县召开第五次全国人口普查工作会议。

6月14日　尚义县召开县级领导干部“三讲”教育集体学习动员会议。

7月　县一中高考上重点线6人，创一中历史最好成绩，上本科线34人，上专科线235人，建档率97.7%。

8月3日　中央委员、国务院扶贫领导小组第一副组长胡富国，国务院扶贫办公室主任高鸿宾，在省委副书记赵金铎、省委副秘书长冯世斌、省扶贫办主任李正文、市长张宝义、市委副书记程葆刚、副市长徐受棠等省市领导的陪同下，先后到尚义县半个碌碡村、六十庄村和张科村，就扶贫开发工作进行考察和调研。

8月17日　大青沟镇青湖宾馆侦破特大非法出售增值税专用发票案，侦破过程中，警察与案犯发生枪击事件，一名商都县警察中刀牺牲。

11月3日　省长钮茂生深入尚义县旱灾较重的石井乡查看灾情。

12月27日　尚义县天主教爱国会工作联络组成立。

是年　尚义县成立尚义县财政集中支付中心建立财政供养人员档案数据库，逐渐推行工资发放银行化。同时，成立社保科。公用经费实行分类零基安排，限时拨付，严格实行“包死基数，超支不补，结余留用”的管理办法。

是年　尚义县第四中学撤销，人员并入八道沟中学。

2001年

1月6日　郭有富任中共尚义县委书记，赵占华任尚义县委委员、常委、副书记；张发任中共尚义县委副书记，贾福生任中共尚义县委委员、常委；高领任中共尚义县委委员、常委、组织部部长；王熠立任中共尚义县委委员、常委、中共尚义县委纪检书记。

1月13日　县第十二届人大常委会第二十次会议召开，会议选举张桂梅为张家口市第十届人民代表大会代表，并接受郭有富辞去县长的请求、张发辞去副县长的请求、岳国忠辞去科技副县长职务的请求。通过赵占华为副县长、代县长，何敏为副县长的任命。

3月2日　尚义县第十二届人民代表大会第四次会议举行第三次全体会议，选举张桂梅任县人大常委会主任、赵占华为县长、孙少平为法院院长、孙洪亮为检察院检察长。会议审议通过了《关于尚义县国民经济和社会发展第十个五年计划纲要》及纲要报告的决议草案；通过了《关于尚义县2000年国民经济和社会发展执行情况与2001年国民经济和社会发展计划》的决议草案；通过了关于尚义县2000年本级预算及县总预算的决议草案；审议通过了关于尚义县人大常委会工作报告的决议草案；通过法院及检察院工作报告草案。

4月10日　联合国儿童基金会官员安吉拉、喜多桂子与教育部及省市有关领导，组成考察团，到尚义考察农村幼教工作。

5月20日　小蒜沟镇铁精粉厂建成并投入使用，共投入资金160万元，日产铁精粉60吨。

是月　尚义县第一个居民小区祥福苑在原造纸厂厂区兴建。2002年12月，祥福苑小区一期工程竣工。

6月7日　由个体商人李孔投资180万元，兴建的小蒜沟铁矿投产运营。

6月12日　由香港南区各界联合援建的大苏计乡六号地小学，举行落成揭碑仪式。中联办港岛工作部副部长袁坤泉、香港永远会会长梁炽辉等，一行17人参加了仪式。

6月30日　在察汗淖尔草原旅游度假村召开旅游开发促销新闻发布会，来自中央电视台、中央人民广播电台、北京电视台、《北京青年报》、中国民族旅行社、北京旅行社等30多个单位参加。

是月　经张家口市中级人民法院和省高级人民法院批准，撤销小蒜沟、八道沟人民法庭，保留南壕堑、大青沟、红土梁3个法庭。

7月　在省生态农业工程建设评比中，尚义县获“创业杯”竞赛第一名，并获奖励项目资金150万元。

8月8日　在大青沟原三中召开尚义县第六届蔬菜、口蘑促销新闻发布会。

8月30日　大康公路一期改建工程竣工通车仪式在大营盘乡六十庄村举行。

8月　瑟尔基河大桥竣工通车。该桥是尚义县路桥建设史上投资最大、跨径最长的一座桥，全长172.24米，为13孔、13米水泥混凝土钻孔灌注空心板桥。设计载荷为汽-20级、挂-100级，总投资378.7万元。大桥成为坝下地区直通110国道的重要连接线。

是月　尚义煤矿重新归属尚义县。

10月23日　经报市政府、省煤炭工业局同意，尚义县乡镇企业局下属煤矿，作为尚义煤矿正式生产井，改制为尚义煤矿二井。

2002年

4月15日　在省农业特产之乡评审中，尚义县被评为河北蔬菜之乡。

是日　省长钮茂生、省委副书记冯文海、国家林业局副局长祝列克、副省长宋恩华到尚义县考察京、津风沙治理工程和退耕还林工作。

5月18日　尚义县在北京举办口蘑系列推介会。

8月28日　河北坝上林木种苗有限公司在尚义县北林场举行落成仪式。

9月6日　省委书记王旭东带领省直有关部

门负责人，在市委书记杨德庆、市长张宝义的陪同下到尚义县调研。王旭东对尚义县京、津风沙源治理工作给予充分肯定，并要求以技术优势提高苗木基地的科技含量，同时要抓好错季蔬菜和无公害蔬菜两大优势品牌。

10 月　经省民政厅批准，哈拉沟乡更名为三工地镇，所辖区域不变，镇政府驻地三工地村。

10 月 15 日　大青沟镇 260 户农民所种的约 86.67 公顷大萝卜出口日本，纯收入 280 万元，户均增收 8000 元。

12 月 20 日　尚义县青年联合会成立，并召开第一届委员会第一次全体会议。

是年　尚义县首次在 66 个县直行政事业单位编制部门预算。

是年　根据“三取消、两调整、一改革”的总原则，尚义县认真落实农村税费改革政策。全县农民人均减负 79 元，减负率 71%。

是年　尚义县成为 2002 年全省第一个完成兑付退耕还林补助粮的县。兑付退耕面积 1 万公顷，到年底，按照政策已将涉及 14 个乡镇、77 个行政村、14571 户的 7500 吨补助粮，全部发放到农民手中。

2003 年

3 月 25 日　尚义县召开领导干部会议，任命赵占华为中共尚义县委书记；提名高林为尚义县人民政府县长候选人。

4 月 21 日　尚义县召开预防非典型肺炎紧急会议。

4 月 26 日　尚义县召开防治非典型肺炎电话会，动员全县各级各部门紧急行动起来，团结一致，坚定信心，扎实工作，齐心协力做好防治非典型肺炎工作。

5 月 8 日　在麒麟宾馆召开全县防“非典”工作队下基层动员大会。县委副书记靳振高、人大常委会主任张桂梅、政协主席田丽亚、副县长李晓红、县委办主任冯万成、组织部部长王建平、副县长何敏出席会议。县直、驻县单位一把手，各乡镇防“非典”工作主管领导 74 人，以及下基层工作队员参加会议。

6 月 5 日　尚义县召开防治“非典”第三战役动员大会，号召全县各级各部门再接再厉、乘势而上，不断巩固“防非”工作成果，全力打好“防非”第三战役。

6 月 12 日　尚义县将 1850 万千克补助粮发放到 4.2 万户退耕户。

6 月 13 日　尚义县开通张家口电视频道庆典仪式在县广播电视局院内举行。

6 月 18 日　尚义县召开 2003 年招商引资洽谈会，会上共洽谈项目 58 个，签订正式协议 32 个，协议资金 3.2 亿元人民币。

6 月 28 日　尚义县召开纪念建党 82 周年暨“抗非”先进集体、先进个人表彰大会。会议表彰了在县三个文明建设和抗“非典”、促发展中做出贡献的 9 个先进党委、30 个先进党支部、100 名优秀共产党员、20 名优秀党务工作者、20 名优秀农村党支部书记、47 个“抗非”先进集体、172 名“抗非”先进个人、27 个“抗非”先进党组织、47 名“抗非”优秀共产党员、10 个“抗非”环卫整治先进集体。

7 月　石井乡举办第一届赛羊会。赛羊会共设小尾寒羊对抗赛、肉羊拉车赛跑、胚胎移植及杂交羊展示三个项目。

8 月 8 日　日本三通国际商事株式会社、三慧食品株式会社社长李振生、总经理王素民、日本备后渍物有限株式会社国原徽晓、东海淀粉株式会社森宪司生一行，赴尚义县考察洽谈投资项目。

8 月 12 日　中国铁路建筑报社“高考贫寒奖学金”发放仪式在县一中举行。

9 月 11 日　挪威亚略巴古组织负责人何宝珍、南京爱德基金会副秘书长李思临一行到尚义县考察援助身心健康项目。

9 月 21 日　尚义县召开欢迎邯郸市援尚干部会议。

9 月 29 日　省道张尚线二级公路改建工程竣工通车，结束了尚义县不通高等级公路的历史。

11 月　尚义县童装厂改制成民营企业，更名为张家口伦比服饰有限公司。它的诞生弥补了张家口市品牌服装企业的空白。

是年　县一中融资 620 万元、建筑面积 7482 平方米的两栋六层学生公寓楼建成使用，并开始推行公寓化管理；投资 85 万元建成一个 55 台座微机教室、一个 305 座多媒体教室和一个 20 台座教师电子备课室；投资 25 万元整修了操场。学校在市劳模大会上被命名为“先进集体”，被市教育局命名为“张家口市信息技术教育装备示范校”。

是年　县城主街道平安大街由 6 米拓宽到 13 米，拓宽长度为 7 千米。

是年　一场大雨过后，在四台蒙古营凤凰岭雨水刮出陶片、陶器与石器等文物。经省文物研究所副研究员初步鉴定，具有龙山文化特征。

2004 年

1 月 1 日　中国银行业监督管理委员会张家口银监分局尚义办事处在尚义县正式挂牌。

1 月 9 日　尚义县召开公益性岗位启动仪式大会，安置下岗职工 49 人。

是月　尚义县有线电视实行加密管理。月收费 10 元。有线电视加解扰系统的建立，实现了对用户的微机化管理。

2 月 10 日　市委书记刘永瑞、市委秘书长李建举，到尚义县就推进农业产业化，加快产业化结构调整，确保农民增收工作进行调研。

3 月 30 日　召开“百名干部到村挂职”动员会。会议决定，从县直及驻县部门选派百名优秀年轻党员干部，分赴 14 个乡镇 100 个行政村挂任村党支部副书记，脱岗工作一年，帮助农民解决生产、生活中的实际困难，谋划发展思路，从而推动农村经济，实现跨越式发展。

4 月 18 日　尚义县传媒中心信息网站正式开通，域名 www.sycm.cn。县委书记赵占华、县人大常委会主任张桂梅、常务副县长李晓红出席剪彩仪式。

5 月 13 日　中澳技术合作“河北水及农业管理项目”澳方专家组及省市项目领导和技术人员到尚义县，同县政府和有关职能部门进行了尚义县水资源综合管理研讨活动。

5 月　县一中融资 167 万元、建筑面积 1895 平方米的多功能餐厅破土动工，年底落成并投入使用。投资 462 万元、建筑面积 7240 平方米的教学楼工程开工。

6 月 3 日　国华能源有限公司总经理曾建华到尚义县视察风电项目进展情况。县委书记赵占华，县长高林、县委办公室主任冯万成陪同到大满井风电场，实地考察地质勘测情况。

6 月 18 日　尚义县经贸洽谈暨蔬菜推广会隆重召开。会上发布了大青沟奶牛园区南扩等 6 个重点项目，有 52 个项目达成协议，14 个重点项目签约。

6 月 29 日　尚义县党团教育基地暨第一个党支部纪念馆在八道沟正式落成，并举行了揭牌仪式。

7 月 28 日　投资 10.1 亿元的国华尚义风电项目建设工程奠基仪式举行。

8月4日 《人民日报》、省记协、《河北日报》摄影中心、《保定日报》、《张家口日报》、《开滦日报》等家新闻媒体摄影采访团对尚义县生态工程进行采风。

8月20日 中国铁道建筑集团总公司援建的中铁希望小学，在红土梁镇举行竣工剪彩仪式。

11月9日 市委书记刘永瑞带领市委秘书长李建举、市委农工委书记周林、市政府副市长张钰及市扶贫办、畜牧局、文明办有关负责人到尚义县调研文明生态村和千村经济振兴工作的开展情况。其间，考察了义羊肉制品有限公司、七甲乡二道洼村、妈奶沟文明生态村、大青沟镇蔬菜交易市场。

11月19日 尚义县蔬菜协会正式成立。县领导冯万成、王平、潘和荣以及各乡镇长、农业部门负责人出席会议。35名理事以举手表决的方式通过协会会长、副会长、常务理事的人选名单。郭志美当选尚义县蔬菜协会会长。

12月28日 “中国口蘑重点县”“中国口蘑之乡”“张家口口蘑研究所”“张家口市食用菌协会”揭牌仪式，在尚义县瑞源口蘑有限责任公司举行。

2005年

1月12日 尚义县召开首届“十大杰出青年”表彰会，对评选出的十杰青年和优秀青年进行表彰。

2月4日 尚义县召开保持共产党员先进性教育活动动员大会。大会落实中央、省、市保持共产党员先进性教育活动会议精神，县委书记赵占华对尚义县开展先进性教育活动进行总动员、总部署。

4月8日 由国华能源投资有限公司与尚义县政府共同合作开发的总投资90亿元、建设规模达100万千瓦的风力发电项目签署协议。

5月13日 北京三合绿色环保设备有限公司和尚义县达成协议，决定在尚义县大营盘乡补龙湾一带开发100万千瓦的风电项目，并在挪威驻中国大使馆举行签约仪式。

7月 中共尚义县委首任书记、老红军刘雪申，在锦州逝世，享年93岁。

8月 全县中小学布局调整，炕塄中学撤销，并入八道沟中学。

10月16日 国家发改委在尚义县召开座谈会。国家发改委、河北省发改委、中国水电工程集团、中设国际招标公司、神华集团、国华能源投资公司、省气象局、张家口市主要领导、中省直发电投资公司及坝上四县负责人，共同探讨张家口市坝上地区建设全国第一个百万千瓦级发电项目示范基地的相关事宜。

10月18日 国家发改委、河北省发改委、神华集团、国华能源投资公司的负责人，市长高金浩、县委书记赵占华为尚义县风电项目一期工程竣工典礼暨二、三期工程开工仪式剪彩。省、市新闻媒体对活动进行了全方位的报道。

10月21日 省委常委、政法委书记车俊到尚义县调研。

11月15日 省“普三”验收组一行到达尚义县。尚义县普及三年学前教育顺利通过省级验收。

12月 中国科技协会授予尚义县“全国农村科普工作先进集体”称号。

是年 尚义县在兑现涉农补贴工作中，采取“一折通”形式，建立涉农补助资金“绿色通道”。

是年 尚义县成立了契税征收管理所。

是年 大营盘乡中学撤并到大青沟镇中学。

2006 年

3 月　南壕堑镇中学撤并到尚义县第二中学，南壕堑镇所有小学全部撤并为镇寄宿制完全小学，建起了镇中心幼儿园。

是月　撤销尚义煤矿中学、大阳坡煤矿小学、红土梁镇中学，合并为红土梁九年一贯制学校。撤销红土梁煤矿小学，并入红土梁镇小学。

4 月 28 日　籍献平任中共尚义县委书记，王志刚任县委常委、副书记、纪检书记。

5 月　尚义县三工地镇土城子村柔玄镇遗址，被国务院公布为第六批国家级重点文物保护单位。

6 月 8 日　尚义县与爱尔兰安粹公司共同开发的 20 万千瓦大青山风电项目签约仪式在爱尔兰大使馆举行。

6 月 17 日　尚义县第十三届人民代表大会第四次会议，高领当选为尚义县人民政府县长。

6 月 21 日　尚义县森林公安局举行揭牌仪式。

7 月 5 日　由文化旅游局主办的《鸳鸯河》创刊。《鸳鸯河》是一份四版四开文化性的杂志，出版周期为每月一期。

8 月 9 日　由全国妇联、省妇联共同组织的“中国母亲援助”复明 12 号流动眼科手术车抵达尚义县。经过县妇联宣传、摸点及患者的申报工作，申报白内障患者 58 名，经初查，确定 26 名为手术患者。

8 月 18 日　省长季允石到尚义调研。县委书记籍献平汇报了工作。省、市领导对尚义的风电建设和生态发展予以肯定。

10 月 20 日　尚义县第十三届人大常委会召开第二十四次会议。会议听取审议了县政府关于《中华人民共和国城市规划法》《河北省城市规划条例》贯彻实施情况的报告；听取审议了县法院关于《中华人民共和国法官法》贯彻实施情况的报告；听取审议了县检察院关于《中华人民共和国检察官法》贯彻实施情况的报告；听取审议了县政府关于《中华人民共和国警察法》贯彻实施情况的报告。委员们一致建议，在贯彻《中华人民共和国城市规划法》中，在搞好城镇规划的同时，加大综合执法力度，进一步加快打造县城的建设步伐。在贯彻《中华人民共和国法官法》《中华人民共和国检察官法》《中华人民共和国警察法》中，要加强培训力度，提高队伍素质，维护好社会治安秩序稳定，为全县经济建设保驾护航。

10 月 22 日　尚义县组织干部开始在麒麟山植树。由于为石质山体，采用专业人员爆破的方式挖树坑，人工背土上山种植松树，并引水上山灌溉树苗。

11 月 9 日　县长高领主持召开党政联席会议，专题研究县域及县城总体规划。规划依据建设部《城市规划编制办法》设计，期限为 2006—2020 年。县域城镇体系结构规划分为四个等级，城区发展用地规划采取疏散旧城，积极拓展河南新区，适度发展东西两侧的发展策略，形成“一心两翼”的城市结构。

11 月 17 日　尚义县召开工资改革会议，参照公务员管理单位人员开始填报参照管理机关（单位）工作人员登记表。

2007 年

1 月 16 日　县民营企业红雅饭店新楼落成开业。

4 月 10 日　正式开通尚义县人民政府网，使用注册域名 www.Shangyi.gov.cn。归属县委宣传部管理。

7月13—22日　尚义县举办2007年度文化旅游物资交流大会。实现交易额1500万元，是2000年来规模最大、规格最高、市场秩序最好的一次交流会。

7月　历时5年的中澳技术合作河北节水及农业管理项目在尚义县实施完成。项目由澳大利亚帮助开展，涉及三工地、七甲2个示范村和半个碌碡、武家坡、师家卜、碾盘洼4个推广村。投资235万元，建成节水灌溉示范面积327.67公顷；先后举办各种培训10次，为每个示范区建设1个社区培训中心，配备了电脑、电视、VCD等齐备的电化教学设备，提供蔬菜种植和畜牧养殖等科技图书1000多册；尚义县先后有7名领导和技术人员到澳大利亚悉尼、墨尔本参加了计算机应用、地理信息系统软件操作、地下水模拟模型等多方面的技术培训。

9月18日　尚义县治安防控安装了“电子眼”。工程累计筹资100万元，新建指挥中心大厅内设大屏幕显示墙及电脑监录系统，由18台电视机和两台电脑组成。通过指挥中心操作监控，可对县城区域24处交通要道、主要街道和重点单位范围的活动迹象全天候、直观、实时的观察并监录，为随时掌握社会治安和预防打击犯罪提供了全面、及时准确的情报信息。

是年　尚义县完成了市县有线电视联网工程，实现了尚义县与全省全国的大联网。

是年　尚义县年平均降雨量191毫米，是1960年以来旱情最严重的一年。

2008年

1月21日　中央电视台电影频道《茶壶》摄制组一行，在石井乡进行了该剧主要情节的实景拍摄，再现了石井乡赛羊会的宏大场面。尚义县师生、村民、干部参与拍摄。这是在尚义县境内拍摄的首部电影。

2月7日　媒体披露：河北省北部发现43处辽金元时期城址，其中尚义3处即南壕堑镇席麻沟遗址、窑子沟遗址、红土梁镇七令沟遗址。

是月　中国科学技术协会授予尚义县“全国科普示范县”称号。

3月5日　全县突降暴雪，道路交通阻塞，交通、公安等部门组织人力为道路清障。

3月23日　《人民日报》头版发表王方杰、李增辉采写的新闻《追风逐日气象新》。尚义县开发风能工作以及县委书记籍献平对开发风能的见解，被放在重要篇幅报道。

4月20日　县环保局在尚义县进行了有史以来首次土壤污染状况调查。共对46个普查点位（其中包括28个耕地点、6个草地点、4个林地点、6个未利用土地点）和2个背景点位的土壤状况进行调查，共取土样368个，基本查清了尚义县土壤污染情况。

5月25日　尚义县召开集体林权制度改革工作动员会。

6月12日　中国邮政储蓄银行尚义县支行在尚义县挂牌。

6月18日　龙源尚义石人风电场4.95万千瓦工程竣工，与麒麟山风电场15万千瓦项目开工仪式同时举行。省发改委副主任宋晓英，市政协主席乔登贵，副市长宋文玲，市政协副主席吴泽林，龙源电力集团公司总经理谢长军、副总经理王连生，市发改局、供电公司、国土资源局相关领导，以及县四大班子领导出席仪式。至此，尚义县风电并网发电容量达18.3万千瓦，位居全省第一。

6月23日　早晨7时气象部门监测，尚义县自西向东将先后出现降水过程。尚义县抓住这一有利时机，开展了大范围的人工增雨作业。

人工作业车发射人工增雨火箭弹20枚，使尚义县大部分地区普降小到中雨，东部地区降雨进程较为明显。全县平均降雨量12.4毫米，降雨量最大的八道沟镇达到了24.4毫米。此次降雨有效缓解了旱情。

7月2日　尚义县召开城镇面貌三年大变样动员会。

7月5日　省长郭庚茂带领省直有关部门负责人，到尚义县就项目建设、群众生产，生活问题，农村合作医疗，教师工资保障和“两免一补”政策落实情况进行调研。

7月11日　在县城繁华路段——太平路与环城路交叉的十字路口，首次安装交通红绿灯。

7月26日　全市节水农业工作现场会在尚义县召开。

7月26—27日　全省普及学前三年教育工作第五次现场会，在尚义召开。省教育厅副厅长杨勇、市政府副秘书长马旭东、县领导籍献平、高领等县领导出席了会议。县长高领介绍了尚义县“普三”工作经验。

7月28日　由全国妇联和中国妇女发展基金会组织的中国母亲援助　　复明12号流动眼科手术车和母亲健康快车，为白内障眼病患者实施免费手术。

是日　套里庄乡石人背地质公园开园，正式接待游客。

是月　大青沟镇中学撤并到尚义县第三中学。大青沟镇小学全部撤并到希望小学，为寄宿制完全小学。原小学改建为镇中心幼儿园。

9月7日　尚义县首家农民专业合作社——满井镇脑包底村马铃薯专业合作社，在满井镇脑包底村正式挂牌成立。这是在《中华人民共和国农民专业合作社法》正式颁布后，尚义县首家经工商登记注册的农民专业合作社。

9月19日　尚义县广播电视中心大楼暨电视转播台、电台建设工程奠基开工。

9月28日　经省民政厅批准，炕塄乡更名为满井镇，下辖区域不变，镇政府驻地为大满井村。

10月9日　国华尚义风电场四期工程并网投产，国华尚义满井风电场项目顺利竣工。该项目于2004年7月开工，总投资17.5亿元，分4期建设。共安装单机容量1500千瓦的风机122台，总装机容量为18.3万千瓦，单体装机容量位居全国第一，是当时全国单体最大的风电场。

是年　完成造林633.33公顷，尚义县被省林业局授予“2008年度河北省农田林网建设先进县”称号，成为全市唯一获此殊荣的县。

是年　尚义县投资400万元兴建了占地面积46667平方米的秀水广场，此为尚义县第一个大型文化休闲健身广场。

是年　尚义县完成了中央、省广播电视无线覆盖工程建设任务，建起100米自立塔一座，成为全省县级第一高塔，可发射4套电视、3套调频广播信号。

2009年

1月21日　教育部部长周济到尚义县调研绩效工资改革工作，并到满井镇狐子窝小学慰问困难教师。

4月15日　尚义县气温骤降17.4℃，最低气温为−5.5℃。

5月18日　尚义县投资3750万元治理鸳鸯河。开始进行“一横三纵一桥”的“四路一桥”工程建设，即在鸳鸯河南岸新修滨河南路、希望路、水厂东路和新工路4条道路，并对鸳鸯河便民桥改建。鸳鸯河一期综合治理长度500米，主要包括蓄水、防渗等工程。

7月24日　全国政协常委、全国政协经济委员会副主任胡德平，带领部分企业家到张家口市，就经济社会发展、生态建设、旅游开发等方面工作进行考察调研。其间，到尚义县追寻父亲胡耀邦足迹，在国华尚义风电山庄，观看了尚义县拍摄的纪录片《亲切的关怀，巨大的鼓舞——胡耀邦总书记视察尚义追忆》。胡德平通过实地参观、开会座谈等形式，详细了解了尚义县风能开发等情况。县委书记籍献平、县长高领、县政协主席靳振高陪同考察。

8月9日　尚义县圆满完成有线电视前端机房由旧局院搬迁到新大楼工程，仅用36小时就顺利完成了设备搬迁、安装调试、光缆割接，并恢复了信号正常传输，创下了在同行业中机房搬迁停播时间最短的历史纪录。

8月25日　经省统一考试、市组织面试后，分配到尚义县任教的42名特岗教师已完成岗前培训等工作，全部充实到乡镇农村学校任教。

是月　南壕堑镇小学划归国办小学，更名为尚义县秀水小学。

11月3日　天主教南壕堑堂区教管会换届调整，产生了新一届管理成员。刘万福任总顾问，秦佩龙、潘建华、罗英任副主任。

11月4日　市委书记许宁到尚义县调研，并召开坝上县区工作座谈会。

11月10日　尚义警方破获一起用假币收购羊只坑农案。3名商都羊贩归案，警方收缴假币4.78万元。

12月29日　尚义县在麒麟宾馆召开《尚义县志（1989—2010）》编纂工作启动大会。

是年　尚义节水蔬菜大旱之年获丰收。全县种植的约3666.67公顷膜下滴灌节水蔬菜获得丰收，最高亩收入8000元，亩均收入3000元。

是年　全县财政收入首次突破亿元大关。全年完成财政收入10556万元，比2008年增长20%，比2005年翻了近两番。

是年　鸳鸯河便民桥改建工程告竣。

是年　总投资380万元的县城自来水供水管网改造告竣。

是年　总投资6881万元的污水处理厂工程告竣，日处理能力1.5万吨，管网工程40.8千米。

是年　尚义县城黄金坡生活垃圾无害化填埋场工程告竣。工程总投资3305万元，占地面积79137平方米，日处理能力110吨。

是年　尚义县遭受严重旱灾。进入5月以来，由于持续高温干旱，降雨量不及正常年份的三分之一，全县北片5个乡镇除水浇地外，所有旱田农作物全部绝收。

2010年

1月2日　道路积雪厚达1米，坝上坝下交通完全中断。最低温度达到了-34℃。

3月19日　召开全县2010年城镇面貌三年大变样动员部署会。计划全年全县完成城建投资5.6亿元，以建设山水型生态宜居城镇为目标，立足“山、水、林”的城市特色，按照“提升旧城区、建设新城区、开发河南区”的总体布局，使城镇建设始终沿着科学轨道有序推进。

4月10日　市政府把尚义县四台蒙古营村确定为2010年民族风情旅游村。

7月3日　全县农村2900农户签订了新一轮土地流转合同，总流转面积达4666.67公顷。

7月23日　尚义县召开第三届文学艺术界联合会代表大会。

尚义县志
SHANGYI XIANZHI
1989—2010

第一篇

建置区划

尚义县属于县级行政区，隶属张家口市，位于河北省西北部。单独建置较晚，其境域在历史上先后为鬼方、匈奴、鲜卑、契丹、蒙古鞑靼部落蒙荒之地和清朝满族牛羊旗群牧场，是地蛮荒僻壤、村落星稀。清末民国初，招商放垦，承领耕种，村落渐多，人口日众，辖境分属商都县和张北县。1934年，正式建立了尚义设治局，治所在大青沟。1936年年初，在日本侵华势力的操纵下改设治局为尚义县，由伪察哈尔盟所领。1945年8月23日，八路军解放张家口后，立即宣布废除伪蒙疆联合自治政府，恢复察哈尔建制，尚义县属察北专区所辖八县之一。

新中国成立后，尚义县依序设立7个行政区，1953年将全县7个区所辖的163个行政村划为71个乡2个镇。1956年撤区并乡，原73个乡镇合并为34个乡镇。1958年将乡镇整合后成立了5个人民公社。是年12月，撤销尚义县建制，并入张北县。1960年1月，张北县分设张北、商都两县，原属尚义县全境划入商都县管辖。原有5个公社仍沿袭未变。1961年5月从商都县分出，以原辖区恢复尚义县，将5个公社划分为16个公社。

1984年取消了人民公社，设立乡镇建制，改制后，将南壕堑公社分设为南壕堑镇、南壕堑乡，将大青沟公社改为大青沟镇。全县共有15个乡2个镇。

1996年并乡扩镇，撤销永胜地乡，并入红土梁镇；撤销南壕堑乡，并入南壕堑镇；撤销勿乱沟乡、小蒜沟乡，改为小蒜沟镇，形成7个乡7个镇的尚义县版图。直到2010年未变。

第一章 建 置

第一节 区域位置

尚义县位于河北省西北部、内蒙古高原南缘、明长城北侧。东邻张北县，与张北县边界线长99.31千米；南以长城为界，与山西省天镇县接壤，边界线长1千米；南偏东与河北省怀安县、万全县接壤，与怀安县边界线长24.08千米，与万全县边界线长32.29千米；西连内蒙古兴和县，与兴和县边界线长88千米；西北部隔察汗淖与内蒙古商都县相望，与商都县边界线长83千米。县城距北京市280千米，距省会石家庄342千米，距张家口市82千米。县域地理坐标为北纬40° 44′ ~ 41° 32′，东经113° 49′ ~ 114° 26′。全境南北长88.80千米，东西相距55.20千米，边界线周长327.68千米，总面积2632.47平方千米。

尚义县是沟通晋、冀、蒙，连接中国与蒙古国、俄罗斯等国家的重要通道。早在清朝初年，清政府在内蒙古开辟驿道并设有驿站，以马匹护送官吏往来，县境内的四台、五台即张家口道的两个驿站。及至今日，张集铁路、京藏高速、110国道穿越尚义县境。省道张尚线、东商线贯穿东西。

第二节 建置沿革

商及西周，今县境为鬼方地。

春秋，今县境属于北戎族，他们是草原细石器文化的传人。

战国，今县境属燕国，附近为林胡、匈奴游牧地。

秦，今县境属代郡代县（治今河北省蔚县代王城）。

西汉，今县境属匈奴冒顿单于直辖区（单于之庭）。汉武帝时，今县境属汉并州代郡且如县地。

东汉，今县境复属匈奴、鲜卑地。

曹魏至西晋，今县境属拓跋鲜卑地。十六国时期，今县境属北魏。

北魏，今县境北部属柔玄镇（柔玄镇故址在今尚义县三工地镇土城子村）。

隋，今县境属雁门郡之灵丘县。

唐，今县境为突厥人游牧地，属单于都护府的桑干都督府管辖。

五代十国，今县境一度属后晋，后为契丹地。

辽金，今县境时属辽之西京道奉圣州。辽亡，金立，今县境初属西京路宣德州（治今河北省宣化），后于今河北省张北县域置抚州及柔远县，今县域属之。

元朝，今县境属中书省兴和路（驻所高原，即今河北省张北县），后于今县域西置威宁县。

明朝初，今县境属京师（治顺天府，今北京市）辖境，曾属大宁都司，后属万全都指挥使司、宣府兴和（今河北省张北县）守御千户所辖地。明永乐二十年（1422）后，今县境成为蒙古部落游牧地。

清，今县境属直隶省口北道张家口厅。康熙年间，招民垦殖，居民日众，渐成村落。清雍正三年（1725 年）设乌里雅苏台泛防千总，管理地方钱粮，稽查盗匪等，125 个村窑属当时乌里雅苏台泛防千总管辖，今尚义县境内有据可查的有 72 个村窑，分别在今套里庄乡、红土梁镇、小蒜沟镇、甲石河乡、下马圈乡。

民国，今县境属察哈尔特别区之兴和道。1928 年废道撤区，建察哈尔省，今县境属之。1934 年 5 月 1 日，察哈尔省政府认为商都县大青沟一带，距张北、商都二城都很远，不便政令畅达，遂将商都县二区全境及三区部分村庄划出，设置设治局。勘界划定后呈请行政院获准，国民政府备案，正式建立了尚义设治局，治所在大青沟。“尚义”之名始见史册。1934 年 5 月至 1945 年 8 月，今县境北部属尚义设治局。

尚义设治局由原商都的第二区全区和第三区的 6 个乡 16 个村组成。所辖地域，西至五台河，南至老虎山，东至思仁洼（今东山村），北至察汉脑包，大体上相当于今尚义县境的北部地区，设治局驻大青沟。尚义设治局的行政区划为 10 个乡（镇），即中达营乡（驻陈老五村）、平地鄂博乡（驻陈老五村）、马群乡（驻大营盘）、羊群乡（驻大营盘）、安民乡（驻大苏计）、乐业乡（驻大苏计）、保龙乡（驻哈拉沟）、良善乡（驻哈拉沟）、前四台乡（驻奎腾台）、城区镇（驻大青沟）。樊崇先任设治局首任局长。1935 年 10 月 15 日，樊崇先卸任，窦锡云就职。12 月 1 日，窦锡云免职，邱松岩接任。

1936 年 1 月，尚义设治局沦入日本侵华势力控制，辖境不变，仍为 10 个乡（镇），属伪察哈尔盟所辖。乡下设村、甲、牌制，10 户为 1 牌，10 牌为 1 甲，10 甲为 1 村。1937 年 5 月，张北县并 36 个乡为 12 个乡，分属一、二、三区。其中二区辖俭裕乡（驻今八道沟）、俭丰乡（驻乌里雅苏台）、俭富乡（驻套里庄）和俭尚乡（驻南壕堑）。1941 年，俭尚乡改设为南壕堑镇。1944 年，日伪察哈尔盟公署将张北县的俭丰乡、俭富乡、俭裕乡、南壕堑镇三乡一镇（大致相当于今尚义县境南部地区），划归伪尚义县管辖，基本上形成了今尚义县的辖区。

1945年抗日战争胜利后，八路军解放今县境，中国共产党建立政权。9月，尚义县属察哈尔省察北专署。1946年10月，解放军战略撤退，国民党统治尚义县，行政区划不变。1948年12月13日，尚义县在平津战役中解放，属察哈尔省察北专区。

1952年察哈尔省撤销，同年11月，今县境属河北省张家口专区。1958年12月，撤销尚义县，今县境并入张北县（又称“大县”，由今张北、尚义、商都、康保、沽源五县组成）。

1960年2月16日，商都、尚义从张北县划出，今县境属商都县。1961年7月9日，尚义县以原辖区从商都县析出，恢复尚义县（县政府驻南壕堑镇），属张家口专区。1967年12月，张家口专区改称张家口地区，尚义属之。1993年6月19日，张家口地区、张家口市合并，尚义属张家口市所辖。

第二章　行政区划

第一节　区　划

1989年，尚义县辖2个镇、15个乡、181个行政村、4个居民委员会、618个自然村。县政府驻南壕堑镇平安街92号。

1989年9月，经河北省民政厅批准，土木路乡改称为红土梁镇，镇政府驻地土木路村，1991年11月镇政府迁到红土梁村。1996年并乡扩镇，1月，撤销永胜地乡，并入红土梁镇。2月，撤销南壕堑乡，并入南壕堑镇。小蒜沟乡和勿乱沟乡合并，改称小蒜沟镇；10月，撤销八道沟乡，改为八道沟镇。1998年，后石庄井乡乡政府驻地迁到套里庄房子村，1999年，经河北省民政厅批准改称石井乡。2000年6月，哈拉沟乡政府搬迁至三工地村，2002年10月，经河北省民政厅批准，哈拉沟乡改为三工地镇。2008年9月，经河北省民政厅批准，炕塄乡改为满井镇，镇政府迁驻大满井村。

1989—2008年，尚义县共撤销3个乡：原南壕堑乡、土木路乡、勿乱沟乡；扩编5个镇：红土梁镇、小蒜沟镇、满井镇、八道沟镇、三工地镇。至2010年，县辖共14个乡级政区（7个镇7个乡），172个行政村，6个社区居民委员会，592个自然村。7个镇：南壕堑镇、大青沟镇、满井镇、八道沟镇、三工地镇、小蒜沟镇、红土梁镇；7个乡：大苏计乡、大营盘乡、石井乡、七甲乡、套里庄乡、甲石河乡、下马圈乡。

1989年尚义县行政区划一览表

表1-1

乡镇	所辖行政村数（个）	所辖行政村、居委会
南壕堑镇	9	第一居委会、第二居委会、安宁街、太平街、新华街、菜园街、哈拉沟、六号、毛忽庆
南壕堑乡	13	朝力盖、满克图、大坝沟、沙卜窑、厂棚沟、常胜沟、田家窑、官村、西平山、二号、瓦窑沟、十三号、青山
大青沟镇	14	大青沟、厂库伦、汗淖卜、长富沟、大银堤、师家卜、白彦堡、贲贲淖、陈所梁、南海子、安家梁、魏家村、庙沟、大井
大苏计乡	13	大苏计、小梁子、夏家卜、六号地、郝家地、白沙泉、大贲红、八义井、双井子、蔡家村、冀家村、三圪垯井、半个碌碡
大营盘乡	15	大营盘、刘油坊、六顷地、孙家村、六十庄、霍洞沟、四刘元地、王条卜、壕堑、十二号、蒙古营、程家村、补龙湾、四号地、王二宏
哈拉沟乡	10	三工地、刘面焕、李三虎、王油坊、张活洼、土城子、有德元、王二来、哈拉沟、田家村
后石庄井乡	13	后石庄井、东山、范家村、戈家村、戈老五、中达营、谷家梁、黄旗岔、石门沟、水泉梁、马连洼、奎腾台、陈大五沟
八道沟乡	14	八道沟、博岱花、宣窑洼、阎房洼、老虎山、南大井、惠家梁、北石塄、碾盘洼、七甲山、赛尔台、东水、西赛、后号
炕塄乡	11	炕塄、戈家村、脑包底、大满井、狐子窝、阎家淖、南哈路、白彦不落、特布不落、赛汗不落、三盖脑包
七甲乡	8	七甲、荞麦窑、三排地、三海洼、大六号、北营子、三和成、妈妈沟
土木路乡	9	红土梁、大西沟、五十家、榆树湾、土木路、豆腐窑、龙池窑、大阳坡、大山进沟
永胜地乡	7	永胜地、黄土窑、下井、七令沟、头号、二道背、长条沟
套里庄乡	10	套里庄、小井洼、元卜洞、缸房厂、小西沟、西城窑、三里庄、小山进沟、洗马林窑、小坝子
甲石河乡	13	甲石河、碱沟梁、青杨沟、瓦桶沟、碱土河、杏园沟、化林沟、大柳沟、骆驼山、西杨木沟、东杨木沟、侯达子沟、囫囵
匀乱沟乡	7	匀乱沟、闫家窑、乌良台、宣府窑、北槽碾、南营盘、下纳岭
小蒜沟乡	10	小蒜沟、保满沟、大梁底、土窑沟、大土台、牛家营、中乌拉哈达、南沟、地上、缸房
下马圈乡	7	下马圈、上白窑、阳高窑、南槽碾、庄科、旧庙、正果

2010年尚义县行政区划一览表

表1-2

乡镇	撤并乡镇	所辖行政村数（个）	所辖行政村、居委会
南壕堑镇	1996年2月南壕堑乡并入	24	第一居委会、第二居委会、第三居委会、第四居委会、瓦窑沟、十三号、青山、大坝沟、朝力盖、沙卜窑、西平山、厂棚沟、常胜沟、官村、田家窑、六号、太平街、安宁街、新华街、菜园街、哈拉沟、二号、毛忽庆、满克图
大青沟镇		15	大青沟居委会、大青沟、白彦堡、南海子、安家梁、大井、魏家村、前官地、大银堤、长富沟、汗淖卜、厂库伦、陈所梁、师家卜、贲贲淖
红土梁镇	1989年9月土木路乡改称红土梁镇；1996年1月永胜地乡并入	18	红土梁居委会、大阳坡居委会、红土梁、大阳坡、土木路、山进沟、大西沟、五十家、豆腐窑、龙池窑、榆树湾、永胜地、黄土窑、下井、七令沟、头号、二道背、长条沟
小蒜沟镇	1996年匆乱沟乡并入，改称小蒜沟镇	17	小蒜沟、大梁底、中乌拉哈达、大土台、牛家营、南沟、保满沟、缸房、土窑沟、地上、匆乱沟、闫家窑、乌良台、北槽碾、下纳岭、南营盘、宣府窑
八道沟镇	1996年10月改称八道沟镇	14	八道沟、东水、闫房洼、北石楞、南大井、西赛、塞尔台、宣窑洼、惠家梁、西狐子窝、老虎山、后号、七甲山、博岱花
三工地镇	2002年10月哈拉沟乡改称三工地镇	10	三工地、刘面焕、李三虎、王油坊、张活洼、沙河庙、有德元、王二来、哈拉沟、田家村
满井镇	2008年9月炕塄乡改称满井镇	11	炕塄、狐子窝、南哈路、三盖脑包、特布不落、塞汗不落、大满井、脑包底、阎家淖、白彦不落、戈家村
大苏计乡		13	大苏计、蔡家村、白沙泉、八义井、冀家村、双井子、三圪垯井、小梁子、夏家卜、郝家地、大贲红、半个碌碡、六号地
大营盘乡		6	大营盘、王条卜、十二号、蒙古营、程家村、六十庄
石井乡		13	石井村、东山、范家村、戈家村、戈老五、中达营、谷家梁、黄旗岔、石门沟、水泉梁、马连洼、奎腾台、陈大伍
七甲乡		8	七甲村、二道洼、三海洼、三和城、妈奶沟、荞麦窑、大六号、北营子
套里庄乡		10	套里庄、山进沟、小井洼、元卜洞、小西沟、三里庄、西城窑、洗马林窑、缸房厂、小坝子
甲石河乡		13	甲石河、青杨沟、西杨木沟、东杨木沟、碱土河、化林沟、囫囵村、碱沟梁、侯达子沟、瓦桶沟、杏元沟、骆驼山、大柳沟
下马圈乡		7	下马圈、上白窑、旧庙、阳高窑、庄科、正果、南朝碾

2010年尚义县各乡镇所辖村一览表

表 1-3

南壕堑镇											
行政村名称	序号	自然村名称	行政村名称	序号	自然村名称	行政村名称	序号	自然村名称	行政村名称	序号	自然村名称
哈拉沟	1	哈拉沟	毛忽庆	25	毛忽庆	沙卜窑	49	简家村	瓦窑沟	73	黄石涯
	2	西滩		26	马连渠	大坝沟	50	大坝沟		74	烟洞沟
	3	头号		27	席麻沟		51	小坝沟	厂棚沟	75	厂棚沟
	4	南滩		28	大洼		52	二坝沟		76	黄家村
	5	桃卜山	田家窑	29	秀水窑		53	登记		77	公沟外
	6	台路		30	田家窑		54	拉米沟		78	公沟里
六号	7	二道壕堑	官村	31	黄花滩	朝力盖	55	小六号		79	小厂棚沟
	8	四号		32	三报沟		56	朝力盖		80	王家营
	9	六号		33	官村		57	郝报沟		81	胡家村
	10	九号	西平山	34	脑宝图		58	古寺营	常胜沟	82	常胜沟
	11	十号		35	付家窑		59	白土沟		83	大西沟
	12	土城子		36	高庙		60	二东沟		84	兴胜隆
	13	下营盘		37	羊合窑		61	南水泉		85	秦家沟
	14	大忽洞沟		38	西平山	满克图	62	满克图		86	羊圈沟
	15	小忽洞沟		39	五大股		63	大南沟		87	骆驼山
二号	16	二号		40	八弄达营子		64	窑子沟	十三号	88	十三号
	17	大德堂		41	小坝子		65	大忽太里		89	东沟
	18	转达营		42	班定营		66	大忽太外		90	打草沟
	19	厂沟		43	东沟		67	大王茂沟		91	坝头
	20	头号		44	西沟		68	小王茂沟	青山	92	青山
	21	七号		45	唐家洼		69	八号	太平街	93	太平街
	22	三号	沙卜窑	46	沙卜窑	瓦窑沟	70	瓦窑沟	安宁街	94	安宁街
	23	四号		47	四合功		71	狼窝沟	菜园街	95	菜园街
	24	曹根沟		48	田寺沟		72	后瓦窑沟	新华街	96	新华街

续表 1-3

大青沟镇											
行政村名称	序号	自然村名称	行政村名称	序号	自然村名称	行政村名称	序号	自然村名称	行政村名称	序号	自然村名称
大青沟	1	大青沟	陈所梁	15	罗家卜	汗淖卜	29	汗西村	庙沟	43	庙沟
	2	小伍村	贲贲淖	16	贲南村		30	苦水淖	魏家村	44	魏家村
南海子	3	南海子		17	贲东村	长富沟	31	长富沟		45	五麻胡
	4	四林良		18	贲西村		32	南局子		46	程四亮
	5	刘先生	师家卜	19	马家村		33	东号		47	马家村
	6	六号地		20	师西村		34	白脑包		48	吴盘地
	7	陈老五		21	师中村	大银堤	35	大银堤	大井	49	大井村
白彦堡	8	白彦堡		22	师东村		36	齐地良		50	二韩珍
	9	小白彦堡		23	白家村		37	满汉淖		51	风龙店
	10	公家洼		24	侉子梁		38	库伦房		52	二拐洼
陈所梁	11	邢家村	厂库伦	25	厂库伦	庙沟	39	前官地	安家梁	53	安家梁
	12	陈所梁		26	保德堂		40	后官地		54	王悦梁
	13	李家村		27	张科村		41	小银堤		55	四喇嘛
	14	小脑包	汗淖卜	28	汗东村		42	八大家			

小蒜沟镇											
行政村名称	序号	自然村名称	行政村名称	序号	自然村名称	行政村名称	序号	自然村名称	行政村名称	序号	自然村名称
小蒜沟	1	小蒜沟	下纳岭	13	下纳岭	乌良台	25	乌良台	北槽碾	37	北槽碾
	2	新庙		14	上纳岭		26	小西沟		38	王花窑
	3	小土台	宣府窑	15	宣付窑		27	红土沟		39	洞上
土窑沟	4	土窑沟		16	炮手窑	匀乱沟	28	匀乱沟	大梁底	40	大梁底
	5	红庄科		17	沙卜窑	南沟	29	南沟		41	后辛窑
	6	车令沟	缸房	18	缸房		30	庙南沟		42	胡来红
	7	松沟		19	水泉沟	中乌拉哈达	31	中乌拉哈达		43	小北沟
地上	8	地上		20	黄土窑		32	上乌拉哈达		44	二道沟
	9	东沟	保满沟	21	保满沟		33	下乌拉哈达		45	西沟
	10	大虎沟	牛家营	22	牛家营		34	善马群		46	上窑子
大土台	11	大土台		23	狮子沟		35	马家窑	南营盘	47	南营盘
	12	大洼		24	碌碡沟	闫家窑	36	闫家窑		48	蔡木梁

续表 1-3

红土梁镇											
行政村名称	序号	自然村名称	行政村名称	序号	自然村名称	行政村名称	序号	自然村名称	行政村名称	序号	自然村名称
红土梁	1	上红土梁	头号	16	三号	永胜地	31	营子湾	龙池窑	46	孟楼窑
	2	下红土梁		17	北力图沟		32	五花背		47	二甲
	3	上东沟	五十家	18	五十家		33	烟煤沟		48	南洼
	4	下东沟		19	西梁		34	黄榆沟	七令沟	49	七令沟
大阳坡	5	大圐圙	榆树湾	20	榆树湾	山进沟	35	山进沟		50	玻璃沟
	6	南店	大西沟	21	大西沟	黄土窑	36	黄土窑		51	翟图沟
长条沟	7	长条沟	土木路	22	土木路		37	厂汗营		52	旧庙沟
	8	黄土崖		23	瓦窑		38	银沙背		53	生金图
	9	纳令沟		24	东沟窑	豆腐窑	39	豆腐窑		54	万兴庄
	10	银铜沟		25	马家窑		40	葛令窑		55	石湾店
	11	黄土梁	永胜地	26	永胜地	龙池窑	41	龙池窑		56	旧营盘
长条沟	12	黑沟沿		27	五号		42	西坪	二道背	57	二道背
下井	13	下井		28	四号		43	西滩			
头号	14	头号		29	拉米沟		44	太平窑			
	15	二号		30	宋家滩		45	王地窑			

八道沟镇											
行政村名称	序号	自然村名称	行政村名称	序号	自然村名称	行政村名称	序号	自然村名称	行政村名称	序号	自然村名称
八道沟	1	八道沟	南大井	11	南园子	博岱花	22	德家窑	塞尔台	32	塞尔台
	2	前十大股		12	汗海子	宣窑洼	23	宣窑洼		33	黄脑包
	3	后十大股		13	二台子		24	石庄洼		34	剪羊窟圙
	4	大脑包		14	小红沙坡		25	洋盘	惠家梁	35	惠家梁
	5	郝家房		15	大红沙坡		26	王宽村		36	候生沟
东水	6	东水		16	豆腐磨子		27	李家村		37	脑包洼
										38	蔡家村
	7	黑土湾	七甲山	17	七甲山	后号	28	后号	狐子窝	39	邵家村
	8	华东村		18	杨达营		29	碾盘洼		40	孙家村
				19	缸房					41	白脑包
	9	黑老洼沟	博岱花	20	小博岱花		30	大虎沟		42	大东山
南大井	10	南大井		21	大博岱花		31	武家坡		43	狐子窝

续表 1-3

行政村名称	序号	自然村名称	行政村名称	序号	自然村名称	行政村名称	序号	自然村名称	行政村名称	序号	自然村名称
狐子窝	44	公家洼	西赛	51	西赛	闫房洼	58	上闫房洼	老虎山	65	元山滩
北石楞	45	北石楞		52	前西赛		59	下闫房洼			
	46	南石楞		53	小赛		60	赵家村			
	47	拉米沟		54	万石沟		61	二号			
	48	后水泉		55	东赛	老虎山	62	老虎山			
	49	白土坡		56	南沟		63	和顺沟			
	50	三股泉		57	花尔台		64	小东山			
三工地镇											
行政村名称	序号	自然村名称	行政村名称	序号	自然村名称	行政村名称	序号	自然村名称	行政村名称	序号	自然村名称
哈拉构	1	哈拉构	张活洼	8	脑包村	三工地	15	圐圙窑	有德元	22	任家村
	2	胡家梁		9	闫家梁	李三虎	16	李三虎	田家村	23	田家村
	3	陈家村	刘面焕	10	刘面焕		17	八岱花		24	智家卜
沙河庙	4	沙河庙		11	官井		18	高家村	王油坊	25	王油坊
	5	土子村	三工地	12	冯家村	王二来	19	王二来		26	新村
	6	谢家村		13	三工地		20	贾家村		27	黑疙瘩山
张活洼	7	张活洼		14	姚家村	有德元	21	有德元		28	西水泉
满井镇											
行政村名称	序号	自然村名称	行政村名称	序号	自然村名称	行政村名称	序号	自然村名称	行政村名称	序号	自然村名称
炕楞村	1	炕楞村	南哈路	13	南哈路	塞汗不落	25	大卜	闫家淖	37	二淖
	2	闫家村		14	北哈路	大满井	26	大满井		38	大俄登口
	3	张家村	三盖脑包	15	三盖脑包		27	红枣坡	白彦不落	39	白彦不落
	4	郭家村		16	半个圐圙		28	王家村		40	凤龙店
	5	吴家村		17	林岳滩		29	宋家村		41	小白彦不落
狐子窝	6	大狐子窝		18	寒清坝		30	喇嘛洞		42	公沟
	7	小狐子窝	特步不落	19	特步不落	脑包底	31	脑包底	戈家村	43	戈家村
	8	二沟		20	银沙贝		32	小俄登口		44	孙家湾
	9	四沟		21	前山		33	牛家村		45	武家村
	10	西伙房		22	后山		34	梁家村		46	张全梁
南哈路	11	大淖		23	东山	闫家淖	35	闫家淖		47	张文财梁
	12	狼卜	塞汗不落	24	塞汗不落		36	八大家			

续表 1-3

大营盘乡

行政村名称	序号	自然村名称	行政村名称	序号	自然村名称	行政村名称	序号	自然村名称	行政村名称	序号	自然村名称
大营盘	1	大营盘	王条卜	12	东良	十二号	23	后坊子	程家村	34	白家村
	2	三道沟		13	王悦地		24	白花滩		35	六倾地
	3	霍洞沟		14	四刘元	六十庄	25	六十庄		36	赵家村
	4	乱大坝		15	四工地		26	程家村		37	付家村
	5	四号地	十二号	16	十二号		27	六地		38	西平山
	6	刘元地		17	前湾子		28	王二宏		39	张柱良
王条卜	7	王条卜		18	后湾子		29	邓家淖	蒙古营	40	三号
	8	阳高村		19	前五号		30	白家村		41	蒙古营
	9	郭家村		20	后五号	程家村	31	程家村			
	10	壕欠		21	张林村		32	王二宏			
	11	大井卜		22	前坊子		33	邓家淖			

大苏计乡

行政村名称	序号	自然村名称	行政村名称	序号	自然村名称	行政村名称	序号	自然村名称	行政村名称	序号	自然村名称
大苏计	1	大苏计	六号地	6	保银淖	郝家地	11	郝家地	蔡家村	16	蔡家村
	2	吉盖良	夏家卜	7	夏家卜	三疙瘩井	12	三疙瘩井	冀家村	17	冀家村
半个碌碡	3	半个碌碡	小梁子	8	小梁子	双井子	13	双井子	八义井	18	八义井
大贲红	4	大贲红		9	陈佃元		14	陈家村	白沙泉	19	白沙泉
六号地	5	六号地		10	陈家良		15	王家村			

石井乡

行政村名称	序号	自然村名称	行政村名称	序号	自然村名称	行政村名称	序号	自然村名称	行政村名称	序号	自然村名称
后石庄井	1	后石庄井	中达营子	8	王岗位	水泉梁	15	水泉梁	陈大伍沟	22	陈大伍沟
	2	石井村	戈老伍	9	戈老伍	东山	16	大特拉		23	侉子梁
	3	四台蒙古营		10	榆林沟		17	东山	范家村	24	范家村
中达营子	4	中达营子		11	惠家村	谷家梁	18	谷家梁		25	来山考
	5	二喇嘛	奎腾台	12	奎腾台		19	考红卜		26	古家村
	6	三喇嘛		13	二圐圙		20	大洼梁		27	戈家村
	7	明义村		14	前石庄井		21	王成洼	石门沟	28	席先生梁

续表 1-3

石门沟	29	小曹家村	马连洼	33	马章盖	戈家村	37	常家村	黄旗岔	41	洪水淖
	30	沟里		34	郭全村		38	郝家村		42	上唐王店
	31	沟外	戈家村	35	戈家村	黄旗岔	39	黄旗岔		43	下唐王店
马连洼	32	马连洼		36	曹家村		40	小黄旗岔			

七甲乡

行政村名称	序号	自然村名称	行政村名称	序号	自然村名称	行政村名称	序号	自然村名称	行政村名称	序号	自然村名称
七甲	1	七甲	北营子	7	三龙泉	三海洼	13	三海洼	三和城	19	三和城
	2	西房子		8	陆合城		14	古力半		20	三义店
大六号	3	大六号		9	南洼		15	小西村		21	东荞麦窑
	4	韩家营		10	二成功	二道洼	16	二道洼			
	5	大井	荞麦窑	11	荞麦窑		17	高家村			
北营子	6	北营子	妈奶沟	12	妈奶沟		18	三排地			

套里庄乡

行政村名称	序号	自然村名称	行政村名称	序号	自然村名称	行政村名称	序号	自然村名称	行政村名称	序号	自然村名称
套里庄	1	套里庄	西城窑	8	鱼儿湾	缸房厂	15	脑包洼	小井洼	22	小水泉
	2	黄花洼		9	碱沟		16	石人背		23	大井洼
三里庄	3	三里庄	洗马林窑	10	洗马林窑	元卜洞	17	东元卜洞		24	大卜村
	4	辛窑子		11	石窑村		18	西元卜洞		25	头道路
	5	东水泉	小坝子	12	小坝子	小井洼	19	小井洼	山进沟	26	上窑子
	6	南窑		13	天成窑		20	草碾坡		27	下窑子
西城窑	7	西城窑	缸房厂	14	缸房厂		21	蒙古营	小西沟	28	小西沟

甲石河乡

行政村名称	序号	自然村名称	行政村名称	序号	自然村名称	行政村名称	序号	自然村名称	行政村名称	序号	自然村名称
甲石河	1	甲石河	圐圙	8	圐圙	化林沟	15	上和梁	碱土河	22	碱土河
	2	甲石河南店	大柳沟	9	大柳沟		16	西湾		23	马头山
瓦桶沟	3	瓦桶沟	青杨沟	10	上青杨沟	东杨木沟	17	东杨木沟	碱沟梁	24	碱沟梁
骆驼山	4	骆驼山		11	下青杨沟		18	菜木沟		25	怪白山
杏园沟	5	杏园沟		12	白沙崖		19	香亭子		26	怪白山南店
	6	杏园沟南店	化林沟	13	化林沟	西杨木沟	20	西杨木沟	候达子沟	27	候达子沟上窑
	7	红崖湾		14	脑门沟		21	黑石现窑		28	候达子沟下窑

续表 1-3

下马圈乡											
行政村名称	序号	自然村名称	行政村名称	序号	自然村名称	行政村名称	序号	自然村名称	行政村名称	序号	自然村名称
下马圈	1	下马圈	南朝碾	5	榆卜沟	正果	9	正果	上白窑	13	上白窑
	2	松树沟		6	磨沟	阳高窑	10	阳高窑		14	下白窑
南朝碾	3	南朝碾		7	黄草梁		11	上马圈		15	常胜湾
	4	韭菜沟	庄科	8	庄科	旧庙	12	旧庙		16	马成窑

1989—2010 年尚义县消失自然村一览表

表 1-4

序号	消失自然村名	建村时间	消失时间	所属乡镇	消失原因
1	满沟图		2004 年	石井乡	搬迁
2	侯家梁			石井乡	
3	樊家洼		1996 年	南壕堑镇	合并
4	桂家沟		1989 年	南壕堑镇	搬迁
5	小坝沟			南壕堑镇	
6	艾蒿坪		1993 年	红土梁	搬迁
7	狼窝沟			红土梁	
8	元子沟			红土梁	
9	公义栈		1993 年	大营盘乡	搬迁
10	道回沟	清乾隆六年（1741）	2002 年	小蒜沟镇	搬迁
11	桃平	清嘉庆年间	2002 年	小蒜沟镇	搬迁
12	黄土窑	清康熙二十四年（1685）	2002 年	小蒜沟镇	搬迁
13	白家窑	清雍正年间	2002 年	小蒜沟镇	搬迁
14	赵献窑	清康熙年间		套里庄乡	
15	十字路梁	清末		套里庄乡	
16	陈家梁	清乾隆年间		满井镇	
17	全顺堂梁	清乾隆年间		满井镇	
18	小红枣坡	清代		满井镇	
19	东营盘	清嘉庆二十年（1815）		八道沟镇	与华子沟合并为华东村
20	华子沟	清光绪十六年（1890）		八道沟镇	与东营盘合并为华东村
21	小特拉	清光绪二十六年（1900）		八道沟镇	
22	杜英村	民国初		三工地镇	

续表 1-4

序号	消失自然村名	建村时间	消失时间	所属乡镇	消失原因
23	碱窑沟	清代		下马圈乡	
24	小西沟	清代		下马圈乡	
25	二林梁	清宣统二年（1910）		大青沟镇	

附：村名考略

尚义人民在境内拓居生息始于清代，其间，游牧和农耕文化交融，在聚成村落的过程中，村名的选取或者记录了先辈跋涉的足迹，或者寄寓了对未来的向往，或者渗透了对田园的崇敬之情，最终由历史凝成了永久的生存符号。

一、南壕堑镇

南壕堑 约建于清道光十年（1830），因村南有一壕沟得名。

田家窑 清乾隆四十五年（1780）左右，姓田的人在此建村，居住土窑故名田家窑。

官村 约清咸丰十年（1860），由兴和县官村人迁入建村，仍称官村。（待考）

小坝子 清咸丰十年（1860）左右，内蒙古兴和县小坝子人迁入建村，用原籍村名命名。

沙卜窑 清咸丰元年（1851）左右，一乔姓人以土建窑居住，又因其地沙土多，故名沙卜窑。

常胜沟 清嘉庆五年（1800）左右，由内蒙古兴和县常胜沟人迁入建村，用原籍村名。

小厂棚沟 建于清雍正八年（1730）左右，因村处于形似敞开的棚子的沟内，又比大厂棚沟小，故名小厂棚沟。

大坝沟 清乾隆四十五年（1780）左右建村。因地名坝头之沟，是坝下通往坝上必经之路，故名大坝沟。

毛忽庆 清嘉庆十四年（1809）左右，毛忽庆系蒙古语，其意味附近蒙古民到五台拜佛必先到该村磕头，住宿。

二号 建于清乾隆四十五年（1780）左右，由四个村的武、张、赵、蔡四家在此建村，得名四村地。后以土地序号为二，更名为二号。

朝力盖 约建村于清咸丰元年（1851）。朝力盖系蒙古语，意即建村初，为孤独之村。

哈拉沟 清雍正八年（1730），由兴和县哈拉沟人迁入建村，用原籍村名命名。哈拉沟系蒙古语，意即无光。

大南沟 清咸丰元年（1851）左右，姓董的在此建村，以沟命名为大南沟。

六号 清乾隆四十五年（1780）左右建村，因土地序号为六而得名六号。

前瓦窑沟 约于清康熙六十年（1721）建村，因在此沟有一座瓦窑，故名瓦窑沟。后为区别另一瓦窑沟，故称前瓦窑沟。

十三号 清道光三十年（1850）建村，因土地序号为十三，故名十三号。

二道洼 清雍正八年（1730）左右建村，因地处大青山之二道洼（野地名），故名二道洼。

二、大营盘乡

大营盘 1913 年山西省天镇县大营盘村人冯献等迁此地开荒种地。渐成村落，仍以原村命名为大营盘。

王元地 清光绪二十九年（1903）建村，起初有王大根、张万和、张发昌等户居住，当时王家农具齐全，以此命名为王元地。

王条卜 约清光绪年间建村，开始时一个挑担子做小买卖姓王的人居住，遂名王条卜。

四号地 该村建于1915年，以土地序号为四号而得名四号地。

壕堑 民国初年建村，以村边有一条东至大苏计，西至补龙湾的大壕，故名壕堑。

前补龙湾 清光绪二十七年（1901）建村。补龙湾为蒙古语，意即旮旯。此村位于后补龙湾前边。故称前补龙湾。

霍洞沟 1915年，由霍洞沟村田贵等人迁此成村，遂名霍洞沟。

十二号 约建于清光绪二十二年（1896）前，为口里十二号村迁来立村，仍以原村名命名之。

刘油房 清光绪二十七年（1901）前，山西新平人刘习迁此开荒建村，后来开设油房，故名刘油房。

蒙古营 约建于清乾隆二十五年（1760）前，原为蒙古人设的由张家口到乌兰巴托的第五个台站，后为蒙古民集居地，故称蒙古营，又称五台蒙古营。

程家村 清末建村，当时叫南洼，后程家大户居住这里，改名程家村。

六十庄 建于清光绪二十一年（1895），当初为六户人家，耕种六十顷土地，故名六十庄。

傅家村 清光绪二十七年（1901），傅平根到此开地建村，故名傅家村。

王二宏 1931年建村，以建村人王二宏命名为村名。

孙家村 清光绪七年（1881）前，由内蒙古兴和县齐地村孙家迁此成村，故名孙家村。

三、大苏计乡

大苏计 清末建村，原村庄位于低洼处，叫赛勿素（蒙古语，意即好水），后村庄迁到坡梁上，更名为大苏计（大苏计为蒙古语，意即小山尾，形如胯骨）。

蔡家村 清光绪十七年（1891）前唐县姓蔡一家迁到此地建村，故名蔡家村。

白沙泉 建村于清代末年，此地有一眼自流泉，流水时带有白沙，因此得名。

八义井 清光绪二十七年（1901）前建村，因蒙古人八燕在一眼自流水井处居住，故名八义井。

冀家村 清宣统年间，阳高姓冀一家迁此居住，渐成村落，故名冀家村。

双井子 清代末年，八道沟双井子村几户农民搬到此处建村，故名为双井子。

三圪垯井 清代末年，因蒙古人三圪垯先居，同时村内有三眼井，故名三圪垯井。

小梁子 民国初建村，因此村位于坡梁，故名小梁子。

郝家地 约1921年郝长久建村，故名为郝长久地。新中国成立后更名为郝家地。

大贲红 清同治末年建村，蒙古人起名贲红（意即寺庵）后因与张北小贲红相邻，更名为大贲红。

半个碌碡 清代建村时发现有半块碌碡，取名半个碌碡。

六号地 清代建村，因开地序号为六，故名六号地。

四、三工地镇

哈拉沟 约清朝初年，由西哈拉沟人搬至此地立村，故名哈拉沟（哈拉沟为蒙古语，意即无光）。

三工地 1954年为安置官厅水库附近的移民而建，建村时为第三工地，故名三工地。

李三虎 该村建于清朝初年，以开拓者李三虎之名命名为村名。

张活洼 清朝初年，由吕树田放地，张活买地建村，因地处低洼之处，故名张活洼。又考张姓为兔唇，为纪念此人，故名张豁洼，后演变为张活洼。

田家村 1931年由田家大户建村，故名田家村。

王二来 清初由王二来建村，故名王二来。

刘面焕 清朝初年建村，以开拓者刘面焕命名为村名。

王油坊 新村该村1964年为移居王油坊人而建，故名王油坊新村。

土城子 清初，因村庄建在故址土城内，故名土城子。

有德元 清朝建村，以开拓者有德元命名之。

五、大青沟镇

大清沟 约清光绪年间建村，以村西临沟，并取国号大青而得名大青沟，为忌“清”占国号，将“清”改为“青”。

汗淖卜 约1912年建村。因村前地势低洼，下雨积水成淖，不下雨无水，故名汗淖卜（“汗”需再考）

大银堤 约清光绪十五年（1889）建村。当时 ·蒙古人银堤居住，村前有 淖，故名银堤淖；后为区别另一同名村庄，光绪二十四年（1898）更名为大银堤。

庙沟 1925年庙沟人迁此建村，仍名庙沟。

厂库伦 约清光绪二十九年（1903）建村，原为牧民放牧之地，筑有库伦圈养牲畜，以此得名厂库伦。

长条沟 清光绪三十三年（1907）由兴和县长条沟村郝、杨、常等户迁此建村，仍名长条沟。

师家卜 约清光绪九年（1883）师体华立村居住，因村子地势低洼，故名师家卜（此地人称“低洼”为“卜”）。

西村 约清光绪十一年（1885）建村。村旁有一淖，淖形似罈，蒙古语称贲贲淖，以淖名定村民，淖周围的三个村统统称贲贲淖。本村位于东村西面，故称西村。

陈所梁 1918年陈所梁买地立村，坐落于坡梁，故名陈所梁。

魏家村 清宣统三年（1911）魏家开地立村，渐成村落，故名魏家村。

安家梁 约清光绪二十六年（1900）由安、徐、江三家开地建村，村庄位于坡梁，经三家协商，命名村民为安家梁。

南海子 1920年建村，初期居住分散多名，分别叫录宽村、七毛村、郭满村。后村庄扩大，逐渐联片，1946年更名为平地脑包和四村地；1951年根据村南有个海子，更名为南海子。

凤龙店 清光绪二十七年（1901）土木路贾家迁此建村。贾家原在土木路开车马大店，名叫凤龙店，寓意美好。以此店名为村名。

大白彦堡 约清光绪二十三年（1897）建村。其含义有两种说法。一说是建村时有一土围墙残迹，并发现石头和铜钱，判断原为“堡”，又蒙古人白彦曾在此地游牧，故名白彦堡。后为区别另一重名，称此人白彦堡。二说是村南有一水泉，蒙古语称白彦部落，意即富泉子，以此命名村名，汉族人定居后习称白彦堡，后为区别另一重名，此称大白彦堡。

六、石井乡

1998年震后重建，乡政府驻地迁址到套里庄房子，并改称为石井乡。在人民公社期间所辖5个行政村北苏计、南苏计、联丰、联合、联同在2000年8月恢复原名分别为戈老伍、戈家村、范家村、中达营子、郭家梁。原有的自然村满沟图村在2004年搬迁到二啦嘛村和三啦嘛村。

后石庄井 建于清光绪十七年（1891），因二根成在坡梁处开创此村，故称二根成梁。后此地酿酒，又称缸房村。新中国成立后，因村南有前石庄井，此村更名为后石庄井。

马连洼　建于清光绪十七年（1891）前，因当时该村地处低洼且长着茂密的马连，故名马连洼。

东山村　建村于清光绪十七年（1891）左右，相传以前这一带居住蒙古民，其死后扔在山洼或山坡上，惯称为死人洼，书面记载为“思仁洼”，但人们仍嫌此名不祥，便根据村东有山更名为东山村。

奎腾台　该村建于清光绪十七年（1891），因村处于风口，气候寒冷，故名奎腾台（奎腾台为蒙古语，意即很冷）。

侯家梁　解放初侯家在此坡梁上盖房9间成村，故名侯家梁。

戈老五村　清雍正十一年（1733），有一位姓戈排行老五的人在此居住建村，故名戈老五。

中达营子　清雍正十一年（1733）建村。“中达”为蒙古语，是“转达”的意思，为蒙古民的一种官衔。

黄旗岔　约建于清同治七年（1881）前，因该地山坡沟岔长有茂密的黄芪，故名黄芪岔（群众习惯称“芪”写成“旗”）。

小曹家村　该村建于80多年前，由南面曹家村分建成村，因人口、户数少，人们称其为小曹家村。

谷家梁　清雍正十一年（1733）有一姓谷的人在梁上建村种地，故名谷家梁。

水泉梁　建于清光绪二十七年（1901）左右，因此梁上水泉甚多，故名水泉梁。

常家村　该村建于清光绪十六年（1890）前，由姓常的到此开荒种地，故名常家村。

七、七甲乡

七甲　清朝，从内蒙古兴和县七甲村迁来七户建村。故名七甲。

三排地新村　1978年春，于三排地正南0.50千米处建立新村，故名三排地新村。

三海洼　清朝建村，因此地处于低洼之处，西南方向有两个海子，正面有一个海子，故名三海洼。

三义店　清光绪年间从兴和迁来一户，在此居住成村，故名三义店。

妈奶沟　清朝，大青山妈奶沟村人迁到此地立村，仍用原村名。

荞麦窑　清朝内蒙古和荞麦窑村人搬到此地建村，因位于原村西，故名西荞麦窑，后简称荞麦窑。

大六号　清同治年间，内蒙古和永太良六号村人迁此建村，故名大六号。

北营子　清朝建村，开始蒙古人居住，叫张生达营子（张生是人名）。新中国成立后，因在三龙泉北面，更名为北营子。

八、八道沟镇

八道沟　清同治九年（1870）兴和县八道沟人迁到此地建村，故名八道沟。

宣窑洼　清道光二十一年（1841）由王应等户在低洼处填土窑居住成村，故名宣窑洼。

缸房　清乾隆二十五年（1760）建村。因当时有一姓贾的汉人和一蒙古族喇嘛合伙开缸房，故名“贾喇嘛缸房”。到乾隆四十五年（1780）二人走后，人们只叫“缸房”。

老虎山　清道光元年（1821），有个姓徐的老财到此地居住立村叫“徐大人村”，十几年后又据村后有座老虎山更名为老虎山。

惠家梁　清嘉庆六年（1801）建村，因惠家居多，因住梁头，故名惠家梁。

后号　清道光元年（1821），有个姓引的迁至此地立村，叫引家地。次年又据该地位于号口后面更名后号。（号口是蒙古人、汉族人划分草滩的界限，地与地之间有条路，叫号口。）

西狐子 窝建村于清宣统三年（1911），因此地狐子多，故名狐子窝。后为区别于东狐子窝，更名为西狐子窝。

博岱华 清乾隆四十六年（1781）建村。先为蒙古人博岱在此放牧，起名大博岱。清道光十一年（1831）博岱走后，更名为博岱花。（博岱花为蒙古语，“博岱”为人名，“花”为小土坡。）

上阎房洼 清道光元年（1821）建村。因当时蒙古人在该地洼处开盐房，取名盐房洼。1940年后形成两村，此称“上阎房洼”（以阎代替盐）。

南大井 清乾隆三十六年（1771），蒙古人在此放牧，开出一口井。清光绪二十五年（1899），汉人到此地建村，因村在井南，故名南大井。

北石塄 该村建于清道光二十一年（1841），因村南有较大石塄，故名北石塄。

西赛 清乾隆四十五年（1780）建村，因该村位于沙沟之西，故名西赛（赛系蒙古语，意即沙沟）。

东水 清道光二十一年（1841）建村，据村东有股泉水而得名东水。

九、满井镇

炕塄村 炕塄该村建于清末，因村紧靠形似龙的小土丘南，故名“靠龙”，后渐用其谐音“炕塄”代替。

赛汉不落 由李连等户约在清道光年间建村，建村之前蒙古民在此游牧，且村东有股清泉，水势极旺，故名赛汉不落（赛汉不落为蒙古语，意即好泉子）。

戈家村 清同治七年（1881），以戈家为主在此建村，故名戈家村。

特布不落 清康熙年间蒙古人在此建村，因村南有五股泉水，故名特步不落（蒙古语“特步”为五，“不落”为泉水）。

狐子窝 清乾隆年间建村，因村东北石崖里住有狐狸，故名狐子窝。

南哈路 清代由蒙古人立村，因村北有两股泉水汇合，并位于北哈路南，故名南哈路（蒙古语“哈路”为两股水汇流在一起之意）。

大满井 清朝，蒙古人在此立村，打了一眼井，口大而水旺，故名大满井。

脑包底 约清乾隆年间建村，因村庄坐落于脑包山南麓，故名脑包底。

白彦不落 清乾隆年间蒙古人建村，始称“倒灰坑”（意即卖不了牲口就返回此地放牧）。后发现一股水势很旺的泉水，故更名为白彦不落（蒙古语，白彦不落意即富泉子）。

阎家淖 建村于清同治年间，因姓阎的居多，又位于淖旁，故名阎家淖。

三盖脑包 该村建于清乾隆年间，因位于序号为三的脑包旁边，故名三盖脑包。

十、红土梁镇

永胜地 相传在1931年，私人在此采煤名曰马连圪塔。新中国成立后，更名为永胜地，意即永远胜利。

黄土窑 清咸丰年间建村，原名聚宝庄，后更名为黄土窑，意民房多为用黄土打的窑。

下井 相传清咸丰七年（1857）建村，因村位于井的下方，故名下井。

七令沟 清咸丰年间，蒙古人七令在沟边建村，故名七令沟。

头号 清光绪二十五年（1899）建村，因土地序号为一，故名头号。

二道背 建村于清咸丰七年（1857），地处大青山二道背，故名二道背。

长条沟 相传在清咸丰十年（1860），有个名叫常宝的商人到一条12.5千米的天然沟内建村，故名长条沟。

土木路 清康熙五十年（1711），蒙古人图木尔路居于此地，清乾隆十年（1745）汉族人建村，音译为土木路。

大山进沟　清乾隆十年（1745）建村。因山大沟多，故名大山进沟。

大西沟　清雍正四年（1726）建村。因地处豆腐窑、五十家村西之大沟，故名大西沟。

五十家　清雍正年间居住蒙古人，取名“特并嘎”（意即五十）。清乾隆二十年（1755），汉人建村，更名为五十家。

豆腐窑　清乾隆四十年（1775）建村，因此地水质适宜磨豆腐，故名豆腐窑。

龙池窑　清雍正年间建村，因村中有一水池。池旁有七座小山，其倒影如七条龙，故名龙池窑。

红土梁　清乾隆四十年（1775）建村，因村位于土红色的山梁上，故名为红土梁。

南店　清乾隆十年（1745）建村。因位于大阳坡村南并开过店，故名南店。

榆树湾　清乾隆二十年（1755）建村，因河湾地和榆树较多，故名榆树湾。

十一、套里庄乡

套里庄　该村建于明末，为万全县的李、赵、雷三家迁入建庄，故名套里庄。

上窑　该村建于清康熙二十年（1681），因位于下窑北面，故名上窑。

元卜洞　该村建于清乾隆年间。因村边有一小洞，故名元卜洞。

小西沟　该村建于清顺治年间，因位于套里庄，且村中有一条小沟，故名小西沟。

三里庄　约建于清雍正年间，由万全县三里庄冯家迁此建村，故名三里庄。

西城窑　清初建村，由西城（今阳原）居民迁此建村，民房多为窑洞，故名西城窑。

北窑　该村建于清乾隆年间。因位于南窑之北，故称北窑。

天城窑　明末山西天镇许、乔两家迁此建村，居住窑洞，天镇又名天城，故名。

中梁　该村建于清末，因位于东梁、西梁之间，故称中梁。

十二、小蒜沟镇

勿乱沟　清雍正十三年（1735），蒙古人建村叫乌拉沟为村名（意即红沟）。后白太太放地抽汉人居住，仍以乌拉沟为村名，后来逐步为勿乱沟所代替。

阎家窑　明朝末年，阎天斌在此建村居住，故名阎家窑。

乌良台　元朝蒙古人在此设台（行政区划）成村，并根据村中有一颗古老的大杨树取名为乌里雅素台。新中国成立后简称为乌良台（乌里雅素和乌良意即杨树）。

北朝碾　明初，从山西洪洞县槽碾沟迁来两部分农民在此建了两村，当时都叫朝碾沟，后为避免重名，此村居北面，故叫北槽碾。

下纳岭　元朝蒙古人在此游牧成村，因沟窄小，又处于上纳岭下方，故名下纳岭（纳岭为蒙古语，意即窄沟）。

南营盘　元朝时，蒙古人在此立两村（一个在南，一个在北），此村居南，故名南营盘。

宣府窑　清顺治年间，白家从宣化府到此立村居住，故名宣府窑。

小蒜沟　清雍正十三年（1735）建村，因村庄建在一条长满野小蒜的沟内，故名小蒜沟。

大梁底　清光绪六年（1880）建村，因该村位于长达5千米的梁脚下，故名大梁底。

中乌拉哈达　元至顺年间蒙古人建村，因地处两岸为红石岩的河沟中部，故名中乌拉哈达（乌拉哈达系蒙古语，意即红岩）。

大土台　清雍正十三年（1735）建村。村为树所遮，远望不可见，只看到一个较大之土台，故名大土台。

牛家营 清朝，姓牛的劈地建村，故名牛家营。

南沟 清雍正十三年（1735）建村。当初小蒜沟人在此临时搭棚种地，后集聚成村。因位于小蒜沟村南沟内，故名南沟。

保满沟 清雍正年间建村，因村位于沟内且四面环山，故名保满沟。

缸房 清顺治七年（1650），这一带（称旗地）为蒙古人盖章（官衔）所占，之后至清乾隆六年（1741），以村交门发财之事（交租）开建此村，在开拓时挖出一口大缸，故称缸房。

后窑 清康熙三十八年（1699）建村。该村建在土窑沟后一里处，当时统称土窑沟。后因土窑沟改称前窑，此村改为后窑。

地上 约清顺治八年（1651）建村，原为蒙古人盖章（官衔）所占，称旗地上，后蒙古人迁走，汉人耕种并建村，改名为地上。

十三、甲石河乡

甲石河南店 该村建于清顺治年间，因位于甲石河村南，并开有车马大店，故名甲石河南店。

上青杨沟 清乾隆年间建村，因位于下青杨沟之上方且长着穿山杨树（又名青杨树），故名上青杨沟。

西杨木沟 清雍正年间，在杨树林沟西建村，故名西杨木沟。

东杨木沟 清雍正年间于杨树林之东建村，故名东杨木沟。

碱土沟 清雍正年间建村，因村边一条河流及其两岸土地含碱量大，故名碱土沟。

化林沟 明崇祯年间建村，因地处桦树成林之沟内，故名桦林沟。人们习惯将“桦”字写成“化”。

囫囵 建村于清顺治年间。因蒙古人在此放牧，以囫囵圈养牲畜，故名囫囵。

碱沟梁 清雍正年间王、廉两家从万全迁此建村，开始居于沟内，次年迁至坡梁，故名碱梁沟。

甲石河 建村于清顺治年间，因地处小河旁，河中多甲状片石，故名甲石河。日伪时期曾改名为集贤村，抗日战争胜利后又恢复为甲石河。

上窑 清顺治年间建村。因位于侯达子沟上方，故名为侯达子沟上窑，习称上窑。

瓦桶沟 该村建于清顺治年间，因村庄位于形似水桶的沟旁，并烧过瓦，故名瓦桶沟。

杏园沟 清顺治年间建村，因位于河沟掌、杏园旁，故名杏园沟。

骆驼山 清康熙年间建村，因位于形似骆驼的山下，故名骆驼山。

十四、下马圈乡

下马圈 明末建村，相传县官白老爷出巡在此下马，故名下马圈。

上白窑 清初建村，原为蒙古人驻地，称上白鞑，后改称上白窑。

旧庙 明朝建村时，因沟外边有座小庙，故名旧庙。

阳高窑 清雍正年间建村，因养羊多叫羊满窑。清末此地建羊场，改称羊羔窑。后为避其贬义，日伪时改为羊官窑。解放初期又改称阳高窑。

庄科 明朝末年，张科开地立村，取名张科村，后用其谐音“庄科”代替。

正果 明朝末年，郑果开地立村，故名郑果，后人习惯称郑果为正果。

南槽 碾明朝时，从山西省洪洞县槽碾沟迁来两部分农民在此建了两村，一个在北，一个在南（相距15多千米），当时都叫槽碾沟。后为避免重名，此村改名为南槽碾。

第二节 勘 界

一、省际线勘界

1999年5月8日，尚义县分别与内蒙古兴和县、商都县签订协议，划定了县与县之间交会点的行政区域界限，并设立界桩。

二、县际线勘界

2001年9月19日制定了《万全尚义两县联合勘界工作实施方案》《张北尚义两县联合勘界工作实施方案》《怀安尚义两县联合勘界工作实施方案》。同时联合勘定行政区域界线。万全县与尚义县涉及双方5个乡镇13个村，设置界桩2个；张北县与尚义县涉及双方11个乡镇39个村，设置界桩3个；尚义县与怀安县涉及双方4个乡镇13个村，设置界桩2个。

尚义县分别与内蒙古自治区兴和县、商都县，山西省天镇县，河北省张家口市张北县、万全县、怀安县接壤。其中与兴和县边界线长88千米，距离最近村位于兴和县团结乡兴胜村，最远村位于兴和县城关镇三道沟村；与商都县边界线长83千米，距离最近村是大黑沙图乡十二号村，最远村是大黑沙图乡南大勿登村；与山西省边界线约为1千米长，尚义县下马圈乡南槽碾行政村与天镇县大营盘乡平运头村相邻；与张北县边界线长99.31千米，距离最近的是大河乡西湾子村，最远是两面井乡安板营村；与万全县边界线长32.29千米，距离最近村是洗马林镇西庙沟村，最远是北沙城镇红浅沟村；与怀安县边界线长24.08千米，距离最近的是渡口堡乡桃沟村，最远的是渡口堡乡赵家窑村。

第三章 县城 乡镇

第一节 县 城

尚义县城原驻大青沟镇，1944年移至南壕堑，遂为尚义县驻地，位于县境中部偏西大青山北侧。新中国成立后，为尚义县人民政府驻地。1958年12月至1961年4月尚义县先后并入张北县、商都县，是地为公社驻地。1961年7月恢复尚义县建制，县城南壕堑驻地未变，城区面积为5.60平方千米。

县城南壕堑为尚义县政治、经济、文化中心，是中共尚义县委、县人大、县政府、县政协、军事武装、科局、委、办等机关所在地。是教育、卫生、商贸流通、金融、通信等各业集聚地。1989年县城总户数4723户，总人口1.63万人。

1989年，县城开始大规模“东扩南移”；1990年开始县城主街道规划；2003年，制定了《尚义县城总体规划方案》，县城总体规划范围：东起秀水新区，南至白郭线以北，西至污水处理厂，北至麒麟山，用地规模近7平方千米；2006年开始旧城改造。2008年实施城镇面貌“三年大变样”。1989—2010年，旧城改造开发建设总投资4.60亿元，新建了南苑森林公园、秀水文化广场，建成了祥福大桥、滨河北路、滨河南路、迎宾路、希望路，改变了县城东西狭长的格局；建设了住宅楼22处、商业集聚区3个、容量500吨高位水塔2座，治理了鸳鸯河；建设了污水处理厂和垃圾填埋厂；绿化投资320万元，城区绿化地面积3000平方米，城区道路绿化率100%，绿化覆盖率30%，人均占有绿地15平方米。

县城交通通信便捷，有通往境外的省级公路干线2条，分别为张尚公路、白郭公路。张尚公路向东途经张北与张石高速相接，向西途经内蒙古兴和县，通往内蒙古集宁市，白郭公路向南途经万全县，可达张家口，并与京藏高速相接，向北与东商公路交会，通往康保县、张北县及内蒙古商都县、化德县。此外，县城通往各县各乡镇的公路网全部形成，去往距县城最远的乡镇驾车行程不超出1小时。县城每天有通往北京、石家庄、张家口、呼和浩特等省内外各地的直发、过境班车；由县城到全县14个乡镇均通客运班车；城内3路公交车、30辆出租车为居民的出行提供了极大的方便。县城有邮政局1所，驻有移动、联通、电信、广电网络4家公司，3G网络覆盖城区，数字电视进入千家万户，物流、通信畅通。城市功能逐步完善，承载力增强，居住环境得到改善，“北依麒麟山，中有鸳鸯河，南有万亩黄金坡”，一个宜居、宜业、宜游的尚义县城框架基本形成。2010年县城总户数16756户，常住人口4.30万人，流动人口0.48万人。

第二节　乡　镇

一、南壕堑镇

南壕堑镇为尚义县政府驻地，是全县政治、经济、文化中心。南壕堑镇的前身是南壕堑人民公社。地处尚义县西部，大青山北侧，东与八道沟镇相邻，南倚大青山与红土梁镇相连，西与内蒙古自治区兴和县交界，北与七甲乡接壤。镇域总面积248.30平方千米，地势东高西低，西南部为半山区，南部和东南部为坝沿山区，北部为丘陵区，境内大青山最高海拔1919米，丘陵区最低海拔1319米。境内流域面积最大的河流为鸳鸯河，从东北至西南流经境内毛忽庆、太平街、新华街、菜园街、哈拉沟村。长6千米，流域面积100平方千米，主要支流有席麻沟河、东沙河、西沙河等。气候属温带东亚大陆性季风气候，四季分明，冬季漫长，严寒少雪；春季干燥，风沙盛行；夏日凉爽短促；秋季风清气爽，多降雨。春秋两季气温升降剧烈，年平均气温2.8℃～3.8℃，1月平均气温−17℃，极端最低气温−34.6℃（2010年1月5日）；7月平均气温18℃，极端最高气温36.7℃（2010年7月29日）。无霜期年平均89天，最长达120天，最短为86天。年平均日照时数2815小时，年总辐射139千卡/平方厘米。降雨量少，雨量分布不均，年平均降水量413.60毫米。

1989年，镇辖2个居民委员会、7个行政村24个自然村。1996年2月，撤销南壕堑乡，并入南壕堑镇，办公迁至原乡办公楼，共辖20个行政村97个自然村、2个居民委员会。2000年3月增设第三、四居民委员会。2008年3月镇政府迁至秀水大街57号新址。

2010年镇政府办公区占地面积9100平方米，办公房舍为四层楼房，办公面积为1280平方米。全镇有干部职工136人。全镇辖4个居民委员会、20个行政村96个自然村。总户数17503户，总人口42693人，其中农业人口16497人，非农业人口26196人，以汉族人口为主，有回族、蒙古族、满族等3个少数民族。

经济建设

1989年，农村经济总收入913万元，其中种植业100万元，畜牧业130万元，乡镇企业683万元。2010年农村经济总收入68735万元，其中种植业4577万元，畜牧业5955万元，乡镇企业55003万元，劳务输出3200万元。经济以农牧业、个体私营企业、劳务输出为主导产业。

2010年，全镇耕地面积4266.67公顷，水浇地500公顷。粮食种植面积平均3066.67公顷，总产量平均575万千克；胡麻等油料种植面积平均1266.67公顷，平均收获104.50万千克；蔬菜种植面积平均166.67公顷，平均收获750万千克；"一退双还"面积4333.33公顷。种植品种主要有小麦、莜麦、谷子、胡麻、马铃薯、蔬菜、玉米等，农业结构调整为粮、经、饲、菜四元结构，重点推广张杂谷、设施蔬菜和节水农业，2010年投资120万元在官村和沙卜窑装备现代化节水设施喷灌圈4套，开创了全县喷灌圈建设先例；积极推广节水农业新技术，在西平山、田家窑、沙卜窑和官村4个村连片建设膜下滴灌166.67公顷，初步建成了以大棚、喷灌圈和膜下滴灌为主的200公顷节水示范工程。大规模建设设施蔬菜，在菜园街和新华街建成了千亩大棚蔬菜园，在沙卜窑和秀水窑建成春秋大棚10座6600平方米。

养殖品种主要有牛、羊、猪、鸡、兔等。2003年在西平山、关村、田家窑3个村推广舍饲示范养殖150户，从传统散养向标准化舍饲圈养转型。2003年投资2800万元建设平山奶牛园区，有圈舍18000平方米1200张牛床位，永久性青贮窖61个5800立方米，奶站2个，"三绿"饲草料加工厂1家。健全了科技培训、防疫灭病、饲料供应、鲜奶收购等完整的服务体系，成为全县奶牛园区化养殖示范点。2005年开始引进德克赛尔优质良种公羊、肉用羊萨伏克、无角道塞特杜波种羊、中国荷斯坦奶牛细管精液，奶牛胚胎移植项目，对尚义当地土种羊、牛进行改良，加快发展质量型畜牧业。截至2010年，全镇建设标准化圈舍51000平方米，其中牛圈舍20000平方米，羊圈舍13000平方米，猪圈舍18000平方米；存栏100头以上的暖棚养猪场6家，存栏100头以上的肉牛育肥大户2家，金源牧业肉牛育肥规模达到800头，存栏100只以上的养羊户18家，存栏50只以上养羊户112户，规模5000只以上的养鸡场2家，貉子及獭兔养殖等养殖大户34户，生猪存栏达4973头，牛存栏2400头（其中奶牛667头），羊存栏1.90万羽，家禽存栏1.70万只，兔存栏1900只。

截至2010年，实施"一退双还"工程8667公顷，环京津风沙源治理工程600公顷，飞播工程2667公顷，人工造林3733公顷，农田林网工程253公顷，白郭线、张尚线等通道绿化千米，小流域治理1600公顷，常胜沟流域世纪首都水资源可持续利用工程2500公顷。采取"阴坡松，阳坡杏，沟底杨，埂点柠"的治理模式，建成了田家窑千亩樟子松、黄金坡2000公顷"一退双还"精品工程、麒麟山综合治理工程等，县城森林覆盖率达到了46%，全镇森林覆盖率达27.30%。

乡镇企业以食品、粮油、服装、餐饮、建材等生产加工为主。1996年乡、镇合并后，全镇各类企业摊点有1363个，从业人数2380人，总产值10417万元，利润1197万元，税金110.90万元。乡镇企业11家：粉丝厂、六号砖厂、坝头砖厂、联营砖厂、赛汉砖厂、段家村砖厂、童装厂、水磨石厂、综合制造厂、粮油加工厂、牛奶厂。村办企业有太平街面粉厂、铸造厂、带锯厂、白灰厂、安宁街镀锌厂、新华街面粉厂、菜园街天花板水磨石厂、朝力盖白灰厂、毛忽庆采石场。因资源、市场、管理等多种因素的制约，乡镇企业不断改制，有的转型为民营企业。原修造站建于1966年年初，1983年8月解散，2008年年初拍卖。原南壕堑镇童装厂建于1987年，2004年1月改制为张家口伦比服饰有限公司，2007年扩大规模，新建厂房2100平方米，新增2条年产50万条西裤生产线，产品注册金伦比商标。原南壕堑镇奶牛厂、南壕堑镇烟花厂、南壕堑乡坝头砖厂等集体企业分别于2004年1月前后公开拍卖。综合加工厂、水磨石厂、羊场分别于2005年拍卖。原南壕堑镇第一建材厂，于2006年3月拍卖改制为鑫荣建材厂。2005年融集民间资金4000万元建成占地26.67公顷的台路煤炭大市场；2005年4月宣化瑞璇实业发展中心投资500万元，开发了三报沟泥炭开采项目，2006年10月因煤层浅、开采成本高停产；2007—2010年，先后引进了尚义县龙泉源禽畜肉制品有限公司、尚义县金源农牧有限开发公司、张麻沟综合养殖场、阿贵山矿泉水厂、富鹏煤炭经销有限公司和尚义县国通运输公司等6家民营企业，相继组建了尚义县惠农蔬菜、尚义县万金猪养殖、西平山奶牛养殖、金源肉牛育肥、龙泉源生猪养殖等5个专业合作社。“尚义县惠农蔬菜专业合作社”是毛忽庆行政村建立的“村社合一”的新模式，总资产500余万元，下设贮藏能力1000吨的恒温库1个，精细蔬菜生产基地20公顷，塑钢厂2家，全村252户通过土地、现金、设备折股入社。

2010年，全镇个体私营企业2417家，其中私营企业20家，联营企业3家，个体摊点2394个，涉及建筑建材、食品粮油加工、服装加工、草业加工、蔬菜冷藏加工、电气焊、运输、商贸流通、房地产开发、餐饮娱乐等各业，从业人员7037人，年实现总产值55916万元，利润4123万元，税金2854万元。

2010年，全镇有4200名农村剩余劳动力常年外出务工，2200人在县城就地做工，其中300多农村留守妇女在县城周围季节性打工，全镇年劳务收入达1.20亿元。

基础设施建设

辖区内有白郭线、张尚公路2条干线，直通北京、石家庄、呼市、包头等地。2004—2010年，全镇铺设村级柏油路9条36.40千米，水泥路4条14千米，砂石路4条50.70千米。实现了村村通公路。

2001年完成第一次农村电网升级改造。截至2010年，东沟、田家窑、二号、哈拉沟、台路、桃卜山、瓦窑沟、席麻沟、沙卜窑等9个自然村实现自来水入户。

2010年，镇区内建有移动基站13个，联通基站6个，网通线路9.8万米，通信实现了有线村村通、无线全覆盖。农村移动电话用户15242户，普及率为71.90%，远程教育网点21个，移动、联通、电信、数字电视在城区基本普及，农村家家装有卫星地面接收电视。

2005年建设沙卜窑文明生态村，修桥涵7处，柏油硬化村道、街道3.30千米，建生态文化广场1处，打机井1眼，实现供水点集中供水。2007年建设毛忽庆文明生态村，建设毛忽庆至水库四级油路900米，砂石硬化村内5条街道2100米，主街道两侧建280米的花栏围墙，建设占地1万平方米的广场，自来水全部入户。2010年启动建设毛忽庆、西平山、青山三村联建“秀水家园新民居”小区，被列为省、市、县新民居联建示范工程，至2010年年底完成5栋156套住宅楼一期工程建设。

文教卫生

1989年，全镇（含南壕堑乡）有中学1所，小学72所。1996年有中学1所，小学58所，中学在校生480人，小学在校生1312名，公办教师117名，民办教师36名。1996年通过了省普及初等教育验收。2004年扩建高庙小学，2006年3月原南壕堑镇中学合并到尚义县第二中学，小学全部撤并为镇寄宿制完全小学。同年建成了镇中心幼儿园。2007年镇小学新建教学楼和科技实验楼，2009年8月镇小学划归国办小学，更名为尚义县秀水小学。

1989年，有卫生机构2所，床位6张，7名医护人员。2010年有镇属医疗卫生机构2个，诊所23个，床位30张，固定资产总值180万元。专业卫生人员68人，其中执业医师6人，执业助理医师18人，注册护士12人。村民参加新型农村合作医疗1.80万人，参保率85%。居民参加城镇居民基本医疗保险0.30万人，参保率13.70%。

人民生活

1989年，农民人均纯收入285元，贫困人口6600人，占农业人口的85%。1999年，农民人均纯收入1642元，贫困人口14600人，占农业人口的71%。2010年农民人均纯收入4327元，比1989年增长14.2倍，贫困人口9107人，占农业人口的43%，全镇4136人列入城镇低保。

社区服务

1989年，南壕堑镇辖第一居民委员会、第二居民委员会2个居民委员会，管理县城非农业居民的婚姻状况证明开具、邻里纠纷等事务。随着改革开放的深入，县城人口增加，城区向东向南扩展，2000年3月增设第三居民委员会，主要管辖城南新兴街社区；增设第四居民委员会，主要管辖城东河东街社区。4个居民委员会负责辖区内城镇居民、流动人口、低保户的管理和基层党的建设。

第一居民委员会 2010年，居委会有工作人员6名，其中书记1名，主任1名，办事员4名。辖区内有常住居民2448户5347人，其中中共党员98名，流动人口79户260人。驻有公安局、财政局、麒麟宾馆、太平街小学、二中、县医院、妇幼保健院等18个单位；4个大型商场、2个集贸市场，有个体摊点106个。

1989—1997年，对辖区居民的婚姻状况开具证明，对辖区内住户进行不定期走访，排查邻里纠纷。1997—2010年，每年对低保户和“4050”人员进行调查、登记、申报，做到应保尽保。至2010年年底，有低保户698户1246人，月发低保金183156元；城镇居民医疗保险1028人，发展党员8名。

第二居民委员会 2010年，居委会有工作人员6名，其中书记1名，主任1名，办事员4名。辖区内有常住居民1679户，4701人，其中中共党员68名，流动人口169户338人。驻有县委政府机关、武装部、安宁街小学等31个单位；1个灵活集贸市场（早市），有个体摊点30个。

1989—1997年，对辖区居民的婚姻状况开具证明，对辖区内住户进行不定期走访，排查邻里纠纷。1997—2010年，每年对低保户和“4050”人员进行调查、登记、申报，做到应保尽保。对辖区内常住人口、暂住人口、低保户、育龄妇女基本情况进行调查、登记、建档。至2010年年底，有低保户608户994人，月发低保金147157元；城镇居民医疗保险194户290人，发展党员6名。

第三居民委员会 2010年，居委会有工作人员5名，其中书记1名，主任1名，办事员3名。辖区内有常住居民1967户4920人，其中中共党员42名，流动人口82户205人。驻有粮食局、文化广播局、新兴街小学等7个单位；有个体摊点58个。

2000—2010年，对辖区内常住人口、暂住人口、低保户、育龄妇女基本情况进行调查、登记、建档。有老年活动室和图书室，定期开展辖区内卫生文明户大比评活动。2003年3月、居委会被南壕堑镇党委评为“优秀党支部”；2003年7月，居委会被尚义县委、县政府评为“抗击非典先进集体”；居委会书记兼主任闫广东被河北省民政厅评为“河北省县市社区建设优秀社区工作者”；2004年4月，被张家口市委、市政府评为“张家口市劳动模范集体”。至2010年年底，有低保户675户1108人，月发低保金175889元；城镇居民医疗保险140户176人。发展党员6名。

第四居民委员会　2010年，居委会有工作人员5名，其中书记1名，主任1名，办事员3名。辖区内有常住居民3450户8600人，其中中共党员50名，退休人员230人，下岗职工1400人，流动人口880户2200人。驻有交通局、民政局、林业局、国税局、环保局、药监局、法院、检察院、农牧局、一中等30个单位；有个体摊点43个。

2003　2010年，每年对低保户和“4050”人员进行调查登记、申报，做到应保尽保；建起了育龄妇女生育和节育保健数据库。至2010年年底，有低保户457户764人，月发低保金109991元；城镇居民医疗保险320人；发展党员6名。

附：南壕堑乡

南壕堑乡最早建置于1921年，属于张北第五区，历经民国、日伪时期变动，到1945年9月，尚义第五区第一次解放建立人民政权，南壕堑设立城关区，1948年解放后设立南壕堑镇。1958年成立人民公社，1984年由公社分置独立建乡，驻地县城，辖13个行政村、72个自然村，总面积185.09平方千米，其中耕地面积62.80平方千米，总人口12255人，中学1所，小学45所，卫生院1所。辖区内有水库2座，分别为南壕堑水库、常胜沟水库。主要农作物有莜麦、马铃薯、亚麻；畜牧业饲养大牲畜1274头、羊16008只。

为便于统一县城居民管理，统筹经济社会发展，1996年2月，按上级指示精神，南壕堑撤乡，并入南壕堑镇。

二、大青沟镇

大青沟镇位于尚义县北部，北与大营盘、大苏计乡相接，东与张北县公会镇接壤，东南、南与石井乡、八道沟镇相邻，西靠三工地镇，距县城30千米。镇域地处坝上高原丘陵区，地势较高，面积181.87平方千米，平均海拔1385米，地形分为坝缘山地、疏缓丘陵、波状高原，无山脉，大青河由南向北纵贯全境。境内属东亚大陆性季风气候，特点是四季分明，雨热同季，光照充足，年平均气温3.3℃，1月（最冷月）平均气温-14.8℃，极端最低气温-38.5℃（1969年1月31日）。7月（最热月）平均气温19.1℃；极端最高气温38.8℃（2003年8月2日）。作物生长期年平均130天；无霜期年平均102天。年平均日照时数2875小时。年平均降水量380毫米。2010年辖14个行政村，1个居委会。总户数7547户，辖区总人口20776人，其中农业人口14396人，非农业人口6380人，以汉族为主，有蒙古族、回族2个少数民族，共3人，全部居住在大青沟村。

大青沟镇政府驻地在大青沟村，1984年5月，改革“政社合一”体制，设立乡（镇）建制，大青沟公社改名为大青沟镇。1989年镇政府办公占地面积1982平方米，办公房舍为砖瓦结构的平房，面积541平方米，有干部职工23人。

2010年镇政府办公占地面积3151平方米，建筑面积1526平方米，有干部职工89人。

经济建设

1989年，农村经济总收入621.50万元，其中种植业488.70万元，畜牧业86.70万元，企业21.30万元，劳务输出24.80万元。2010年农村经济总收入11839.40万元，其中种植业10801.30万元，畜牧业417.30万元，企业274.60万元，劳务输出346.20万元。全镇经济以农牧业和商贸物流为主导产业。1989年，耕地面积9593公顷（其中水浇地面积12.50公顷），人均0.45公顷，2002—2010年实施“一退双还”工程，全镇总退耕面积5267公顷，2010年全镇耕地总面积4327公顷，人均0.21公顷；粮食作物以小麦、莜麦、玉米、谷物为主，粮食总产量年均5592.30吨，人均560千克，其中小麦1568吨、莜麦1143吨。主要经济作物有土豆、甜菜等。土豆种植面积年均600公顷，产量1.80万吨。

1998年大青沟镇在赉赉淖、陈所梁、师家卜三个村大规模推广蔬菜种植，全年蔬菜种植面积533公顷，主要品种是芹菜、白菜、白萝卜，2002年县扶贫办在小伍村建恒温库600平方米，扩大了蔬菜种植辐射范围。2003年日本三慧公司在赉赉淖村与农户签订蔬菜订单，当年向日本出口白萝卜1000吨。2004年镇政府在西部蔬菜种植区建起占地20公顷的蔬菜批发市场，市场内建有5000平方米蔬菜交易大厅和总库容3600吨的恒温库3座。2008—2010年连续三年在蔬菜种植区推广以喷灌、滴灌为主的节水设施1400公顷，全镇节水设施达到91%以上。2010年全镇蔬菜种植面积增加到1533公顷，白菜、白萝卜、甘蓝、芹菜、菜花等产量年均8万吨。

畜牧业以肉羊、肉牛、生猪养殖为主，2003年投资3000万元，在镇东部建起占地40公顷的奶牛园区1处，园区共建成养殖单元110个，圈舍建设面积2万平方米，青贮窖2万立方米。2008年，奶牛养殖高峰期园内养殖奶牛达到1046头。2005年在小伍村设立了生猪养殖基地，吸收养殖户29户，年均出栏生猪3000头。2007年赉赉淖、南海子、前官地三个村发展成为养殖专业村，2010年生猪饲养量0.69万头，年末存栏0.41万头；羊饲养量2.64万只，年末存栏2.83万只；牛饲养量0.38万头，年末存栏0.28万头；家禽饲养量3.50万羽，上市家禽1.80万羽。2010年生产肉类2103.60吨，其中猪肉638.20吨，牛肉458.60吨，羊肉145.70吨；禽蛋445.70吨，鲜奶1848吨；畜牧业总产值2.20亿元，占农业总产值的68.80%。

大青沟镇素有“旱码头”之称，1989年商贸物流主要以餐饮、服装、建材、粮油食品等加工销售为主，全镇有各类营业摊点162家。砖厂2个，牲畜、皮毛交易市场1个，从业人员394人。1993年皮毛市场逐渐衰退，1998年改建为建材市场，2007年建材市场整体改迁到镇区东北部，牲畜交易市场改迁到镇区东部紧邻东商线。同年引资6000万元将建材市场开发成为住宅小区和临街店铺。2004年在镇区中心新建蔬菜水果批发市场1处，各类小型超市100余家，蔬菜恒温库、劳务市场相继建成。2008—2009年全镇先后引资1亿元，建起蔬菜交易市场、建材市场、服装商城、小商品市场、副食批发市场、劳务市场等6个大型专业市场，全镇300多家露天营业摊点全部进入市场。2010年全镇3000多农民转向商贸物流业，个体工商户发展到近千家，商贸物流年交易额5亿元，经营收入5000万元。

基础设施建设

镇域内以公路运输为主，境内白郭线、东

商线、张尚公路3条主干线，直通北京、石家庄、呼和浩特市、包头等地；县乡级公路9条总长89千米，2004年建设镇区至陈所梁、贲贲淖油路7.40千米；2005年建设镇区至前官地、厂库伦、长富沟、魏家村5条油路11.30千米；2006年借助东商线改造，镇区周边建设环城公路5.50千米，建设镇区至大银堤、师家卜、安家梁3条公路7.80千米；2010年完成了7.20千米的大井村“村村通”道路建设工程。全镇14个行政村全部完成道路“村村通”工程，总里程69千米；镇汽车站日均发送客车21辆，日客运量375人次。

2010年年末有邮政网点1个，投递路线单程总长度1400千米，投递点2个，乡村通邮率95.29%；全年投递国内函件1.42万件。电信企业2家，服务网点6个；固定电话用户0.14万户；移动电话用户1.84万户，移动电话普及率89.83%；互联网端口总数0.20万个，其中已占用端口总数0.12万个，宽带接入用户0.11万户。

自2005年，先后投资600多万元完成了包括陈所梁、贲贲淖、南海子、前官地等在内的12个村的安全饮水工程，自来水入户率达到89.30%，2010年年末镇区有自来水厂2座，铺设干线水管29千米。

文教卫生

1989年成立镇文化活动中心，设有图书室、阅览室、活动室、电影院等，占地面积2560平方米。2010年末有镇文化站1处，村级文化活动中心14处，各类文化专业户22户，各类图书室14个，藏书2.80万册。1995年4月开通有线电视。2010年年末，电视综合覆盖率100%。现有有线电视用户3676户，入户率89.72%。

1989年，有县级中学1所，镇属中学1所，小学49所，中学在校生760人，小学在校生982人。2008年大青沟镇中学撤并到尚义三中，小学全部撤并到希望小学，新建镇中心幼儿园。2010年年末有幼儿园2所，在园幼儿178人；小学1所，在校生1256人，小学适龄儿童入学率100%；初中1所，在校生756人，专任教师94人。

1989年，全镇有医院1所，医护人员30名，用房40间，床位40张。2010年镇区内设卫生院1所，小型诊所6个，病床89张，专业卫生人员18人。2010年新型农村合作医疗参保人数1.46万人，参保率91.30%。

农民生活

1989年，农民人均纯收入124元，贫困人口16975人；1999年农民人均纯收入1024元，贫困人口11268人；2010年农民人均纯收入3300元，贫困人口6872人。全镇654人列入城镇低保，2211人列入农村低保，157人列入五保。

三、小蒜沟镇

小蒜沟镇地处尚义县东南部，西邻内蒙古兴和县，南隔长城与万全、怀安县毗邻，北部与红土梁镇交界，东接甲石河乡。东西宽30千米，南北长40千米，土地总面积372.84平方千米，距张家口市区75千米，距丹拉高速公路40千米，距县城33.50千米。

1995年全乡辖10个行政村，48个自然村，乡政府驻地小蒜沟村。

1996年，小蒜沟乡和勿乱沟乡合并，改为小蒜沟镇，全镇辖17个行政村，52个自然村。镇政府驻地小蒜沟村。2002年道回沟、桃平、黄土窑、白家窑4个自然村村民自行迁自地上、大虎沟、缸房、南沟自然村。2010年全镇辖17行政村48个自然村，共有4260户11134人，其中农业人口8198人，镇所在地人口2936人。

经济建设

1989年全镇农业总收入990万元，其中种植业550万元，畜牧业260万元，劳务输出180万元。2010年农村经济总收入4720万元，其中种植业2357万元，畜牧业2363万元。全镇耕地面积1498公顷，其中水浇地面积341公顷，蔬菜种植面积占70公顷。林地面积4173公顷，草地面积23301公顷，其中退耕地面积2400公顷。从1989年起，全镇财政收入、人均纯收入逐年增长，至2010年，全镇完成财政收入744万元，全社会固定资产投资720万元，农民人均纯收入2774元，创历年以来最高值。全镇主导产业是农业，1989年，以传统农业为主，种植品种主要是以谷子、黍子、玉米和马铃薯为主。2006年引进了“张杂3号”谷种植，2008年在全镇范围大力推广，亩产均达400千克。水地种植“张杂3号”谷子亩产600千克。2010年，全镇种植“张杂3号”谷子达373公顷，至2010年，“张杂3号”已成为当地农民增收的主要渠道，并形成闫家窑、勿乱沟、小蒜沟、牛家营等专业村。小蒜沟历来都有种植水果蔬菜的传统，1995年后，主要种植的林果有京红123、龙冠、黄太平、杏。京红123形体较小，成熟后呈铜红色，味道鲜美，口感爽脆，营养丰富，深得人们喜爱，全镇范围内共种植有200公顷，全镇年产量20余吨。龙冠属于苹果的一种，如鸡蛋大小，口味甘甜，中哈达、土窑沟、地上一带种植较多，全镇种植67公顷，年产量15吨。黄太平如樱桃大小，完全成熟后通体黄色，味酸甜，全镇约种植53公顷，但产量不大。杏种植种类较多，主要有大杏扁和金果圈以及木瓜杏等，大杏扁杏仁甜脆，营养价值高。金果圈果肉汁多肉厚，酸甜可口，8月初成熟，主要分布在土窑沟、地上、宝满沟一带，全镇种植200公顷，年产量10吨左右。林果种植在1995—1998年发展较快，2000年果品产量达到最高，年产量达80余吨。后因价格下降以及树木老化，2010年种植面积以及产量出现下滑。

1989年前，小蒜沟镇畜牧业主要以羊、猪、鸡养殖为主，养殖模较小，每户只有几头（只）或十几头（只）。2002年，猪、羊养殖数量大幅度上升，全镇猪存栏2万头，羊存栏达20万只。随着国家生态建设的需要，2003年开始，羊、猪养殖规模逐年减小，至2010年，羊养殖规模最小，全镇羊存栏2500只；2008年猪养殖规模最小，全镇猪存栏2100头。既要保护生态环境又为了增加农民收入，从2003年在全镇推行了圈舍养殖。至2010年全镇圈舍建设面积2.20万平方米，舍饲养殖已成规模，并形成养殖专业村，大土台村、大梁底村发展为全镇肉猪养殖专业村，且养殖规模不断壮大，2010年全镇猪存栏2800头。小蒜沟村、宝满沟、牛家营村发展成为养羊专业村，2010年全镇羊存栏25000只。2005年以后，由于机械化的大规模普及，大牲畜数量逐年减少。2010年全镇大牲畜总量约200头。高端肉制品加工厂始建于2009年6月，是年9月完工，10月投入运营。项目总投资1000万元，占地1万平方米，建设屠宰车间1000平方米，冷库1500平方米，恒温车间800平方米，结冻车间2个、排酸车间2个，年屠宰量达5万头。畜禽粪污处理厂，2009年10月动工建设，2010年竣工。项目总投资171.80万元，建设在大土台自然村。这两大项目的上马，不但带动的当地经济发展，也解决了发展与环保相矛盾的问题。

基础设施

建设二级公路白郭线于2006年建成，横贯全镇，过境长度35千米；张集铁路尚义段从2000年开始建设，至2011年4月竣工通车，环村而过，境内建设隧道14个，共长17.40千米，桥涵24处，同时在镇内设立客站和货站各一处；2006年投资130万元，建成总长13千米的保满沟至大虎沟村砂石路，解决宝满沟、地上、土窑沟3个行政村的10个自然村道路出行难问题。2010年建成村村通公路总长23.40千米，包括新庙—庙南沟段2.80千米、大土台村—小蒜沟村段8千米、中哈达村—新庙村段3千米、下纳令村—公路段2.80千米、大梁底村—大洼村4千米、南营盘村—新庙村2.80千米，全部混凝土路面。

2006年张集铁路尚义段开始开工建设，在境内建设隧道17.40千米，桥涵24处。1989年在小蒜沟村建35千伏变电站1座，2003年在土窑沟村建35千伏变电站1座。1989年小蒜沟村第一个结束了煤油时代，通了电，牛家营行政村、中哈达行政村、土窑沟行政村相继通电，至1996年，中哈达行政村善马群自然村通电后，电网覆盖全镇。移动通信覆盖全镇，共建移动基站7座，分别为2003年建立的小蒜沟村基站、2005年建立的缸房村基站、2007年建立的北朝碾和土窑沟两个基站、2008年建立勿乱沟基站、2009年建立新庙和中乌拉哈达基站。建立联通基站3座，分别建在小蒜沟、下纳令和勿乱沟。2007年在地上、南沟、大土台、大良底、宣付窑村等信号“盲区”建成5个直放站，实现了全镇网络“村村通”。从1990年始，相继建成大口井7眼，机井27眼，旱水窖20眼，水柜10个，护地坝1万米、防渗渠3000米，涉及闫家窑、勿乱沟、小蒜沟、牛家营、宝满沟、土窑沟、缸房等行政村。有水库2座，分别位于宣付窑和上纳岭村。全镇48个自然村中，有24个自然村实现了自来水供应，其中小蒜沟村于1992年第一个供应自来水。部分村庄由于地理环境条件差以及流出人员太多不具备建设自来水设施条件。

文教卫生

1989年，小蒜沟乡有中学1所，小学48所。小蒜沟中学始建于1962年，原名尚义县第五中学，1994年更名为小蒜沟中学，1990年在校学生800多人，成为建校以来学生人数最多的一年。2005年甲石河、下马圈中学合并到小蒜沟中学。勿乱沟小学始建于1952年，2004年由挪威爱德基金会投资10余万元援建，当时在校生153人。小蒜沟镇完小始建于1950年，是全镇唯一一所寄宿制小学，2002年实现规模办学。小蒜沟镇中心幼儿园建成于2007年7月，共投资25万元，园内设有活动室、娱乐室和休息室，入园幼儿76名。2008年，小蒜沟中小学重建，总投资280万元，于2009年10月正式投入使用。2010年，小蒜沟镇中心小学在校生312人（含幼儿园），教职工69人。小蒜沟中学在校生87人，教职工52人。

1952年，小蒜沟人民医院成立，为小蒜沟乡第一座公立医院，医护人员10名，只有部分基本设备。1989年重建，有医护人员15人，床位50张，常用医疗设施配备齐全。2006年投资27万元扩建，并改称为小蒜沟镇卫生院，至2010年，共有医护人员10人，床位80余张，基本医疗设备齐全，下设村卫生所12个。

2010年全镇17个行政村全部建成了农家书屋，藏书5万册。

农民生活

1989年农民人均纯收入300元，贫困人口7800人；1999年农民人均纯收入1020元，贫困人口减少至5500人。2010年农民人均纯收入2774元，贫困人口3010人。至2010年，全镇1477人列入农村低保，186人列入“五保”，其中65人在勿乱沟敬老院集中供养，其他分散五保户121人；全镇参加新农保6209人，参合率为 61%；参加新医保 7739 人，参保率为 70%。

附：勿乱沟乡

勿乱沟乡建置较早，清雍正三年（1725）设乌里雅苏台泛防千总时，即设勿乱沟乡，辖勿乱沟、闫家窑、上纳岭等 9 个村，民国及日伪时期，曾为黄土崖乡、俭丰乡驻地，隶属张北县管理，1946 年国民党占领尚义又改回勿乱沟乡。新中国成立后，沿用勿乱沟乡建置，1958 年成立人民公社时，与小蒜沟合并，1961 年单独成立公社，1984 年改乡，全乡辖 7 个行政村、15 个自然村，总人口 3802 人，总面积 13050 公顷，其中耕地面积 1206.60 公顷。有中学 1 所，小学 15 所，卫生院 1 所。主要农作物有谷子、玉米、马铃薯，有大牲畜 1448 头、羊 6056 只。境内有上纳岭水库，可灌溉农田 66.70 公顷。

1996 年 2 月，根据上级撤乡建镇指示，勿乱沟乡与小蒜沟乡合并，成立小蒜沟镇。

四、红土梁镇

红土梁镇位于尚义县东南部，东靠套里庄乡，西临内蒙古兴和县，南接小蒜沟镇，北与满井镇、八道沟镇相邻，距县城 20 千米，镇域总面积 293.20 平方千米，平均海拔 1545 米，地势北高南低，东西两头高中间低，坝缘线横贯东西，地形复杂，为坝缘山地、疏缓丘陵、坡状高原、河川洼地。瑟尔基河由东北向西南斜贯全境，大部分村坐落在河两岸，年平均气温 0.6℃左右，年降水量 456 毫米左右，无霜期 110 天，光照充足，气温日、年差较大，气候变化无常。

红土梁镇前身是土木路乡，1989 年 9 月，经河北省民政厅批准，土木路乡改称红土梁镇，镇政府驻地土木路村。1991 年 11 月，镇政府驻地由土木路村迁至红土梁村。1996 年 1 月，撤乡并镇，原永胜地乡合并到红土梁镇，下辖 16 个行政村。2008 年 11 月，镇政府整体搬迁至大阳坡村。全镇辖 16 个行政村，57 个自然村，1 个社区居民委员会。2010 年总户数 5266 户，总人口 12465 人，其中农业人口 11070 人，非农业人口（城镇居民）1395 人，以汉族人口为主，有回族、彝族、满族、蒙古族、裕固族等少数民族，少数民族全镇 16 个行政村均有分布。

经济建设

1989 年农村经济总收入 2800 万元，其中种植业 560 万元，畜牧业 420 万元，企业 120 万元，劳务输出 82 万元。2010 年农村经济总收入 13600 万元，其中种植业 5400 万元，畜牧业 4100 万元，企业 2100 万元，劳务输出 1800 万元。经济以农牧业为主导产业。1989—2010 年，全镇耕地面积 3667 公顷，其中水浇地 133.30 公顷。种粮面积年平均 2800 公顷，总产量年平均 465 万千克；胡麻等油料种植面积 533 公顷，年平均产量 45 万千克；蔬菜种植平均面积 200 公顷，年平均产量 480 万千克；“一退双还”面积 2933 公顷。种植品种主要有小麦、莜麦、谷子、玉米、马铃薯、亚麻、杂豆、蔬菜等。1989 年，传统粮食作物占总播种面积的 65.70%，随着市场的不断发展变化，大宗作物逐年减少，经济作物逐年增加，至 2010 年，粮食作物种植占播种面积的 51%。2007 年，在大阳坡、榆树湾、土木路 3 个水利条件较好的村建成膜下滴灌节水高效农业工程 33 公顷，种植业开始向高效农业迈进。2008 年开始，大面积推广种植张杂谷 3 号、6 号优质谷种，2010 年，全镇共种植张杂谷 200 公顷，在大阳坡、榆树湾 2 村集中连片，规模种植，建成张杂谷种植基地 66.70 公顷。

养殖业品种主要有牛、马、驴、骡、羊、

猪、鸡、兔等。2002年，畜牧业开始走向转型，实现了由散放向舍饲、由数量向质量的转移，推行生态养殖，注册成立了“青山”牌“瘦肉型”猪养殖协会。个体养殖户王剑峰创建了华冠基业有限公司，下设华冠养鸡场、华冠养猪场、华冠饲料厂3家企业，其年出栏6500头的大型养猪场为全县最大的养猪场。2010年有肉羊育肥基地2个，暖棚养猪场8家，蛋鸡养殖场4家，牛饲养量1600头，羊饲养量14100只，猪饲养量8000头，鸡饲养量7.50万只，产蛋1400吨。

工业企业以煤炭生产、铁精粉加工和滴灌材料生产为主，是尚义煤炭生产工业重镇，境内有尚义煤矿，建于1955年，为国有企业，有干部职工906人，年产煤60万吨。2005年以来，共建成2处煤矿、8处磁铁矿、1处金矿和1处石灰石矿共12家矿业开发企业，在原部队营房院建设工业园区，投入资金450万元，引进惠农滴灌带厂、华冠饲料厂2家加工型企业。2010年全镇有工业企业8家，职工336人，工业总产值2800万元，实现工业增加值1920万元。

劳务输出是红土梁镇农民收入的主要途径，全镇农民长期外出务工人数2910人，其中举家外出568户、1863人，仅此一项年增加经济收入5000万元。

基础设施建设

1999年，银沙背村完成了通电工程，全镇彻底消灭了无电村。2001年，完成移动通信扩容工程，截至2010年，累计建成移动基站8个，联通基站3个，电话交换机总容量9990门，固定电话用户300户，电话普及率5.63%，移动电话用户5121户，互联网用户170户，实现了通信信号村村通、全覆盖。2005年为红土梁村接入了宽带网络光纤。2008年，引进资金600万元，开发建设8000平方米商贸楼工程启动。县道白郭线途经大阳坡、永胜地、七令沟3个行政村，张尚公路郭花线途经榆树湾、大阳坡、红土梁、黄土窑4个行政村，全镇6个行政村通公路，10个行政村通水泥路，在镇域内构成了不同等级公路的交通运输网络。2010年，镇区建自来水厂1处，铺设干线水管10千米，居民自来水入户率100%，全镇57个自然村全部实现了自来水入户，入户率达100%。

文教卫生

1989年，全镇有初级中学2所，完全小学1所，不完全小学23所，在校学生506人。1999年，结合震后重建工作，由香港邵逸夫援建红土梁镇中学，土木路中学搬迁至红土梁，改称红土梁镇中学，在校学生512人；1995年，全县中小学布局调整，煤矿中学并入红土梁镇中学，红土梁小学、煤矿小学合并改为九年一贯制学校。2010年镇内有九年制学校1所，其中初中7个班，小学8个班，有中心小学3所，全部为寄宿制学校，在校学生346人，专任教师103人；有幼儿园2所，入园幼儿76人，专任教师13人；小学适龄儿童入学率100%；初中适龄人口入学率、小升初升学率、九年义务教育覆盖率均达100%。

2010年年末有镇文化站1个，有村级文化活动中心4处，秧歌队2个，电影队1个，从业人员40名。

1989年乡卫生院1所，有医护人员3人，病床6张。1991年，红土梁镇卫生院成立，2010年年末全镇有各级医疗卫生机构19个，诊所16个，有床位52张，专业卫生人员36人，其中执业医师2人，执业助理医师2人，注册护士2人，2010年医疗机构完成诊疗6102人次，16个村村民全部参加新型农村合作医疗，参保率95%。

人民生活

1989年农民人均纯收入338元，贫困人口8200人；1999年农民人均纯收入1080元，贫困人口减至5800人。2010年农民人均纯收入2180元，贫困人口2300人。全镇402人列入城镇低保，月人均150元；1603人列入农村低保，月人均70元，48人列入五保。医疗救助153人次，国家抚恤、补助各类优抚对象83人。

附：土木路乡和永胜地乡

土木路建乡历史悠久，清雍正三年（1725）设乌里雅苏台泛防千总时，即设有土木路乡，辖土木路、五十家、大西沟等11个村。清光绪三十一年（1905）建土木路小学，是尚义境内第一所公立小学，后历经民国及日伪时期的变迁，土木路辖区基本未变，1949年，土木路是尚义县下辖的第四区，辖20个行政村、88个自然村。1958年成立土木路人民公社，1984年恢复土木路乡，辖9个行政村、1个居委会、28个自然村，总人口8198人，其中非农业人口1565人。全乡总面积12630公顷，其中耕地面积1953公顷，有乡办、矿办中学各一所，乡办小学22所，矿办小学2所，乡办医院、煤矿职工医院各2处。辖区有张家口地区尚义煤矿，分大阳坡、红土梁2矿井，年生产能力12万吨。辖区主要农作物有谷子、莜麦、亚麻、马铃薯，有大牲畜1883头、羊5548只。

1989年9月，经河北省民政厅批准，撤销土木路乡，设立红土梁镇，所辖区域不变。1991年11月16日，镇政府驻地由土木路村迁至红土梁村。

永胜地乡设置于1953年，全乡辖永胜地、官村、生金兔等19个村，1958年成立人民公社时划归土木路公社，1961年独立建社。1984年改乡，辖7个行政村、33个自然村，总面积14202公顷，其中耕地面积1740公顷，总人口4341人，中学1所，卫生院1所，小学17所。境内大青山海拔1919米，为全县最高峰，大青山山峦叠峰，林草茂盛，是未开发的旅游胜地。有马连疙瘩和四村地煤矿，主要种植谷子、莜麦、马铃薯，畜牧业有大牲畜1901头、羊10167只。

1996年1月，根据上级撤乡并镇是指示，永胜地乡撤销，合并到红土梁镇。

五、八道沟镇

八道沟镇位于尚义县东部，东邻满井镇，西接七甲乡，北依石井乡，南靠红土梁镇、套里庄乡，距县城24千米，镇域总面积200.15平方千米，白郭线、张尚线骨干公路横穿境内。全镇平均海拔1300米左右，相对高差200～400米。2010年辖区总户数6060户，总人口15932人，其中农业人口12302人，非农人口3630人。总人口中男性8188人，占51.39%；女性7744人，占48.61%。有汉族、回族两个民族，汉族15496人，占总人口的97.26%，回族集中居住在狐子窝行政村大东山自然村。

八道沟镇前身是八道沟乡。1989年乡政府驻地在八道沟村，1996年10月，经省民政厅批准撤乡改镇，镇政府驻地八道沟村。

经济建设

1989年农村经济总收入5426万元，其中种植业3869万元，畜牧业962万元，企业320万元，劳务输出275万元。2010年农村经济总收入9642万元，其中种植业5066万元，畜牧业3576万元，企业486万元，劳务输出514万元。全镇经济收入主要以农牧业为主。1989—2010年，耕地面积4233.30公顷，水浇地面积1333.30公顷，蔬菜年均收获6万吨，种粮面积平均2820公顷，总产量年平均10575吨，“一退双还”面积4946.70公顷。1996年以前，主要种植小麦、莜麦、胡麻、马铃薯、杂豆等，形成了小群体、大规模的区域种植格局。1997年开始，发展以膜下滴灌为主的高效节水农业，逐步形成了精细化、高效益、多增收的经济发展路子。2002年成立惠农蔬菜专业合作社，是全镇首家成立的农业专业合作社，有固定资产108万元，注册资金12万元，入社户数98户。2006年合作社成员种植蔬菜320公顷，总产量达到1.20万吨，实现经济收入1440万元，盈利72万元。2010年在政府引导下，相应成立了兴旺蔬菜专业合作社、惠丰蔬菜专业合作社、义发专业合作社和华东村肉牛养殖专业合作社等，合作社进一步扩大种植规模，大力发展养殖业，带动、辐射、刺激周边8个村523户形成了一村一品的经济发展布局。至2010年，全镇蔬菜种植面积达到1333公顷，种植品种主要是大萝卜、甘蓝、莴笋、青菜、白菜、胡萝卜等；肉牛育肥达到6800头，暖棚养猪发展到6380头，各类养殖户达到210户。结合禁牧工作，大力发展舍饲养殖，淘汰劣质土羊，不断改变过去的传统养殖方式，向科学养殖转变。2010年累计肉羊育肥达到108200只，仅此一项人均纯收入600元。镇内规模较大的企业只有铁粉加工厂和塑料颗粒再回收站，都属于个人投资主办。与此同时，劳务输出也是八道沟镇农民增收的主要途径，镇劳务站与八家以建筑业为主的公司建立了长期用工关系，每年有序输出劳力3000多人，实现收入3000多万元。随着“一退双还”工程实施，进一步加大土地流转，农民家庭劳动力减少，组织引导农民就地务工增收。让无法外出的农民忙时干农活，闲时去打工，全镇季节性务工单项人均增收360元。

基础设施建设

1989年前，八道沟乡区域内道路建设全部是沙土化。1999年实施乡乡通油路工程，建成了341省道至乡政府7.50千米的油路；2004年实施村村通公路建设，投资130多万元建成北石塄、赛尔台8.60千米水泥路，辐射8个自然。2006年，争取上级资金12万元，修通了八道沟—博岱花2.80千米的高标准砂石路。2007年投资200多万元完成了镇政府农业综合服务大楼主体工程建设，2008年争取县交通局30万元，完成了八道沟镇主街道500米的道路硬化。2009年争取上级部门投资300多万元，建成了镇中学容纳130名学生就餐的多功能餐厅。2010年投资300多万元，实施了八道沟—闫房洼—狐子窝—宣窑洼—惠家梁、七甲山—后号—博岱花、博岱花—八道沟共涉及9个行政村31千米村村通交通工程，彻底打通制约当地经济发展的交通“瓶颈”。

2010年年末，全镇形成了三纵三横的交通格局。三纵，即七甲山—张尚公路、宣窑洼—张尚公路、七甲山—尚义；三横是张尚S341两条二级公路穿境而过，宣窑洼—大尚线，八道沟—大尚线，全镇道路全部贯通。2010年，镇政府驻地安装了有线电视，8个行政村安装了远程教育网，村村安装了卫星接收器，基本达到户户可收听收看广播电视。

文教卫生。

1989年全乡有国办中学1所，乡中1所，小学16所。2000年集中办学，国办中学与乡中合并为1所，小学合并为8所。2003年小学再次合并，统名为八道沟镇完小。同年，更名为八道沟柳春树希望小学。2010年有中学、小学、幼儿园各1所，任职教师238人，学生总数1231人；初中适龄人口入学率、小升初升学率、九年义务教育覆盖率均达100%。

1989年，有卫生机构1所，有5名医护人员，床位3张，用房26间。2010年全镇有医疗卫生机构1所，诊所16个，床位58张，专业卫生人员38人，全镇参加新农合人数14252人，参合率95%以上。

2010年有镇文化站1处，村级农家书屋4处，专兼职人员28人，建筑面积400平方米，藏书2万册。

农民生活

1989年农民人均纯收入1260元，贫困人口6482人；1999年农民人均纯收入2235元，贫困人口减至3216人。2010年农民人均纯收入3075元，贫困人口1348人。全镇53人列入城镇低保，1980人列入农村低保，141人列入五保。

六、三工地镇

三工地镇位于尚义县西北部，东与大青沟镇相接，南接七甲乡，北与大营盘乡相邻，西与内蒙古兴和、商都两县毗邻，距县城45千米，镇域总面积107.92平方千米，平均海拔1500米左右，相对高差200～500米。地势东南高西北广阔且相对平坦，似簸箕状。平地部分波浪起伏，土壤多为沙土或沙壤土。镇域内有水库1座，在哈拉沟行政村内。年平均气温3℃，年降水量约420毫米，无霜期100天，光照充足，太阳能资源丰富。

三工地镇前身是哈拉沟乡，2002年10月经省民政厅批准更名为三工地镇。2010年镇辖10个行政村，28个自然村，总户数3376户，总人口9288人，其中农业人口7893人，非农人口1395人，以汉族人口为主，少数民族有回族，主要分布在王油房村。

经济建设

1989年，农村经济总收入300万元，其中种植业120万元，畜牧业80万元，企业10万元，劳务输出90万元。2010年农村经济总收入1986万元，其中种植业1086万元，畜牧业350万元，企业50万元，劳务输出500万元。经济以蔬菜种植业、畜牧养殖业为主，有坝上绿色蔬菜生产基地之称。2010年，全镇耕地面积2663公顷，其中水浇地面积107公顷。林地面积2668公顷，草地面积2429公顷，“一退双还”面积2667公顷。镇主导产业是农业，种植品种主要有小麦、莜麦、胡麻、马铃薯、杂豆等，形成了规模种植格局。1995年以后，引进并发展蔬菜种植业，全镇蔬菜种植从1997年农民打浅层井发展到打深层井，从大水漫灌到膜下滴灌的节水种植模式，从粗放管理模式到精细化管理模式，从品种单一发展到品种多样化种植模式。2000年，在三工地村建起了中型恒温库两座，2008年6月成立了由李三虎、三工地两村128户菜农为会员的尚义县绿益蔬菜农民专业合作社。同年引进尚义县碧华公司蔬菜深加工项目，延伸了蔬菜产业链条，实现蔬菜深加工二次增值。至2010年，形成了以三工地村种植西芹，王二来田家村种白菜、胡萝卜，王油房种白萝卜为主的种植布局，以生菜、莴笋、甘蓝、白萝卜等多种蔬菜种植形式，改变品种单一方式，降低种植收入风险。

养殖业品种主要有牛马、驴、骡、羊、猪、鸡、兔等。2008年三工地村新建标准化圈舍1200平方米，有德元村新建标准化圈舍800平方米，张活洼、沙河庙村新建标准化圈舍600平方米，共涉及64户养殖户。2009年王二来，刘面焕新建标准化圈舍600平方米，哈拉沟新建标准化圈舍800平方米。发展肉牛育肥户20户，育肥肉牛1200头。至2010年年末，肉牛养殖户达到40余户，肉牛养殖规模超过2500头，养羊专业户280户，养羊规模达18000多只。劳务输出是农民收入的另一个有效途径，全镇是蔬菜种植大镇，给菜商务工和外出务工共劳务输出2000多人，年劳务输出收入1800多万元。

基础设施建设

省道东商公路穿境而过。2004年投资400多万元，建成李三虎—七甲山全长21.50千米、贯通7个行政村、辐射21个自然村的柏油路。2005年，争取上级支持筹资16万元，修通了王油坊—刘面焕3.50千米的高标准混凝土乡村公路。2007年建成横贯镇区长1.50千米，宽16米的高标准柏油路“街市”。2008年，建成了王二来—张活洼全长5.90千米的“村村通”柏油路。2010年完成哈拉沟—沙河庙3.30千米、田家村接通李七线1.60千米、三工地接通东商线0.50千米共计5.40千米的“村村通”水泥路工程。

2009年投资6万元为三工地村接入了宽带网络光纤；新建变电站一处。2010年北片村更新了高压线路，照明、水利用电方便快捷，2010年全镇累计建起移动基站7个，联通基站2个，网通分南、北两片入村，通讯实现了全覆盖；截至2010年8月，全镇所辖28个自然村，19个实施了人畜饮水安全工程和自来水入户工程，入户率达85%。

文教卫生

1989年，全乡拥有中学1所，小学28所，2002年集中办学，中学并入大青沟中学，小学合并为10所。2004年10所小学再次合并为哈拉沟春华完全寄宿制小学。2005年筹资110万元，建成1360平方米的三层宿舍楼1栋。2006年筹资130万元，建成1740平方米的三层教学楼1栋；建成500平方米多功能餐厅。2010年由于学生向城镇转学，在校学生减少到146人。

2009年农家书屋仅有李三虎村1家。

1989年，有乡卫生院1所，医护人员10人，病床20张，驻地在哈拉沟村。2006年，镇新卫生院建在三工地镇政府西侧。2009年全镇参加医疗合作人数4500人，参合率达85%；2010年有镇卫生院1所，医护人员20人，病床50张。全镇参合人数7252人，参合率89%。

人民生活

1989年农民人均纯收入234元，贫困人口5440人；1999年农民人均纯收入975.60元，贫困人口减至3750人。2010年农民人均纯收入2700元，贫困人口1250人，全镇20人列入城镇低保，750人列入农村低保，90人列入五保。

附：哈拉沟乡

1952年，白彦堡区驻地移至哈拉沟村，更名为哈拉沟区，1953年设立哈拉沟乡，1958年，并入大青沟公社。1961年独立建社。1984年改为乡，驻地为哈拉沟村，辖10个行政村、29个自然村。总面积10895公顷，其中耕地面积5040公顷，有中学1所，卫生院1所，小学24所，总人口9299人。主要农作物有莜麦、小麦、马铃薯。畜牧业有大牲畜2700头、羊7869只。辖区内有水库1座，蓄水量227万立方米，灌溉农田400公顷。境内有古城遗址——土城子，据考证，北魏柔玄镇驻地。

2000年6月，乡镇府搬迁至三工地村，2002年10月，经省民政厅批准，更名为三工地镇。

七、满井镇

满井镇位于尚义县中东部，东邻张北县，西接八道沟镇，南靠套里庄乡，北依石井乡。距县城26.60千米，总面积164.90平方千米，平均海拔1575米，地势南高东低，呈疏缓丘陵状。该镇的南、北哈路村为大青河发源地。年平均气温3℃，年降水量430毫米左右，无霜期100天，光照充足，太阳能资源丰富。2010年，镇辖11个行政村、47个自然村，总户数5450户，总人口13882人，其中农业人口12486人，非农业人口1396人。居民以汉族人口为主，少数民族有回族，主要分布在西伙房村、二沟村、四沟村。满井镇的前身是炕塄乡，1989年乡政府驻地在炕塄村。2008年9月28日，河北省民政厅发文，撤销炕塄乡，设立满井镇，镇政府驻地正式迁至大满井村，行政区域未变。

经济建设

1989年，全镇农村经济总收入85.8万元，其中种植业44.7万元，畜牧业29.1万元，企业2万元，劳务输出10万元。2010年全镇农村经济总收入8337万元，其中种植业3380万元，畜牧业3607万元，乡镇企业350万元，劳务输出1000万元。经济以农牧业为主。1989—2010年，全镇耕地面积5903公顷，其中水浇地210公顷。种植粮油面积年均4290公顷，粮食总产量年均265.30万千克，胡麻等油料种植面积10480公顷，年均油料总产量78.60万千克。粮油种植品种主要有小麦、莜麦、胡麻、马铃薯、杂豆等，形成了小群体、大规模的种植格局。1997年，引进蔬菜、口蘑种植，逐步成为农民增收、脱贫致富的新路子。蔬菜种植，年均面积217公顷，年均蔬菜产量168.50千克。2007年“脑包底马铃薯专业合作社”正式注册成立，合作社固定资产112万元，注册资本为5.76万元，入社农户160户。2009年合作社成员种植商品马铃薯133.30公顷，总产量达到400吨，实现营业收入600万元，利润55万元。2010年合作社进一步扩大种植规模，建成尼龙网棚种薯繁育基地3.33公顷，商品薯种植基地扩大到186.7公顷，其中膜下滴灌33.3公顷，辐射带动周边地区1300多农户种植马铃薯330多公顷，实现销售收入950万元。2010年注册成立“炕塄朵朵香食用菌专业合作社”，年内口蘑、平菇、香菇种植达到10万袋，实现产值50万元。养殖业品种主要有牛、马、驴、骡、养、猪、鸡、兔等。2009年，阎家淖新建标准化圈舍2000平方米；狐子窝、白彦不落新建标准化圈舍1000平方米。发展肉牛育肥户35户，育肥肉牛326头。截至2010年年底，肉牛养殖户达到70余户，肉牛养殖规模超过2000头，包括小尾寒羊专业养殖村达到18个。各类规模养殖户达到150个。

1987年，建成乡办企业“炕塄酒厂”，2000年改制为县属企业。“哈路泉”牌麒麟特酿、尚义老窖是主打白酒产品。2004年风电项目签约，到2008年10月国华四期工程并网发电，国华满井风电场总装机容量18.30万千瓦，成为全国最大的单体风电场。122个1500千瓦的大型风机遍布张尚二级公路满井段沿线。至2010年，全镇以风电产业为主导的工业产值达到2.60亿元，稳居全县之首。全镇农民长期外出务工人数4914人，年增加经济收入8000万元。

基础设施建设

2005年，八大家、南哈路、闫家淖、大满井等村养牛园区完成了通水通电工程。2006年投资200万元，完成了狐子窝、戈家村移动通信扩容工程和大满井宽带网络工程。2009年投资5万元，为满井村接入了宽带网络光纤；同年，新建汽车站投入使用，大满井村打饮用水深层井3眼，完成居民区1400米供水管道和3个供水点建设；完成三盖脑包、林岳滩、前山、银沙贝、张全良、武家村、张文财梁8个村的人畜饮水和牛家梁村自来水人户工程。至2010年，全镇建成了“五横（三盖脑包—大满井、梁家村—脑包底、阎家淖—白彦不落、南哈路—炕塄、北哈路—狐子窝）、两纵（赛汗不落—大满井、戈家村—三盖脑包）交叉（戈家村—炕塄、炕塄—狐子窝）”交通格局。40个自然村实现了自来水入户，入户率达85%；累计建成移动基站4个，联通基站4个，电信基站2个，通信实现了村村通、全覆盖。

文教卫生

1989年，全乡拥有初级中学1所，完全小学1所，不完全小学35所，在校学生907人。2005年8月，全县中小学布局调整，炕塄中学撤销并入八道沟中学。同年，由挪威何宝珍女士捐助在狐子窝村建宝珍小学（扩建为完全寄宿制小学），用房33间；2010年8月炕塄小学撤销并入宝珍小学，2010年年底，全镇有完全小学1所，在校学生256人，教职员工31人。

2007年炕塄村、大满井村成立了村级文化站，2010年全镇11个行政村都成立了农家书屋，共有图书15000册。

1989年有乡卫生院1所，医护人员3人，病床7张。2006年，成立大满井卫生院，炕塄卫生院与大满井卫生院合并。2010年有镇卫生院1所，医护人员8人，病床15张。全镇参加新农合人数11802人，参合率达91%。

农民生活

1989年农民人均纯收入370元，贫困人口6010人。1999年农民人均纯收入1200元，贫困人口减至4200人。2010年农民人均纯收入3020元，贫困人口仅有1918人。全镇32人列入城镇低保，1232人列入农村低保，85人列入五保。

附：炕塄乡

炕塄乡初建于1953年，辖炕塄、南哈路、大淖等11个村。1956年撤区并乡时，奎腾台、八大家两乡并入。1958年并入八道沟公社，1961年单独建社，1984年恢复乡建制，辖11个行政村、50个自然村，总人口14016人，有中学1所，小学43所，卫生院1所，全乡总面积16491公顷，其中耕地面积5633公顷，主要种植莜麦、亚麻。畜牧业有大牲畜4540头、羊8917只。辖区内淖多水资源丰富，较大的淖有前三岔口淖、四沟淖、闫家淖；水库有武家村水库，亦称“八一水库”，水域面积8.70公顷，灌溉农田90公顷。

2005年9月，炕塄乡风电服务中心在大满井落成。为了更好地服务风能资源开发2008年9月28日，经河北省政府批准，由省民政厅批复，同意撤销炕塄乡，设立满井镇，镇政府驻地正式迁至大满井村，行政区域未变。

八、大营盘乡

大营盘乡地处尚义县西北部，东接大苏计乡，南临大青沟镇、三工地镇，西、北与内蒙古商都县毗邻。总面积257.48平方千米，海拔1200～1600米，相对高差300～500米，地势为坡状高原起伏形态。境内西南部有二龙河，东南有大青河，年平均气温0.7℃～7.2℃，年均降水量350毫米左右，无霜期年平均110天，光照充足，太阳能、风能资源丰富。乡政府驻地大营盘村。1993年3月8日，由15个行政村合并为6个行政村。2010年全乡辖6个行政村、41个自然村，总户数5057户，总人口13859人，其中农业人口13344人，非农业人口515人。总人口中汉族人口13714人，约占总人口的99%，蒙古族145人，占总人口的1%，蒙古营行政村是全省唯一的蒙古民族聚居村。

经济建设

1989年农村经济总收入780万元，其中种植业420万元，畜牧业240万元，企业120万元。2010年农村经济总收入8993万元，其中种植业6320万元，畜牧业1620万元，企业453万元，劳务输出600万元。全乡主导产业是农业，1993年以前，以传统农业为主，种植品种主要是小麦、莜麦、胡麻、马铃薯等。养殖畜禽品种主要有牛、羊、骡、马、驴、兔、鸡等。

1993年以后，引进蔬菜种植，打破了传统农业经营方式，种植规模，从庭院种植到大田种植，从小面积种植到大面积种植。在庭院种植中最具代表性的人物是郭家村村民任启，从1993年就在自家的院中种植蔬菜，每年仅此收入上千元，这在当时为数可观。最早开始大面积蔬菜种植且收入可观的代表性人物是六顷地村杨日山，1996年，他种植露地蔬菜2公顷，年收入20多万元。2000年后蔬菜种植稳定在1000公顷，年产各类蔬菜约8000万千克，年销售收入3800万元左右，最高一年达4200万元（2009年）。种植品种主要有西芹、大白菜、甘蓝、绿菜花、白萝卜等。种植模式，有露地种植、大棚种植，其中大棚种植有大棚两茬菜种植、冬暖式大棚种植。大棚两茬菜种植的代表人物是刘油坊村村民李树军，1996年建起11个大棚，收入5万多元；冬暖式大棚种植的代表人物是大营盘村村民邢江、张旭清。2002年5月成立大营盘蔬菜协会，发展会员380人。2004—2006年建成蔬菜批发交易市场，总投资944万元，占地9公顷，内设交易大厅，结算中心，餐饮住宿部及恒温库。2006年实施了设施蔬菜种植示范园区建设项目，园区占地3.33公顷，建设施蔬菜种植大棚108个，参与农户55户，总投资120万元。2008年6月成立了尚义绿丰蔬菜农民专业合作社，发展会员132人，帮扶种植户1300户，分布在全乡各个种植区域。20世纪90年代初期，大部分人家都养牛、羊、鸡、兔，但养殖规模小，每户只有几头（只）或十几头（只）。随着蔬菜业的发展，养殖业向个别户集中，形成规模性养殖。其中代表性的有：头号志坚养鸡场，壕堑宏远养猪场，四刘元、四工地的养羊大户。2000年以后，小尾寒羊取代了传统的土羊、细毛羊、黑头羊。由于它的高繁殖、高效益，几年间，全乡羊的数量达3万多只。随着生态建设的加强，全乡大搞圈舍建设，至2010年，圈舍建设面积达15400平方米，其中，2003年建成5800平方米，2004年建成4000平方米，2008年建成1000平方米，2009—2010年建成4600平方米。养殖模式彻底改变，并培育了草原羊育肥大户，其中具有代表性的是刘油坊村的吴军，养殖草原育肥羊260多只，1992年4月，建成了大营盘乡面粉厂，总投资63万元，日生产面粉8吨。1996年建成民营企业四号地粮油加工厂，总投资50万元，日产面粉6吨，年生产食用胡麻油20吨。这两大企业的建成，解决了大营盘乡及周边乡镇4万多口人的面粉与食用油生产和需求问题。进入2000年以后，随着市场竞争的激烈，两个面粉厂失去竞争力而相继倒闭。2008年引进河南郑州中牟县投资商张信群与王悦地村民师学平合资兴办王悦地输水带生产项目，计划3年完成投资350万元，其中2008年投资100万元。全乡平均每年输出劳力3000多人，劳务收入4000多万元。生态旅游业，具有代表性的是蒙古营村旅游景点。该村凭借独特的自然环境优势和热情好客的蒙古族民俗，2003年办起了11处旅游景点，年收入30万元以上，成为该村重要的经济支柱。

基础设施建设

白郭线三级公路、东尚线二级公路穿境而过。至2010年，全乡建设“村村通”柏油路6条，19.52千米；砂石路5条，20.78千米。砂石路六十庄—大营盘，建于1994年，油路六十庄—大营盘，建于1998年。2004始，建有移动基站6个，联通基站1个，网通线路30000米。输配电工程，建35千伏安变电站1座，照明用电变压器42台，水利用电变压器78台，线路178

千米，高压线路 2 条 85.77 千米，低压线路 40 条，30.52 千米。1998 年，勿乱大坝村全乡最后一个通电。1999 年全乡建成农田水利机井 2652 眼，有 25 个村实施了饮水安全工程。

文教卫生

1989 年，全乡有初级中学 1 所，小学 23 所。2000 年小学合并，全乡合并为 6 所完小，每所小学的在校人数都在 200 人左右。2003 年由挪威爱德基金会援建，投资 37 万元建设了十二号小学。2005 年，大营盘唯一的一所中学合并到大青沟，各行政村小学再次合并，成立了大营盘乡唯一的 1 所完全小学——大营盘乡中心小学，2010 年在校学生 241 人，教职员工 39 人。

2002 年乡政府建成文化站，藏书 3000 多册，月均借书量达 100 册。2010 年，全乡 6 个行政村均建成农家书屋，全部藏书 1 万余册。

1989 年大营盘乡医院有房舍 9 间，医护人员 7 人，病床 3 张。2005 年大营盘乡医院改名为乡卫生院，到 2010 年，有房舍 25 间，医护人员 11 人，病床 9 张。2007 年开展合作医疗，到 2010 年全乡参合人数 10781 人，常住人口参合率达 94%。

农民生活

1989 年农民人均纯收入 280 元，贫困人口 8500 人。1999 年农民人均纯收入 890 元，贫困人口减少至 6400 人。2010 年农民人均纯收入 3570 元，贫困人口有 3500 人，全乡 1230 人列入农村低保，82 人列入五保。

九、大苏计乡

大苏计乡位于尚义县北部，东临张北县两面井乡，西接大营盘乡，南靠大青沟镇，北依商都县大黑沙土镇。乡政府驻地大苏计村，距县城 50 千米。全乡总面积 13854 公顷，耕地面积 2965.30 公顷，其中水浇地面积 1000 公顷。退耕地面积 5584.50 公顷；公益林面积 988.90 公顷，草场面积 2536.30 公顷。大苏计乡地势开阔，起伏较小，岗梁、滩地相间分布，为典型的坡状高原。地处大陆性季风气候区，春季风强沙大，夏季凉爽短促，秋季天高气爽，冬季严寒漫长。年平均气温 1℃～3℃，年日照时数 2900 ～ 3000 小时，大于等于 10℃的活动积温 1800℃～2200℃，无霜期 90 ～ 100 天。

2010 年全乡辖 13 个行政村，19 个自然村，总户数 4356 户，总人口 11623 人，由汉族、蒙古族组成。全乡地表水资源缺乏，既没有过境径流，也没有自产径流，主要靠降雨弥补，年径源总量均值 45761 立方米。地下水由降雨渗透，灌溉回归垂直补给的自产径流和地下水通过透水岩层侧向补给的过境径流两部分组成。全乡植被的地域分布受地理位置、气候、地形及地下的影响，主要以草原类型为特征。主要木本植物有杨树、柳树、松树、榆树、杏树、李树、果树等；主要草本植物有蒿草、苍耳、沙棘等；主要野生中草药有甘草、防风、枸杞、蒲公英等；主要栽培作物有小麦、莜麦、玉米、蚕豆、豌豆、胡麻、蔬菜、瓜果、马铃薯等。

经济建设

1989 年，农村经济总收入 462 万元，其中种植业收入 164 万元，畜牧业收入 146 万元，林业收入 2 万元，工业收入 47 万元，运输业收入 50 万元，商饮业收入 21 万元，服务业收入 32 万元。财政收入 18 万元，农民人均纯收入 230 元。2010 年农村经济总收入 9100 万元，其中农业 4729 万元，畜牧业收入 2220 万元，工业收入 160 万元，建筑业收入 240 万元，服务业收入 110 万元，其他收入 1641 万元。财政收入 120 万元，农民人均纯收入 4120 元。全乡农民长期外出务工人数 1638 人，年可创收 7800

多万元。

农牧业是大苏计乡的主导产业。1989年，围绕“两高一优”的农业开发战略，落实播种面积6067公顷，引进青白豌豆、美国地豆供给者一号等新品种，对种植结构进行了调整。粮食总产量560万千克，油料产量达到180万千克。全乡农户积极发展庭院种植，庭院种植果树近百亩，涉及2403户。2001年，全乡播种面积5493公顷，其中水浇地541公顷。由于严重干旱，农业歉收种植各类作物收获2032公顷，占播种面积的37%，其中蔬菜474公顷，饲草279公顷。2010年，全乡播种面积2965公顷，其中落实蔬菜种植面积838公顷，其中订单糖菜280公顷、西芹379公顷、甘蓝72公顷、大白菜59公顷、其他48公顷，产菜5.65万吨，蔬菜年收入4520万元。

1989年，畜牧业重点以养殖瘦肉型猪为主。全乡有重点养殖村5个，养殖户发展到1000户，年户均出售生猪2头，人均畜牧业收入达到了200元。2001年，由于严重干旱，饲草不足，全乡出售大牲畜73头、羊17只，死亡大牲畜1头、羊177只。围绕抗旱保畜，乡政府盖圈舍140间，调配饲草1.5万千克，开展了针对性的防御工作，确保了畜禽的稳定度荒，年底，大牲畜存栏28833头，羊存栏1万只、猪存栏4121头，鸡存栏8329只。2005—2010年，坚持以园区建设为发展重点，以特色规模养殖为突破口，走专业化管理的发展路子，全乡扩建标准化圈舍15000平方米，朗德鹅、貉子、德国大白兔等一批新特品种在大苏计乡落户。2004年，在大苏计村建成了集加工、冷藏、销售一体化的利达禽业有限公司。2005年，先后建成六号地、半个碌礴两个特色养殖园区。2006年，在2个园区内养殖肉鸡3万只，貉子400只。2007年，购进朗德鹅2.50万只，在园区内进行饲养。2008年，从坝下农科所引进德国大白兔8000只，在半个碌轴、六号地、郝家地、三疙瘩井、蔡家村5个行政村进行规模养殖。2009年，大贲红股份制肉羊繁育基地、惠农草业有限公司和旺华生态养殖园区相继建成。

林业生产在稳定原有面积的基础上，2000年首先在六号地、半个碌礴两个村组织实施退耕还林示范工程560公顷，到2005年先后完成13个行政村的退耕还林工程，退耕面积5600公顷。

1989—1996年，乡镇企业年均销售收入294万元。其中，联营砖厂年生产能力400万块，产值20万元，利税4万元，从业人数60多人。地毯厂从1987年开始发展，到1996年地毯梁发展到79架。1996年，投资8万元，新上了一家针织厂，解决就业人员60人。至2010年，乡镇企业仅存联营砖厂，年可生产红砖500万块。

基础设施建设

1989—2010年，全乡大力实施农业基础设施建设项目，相继实施了小水富民、生态开发、中低产田改造、扶贫开发、以工代赈等农业综合开发项目，农业生产的基础配套设施进一步完善，水浇地从无到有。1989年，在双井子村开始实施小水富民工程，建设水浇地约26.67公顷，改变了大苏计乡无水浇地的历史。到2010年全乡水浇地面积达到1000公顷。2002年新建了文化休闲广场1处，组建了卫生清洁队；修建乡所在地环村道路、村内主街道，硬化2.50千米。

2003年，投入国债资金99万元，完成小梁子自然村59户220人的整体迁移。2006年，投入国债资金315万元，完成郝家地行政村137户631人整体迁移，该村被评为市级新民居建设示范村。

2006年在大苏计村南建成蔬菜交易市场1处，双井子糖菜交售点1处，至2010年相继建起蔬菜保鲜恒温库9座，储存能力达500万千克。为蔬菜产业的发展打下了基础。2010年，投资80万元建成大苏计蔬菜交易市场1处，占地267平方米，硬化交易场地1000平方米，安路灯4盏，建地磅3个，打机井1眼，附属配套房屋32间，设有蔬菜检查站。

2010年，大力推进“村村通电”工程，完成了全乡农村电网改造，全乡19个自然村实现了全部通电目标，彻底消除了用电盲点村、盲点户。交通事业发展。以建设“村村通”油路项目为契机，建成了农村候车点2处，新修、改造柏油路32千米，全乡12个行政村实现通油路，占行政村总数92.30%。至2010年，全乡13个行政村中有9个自然村完成了自来水入户工程；累计建成移动基站5个，联通基站2个，通信实现了村村通，全覆盖。

文教卫生

1989年，全乡有初级中学1所，中心小学1所，其他小学12所，在校学生1023人。2005年，全县中小学布局调整，全乡合并为2所小学，初级中学和大青沟三中合并。2010年，全乡在校学生人。

1989年，乡内有卫生院1所，医护人员3人，床位4张。2010年，有乡卫生院1所，有专业卫生人员9人，床位18张。全乡农村医保参合人数8131人，参合率71%。

全乡有文化站1个，农家书屋13个，藏书16000余册，投影仪13套，多媒体电教器材一套，配置了乐器、音响，每个行政村设文化管理员1名。

农民生活

1989年全乡农民人均纯收入635元，贫困人口8043人，农村五保集中供养18人，分散供养25人。1999年农民人均纯收入1257元，贫困人口减至7053人，农村五保集中供养33人，农村五保分散供养31人。至2010年，全乡农民人均纯收入达到4120元，贫困人口6043人，2010年农村最低生活保障户数1151户，人数1344人，农村五保集中供养60人，农村五保分散供养53人；农村医疗救助122人次，农村临时救助98人次。

十、石井乡

石井乡位于尚义县北部偏东，东与张北海流图乡毗邻，南接满井镇、八道沟镇，西北与大青沟镇相连。距县城35千米，地势疏缓。全境为坝上草原地貌，平均海拔1350米，属典型的东亚大陆性季风气候中温带亚干旱区。乡境东部咸水淖四台淖，又名月牙湖，水域4平方千米。年平均气温3℃，年降水量400毫米左右，无霜期111天，光照充足，太阳能、风能资源丰富。石井乡的前身是后石庄井乡，1989年乡政府驻地在后石庄井村。1998年“1·10”地震后重建，后石庄井乡迁址到套里庄房子。1999年，经河北省人民政府批准，撤销后石庄井乡，改称为石井乡，行政区域未变。2010年乡辖13个行政村，42个自然村，总户数5227户，总人口13737人，居住以汉族人口为主，少数民族有蒙古族，聚居村为四台蒙古营。

经济建设

1989年农村经济收入561万元，其中种植业81万元，畜牧业179万元，其他收入301万元。1989—2010年，全乡耕地面积6851公顷，其中水浇地367公顷。种粮面积年平均2831公顷，胡麻等油料种植面积550公顷，年平均收获72.9万千克；蔬菜种植面积年平均2.13公顷，平均收获160万千克；“一退双还”面积2963

公顷。种植品种主要有小麦、莜麦、胡麻、马铃薯、杂豆等。畜牧业为全乡主导产业。2003年始，围绕禁牧工作，全乡开始发展舍饲养殖。同年成立石井乡养羊协会，2005年更名为尚义县养羊协会，协会注册资金120万元，占地面积6.50公顷，固定资产203万元。协会设服务部、营销部、财务部。有种羊场1个，人工配种站11个，业务覆盖全县14个乡镇及周边地区。2003年从山东省调进小尾寒羊作为杂交母本种羊，调回肉用羊品种澳大利亚无角道赛特、英国萨伏克，德国美利奴等进行杂交，繁育肉用羊。当年培育纯种小尾寒羊5000只，为蔚县、怀安县提供扶贫周转种羊7000只。2004年投资204万元扩建石井种羊场，在全乡10个行政村建起10个肉羊配种改良站，产杂交种羊4500只。同年“石井牌”杂交羊已在中国商标注册中心注册，2005年被县委、县政府评为尚义县农业产业化建设“龙头企业”。

2009年，养殖园区，以育肥羊为主，带动全乡年出售育肥羊2万只。全乡有4个柴鸡养殖场：振清柴鸡养殖场、碧玉柴鸡养殖场、马连洼柴鸡养殖场、喜豹柴鸡养殖场，共养柴鸡1.50万只，农户散养柴鸡5000只。2010年，全乡总产值7450万元，其中畜牧业收入1919.16万元。1989年成立后石庄井乡鞋厂，固定资产200万元，主要是为张家口市橡胶厂来料加工。1990—1992年鼎盛时期有工人37人，后受市场的冲击及上游企业的改制影响于1996年破产。1989年成立后石庄井乡挑花厂，组织全乡妇女在农闲时工作，为北京挑花厂来料加工，产品主要为手工补花、挑花餐桌布，出口创汇，后因经营不善，1998年倒闭。1996年成立私有股份制石井砖厂，日产红砖5万块，2000年倒闭。2009年，石家庄新胜昌动物药业有限公司尚义分公司落户石井乡。该公司是一家生产畜禽类用药高科技企业，拥有农业部验收批准的GMP生产环境、生产设备、生产工艺、质量检测中心。分公司有两条生产线：粉散、预混剂生产车间和液体消毒剂、杀虫剂生产车间，共生产两大类50多个品种动物用药，月流动资金65万元左右，月营业额110多万元。2010年，三峡新能源10万千瓦风电场落户石井乡。

基础设施建设

1989—2010年，全乡形成了三纵（郭家梁—黄旗岔，东山一村、套里庄房子—后石庄井村，石井乡—范家村）的交通格局。2003年满沟图并入二拉嘛村。2006年投资32.60万元在奎腾台村创建文明生态村；完成了范家村、中达营、二拉嘛、三拉嘛、郭家梁、石门沟、戈家村、水泉梁、大特拉、戈老伍、陈大伍、后石庄井、套里庄房子、奎腾台13个村的人畜饮水工程和自来水工程。2009年总投资401万元实施土地整理项目，共打机井18眼，建成水浇地233.30公顷。1989年，实现全乡通电，2000年顺利实施农网改造工程。

2009年投资5万元，为乡驻地接入了宽带网络光纤。至2010年年末，全乡有18个自然村实现了自来水入户，入户率达到43%；累计建成移动基站4个，联通基站4个，电信基站1个，通信实现了村村通全覆盖。

文教卫生

1989年，全乡有中学1所，小学25所，在校生1591人。1997年由韩方明捐助港币30万元，建成韩雪梅希望学校1所，并成为全乡的中心校；2005年，全乡四年级以上的学生都集中到中心校实行寄宿制教学。2006年，全乡除中心小学外，村级小学全部停办，2008年，教育布局调整，乡中学合并到大青沟中学，2010年，在校学生206人。

1989年有乡卫生院1所，有医护人员7人，床位20张。2008年，乡卫生院迁址到新乡所在地，2009年全乡参合人数8396人，参合率90%；2010年全乡参合人数9214人，参合率达91%；有医护人员9人，床位40张。

赛羊会是石井乡传统的群众文化体育活动。2003年，乡政府举办了首届赛羊会。之后，赛羊会的影响不断扩大，国内媒体争相报道，山东等地养羊户也闻讯赶来参加比赛。2009年，第六届赛羊会移师县四台蒙古营。结合民族元素，赛羊会在传统比赛项目以外又增加了射箭、骑马、摔跤等表演项目，赛羊会被誉为草原上的“羊奥运”。精彩的赛事吸引了大批游客到此观赏旅游，赛羊会也成为当地一个重大的群众性活动，规模逐年扩大。到2010年，共举办7届，成为一个集娱乐、旅游、美食、购物于一体的新型节庆。每年接待京津、内蒙古、山西等地游客上万人，被命名为省级民族示范村。

农民生活

1989年农民人均纯收入672元，贫困人口3710人。1999年农民人均纯收入968元，贫困人口减至2132人。2010年农民人均纯收入2390元，贫困人口1647人。全乡1789人列入农村低保，84人列入五保。

十一、七甲乡

七甲乡位于尚义县北部，东临八道沟镇，南与南壕堑镇接壤，西与内蒙古兴和县毗邻，北靠三工地镇，距县城12.50千米，乡域总面积77.15平方千米，平均海拔1350米，地势南高北低，年平均气温3.6℃，年降水量400毫米左右，无霜期110天，光照充足，太阳能丰富。1989—2010年，乡政府驻地在七甲村，辖8个行政村，21个自然村。2010年，全乡总户数2977户，总人口7689人，其中农业人口7429人，非农业人口260人，以汉族人口为主，有蒙古族、回族、满族、藏族4个少数民族，主要分布在三和成村、三排地村和南洼村。

经济建设

1989年农村经济总收入249.20万元，其中种植业187.67万元，畜牧业32.66万元，企业11.20万元，劳务输出17.67万元。2010年农村经济总收入5540万元，其中种植业3434.80万元，畜牧业1218.80万元，企业74.20万元，劳务输出812.20万元。经济以蔬菜产业为主导产业，有“蔬菜之乡”之称。1989—2010年，耕地面积2533公顷，水浇地1733公顷，种粮平均面积952公顷，总产量平均86.68万千克；胡麻等油料种植面积147公顷，平均收获1211万千克；蔬菜种植面积平均1435公顷，平均收获6456万千克；“一退双还”面积2133公顷。种植品种主要有莜麦、小麦、玉米、谷子、马铃薯等，形成了小群体，大规模的种植格局。

1991—1998年，一期开发打机井78眼，建成水浇地467公顷。至2010年9月，全乡有机井283眼，水浇地覆盖面积达到1867公顷，人均1.75公顷，成为全县、全市人均水浇地最多的乡镇之一。“一退双还”工程实施，全乡狠抓草业建设，推广“四良”养殖，培植了张志远肉牛育肥、永兴猪场、妈奶沟养羊专业村、大六号特色养殖专业村等一大批典型。全乡发展10头牛以上大户30户，养羊百只以上大户45户，百头以上养猪大户10户，养殖2000只蛋鸡养殖场1个。全建成永久性青贮窖61个5800立方米，建设标准化圈舍51000平方米，其中牛圈舍20000平方米，羊圈舍13000平方米，猪圈舍18000平方米。至2010年，全乡牛存栏400头，羊存栏4300只，猪存栏3800头，家禽存栏3500只，兔存栏200只。

基础设施建设

乡境内有白郭线、大尚公路两条干线并线，过境15千米。村级公路四通八达：2002年建设二道洼—三排地—高家村“村村通”油路5.50千米，并与大尚公路对接；2004年建设妈奶沟—荞麦窑—西房子“村村通”油路5.50千米；2005年建设三义店—三和城—东荞麦窑“村村通”油路3千米；是年建设大六号—七甲“村村通”公路2.93千米；是年修通大六号—大井，大六号—韩家营两条砂石路计3.60千米；2006年建设北营子行政村5个自然村“村村通”公路5.70千米，是年妈奶沟籍呼和浩特市“假日大酒店”总经理黄东文为家乡修路出资10万元，村委会争取资金11.80万元，修通了妈奶沟—南洼通往县城的“村村通”公路2.15千米；2008年建设七甲村主街道油路1千米；2009年建设大六号—大井，大六号—韩家营两条油路2.60千米；2010年建设七甲—小西村“村村通”公路5.80千米。乡境内全部通电，2001年完成全乡第一次农网改造，2009年完成七甲村第二次农网改造；至2010年，七甲村、大六号、韩家营、荞麦窑、南洼、妈奶沟、三和城、三义店等8个自然村实现自来水入户。至2010年，建有移动基站2个，联通基站2个，远程教育网点9个，移动、联通、电信在乡境区基本普及，农村家家装有卫星地面接收电视。

文教卫生

1989年，全乡有初级中学1所，完全小学8所，在校学生632人。2010年全乡有中心小学1所，在校学生346人。

1989年有乡卫生院1所，有医护人员4人，床位6张。2010年有1所乡卫生院，医护人员13人，床位8张。2010年全乡8个村村民全部参加新型农村合作医疗，参保率98.70%。

农民生活

1989年农民人均纯收入290元，贫困人口6352人。1999年农民人均纯收入1210元，贫困人口5112人;2010年农民人均纯收入4800元，贫困人口有4861人。至2010年全乡23人列入城镇低保,1301人列入农村低保,72人列入五保。

十二、套里庄乡

套里庄乡位于尚义县东南部，东与张北县大河乡接壤，南与甲石河乡毗邻，西接红土梁镇，北与满井镇相邻，距县城60千米，乡域总面积114.61平方千米，平均海拔1500米，地势东南高凸，东北广阔且相对平缓，西部为坝下山区，南部为坝头山区，地形为丘陵河川区，境内最高峰大火堆山位于乡东南15千米处，海拔1818米。年平均气温3.6℃，年均降水量350～420毫米，无霜期年平均100天，光照充足，太阳能、风能资源丰富。套里庄乡政府驻地套里庄村，2010年乡辖10个行政村，28个自然村，总户数3596户，总人口8837人，其中农业人口8351人，非农业人口486人。以汉族人口为主，少数民族有回族，共115户276人，主要分布在西城窑村。

经济建设

套里庄乡经济以农牧业为主导产业。1989年农村经济总收入540万元，其中种植业215万元，畜牧业168万元，企业57万元，劳务输出100万元。2010年农村经济总收入7103万元，其中种植业4785万元，畜牧业861万元，企业457万元，劳务输出1000万元。1989—2010年，耕地面积3668公顷，水浇地260公顷，种粮面积平均933公顷，总产量平均175万千克；胡麻等油料种植面积400公顷，平均收获45万千克；蔬菜种植面积平均200公顷，平均收获1200万千克；“一退双还”

面积1906公顷。种植品种主要有莜麦、谷子、玉米、马铃薯、胡麻、杂豆等，形成了小群体、大规模的种植格局。2002—2007年，口蘑种植风靡全乡，种植总面积达到667公顷。从2008年开始，蛋鸡养殖异军突起，逐步成为农民增收、脱贫致富的路子。2008年，套里庄庄园特种养殖专业合作社正式注册成立，到2010年，全社共有社员100名，成员出资总额为135万元，养殖蛋鸡3万只，产值达到100万元。套里庄乡蔬菜种植较早，主要品种有芹菜、葱头、甘蓝、圆白菜、胡萝卜等，2010年开始实施规模化、集约化、精细化蔬菜种植，发展种菜大户2户，年收入近200万元，对全乡的蔬菜产业发展具有积极的带动作用。劳务输出是套里庄乡农民增收的主要途径，全乡农民长期外出务工人数2600多人，此项年增加收入3500多万元。

基础设施建设

1989年，修通张北县大河乡至土木路乡砂石路，至此开通了至张家口班车。1989—2010年，累计完成头道路至套里庄村8.50千米柏油路建设，完成缸房厂至石人背全长8千米、套里庄至小西沟全长6.30千米道路、元卜洞村1千米、套里庄村500米主街道、洗马林窑村500米入村街道的道路硬化工程；完成了山近沟村4.30千米砂石路建设；完成小西沟河道治理1.50千米；完成元卜洞至小坝子村4.80千米的柏油路建设工程；完成了28千米石人风电路拓宽工程。全乡形成了南至石人背，北到山近沟，西通小西沟，村东达小井洼的“十”字形交通格局。完成了小井洼、大井洼、草碾坡、小水泉、小西沟、东水泉、南窑、脑包洼、东元卜洞、头道路等23个村的自来水入户工程，使全乡自来水入户率达到了85%以上。投资100多万元，完成了10个行政村的“两室”建设，全乡“两室”建设全部达标。完成了石人背村的山泉水井房建设及配套工程；完成洗马林窑村1000平方米、缸房厂600平方米和小坝子村400平方米圈舍建设工程，为群众发展养殖业筑牢了根基。完成了通道绿化工程和缸房厂6667平方米人工造林工程；完成套里庄村15千米、小西沟6千米节水工程，使全乡的农业基础设施得到一定的改善。全乡共建成移动基站3个，联通基站3个，网通分南北两片入村，通信基本上实现了全覆盖。

文教卫生

1989年，全乡有初级中学1所，小学28所。1998年1月10日尚义发生地震后，大部分校舍成为危房，经过各级政府和社会各界人士的大力援助，对校舍进行了新建。由香港《文汇报》出资180万元新建文汇中学；由北京军分区援建的占地3000平方米的桃李小学，总投资200万元，建成农村寄宿制小学，同时安装了远程教育网。2008年文汇中学与桃李小学及其他小学合并为一所九年一贯制学校。2010年，由于村民择校就读，学生相继转学，初中生锐减，当年撤销九年一贯制学校，改称套里乡中心小学。

2010年，全乡开始实施农家书屋工程，在10个行政村设立10个农家书屋，藏书32000册。

2006—2010年，1989年，有乡卫生院1所，房舍10间，医护人员3名，床位4张。2010年，有乡卫生院1所，房舍18间，医护人员8名，床位10张。全乡参加合作医疗人数达到7702人，参合率达到90%以上。

农民生活

1989年农民人均纯收入476元，贫困人口6800人。1999年农民人均纯收入1800元，贫困人口减至4200人。2010年农民人均纯收入2450元，贫困人口有2100人。全乡804人列入低保，101人列入五保。低保户、五保户、三无户等弱势群体的基本生活得到保障。

十三、甲石河乡

甲石河乡位于尚义县东南部，东与张北县大河乡相邻，北侧地处明长城，南以长城为界与万全县洗马林镇相邻，西、南与小蒜沟镇接壤，北靠套里庄乡，距县城49千米，乡域总面积143.24平方千米，平均海拔1200米，地势西北高东南低，北部紧靠坝头，南部为坝下山区，地形为丘陵河川区，境内最高峰鱼儿山位于县城东南41千米处，海拔1713.40米，境内多山川沟壑。年平均气温4.6℃，年均降水量336.8毫米左右，无霜期年平均110天，光照充足，太阳能资源丰富。甲石河乡政府驻地在甲石河南店村，乡辖13个行政村，28个自然村。总户数3034户，总人口7863人，其中农业人口7748人，非农业人口115人，以汉族人口为主，有蒙古族、彝族等两个少数民族，主要分布在甲石河村和青杨沟村。

经济建设

1989年，农村经济总收入740万元，其中种植业215万元，畜牧业168万元，企业263万元，劳务输出94万元。2010年农村经济总收入5760万元，其中种植业800万元，畜牧业4300万元，企业160万元，劳务输出500万元。经济以农牧业为主导产业，由于境内沟壑纵横，故有“七山二水一分田”之称。1989—2010年，全乡耕地面积2474.20公顷，水浇地131.30公顷，种粮面积年平均906.80公顷，总产量年平均221.05万千克；胡麻等油料种植面积100公顷，平均收获2.25万千克；蔬菜种植面积年平均100公顷，平均收获85万千克；“一退双还”面积1500公顷。种植品种主要有谷子、黍子、玉米、马铃薯、葵花、胡麻等，形成了小群体、大规模的种植格局。2002—2007年，口蘑种植遍布全乡，种植总面积达到120公顷。2008年，甲石河乡暖棚养猪专业合作社正式注册成立，至2010年，全社共有社员103名，社员出资总额为141万元，资产总额达到436万元，经营服务总收入达到770万元，暖棚养猪收入占社员人均收入的80%，辐射带动全乡20个自然村，养猪户达803户，暖棚圈舍发展到2450间，暖棚养猪业成为立乡强乡的主导产业，全乡出现了年出栏50头以上的养猪大户50余户。2010年底，全乡暖棚猪存栏15000余头，出栏12000余头。其他养殖业畜种主要有牛、羊、马、驴、骡、猪、鸡、兔等。2010年，其他养殖大户达到12户，其中养羊大户8户，养兔大户1户，养鸡大户2户，养藏獒犬大户1户。1989年以来，乡内乡镇企业先后有挑花厂、沙发厂、蜡烛厂、地毯厂、疏毛厂等，至2010年，乡内规模较大的企业有砖厂和瓦厂2家，2000年改制为私营企业。劳务输出是甲石河乡农民增收的主要途径，据第六次全国人口普查统计，全乡农民长期外出务工人数2700多人，年增加收入3000万元。

基础设施建设

白郭线二级公路穿乡境而过，境内全长约10千米。村村通水泥路全长28千米。2005年，甲石河信用社南一排10间房拆除，改建为柏油路兼休闲广场。至2010年年末，全乡形成了三纵（杏元沟—囫囵—大柳沟—青杨沟、甲石河—东杨木沟—林沟、侯达沟—碱沟梁—碱土河—西杨木沟）二横（侯达沟—甲石河—瓦桶沟—杏元沟、西杨木沟—东杨木沟—菜木沟—香亭子—化林沟—囫囵）交通格局。从1990年开始，13个行政村、28个自然村的2775户，7765人相继实现饮用自来水；建成大口井7眼，其中囫囱1眼，杏元沟2眼，候达沟1眼，化林沟1眼，碱土河1眼，甲石河1眼；修建水库1座，位于甲石河村东；打机井22眼，旱水窖140眼，水柜18眼，护地坝9570米，防渗渠19500米。1989年全乡开始通电，2002年最后一个无电村骆驼山村通电，农村电网覆盖全乡，通电率100%。移动通信覆盖全乡，移动基站铁塔6座；联通通信覆盖甲石河村、杏元沟村，联通基站铁塔2座；移动和联通手机用户3200户，程控固定电话实现村村通，固定电话用户400户。

文教卫生

1989年，全乡有初级中学1所，小学18所，2004年整合教育资源，实行规模办学，2006年，全乡并为9所1～2年级小学和甲石河1所完全小学，1所初级中学。2007年，甲石河初级中学合并到小蒜沟镇初级中学，仅存10所小学和3所幼儿园。1989年，中学在校人数230人，小学在校人数421人，在校学生总数651人，至2010年，小学在校人数210人。

2010年，全乡13个行政村均建成农家书屋，乡文化站占地200平方米，乡村全部藏书1.50万册。

1989年，全乡有卫生院1所，医护人员4人，床位4张，用房10间。2010年，有卫生院1所，用房20间，医护人员10人，床位20张。2010年全乡参加合作医疗人数6600人，参合率85%。

农民生活

1989年农民人均纯收入476元，贫困人口6800人。1999年农民人均纯收入1800元，贫困人口减至4300人。2010年农民人均纯收入2580元，贫困人口1600人。全乡25人列入城镇低保，1286人列入农村低保，55人列入五保。

十四、下马圈乡

下马圈乡位于尚义县西南端，地处三省区（河北、内蒙古、山西）四县（尚义、怀安、兴和、天镇）交界处，东、北临小蒜沟镇，西与内蒙古兴和县交界，南以长城为界与怀安和山西天镇相接，距尚义县城61.50千米，乡政府驻下马圈村。乡域总面积141.30平方千米，平均海拔1350米，属坝下浅切割中山区，北高南低，山形呈“脊”状，山势陡峭，坡度30°以上。境内主要矿产资源有铁、紫色页岩、膨润土、云母、大理石等。境内主要山峰有红沙眼山（1377米）、石豁子山（1449米）。境内属银子河水系，由西南马成窑入至东北常胜湾汇入小蒜沟境内瑟尔基河，境内流程11千米，流域面积82.50平方千米。年平均气温4.1℃，年增降水量392毫米左右，无霜期110天，辖7个行政村，16个自然村。乡政府驻地在下马圈村。全乡总户数1751户，总人口4560人，其中农业人口4195人，非农业人口365人，全部为汉族。

经济建设

1989年农村经济总收入680万元，其中种植业235万元，畜牧业186万元，企业190万元，劳务输出69万元。2010年农村经济总收入2120万元，其中种植业895.70万元，畜牧业638.50万元，企业260.80万元，劳务输出325万元。全乡耕地面积1933公顷，人均0.43公顷。可利用草地面积3200公顷，林地面积6400公顷，是典型的山区农业乡。主要种植作物有谷、黍、莜麦、马铃薯、杂豆、胡麻等，2010年粮食总产3271吨，人均738.5千克。2006年开始推广“张杂”系列谷子，当年在下马圈村试验种植3.33公顷，以后逐年增加，2010年全乡种植“张杂”系列谷子

140公顷，总产量625吨。2006年，上白窑村开始脱毒马铃薯育种，先后繁育了“费乌瑞特”“大西洋”“坝薯八号”“坝薯十号”等脱毒马铃薯新优品种。2010年建育种大棚35个，面积2.30公顷。畜牧业以牛羊为主，2000年，大牲畜饲养量1515头，羊饲养量8922只（其中小尾寒羊800只），鸡兔饲养量分别为32915只和12528只。2002年，推行舍饲养殖，饲养量逐年下降，2010年年底，全乡共有大牲畜2600头、羊300只、猪683头、鸡1000只、兔948只，畜牧业产值472万元，人均1120元。2002年9月开工实施了52.30平方千米的21纪工程，2005年8月，各项治理措施指标全面完成。21世纪工程是下马圈乡有史以来实施的规模最大的水利水保工程项目，借助21世纪首都水资源可持续利用项目工程和国家“一退双还”政策机遇，发展金果圈肉用杏树、“优红一号”仁用杏树及野山杏树，2010年，杏树面积达1000公顷，其中在阳高窑、下马圈、南朝碾共计嫁接杏扁333公顷，金红“123”果树和“五号”李子树共计30公顷，果品总产量950吨。2010年年末境内有砖瓦厂3个，从业人员170人，工业生产总值680万元。

基础设施

110国道和丹拉高速公路横贯乡境韭菜沟境内5.50千米。2004年9月底小韭线一期工程竣工，过境23千米，有4个行政村（含5个自然村：旧庙、正果、庄科、上马圈、下马圈）实现了“村村通”道路；2010年9月，投资219万元实施的下马圈村至上白窑村7.90千米“村村通”道路竣工通车。2010年年末，全乡有客运汽车3辆，其中通往县城1辆，通往张家口市2辆。

全乡有12个自然村完成了人畜饮水工程。从2000年开始至2010年，相继在下马圈、正果、上白窑、南朝碾4村建移动基站4个；在下马圈、上白窑建联通基站2个，通信基本上实现了村村通、全覆盖。

文教卫生

1989年，全乡有初级中学1所，完全小学1所，不完全小学16所，在校学生560人。2005年8月，全县中小学布局调整，下马圈乡中学撤销并入小蒜沟中学。2010年全乡有完全小学1所，不完全小学2所，在校学生86人。

1989年有乡卫生院1所，有医护人员6人，床位5张。2010年有乡卫生院1所，医护人员15人，床位28张。2010年全乡参加合作医疗人数3697人，参合率81.10%。

2010年有乡文化站1处，有村级文化活动中心2处，农家书屋4个，建筑面积110平方米，藏书1.20万册，文化业从业人员15人。

农民生活

1989年农民人均纯收入482元，贫困人口3900人。1999年农民人均纯收入1760元，贫困人口减少至2500人。2010年农民人均纯收入2645元，贫困人口有560人。全乡17人列入城镇低保，475人列入农村低保，63人列入五保。

2010年尚义县各乡镇基本情况表

表 1-5

项目 / 数量 / 乡镇	村（居）民委员会/自然村	总户数	总人口数	耕地面积	农村经济总收入	农业	企业	劳务输出	农民人均纯收入
	个	户	人	公顷	万元	万元	万元	万元	元
南壕堑镇	24/96	17503	42693	5403.64	68735	10532	55003	3200	4327
大青沟镇	15/55	7547	20776	5463.57	11839.4	11218.6	274.6	346.2	3300
红土梁镇	18/57	5266	12465	4803.54	13600	9500	2100	1800	2180
小蒜沟镇	17/48	4260	11134	2634.6	4720	4720			2774
八道沟镇	14/65	6060	15932	5370.2	9642	8642	486	514	3075
三工地镇	10/28	3376	9288	3399.79	1986	1436	50	500	2115
满井镇	11/47	5450	13882	4001.34	8337	6987	350	1000	3020
大苏计乡	13/19	4356	11623	4440.87	9100	6949			2600
大营盘乡	6/41	5057	13859	6470.2	8393	7940	453	600	3570
石井乡	13/43	5227	13737	7988.34	7450				2390
七甲乡	8/21	2977	7689	3670.2	5540	4653.6	74.2	812.2	4800
套里庄乡	10/28	3596	8837	4804.4	7103	5646	457	1000	2450
甲石河乡	13/28	3034	7863	3611.07	5760	5100	160	500	2580
下马圈乡	7/16	1751	4560	3069.87	2120	1534.2	260.8	325	2645

尚义县志

SHANGYI XIANZHI

1989—2010

第二篇

自然环境

尚义地处尚义—赤城深断裂带南北两侧，分坝上、坝下两个不同地貌类型区。坝上为高原区，滩、洼、岗、丘交错，海拔1280～1600米，属中朝准地台。坝下为山地，山岭连绵，沟壑纵横，海拔1050～1500米，临燕山沉陷带西。全境虽属东亚大陆性季风气候中温带亚干旱区，但坝上、坝下气候有明显差异。春季多大风，夏季清凉短促，秋季天高气爽，冬季寒冷漫长。雨量少而集中，光照充足，无霜期短，年平均气温3.5℃，干旱、霜冻、冰雹等自然灾害频繁。大小河流100余条，泉水、淖泊较多，自然资源丰富。

第一章　地质　地貌

第一节　地　质

根据1992—1994年中国地质大学地质调查研究所提供的调查报告，县境位于一个亚级构造单元中朝准地台，属于其中的内蒙台背斜、山西台背斜及燕山沿陷带3个二级构造单元的部分地区。尚义—赤城断裂以北，即尚义的坝上地区，为冀北纬向隆起带，出露地层有新生界第三系汉诺坝玄武岩、张北玄武岩；尚义—赤城断裂带以南，即尚义的坝下地区，为冀北纬向沉隆带，境内有宣付窑—小营盘断褶带，出露地层有太古界桑干群、侏罗系后城组。此外境内有扭动构成形式，主要有套里庄“S”形构造，由汉诺坝玄武岩组成，总进展方向为北西，由口条窖密集的张性张扭性断裂组成。

一、地质变化

太古代—古元古代地壳的第一次沉降沉积了下马圈下白窑表壳岩组，为早—中太古时期，主要岩性为矽线石榴钾长片麻岩、石榴斜长片麻岩、浅粒岩和长石石英岩。原岩为富铝的泥沙质碎屑沉积，它是测区内时代最老、变质程度深、层状无序的太古高级变质岩，分布于北立图沟、沙卜窑、友谊水库、洞上村、下白窑一带，面积约160平方千米，其北侧被中生代侏罗纪沉积岩层呈角度不整合覆盖。地壳的第二期沉降沉积了黄土窑表壳岩组。主岩性为黑云母变粒岩、角闪斜长片麻岩、二长片麻岩、石英岩和大理岩。原岩为一套在岛弧环境下基性—中基性火山岩、碎屑岩和碳酸岩组合，形成于晚太古代时期。该岩组分布于土木路幅中部，沿坝缘出露于郝报沟、二东沟、黄土窝、五十家、大山进沟一带，呈北向西—近东西向展布，宽度2～3千米，面积40平方千米。北侧与大坝沟—大山进沟片麻状花岗岩呈侵入接触关系，南侧与下井片麻岩呈断层接触。

古元古晚期，尚义—赤城断裂带强烈活动，控制了一系列酸性岩浆岩侵入。下白窑表壳岩组有辉绿岩脉、伟晶岩脉侵入，在太古代则有灰—灰黑色基性岩脉侵入；黄土窑表壳岩组有郝报沟闪长质片麻岩、汗海子二长花岗质片麻岩、厂汗营斜长花岗质片麻岩、大坝沟（葛令窑）片麻状花岗岩侵入（在太古代有下井斜长质片麻岩侵入），这些侵入岩称之为变质深层岩。

中元古—三叠纪时期吕梁运动后，尚义—

赤城断裂带在正新活动控制下，地壳北升南降，南侧接受长城群沉积，同时断裂带北盘控制着东营盘序列和西赛序列的中酸性岩浆侵入。中元古早期，在土木路幅的半疙瘩山、黄石崖山、营子湾村东1499高地一带，沉积有长城群常州沟组、团山子组地层。该层呈不连续的北西—西向带状展布，长约8千米，宽小于1千米，面积3 ~ 4平方千米，位于变质岩与侏罗纪地层的接触界限附近，与其他时代的地层均呈断层接触。

进入侏罗纪后，燕山运动（侏罗—白垩纪）影响着县境，尚义—赤城断裂带发生了由拉张到挤压的应力场演变，控制着土木路侏罗纪的形成、发展、消亡及以后的构造变形。这一期间的沉积底层及先后发生的东西褶皱，由北向南的逆冲推复和高角度左旋平推等活动。

喜山运动时期，县境一直处于持续上升状态。新生代晚第三纪，中新世时，本区北部地壳相对下降，接受土井子组河湖相沙砾、黏土堆积。气候由干燥炎热逐渐变得温湿。其后由于尚义—赤城断裂和北东向基底断裂的强烈活动，汉诺坝玄武岩大量喷发。喷发次数至少有13次之多。玄武岩喷发后，地壳活动由垂向升降为主转变为水平挤压为主、土井子组地层普遍发生宽缓褶皱变形和由北向南的逆冲，逆冲到黄土窑表壳岩组上。

第四纪更新世以来，地壳活动表现为垂向差异性升降，上升幅度达240米左右，马市口—松枝口等北西向断层（测区内为狄大窑断裂）发生明显右旋活动，切错乌良台组以及更老的地层，水平断距达近千米。该断裂之东第四纪时期的升降幅度仅百余米，该断裂的东西两侧相比，升降幅度400 ~ 500米，并造成大青山西侧两期洪积扇的叠加，地壳活动仍较强烈，存在着明显的两级阶地。

二、地层分布

中新世土井子组主要分布在土木路幅的北部、东北部的坝缘一带，其厚度由东向西、由北向南逐渐变薄。在大山进沟一带、厚度大于133米（未见底），至东沟窑一带厚度减薄为67.58米，角度不整合于侏罗纪闫家窑组之上。在南壕堑带，厚度仅为2.36米，角度不整合于太古代黄土窑表壳岩组之上。土井子组地层下部以紫红色黏土层为主，夹灰绿色黏土和紫红色含角砾粉砂层；中上部以黄白、灰绿色等杂色沙砾石层砂层为主，夹灰绿色紫红色含砾沙土、黏土层。

中新世汉诺坝组主要分布在土木路幅东北部的坝上一带，在西北部东南部的东沟窑山头上有零星分布，最大厚度大于279.6米，一般残留厚度20 ~ 50米，一般向北缓倾倾角10度左右。该层以灰色拉斑玄武岩为主，夹有橄榄玄武岩，伊丁石化明显、其中夹有多层杂色、灰绿、灰黑色黏土层。

上新世乌良台组主要分布于乌良台幅永胜地、长条沟、黑沟沿、乌良台、小蒜沟一带和友谊水库一带的炮手窑、宣付窑、洞上村等地；在土木路副西南部局部可见。主要呈较宽阔的平台状，主要岩性为紫红色黏土、杂色沙砾石层和玄武岩。

晚更新世地层主要分布在郝报沟—西梁、土木路—豆腐窑一带，乌良台幅的大阳坡及河谷两侧。主要成因类型有沿斜坡分布的洪积物和沿河谷、沟口分布的冲击、洪冲击物。风积物分布广泛。洪冲积物主要分布在河床两侧，构成河流II级阶地，高出现代河床4 ~ 6米砾石成分较为复杂，多为棱角状，砾径4 ~ 20厘米者居多，砾石具有定向排列。

全新世地层可分为两期。早期沉积物主要

分布在河床两侧及坝上地区的淖周围，为冲击物和洪积物。冲击物分布在河床两侧，洪积物分布在山沟出口处，高出现代河床侵蚀基准面积约 2 米，构成 I 级侵蚀阶地。晚期堆积物分布在现代季节性干涸河床中，沉积物为灰褐色含土壑沙砾石层。砾石多为棱角状，砾径 2 ~ 30 厘米，厚度小于 10 米。

三、岩浆岩

境内岩浆岩比较发育，有各个不同地质期的各种不同岩浆岩。其中以侵入岩和火山岩较为发育。侵入岩岩体分布呈东西向伸展，产状为岩株，少数为岩脉及岩床。各类岩性、代表性岩体，境内又东营盘、闪长正长岩，岩体具片麻状构造，岩性变化大，以似片麻状闪长正长岩为主，并有似片麻状、石英闪长正长岩、片麻状黑云花岗岩过渡为斑状花岗岩石花岗岩。火山岩以喷出岩为主，岩性简单，为宣武岩。第三季上新经张北宣武岩，县内分布在炕塄、石井、八道沟一带，为橄榄宣武岩。第四季宣武岩，分布在宣付窑、乌良台、小蒜沟一线，面积约 10 平方千米。喜山期潜火山岩，分布在县境以南，深井以北，有石人背辉绿玢岩、小岩枝，侵入于不同地质期地层中。

第二节　地　貌

尚义县境域南北狭长，内蒙古高原南缘线经过腹地，故全境地势北高南低，以西赛坝缘为界，海拔由北向南骤降，明显形成两个不同的地貌类型区，北部谓之“坝上”，南部谓之“坝下”。全境平均海拔 1300 米，最高点大青山主峰海拔 1919 米；最低点为县境最南端东洋河出口处小蒜沟镇桃平村，海拔 880 米，相差 1039 米。县域北部为坝上高原区，海拔 1280 ~ 1600 米；面积约占全县总面积的三分之二；南部为坝下山地，海拔 1050 ~ 1500 米，面积约占全县总面积的三分之一。坝上高原区滩、洼、岗、丘、湿地交错分布；坝下山区丘陵起伏、沟壑纵横，地貌呈浅切割中低山、谷地、土台地等特征。

一、坝缘山地主要位于大火堆山、大青山、西赛坝和牛群梁一带；面积 374.10 平方千米，主要山脉有阿桂山、桃卜山、半疙瘩山、筒筒沟山、黄石崖山、小阳坡山、癣狼山、朝力盖山、斧刃山、脑包山、牛群梁等。

阿桂山在县城西部 7.60 千米处，山脉起于尚义与兴和县交界地，分二支脉，一向西北，一向西南，面积约 1.50 平方千米，相对高度 266 余米，岩石裸露。

桃卜山县城西偏南 5.70 千米处。山脉起于鸳鸯河北岸，面积 0.77 平方千米，相对高度 166 米，南北较长，东西稍狭窄。

半疙瘩山在县城东偏南 1.90 千米处，面积 1 平方千米，海拔 1488 米。

筒筒沟山在县城东南 3 千米处，窑子沟东南，海拔 1512 米。

黄石崖山在尚义县城东南 5.70 千米处，大南沟东南，海拔 1483 米。

小阳坡山位于县城东南 6.60 千米处，大青山北，海拔 1749 米。

癣狼山县城东南 6.70 千米处，与大青山相连，面积约 2 平方千米，高 500 余米。

朝力盖山亦名磨石山，在县城东偏北 8.60 千米处，山脉与大火山堆北支脉相连，面积约 3 平方千米，海拔 1563 米。

斧刃山在癣山东南 5 千米处，与朝力盖山相连。面积 0.77 平方千米，高 500 余米。

脑包山位于县城东北 26 千米处。脑包底西北，海拔 1240.90 米。东部“牛群梁”是玄武岩熔岩流喷发的熔岩台地，基性岩类，因剥蚀作用，台面坎坷不平，块块顽石形似卧牛，出露泉水21处。坝沿花岗岩剥蚀，坡长脊陡，土层浅薄。

二、舒缓丘陵主要分布于坝上中部广大地区，部分喷出岩受剥蚀作用裸露地表，多成浑圆状残丘；面积234.30平方千米，“无头山”“老虎山”位于该地北边。

三、坡状高原分布于大青沟、大苏计和哈拉沟一带，该区海拔1350 ~ 1400米；湖盆二阴滩地分布于大营盘乡察汗淖畔。

四、淖泊湿地县域的淖泊湿地主要分布于坝上起伏的平原地带，由地表径流汇注而成。域内6公顷以上大淖49个，小淖泊计约120个，1989—2010年，境内淖泊积水面积逐年缩减，其中绝大多数干涸。察汗淖原有水面面积3500公顷，其间因天然降水补给不足，水面逐年缩小，近一半的面积以草原湿地形态呈现。

五、坡状浅切割中山区包括小蒜沟、下马圈、甲石河一带，海拔1500米左右，明长城界上最高点达1784米，最大相对高差500米左右；大青山主峰海拔1919米，为全县最高点。域内主要山脉有大青山干脉、大火堆山、黄草梁山、斜石山、骆驼山、怪白山、鱼儿山、大背山、石豁子山。

大青山位于县城南偏西10.50千米处，属阴山余衍，面积约50平方千米。西北一东南走向，呈屋脊形，土石相间，山有水泉，多产药材，蕴藏宝石。为内蒙古兴和县与尚义县之界山，在尚义境内海拔高1919米。

大火堆山位于县城东南29.50千米处，山脉由西北阴山支脉之大青山蜿蜒而来，其东支山脉（浮石湾山）起于瑟尔基河东岸，面积约6平方千米，海拔1783米。

黄草梁山位于县城东南36千米处，庄科村南，面积约1平方千米，高约1000米。

斜石山又名马鞍山，在县城东南40千米，草垛山东南5千米处，面积约0.50平方千米，海拔1397米。

骆驼山位于县城东南39千米处，斜石山北，面积约0.50平方千米，海拔1317米。

怪白山位于县城东南34千米处，草垛山东北10千米，面积约0.25平方千米，高约100米。

马头山在县城东南31千米处，草垛山东北10千米，面积0.25平方千米，高166米。

鱼儿山在县城东南41千米处，草垛山东北20千米，面积约1平方千米，海拔1713.40米。

大背山亦名大脑包山，位于县城东南35千米处，缸房厂西北，有一大脑包与大火堆山对峙，面积约0.50平方千米，海拔1888.50米。

石豁子山在县城东南32千米处，上马圈西南，东南低，西北高，土石相间，海拔1449米。

六、低山丘陵主要分布在小蒜沟北，大山进沟、黄土窑一带。面积广大，海拔1000米以上，相对高差小于100米。低山区主要有草垛山、南坝山、小元山、元宝山等。

七、山间谷地分布于坝下山谷和河流两岸，880 ~ 1000米，河流上游的山势较陡，河床起伏不平，河道密布，谷窄而狭长。

八、黄土台地分布于下马圈、甲石河一带，海拔高度不等。台地是介于平原和高原之间的地貌形态，县域的台地多为黄土多次搬运堆积而成，土层较薄，河蚀严重。

九、丹霞地貌境内丹霞地貌分布在土木路、小蒜沟和甲石河等乡镇，地下埋藏最大厚度达4000多米。以小北沟地区的红石崖山最为典型，其特点是“赤壁丹崖”广泛发育，特点是顶平、身陡、麓缓，主要呈现为方山、石墙、石峰、石柱等奇险状貌。

第二章 气候 水文 物候

第一节 气 候

尚义县处于东亚大陆性季风气候中温带亚干旱区，大陆性气候特点十分明显。1989—2010年，全年多受蒙古高压所控制，冬季严寒漫长，夏季凉爽短促，春季多风沙，形成多风少雨、气候干燥、无霜期短、“十年九旱”的气候特点。年平均气温4.0℃；年平均降水量350～420毫米；年平均相对湿度57%；年平均无霜期100～120天；全年日照时数2760.3小时，占可照时数的62%；年平均风速为3.7米/秒，最多风向为西北风；年平均蒸发量为1832.0毫米。

一、气候特征

1月份平均气温－18℃～－17℃。最热的7月份平均气温坝下达21℃，坝上仅19℃。10月份平均日较差11.1℃～15.2℃。春季多风少雨，天气多变。夏季降水较多，早晚凉爽，中午炎热。秋季天高气爽，天高云淡。冬季气候寒冷、干燥。

以“候”（5天为一候）平均气温划季，尚义县四季：

春季 （候平均气温在5.2℃）始于4月下旬终于6月上旬，春季约50天。春季多风少雨，伴有沙尘暴，气候干燥，冷空气活跃，同时地面接收太阳辐射能量迅速增加，当有冷空气活动时，冷暖平流很强，常常导致出现大风和强降温天气。大风日数约占全年大风日数的40%。春季沙尘天气占全年沙尘天气的60%～80%。春季极地冷高压后撤，蒙古冷高压后势力减弱，而副热带高压日趋加强并逐渐北上，冷暖气团交替频繁，蒙古气团活跃。当暖气团占优势时，可使日平均气温猛增10℃以上；而当极地冷气团占优势爆发南下时，又使气温骤降，忽冷忽热，天气多变。

夏季 （候平均气温稳定在20℃）始于6月中旬，终于8月下旬，夏季只有80天。由于辐射增温和冷空气势力的显著减弱，暖空气强盛，气温较高。受地理环境影响，使得气温日较差大，早晚凉爽，中午炎热。县境夏季降水较多，占全年降水的70%左右，且分布不均匀，以雷阵雨为主。

秋季 （候平均气温在9.2℃）始于8月中旬，终于10月中旬，秋季约60天。秋季蒙古高压重新加强，天气晴朗，地面辐射冷却加强，近地面气温急剧下降，9—10月份日平均气温可下降10℃左右。极端气温年较差可达31℃～38℃，平均日较差11.1℃～15.2℃。秋季天高气爽，气候适宜收割农作物。但常在秋分之前出现早霜，也偶有冰雹、大风，使农作物减收。

冬季 （候平均气温稳定在－17℃）以气候平均气温在5℃以下为冬季。始于10月下旬，终于次年4月上旬，冬季长达175天。盛行由大陆吹向海洋的干冷冬季风，气候寒冷、干燥、晴朗、少降水。受较强冷空气影响，常常强降温。且因受蒙古高压控制时间长致冬季寒冷漫长。以日平均气温低于－22℃以下为严冬，每当高空西风槽东移时，槽后西北气流急剧东南下，常造成寒潮天气，引起大风降温，有时并伴有降雪，形式“白毛风”。县境严冬期则近 3 个月。

二、日照和辐射

1989—2010 年，年平均日照 2737.8 小时，日照占可照时数为 62%。全年日照时数冬季最少，秋季次之，春季大于秋季，夏季复杂多变。5 月日照时数最多，达 267.2 小时；12 月日照时数最少 189.8 小时。作物生长期（5—9 月）平均日照时数为 1240.7 小时，占年均日照时数的 45.30%。

尚义县纬度偏北，地势较高，云量少，大气透明度好，光能资源十分丰富。年辐射总量为 139.03 千卡 / 平方厘米。月总辐射的最大值出现在 5 月，为 16.96 千卡 / 平方厘米，最小值出现在 12 月，为 6.03 千卡 / 平方厘米。7—8 月雨季云量增多，太阳辐射减弱。

1989—2010 年尚义县日照时数表

表 2-1　　单位：小时

年份	1 月	2 月	3 月	4 月	5 月	6 月	7 月	8 月	9 月	10 月	11 月	12 月	年总日照时数
1989	192.60	182.20	263.50	249.10	277.10	287.10	246.00	261.40	225.40	251.40	199.90	191.90	2827.60
1990	214.20	175.40	190.30	222.70	274.10	303.30	242.80	255.80	253.60	255.20	211.40	201.90	2800.70
1991	197.90	213.30	197.40	236.40	250.10	306.90	286.50	329.10	251.10	227.80	225.80	163.20	2885.50
1992	214.30	247.20	181.70	266.70	262.50	263.50	269.70	182.90	230.80	212.10	200.40	180.40	2712.20
1993	219.60	194.50	257.20	282.90	281.10	276.50	237.80	274.10	277.10	255.80	172.20	207.70	2936.50
1994	227.60	203.70	269.50	269.00	315.00	244.70	253.00	233.00	251.80	217.50	192.20	201.20	2878.20
1995	226.10	226.90	241.00	263.90	295.10	246.00	231.50	223.30	207.60	202.20	247.70	209.60	2820.90
1996	231.20	241.80	233.20	272.70	276.00	280.40	207.80	179.70	243.70	213.90	194.80	208.60	2783.80
1997	223.30	191.80	234.30	271.60	263.60	249.20	247.40	274.30	213.70	271.20	188.40	193.40	2822.20
1998	190.70	135.70	195.20	210.80	257.30	247.20	238.90	252.50	245.20	234.80	210.60	208.30	2627.20
1999	213.10	211.40	227.80	254.10	260.20	285.80	245.50	268.90	157.00	250.60	209.00	187.70	2771.10
2000	175.80	223.30	248.60	217.80	265.90	293.20	260.80	207.50	241.40	208.60	182.20	185.00	2710.10
2001	165.00	205.90	232.90	232.20	311.30	240.20	295.00	276.30	221.80	204.10	219.50	197.00	2801.20
2002	210.80	192.30	219.70	213.00	237.90	216.80	255.60	270.90	208.40	211.10	191.20	156.10	2583.80
2003	207.80	184.40	165.50	191.70	214.10	202.20	204.30	260.60	199.30	222.10	173.50	190.00	2415.50
2004	183.30	198.60	213.40	265.20	226.50	190.60	252.30	194.50	180.80	231.60	222.50	185.30	2544.60
2005	248.10	188.3	270.40	264.30	296.10	251.20	251.20	219.60	199.00	233.60	231.90	209.00	2862.70
2006	173.80	211.20	256.90	208.70	228.00	227.30	238.80	187.70	225.70	211.70	169.10	194.50	2533.40
2007	206.20	209.60	211.90	219.00	273.00	194.80	202.50	262.60	234.50	225.80	202.60	166.80	2609.30
2008	193.90	236.60	222.70	232.90	271.70	213.10	300.90	239.10	224.40	240.10	210.60	179.70	2765.70
2009	214.70	198.00	245.30	249.80	288.80	301.30	234.10	267.00	236.60	233.50	196.30	162.00	2827.40

续表 2-1

年份	1月	2月	3月	4月	5月	6月	7月	8月	9月	10月	11月	12月	年总日照时数
2010	209.60	171.00	212.60	231.40	253.30	279.60	267.00	272.20	225.90	198.40	195.20	195.30	2711.50
平均	206.30	279	226.90	242.1	267.20	254.60	248.60	245.10	225.20	227.90	202.10	189.80	2814.80

三、温　度

气温　尚义县气温变化和平均气温的分布，受地形影响很大。1989—2010 年，平均气温为 4.1℃，最热的 7 月平均温度为 19.8℃，最冷的 1 月平均气温为 −13.4℃。一日中，最高气温出现在 13—14 时，最低气温出现在日出前后。1989 以来，尚义县极端最高气温为 36.7℃，出现在 2010 年 7 月 29 日；极端最低气温为 −34.6℃，出现在 2010 年 1 月 5 日。

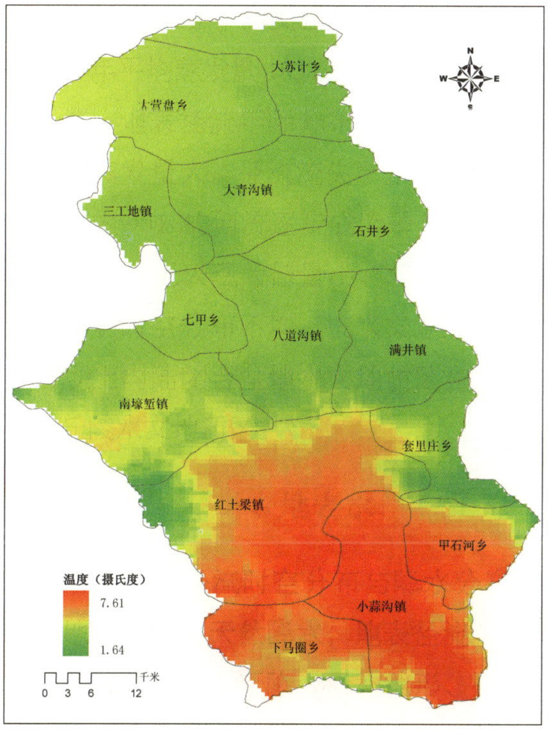

图 2-1　2010 年尚义县气温区划示意图

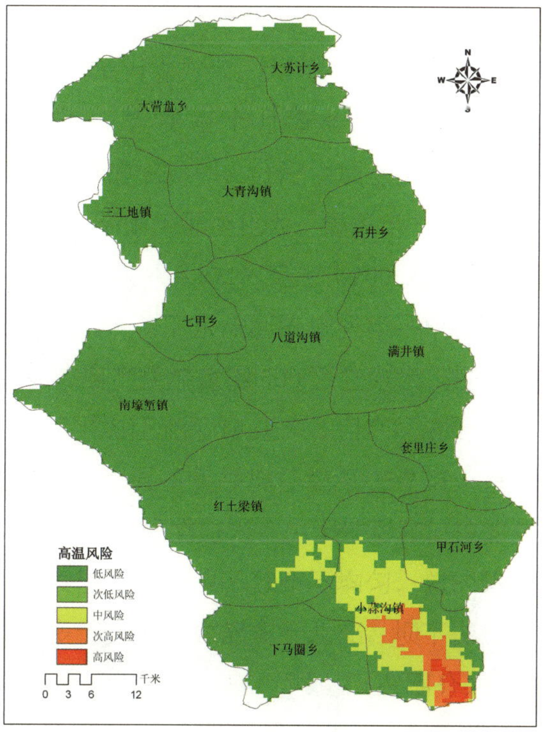

图 2-2　2010 年尚义县高温区划示意图

1989—2010 年尚义县年度气温表

表 2-2　　单位：℃

年　份	年平均气温	年平均最高气温	年平均最低气温	极端最高气温	极端最低气温
1989	4.5	11.1	−1.7	30.4	−26.1
1990	4.3	11.2	−1.9	31.9	−27.7
1991	4.0	10.8	−2.5	33.4	−26.4
1992	3.8	10.5	−2.2	32.1	−24.8

续表 2-2

年　份	年平均气温	年平均最高气温	年平均最低气温	极端最高气温	极端最低气温
1993	3.5	10.5	−2.5	30.2	−31.5
1994	4.9	11.6	−1.1	31.5	−26.5
1995	3.9	10.7	−2.0	31.0	−24.1
1996	3.6	10.1	−2.3	29.0	−26.5
1997	4.3	11.6	−2.6	32.0	−28.0
1998	5.0	12.0	−1.4	33.2	−29.0
1999	4.7	11.9	−2.1	32.7	−28.9
2000	3.4	10.6	−3.5	32.6	−33.0
2001	4.3	11.4	−2.3	31.9	−30.5
2002	4.3	11.3	−2.2	33.0	−30.7
2003	3.4	10.0	−2.4	30.1	−30.1
2004	4.1	11.3	−2.4	31.0	−31.6
2005	3.3	10.8	−3.2	35.6	−31.0
2006	4.4	11.9	−2.1	31.3	−31.7
2007	4.9	12.5	−2.0	33.6	−26.9
2008	3.7	11.0	−2.9	33.1	−30.4
2009	4.1	11.7	−2.9	34.9	−29.2
2010	3.6	10.6	−2.6	36.7	−34.6
平均	4.1	11.1	−2.3	32.3	−29.0

积温　尚义县的各种积温，在地域上的分布和平均气温大致相似。从城镇看，春季日平均气温从 0℃上升到 5℃需要 15 天左右，从 5℃升到 10℃需要 20 天左右。

1989—2010 年尚义县平均稳定通过各积温及初日、终日、间隔日数表

表 2-3

≥ 0℃				≥ 5℃				≥ 10℃			
初日	终日	间隔日数	积温	初日	终日	间隔日数	积温	初日	终日	间隔日数	积温
3 月 25 日	11 月 3 日	210 日	3159.2℃	4 月 7 日	10 月 17 日	196 日	2998.2℃	5 月 6 日	9 月 26 日	144 日	2666.5℃

地温 尚义县1989—2010年，4—10月各个深度的月平均地温都在0℃以上，11月到次年3月为土壤冻结期。历年1月地温最低，7月地温最高。

1989—2010年尚义县月平均地温表

表2-4 单位：℃

月份	0厘米	5厘米	10厘米	15厘米	20厘米
1月	-15.4	-13.3	-12.9	-12.3	-11.8
2月	-6.8	-6.0	-5.8	-5.5	-5.4
3月	-1.5	-2.2	-2.3	-2.2	-2.3
4月	4.9	4.3	4.0	3.9	3.6
5月	15.1	13.6	13.0	12.7	11.1
6月	22.8	20.6	20.1	19.8	19.3
7月	25.4	23.6	23.2	23.1	22.7
8月	24.0	22.6	22.4	22.4	22.2
9月	16.2	15.4	15.5	15.7	15.7
10月	6.7	7.1	7.6	8.1	8.4
11月	-4.9	-3.4	-2.8	-1.9	-1.3
12月	-14.2	-12.2	-11.5	-10.7	-10.1
年平均	6.0	5.8	5.9	6.1	6.0

附：气候谚语

预兆节令类

一九二九牙门叫狗，三九四九冻破碌碡，五九六九沿河看柳，七九河开，八九雁来，九九又一九，犁牛遍地走。

七九河开河不开，八九雁来总得来。

过了闰月年，走马就种田。

春争日，夏争时；春误一日，秋误十日。

春打六九头。离春十日消背阴。

三月清明不见青，二月清明遍地青。

立夏种胡麻，七枝八圪杈；小满种胡麻，秋后也开花。

小满前后，按瓜点豆。

苦生花开花种小豆，小豆开花种莜麦（坝下）。

头晌早，末晌迟，中晌莜麦正合时（坝上）。

清明不在家，处暑不在地（大蒜）。

夏至满川绿。

夏至不种高山黍。（坝下）。

小满不满，种甚不管（坝下）。

谷雨耩高山，立夏耩河湾（坝下）。

芒种黍子急种谷。

齐芒种，见锄刃。

六月六，豆角丝丝熬羊肉。

头伏搂，满罐油。

镰刀响，十来晌。

秋分放大田（坝下）。

齐霜降，挂犁杖（坝上）。

霜降不行犁，还有十天犟剥皮（坝下）。

地冻车轮响，蔓菁萝卜长。

齐寒露，百草枯。

八月十五云遮月，正月十五雪打灯。

预兆丰年类

三白两树挂，庄户人说大话。

九九重河冻，米面憋破瓮。

有钱难买五月旱，六月连阴吃饱饭。

谷三千，麦六十，豌豆八颗割肉吃。

明冬暗年黑腊八。

见苗收一半。

预兆灾年类

雨洒清明节，倒旱三个月。

春打收，秋打丢（指雹打）。

处暑不出头，割了喂老牛。

三月初一的风，四月初一的雨，麦子黄疸谷子秕。

雹打一条线。

龙寻旧道，蛋（冰雹）打七甲山、后号。

麦子穿火莠，苦了豌扁豆。

春旱不算旱，秋旱减一半。

九月里的雷声，十月里的雾，明年的长工不用雇。

一年立两春，黄草变成金。立夏不起尘，起尘刮四十天大黄风。

六月立秋，瓜菜不收。

预兆降雨与天晴类

九九有雪，伏伏有雨。天上钩钩云，地下雨淋淋。

六月南风海底干。

蛤蟆叫，水瓮津，若还不信拔艾寻。

东虹忽雷西虹雨，南虹来了发大水，北虹过来刮塌底。

早烧连阴，晚烧晴，烧了烟息，不过半夜。

重阳至十三，不下一冬干。

乌云西北起，必定有大雨。

老云接驾，明天总下。

燕子低飞蛇过道，近日必有大雨到。

早霞不出门，晚霞行千里。

东北风冷，西北风晴，东南风刮来满天阴。

八月没空雷，

鱼儿山戴帽，长工睡觉。

雷阵雨，三后响。前晌放了雾，后晌晒破肚。

小暑大暑，灌死老鼠。

星星稀，冻死鸡；星星稠，晒死牛。

一耳晴，二耳阴，三环套日冻破冰。

四、降水及蒸发量

1989—2010 年，尚义县降水量 271.60 ~ 580.20 毫米，22 年平均降水量 412.80 毫米。降水量四季分布不均，春季 3、4、5 三个月平均

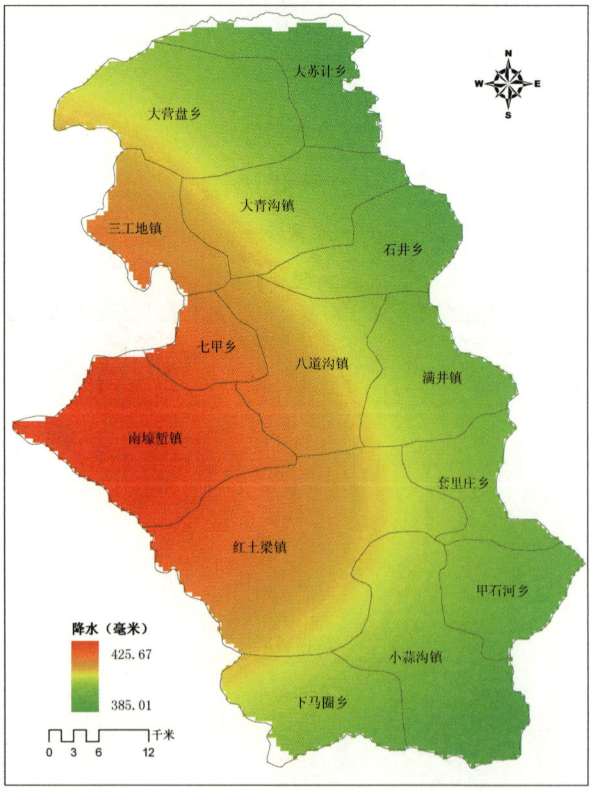

图 2-3 尚义县 2010 年降水区划示意图

降水量为 64.90 毫米，占年总降水量的 15.70%；夏季 6、7、8 三个月平均降水量为 257.00 毫米，占年总降水量的 62.30%；秋季 9、10、11 三个月平均降水量为 82.70 毫米，占年总降水量的 20.00%；冬季 12、1、2 三个月平均降水量为 8.30 毫米，占年总降水量的 2.00%；年际分布不均，1989—2010 年降水最多的年份是 1995 年，降水量为 580.20 毫米，最少的年份是 2009 年，降水量为 271.60 毫米。

1989—2010 年，尚义县年平均蒸发量 1837.90 毫米，5 月份蒸发量最大，为 302.90 毫米，1 月份最小，为 30.00 毫米。

1989—2010 年尚义县各月降水量表

表 2-5　　单位：毫米

月 年	1	2	3	4	5	6	7	8	9	10	11	12	年降水总量
1989	2.5	2.7	3.6	12.1	31.4	56.6	121.3	77.5	74.6	17.5	6.3	2.8	408.9
1990	4.0	3.4	9.8	42.5	23.7	80.3	155.9	136.3	47.3	8.1	3.4	1.0	515.7
1991	2.3	4.0	21.7	28.2	49.9	69.8	191.6	13.3	55.1	15.9	0.2	5.0	457.0
1992	1.2	0.5	18.7	4.8	49.3	67.5	136.9	98.7	30.4	28.2	15.2	1.1	452.5
1993	4.7	13.3	1.5	3.7	15.8	103.8	115.5	64.7	35.5	5.0	9.8	0.1	373.4
1994	0.7	3.5	0.0	5.3	28.1	45.7	148.9	137.0	29.1	17.7	2.1	6.1	424.2
1995	0.1	1.3	6.6	1.3	37.0	73.8	200.3	117.7	97.6	40.4	0.6	3.5	580.2
1996	1.4	—	5.3	8.4	30.0	84.7	98.5	163.8	37.0	58.0	12.0	1.1	500.2
1997	0.1	0.4	3.3	6.2	16.3	56.6	126.5	18.2	39.8	7.0	0.5	1.1	276.0
1998	4.3	13.9	5.6	38.4	52.8	114.5	102.2	34.5	28.9	20.0	0.0	1.4	416.5
1999	0.7	0.1	9.8	19.4	20.8	40.7	125.6	89.4	56.8	8.1	5.0	3.7	380.1
2000	3.0	0.2	7.9	10.5	44.3	22.0	142.8	80.6	25.3	13.6	9.1	1.4	360.7
2001	3.8	2.6	0.7	18.3	6.4	50.3	112.0	82.3	43.8	45.5	7.5	5.5	378.7
2002	0.2	0.9	12.7	56.4	20.2	73.6	58.5	72.1	83.0	7.5	1.9	8.8	395.8
2003	7.1	3.5	14.9	37.7	67.0	84.2	91.9	76.5	115.4	35.3	9.7	1.3	544.5
2004	3.3	0.4	0.4	14.0	57.7	72.2	96.6	101.4	56.5	9.8	4.2	4.4	420.9
2005	0.0	7.4	2.2	17.8	55.0	57.0	90.1	87.8	57.6	15.1	0.0	2.4	392.4
2006	0.3	2.5	0.8	6.5	54.6	48.5	142.6	70.3	25.4	11.4	2.5	1.1	366.5
2007	1.3	5.2	22.9	5.9	25.0	21.1	33.0	79.7	44.3	44.7	1.8	2.2	287.1
2008	2.3	0.7	6.1	54.2	9.1	68.3	51.9	97.4	46.1	30.6	4.6	4.0	375.3
2009	0.7	0.1	5.9	32.7	34.3	45.2	49.6	42.8	43.5	8.8	7.3	0.7	271.6
2010	6.5	3.5	19.9	41.6	52.2	22.9	70.3	89.9	156.9	36.5	1.6	1.1	502.9

续表 2-5

年＼月	1	2	3	4	5	6	7	8	9	10	11	12	年降水总量
平均	2.3	3.2	8.2	21.2	35.5	61.8	111.9	83.3	55.9	22.0	4.8	2.7	412.8

1989-2010 年尚义县各月蒸发量表

表 2-6　　　单位：毫米

年＼月	1	2	3	4	5	6	7	8	9	10	11	12	年蒸发总量
1989	26.1	49.6	136.6	245.6	334.3	286.1	243.3	230.3	146.4	140.9	53.5	42.8	1935.5
1990	25.6	36.9	92.8	201.8	341.7	313.4	186.0	176.6	146.8	138.3	88.5	43.3	1791.7
1991	33.0	50.3	108.9	185.4	280.2	244.5	238.2	263.1	178.7	125.8	84.2	32.5	1824.8
1992	28.9	70.5	90.0	263.7	237.5	249.5	228.1	130.5	166.2	88.8	59.1	33.9	1646.7
1993	19.4	48.8	107.9	210.5	351.7	281.2	200.3	186.2	199.8	128.9	59.0	34.3	1828.0
1994	45.4	46.8	123.2	288.3	363.2	256.8	205.4	168.5	166.8	108.5	88.4	31.7	1893.0
1995	35.4	60.4	130.1	259.1	335.9	264.6	195.7	149.7	128.8	106.0	82.5	32.6	1780.8
1996	34.8	66.7	109.3	222.1	282.9	273.5	168.5	133.8	174.1	102.2	52.3	60.8	1681.0
1997	35.6	56.6	118.8	203.3	313.1	273.3	246.8	256.9	176.1	170.8	55.2	40.1	1946.6
1998	29.6	35.4	105.9	217.7	240.9	248.6	186.7	198.6	223.1	133.6	90.8	44.7	1755.6
1999	44.5	70.0	110.8	232.5	325.7	354.3	242.6	223.4	135.4	135.5	73.7	34.7	1983.1
2000	17.4	46.6	132.6	242.4	295.9	310.3	269.7	186.2	176.9	119.8	52.0	36.0	1885.8
2001	25.8	59.5	163.5	245.2	398.9	290.7	334.5	260.4	175.4	83.7	53.4	22.4	2113.4
2002	44.5	65.2	147.5	203.9	278.9	260.0	272.4	239.8	170.8	125.8	59.8	30.3	1898.9
2003	18.3	37.2	75.8	158.5	235.3	225.8	221.8	222.5	142.0	120.1	64.9	41.9	1564.1
2004	30.7	85.0	157.1	282.7	288.2	262.2	239.7	177.9	160.3	133.1	68.5	38.0	1923.4
2005	27.7	23.4	124.2	260.3	272.1	295.7	261.8	187.3	137.4	129.9	85.1	23.0	1827.9
2006	30.1	56.6	151.2	255.5	292.0	260.0	235.0	166.5	186.9	146.3	72.1	28.8	1881.0
2007	25.1	65.9	89.6	211.4	323.2	279.7	259.4	244.8	181.4	100.9	54.4	31.1	1866.9
2008	21.3	42.7	117.1	188.5	326.9	205.5	290.8	196.2	159.6	115.9	63.1	35.5	1763.1
2009	33.6	63.5	127.7	197.4	306.9	326.5	249.1	243.9	185.4	147.3	49.1	29.2	1959.6
2010	27.1	47.9	91.1	151.7	238.4	285.6	286.0	207.3	141.4	84.5	67.9	54.8	1683.7
平均	30.0	53.9	118.7	224.0	302.9	274.9	329.2	202.3	116.4	122.1	67.2	36.5	1837.9

五、湿 度

水汽压和相对湿度与温度有关。一年中，尚义县水汽压和相对湿度以冬季最小，春季次之，秋季稍大，夏季最大。全县年平均相对湿度为59%，8月相对湿度最大为72%，4月相对湿度最小为43%。日相对湿度的极大值出现于日出前，午后最小。

1989—2010年尚义县各月平均相对湿度表

表2-7　　　　单位：%

年份	1月	2月	3月	4月	5月	6月	7月	8月	9月	10月	11月	12月	年合计	年平均
1989	65	56	39	35	39	51	63	64	66	55	59	63	655	55
1990	59	66	60	44	38	50	78	75	67	53	51	56	697	58
1991	62	55	57	50	48	61	69	61	62	53	46	65	689	57
1992	69	53	58	35	52	54	68	80	57	62	65	65	718	60
1993	77	66	54	35	32	51	72	66	51	50	63	57	674	56
1994	55	59	40	33	38	54	73	76	61	57	56	61	663	55
1995	54	48	40	25	31	54	69	77	71	62	54	63	648	54
1996	60	48	53	42	45	50	75	81	64	68	61	51	698	58
1997	58	53	47	41	46	59	70	60	59	45	56	47	641	53
1998	57	68	52	53	56	65	77	71	56	60	62	68	745	62
1999	59	53	59	49	48	50	73	70	75	57	64	74	731	61
2000	81	68	48	41	56	53	68	77	70	61	68	69	760	63
2001	73	57	41	44	38	59	65	68	67	77	67	71	727	61
2002	65	54	48	52	43	67	64	72	69	58	59	67	718	60
2003	78	72	70	58	65	65	73	74	75	64	65	59	818	68
2004	66	50	37	38	55	63	74	79	69	53	58	67	709	59
2005	63	68	46	35	48	53	64	73	70	53	46	62	681	57
2006	62	49	34	32	44	52	70	80	61	60	62	70	676	56
2007	70	61	68	42	40	55	62	65	63	68	64	67	725	60
2008	63	60	53	59	35	72	63	73	69	62	59	56	724	60
2009	58	43	43	49	43	47	58	61	62	50	66	57	637	53
2010	62	58	57	51	54	57	61	70	78	78	57	48	731	61
月合计	1416	1265	1104	943	994	1242	1509	1573	1442	1306	1308	1363	15465	1289
月平均	64	58	50	43	45	56	69	72	66	59	59	62	703	59

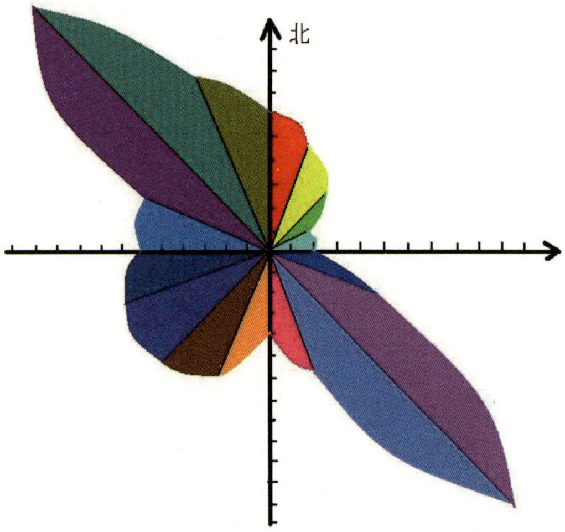

图 2-4　尚义县风向频率玫瑰图

六、风向与风速

1989—2010 年，全县年平均风速 3.4 米 / 秒。尚义县风向以西北风和静风为主。冬、春季风较大，夏季风较小；1—5 月、9—12 月以静风和西北风为主，6—8 月以静风和西南风为主。最大风速为 21.00 米 / 秒，出现在 2002 年 4 月 11 日。1989—2010 年，年平均大风日数为 51 天，最多为 74 天，出现在 1996 年，最少为 18 天，出现在 2003 年。

1989—2010 年尚义县年平均风速及大风日数表

表 2-8　　单位：米 / 秒、日

年　度	年平均风速	10 分钟平均最大风速	年大风日数
1989	3.6	17.0	59
1990	3.6	18.3	55
1991	3.7	18.7	55
1992	3.8	20.7	67
1993	3.6	19.0	67
1994	3.6	17.0	67
1995	3.7	22.0	58
1996	3.8	19.7	74
1997	3.2	19.0	69
1998	3.1	19.3	69
1999	3.1	19.0	60
2000	2.8	20.7	55
2001	3.4	18.3	53
2002	3.3	21.0	59
2003	2.6	14.3	18
2004	3.0	19.0	29
2005	3.5	16.7	39
2006	3.5	16.0	52
2007	3.1	15.9	33
2008	3.3	16.1	32
2009	3.4	15.3	28
2010	3.5	18.0	32
平均	3.4	18.2	51

尚义县风向频率统计表

表 2-9 单位：%

北	北东北	东北	东东北	东	东东南	东南	南东南	南
5	5	4	2	2	3	10	5	3
南西南	**西南**	**西西南**	**西**	**西西北**	**西北**	**北西北**	**静风**	
3	6	8	7	6	10	8	12	

第二节 水 文

1989—2010 年尚义县年平均降水量 412.80 毫米，年平均蒸发量 1837.90 毫米，是降水量的 4.45 倍。地表径流年际分布较为悬殊。受降水偏少、蒸发量大、径流流失严重等水文循环控制，境内 90% 的河流逐步成为季节性河流；地下水资源状况表现为储量小、总量少、水位逐年下降、时空分布不均。按水文地质大体上可分为坝上内陆闭合盆地水文地质区和坝下海河低山丘陵水文地质区。

一、地表水

尚义县年径流时空分布与降水分布一致。境内地表水来自天然降水，地表径流包括自产水和过境客水。由于降水量和地形、植被的差异，地表径流量的地区分布不均匀，总的趋势是坝下多于坝上，中部多于北部。

全县自产地表水总量多年平均为 8740 万立方米，50%、75% 和 95% 的地表水分别为 7840 万立方米、5570 万立方米和 3212 万立方米；过境水多年平均 7433 万立方米，50%、75% 和 95% 的过境水分别为 6531 万立方米、4483 万立方米和 3120 万立方米。年均总降水量 10.86 亿立方米，除蒸发和渗漏外，平均径流深 35.70 毫米，自产地表径流量 9387 立方米／年。

据 1993 年《尚义县水资源开发利用现状调查分析报告》，坝下海河流域区多年平均降水量 430.7 毫米，坝上内陆区多年平均降水量 395.1 毫米，全县多年平均降水量 413.6 毫米，年降水总量 13958.6 万立方米。大气降水时空分布不均匀，全县 6、7、8 三个月降水量 257.00 毫米，占全年雨量的 62.3%，分配由坝上区到坝下区递增 8%。降雨年际变化大，最多年 580.2 毫米（1995 年），最少年 271.6 毫米（2009 年）。

自产水，坝下东洋河流域多年平均径流深 52 毫米，自产径流量 16500 万立方米，坝上内陆区多年平均径流深 18 毫米，自产径流量 2279 万立方米。全县多年平均径流深 35.7 毫米，自产径流量 9387 万立方米。由于地形和植被的差异，地表径流量的地区分布不均匀，总的趋势是坝下多于坝上，中部多于北部，坝下占全县地表径流量的四分之三，坝上仅占四分之一。北部的大苏计、大营盘、大青沟、后石庄井、哈拉沟 5 个乡，总面积占全县的 32.2%，而径流量（1295.7 万立方米）只占全县的 13.8%。地表径流量的年际分配也较悬殊，平水年为 8261 万立方米，枯水年为 5632 万立方米，比数为 68.18%。枯水年的径流量与多年平均径流量的比数为 60%。

客水，来自兴和县银子河和东洋河的过境客水多水年平均为 9441 万立方米，平水年为 8714 万立方米，枯水年为 7032 万立方米。过境客水为县境坝下灌溉提供了水源，但由于河流两岸耕地不多，水利工程少，利用率不高。

（一）河流水文尚义分坝上内陆河流域和坝下海河流域两大水系

坝上内陆河水系总流域面积1666平方千米。主要河流有大青沟河、二龙河两条；坝下海河流域面积953平方千米。水系有三级支流1条，即东洋河，四级支流8条，五级河流114条，较大的有9条：东洋河、鸳鸯河、瑟尔基河、银子河、乌良台河、下纳岭河、中乌拉哈达河、甲石河、旧庙河。

1. 东洋河为一条天然行洪河道。是永定河的一个支流，发源于内蒙古自治区乌兰察布市察哈尔右翼前旗四顶房村，源头称五股泉河。入兴和县境称二道河。经友谊水库入尚义县境宣付窑，向东南折向北朝碾，经乌良台向东南流入小蒜沟，从小蒜沟向南流经牛家营、缸房、土夭沟、地上，沿途接纳银子河、瑟尔基河、下纳岭河等众多支流。经桃平出县境入怀安与洋河会合。该河在尚义县境内流程44.5千米，最宽处达100多米，流域面积1044.57平方千米，多年平均径流量为16500万立方米。

2. 瑟尔基河发源于县境套里庄乡小水泉村，源头称小水泉。由东北向西南流经套里庄乡、红土梁镇、小蒜沟镇，至牛家营村汇入东洋河。全长39.5千米，流域面积688.33平方千米，河床最宽处200多米。沿途接纳了五十家河、大西沟河、红土梁河、下井河、永胜地河5条五级支流。流量0.3～0.4立方米/秒，多年平均径流量为6200万立方米。在中下游建有石砌大坝等护地工程5万多米，两岸引水灌溉农田666.67多公顷。在主流上游有水库4座，桥梁2座。

3. 银子河发源于内蒙古自治区兴和县大同密乡西沟掌村西，经高庙堡村南，东流至马城密入县境。经上白窖村于乌良合村入东洋河，流域面积357平方千米，其中县境内河道长11千米，流域面积8855平方千米，多年平均径流量为3100万立方米。

4. 鸳鸯河发源于县境西赛坝头的郝家沟，至东北向西南经毛忽庆、南壕堑、桃卜山南麓出境。入内蒙古自治区兴和县汇入后河。沿途接纳厂棚沟、六号、常胜沟三条小支流。该河在尚义县境全长26千米，流域面积242.8平方千米，河流最宽处达120米，多年平均径流量为900万立方米。1970年在尚义毛忽庆建小（一）型水库1座（现名鸳鸯湖），2007年断流，2008年县城容貌提升时建拦河坝，人工蓄水。至2010年，水库下游县城内建有砼桥梁4座。

5. 大青河是境内最大的一条内陆河。发源于满井镇的小俄登口村，由东南向西北流经炕塄、八道沟、石井、大青沟、大营盘等乡镇，注入察汗淖尔。该河全长56千米，流域面积610.5平方千米，多年平均径流量为1650万立方米。1958年在河干流30.4千米处建大青沟中型水库，控制流域面积248平方千米，建成1.5万亩灌区。1967年，在河干流7.57米处建武家村小（一）型水库，控制流域面积30平方千米。后又在上游建小（二）型水库4座，大青河水大部分被沿途拦截。

6. 二龙河也称五台河，源头称水泉。该河发源于八道沟镇后水泉村，由东南经八道沟村折向西北，由碾盘洼、大虎沟、七甲山、缸房村南向西北折入哈拉沟乡任家村，向西北1千米进入哈拉沟水库。向西北2千米经哈拉沟村南折向沙河庙，从沙河庙向西进入内蒙古兴和县的侯家村、付家村、二罗村，向西北又折回尚义县张活洼、田家村、姚家村、三工地等村，注入察汗淖尔。该河全长52千米，流域面积

168.6平方千米，多年平均径流量为490万立方米。1966年在河干流下游建哈拉沟小（一）型水库，控制流域面积96平方千米，建成133.33公顷灌区。

（二）淖泊

全县共有淖125处，其中常年有水39处，季节性有水86处。总容积1677万立方米，流域面积116100公顷，蓄水面积3133公顷。其中淡水淖25处，容积368万立方米，蓄水面积126.7公顷；盐碱水淖100处，容积1409万立方米，蓄水面积3000公顷。全县最大的淖泊是察汗淖尔，位于大营盘乡西北部，是尚义与内蒙古商都县的界淖，水域各县一半，尚义境内积水面积19.5平方千米。

1989—2010年尚义县常年淡水淖泊一览表

表2-10

乡 镇	位 置	水面（公顷）	容积（万立方米）	利用情况
大青沟	西淖	10	30	未用
大青沟	东淖	3.73	7.5	未用
满井镇	张家村	7.7	20	未用
满井镇	郭家村	3.57	6.4	未用
满井镇	闫家淖	16	32	未用
满井镇	二淖	13.07	10	曾浇过地
满井镇	八大家	3.4	1.7	曾浇过地
满井镇	狐子窝	1.14	0.56	曾浇过地
满井镇	狐子窝	0.253	0.07	曾浇过地
满井镇	四沟	6.27	7	曾浇过地
满井镇	西伙房	5.71	7	曾浇过地
七甲	西房子	42.4	127.2	未用

（三）水泉

尚义县境内水泉丰富，百万立方米以上淡水泉74处。

1989—2010年尚义县百万立方米以上淡水泉一览表

表2-11 单位：立方米

乡（镇）名	泉 名	日产水	乡（镇）名	泉 名	日产水
八道沟	蔡家村泉	907.2	大青沟镇	白彦堡南山泉	337
八道沟	邵家村泉	259.2	三工地镇	高家村泉	173
八道沟	孙家村泉	432	三工地镇	西水泉	173
八道沟	南梁泉	121	三工地镇	有德元东泉	156
满井	寒青坝（二）	225	南壕堑镇	转达营泉	432

续表 2-11

乡（镇）名	泉　名	日产水	乡（镇）名	泉　名	日产水
满井	寒青坝（一）	389	南壕堑镇	哈拉沟村泉	1296
满井	牛家村泉	157	南壕堑镇	坝头村东泉	259
满井	南哈路泉	5184	南壕堑镇	东沟里村泉	346
满井	北哈路泉	3456	南壕堑镇	二坝沟泉	220
满井	泉子洼泉	691	红土梁	太平窑泉	104
满井	喇嘛洞泉	112	红土梁	孟楼窑泉	104
满井	二银泉	259	红土梁	王地窑泉	123
满井	张文财泉	107	红土梁	南洼泉	107
满井	后沟泉	157	红土梁	陈家湾村	367
满井	五股泉	994	红土梁	圪洞地泉	413
红土梁	玻璃沟泉	107	小蒜沟	西沟泉	268
红土梁	黑沟泉	220	小蒜沟	炭窑沟泉	411
红土梁	头号村泉	553	小蒜沟	西沟掌泉	118
红土梁	五号泉	199	小蒜沟	东沟泉（一）	121
套里庄	石窑泉	104	小蒜沟	东沟泉（二）	299
套里庄	桃力盖泉	220	小蒜沟	地上南沟泉	380
套里庄	东水泉	112	小蒜沟	保满沟泉	1278
套里庄	东泉	144	小蒜沟	车令沟泉	173
套里庄	小哈拉沟泉	602	小蒜沟	倒灰沟泉	220
套里庄	三道沟泉	486	下马圈	旧庙泉	220
套里庄	套里庄北泉	386	下马圈	松树沟泉（一）	131
套里庄	套里庄泉（二）	220	下马圈	松树沟泉（二）	142
套里庄	洞沟泉	734	甲石河	碱沟梁泉	554
套里庄	蒙古营泉	220	甲石河	侯达沟泉	385
套里庄	北水泉	240	甲石河	马头山泉	108
套里庄	南沟泉（一）	172	甲石河	水库泉	220
套里庄	乱石沟泉	259	甲石河	上和梁鱼河泉	108
套里庄	石人背泉	130	甲石河	黄土窑泉	602
套里庄	黄花洼泉	994	甲石河	青杨沟泉	398
套里庄	槽碾坡泉	1080	甲石河	小海子泉	502
套里庄	南窑泉	107	甲石河	黑石现窑泉	288
石井	水泉梁泉	259	甲石河	南店泉	439

二、地下水

尚义县地下水主要来自天然降水补给。含水层以中新统沙砾石孔隙水及裂隙发育的玄武岩窑洞裂隙水，裂隙水一般黏土隔水层为顶板和底板，层位稳定，水源补给可靠，储水量7084万立方米/年，其中可开采量4865万立方米/年。地下水总的分布是坝上多于坝下，北部多于中部（北部占36.60%，中部占16.60%）。坝下储水量3316万立方米/年，占全县的46.80%。地下水主要分布在以下各区域：

一区：位于县境北部，包括大营盘乡、大苏计乡、大青沟镇、石井乡、三工地镇、七甲乡。该区总面积918.98平方千米，海拔1290～1476米，西北部察汗淖凹陷区为最低点，地层以第三系中上新统和第四系新地层为主，是地表水和地下水较为丰富的地区。石井乡的西南部水泉梁，哈拉沟的王油坊为玄武岩台地空洞裂隙水，补给源为大气降水，以裂隙或空洞的形式储藏，单井出水量30吨/时；王二来、田家村、李三虎等地属波状平原富水区，含水层较为均匀由砂砾石、细中砂和部分玄武岩组成，单井出水量30吨/时；七甲乡的三和成、三海洼等地属于波状平原第四系松软岩类孔隙水，含水层为砂砾石和中粗砂，单井出水量30～80吨/小时；大青河、二龙河属现代河谷孔隙水亚区，含水层2～8米，单井出水量15～30吨/小时；大营盘乡北部、大苏计乡北部和二工地种羊场属孔隙水亚区，含水层为沙砾岩，厚10米，埋藏较深的为承压水，水质微咸，单井出水量20～70吨/小时；大营盘乡的六顷地、蒙古营属隐伏玄武岩孔洞裂隙水亚区，含水层以裂隙或空洞的形式储藏水，厚度30～80米，水质微咸，单井出水量30吨/小时。

二区：位于坝头一线，居县境内中部，包括南壕堑镇、八道沟镇、满井镇，该区总面积643.19平方千米，海拔1320～1633米，地层以第三系上新统玄武岩为主，玄武岩裂隙泉水出露多处。满井镇北部、八道沟镇东南部、西北部属玄武岩台地空洞裂隙水，含水层以裂隙或空洞的形式储藏水，单井出水量30～50吨/小时；八道沟镇的南大井、八岱花属波状平原第四系松软岩类孔隙水，含水层为沙砾石和中粗沙，单井出水量30～80吨/小时。

三区：位于坝缘线南部，地形为中、低土石山区，包括红土梁镇、套里庄乡、小蒜沟镇、甲石河乡、下马圈乡，该区总面积1070.3平方千米，海拔1038～1888米，地层以中生代侏罗系为主，辅以震旦系地层。沿河两岸属山同河谷冲洪积孔隙水富水区，含水层为冲洪积中粗沙和砂卵石，含水量丰富，地下水位埋深较浅，单井出水量40～120吨/小时。

三、水　质

尚义县地表水质除坝上淖泊是盐、碱水外，河、库、塘、池等水质均良好。2001年在枯水季节，对地表水取样6个，其中水库4个，河流1个，淖泊1个，化学分析结果为，除察汗淖湖水不能用于灌溉外，其他都在规定指标之内，离子总量315～558毫克/升，总硬度8.44～12.20，总碱度8.44～12.30，矿化度0.315～0.558克/升，均适宜灌溉。

2001 年尚义县地表水化学分析一览表

表 2-12

水源名称	酸碱度	阳离子（毫克 / 升）			阴离子（毫克 / 升）				总碱度	总硬度	离子总量（毫克 / 升）	矿化度（克 / 升）	水质评价
		钙	镁	钠	硫酸根	重碳酸根	碳酸根	氯					
哈拉沟水库	7.9	40.3	28.6	84.3	69.2	263	0	67.4	12.3	12.2	558	0.558	C1Na
武家村水库	8.0	43.7	13.7	19.8	10.1	214	0	13.8	9.81	9.28	315	0.315	C1Na
南壕堑水库	8.0	44.5	9.6	30.8	26.4	192	0	19.8	8.88	8.44	322	0.322	C1Ca
套里庄二水库	8.2	41.9	14.9	25.5	21.1	213	0	13.5	9.79	9.23	330	0.33	C1Ca
瑟尔基河	8.1	60.3	15.9	75.8	39.4	267	0	19.5	12.3	12.1	438	0.438	C1Ca
察汗淖	41.92	356	3430	41400	1044	5806	163.1	7910			11510		

2010 年东洋河水质监测结果一览表

表 2-13　　　　　　　　　　　　　　　　　　　　　单位：毫克 / 升（粪大肠菌群除外）

监测结果	分析结果	标准值	监测项目	分析结果	标准值
水温（℃）	29	—	硫化物	0.039	≤ 0.2
pH	8.1	6 ~ 9	氰化物	0.088	≤ 0.2
总磷	0.14	≤ 0.2	阴离子表面活性剂	0.12	≤ 0.2
高锰酸盐指数	1.98	≤ 6	汞	0.000035	≤ 0.0001
溶解氧	6.1	≥ 5	铅	0.029	≤ 0.05
氨氮	0.05	≤ 1.0	六价铬	0.037	≤ 0.05
氟化物	0.071	≤ 1.0	硒	0.0021	≤ 0.01
化学需氧量	16.0	≤ 20	镉	0.004	≤ 0.005
挥发酚	0.0014	≤ 0.005	铜	0.49	≤ 1.0
石油类	0.022	≤ 0.05	锌	0.49	≤ 1.0
五日生化需氧量	3.52	≤ 4	流量		
总氮	0.41	≤ 1.0	砷	0.034	≤ 0.05
电导率					

地下水主要来自天然降水补给，水质分为淡水、微咸水、咸水三个类型。其中淡水分布占全县总面积的 61.30%。2001 年，对尚义县分坝上、中片、坝下三个大型集镇进行了地下水质监测，监测结果：

2001 年尚义县大青沟站地下水质评价综合污染指数一览表

表 2-14　　　　　　　　　　　　　　　　　　　　　单位：毫克 / 升（除 pH）

项　目	pH	氯离子	总硬度	亚硝酸盐氮	硝酸盐氮	高锰酸钾指数	挥发酚	氰化物	砷化物	汞	六价铬	氟化物
水质评价标准	6.5 ~ 8.5	250	250	0.1	10	10	0.002	0.05	0.04	0.001	0.05	1.0
实测均值 C	7.8	228	345	0.009	17.43	1.5	0	0	0.011	0.0005	0.004	1.06
超标次数 N	0	0	2	0	1	0	0	0	0	0	0	1
监测次数 N	2	2	2	2	2	2	2	2	2	2	2	2
超标率	0	0	1	0	0.5	0	0	0	0	0	0	0.5
污染物分指数	0	0	1.38	0	0.87	0	0	0	0	0	0	0.53
	2.78											
综合污染指数 P 值评价表	P<1 1<P<2 2<P<3 P>3		清洁 轻污染 中污染 重污染			结论：中污染						

2001 年尚义县南壕堑站地下水质评价综合污染指数一览表

表 2-15　　单位：毫克 / 升（除 pH）

项　目	pH	氯离子	总硬度	亚硝酸盐氮	硝酸盐氮	高锰酸钾指数	挥发酚	氰化物	砷化物	汞	六价铬	氟化物
水质评价标准	6.5 ~ 8.5	250	250	0.1	10	10	0.002	0.05	0.04	0.001	0.05	1.0
实测均值 C	8	74.0	248	0.012	15.71	0.4	0	0	0	0.0003	0.002	1.27
超标次数 N	0	0	1	0	1	0	0	0	0	0	0	2
监测次数 N	2	2	2	2	2	2	2	2	2	2	2	2
超标率	0	0	0.5	0	0.5	0	0	0	0	0	0	1
污染物分指数	0	0	0.5	0	0.79	0	0	0	0	0	0	1.27
	2.56											
综合污染指数 P 值评价表	P<1 1<P<2 2<P<3 P>3	清洁 轻污染 中污染 重污染	结论：中污染									

2001 年尚义县小蒜沟站地下水质评价综合污染指数计算表

表 2-16　　单位：毫克 / 升（除 pH）

项　目	pH	氯离子	总硬度	亚硝酸盐氮	硝酸盐氮	高锰酸钾指数	挥发酚	氰化物	砷化物	汞	六价铬	氟化物
水质评价标准	6.5 ~ 8.5	250	250	0.1	10	10	0.002	0.05	0.04	0.001	0.05	1.0
实测均值 C	7.7	28.4	169	0.021	4.64	0.4	0	0	0	0.0002	0	0.06
超标次数 N	0	0	0	0	0	0	0	0	0	0	0	0
监测次数 N	1	1	1	1	1	1	1	1	1	1	1	1
超标率	0	0	0	0	0	0	0	0	0	0	0	0
污染物分指数	0	0	0	0	0	0	0	0	0	0	0	0
	0											
综合污染指数 P 值评价表	P<1 1<P<2 2<P<3 P>3	清洁 轻污染 中污染 重污染	结论：清洁									

第三节　物　候

物候期是指动植物生长、发育、活动等规律与生物的变化对节候的反应，正在产生这种反应的时候叫作物候期。物候学是研究自然界植物和动物的季节性现象同环境的周期性变化之间相互关系的科学。

一、植物候

受气候因素制约，尚义境内的植物生长期较短。一般年份，草本、木本植物为 150 天左右，农作物为 100 ~ 120 天。3 月末至 4 月初，随着气温的回升和大地的解冻，草本植物最先复苏萌动。在种植领域里，保护地蔬菜育苗工作开始进行。4 月，水地小麦清明前后开耧下种，旱地小麦的播种则在谷雨前后进行。是月，绝大部分草本植物孕育发芽；月末，青草、毛嘟穗、臭蒿等率先破土冒叶。5 月，木本植物杨树、柳树一俟立夏，便抽枝展叶。月中，山杏率先开花，榆钱儿成串。是月，春播工作全面展开，于立夏前后播种莜麦、玉米、马铃薯、胡麻等大田作物，于“小满前后安瓜点豆”；而定植蔬菜开始展叶。6 月，随着雨季汛期的来临，各谷禾类农作物进入生长期，草本类植物长势正盛。7 月，禾谷类作物进入生长旺盛期，进入夏锄期。8 月，夏田作物走向成熟，大秋作物开花结实，农田植被茂密繁荣。9 月，大秋作物果实累累，等待收割；草本植物停止生长。10 月，天气变冷，昼夜温差大，草本植物叶子变黄枯萎，正如农谚“迄寒露，百草枯；迄霜降，挂犁杖”。11 月，天寒地冻，树叶凋谢飘零，草本、木本植物蓄根越冬。

（一）木本植物

1. 杨树

（1）萌动期

3 月下旬至 4 月上旬，叶芽开始萌动，芽苞逐渐增大伸长，4 月上旬至下旬，增大的芽苞开放展叶，成年树花芽开放，花序形成，主茎和侧枝嫩梢随着放叶开始生长，雄花序逐渐凋谢。

（2）营养生长期

展叶后迅速进入生长旺盛期，初展的嫩叶叶片小而薄，随着嫩梢生长，嫩梢上逐渐展放新叶，且单叶面积迅速增大。与嫩叶生长过程相吻合，当平均气温达 17℃时，进入第一个生长盛期（5—6 月），成年树 5 月底至 6 月上旬种子成熟，蒴果开裂，吐絮散种。随着气温升高和日照增强，夏季（7—8 月）是营养生长高峰期。此时气温 19℃ ~ 28℃，嫩枝继第一个生长高峰期后逐渐加速生长，胸径增长加快，当年新梢（含主茎、侧枝）木质化逐渐由下部向上部转移，植株生长量的增长主要靠这个时期的积累，在这个时期要特别注意林地的水肥管理。

（3）越冬准备期

夏末秋初（8 月下旬至 12 月上旬），树冠下部枝条开始进入封顶期，向上逐渐扩展到树冠顶部的侧枝，主枝封顶最晚，即侧枝生长期较主枝短，下部侧枝较中上部侧枝生长期短。封顶后，枝条生长停止，芽加速发育，木质化加速，含水量降低，这种变化有利于枝条休眠越冬和来年的发育，全年生长期为 240 天。

（4）休眠期

从落叶到次年芽萌动前为休眠期，当秋季气温降至 12℃时开始落叶，降到 9.5℃时大量落叶，即在 11 月下旬至 12 月上旬。落叶后即进入休眠期，但是其生命活动并未停止。

2. 杏树

4月末5月初开花，先开花后展叶，新梢在5月中、下旬出现生长高峰，8月中、下旬停止生长，秋梢不充实。落花后果实开始发育，整个果实生长一般分三期：第一期，迅速生长期；第二期，硬核期；第三期，成熟前第二次迅速增大期。7月初果实陆续开始成熟。

（二）主要农作物物候期

1. 玉米（尚义县坝下地区）

出苗期（5月中旬至下旬）：当第一片绿叶从胚芽鞘中抽出，玉米苗高至2厘米为出苗，全田达到60%以上时为出苗期，此时如果出苗不齐查田补苗达到苗全、苗壮。

拔节期（6月上旬至中旬）：基部节间已伸长2～3厘米，全田达到60%以上时为拔节期，在拔节期至拔节后10天内追肥，有促进茎生长和促进幼穗分化作用。

大喇叭口期（6月下旬至7月上旬）：棒三叶甩出，但未全部展开，新叶从生植株上平中空，状如喇叭，雌穗处于小花分化期。全田达到60%以上时为大喇叭口期。

抽雄期（7月下旬至8月上旬）：雄穗顶部从顶叶中抽出约3厘米，全田达到60%以上时为抽雄期。

吐丝期：雌穗花丝吐出苞叶即为吐丝。全田达到60%以上时为吐丝期。

成熟期（9月中旬至10月上旬）：果穗苞叶变黄而松散，籽粒脱水变硬乳绒消失，有的品种籽粒基部出现黑帽层，表示玉米已经成熟。全田达到80%以上植株达到成熟标准即为成熟期，如果达到此期就可以收获。

2. 马铃薯

（1）发芽期：县内马铃薯播种一般始于4月20日前后，从块茎上的芽开始萌发到幼苗出土，是马铃薯的发芽期，幼苗出土时，地下主茎有明显伸长的6～8个节，块茎萌发出苗的时间与土温有关，土壤10厘米深度温度达到13℃～15℃时，从播种到出苗，需25～30天。块茎萌发时所需的营养和水分主要由种薯本身提供。

（2）幼苗期：从幼苗出土到现蕾一般为20～25天，此期为幼苗期。出苗之初茎叶生长量不大，但展叶速度很快。出苗一周后主茎的地下部的叶腋处就发生匍匐茎，半月左右地上主茎形成6～8片叶（第一叶序）。此后茎叶的生长量猛增，并开始形成侧枝，待主茎上叶片分化到12～16片后，顶芽便进入孕蕾期。地上部分出现花蕾时，地下匍匐茎已有一定数目，而且匍匐茎的顶端开始膨大，此期为幼苗期的后期，也称为发稞期。

（3）块茎形成期：从现蕾到开花为块茎形成期。从开花始期到开花末期，是块茎体积和重量快速增长的时期，尤其是在开花盛期，这时叶面积已经扩大到顶峰，光合作用非常旺盛，水分和养分主要往块茎输送积累，一般在花后15天左右，块茎膨大速度最快，每天每株增重20～40克，大约有一半的产量是在此期完成的。开花结实结束，基叶生长缓慢乃至停止，下部叶片开始枯黄，即标志着块茎进入形成末期。此期以积累淀粉为中心，地上部制造和贮存的养分向块茎中转移，体积虽然不再增大，重量却继续增加，淀粉、蛋白质和灰分也增加。同时块茎周皮层的木栓组织增厚，内外气体交换困难，逐渐进入休眠期。

（4）休眠期：块茎的休眠是马铃薯在长期系统发育过程中形成的特征，休眠原因主要是新收获的块茎外层生有很密的栓层细胞，阻止空气的透入，使呼吸减弱从而引起整个生理代谢过程减弱，使芽眼部分不能获得所需要的营养物质而进行休眠。休眠期长的可达3个月以上，休眠期短的约 1 ～ 2 个月。

3. 亚麻

亚麻的物候期分为以下几个阶段：

（1）苗期。亚麻播种后，在水分、温度条件适宜的情况下，种子开始萌发。全田有 50% 以上的幼苗出土时为出苗期。

（2）丛型期。全田有 50% 幼苗叶片呈密集状，出现 3 对真叶的时期，这时幼苗出土后 25 天左右，植株高度 5 ～ 10 厘米，出现 3 对以上真叶，这些真叶紧密集聚在植株顶部，呈小丛树苗状，所以称为丛型期。

（3）快速生长期。全田有 50% 植株株高达到 15 ～ 25 厘米，生长点开始下垂的时期。

（4）开花期。全田有 50% 植株第一朵花开放的时期。

（5）成熟期。按发育过程可分为三个过程：绿熟期、黄熟期和完熟期。绿熟期全株蒴果大部分绿色，黄熟期即工艺成熟期，是纤维品质最好的时期，全株蒴果大部分黄色或淡黄色，1/3 为黄褐色，完熟期植株大部分蒴果呈黄褐色。这时作物到了收获的时期，亚麻的生育期一般为 100 天左右。

4. 谷子

谷子从出苗到成熟所经历的时间叫生育期。生育期少于 110 天为早熟品种，110 ～ 125 天为中熟品种，大于 125 天为晚熟品种。从播种到成熟，根据谷子植株外部形态特征，分为出苗期、拔节期、抽穗期、开花期及成熟期等五个生育时期。

种子萌发和出苗。谷子种子萌发是指种子经过吸水膨胀和养分转化，胚根鞘首先胀破种皮而出，胚根鞘露出地面见光后停止生长，芽鞘破裂，从中伸出第一片真叶。通常第一片叶露出地面 1 厘米为出苗期。

根、茎、叶的生长。谷子种子萌发后，进入根、茎、叶的生长阶段。种子根在播种后第三天开始生长，到播后 45 天入土达最大深度。种子根长出后很快能从土壤中吸收水分和养分供给幼苗生长。三叶期在茎节上分化形成次生根，首先在地下第 2 ～ 3 个茎节上开始形成次生根，随着拔节生长速度加快，孕穗期达到高峰。

谷子幼穗分化完成后，谷穗从旗叶叶鞘中伸出，开始抽穗。抽穗期大约在 7 月下旬至 8 月中旬，从开始抽穗到谷穗全部抽出，需 3 ～ 8 天。谷子抽穗后 3 ～ 4 天开始开花，一个谷穗开花需 10 ～ 20 天，其中第 3 ～ 5 天开花数最多。每一谷穗开花次序是由穗中上部的顶端小穗先开放，然后向下向上扩展。

谷子开花受精后，子房开始膨大，最初是胚及皮层各部分迅速形成，茎叶制造和贮藏的养分以及根系吸收的养分大量向籽粒输送。随着籽粒开始灌浆，水分含量剧增，籽粒鲜重增长加快，灌浆后 10 ～ 15 天，籽粒干重即达 80% 左右，而后粒重增加缓慢，到完熟后方才稳定，当穗部籽粒完全硬化并呈现原品种的颜色时即成熟。

5. 小麦

（1）播种期：播种的日期，晚熟品种在 5 月 10 日左右播种。早熟品种在 5 月底至 6 月初播种。

（2）出苗期：播种后 5 ～ 7 天麦芽长出地面。

（3）三叶期：随着麦苗的生长，第三片叶（心叶）露出 2 厘米以上，即为三叶期。

（4）分蘖期：出苗后大约 15 天麦苗长出 3 片真叶时，植株开始分蘖。

（5）拔节期：当植株第一节露出地面 1 ～ 2 厘米（用手能摸到茎节），植株开始拔节，全田 50% 的植株达到此标准即为拔节期。

（6）孕穗期：随着植株拔节的进行，植株

生长进入旺盛时期，此时全田有50%植株的剑叶全部露出叶鞘，茎秆中上部呈纺锤形。

（7）抽穗期：全田有50%的麦穗顶部小穗（不连芒）露出剑叶或叶鞘中上部裂开见小穗。

（8）开花期：全田50%的麦穗中部小穗开花。

（9）成熟期：可分为三个阶段，均以穗中部籽粒为准。

乳熟期：麦穗杆粒已形成，并接近正常大小，淡绿色，内部充满乳浆。

蜡熟期：麦粒大小和颜色接近正常，内呈蜡质状，且易被指甲划破，籽粒腹沟尚带绿色。

完熟期：其粒大小定形，颜色正常，变硬，植株茎秆除上部2～3节茎节外，其余全部呈黄色。一般以完熟期作为成熟期的标准，一般从孕穗到成熟需要30天左右。

（10）收获期：一般在8月中旬至9月上旬。

（11）生育期：从出苗到成熟大约90～110天。

（三）尚义县主要蔬菜作物物候期

1. 叶菜类（包括圆白菜、大白菜、娃娃菜、生菜、菠菜）

出苗期：指从子叶出土展开，到全部苗圃的3/4子叶露出为出苗期。

移植期：指随着子叶充分展开，真叶显露生长，到4～5片真叶时，即可定植（直播除外）。

团果期：真叶形成一个叶环，俯视成盘状。

莲座期：随着真叶数量的增加，形成第二、三个叶环，即进入莲座期。

结球期：植株开始卷心，至叶球轮廓形成到充实。

现蕾期：植株中心主轴部分肉眼可见花蕾时。

抽薹期：随着主轴的伸长，在主轴上出现侧枝时。

开花期：主轴上第一朵花开时，到主、侧轴及小分枝上均开花。

成熟期：谢花以后，果荚生长，到种荚黄熟，但未开裂。

采收期：叶球充分生长，外叶开始凋落。

2. 根菜类

出苗期：指子叶出土，到充分展开。

直根膨大期：随着植株的生长，植株根部膨胀，进入膨大期。

采收期：植株直根充分成长，但未出现空心。

3. 果菜类（茄果、荚果、瓠瓜类）

出苗期：指子叶出土，到充分展开。

倒蔓期：节间显著增长，植株由直立状态开始匍匐地面，需支架或压蔓时期。

分枝形成期：植株主蔓形成2～3个分枝，长度达5厘米以上。

现蕾期：随着植株的生长，植株上出现第一朵花序，同时可见幼蕾的形成。

开花期：主、侧蔓第一朵雄、雌花开花。

坐果期：随着花序的形成，花序开始至幼果的形成。

采收期：果实充分成熟。

4. 茎菜类（芹菜）

出苗期：指子叶出土，到充分展开。

幼苗期：指种子发芽到第一叶序形成的时期。

叶片发育期：植株定植后，随着叶片叶序的形成，从第一叶序完成到心叶肥大充实时期。

采收期：植株茎叶充分生长，茎秆未开裂也未受冻害前。

5. 花菜类

幼苗期：从播种到定植，即从播种到5～6片真叶展开，苗龄30～40天。

营养生长期：从定植到出现花球，约需60～90天。该叶簇生长和花序分化期，需充足的养分，以促进叶簇的旺盛生长，累积较多的同化物质，为花球的发育打下基础。

花球生长期：从出现花球到采收，一般需15～20天。该时期出现花球后，花蕾和花茎不断发育、生长，成为由若干短缩的肉质花茎和花蕾组成的花球，达到商品采收标准。

开花结籽期：从花蕾膨大开花到种子收获，约需90天。

叶片发育期：植株定植后，随着叶片叶序的形成，从第一叶序完成到心叶肥大充实时期。

采收期：植株茎叶充分生长，茎秆未开裂也未受冻害前。

二、动物候

尚义县的冬寒期长，境内冬眠动物的休眠期相应也较长，一般为170多天。冬眠动物主要有田鼠、青蛙和节肢动物门蛛形纲、昆虫纲等物种，而候鸟则主要为燕子、布谷鸟和一些水鸟。3月，大雁归来，在河川、淖泊安家栖息。对此，当地有“七九河开，八九雁来，九九又一九，犁牛遍地走”之说。4月，部分冬眠动物于惊蛰前后开始苏醒，月中，田鼠出洞，虫蚁现身，猫狗开始发情。5月，燕子飞来，于檐下衔泥筑巢；昆虫出蛰，进入生育高峰。6月，燕子产卵孵化，昆虫幼虫出世，大畜开始配种。7月，黄鼠（田鼠）的幼仔与其母分洞居住，开始独立生活。8月，布谷鸟动身南迁，大小畜开始抓膘。9月，青蛙绝鸣，并于月底休眠。燕子南归；田鼠频繁“倒粮”，忙乎越冬。10月，大雁结队成行，渐行渐远，到南方越冬。昆虫大部分入土，开始冬眠生活。11月，蛇、田鼠和虫蚁入洞休眠，野鸡、野兔、狐狸、狍子、沙鸡、斑翅等频繁出没于荒野。12月末至次年2月，母羊产仔进入高峰期。

第三章 土壤 植被

第一节 土 壤

尚义县土壤类型分为栗钙土、草甸土、盐土3个土类，下分7个亚类、33个土属、142个土种。

一、母岩及成土母质

境内地形地貌复杂，母质母岩类型分布亦有很大差异。

（一）残积物—坡积物

主要分布在山顶、山麓处。为原地残留和水力、重力作用和堆积形成。

1. 基性岩类残积—坡积物，分布在牛群梁一带和坝头沿线，面积1053平方千米。发育的土壤质地均一。土层较厚，沙黏适中。

2. 花岗岩类残积—坡积物，包括花岗岩、片麻岩等岩石风化物，分布在南壕堑、八道沟、土木路、红土梁和明长城界北。面积464平方千米，特征是沙砾多，呈微酸性反应。土层厚薄不均，钾含量较高，是良好的林果基地。

3. 沙砾岩类残积—坡积物，包括砂岩、沙砾岩、石英砂岩等岩石的风化物。分布在小蒜沟一带，面积75平方千米，形成的土壤多数肥力不高。

4. 碳酸盐类残积—坡积物，主要是石灰岩分化物。在南壕堑镇呈零星分布，面积较小，发育的土壤一般土层浅薄，土质黏重。

（二）黄土

县境黄土多为第四季马兰黄土或经搬运后的次生黄土状堆积物。土层深厚，颜色淡黄—灰黄。质地轻壤—中壤。固结程度差，呈柱状结构，底部可见水平层理。分布在下马圈、甲石河、小蒜沟，面积 325 平方千米。次生黄土或黄土状物质，多以覆盖形式在残坡积母质上或背风坡堆积。土层 30 ~ 80 厘米，颜色灰黄，受自然降水冲刷，坡面侵蚀较重，中下部沟蚀逐年加重。

（三）风积物

境内坝上地区地势高而开阔，无高山屏障，西北季风长驱直入，形成稳定的西北—东南向季风，风速大，日数长，为风积物的形成创造了条件。风积物在风口处及河流两侧堆积，形成固定或半固定的沙积堆，面积 95 平方千米。风积物的组成多是当地岩石风化的碎屑和河流冲积物，养分贫乏。

（四）洪积—冲积物、洪冲积—红土异元物

在坝上中部地区均有分布，面积 725 平方千米。受古地质构造频繁影响，上更新世红色黏土和下更新世湖积物，被下更新世后期的洪冲积物所覆盖，冲积物母质发育的活土层较薄，因风力剥蚀，质地较粗，遍地沙砾，0.5 ~ 1 米以下即被覆盖着深厚的红色黏土层、黄沙土或“白干土”等。

（五）湖相沉积物

主要分布在察汗淖外围，面积 290 平方千米。质地均一，剖面中有灰蓝色潜育层，受地下水的影响，常是形成盐碱土的主要区域。

二、成土过程

（一）腐殖质积累过程

尚义地处干草原类型区，草本植物的枯枝落叶与根系是腐殖质积累的主要物质来源，木本植物的积累量则较少。受不同地区气候、降雨等条件的影响，腐殖质的积累量和积累速度也不相同。

大火堆山、大青山、西赛沿坝及牛群梁一带，林木的枯枝落叶较多，植被茂密，生物年积蓄量在全县占首位。加上气候冷凉、雨水稍多，土壤显微酸性反应，有利于腐殖质的积累。土壤表层为半腐有机质层。有机质含量一般为 4% ~ 6%，最高含量可达 8%以上。

北部坡状高原干草原类型区，即坝缘以北的广大地区，植被组以多年生草本植物为主，地上部分的积蓄量较低。形成有机质的主要物质来源是庞大的根系，多集中在 20 ~ 30 厘米土层中，占根系总重量的 75%以上。由于小区域内的水分条件、生物气候条件的差异，植被生长量也有很大差异，二阴滩大于干旱滩，下湿滩大于二阴滩。有机质含量 1.30% ~ 1.80%。

坝下低山丘陵灌丛—草被类型区，位于坝缘线以南，气候条件稍好于前两区，降雨较多，土壤中好气性微生物的分解活动强烈，矿化率较高，有机质积累少，一般含量为 0.90% ~ 1.30%。

（二）富钙化过程

境内属半干旱地区，土壤淋溶作用较弱，大部分易溶性盐类在成土过程中从土中淋走，硅、铁、铅等难溶性化合物移动不大，碱土金属钙离子在土体中的移动十分活跃。县境的土壤钙化规律：土壤表层的钙离子在雨季以重碳酸钙形式向下淋洗，钙积出现的深度与厚度随着水分淋溶作用的增强而增厚。山地土壤含量

少，坡梁地聚积多，钙积层尤以滩地最厚，平缓坡梁地次之。

（三）盐化过程

成土母质中可溶性盐分，随地表径流或侧渗，搬运到低平洼地，在强烈的蒸发作用下浓缩积累，使土壤产生次生盐渍化—盐化。县境“北大滩”，地形起伏较小，多呈封闭式低平洼地或小湖淖，汛期大量积水，且无排水出路，土壤多为湖相沉积母质，土体中间层多为黏土层或钙积层，起着托水托盐作用，在季节性水盐运行规律支配下，盐分经过再分配，积累于地表或表层土壤，严重危害农作物的正常生长。

（四）潜育化过程

县境大致可分两种类型：一种是坝上地区的低洼地和湖淖外围，土壤为高矿化度地下水所饱和，长期处于嫌气环境，灰蓝层特别明显，绝大部分与盐渍化同时进行；另一种是分布于河流两岸的河漫滩低阶地，在地下水的长期浸润下，斑纹状潜育化现象十分明显，是形成草甸化土壤的特有现象。

三、土壤类属

（一）栗钙土类栗钙土是境内最大土类，面积2358平方千米，占全县土壤总面积的94.70%，含4个亚类。

1. 栗钙土1480平方千米，占土壤总面积的59.43%，分布于坝上北部、坝下南部大部地区，平均含有机质1.73%。

2. 暗栗钙土253平方千米，占土壤总面积10.16%，分布于大青山、大火堆山、西赛坝缘及牛群梁一带，有机质含量平均为4.57%。

3. 淡栗钙土325平方千米，占土壤总面积13.06%，分布于下马圈一带黄土台地和山间背风坡，土层较厚，侵蚀严重，养分贫乏，含有机质0.20%～2.00%。

4. 草甸栗钙土300平方千米，占土壤总面积的12.05%，主要分布在二阴滩地和淖泊边缘，水分条件较好，地表矿化程度较高。

（二）草甸土类104平方千米，占土壤总面积的4.17%，主要分布在瑟尔基河、鸳鸯河两岸和坝上下湿滩。其中有37平方千米属于草甸土亚类，无盐化现象。其余部分均属盐化草甸土亚类，含盐量小于1%。

（三）盐土类28平方千米，占土壤总面积的1.13%，集中在察汗淖周围，表土含盐量0.60%～3.50%，地下水矿化度30.80克/升，无农耕价值，只生长一些盐生植物。

四、土壤肥力

境内土壤潜在养分含量较高，土壤培肥有基础，潜在生产能力大，耕层土壤有机质含量最高7.80%，耕地平均为1.85%，非耕地平均为2.08%。全氮含量也较丰富，耕地平均为0.11%，非耕地平均为0.11%。

20世纪80年代，由于自然因素的影响和不合理的开发利用，特别是由于滥垦荒地、广种薄收、重用轻养的掠夺式经营，致使土地资源遭到严重破坏，主要是土壤速效养分含量低。速效氮平均含量耕地为84.5PPM，含量小于60PPM的5～6级土壤面积占总面积的20%，含量大于120PPM的1～2级只占11%；速效磷含量，耕地平均为2.99PPM，非耕地平均为2.89PPM，含量3～5PM（5级土壤）的面积占总面积的19%，含量小于3PM（6级土壤）的面积占土壤总面积的67.50%；速效钾含量也属中等水平，平均为76.50PPM，属5、6级土壤（小于50PM）面积占总面积26.50%，1、2级土壤（大于150PPM）只占5%，总的可概括为“少氮、中钾、极缺磷”。

2008—2015 年尚义县实施测土配方项目以来共测试土样 7600 多个土样，测试结果如下：

2008—2015 年尚义县土壤养分丰缺指标一览表

表 2-17

序 号	分 级	有机质（克/千克）	全氮（克/千克）	碱解氮（毫克/千克）	速效磷（毫克/千克）	速效钾（毫克/千克）
1	富	≥ 25	≥ 2.0	≥ 120	≥ 30	≤ 200
2	高	20 ~ 25	1.5 ~ 2.0	90 ~ 120	22.5 ~ 30	150 ~ 200
3	中	15 ~ 20	1.0 ~ 1.5	60 ~ 90	15 ~ 22.5	100 ~ 150
4	低	10 ~ 15	0.5 ~ 1.0	30 ~ 60	7.5 ~ 15	50 ~ 100
5	缺	≤ 10	≤ 0.5	≤ 30	≤ 7.5	≤ 50
尚义县耕地平均含量	2015	20.05	1.110	81.0	21.3	140
	1983	18.5	1.177	84.5	2.89	69.3

测试结果显示，有机质含量属中等以上；全氮含量属中等偏下；有效磷含量属中等偏下；速效钾含量属较丰富；呈中等碱性。

依据测试结果提出尚义县施肥原则：稳氮、控磷、增钾、补微（锌）。

第二节 植 被

县境坝上坝下地域差异明显，生态环境条件不相同，决定了植被的多样性、丰富而复杂的景象。在河北的 3 个植物区系中，尚义为欧亚大陆草原区系。坝头到坝下逐渐由欧亚大陆草原区系，向欧亚西伯利亚森林区系成分过渡。

一、植物区系特点

尚义县植被主要以草本植物占据优势，约占三分之二以上。草本植物种类繁多，以禾本科、菊科、豆科、藜科和人工营造的柠条灌木为主；木本植物以杨柳科、榆科和人工营造的枸杞为主。坝下为过渡带，表现了欧亚森林植物区系特征。如大青山地自然生长着榆、椴、山杨和人工营造的落叶松、山杏等；灌木有沙棘、山刺玫、虎榛子、绣线菊等；草本植物有二色胡枝子、柴胡、地榆、披针叶苔、早熟禾、线叶菊、无芒雀麦等以及一些蕨类植物。坝下山地表现了欧亚高原草原区系特征。阳坡多为菊科蒿类草占优势或禾本科赖草、隐子草、针茅占优势种，或唇形科百里香为优势种，伴生一些杂类草或毒草，表现出草场退化迹象。河川、沟沿、崖下、村边、地头，生长着一些杨、柳、柽柳、杏、果、经济林木，均属人工营造，但人为地影响着区域内的植被演替，逐渐向典型欧亚森林植物区系过渡。

二、植被类型及面积

从县内自然生态综合分析，植被类型主要受着地域、生物、气候诸因子的影响，最明显的受海拔高度、土壤构造和物理性因子的影响较深。全县共分 4 个大类、11 个组、18 个型。

（一）干草原类

毛面积556平方千米，可利用面积476平方千米，占可利用总面积68.30%。主要分布在南壕堑、三工地、满井、红土梁、甲石河、小蒜沟、下马圈几个乡镇，其他乡也有分布，主要以干旱生草占优势，划分7个组、10个型。

1. 赖草组：即“赖草＋杂类草型”，以赖草为主，伴生着猪毛蒿、百里香、萎陵菜、蒲公英、车前等。

2. 针茅组：①“针茅＋隐子草型”，两者混生，伴有一些扁蓿豆、羊草、杂类草。②“针茅＋蒿类型”，以铁杆蒿、冷嵩为主，伴生一些杂类草。

3. 铁杆蒿组：即“铁杆蒿＋禾草型”，禾草主要是隐子草、针茅、羊草。

4. 百里香组：即“百里香＋蒿类草型”，主要分布在退化草场，百里香成片生长，夹杂一些茵陈蒿、冷蒿。

5. 隐子草组：①“隐子草＋蒿类草型”，主要伴生一些小银蒿、茵陈等。②“隐子草＋杂类草型”，主要伴生百里香、小红菊、萎菱菜等。

6. 小红菊组：即“小红菊＋杂草型”，伴生杂草主要有小银蒿、百里香、狼毒等，多分布在退化草场。

7. 萎陵菜组：即“萎陵菜＋杂类草型”，杂类草有凤毛菊、百里香、小红菊、米口袋、狼毒等，分布在退化草场。

（二）山地草甸类

毛面积63平方千米，可利用面积49平方千米，占可利用总面积7.10%。主要分布在大青山、甲石河、大火堆山一带，土壤主要是暗栗钙草甸土，较肥沃，草生长茂盛，加上封山禁牧，牧草生长好，产草量较高。

苔草组：即“苔草＋蒿类型”，伴生着裂叶蒿、蒙古蒿及一些地榆、凤毛菊等。

（三）灌草丛类

毛面积64平方千米，其中可利用面积51平方千米，占可利用总面积的7.37%。主要分布在小蒜沟、下马圈、甲石河、红土梁、套里庄低山背阴坡地带。优势种以虎榛子、绣线菊、沙棘为主，伴生着苔草、铁杆蒿、胡枝子、隐子草、柴胡、鸢尾、角蒿等。

虎榛子组：1. 虎榛子—苔草型，主要分布在下马圈韭菜沟一带，伴生着铁杆蒿、凤毛菊、紫参等。2.“虎榛子＋绣线菊型”，主要分布在大虎沟东山，两种都为优势种，伴生着角蒿、披针叶苔等。3. 虎榛子型，分布在大山进沟一带，虎榛子为单一优势种，伴生一些铁杆蒿、针茅、羊草等。

（四）低湿草甸类

毛面积150平方千米，其中可利用面积120平方千米，占可利用总面积17.25%。主要分布在坝上各个河渠两岸低湿河滩和部分二阴滩地。河滩无盐碱化草甸，主要生长着寸草苔、萎陵菜、金代代、车前等。低湿而被盐碱化了的草甸，主要生长着碱茅、碱蓬、盐爪爪一类的植被，占低湿草甸的绝大部分。“北大滩”、蒙古营盐碱滩，均属此类型。

1. 寸草苔组：即“寸草苔＋萎陵菜型”，主要是河沟两岸寸草滩地，无盐碱化，草生长茂盛，在不过牧情况下是优良草地。

2. 碱茅组：碱茅—寸草苔型，主要分布在盐碱化程度较轻的低湿草甸，在坝上低湿草甸中较好草场。“碱茅＋赖草—萎陵菜型”，盐碱化较重，寸草苔被萎陵菜代替，产量低。

3. 羊草组：羊草—苔草型，是低湿草甸较好的一个型，多生长在无盐碱化土壤上，是牲畜优良好牧场。

除草本植物群落、灌木丛和天然乔木外，植被种类以杨树为主，落叶松次之，还有少数油松、樟子松、杜松、白桦、椴树、槭树、云杉、榆树、柳树等。

1989—2010年，通过实施小流域治理、一退双还、封山育林、京津风沙源治理等工程，沙化得到遏制，植被得以恢复和改善。2010年，全县有30%以上盖度的草场面积由1989年的837平方千米，增加到967平方千米；由人工栽培的有用材林、经济林、防护林及部分水土保持林，森林覆盖率由1989年6.56%增加至23.21%。

第四章　自然资源

第一节　土地资源

尚义县土地总面积2632.47平方千米，约合26.32万公顷。其中耕地面积65186.70公顷，"四荒"面积78560公顷。土壤类型丰富，适宜农、牧、林各类生产，潜在肥力较高。共有栗钙土、草甸土、盐土3个大类，7个亚类，33个土属，142个土种。以栗钙土为主，约239220公顷，占总面积的94.70%。因地处干旱、半干旱草原生物带，有机质积累过程明显，尤以暗栗钙土有机质最为丰富，最高含量达7.80%。0～20厘米土壤有机质含量，耕地平均为1.85%，非耕地平均为2.08%。从1990年起，尚义被列入全国农业综合开发示范区之一，实施了以水、林、草为主的综合开发，建成水浇地11133公顷，其中高标准的井渠田、路配套高效水浇地6667公顷。依据县国土资源局统计，2010年尚义县已利用土地260097.90公顷，人均利用土地面积1.34公顷。

一、耕地　1991年，全县第一次土地资源利用现状调查统计，耕地总面积100400.26公顷，占全县土地总面积的38.36%。2009年第二次土地利用资源调查统计，全县耕地面积65131.63公顷，人均耕地0.34公顷。耕地减少的原因是退耕还林还草工程退耕地35267.63公顷。

二、园地　2010年，全县园地总面积363.23公顷，占全县总面积的0.10%。

三、林地　2010年全县林地面积133733.33公顷，占全县总面积的50.31%，森林覆盖率26.1%，树种以杨树、松树、榆树、果树、杏树为主，年产果品150万千克。

四、草地　2010年全县草地面积96666.70公顷，占全县总面积的29.40%。其中可利用面积69333.30公顷。年产草量36313万千克，亩产鲜草350千克。加上人工种草、农产饲草、林产饲草，可折合60.55万个羊单位。全县草场类型多样，牧草种类繁多，共有500多个品种，而且品质优良，脂肪和蛋白质含量较高。

五、荒地　1989年，全县荒地面积78560公顷，占全县总面积的30.20%。从1990年起，采取拍卖、承包、租赁等多种形式，国家、集体、个人一齐投入，对荒地进行了规模开发治理，有61287公顷尚待开发。

六、其他用地　据1991年全县第一次土地调查统计，居民点及工矿用地4940公顷，占全县土地总面积的1.89%，交通用地1992公顷，占全县土地总面积的 0.76%，水域占地 5293 公顷，占全县土地总面积的 2.02%，未利用土地 95241 公顷，占全县土地总面积的 36.39%。2009 年全县第二次土地调查统计，全县土地利用面积 260097.90 公顷。其中农业用地 174715.06 公顷；建设用地 6776.91 公顷；城镇村及工矿用地 5875.29 公顷；交通运输用地 3601.50 公顷；水域及水利设施 6867 公顷。未利用土地 78595.96 公顷。

第二节 水资源

境内水资源包括地表水和地下水两部分。经测量全县水资源总量为 13958.60 万立方米，其中地表水资源量 8740 万立方米，地下水资源量 7340 万立方米，重复计算 2211.40 万立方米。人均水资源量 762 立方米，亩均水资源量 35 立方米。人均水资源量是全国人均 2625 立方米的 29%，不足国际通行的缺水地区人均 1000 立方米的水量标准。

1993 年，进行了全县水资源开发利用现状分析，4 月形成了《尚义县水资源开发利用现状调查分析报告》，报告以 1990 年为现状调查基准年，同时调查 1981—1989 年实际供水量、算清全县水资源总量、分析可利用水资源量及其分布情况、分析各类水资源的开发利用程度、综合评价各种用水的合理性，据调查分析结果，全县水资源总量为 13958.60 万立方米，其中地表水资源量 8740 万立方米，地下水资源量 7340 万立方米，重复计算量 2211.4 万立方米。人均水资源量 762 立方米，亩均水资源量 120 立方米。

可利用地下水资源量 2358 立方米。1990 年，各类水利工程可供水量 5930.5 万立方米，其中地表水工程供水量 3170.9 万立方米，地下水工程供水量 2759.6 万立方米。灌溉用水 1350.05 万立方米，其中农业灌溉用水 1265.45 万立方米，林果灌溉 84.6 万立方米；工业用水 180.01 万立方米；城镇生活用水 29.1 万立方米；农村生活用水 347.68 万立方米。

2002 年，按照市水务局关于开展坝上地区地下水资源开发利用规划编制工作的要求，开展尚义县地下水开发利用规划工作，2003 年完成《尚义县地下水开发利用规划报告》。

据调查，2001 年，全县用水量 2388.37 万立方米，其中地表水 325.07 万立方米，地下水 2063.3 万立方米，分别占总用水量的 14% 和 86%；工业用水 57.08 万立方米，生活用水 327.78 万立方米，农业用水 2003.51 万立方米，分别占总用水量 2.4%、13.7%和 83.9%。

截至 2001 年，全县深、中、浅各类机井的保存量为 5283 眼。开采深度大于 70 米的机井有 291 眼，20 ~ 70 米的机井有 1218 眼，小于 20 米的机井有 3774 眼。

按照本规划预测，尚义县 2010 年地下水需水总量为 3396.93 万立方米。其中农业灌溉需水量 2100 万立方米，占需水总量的 61.8%；工业需水 518 万立方米，占需水总量的 15.3%；生活需水 778.91 万立方米，占需水总量的 22.9%。

第三节 生物资源

一、植物资源 尚义县林草面积广阔，植物资源丰富。至 2010 年，草场有 96666.70 公顷，其中可利用面积 69333.30 公顷。年产草量 36313 万千克，亩产鲜草 350 千克。加上人工种草、农产饲草、林产饲草，可折合 60.55 万个羊单位。全县草场类型多样，牧草种类繁多，共有 500 多个品种，且品质优良，脂肪和蛋白质含量较高，适用于发展牛马驴骡羊等畜牧业，是河北省重要的畜牧业基地之一。全县有林地面积133733.33公顷，森林覆盖率26.1%，树种以杨树、松树、榆树、果树为主，年产果品150万千克。全县有草本植物408种，隶属4科250属；木本植物124种，隶属22科44属。其中可以入药的达百种。特别是根茎肥实的甘草、质地优良的黄花、麻黄草、赤芍、防风、蒲公英、黄芪、黄芩、柴胡、知母等中药材产量最大；蘑菇、黄花、蕨菜、地毛、沙棘果等名贵土特产闻名省内外。

二、动物资源 尚义县境内动物资源比较丰富，具有开发和保护的种类很多。陆栖脊椎动物种及亚种300多，其中以鸟类最多，次为兽类、两栖类，爬行类较少。珍稀特产有黄羊、伶鼬等。按人类使用价值划分，肉用类有野兔、狍子、石鸡、半翅、黄羊等；毛皮类有黄鼬、狐、伶鼬、貂、马夜狐、獾等；药用类有大雁、杜鹃、啄木鸟、刺猬、蝙蝠等。县内养鱼时间不长，品种亦少，主要有鲤鱼、鲢鱼、草鱼、鲫鱼等。两栖动物有青蛙、蟾蜍、蜥蜴等。

附：尚义县动植物资源名录

野生动物资源

一、哺乳纲

犬科：草原狐（俗名沙狐）、狐狸（别称红狐、赤狐和草狐）（省级保护动物）、蒙古草原狼（国家二级保护动物）

兔科：蒙古兔（别称草原兔、跳猫、草兔）

鼠兔科：达呼尔鼠兔（别称草原鼠兔、青胎子、鸣声鼠、蒿兔子、耕兔子）

松鼠科：岩松鼠、金花鼠（别称五道眉花鼠、斑纹松鼠、花栗鼠）、黄鼠（俗名黄耗子、大眼贼）、松鼠（省级保护动物）

跳鼠科：五趾跳鼠（别称西伯利亚五趾跳鼠，俗名跳兔子、跳犊子）

鼠科：大家鼠（俗名耗子）、小家鼠（俗名小耗耗）、大林姬鼠、中华姬鼠、黑线姬鼠（别称田姬鼠、黑线鼠、长尾黑线鼠）、社鼠（别称尾巴鼠，刺毛灰鼠，山鼠）

仓鼠科：大仓鼠（别称腮鼠、搬仓鼠，俗名搬仓仓）、棕背鼠平（别称红毛耗子、山耗子、山鼠）、草原鼢鼠（俗名瞎猪）、中华鼢鼠（俗名瞎猪）。中药中广泛使用的“虎骨”，即为鼢鼠之骨

鼹科：麝鼹（俗名瞎猪）、麝鼹指名亚种（俗名瞎猪）

猬科：短刺猬（别称达乌尔刺猬、大耳猬，省级保护动物）

蝙蝠科：须鼠耳蝠、东亚家蝠

鼬科：黄鼬（俗名黄鼠狼、黄獍）、虎鼬（俗名臭狗子）、猪獾（省级保护动物）、狗獾（省级保护动物）

鹿科：狍（别称矮鹿、野羊，俗名狍子，省级保护动物）

牛科：黄羊（别称黄羚、蒙古原羚、蒙古瞪羚、蒙古羚，国家二级保护动物）

猫科：豹猫（别称铜钱猫、石虎，国家“三有”保护动物）

二、鸟纲

隼科：红脚隼（国家二级保护动物）、红隼（别称红鹰，黄鹰，红鹞子）、游隼（别称花梨鹰、鸭虎、青燕，国家二级保护动物）

鹰科：草原雕（别称大花雕、角鹰，俗名二了雕，国家二级保护动物）、苍鹰（别称鹰）、鸢（别称老鹰，俗名抓雀儿鹞子）、红角鸮、短耳鸮（别称夜猫子、猫头鹰、田猫王、短耳猫头鹰、小耳木兔，俗名聒聒幽，国家二级保护动物）

雉科：环颈雉（别称山鸡，野鸡、项圈野鸡）、鹌鹑、石鸡、斑翅山鹑（别称半翅、半痴）

鸠鸽科：岩鸽（别称野鸽子、横纹尾石鸽、山石鸽）、山斑鸠（别称斑鸠、金背斑鸠、麒麟鸠、雉鸠、麒麟斑，俗名野娄娄）

杜鹃科：中杜鹃华北亚种、鹰鹃（别称大鹰鹃、鹰头杜鹃、子规，省级保护动物）、大杜鹃指名亚种（别称布谷鸟，省级保护动物）

鸱鸮科：长耳鸮（别称长耳猫头鹰，国家二级保护动物）、红角鸮（别称普通角鸮、欧亚角鸮、猫头鹰、欧洲角鸮、夜猫子，俗名猫信虎，国家二级保护动物）、领角鸮（国家二级保护动物）、纵纹腹小鸮（别称小猫头鹰）

雨燕科：白腰雨燕

燕科：家燕（别称燕子，俗名胡燕儿）、金腰燕、岩燕（俗名山胡燕儿）

戴胜科：戴胜（别称花蒲扇、山和尚、鸡冠鸟、臭姑鸪，俗名臭八姑）

啄木鸟科：黑枕绿啄木鸟、星头斑啄木鸟。

百灵科：蒙古百灵（俗名白翎子，省级保护动物）、凤头百灵

鸦科：白眉鸦（别称白三道儿、五道眉、小白眉）

太平鸟科：太平鸟（省级保护动物）、小太平鸟（省级保护动物）

伯劳科：红尾伯劳、虎纹伯劳、牛头伯劳（省级保护动物）、灰伯劳（省级保护动物）

黄鹂科：黑枕黄鹂（别称黄鹂、黄莺、黄鸟，省级保护动物）

鸦科：秃鼻乌鸦（别称老鸹、乌鸦）、大嘴乌鸦、红嘴山鸦、灰喜鹊（别称山喜鹊，省级保护动物）、喜鹊（省级保护动物）。县内曾经发现白色喜鹊，当为变异品种。

鹪鹩科：鹪鹩

岩鹨科：棕眉山岩鹨、领岩鹨（别称岩鹨、大麻雀、红腰岩鹨）

扇尾莺科：山鹛（别称山莺、华北山莺、北京山鹛、小背串、长尾巴狼），是中国特有鸟种

鹟科：虎斑地鸫（别称虎鸫、顿鸫、虎斑山鸫）、寿带、白眉、北灰鹟、棕头鸦雀、山噪鹛指名亚种、黄腰柳莺（俗名黄靛）、棕眉柳莺（俗名红靛）、鳞头树莺。

山雀科：大山雀（别称灰山雀、黑子、白脸山雀等）、沼泽山雀、褐头山雀

文鸟科：麻雀（别称家雀儿，俗名家巴子）

雀科：燕雀（俗名虎皮雀）、北朱雀、红交嘴雀、黄雀（别称黄鸟、金雀、芦花黄雀）、普通朱雀。

鹭科：苍鹭（省级保护动物）、草鹭（省级保护动物）、大白鹭（省级保护动物）、白鹭（省级保护动物）

鹳科：黑鹳（国家一级保护动物）

鸭科：大天鹅（国家二级保护动物）、小天鹅（别称短嘴天鹅、啸声天鹅、苔原天鹅等，国家二级保护动物）、灰雁、豆雁西伯利亚亚种（国家二级保护动物）、鸿雁（别称原鹅、随鹅、奇鹅、黑嘴雁、沙雁、草雁，省级保护动物）、赤麻鸭（别称黄鸭、黄凫、渎凫、红雁）、斑头秋沙鸭、翘鼻麻鸭、普通秋沙鸭（省级保护动物）、绿头鸭

鹤科：灰鹤、白枕鹤（国家二级保护珍禽）、蓑羽鹤（闺秀鹤）、反嘴鹏

秧鸡科：黑水鸡、普通秧鸡

鸨科：大鸨（别称地鶓、老鸨、独豹、野雁，国家一级保护动物）

鹬科：泽鹬（俗名河鸡子）、白腰草鹬

反嘴鹬科：黑颈长脚鹬（别称黑颈长脚鹬、红腿娘子、高跷鸻）

鸥科：银鸥（别称黑脊鸥、黑背鸥、淡红

脚鸥、黄腿鸥、鱼鹰子、叼鱼狼)、普通燕鸥东北亚种、普通燕鸥西藏亚种、遗鸥(别称寡妇鸥、钓鱼郎，国家一级保护动物)

鸻科：凤头麦鸡(列入中国国家重点保护野生动物名录二级)

沙鸡科：黑腹沙鸡(俗名半翅)

翠鸟科：普通翠鸟(别称鱼虎、鱼狗、钓鱼翁、金鸟仔、大翠鸟、蓝翡翠、秦椒嘴)

三、爬行纲

蜥蜴科：山地麻蜥、丽斑麻蜥北方亚种(俗名蛇狮子)、变色沙蜥、荒漠沙蜥、密点麻蜥、荒漠麻蜥

游蛇科：虎斑游蛇(别称野鸡脖子)、枕纹锦蛇(黑斑蛇、麻蛇、枕纹锦蛇，俗名菜花蛇)

蝰蛇科：蝮蛇

石龙子科：黄纹石龙子

四、两栖纲

叉舌蛙科：黑斑蛙(青蛙、青鸡子)

蟾蜍科：花背蟾蜍(俗名癞蛤蟆、旱尬蟆)、中华大蟾蜍(俗名癞蛤蟆、疥尬蟆)

五、昆虫纲

瓢甲科：七星瓢虫、二星瓢虫、十二星瓢虫

虎甲科：中国虎甲

象鼻虫科：米象(俗名面虫)

蜣螂科：蜣螂(别称屎壳郎、屎蛇螂、牛粪金龟子，俗名大尖牛)

金龟总科：铜绿金龟子(别称铜壳螂、铜绿丽金龟子、青金龟子，俗名金马驹儿)、杏树黑绒金龟子(别称东方金龟子，俗名黑豆牛、落虎子)

鳃金龟科：围绿单爪鳃金龟

蟋蟀科：中华蟋蟀

螽斯科：优雅蝈螽(俗名秋铃儿、蝈蝈，是著名鸣虫)、中华螽斯(俗名伏铃儿)

硕螽科：笨棘颈螽(别称懒螽、北方硕螽、山老虎、山草驴，俗名油葫芦)

步行虫科：步行虫(俗名粪牛牛、铁牛牛)

拟步甲虫科：拟步甲虫、弯齿琵甲(俗名臭骚毒、放屁虫)

芫菁科：芫菁(俗名斑蝥)

蛱蝶科：蛱蝶(俗名大花蛾、蝴蝶)

灰蝶科：蓝灰蝶(别称蓝蝶、燕蓝灰蝶、雾社燕小灰蝶，俗名小蝴蝶)

粉蝶科：菜粉蝶(俗名黄蛾)、绢粉蝶

天蛾科：蜂鸟鹰蛾(别称蜂鸟天蛾、长喙天蛾、蜂鸟蝶蛾、蜂鸟蛾)，被称为昆虫世界里像鸟、像蜂、像蝶、像蛾的“四不像”昆虫

灯蛾科：小花斑蝶灯蛾(俗名鬼蛾)、灯蛾(别称飞蛾、火花、慕光、扑灯蛾)、美国白蛾(别称美国灯蛾、秋幕毛虫、秋幕蛾，俗名杨树蛾)

螟蛾科：草地螟(别称黄绿条螟、网螟，俗名瘻虫)

蛾蠓科：蛾蠓(别称蛾蚋、蛾蛉、毛蛉，俗名鬼蛾)

枯叶蛾科：侧柏松毛虫(俗名毛虫)、赤松毛虫(俗名毛虫)、油松毛虫

蓑蛾科：蓑蛾(别称袋蛾，俗名吊死鬼)

草蛉科：大草蛉

胡蜂科：胡蜂(别称马蜂、黄蜂)

蜜蜂科：蜜蜂、熊蜂(俗名大喇蜜)。

蜻科：豆娘

蜓科：长痣绿蜓、黄蜓、蜻蜓的幼虫(名水虿别称水乞丐、稚虫)

蝇科：黑蝇(别称家蝇)，有大黑蝇和小黑蝇之分。

蚋科：蚋

蠓科：蠛蠓(别称墨蚊)

麻蝇科：麻蝇（别称大黑蝇）

丽蝇科：丽蝇（别称绿头苍蝇、红头丽蝇）

蛾蚋科：白斑蛾蚋、星斑蛾蚋

尖眼蕈蚊科：尖眼菌蚊（别称眼菌蚊、菇蝇、菇蛆、菇蚊、闽菇迟眼蕈蚊等）

食蚜蝇科：蜂蝇（别称花虻、拟蜂蝇、食蚜蝇，俗名臭蜜蜂、茅厕姑姑）、黑带食蚜蝇。

果蝇科：果蝇

蝗总科：宽须蚁蝗、狭翅雏蝗、小翅雏蝗、红翅皱膝蝗、短星翅蝗、轮纹异痂蝗、西伯利亚蝗、中华剑角蝗（别称中华蚱蜢）、尖头蚱蜢、括搭板、蚱蜢、东亚飞蝗（别称蚂蚱）、笨蝗、短星翅蝗、大垫尖翅蝗、亚洲飞蝗

斑翅蝗科：白边痂蝗、亚洲小车蝗、鼓翅皱膝蝗、黄胫小车蝗、花胫绿纹蝗

槌角蝗科：毛足棒角蝗

斑腿蝗科：意大利蝗、短角外斑腿蝗

网翅蝗科：宽翅曲背蝗

蜚蠊科：东方蜚蠊（别称蟑螂，俗名蟑马牛子）

蝼蛄科：华北蝼蛄

黾蝽科：水黾（别称水马、水蜘蛛、水母鸡、水板凳、水蚊子）

拟步行虫科：黄粉虫

天牛科：大牙土天牛（俗名雨虱）、草天牛、曲牙锯天牛、菊天牛

衣鱼科：衣鱼（别称蠹，俗名蠹鱼、白鱼、壁鱼、书虫）

虻科：牛虻

椿象科：椿象

扁谷盗科：锈赤扁谷盗

六、蛛形纲

幽灵蛛科：幽灵蛛，是家里很常见的长腿蜘蛛。

狼蛛科：盲蜘蛛（别称长脚蛛）、中华狼蛛（穴居性蜘蛛）

地蛛科：地蛛

草蛛科：草蜘蛛（别称花蜘蛛、草蛛、迷路漏斗草蛛）

巨蟹蛛科：白额巨蟹蛛（别称狩猎巨蟹蛛、白额高脚蛛、巨蟹蛛、高脚蜘蛛、家蜘蛛）

叶螨科：朱砂叶螨（别称红蜘蛛）

蜱总科：全沟硬蜱（别称蜱虫、壁虱、扁虱、草爬子，寄生在动物或人的颈部、耳后、腋窝、大腿内侧、阴部和腹股沟等处）、微小牛蜱（俗名草蜱，多寄生于牛的颈部肉垂和乳房，次为肩胛部）

七、软甲纲

鼠妇科：鼠妇（俗名线板虫）

八、鳃足纲

鲎虫科：佳朋鲎虫（别称三眼恐龙虾，俗名翻车车，是已知鲎虫中中国唯一发现的一种，是一类小型的甲壳动物。鲎虫最早出现在约 2 亿年前的上三叠纪，比恐龙还要久远，是动物界的活化石）

九、多足纲

蜈蚣科：蜈蚣、蚰蜒（别称钱串子，俗名织沙）

十、环带纲

蚯蚓科：蚯蚓（地龙、曲蟮、坚蚕、引无、却行、寒欣、鸣砌、地虫）

十一、瓣鳃纲

珠蚌科：背角无齿蚌（别称河蚌，俗名海蚌儿）

十二、腹足纲

大蜗牛科：蜗牛

田螺科：中华圆田螺

十三、甲壳纲

长臂虾科：青虾（别称河虾、日本沼虾）

水蚤科：水蚤（俗名鱼虫）

十四、硬骨鱼纲

鳅科：北方泥鳅（别称鳅鱼，俗名面鱼）、北方花鳅（别称扁担钩、花泥鳅、水长虫，俗名蛇鱼）、北鳅（别称八须泥鳅，纵带平鳅，须鼻鳅，泥鳅，俗名面鱼）

十五、辐鳍鱼纲

塘鳢科：沙塘鳢

野生植物资源

一、双子叶植物纲

杨柳科：山杨（别称大叶杨）、青杨、小青杨、小叶杨、旱柳、中国黄花柳、乌柳

桦木科：虎榛子（俗名胡榛子）、红桦、白桦（别称粉桦、桦树、桦木、桦皮树）

壳斗科：辽东栎（别名橡树、青冈、杠木、小叶青冈、青冈柳、柴树）、麻栎（别称栎、橡碗树）、蒙古栎（别名柞栎、柞木）

椴树科：蒙椴（别称小叶椴、白皮椴、米椴）、小叶紫椴（国家二级保护植物）

槭树科：梣叶槭本种原产北美洲，清代由外国神职人员引入县域栽培，现在栽培种基本绝迹，有孑遗种以野生状态生存

柳叶菜科：柳兰、光滑柳叶菜、沼生柳叶菜、小花柳叶菜

无患子科：文冠果（别称文冠木、文官果、土木瓜、木瓜、岩木瓜），产于坝下山区。为中国重要油料树种，也可提炼生物柴油，极具战略价值

榆科：刺榆、大果榆（别称黄榆、山榆、毛榆，俗名山板榆）、榆树（别称春榆、家榆、白榆）、黑榆（别称山毛榆、热河榆、东北黑榆）、大叶朴、小叶朴

桔梗科：石沙参、细叶沙参（俗名面根儿）、皱叶沙参（俗名面根儿）、长柱沙参（俗名面根儿）、多歧沙参（俗名面根儿）、北方沙参（俗名面根儿）、展枝沙参。

桑科：蒙桑、大麻（别称寻常大麻、线麻、白麻，古称汉麻、火麻、枲、苴）

蓼科：华北大黄（别称峪黄、河北大黄，可药用，亦可食用）、波叶大黄（可药用，亦可食用）、红蓼（别称茳草、红草、大红蓼、东方蓼、大毛蓼、游龙、狗尾巴花）、皱叶酸模（别称洋铁叶子、四季菜根、牛耳大黄根、火风棠、羊蹄根、羊蹄、牛舌片）、巴天酸模、酸模（俗名野菠菜）叉分蓼（俗名酸柳溜，可药用，亦可食用）、西伯利亚蓼、酸模叶蓼（别称大马蓼、旱苗蓼、斑蓼、柳叶蓼）、拳蓼（别称拳参、紫参）、水蓼、扁蓄（俗名扁竹竹，可食用）

藜科：海蓬子（别称海芦笋、海虫草、盐角草、抽筋菜、盐葫芦、胖蒿子草、蜡烛蒿子、海胖子、海甲菜）、藜（俗名灰菜，为常见野菜）。小藜、华北驼绒藜、菊叶香藜、轴藜、刺藜、灰绿藜（别名盐灰菜）、西伯利亚滨藜、灰绿碱蓬、翅碱蓬、猪毛菜（俗名沙蓬，可药用，亦可食用）、里海盐爪爪、地肤（俗名扫帚苗，可药用，亦可食用）

马鞭草科：荆条

亚麻科：宿根亚麻（别称多年生亚麻、豆麻）、野亚麻

毛茛科：石龙芮（别称土细辛、小虎掌草、野桑葚、鸭脚板、水辣椒、茴茴蒜）、长叶碱毛茛（别称黄戴戴）、北乌头（别称北乌头、草乌、小叶芦，剧毒，可药用）、牛扁，（剧毒，可药用）、金莲花（别称旱荷、旱莲花、寒荷、陆地莲、旱地莲、金梅草、金疙瘩）、细叶白头翁（可药用）、朝鲜白头翁（可药用）、毛茛、黄花铁线莲（别名透骨草，有毒）、棉团铁线莲、大瓣铁线莲（别名长瓣铁线莲）、芹叶铁线莲、灌木铁线莲、短尾铁线莲、细唐松草、瓣蕊唐松草（别称马尾黄连 、多花蔷薇 ）、展枝唐松草（俗名猫爪子）、翠雀（别名飞燕草、鸽子花、

百部草）

芍药科：芍药（可药用）

小檗科：细叶小檗、大叶小檗、黄花列当（别称草苁蓉，俗名兔子拐棒、独根草，国家二级保护植物。可药用）、紫花列当（别称草苁蓉，俗名兔子拐棒、独根草，国家二级保护植物。可药用）

石竹科：瞿麦（别称高山瞿麦、野麦、石柱花、十样景花、巨麦）、麦蓝菜（可药用）、女娄菜（可药用）、蔓茎蝇子草（可药用）、兴安石竹（俗名石竹竹花）

马齿苋科：马齿苋（别称马苋、五行草、长命菜、五方草、瓜子菜，可药用，亦可食用）、苋科：凹头苋（别称野苋、光苋菜，可食用）、北美苋、刺苋

罂粟科：野罂粟（别称野大烟、山米壳、山大烟、扎门，可药用）

十字花科：宽叶独行菜（别称大辣、止痢草，俗名洋喇喇，可药用，亦可食用）、独行菜（别称辣辣菜、腺茎独行菜、葶苈子、北葶苈、苦葶苈，俗名喇喇，可药用，亦可食用）

蚓果芥、播娘蒿（别称大蒜芥、麦蒿）、垂果南芥、硬毛南芥、糖芥

景天科：钝叶瓦松（俗名酸王王、酸捞饭，可药用，有微毒）、塔花瓦松（俗名酸王王、酸捞饭，可药用，有微毒）、晚红瓦松（俗名酸王王、酸捞饭，可药用，有微毒）、华北八宝（别称华北景天，中草药）、小丛红景天（可药用）

虎耳草科：细叉梅花草、刺果茶藨子（别称刺醋李、刺梨、刺李、醋栗、山梨）、东北茶藨子（国家二级保护植物）

胡颓子科：沙棘（别称醋柳、酸柳柳，俗名酸麻子，可食用，亦可药用）

豆科：甘草（别称甜草根、红甘草、粉甘草，俗名甜草妙，国家二级保护植物）、山藁豆（别称五脉山黧豆、五脉香豌豆）、紫花苜蓿（别称紫苜蓿、牧蓿、苜蓿、路蒸，优质牧草，嫩时可食）、花苜蓿（别称扁蓿豆、扁豆子、野苜蓿，优质牧草）、草木樨（20 世纪引入，已野化。优质牧草）、白花草木樨（20 世纪引入，已野化。优质牧草）、草木樨状黄耆、披针叶黄华（别称披针叶野决明、牧马豆、黄花苦豆子、野决明、枪叶野决明、苦豆）、苦参、花木蓝（别称吉氏木蓝、山绿豆、山扫帚、山花子、白杭子梢）、野火球、兰花棘豆、硬毛棘豆、轮叶棘豆、砂珍棘豆（花朵极美丽）、狐尾藻棘豆（别称鸡翎草、长肉芽草、多叶棘豆，可药用）、小花棘豆（别称马绊肠、醉马草、绊肠草、苦马豆）、达乌里黄芪（俗名驴干粮，优质牧草）、斜茎黄芪（优质牧草）、扁茎黄芪、糙叶黄耆（别称春黄芪、粗糙紫云英）、膜荚黄芪（著名药材）、蒙古黄耆、沙打旺（别称直立黄芪、麻豆秧，优质牧草）、米口袋（别称小米口袋、甜地丁）、少花米口袋、小叶锦鸡儿、狭叶锦鸡儿、红花锦鸡儿、荒漠锦鸡儿、胡枝子（别称二色胡枝子）、美丽胡枝子、达乌里胡枝子、广布野豌豆、山野豌豆（别称落豆秧、豆豌豌、山黑豆、透骨草）、野豌豆、杭子梢

远志科：西伯利亚远志

鼠李科：酸枣（别称棘、棘子、野枣、山枣、葛针，可药用，亦可食用）、小叶鼠李（俗名黑圪另，可药用）、圆叶鼠李（冻绿、冻绿树、黑旦子、偶栗子、山绿柴，可药用）、东北鼠李（可药用）

龙胆科：扁蕾可药用、秦艽（别称大叶龙胆、大叶秦艽、西秦艽，著名药材）、龙胆（著名药材）、达乌里龙胆（别称达乌里龙胆、达弗里亚龙胆、小叶秦艽、小秦艽、蓟芥，著名药材）

萝藦科：华北白前、地梢瓜（俗名妈奶奶，

著名沙漠水果，亦可药用)、萝藦(可药用)、鹅绒藤(别称祖子花，可药用)

旋花科：田旋花(别称小旋花、中国旋花、箭叶旋花、野牵牛、拉拉菀，俗名喇叭叭花。嫩可食用)、银灰旋花(可药用)

紫草科：勿忘草(别称勿忘我、星辰花、不凋花、勿凋花，可药用，亦为名闻世界的野花)、大果琉璃草、山西鹤虱(俗名黏染染，可药用)、砂引草(别称紫丹草、西伯利亚紫丹)、斑种草、紫筒草、附地菜

小二仙草科：狐尾藻(别称轮叶狐尾藻)

杉叶藻科：杉叶藻

唇形科：密花香薷(可药用)、夏至草(别称夏枯草、白花夏枯草、白花益母、灯笼棵、风轮草、小益母草、假茺蔚、假益母草，可药用)、益母草(别称茺蔚、坤草、九重楼、云母草，著名中草药)薄荷、糙苏(别称白莶、常山、山芝麻、小兰花烟、续断中草药)、块根糙苏(中草药)、黄芩(别称山茶根、土金茶根，俗名黄金茶，省级保护植物。地道中草药)塔头狭叶黄芩中草药、粘毛黄芩、百里香(别称地椒、地花椒、山椒、山胡椒、麝香草，俗名地椒椒，可药用，可配茶，亦可做佐料)、香青兰(别称青兰、摩眼子、枝子花、山薄荷、炒面花、山香，可药用，亦可食用)、白花枝子花(可药用)、水棘针、裂叶荆芥、中草药

伞形科：迷果芹(有毒)、泽芹、白芷(中草药)、硬阿魏(俗名沙茴香，中草药)、野胡萝卜、兴安柴胡(著名中草药)、狭叶柴胡(著名中草药)、北柴胡(别称竹叶柴胡，硬苗柴胡，韭叶柴胡)(著名中草药)、黑柴胡(著名中草药)、毒芹，细叶藁本(中草药)、短毛独活(中草药)、防风(俗名黄风，地道中草药)

茄科：天仙子(别称莨菪，俗名熏牙子)、龙葵、泡囊草(别称大头狼毒、汤乌普，中草药)、酸浆(俗名红姑娘，中草药)、枸杞(中草药，亦可食用)

玄参科：疗齿草(有毒)、柳穿鱼(花形美丽)、反顾马先蒿(中草药)、红纹马先蒿(中草药)、草本威灵仙(别称九盖草、狼尾巴花、九节草、山鞭草、草玉梅、九轮草、斩龙剑、秆杆升麻、草龙胆、山红花、二郎箭，中草药)、河北婆婆纳、细叶婆婆纳、北水苦荬(中草药)地黄(著名中草药)、蒙古芯巴(花形秀丽)、达乌里芯巴(别称大黄花、白蒿茶、兴安芯巴，花形秀丽)

车前科：车前(别称车前草、五根草、车轮菜，俗名蛇前前，可药用，亦可食用)、平车前(可药用，亦可食用)

锦葵科：野西瓜苗、苘麻、野葵(俗名饼饼草，可食用)

蜷牛儿苗科：蜷牛儿苗(俗名狼胖，可食用)、芹叶牻牛儿苗、鼠掌老鹳草

瑞香科：瑞香狼毒(别称断肠草、打碗花、山丹花、闷头花、一把香，俗名闹鸡花，有毒中草药)、北芸香(中草药黄花秀丽)

大戟科：一叶荻、地构叶、乳浆大戟(别称猫眼草、烂疤眼，有毒)

茜草科：茜草、蓬子菜

忍冬科：金花忍冬(中草药)、忍冬(中草药)、蒙古荚蒾

败酱科：糙叶败酱(中草药)、异叶败酱(别称墓头回、追风箭、脚汗草、铜班道、虎牙草、摆子草、中草药)、缬草(中草药)

荨麻科：麻叶荨麻(别称火麻草、螯麻子、赤麻子、哈拉海、蝎子草，俗名蝎麻，中草药，嫩可食用)

菊科：额河千里光(别称大蓬蒿、羽叶千里光)、大丁草、飞蓬、款冬、麻花头、多头麻花头、蹄叶橐吾、狭苞橐吾、细叶黄鹌菜、莲

座蓟（中草药）、砂蓝刺头、蓝刺头花形秀丽、猬菊（俗名火镰草）、小红菊、甘野菊、细叶假还阳参（俗名山燕儿依）、欧亚旋覆花（中草药）、抱茎苦荬菜、中华小苦荬（俗名燕儿依，优质牧草）、乳苣（俗名苦苣）、绢茸火绒草（俗名雪绒花，该草名闻国外，国内默默无闻）、祁州漏芦（俗名老牛疙瘩，中草药）、草地风毛菊（别称驴耳风毛菊、羊耳朵）、美花风毛菊、球花风毛菊、乌苏里风毛菊、紫苞雪莲（别称紫苞风毛菊）、银背风毛菊、盐地风毛菊、高山风毛菊、达乌里风毛菊、蓖苞风毛菊、线叶菊（别称西伯利亚艾菊、兔子毛、兔毛蒿、疗毒花、惊草、荆草）、桃叶鸦葱（俗名兔儿窝，可食用）、白茎鸦葱、苣荬菜（俗名甜苣）、蒲公英（别称黄花地丁、婆婆丁、华花郎，俗名姑姑英，可药用，亦可食用）、山地蒲公英（可食用，亦可药用）、红梗蒲公英（别称婆婆丁、黄花地丁、奶汁草，可食用，亦可药用）、斑叶蒲公英（可食用，亦可药用）、戟片蒲公英（可食用，亦可药用）、狭戟叶蒲公英（可食用，亦可药用）、苍耳（俗名苍儿苗蛋子，中草药）、朝鲜苍术（中草药）、艾（别称艾蒿，可药用，亦可食用）、茵陈蒿（中草药）、黄花蒿、牛尾蒿、栉叶蒿（中草药）、铁杆蒿、柳叶蒿（别称芦蒿，可食用）、大籽蒿（别称山艾、白蒿、大白蒿、臭蒿子）、红足蒿、冷蒿（优质牧草）、黄蒿、蒙古蒿、内蒙古旱蒿、柔毛蒿、小球花蒿、岩蒿、阿尔泰狗娃花、紫菀（别称青苑、紫倩、小辫、返魂草）、高山紫菀、三褶脉紫菀（别称鸡儿肠、三脉紫菀）、日本毛连菜、马兰、蒙古马兰、苍术（中草药）、鬼针草（有大花鬼针草和小花鬼针草之分。中草药。）、刺儿菜（别称小蓟，俗名马刺蓟，可食用，亦可药用）、飞廉（中草药）、山牛蒡（中草药）

旱金莲科：旱金莲（俗名山羊胡紫花）

柽柳科：红柳（别称柽柳、多枝柽柳，俗名红鞭杆儿）、宽苞水柏枝（别名疏花水柏枝）、砂柳、臭红柳，俗名河床

蔷薇科：蛇莓、蓬莱悬钩子（别称牛迭肚、山楂叶悬钩子、树梅）地蔷薇（别称追风蒿，中草药）、龙牙草、土庄绣线菊（花形秀丽）、麻叶绣线菊（花形秀丽）、楼斗叶绣线菊，（花形秀丽）、野山楂、长叶地榆（中草药）、星毛委陵菜、鹅绒委陵菜（别称人参果、蕨麻、蕨麻委陵菜，俗名河篦梳，中草药，亦可食用）、朝天委陵菜（别称伏枝委陵菜、仰卧委陵菜、野香菜、地榆子）、二裂委陵菜、绢毛委陵菜、菊叶委陵菜（别称叉菊委陵菜，蒿叶委陵菜）、莓叶委陵菜、腺毛委陵菜、金露梅（可做茶饮）、银露梅（可做茶饮）、西伯利亚杏（俗名山杏，可药用）、山丁子（别称山定子、林荆子、山荆子）、杜梨（别称棠梨、杜、甘棠、白棠、杜棠、野梨、土梨，俗名七李子）、长柄扁桃（别称长梗扁桃，优质油料植物）、美蔷薇（别称野蔷薇、刺蘼、刺红、买笑、油瓶瓶、山刺玫，可食用，亦可药用）、蒙古栒子、欧李（俗名欧梨儿，可食用），野玫瑰（国家二级保护植物，花可食用）

报春花科：东北点地梅、长叶点地梅（中草药）、白花点地梅（中草药）

蒺藜科：蒺藜（中草药）

香蒲科：宽叶香蒲（中草药）、小香蒲（中草药）、蒙古香蒲（中草药）

堇菜科：早开堇菜、紫花地丁（别称野堇菜、光瓣堇菜）、蒙古堇菜、斑叶堇菜，均可药用

二、单子叶植物纲

兰科：角盘兰（国家保护植物）

禾本科：星星草、狗尾草（优质牧草）、金狗尾草（优质牧草）、远东芨芨草（别称散穗羽茅）、芨芨草（俗名枳机）野燕麦、白茅、克

氏针茅（别称西北针茅）、针茅、碱茅、拂子茅、狼尾草（别称狗尾巴草、狗仔尾、老鼠狼、芮草）、芦苇（俗名苇子，优质牧草）、画眉草、蟋蟀草（别称牛筋草）、稗（别称稗草、稗子）、野黍（优质牧草）、马唐、白草、硬质早熟禾（优质牧草）、长颖早熟禾优质牧草、蔺状早熟禾（优质牧草）、赖草（别称冰草、厚穗赖草、滨草、老披碱）优质牧草、圆柱披碱草（优质牧草）、老芒麦（别称西伯利亚披碱草、叶老芒麦）、中华隐子草直穗鹅观草、鹅观草、纤毛鹅观草、羊草、野黍、无芒雀麦（别称禾萱草、无芒草、光雀麦）、长芒棒头草

莎草科：苔草、披针叶苔草、刚毛荸荠（别称具刚毛荸荠，红鳞扁莎水葱）

百合科：知母（别称兔子油草、大芦水、妈妈草、蒜瓣子草、羊胡子根、地参，俗名毛知母）、北萱草（俗名黄花菜、金针）、北重楼、玉竹、黄精（别称老虎姜，鸡头参）、藜芦小顶冰花、山丹（别称山丹百合、山丹丹、山丹子、细叶百合）、山韭（别称长生草、不死草、野韭菜、野麦冬、书带草，俗名山韭菜）、薤白（别称山蒜、苦蒜、小根蒜、密花小根蒜、团葱、野蒜、野葱、野藠，俗名海海）、黄花葱（俗名臭葱）蒙古韭、细叶韭（别称麻麻花、山葱花、野韭花、贼麻花、摘麻花、天香花、崖面花、乍蒙花、贼贼面、茶麻花、细丝韭，丝葱，俗名扎毛毛）

鸢尾科：紫苞鸢尾（别称俄罗斯鸢尾、苏联鸢尾、细茎鸢尾、紫石蒲）、细叶鸢尾（别称老牛拽、细叶马蔺、丝叶马蔺，俗名三股股筋）、矮紫苞鸢尾、囊花鸢尾、马蔺（别称兰花草、箭秆风、山必博、蠡实、旱蒲，俗名马莲）、射干（别称乌扇、乌蒲、夜干、乌翣、乌吹、草姜）、野鸢尾（别称白射干、二歧鸢尾，俗名扇扇花）

薯蓣科：穿山龙（别称穿龙薯蓣、穿龙骨、穿地龙、狗山药、山常山、穿山骨、火藤根、黄姜、土山薯）

泽泻科：泽泻

兰科：绶草、手参（国家二级保护植物）

三、松柏纲

松科：油松（别称短叶松、短叶马尾松、红皮松、东北黑松）、华北落叶松、樟子松（别称海拉尔松、蒙古赤松、西伯利亚松、黑河赤松、华山松）。

柏科：侧柏、沙地柏、杜松（别称软叶杜松，域内中乌拉哈特村山坡，拥有号称“京西第一”的野生杜松种群）

四、绿藻纲

衣藻科：衣藻（别称单衣藻）、绿藻（俗名尬蚂衣）

小球藻科：小球藻

念珠藻科：普通念珠藻（别称地耳、葛仙米、地木耳、地见皮、地踏菜、地钱、岩衣，天仙菜、绿菜等，俗名地皮菜）、发菜（别称发状念珠藻，俗名地毛，是国家一级重点保护野生植物）。国务院于2000年6月14日下达《国务院关于禁止采集和销售发菜制止滥挖甘草和麻黄草有关问题的通知》，对发菜等植物依法进行保护

五、木兰纲

马兜铃科：北马兜铃

防己科：蝙蝠葛

六、木贼纲

木贼科：木贼、问荆（别称接续草、公母草、搂接草、空心草、马蜂草、节节草，俗名圪节儿草）、草麻黄（国家二级保护植物）、木贼麻黄（别称木麻黄、山麻黄，俗名麻蒿，国家二级保护植物）

七、蕨纲

水龙骨科：北京石韦（俗名石背柳）

凤尾蕨科：蕨菜

八、薄囊蕨纲

中国蕨科：银粉背蕨

铁角蕨科：虎尾铁角蕨

九、石松纲

卷柏科：中华卷柏（别称地柏枝、护山皮、黄牛皮）

野生真菌资源

白蘑科：杨树口蘑（别称蒙古杨口蘑，俗名红蘑菇，可食用）、凸顶口蘑（有毒）、黄褐口蘑（不建议食用）、紫丁香蘑（别称裸口蘑、紫晶蘑，可食用）、大白桩菇（别称青腿子、大青蘑、大白桩蘑、雷蘑，著名口蘑之一，可食用）、香杏丽蘑（别称虎皮香杏、黄皮口蘑、香杏蘑，俗名香杏子，可食用）

侧耳科：侧耳（别称平菇、北风菌、青蘑、桐子菌、糙皮侧耳，著名食用菌之一）

蘑菇科：白杵蘑菇（别称杵子蘑、白杵子，著名口蘑之一，可食用）、白林地蘑菇（别称白林地菇、林生伞菌，可食用）、褐蘑菇（别称褐鳞蘑菇，俗名黑蘑菇，著名口蘑之一，可食用）、草地蘑菇（别称灰白蘑菇，可食用）、双环林地蘑菇（别称扁圆盘伞菌、双环菇，慎食用）、白鳞蘑菇（别称白鲜菇、白鳞菇，俗名草蘑，可食用）、灰白褐蘑菇（可食用）、林地蘑菇（别称林地伞菌，可食用）、乳头状大环柄菇（可食用）、蘑菇（别称四孢蘑菇、田野蘑菇、黑蘑菇、雷窝子，可食用）、细褐鳞蘑菇、毒蘑菇、小白蘑菇（可食用）、野蘑菇（别称田蘑菇、田野蘑菇，可食用）

网褶菌科：卷边网褶菌（别称卷边桩菇、杨蘑、东北油蘑，俗名大黄片，可食用）

鬼伞科：灰盖鬼伞（可食用，但不能与酒同食，否则会中毒）、晶粒鬼伞（俗名狗尿苔，幼嫩时可食，但不可与酒同食）、林生鬼伞（食毒不明）、毛头鬼伞（别称鸡腿蘑、毛鬼伞，一般可食用，但不可与酒同食，否则容易中毒）、墨汁鬼伞（别称鬼盖、鬼伞、鬼屋、鬼菌、地盖、地苓，可食用，但不建议食用）、射纹鬼伞、小鬼伞、白斑褶菇（有毒）、粪生花褶伞（别称粪生斑褶菇、马粪菌，有毒）

多孔菌科：野草栓菌、东方栓菌（别称灰带栓菌、东方云芝，可药用）、褐带栓菌、肉色栓菌

珊瑚菌科：皱锁瑚菌（可食用）

枝瑚菌科：小孢密枝瑚菌（食毒不明）

马勃科：褐皮马勃（幼嫩时可食）、梨形马勃（别称梨形灰包，幼时可食，也可以药用）、小马勃（别称小灰包，可药用）、白秃马勃（别称白马勃，幼时可食用，成熟后可药用）、大秃马勃（别称马粪包、大马勃、马屁泡、马皮泡，幼时可食用，成熟后可药用）

地星科：尖顶地星（别称地星、土星菌、马勃，可药用）

鬼笔科：蛇头菌（有毒）、中华散尾鬼笔（有毒）

羊肚菌科：粗腿羊肚菌（别称皱柄羊肚菌，可食用）

第四节　风能、光能资源

一、风能资源

尚义县处在西伯利亚和蒙古国冷高压南下的必由风道，再加上特殊的地形地貌（山谷、土台、丘陵等）对自然风产生的加速会聚作用，境内风能资源丰富。1989—2010 年，年平均风速 3.33 米 / 秒，年平均大风日数为 45 天，最多年份 74 天（1996 年），最少年份 18 天（2003 年）。最多风向为西北风，且风向稳定。根据国

家对风能资源最佳区、较佳区、可利用区、贫乏区的划分标准，尚义县被划在内蒙古风源区，属风能资源最佳区。

2002年11月，尚义县协同北京国华能源有限公司，在比较具有代表性的区域大满井一带选择了6个测风点，建立了6座测风塔，进行了为期一年的实地测风。分别观测10米、55米、65米、80米四个不同高度的风速、风向、风功率密度和风能密度方向等，全县海拔高度在1300米以上的地域上，10米高空年均风速在6米/秒左右、年均风功率密度在200瓦/平方米以上，70米高空年均风速在7.80米/秒左右，年均风功率密度在370瓦/平方米以上，年有效风速时数在7200小时以上。

二、光能资源

尚义县纬度偏北，地势较高，空气干燥，云量少，大气透明度高，光能资源十分丰富。全县年均日照时数2815小时，年均太阳辐射总量139.03千卡/平方厘米。年折合满负荷发电时数约1600小时，属太阳能资源分布二类地区，适宜开发光电容量潜力约200万千瓦。

第五节　矿产资源

全县共有矿产10大类40多个矿种。部分探明储量且丰富的：无烟煤、烟煤A+B储量254万吨；磁铁地质储量120万吨，品位25%～42%；赤铁矿初查储量4007万吨，远景储量6000万吨，品位30%～50%；金矿地质储量400千克，远景地质储量2200千克，矿点较多；石墨储量50万吨，品位3%～8%，鳞片大；硅藻土普查储量2600立方米，具有埋层较浅、富矿区集中的特点；花岗岩储量7200万立方米；紫砂页岩储量2亿立方米；气孔玄武岩（浮石）储量约1亿立方米。黑色金属有磁铁、锰、钛；有色金属有铜、铅、钨；贵金属有金、银；稀有金属有铍、铌、钽；冶金辅助矿石有耐火土、石灰岩、白云石、硅石；能源矿有泥炭；非金属化工原料矿有磷灰石、含钾页岩、钾长石、橄榄石；非金属建材原料矿有石棉、石墨、石英石、膨润土、云母、紫砂页岩、硅藻土；宝石矿有绿宝石、水晶石、石榴子石、绿柱石。

1989—2010年尚义县主要矿产资源一览表

表2-18

矿种（名称）	储（产）地	品位（%）	年采掘量（万吨/千立方米）	1989—2010年累计采掘量
煤炭	尚义县红土梁大阳坡		3.4	71.4
煤炭	尚义县大坝沟		3.2	67.2
煤炭	尚义县永胜地		3.6	75.6
煤炭	尚义县大永胜井		3.1	65.1
煤炭	尚义县红土梁镇		3.0	63.0
铁矿	尚义县小蒜沟镇松沟	30	2.9	60.9
铁矿	尚义县小蒜沟镇松沟	30.28	2.1	44.1
铁矿	尚义县小蒜沟镇松沟	30.2	2.7	56.7

续表 2-18

矿种（名称）	储（产）地	品位（%）	年采掘量（万吨/千立方米）	1989—2010 年累计采掘量
粘土矿	尚义县大青沟镇安家梁		2.5	52.5
紫砂页岩	尚义县甲石河		2.06	43.26
黏土矿	尚义县七甲乡		3.52	73.92
紫砂页岩	尚义县小蒜沟镇狮子沟村		3.2	67.2
黏土矿	尚义县大苏计		3.4	71.4
紫砂页岩	尚义县韭菜沟		7.32	153.72
黏土矿	尚义县七甲乡北营子		3.4	71.4
黏土矿	尚义县南壕堑镇六号		3.1	65.1
黏土矿	尚义县南壕堑镇		3.5	73.5
橄榄岩	尚义县甲石河乡上青杨沟		12.3	0
玄武岩	尚义县小蒜沟镇宝满沟		24.1	506.1
玄武岩	尚义县小蒜沟镇		23.4	491.4
玄武岩	尚义县南壕堑镇		12.9	270.9
浮石	尚义县套里庄乡		20.3	426.3
浮石	尚义县套里庄乡大卜山		6.4	0
浮石	尚义县套里庄乡		13.2	277.2
硅藻石	尚义县石门沟		3.2	0
石灰石	尚义县南壕堑镇		0.52	10.92
金矿	尚义县二道背		0.00000016	0.000013
石墨	尚义县小蒜沟松沟		0.02	0
泥炭	尚义县黄花滩		0.005	0
花岗岩	尚义县八道沟镇小赛		0.036	0

第五章 自然灾害

第一节 气象灾害

一、旱 灾

干旱对全县工农业生产影响最大。全境属半干旱草原区一部分，十年九旱。由于降水少，时空分布不均，蒸发量大，风沙多，域内往往出现大面积旱灾；春季气温回升快，蒸发量增加，风大雨少；夏秋雨量虽增，但分配不均，又出现“卡脖旱”。

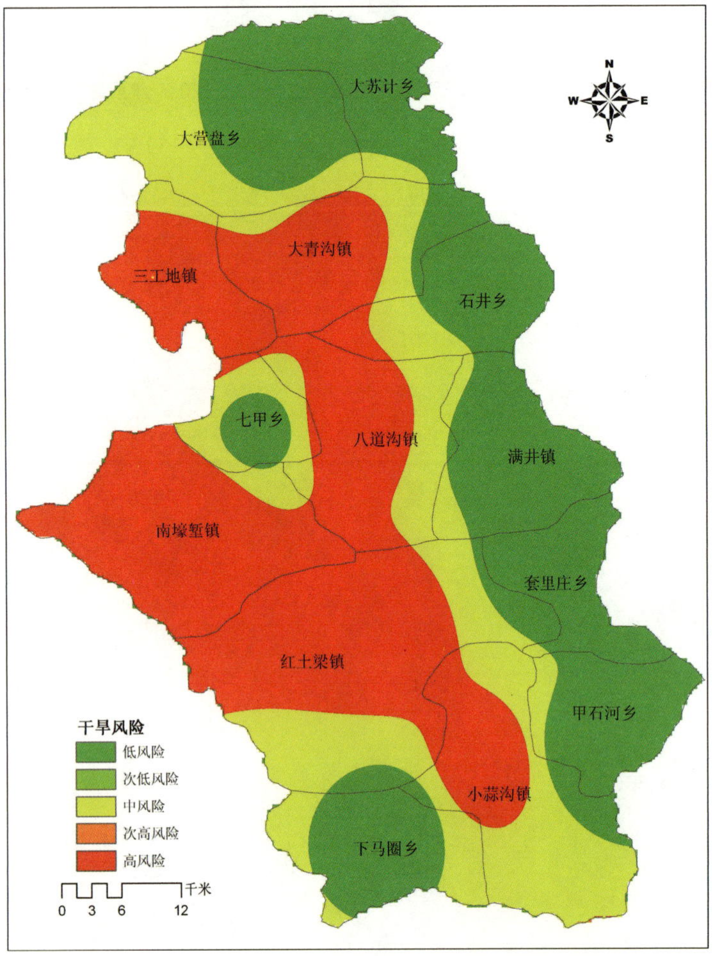

图 2-5　尚义县干旱风险区划示意图

2002 年因干旱全县受灾面积 59100 公顷，成灾面积 54700 公顷，绝收 13700 公顷；受灾人口 16.90 万人，成灾人口 13.80 万人，减产粮食 3705 万千克，农业直接经济损失 8420 万元。

2005 年，旱情致 14 个乡镇、5 万户、16.90 万人受灾，受灾人口和成灾人口分别占全县农业人口的 100% 和 97%。农作物受灾面积 38067 公顷，成灾面积 36067 公顷，绝收面积 22533 公顷，粮食总产 2340 万千克，比 2004 年减产 2860 千克，年景成数 3.60 成，全县农业直接经济损失 15620 万元，直接经济损失 16100 万元。

2006 年严重的干旱给农作物造成极大的危害，小麦和豆类枯黄、莜麦在拔节、抽穗期干枯；土豆、胡麻未能进入花期；谷黍和玉米濒于绝收；“一退双还”工程种植的饲草也受到干旱的危害。特别是北片大苏计乡、大营盘乡、大青沟镇、石井乡、三工地镇，全年降雨量仅为 70 毫米，干旱持续时间长，气温低，旱地农作物前期植株低矮、黄叶，后期几近死亡，大部分作物绝收。

2007 年，严重的自然灾害使全县 14 个乡镇 172 个行政村 662 个自然村全部受灾，受灾人口 5.03 万户 16.90 万人，成灾人口 5.03 万户 16.90 万人，受灾人口占全县农业人口的 100%。农作物受灾面积 38867 公顷，成灾面积 38867 公顷，绝收面积 32933 公顷，绝收面积占全县耕地面积的 83%，全县 2007 年年景成数仅为 1.60 成，直接经济损失 13380 万元。

2009 年 1—5 月降雨量为 73.70 毫米，比 2008 年同期降雨量多 1.30 毫米，农作物得以正常生长，青苗满地，长势良好。随着进入盛夏，降雨量大幅减少，全县 6 月降雨量为 45.20 毫米，仅为常年平均值（149 毫米）的三分之一。气温也明显偏高，30℃以上气温天气持续 20 多天，并连续刮了 10 多天干热风。由于雨水少、气温高、干热风的原因，加剧了土壤水分蒸发和农作物水分蒸腾。土壤干土层平均为 20 厘米，最深处达 25 厘米。6 月的旱灾造成农作物关键时期缺水，特别是农作物拔节、抽穗期缺水严重，形成了农业上的“卡脖旱”，直接导致农作物生长发育受阻或停滞。进入 7 月，全县累计降雨量仅为 168.50 毫米，且无一次有效降雨，大量农作物全部枯死。旱灾共涉及 14 个乡镇 172 个行政村，受灾人口 5.03 万户 15.41 万人。受灾人口占全县农业人口的 100%。农作物受灾面积 37313 公顷，成灾面积 37313 公顷，绝收面积 26487 公顷，绝收面积占全县播种面积 71%，全县 2009 年年景成数为 1.80 成，造成直接经济损失 10040 万元，其中农业直接经济损失 9670 万元。

2010 年入春后，降雨量较多，墒情较好，农作物生长正常。进入 6 月下旬至 7 月上旬，降雨量逐渐减少，特别是北片大青沟镇、大苏计乡、石井乡、大营盘乡、三工地镇五个乡镇没有一次有效降雨，6 月 15 日至 7 月 15 日，一个月内累计降雨量仅为 59.10 毫米（常年降雨量为 149 毫米），而且气温偏高，35℃以上气温持续 10 多天，土壤干土层最深达 20 厘米。严重的干旱少雨，农作物拔节、抽穗的关键时期缺水，直接导致农作物干旱枯萎，大部分农作物绝收、减产成定局。初步统计，农作物受灾面积 31847 公顷，成灾面积 24860 公顷，绝收面积 6733 公顷。直接经济损失 2458 万元。

二、冰 雹

与洪涝县境为多雹区，每年均有发生。降雹时常伴有短时大风暴雨，因此常是雹、风、雨同时发生，在某一小范围内经常造成毁灭性灾害。尚义县年降雹次数是张家口市最多的县区之一。因地形对雹云的生消有较大影响，在地面上常呈现一条宽数百米到数千米断续的雹击带。故有“雹打一条线”“年年从此过”的说法。县内有四条降雹路径：乌兰密布盟—霍洞沟—半个碌碡—六号地—东山村—张北县；乌兰密布盟—哈拉沟—七甲—惠家梁—三盖脑包—套里庄—缸房厂—万全县；乌兰密布盟—南壕堑—西塞—五十家—龙池窑—缸房厂—万全县；锡林郭勒盟—南壕堑—六号—永胜地—勿乱沟—下马圈—怀安。

一年中降雹始于 4 月，终于 10 月。主要集中在作物生长季节的 5—9 月，尤以 6 月为多，

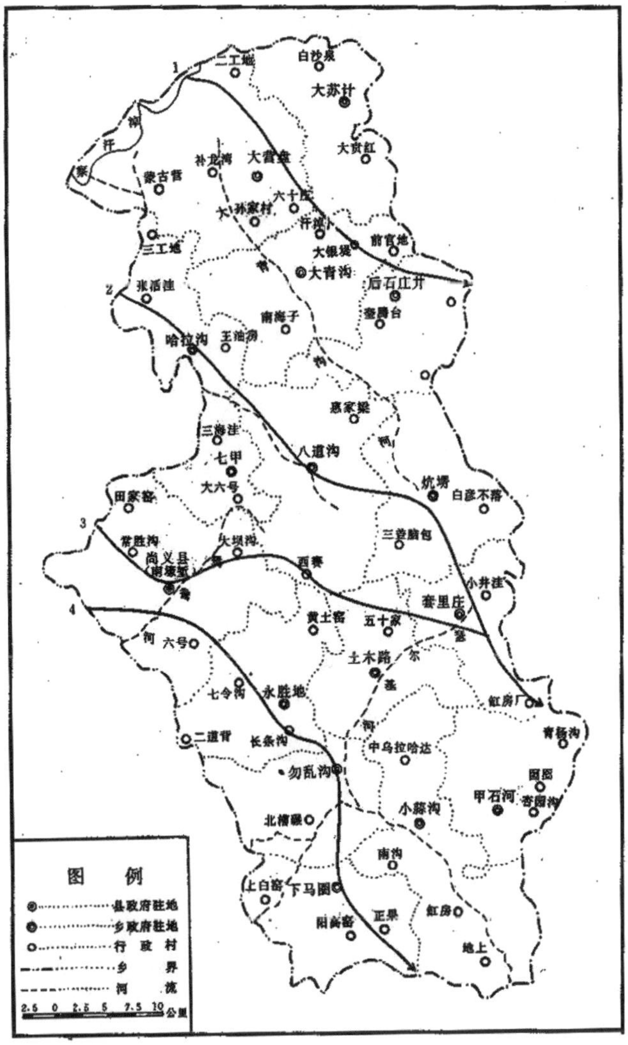

图 2-6 尚义县冰雹路径示意图

占全年降雹总数的 27%，其中以 12—16 时为高峰，统计结果表明，冰雹一般发生在 6 月下半月至 8 月期间，正是作物生长旺盛季节，对农作物危害极为严重。

尚义县多短时强对流降水天气，具有突发性强、降水集中、历时短暂等特点，容易造成局部洪涝灾害。

2001 年尚义县因洪水受灾人口 250 人，受灾面积 266.70 公顷。2002 年尚义县因洪水受灾人口 1500 人，受灾面积 400 公顷。2003 年尚义县因洪水受灾人口 2000 人，受灾面积 533 公顷。

2005 年，全县 14 个乡镇程度不同地遭受洪涝、冰雹灾害。共发生冰雹灾3次，洪涝灾3次，

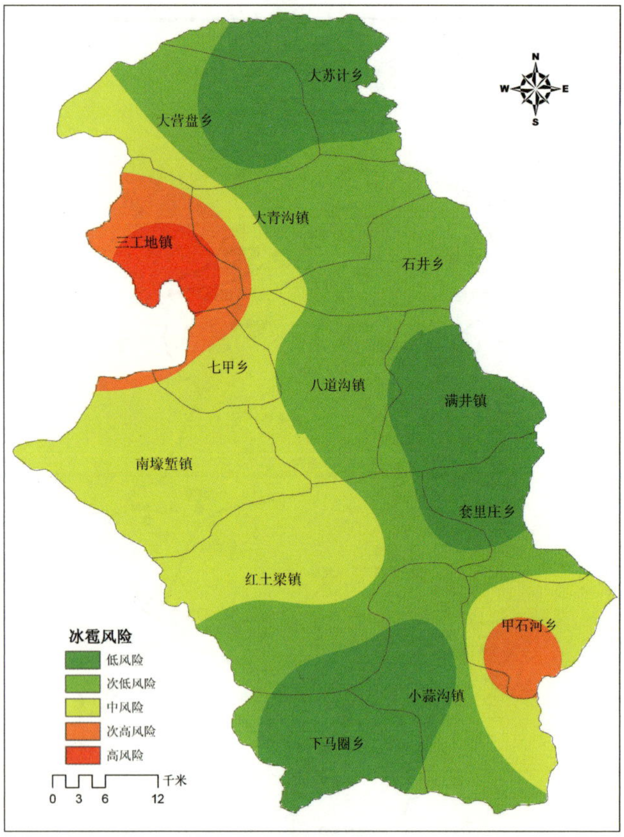

图 2-7　尚义冰雹风险区划示意图

其中 8 月 13 日发生在套里庄、下马圈二乡镇的严重洪涝灾害，倒塌房屋 86 间，损坏房屋 88 间，涉及 3 个行政村、61 户、152 人，冲毁耕地 33.33 公顷，冲毁拦河坝 65 米、幼林 16 公顷，损失 64 万元。

2006 年，全县共有 7 个乡镇局部遭受洪涝和冰雹灾害，分别是南壕堑镇、大青沟镇、七甲乡、套里庄乡、甲石河乡、小蒜沟镇、三工地镇，共涉及 20 个行政村、535 户、13200 人，受灾面积 2240 公顷、成灾面积 2240 公顷，其中绝收面积 287 公顷。由于冰雹、洪水来势猛烈，共冲毁耕地 11 公顷，冲毁拦河坝 20 多米，冲毁深层机井四眼，冲毁村级公路 6400 米，倒塌院墙 50 多米，损坏居民住房 71 间，冲毁水堰、石坝 6 个，共 100 米、20 吨水泥以及所备砂石。七甲乡、三工地镇两个蔬菜主产区，各类蔬菜受到极大损失，灾后只能改种晚菜，面积达 200 公顷。

2010 年 7 月 10 日，县城南壕堑镇、下马圈乡等部分乡镇遭受洪水、冰雹灾害，造成 12 户 30 间住房进水，根基下沉，形成危房；冲毁田间道路 100 米，冲毁水柜一处，部分输电线路受损。农作物受灾面积 147 公顷，其中 27 公顷蔬菜全部绝收，灾害造成农业经济损失 284 万元，直接经济损失 300 万元。全县 14 个乡镇共 161 个行政村全部受灾，受灾人口 4.56 万户、14.77 万人。受灾人口占全县农业人口的 92%。全县共有无自救能力户 10956 户 15058 人，有部分自救能力户 19209 户 62271 人，有自救能力户 15615 户 69371 人。据测算，2010 年全县年景成数仅为正常年景的 8 成，造成直接经济损失 2950 万元，其中农业经济损失 2604 万元。

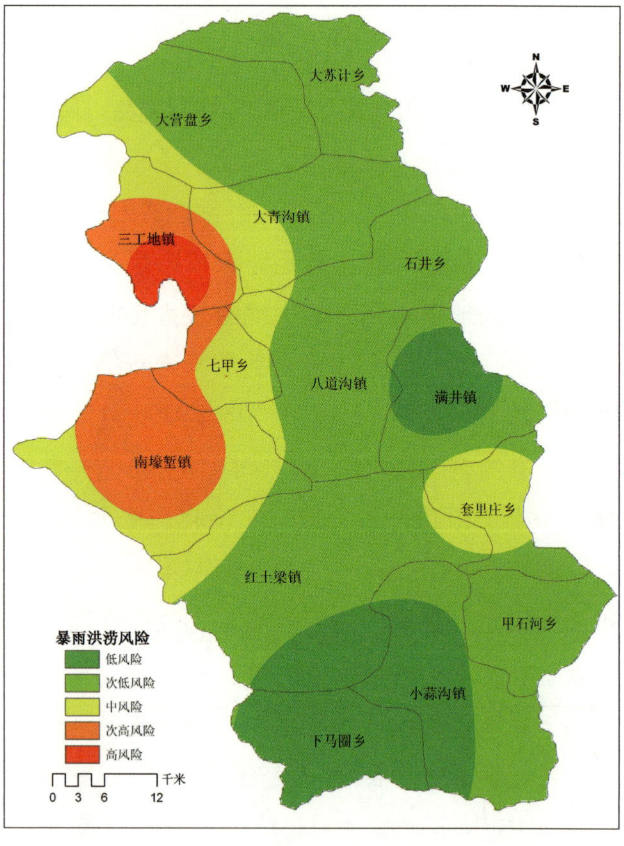

图 2-8　尚义县暴雨洪涝风险区划示意图

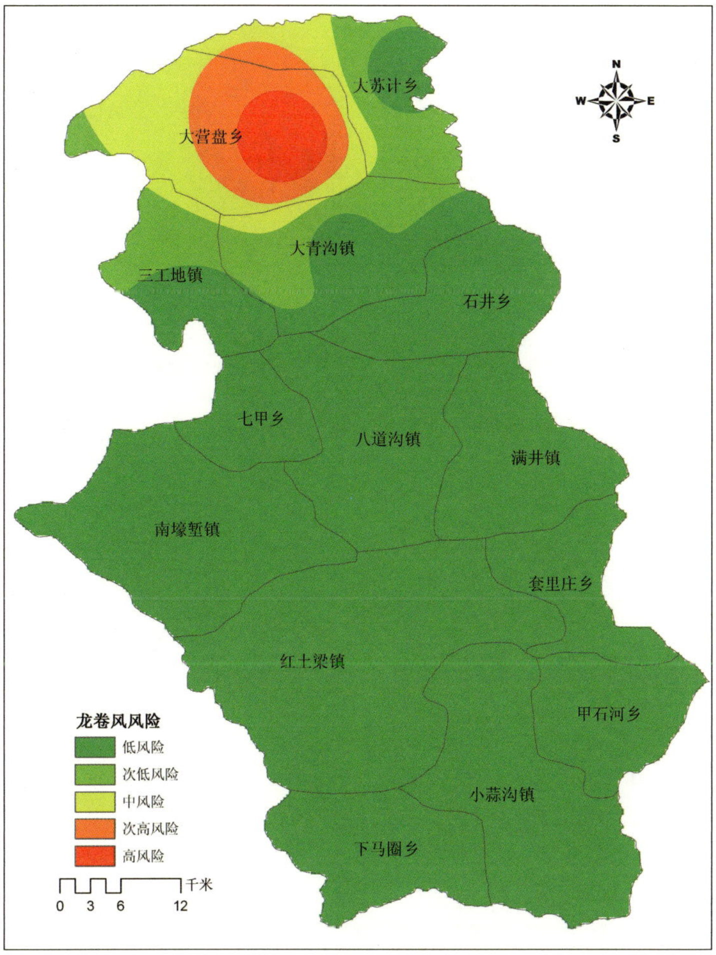

图 2-9　尚义县龙卷风风险区划示意图

三、风　灾

全县受地理条件的影响，大风日数多，造成灾害重。春季大风频繁，地表湿度小，植被稀，风蚀沙化严重，耕作层的肥沃表土常被吹失，严重的可将种子和幼苗吹走或被风沙打毁埋盖。

据气象资料记载，1989—2010 年每年都有大风天气。

1989 年 7 月 7 日 16 时许，尚义县小蒜沟乡南沟村刮了一场罕见的龙卷风，风向由西北向东南，风的宽度约 750 米，中心强度约 100 米。龙卷风经过之处，不少柏树、柳树、果树头被折断，有胸径 75 厘米的杨树从 3 米处被刮断卷走，53.33 公顷农作物被毁。所幸龙卷风从村边经过，未造成人、畜伤亡。

1992 年大营盘乡六十庄村出现龙卷风天气，折断低压线路。

1993 年哈拉沟乡任家村出现龙卷风天气，吹倒电线杆，断线 1800 米通信线路。

2005 年大营盘乡、套里庄乡出现大风天气，居民住房、羊舍、蔬菜大棚被毁，直接经济损失 20 多万元。

四、沙尘暴

沙尘暴是境内常见的气象灾害，多发生在 3—5 月，给群众的生产生活和交通带来不便。

1990 年是沙尘暴出现次数较多的年份，1 月 17 日和 4 月 6 日、7 日、25 日均出现沙尘暴。

1992 年 4 月 17 日，境内出现强沙尘暴。

2006 年 3 月 26 日、27 日境内出现强沙尘暴。

五、霜　冻

尚义县寒潮受来自北方强冷空气入侵和地面辐射冷却、地形影响很大。坝缘高寒区和坝上部分区域出现早，坝下地区出现较晚。1989—2010 年，初霜冻日最早出现在 1989 年 8 月 21 日，最晚出现在 2003 年 10 月 1 日；终霜冻日最早出现在 2006 年 3 月 1 日，最晚出现在 2008 年 6 月 2 日。全年无霜冻日数 107 ~ 188 天，22 年平均无霜冻日数为 146 天。霜冻往往使即将成熟的农作物毁于一旦。

1989—2010年尚义县霜冻初终日期一览表

表 2-19 单位：天

年份	上年度			该年度
	初日	终日	初终日数	初日
1989	9月19日	5月14日	238	8月21日
1990	8月21日	4月20日	243	9月18日
1991	9月18日	4月18日	213	9月21日
1992	9月21日	4月3日	196	9月6日
1993	9月6日	4月4日	211	9月13日
1994	9月13日	3月22日	191	9月12日
1995	9月12日	3月7日	177	9月10日
1996	9月10日	4月14日	218	9月20日
1997	9月20日	5月8日	231	9月2日
1998	9月2日	4月24日	235	9月15日
1999	9月15日	4月28日	226	9月23日
2000	9月23日	5月10日	231	9月6日
2001	9月6日	4月13日	220	9月18日
2002	9月18日	4月12日	207	9月13日
2003	9月13日	5月8日	238	10月1日
2004	10月1日	4月27日	210	9月18日
2005	9月18日	4月3日	198	9月3日
2006	9月3日	3月1日	180	9月26日
2007	9月26日	5月1日	218	9月19日
2008	9月19日	6月2日	258	9月26日
2009	9月26日	5月31日	248	9月12日
2010	9月12日	4月30日	231	9月22日

第二节　地质灾害

一、地　震

尚义县处于多震的大同盆地东部，有尚义—赤城深大断裂带东西横贯全境，地质新构造运动强烈。

1989 年 10 月 18 日 23 时，山西省大同县、阳高县一带发生里氏 6.2 级地震，尚义县城震感强烈，房屋作响，屋内电器摇摆，屋外鸡叫狗吠。10 月 19 日 13 时 15 分，同地又发生同震级地震，尚义县居民采取紧急防震措施，幸无人员伤亡。

1998 年 1 月 10 日 11 时 50 分，尚义—张北发生里氏 6.2 级强烈地震。全县 14 个乡镇受灾严重，共计倒塌房屋 32860 间，裂缝高危房屋 117200 间，毁坏畜棚、畜圈等附属房屋 52000 间。机井、灌区、饮水工程、水库、河坝、防渗渠道等农业基础设施遭到了毁灭性破坏，部分工矿企业被迫停产。石井乡、炕塄乡、甲石河乡、小蒜沟乡、八道沟镇、套里庄，共 6 乡镇 62 个行政村 180 个自然村受灾严重，重灾 2.4 万户、72150 人，全县直接经济损失 7.46 亿元。主震发生后，余震不断，据国家地震局检测统计，大小余震超过 100 余次，其中 4 级以上破坏性余震 20 余次。

2010 年 4 月 4 日 21 时 46 分，在山西省阳高县、大同县交界发生 4.5 级地震，尚义县震感强烈，轰轰作响，有的居民跑出屋外。地震持续时间数秒。

二、泥石流、滑坡

尚义县泥石流、滑坡灾害虽不及其他自然灾害重，但也给人民的生产生活带来危害。2010 年省级投资 120 万元，完成了县城南壕堑镇东沟泥石流治理工程；同年申请并立项下马圈中心小学滑坡地质灾害治理工程。

第三节　复合灾害

一、沙　化

尚义县属典型的大陆性气候，风大且持续时间长，“春天一场风，年初到年终，春天刮出山药籽，秋天刮出犁底层”。坝上风蚀区面积较大，包括坝缘以北乡镇和红土梁镇的部分村。风蚀沙化总面积约 16.38 万公顷，其中轻度风蚀沙化 8.16 万公顷，占该区总面积的 49.80%；中度风蚀沙化 4.76 万公顷，占该区总面积的 29.10%；强度风蚀沙化 3.46 万公顷，占该区总面积的 21.10%。由于该区土壤成土母质粗沙含量大，加之大风剥蚀后，物理性黏粒损失严重，土壤质地越蚀越粗，多为粉沙壤或沙壤土。

二、盐碱化

土地盐碱化的区域，主要位于尚义县西北部大营盘乡的大部及大苏计乡、三工地镇、大青沟镇的部分地区。该区有盐质化土壤 2.31 万公顷。其中轻度盐化土壤 1 万公顷；中度盐化土壤 0.96 万公顷；重度盐化土壤 0.06 万公顷。土壤次生盐质化对有限的耕地亦造成威胁。该区盐化土壤可分为重碳酸盐土（苏打）、硫酸盐土和氯化物盐土三种。

三、水土流失

尚义县的坝下山区属中低山区，山高坡陡，沟壑交错。土壤类型为残坡积薄中层土壤、洪水积物土壤、黄土和黄土状物质形成的土壤。

典型的地貌和土壤特征，往往造成严重的水土流失。据1983年调查统计，全县当时水土流失面积8.58万公顷。小蒜沟、甲石河、下马圈三个乡镇，坡度大于10度的土地面积占总面积的87%。在一些中低山的山脚，冲沟发育，一般深7～10米，宽10～30米，山顶和山坡上多形成一些小冲沟。坝下地区降雨量少，而且多集中在6—8月。遇暴雨，地面径流顺坡直泻，土地被冲蚀，水土流失极为严重。调查统计，每平方千米土地面积年流失泥土2000～3500吨，局部高达数万吨。小蒜沟镇南沟村西山坡地在40年间，地面形成了四条30米宽、10多米深的水冲沟；宝满沟村南一条大冲蚀沟20年中冲沟加宽了40多米；下马圈乡上白窑村北的70多公顷山坡地，在5年间耕层土壤被冲走30多厘米深。

尚义县志
SHANGYI XIANZHI
1989—2010

第三篇

人口

1989年以来，尚义县严格执行计划生育基本国策，控制人口数量，提高人口素质。随着生活条件和医疗保健条件的不断提高和改善，人均寿命逐渐增加，自然死亡率逐年下降。1989—2010年，县内人口数量增长相对稳定，增速较慢。随着市场经济的发展，人口出现大量流动，全县农村人口逐年减少，城镇人口逐年增加，城镇化率不断提高。1989年人口自然增长率为9.89‰，1999年人口自然增长率为3.99‰，2010年人口自然增长率为1.50‰。1989—2010年，全县人口再生产类型实现了向“低出生、低死亡、低增长”的历史性转变，22年间人口自然增长率年均4.84‰。2010年，人口自然增长率较1989年相比下降8.39‰。其间，随着精神文明建设日益加强、文化教育事业的兴旺发达、全民健身运动的深入开展，全县居民身体素质和文化素质得到提高。

第一章 人口规模

第一节 人口总数

1989—2010年，县内人口数量增长相对稳定，增速较慢。随着市场经济的发展，人口出现大量流动，全县农村人口逐年减少，城镇人口逐年增加，城镇化率不断提高。1989年人口自然增长率为9.89‰，1999年人口自然增长率为3.99‰，2010年人口自然增长率为1.50‰。

1989年，全县总户数52607户，户籍总人口182390人。

1999年，全县总户数64815户，户籍总人口190059人。

2010年，全县拥有户籍总人口194338人，其中，男性99879人，比1989年增加1326人，增长1.35%；女性94459人，比1989年增加10622人，增长12.67%。农业人口148325人，比1989年减少21054人，减少12.43%；非农业人口46013人，比1989年增长253.65%。

1989—2010年全县人口年均增长3.40个千分点，比1969—1989年的21年低7.62个千分点。

1989—2010年尚义县总户数、总人口情况表

表3-1　　单位：户、人

年　度	总户数	总人口			总人口中	
		合　计	男	女	农业人口	非农业人口
1989	52607	182390	98553	83837	169379	13011
1990	54027	183058	97999	85059	169774	13284
1991	54246	183937	98084	85853	170437	13500
1992	57084	184483	99260	85223	170124	14359
1993	56626	185790	98361	87429	170302	15488
1994	56731	185710	98563	87147	168386	17324
1995	59488	187204	98816	88388	169854	17350

续表 3-1

年 度	总户数	总人口			总人口中	
		合 计	男	女	农业人口	非农业人口
1996	60549	188451	99614	88837	171214	17237
1997	62453	189550	99799	89751	168141	21409
1998	64834	189870	99929	89941	170320	19550
1999	64815	190059	100045	90014	170320	19739
2000	67490	190913	99608	91305	168354	22559
2001	66622	191147	99658	91489	168390	22757
2002	67676	191457	100194	91263	168315	23142
2003	66955	190277	99433	90844	168580	21697
2004	68661	189360	98521	90839	168674	20686
2005	69511	190222	98722	91500	163499	26723
2006	70863	191986	99542	92444	164673	27313
2007	72131	193249	99922	93327	154144	39105
2008	73295	194308	100220	94088	165575	28733
2009	74808	195279	100539	94740	165691	29588
2010	75460	194338	99879	94459	148325	46013

1989 年、1999 年、2010 年尚义县各乡镇总户数、总人口情况表

表 3-2

单位：户、人

年度 / 项目 / 乡镇	1989		1999		2010	
	户 数	人 口	户 数	人 口	户 数	人 口
南壕堑镇	7879	28228	14481	36748	17503	42693
大青沟镇	5868	19368	6687	20198	7547	20776
红土梁镇	3179	11041	4779	12389	5266	12465
八道沟镇	4433	15811	4486	15374	6060	15932
小蒜沟镇	3135	11533	3973	11430	4260	11134
三工地镇	2718	9250	3098	9319	3376	9288
满井镇	4058	14176	4723	14175	5450	13882
大苏计乡	3534	11861	3852	11923	4356	11623
大营盘乡	4335	14910	4595	14415	5057	13859
石井乡	4222	14231	5035	14486	5227	13737
甲石河乡	2240	7804	2661	7872	3034	7863
下马圈乡	1516	5088	1101	4652	1751	4560
套里庄乡	2874	9732	3374	9325	3596	8837
七甲乡	2305	7793	2570	7753	2977	7689

说明:1989 年有 17 个乡镇,1996 年机构改革后合并为 14 个乡镇。南壕堑乡与南壕堑镇合并，永胜地乡、土木路乡合并到红土梁镇，勿乱沟乡合并到小蒜沟镇。为了数据的可比性，该表均为合并乡镇的数据

第二节　人口分布

1989年，全县人口密度为69.28人/平方千米。

1999年，全县人口密度为72.20人/平方千米。

2010年，全县人口密度为73.82人/平方千米。

按地形区分，尚义县坝上区域人口密度大于坝下区域的人口密度。坝上区域的大苏计、大营盘、石井、三工地、大青沟、七甲、八道沟、南壕堑、满井9个乡镇，2010年人口密度56.78人/平方千米。坝下区域的甲石河、小蒜沟、套里庄、红土梁、下马圈5个乡镇，2010年人口密度17.04人/平方千米。

随着城镇化水平的不断提高，城乡人口密度差距不断扩大。

1989年，石井乡总面积128.10平方千米，占全县总面积的4.87%，人口14231人，占全县总人口的7.80%，人口密度为111.10人/平方千米，密度最大。人口密度最低的是小蒜沟镇，面积370.30平方千米，占全县总面积的14.07%，人口11533人，占全县总人口的6.32%，人口密度为31.15人/平方千米。

1999年，南壕堑镇总面积259.20平方千米，人口36748人，占全县总人口的19.30%，人口密度为141.80人/平方千米，人口密度最大。人口密度最低的是小蒜沟镇，在总面积不变的情况下，人口11430人，占全县总人口的6%，人口密度为30.90人/平方千米。

2010年，南壕堑镇在总面积不变的情况下，人口42693人，占全县总人口的21.97%，人口密度为164.7人/平方千米，人口密度最大。人口密度最低的是小蒜沟镇，在总面积不变的情况下，人口11134人，占全县总人口的5.73%，人口密度为30.10人/平方千米。二者相差近5.5倍。

1989年、1999年、2010年尚义县各乡镇人口分布表

表3-3

乡镇（按1989年人口密度排序）	面积（平方千米）	占全县总面积（%）	1989年			1999年			2010年		
			人口（人）	占全县总人口（%）	人口密度（人/平方千米）	人口（人）	占全县总人口（%）	人口密度（人/平方千米）	人口（人）	占全县总人口（%）	人口密度（人/平方千米）
南壕堑镇	259.2	10.2	28228	15.5	108.9	36748.0	19.3	19.3	42693.0	22.0	22.0
石井乡	128.1	5.0	14231	7.8	111.1	14486.0	7.6	7.6	13737.0	7.1	7.1
七甲乡	76.1	3.0	7793	4.3	102.4	7753.0	4.1	4.1	7689.0	4.0	4.0
大青沟镇	186.6	7.3	19368	10.6	103.8	20198.0	10.6	10.6	20776.0	10.7	10.7
满井镇	158.8	6.3	14176	7.8	89.3	14175.0	7.5	7.5	13882.0	7.1	7.1
三工地镇	109	4.3	9250	5.1	84.9	9319.0	4.9	4.9	9288.0	4.8	4.8
大苏计乡	131.8	5.2	11861	6.5	90.0	11923.0	6.3	6.3	11623.0	6.0	6.0
套里庄乡	113.9	4.5	9732	5.3	85.4	9325.0	4.9	4.9	8837.0	4.5	4.5
八道沟镇	198.8	7.8	15811	8.7	79.5	15374.0	8.1	8.1	15932.0	8.2	8.2

续表 3-3

乡镇（按1989年人口密度排序）	面积（平方千米）	占全县总面积（%）	1989年			1999年			2010年		
			人口（人）	占全县总人口（%）	人口密度（人/平方千米）	人口（人）	占全县总人口（%）	人口密度（人/平方千米）	人口（人）	占全县总人口（%）	人口密度（人/平方千米）
大营盘乡	234.6	9.2	14910	8.2	63.6	14415.0	7.6	7.6	13859.0	7.1	7.1
甲石河乡	143.2	5.6	7801	4.3	54.5	7872.0	4.1	4.1	7863.0	4.0	4.0
红土梁镇	290.4	11.4	12608	6.9	43.4	12389.0	6.5	6.5	12465.0	6.4	6.4
下马圈乡	139.9	5.5	5088	2.8	36.4	4652.0	2.5	2.4	4560.0	2.3	2.3
小蒜沟镇	370.3	14.6	11533	6.3	31.1	11430.0	6.0	6.0	11134.0	5.7	5.7

说明：1989年有17个乡镇，2010年时机构改革已合并为14个乡镇。为了数据的可比性，乡镇数据为合并后的数据，与机构改革乡镇合并一致

第二章　人口变动

第一节　自然变动

1982年9月，中共十二大把计划生育作为一项基本国策，实行控制人口数量，提高人口素质的人口政策。尚义县全面贯彻执行。2010年，人口自然增长率1.50‰，比1989年的9.89‰下降8.39个千分点。1989—2010年，全县出生42583人，死亡22706人，人口自然净增19877人。2010年，全县总人口194338人，比1989年增加11948人，增长6.55%，年均增加543.1人。

一、出　生

1989年，全县出生人口2599人，人口出生率14.25‰。

1993年，全县出生人口201人，人口出生率1.08‰。是1989—2010年出生人口最低的一年。

1995年，出生2887人，人口出生率15.42‰。是1989—2010年全县出生人口最多的一年。

2004年，全县出生人口1177人，人口出生率6.20‰，是1989—2010年自然增长率最低的一年。

2010年，全县出生人口2297人，出生率为11.82‰。

1989—2010年，全县累计出生人口42583人。

二、死　亡

1989年，全县死亡人口781人，死亡率4.28‰。

1993年，全县死亡人口60人，死亡率

0.32‰，是1989—2010年死亡人数最少的一年。

2010年，全县死亡人口2015人，死亡率10.37‰，是1989—2010年死亡人数最多的一年。

1989—2010年，全县累计死亡人口22706人，人口自然增长19877人。

第二节　机械变动

改革开放以来，伴随婚嫁、工作调动、大中专生入学、分配、务工经商、投亲靠友等原因，全县人口流动性增大。1989—2010年共迁入36716人，迁出48860人，迁出多于迁入。

一、流　入

1990年，尚义县共有外地迁入人口1710人。其中分布在南壕堑镇645人。大青沟镇、红土梁镇、南壕堑乡（1996年合并到南壕堑镇）三个乡镇分别有141人、178人、140人。

1995—2000年，尚义县内共有外地迁入人口7470人。其中分布在南壕堑镇2850人，大青沟镇780人。其余分布在其他12个乡镇。

2005—2007年为人口流动高峰期，共有16332人迁入。

2009年，尚义县内有1229人迁入。其中有338人分布在南壕堑镇，八道沟镇和大营盘乡分布相对集中些，下马圈乡分布有11人。

至2010年，全县省内共流入人口1098人。其中市内跨县流入877人，省内跨地市流入221人。

二、流　出

1989—1999前，因土地承包、农村税费征收和户籍管理等原因，尚义县流出人口不多。

2000年，尚义户籍人口中外出离开尚义半年以上人口有8203人。

2005—2007年，共有18289人迁出。

2009年，尚义县内有1898人迁往外地，其中迁往省内的有1028人，迁往省外的有870人。至2010年，全县省内共流出人口14676人，比流入人口多13578人。其中，省内跨地市流出人口2527人，比流入人口多2306人；市内跨县流出人口12149人，比流入人口多11272人。

1989—2010年尚义县人口变动情况表

表3-4　　　　单位：人、‰

年度	自然变动							机械变动	
	合计	出生	出生率	死亡	死亡率	增长	增长率	迁入	迁出
1989	182390	2599	14.25	781	4.28	1818	9.89	—	—
1990	183058	2774	15.15	900	4.92	1874	10.26	—	—
1991	183937	2139	11.63	830	4.51	1309	7.14	—	—
1992	184483	1280	6.94	954	5.17	326	2.44	—	—
1993	185790	201	1.08	60	0.32	141	0.76	—	—
1994	185710	2544	13.70	1001	5.39	1543	8.31	—	—
1995	187204	2887	15.42	994	5.31	1893	10.15	—	—
1996	188451	2399	12.73	999	5.30	1400	7.45	—	—
1997	189550	2254	11.89	981	5.18	1273	6.74	—	—
1998	189870	1875	9.88	962	5.07	913	4.81	—	—

续表 3-4

年度	自然变动							机械变动	
	合计	出生	出生率	死亡	死亡率	增长	增长率	迁入	迁出
1999	190059	1669	8.78	912	4.80	757	3.99	—	—
2000	190913	2325	12.18	1302	6.82	1023	5.37	—	—
2001	191147	1933	10.11	973	5.09	960	5.03	—	—
2002	191457	1976	10.32	976	5.10	100	5.23	—	—
2003	190277	1733	9.11	1442	7.58	291	1.53	—	—
2004	189360	1177	6.22	1085	5.73	92	0.48	—	—
2005	190222	1860	9.78	1595	8.38	265	1.4	5467	9710
2006	191986	1922	10.01	1330	6.93	592	3.1	7141	5496
2007	193249	1601	8.28	979	5.07	622	3.23	3724	3083
2008	194308	1347	6.93	786	4.05	561	2.89	937	1122
2009	195279	1791	9.17	849	4.35	942	4.83	1229	1898
2010	194338	2297	11.82	2015	10.37	282	1.5	1094	2328

第三章 人口结构

第一节 性别构成

1989年，全县男性总人口数为98553人，女性总人口数为83837人，男女性别比为117.6。

1999年，全县男性总人口数为100045人，女性总人口数为90014人，男女性别比为111.1。

2010年，全县男性总人口数为99879人，女性总人口数为94459人，男女性别比为105.7。22年间，男女性别比缩小了11.82个百分点。

1989—2010年尚义县人口性别构成表

表 3-5

年度	人口数（人）		性别比重（%）		男女性别比例（以女为100）
	男	女	男	女	
1989	98553	83837	54.0	46.0	117.6
1990	97999	85059	53.5	46.5	115.2
1991	98084	85853	53.3	46.7	114.2
1992	99260	85223	53.8	46.2	116.5
1993	98361	87429	52.9	47.1	112.5
1994	98563	87147	53.1	46.9	113.1

续表 3-5

年 度	人口数（人）		性别比重（%）		男女性别比例（以女为 100）
	男	女	男	女	
1995	98816	88388	52.8	47.2	111.8
1996	99614	88837	52.9	47.1	112.1
1997	99799	89751	52.7	47.3	111.2
1998	99929	89941	52.6	47.4	111.1
1999	100045	90014	52.6	47.4	111.1
2000	99608	91305	52.2	47.8	109.1
2001	99658	91489	52.1	47.9	108.9
2002	100194	91263	52.3	47.7	109.8
2003	99433	90844	52.3	47.7	109.5
2004	98521	90839	52.0	48.0	108.5
2005	98722	91500	51.9	48 1	107.9
2006	99542	92444	51.8	48.2	107.7
2007	99922	93327	51.7	48.3	107.1
2008	100220	94088	51.6	48.4	106.5
2009	100539	94740	51.5	48.5	106.1
2010	100352	94677	51.4	48.6	105.7

第二节 年龄构成

1990 年，全县学龄前儿童（0 ~ 6 岁）20162 人，学龄儿童（7 ~ 12 岁）16794 人，劳动后备组人口（3 ~ 15 岁）34066 人，劳动年龄人口（男 16 ~ 59 岁、女 16 ~ 54 岁）116662 人，退休年龄人口（男 60 岁以上、女 55 岁以上）16194 人。各年龄组人口占总人口的比重分别为 11%、9.20%、18.60%、63.70% 和 8.80%。

2000 年，全县学龄前儿童（0 ~ 6 岁）17373 人，学龄儿童（7 ~ 12 岁）21191 人，劳动后备组人口（3 ~ 15 岁）40474 人，劳动年龄人口（男 16 ~ 59 岁、女 16 ~ 54 岁）117030 人，退休年龄人口（男 60 岁以上、女 55 岁以上）26919 人。各年龄组人口占总人口的比重分别为 9.10%、11.10%、21.20%、61.30% 和 14.10%。

2010 年，全县学龄前儿童（0 ~ 6 岁）10175 人，学龄儿童（7 ~ 12 岁）9648 人，劳动后备组人口（3 ~ 15 岁）22652 人，劳动年龄人口（男 16 ~ 59 岁、女 16 ~ 54 岁）92207 人，退休年龄人口（男 60 岁以上、女 55 岁以上）32896 人。各年龄组人口占总人口比重分别为 5.20%、2.50%、11.60%、47.30% 和 16.90%。

1990—2000 年各年龄组结构发生了很大的变化。其中学龄前儿童（0 ~ 6 岁）降低 4.60 个百分点，学龄儿童（7 ~ 12 岁）提高 3 个百分点，劳动后备组人口（3 ~ 15 岁）提高 4.20 个百分点，劳动年龄人口（男 16 ~ 59 岁、女 16 ~ 54 岁）降低 4.70 个百分点，退休年龄人口（男 60 岁以上、女 55 岁以上）提高 12.60 个百分点。全县人口老龄化现象日趋明显。

第三节 民族构成

尚义县民族构成主要以汉族为主，随着改革开放不断深入，因婚姻、务工经商等迁入县内的少数民族种类有所增多。1990 年，全县有汉族、蒙古族、回族、朝鲜族、满族、畲族等 6 个民族。其中以汉族人口最多，有 181153 人，占总人口的 98.96%；少数民族人口共有 1905 人，占总人口的 1.04%。少数民族中，人口最多的为回族，有 1406 人。其次为蒙古族和满族，分别有 390 人和 107 人。朝鲜族和畲族各有 1 人。

2000 年，全县共有汉族、蒙古族、回族、藏族、维吾尔族、苗族、彝族、壮族、布依族、朝鲜族、满族、土家族、鄂温克族、裕固族等 14 个民族，比 1990 年增加了 8 个民族。其中以汉族人口最多，有 189686 人，占总人口的 99.36%，上升 0.40 个百分点；少数民族人口共有 1227 人，占总人口的 0.64%，下降 0.40 个百分点。少数民族中人口最多的为回族，有 715 人。其次仍为蒙古族和满族，分别有 390 人和 80 人。藏族、维吾尔族、苗族、彝族、壮族、布依族、朝鲜族、土家族、鄂温克族、裕固族 8 个少数民族，人口分别有 4 人、5 人、2 人、9 人、5 人、3 人、10 人、1 人、2 人和 1 人。全县少数民族人口比 1990 年减少 678 人。

2010 年，全县共有 15 个民族，其中汉族人口 193275 人，占全县总人口的 99.45%，少数民族人口 1063 人，占全县总人口 0.55%。其中蒙古族 271 人、回族 719 人、藏族 4 人、维吾尔族 6 人、苗族 2 人、彝族 12 人、壮族 6 人、布依族 2 人、朝鲜族 1 人、满族 34 人、土家族 1 人、黎族 2 人、拉祜族 2 人、纳西族 1 人。全县少数民族人口比 2000 年减少 164 人，民族成分比 2000 年增加 1 个。

第四节 户籍构成

1989 年，农业人口 169379 人，非农业人口 13011 人，分别占总人口的 92.80% 和 7.20%。之后，县内每年有一部分农业人口因就业、上学、参军等转为非农业人口，农业人口比重逐年下降，非农业人口相应增加。

1990 年前后，市场经济迅速发展，各种形式的承包经营责任制大量出现，社会就业渠道和规模不断扩大，严格的城乡二元化户籍管理制度开始淡化。

2000 年，全县农业人口 168354 人，非农业人口 22559 人，分别占总人口的 88.20% 和 11.80%。

2003 年 10 月，取消了农业家庭户和非农业家庭户的称谓，通称为城镇居民和农村居民，尚义县的“半半户”（农业与非农业人口组合户）随之消失。

2010 年，全县农业人口 148325 人，非农业人口 46013 人，分别占总人口的 76.32% 和 23.68%。

第五节 职业构成

1990 年，全县劳动力资源总数 13.02 万人，占全县总人口的 68.51%。1990 年在业人口 11.44 万人，其中分布在第一产业、第二产业和第三产业的比重分别为 87.68%、4.78% 和 7.54%。

2000 年，全县劳动力资源总数 11.62 万人，比 1990 年第四次人口普查时降低 10.75%。在业人口 10.25 万人，其中第一产业占 82.38%，比 1990 年减少 5.30 个百分点；第二产业占 6.83%，比 1990 年增加 2.05 个百分点；第三产业占 10.79%，比 1990 年增加 3.25 个百分点。

2010年，全县劳动力资源总数12.72万人，比1990年第四次人口普查时降低2.30%，比2000年第五次人口普查时增长9.47%。在业人口10万人，其中第一产业占62.7%，比2000年减少19.68个百分点；第二产业占15.6%，比2000年增加8.77个百分点；第三产业占21。7%，比2000年增加10.91个百分点。就业人口逐步从第一产业向二、三产业转移。

1990—2010年部分年份尚义县在业人口行业构成情况表

表3-6

年 度			1990年	2000年	2004年	2005年	2006年	2007年	2008年	2009年	2010年
在业人口（人）			114432	102470	102500	102600	96900	98400	98400	100000	100000
在业人口行业构成	第一产业	人数（人）	100339	84410	73900	74800	73900	74400	73700	70400	62700
		比重（%）	87.68	82.38	76.26	72.90	76.26	75.61	74.90	70.40	62.7
	第二产业	人数（人）	5474	7000	9000	11500	9000	10200	9400	9600	15600
		比重（%）	4.78	6.83	9.29	11.21	9.29	10.37	9.55	9.60	15.6
	第三产业	人数（人）	8619	11060	14000	16300	14000	13800	15300	20000	21700
		比重（%）	7.54	10.79	14.45	15.9	14.45	14.02	15.55	20.00	21.7

1990年、2000年、2010年尚义县在业人口职业构成情况表

表3-7

年 度		1990年第四次人口普查	2000年第五次人口普查	2010年第六次人口普查
在业人口		114432	102470	100000
在业人口职业构成	各类专业、技术人员人数（人）	3803	4640	3710
	比重（%）	3.32	4.53	3.71
	国家机关党群组织、企事业单位负责人人数（人）	1078	1320	1280
	比重（%）	0.94	1.29	1.28
	办事人员和有关人员人数（人）	1184	1540	2610
	比重（%）	1.03	1.50	2.61
	商业、服务性工作人员人数（人）	2398	3850	13400
	比重（%）	2.10	3.76	13.4
	农、林、牧、渔劳动者人数（人）	100117	84370	57770
	比重（%）	87.49	82.34	57.77
	生产工人、运输工人和有关人员人数（人）	5826	6700	21210
	比重（%）	5.09	6.54	21.21
	不便分类的其他劳动者人数（人）	26	50	20
	比重（%）	0.03	0.04	0.02

说明：第六次人口普查职业指标是抽样指标，所以汇总数据中没有职业构成指标总量

第四章　人口素质

第一节　身体素质

一、平均预期寿命

1989 年，全县人口平均寿命 60 岁左右。县内 90 ～ 94 岁的老人有 4 人（男 2 人、女 2 人）。

1999 年，全县人口平均寿命 66 岁左右。县内 90 ～ 94 岁老人有 22 人（男 12 人、女 10 人），有 95 ～ 99 岁老人 2 人（男女各 1 人）。

2010 年，全县人口平均寿命 72 岁左右。县内 90 ～ 94 岁老人 531 人（男 241 人、女 290 人），95 ～ 99 岁老人 97 人（男 46 人、女 51 人），100 岁以上老人 11 人（男 6 人、女 5 人）。22 年间，人口平均寿命增加了 12 岁。

二、残疾人口

1989 年，全县残障人口 4347 人，残障人口中视力残疾 455 人、听力残疾 478 人、言语残疾 144 人、肢体残疾 2875 人、智力残疾 206 人、精神残疾 165 人、多重残疾 24 人。

2010 年，全县残障人口 5930 人，其中男性 3744 人，女性 2186 人，残障人口占总人口 3.04%。残障人口中的 95.48% 分布在农村。由于社会关注度不断提高，国家投入增加，残疾人口基本权益得到有效保障，全县残疾人口生存质量普遍提高。

第二节　文化素质

据 1990 年人口普查，全县平均受教育年限 5.50 年，大学文化程度的人口占总人口的 0.40%，各类专业技术人员占总人口的 2.10%，文盲半文盲人口占总人口的 24.40%，一般文盲率（文盲人口占 15 岁及以上人口的比重）为 32.10%。

据 2000 年人口普查，全县平均受教育年限 6.60 年，大学以上文化程度的人口占总人口的 1.13%，各类专业技术人员占总人口的 2.90%，文盲半文盲人口占总人口的 9.50%，一般文盲率降为 12.40%。各种文化程度的人口占总人口的比重，比 1990 年有不同程度的提高。其中大学 2151 人（大学专科以上文化程度），占总人口的 1.13%，比 1990 年提高 0.73 个百分点；高中（含中专）13394 人，占总人口的 7.02%，比 1990 年提高 1.50 个百分点；初中 41612 人，占总人口的 21.80%，比 1990 年提高 6.60 个百分点；而文盲数占人口的比例，较 1990 年降低 14.90 个百分点；一般文盲率比 1990 年降低 19.70 个百分点。

据 2010 年人口普查，全县平均受教育年限 7.50 年，大学以上文化程度的人口占总人口的 3.46%，各类专业技术人员占总人口的 3.70%，文盲半文盲人口占总人口的 7.10%，一般文盲率降为 8.40%。各种文化程度的人口占总人口的比重，比 2000 年有不同程度的提高。其中大学以上 6720 人，占总人口的 3.46%，比 2000 年提高 2.33 个百分点；高中（含中专）17332 人，占总人口的 8.92%，比 2000 年提高 2.90 个百分点；初中 56385 人，占总人口的 37.10%，比 2000 年提高 10.70 个百分点；而文盲数占人口的比例，较2000年降低2.40个百分点；一般文盲率比2000年降低4个百分点。

2010年尚义县6岁及6岁以上分年龄小学以上文化程度人口情况表

表3-8　　单位：人

年龄段	2010年第六次人口普查							
	合 计	未上过学	小 学	初 中	高 中	大学专科	大学本科	硕士研究生
总计	140363	10643	51810	53858	17332	5532	1159	29
6～9岁	6072	157	5915	—	—	—	—	—
10～14岁	9416	44	5468	3846	58	—	—	—
15～19岁	7003	41	467	2782	3547	138	28	—
20～24岁	7588	47	528	3804	1988	1018	199	4
25～29岁	7086	53	622	4241	1206	719	238	7
30～34岁	8374	67	1136	4965	1231	746	222	7
35～39岁	14360	119	2755	8453	1959	888	181	5
40～44岁	15632	265	4267	8815	1567	606	108	4
45～49岁	13848	389	4017	6640	2194	524	82	2
50～54岁	11854	673	4887	3812	2049	381	52	—
55～59岁	12353	1288	7072	2838	850	274	31	—
60～64岁	9556	1454	5861	1820	290	118	13	—
65岁及以上	17221	6046	8815	1842	393	120	5	—

附：全国第四、五、六次人口普查尚义县普查结果

一、第四次全国人口普查

主要数据：1990年7月1日0时，尚义县总户数为54027户，其中家庭户53773户，集体户254户；总人口183058人，家庭户人口181178人，集体户人口1880人；家庭户每户平均3.37人。全县总人口中，男性97999人，女性85059人，性别比（以女为100，男性比女性）为115.21。全县共有6个民族，其中汉族181153人，占98.96%；少数民族1905人，占1.04%。全县小学及以上文化程度的人口114970人，占总人口的64.53%，占全县6岁及以上人口的70.58%。全县15岁及以上文盲、半文盲人口为43484人，占15岁及15岁以上人口数的32.10%。全县15岁及以上人口132856人，其婚姻状况：未婚33307人，占25.07%；有配偶93238人，占70.18%；丧偶5766人，占4.34%；离婚545人，占0.41%。全县15岁及以上在业人口数114432人，在业人口在第一、二、三产业的构成分别为87.68%、4.78%、7.54%。

二、第五次全国人口普查

主要数据：2000年7月1日，尚义县总户数为67490户，其中家庭户67177户，集

体户313户；总人口190913人，家庭户人口188424人，集体户人口2489人；家庭户每户平均2.80人。全县总人口中，男性99608人，女性91305人，性别比（以女为100，男性比女性）为109.09。全县共有14个民族，其中汉族189686人，占99.36%；少数民族1227人，占0.64%。全县小学及以上文化程度的人口124611人，占总人口的78.98%，占全县6岁及以上人口的85.38%。全县15岁及以上文盲人口为14910人，占15岁及15岁以上人口数的12.35%。全县10%人口填报的长表汇总，全县15岁及以上人口143949人，其婚姻状况：未婚19663人，占13.66%；初婚有配偶112496人，占78.15%；再婚有配偶4246人，占2.95%；丧偶6895人，占4.79%；离婚648人，占0.45%。全县10%人口填报的长表汇总，全县15岁及以上人口中有工作人口数102470人，占85.01%；未工作人口18070人，占14.99%。有工作人口在第一、二、三产业的构成分别为82.38%、6.83%、10.79%。

三、第六次全国人口普查

第六次人口普查数据：截至2010年11月1日，尚义县总户数为75460户，户籍总人口194338人，其中农户148325人，非农户46013人；男性99879人，女性94459人，人口性别比为（以女性人口数为100，男性比女性）105.74。全县共有14个民族，其中汉族人口193275人，占全县总人口的99.45%，少数民族人口1063人，占0.55%。全县总人口中未上过学的有10643人，占全县总人口的5.48%，占全县6岁以上人口的6.50%；小学以上文化程度的有129720人，占全县总人口的66.75%，占全县6岁以上人口的93.50%；大学（专科）以上文化程度的有6720人，占全县总人口的3.46%，占全县6岁以上人口的4.60%。

第五章　人口管理

第一节　落实计生政策

1989—2010年，尚义县全面贯彻落实计划生育基本国策，提倡一对夫妇只生育一个子女。依据《河北省计划生育条例》和《河北省人口与计划生育条例》，实行人口目标管理责任制。省委、省政府为了加强计划生育管理，1991年决定在省、市、县设置“人口调查队”（简称“人调队”），隶属统计局。尚义县于1991年10月成立了人口调查队。1995年1月，根据省委、省政府工作安排，省人调队组成年终计划生育考核调查组，对尚义县进行计划生育考核。先后对永胜地乡永胜地村、大青沟镇陈所良村、七甲乡二道洼村进行了考核调查。

1995年12月底，经过县、乡两级政府的努力，尚义县计划生育工作顺利“摘帽”过关。

1989年人口自然增长率为9.89‰，1999年人口自然增长率为3.99‰，2010年人口自然增长率为1.50‰。

1989—2010年，全县人口再生产类型实现了向“低出生、低死亡、低增长”的历史性转变，22年间人口自然增长率年均4.84‰。

2010年，人口自然增长率较1989年相比下降8.39‰。

一、巩固“三为主”方针

创建以宣传教育为主、以避孕节育为主、以经常性工作为主的先进县和计划生育自治村，转化后进村、合格村。2002 年达到了“三为主”先进县标准。至 2010 年有 84 个村建成了计划生育自治村，185 个村成为计划生育合格村。共有 1459 人获得了农村计划生育家庭奖励扶助金，69 人获得了特别扶助金，农村独生子女父母奖金落实率达 98%。

二、人口计划管理

尚义县人口计划的重点是做好年度人口计划。县计划生育主管部门和各乡镇对安排生育的育龄夫妻发准孕证，怀孕后 3 个月内换准生证。1994 年 9 月后生育指标管理废除准孕证，对符合生育条件的夫妻直接发放准生证。

2003 年 10 月 1 日《河北省人口与计划生育条例》实施后，取消办理一胎生育证。生育证实行一年一延期，三年一换证。

三、避孕节育

1989—2010 年，尚义县综合避孕率年均达到 90% 左右。2002 年，对已婚育龄妇女采取避孕节育知情选择。2010 年，尚义县计划生育综合避孕率达 88.20%。全县有药管员 198 人，其中县级 3 人，乡镇级 14 人，村级 181 人。免费为群众提供避孕药具，为已婚育龄妇女发放避孕药具，药具节育率达 98%，及时率达 100%。

四、流动人口生育管理

从 1995 年起，县内公安、劳动、工商等部门在办理流动人口暂住户口、从业手续时要核查流动人口计划生育查验证明。1999 年始，尚义县对流动人口计划生育工作由计生委、公安局、工商局、人力资源和社会保障局、建设局、卫生局和民政局等七部门共同管理。成年流动人口（年龄 18 ～ 49 周岁）在流出前到乡镇计生站办理流动人口婚育证明，建立流出地与流入地计划生育部门流动人口信息通报制度、婚育证明查验制度及流动人口生育审批登记制度等。凡到尚义县居住、经商、办企业、务工的流动人口已婚育龄妇女都属于管理对象，建立育龄妇女登记卡。乡镇对辖区内的已婚育龄妇女采取“月访视、季普查”制度；对流动人口租赁房屋采取“以房管人”的管理办法。个体户由工商行政管理部门登记管理，对随同居住的非从业人员，工商部门配合乡镇计划生育工作站共同管理。2005 年，全县把流动人口的计生工作与常住人口管理相结合。2010 年，全县成年流动人口总数 25925 人，其中，流入人口 913 人，流出人口 25012 人，流出人口持证率 91%，流入人口验证率 94%。

五、兑现奖罚措施

尚义县严格执行国家计划生育各项规定，按法定结婚年龄推迟三年以上结婚的为晚婚，已婚妇女 24 周岁以上第一次生育的为晚育。

实行晚婚的奖励婚假 15 天；实行晚育的奖励产假 45 天，并给予男方护理假 10 天。自愿终生只生育一个子女的夫妻，发给独生子女父母光荣证，独生子女 18 周岁前，其父母由双方所在单位每月分别发给不低于 10 元的奖金；产妇增加奖励产假 30 天；独生子女父母是国家工作人员、企事业单位职工的，退休时分别给予不低于 3000 元的一次性奖励。农村独生子女在参加河北省中考、高考时，给予增加 10 分的照顾；农村独生子女和双女户父母年满 60 周岁后，按年人均 600 元的标准发放奖励扶助金，直到亡故为止。至2010年，已有1459人享受农村部分计划生育家庭奖励，69人享受特别扶助奖励，252名离退休独生子女父母兑现了3000元一次性奖励金。

1989年，尚义对计划外生育的夫妻，由夫妻双方所在单位各处以一次性超生罚款。1998年，生育第二个孩子的干部、职工（包括临时工）按不低于夫妻双方1年的工资总额处以罚款；私营企业经营者和个体劳动者，按不低于1年纯收入的金额罚款；无业居民按不低于当地居民上年度人均收入的2.50倍的金额罚款；农村村民按不低于本村上年度人均收入的2.50倍的金额罚款。生育多胎者，在二胎罚款的基础上，夫妻双方各加50%～100%的金额罚款。

2003年10月1日，修订的《河北省人口与计划生育条例》开始实行，尚义县加强了对常住人口、暂住人口和流动人口的计划生育管理工作。

六、优生优育

县计生协会多次和局技术服务站联合下乡为育龄群众查环、查怀孕、查病、治病，宣传节育、生育、不育的有关知识。

1989年，全县出生婴儿2599人，孕产妇接受计生部门生育服务的不足三成，县城情况略好于农村。1993年5月，尚义县开始实行婚前健康检查，对优生优育起到了一定的促进作用。2003年10月后，全县对婚前检查不再作硬性强求，实行自愿原则。县乡计生组织对孕妇产前实行免费体检，包括B超查胎位、测骨盆、测血压、测心电图等，发现异常及时矫治。同时，逐渐改变土法接生、自己接生或无证“老娘婆”接生的陋习，加强对产妇注重产后保健和育儿知识教育，适时进行母婴保健指导。2010年，全县出生婴儿2297名，孕产妇接受计生部门优生优育服务的超过98%，农村孕产妇接受计生服务的比例明显提高。

第二节　管理与服务机构

一、县计划生育机构

1989年，县计生委设办公室、宣传站、技术服务站、药具站，有计生干部职工14人。

1996年，县计生委更名为县计划生育局。

2002年6月，依据机构改革“三定”方案，确定计划生育局行政编制10名，内设3个行政股室：办公室、政策法规股、规划统计股。

2005年11月，县计生局增设技术服务站、宣传站、药具站，事业编制20名。

2006年1月，县计划生育局更名为县人口和计划生育局。

2008年8月，增设了行政股、流动人口股。

2010年，县计生局有4个内设行政机构：办公室、规划统计股、政策法规股、流动人口股。机关行政编制10名。下设3个事业站：技术服务站、宣传站、药具站，编制20名。

二、乡镇计划生育机构

1989年，全县17个乡镇均建立计划生育工作站。

1991年9月，尚义县为乡镇选配了专抓计划生育的副书记或副乡镇长。

2002年，各乡镇计生站逐步配置助理员、放射员、检验员、宣传员、统计员和技术员。

1989年8月，河北省政府授予甲石河乡计划生育先进集体称号。

三、村级计划生育机构

1989年，全县172个行政村均设计划生育领导小组，由支部副书记或副主任专抓计划生育工作（计划生育专职干部）。

1991 年，各村又设立育龄妇女小组长，50 名育龄妇女配备 1 名育龄妇女小组长。

2010 年，全县农村配备计划生育专职工作人员 181 人，育龄妇女小组长 505 人，并做到“人员、职责、待遇”三落实，计划生育管理实现了纵向到底、横向到边。

四、计划生育协会

1993 年 3 月，尚义县成立县、乡两级计生协会。建立起一套参与计划生育工作、收集反映群众意见和要求的工作机制。县、乡两级计生协会参与村级计生协会制定计划生育村民自治章程和村规民约，推动计划生育政策的贯彻落实。

1993 年后，农村基层计划生育协会在组织群众继续互帮互助的基础上，坚持开展“三结合”（计划生育与农村发展商品经济相结合、与农民发家致富奔小康相结合、与建设文明幸福的家庭相结合）项目工作，帮助农民脱贫致富。

2005 年，争取省级贴息贷款资金 25 万元，县计生协会自筹资金 5 万元，并与县信用联社签订发放贴息贷款 310 万元协议，为 704 户计生贫困家庭引进种养项目 2 个，实现经济效益 500 万元，惠及人口 2480 人。

2010 年，各级计生协会实施“三结合”项目 2000 多个，参加各类知识培训 16000 人次，提供致富技术 1280 余条。协会通过疏通产、供、销渠道等形式，带动街坊邻居共同致富。“三结合”帮扶工作，共帮扶 8453 户，有 5814 户贫困户脱贫，2639 户致富。

2010 年，尚义县计划生育协会有基层协会 200 个，其中:200 人以上企业 1 个，乡级 14 个，村级 185 个，会员达到 18978 人，占全县总人口的 10%，群众参与率达到 88.08%。

五、计划生育医院

县计划生育医院原名县计划生育技术服务站，始建于 1995 年 6 月 1 日。占地面积 2 公顷，房屋 50 间，开始时设有内科、外科、妇科、儿科、检验、放射、B 超、心电图，2010 年增加了生化科室，同时仪器增加了生化分析仪和彩超。1995 年，住院人次为 78 人次，门诊人次为 1625 人次。2010 年 5 月，计划生育技术服务站改为计划生育医院。床位由 1995 年的 10 张增加到 25 张，职工由 1995 年 15 名增加到 20 名。住院人次为 126 人次，门诊人次为 2512 人次，分别比 1995 年提高 38% 和 35.30%。

第六章　婚姻与家庭

第一节　婚　姻

1989—2010 年，尚义县内男女婚姻普遍遵守自由恋爱、自主婚姻、一夫一妻制。家庭类型由过去的三世同堂、四世同堂向以两代人为主的小型家庭过渡。传统婚姻观念受到现代生活方式冲击，人们的婚恋观念发生很大改变。

一、初婚年龄

1989 年以来，尚义县全面贯彻执行《中华人民共和国婚姻法》中“结婚年龄，男不得早于22周岁，女不得早于20周岁。晚婚晚育应予鼓励”的规定。1990—2010年，虽然农村仍然还有早婚早育现象发生，但全县初婚人口实际结婚年龄，普遍高于法定年龄且有逐步提高的趋势。

二、婚姻状况

1990年人口普查资料显示：全县15岁以上人口中，未婚的33307人，占同龄人口的25.07%；有配偶的93238人，占70.18%；丧偶的5766人，占4.34%；离婚的545人，占0.41%。

2000人口普查资料显示：全县15岁以上人口中，未婚的19663人，占同龄人口的13.66%；初婚有配偶的112496人，占78.15%；再婚有配偶的4246人，占2.95%；丧偶的6895人，占4.79%；离婚的648人，占0.45%。

2010年人口普查资料显示：全县15岁以上人口中，男性、女性未婚人口分别占同龄人口的17.40%和13%；男性、女性丧偶的人口分别占同龄人口的3.90%和7.10%；离婚的人口数占比为0.80%，比1990年提高0.40个百分点，比2000年提高0.35个百分点。

三、婚姻形式

媒妁婚姻县内青年婚配多数为媒妁婚姻。男女双方经人介绍认识后，通过相互了解，增进感情，直至结婚。媒妁婚姻农村多于城镇。

自由恋爱 有的青年男女属同街同村，从小认识相知，两小无猜，长大相爱，携手结婚。有的同校同窗，暗生情愫，日后成为伴侣，很快结婚组成家庭。有的青年男女，在打工经商交往中两情相悦，最终结为夫妻。

条件婚姻 双方父母或因门当户对的观念，或出于政治、经济联盟目的，促成儿女婚姻。

网络婚姻 2000年以后，出现了网络婚姻。部分年轻人通过聊天软件相互认识了解，相约见面，彼此心仪后，结成伴侣。

半路续伴 一些人英年早逝，留下配偶度日艰难，寻求续偶。中途续偶，受各种因素制约，男性容易找伴，女性相对不易。

夕阳婚恋 一些老年人丧偶或离异后，不甘寂寞，多愿意再婚。特别是一些有固定收入生活条件好的男性老人，更愿找个伴侣，安度晚年。

县内民风淳朴，人们历来持守“一夫一妻”的婚姻观，但也有少数道德败坏者，受腐朽思想的熏染，出现了不法行为，被世人所不齿。

第二节　家　庭

一、家庭类型

1990年人口普查：全县53773户家庭户，其中单身户2724户，占5.07%；一代户4952户，占9.21%；二代户42851户，占79.69%；三代以上户3246户，占6.04%。

2000年人口普查：全县67178户家庭户中，其中，单身户5327户，占7.93%；一代户（已婚夫妻无子女、老年夫妻单过和独身者）15357户，占22.86%；二代户（由父母和子女组成）42286户，占62.95%；三代以上户（由爷爷奶奶儿孙组成以及四世同堂）4208户，占6.26%。与第四次人口普查相比，单身户增加2.86个百分点，一代户增加13.65个百分点，二代户减少13.74个百分点，三代以上户增加0.22个百分点。

2010年人口普查：全县55596户家庭户，其中一代户（含单身户）24125户，占43.39%；二代户27737户，占49.89%；三代以上户3734户，占6.71%。与第五次人口普查相比，一代户增加 12.60 个百分点，二代户减少 13.06 个百分点，三代以上户增加 0.45 个百分点。

二、家庭规模

1989—2010 年，随着计划生育加强，“一孩化”的实行，人口增速减缓。家庭规模由过去的大家庭趋向小型化。家庭成员间相互联系逐步减少，传统家庭伦理观念受到冲击和挑战。

尚义县第四、五、六次人口普查家庭规模情况表

表 3-9　　　　单位：人、户

第四次人口普查				第五次人口普查				第六次人口普查			
家庭总户数		53773	占家庭总户数（%）	家庭总户数		67178	占家庭总户数（%）	家庭总户数		55596	占家庭总户数（%）
类别	一代户	4952	9.21	类别	一代户	15375	22.86	类别	一代户	24125	43.39
	二代户	42851	76.69		二代户	42286	62.95		二代户	27737	49.89
	三代户	3229	6.00		三代户	4168	6.20		三代户	3671	6.60
	四代户	17	0.03		四代户	40	0.07		四代户	63	0.11
	其他	2518	4.19		其他	4261	7.93		其他		
规模	一人户	2989	5.83	规模	一人户	4261	7.93	规模	一人户	8025	14.43
	二人户	6896	13.45		二人户	15193	28.27		二人户	19018	34.21
	三人户	16629	32.42		三人户	19117	35.58		三人户	16268	29.26
	四人户	16325	31.83		四人户	12618	23.48		四人户	9320	16.76
	五人户	6895	13.44		五人户	2158	4.02		五人户	2060	3.71
规模	六人户	1159	2.26	规模	六人户	307	0.57	规模	六人户	715	1.29
	七人户	302	0.59		七人户	60	0.11		七人户	134	0.24
	八人户	63	0.12		八人户	14	0.03		八人户	46	0.08

说明：表中一代户包含单身户及已婚夫妻无子女、老年夫妻单过和独身者

尚义县志
SHANGYI XIANZHI
1989—2010

第四篇

中国共产党地方组织

1989—2010年，中共尚义县第五、六、七、八、九届委员会，团结带领全县各级党组织和广大党员干部，立足县情，解放思想，创新实干。围绕经济建设、富民强县主旋律，认真学习贯彻党的各项方针政策，全面深化各项改革，齐心协力进行治理整顿，全县综合经济实力不断提升，城乡面貌明显改观，人民群众生活水平不断提高。民主政权建设、廉政建设、精神文明建设成效显著。社会治安综合治理、宣传思想、统一战线等项工作进一步加强。全县社会和谐稳定，经济逐步走向繁荣。

第一章 党 员

第一节 党员发展

1989年，中共尚义县委按照中共中央制定的“坚持标准、保证质量、改善结构、慎重发展”十六字方针，把党员发展重点放在农村优秀知识青年、农村个体专业户中的优秀分子和知识分子方面。1991年，县委出台了《关于在企业、农村生产一线发展党员工作的意见》，将发展党员的重点放在工农业生产一线。

2009年，发展党员严格按照党章和《中国共产党发展党员工作细则（试行）》有关规定，注重在生产、工作第一线，在妇女和知识分子群体中发展党员，以35岁以下、高中文化以上、农村种、养、加、销致富能手和外出务工优秀人员为重点，以实施“推优”工程为载体，以提高党员队伍整体素质为目标，加强对入党积极分子的培养、教育、考察，有组织、有计划地做好发展党员工作，及时吸收符合条件的入党积极分子加入党组织。

1989年，全县党员总数7080名，2010年，全县党员12888名。

第二节 党员构成

一、职业构成

1989年，在全县7080名党员中，农民党员有4587名，占党员总数的64.79%；职工党员有2308名，占党员总数的32.59%；离退休职工党员有109名，占党员总数的1.54%；其他76名，占党员总数的1.07%。2010年全县党员总数12888名。其中，农民党员7719名，占党员总数的59.89%；职工党员有3273名，占党员总数的25.39%；离退休职工党员有1260名，占党员总数的9.77%；其他党员数636名，占党员总数的4.90%。

二、文化构成

1989年，全县党员中大专以上文化程度的有294名，占党员总数的4.15%；2010年大专以上文化程度党员增加到2205名，占党员总数的17.1%，约比1989年增加了13个百分点。小学以下文化程度的党员，1989年为3608名，约占党员总数的51%；2010年为3010名，占约党员总数的23%，比1989年减少28个百分点。

三、年龄构成

1989 年全县 35 岁以下党员 1949 名，占党员总数的 27.53%。2010 年 35 岁以下的党员 3004 名，占党员总数的 23.31%，比 1989 年减少 4.22%。56 岁以上党员，1989 年 1718 名，约占党员总数的 24%，2010 年增加到 4286 名，约占党员总数的 33%，比 1989 年增加 9 个百分点。

1989—2010 年尚义县中共党员年龄构成情况表

表 4-1

年　度	年　龄					
	25 岁以下	26 ~ 35 岁	36 ~ 45 岁	46 ~ 55 岁	56 ~ 60 岁	61 岁以上
1989	244	1705	1956	1457	798	920
1990	265	1675	2146	1409	773	993
1991	231	1609	2358	1403	800	1089
1992	268	1509	2487	1416	780	1182
1993	307	1355	2587	1505	740	1261
1994	332	1448	2644	1511	742	1261
1995	348	1603	2698	1529	766	1337
1996	374	1867	2682	1650	776	1343
1997	460	2094	2754	1730	782	1412
1998	403	1973	2763	1996	684	1680
1999	377	1965	2839	2183	648	1769
2000	305	1840	2650	2240	612	2175
2001	355	1865	2721	2427	638	2042
2002	341	1863	2662	2584	728	2066
2003	302	1902	2629	2580	803	2131
2004	318	1942	2699	2630	871	2099
2005	333	2038	2834	2435	954	2190
2006	347	2081	2901	2578	1187	2230
2007	356	2122	2925	2699	1232	2294
2008	389	2205	3041	2711	1344	2428
2009	403	2391	2936	2731	1449	2587
2010	444	2560	2888	2710	1584	2702

四、性别构成

1989 年，全县 7080 名党员中，女性党员 548 名，约占党员总数的 8%；2010 年全县 12888 名党员中，女性党员 1871 名，约占党员总数的 15%。2010 年女性党员所占比例比 1989 年上升了 7 个百分点。

五、民族构成

1989 年，全县有汉族党员 7027 名，占党员总数的 99.25%；少数民族党员 53 名，占党员总数的 0.75%；2010 年全县汉族党员 12798 名，占党员总数的 99.30%；少数民族党员 90 名，占党员总数的 0.70%。

1989—2010 年尚义县中共党员构成情况表

表 4-2　　　　单位：人

年度	总数	性别		民族		文化程度					行业分布				
											职工		农牧渔民农民	离退休职工	其他
		男	女	汉	少数民族	大专以上	中专	高中	初中	小学以下	总计	其中机关干部			
1989	7080	6532	548	7027	53	294	440	939	1799	3608	2308	1252	4587	109	76
1990	7261	6694	567	7208	53	338	487	1028	1904	3504	2539	1244	4613	59	50
1991	7490	6891	599	7439	51	386	537	1093	1969	3505	2711	1260	4601	71	107
1992	7642	7025	617	7592	50	408	601	1183	2104	3346	2790	1302	4644	89	119
1993	7755	7136	619	7696	59	453	652	1288	2186	3176	2993	1394	4634	96	32
1994	7938	7297	641	7877	61	472	680	1356	2242	3188	3176	1335	4634	77	51
1995	8281	7563	718	8217	64	532	737	1503	2418	3091	3220	1392	4987	53	21
1996	8692	7884	808	8625	67	624	767	1603	2804	2894	3406	1445	5213	45	28
1997	9232	8335	897	9162	70	745	809	1807	3061	2810	3634	1516	5472	101	25
1998	9499	8534	965	9419	80	874	993	1769	3114	2749	3382	1361	5804	151	162
1999	9781	8747	1034	9698	83	907	1060	1859	3261	2694	3694	1522	5781	149	157
2000	9822	8714	1108	9741	81	905	1039	1895	3341	2642	3822	1768	5759	132	109
2001	10048	8915	1133	9969	79	974	1108	1901	3450	2615	3960	1989	5823	129	136
2002	10242	9062	1180	10170	72	1051	1206	1941	3572	2472	3824	2001	5946	187	285
2003	10513	9293	1220	10439	74	1157	1284	2011	3471	2590	4255	2004	5932	210	116
2004	10608	9340	1268	10534	74	1281	1293	2103	3456	2472	4244	2016	5993	270	101
2005	10784	9468	1316	10707	77	1349	1261	2305	3329	2540	4315	2035	6048	289	132
2006	11324	9909	1415	11244	80	1502	1298	2647	3276	2601	4383	2064	6484	401	56
2007	11628	10114	1514	11549	79	1686	1332	2682	3141	2787	4463	2093	6675	399	91
2008	12118	10499	1619	12034	84	1880	1535	2961	3274	2832	4587	2187	7032	402	97
2009	12497	10763	1734	12409	88	2039	1357	3280	3840	1981	4544	2174	7447	421	85
2010	12888	11017	1871	12798	90	2205	1384	3480	2804	3015	3357	1264	7719	1260	552

第三节　党员分布

尚义县的党员分布，按地域主要分布在乡镇和县直党委（党组），民营企业（工业）工委；全县基层党支部、党小组绝大多数分布在农村。2010 年，按行业分布，依次为农林牧业占全县党员总数的 59.89%、机关单位占 17.96%、工业交通占 7.37%、科教文化占 6.44%、其他行业占 8.34%。

1989—2010年尚义县中共党员行业分布情况表

表4-3　　单位：人

年　度	总　计	机关单位	农林牧业	工业交通	财贸金融	科教文化	其　他
1989	7080	1252	4587	300	445	420	76
1990	7261	1244	4613	395	447	453	109
1991	7490	1367	4601	445	495	475	107
1992	7642	1426	4644	444	500	509	119
1993	7755	1354	4634	303	775	561	128
1994	7938	1394	4733	337	785	549	140
1995	8281	1392	4987	383	835	610	74
1996	8692	1445	5213	325	984	652	73
1997	9232	1516	5472	390	1018	710	126
1998	9499	1517	5955	852	381	632	162
1999	9781	1816	5781	852	534	641	157
2000	9822	1988	5759	752	499	715	109
2001	10048	2105	5823	757	412	815	136
2002	10242	2025	5946	754	395	837	285
2003	10513	2004	5932	814	580	857	326
2004	10608	2016	5993	876	473	879	371
2005	10784	2035	6048	923	519	838	421
2006	11324	2064	6484	986	535	799	456
2007	11628	2093	6675	1080	521	769	490
2008	12118	2187	7032	1054	524	822	499
2009	12497	2171	7447	966	590	817	506
2010	12888	2315	7719	951	521	830	552

第二章　地方党的代表大会

第一节　党员代表

一、党员代表的产生

尚义县历届党代会召开前，首先是确定代表候选人。以基层党委为选举单位，经自下而上、自上而下充分酝酿讨论，在广泛听取各方面意见的基础上，由基层党委根据县委规定的代表构成比例要求，按照多于代表20%的差额比例提出代表候选人初步人选，经党委审查确定代表候选人预备名单，报大会组审组提请县委审查批复后，各基层党委召开党代表大会或党员大会，采用无记名投票方式，差额选举产生，报县委审查批准。经县委审查同意后，各选举单位召开党员大会选举正式代表。县党员代表大会代表的选举方式，采用差额预选产生候选人名单，然后等额选举。选举时，代表候选人名单的排列以姓氏笔画为序，采取无记名投票的方式进行。正式选举前张榜公布，明确选举时间、地点，通知每个党员做好准备，参选率95%以上。

二、党员代表构成

1989—2010年，尚义县共召开5次党的代表大会，各次代表大会代表的构成如下：

中国共产党尚义县第五次代表大会共有正式代表125名，占党员总数的1.70%。其中副科级以上领导干部64名，占代表总数的51.20%；专业技术人员19名，占15.20%；各条战线先进模范人物41名，占32.80%；人武部1名，占0.80%；妇女代表23名，占18.40%；少数民族代表3名，占2.40%；45岁以下代表87名，占69.60%；具有大专以上文化的代表56名，占44.80%。

中国共产党尚义县第六次代表大会共有正式代表125名，占党员总数的1.70%，其中副科级以上领导干部75名，占代表总数的60%；专业技术人员22名，占17.60%；各条战线先进模范人物54名，占43.20%；人武部2名，占1.60%；妇女代表21名，占16.80%；少数民族代表2名，占1.60%；45岁以下代表81名，占64.80%；具有大专以上文化的代表37名，占29.60%。

中国共产党尚义县第七次代表大会共有正式代表180名，其中副科级以上领导干部108名，占60%，比上届增加44%；各条战线先进模范人物36名，占20%，比上届减少23.2%；各类专业技术人员36名，占20%，比上届增加2.4%；妇女代表36名，占20%，比上届增加3.2%；少数民族代表4名，占2.20%，比上届增加0.6%；45岁以下的代表131名，占72.80%，比上届增加8%；具有大专以上文化的代表84名，占46.70%，比上届增加,17.1%。

中国共产党尚义县第八次代表大会共有203名代表，其中副科级以上领导干部108名，占53.20%；比上届增加6.80%；各条战线先进模范46名，占22.67%；比上届增加2.67%；各方面专业技术人员49名，占24.14%；比上届增加4.14%；妇女代表45名，占22.17%；比上届增加2.17%；少数民族代表3名，占1.48%；比上届减少0.72%。代表的年龄结构：45岁以下的代表131名，占代表总数的64.53%，比上届减少8.27%。代表的文化结构：大专以上的文化程度132名，占代表总数的65.02%，比上届18.32%。

中国共产党尚义县第九次代表大会共有正式代表203名，占党员总数的1.80%，其中副科级以上领导干部118名，占58.13%，比上届增加4.90%；各条战线先进模范人物44名，占21.67%，比上届减少1%；各类专业技术人员41名，占20.20%，比上届增加3.90%；妇女代表45名，占22.17%，和上届相同；少数民族代表3名，占1.50%，和上届相同；45岁以下的代表130名，占64.04%，比上届减少0.50%；文化程度提高，具有大专以上文化的代表167名，占82.27%，比上届增加17.30%。代表的年龄结构：45岁以下的代表131名，占代表总数的64.53%，和上届相同。

第二节　历届党的代表大会

1989—2010年，中共尚义县委先后召开第五、第六、第七、第八、第九次代表大会。

一、中国共产党尚义县第五次代表大会

1989年12月14—16日，中国共产党尚义县第五次代表大会在县城召开。大会应出席代表125名。会议听取和审议通过了袁中代表中共尚义县委第四届委员会所作的题为《全党动员艰苦创业奋发图强建设尚义》的工作报告，听取和审议王万珍代表中共尚义县第四届纪律检查委员会作的《尚义县纪律检查工作报告》。大会经过认真审议，批准了县委工作报告和纪委工作报告，并通过相应的决议。按照大会通过的选举办法，经过全体代表充分酝酿讨论，选举产生了中共尚义县第五届委员会委员23名，候补委员4名，纪律检查委员会委员13名。县委全体委员平均年龄42岁。

二、中国共产党尚义县第六次代表大会

1992年11月28日，中国共产党尚义县第六次代表大会在县城召开。大会应出席代表125名，出席会议代表122名。会议列席人员17名。会议听取和审议侯文章代表中共尚义县委第五届委员会所作的题为《加快改革开放步伐促进我县经济跨上新台阶》的工作报告，听取和审议中共尚义县第五届纪律检查委员会所作的纪律检查工作报告。通过上述两个报告的决议案，通过《关于加快改革开放步伐促进我县经济跨上新台阶的决议》《关于中共尚义县第五届委员会工作报告的决议》。通过全体代表充分酝酿讨论，选举产生了中共尚义县第六届委员会委员23名，其中连任8名，候补委员4名；纪律检查委员会委员15名。县委全体委员平均年龄42岁。

三、中国共产党尚义县第七次代表大会

1998年2月10—12日，中国共产党尚义县第七次代表大会在县城召开。应出席大会代表180名，实到大会代表178名。会议听取审议申兰旺代表中共尚义县委第六届委员会所作的题为《高举伟大旗帜把握历史机遇为胜利跨入二十一世纪而努力奋斗》的工作报告，听取审议中共尚义县第六届纪律检查委员会所作的纪律检查工作报告，通过县委、县纪委工作报告决议。选举产生中共尚义县第七届委员会和第七届纪律检查委员会。选举产生了中共尚义县第七届委员会委员25名，候补委员5名，纪律检查委员会委员15名。县委全体委员平均年龄41.63岁。

四、中国共产党尚义县第八次代表大会

2003年4月17—19日，中国共产党尚义县第八次代表大会在县城召开，选出大会代表203名。会议听取审议赵占华代表中共尚义县委第七届委员会所作的题为《解放思想实事求是与时俱进努力开创我县跨越式发展新局面》的工作报告，听取审议中共尚义县第七届纪律检查委员会所作的纪律检查工作报告，通过县委、县纪委工作报告的决议。选举产生了中共尚义县第八届委员会委员25名，候补委员5名，纪律检查委员会委员15名。县委全体委员平均年龄43.03岁。

五、中国共产党尚义县第九次代表大会

2006年7月4—5日，中国共产党尚义县第九次代表大会在县城麒麟宾馆会议室召开。应出席大会代表203名，实到大会代表196名。会议听取审议籍献平代表中共尚义县委第八届委员会所作的题为《和谐共进开拓创新努力实现全县经济和社会各项事业跨越式发展》的工作报告，听取审议中共尚义县第八届纪律检查委员会所作的纪律检查工作报告，通过县委、

县纪委工作报告的决议。选举产生了中共尚义县第九届委员会委员25名，候补委员5名，纪律检查委员会委员15名。县委全体委员平均年龄43.83岁。

第三章 中共尚义县委员会组织机构

第一节 中共尚义县委员会领导机构

尚义县历届县委首次全体会议均在代表大会闭幕后召开。会议任务为选举产生县委常务委员会委员，选举产生县委书记1人和副书记、常委若干人。县委全会和县委常委会在代表大会闭会期间领导尚义县工作。

一、中共尚义县委五届委员会领导机构

1989年12月16日，中共尚义县第五次代表大会选举产生县委五届委员会，委员23名，候补委员4名。1989年12月17日，中共尚义县第五届委员会第一次全体会议选举产生常务委员会委员9名，其中书记1名，副书记3名，平均年龄42.90岁；委员中大专文化的7名，占77%，高中、中专文化的2名，占23%；无女性常务委员，报张家口地委批准。1989年12月至1992年11月县委第五届委员会期间，上级党委先后任命书记1名、副书记3名、常务委员10名；免去书记1名、副书记2名、常务委员8名。

中共尚义县委第五届委员会常务委员一览表

表4-4

姓　名	职　务	任职时间	籍　贯
袁　中	书记	1989年12月至1992年6月	河北张北
侯文章	书记	1991年6月至1992年11月	河北滦县
侯文章	副书记	1989年12月至1991年6月	河北滦县
李　志	副书记	1989年12月至1192年11月	河北秦皇岛
王万珍	副书记	1989年12月至1192年11月	河北怀安
张栋林	副书记（挂职）	1990年3月至1991年1月	
李玉环	副书记（挂职）	1991年4—12月	
靳振贵	副书记	1991年8月至1992年1月	河北尚义
许化民	常委	1991年3月至1992年10月	河北雄县
贾宽斌	常委	1992年3—11月	河北尚义
任玉林	常委	1992年3—11月	河北尚义
赵修德	常委	1992年10—11月	河北尚义

续表 4-4

姓　名	职　务	任职时间	籍　贯
张桂梅	常委	1992 年 10—11 月	河北尚义
卢家雄	常委（挂职）	1990 年 3 月至 1991 年 1 月	
陈桂文	常委（挂职）	1991 年 3—12 月	
范铁牛	常委（挂职）	1991 年 4—12 月	

二、中共尚义县委六届委员会领导机构

1992 年 11 月 30 日，中共尚义县第六次代表大会选举产生县委六届委员会，委员 23 名，候补委员 4 名。1992 年 12 月 1 日，县委第六届委员会第一次全体会议选举常务委员会委员 11 名，其中书记 1 名，副书记 3 名。委员中大专文化以上 8 人，占 72.73%；女性常务委员 1 人。届内新任常委 3 名，书记 1 名，副书记 2 名；免去常委 4 名，书记 1 名、副书记 2 名。届期内先后召开了 4 次全委扩大会议。

中共尚义县委第六届委员会常务委员一览表

表 4-5

姓　名	职　务	任职时间	籍　贯
侯文章	书记	1992 年 12 月至 1995 年 5 月	河北滦县
乔登贵	书记	1995 年 5 月至 1997 年 12 月	河北张北
李　志	副书记	1992 年 12 月至 1995 年 5 月	河北秦皇岛
王万珍	副书记	1992 年 12 月至 1996 年 12 月	河北怀安
靳振贵	副书记	1992 年 12 月至 1998 年 2 月	河北尚义
申兰旺	副书记	1995 年 5 月至 1998 年 2 月	河北保定
温金贵	副书记	1997 年 3 月至 1998 年 2 月	河北尚义
赵修德	常委	1992 年 12 月至 1997 年 3 月	河北尚义
张　钧	常委	1992 年 12 月至 1998 年 1 月	河北尚义
贾宽斌	常委	1992 年 12 月至 1998 年 1 月	河北尚义
任玉林	常委	1992 年 12 月至 1998 年 2 月	河北尚义
张桂梅	常委	1992 年 12 月至 1998 年 2 月	河北尚义
杨成亮	常委	1997 年 7 月至 1998 年 2 月	河北尚义
白　龙	常委	1997 年 7 月至 1998 年 2 月	河北尚义

三、中共尚义县委七届委员会领导机构

1998 年 2 月 12 日，中国共产党尚义县第七次代表大会选举产生了县委七届委员会，委员 25 名、候补委员 5 名。1998 年 2 月 13 日，县委第七届委员会第一次全体会议选举常务委员会委员 11 名，其中书记 1 名，副书记 3 名。委员中大专以上 9 人，占 81.82%；女性常务委员

1人。1998年2月至2003年4月，县委七届委员会期间，中共张家口市委5次调整县委班子，调整书记2名，副书记5名，常务委员10名。届内共召开了6次全委扩大会议。

中共尚义县委第七届委员会常务委员名录

表4-6

姓　名	职　务	任职时间	籍　贯
申兰旺	书记	1998年2月至2001年2月	河北保定
郭有富	书记	2001年2月至2003年3月	河北张北
赵占华	书记	2003年3—4月	河北沽源
郭有富	副书记	1998年2月至2001年3月	河北张北
温金贵	副书记	1998年2月至2000年9月	河北尚义
曹汉武	副书记	1998年2月至2002年2月	河北尚义
刘　斌	副书记（挂职）	1999年3月至2003年3月	河北邯郸
赵占华	副书记	2001年2月至2003年3月	河北沽源
高　林	副书记	2003年3—4月	山西天镇
张　发	副书记	2001年2月至2003年4月	河北尚义
姜玉琛	副书记	2002年2月至2003年4月	河北怀安
贾宽斌	常委	1998年2月至2001年2月	河北尚义
任玉林	常委	1998年2月至2003年4月	河北尚义
张桂梅	常委	1998年2月至2001年2月	河北尚义
杨成亮	常委	1998年2月至1999年1月	河北尚义
白　龙	常委	1998年2月至2003年4月	河北尚义
冯万成	常委	1998年2月至2003年4月	河北张北
贾福生	常委	2001年2月至2003年4月	河北沽源
靳振高	常委	1999年1月至2003年4月	河北尚义
高　领	常委	2001年2月至2003年4月	河北蔚县
王熠立	常委	2001年2月至2002年8月	河北张家口
张　贵	常委	2000年12月至2003年4月	河北张北

四、中共尚义县委八届委员会领导机构

2003年4月19日，中国共产党尚义县第八次代表大会选举产生县委八届委员会，委员25名、候补委员5名。2003年4月19日，县委第八届委员会第一次全体会议，选举常务委员会委员11名，其中书记1名，副书记4名。委员中大专以上11人。2003年4月至2006年7月县委八届委员会期间，中共张家口市委5次调整尚义县委班子，增补书记1名，副书记7名，常务委员12名；免书记1名，副书记5名，常务委员8名。届内共召开了4次全委扩大会议。

中共尚义县委第八届委员会常委委员一览表

表 4-7

姓　名	职　务	任职时间	籍　贯
赵占华	书记	2003 年 4 月月至 2006 年 4 月	河北沽源
籍献平	书记	2006 年 4 月月至 2006 年 7 月	河北高邑
高　林	副书记	2003 年 4 月月至 2006 年 6 月	山西天镇
贾福生	副书记	2003 年 4 月月至 2004 年 11 月	河北沽源
靳振高	副书记	2003 年 4 月至 2006 年 4 月	河北尚义
李克建	副书记	2003 年 4 月至 2005 年 10 月	江苏如皋
刘　斌	副书记（挂职）	2003 年 4 月至 2003 年 11 月	河北邯郸
黎海涛	副书记（挂职）	2003 年 11 月至 2006 年 7 月	河北邯郸
何大成	副书记（挂职）	2005 年 10 月至 2006 年 7 月	河北邯郸
董　峰	副书记（援藏）	2004 年 6 月至 2006 年 7 月	河北尚义
冯万成	副书记	2004 年 11 月至 2006 年 7 月	河北张北
王志刚	副书记	2006 年 4—7 月	河北宣化
张　贵	常委	2003 年 4—11 月	
李晓红	常委	2003 年 6 月至 2006 年 7 月	河北阳原
冯万成	常委	2003 年 4 月至 2006 年 7 月	河北张北
王建平	常委	2003 年 4 月至 2006 年 7 月	河北阳原
张守福	常委	2003 年 4 月至 2006 年 7 月	河北尚义
王　平	常委	2003 年 4 月至 2006 年 6 月	内蒙古兴和
任俊贵	常委	2003 年 11 月至 2006 年 7 月	
王锐锋	常委	2004 年 11 月至 2006 年 7 月	
王志刚	常委	2006 年 4—7 月	河北宣化
薛美华	常委	2006 年 6—7 月	河北康保
赵永斌	常委	2006 年 6 月至 2007 年 7 月	河北张家口

五、中共尚义县委九届委员会领导机构

2006 年 7 月 5 日，中国共产党尚义县第九次代表大会选举产生县委九届委员会，县委委员 25 名，候补委员 5 名。2006 年 7 月 6 日，县委第九届委员会第一次全体会议，选举常务委员会委员 11 名，其中书记 1 名，副书记 3 名。女性常务委员 1 人。2006 年 7 月至 2008 年 4 月县委九届委员会期间，中共张家口市委 1 次调整县委班子。增补书记 4 名，常务委员 4 名；免常务委员 1 名。届内共召开了 3 次全委扩大会议。

中共尚义县委第九届委员会常务委员一览录

表 4-8

姓　名	职　务	任职时间	籍　贯
籍献平	书记	2006 年 7 月至 2008 年 4 月	河北高邑
高　领	副书记	2006 年 7 月至 2008 年 4 月	河北蔚县
王志刚	副书记	2006 年 7 月至 2008 年 4 月	河北宣化
冯万成	副书记	2006 年 7 月至 2008 年 4 月	河北张北
董　峰	副书记（援藏）	2006 年 7 月至 2008 年 4 月	河北尚义
黎海涛	副书记（挂职）	2006 年 7—9 月	河北邯郸
何大成	副书记（挂职）	2006 年 7 月至 2008 年 4 月	河北邯郸
王晓涛	副书记（挂职）	2006 年 9 月至 2010 年 5 月	河北邯郸
卢振宇	副书记	2008 年 6 月至 2008 年 4 月	河北邯郸
李鹏举	副书记	2009 年 4 月至 2010 年 3 月	河北万全
徐进海	副书记	2010 年 3—12 月	河北张北
王建中	副书记（挂职）	2010 年 6—12 月	河北魏县
任俊贵	常委	2006 年 7 月至 2008 年 8 月	
张守福	常委	2006 年 7 月至 2010 年 8 月	河北尚义
王锐锋	常委	2006 年 7 月至 2010 年 6 月	
薛美华	常委	2006 年 7 月至 2010 年 8 月	河北康保
赵永斌	常委	2006 年 7 月至 2010 年 8 月	河北张家口

第二节　县委常设机构

一、县委机构设置

1989 年，县委常设机构 13 个：办公室、组织部、宣传部、统战部、农工部、政法委员会、老干部局、机要保密局、信访办公室、目标管理办公室、编制委员会办公室、精神文明办公室、对台办公室。

1992 年，县委常设机构 13 个（中共尚义县委办公室、中共尚义县委组织部、中共尚义县委宣传部、中共尚义县委统战部、中共尚义县委农村工作部、中共尚义县委老干部局、中共尚义县委政法委员会、中共尚义县委机要保密局、中共尚义县委信访办公室、中共尚义县委目标管理办公室、中共尚义县委编制委员会办公室、中共尚义县委精神文明办公室、中共尚义县委对台办公室）。是年 12 月，撤销了中共尚义县委目标管理办公室，并将中共尚义县委党史资料征集编审办公室和中共尚义县委编制委员会办公室并入中共尚义县委组织部。

1993 年 11 月设中共尚义县委编制委员会办

公室和中共尚义县委党史资料征集编审办公室，为二级局。1995 年 1 月，设立了中共尚义县委干部考核委员会办公室（挂靠中共尚义县委组织部）。

1996 年 10 月，根据市委、市政府《关于尚义县党政机构改革方案的通知》，县级机构重新设置，将中共尚义县委机要保密局、中共尚义县委信访办公室归口县委办公室管理，中共尚义县委精神文明办公室并入中共尚义县委宣传部，中共尚义县委对台办公室并入中共尚义县委统战部，中共尚义县委直属机关委员会挂靠中共尚义县委办公室，将党史办、地方志办公室、档案局整合为尚义县委档案史志局，由县委办管理。中共尚义县委老干部局挂靠中共尚义县委组织部，中共尚义县委农村工作部与农业办公室合署办公，中共尚义县委编制委员会办公室划归县政府工作部门，挂靠劳动人事局。

1998 年，县委工作机构 7 个，其中常设工作机构 5 个（中共尚义县委办公室、中共尚义县委组织部、中共尚义县委宣传部、中共尚义县委统战部、中共尚义县委政法委员会），直属事业单位 2 个（中共尚义县委党校、中共尚义县委档案史志局）。

2000 年 1 月，成立精神文明办公室，由县委宣传部代管。2000 年 9 月，将信访办升格为一级局，并更名为中共尚义县委、尚义县人民政府信访局。2001 年 5 月，成立尚义县人民政府防范和处理邪教问题办公室，一个机构、两块牌子，为正科级，挂靠县委办公室。2002 年 6 月，保留纪律检查委员会机关（监察局与其合署办公）、办公室、组织部、宣传都、统战部（保留台湾工作办公室牌子）、政法委（综治办与其合署办公）农村工作部、县直属机关党委。不再保留考核办，其职能并入组织部。信访局由县委办公室和政府办公室管理，以县委办公室管理为主。老干部局由组织部管理。机要局设在县委办公室内，对外保留名称。政府防范和处理邪教问题办公室挂靠县委办公室。精神文明建设委员会办公室设在宣传部内，对外保留名称，对外宣传职能由县委宣传部承担。

2002 年，县委工作机构 15 个：纪检委、办公室、组织部（撤销干部考核委员会办公室，职能并入组织部）、宣传部、统战部、政法委、农工部、机关党委（挂靠县委办）、老干部局（挂靠组织部）、机要局（归县委办管理）、信访局（以县委办管理为主）、党校、档案史志局、精神文明办公室（宣传部代管）、防范和处理邪教问题办公室（挂靠县委办）。

2003 年 4 月，县委工作部门设 8 个：纪律检查委员会机关（监察局与其合署办公）、办公室（机要局设在县委办公室内、防范和处理邪教问题办公室挂靠在县委办公室内）、组织部、宣传部（精神文明建设委员会办公室设在宣传部内）、统一战线工作部（挂台湾工作办公室牌子）、政法委员会、农村工作部、直属机关党委。部门管理机构 3 个：信访局由县委办公室、政府办公室管理，以县委办公室管理为主；尚义县委档案史志局，由县委办管理；老干部局由组织部管理。

2010 年，县委工作部门设 8 个：纪律检查委员会机关（监察局与其合署办公）、办公室（机要局设在县委办公室内，防范和处理邪教问题办公室挂靠在县委办公室内）、组织部、宣传部（精神文明建设委员会办公室设在宣传部内）、统一战线工作部（挂台湾工作办公室牌子）、政法委员会、农村工作部、直属机关党委。部门管理机构 2 个：信访局由县委办公室、政府办公室管理，以县委办公室管理为主；老干部局由组织部管理。县委直属事业机构 2 个：县委党校、档案史志局。

二、县委常设机构

（一）县委办公室

1989 年，县委办公室内部分设秘书科、综合科。1992 年 3 月，增设保卫科，1992 年 12 月，增设行政科。1993 年 9 月，行政科、保卫科并入县委、县政府成立的机关事务局，同年 12 月，增设政策研究办公室。1995 年 6 月增设督查办公室。1996 年成立临时机构鱼水工程活动办公室。1996 年 3 月机关事务局撤销，11 月成立机关服务中心，保卫科、行政科并入行政服务中心。1996 年 12 月县机构改革“三定”方案确定县委办公室下设 4 个科室：秘书科、综合科、督查室、政研室。另外，根据工作需要，设机关服务中心和县委政府机关保卫科。依据县机构改革“三定”方案，信访局由县委办公室管理为主；防范和处理邪教问题办公室挂靠县委办公室；机要局设在县委办公室内，对外保留名称；保密局设在县委办公室内，对外保留名称。确定办公室行政编制 20 人。2010 年，办公室下设 5 个科室：秘书科、综合科、督查室、政研室、信息中心；行政编制 20 人。

（二）组织部

1989 年，县委组织部内设办公室、组织组、干部组、干审组。1992 年 8 月，各组均改为科，行政编制 22 名。1996 年 12 月，依据县机构改革“三定”方案，确定中共尚义县委组织部行政编制 13 名，内设 4 个科室：办公室、组织科、干部科、干部审查科。1997 年 3 月，增设电化教育中心。2002 年 6 月，老干部局由组织部管理，不再保留干部考核委员会办公室，其职能并入组织部，将干审科改设干部二股，确定组织部行政编制 12 名，工勤编制 2 名，内设 5 个股室：办公室（研究室）、组织股、干部一股、干部二股、电教中心。到 2010 年，机构、人员无变化。

（三）宣传部

1989 年，县委宣传部设办公室、干部组、宣传报道组、理论党教组。1991 年 11 月，办公室同干部组合并后改称为人事秘书科，1992 年 8 月，宣传部各组一律改称为科，设人事秘书科、理论科、报道科，行政编制 15 人。1996 年 12 月，县机构改革“三定”方案确定宣传部行政编制 9 人，设副部长 3 名，下设人事秘书科、新闻宣传科、党教理论科、精神文明办公室。2000 年 1 月，成立尚义县精神文明建设委员会办公室，由宣传部代管。2002 年 6 月，精神文明办公室设在宣传部内，对外保留名称。2003 年 4 月，内设 3 个股：秘书人事股、理论党教股、新闻宣传股，行政编制 7 名，工勤编制 1 名。2007 年 9 月，增设信息中心，为县委宣传部下属股级事业单位，核定事业编制 4 名。2008 年 4 月至 2010 年 12 月，内设 4 个股：秘书人事股、理论党教股、新闻宣传股、信息中心，编制未变。

（四）统战部

1989 年，县委统战部内设办公室、对台办 2 个股级机构，领导职数 3 名，一正二副，行政编制 7 名。1990 年，中共尚义县委台湾工作办公室升格为县委常设工作机构，与统战部合署办公。1992 年 12 月，县机构改革，县委统战部、县委对台办划归县政协。1993 年 3 月，统战部、对台办从县政协划出，与民族宗教局合并，成立中共尚义县委统战部，设办公室、对台办、民族宗教侨务科 3 个股级机构。1996 年 10 月，民族宗教侨务工作又划归民政局，12 月，县机构改革“三定”方案确定，县委统战部行政编制3人，下设综合办公室，保留台湾工作办公室牌子。2002年6月县机构改革“三定”方案，确定县委统战部设综合办公室，行政编制3人，工勤编制1人，挂台湾工作办公室牌子。至2010年12月，统战部机构设置和人员编制没有变动。

（五）政法委

1989年1月，尚义县政法工作领导小组更名为中共尚义县委政法委员会。1991年9月，成立尚义县社会治安综合治理委员会。1993年3月，中共尚义县委政法委员会与县司法局合署办公，一套人马、两块牌子。1994年4月，政法委员会与司法局分设，单独办公。1996年12月机构改革，确定政法委行政编制8名（其中占公安专项编制5名，司法编制3名），下设办公室、人事协调科、流动人口管理科。社会治安综合治理委员会办公室与政法委合署办公。2002年机构改革，确定县维护社会稳定领导小组办公室设在政法委。政法委下设办公室、案件协调督查股、干部科。县社会治安综合治理委员会办公室、稳定办与政法委合署办公。政法委占政法专项编制10名，设专职副书记、副书记各1名，综治办（稳定办）主任、副主任各1名，股级职数3名。2004年4月政法委设立政治处。2010年，未变化。

（六）农工委（部）

1989年1月至1997年4月，农工部全称为中共尚义县委农村工作部，属于县委工作部门。1997年5月至2003年5月，农工部为县委、县政府双重工作部门，对县委称中共尚义县委农工部，对政府称尚义县人民政府农业办公室，一套人马、两块牌子。2003年6月，县直机构改革，农业办公室职能取消，只保留农工部，内设办公室、农村改革股和农村经济股。2005年7月，成立农业产业化办公室，主要职能是负责全县农业产业化的规划指导、管理协调、调研服务等工作。

（七）县直属机关委员会

1989年，内设机构有办公室、组织科、宣传科、纪律检查科。1992年12月，中共尚义县委机关党委划归县委组织部管理（二级局）；1996年12月，县机构改革“三定”方案确定县直机关党委挂靠县委办公室（一级局），行政编制3人，下设综合办公室；2002年6月，内设综合办公室，行政编制3人。2010年，机构、人员未变。

（八）老干部局

1989年，县委设有老干部局，1993年5月，撤销老干部局，在县委组织部设老干部科。1993年12月，老干部科从组织部分出，重设县委老干部局。1996年9月，县委老干部局挂靠县委组织部。2002年6月，县委老干部局为县委组织部管理单位，内设办公室、安置管理科，编制5人。2010年，内设办公室、安置管理科、财务科，编制5人。

（九）信访局

1989年，县委信访办公室行政编制4人。1996年10月，机构改革，信访办公室并入县委办公室。同年12月，尚义县信访办公室定为二级局，行政编制4人，下设综合科。2000年9月，更名为尚义县信访局，受县委、县政府双重领导，行政编制4名。2001年2月，信访局升格为一级局，行政编制4人，下设综合办公室。至2010年年底机构设置和人员未变。

三、县委直属事业机构

（一）县委党校

1989—1993年，县委党校内设办公室、教研室两室，党校全员14人，常务副校长1人，

副校长1人，一般干部8人，工人4人。2000年干部、职工减少到9人，其中干部8人，工人1人。2002年，提前离岗3人。2010年，提前离岗7人，在职干部7人，工人3人。

（二）档案史志局

1989年，档案局属政府序列。

1996年机构改革，档案局与党史研究室、地方志办公室合并，改称中共尚义县委档案史志局，为县委直属事业单位，负责全县档案管理、党史和地方志工作。内设办公室、档案馆、业务指导科、党史科、方志科，同时挂党史研究室牌子。行政编制11人。局、馆合一。档案馆设在县政府大院，库房面积131平方米。1998年局、馆共有9人，档案馆库房因县政府办公用房紧缺，临时搬迁至县农业局三楼。2002年8月机构改革，内设编研科、档案馆、业务指导科3个科室，行政编制10人。2003年，档案馆搬迁至县委大楼后面的平房内，库区面积460平方米。

2010年，因县委、县政府大院重建，档案局搬至县旧职中的平房内。内设机构、人员编制未变。

第三节　基层党组织

1989年年底，中共尚义县委下属20个党委、8个党总支、10个党组、385个党支部。乡镇党委17个：南壕堑镇党委、南壕堑乡党委、大青沟镇党委、红土梁镇党委、大苏计乡党委、大营盘乡党委、后石井乡党委、哈拉沟乡党委、炕塄乡党委、七甲乡党委、八道沟乡党委、小蒜沟乡党委、套里庄乡党委、勿乱沟乡党委、永胜地乡党委、甲石河乡党委、下马圈乡党委。县直党委3个：经济贸易局党委、公安局党委、农业办公室党委。

1996年，与部分乡镇撤并同步，先后撤销了永胜地乡党委、南壕堑乡党委、勿乱沟乡党委。乡镇党委14个：南壕堑镇党委、大青沟镇党委、八道沟镇党委、红土梁镇党委、小蒜沟镇党委、大苏计乡党委、大营盘乡党委、后石庄井乡党委、哈拉沟乡党委、炕塄乡党委、七甲乡党委、套里庄乡党委、甲石河乡党委、下马圈乡党委。

机关党组织变动情况：1992年4月成立县建行党组；1992年5月，撤销公安局党组，成立公安局党委；1995年成立国家税务局党组；1996年6月成立地方税务局党组；1997年2月成立工商联党组；1997年3月成立保险公司党组；1997年11月成立县农业办公室党委；1999年5月成立工商行政管理局党组；2001年6月成立技术监督局党组；2003年5月成立教育局党委；2004年3月成立交通局党委；2005年4月成立食品药品监督管理局党组；2006年6月成立发展改革局党委；2009年1月成立卫生局党委；2010年3月成立林业局党委；2010年3月成立供电公司党委；2010年3月成立民营（工业）企业工委。

到2010年，中共尚义县委下属23个党委、11个党组、14个党总支、431个党支部。其中：乡镇党委14个：南壕堑镇党委、大青沟镇党委、八道沟镇党委、红土梁镇党委、小蒜沟镇党委、三工地镇党委、满井镇党委、大苏计乡党委、大营盘乡党委、石井乡党委、七甲乡党委、套里庄乡党委、甲石河乡党委、下马圈乡党委。县直党委9个：机关党委、公安局党委、教育局党委、交通局党委、发展改革局党委、卫生局党委、林业局党委、供电公司党委、民营（工业）企业工委。

1989—2010 年尚义县委直属机关党组、党委、工委一览表

表 4-9

时间＼名称	党组	党委	工委
1989 年 1 月至 1992 年 11 月	县人大常委会党组、县政府党组 县政协党组、县人民法院党组 县人民检察院党组、县供销社党组 县人民银行党组、县农业银行党组 县工商银行党组 县建设银行党组（1992 年 4 月成立） 县公安局党组（1992 年 5 月，撤销公安局党组，成立公安局党委）	县直机关党委 县人民武装部党委 县经委党委	
1992 年 12 月至 1998 年 2 月	县人大常委会党组、县政府党组 县政协党组、县人民法院党组 县人民检察院党组、县供销社党组 县人民银行党组、县工商银行党组 县建设银行党组、县农业银行党组 县保险公司党组、县国家税务局党组（1995） 县地方税务局党组（1996 年 6 月成立） 县工商联党组（1997 年 2 月成立）	县直机关党委 县公安局党委 县经贸局党委（1996 年 11 月以前称经委党委） 县农业办公室党委（1997 年 11 月成立）	
1998 年 3 月至 2003 年 4 月	县人大常委会党组、县政府党组 县政协党组、县人民检察院党组 县人民银行党组、县人民法院党组 县农业银行党组、县工商银行党组 县建设银行党组、县国家税务局党组 县地方税务局党组、县工商联党组 县技术质量监督局党组（2001 年 6 月成立） 县工商行政管理局党组（1999 年 5 月成立） 县保险公司党组（1999 年 2 月，金融机构党组织由地方党组领导转为金融机构党组织垂直领导）	县直机关党委 县公安局党委 县经贸局党委 县农业办公室党委（2002 年 6 月撤销）	
2003 年 5 月至 2010 年 11 月	县人大常委会党组、县政府党组 县政协党组、县人民法院党组 县人民检察院党组、县国家税务局党组 县地方税务局党组、县工商行政管理局党组 县技术监督局党组、县工商联党组 县食品药品监督管理局党组（2005 年 4 月成立）	县直机关党委 县公安局党委 县经贸局党委（2006 年 6 月撤销） 县教育局党委（2003 年 5 月成立） 县煤矿党委（2003 年 8 月划归尚义县管理） 县交通局党委（2004 年 3 月成立） 县卫生局党委（2009 年 1 月成立） 县林业局党委（2010 年 3 月成立）	民营企业（工业）工委（2010 年 3 月成立）

1989—2010 年中共尚义县基层党组织情况表

表 4-10　　单位：个

年　度	党　委	党　组	总　支	支　部
1989	20	10	8	385
1990	20	10	10	394

续表 4-10

年　度	党　委	党　组	总　支	支　部
1991	20	10	10	400
1992	21	10	11	410
1993	21	10	12	396
1994	21	10	12	396
1995	21	11	12	396
1996	17	12	12	397
1997	17	14	13	403
1998	18	13	14	413
1999	18	9	14	413
2000	18	9	15	415
2001	18	10	15	415
2002	17	10	15	415
2003	19	10	13	409
2004	20	10	15	417
2005	20	11	15	391
2006	20	11	15	391
2007	20	11	15	391
2008	20	11	14	393
2009	22	11	16	386
2010	23	11	14	431

第四章　纪律检查委员会

第一节　纪律检查委员会领导机构

1989 年 12 月 17 日，中国共产党尚义县第五次代表大会选举产生纪律检查委员会委员 13 名，同日，召开的第一次县纪委全会选举申兰旺为书记，邸孝仁、徐受忠为副书记，选举产生常委会委员 5 名。此后任免副书记 2 名。

1992 年 11 月 28 日，中国共产党尚义县第六次代表大会选举产生纪律检查委员会委员 15 名。同日，县纪委第一次全会选举申兰旺为书记，邸孝仁、王万利、翟俊为副书记，选举产生常务委员 7 名。

1998 年 2 月 12 日，中国共产党尚义县第七次代表大会选举产生纪律检查委员会委员 15 名。同日，县纪委第一次全会选举张桂梅为书记，宋发、王万利为副书记，差额选举产生常务委员 7 名。

2003年4月17日，中国共产党尚义县第八次代表大会选举产生纪律检查委员会委员15名。同日，县纪律检查委员会第一次全体会议，采取无记名投票方式，等额选举高领为书记，王万利、任世云为副书记，差额选举产生常务委员7名。

2006年7月4日，中国共产党尚义县第九次代表大会选举产生纪律检查委员会委员15名，同日，县纪律检查委员会第一次全会，采取无记名投票方式，等额选举王志刚为书记，郑占荣、任世云为副书记。差额选举产生常务委员7名，其中妇女委员1人。

第二节　纪检监察工作机构

一、县级纪检监察机构

1989年，县纪委设办公室、案件检查室、案件审理室、宣传教研室，行政编制19人。1993年3月，县纪律检查委员会与县监察局合署办公后，设办公室、案件检查室、信访办公室、宣传教研室、党风廉政建设办公室、案件审理室、执法监察室。2002年6月，增设纠正行业不正之风办公室；2005年3月增设尚义县发展环境举报中心；2006年3月撤销纪委党风廉政建设办公室，成立尚义县廉政工作领导小组办公室（正科级机构）；2008年7月，机构改革后，增设5个纪工委和监察分局；2009年3月增设干部管理室。截至2010年12月，纪委有7个正科级机构，分别为廉政工作领导小组办公、发展环境举报中心和5个纪工委、监察分局；有8个副科级科室，分别为办公室、案件检查室、信访室、宣传教研室、案件审理室、执法监察室、纠正行业不正之风办公室、干部室。

1988年4月，成立尚义县监察局，1989年局内设办公室、监察股、信访股、审理股。1993年3月，县监察局与县纪律检查委员会合署办公，实行一个机构、两块牌子。至2010年12月监察局机构没有变化。

二、基层纪委

县直机关单位纪委组织：1992年12月，县纪委分别在县粮食局、县教育局、县卫生局派驻纪检组；1996年3月在城建局派驻纪检组，2003年5月至2008年7月，在粮食局、教育局、人事局、法院派驻纪检组；2010年1月在检察院派驻纪检组。纪检组的任务：经常对党员进行遵守纪律的教育，督查党的路线、方针、政策和决议的执行情况。

1997年4月设置中共尚义县公安局纪律检查委员会，2003年5月，交通局党委和煤矿党委成立纪委。2008年5月，撤销县直纪检监察派驻机构和县直单位纪委（监察室），新组建5个纪工委、监察分局，作为县纪委、监察局的直属机构，由县纪委、监察局直接领导。纪工委和监察分局合署办公，其中，面向县直部门工委、监察分局3个，面向乡镇工作的纪工委、监察分局2个。新组建纪工委、监察分局行政编制23名，工勤人员编制2名，在县纪委、监察局单列。

第三节　纪律检查

一、领导干部廉洁自律

1989年推行“两公开一监督制度”（办事政策公开、办事过程公开，接受群众的监督），摆正廉政建设与改革开放、繁荣经济的关系，小环境与大环境的关系，思想教育、健全制度与严格执纪的关系，监督与被监督的关系。从1990年起试行建立廉政档案制度，按照分级负责的原则，县纪委建档的范围包括各乡（镇）党委、县直及省地驻县科局党委、总支、支部及县委管理的党员干部。实行聘请特邀监察员制度。1992年清理和纠正乱着装。1996年清理纠正了超标准住房，9个单位的17名领导干部共退出公房12套129间，调查处理了2名领导干部建私房中的问题。1998年在全县14个乡镇纪委配备专职纪检监察员，专职纪检监察员为股级待遇。1998年11月，中共中央、国务院颁布实施《关于实行党风廉政建设责任制的规定（试行）》，县乡两级党政领导成员“一把手”负总责，其他成员根据工作分工，实行“谁主管谁负责”的要求，落实相关部门牵头与配合的工作责任，改变了反腐倡廉工作由纪委监察部门单打独斗的局面。2007年开展农村基层党风廉政教育，建立完善农村基层党风廉政建设的制度和机制，进一步强化对农村基层干部的民主监督。中共十六大以来，全县反腐倡廉工作更加注重治本，更加注重预防，更加注重制度建设。按照中央《建立健全惩治和预防腐败体系2008—2012年工作规划》，建立了尚义县工作规划及具体实施方案。2008年在五一、国庆节、奥运安保期间下发通知，重申廉洁自律规定，下发了《关于坚决刹住大操大办各种喜庆活动的通知》，对领导干部操办婚事执行“双报告”制。实行廉政谈话制度，对提拔任用的科局领导干部任前廉政谈话29人次。印发了《奥运安保期间党员干部廉洁自律的六条禁令》的通知。

1993年8月，纪委监察局推行中央颁布的领导干部廉洁自律“五条规定”“31个不准”，以及1997年3月中央发布的《中国共产党党员领导干部廉洁从政若干准则（试行）》，并结合尚义县实际，以县委、县政府及其两办、县纪委监察局的名义出台了《关于严禁各级领导干部婚丧喜庆事宜大操大办的暂行规定》《关于对领导干部利用婚丧喜庆事宜收钱敛财的问题处理办法》《关于党政机关厉行节约制止奢侈浪费行为的实施办法》《关于狠刹用公款吃喝玩乐的实施意见》《关于落实领导干部不准接受和赠送现金、有价证券规定的通知》，建立了收入申报制度、礼品登记制度和个人有关事项报告制度等，建立了领导干部配偶、子女经商办企业不得与公共利益发生冲突制度。2005年，制定了《关于纪检监察机关严格依纪依法办案的实施办法》，组建了尚义县反腐败协调小组，加强了与公检、司法等部门的联系与合作。2007年6月转发了中央纪委发布的《关于严格禁止利用职务上的便利索取不正当利益的若干规定》，同时在党员领导干部中，建立了公务接待、乘车、住房、使用通信工具、外出学习考察等各项制度规定。先后出台了《关于乡科级党政领导班子民主生活会制度》《关于在乡科级领导干部中开展述廉、评廉、考廉工作的通知》《关于建立县纪委领导与科级领导干部谈访制度的通知》《县委委员，纪委委员开展党内询问和质询办法（试行）》等规范性制度。

在廉政教育方面，1989—2010年，县纪委注重廉政教育，加大宣传力度，深入推进基层党风廉政建设。1990年在广大干部职工中开展了学刘庄煤矿吉厌堡铁矿先进事迹。1991年编写了《农村党纪教育100例》系列材料下发基层。1997年学习宣传并下发《中国共产党党员领导干部廉洁从政若干准则（试行）》和《中国共产党纪律处分条例（试行）》各550本。2004年开展“立党为公、执政为民”主题教育活动。2006年开展“社会主义荣辱观”

主题教育活动。2007年以“为民、务实、清廉”为主题的反腐倡廉教育活动。2009—2010年对全县副科及以上拟提拔党员领导干部实行党纪政纪法规知识考试，共考试7场次，参加考试108人，成绩全部合格。2010年发放《中国共产党党员领导干部廉洁从政若干准则》读本2000余册，使廉政准则的8个不准和52条禁止深入人心。举办了“廉政文化活动月”活动。

二、“纠风”工作

1993年2月至1998年2月，纠正部门和行业不正之风工作由纪委监察局执法监察室组织开展。2002年6月在县纪委监察局内设纠风室。1993年揭摆出各类问题681个，涉及366人次，折合款额17.34万元，比较突出的问题有10个方面：屡禁不止的吃喝风、贪占挪用问题、金融行业以贷谋私问题、低价购买企业产品或商品、办人情案、收人情费问题、乱收费、乱摊派、乱罚款问题、滥发资金实物问题、拖欠公款、涉及工作作风问题，其他方面的问题。1994年全县清理整顿行业第二轮脱岗学习，共查摆问题608条，涉及437人、12.86万元。清理整顿农村电价，加强农村财务管理，全县乡镇均建立了“统管会”（村级财务由乡镇统一管理）。2004年纠正医药购销中的不正之风、查出并取缔无证行医12家，查出假劣药品73个品种，价值1.30万元，全部进行没收销毁，对相关单位罚款5.05万元。治理教育乱收费查出自立项目收取语音室费、收取已取消的借读费、超标准收取住宿费等违规问题，清退违规收费13万元，清退教育局仪器站违规向学生推销的计算机1197台，制止了教研室向全县中小学生征订目标检测试卷的行为。减轻农民负担方面，全县建立农民负担监测点172个，聘请农民负担监察员344人，查出并纠正涉农收费问题45件。2005年严格治理公路“三乱”，不定期明察暗访65次，行程1500多千米，现场纠正违规行为5次，出台执法行为规范30条。2008年加强治理公路“三乱”迅速反应机制建设，投资1万多元购买摄像机、录音笔等办公设备。纠正不规范执法行为5起，责令退还罚款1600元。2003年县民主评议行风领导小组制定《尚义县民主评议行风问卷测评方案》，抽调30名参评员组成10个小组，到人大、政协、党政、群团、企业和14个乡镇进行问卷测评，发放测评表1000份。2003年以来，县纪委大力加强民主评议活动，注重拓展评议领域，评议范围延伸到县域8所医院、11所学校、25个基层站所和128名中层干部。在改进评议方法上，优化充实参评员队伍，参评人员从全县700名评议员库中按照规定比例随机抽取，同时推选4名民主评议监督员及5名旁听员现场监督，并邀请广播电视台记者进行跟踪报道，提高了民主评议公信力。通过民主评议整顿了机关作风，提高了工作效率，维护了公权健康运行。

三、违纪案件查处

1989—2010年，全县纪检监察立案367件，给予党纪、政纪处分273人，其中10人给予党纪、政纪双重处分，为国家挽回经济损失6400多万元。1989年立案查处6件，结案6件，结案率达100%。作出政纪处理的3人，其中行政记过2人，记大过1人。免于行政处分给予批评教育2人。移交县检察院追究刑事责任1件1人。挽回经济损失4080万元，没收非法所得0.76万元。

1990年立案查处6件，已查结6件，结案率100%。作出处理的6件8人，均给予批评教育和经济退赔处理，违纪金额16.23万元，挽回经济损失2050万元。

1991年发现违反党纪政纪和法纪的案件线索52件，其中，违反党纪的案件24件，立案查处15件，占发现党员违纪案件线索总数的62.50%，比1990年增加了67%，12人受到了党纪处分。

1992年共立案查处党内违纪案件10件13人，结案率达100%，处分党员12人，其中开除党籍4人，留党察看2人，严重警告6人。

1993—1998年，着重查处了贪污、贿赂等经济案件，侵犯国家和群众利益的以权谋私案件，以及腐化堕落、道德败坏、违反计划生育政策的案件，县乡两级纪检机关共立案调查违纪案件96件，给予党政纪处分66人，其中开除党籍5人，留党察看3人，撤销党内职务5人，党内警告、严重警告22人，行政警告9人，行政降级7人，移交司法机关惩处的4人，给予经济处罚21人。在受处分党员中，乡科级干部10人，一般党员22人，干部13人。通过查办案件，为国家和集体挽回经济损失160多万元。

1999年共立案14件，受党政纪处分5人，其中受党内警告处分1人，党内严重警告处分3人，开除处分1人。在受处分党员中，干部1人，一般党员4人。

2000年共立案14件，受党政纪处分13人。其中受党内警告处分2人，党内严重警告处分5人，撤职处分3人，开除处分3人。在受处分党员中，乡科级干部3人，一般党员10人。

2001年共立案27件，受党政纪处分8人，其中受党内警告处分2人，党内严重警告处分1人，撤职处分1人，开除处分4人。在受处分党员中，乡科级干部3人，干部3人，一般党员2人。

2002年共立案20件，受党政纪处分4人，其中受党内警告处分4人，在受处分党员中，一般党员4人。

2003年共立案25件，受党政纪处分15人，其中受党内警告处分3人，党内严重警告处分3人，撤销党内职务3人，开除处分6人。在受处分党员中，一般党员13人，一般干部2人。

2004年共受理36件，初核11件，立案20件，结案20件，受党政纪处分14人。其中受党内警告处分4人，党内严重警告处分6人，留党察看1人，撤销党内职务1人，开除党籍2人，组织处理2人。在受处分党员中，干部3人，一般党员11人。

2005年共立案20件，结案18件，党政纪处分14人。其中受党内警告处分8人，党内严重警告3人，留党察看1人，开除党籍3人，受组织处理3人。在受处分党员中，乡科级干部1人，一般党员11人。

2006年共立案20件，办结20件，结案率达100%，14名党员干部受到党政纪处分，挽回经济损失30多万元。

2007年立案17件，结案18件，（包括遗留件1件），给予党政纪处分21人，结案率达100%。在受处分党员中，乡科级干部2人，一般党员19人。挽回经济损失53.06万元。

2008年立案17件，结案15件，给予党政纪处分16人，免予处分1人，挽回经济损失14.38万元。

2009年立案17件，结案17件，给予党政纪处分16人，挽回经济损失，9.63万元。

2010年共立案调查各类违纪违法案件23件，结案22件，给予受党政纪处分31人。其中：党内警告处分18人，党内严重警告处分6人，留党察看处分4人，开除党籍处分3人。移送司法机关2件，共挽回经济损失10万余元。

1989—2010 年尚义县查处违纪党员情况表

表 4-11　　　　单位：人

时间	查处人数	党纪处分					政纪处分					
		开除党籍	留党察看	撤销党内职务	严重警告	警告	开除公职	撤职	降级	记大过	记过	警告
1989 年	3	—	—	—	—	—	—	—	—	1	2	—
1990 年	0											
1991 年	12				5	7						
1992 年	12	4	2	—	6	–	—	—	—	—	—	—
1993—1998 年	66	5	3	5	22	15	—	—	7	—	—	9
1999 年	5	1	1	—	2	1	—	1	—	—	—	—
2000 年	11	3	–	—	1	2	1	3	—	—	—	3
2001 年	10	3	2	—	2	2	—	—	—	1	—	—
2002 年	4	—	1	—	1	2	—	—	—	—	—	—
2003 年	20	6	1	2	4	7	—	—	—	—	—	—
2004 年	18	3	1	1	7	6	—	—	—	—	—	—
2005 年	14	3	1	—	3	7	—	—	—	—	—	—
2006 年	14	1	—	1	6	6	—	—	—	—	—	1
2007 年	21	5		2	7	6	—	—	—	—	1	1
2008 年	16	1	2	—	7	3	—	—	1	—	1	2
2009 年	16	—	2	3	6	5	—	—	—	—	—	—
2010 年	31	3	4	—	6	18	—	—	—	—	—	1
总计	273	38	20	14	85	87	1	4	8	2	4	11

说明：其中 10 人给予党纪、政纪双重处分

四、专项治理

2004 年开展了“收支两条线”专项清理，对 24 个部门及其站所的“小金库”进行了清理，涉及违纪金额 90 多万元。

2005 年对 2003 年以来社会和经济发展专项资金的管理、使用情况进行全面清理；对国债、扶贫、救济救灾、农村中小学危房改造和布局调整、公共卫生防治体系建设、计划生育药具、农村劳动力转移培训、解决人畜饮水专项经费等直接关系人民群众生产、主活、生命安全的专项资金，进行了重点清理。治理资金共 23701.31 万元。

2006 年重点对 2005 年中央、省、市、县安排、投入、实施的社会和经济发展专项资金的管理、拨付、使用等情况进行全面清理，涉及金额 13617.19 万元。

2007 年对 2005—2006 年度各级安排的重点中小学建设经费、生态家园富民工程、粮食直补、综合直补、新农村建设项目、重点审计项目以外的公益性建设项目、县重点项目，近年来未检查过的资金项目和部门、有信访举报的其他类专项资金项目进行重点检查，涉及金额 15989.66 万元。

2008年重点对2006—2007年度各级安排的教育专项、农业专项、林业专项、水利专项、国土专项进行全面检查，涉及金额4549.60万元。对未按批准的建设计划完工、决算、验收、移交的工程建设类项目进行全面清理和自查自纠。

2009年对2007—2008年度的农村沼气项目专项资金，对退耕还林资金、扶贫资金管理使用情况，对2000年以来国企改制前立项、改制后拨付财政专项资金的情况，继续推动工程建设项目实施进度四项工作重点检查，涉及金额5889.50万元。

2010年对2008—2009年公路征地拆迁补偿资金、土地开发整理项目资金、就业再就业资金三类专项资金进行重点检查，涉及金额2656万元。

第五章　县委工作

第一节　县委办公室工作

一、综合资料

1989—2010年，起草各类文件、讲话材料、理论文章；审核有关部门提交的文字资料。信息调研加强横向、纵向信息部门之间的联系和沟通，完成了各地各部门信息的报送、收集、整理、编发、登记工作和信息通报的整理、反馈工作；完成了中办、省、市三级约稿任务；1989—2010年，上报市委信息14278条，被采用5725条；直报省委信息7238篇，被采用756篇；编发《尚义快报》3189期。

二、机要保密

1989—2006年，贯彻和落实《中华人民共和国保密法》，加大保密监管力度，相继出台收发文保密制度、信息系统安全保密制度等制度；督促、指导、协调全县保密工作，帮助各乡镇、县直各部门建立健全保密组织，保证中央和省、市有关保密工作方针、政策、指示和决定的贯彻和落实；深入开展保密教育，堵塞各种失泄密漏洞，做到“三密”文件不丢失，确保不发生泄密事件。

三、督查工作

对县委及上级党委的重大决策、重要工作部署的落实情况全部进行督促检查；对县委领导及上级党委领导批办事项的落实情况进行督促检查；对决策督查和批办督查按时进行实事求是的反馈，提出抓好落实的意见和建议；对各阶段重点工作自办督查事项，并安排每月县委工作。督促检查的重点一直放在经济、土地等方面。

第二节　组　织

1989—2010年，县委组织部严格贯彻执行党的组织路线和干部政策，明确目标，创新载体，扎实有效地开展各项工作。基层组织建设与时俱进，健康发展。大力推行村两委干部交叉任职和书记、主任“一人兼”体制。到2010年11月，全县704名村两委班子成员，交叉任职427名，172个行政村中书记、主任“一人兼”的村达到94个，约占55%。开展了讲学习、讲政治、讲正气“三讲”（此后简称“三讲”）教育、“三个代表”重要思想教育、“保持共产党员先进性”教育、农村社会主义思想教育、科学发展观、创先争优等活动。1989年以来，对全县领导干部进行理论培训和业务知识培训共10360人次。

一、基层组织建设与党员队伍建设

从1988年开始，每年开展民主评议党员、基层党组织活动。在评议活动中，对基层不合格的党员，主要是通过批评教育，限期改正；对于落后支部，按照“充实、巩固、完善、提高”的原则，进行整顿、调整，改变落后面貌。

1993年，制定下发了《关于在农村基层组织中开展“抓党建、促三富、奔小康”活动意见》，在农村党支部开展“分类升级奔小康活动”“双带竞争”（党员带头致富、带领农民共同致富）和“双十”（十佳优秀党员、十佳优秀党支部）活动。全县共有98个农村党支部升级，树立了地上村党支部、菜园街村党支部等5个先进典型，以典型引路，带动了全县小康活动的开展。实施了三个“一加一”工程（一名县级领导包一个后进村，一支工作队进驻一个后进村，一名乡镇主要领导常年蹲点一个后进村）。组织举办了“百名支部书记建功立业奔小康”研讨班。

1995—1998年，全面部署实施了“五个好”（建立一个好班子、培养锻炼一支好队伍、选准一条发展经济的好路子、完善一个好的经营体制、健全一套好的管理制度）创建活动，制定下发了《关于农村基层组织“五个好”建设的三年规划》《培训全县农村党员干部三年规划》《关于加强农村基层组织建设的意见》《中共尚义县委关于加强基层组织建设的决议》《关于农村后进及合格偏下党支部转化升级的实施意见》《关于县（区）乡镇党委抓农村基层组织建设的十项规定》等文件。同时下派38个工作队进村开展工作。1996年，在创建“优秀乡镇党委”和“优秀农村党支部”活动中，14个乡镇党委，优秀的2个，占14.29%；172个村支部，优秀的16个，占9.30%，合格的122个，占70.93%，基本合格的25个，占14.53%，不合格的9个，占5.23%。1997年，采取“四力合一”（县级领导联村、党委书记包村、工作队驻村、县直干部挂村）抓转化措施，年底全部完成整顿转化任务。重点整顿了14个农村党支部，52个支部达到优秀标准，占30.23%。投入达20多万元，为167个农村党支部建设“两室”，占97.09%。1998年，开展了“六好”乡镇党委和“五个好”支部创建活动，全县8个乡镇党委达到优秀标准，实现了“五个好”目标。先后从后备干部、复退军人、下岗及务工返乡人员和学校毕业回乡人员中选拔39名优秀党员致富能手进村支部班子任职。有2000多名党员成为致富能手，并建起了500多名农村后备干部队伍。

1999—2002年，全县农村基层组织建设工作突出三个重点，即“素质工程”、后进转化、发展壮大农村集体经济。在全县党员中开展了“双学”（学理论、学党章）竞赛活动、“双带”（带头致富、带领群众致富）活动、“双服务”（服务基层、服务经济建设）活动、“双创”（创先锋岗位、创六好企业）活动。健全了乡镇组织员办公室，实行了农村干部规范化管理。在七甲乡3个农村支部进行了“两推一选”试点工作。制定了《关于开展滚动升级联创活动的实施方案》。全县42个总支、支部进行了调整整顿，使8个后进支部的各项工作都发生了明显变化，在4个符合组建党组织的私营企业全部建立党支部，170个农村党支部建起“两室”，152个农村党支部“两室”达标。

2003—2006年，结合2003年年初民主评议农村干部和村委会换届选举，采取“两推一选”方式，对不称职干部进行调整。共对165个村的“两委”班子进行了调整，其中调整村党支部班子28个，调整书记19名，调整支委35名；调整村委会班子152个，调整村委会主任57名，调整委员140名。在2003年，在全县党组织和广大党员中开展了“抗‘非典’、献爱心”“筑抗非典堡垒，做促发展先锋”等一系列活动。开展标准“两室”建设。2003年年底，全县达到标准化“两室”（四备、十有、三簿、一册）的有186个村，占97.70%。

2004年，大力推行农村两委干部交叉任职，全县交叉任职干部338名，占45.40%，其中，书记、主任“一肩挑”的达到35人，使两委工作更加协调有力。

2006年12月6日在大青沟镇召开了村级组织活动场所建设现场会，在全县8个乡镇建起了电教播放站，172个村建起了电教播放点。

2009年，结合两委换届，大力推广选派乡镇机关干部到村任职做法，141名到村拟任职干部中有98名参选成功。其中，37名当选村党支部书记，4名当选村委会主任，进一步充实了基层干部力量。这一做法被中组部《组工通讯》《全国基层组织建设工作情况通报》《人民日报》刊发，中共中央政治局委员、中央书记处书记、中央组织部部长李源潮到张家口市调研基层组织建设情况时，对尚义县小蒜沟镇选派镇干部到村任职的做法给予充分肯定。

2009年，制定了《尚义县村级干部管理办法》和《尚义县农村干部绩效管理考核办法》，落实了“一定三有”机制，提高了村干部基础职务补贴标准。村支部书记、村委会主任年平均补贴达到了3327元，其他村干部年平均补贴达到了1980元。在退岗保障上，县财政累计投入111万元，为所有村支部书记和村委会主任和任职一届以上“两委”干部全部办理养老保险。37名优秀村支部书记为市、县党代表，41名为市、县人大代表，1名村支部书记考录乡镇公务员。对2008年以来省、市选聘的60名大学生村官全部直接分配进入乡镇事业编制。

2008年，成立了驻京西城区流动党委。对流动党员实行“双向共管”制度，向驻京流动联合党委派驻了党建指导员，开展了“服务家乡”主题活动。经驻京西城区流动党委的牵线搭桥，北京红莲中里社区党委、北京红莲小学联合向尚义县基层党组织和学校捐赠了25台电脑，并为家乡提合理化建议172条。

2010年，深化“乡编村岗”做法，创新下派形式。满井镇在全县率先实行了下派干部跨村任职，选派大满井村书记靖玉林兼任三盖脑包村书记。成立了县委民营（工业）企业党工委，在3家重点民营企业单独建立了党支部，对其他没有单独建立党支部的企业，全部选派了党建指导员。

二、干部使用管理

1989—1992年，随着经济政治体制改革的不断深化，党的组织工作紧紧围绕经济建设中心，坚持党管干部的原则，按照“四化”方针，把政治素质放在首位，以选拔优秀中青年干部为主，使队伍梯形结构、文化结构、专业化结构更趋合理。4年间，县乡（镇）科局共有领导干部235人，其中35岁以下的71人，占30.21%；36岁至40岁的38人，占16.17%；41岁至45岁的34人，占14.47%；46岁至50岁的29人，占12.34%；妇女干部15人，占6.38%；无党派干部11人，占4.68%；具有大专以上文化的58人，占24.68%；中专文化的77人，占32.77%；高中文化的20人，占8.51%；初中文化的40人，占17.02%；具有专业技术职称的40人，占17.02%。为了保持党组织的先进性和纯洁性，坚持把腐败分子和其他严重违法乱纪分子清除出党。4年间，被开除党籍的16人，取消预备党员资格的1人，受其他党纪处分的82人，严肃了党纪，纯洁了党的组织。

1993—1995年，为优化班子结构，提高班子整体素质，完善了干部监督制度，领导干部向党组织和群众反映本人问题的制度，干部谈话制度，民主评议干部制度和领导干部离任审计制度。制订了《尚义县培养选拔优秀年轻干部工作三年规划》。共调整乡局级班子29个，调整领导干部46名，提拔干部40名。1995年，对全县17个乡镇领导班子配备了43名33岁以下年轻干部，有14个乡镇配备了妇女干部，占乡镇总数的82.30%；62个科局级班子有25个配备了33岁以下年轻干部，占科局级总数的40.30%。共选拔确定了乡局级后备干部100名，为县委任用干部提供了依据。

1996年，对79个县直科局、14个乡镇班子进行全面考察，结合考察调整交流干部51人，提拔领导干部56人，确定县级后备干部10人，科级后备干部100人。

1998—2002年，结合年度考核、乡镇换届，共调整领导干部213名，提拔干部164名，其中妇女干部21名。2002年乡镇领导班子换届后，党政一把手平均年龄降到37.60岁；党政班子平均年龄降到35.70岁；大专以上学历占到80.30%。全县14个乡镇党政领导班子全部选配了妇女领导干部。同年，全县科级领导干部实行男50岁、女45岁提前离岗。60%的科局级领导班子配备了35岁以下年轻领导干部。对全县提拔的164名领导干部全部进行了任前公示。紧密结合“三讲”教育和“三个代表”重要思想学习教育，制定出台了《关于狠刹用公款吃喝玩乐的实施意见》《关于领导干部的配偶、子女经商办企业的规定》等规章制度，出台了180多项反腐倡廉制度。组织开展了多次专项检查清理活动，立案调查违纪案件98件，给予党政纪处分38人，其中开除党籍7人，留党察看2人，撤销党内职务4人，党内警告、严重警告23人，行政处分2人，移交司法机关惩处的5人。公开处理典型案件8起，为国家和集体挽回经济损失110多万元。

2003—2007年，先后完成县委、县人大、县政府、县政协的换届工作和乡党委、乡政府、乡人大的换届工作。2003年乡镇党委换届后，班子平均年龄35.20岁，比换届前降低2.30岁，其中30岁以下的18人，占18%，31～35岁的38人，占38%，分别比换届前增加了18%和38%。班子成员中具有本科学历的25人，占25%，专科学历的68人，占68%。2006年，县委换届后，11名县委常委平均年龄比上届减少了0.80岁，研究生学历比上届增加了4名，消化了一名超职的副书记；乡镇党委换届后，班子职数总额126个，比上届减少了6名。30岁以下的干部15人，妇女干部13人，研究生学历1人，大学学历50人，大专学历75人。2007年乡镇人大、政府换届共调整干部66人。乡镇党政一把手平均年龄降到39.80岁，党政班子平均年龄降到36.30岁，大专以上学历占到96.40%，14个乡镇党政班子全部选配了妇女领导干部。2004—2007年，围绕发展奔小康和实现县域经济跨越式发展的要求，选拔素质高、作风硬、善于抓经济、真抓实干的优秀年轻干部。共调整、提拔干部200人。

2008年，县直科局17人达到最高任职年龄从领导岗位上退下来，13人素质较高的被调整到重要岗位。对县公安局44名干警进行了相应的调整提拔，理顺了公安系统的干部运行机制。在县纪工委、监察分局的组建工作中，选拔了7名有纪检监察工作经验或有法律、审计、会计、文秘、计算机软件等专长的优秀副科级干部担任5个纪工委、监察分局的领导。进一步健全了干部选拔任用责任追究和任期经济责任审计制度，对全县7名领导干部进行了离任审计，完成了7人出国政审材料起草及上报工作，对3名老同志在反映连续工龄和落实副处级待遇问题进行了认真审查。2009年，按照组织程序对部分县直、乡镇单位进行3次干部调整和选拔任用；共提拔任用干部13人，其中提拔正科级干部8人，提拔副科级干部5人；调整交流干部21人，14名领导干部达到最高任职年龄，从领导岗位上退下来，实现了新老干部的交替。

2010年，提拔任用干部95人，其中正科级干部32人，副科级干部63人，调整交流干部74人次。

三、党费管理

尚义县委组织部严格按照中共中央组织部《关于中国共产党党费收缴、管理和使用的规定》，坚持不懈对广大党员进行自觉交纳党费教育，做到把党费收缴工作同严格党的组织生活结合起来，同党的先进性教育结合起来，同民主评议党员结合起来，全县党员基本上做到按时足额缴纳党费。使用党费坚持统筹安排、量入为出、收支平衡、略有结余的原则。党费用于党的活动，主要是党员教育培训费、统一购置党员学习资料、表彰先进党组织和优秀党员、慰问老党员和特困党员等。

四、选调生管理

2001年，尚义县开始接收省、市选调生，到2010年共接收15名。县委组织部对选调生精心培养，并纳入后备干部管理队伍，由组织部建立专门的档案，实行跟踪考核、培养，多岗锻炼，增强能力。所有选调生全部经过了两个以上岗位锻炼。县委规定：凡县直党政群机关补充工作人员，要优先从在基层工作满两年的优秀选调生中调选。对在基层工作时间较长，表现比较优秀的选调生，优先选拔或推荐到市、县党政机关工作。截至2010年年底，分配到尚义县的15名选调生中，有1名被选拔到县委组织部工作，1名被提拔担任团县委副书记，8名被推荐到市直机关工作。

附：邯郸市到尚义县历届援坝干部情况

1999—2010年，邯郸市援坝干部共有4批54人，分别来自邯郸市17个县区和15个市直单位。

1999年，邯郸市第一批援坝干部共20名，队长刘斌，援坝期间为大名县委副书记，挂任尚义县委副书记。三年来共组织招商活动18次，引进项目71个，推销农副产品价值8400万元，引进无偿资金318万元，独立引资480万元，协助引资1.1亿元。圆满完成了三年援坝任务，受到张家口市委、市政府和省委组织部的表扬。

2003年9月，邯郸市第二批援坝干部共15名，队长黎海涛，援坝期间为邯郸市纪委常委、监察局副局长，挂任尚义县委副书记。针对尚义县草场广阔的优势，援坝党支部把如何“立草为业”作为集体调研课题，并三次从中国饲草贮备开发中心邀请国家专家、教授两次到尚义考察、授课，联系了投资5000万元的饲草储备库合作项目。援坝干部为尚义县剩余劳动力开辟了多条劳务输出渠道，从中国农科院引进两个白萝卜品种，从美国百绿集团引进峰利、大力士、皇后以及高冰草等适宜于高寒地区生长的优质牧草，大力支持当地发展质量型畜牧业，形成了一批养牛、养鸡专业村、专业户，加之国家的退耕还林还草政策，到2005年年底农民人均纯收达到1891元，与2002年相比增加了755元。

2006年9月，邯郸市第三批援坝干部共10名，队长王晓涛，援坝期间为邯郸市商务局正处级调研员、副局长，挂任尚义县委副书记。三年间，共争取洽谈各类项目15个，涉及资金6050万元，其中争取上级无偿资金1087万元。邀请10批30多家客商到尚义考察洽谈项目，联络、接触境内外客商50多家，组织参加省大型经贸洽谈会1次。帮助尚义县销售当地农产品价值1000万元。提出合理化建议30项，提供有价值信息100条，开展各类技术培训20余场次，发放培训资料2000多份。

2010年6月，邯郸市第四批援坝工作队来自邯郸市的5个县（市）和4个市直单位的10名干部。队长王建中，援坝期间为邯郸市委农工委副书记、农开办副主任（正县级），挂任尚义县委副书记。10名援坝干部中，研究生学历的1名，大学学历的8名，大专学历的1名；有6名干部具有中高级以上职称。在尚义县挂职期间，任县委副书记1名，任县直单位副职9名。

1999年尚义县第一批援坝干部一览表

表4-12

姓　名	派出单位及职务	受援单位及职务
刘　斌	大名县委副书记	尚义县委副书记
陈善言	大名县扶贫办副主任	尚义县民政局副局长
张　兴	魏县扶贫办副主任	尚义县扶贫办副主任
王玉芳	邯郸县一中副校长	尚义县一中副校长
侯志平	成安县文教体委副主任	尚义县教育局副局长
杨贵平	磁县畜牧局副局长	尚义县畜牧局副局长
张晓刚	临漳县建委副主任	尚义县城建局副局长
张广年	涉县林业局副局长	尚义县林业局副局长
邵玉震	广平县恒通汽车修配公司副经理	尚义县元件厂副厂长
李贵生	曲周县农业局副局长	尚义县农业局副局长
王爱宿	鸡泽县副科级干部	尚义县对外开放办副主任
许时民	永年县农业局副局长	尚义县蔬菜合作社副主任
郭永成	武安市地矿局副局长	尚义县地矿局副局长
李志明	丛台区四季青办事处副主任	尚义县乡镇企业局副局长
刘永生	丛台酒厂副科级职务	尚义县酒业公司副经理
武虎田	邯郸市邯山区经贸局副局长	尚义县经贸局副局长
李继东	邯郸市矿区彭城镇科技副镇长	尚义县陶瓷厂副厂长
黄庆海	邯郸市复兴区科技开发中心主任	尚义县科技局副局长
李瑞军	邯郸市农电局副科级职务	尚义县水务局副局长
杨金雷	邯郸市纺织工业局副科级职务	尚义县毛纺厂副厂长

2003年尚义县第二批援坝干部一览表

表4-13

姓 名	派出单位及职务	受援单位及职务
黎海涛	邯郸市纪委常委、监察局副局长	尚义县委副书记
李自争	大名县一中政教处主任	尚义县教育局副局长兼一中副校长
郭永波	魏县建设局工程造价管理站站长	尚义县建设局副局长
赵志通	磁县地矿局地勘科科长	尚义县国土资源局副局长
张孝明	临漳县城管局自来水公司副经理	尚义县科技局副局长
霍丽云	涉县市政公司工程师	尚义县经贸局副局长
江运昌	广平县蔬菜局副局长	尚义县农业局副局长
袁宗军	曲周县一中副校长	尚义县一中副校长
王龙山	鸡泽县外经贸委副主任	尚义县酒业有限公司副经理
张宏杰	武安市冶金矿山集团公司科长	尚义县经贸局副局长
程建国	肥乡县乡镇干部	尚义县开发办副主任
郭彬剑	邯郸市水利局工程师	尚义县水务局副局长
李海江	邯郸市农业局干部	尚义县农业局副局长
申宗山	邯郸市畜牧局防疫站干部	尚义县畜牧局副局长
韩俊杰	邯郸市传染病医院肺科副主任医师	县卫生局副局长兼医院副院长

2006年尚义县第三批援坝干部一览表

表4-14

姓 名	派出单位及职务	受援单位及职务
王晓涛	邯郸市商务局正处级调研员	尚义县委副书记
郭延凯	魏县林业局副局长	尚义县林业局副局长
王淑涛	邯郸县安监局副主任科员	尚义县安监局副局长
赵 浩	成安县综合职业技术学校副校长	尚义县一中副校长
刘社良	永年县师范学校副校长	尚义县二中副校长
李瑞军	邯郸市水利局水土保持站副站长	尚义县水务局副局长
王连群	邯郸市动物卫生监督所副所长	尚义县农牧局副局长
刘 超	邯郸市重点项目办公室综合处副处长	尚义县发改局副局长
徐彦彬	邯郸市建设工程招投标管理办公室副主任	尚义县建设局副局长
王振贤	邯郸市中心医院罗城头分院副主任	尚义县医院副院长

2010年尚义县第四批援坝干部一览表

表4-15

姓 名	派出单位及职务	受援单位及职务
王建中	邯郸市委农工委副书记、农开办副主任（正县级）	尚义县委副书记
颜学燕	肥乡县委组织部副部长（正科级）	尚义县委组织部副部长

续表 4-15

姓　名	派出单位及职务	受援单位及职务
申　智	魏县农牧局副局长	尚义县农牧局副局长
王　吉	邯郸县环保局环境管理科副科长	尚义县环保局副局长
薛志峰	涉县林业局副局长	尚义县林业局副局长
元军平	武安市国土局副主任科员	尚义县国土局副局长
李学斌	武安市住房和城乡规划建设局副局长	尚义县住房建设和城乡规划建设局副局长
连会政	邯郸市农业开发办公室综合处主任科员	尚义县财政局副局长
张　潇	邯郸市能源办公室主任科员	尚义县发改局副局长
董明田	邯郸市水利水电勘测设计研究院副院长	尚义县水务局副局长

第三节　宣　传

一、理论学习

1989—2010年，理论学习集中在马克思列宁主义、毛泽东思想、邓小平理论、“三个代表”重要思想、科学发展观和党的路线、方针、政策等文件和文章。其间，重点举办培训班有中共十三大、中共十四大、中共十五大、中共十六大、中共十七大精神培训班，邓小平理论、“三个代表”重要思想、科学发展观等培训班。县委理论学习中心组常年坚持“四有”和“六制度”。“四有”：学习有计划，出勤有考核，自学有笔记，讨论有记录；“六制度”：学习日制度，交流制度，轮训制度，调查研究制度，定期上缴读书笔记制度和领导干部学习联系点制度。每位成员都有专门的学习档案，每人每半年撰写一篇体会文章或调研文章。

1989—2010年，由县委宣传部、组织部、党校联合举办科长、局长、理论辅导员培训班50期，培训2.50万人次。

根据各个时期重点理论学习内容，深入乡镇进行理论巡回宣讲，宣讲对象为乡村干部、驻乡镇单位负责人；科局按系统划线对全体干部职工进行理论辅导。2008年成立了县委理论宣讲团，乡镇、科局巡回宣讲更加规范化、常态化。22年间，巡回乡镇、科局理论宣讲36次，受训党员干部10万多人次。

全县各乡镇均先后建立党校，乡镇党委书记兼任校长，主管党务工作的副书记兼任副校长，组织、宣传委员、各站所长兼任教员。基层党校办班一年至少两次，培训对象一般为农村及企事业单位党员干部，以学习党章和上级党校培训辅导内容为主。

根据各个不同时期党员干部思想实际和形式的需要，县乡两级党校多采取以会代训的形式对党员干部进行专题培训。1990年，县委宣传部协同市委宣传部党教科，举办社会主义若干问题培训班，参加培训的有各基层党委主管党务的副书记、宣传委员和乡（镇）党校教师86人。1991年，全县举办专题培训班6期，其中有中层干部专题理论培训班、厂长经理培训班。培训的理论内容有《社会主义市场经济应用读本》《关于建设有中国特色社会主义的论述专题摘编》等。1992年，举办了学习邓小平南方谈话培训班，分别举办了全县科级干部和乡村干部培训班4期。1997年，继续深入开展“学理论、学党章”活动，组织31名理论骨干下企业、农村宣传中共十五大精神。2000年，在县委、县人大、县政府、县政协和县委组织部、宣传部、纪检委、公安局、法院、检察院领导班子和领导干部中，开展了以“讲学习、讲政治、讲正气”为主要内容的党性党风教育活动（简称“三讲”教育活动）。同年，邀请市委党校王川荣为全县副科级以上领导干部进行“三讲”专题培训。2001—2002年，抽调理论骨干，组成“三个代表”重要思想宣讲团，深入基层进行宣讲。2002年，组织全县上下深入学习宣传中共十六大精神，制定《学习贯彻中共十六大的实施意见》，掀起全县学习贯彻中共十六大精神的热潮。2003—2006年，抽调理论骨干，组成理论宣讲团，深入基层进行科学发展观学习宣讲。2003年10月，专请国家发改委宏观经济研究院教授常修泽举办了中共十六届三中全会精神专题培训班。2007年组织全县上下深入学习宣传中共十七大精神，制定《学习贯彻十七大的实施意见》。2008—2010年，先后组织了全县干部科级和乡村干部举办了中共十七届三中、四中、五中全会精神培训班。

二、党员教育

1989年，举办了“改革开放十年成就展”，3800多人参观了展览。组织以中共十三届三中全会为内容的农村党员培训班34期，4350名党员参加了培训。1991年，结合中国共产党建党70周年纪念活动组织开展了“忆传统、比奉献、做新时期合格党员”主题活动，开展模范事迹报告会365场，组织忆传统报告282场次，以及党史知识竞赛等系列宣传教育活动。1994年，在全县党员中开展了“我为家乡脱贫致富奔小康做贡献”活动，对全县50岁以下的农村党员进行一次实用技术培训，使60%的农村党员掌握1～2门实用技术。1997年，深入开展党性党风教育，努力提高干部的思想素质。按照中共十四届六中全会决议要求，紧密联系机关干部的思想实际和工作实际，深入开展以“双学”“三讲”为主要内容的党性党风教育，着重解决在思想、信念和作风方面存在的问题，增强贯彻执行党的基本理论、基本路线、基本方针的自觉性和坚定性。2000年，加强对党员的集中轮训，以基层党校和党员活动室为阵地，对党员和入党积极分子进行邓小平理论、党的基本路线、形势教育、理想信念宗旨教育、党风党纪教育、法律法规教育等集中轮训。改善教育手段，加大党员电化教育力度。2003—2005年，连续三年开展了以“解放思想、实事求是、与时俱进，实现尚义经济社会快速发展”为主题的解放思想大讨论活动，研讨成果以论坛的形式典型发言，县电视台直播。通过讨论形成了城建、风电、蔬菜等发展经济的新思路。2005年至2006年6月，在全县范围内开展了保持共产党员先进性教育活动。通过学习动员、分析评议、整改提高三个阶段，使全县党员受到一次以科学发展观为主要内容的先进性教育。2007年，在全县党员干部中开展了历时三个月的“解放思想大讨论”活动。活动以贯彻落实科学发展观为主题，按照“全党抓经济、重点抓项目”主基调和“谋划经济增长点，探求工作创新点”的总要求，着力解决思想观念、发展思路、方法机制和工作作风等方面存在的突出问题。2008年在全县党员干部中开展了纪念改革开放30周年活动，举办了“改革开放30年成就展”、书画摄影展，充分展示了改革开放三十年全县人民在各项事业中取得的巨大成就。2010年，在全县党员干部中开展了提升能力、提升标准、提升效率“三提升”活动。

三、社会宣传

1989年4月14日，开展了“十一亿人口日”宣传活动，开展了以“爱国、改革、创业、奋进”为主题的五四运动70周年纪念活动。1989年年初，筹办组织了“全县十年改革成就展览”，搜集实物2500多件（个），编写了5万字的展览提纲，拍摄照片200多幅，生动形象地再现了全县十年改革和经济建设成果。1990年下半年，在全县开展了宣传、思想工作基础建设达标活动，乡（镇）建好三个阵地：乡（镇）党校、文化站、广播站；行政村建设好四个阵地：有线广播、黑板报、读报栏、大标语。疏通了农村宣传渠道，活跃基层宣传思想工作。1997年6月30日起，在县城主街道、建筑物悬挂横幅、张贴标语，开展了庆祝香港回归祖国大型宣传活动。1999年9月，为庆祝新中国成立50周年，在国庆节期间，县委宣传部与县广播电视局、县农村信用合作联社举办“信合”杯业余歌手卡拉OK大奖赛。2001年，邀请《人民文学》《当代》《中国作家》等杂志社负责人和省市作家20多人次，对尚义县的草原文化、长城文化、红山文化、民间文化4个文化及酒业、口蘑、旅游三大产业，生态农业建设一大工程进行了开发研讨和民俗体验。结合庆祝建党80周年，突出宣传了战斗在全县各条战线的优秀党组织、优秀党务工作者、优秀共产党员等先进典型，推出了全市优秀人民公仆刘晓文、全市优秀党委七甲乡党委、优秀共产党员王平等典型，在市电视台播放。2006年，向市委宣传部推荐申报了“八道沟党团教育基地为市级党团教育基地”。2008年，组织开展了纪念改革开放三十年成就展，分为图片展、荣誉展、沙盘展三部分，充分展示了改革开放三十年全县人民在各项事业中取得的成就。为增进社会宣传工作的深度和广度，宣传部先后开办了《尚义报》、尚义新闻网、手机报等宣传平台。

四、新闻报道

新闻宣传工作坚持团结稳定鼓劲、正面宣传为主的方针，以贴近实际、贴近生活、贴近群众为准则，坚持加强和改进重大主题宣传、典型宣传、突发公共事件报道、热点引导、舆论监督，不断提高舆论引导和主旋律的公信力和影响力。1989—2010年，共在市级以上新闻媒体发稿28000余篇，其中国家级媒体发稿580篇，省级媒体发稿5300篇。在此期间，全县新闻报道工作多次受到上级宣传部门或新闻单位表彰，80篇（条）新闻稿件在市级以上新闻奖评选中获奖。

1998年“1·10”地震后，协助新华社、中央电视台等多家新闻单位、百余名记者，报道尚义县抗震救灾情况，为社会各界了解尚义灾情，关注和支援灾区人民起到了重要作用。其中在2月《人民日报》刊发了《震区有个黄小姐》，引起了海内外对尚义的关注。

2001年6月，围绕察汗淖草原旅游度假村召开的旅游开发促销新闻发布会活动，邀请并协助中央电视台、中央人民广播电台、《北京青年报》等媒体记者对该活动进行集中报道。2002年举办了口蘑系列产品推介会。共邀请4家国家级新闻单位、北京8家新闻媒体等50多名记者，对尚义县的农业产品和旅游业进行了全方位的宣传。中央电视台、《经济日报》、《农民日报》和北京8家媒体共刊播尚义稿件20多篇（条）。

尚义引进风电项目以来，2005—2010年，在新华社、《人民日报》、中央电视台、《经济日报》、《河北日报》等平台上刊登稿件百余篇。2008年3月，《人民日报》头版发表的《追风逐日气象新》报道了尚义县开发风能工作。2008年10月10日，《国华尚义：全国单体规模最大的风电场》被新华社、中央电视台《新闻联播》、《河北日报》、《张家口日报》等30多家媒体刊登，同时被评为当年全市十佳好新闻。

2008年11月，新华社、经济日报社等20多家媒体刊发了《尚义蛋奶工程惠及农村寄宿学生》，宣传了蛋奶工程给尚义寄宿学生带来的好处。2009年4月，新华社等10多家媒体报道了《尚义艺术团扎根农村走四方》。2009年12月《人民日报》刊登了《河北尚义选派乡镇干部到村任职》的消息，中共中央政治局常委、中央书记处书记、中共中央组织部部长李源潮对尚义县的经验做法做了批示，要求在全国推广。2010年1月，新华社等10多家媒体报道了《满井镇五瓣章巧解村财务管理》，报道了尚义县村村财务管理的成功做法。

五、“三下乡”活动

1997年，为深入贯彻落实中宣部等十部委联合下发《关于开展文化科技卫生“三下乡”活动的通知》，尚义县成立了文化科技卫生“三下乡”活动领导小组：组长由县委常委、宣传部部长担任，副组长由县政府主管文化、科技、卫生工作的副县长担任，成员由县委办政府办、宣传部、农工部、科协、县总工会、妇联会、团县委、人事局、文化局、科技局、文体局、卫生局、计生局、公安局、农业局、林业局、水利局、国土局、司法局、药监局、气象局及有关乡镇主要负责人组成，并适时开展了“三下乡”活动。从此，尚义县的“三下乡”活动已逐步纳入经常化、制度化的轨道。

（一）文化下乡

1997年，县剧团下乡演出183场，电影公司组织农村放映小分队下乡演出40场次，新华书店先后两次送书下乡，售书1000多册；1998年，利用省委宣传部赠送的大篷车开展5次文化十下乡十进村（电影、图书、戏剧、科技、广播电视、政策、法治、医疗体育、生活新风）活动，免费送图书、科技书刊3000余册。1999年3月，结合“双兴”（读书兴农、读书兴企）工程，新华书店购置冀版室，送各乡镇图书室；9月，结合“庆祝新中国成立50周年献礼影片展映”活动，送电影《孔繁森》《世纪之梦》《刘胡兰》等影片下乡；2000年，县剧团送戏剧下乡，组织演出3场；2003年，文化馆、艺术团、图书馆、新华书店、电影公司深入各乡村为群众演出戏剧46场次，电影48场次，为群众送图书2730余册；2004年电影公司贯彻“2131工程”继续开展电影进社区、进街道、进农村活动，公映爱国主义影片50余部，巡回放映110场次，县剧团送戏下乡176场，收看观众达6万余人次；2005年电影公司贯彻“2131工程”，继续开展电影进社区、进街道、进农村活动，公映爱国主义影片70余部，巡回放映150场次，县剧团送戏下乡157场，收看观众达6万余人次。2007年文化下乡：组建各类放映队9个，下基层映出影片138部，2280多场次，由文化局牵头，为全县大苏计等10个乡镇争取农业、科技等各类图书1万余册，送图书下乡3000余册；2010年，电影公司组织放映影片20余部，巡回放映5场次，县剧团送戏下乡216场，收看观众达7万余人次。

（二）科技下乡

1997年，科技局、农工部等单位抓住冬春农闲季节开展科普教育活动，培训人员5万余人次，使每个农户有一个科技明白人；1999年，组织各类科技培训班42期，培训农民8000余人，为种养户散发资料3100册；2000年，农业局的程红霞、苏静，科技局的梁世杰为农民讲解科技种养，发放科技书刊5000余份；2001年5月，县农业局的苏静、畜牧局的王秀玲为农民讲解科技种养技术；2002年农业局的李志忠、畜牧局的王秀玲为农民讲解科技种养技术；2004年，农口部门在组织科技人员逐乡镇开展技术培训的基础上，又与赤峰市生物菌肥厂合作，聘请16名农业科技人员组成讲师团，开展科技下乡活动。历时14天，先后深入全县14个乡镇、159个行政村、330个自然村，举办培训班330期，受训农民17500人；2005年4月，聘请河北农大的杨福存教授在尚义三中礼堂对坝上菜区5个乡镇的1000多名菜农进行蔬菜科学技术讲座；2006年，省文化厅赠送尚义县10个乡镇各类农业科技图书4000多册，2006年4月，在大青沟的小五村，开展大型“三下乡”活动现场会，农工部、农业局等农口部门聘请河北农大的杨福存教授和市农业局的高华山农牧师讲解了蔬菜种植技术，发放相关资料2800余份；2010年11月，发改委牵头组织科技下乡活动，历时一个月，举办培训讲座50余场次，培训农民2万余人，发放宣传资料5000余份。

（三）卫生下乡

1997年由卫生局牵头，组织医疗人员、妇幼保健人员深入到农村开展送医送药上门和幼儿保健服务，免费送药1000余元，服务群众2400余人次。组织卫生骨干巡回义诊4次，救治咨询1500余人次，无偿送医药2000余元，免费发放宣传资料3500余册（份）；2000年，在七甲乡开展春季“三下乡”活动，卫生局组织县医院妇幼保健站下乡，免费义诊，送药1500元；2001年5月，由农工部牵头在炕塄乡开展“三下乡”活动，卫生局组织卫生下乡，义诊人数220人，免费送15000元的药物；2002年11月，在小蒜沟镇开展“三下乡”活动，卫生局组织卫生下乡，义诊人数200人，免费送2万元的药物；2003年成立2个卫生服务队，深入到乡镇村开展医疗服务活动，县医院、中医院在10月开展了免费医疗活动。2004年，卫生下乡：组织卫生骨干到14个村巡回义诊5次，救治咨询1750余人次，无偿送医药3500余元，培训卫生骨干30余人帮助建设村卫生所8所，免费发放宣传资料2000余册；2009年卫生下乡：妇幼保健院下乡为妇女免费进行乳腺癌宫颈癌检查，有2000名妇女接受了检查，免费发放宣传资料3000余册（份）；2010年，妇幼保健院下乡为妇女免费进行乳腺癌宫颈癌检查，有4000妇女接受了检查，免费发放宣传资料3000余册（份）。

六、宣传队伍建设

1989年成立了尚义县新闻协会，发展会员68人，涉及46个单位和14个乡镇，业余通讯员158人。1991年5月下旬，召开了全县新闻工作座谈会，为通讯员统一购回新闻写作书籍300多本。1995年，全县有业余通讯报道员85名。

1991年，全县选聘农村宣传员381名，调整补充基层党校专兼职教员129名，选聘宣传信息员3名，宣传工作初步步入了网络化、制度化、经常化的轨道。1992年，配合社教工作，对116个行政村的278名宣传员普遍培训一次，建立了宣传员活动档案，颁发了宣传员证书。

1992年，对全县宣传队伍进行了充实整顿，建立健全了一支由“五大员”（即广播员、宣传员、报道员、党课教员、报告员）组成的宣传队伍，要求大行政村必须配备一名广播员、两名报道员、两名宣传员、一名党课教员、一名报告员，小行政村各配备一名。1995年，农村的“五大员”已发展到了900多名。

2008年，建立了新闻发言人制度，确定全县各乡镇、县直及驻县单位有一名新闻发言人，大多由党政一把手兼任，并采用中宣部专门培训光盘，进行了培训。

2009年，为适应新兴媒体发展的需要，成立了网络评论员队伍，共有成员50名。2010年，根据工作调整，对个别网评员作了调整，总数不变。

第四节　农业农村

一、建立农村土地联产承包责任制

1989年，尚义县在第一轮土地承包中，鼓励农民向土地投工、投肥、种植、管理、收获，由农民自主经营。承包户以扩大经营成果为目的，选购使用优良品种和优质化肥，精耕细作。剩余劳力务工经商，以工养农。在分配上，承包户负责缴纳国家公粮、税金以及集体提留（公积金、公益金、管理费），完成粮油定购任务，即保证国家的，留足集体的，剩余是自己的。

1993年4月9日，县委、县政府出台《关于农民负担管理办法的若干规定》，对村提留、乡镇统筹费，义务工和劳动积累工进行了规定。其中村提留包括公积金、公益金和管理费，乡镇统筹费包括乡村办学、计划生育、优抚、民兵训练和修建乡村道路，简称“三提五统”。尚义县执行了农民人均承担的村提留和乡镇统筹费不超过三年农民人均纯收入的5%，每个劳动力人均负担5～10个义务工，10～20个劳动积累工。从1993年开始，在稳定完善联产承包责任制的基础上，尚义县农村改革以建立土地流转机制为重点，继续推进土地租赁以及“四荒”使用权的拍卖和转让，农村经济体制改革不断向纵深发展。林、牧、工、副、渔各业推行承包责任制，荒山、荒坡、沙滩、水域实行开发性承包。

1997年，第一轮土地承包到期，农村第二轮土地承包开始，全县将6.89万公顷耕地承包给4.60万户农民，并颁发了土地承包合同及经营权证书，承包期限为30年，进一步给农民吃了“定心丸”。为了稳定土地承包关系，县内实行“增人不增地，减人不减地”办法，实行此承包办法以后，人口增加的农户主要通过开辟新的就业门路来改善生活。人地矛盾突出的，县、乡（镇）政府通过一定程序，对农户的承包地做适当调整。

2004年，针对外出务工人员和土地撂荒逐年增加的实际，在完善土地承包的基础上，按照“依法、自愿、有偿”的原则，在全县开始推进土地流转工作。至2010年，全县的土地流转面积达到5007.20公顷，涉及农户6800户，分别占承包面积的8.99%和承包户数的12.70%。实现了土地规模经营，提高了土地的经营效益。

二、农村税费改革

2002年，按照中央政策尚义县实行了以“三取消（取消乡统筹费、取消屠宰税、取消统一规定的劳动积累工和义务工）、两调整（调整农业税政策、调整农业特产税政策）、一改革（改革村提留征收使用办法）”为内容的农村税费改革，通过改革全县年均减轻农村税费1324.39万元，农民人均减少79元。

2004年，在深化税费改革中，又一次调整了农业税，农业税税率由7%调减至4%，下调后直接减少农民税赋225.50万元，人均减少13.50元。

2006年，按照政策全县全部免除农业税，农村公益事业建设“一事一议”制度全面建立，

50% 的村建立了村集体财富积累机制。

三、建立政务公开制度

1996 年，全县农村开始实行村务公开制度。1999 年，全县推行政务公开制度。到 2010 年，县、乡、村三级公开面达 100%。通过规范工作要求，切实搞好政务、村务公开，做到了统一公开时间，固定公开地点。突出公开热点，规范公开程序，建立健全规章制度，力促政务公开动态化、制度化、程序化、规范化。

（一）村务公开形式及内容

1. 固定公开内容：村年度财务计划及执行情况；各项收入和支出；各项财产、债权债务和收益分配以及集体经济组织、村民小组、农（畜）产品行业协会和农民专业合作组织所有的资产等；村年度工作计划、村干部分工、村民（代表）会议形成的决定及实施情况；村（组）干部管理情况；村（组）干部报酬、民主评议、任期和离任审计及奖励情况等。

2. 定期公开内容：村集体企业的经营、承包、租赁、出售、转让及费用的收缴、管理、使用情况；村集体土地、山地开发、征用、租赁、承包情况；集体土地征用补偿安置费用分配方案等；上级的支农惠农政策和到村到户的资金、新农村建设的各项资金及其使用情况、“一事一议”筹资筹劳、新型合作医疗、粮食直接补贴、退耕还林还草款物兑现以及国家其他涉农补贴、资助村集体政策落实情况；当年生育证发放、人口出生、国家奖励扶助及计生困难家庭救助情况等。

3. 即时公开内容：村级道路、水利、文化教育、卫生事业的规划、立项、经费筹集、工程招标、承包方案及实施情况；农村优扶对象的抚恤补助和“五保户”的供养，农村低保户名单，政府救灾救济扶贫等款物的分配、发放；国家扶贫、移民、以工代赈资金的使用情况；其他需要及时公开的内容。

（二）政务公开形式及内容

1999—2010 年，县政府相继制定和出台了《尚义县人民政府工作规范》《政府议事规则》《行政复议听证规则》《尚义县信访工作初访负责制、领导包案制和责任追究制试行办法》，各单位建立健全了科学民主决策制度，实行了决策责任制和决策过错责任追究制，对事关群众切身利益或发展全局的重大事项实行了专家咨询、社会公示和举办听证会公开听证的办法，决策过程公开透明。纪检、监察部门设立了“举报中心”，加大了行政效能监察，及时处理有关违法行政的投诉案件。开展行风评议活动，切实解决“窗口行业”服务质量不高，解决群众关心的热点、难点问题。

1. 固定公开内容：政府的职责权限、办事依据、办事程序、办事条件、办事时限、办事纪律、办事结果等事项；乡镇党政领导班子成员的姓名、职务和工作分工情况；当地经济建设和社会发展的重要事项以及政府任期目标和年度工作目标及执行情况；财政预算及执行情况，乡镇的债权、债务情况。

2. 定期公开内容：贯彻落实中央及省有关农村工作政策情况；财政、财务收支、上级下拨的各类专项资金、财政转移支付资金使用情况；乡镇经济实体的承包、租赁、拍卖情况；乡镇土地利用总体规划、土地征用、房屋拆迁及其补偿、宅基地使用的审核、筹资筹劳等情况；政府人事任免、领导干部廉洁自律、工作人员考核、奖惩任免（职称晋升）、工资调整情况；政府采购的决策、执行和费用支出以及工程项目招投标等情况；法律、法规、规章规定必须公开的政务事项。

3. 即时公开内容：为民办实事项目及执行

情况、兴办的社会公益事业建设、人民群众普遍关心、涉及切身利益的其他事项；计划生育、救灾救济、低保发放、农民负担、征兵、退伍军人安置等情况。

4. 乡镇各基层站所公开内容：机构设置、职责权限、办事内容、办事依据、办事程序、办事纪律、办事时限、服务承诺、监督办法和办事结果；规章、规范性文件及其他政策规定；行政许可事项的设定、调整、取消以及行政许可事项的办理；执收执罚部门的收费依据及标准；上级主管部门明确要求必须公开的其他事项。

四、农村基层民主政权建设

随着经济体制改革的不断深入，农村经济得到较快的发展，农民致富步伐明显加快。与此同时，广大农民的民主意识、参政意识逐渐增强。1996—2010 年，经过多年民主建设，特别是近四届村民委员会换届选举，尚义县村级民主政治建设、基层民主政治建设得到了全面加强，民主选举、民主管理，民主监督、民主决策已在基层得到了较好落实，民主法治观念得到了加强。广大农民群众在依法自治过程中，学法用法，正确行使自己的民主权利，依法维护自己的合法权益，在村民自治的实践中受到了教育，得到了锻炼，焕发了对参与村务管理和监督的极大热情，促进了社会的稳定和经济的发展。

（一）规范民主选举

尚义县村民委员会换届选举工作是在县委组织部的指导，由县民政局分管，乡镇党委政府依据《中华人民共和国村民委员会组织法》，结合各地实际，制定《村委会选举工作实施方案》，组织实施。1988—2010 年进行了 8 届村委会换届选举。其中 2000 年的第五届、2003 年的第六届、2006 年的第七届和 2009 的第八届村委会换届选举，是真正的“海选”。选举工作一届比一届规范，干部素质一届比一届高。选举工作经过县、乡镇、村三级精心组织，周密安排，从提名候选人到投票选举，基本按照《尚义县村民委员会换届选举工作的实施方案》进行。一大批有文化知识、懂经营会管理、能带领广大村民富的村委会干部得到群众的认可。

（二）完善民主决策制度

1996 年以来，尚义县依照有关法律法规制定了《村民代表会议章程》，修改完善了《村民民主决策实施细则》，明确农村民主决策的主要内容。各村也根据自己的情况制定和完善了符合各村实际的村规民约。在新农村建设中，绝大部分村对反映涉及群众利益、社会经济发展的重大和疑难问题，由村干部、党员代表、村民代表等共同组成“议事会”，进行集体研究。做到“一般性问题一月一议，急难性问题随说随议，敏感性问题村民代表会议上议，全局性问题村民会议共同议”，充分发扬民主，使决策更加科学合理。

（三）完善民主管理制度

开展社会主义新农村建设以来，村民为了更好地实现自我管理、自我教育、自我服务，大多数行政村都通过村民代表大会讨论的形式，制定了村民自治章程、村规民约及村中的各种管理制度，作为干部和村民的行为规范。至 2010 年，全县所有的村委会制定了村民自治章程，制定了有关生产管理、财务管理、社会治安、福利保障、干部目标管理等项制度。有的乡镇村委会把《村民自治章程》印制成册，分发到每家每户，成为村务管理的依据和村民言行的准则。

（四）完善民主监督制度

尚义县农村民主监督工作，主要是通过村

民会议、村民代表会议或村务公开等形式对村委会及其干部的工作进行审议和评议来实现，把村务公开作为推进农村基层民主政治建设的重要举措，做到责任到位，工作到位。至2010年，全县村委会全部设立了村务督查小组或民主理财小组，所有的村委会均设立村务公开栏。农村实行集体财务一月一公开，确保村集体财务公开情况让村民看得见、看得懂、看得早。全县还通过村财“三审”来实现民主监督。即村委会超过一定数量的开支，由民主理财小组进行阶段性审计；村委会账务每月定期到乡镇农经站进行审计；村委会干部离任时要进行财务离任审计。

附：章分五瓣民主理财——尚义县炕塄村用“五瓣章”监管村财政

这是一枚普通的方形财务收支审核印章，不同的是它被分成了5瓣，由4个自然村选举出的5名村民代表分别掌管，只有5瓣合一，蘸上印泥加盖下去才能报账。

尚义县满井镇炕塄村这个颇具创意的“五瓣章”自2008年诞生以来，填补了村民对村干部办公经费支出的监督空白。

村民财务管理小组展示各持一瓣的“五瓣章”

村务公开栏旁，村民没有了猜忌和议论

五瓣五合

按照约定，“五瓣章”成员与村两委换届同期进行，今年是最后一年。

带着一贯的严谨，49岁的杨世生和他的4位“掌章人”：乔胜举、郑亮、李向忠、韩存富围坐在一起。

眼下由“五瓣章”来监督审核的，是炕塄村上季度需要报销的25张票据。每张发票，都要在5个人手里传递一圈，轮流看过。在确认可以报销后，他们各自掏出揣在身上，且用报纸包裹着的一瓣章，由杨世生亲自将五瓣印章合一，然后蘸上红印泥，在票据上郑重地盖下鲜红的“满井镇炕塄村财物收支审核专用章”字样。

尽管这个长方形的财务印章盖在纸上能看出明显的裂缝，但似乎能起到审核票据的作用就足以了。“只要是村里花钱的事，小到买笔，大到修路，每项事务支出的票据上都得盖有‘五瓣章’。”身为“五瓣章”持有者之一的杨世生，尽管持章“五瓣五合”了3年，但对本村“五瓣章”继续存在下去很有信心，因为至今还没有哪位村干部敢公开反对接受“五瓣章”的监督。

“‘五瓣章’制度实行后，村干部的自律性

明显加强了，干部乱开发票、乱开支的现象几乎没有了。”杨世生兴奋地说，经“五瓣章”审核过的票据，让他们竟然找不到一点拒绝盖章的理由。

当然，杨世生也承认，他们的监督“不可能精确到一分一厘”，但比起原来要好很多。

回忆起“五瓣章”首次“办公”时的感想，杨世生略显激动：“拿上章后还真怀疑过能不能用得上，直到大约三个月后，村里通知我拿上章到村委会，才发现情况似乎真的和以往不一样了。”“那你换届如果选不上呢？”

“选不上就选不上吧，我这3年对得起自己的良心。”“每张发票用在哪里，起码我们几个心里有数。”杨世生说，平时有村民打听，他就一五一十地回答，“我们要是审核不严，村民会戳我们的脊梁骨，说章是我们给‘他们’盖的”。

草根智慧

“吃饭我不说，事后又拿人家一条烟我就不能不说了……”据说在很长一段时间里，炕堎村村民的意见就大多集中在村务公开和财务公开上，而村民对村干部的信任程度似乎降到了最低点。

不过历任村干部似乎一直没找到有效的解决办法。2008年，通过广泛征求农民群众意见，满井镇提出了“五瓣章”的构想，并在炕堎这个矛盾多、群众意见大的行政村率先开展。

张家村、闫家村、郭家村等4个自然村，很快推选出5名具有一定威望、常年在家，并且与村干部没有任何亲戚关系的村民，组成了村民监督小组。

没有人能说清是谁想出这么一个“好主意”，让村民如同发现“新大陆”一般兴奋不已。

刘巍是炕堎村被监督的第一任村支书。用他的话说，从2008年“开始主持工作”。“按照最初定下的规则，5名村民代表中必须有两名是党员，因为民主也要在党的领导下进行嘛。”刘巍这样解释。

“谁当村干部，谁就能捞‘油水’。”事实上，在刘巍当选村书记之初，还是有村民质疑，“谁知道里头有没有鬼”。

“虽说身正不怕影子歪，但反过来想，这也是群众对我们敲响的警钟，说明我们在某些方面做得不好。”刘巍说,“五瓣章”自2008年“诞生”以来，他们的开销“规矩”多了，当然有个别票据也引起过质疑，但通过解释缘由，“五瓣章”最终还是通过了。3年弹指，村民们对村干部多了些信任，少了些许猜忌。据说，炕堎村在“五瓣章”监督下，盖章生效准予报销的票据有300多张。

“不管章分几瓣，实用就好”

这些已经通过审核的票据里，鲜红的“五瓣章”缺一不可，否则村会计不能记账列支。“我们没想过这个‘五瓣章’会往深里发展，只想用来监督村级财务。”尚义县满井镇党委书记通文学说，“五瓣章”有它的特殊性和局限性，不可一味地效仿。

然而，面对“五瓣章”的严管理财让村干部给村里做事完全没有“油水”这一不争事实，通文学有着他的一套疏堵策略。“比如在对村干部加大绩效提成、考核奖励等方面，我们就做到了前面。”通文学说，原先全镇村级财务管理大多数是村书记一支笔审批，公务费、招待费、公益事业建设等各项支出，只要村书记一人在票据上签字就可报账列支。因监督不力，干部以权谋私、优亲厚友、大手大脚花钱现象时有发生，村民对此有意见、有怨气，造成干群之间关系紧张，有的村还由此引发群众上访事件。

“为什么是五瓣，而不是三瓣呢？”“不管

章分几瓣，实用就好。”通文学解释说，“五瓣章”是满井镇探索农村财务管理的一项新举措，有效改变了村民对村干部的不信任关系。

“今年年底，‘五瓣章’管理办法将在全镇推行。”通文学说，“五瓣章”能够作为“先进经验”推广的，是章子里蕴涵的基层分权制衡的民主思维，他要让村民享有最本质、最希望拥有的“实权”。

——《人民日报》2009年第三版（记者宋维根、通讯员张凤天）

第五节　社会治安综合治理

一、政法基层组织及队伍建设

1989年，全县17个乡镇，有3个乡镇配备了专职综治工作副职领导，14个乡镇配备了兼职综治工作的副职领导。按片建起5个基层法庭、18个基层派出所（含煤矿），181个行政村、10家企业、3个居委会组建人民调解委员会、治保会194个。

1995年各乡镇均成立了综治委和综治办，明确综治委主任由党委书记兼任。通过1995—1997年三年基层基础工作落实，基层“民调”“治保”两会组织建设做到了人员、任务、制度、组织、报酬“五落实”。同年，组织政法系统全体执法人员和干警开展“为人民服务、做人民公仆”大讨论活动。在全县政法系统组织开展了政法队伍教育整顿工作。1998年，政法委与县委组织部联合出台了《加强和改进政法干部管理工作的意见》，对政法系统干部管理和任用工作程序进行了明确规范。2000年，政法系统组织开展了清理不合格人员、清理警车使用不规范行为、清理财务管理不规范行为的“三清理一检查”活动，并开展经常性的执法检查工作。2002年开展政法系统公正执法质量检查活动、政法队伍作风建设年活动和转变作风年活动三项教育整顿活动。2003年，县委、县政府出台了《中共尚义县委、尚义县人民政府关于进一步加强政法队伍建设的决定》，从提高政法干部队伍政治和业务素质、加强政法领导班子和领导干部队伍建设、推进政法队伍正规化建设、健全和完善保障机制、加强党对政法队伍建设的领导等方面提出要求。组织全县政法系统开展“树正气、讲团结、求发展”活动。2005年，组织全县政法系统开展“规范执法行为、促进执法公正”专项整改活动。

2003—2005年开展了“三所一庭一办”（看守所、派出所、司法所、法庭、综治办）规范化建设。9名年轻干部被充实到乡镇司法所，配齐了14个乡镇司法所所长，并落实了司法所长副科待遇。完成了对全县乡镇司法所管理体系的改革，实行了司法所由县司法局垂直管理。2005年6月2日，全市的社会治安基层基础建设现场会在尚义县召开，会上推广了尚义县“三所一庭一办”建设的成功经验。11月8日，省委常委、政法委书记车俊到尚义县考察时，对全县“三所一庭一办”规范化建设工作给予了高度评价。

2006年，重点开展了以人民调解、行政调解和司法调解为主的“三位一体”调解体系建设，构建了调解处理各类社会矛盾纠纷工作网络。至2008年5月，全县14个乡镇172个行政村成立了农村政策咨询、矛盾纠纷调处、社会治安综合治理为内容的“三位一体”综合服务中心、服务站。2010年，按照中央、省、市综治办要求，各乡镇均成立了乡镇综治中心，纳入“三位一体”综合服务中心建设中，做到组织、制度、人员、场所“四落实”。

二、维护社会稳定

县委政法委员会根据不同时期的突出治安问题，组织开展打击犯罪活动的专项斗争或专项治理，维护全县社会大局稳定。

1989—1991年，重点打击杀人、赌博、强奸、抢劫、盗窃枪支弹药、爆炸等严重暴力犯罪、团伙犯罪和流窜犯罪。1989年查赌禁赌活动中查处赌博案件20余起，全县共立刑事案件31起，破获29起。1990年，全县共立刑事案件47起，其中重大案件19起，破获19起。

1991—1995年，适时开展“反盗窃”“除六害”“打流窜”“扫黄”“打拐”“春季攻势”“冬季行动”等专项斗争，全县共发生刑事案件354起，其中重大案件31起，破获194起。1994年，在全县范围内组织和整治农村社会治安的集中“严打”行动，全年侦破各类刑事案件69起，其中重大案件18起，破获16起，公安局抓获人犯45名。当年检察院共批捕人犯27人，法院全年审结各类案件572起（其中刑事案件42起），创建院以来一年结审案件数最高纪录。

1996—2000年，在全县开展创建“平安乡镇、无案村、守法光荣户”活动。8个乡镇、596个村通过“平安乡镇”和“无案村”验收。至2000年，实施基层平安创建三年规划，全县80%的农村和75%的城镇小区达到安全标准，11个乡镇跨入“平安乡镇”。1996年4月，全县集中开展了“严打办案会战”和“制非”统一行动，先后共破获一般案件32起，重大案件4起，积案13起。1997年，把严重暴力犯罪、涉枪犯罪、毒品犯罪、拐卖妇女儿童团伙犯罪工作作为重点集中破获。1998年，共发刑事案件42起，其中重大案件15起，全部侦破，对17名犯罪分子进行了判决。1999年，全县共发生刑事案件44起，侦破42起。检察院批捕案件19件39人，法院共接刑事案件24起，审结23起。

2000—2004年，开展了“三打一破、严惩贪污贿赂、侵权渎职犯罪”为主要内容的严打专项斗争。共发生刑事案件231起，其中重特大案件55起，共破获刑事案件194起，摧毁犯罪团伙10个。检察院立案侦查贪污贿赂和侵权案件7件7人，批准逮捕犯罪嫌疑人19人，受理移送审查起诉案件132件238人。法院共受理各类案件1072件，审结执结984件。法院共审结刑事公诉案件21起，对66名犯罪嫌疑人作出有罪判决。2004年，重点打击杀人、抢劫、强奸、涉爆等严重暴力犯罪、团伙犯罪和严重影响人民群众财产安全的盗窃、扒窃、抢夺等多发性犯罪。

2005—2010年，在始终保持打击刑事犯罪高压态势下，重点打击严重扰乱社会秩序、严重危害人民群众生命财产安全的杀人、盗窃、抢劫、抢夺以及破坏电力设施等刑事犯罪活动。2005年共立刑事案件105起，破获97起，抓获犯罪嫌疑人56人。检察院共批捕各类刑事犯罪嫌疑人48人，法院共审结刑事案件37起，对49人作了有罪判决。2006年，严打整治进一步推进，“冬季行动”向纵深发展，全年共立刑事案件50起，破获43起，抓获犯罪嫌疑人37人。检察院共批捕各类刑事案件17件20人，法院共审结刑事案件17件，对23人作出了有罪判决。此后连续展开了“破大案、打现行、追逃犯、保平安”为主要内容的社会治安严打整治行动。2009年和2010年，集中开展“打黑除恶”专项斗争，严厉打击了恐怖暴力犯罪和杀人、爆炸等严重暴力犯罪以及“两抢一盗”多发性侵财犯罪。

三、社会治安综合治理

（一）预防青少年犯罪

1998—2001年，在预防和减少18周岁以下违法犯罪方面，建立起社会、学校、家庭三位一体防范体系，加强在校生和辍学生教育管理，整顿游戏厅、歌舞厅等娱乐场所，防止青少年利用游戏机赌博和因娱乐逃学、逃课。实施警校共建，公安部门、学校帮教违法青少年。至2001年，全县中小学普遍开设了法制教育课，全县中小学校聘请了法制副校长32名，所有中小学校聘请了法制辅导员。举办以预防青少年犯罪为主题的法制教育展览5次，受教育学生1万多人次。对有劣迹的青少年，公安、司法和有关乡镇、学校组建了帮教小组，形成了社会、学校、家庭三位一体的帮教体系。2002—2010年以来开展了创“法制进校园”和“创建文明校园”活动。公安、卫生、工商、广电、文化等综治成员单位重点整治县城学校周边环境，净化了学校及周边治安环境。到2010年，共有法律宣传员118人次走进校园，组织了365节法律宣传课。全县的21所学校被市委文明办评为文明单位。

（二）防范管理

1989年始，在乡镇、行政村组建起“两会一队”，构建起群防群治工作网络。县城各单位从内保入手，在“人防、物防、技防”建设上下功夫，强化“三防”建设各项规章制度落实。2001年，县委、县政府下发《关于加强今冬明春治安防范工作的意见》，要求加强内保工作，加强群防群治组织建设，加强居民生活区安全防范责任。全县构建起“打、防、管、控”治安防范体系，从人防、物防、技防上逐项落实各项具体措施。连体楼院坚持楼院长负责制，来访人员登记、“三前三分钟法”等防控办法，有效遏制入室、入院盗窃多发性案件发生。2003年，在社会治安防范管理体系建设中，实施五个“构建防范网”，即城区防控网、特种行业和特殊人群治安防控网、内保单位防范网、社区治安防范网、农村治安防控网。

2004—2005年，为解决基层警力不足和社会管理任务加大的矛盾，健全完善以专职巡防为主，季节巡防、内保组织为辅的治安防控体系。县联防大队根据行业、地域特点下设7个行业中队、14个乡镇中队和14个乡镇巡逻大队，建立起要害单位防控网络、交通管理防控网络、涉抢涉爆防控网络和县、乡镇、村三层巡逻网络；搞好5个延伸：交管工作向复杂路段延伸；巡逻工作向复杂区域延伸；国保工作向乡镇和重点村延伸；消防工作向“一退双还”区延伸；基层创安工作向厂矿、学校延伸。

2006—2010年，认真落实省科技防范五年规划任务，以科技手段为支撑的社会治安防控体系建设，构建社会防控网、社区防控网、农村防控网、内部单位防控网、重点部位防控网、科技和信息防控网等六大防控网。建立了以公安110指挥中心和报警服务中心为平台的治安管理信息系统，形成了上下联动、各部门各单位互动的技防监控网络。

（三）矛盾纠纷排查调处

2001年，成立县矛盾纠纷排查工作领导小组，下设排查调解办公室。县委、县政府下发《关于加强新形势下矛盾纠纷排查调处工作的意见》，意见要求全县14个乡镇56个单位成立专门工作领导小组，签订了责任状。通过相继开展的“冬季百日大排查”活动、民间纠纷“百日调处工作”，从源头上化解了大量矛盾纠纷，筑牢了“第一道防线”。2006年，尚义县根据省委、省政府下发《关于构建人民调解、行政调解、司法调解“三位一体”社会矛盾纠纷调解工作体系的若干意见》，县综治办及14个乡镇成立了“三位一体”调解中心，在全县行政执法部门建立行政调解委员会，并设立行政调解室，负责各部门、各系统内矛盾纠纷和行政争议的排查调处工作。2007—2010年，推进“三位一体”大调解体系建设，通过强化三种手段的衔接配合，有效整合各方面的资源，形成全社会共同化解矛盾纠纷的强大合力，实现了民事案件、民转刑案件、越级信访和群体性事件“四下降”目标，促进了全县社会稳定。

1989—2010年，全县各级调解组织共调解民间纠纷16790件，避免民转刑案件23起，调解成功率99.60%以上。

第六节　统一战线

一、选拔和推荐

1989年以来，县委统战部会同组织部，利用人民代表大会和政协委员会每次换届和补选、补聘之时，协商推荐、组织考察人选，并向市、县人民代表大会、政协委员会推荐非公经济人士、党外人士、知识分子、少数民族、宗教界人士归侨侨眷和其他代表性人物入选。第五届县人民政协委员至九届县人民政协委员非中共人士均占61.20%。

按照德才兼备的原则，县委统战部会同组织部选拔党外优秀人士担任县、乡、局级领导职务。1990年，4名非党干部当选副县级领导。1996年，县直部门及乡镇选配非党干部16名。1998年，2名非党干部当选副县级领导。县直部门及乡镇安排任用非党副科级干部12名，全县非党科级以上干部达22名。2007年，2名非党干部当选副县级领导。2010年，实有县级非党领导干部4名（人大1名、政府1名、政协2名），科局级26名（乡镇11名、科局15名），推荐郑素梅、韩继德当选张家口市党外知识分子联谊会理事。

培养选拔了一批德才兼备的民族干部，县委统战部先后推荐了蒙古族干部杨生格任民族宗教事务局副局长、民政局局长、县政协副主席，满族干部张凤翔当选为政府副县长、提拔回族干部者风清当选为七甲乡副乡长，推荐蒙古族群众豪杰当选为全国七届人大代表、青豹当选为省人大代表、任市政协委员，县人大、县政协安排少数民族代表、委员9名。

二、对台工作

1989年年底，尚义县有在台人员15人，台属28户128人。县委统战部积极向他们宣传党的“一国两制、共同发展”的各项对台政策，建立台胞、台属档案，为其寻亲访友提供帮助，鼓励、支持台属发展生产。1989年3月，在台人员白崇绪第一个回乡探亲，同年县委统战部为28户台属发放“台属扶贫周转金”。台属彭宝善赴台探亲，积极宣传党的对台政策和家乡翻天覆地的变化，1990年后，台胞赵凤玉、景维藩、白宝瑛、刘进财等，先后多次回乡探亲。

2000年，县委统战部对台工作在开展反“台独”、反分裂的同时，积极扩大交流交往，大力开展招商引资工作。县委统战部将县政府编印的招商项目书发放到台湾工商界，引起了一些人士的关注。2002年7月，县委副书记、县文联主席张发随省台办组织的文化交流团赴台考察，在台湾宣传了尚义县的开发开放政策。2005年10月，在省台办的协调下，台湾台塑集团董事长王永庆捐资40万元，省政府配套40万元，县政府配套20万元，在南壕堑镇太平街小学建成1800平方米教学楼，并命名为“明德小学”。2005年，台资企业千乡万才科技（中国）有限公司将尚义县第三中学、大青沟小学、大苏计小学、八道沟小学、哈拉沟春华小学接纳为会员学校，开展了捐资助教活动，每年有600多名贫困学生获得资助。2007年7月，台湾30余名大学生到尚义县三工地镇春华小学开展社会实践。2009年8月，台湾建昌光电科技股份有限公司总经理林胜和、行政长林颢忠，上海罗洁企业管理咨询有限公司总经理罗国梁一行到县满井风电场考察，同年12月，台湾年代电视台记者到满井风电场采访风光伏新能源建设项目。2009年台湾贸彦企业有限公司投资300万美元，建设尚义县台湾特色农产品示范园；台湾鑫兆国际有限公司与尚义县合资770万美元，新建有机肥和生物农药生产线项目签约。

三、经济统战

1989年以来，县委统战部围绕全县经济建设工作中心，多渠道开拓，多方面运作，积极服务于全县经济的发展。1992年5月16日召开县工商联第四届会员代表大会，选举产生了工商联组织机构。按照“团结、帮助、引导、教育”的工作方针，建立了由统战部门牵头、党政有关部门参加、社会有关团体参与的联席会议制度。1997年2月，县委在县工商联设立党组，统战部副部长任党组书记，成员5名。1999年，开展“致富思源、富而思进”教育活动，推动“光彩事业”，推荐大青沟寅州商场经理曹寅州担任张家口市光彩事业促进会理事。2001年推荐9名非公经济代表人士担任县工商联执委。2006年开展做合格的中国特色社会主义事业建设者教育活动，引导非公经济人士自觉履行义利兼顾、扶贫济困的社会职责。县委统战部牵头建立起非公经济代表人士评价体系，对非公经济代表人士的培养、选拔纳入规范化管理。至2010年年底，培养成熟了一支具有多方面代表性的非公经济人士队伍，其中先后担任县工商联副主席的有18名，担任县工商联执委的38名。

四、民族宗教统战

1989—2010年，尚义县全面贯彻党在新时期的民族政策，积极帮助和支持少数民族群众发展生产，脱贫致富，大力发展少数民族教育、文化、卫生事业。

引导宗教与社会主义社会相适应，加强全县对宗教的依法管理。1999年3月，成立了尚义县宗教工作领导小组。1999年8月，县宗教工作领导小组为13个天主教信教群众聚居村选派了驻村工作队，协助村两委班子深入开展《宗教事务条例》的集中宣讲，统战、民族宗教部门协助乡村及宗教团体进一步落实教产，南壕堑镇六号村教堂、八道沟镇老虎山村教堂相继恢复宗教活动。同时加强民族平等教育，尊重少数民族风俗习惯，防止伤害民族感情的事件发生，民族关系出现了团结、和谐的良好局面。

20世纪90年代，基督教传入县内，对于基督教的传播，尚义县尊重群众的信教自由，依据有关政策和法规，加强管理，在信教群众中大力开展“独立自主、自办教会”方针的宣传教育。全县佛教信众约200人。应信教群众及市佛教协会的要求，经市县宗教管理部门审批，于2010年成立民主管理组织，在县城东北山坡上征地建佛堂，成为合法的宗教团体。

1990年9月，五台蒙古营通电，至此全县少数民族聚居村全部通电，同年县政府为回民群众聚居村新建或翻修了清真寺。20世纪90年代中后期，回族、蒙古族群众学习汉族群众的种植技术，开展大规模的蔬菜种植，走上共同富裕之路。2000年以后，尚义县深入贯彻落实党在新时期的民族工作方针政策，把少数民族地区的经济和社会发展纳入全县跨越式发展整体规划。其间，察汗淖草原度假村和五台蒙古营家庭旅游成为远近闻名的民族风情旅游景点。2002年5月，蒙古族群众武兴在四台蒙古营创办蒙古族风情私人度假村，带动了蒙古族群众的经济发展和社会进步。

第七节　机关党委

一、主要活动

1989年，县直机关组织机关党员开展“学习党的基本知识，贯彻落实县委精神”测试活动，有1130名党员参加，并开展群众性的文明建设活动。下半年在各党总支、党支部集中学习鞍山市经验，大力开展“马上就办”活动，改进机关工作作风，提高办事效率。1991年，按照中组部《关于建立民主评议党员制度的意见》开展了民主评议基层党组织和评议党员的“双评”活动。

每年七一前夕，根据年初确定的工作任务，对单位和个人评优选模，表彰一批先进集体和优秀个人，并颁发荣誉证书。2003年6月25日县直机关党委召开纪念建党82周年大会，隆重表彰26个先进党支部、19个优秀党务工作者和40名优秀共产党员。2005年6月28日，县直机关党委召开纪念建党84周年暨表彰大会，会议表彰了在实现县域经济和社会各项事业跨越式发展中涌现出的27个先进党支部、20个优秀党务工作者和40名优秀共产党员。2006年6月28日，机关党委召开建党85周年暨表彰大会。会上表彰了19个先进党支部、18名优秀党务工作者。2009年6月26日召开建党88周年暨表彰大会。表彰了2个先进党总支、27个先进党支部、27个优秀党务工作者和47名优秀共产党员。8月13日机关党委协助尚义篮球俱乐部举办了篮球赛活动。2010年6月28日召开建党89周年暨表彰大会。表彰了22个先进党支部、16个优秀党务工作者和31名优秀共产党员。同日由宣传部、组织部牵头，文化广播电视局主办、机关党委协助，举办了“党的赞歌”庆祝七一建党节大型文艺晚会。

二、换届选举

县直机关工委代表大会。1990年9月20—21日，机关党委第四次代表大会开幕。出席会议代表130名，选举出尚义县第四届机关党委委员11人。

第八节　老干部管理

1989年，县委老干部局管理离休干部328人，其中享受地市级待遇的1人，县处级实职的16人，享受县处级待遇的114人，享受科局级待遇的197人。2010年，县委老干部局管理的离休干部122人，其中县处级实职的11人，享受县处待遇的34人，享受科局级待遇的77人。

一、政治待遇

认真落实老干部学习阅文、情况通报、参观考察、走访慰问、邀请老干部代表参加重要会议和重大活动、订阅报刊、召开座谈会以及在职领导联系老干部等八项制度。1989—2010年，县委老干部局坚持每月25日组织老干部集中学习，使老干部及时学习和了解中央、省、市、县重要文件和会议精神，了解国内国际形势，了解党和国家的方针政策，了解各地区、各部门社会经济发展情况。对行动不便的老干部采取送学习资料上门的方法，使学习面达到100%。

充分发挥老干部党支部的战斗堡垒作用和离退休党员干部的先锋模范作用，不断完善离退休干部党支部建设，离退休党员干部按组织关系在所在单位参加党的组织生活会。1989年，全县有老干部党支部2个，党小组5个。2010年，全县有老干部党支部2个，党小组8个。老干部订阅报刊由原单位负责。县内大政方针出台前，必须征求老干部的意见和建议，让老干部参与尚义发展大计。

二、经济待遇

按照国务院有关文件规定，尚义县从1982年起，凡1937年7月6日前、1937年7月7日至1942年12月31日、1943年1月1日至1945年9月2日参加革命工作的离休干部，每人每年分别增发两个月、一个半月、一个月的标准工资作为生活补贴，增发的生活补贴基数按相关文件规定执行。

从1992年起，对离休干部发放特需经费，每人每年150元。主要用于离休干部的特殊困难补助和必要的活动经费开支。离休干部交通费每人每月地专级的20元，县处级的12元，一般干部8元。离休干部交通补助按上述级别从1992年10月分别增至40元、24元、16元。离休干部每人每月发给文艺费2元，从特需经费中列支。离休干部的住房主要由原单位解决。安置在城镇的离休干部，根据相关文件规定和尚义县实际情况，其住房安排标准（按建筑面积计算）地市级85～95平方米；县处级65～75平方米；一般干部45～55平方米。回农村安置的离休干部发给修建房补助费，标准为：1937年7月6日以前参加革命工作的5000元，1937年7月7日至1942年12月31日参加革命工作的4500元，1943年1月1日至1945年9月2日参加工作的4000元，1945年9月3日至1949年9月30日参加革命工作的3500元，地市级离休干部一般补助5000元。

对参加革命工作时间早，生活自理有困难的离休干部，还发给护理费，护理费标准和发放办法均按河北省有关规定执行。

对离休干部进行慰问，充分体现党和政府的关怀和温暖。每到七一、中秋节、九九重阳节、春节等节日，都分级对老干部进行慰问，送去慰问金、慰问品、慰问信。2005年，恰逢抗日战争胜利60周年，县委老干部局专门成立慰问组，对全县28名抗日战争时期参加革命工作的老干部进行慰问，并为他们颁发了纪念章。

离休干部执行定点医院就医，在外地居住的选择离家就近的公立医院，在县城居住的离休干部到县医院进行治疗，在农村居住的离休干部就近在当地卫生院或分院（中心院）进行治疗，并以财政部门监制票据，按规定时间到规定地点实报实销。

离休干部过世后，担任过副省级以上领导职务（含享受副省级以上待遇）的干部，在《河北日报》刊登简要生评；地市级干部，在《河北日报》刊发简短信息；县处正副实职的干部，登《张家口日报》。丧事本着从简的原则，由原单位组织办理，家属、亲友积极配合。一般不举行遗体告别仪式，不开追悼会，遗体及时火化。除直系亲属外不邀请外地人员参加丧事活动。离退休人员死亡后一次性抚恤金的计发办法按照民政部、人事部、财政部《关于国家机关工作人员及离退休人员死亡一次性抚恤发放办法的通知》（民发〔2007〕64号）的有关规定执行。离休干部逝世后，由原单位向无工作的遗属发放生活补助费。遗属生活补助标准按省市相关文件规定执行。

2010年离休干部遗属生活补助每人每月为318元，退休干部遗属生活补助每人每月为

265元。

三、老干部活动

1990年，在县粮食局、交通局筹建老干部活动室各一处；1991年，在大青沟镇市场院内筹建面积45平方米老干部活动室；2009年，县筹资216万元建成1400平方米集办公与老干部活动于一体的综合大楼，在活动室内配置了多种室内娱乐、健身器材供老干部活动使用。2007年，由老干部局、关心下一代工作委员会、教育局、司法局联合在全县部分中小学举办革命传统教育、社会主义荣辱观教育和爱国主义理想教育讲座。请离退休老干部深入到城乡中小学进行巡回演讲，接受教育的师生达8000多人次。县委老干部局在离退休干部身体允许和本人自愿的情况下，本着就地就近的原则，组织老干部参观县内外工农业生产建设情况。1989—2010年，县委老干部局每年都要组织1～2次参观工农业生产建设情况活动。组织离退休干部参加门球比赛和各项文体娱乐活动。1990年3月，老干部局组织成立尚义县老年大学。1994年，组建老年秧歌队。

第九节　党校教育

一、党员干部培训

1989年1月，县委党校对全县在职的县直机关602名一般党员干部和商业、粮食、文教、卫生、经委等部门从事行政工作的205名一般党员干部，进行了为期10天的短期培训。同年，党校对乡镇副职领导岗位党员干部和一般干部举办了2期培训班，共287人参加。1990年，通过系统学习原著原文、重点辅导、交流提高、检查验收四个步骤，在全县党员中开展了马克思列宁主义、毛泽东思想，以及党的基本理论、基本路线和基本知识教育的“三基教育”活动。同年举办县直科局领导干部学哲学培训班3期，共培训县直科局领导干部198名，重点学习中宣部理论局编写的《马克思主义哲学学习纲要》。1991年4月，举办县直机关社会主义理论辅导员培训班，共培训了以基层支部书记为主的104名骨干，主要以省委宣传部编写的《社会主义若干问题学习纲要》为教材，推动全县干部、职工社会主义理论学习的深入开展。

中共十四届三中全会以后，党校积极开展宣传中共十四大精神的活动，1993年以《学习建设有中国特色社会主义理论》和《社会主义市场经济应用读本》为基本教材，历时两个多月，先后办8期县、乡级领导干部理论培训班，参培人数384人。1994年5月举办了为期一个月的县直、乡镇理论辅导员和县直科局领导培训班，培训理论辅导员124名，轮训领导干部208名，重点学习《邓小平文选》第三卷、《中共中央关于建立社会主义市场经济体制若干问题的决定》以及中共十四届三中全会以来党和政府相继采取的一系列推进改革的新举措。1995年起，县委党校为全县副科以上领导干部建立了理论学习档案，并作为考核干部的一项重要依据。当年举办学习辅导员班1期，县直单位副科级以上领导干部轮训班两期，培训理论骨干86人，轮训副科以上领导干部219人，推动全县范围内理论学习、理论研究的热潮。

中共十五大以后，中国进入建设中国特色社会主义事业跨世纪发展的关键时期，根据县委、县政府的安排，县委党校及时对中共十五届三中、四中全会精神在全县党员干部中进行宣传，结合学习邓小平理论，重点学习、培训《中共中央关于农业和农村工作若干重大问题的决定》和《中共中央关于国有企业改革发展若干重大问题的决定》。2000—2002年，主要以中共十五届四中全会精神、江泽民总书记关于“三个代表”重要思想的重要论述、加入世贸组织知识、反腐警示教育等为培训内容，以迎接中共十六大、宣传中共十六大、贯彻中共十六大为宣传思想主线，以“三个代表”重要思想、七一讲话、“5·31”讲话和中共十六大报告为重点内容，举办科局领导培训班2期，举办理论辅导员培训班1期，培训干部3000多人次。

2002—2010年，党校每年采取“流动党校”的方法，深入县直各单位、各乡镇，对全县党员干部进行培训。中共十七大召开以后，宣传部成立宣讲团，党校教师作为宣讲团成员，到县直各单位、各乡镇进行宣讲。2008年，党校教师先后到大苏计、大营盘、红土梁等8个乡镇，煤矿、水务局、民政局、国税局等12个科局，宣传学习中共十七大报告和中共十七届三中全会精神，共开展培训20多场次，参培参训达1500多人次。2009年根据县委“实践科学发展观”活动的开展，党校教师分别在县直10多个单位进行宣讲辅导20余场次，培训人数1000多人次。协助县纪检委做好干部问责制培训。根据县纪检委下达的关于干部问责的文件精神要求，从10月开始，党校教师对县直各单位、各乡镇主要负责人进行了《干部问责暂行规定》的培训。

二、函授教育

1992年12月，县委党校向省干部教育领导小组提出举办“在职干部政工专业中专业余专修班”的请示，请示批复后，1993开始举办党校函授班，举办函授1993级中专班1期，招收学员91名；1994—2003举办大专班9期，共招收学员608名；1998—2006年举办本科班8期，共招收学员430名。

第十节　档案史志

一、档　案

1989年7月，全省档案系统内开展“抓法制、上等级、增效益”的档案工作上等升级活动。采用评分和基本控制项目相结合的办法、按分数段将档案工作分为三级。三个等级分别代表河北省档案工作先进单位的不同层次。1990年，尚义县开始开展档案工作上档升级活动，22年来，全县各级机关严格按照《河北省机关、团体、事业单位档案工作目标管理办法》及考核标准，加强档案建设工作，实现了各种门类载体档案的综合管理、采取缺什么补什么的办法，在人、财、物上加大投入力度，使全县档案工作由“静态”转向“动态”，档案升级工作稳步发展。截至2010年年底，供电公司、县法院晋升为省二级档案管理单位。县人行、审计局、检察院、农行、农发行、公安局、国税局、地税局、工商局等单位通过验收，晋升为省三级档案管理单位。

尚义县档案馆主要职责是负责接收、收集、整理、保管、提供利用全县各个历史时期、各种载体和各种内容、类别的档案资料。1958年建馆以来，设施建设薄弱，馆址经历了四次搬迁，馆库面积严重不足，难以满足档案存储的需求，造成了全县基层档案不能及时整理回收，甚至有部分档案丢失。

1989年以来，结合尚义县的具体情况，建立健全各项规章制度，制发档案的收集、整理、保管、编目、保密、利用等10项制度。基本上做到借阅有手续，交接有依据，排列有序，统计准确，存放安全。档案馆内业务基础工作逐年加强，各方面的制度和档案科学管理也在逐步健全和完善。

至2010年，全馆书本式目录有案卷目录119册、全宗121个、文号索引12册。文件级分类卡片1.10万张。按照全省统一要求馆内使用了统一的13种登记统计表格。

为了更好地发挥档案、资料的作用，先后编写了《尚义县大事记》《尚义县地情资料》系列丛书。档案、资料的利用率在逐年增加，尤其是1990年以来，随着档案的对外开放，个人利用档案、进行专题研究、综合利用、土地开发、出国旅游等利用档案的情况明显增加。据统计，1989—2010年，提供利用档案4817卷，接待8157人次。

2004—2010年继续推行《归档文件整理规则》，加快文书立卷改革；推行年度立卷合格证制度，对立卷单位的案卷质量进行年检；对居委会、和部分民营企业的建档工作进行业务指导。

县档案馆建立后，积极开展档案、资料的接收与收集工作，至2010年，共接收本县党、政、群机关和企、事业单位的现行档案以及各类专题档案共计121个全宗，40215卷（册）档案资料。有文书档案、会计档案、科技档案、民生档案、抗震救灾档案等。重要历史档案资料有民国年间《尚义县志》《张北县志》，还有1949年以来的报纸、杂志等。

二、党　史

档案史志局开展地方党史资料的征集、整理和编撰工作。与县委组织部共同编印了《中国共产党河北省尚义县组织史资料》（第2～5卷），共110万余字。开展尚义县抗日期间的调研工作，形成调研材料。把征订发行《党史博采》《中国共产党简史》《河北省地方史》《张家口地方史》作为进行党史教育的主阵地来抓，圆满完成上级党史部门交给的各项任务。

三、地方志

1985年6月成立尚义县地方志编纂委员会，同年开始组织《尚义县志》编写，历经八年，三订编目，四易其稿，于1992年8月完成省级评审。1998年定稿，1999年5月由方志出版社出版。上限溯至有史可据，下限至1988年12月。重点记述新中国成立后自然、政治、经济、文化和社会事业发展状况，共25编，149章，162.80万字。

1989—2010年，组织指导相关部门辑录了《尚义县水利志》《尚义县林业志》《尚义县土地志》《尚义县税务志》《尚义公安志》《尚义县煤矿综合资料册》。

附：徐有祥简介

徐有祥（1937.4—2013.6），河北省尚义县大苏计三圪达井村人，共产党员。1953年参加工作，曾任乡秘书、乡文书等职。1958年在大青沟公社办公室搞文秘工作，被评为五好干部、先进工作者。1964年调县委生产办公室任科员，多次跟随县委书记刘劲光、县长高翔、副县长赵积三等人深入基层调查研究。1968—1970年在二工地干校劳动锻炼。1972年调甲石河乡工作，先后任办公室主任、革委副主任、副社长、副乡长等职，多次被评为先进工作者、五好干部、计划生育先进工作者。1984年调尚义县人民政府办公室，任副主任，主管文秘工作，曾两次被评为县级先进工作者。

1986年，尚义县的修志工作处在后进状态，县领导决定把这项任务交给徐有祥来完成。他临危受命，担任了地方志办公室主任、《尚义县志》主编。修志对他来说是一项陌生的全新的工作，为此，他报考了北京社会函授大学中国方志学大专学习，从1987年10月至1999作10月，共系统地学习了《中国方志发展史》《方志学概论》《新方志编纂的理论和实践》等11门方志学课程，经考试成绩合格，领取了大专毕业证书。从此，尚义县的修志工作不但走向正规，而且由全市后进一跃成为全省修志先进单位，夺回红旗一面。他本人于1988年、1991年两次被评为全省修志先进工作者。历经八年的努力，这部凝聚着他和修志同行心血的《尚义县志》在他退休前终于脱稿了。为了尽快出版县志，他到处奔走呼号，筹集经费，联系出版社，夜以继日地修改、校对，又经两年精雕细琢，于1999年5月尚义的第一部新县志出版发行了。新县志的出版，为尚义人民留下了一份宝贵财富。之后，他又用两年多时间，为尚义县国土资源局编纂了《尚义县土地志》。2005年又用半年多时间撰写了《尚义县财政概要》，为尚义方志事业做出了贡献。

此外，徐有祥还为《尚义县文史资料》撰写了《日本侵略尚义和尚义人民奋起抗战的史实——纪念抗日战争胜利50周年》《尚义军民在解放战争中的斗争史实》《大苏计天主堂的兴衰》等资料，其中《日本侵略尚义和尚义人民奋起抗战的史实——纪念抗日战争胜利50周年》被张家口文史资料选载。

徐有祥1996年担任关心下一代工作委员会委员，经常为县城中小学生讲课，对学生进行爱国主义、集体主义等革命传统教育。1997年退休后，县委聘他为关心下一代工作辅导员，并任关心下一代工作委员会副主任，从此与关心下一代工作结下了不解之缘，每年最少两次为中小学生讲课，因此，2007年被评为全省关心下一代工作先进个人，被张家口市委和市政府评为老有所为先进个人。

第六章　精神文明建设

第一节　创建文明活动

改革开放以来，尚义县委、县政府坚持“两手抓、两手都要硬”的方针，将精神文明建设纳入经济建设和社会发展总体规划中，组织全县人民深入开展“五讲四美三热爱”（讲文明、讲礼貌、讲卫生、讲秩序、讲道德，心灵美、语言美、行为美、环境美，热爱祖国、热爱社会主义、热爱共产党）和“学雷锋树新风”活动。1990年开始，全面开展以完善县城功能、优化环境为内容的文明县城、文明单位创建活动；以“四职一纠”“三杯竞赛”“三职一优”为内容的文明行业创建；以村民自治组织建设，整治村风村貌为重点的文明村镇创建活动。2008—2010年，尚义县围绕省市委提出的“三年大变样”的战略任务和要求，以“交通秩序、环境整洁、卫生保洁、市民素质”为重点，把创建文明县城作为推动全县经济发展、构建和谐人文环境的重要载体，为精神文明建设注入新的生机和活力。

一、文明生态村创建

2004年开始此项工作，在全县树立了以甲石河乡候达子沟村“两委班子坚强有力”的典型；大青沟镇赉赉淖村“农民群众的主体作用充分发挥”典型；大苏计乡大苏计村“健全的文体设施，健康的文体活动使社会主义新农村风貌充分展现”典型；七甲乡二道洼村、大营盘乡大营盘村“主导产业、特色品牌成为经济发展增收的龙头”典型；七甲乡妈奶沟村“五乱现象彻底治理，人居环境显著改善”的典型。2008 年，文明生态村创建与新农村建设相结合，以推动农村“三个文明”（物质文明、精神文明、政治文明）协调发展和构建和谐新农村为目标，以改善农村人居环境为突破口，县、乡、村三级干部联创互动，各涉农单位和帮扶单位密切配合，广大农民群众广泛参与，先后有 51 个村成为市级文明生态达标村。三工地镇王油房、套里庄乡小坝子 2 个村成为省级文明生态村。文明生态村建设以道路硬化、村庄绿化和庭院净化为主，各村普遍成立了红白理事会、道德评议会、禁赌会、文艺宣传队和各种种养殖协会，农民群众的思想观念、文明意识逐步提高。创建活动所需资金采取“四个一点”（即各级财政投一点、帮建单位帮一点、社会各界捐一点、农民投工投劳出一点）方式，形成多方筹资渠道。村村建立了村民活动中心，用于村民学习、培训、休闲、健身活动。2010 年，县文明办在全县范围内开展“四个一批（一批十星级文明农户榜样村、一批文明示范村、一批农村文化广场建设村、一批文明集市）”创建活动。涌现出了八道沟镇华东村十星级文明农户榜样村、大苏计乡郝家地村文明示范村、南壕堑镇毛忽庆村文化广场建设村、大青沟镇青沟商城文明集市等创建典型。

二、文明单位创建

1989—2010 年，县文明办在全县各单位持续开展创建文明单位活动。文明单位的标准：领导班子团结，认真执行党和国家的各项方针、政策，坚持政治、业务“两手抓”，发挥组织作用，树立良好的行业风气，重视单位环境容貌建设等。文明单位创建每两年评比一次，有市级文明单位和省级文明单位两个称号。全县有 90% 的单位获得过市级文明单位称号，获得省级文明单位称号的主要有大青沟供销社、县水利局、县财政局、县地方税务局、中国人民银行尚义县支行、张家口供电公司尚义分公司。2010 年，全县有县级文明单位 96 个，市级文明单位 33 个，省级文明单位 2 个。

三、文明行业创建

1993—2003 年，县精神文明办公室先后在县内窗口单位开展文明行业创建活动。首先是在行政执法、商业服务、卫生等十大系统，开展“四职一纠”（职业理想、职业道德、职业技能、职业纪律和纠正行业不正之风）竞赛活动。进一步倡导优质服务，有效改善服务质量和窗口形象。1996 年，县委宣传部、县文明办配合团县委、县妇联、县工商局，在全县开展了“创号争手”竞赛活动、“星级文明户”创建活动、“户户讲道德、店店无假货”竞赛活动。1999 年，又在全县开展了文明行业“三杯”（文明执法杯、优质服务杯、便民利民杯）竞赛活动，每年年底通过群众、机关干部、单位职工共同打分测评，对全县 70 多个单位，结合一年的工作实际测评选出名次，并将意见建议整理后反馈有关单位。2001 年，按照省市文明委要求，在全县实施西部开发助学工程，主要资助家庭贫困、品学兼优的应届高中毕业生和初中毕业生。2003 年，在全县开展了文明单位爱心助学工程，有 10 名贫困学生得到帮助。到 2010 年，全县共支助贫困大学生 9 名，高中宏志班学生 12 名。

四、文明县城创建

2008—2010年，尚义县围绕省市委提出的“三年大变样”的战略任务和要求，以“交通秩序、环境整洁、卫生保洁、市民素质”为重点，把创建文明县城作为推动全县经济发展、构建和谐人文环境的重要载体。其间，县精神文明办公室组织全县各行各业1000多人举行了“创建文明县城从我做起”大型签名活动。由县文明办牵头，城建、共青团、司法等部门单位多次在县城各街道、巷口设置咨询台，并向市民发放“争做文明市民、营造美好环境、树尚义新形象”倡议书5000余份、“公民文明公约”3000多册。全县先后组织开展了共青团员、少先队员共2000余人参加的“知荣辱、树新风、我与祖国共奋进、我为尚义添光彩”的主题教育活动、“县城整洁，有你有我”清洁卫生行动、“创建文明城市，争当文明市民”活动。在县城开展了“公民道德宣传月”“道德规范进万家”“诚信行业”“诚信商场”“百城万店无假货”等系列创建活动。发放《尚义县居民文明公约》3000多册，创建全国文明县倡议书5000多份。组织开展了5个“十佳”“文明单位”“文明行业”“文明小区”的评优树模活动。先后对30多个文明单位和50多名先进个人进行了表彰奖励。

第二节　道德教育

一、培育“四有”新人

为培育有理想、有道德、有文化、有纪律的“四有”新人，县精神文明办公室在全县开展了各种主题教育活动。

1989年，邀请老山前线部分立功战士，在县电影院举办理想教育报告会，党员干部和青年学生2000余人参加会议。

1991年冬至1992年春，全县广泛开展百日农村社会主义思想教育活动（简称“社教”），并先后对七甲乡、大青沟镇、人民银行等单位的思想政治工作经验进行宣传和推广。结合农村“社会主义教育”，各级团组织也组织团员青年开展了“做党的坚强后备军”主题教育活动。全县农村团员普遍接受了两个冬春农闲的社会主义思想和理论教育。

1994年以后，以培养“四有”新人为目标，弘扬新时期创业精神为重点，有的放矢地开展开展热爱家乡、建设家乡的教育。大营盘乡青年农民杨日山，在大营盘乡首次大面积种植蔬菜获得成功，被省政府命名为“十大务工青年”；赵柱被命名为省“十大杰出青年农民”，并获全国“十大杰出青年农民”提名奖。1997年，开展了“十星级”文明农户创建活动，组织召开全县创建文明行业汇报会，在全县深入开展“讲文明、树新风”活动。1999—2002年，县文明委、团县委在全县开展了“青年文明号”和“青年岗位能手”评选活动。共有60名“青年文明号”和75名“青年岗位能手”受到县委县政府的表彰。2001年3月，县文明办、团县委联合县科协在县图书馆举办了“反对邪教，崇尚科学”大型图片展览，展出图片300多幅，县直机关干部、职工，县城中小学生5800多人参观了展览。2006年，深入开展社会主义荣辱观教育。主要抓住青少年和领导干部两个重点，让荣辱观教育进学校、进课堂、进机关。组织五老干部进学校对广大青少年学生进行荣辱观教育组织专业和业余文艺工作者创作生产一批反映社会荣辱观的作品，如樊殿武创作的中篇小说《堵车》、师学虎创作的《风雪路上》。同时，在全县机关事业单位开展书法、演讲等比赛活动。个体企事业家李振德获评“河北十大人物”。2009年，县文明委组织开展了五个十佳（十佳好婆媳、十佳助人为乐模范、十佳优秀志愿者、十佳职业道德标兵、十佳文明窗口单位）评选表彰活动。2010年，在全县开展了首届道德模范评选活动，涌现出李通娥、于世亮、张海、杨虎等一大批先进典型。

二、学雷锋树新风

每年3月5日，县文明办、团县委都要联合发文，倡导各级团组织和少先队组织开展“学雷锋，树新风”活动。发扬雷锋精神，从我做起，讲风格，不讲报酬；讲为人民服务，不讲向钱看；讲为社会，不讲为个人的号召，开展便民服务日活动。1989年团县委组织200余名团员青年参与“志愿者学雷锋奉献日”活动，到县光荣院为老人服务，到车站清扫卫生，为旅客服务。1998年，县电视台创办《讲文明、树新风》栏目，宣传学雷锋活动中涌现的好人好事，推动活动深入开展。2003年，县精神文明建设办公室下发开展“纪念学习雷锋40周年”活动通知，要求进一步弘扬雷锋精神，在农村广泛开展以团结互助、情暖万家、共创文明为主题的“帮一帮”“让一让”（见难就帮，互帮互助、宽容礼让、方便让人）体验活动。退休铁路工人武俊从1963年开始资助贫困学生，四十年如一日，到2010年资助了50多名学生，爱心脚步遍布全国各地，资助的钱不下10万元。2009年，他获得了张家口市“十佳助人为乐”模范人物奖，同年，获得了河北省道德模范人物提名奖，并入围“河北百名雷锋”网络评选。

三、公民道德教育

1992年，县委宣传部组织开展以“讲社会公德在社会做好公民；讲职业道德在单位做好员工；讲家庭美德在家庭做好成员”为内容的道德教育活动，要求各单位根据自身实际制订职业道德规范。党政部门开展“马上就办”作风建设活动，财政局提出文明接待五部曲“一起立、二让座、三倒水、四办事、五送客”，较好地解决了“门难进、脸难看、话难听、事难办”的不良现象。2002年结合落实《公民道德建设实施纲要》，开展“刹三风倡三德”（刹婚丧事大操大办、大吃大喝、赌博风，倡社会公德、职业道德、家庭美德）活动。与讲文明、除陋习、树新风活动紧密结合，印发宣传材料5000余份，制作标语300余幅。利用节日组织干部群众清扫街道，擦洗广告牌、灯箱及路旁公共设施。七甲乡开展“公民道德建设月”活动，通过发放学习手册，召开座谈会组织文艺演唱会等形式，使“三德”深入人心。甲石河乡杏元沟村、小蒜沟镇勿乱沟等村，成立村民红白理事会，严禁红白事大操大办、严禁赌博、严禁参与迷信活动等，村风明显好转。2006年起，连续开展以“知荣辱、树新风、兴安新”为主题的系列教育活动。电视台开设专题、专栏宣传报道，各单位设立学习园地，交流心得。张贴“八荣八耻”宣传材料。适时开展道德模范评选活动。2008年，团县委、宣传部、总工会和妇联表彰道德模范20名，其中十佳道德模范10名。

四、未成年人思想道德建设

1990年12月，尚义县关心下一代工作委员会成立，多次组织老干部、老战士、老模范、老教师，以学校为阵地用县内典型事件和人物为教材，对未成年人进行爱国主义、革命传统和法治教育。2004年，根据中共中央《关于进一步加强未成年人思想道德建设的若干意见》，提出《关于进一步加强和改进未成年人思想道德建设的实施意见》，明确对未成年人教育的目标、任务及责任分工。利用位于八道沟的尚义县第一个党支部旧址、县文化馆、图书馆等阵地，对未成年人进行爱国主义和革命传统教育。组织青少年开展“看优秀影片、读优秀图书、唱优秀歌曲”活动。举办由家长参加的“专家讨论”和“家教咨询”。着力构建学校、家庭、社会“三位一体”的教育网络。

五、军民共建活动

尚义县的军民共建活动始于1989年，驻尚义部队、县人武部先后与红土梁、尚义煤矿、尚义五中、煤矿中学、县敬老院建立军民共建点，连队党支部和共建单位党支部结成共建对子。至1992年，每年派员到学校搞一次军训，并为学校派设4名辅导员，帮助共建村修路投入680人次，承担土方50多万立方米，收割庄稼33.33多公顷，设立农机修理摊位，免费为农民修理农机具。1991年，县文明办协同尚义县驻军、尚义煤矿和红土梁镇开展军民共建活动，并共同开展创建红土梁镇文明小区活动。同年8月，红土梁镇被张家口地区评为军民共建先进集体。

第七章　县委重大决策

第一节　“一退双还”和“四荒”拍卖

为了逐步实现以牧为主，林、草、牧、农结合的坝上经营方针，尚义县从2002年实行“一退双还”（退耕还林还草）工程，县委以“退耕还林”试点工程为突破口，抢抓国家加大生态开发治理的机遇，累计投入资金3.2亿元，精心组织实施了生态工程、小流域治理、京津风沙源治理、防沙治沙、21世纪等工程。通过三大工程的治理，县内水土流失治理收到了明显的效益。全县从1989年到2010年各项目累计完成水土流失治理面积为841.07平方千米，其中完成水平梯田6956公顷，坡式梯田24233公顷；营造乔木林14868公顷，灌木林22131公顷，经济林666公顷；人工种草3910公顷，封禁治理11343公顷；修建土谷坊3672座，石谷坊162座；修工程路254千米；沟头防护270千米；水源工程595处，节水工程529处。共完成国债资金10718万元。

到2010年年底，全县“退耕还林”面积达到6.91万公顷，其中退耕地3.63万公顷，生态环境得到明显改善，全县森林覆盖率达到30.4%，林草盖度达到66%，分别比1989年增长了50%和52%。2004—2006年度连续三年获得全省“退耕还林先进县”称号，京津风沙源治理和21世纪工程建设的机制和模式受到省市好评，2007年度被列入全国生态建设示范县。据有关部门测试，林区内风速降低了四成，气温比非林区提高了4.5℃～6℃，相对湿度增加了3%左右，无霜期延长了10天左右。植被的增加和环境的改善，使消失多年的野生珍禽重返故里，为京津送去了清风、蓄足了碧水、留下了绿地、挡住了风沙。

1997年，农村改革在稳定和完善家庭联产承包责任制的基础上，探索了股份开发方式，加大了“四荒”拍卖力度，强化了农业社会化服务体系建设，为农业生产注入了新的活力。全年新增水浇地0.071万公顷。主导产业得到有效培育，五大种植基地面积达到4.46万公顷，占总播种面积的57%，其中蔬菜种植面积0.42万公顷。

2003年，在完善农村改革过程中，县委决定在全县推行草场承包责任制改革，在试点工作的基础上，将16万公顷草场、草坡（山）承包到农户。林木果园或作价归户或承包管理。

第二节　农田水利基本建设

全县农田水利基本建设主要以打井配套、整修渠道、改造农田、发展高效节水等为主。

1989年，结合小流域治理积极开展农田水利基础建设，全年完成治理面积20.16平方千米，补治5平方千米，建成梯田1425.53公顷，其中水平梯田701.93公顷。1991年，农业上以改善基础设施为重点，大力实施农田水利基础设施建设工程。全县新增、改善水浇地0.34万公顷，建成旱作基本农田0.8万公顷，粮油产量在遭受持续严重秋旱的情况下，仍分别达到了3957万千克和493万千克，抵御自然灾害的能力明显增强。

1993年开始，开始积极探索发展节水农业的路子，先后采取渠道防渗节水、喷灌、管灌等节水形式，共建成节水基地0.67万余公顷。节水工程的建设，对减少地下水开采，提高水的利用率，缓减农业取水与供水不足矛盾起到了积极作用。1994年，新增水浇地353.33万公顷，建成水利工程103处，农业抵御自然灾害的能力逐步加强。1997年，农村改革在稳定和完善家庭联产承包责任制的基础上，探索了股份开发方式，加大了四荒拍卖力度，强化了农业社会化服务体系建设，为农业生产注入了新的活力。全年新增水浇地0.071万公顷。主导产业得到有效培育，五大种植基地面积达到4.46万公顷，占总播种面积的57%，其中蔬菜种植面积0.42万公顷。2001年，通过政策推动、典型带动、投资拉动、服务促动，巩固和壮大了蔬菜、畜牧、口蘑、脱毒马铃薯4个基础产业。全年新打机井30眼，新挖潜流2处，新增水浇地0.07万公顷，发展喷灌面积0.07万公顷。

2005年，农业发展步入产业化轨道，大力发展节约型、稳定型、高效型特色农业，继续改善农业生产条件，农业综合能力明显提高，新建水浇地373.33公顷，改善水浇地193.33公顷。

2006年，县委从可持续发展的战略高度出发，将发展节水农业列入“十一五”规划，重点谋划，强力实施。先后组团到新疆、唐山等地考察膜下滴灌技术。在总结外地先进经验的基础上，通过政府引导、项目支撑、资金捆绑使用等措施，以发展节水绿色蔬菜为主攻方向，积极探索高效节水农业发展路子，率先在5个乡镇示范推广了3333.33公顷膜下滴灌示范工程，真正实现了从大水漫灌向浸润式灌溉转变。到2010年，全县设施蔬菜发展到164.67公顷，膜下滴灌0.5万公顷。

第三节　加强农业基础地位

历届县委始终把“三农”工作列入重要议事日程，采取了一系列惠民措施，加强农业基础地位，调动农民脱贫致富的积极性。到1991年全县新增、改善水浇地0.34万公顷，建成旱作基地农田0.8万公顷，全县农业生产条件得到了较大改善。1992年，全县发展高效农业，优化种植结构，农业经济持续发展。到1994年初步建成杂豆、马铃薯、玉米籽种、蔬菜种植四大基地。

1995年，全县确立了“举开放旗，打优势牌，借科技力，念蔬菜经，唱牧业戏”的发展思路，五大种植基地发展到4.4万公顷，占总播种面积的57%；三大养殖牛、羊、猪分别发展到3.7万头、18.93万只和16.49万头，养殖专业村发展到72个，成为农民增收的支柱产业。特别是在做“水”字文章上收到了可喜成果，错季蔬菜发展到0.42万公顷，蹚出了一条“小水富民”的成功之路。

2002年后，以“畜牧、蔬菜、口蘑、林果”四大主导产业建设为重点，育龙头，壮基地，拓市场，促销售，形成了北中南各具特色的种植区域。蔬菜种植面积发展到0.8万公顷，蔬菜协会14个，124个村靠种菜走上致富路；口蘑发展到30万平方米，推行“公司+基地+农户”机制，辐射到12个乡镇7000多农户，列入市农业产业化重点建设项目。建成大青沟、西平山两个奶牛养殖园区以及小尾寒羊、柴鸡、蛋鸡、草原牧鸡和肉羊胚胎移植基地，农业主导产业逐步培强壮大。

2006年，建设“节约型、稳定型、高效型、循环型”现代农业为目标，狠抓节水农业和特色种养业，逐步形成规模化、区域化生产格局。所产蔬菜远销10多个国家和地区。2009年全县蔬菜总收入4.5亿元，农民人均达到1500元。拥有佳禾、盛隆、鑫科等农业龙头企业42家。

2010年，全县水浇地发展到1.27万公顷，其中，节水灌溉面积0.8万公顷，推广应用膜下滴灌新技术0.37万公顷，被列入全国农业节水示范县。建成大型蔬菜交易市场3处，恒温库73座。先后被认定为河北省蔬菜生产基地县、“菜篮子工程”示范县，北京市“食品放心工程”基地县，全国节水灌溉重点示范县和冀京津三省市首批10个符合无农药残留生产条件的基地县之一。以舍饲养殖、规模养殖和特色养殖为重点，大力推进奶牛、肉牛、肉羊、肉驴、暖棚猪、柴鸡等畜禽养殖，先后建设各类养殖基地37处，养殖园区35个，义羊肉制品加工有限公司、利达禽业有限公司、晟垣食品加工有限公司等畜产品加工企业25家。农业总产值由1989年的5639万元增加到2009年的103635万元，增长17.37倍，年均增速15.67%。

第四节　扶贫攻坚决策

1991年，尚义县被列入省重点扶持的贫困县，时有贫困村312个，贫困户71342户，贫困人口达263289人。县委面对全县农村贫困现状，把尽快解决农民温饱、达到脱贫致富列为重中之重的民心工程，通过深入调查，详细制订了实施扶贫救灾总体计划。在指导思想上，由过去单纯救济式扶贫逐步向开放式扶贫转变；在国家必要的扶持下，充分利用当地资源优势，引导群众进行开发性的生产建设，走发展商品经济为主的经济开发型路子。同时，要求各级各部门把广大农民“稳定脱贫、尽快致富”作为部门工作的出发点和落脚点，落实好县直各单位包乡镇包行政村扶贫任务，并把“抓一个典型、帮办一个企业、引入一项技术，引进一批资金、提供一条信息、采购一种原料、推销一批产品”作为考核干部工作实绩的一项内容。

县委在实施“脱贫致富”工程中抓了三项工作：扩大自留地，由原人均0.06公顷扩大到0.18公顷；建立完善村级合作服务组织；加紧农业机构调整。同时，增加对农业的投入，税收政策向农业、农村、农民倾斜。县委实施“脱贫致富”工程的决策，推动了全县农业生产的发展，扶贫工作收到了预期效果。

1999年10月，县委对扶贫攻坚工作进行了全面安排和部署，决定县成立扶贫攻坚大会战指挥部，设立14个扶贫专业组。制定出台《关于动员社会力量参与扶贫攻坚的意见》，提出2000年确保91个贫困村、14874户贫困户、43560名贫困人口稳定脱贫，全县整体脱贫出列的要求。提出建立县级领导和县直部门包片包资金责任制，把大力改善贫困村的经济发展条件和贫困人口生存条件，作为工作的切入点。要求县直单位结对包扶，号召党员干部职工“献爱心”，和个体私营企业“结穷亲”以及小康村“富帮穷”活动，形成全党动手，合力攻坚局面。

第五节　调整农业结构

2000年，县委制定出调整全县农业结构的实施方案，对全县农业结构调整提出基本要求和坚持的原则。按照“品种调优、规模调大、质量调高、农民调富”的发展思路，在品质结构、产品结构、农业区域布局上进行调整。在种植业上按照发展市场农业的思想，逐步将目前粮食、经济作物二元结构调为较合理的粮食、经济、饲料作物三元结构。在林果业上，坚持经济林和生态林相结合、乔灌草相结合的原则，加大经济林发展比重，突出防护林。在畜牧业上，以解决农林牧矛盾，提高质量效益和实现良性循环为着力点，以推广舍饲圈养和品种改良为突破口，重点抓好区域发展结构、畜群畜种结构、饲草饲料结构。强调结构调整一定坚持市场导向、比较优势、可持续发展，尊重农民意愿，从实际出发，讲求效益。

通过产业结构调整，在不放松粮食生产的同时，经济效益高的油料、蔬菜、瓜果等种植面积逐年扩大。粮食种植面积由1989年6.03万公顷下降到2010年的2.09万公顷；蔬菜种植面积由1989年的0.2万公顷增加到2010年的1.07万公顷，增长4.35倍。

第六节　实施农业产业化

2003年，县委出台了《推进农业产业化经营进程的意见》，提出以国内外市场为导向，以科技为依托，以提高经济效益为中心，对当地的农业支柱产业和主要产品，实行区域化布局、专业化生产、一体化经营、社会化服务、企业化管理的“一条龙”经营格局的基本要求。

特色主导产业建设

按照布局区域化、经营规模化、生产标准化的发展思路，配合县、乡、村加强特色主导产业产品结构调整，大力发展特色农业、高效农业、外向型农业、现代农业。畜牧产业：1989年，全县牛发展到2.27万头，羊发展到16.62万只，生猪发展到4.65万头。2010年，全县牛发展到4.87万头，其中奶牛1.10万头，奶产量达16194.50千克。羊发展到21.46万只。全县培育养牛重点村198个，重点户490户，养羊重点村10个，10只以上重点户1900户。全县生猪发展到11.57万头。培育暖棚养猪专业村2个，养猪大户460户。蔬菜产业：按照“稳定面积，调整结构，优化品种”的发展思路，围绕建设蔬菜农产品加工基地示范县项目，大力发展外向型蔬菜、订单蔬菜、设施蔬菜、节水蔬菜。到2010年年底，全县蔬菜种植面积达到1.07万公顷，其中发展出口创汇蔬菜基地0.33万公顷，订单蔬菜达到0.20万公顷，膜下滴灌蔬菜面积达到0.37万公顷。马铃薯产业：全县种植面积达到0.93万公顷。

龙头企业建设

按照“扶优、扶大、扶强”的原则，至2010年，全县建立了尚义县大青沟佳禾食品有限公司、尚义县瑞源口蘑责任有限公司、尚义县永兴种猪繁育中心等14家龙头企业。并对已有14家市级、县级重点龙头企业加大政策、资金扶持力度，帮助其搞好银企对接，扩大生产规模，促其上档次、上水平，增强市场开拓能力和辐射带动能力。

项目建设

蔬菜出口创汇基地建设项目。涉及全县11个乡镇，总投资8500万元，建设出口创汇蔬菜种植基地0.33万公顷。节水蔬菜科技示范园区建设项目。投资1100万元，发展膜下滴灌蔬菜种植面积0.08万公顷。生猪养殖基地建设项目。尚义县龙泉源畜禽肉制品有限公司投资2700万元，建设暖棚圈舍3000间，购种猪1000头，计划年出栏生猪2万头。

农民专业合作组织建设

全县把发展农民专业合作社作为推动农业产业化经营、增加农民收入的主要措施，采取强化“四个坚持（坚持农民自愿和农民主体地位，坚持积极引导稳步推进，坚持依托专业生产，坚持多形式发展）”和抓好“三个一批（即引导登记一批，扶持提升一批，培育发展一批）”相结合的办法，全力推进农民专业合作社快速规范健康发展。到2010年年底，全县注册农民专业合作社61家，入社农户4492户。

一村一品建设

围绕发展现代农业和产业强村富民目标，从尚义县资源、传统、区域优势出发，着力培育主导产业和优势特色产业，推进一村一品建设。到2010年，全县发展七甲乡、大营盘乡一村一品专业乡2个，一村一品专业村34个，其中蔬菜专业村26个、肉用羊专业村2个、肉兔专业村2个、暖棚猪专业村3个、肉牛专业村1个。七甲乡三和城是全县蔬菜种植重点村，全村384户1069人，耕地面积373.30公顷，其中水浇地面积326.70公顷，全村以推广蔬菜节水项目为抓手，建基地，兴龙头，促销售，实现了产业增效、农民增收。2010年，农民人均纯收入达到5830元，其中仅节水蔬菜种植一项人均收入3900元。

蔬菜加工示范基地县建设

至2010年，全县建成了大青沟佳禾食品有限公司、张家口盛隆农业发展有限公司、尚义县碧华蔬菜加工厂、尚义县鑫科农业开发有限公司等蔬菜加工龙头企业。以这些蔬菜深加工企业为轴心，辐射带动了周边大营盘、大青沟、三工地、七甲等8个乡镇、296个自然村、近2万户菜农，形成了0.67万公顷无公害蔬菜大型种植园区。

第七节　加快道路交通建设

1998年3月，县委召开道路建设专题会议，研究和规划全县道路建设，4月，投资679万元实施了省道东商线大青沟至内蒙古商都县五台河段油路改造工程，该工程路线全长15.70千米。

1998年4月，由省交通厅、市交通局拨付专款，对杨哈公路进行改建，工程分两期实施，第一期工程从1998年4月开工，起点位于张北杨棚庄，终点位于尚义大满井，路线全长39.93千米，投资5456万元。杨哈二期工程起点位于大满井村，终点位于南壕堑镇哈拉沟与内蒙古兴和县的公路相连接，路线全长26.20千米，于2000年6月1日开工，投资3194万元。两期工程共计改建道路66.13千米，完成投资8650万元，全部工程于2000年10月10日竣工。杨哈公路的改建，从根本上有力地满足了灾区重建的需要，也极大地带动了当地经济的迅猛发展，为道路沿线群众的生产生活带来极大便利。

2003年，杨哈公路二级改建工程正式开工，改建后的公路更名为张尚公路。改建后的公路路线全县境内全长46.46千米，工程于2003年10月底全线竣工通车，并升级为省级公路，完成投资1.13亿元。张尚公路二级改建工程是我县第一条二级干线公路，从此结束了尚义县没有二级以上公路的历史。

2006年，省道东商线二级公路改建工程得到省交通厅批复并立项。

2007年4月，由市交通局通过招标并组织实施道路的改建工程。改建后的公路路线尚义县境内全长33.62千米，工程总投资2.59亿元。至此，县境内最早的一条省级干线公路从技术等级三级提升至二级，县境内所有省级干线公路等级全部提升至二级，提升了县境内干线公路的通行能力。

2008年以来，新建了张尚线、白郭线、小韭线、东商线4条骨干公路，完成大尚线大修工程，新增等级公路661千米，全县综合交通体系进一步健全，“三纵六横”的交通主干网基本形成。累计投资1.2亿元，完成了172个行政村“村村通”公路工程，通村公路里程达到645千米，公路通村率达到100%，农村交通状况得到了根本改善。2010年，张集铁路尚义段工程于年内全线贯通。

第八节 城镇化建设

2001年，县委两次派出由主管城建的县领导带队、带领相关部门和乡镇领导赴山东文登、河北沽源等地考察学习城建经验。2001年3月，县委召开党政联席会议，专门研究明确了县城建设与发展思路，具体指导思想：解放思想，更新观念，确立政府经营城市的新理念，坚持新区开发与旧城改造相结合的方针，大手笔规划，分步骤实施，突出重点，渐次推进，围绕“地变绿，天变蓝，水变清，城更美”的建设目标，把县城构筑成为新世纪尚义经济和社会发展的坚实载体。

明确了未来全县小城镇建设坚持的原则，即坚持规划先行，合理布局的原则。在规划编制中要结合尚义实际，力求科学实用；坚持量力而行，突出重点的原则。在实施规划中，避免盲目求大、求快，要考虑经营城市的产出情况，按照“一年起步，二年发展，三年上台阶”的思路，有重点有步骤推进，建一处，成一处，好一处，逐步提高城镇建设整体水平；坚持旧城改造与新区开发并重的原则，在“删改”中求新意，在新建中求品位，合理配置建设资金，稳步推进，防止出现一哄而起、遍地开花的弊端；坚持城镇建设服务于市场经济的原则。要按照市场经济法则对资源发展要素进行合理配置，为全县主导产业提供足够的发展空间，特别是要为个体私营经济提供发展舞台；坚持经济和社会协调发展的原则。城镇不仅要成为经济中心，也要成为文化、教育等各项社会事业的中心，以此推动社会全面进步；坚持可持续发展的原则。要坚持经济效益、社会效益和环境效益的统一，切实保护耕地，节约土地，加强环境保护，维护生态平衡。

为进一步改善县城人居环境，2006年，全县确立了“建设山水型生态旅游城镇”战略目标，编制完成了县城总体规划，确立了中心城区“三横、八纵、一环”的城市路网布局和功能分布框架。完成了太平南路扩建、鸳鸯河大桥拓宽、鸳鸯河前期治理等重点工程；新建迎宾路、南环路等城市道路10.04千米，城区规划面积由 8.05 平方千米拓展到 28 平方千米，城市路网结构基本成型，城镇化水平提高到 33%。

第九节　招商引资

1997 年，全县引进县外资金 5400 万元，达成合资、合作项目协议或意向 46 个。先后组团参加了河北省与天津市经济技术合作洽谈会、天津市“4・13”经贸洽谈会、河北省“5・18”经贸洽谈会，与北京市房山区、天津市塘沽区的区域经济合作关系继续增强。

1998 年，制定出台了 43 条招商引资的优惠政策，增强了招商引资的能力。通过互访和项目协作，同北京房山区、天津塘沽区和北京通州区的对口帮扶和友好县区关系更加巩固，合作领域进一步拓宽。全县引进县外资金 6124 万元，较上年增加 724 万元，引进外资 115.85 万美元，建成内联企业 4 家。

1999 年，以《张家口市对外开放 60 条》为指导，不断加大开放工作力度，进一步优化了开放政策，出台了新的招商引资 43 条政策，开放的软件、硬件环境得到进一步改善，各级各部门进京洽谈项目 28 个，参与省、市组织的经贸洽谈经济协作活动 5 次，全年实际引进市外资金 5128 万元，引进县外资金 6100 万元，实际利用外资 530 万美元。

2002 年，全县加大招商引资力度，发挥资源优势，积极寻求比较优势，形成了以资源开发为主的开放开发格局。国有北石塄林场与香港北亚洲森林发展有限公司签订苗木生产合作协议，建成了面积达 393.33 公顷的华北最大的苗木生产基地——河北坝上林木苗种有限公司。北京金易来公司投资 2000 余万元建成浮石骨料生产线 4 条，与北京国华有限公司开发风能的合作协议进入实地测风阶段，10 月在炕塄乡一带建成测风塔 6 座。农业的外向开发势头良好，错季蔬菜、口蘑栽培、舍饲养殖、产业化服务体系建设等方面，有 84 家客商以独资、合作、参股等形式参与；花岗岩、赤铁、泥炭、硅藻土等矿产资源的开发均有所进展，招商引资的软件、硬件环境得到进一步改善。当年引进市外资金 4343 万元，实施项目 14 个。

2006 年，以风能资源开发为主的风电场建设成为全县工业的骨干和核心。县政府与 11 家企业签署了 15 个风电场开发协议，签约总规模 495 万千瓦，约定总投资 422 亿元。全年引进外资 513 万美元、县外资金 10.5 亿元。

2008 年，全年实际利用外资 944 万美元，引进县外资金 20.57 亿元，同比分别增长 64.7% 和 45.2%。

2009 年，实际利用外资 3104 万美元，引进县外资金 23.8 亿元，分别同比增长 228.8% 和 15.7%。

2010 年，实际利用外资 944 万美元，引进县外资金 21.1 亿元。积极开展招商活动，参加了上海世博会河北周、中国・廊坊国际贸易洽谈会等一系列活动，县政府与北京九一国际集团签订了生态旅游开发协议，促成龙泉源畜禽肉制品公司与北京六马养猪科技有限公司达成合作协议。

第十节　开发利用风能资源

县委立足当地资源积极发展县域工业，依托风能资源做文章，发展新兴产业。经过积极争取，于 2002 年签订了项目投资近 2 亿元的风能开发协议，6 座测风塔开始实地测风。2004 年 7 月，国华尚义满井风电场一期工程开工建设，标志着尚义县风力资源开发和利用迈出了实质性步伐。2006 年，国华满井风电一、二期工程实现并网发电，三期工程已开工建设，总装机规模达到8.4万千瓦，累计发电1.3亿千瓦时，完成产值6000万元，上缴税金800万元。2007年，全县风电总装机容量发展到15.15万千瓦，位居全省第一。2008年，全年新增风电装机17.55万千瓦，累计达到32.7万千瓦，全年发电4.2亿千瓦时，销售电量4.01亿千瓦时，实现产值1.85亿元，完成税金1450万元。其中，国华满井风电场装机投产达到18.3万千瓦，成为当时国内单体规模最大的风电场。到2010年年底，共有国华、龙源、察哈尔、三峡新能源、中广核华电和国电等6家风电集团在尚投资，全县累计完成风电装机100.5万千瓦，年内新增装机容量39.7万千瓦，年内完成投资34.69亿元，建成投产总装机容量达到85.65万千瓦，共有12处风电工程竣工投产，尚义成为名副其实的全国风电第一县。

第十一节　开放带动、城建拉动、民营促动三大策略

2004年，尚义县委立足县情，确立了全县经济和社会发展的思路、目标任务及工作措施，力争通过实施开放带动、城建拉动、民营促动三大战略，推进全县经济跨越式发展。县委提出：开放带动战略，围绕畜牧、蔬菜、口蘑、林果四大主导产业，按照“区域化布局、项目化运作、规模化建设、产业化发展”的思路，通过开放开发带动，加大主导产业的龙头建设，做强做大四大主导产业。

第十二节　“三个经济集聚区”建设

2006年7月，在县委召开的九届一次全会上，通过了《和谐共进，开拓创新，努力实现全县经济和社会各项事业跨越式发展》的工作报告，确立了以“三个代表”重要思想和科学发展观为指导，坚持走可持续发展道路，依托京津冀、晋冀蒙两大经济圈，重点推进北部、中部、南部三个经济集聚区发展，深入实施项目强县、工业立县、科教兴县战略，加快工业化、城镇化、农业产业化、三产规模化进程，推进社会主义新农村建设，促进社会各项事业协调发展，加强和改进党的领导，开创和谐共进、跨越发展的良好局面，全面完成“十一五”规划目标任务。

2007年1月，县委召开九届二次全委（扩大）会议，县委书记籍献平做了《坚定信心，团结实干，为实现跨越式发展和构建和谐尚义而努力奋斗》的报告。确定2007年工作的总体思路：以科学发展观为统领，以生态经济为主线，以项目建设为总纲，以三个经济集聚区为重点，全力抓好风力发电、矿产开发、农业结构调整、城镇基础设施建设、生态旅游等项工作，加快推进工业化、城镇化、农业产业化、三产规模化，和谐共进，跨越发展。

第十三节　“一线两翼五区”生态旅游开发

依托独特的原生态区域风貌，把生态旅游与清洁能源展示、节水农业观光紧密结合起来，规划培育特色景区，在已初步建成的风电山庄、韩家庄生态庄园、五台草原度假村等一批生态旅游景点的基础上，2010年，县委立足培育新型支柱产业远景目标，全力打造京津区域高端生态旅游基地县。坚持高端定位、规划先行、区域式开发原则，确立了“一线两翼五区”生态旅游开发战略。中部重点发展集休闲度假、

农业观光、消夏避暑、培训服务于一体的大型旅游景区；北部重点发展以蒙古族特色文化和坝上传统习俗为主的民族风情旅游；南部重点发展森林旅游和地质文化旅游。并逐步建成具有尚义特色的休闲旅游度假、民族风情湿地、地质文化浏览、森林公园旅游和高档文化娱乐等五大生态旅游区。与北京九汉天成有限公司、金鑫装饰建筑公司、九一国际环球有限公司签订生态旅游开发项目，为生态旅游业高起点起步奠定了坚实基础。

尚义县志
SHANGYI XIANZHI
1989—2010

第五篇

地方人民代表大会

尚义县人民代表大会是尚义县地方国家权力机关，1979 年 7 月，五届全国人大二次会议通过了《中华人民共和国地方各级人民代表大会和地方各级人民政府组织法》，规定“县以上地方各级人民代表大会设立常务委员会”，据此，人民代表大会进入了一个全新的发展时期。尚义县七届人大一次会议于 1982 年 3 月 22 日选举产生七届人大常委会，1990—2010 年，尚义县召开了十届、十一届、十二届、十三届、十四届人民代表大会。在中共尚义县委的领导下，尚义县人民代表大会认真贯彻落实国家各项法律法规，履行人民代表大会职责，为全县坚持和完善人民代表大会制度和推进民主法治建设，促进全县经济和各项社会事业发展发挥了重要作用。

第一章　人大代表

第一节　人大代表产生

根据《中华人民共和国全国人民代表大会和地方各级人民代表大会选举法》的规定，尚义县人民代表大会的代表，由选民直接选举产生。在直接选举中，按照选民居住情况或选民生产单位、工作单位划分为若干个选区，按街区提名代表候选人。在尚义县历届选举委员会的领导下，以无记名投票方式选举产生。

一、选举机构

根据《中华人民共和国全国人民代表大会和地方各级人民代表大会选举法》第七条规定，尚义县选举工作机构为尚义县选举委员会，县选举委员会是在尚义县人大及其常委会领导下，主持各届人民代表大会代表选举的工作机关，负责办理全县选举事宜，监督和指导《中华人民共和国全国人民代表大会和地方各级人民代表大会选举法》的贯彻和执行。历次换届选举前，都先建县、乡镇两级选举委员会及其办事机构。县选举委员会由主任、副主任和委员 15 ～ 17 人组成，在人大常委会领导下负责代表的选举工作。选举委员会下设办公室，分综合、组织、宣传、选民登记、后勤 5 个组，办理换届选举的各项事宜。乡镇选举委员会由主任、副主任及委员 9 ～ 11 人组成，在县选举委员会领导下，负责本乡镇的换届选举工作。

二、选区划分、选民登记

尚义县选区划分本着便于选民参选，便于组织选举，便于选民监督和每选区选举 1 ～ 3 名代表以及农村每一代表所代表人口数大体相同的原则，进行划分。第十届人代会换届选举中划分选区 145 个。第十一届人代会换届选举中划分选区 147 个。第十二届人代会换届选举中划分选区 95 个。第十三届人代会换届选举中划分选区 95 个。第十四届人代会换届选举中划分选区 99 个。

选民登记是选举工作机构依法确认合格选民享有选举权和被选举权的基本法律程序。选民登记工作由选区负责组织，按选民小组逐户逐人登记，然后汇总上报，并在选举日前 20 天（1995 年前为 30 天）张榜公布。

三、选举代表、代表资格审查

根据相关规定，尚义县第十、十一、十二、

十三、十四届人大代表的产生，为直接选举，以无记名投票方式选举产生，即代表名额分配到选区，由选区选民投票选举产生，并实行差额选举。一般要经过设立选举委员会及选举办公室、制定选举工作方案、召开选举工作会议、培训选举工作骨干、开展广泛深入的宣传发动、划分选区、分配代表名额、选民登记与选民资格审查、提名推荐代表候选人、协商确定正式代表候选人、投票选举、代表资格审查等工作步骤和工作程序。

代表资格审查委员会是专门负责代表资格审查的常设机构，其行使职权的时间同本级人民代表大会任期相同。

第二节　历届代表构成

一、尚义县第十届人大代表构成

全县代表名额分配 187 名。全县提名代表候选人 315 名，确定正式代表候选人 272 名。经过选民投票选举，选出人大代表 186 名。其中妇女代表 32 名，占代表总数的 17.20%；党员代表 124 名，占代表总数的 66.67%；少数民族代表 8 名，占代表总数的 4.30%；大专、中专以上文化程度的代表 38 名，占代表总数的 20.43%，领导干部代表 21 名，占代表总数的 11.29%，干部代表 44 名，占代表总数的 23.66%；归侨代表 1 名，占代表总数的 0.54%；解放军代表 1 名，占代表总数的 0.54%；35 岁以下代表 36 名，占代表总数的 19.35%；56 岁以上代表 21 名，占代表代表总数的 11.29%。

二、尚义县第十一届人大代表构成

全县代表名额分配 187 名。全县提名代表候选人 337 名，确定正式代表候选人 292 名。经过选民投票选举，选出人大代表 186 名。其中妇女代表 35 名，占代表总数的 18.82%；党员代表 122 名，占代表总数的 65.59%；少数民族代表 8 名，占代表总数的 4.30%；大专、中专文化程度以上的代表 51 名，占代表总数的 27.42%，小学以下文化程度的代表 26 名以上，占代表总数的 13.98%。农民代表 127 名，占代表总数的 68.28%，工人代表 4 名，占代表总数 2.15%，干部代表 55 名，占代表总数 29.57%。35 岁以下代表 36 名，占代表总数的 19.35%；36 岁至 55 岁代表 141 名，占代表总数的 75.81%；56 岁至 65 岁代表 9 名，占代表总数的 4.83%。

三、尚义县第十二届人大代表构成

全县代表名额分配 166 名。全县提名代表候选人 346 名，确定正式代表候选人 213 名。经过选民投票选举，选出人大代表 166 名，其中妇女代表 44 名，占代表总数的 26.51%；党员代表 125 名，占代表总数的 75.3%；少数民族代表 7 名，占代表总数的 4.22%；大学专科以上代表 60 名，占代表总数的 36.14%，初中以下代表 80 名，占代表总数的 48.19%。农民代表 72 名，占代表总数的 43.37%，干部代表 90 名，占代表总数的 54.22%。

四、尚义县第十三届人大代表构成

全县代表名额分配 165 名。全县提名代表候选人 394 名，确定正式代表候选人 261 名。经过选民差额选举无记名投票，选出人大代表 165 名。其中妇女代表 35 名，约占代表总数 21%；党员代表占 65% 左右；少数民族代表 2 名，约占代表总数的 1.20%；35 岁以下的代表 22 名，约占代表总数的 13%，36 ~ 55 岁的代表 126 名，约占代表总数的 76%，56 岁以上的代表 17 名，约占代表总数的 11%；大专以上学历的代表 91 名，约占代表总数的 55%；初中以下代表 38 名，约占代表总数的 23%；农民代表 68 名，约占代表总数的 41%；国家机关的代表 91 名，约占代表总数的 55%。

五、尚义县第十四届人大代表构成

全县代表名额分配 166 名。全县提名代表候选人 267 名，确定正式代表候选人 267 名。经过选民差额选举无记名投票方式，投票选举，选出人大代表 166 名。其中，妇女代表 34 名，约占代表总数的 20%；党员代表占 65% 左右；少数民族代表 4 名，约占代表总数的 2%；35 岁以下代表 16 名，约占代表总数的 10%；36 ～ 55 岁代表 146 名，占代表总数的 88%；56 岁以上代表 4 名，约占代表总数的 2%；大专以上的代表 99 名，约占代表总数的 60%；中专以上代表 47 名，约占代表总数的 28%；初中以下的代表 20 名，约占代表总数的 12%；农民代表 46 名，约占代表总数的 27%;公务员代表 66 名，约占代表总数的 40%，领导干部代表 33 名，约占代表总数的 20%。

1989—2010 年尚义县出席全国人民代表大会代表一览表

表 5-1

姓 名	性 别	民 族	政治面貌	工作单位	职 务	备 注
豪 杰	男	蒙古族	中共党员	大营盘乡五台蒙古营村党支部	支部书记	第六、七届全国人大代表

1989—2010 年尚义县出席河北省人民代表大会代表一览表

表 5-2

姓 名	性 别	民 族	政治面貌	工作单位	职 务	备 注
王德忠	男	汉	中共党员	尚义县人大常委会	主任	第八届省人大代表
斯 琴	女	蒙古	群众	尚义县医院	护士	第八届省人大代表
潘和荣	女	汉	中共党员	尚义县政协	副主席	第九届省人大代表
青 豹	男	蒙古	群众	大营盘乡五台蒙古营村	村主任	第十届省人大代表
郑素梅	女	汉	群众	尚义县人民政府	副县长	第十一届省人大代表
朱 涛	男	汉	中共党员	国华（河北）新能源有限公司	总经理	第十一届省人大代表

尚义县十～十四届人民代表大会选举出席张家口市人民代表大会代表一览表

表 5-3

姓 名	性别	民族	政治面貌	工作单位	职 务	备 注
马万荣	男	汉	中共党员	南壕堑镇菜园街支部、南壕堑镇建材厂	书记、厂长	第九届市人大代表
王德忠	男	汉	中共党员	尚义县人大常委会	主任	第九届市人大代表
刘善修	男	汉	群众	尚义县人民政府	副县长	第九届市人大代表
杨 宏	男	汉	中共党员	尚义县煤矿、党委	矿长、书记	第九届市人大代表
杨生格	男	蒙古	中共党员	尚义县民政局	局长	第九届市人大代表
李 志	男	汉	中共党员	尚义县人民政府	县长	第九届市人大代表
张凤翔	男	满	中共党员	南壕堑镇	镇长	第九届市人大代表
张玉梅	女	汉	群众	尚义县供销社	科员	第九届市人大代表

续表 5-3

姓名	性别	民族	政治面貌	工作单位	职务	备注
陈东霞	女	汉	群众	县医院内科	护士长	第九届市人大代表
靳振贵	男	汉	中共党员	尚义县委	副书记	第九届市人大代表
路　满	男	汉	群众	尚义县农业局、尚义县政协	副局长、副主席	第九届市人大代表
潘和荣	女	汉	中共党员	尚义县科技局	局长	第九届市人大代表
门树彬	男	汉	中共党员	尚义煤矿	矿长	第十届市人大代表
马万荣	男	汉	中共党员	南壕堑镇党委	副书记	第十届市人大代表
石　宝	男	汉	群众	县司法局	律师	第十届市人大代表
申兰旺	男	汉	中共党员	中共尚义县委	书记	第十届市人大代表
刘志能	男	汉	中共党员	尚义县毛纺厂	厂长	第十届市人大代表
刘善修	男	汉	群众	尚义县政府	副县长	第十届市人大代表
张　钧	男	汉	中共党员	尚义县人大常委会	主任	第十届市人大代表
陈东霞	女	汉	群众	尚义县医院内科	护士长	第十届市人大代表
郭有富	男	汉	群众	尚义县政府	县长	第十届市人大代表
温金贵	男	汉	中共党员	中共尚义县委	副书记	第十届市人大代表
潘和荣	女	汉	中共党员	尚义县科技局	局长	第十届市人大代表
张桂梅	女	汉	中共党员	尚义县人大常委会（2001 年 3 月补选）	主任	第十届市人大代表
马志红	女	汉	群众	尚义县工商联	副会长	第十一届市人大代表
门树彬	男	汉	中共党员	尚义煤矿	矿长兼党委书记	第十一届市人大代表
王国山	男	汉	中共党员	尚义承泰建材股份合作公司	总经理	第十一届市人大代表
石　宝	男	汉	群众	县司法局律师事务所	主任	第十一届市人大代表
李登岚	女	汉	群众	尚义二中教导处	副主任	第十一届市人大代表
吴　勇	男	汉	群众	尚义县八道沟镇	镇人大副主席	第十一届市人大代表
张桂梅	女	汉	中共党员	尚义县人大常委会	主任	第十一届市人大代表
赵占华	男	汉	中共党员	尚义县政府	县长	第十一届市人大代表
徐若飞	男	汉	群众	尚义县人大常委会	副主任	第十一届市人大代表
郭有富	男	汉	中共党员	中共尚义县委	书记	第十一届市人大代表
韩　义	男	汉	中共党员	南壕堑镇太平街党支部	书记	第十一届市人大代表
籍献平	男	汉	中共党员	中共尚义县委	书记	第十二届市人大代表
高　领	男	汉	中共党员	尚义县人民政府	县长	第十二届市人大代表
张桂梅	女	汉	中共党员	尚义县人大常委会	主任	第十二届市人大代表
杜　杰	男	汉	群众	龙源（张家口）风电有限公司	总经理	第十二届市人大代表
刘　英	男	汉	中共党员	尚义煤矿	党委书记兼矿长	第十二届市人大代表
张凤虎	男	汉	中共党员	尚义县七甲乡	乡人大主席	第十二届市人大代表
王国山	男	汉	中共党员	尚义县承泰建材有限责任公司	董事长	第十二届市人大代表
忻淑芳	女	汉	群众	尚义县农业产业化办公室	副主任	第十二届市人大代表
余启山	男	汉	群众	尚义县炕塄乡中心校	校长	第十二届市人大代表
马志红	女	汉	群众	尚义红雅饭店	总经理	第十二届市人大代表
殷万祥	男	汉	群众	尚义县甲石河乡养猪场	场长	第十二届市人大代表

第二章　历届人民代表大会会议

尚义县人民代表大会是地方行使国家权力的机关，具有对“一府两院”（政府、法院、检察院）进行依法监督，任免国家机关工作人员，决定县内重大事项的职权。

从 1990 年 4 月召开尚义县第十届人民代表大会，到 2009 年 12 月召开尚义县第十四届人民代表大会，1989—2010 年，尚义县共召开了 5 届人民代表大会。

第一节　第九届人民代表大会

第九届县人民代表大会第三次会议于 1989 年 4 月 7—10 日召开，出席代表 115 名。会议听取审议了《尚义县人民政府工作报告》《尚义县人民政府关于尚义县国民经济和社会发展计划（草案）的报告》《尚义县人民政府关于 1988 年财政决算和 1989 年财政预算（草案）的报告》；听取审议了《尚义县第九届人大常委会工作报告》《尚义县人民法院工作报告》《尚义县人民检察院工作报告》，并通过各项报告相应的决议。

审议了尚义县人民政府《关于千方百计夺取 1989 年农业丰收的方案（草案）》，通过了相应的决议。

第二节　第十届人民代表大会

（1990 年 4 月至 1993 年 2 月）

第十届人民代表大会第一次会议　于 1990 年 4 月 13—17 日召开，出席代表 179 名。会议听取审议了尚义县人民政府代县长侯文章所作《励精图治，艰苦创业，为实现我县经济稳步健康发展而奋斗》的政府工作报告、《尚义县人民政府关于尚义县国民经济和社会发展计划（草案）的报告》、《尚义县人民政府关于 1989 年财政决算和 1990 年财政预算（草案）的报告》；听取审议了《尚义县第九届人民代表大会常务委员会工作报告》《尚义县人民法院工作报告》《尚义县人民检察院工作报告》，并通过了各项报告相应的决议。

审议了尚义县人民政府《关于科技兴农》《进一步开展廉政建设》的两个议案（草案），通过了两项相应的决议。

第十届人民代表大会第二次会议　于 1991 年 3 月 26—30 日召开，出席代表 151 名。会议听取审议了《尚义县人民政府工作报告》《尚义县人民政府关于尚义县国民经济和社会发展计划（草案）的报告》《尚义县人民政府关于 1990 年财政决算和 1991 年财政预算（草案）的报告》；听取审议了《尚义县第十届人民代表大会常务委员会工作报告》《尚义县人民法院工作报告》《尚义县人民检察院工作报告》，并通过了各项报告相应的决议。

第十届人民代表大会第三次会议　于 1992 年 3 月 27—30 日召开，出席代表 161 名。会议听取审议了《尚义县人民政府工作报告》《尚义县人民政府关于尚义县国民经济和社会发展计划（草案）的报告》《尚义县人民政府关于 1991 年财政决算和 1992 年财政预算（草案）的报告》；听取审议了《尚义县第十届人民代表大会常务委员会工作报告》《尚义县人民法院工作报告》

《尚义县人民检察院工作报告》，并通过了各项报告相应的决议。

审议了尚义县政府人民政府《关于1992年开展林业年活动的议案》《关于开发大青沟经济小区的议案（草案）》，通过了两项相应的决议。

会议选举李志为尚义县人民政府县长。

第三节　第十一届人民代表大会

（1993年2月至1998年2月）

第十一届人民代表大会第一次会议　于1993年2月6—9日召开，出席会议代表186名。听取审议了尚义县人民政府县长李志所作《继往开来，再展宏图，为我县经济跨上新台阶而奋斗》的政府工作报告、《尚义县人民政府关于尚义县国民经济和社会发展计划（草案）的报告》、《尚义县人民政府关于尚义县1992年财政决算和1993年财政预算（草案）的报告》；听取审议了《尚义县第十届人民代表大会常务委员会工作报告》《尚义县人民法院工作报告》《尚义县人民检察院工作报告》，并通过了各项报告相应的决议。

审议了尚义县人民政府《关于1993年开展乡镇企业活动的议案（草案）》《关于建立瘦肉型商品猪基地的议案》，通过了两项相应的决议。

第十一届人民代表大会第二次会议　于1993年9月6日召开，出席代表162名。会议选举王德忠等16人为尚义县出席张家口市第九届人民代表大会代表。

第十一届人民代表大会第三次会议　于1994年3月16—18日召开，出席代表186名。听取审议了尚义县人民政府县长李志所作《锲而不舍艰苦创业为富民强县努力奋斗》的政府工作报告、《尚义县人民政府关于尚义县国民经济和社会发展计划（草案）的报告》、《尚义县人民政府关于尚义县1993年财政决算和1994年财政预算草案的报告》；听取审议了《尚义县第十一届人民代表大会常务委员会工作报告》《尚义县人民法院工作报告》《尚义县人民检察院工作报告》，并通过了各项报告相应的决议。

第十一届人民代表大会第四次会议　于1995年3月10—13日召开，出席代表182名。会议听取审议了县政府工作报告，审查批准了《尚义县1994年国民经济和社会发展计划执行情况与1995年国民经济和社会发展计划（草案）的报告》《尚义县1994年财政预算执行情况和1995年财政预算（草案）的报告》；听取审议了《尚义县第十一届人民代表大会常务委员会工作报告》《尚义县人民法院工作报告》《尚义县人民检察院工作报告》，并通过了各项报告相应的决议。

第十一届人民代表大会第五次会议　于1996年3月12—15日召开，出席代表185名。会议听取审议了《政府工作报告》《关于尚义县1995年国民经济和社会发展“九五”计划和2010年远景目标纲要（草案）的报告》《关于尚义县1995年国民经济和社会发展计划执行情况和1996年国民经济和社会发展计划（草案）的报告》《关于尚义县1995年县本级财政预算执行情况与1996年县本级财政预算和县总预算（草案）的报告》；听取审议了《尚义县第十一届人民代表大会常务委员会工作报告》《尚义县人民法院工作报告》《尚义县人民检察院工作报告》，并通过了各项报告相应的决议。

会议选举申兰旺为尚义县人民政府县长。

第十一届人民代表大会第六次会议　于1997年3月10—13日召开，出席代表174名。听取审议了《尚义县人民政府工作报告》，审查批准了《尚义县人民政府关于1996年国民经济和社会发展计划执行情况与1997年国民经济和社会发展计划（草案）的报告》《尚义县人民政府关于尚义县1996年财政总预算及县本级预算执行情况和1997年总预算及县本级财政预算（草案）的报告》；听取审议了《尚义县第十一届人民代表大会常务委员会工作报告》《尚义县人民法院工作报告》《尚义县人民检察院工作报告》，并通过了各项报告相应的决议。

审议了尚义县人民政府《关于郭花公路改建工程的议案（草案）》，通过了相应的决议。

第四节　第十二届人民代表大会

（1998年2月至2003年2月）

第十二届人民代表大会第一次会议　于1998年2月17—20日召开，出席代表165名。会议听取审议了代县长郭有富所作的《尚义县人民政府工作报告》，审查批准了《尚义县人民政府关于尚义县1997年国民经济和社会发展计划执行情况报告与尚义县1998年国民经济和社会发展计划（草案）的报告》《尚义县人民政府关于尚义县1997年县本级财政预算执行情况和1998年县本级财政预算（草案）的报告》；听取审议了《尚义县第十一届人民代表大会常务委员会工作报告》《尚义县人民法院工作报告》《尚义县人民检察院工作报告》，并通过了各项报告相应的决议。

第十二届人民代表大会第二次会议　于1999年3月15—18日召开，出席158名。会议听取审议了《尚义县人民政府工作报告》《尚义县人民政府关于尚义县1998年国民经济和社会发展计划执行情况与1999年国民经济和社会发展计划（草案）的报告》《尚义县人民政府关于1998年县本级财政预算及县总预算执行情况和1999年县本级财政预算及总预算（草案）的报告》；听取审议了《尚义县第十二届人民代表大会常务委员会工作报告》《尚义县人民法院工作报告》《尚义县人民检察院工作报告》，并通过了各项报告相应的决议。

第十二届人民代表大会第三次会议　于2000年3月7—9日召开，出席代表159名。会议听取审议了《尚义县人民政府工作报告》，审查批准了《尚义县人民政府关于尚义县1999年国民经济和社会发展计划执行情况与2000年国民经济和社会发展计划（草案）的报告》《尚义县人民政府关于尚义县1999年县本级财政预算及县总预算执行情况和2000年县本级财政预算及总预算（草案）的报告》；听取审议了《尚义县第十二届人民代表大会常务委员会工作报告》《尚义县人民法院工作报告》《尚义县人民检察院工作报告》，并通过了各项报告相应的决议。

审议了《尚义县人民政府关于2000年农业结构调整的议案（草案）》，通过了相应的决议。

第十二届人民代表大会第四次会议　于2001年2月28日至3月3日召开，出席代表160名。听取审议了代理县长赵占华所作的《尚义县人民政府工作报告》《尚义县人民政府关于尚义县国民经济和社会发展第十个五年计划纲要的报告》《尚义县人民政府关于尚义县2000年县本级财政预算及县总预算执行情况和2001年县本级财政预算及总预算（草案）的报告》；听取审议了《尚义县第十二届人民代表大会常务委员会工作报告》《尚义县人民法院工作报告》《尚义县人民检察院工作报告》，并通过了各项报告相应的决议。

会议补选张桂梅为尚义县人大常委会主任、赵占华为尚义县人民政府县长、孙少平为尚义县人民法院院长、孙洪亮为尚义县人民检察院检察长。

第十二届人民代表大会第五次会议　于2002年1月16—18日召开，出席代表152名。会议听取审议了《尚义县人民政府工作报告》，审查批准了《尚义县人民政府关于尚义县2001

年国民经济和社会发展计划执行情况的报告与2002年国民经济和社会发展计划的报告（草案）》《尚义县人民政府关于2001年县本级财政预算执行情况和2002年县本级财政预算的报告（草案）》；听取审议了《尚义县第十二届人民代表大会常务委员会工作报告》《尚义县人民法院工作报告》《尚义县人民检察院工作报告》，并通过了各项报告相应的决议。

第十二届人民代表大会第六次会议 于2003年2月20—21日召开，出席代表154名。会议讨论通过了《尚义县第十二届人民代表大会第六次会议选举办法（草案）》，选举尚义县出席张家口市第十一届人民代表大会代表13人，其中市直参选的2人。

第五节　第十三届人民代表大会

（2003年4月至2007年5月）

第十三届人民代表大会第一次会议 于2003年4月14—16日召开，出席代表159名。会议听取审议了代县长高林所作的《尚义县人民政府工作报告》，审查批准了《尚义县人民政府关于尚义县2002年国民经济和社会发展计划执行情况与尚义县2003年国民经济和社会发展计划（草案）的报告》《尚义县人民政府关于尚义县2002年县本级财政预算执行情况和2003年县本级财政预算（草案）的报告》；听取审议了《尚义县第十二届人民代表大会常务委员会工作报告》《尚义县人民法院工作报告》《尚义县人民检察院工作报告》，并通过了各项报告相应的决议。

第十三届人民代表大会第二次会议 于2004年1月5—7日召开，出席代表164名。会议听取审议了《尚义县人民政府工作报告》，审查批准了《尚义县人民政府关于尚义县2003年国民经济和社会发展计划执行情况与尚义县2004年国民经济和社会发展计划（草案）的报告》《尚义县人民政府关于2003年县本级财政预算执行情况和2004年县本级财政预算（草案）的报告》；听取审议了《尚义县第十三届人民代表大会常务委员会工作报告》《尚义县人民法院工作报告》《尚义县人民检察院工作报告》，并通过了各项报告相应的决议。

第十三届人民代表大会第三次会议 于2005年1月10—11日召开，出席代表163名。会议听取审议了《尚义县人民政府工作报告》，审查批准了《尚义县人民政府关于尚义县2004年国民经济和社会发展计划执行情况与2005年国民经济和社会发展计划（草案）报告》《尚义县人民政府关于2004年县本级财政预算执行情况的报告和2005年县本级财政预算（草案）的报告》；听取审议了《尚义县第十三届人民代表大会常务委员会工作报告》《尚义县人民法院工作报告》《尚义县人民检察院工作报告》，并通过了各项报告相应的决议。

第十三届人民代表大会第四次会议 于2006年6月16—17日召开，出席代表164名。会议听取审议了代县长高领所作的《尚义县人民政府工作报告》；审查批准了《尚义县人民政府关于尚义县国民经济和社会发展十一五规划纲要（草案）的报告》《尚义县人民政府关于尚义县2005年国民经济和社会发展计划执行情况与2006年国民经济和社会发展计划（草案）的报告》《尚义县人民政府关于尚义县2005年县本级财政预算执行情况和2006年县本级财政预算（草案）的报告》；听取审议了《尚义县第十三届人民代表大会常务委员会工作报告》《尚义县人民法院工作报告》《尚义县人民检察院工作报告》，并通过了各项报告相应的决议。

会议通过《尚义县第十三届人民代表大会

第四次会议选举办法》，决定接受高林辞去尚义县人民政府县长的请求，补选高领为尚义县人民政府县长。

第六节　第十四届人民代表大会

（2007 年 5 月至 2009 年 12 月）

第十四届人民代表大会第一次会议　于 2007 年 5 月 16—18 日召开，出席代表 163 名。会议听取审议了县长高领所作《尚义县人民政府工作报告》，审查批准了《尚义县人民政府关于尚义县 2006 年国民经济和社会发展计划执行情况与 2007 年国民经济和社会发展计划（草案）的报告》《尚义县人民政府关于尚义县 2006 年县本级财政预算执行情况和 2007 年县本级财政预算（草案）的报告》；听取审议了《尚义县第十三届人民代表大会常务委员会工作报告》《尚义县人民法院工作报告》《尚义县人民检察院工作报告》，并通过了各项报告相应的决议。

第十四届人民代表大会第二次会议　于 2008 年 3 月 6—8 日召开，出席代表 166 名。会议听取审议了县长高领所作的《尚义县人民政府工作报告》，审查批准了《尚义县人民政府关于尚义县 2007 年国民经济和社会发展计划执行情况与 2008 年国民经济和社会发展计划的报告（草案）》《尚义县人民政府关于尚义县 2007 年县本级财政预算执行情况的报告和 2008 年县本级财政预算的报告（草案）》；听取审议了《尚义县第十四届人民代表大会常务委员会工作报告》《尚义县人民法院工作报告》《尚义县人民检察院工作报告》，并通过了各项报告相应的决议。

大会选举出席张家口市第十二届人民代表大会代表 14 人。

第十四届人民代表大会第三次会议　于 2009 年 1 月 18—19 日召开，出席代表 161 名。会议审议了县长高领所作的《尚义县人民政府工作报告》，审查批准了《尚义县人民政府关于尚义县 2008 年国民经济和社会发展计划执行情况与 2009 年国民经济和社会发展计划的报告（草案）》《尚义县人民政府关于尚义县 2008 年县本级财政预算执行情况的报告和 2009 年县本级财政预算的报告（草案）》；听取审议了《尚义县第十四届人民代表大会常务委员会工作报告》《尚义县人民法院工作报告》《尚义县人民检察院工作报告》，并通过了各项报告相应的决议。

第三章　县人大常务委员会

第一节　人大常务委员会构成

一、第十届人民代表大会常务委员会（1990 年 4 月至 1993 年 2 月）　于 1990 年 4 月第十届人民代表大会第一次会议选举产生。该届常务委员会由 1 名主任、5 名副主任、10 名委员组成。

二、第十一届人民代表大会常务委员会（1993 年 2 月至 1998 年 2 月）　于 1993 年 2 月第十一届人民代表大会第一次会议选举产生，由 1 名主任、5 名副主任、12 名委员组成。在组成人员中连任 8 名，占 44.44%，新进 10 名，占 55.65%，有非中共人士 1 名。

三、第十二届人民代表大会常务委员会（1998年2月至2003年4月） 于1998年2月第十二届人民代表大会第一次会议选举产生。由1名主任、4名副主任、12名委员组成。县人大常委会原主任张钧因病于1999年11月去世，至2001年3月，主任缺职。其间，县人大常委会组成人员变为16名。2001年3月县十二届人民代表大会第9次会议召开，补选张桂梅为县人大常委会主任。到2003年4月，有主任1名，副主任4名，委员12名。

四、第十三届人民代表大会常务委员会（2003年4月至2007年5月） 于2003年4月由县十三届人民代表大会第一次会议选举产生。由1名主任、3名副主任、12名委员组成。其间，1名人大常委会委员因工作需要请求辞去县人大常委会委员职务，县十三届人大二次会议召开，补选了1名人大常委会委员。2006年12月，因经济问题，免去1名人大代表和县人大常委会委员职务。到2007年5月，有主任1名、副主任3名、委员11名。

五、第十四届人民代表大会常务委员会（2007年5月至2009年12月） 于2007年5月第十四届人民代表大会第一次选举产生。由1名主任、4名副主任、16名委员组成。其间，1名人大常委会委员辞去职务，到2009年年底，有主任1名、副主任4名，委员15名。

尚义县十～十四届人大常委会领导一览表

表5-4

届　次	姓　名	职　务	文化程度	任职时间	籍　贯
第十届	王德忠	主任	大专	1990年4月至1993年2月	河北省武强县
第十届	李文有	副主任	中专	1990年4月至1993年2月	河北省尚义县
第十届	王　珍	副主任	大学	1990年4月至1993年2月	河北省新城县
第十届	侯　瑞	副主任	初中	1990年4月至1993年2月	河北省尚义县
第十届	景启英	副主任	初中	1990年4月至1993年2月	河北省尚义县
第十届	梁世文	副主任	中专	1990年4月至1993年2月	河北省怀安县
第十一届	王德忠	主任	大专	1993年2月至1998年2月	河北省武强县
第十一届	李文有	副主任	中专	1993年2月至1998年2月	河北省尚义县
第十一届	侯　瑞	副主任	初中	1993年2月至1998年2月	河北省尚义县
第十一届	张秀荣	副主任	大专	1993年2月至1998年2月	河北省尚义县
第十一届	王　珍	副主任	大学	1993年2月至1998年2月	河北省新城县
第十一届	梁世文	副主任	中专	1993年2月至1998年2月	河北省怀安县
第十二届	张　钧	主任	大专	1998年2月至1999年11月	河北省尚义县
第十二届	张桂梅	主任	大专	2001年3月至2003年4月	山西省灵丘县
第十二届	梁世文	副主任	中专	1998年2月至2003年4月	河北省怀安县
第十二届	张秀荣	副主任	大专	1998年2月至2003年4月	河北省尚义县
第十二届	贠　明	副主任	中师	1998年2月至2003年4月	河北省阳原县
第十二届	徐若飞	副主任	大专	1998年2月至2003年4月	河北省尚义县
第十三届	张桂梅	主任	大专	2003年4月至2007年5月	山西省灵丘县
第十三届	张秀荣	副主任	大专	2003年4月至2007年5月	河北省尚义县
第十三届	卢千林	副主任	大专	2003年4月至2007年5月	河北省尚义县
第十三届	田　有	副主任	大专	2003年4月至2007年5月	河北省尚义县

续表 5-4

届　次	姓　名	职　务	文化程度	任职时间	籍　贯
第十四届	张桂梅	主任	大专	2007 年 5 月至 2009 年 12 月	山西省灵丘县
第十四届	张秀荣	副主任	大专	2007 年 5 月至 2009 年 12 月	河北省尚义县
第十四届	卢千林	副主任	大专	2007 年 5 月至 2009 年 12 月	河北省尚义县
第十四届	徐若飞	副主任	大专	2007 年 5 月至 2009 年 12 月	河北省尚义县
第十四届	田　有	副主任	大专	2007 年 5 月至 2009 年 12 月	河北省尚义县

六、县人大常委会工作机构

尚义县人民代表大会常务委员会是县级人民代表大会的常设机构。尚义县人民代表大会常务委员会由尚义县人民代表大会在代表中选举主任 1 人，副主任若干人，委员若干人组成。负有讨论、决定县内政治、经济、社会、文化等重大事项，县人大常委会监督“一府两院”工作，依法任免国家机关工作人员等诸方面职权，向本级人民代表大会负责并报告工作。同时，在本级人民代表大会闭会期间，补选上一级人民代表大会出缺席代表和撤换个别代表；决定授予地方的荣誉称号。从 1990 年 4 月至 2009 年年底，选举产生了五届人民代表大会常务委员会。

1989 年 3 月，在原有办公室、政法科、代表联络科的基础上，增设财政经济科和科教文卫科。1992 年 12 月尚义县人大常委会设一室四科，即办公室、政治法律科、代表联络信访科、财政经济科、科教文卫科。1997 年 10 月，行政编制 20 名，内设办公室、选举人事科、政治法律科、财政科教科。2010 年，编制 16 人，机关仍设 4 个科室：办公室、选举人事科、政治法律科、财经科教科。

第二节　人大常委会会议

尚义县自 1990 年 4 月至 2009 年年底，五届人大常委会共召开常委会会议 133 次。

一、第十届县人大常委会

该届人大常委会共举行 16 次常委会会议。1990 年 5 月 10 日召开第一次会议，1992 年 12 月 25 日召开第十六次会议。其间，第四次会议制定并通过了《县人大常委会人事任免办法》。第六次会议制定并通过了《尚义县人大常委会信访工作暂行规定》。共听取和审议“一府两院”工作报告 31 项，其中县政府 23 项、县法院 4 项、县检察院 4 项。决定和通过人事任免案 14 件，任免国家机关工作人员 140 人（次）。

二、第十一届人大常委会

该届人大常委会共举行 34 次常委会会议。1993 年 3 月 9 日召开第一次会议，1998 年 2 月 6 日召开第三十四次会议。其间，听取审议“一府两院”工作报告共 44 项，其中县政府方面 34 项、法院 5 项、检察院 5 项。任免国家机关工作人员 105 人次，包括第十五次会议接受李志辞去尚义县人民政府县长职务的请求，任命申兰旺为尚义县人民政府副县长、代理县长职务。第十七次会议通过《关于在全县推行部门执法责任制的决定》，第二十一次会议通过《关于在全县公民中进行第三个五年普法教育的决议》，第三十二次会议通过《关于县政府关于 1997 年县本级财政预算支出调整意见的报告和批复》和《关于调整县人民代表大会换届选举工作时间的决定》。讨论通过了《县人大常委会关于进一步规范办理代表建议、批评和意见的意见》《关于表彰优秀人大代表的决定》。

三、第十二届人大常委会

该届人大常委会共举行常委会会议38次，1998年4月20日召开第一次会议，2003年4月10日召开第三十八次会议。其间，听取和审议“一府两院”工作报告共68项，其中县政府58项、县法院5项、县检察院5项。共任免国家机关工作人员60人次。第二次会议通过《关于依法治县的决议》，第七次会议通过《关于甲石河乡第十三届人民代表大会选举人大副主席、政府副乡长无效的决议》，第十六次会议通过《关于“一府两院”组成人员进行任前法律知识考试办法》，第二十次会议通过《尚义县人民代表大会常务委员会议事规则》和《尚义县人民代表大会常务委员会人事任免办法》，第二十六次会议通过关于2001—2015年县城总体规划的决议。制定了《尚义县人大常委会议事规则》，修订了《尚义县人大常委会人事任免办法》。

四、第十三届县人大常委会

该届人大常委会共举行常委会议29次。2003年5月23日召开第一次会议，2007年5月8日召开第二十九次会议。其间，听取和审议“一府两院”工作报告共64项，其中县政府方面56项、法院4项、检察院4项。共任免国家机关工作人员114人次。第八次会议通过《关于批准县人民政府扩大县城规划区请示的决定（草案）》，第九次会议通过《县人大常委会代表联系选民活动月制度（草案）》，第十三次会议通过《尚义县人大常委会代表辞职补选办法（草案）》，第二十五次会议通过《尚义县人大常委会关于加强法制宣传教育的决议》，第二十七次会议通过《县乡两级人大换届选举实施方案》。研究通过《尚义县人大常委会关于加强法制宣传教育的决议》，制定了《县乡两级人大换届选举实施方案》。

五、第十四届县人大常委会

该届人大常委会共举行常委会议16次。2007年7月31日召开第一次会议，2009年12月22日召开第十六次会议。其间，听取和审议“一府两院”工作报告共43项，其中县政府方面37项、法院3项、检察院3项。共任免国家机关工作人员63人次。第六次会议通过《关于修编〈尚义县城消防规划情况的报告〉的决定》。第九次会议通过《尚义县人民政府关于生态县建设规划情况的报告》的决定。第十二次会议通过《关于尚义县国胜公路开发有限责任公司建设项目资金有关问题报告的决议》。

第三节　人大常委会主要工作

一、法律宣传

1990年4月以来，历届县人大常委会均采取多种形式和措施，把普法教育作为一项重要工作来抓。分别听取审议了县政府关于“二五”“三五”“四五”普法工作总结及“三五”“四五”“五五”普法工作安排意见的报告，通过尚义县人大常委会关于在全县公民中进行第三个五年普法教育、第四个五年普法教育、第五个五年普法教育的决议。此外，历届县人大常委会还利用法律宣传月、法律法规颁布周年纪念活动，就《中华人民共和国宪法》《中华人民共和国义务教育法》《中华人民共和国全民所有制工业企业法》《中华人民共和国选举法》《中华人民共和国环境保护法》《中华人民共和国保险法》《中华人民共和国矿产企业法》《中华人民共和国国防法》《中华人民共和国妇女权益保护法》《中华人民共和国气象法》《中华人民共和国消防法》《中华人民共和国价格法》等法律法规发表120多次电视讲话。

二、依法行使对“一府两院”的监督权

（一）执法检查

历届县人大常委会都把对法律法规贯彻实施情况的检查监督放在重要位置，由县人大常委会牵头，采取全面检查与专项检查相结合、重点检查与自查相结合、执法检查与调查研究相结合等方法，组织“一府两院”开展以法律实施主管部门为主要检查对象，对《中华人民共和国土地管理法》《中华人民共和国全民所有制工业企业法》《中华人民共和国经济合同法》《中华人民共和国义务教育法》等130多部（项）法律法规的贯彻实施情况进行了执法检查，提出90多条审议意见，纠正各类违法事件200多起。

（二）司法工作监督

围绕依法办事和加强司法队伍建设，历届县人大常委会先后听取了审议县法院、检察院、公安局关于惩治贪污贿赂犯罪、法纪检察工作情况、打击严重刑事犯罪、经济审判和执行工作情况，《中华人民共和国法官法》《中华人民共和国检察官法》《中华人民共和国人民警察法》等法律执行情况的报告，共组织代表听审团旁听19起司法案件的审理情况。并通过抽查有关案卷，受理群众的申诉控告51件，均转交有关部门处理。其中督促查报结果的33件，纠正错案和执法过错的1件。

（三）人民陪审

根据2004年8月28日十届全国人大常委会第十一次会议表决通过的《关于完善人民陪审员制度的决定》，2005年，经县十三届人大常委会第十三次会议通过批复，任命了5名人民陪审员。县十四届人大常委会第十九次会议通过批复，任命了5名任人民陪审员。人民陪审员的任期为五年，缺额依法定程序增补，人民陪审员任期届满后，其职务自动免除。人民陪审员依法参加人民法院审判活动，并与法官具有同等的审判权力。2005—2009年5年内，人民陪审员共参与20起案件的审理。

三、联系代表活动

历届县人大常委会除了组织代表进行调查视察活动外，还为代表提供学习资料，以提高议政能力。县第十届人大常委会为全县17个乡镇及代表小组订购了《人民代表报》《人民代表工作手册》《地方人大建设》等资料，并编印教材，对全县县乡两级代表进行业务培训，受培训的县乡两级代表达890人次。开展多种联系活动，为代表参政议政、发挥监督作用创造条件。1990年以来，历届县人大常委会不断充实和完善代表小组活动、人大常委会正副主任及委员包片联系代表、人大常委会主任接待日、代表联系选民活动月等制度，使代表活动制度化。20年来，历届人大常委会通过走访、座谈、书信来往、邀请代表列席常委会等形式，共联系省市县三级人大代表6000多人次，其中联系县人大代表4000多人次，收集意见和建议1300多条。开展评选优秀代表活动，激励代表参政议政的积极性。如1991年度，县第十届人大常委会在县代表中开展了评选优秀代表活动，共评出优秀县代表24人，并在十届人大三次会议上进行了表彰。

四、依法行使对地方国家机关工作人员的任免权

县人大常委会人事任免权是根据《中华人

民共和国宪法》《中华人民共和国地方各级人民代表大会和地方各级人民政府组织法》，及人民法院、人民检察院组织法实施的。1982 年决定，凡县人大办公室主任、副主任、科长、副科长，人民政府代县长、副县长、各委办局主任、局长、人民法院副院长、庭长、副庭长、审判委员会委员、审判员，人民检察院副检察长，检察委员会委员、检察员的任免都由人大常委会负责办理。同时担负着决定撤销个别副县长及人大常委会任命的县人民政府的局长、主任，人大常委会下设机构的主任、副主任、科长、副科长、人民法院副院长、庭长、副庭长，审判委员会委员、审判员，人民检察院副检察长，检察委员会委员、检察人员的职务；负责接受县人民政府的领导人员、县人大常委会的组成人员、县人民法院院长、县人民检察院检察长提出的辞职。决定接受辞职后，报县人民代表大会备案。县人民检察院检察长的辞职，须报省人民检察院检察长提请省人民代表大会常务委员会批准。1990—2009 年，尚义县共任免有关人员 482 人（次）。

五、历届人大代表所提的议案及批评、建议和意见情况

在人民代表大会举行会议期间，人大代表所提出的议案及批评、建议和意见，经大会议案审查委员会审查后，达到议案要求的予以立案，提请大会讨论通过后，做出决议。达不到议案要求的按批评、建议和意见处理，会议期间能答复的问题，在会议上当即答复解决，暂不能解决的问题，闭会后，由人大常委会牵头，召开人大、政府主要领导参加的联席会议，具体商定办理原则、时间、方法和质量要求，然后由人大常委会或县政府转交有关部门办理。一般问题不超过三个月予以答复，重大事项在六个月内办理答复。所有批评、意见和建议处理情况在召开下届（次）代表大会时，由县人大常委会向会议报告上一次会议的作议案及批评、建议和意见处理情况的报告。1990—2009 年，人大代表共提出各类议案及批评、建议和意见 747 件，多数问题得到及时答复和圆满解决。

尚义县九～十四届人大常委会议案表

表 5-5　　单位：件

届　次	收到议案总数	其　中							
		城建	农林水牧	科教卫生	财贸金融	工交	政法	电力通信	其他
第九届	53	3	18	19	2			2	9
第十届	231	10	95	80	5	4	5	5	27
第十一届	163	15	65	50	5	3	3	6	16
第十二届	61	16	15	17	4			6	3
第十三届	127	28	42	25	5	3	4	8	12
第十四届	112	25	23	22	8	8	7	15	4

六、依法指导乡镇人大工作

乡镇人民代表大会是乡镇级国家权力机关。具体职责：保证宪法和法律在乡镇行政区域内的贯彻实施，决定乡镇行政区域内的重大事项，选举乡镇人民代表大会主席、副主席，乡（镇）

长、副乡（镇）长，监督乡镇人民政府的工作。

尚义县乡镇人民代表大会于1954年始设。

1990—2010年，尚义县乡镇人大共经历5次换届选举，分别召开20次人民代表大会。

1990年，乡镇人民代表大会换届选举。按照省委批转省人大常委会党组《关于做好县乡两级人代会换届选举工作的指示》的通知和地委《关于县乡两级人代会换届选举工作的意见》精神，全县17个乡镇设立人大主席团及常务主席，明确乡镇人大主席团为常设机构，常务主席为正乡级，从九届起正式挂牌，启用公章，开展工作。此次乡镇人民代表大会换届选举完成后，均先后召开了乡镇人民代表大会第一次会议，审议通过了乡镇政府工作报告及决议，选举产生乡镇人大主席17名、副主席17名、乡镇长17名、副乡镇长54名。

1992年10月至1993年2月，尚义县乡镇人大换届选举出新一届乡镇人大代表901名，并全部召开新一届乡镇人民代表大会第一次会议，审议通过了乡镇政府工作报告及决议，选举产生乡镇人大主席17名、副主席17名、乡镇长17名、副乡镇长54名。

1996年，尚义县乡镇区划调整，由原17个乡镇调整为14个。乡镇人大换届选举工作于9月底结束，选出新一届乡镇人大代表699名，到9月底前，所有乡镇均召开了新一届人民代表大会第一次会议，审议通过了乡镇政府工作报告及决议，并按照修改后的地方组织法和《河北省乡、民族乡、镇人民代表大会工作若干规定》，普遍设立人大主席和副主席。选举产生乡镇人大主席14名、副主席14名、乡镇长14名、副乡镇长42名。

1999年3月底，尚义县乡镇人大换届选举历经宣传发动、选民登记、提名协商代表候选人、选举代表等阶段，共选出乡镇人大代表699名。1999年3月底前，各乡镇都召开了新的一届人民代表大会第一次会议，审议通过了乡镇政府工作报告及决议，选举产生乡镇人大主席14名、副主席14名、乡镇长14名、副乡镇长42名。

2002年乡级人大换届选举工作于4月底结束，全县共选出乡镇人大代表699名。各乡镇都召开了新的一届人民代表大会第一次会议，审议通过了乡镇政府工作报告及决议，选举产生乡镇人大主席14名、副主席14名、乡镇长14名、副乡镇长42名。

2007年6月25日至9月底，全县各乡镇进行换届选举，先后召开了新一届人民代表大会第一次会议，审议通过了乡镇政府工作报告及决议，选举产生了新一届乡镇人大主席、副主席、乡镇长、副乡镇长。共选出乡镇人大主席14名、副主席13名、乡镇长14名、副乡镇长43名。

七、人大代表调查视察

1989—2009年，尚义县人大常委会先后组织进行32次较大规模的调查和视察活动，主要调查和视察农业技术推广、农业工程建设、工业生产情况、普及初等教育情况、《中华人民共和国土地管理法》《中华人民共和国森林法》《中华人民共和国种子法》等法律执行情况、城镇化建设、社会治安、个体私营经济发展、口蘑种植、“一退双还”工程、风力发电建设、膜下滴灌、奶牛养殖、重点项目建设、社会保障等政治、经济、文化方面的重大事项，解决群众普遍关心的问题。先后收集代表和群众的意见300多条，均分类转有关部门和单位酌情处理，做出解释、答复，并对符合条件和政策的予以解决。

1990年8月15—16日，县人大常委会主任王德忠陪同省人大常委会副主任岳宗泰到尚义县视察全县经济工作情况和南壕堑镇南滩村庭院经济。

1990年8月，尚义县市、县人大代表先后对大营盘、土木路、下马圈等六个乡和造纸厂、毛纺厂、粉丝厂等6个县、乡（镇）企业进行视察，分析了全县农业生产和经济形势，总结经验教训，指出了阻碍企业发展的潜在原因，并提出了建设性的意见和建议。

1991年12月5—6日，五台蒙古营全国人大代表豪杰和省人大代表单纪根、杨秉华、李小英、王飙、苏振三、方芳、李明富、王凤玲、郭芳珍视察尚义县工业生产情况，先后到县造纸厂、毛纺厂进行实地调研。其间三省区（河北、山西、内蒙古）九市、县、旗、区（阳原、怀安、尚义、天镇、阳高、大同新荣区、丰镇、兴和、察右后旗）人大工作联谊会在尚义县召开。

1991年7月，组织县人大代表视察元件厂、造纸厂、陶瓷厂，并认真分析了阻碍企业发展的不利因素和企业本身具有的优势，提出了技改等13条合理化建议，函告县政府。

1993年12月13—15日，组织部分县代表就全县乡镇企业年活动开展情况进行视察，视察中了解大青沟、南壕堑、红土良、小蒜沟4个乡镇发展乡镇企业的情况，并就全县乡镇企业发展中资金、人才、产品质量、管理方面存在的问题，提出了建议和意见，引起了有关部门的重视。

1994年12月12—17日，组织尚义县的省、市、县三级代表，对“国民经济和社会发展计划完成情况”“财政预算执行情况”“农业和农村经济发展情况”“扶贫和减轻农民负担情况”及“工业、乡镇企业发展情况”进行视察。视察涉及8个部门和10余个企业。

1995年1月28—29日，组织尚义县的省、市、县三级代表对南壕堑、大青沟两镇进行视察。视察涉及商品加工、个体粮店、百货大楼、供销大厦等14个国营及个体副食品商店和2个集贸市场，视察发现了一些诸如“经销伪劣变质商品”“计量器具不准”“市场卫生较差”等问题，并将问题和建设性意见一并反馈给县政府。

1998年10月13日和2001年7月，省人大常委会副主任郝廷华先后两次到尚义县调研，深入扶贫点哈拉沟乡哈拉沟村进行调研指导，为哈拉沟水库引水工程题词：“坝上红旗渠”。

2007年，组织常委会组成人员和市县人大代表、乡镇人大主席视察石人风电、碧华蔬菜加工、东商线改建、三工地小学教学楼等重点项目建设情况，视察城镇和生态林建设、膜下节水滴灌、肉羊改良和伦比服饰民营企业的生产经营状况。

2009年，组织市县乡三级人大代表40多人视察了县城污水处理厂、垃圾处理厂、鸳鸯河治理一期工程、秀水新区建设、秀水休闲广场、“四路一桥”等一批国庆60周年献礼工程。

尚义县志
SHANGYI XIANZHI
1989—2010

第六篇

地方人民政府

1989—2010 年，尚义县人民政府历经 6 次换届，历届县政府认真贯彻落实上级党委、政府和县委确立的经济社会发展战略以及县人大决议，坚持经济建设为中心，坚持改革开放，紧紧围绕县委的决策部署，狠抓各项工作落实。特别是加快实施县委确立的调整农业结构加快产业化进程、工业强县、跨越发展三项重大战略决策后，尚义走出贫困，温饱问题得到解决，并朝着富裕型社会迈进。到 2010 年，全县生产总值达到 22.15 亿元，财政收入完成 1.28 亿元，城镇居民人均可支配收入达到 11419 元，农民人均纯收入 3252 元，较好地完成了“七五”“八五”“九五”“十五”计划以及“十一五”规划确定的各项目标任务，为全县经济社会更好、更快发展奠定了坚实基础。

第一章　政府机构

第一节　领导机构

一、第九届人民政府

1987 年 5 月至 1990 年 4 月，任期 3 年。

1987 年 5 月 8—11 日，尚义县第九届人民代表大会第一次会议召开，大会选举产生第九届人民政府班子。大会选举县长 1 名、副县长 3 名。其中大学学历文化程度 3 名、中专学历 1 名。选举张新政为尚义县人民政府县长，侯文章、许化民、姚新升为尚义县人民政府副县长。1989 年 7 月，县人大常委会决定，接受县长张新政的辞职请求，任命侯文章为代理县长。10 月，增补李世隆为科技副县长。

二、第十届人民政府

1990 年 4 月至 1993 年 2 月，任期 3 年。

1990 年 4 月 13—17 日，尚义县第十届人民代表大会第一次会议召开，大会选举产生第十届人民政府领导班子。选举县长 1 名、副县长 6 名（含科技副县长 1 名），其中非中共党员副县长 1 名，文化程度大专学历 5 名、中专学历 2 名，选举侯文章为尚义县人民政府县长，姚新升、许化民、李世隆、刘富成、赵修德、刘善修为尚义县人民政府副县长。1991 年 6—8 月，届中调整后，县政府共有 6 名副县长，分别为赵修德、刘富成、刘善修（非中共党员）、李世隆（科技副县长）、白纯银、杨凤莲（女）。

三、第十一届人民政府

1993 年 2 月至 1998 年 2 月，任期 5 年。

1993 年 2 月 6—9 日，尚义县第十一届人民代表大会第一次会议召开。大会选举产生第十一届人民政府领导班子。选举李志为尚义县人民政府县长，选举赵修德、刘富成、刘善修、白纯银、杨凤莲、曹汉武、李世隆为尚义县人民政府副县长。1996 年 3 月 12—15 日，尚义县召开第十一届人民代表大会第五次会议，大会选举申兰旺为尚义县人民政府县长，选举赵修德、刘富成、刘善修（非中共党员）、白纯银、杨凤莲（女）、曹汉武、王聪著、张发、岳国忠为尚义县人民政府副县长。文化程度大学学历 2 名、大专学历 4 名、中专学历 2 名、高中学历 1 名。1996 年 3 月后，县政府共有 9 名副县长，其中常务副县长任职到 1997 年 3 月，女副县长任职到1997年7月。

届内共有2名科技副县长，其中1名科技副县长任职到1994年9月，1996年4月补选1名科技副县长，文化程度均为大学学历。

四、第十二届人民政府

1998年2月至2003年4月，任期5年。

1998年2月17—20日，尚义县第十二届人民代表大会第一次会议召开，大会选举产生第十二届人民政府领导班子。选举县长1名、副县长7名，其中非中共党员副县长1名，硕士研究生学历1名、大学学历4名、大专学历3名。选举郭有富为尚义县人民政府县长，刘善修、张发、王聪著、靳振高、张凤翔、李忠、岳国忠为尚义县人民政府副县长。

2001年2月28日至3月3日，尚义县第十二届人民代表大会第四次会议召开。大会选举赵占华为尚义县人民政府县长。2001年以后，县政府共有7名副县长：刘善修、贾福生、王聪著、靳振高、张凤翔、李忠、何敏（女），文化程度均在大专学历以上。科技副县长岳国忠任职到2002年1月。

五、第十三届人民政府

2003年4月至2007年5月，任期4年。

2003年4月14—16日，尚义县第十三届人民代表大会第一次会议召开。大会选举产生第十三届人民政府领导班子。选举县长1名、副县长6名，其中非中共党员副县长1名、女副县长1名；文化程度均为大专学历以上。选举高林为尚义县人民政府县长，李晓红、张凤翔、徐若飞（非中共党员）、何敏（女）、张国庆、王锐锋为尚义县人民政府副县长。2006年6月16—17日，尚义县第十三届人民代表大会第四次会议召开，大会选举高领为尚义县人民政府县长。届中进行三次调整，至2007年5月，有县长高领，副县长6名：李晓红、张凤翔、徐若飞（非中共党员）、张国庆、邢登顺、王鸿飞。

六、第十四届人民政府

2007年5月至2012年5月，任期5年。

2007年5月16—18日，尚义县第十四届人民代表大会第一次会议召开。大会选举产生第十四届人民政府领导班子。选举县长1名、副县长6名，其中非中共党员副县长1名、女副县长1名；文化程度均为大专学历以上。选举高领为尚义县人民政府县长，李晓红、白银海、郑素梅（女）、邢登顺、王鸿飞、赵永斌为尚义县人民政府副县长。截至2010年年底，县长为高领，副县长有王建平、郑素梅（女）、邢登顺、王鸿飞、刘凤云（女）。

尚义县九～十四届人民政府县长、副县长一览表

表6-1

届次	时间	职务	姓名	性别	文化程度	籍贯	任职期限
第九届	1987年5月至1990年2月	县长	张新政	男	大学	河北省清苑县	1987年5月至1989年11月
		常务副县长	侯文章	男	大学	河北省滦县	1987年5月至1990年4月
		副县长	许化民	男	中专	河北省雄县	1987年5月至1990年4月
		副县长	姚新升	男	大学	河北省涿鹿县	1987年3月至1990年4月
		科技副县长	李世隆	男	大学	河北省宣化县	1989年10月至1990年4月

续表 6-1

届次	时间	职务	姓名	性别	文化程度	籍贯	任职期限
第十届	1990年4月至1993年2月	县长	侯文章	男	大学	河北省滦县	1990年4月至1991年6月
		县长	李　志	男	大学	河北省秦皇岛市	1991年6月至1993年2月
		常务副县长	许化民	男	大专	河北省雄县	1990年4月至1992年10月
		常务副县长	赵修德	男	高中	河北省尚义县	1992年10月至1993年2月
		副县长	姚新升	男	大学	河北省涿鹿县	1990年4月至1991年6月
		副县长	刘富成	男	大专	河北省尚义县	1990年4月至1993年2月
		副县长	赵修德	男	高中	河北省尚义县	1990年4月至1993年2月
		副县长	刘善修	男	大学	河北省尚义县	1990年4月至1991年6月
		科技副县长	李世隆	男	大学	河北省宣化县	1990年4月至1991年6月
		副县长	白纯银	男	大专	河北省张北县	1991年6月至1993年2月
		副县长	杨凤莲	女	大专	山西省天镇县	1991年6月至1993年2月
		副县长	曹汉武	男	中师	河北省尚义县	1992年10月至1993年2月
		科技副县长	李世隆	男	大学	河北省宣化县	1991年6月至1993年2月
第十一届	1993年2月至1998年2月	县长	李　志	男	大学	河北省秦皇岛	1993年2月至1995年5月
		常务副县长	赵修德	男	高中	河北省尚义县	1993年2月至1996年3月
		副县长	刘富成	男	大专	河北省尚义县	1993年2月至1996年3月
		副县长	刘善修	男	大学	河北省尚义县	1993年2月至1996年3月
		副县长	白纯银	男	大专	河北省张北县	1993年2月至1996年3月
		副县长	杨凤莲	女	大专	山西省天镇县	1993年2月至1996年3月
		副县长	曹汉武	男	中师	河北省尚义县	1993年2月至1996年3月
		科技副县长	李世隆	男	大学	河北省宣化县	1993年2月至1994年9月
		代县长	申兰旺	男	大学	河北省清苑县	1995年5月至1996年3月
		县长	申兰旺	男	大学	河北省清苑县	1996年3月至1998年1月
		常务副县长	赵修德	男	高中	河北省尚义县	1996年3月至1997年3月
		副县长	白纯银	男	大专	河北省张北县	1996年3月至1998年2月
		副县长	杨凤莲	女	大专	山西省天镇县	1996年3月至1997年7月
		副县长	刘富成	男	大专	河北省尚义县	1996年3月至1998年2月
		副县长	刘善修	男	大学	河北省尚义县	1996年3月至1998年2月
		副县长	曹汉武	男	中师	河北省尚义县	1996年3月至1998年2月
		副县长	王聪著	男	大专	河北省尚义县	1996年3月至1998年2月
		副县长	张　发	男	大学	河北省尚义县	1996年4月至1998年2月
		科技副县长	岳国忠	男	大学	河北省保定市	1996年4月至1998年2月
第十二届	1998年2月至2003年4月	县长	郭有富	男	大学	河北省张北县	1998年2月至2001年1月
		常务副县长	张　发	男	大学	河北省尚义县	1998年2月至2001年1月
		副县长	刘善修	男	大学	河北省尚义县	1998年2月至2001年1月
		副县长	王聪著	男	大专	河北省尚义县	1998年2月至1999年1月

续表 6-1

届次	时间	职务	姓名	性别	文化程度	籍贯	任职期限
第十二届	1998年2月至2003年4月	副县长	靳振高	男	大专	河北省尚义县	1998年2月至2001年1月
		副县长	张凤翔	男	大学	河北省崇礼县	1998年2月至2001年1月
		副县长	李忠	男	硕士研究生	辽宁省朝阳市	1998年2月至2001年1月
		科技副县长	岳国忠	男	大学	河北省保定市	1998年2月至2001年1月
		县长	赵占华	男	大学	河北省崇礼县	2001年1月至2003年3月
		常务副县长	张发	男	大学	河北省尚义县	2001年1月至2001年2月
		常务副县长	贯福生	男	大专	河北省沽源县	2001年2月至2003年4月
		副县长	刘善修	男	大学	河北省尚义县	2001年1月至2003年4月
		副县长	王聪著	男	大专	河北省尚义县	2001年1月至2002年2月
		副县长	张凤翔	男	大学	河北省崇礼县	2001年1月至2003年4月
		副县长	李忠	男	硕士研究生	辽宁省朝阳市	2001年1月至2003年4月
		副县长	何敏	女	大学	河北省尚义县	2001年2月至2003年4月
		副县长	张国庆	男	大学	山西省灵丘县	2002年2月至2003年4月
第十三届	2003年4月至2007年5月	县长	高林	男	大学	山西省天镇县	2003年3月至2006年6月
		常务副县长	李晓红	男	大学	河北省蔚县	2003年3月至2006年6月
		副县长	张国庆	男	大学	山西省灵丘县	2003年3月至2006年6月
		副县长	张凤翔	男	大学	河北省崇礼县	2003年3月至2006年6月
		副县长	王锐锋	男	大学	河北省崇礼县	2003年3月至2004年11月
		副县长	何敏	女	大学	河北省尚义县	2003年3月至2006年6月
		副县长	徐若飞	男	大专	河北省尚义县	2003年3月至2006年6月
		副县长	邢登顺	男	大专	河北省尚义县	2004年11月至2006年6月
		县长	高领	男	大学	河北省蔚县	2006年6月至2007年5月
		常务副县长	李晓红	男	大学	河北省蔚县	2006年6月至2007年5月
		副县长	张国庆	男	大专	山西省灵丘县	2006年6月至2007年5月
		副县长	张凤翔	男	大学	河北省崇礼县	2006年6月至2007年5月
		副县长	徐若飞	男	大专	河北省尚义县	2006年6月至2007年5月
		副县长	邢登顺	男	大专	河北省尚义县	2006年6月至2007年5月
		副县长	王鸿飞	男	硕士研究生	河北省张北县	2006年6月至2007年5月
第十四届	2007年5月至2010年	县长	高领	男	大学	河北省蔚县	2007年5月至2010年12月
		常务副县长	李晓红	男	大学	河北省怀安县	2007年5月至2008年6月
		常务副县长	王建平	男	硕士研究生	河北省怀安县	2008年12月至2010年12月
		常委副县长	白银海	男	大学	山西省灵丘县	2007年5月至2008年12月
		常委副县长	王锐锋	男	大学	河北省崇礼县	2008年12月至2010年5月
		副县长	郑素梅	女	大专	河北省尚义县	2007年5月至2010年12月
		副县长	邢登顺	男	大专	河北省尚义县	2007年5月至2010年12月
		副县长	王鸿飞	男	硕士研究生	河北省尚义县	2007年5月至2010年12月

续表 6-1

届 次	时 间	职 务	姓 名	性 别	文化程度	籍 贯	任职期限
第十四届	2007 年 5 月至 2010 年	副县长	赵永斌	男	大专	河北省怀安县	2007 年 5 月至 2008 年 12 月
		副县长	刘凤云	女	大学	河北省尚义县	2008 年 12 月至 2010 年 12 月

第二节 县政府工作机构

县政府工作机构包括常设工作部门、直属事业机构和双重管理单位。1989—2010 年，尚义县分别于 1992 年、1996 年、2002 年、2005 年、2009 年进行了 5 次政府机构改革。各个时期的县政府工作机构随机构改革而有所不同。

一、1989—1991 年县政府机构

（一）县政府常设工作部门 34 个 政府办公室、计划委员会、财政局、民政局、农业局、林业局、水利局、畜牧水产局、卫生局、计划生育委员会、体育运动委员会、物价局、宗教局、文教教育委员会、文化局、乡镇企业局、工商局、统计局、劳动人事局、公安局、爱卫会办公室、土地管理局、交通局、审计局、商业局、司法局、经济委员会、经济协作办公室、科学技术委员会、档案局、监察局、经济体制改革委员会、标准计量局、扶贫开发办公室。

（二）县政府直属事业机构 6 个 粮食局、供销社、物资局、广播电视局、农业区划办公室、城市信用社。1990 年，增设农业生态办公室，总数 7 个：粮食局、供销社、物资局、广播电视局、农业区划办公室、城市信用社、农业生态办公室。1991 年，增设黄金局，总数 8 个：粮食局、供销社、物资局、广播电视局、农业区划办公室、城市信用社、农业生态办公室、黄金局。

（三）双重管理单位 14 个 税务局、电力局、邮电局、外贸局、烟草专卖管理局、气象局、人民银行尚义县支行、农业银行尚义县支行、工商银行尚义县支行、建设银行尚义县支行、中国人民保险公司尚义县支公司、医药公司、石油公司、汽车站。

二、1992 年县政府机构

（一）常设机构 21 个 政府办公室（地方志办公室、档案局、目标管理办公室并入政府办公室）、农业委员会（县委农工部、区划办、农科教办公室并入农业委员会）、经济计划委员会（经委、计委并入经济计划委员会）、体制改革委员会（体制改革办公室改为体制改革委员会）、城乡建设委员会（土地管理局、爱卫办并入城乡建设委员会）、劳动局（撤销劳动人事局）、民政局（民族宗教侨务局、地名办并入民政局）、工商物价局（工商局、物价局、标准计量局并入工商物价局）、文化事业局（文化局、广播电视局、体委并入文化事业局）、法制事务局（司法局、县委政法委办公室并入法制事务局）、教育委员会、计划生育委员会、财政局、公安局、卫生局、统计局、交通局、乡镇企业局、审计局、财贸委员会、机关事务局。

（二）直属事业单位 8 个 粮食局、物资局、广播电视局、城市信用社、农业区划办公室、县志编纂委员会办公室、农业生态开发办公室、黄金局。

（三）双重管理机构 17 个 国税局、地税局、尚义县供电分公司、邮电局、烟草专卖局、

气象局、人民银行尚义县支行、农业银行尚义县支行、工商银行尚义县支行、建设银行尚义县支行、中国人民保险公司尚义县支公司、医药公司、石油公司、汽车站、城市信用社、农村信用社联合社、农业发展银行尚义县支行。

三、1996年县政府机构

（一）常设机构14个 政府办公室（体改、督查、经研、对外开放机构并入政府办公室，保留牌子）、经济贸易局、教育局、科学技术局（负责地震工作，与科学技术协会合署办公）、公安局、民政局（保留民族宗教事务局牌子）、财政局（保留国有资产管理局牌子）、劳动人事局、农业办公室（与农村工作部合署办公）、卫生局（挂爱国卫生运动委员会牌子）、计划生育局、审计局、计划统计局、工商行政管理局。

（二）直属事业机构14个 农业局、林业局、水利水保局、畜牧水产局、乡镇企业局、交通局、粮食局、建设环境保护局、土地管理局、技术监督局、文化广播电视局、地质矿产管理局、扶贫开发办公室、农业开发办公室。

（三）双重管理部门21个 国税局、地税局、尚义县供电分公司、邮政局、工商行政管理局、质量技术监督局、通信分公司、移动公司、烟草专卖局、气象局、医药公司、石油公司、人民银行尚义县支行、农业银行尚义县支行、中国人民保险公司尚义县分公司、人寿保险股份有限公司、城市信用社、农村信用联合社、农业发展银行尚义县支行、工商银行尚义县支行、建设银行尚义县支行。

四、2002年县政府机构

保留财政局（不再保留国有资产管理局）；设置发展计划统计局、经济贸易局，不再保留计划经济贸易局，其行政职能分别交由新设置的发展计划统计局和经济贸易局承担。保留农业局。设置建设局，设置环境保护局，其管理体制实行市业务部门与县双重领导，以县政府管理为主。不再保留物价局，在物价所挂物价局牌子。保留办公室、监察局（与纪检委机关合署办公）、公安局、民政局（挂民族宗教事务局牌子）、司法局、卫生局、计划生育局、审计局、科学技术局、教育局（挂体育局牌子）。不再保留劳动人事局，在其基础上组建人事劳动和社会保障局。地矿局与土地局合并，其行政职能交由新设置的国土资源局承担，上级国土资源主管部门对下级国土资源主管部门实行业务领导，由直属事业机构改为政府工作部门。设置文化旅游局。不再保留统计局，其行政职能交由新设立的发展计划统计局承担。不再保留农业办公室，其行政职能分别交由农工部和农业局承担。国防教育办公室设在人民武装部，业务工作由宣传部和人民武装部共同负责。人民防空工作职能由政府办公室承担。开放开发办公室挂靠政府办公室。

（一）县政府设工作部门18个 政府办公室（人民防空工作职能由政府办公室承担，开放开发办公室挂靠政府办公室）、发展计划统计局、经济贸易局、教育局、科学技术局、公安局、民政局、司法局、财政局、人事劳动和社会保障局、国土资源局、建设局、卫生局、计划生育局、审计局、文化旅游局、环境保护局、农业局、监察局（与纪律检查委员会合署办公，列入政府工作部门序列，不计入政府机构个数）。议事协调办事机构1个：增设编制委员会办公室1个，为机构编制委员会的常设办事机构，既是党委的工作机构，又是政府的工作机构。

（二）直属事业机构7个 扶贫开发办公室、林业局、水务局、畜牧水产局、广播电视局、交通局、粮食局。

（三）双重管理部门 11 个　国家税务局、地方税务局、供电分公司、邮政局、工商行政管理局、技术监督局、通信公司、烟草专卖局、气象局、医药公司、石油公司。

五、2005 年县政府机构

根据县机构改革方案，组建尚义县发展改革局（同时挂商务局牌子），负责综合协调县域经济社会发展和经济运行调节、加强对各类企业的指导服务及国有企业改制工作；负责搞好市场运行监测，整顿和规范流通秩序，深化流通体制改革。撤销县发展计划统计局、县经济贸易局及对外开放办公室，县发展计划统计局的研究提出全县国民经济和社会发展战略、规划、总量平衡、宏观调控等相关职能和县经济贸易局、县开放办的职能划归县发展改革局，县国防动员委员会国民经济动员办公室设在县发展改革局。组建风电办公室，为正科级机构，挂靠发展改革局，单独办公。负责风电项目的规划、发布和招商引资及项目开发接洽工作；负责收集县域内的气象、地质、交通、电力、水源等与风能开发相关的各种资料及其他前期准备工作；负责协助开发商为打造“风能第一县”进行配套建设及远景规划；负责为开发商提供相关的协调服务。设置由县发展改革局管理的县工业促进局（二级局），负责对民营经济及县域工业经济发展的指导与服务。将县农业局承担的乡镇企业管理职能划归县工业促进局。组建尚义县农牧局，负责对农业、畜牧、水产的统一协调管理。撤销县农业局和畜牧水产局，将县农业局的有关职能和县畜牧水产局的全部职能同时划归县农牧局。县安全生产监督管理局调整为政府工作部门，负责全县工矿企业及公共场所、生产经营单位的安全生产综合监督检查和宣传教育工作，及负责贯彻落实国家、省、市有关安全生产的法律、法规和方针政策。设置县统计局，为县政府工作部门，负责全县统计和国民经济核算工作，组织落实统计法规、规章规定的相关工作任务。县计划生育局更名为县人口和计划生育局，负责全县计划生育方针、政策的组织实施、监督检查和人口统计分析工作。县政府不单设国有资产管理机构，国有资产管理职能由县财政局承担，履行出资人职责，保证国有资产的保值增值；指导国有企业改革工作由发展改革局承担；管理国有企业负责人和领导企业党建工作由县委组织部门承担。县政府有关部门承担的食品、保健品、化妆品安全管理监督、依法组织协调和组织开展对事故查处的职能划归县食品药品监督管理局。科技局与教育局合并，对外各保留名称。负责全县各级各类教育的组织实施、监督检查、服务指导和科技培训推广工作，促进全县教育协调健康发展，推动全县体育事业和科技的发展。文化旅游局与广播电视局合并，对外各保留名称。负责全县文化广播电视的日常监管和旅游开发与管理工作。扶贫开发办公室调整为政府工作部门。贯彻落实国家、省、市扶贫开发政策，负责全县扶贫开发项目的规划、立项、申报和组织实施。

（一）设政府工作部门 18 个　政府办公室、发展改革局（工业促进局设为二级局，发展改革局挂商务局、风电办公室牌子）、教育局、公安局、民政局（挂民族宗教事务局牌子）、司法局、财政局、人事劳动和社会保障局、国土资源局、建设局、农牧局、卫生局、人口和计划生育局、审计局、环境保护局、统计局、安全生产监督管理局、扶贫开发办公室。监察局与纪律检查委员会合署办公，列入政府工作部门序列，不计入政府机构个数。议事协调机构的办事机构设编制委员会办公室。

（二）直属事业机构5个 林业局、水务局、文化广播电视局、交通局、粮食局。

（三）双重管理机构19个 国税局、地税局、邮政局、工商行政管理局、质量技术监督局、烟草专卖局、气象局、尚义县供电分公司、网通公司、联通公司、移动公司、医药公司、石油公司、中国人民银行尚义县支行、中国农业银行尚义县支行、中国农业发展银行尚义县支行、农村信用联合社、中国人民保险公司尚义县支公司、人寿保险股份有限公司。

六、2009年县政府机构

调整序列机构2个，机构编制委员会办公室单独设置，列县委机构序列，既是县委的工作机构，又是县政府的工作机构。商务局由在发展改革局挂牌调整为政府工作部门。接收省属下放机构1个，食品药品监督管理局为县政府工作部门，承担食品药品监督管理责任，业务接受上级主管部门和同级卫生部门的组织指导和监督。卫生部门承担食品安全综合协调、组织查处食品安全重大事故的责任；将卫生部门食品卫生许可，餐饮业、食堂等消费环节食品安全监管的职责划入食品药品监督管理局。更名机构5个，教育局更名为教育和科学技术局；民政局更名为民政和民族宗教事务局；人事劳动和社会保障局更名为人力资源和社会保障局；建设局更名为住房和城乡规划建设局；交通局更名为交通运输局。挂牌机构9个，扶贫开发领导小组办公室职责划入政府办公室，在政府办公室挂扶贫开发办公室牌子。不再保留扶贫开发领导小组办公室。撤销工业促进局，将其职责和其他涉及工业管理的职责全部划入发展改革局，在发展改革局挂工业和信息化局牌子。粮食局、物价局职责划入发展改革局，在发展改革局挂粮食局、物价局牌子。教育和科学技术局挂地震局牌子。政府办公室承担的人民防空职责划入住房和城乡规划建设局，在住房和城乡规划建设局挂人民防空办公室牌子。农业开发办公室职责划入财政局，在财政局挂农业开发办公室牌子。水务局、文化广播电视局的旅游职责划入林业局，在林业局挂水务局、旅游局牌子。法制办公室为政府办公室的内设股级机构。爱国卫生运动委员会办公室调整为卫生局的内设股级机构。

（一）县政府设工作部门18个 政府办公室（挂扶贫开发办公室牌子）、发展改革局（挂粮食局、物价局牌子）、教育和科学技术局（挂地震局牌子）、公安局、民政和民族宗教事务局、财政局（挂农业开发办公室牌子）、人力资源和社会保障局、国土资源局、环境保护局、住房和城乡规划建设局（挂人民防空办公室牌子）、农牧局、商务局（挂工业和信息化局牌子）、卫生局、食品药品监督管理局、人口和计划生育局、审计局、统计局、安全生产监督管理局、监察局（与纪律检查委员会合署办公，列入政府工作部门序列，不计入政府机构个数）、司法局（与政法委员会合署办公，列入政府工作部门序列，不计入政府机构个数）。议事协调办事机构设为编制委员会办公室。

（二）直属事业机构3个 交通运输局、林业局、文化广播新闻出版局。

（三）双重管理机构18个 国税局、地税局、邮政局、工商行政管理局、质量技术监督局、烟草专卖局、气象局、尚义县供电分公司、联通公司、移动公司、电信公司、石油公司、中国人民银行尚义县支行、中国农业银行尚义县支行、中国农业发展银行尚义县支行、农村信用联合社、中国人民保险公司尚义县支公司、人寿保险股份有限公司。

第三节 乡镇政府

乡镇政府由各乡镇人民代表大会会议选举产生。1989—2002年，乡镇人民代表大会每届任期为3年。2002—2010年，乡镇人民代表大会每届任期为5年。1990—2010年，尚义县乡镇人大共经历5次换届选举，分别召开20次人民代表大会。

1989年，尚义县建制乡镇17个，分别为南壕堑镇、南壕堑乡、大青沟镇、大苏计乡、大营盘乡、哈拉沟乡、后石庄井乡、八道沟乡、炕塄乡、七甲乡、套里庄乡、土木路乡、小蒜沟乡、永胜地乡、甲石河乡、勿乱沟、下马圈乡。

1989年9月土木路乡更名为红土梁镇，镇政府驻地土木路村，1991年迁至红土梁村。

1996年，调整乡镇区划，将南壕堑乡与南壕堑镇合并为南壕堑镇；永胜地乡并入红土梁镇；小蒜沟乡与勿乱沟乡合并为小蒜沟镇，驻地小蒜沟村。尚义县下辖14个乡镇。

1996年11月，市委、市政府批复尚义县设二类乡镇13个、三类乡1个。14个乡镇编制467人(含10%工勤人员编制)，领导职数98名。

2002年6月至2010年12月，尚义县二类乡镇13个，二类乡1个。二类乡镇设党政办公室、财经办公室、社会事务办公室。三类乡镇只设一个综合机构。

乡镇事业单位机构改革与党委机构改革同步进行，除省明确实行双重管理或垂直管理的系统外，其他有关部门管理的站所，原则上都下放给乡镇。乡镇社会治安综合治理委员会办公室与司法所合署办公，一个机构、两块牌子。农技、畜牧、兽医、林业、水利和水土保持、文化广播等涉农机构和基层服务机构，下放乡镇。乡镇均设置农业综合服务中心、文化广播服务中心、计划生育服务中心。

1989年至1996年8月乡镇政府设乡（镇）长1人，副乡（镇）长2人。1996年9月至2010年年底，乡（镇）政府设乡（镇）长1人，副乡（镇）长3人。

第二章 施政方式

第一节 分工负责制

按照集体领导下“行政首长负责制和分工负责制”相结合的原则，每届政府开始施政运作，政府办公室即将县长、副县长的分工，用公文通报县政府各职能部门和各乡镇政府。各职能部门和各乡镇需要请示解决的问题和事项，报请主管副县长决定；主管副县长认为事关重大，提请政府常务会议讨论决定。为保证县政府各项工作有序衔接，政府县长和副县长有较为明确的工作分工。2010年分工：

县长 主持县政府全面工作，分管政府督查室、监察局、审计局、编委办。

常务副县长 协助县长负责县政府日常工作。负责发展改革和重点项目建设、财税金融、人事劳动和社会保障、公安司法、统计、议案承办、政府法制等方面工作。分管县政府办公室、发展改革局（国民经济动员办公室）、财政局（收费局、农税局、集中支付中心）人事劳动和社会保障局、公安局、司法局、统计局、政府督查室、政府政策研究室、人防办、法制办、政府招待所；负责协调国税局、地税局人民银行、中国银行、工商银行、农业银行、农村信用联社、建设银行、保险公司、行政执法、人民武装等方面工作；联系人大、政协、老干部、统战、法院、检察院工作。

副县长① 负责教育科技、地震、卫生、食品药品监督管理、质量技术监督管理等方面的工作。分管教育和科学技术局、地震局、卫生局（爱卫会）、食品药品监督管理局、质量技术监督局、残联。负责与县总工会、县文联和海内外驻尚慈善机构的工作联系。

副县长② 负责工业、住房和城乡建设、国土资源管理、环保、工商行政管理、商业、供销、物价、风电开发、矿业开发、安全生产、文化广播电视、体制改革和经济集聚区开发等方面的工作。分管住房和城乡规划建设局（城镇容貌执法大队、自来水公司、人防办）、国土资源局、安监局、环保局、文化广播电视局、工业和信息化局、供电公司、工商局、物价局、粮食局、石油公司、烟草公司。协助常务副县长协调农业发展银行工作。负责与工商联的工作联系。

副县长③ 负责农牧、林业、水务、旅游开发、扶贫开发、农业开发、气象等方面的工作。分管农牧局、林业局、旅游局、水务局、农开办、气象局。协助常务副县长协调农业银行、农村信用联社的工作。负责与团县委的工作联系。

副县长④ 负责人口和计划生育、民政和民族宗教、对外开放及移动通信等方面的工作。分管人口和计划生育局、民政和民族宗教局、商务局、邮政局、电信公司、移动公司、联通公司；联系县科协和县妇联工作。

为保证政府工作的连续和衔接，在县长、副县长外出期间，工作实行相互委托制。县长与常务副县长之间的工作互相委托；常务副县长与副县长①之间的工作互相委托；副县长①与副县长②之间的工作互相委托；副县长②与副县长③之间的工作互相委托；副县长③与副县长④之间的工作互相委托。

科技副县长 负责招商引资工作，协助副县长①做好科技工作，联系工矿企业工作。

第二节 政务会议

每年年初，县政府同县委会商，确定当年县政府各职能部门和乡镇政府的各项目标，并向县人大常委会报告工作后，将任务落实到各职能部门和乡镇。各部门和乡镇在运作过程中的问题，向县政府报告请示解决办法。县政府领导成员（包括领导干部包乡镇制的其他领导班子成员）在下基层调研过程中发现的问题，县政府区别情况，分别召开不同的政务会议，加以研究解决。

一、政府常务会议

政府常务会议参加人员由县长、副县长和政府办公室主任组成。县长召集或委托常务副县长召集。出席会议的人员必须超过会议组成人员的半数。常务会议召开时，均邀请县人大常委会 1 名副主任、县政协 1 名副主席和部分人大代表、政协委员旁听，其他列席人员则根据会议内容确定。常务会议的主要内容：讨论决定县政府工作中的重大问题；讨论决定拟提请县人民代表大会及其常务委员会审定的工作报告和重要议案；讨论通过拟由县政府发布的规范性文件和重大决定；讨论决定各乡镇和职能部门请示县政府决定的重要事项；讨论决定有关任免、奖惩及以政府名义予以表彰、通报等问题。

1990年4月17日至1993年2月9日，第十届人民政府共举行6次常务会议。

县长侯文章主持召开政府常务会议3次。会议就县办工业发展、乡镇企业发展、生态农业、爱国卫生工作、项目工作和扶贫工作等13项工作进行研究。

县长李志主持召开政府常务会议3次。会议就学习山东经验发展尚义经济和乡镇企业、秋冬农田水利基本建设、农科教结合、计划生育等5项工作进行研究。

2003年4月16日至2007年5月18日，第十三届县政府共举行21次常务会议。

县长高林主持召开政府常务会议16次。会议就经济运行、党风廉政建设、企业改制、非煤矿山管理、城镇建设、招商引资、专项资金治理等10大类54项具体工作进行了研究。会议集中审议《尚义县人民政府工作规则》《尚义县城镇居民最低生活保障实施细则》《尚义县城建制镇规划管理实施办法》等8个政策性文件，并原则通过。

县长高领主持召开政府常务会议5次。会议就经济运行、非煤矿山管理、节水农业、专项资金使用管理等8项具体工作进行研究。会议集中审议《尚义县节水用水实施意见》和《尚义县农业用水管理办法》2个政策性文件，并原则通过。

2007年5月18日至2010年12月30日，第十四届县政府共举行36次常务会议。

县长高领主持召开34次，委托常务副县长主持召开2次。会议就经济建设、文化建设、项目工作、企业改制、学校布局调整、风电开发、煤炭资源整合、生态旅游开发、新农合资金管理、城镇建设、冬季采暖费征收、保障性安居工程、安全生产、专项资金治理、土地卫星片执法、新民居建设、非煤矿山规范管理、对接北京、节能减排、行政审批、医药卫生体制改革、林权制度改革等25大类157项具体工作进行了研究。会议集中审议并通过《尚义县人民政府工作规则》等9项规章制度和《尚义县河道采砂管理费收取办法》《尚义县林权制度改革方案》《尚义县成立规划委员会的通知》《尚义县住房专项资金管理实施细则》《尚义县招商引资土地优惠政策》等15个政策性文件。

二、政府全体会议

政府全体会议由各届人民政府全体组成人员参加。会议的举行和召开由县长提出，经常务会议讨论确定。由县长召集或委托常务副县长召集。根据会议内容，邀请县人大常委会主任、县政协主席、县委副书记或县委办主任列席会议，其他列席人员临时确定。会议的主要内容是：传达贯彻上级党委、政府的重大决策；决定布置本级政府的重要工作；讨论通过需由政府全体会议决定的事项，通报重要情况。全体会议一般每半年召开一次。

三、县长办公会议

县长办公会议由县长或副县长根据工作需要决定召开。主要是研究处理县人民政府日常工作中跨部门、跨行业或涉及县、乡、村多层次的重要问题。出席人员由主持会议的县长或副县长决定。县长办公会议除会议室外，多在部门、乡镇及事宜现场举行，又称县长现场办公会议。

1989—2010年，县政府县长、副县长共主持召开县长办公会议 141 次，研究处理县人民政府日常工作中的重要问题 250 个。其中县长主持召开 96 次，研究处理问题 202 个；常务副县长和其他副县长主持召开 45 次，研究处理问题 48 个。

第三节　调研活动

每年春夏之交和秋冬之交，县政府组织县、局两级领导干部，深入乡镇基层和厂矿企业，开展调查、研究、服务活动。春夏之交的调研服务活动，着重了解和解决年初部署工作任务的落实或运作中的问题和困难。秋冬之交的调研服务活动，侧重了解和掌握年度目标的完成进度。调研服务活动，一般由县委县政府共同组织。

大型调研服务活动始于 20 世纪 90 年代初。1990 年尚义县委县政府组织县直机关干部开展大型调研活动。抽调县直机关 56 个单位、102 名干部由县级四套班子（县委、县人大、县政府、县政协）19 名领导干部分任正副工作组长，深入到全县 17 个乡镇和县属 8 家工商企业、21 个车间班组、37 家乡镇企业，进行扎实认真的调查研究，通过现场办公服务，解决一些工农业生产和流通领域中的问题。之后，这种活动一年进行两次，并延续下来。

2006 年，针对蔬菜产业与地下水紧缺的矛盾，抽调县直机关 8 个单位 46 名干部，深入 14 个乡镇 172 个村进行调查研究，并组团赴新疆石河子建设兵团进行实地考察，明确了解决水资源短缺必须走农业节水之路的思路。尚义县率先推行膜下滴灌先进节水技术，后在张家口地区全面推开。

调研活动形式，还包括组团专题考察研究和选派优秀青年干部到发达地区或富裕乡镇挂职锻炼等，全方位研究了解其施政方式方法、工作思路，以及可借鉴的经验。组团到外地进行专题考察研究，省内主要到石家庄、唐山、邯郸、承德等市参观学习；省外主要到山东省、山西省、浙江省、广东省和内蒙古自治区等地。2001 年，由主管城建副县长带领城建、土地、环保、乡镇等 26 名部门负责人，赴山东文登区考察、学习城建经验。1996 年，组织 28 名干部赴北京房山进行为期一年的挂职学习；2003—2005 年组织 47 名干部分两次赴河北邯郸进行为期一年的挂职学习。

第三章　施政辑要

第一节　脱贫致富工程

一、农田水利建设工程

针对坝上地区十年九旱的实际，开展以打井配套、整修渠道、改造农田、发展高效节水等为主的农田水利基本建设。

1989 年，结合小流域治理开展农田水利基础建设，全年完成治理面积 2016 公顷，补治 500 公顷，建成梯田 1425.53 公顷，其中水平梯田 701.93 公顷。

1991 年，全县新增、改善水浇地 0.34 万公顷，建成旱作基本农田 0.80 万公顷。

1993 年，开始探索发展节水农业。采取渠道防渗节水、喷灌、管灌等节水形式，建成节水基地 0.67 万余公顷。

1994 年，新增水浇地 353.33 万公顷，建成水利工程 103 处。

1997 年，新增水浇地 0.07 万公顷。

2001 年，新打机井 30 眼，新挖潜流 2 处新增水浇地 0.07 万公顷，发展了喷灌面积 0.07 万公顷。

2005 年，新建水浇地 373.33 公顷，改善水浇地 193.33 公顷。

2006 年，发展节水农业列入县“十一五”规划，在 5 个乡镇示范推广 3333.33 公顷蔬菜种植膜下滴灌示范工程。

2010 年，全县设施蔬菜发展到 164.67 公顷，建成膜下滴灌 0.50 万公顷。

二、饮改水工程

1989—2000 年，全县农村饮水解困工程投入有限，所建工程标准极低。2000 年后，加大对农村解困工程的投入力度。到 2002 年，共建成农村饮水解困工程 86 处，受益村 86 个，解决了 2.40 万人、0.70 万头大牲畜的饮水困难。

2003—2004 年，建成农村饮水解困工程 83 处，解决了 90 个自然村、3.10 万人、1.30 万头大牲畜的饮水困难。2005—2010 年，饮水安全项目共涉及 226 个村，完成了 208 处农村饮水安全工程，解决了 14 个乡镇 8.10 万人的饮水安全问题。

三、水土保持工程

1983 年，尚义县被列入全国八片重点治理县后，国家对尚义县水土保持重点治理的投资未中断。1983—2002 年，国家实施官厅水库上游永定河流域水土保持重点治理工程。2000 年开始实施京津风沙源治理工程。2002 年起实施首都 21 世纪水资源保护规划项目。三大工程均包含尚义县。1989—2010 年，尚义县累计完成水土流失治理面积 84107 公顷，其中完成水平梯田 6956 公顷，坡式梯田 24233 公顷；营造乔木林 14868 公顷，灌木林 22131 公顷，经济林 666 公顷；人工种草 3910 公顷，封禁治理 11343 公顷；修建土谷坊 3672 座，石谷坊 162 座；修工程路 254 千米；坝头防护 270 千米；水源工程 595 处，节水工程 529 处。

四、扶贫攻坚工程

1990 年，尚义县脱贫开发工作领导小组成立，组长由县长侯文章担任，常务副县长任第一副组长，办公室设在政府办。“尚义县扶贫领导小组”与“尚义县农业生态开发领导小组”同时撤销。

1989—1993 年，投入扶贫发展资金 336 万元，其他各类资金 1869 万元。累计扶持贫困户 26000 户，其中基本解决温饱 1.71 万户，占被扶户的 50.30%。

1994—2000 年，国家实施“八七”扶贫攻坚计划，尚义县被国家列为重点贫困县。七年间，国家投入扶贫发展资金 1558.50 万元。至 2000 年年底，贫困人口减少到 8.01 万人。

2001—2005 年，以十年规划第一批 65 个贫困村为重点，争取扶贫资金 2005.19 万元，扶持 6932 户，基本脱贫致富 4159 户。

2005—2007 年，以十年规划第二批 37 个贫困村为重点，累计投放财政扶贫发展资金 2390 万元，扶持 6441 户，基本脱贫 5661 户。

2008—2010 年，以十年规划第三批 30 个贫困村为重点，共投入财政扶贫发展资金 3547 万元。

五、减负工程

1993年4月9日，县政府出台《关于农民负担管理办法的若干规定》，对农民村提留、乡镇统筹、义务工和劳动积累工进行了规定，明确村提留和乡镇统筹费总额不超过上年农民人均纯收入的5%。每个农村劳动力每年负担5～10个义务工，用于义务造林、护林防火、防汛抢险、修建乡镇道路和修缮校舍等；负担10～20个劳动积累工，用于农田水利基本建设、造林等扩大再生产用工。1000人以上的行政村享受定额补贴的人员不超过5人，1000人以下不得超过3人，补贴标准不超过上年人均纯收入的1.50倍。

2002年，贯彻中央政策实行以“三取消（取消乡统筹费、取消屠宰税、取消统一规定的劳动积累工和义务工）、两调整（调整农业税政策、调整农业特产税政策）、一改革（改革村提留征收使用办法）”为内容的农村税费改革。全县减轻农村税费1324.39万元，农民人均减少79元。

2004年，在深化税费改革中，又一次调整了农业税，农业税税率由7%调减至4%，下调后直接减少农民税赋225.50万元，人均减少13.50元。

2006年，按照政策全部免除农业税，农村公益事业建设“一事一议”制度全面建立。

中共十六大后，在费改税的基础上，取消了农业两税和“三提五统”，农民享受退耕还林补助、粮食综合直补、草场饲料粮补助、购买大中型农机具补贴、能繁母猪补贴、教育“两免一补”、计划生育补助、新型合作医疗、农村最低生活保障等惠农政策。

六、“一退双还”工程

尚义县从2000年开始试点，2002年全面铺开。到2010年，全县完成退耕还林工程6.96万公顷，其中退耕地造林3.63万公顷，匹配荒山荒滩造林3.33万公顷。工程涉及全县14个乡镇3个农林牧场，退耕农户46183户15.20万人，分别占全县农户和农业人口的90.10%和89.90%。国家累计投资70768万元，其中造林投资5525万元，兑现粮钱补助65243万元。

七、“村村通”工程

1989年，全县除下马圈乡外，乡乡通班车，输通高压网电的自然村累计达到325个。

1991年，建乡村道路一条；输通高压网电线路83千米，通电自然村占73%；兴建人畜饮水、改水工程29处；多数行政村通电话。

1994年，完成2130米通信电缆铺设工程。实施了四乡一镇的交换机改制工程。输通5个行政村的高压网电。大兴友谊大桥建设和大尚公路维修。

1995年，全县8个乡镇实现市话联网。

1998年，完成郭花线、东商线工程，完成杨哈线一期工程（被称为“抗震救灾连心路”）。

2004年，完成36个村的“村村通”油路工程，其中三工地镇李三虎至七甲山全长21千米，成为年度全省最长一次性连接多村的“村村通”油路工程；小韭公路竣工通车；白郭线6千米大修工程完工；瑟尔基河危桥加固和红土梁河道便涵工程竣工；全县固定电话用户达到11255户，ADSL宽带网业务全面开展，覆盖全县7个乡镇，用户达535户；新建移动、联通通信基站6个，全县移动电话达到19000户。

2005年，等级公路达到780.20千米，实现了坝上第一个“乡乡通”。完成72个行政村“村村通”工程414.90千米，其中油路163.60千米，砂石路251.30千米，基本形成“三纵三横”交通主干网。

2007年，行政村通信网络实现全覆盖，自然村达到90%；广电中心、电视转播台、电台三大工程开工建设。

2010年，全县水、电、路、信等基础设施更加完善。

第二节　富民强县工程

一、强化项目建设

“八五”期间（1991—1995年），紧紧抓住国家资金跟着项目走的政策机遇，坚持以小起步，以多取胜，新上割圈毛皮、人造金刚石、亚麻白浆、精密铸造等项目。每年安排技改投入1500万元以上，重点实施了年产2万公顷纯羊毛针织毛皮、万吨亚麻漂白纸浆、高档皮革、硅藻土综合开发、人造金刚石、人造水晶、硫化钠、氨基乙酸和肉骨粉等10项工程。1995年，经国务院批准张家口正式对外开放，尚义全面实施“双开”战略，围绕开发抓开放，通过开放促开发。以《张家口市对外开放60条》为指导，出台了新的招商引资43条。

“九五”期间（1996—2000年），推进投资体制改革，建立投资项目资本金制度，加强重点项目法治化、规范化管理，推行工程监督审计制度。组建尚义酒业有限公司，年生产能力达3000吨。实施高档制革、番茄酱、坑口电厂、亚麻大白浆、矿业等投资千万元以上大型项目的立项、项目前期工作及部分项目建设。全社会固定资产投资累计完成4.80亿元，比“八五”期间增长近4倍。

“十五”期间（2001—2005年），国华尚义满井风电场一期工程并网发电，祥福苑住宅小区开发一期工程、贾海商贸市场建成，瑞源食用菌公司口蘑深加工及河北义羊公司肉食品加工投产，大青沟、大营盘蔬菜交易市场及大青沟、平山奶牛养殖园区一期工程建成运行；饲草饲料加工、三通（张家口）农牧场、察哈尔私人牧场、满井风电场二三期工程、二工地牧场综合开发、梧桐苑住宅小区开发、大青沟蔬菜深加工、台路煤炭市场、京津风沙源治理、扶贫攻坚和生态文明村建设等一批重点项目竣工或开工。全社会固定资产投资累计完成14.38亿元，比“九五”期间增长近2倍。

“十一五”期间（2006—2010年），全县实施重点项目99个，完成投资96.50亿元，其中亿元以上项目39个，完成投资88.10亿元。向国家及省市争取项目235个，争取资金达20.60亿元。引进了龙源、中设建工等一批企业。五年来，共引进县外资金81.04亿元，实际利用外资6078万美元，分别比“十五”期间增长4.30倍和11.80倍。

二、强化农业产业化建设

1998—2002年，实施农业产业化战略。以畜牧、蔬菜、口蘑和林果四大主导产业建设为重点，培龙头，壮基地，拓市场，促销售。畜牧产业：2002年牛、羊、猪的饲养量分别达到3万头、831万只和5.30万头，分别比1997年增长2.70%、−22.10%和−38.50%。蔬菜产业：2002年种植面积达0.60万公顷，是1997年1.60倍。建成0.27万公顷西芹基地，无公害蔬菜种植面积达到0.67万公顷。建成了1万平方米工厂化育苗、2000吨恒温库群、14个蔬菜协会、1000余名经纪人的产业链服务体系；2002年蔬菜总产量达到3.50亿千克，实现销售收入8000万元，分别是1997年的5.80倍和2.90倍。口蘑产业：建成坝上食用菌开发公司，口蘑研发成果通过省级技术鉴定。2002年，口蘑栽培面积发展到0.30万公顷，是1997年的1500倍，基地辐射12个乡镇近7000农户。年产鲜菇180万千克，实现产值928万元。口蘑产业被列入市农业产业化重点建设项目。林果产业：2002年，全县果品经济林发展到0.37万公顷，比1997年增长32%，灌木经济林发展到1.01万公顷，完成果树进院15万株。2002年果品产量达到130万千克。

2003年，抢抓国家政策和投资机遇，“减粮增经扩饲”。全县粮经饲结构比例调整到30∶35∶35。

2005年，组织成立尚义县农业产业化办公室。制订《尚义县农业产业化发展规划（2005—2007年）》，制定下发《尚义县2005年农业产业化经营实施意见》《尚义县2005年农业产业化工作考核办法（试行）》《尚义县农业产业化项目管理办法（试行）》等系列政策措施，将农业产业化工作纳入乡镇和县直有关部门的年度目标管理考核体系。畜牧产业：扩建大青沟、平山两个奶牛养殖园区；建成柴鸡、肉鸡、草原牧鸡养殖园区及奶牛、肉羊胚胎移植基地。全县牛发展到3.70万头，其中奶牛8300头；羊发展到15万只，畜牧业总产值达1.66亿元。蔬菜产业：恒温保鲜库发展到61座，藏贮能力达2.20万吨；建设完善大青沟、大营盘2个蔬菜交易市场；新建大青沟蔬菜深加工厂，产加销一体化初步形成。蔬菜种植面积发展到6800公顷，总产量5.40亿千克，实现销售收入2.10亿元。口蘑产业：全县栽培面积发展到0.50万公顷，鲜菇总产量300万千克，实现销售收入1302万元。开发的口蘑酱、口蘑汤料等深加工产品批量上市。草业建设：培扩紫花苜蓿等优质牧草0.69万公顷，建成4个饲草饲料加工企业，小型草业加工点发展到50个，年加工能力达20万吨。

2006年，河北三绿草业有限公司、尚义县恒旺粮业有限责任公司、尚义县恒发粮业有限责任公司3家企业，成功申报市级农业产业化重点龙头企业。全县市级农业产业化重点龙头企业达到11家。

2008年，按照市农业产业化重点项目“111”行动计划，全县共建设千万元以上项目8个，总投资26200万元，全县农产品加工转化率达到30%。强化“四个坚持”，抓好“三个一批”，发展各类农民专业合作经济组织30个，其中省级示范合作社3家，市级示范社3家。尚义县被评为“河北省农民专业合作社建设与发展示范县”。

2009年，首次争取到京张蔬菜协作项目，即三工地镇333.33公顷蔬菜膜下滴灌项目，总投资250万元，涉及行政村7个、农户284户。2010年，引进河北义羊、三绿草业、瑞源口蘑、佳禾蔬菜、日本三通等龙头企业。全县农产品加工龙头企业41家。农民专业合作经济组织发展到106个，辐射带动农户4.49万户。

三、强化工业建设依托风能资源，积极发展新兴产业

2002年，签订投资近2亿元的风能开发项目协议，6座测风塔开始实地测风。

2004年7月，国华尚义满井风电场一期工程开工建设，尚义县风力资源开发和利用迈出实质性步伐。

2006年，国华满井风电一、二期工程并网发电，三期工程开工建设，总装机规模达到8.40万千瓦，累计发电1.30亿千瓦时，完成产值4860万元，上缴税金800万元。

2007年，全县风电总装机容量发展到15.15万千瓦，位居全省第一。

2008年，全年新增风电装机17.55万千瓦，

累计达到32.70万千瓦，全年发电4.20亿千瓦时，销售电量4.01亿千瓦时，实现产值1.85亿元，完成税金1450万元。其中国华满井风电场装机投产达到18.30万千瓦，成为当时国内单体规模最大的风电场。

2010年，共有国华、龙源、察哈尔、三峡新能源、中广核华电和国电等6家风电集团在尚义投资。年内12处风电工程竣工投产，新增装机容量39.70万千瓦，全县累计完成风电装机100.50万千瓦。尚义成为名副其实的全国风电第一县。

第三节 招商引资

1989—2010年，由初期的重政府投资扶贫项目向招商引资重大建设项目转变，全县项目的数量、规模、类型、科技含量都发生了巨大变化。其间，引进投资100万元以上项目410个，引进资金79.50亿元。

1990年，在经济发达地区和周边地区建立4个办事处，进一步敞开了开放大门，初步形成了南进北挺、西跨东移的新态势。

1995年，抓住张家口市开放机遇，出台开放的优惠政策，强化宣传力度，改善投资环境，开展一系列招商引资活动，共引进县外资金4000万元，与国内外客商达成10个联合开发协议，签约了8个合作意向，有效提高了知名度，为跻身国内外大市场打开了通道，奠定了基础。毛皮系列开发的“龙头”项目、事关全县工业全局的毛纺厂割圈毛皮技改项目正式投入生产；亚麻开发的“龙头”项目造纸厂重新启动，恢复生产。乡镇企业完成新上、技改和扩建项目39个，完成总产值20185万元。全年完成商品总销售4100万元，比上年增长205%，实现利润2780万元，比上年增长54.10%。

1998年，与北京房山、天津塘沽等地区开展区域经济合作，全年达成合资合作项目协议和意向46个，引进县外资金5400万元。

2003年以来，举办“6·18”招商引资洽谈会、尚义籍在北京、在石家庄老乡联谊会，参加廊坊农产品交易暨经贸洽谈会等招商引资活动。6月18日，正式与国华（河北）新能源有限公司签约了40万千瓦风电开发协议。

2005—2006年，国华满井一期3.45万千瓦风电工程并网发电，国华满井二、三期（二期4.95万千瓦、三期4.95万千瓦）工程开工建设。实施“改革带动、项目拉动、民营促动”三大战略，风电产业进入快速发展阶段。与国华、龙源、华电、华能、国电、中水投、省建投、国网新源、大唐9家大公司、大企业签约风电开发项目，总规模500万千瓦，总投资540亿元。与国网新源、国华、国电、华电、台湾科风5家企业签约太阳能光伏发电项目。

第四节 县城建设

2002年，提出并实施“一年起步，二年提高，三年上台阶”的城镇建设战略目标。

2003年，出台《尚义县城总体规划方案》，确立了“以山为骨、以河为脉、以水为韵、以绿为体，打造山水型生态宜居县城”的发展思路。祥福苑小区一期工程完工，实现了规模住宅小区零的突破。

2005年，全年投入城建资金2.83亿元，完成了贾海市场改建、饮食服务公司拆迁改造等工程，实施了梧桐苑、生产资料公司商宅楼等一批重点工程。

2006年，实施了梧桐苑小区、玉竹园小区、阳光商城、麒麟商城、世纪天城等15项新区建设工程，完成了太平南路改建、3 条巷道改造等工程。

2008 年，城镇面貌三年大变样工作启动。先后建成了污水垃圾处理厂、“四横八纵”城市道路，实施了秀水广场、鸳鸯河治理、森林公园等建设工程。

2010 年，县城控制性规划面积达到 28 平方千米，是 2005 年的 3.50 倍；全县城镇人口达到 3.48 万人，城镇化水平达到 22.90%，比 2005 年提高了 3.90 个百分点。

尚义县志
SHANGYI XIANZHI
1989—2010

第七篇

地方人民政协

1989—2010 年，中国人民政治协商会议尚义县委员会（简称政协）经历了第三、四、五、六、七、八届委员会。在中共尚义县委的领导下，县政协始终坚持社会主义方向，不断巩固和扩大爱国统一战线，发扬社会主义民主，团结一切可以团结的力量，按照“长期共存、互相监督、肝胆相照、荣辱与共”的方针，充分发挥“政治协商、民主监督、参政议政”的基本职能，致力于对全县的各项大政方针、地方重要事务和群众生活等问题，积极进行民主协商和民主监督，为尚义县的经济发展和社会进步做出了应有的贡献。

第一章　政协委员

第一节　政协委员产生

政协尚义县委员会委员名单由地方各党派、无党派人士、各人民团体、各个界别等协商提出。充分同各推荐方协商，形成建议名单，由政协常务委员会协商决定，经全体常务委员会组成人员过半数同意予以通过。

尚义县历届政协常务委员会由主席、副主席、秘书长及常务委员组成，正、副主席由县委提名。其他人选由政协主席办公会议提名，全体委员充分酝酿，举手表决产生。

县政协委员第三、四届任期为 3 年，第五、六届任期 5 年，第七届为 4 年，第八届为 5 年。

第二节　政协委员构成

政协尚义县委员会委员由中国共产党、人民团体、无党派民主人士、农工商、科教文卫等不同界别的代表人士组成。另有特邀委员，具有广泛的代表性。委员的显著特点：政治觉悟和文化水平较高，从事教科文卫的人数较多，且非中共党员占比较大。

政协尚义县第三届委员会　（1987 年 5 月至 1990 年 4 月），有委员 74 名，男 63 名，女 11 名。其中：中共党员 26 名，约占 35.10%；具有大专文化程度 35 名，约占 47.30%；具有技术职称的 20 名，约占 27.03%；平均年龄 50 岁。

政协尚义县第四届委员会　（1990 年 4 月至 1993 年 2 月），有委员 85 名，男 71 名，女 14 名，其中：中共党员 33 名，约占 38.80%，大中专以上文化程度的 46 名，约占 54.10%，有初级以上技术职称 43 名，约占 50.60%，平均年龄 48.10 岁。

政协尚义县第五届委员会　（1993 年 2 月至 1998 年 2 月），有委员 94 名，男 79 名，女 15 名，其中：中共党员 42 名，约占 44.70%，大中专文化程度的 55 名，约占 58.50%，有初级以上技术职称的 54 名，约占 57.40%，平均年龄 46.80 岁。

政协尚义县第六届委员会　（1998 年 2 月至 2003 年 4 月），有委员 141 名，男 112 名，女 29 名，其中：中共党员 64 名，约占 45.40%，大中专文化程度的 82 名，约占 58.20%，有初级以上技术职称的 56 名，约占 39.70%，平均年龄 40.20 岁。

政协尚义县第七届委员会　（2003 年 4 月至 2007 年 5 月），有委员 132 名，男 99 名，女 33

名，其中：中共党员 53 名，群众 78 名，大专以上文化程度80名，中专44名，初中以下8名，中级以上（含中级）职称 43 名，中级以下职称 19 名。平均年龄 39.10 岁。

政协尚义县第八届委员会 （2007 年 5 月至 2012 年 1 月），有委员 138 名，男 102 名，女 36 名，其中：中共党员 52 名，群众 86 名，大专以上 91 名，中专 38 名，初中以下 9 名，中级以上（含中级）职称的 42 名，中级以下职称 12 名。平均年龄 38.90 岁。

政协尚义县委员会第三～八届委员构成情况表

表 7-1

届　次	委员总数（人）	男性（人）	女性（人）	中共党员（人）	大中专以上文化（人）	技术职称（人）	平均年龄（岁）
三	74	63	11	26	35	20	50
四	85	71	14	33	46	43	48.10
五	94	79	15	42	55	54	46.80
六	141	112	29	64	82	56	40.20
七	132	99	33	53	122	43	39.10
八	138	102	36	52	129	42	38.90

1989—2010 年，尚义政协第三～八届，荟萃了各界精英、各路模范，每年均有 40% 左右的政协委员被评为各级先进工作者、模范人物，他们中有省劳动模范，带领全村人在两个文明建设中取得显著成绩的赵平委员；有为尚义县农村小流域治理工作呕心沥血，获“全国先进工作者”称号的卢千林委员；有兢兢业业，为发展坝上蔬菜种植业充分发挥自己的专长，成为全省闻名的女科技工作者的潘和荣委员；有做计划生育手术近万例无事故，获省地“三八红旗手”的武惠芳委员。有 150 名委员被评为年度“尚义十佳政协委员”，有 20 名政协委员成为建设尚义的中坚人物。

第三节　政协委员会全体会议

政协尚义县委员会全体会议，自 1989 年 4 月至 2010 年 22 年间共召开 6 届 22 次会议。

一、政协尚义县第三届委员会

政协尚义县第三届委员会第三次会议 于 1989 年 4 月 7 日上午在县小礼堂召开，应出席委员 62 名，实出席委员 50 名。会议的议程：听取并审议政协尚义县委员会第三届常委会工作报告；听取并审议政协尚义县委员会提案工作委员会关于三届一次会议以来提案工作情况的报告；列席尚义县第九届人民代表大会第三次会议，听取并讨论《尚义县人民政府工作报告》《尚义县人民政府关于 1988 年财政决算和 1989 年财政预算的报告》；表彰奖励 1988 年度先进工作组、先进委员，先进工作组、先进委员大会发言；通过有关决议。县政协三届三次会议期间共收到委员提案 80 件，经过审查，立案 60 件，其中治理整顿和深化改革方面 8 件，教育方面 14 件，城镇建设方面 2 件，土地管理方面 2 件，党风建设方面 5 件，医疗卫生方面

6件，邮电交通方面3件，林业畜牧方面4件，政策方面3件，人居生活方面4件，法治建设方面1件，落实政策方面4件，其他方面4件。县政协三届三次会议共通过了3个决议：《中国人民政治协商会议尚义县第三届委员会第三次会议关于提案工作情况报告的建议》《中国人民政治协商会议尚义县第三届委员会第三次会议关于常委会工作报告的决议》《中国人民政治协商会议尚义县第三届委员会第三次会议决议》。

二、政协尚义县第四届委员会

政协尚义县第四届委员会第一次会议　于1990年4月13日在县政府招待所小礼堂召开，应出席委员85名，实出席委员73名。会议听取和审议政协尚义县委员会第三届常务委员会工作报告；听取和审议三届政协提案工作委员会关于三届三次会议提案工作情况的报告；学习《中共中央关于坚持和完善中国共产党领导的多党合作和政治协商制度的意见》；选举政协第四届尚义县委员会常务委员、主席、副主席；表彰1989年度先进工作组、优秀政协委员；会议共收到提案243件，经审查立案194件。会议通过了3个决议，分别是《政协尚义县第四届委员会第一次会议关于三届常务委员会工作报告的决议》《政协尚义县第四届委员会一次会议关于提案工作情况报告的决议》《政协尚义县第四届委员会第一次会议政治决议》。

政协尚义县第四届委员会第二次会议　于1991年3月26日上午在县政府招待所小礼堂召开。会议听取审议政协尚义县委员会第四届常委会工作报告；听取审议四届一次全会以来提案工作情况报告；表彰先进工作组、十佳政协委员。会议期间共收到提案72件，其中工作征集和委员联名提案15件，经审查，全部立案。其中有关经济方面的24件，有关文化教育方面的17件，有关计划生育和医疗卫生方面的10件，有关环境保护和城镇建设方面的9件，有关人民生活方面的3件，有关社会综合治理方面的5件，其他方面的4件。会议通过了3个决议：《政协尚义县委员会四届二次会议关于常务委员会工作报告的决议》《政协尚义县四届二次会议关于四届一次会议以来提案工作报告的决议》《政协尚义县第四届委员会第二次会议政治决议》。

政协尚义县第四届委员会第三次会议　于1992年3月27日在县政府招待所小礼堂召开。大会应出席委员92名，实出席委员82名。会议听取和审议政协尚义县委员会第四届常务委员会工作报告；听取审议政协尚义县委员会提案工作委员会关于四届二次会议以来提案工作情况的报告；表彰政协先进工作组、十佳政协委员、优秀提案；会议期间共收到委员提案87件，经审查立案57件。按内容分类，其中有关经济建设方面的28件，有关文化教育方面的11件，有关计划生育医疗卫生方面的9件，有关环境保护和城镇建设方面的18件，有关人民生活方面的3件，有关人事管理的7件，有关综合治理方面的4件，其他方面7件。会议通过了3个决议：《政协尚义县四届三次会议关于常务委员会工作报告的决议》《政协尚义县四届三次会议关于四届二次会议以来提案工作报告的决议》《政协尚义县第四届委员会第三次会议的政治决议》。

三、政协尚义县第五届委员会

政协尚义县第五届委员会第一次会议　于1993年2月26日上午在政府招待所召开。会议听取和审议政协尚义县第四届委员会常务委员会工作报告；听取和审议政协尚义县第四届委员会提案委员会关于提案工作情况的报告；选举政协第五届委员会常务委员、主席、副主席。会议就全县大政方针和各项工作进行政治协商。会议期间，共收到提案40件，其中集体提案21件，经提案委员会认真研究审查，40件提案全部予以立案。有关经济方面的13件，发展文化教育事业的6件，医疗卫生方面的6件，环境保护和城镇建设方面的11件，其他方面的4件。会议期间共通过了4个决议：《政协尚义县第五届委员会第一次会议政治决议》《政协尚义县五届一次会议关于第四届常委会工作报告的决议》《政协尚义县五届一次会议关于四届一次会议以来提案工作情况报告的决议》《政协尚义县第五届委员会第一次会议决议》。

政协尚义县第五届委员会第二次会议 于1994年3月15日上午在县麒麟宾馆召开，会议听取和审议政协尚义县第五届委员会常务委员会工作报告；听取和审议政协尚义县第五届委员会提案委员会关于提案工作情况的报告；增选尚义县第五届委员会常务委员，选举秘书长；表彰先进工作组、十佳政协委员、优秀提案。会议期间共收到提案30件，经审查立案25件，其中经济建设方面的12件、教育和卫生事业方面的3件、城镇建设方面的5件、文化、体育方面的4件、廉政建设方面的2件、群众生活方面的2件、其他方面的2件。会议期间通过了《政协尚义县第五届委员会第二次会议政治决议》《政协尚义县第五届委员会第二次会议关于常委会工作报告的决议》《政协尚义县第五届委员会第二次会议关于五届一次会议以来提案工作情况报告的决议》。

政协尚义县第五届委员会第三次会议 于1995年3月10日下午在尚义县宾馆召开。会议听取并审议政协尚义县第五届常务委员会工作报告；听取并审议政协尚义县五届二次会议以来提案工作情况的报告。会议期间，共收到委员提案39件，经审查全部予以立案。其中关于经济建设方面的6件，教育方面的8件，城镇建设方面的6件，文化、体育方面的3件，廉政建设方面的1件，改变干部作风、树立良好干部形象方面的3件，农业方面2件，医疗卫生方面的3件，加强社会综合治理方面的1件，意见建议方面的4件，有关群众生活方面的2件。会议通过了《中国人民政治协商会议尚义县五届委员会第三次会议决议》。

政协尚义县第五届委员会第四次会议 于1996年3月12日上午在尚义县宾馆召开，会议听取并审议政协尚义县第五届常务委员会工作报告；听取并审议政协尚义县五届三次会议以来提案工作情况报告；补选政协尚义县第五届委员会常务委员；表彰十佳政协委员会和优秀提案。会议期间共收到委员提案78件，经审查立案75件，其中经济建设方面18件，文化、教育、宣传方面的18件，城镇建设方面13件，医药、卫生计划生育方面的4件，科技方面的4件，市场管理方面的8件，体制改革方面的2件，其他方面的8件。联名提案13件，个人提案62件。会议通过了《政协尚义县第五届委员会第四次会议决议》。

政协尚义县第五届委员会第五次会议 于1997年3月10日上午在尚义县宾馆召开。会议听取并审议政协尚义县第五届常委会工作报告；听取并审议政协尚义县五届四次会议以来提案工作情况的报告；补选政协尚义县第五届委员会委员、选举主席；表彰十佳政协委员、优秀提案和承办先进单位；会议期间共收到提案62件，立案62件。通过了《政协尚义县第五届委员会第五次会议决议》。

四、政协尚义县第六届委员会

政协尚义县第六届委员会第一次会议 于

1998年2月17日上午在县宾馆召开。会议听取和审议政协尚义县第五届委员会常务委员会工作报告；听取和审议政协尚义县第五届委员会提案工作委员会关于提案工作情况的报告；选举政协尚义县第六届委员会主席、副主席、常务委员。会议期间共收到委员提案67件，经审查立案65件。其中集体提案24件，个人提案41件，经济建设方面25件，土地城镇建设方面13件，科技、文化、教育方面13件，企业体制改革、市场管理方面6件，法律法规方面4件，其他方面4件。会议通过了《政协尚义县第六届委员会第一次会议决议》。

政协尚义县第六届委员会第二次会议　于1999年3月15日上午在尚义县宾馆召开。会议听取和审议政协尚义县第六届委员会常务委员会工作报告；听取和审议政协尚义县六届一次会议以来提案工作情况的报告；补选政协尚义县第六届委员会常委、秘书长；表彰十佳政协委员、优秀提案、先进工作组；会议期间共收到委员提案65件（集体提案24件，个人提案41件），经审查立案58件。其中经济、城建、交通方面25件、农业及相关产业方面10件，教科文化方面13件、政法、民政方面4件，组织、人事、劳动保障方面3件，其他方面3件。会议通过了《政协尚义县第六届委员会第二次会议决议》。

政协尚义县第六届委员会第三次会议　于2000年3月7日上午9点在尚义县宾馆召开。会议听取和审议政协尚义县第三届委员会常务委员会工作报告；听取和审议政协尚义县委员会六届二次会议以来提案工作情况的报告；表彰十佳政协委员会、优秀提案、先进委员活动组；会议期间共收到委员提案64件（联名提案30件，个人提案34件），经审查、全部予以立案。合并内容相同的提案后，实际立案59件。主要有以下几个方面：城镇经济建设方面的12件，农业和农村工作方面的13件，教育文化方面的14件，城建交通方面的12件，生态、环境、水利建设方面的5件，其他方面的3件。会议通过了《政协尚义县第六届委员会第三次会议决议》。

政协尚义县第六届委员会第四次会议　于2001年2月28日上午9点在尚义县宾馆召开。会议听取和审议政协尚义县第六届委员会常务委员会工作报告；听取和审议政协尚义县委员会六届三次会议以来提案工作情况的报告；增选政协副主席；表彰2000年度“十佳”政协委员、优秀提案。会议期间共收到委员提案65件（联名提案21件、集体提案20件、个人提案24件），经审查立案62件。内容涉及农业经济方面的17件，工业经济方面6件，城建交通方面的22件，科教文化方面7件，社会治安综合治理方面4件，财政、金融方面3件，其他方面的3件。会议通过了《政协尚义县第六届委员会第四次会议决议》。

政协尚义县第六届委员会第五次会议　于2002年1月15日上午9点在尚义县宾馆召开。会议听取和审议政协尚义县委员会六届四次会议以来提案工作情况的报告；表彰2001年度“十佳”政协委员、优秀提案；会议期间共收到委员提案63件（集体提案26件、联名提案9件、个人提案28件）。经审查立案58件，主要有以下几个方面：农业和农村经济方面的17件，科教卫生事业发展方面的12件，城建交通方面11件，工业经济方面8件，生态、环境、水利建设方面6件，其他方面4件。会议通过了《政协尚义县第六届委员会第五次会议决议》。

五、政协尚义县第七届委员会

政协尚义县第七届委员会第一次会议　于

2003年4月12日下午在尚义县宾馆召开。会议听取和审议政协尚义县第六届委员会常务会工作报告；听取和审议政协尚义县第六届委员会常务会关于提案工作情况的报告；选举政协尚义县第七届委员会主席、副主席、秘书长、常务委员。会议期间共收到提案111件（集体、提案22件、个人联名提案89件），经审查相同内容的进行合并16件，立案的提案95件。内容涉及城镇经济建议方面的13件，城建、交通、社会治安方面的28件，农林水牧方面17件，科教文化方面27件，党群、统战、政法方面的8件，其他方面2件。会议期间通过了《政协尚义县第七届委员会第一次会议政治决议》。

政协尚义县第七届委员会第二次会议 于2004年1月4日上午在尚义县宾馆召开。会议听取和审议政协尚义县第七届委员会常务委员会工作报告；听取和审议政协尚义县第七届委员会常务委员会关于七届一次会议以来提案工作情况的报告；表彰2003年度“十佳”政协委员、优秀提案。会议期间共收到提案108件，经审查立案106件，合并相同内容后，最后确定立案的提案91件（集体提案24件、联名提案16件、个人提案51件）。会议通过了《政协尚义到第七届委员会第二次会议决议》。

政协尚义县第七届委员会第三次会议 于2005年1月9日在尚义县宾馆召开。会议听取并审议政协尚义县第七届委员会常务委员会工作报告和政协尚义县第七届委员会第二次会议以来提案工作情况的报告；表彰2004年度十佳政协委员和优秀提案。会议期间共收到委员提案101件，经合并相同内容后，最后立案97件。会议通过了《政协尚义县第七届委员会第三次会议政治决议》。

政协尚义县第七届委员会第四次会议 于2006年6月15日在尚义县宾馆召开，会议听取并审议政协尚义县第七届委员会常务委员会工作报告和政协尚义县第七届委员会第三次会议以来提案工作情况的报告。会议期间共收到委员提案88件，立案87件。会议通过了《政协尚义县第七届委员会第四次会议决议》。

六、政协尚义县第八届委员会

政协尚义县第八届委员会第一次会议 于2007年5月15日在尚义县宾馆召开，会议听取并审议政协尚义县第七届委员会工作报告和政协尚义县第七届委员会常务委员会关于提案工作情况的报告；选举政协尚义县第八届委员会主席、副主席、秘书长、常务委员；会议期间共收到委员提案122件（个人提案65件、联名提案57件），经审查立案111件，通过了《政协尚义县第八届委员会第一次会议政治决议》。

政协尚义县第八届委员会第二次会议 于2008年3月5日下午在尚义县宾馆召开，会议听取并审议政协尚义县第八届委员会常务委员会工作报告和政协尚义县第八届委员会常务委员会关于提案工作情况的报告；会议期间共收到委员提案99件（委员个人提案54件、联名提案45件），经审查符合立案的97件。会议通过了《政协尚义县第八届委员会第二次会议政治决议》。

政协尚义县第八届委员会第三次会议 于2009年1月18日上午在尚义县宾馆召开，会议听取并审议政协尚义县第八届委员会常务委员会工作报告和政协尚义县第八届委员会常务委员会关于提案工作情况的报告；表彰2008年度十佳政协委员和优秀提案委员。会议期间共收到委员提案66件，经审查予以全部立案。其中集体提案12件，委员联名和个人提案54件。会议期间通过了《政协尚义县第八届委员会第三次会议政治决议》。

政协尚义县第八届委员会第四次会议　于2010年1月19日上午在尚义县宾馆召开。会议听取并审议政协尚义县第八届委员会常务委员会工作报告和政协尚义县第八届委员会关于提案工作情况报告；会议期间共收到委员提案56件，经审查予以全部立案。会议通过了《政协尚义县第八届委员会第四次会议政治决议》。

第二章　政协常务委员会

第一节　政协常委会组成及常设机构

县政协常务委员会是县政协的常设机关，主持县政协日常工作，召集并主持县政协委员会全体会议。

一、政协常委会组成

政协常委会由主席、副主席、秘书长和常务委员组成。

政协尚义县委员会第三～八届正、副主席一览表

表7-2

届次	姓名	职务	性别	民族	文化程度	籍贯	任期
三	岳贵廷	主席	男	汉族	初中	山西忻县	1987年11月至1990年4月
	忻　福	副主席	男	汉族	中专	河北张北	1987年11月至1990年4月
	王世英	副主席	男	汉族	中专	河北保定	1987年11月至1990年4月
	付锦堂	副主席	男	汉族	中专	河北尚义	1987年11月至1990年4月
	张鸿璐	副主席	男	汉族	大学	河北安次县	1987年11月至1990年4月
	尤思勋	副主席	男	满族	初师	河北易县	1987年11月至1990年4月
	古长兰	副主席	女	汉族	中专	河北唐山市丰润区	1987年11月至1990年4月
四	岳贵廷	主席	男	汉族	初中	山西忻县	1990年4月至1992年11月
	李天永	副主席	男	汉族	中专	山西天镇	1990年4月至1993年2月
	王世英	副主席	男	汉族	中专	河北保定	1990年4月至1993年2月
	付锦堂	副主席	男	汉族	中专	河北尚义	1990年4月至1993年2月
	张鸿璐	副主席	男	汉族	大学	河北安次县	1990年4月至1993年2月
	尤思勋	副主席	男	满族	初师	河北易县	1990年4月至1993年2月
	古长兰	副主席	女	汉族	中专	河北唐山市丰润区	1990年4月至1993年2月
	张桂梅	副主席	女	汉族	大专	河北尚义	1992年3月至1993年2月
五	王万珍	主席	男	汉族	大学	河北怀安	1993年2月至1997年2月
	靳振贵	主席	男	汉族	大专	河北尚义	1997年2月至1998年2月

续表 7-2

届次	姓名	职务	性别	民族	文化程度	籍贯	任期
五	田丽亚	副主席	女	汉族	大专	河北尚义	1993 年 2 月至 1998 年 2 月
	赵进	副主席	男	汉族	中专	河北怀安	1993 年 2 月至 1998 年 2 月
	张鸿璐	副主席	男	汉族	大学	河北安次县	1993 年 2 月至 1998 年 2 月
	路满	副主席	男	汉族	大专	河北宣化	1993 年 2 月至 1998 年 2 月
	常永功	副主席	男	汉族	中专	河北怀安	1993 年 2 月至 1998 年 2 月
六	田丽亚	主席	女	汉族	大专	河北尚义	1998 年 2 月至 2003 年 4 月
	杨生格	副主席	男	蒙古族	初中	河北尚义	1998 年 2 月至 2003 年 4 月
	路满	副主席	男	汉族	大专	河北宣化	1998 年 2 月至 2003 年 4 月
	卢千林	副主席	男	汉族	大专	河北尚义	1998 年 2 月至 2003 年 4 月
	潘和荣	副主席	女	汉族	大专	河北尚义	1998 年 2 月至 2003 年 4 月
	贾宽斌	副主席	男	汉族	大专	河北尚义	2001 年 2 月至 2003 年 4 月
七	田丽亚	主席	女	汉族	大专	河北尚义	2003 年 4 月至 2007 年 5 月
	贾宽斌	副主席	男	汉族	大专	河北尚义	2003 年 4 月至 2007 年 5 月
	任玉林	副主席	男	汉族	大专	河北尚义	2003 年 4 月至 2007 年 5 月
	潘和荣	副主席	女	汉族	大专	河北尚义	2003 年 4 月至 2007 年 5 月
	郑素梅	副主席	女	汉族	大专	河北尚义	2003 年 4 月至 2007 年 5 月
	靳振高	副主席	男	汉族	大专	河北尚义	2006 年 6 月至 2007 年 5 月
八	靳振高	主席	男	汉族	大专	河北尚义	2007 年 5 月至 2010 年 12 月
	任玉林	副主席	男	汉族	大专	河北尚义	2007 年 5 月至 2010 年 12 月
	潘和荣	副主席	女	汉族	大专	河北尚义	2007 年 5 月至 2010 年 12 月
	石宝	副主席	男	汉族	大学	河北尚义	2007 年 5 月至 2010 年 12 月
	苏静	副主席	女	汉族	大学	河北辛集	2007 年 5 月至 2010 年 12 月

二、县政协常委会工作机构

1989 年，县政协机关内设办公室（秘书长兼）、学习宣传教育科（包括文史资料征集）、经济联络科（包括提案工作），组织开展政协日常工作。机关有干部职工 12 人，其中主席 1 人、副主席 4 人。

2010 年，县政协机关内设办公室（秘书长兼）、学习宣传教育科（包括文史资料征集）、经济联络科（包括提案工作），组织开展政协日常工作。机关有干部职工 14 人，其中主席 1 人、副主席 4 人。

第二节　政协常务委员会会议

县政协常务委员会议一般每季度举行一次，必要时可临时举行，会议日期、议程由主席会议决定，会议由主席主持，或由主席委托副主席主持。常委会议主要讨论决定常务委员会会务工作中的重大问题；协商县委、县政府重大决策以及群众普遍关心的重大问题，提出意见和建议；审查重要的视察报告、专题报告和提案等。

1989 年 9 月 26 日，召开县政协第三届委员会第十次常委会议，参加会议的有政协常委、工作组长以及县委统战部、卫生局的领导，应邀出席会议的有代县长侯文章，县委宣传部部长申兰旺。会议重点围绕全县乡镇卫生院工作，进行了认真对话协商。

1990 年 7 月 30 日，召开县政协第四届委员会第二次常委会议，县委副书记王万珍、政府常务副县长许化民到会参与了有关问题的协商，教委、税务局负责人列席了会议。会议同县政府及有关部门协商尚义县税收工作和尚义二中德育教育工作。

1990 年 10 月 11—12 日，召开县政协第四届委员会第三次常委会议。会议听取县委书记袁中关于全县工作的通报；与县政府及有关部门协商全县五万亩果品经济林基地建设情况。

1990 年 12 月 25—26 日，召开县政协第四届委员会第四次常委会议。县委、县政府领导袁中、侯文章、许化民、赵修德等先后到会，通报了全县 1990 年经济工作情况，并就工业企业潜伏性亏损问题进行了专题协商。

1991 年 6 月 25 日，召开县政协第四届委员会第六次常委会议。到会县委、县政府领导：王万珍、赵修德。会议对全县乡镇企业发展情况进行了协商。

1991 年 9 月 28 日，召开县政协第四届委员会第八次常委会议。政府副县长刘富成到会，列席会议的有科委、农工部、畜牧局负责人。会议听取了关于全县农业科技“四十推”完成落实情况的通报，常委委员就农业科技“四十推”发表意见。

1992 年 6 月 30 日，召开县政协第四届委员会第十一次常委会议，参加会议的有主席及 6 名副主席、14 名常委，政协科室负责人列席了会议，会议讨论了《尚义县筹集资金管理办法》和《尚义县机构改革方案（草案）》。

1993 年 2 月 24 日，召开县政协第五届委员会第一次常委会议。会议主要议程：讨论通过《政协尚义县委员会关于开展“五个一”活动的决定》，即 1993 年在全体委员中开展“为尚义经济上新台阶献一条计策、收集一条信息、推荐一名人才、引入一个项目、争取一笔资金”的活动。

1993 年 7 月 20 日，召开县政协第五届委员会第二次常委会议，政协各工作组长和科室负责人列席了会议。会议就县办工业企业和乡镇企业的情况，提出解决部分工业企业在困境中一厂一策建议。

1993 年 9 月 24 日，召开县政协第五届委员会第三次常委会议。会上学习江泽民总书记在中纪委二次全会上讲话；学习县委书记侯文章在全县党风廉政建设会议上的讲话和在县委工作会议上的讲话，重点围绕尚义县经济工作和廉政建设进行了座谈讨论。

1994 年 7 月 14 日，召开县政协第五届委员会第七次常委会议。副县长曹汉武到会听取情况通报及会议发言。乡镇企业局、经委、政协科室负责人列席会议。会议听取了关于尚义县玻璃纤维厂、南壕堑镇粉丝厂的生产经营情况的通报以及县造纸厂承包经营及雪城毛纺厂技改项目进展情况；政协常委、政协农业科技工作组组长刘文亮宣读了《政协尚义县委员会关于全县农业科学技术推广工作的调查报告》；政协常委根据情况通报和深入企业视察了解，与政府及主管部门领导一起共同研究分析各企业面临的困难和问题，协商探讨了解决问题的途径和措施，就全县农业科技推广工作进行商讨。

1994年9月27日，召开县政协第五届委员会第八次常委会议。政府副县长刘善修到会听取有关部门的情况通报并发言。民政局、教委的领导、县城各政协工作组组长、政协科室负责人列席了会议。会上，民政局、教委负责人受县政府委托分别通报了1994年全县生产救灾情况，1993—1994学年度教育教学情况。常委们和工作组组长围绕全县生产救灾和教育教学工作进行讨论。

1995年6月5日，召开县政协第五届委员会第十二次常委会议，县政协部分工作组组长、科室负责人列席会议。县委副书记王万珍、县委常委、常务副县长赵修德到会并作了讲话。会议中心议题就各界人士关于振兴尚义经济的意见和建议与县委政府领导进行探讨协商。

1995年9月7日，召开县政协第五届委员会第十三次常委会议。县委常委张桂梅、副县长曹汉武及县委办、政府办、政策研究室、经济研究室、工商局、税务局、乡镇企业局、政协机关各科室负责人列席了会议。与会政协常委及县委、政府领导同有关部门一起协商讨论通过了由工商界政协委员、工商联、政协科室干部三个调查组撰写的联合调查报告《关于我县个体私营经济发展情况的调查报告》和《关于我县农业“5537”工程实施情况的视察报告》。

1996年5月16日，召开县政协第五届委员会第十七次常委会议。应邀列席会议的有政府副县长岳国忠、政府办、县小康建设办负责人。会议协商讨论全县农村小康建设问题。会上，政协常委就政协牵头、小康建设办参与形成的《一村一策、重点突破、配套推进》的调查报告进行了认真的讨论；讨论通过了《政协尚义县委员会关于政治协商、民主监督、参政议政的规定》《政协尚义县委员会提案工作条例》。

1996年10月28日，召开县政协第五届委员会第十八次常委会议。县委常委张桂梅、政府办公室副主任张守福应邀参加了会议。会议中心议题是协商讨论政协农业科技工作组撰写的《关于我县小流域治理情况的调查报告》，与会常委一致讨论通过。

1997年6月27日，召开县政协第五届委员会第二十二次常委会议。会议主要议程：听取县政府关于当年蔬菜生产情况的通报，讨论和协商《关于加快我县蔬菜生产产业化进程的建议》。

1998年6月26日，召开县政协第六届委员会第二次常委会。会议听取县救灾指挥部通报重建家园情况；协商讨论县非公有制经济发展现状及对策。会上，政府副县长张凤祥代表政府向常委们通报了尚义县重建家园情况。

1998年9月25日，召开政协第六届委员会第三次常委会。政府副县长李忠和政协机关科室负责人列席会议，会议上听取政府副县长李忠通报县工交企业改革情况；讨论协商县水利工程管护与使用情况调查报告。当日下午组织常委和科室人员视察了郭花线、杨哈线公路建设。

1999年6月20日，召开县政协第六届委员会第八次常委会议。政府副县长王聪著参加会议。会议上听取王聪著关于全县扶贫攻坚工作情况的通报；讨论政协关于加强养老保险金收缴，确保退休人员基本生活的调查报告。会后组织常委及机关科室工作人员视察了部分私营企业。

1999年9月27日，召开县政协第六届委员会第九次常委会议，政府副县长王聪著、政府办公室负责人参加会议。会议听取政府副县长王聪著关于农业形势的通报（委员讨论通报情况）；听取政府办主任张佃永关于提案办理情况通报。

1999年12月7日，召开县政协第六届委员会第十次常委会，会议讨论了《关于对全县流通企业改制情况的调查报告（草案）》。

2000 年 6 月 27 日，召开县政协第六届委员会第十四次常委会议，教育局、政协科室负责人列席会议。会议听取县政府关于素质教育和学生减负情况的通报；听取并讨论政协教育组《关于部分学校减负及实施素质教育情况调查报告》；听取并讨论政协党政组《关于有线电视转播让群众满意的调查报告》；讨论县委、县政府关于加快个体私营经济发展的若干问题的规定。

2000 年 9 月 26 日，召开县政协第六届委员会第十五次常委会议，政府副县长张凤翔、政法委副书记赵喜恩参加会议。会议听取并讨论县政府关于农业结构调整情况的通报；听取并讨论县政法委关于全县依法治县综合治理情况的通报。

2000 年 12 月 12 日，召开县政协第六届委员会第十六次常委会议。会议听取讨论政府关于工业企业生产经营情况通报；听取关于对法、检两院开展民主评议情况的汇报；讨论通过《关于农业结构调整的调查报告》。

2001 年 7 月 26 日，召开县政协第六届委员会第二十次常委会议。听取视察县口蘑中心、北石塄林场科技示范园区、“一退双还”工程恒温库建设等项目情况；听取并讨论县政府关于小区建设情况通报、县城容貌整治及城建工作的通报。

2001 年 10 月 16 日，召开县政协第六届委员会第二十一次常委会议。会议听取并讨论县政府副县长李忠关于全县工商企业改制情况的通报；协商讨论政协《关于我县蔬菜生产销售情况的调查报告》。

2002 年 7 月 23 日，召开县政协第六届委员会第二十五次常委会议。会议组织政协委员视察“一退双还”工程；听取并讨论县政府关于“一退双还”工程实施情况的通报；听取县政府关于政府系统承办提案进展情况的通报。

2003 年 7 月 1 日，召开县政协第七届委员会第二次常委会议，副县长张国庆参加会议。会议听取县政府关于 2003 年上半年农业工程实施情况通报；座谈讨论了县政府农业工程实施情况通报和视察情况。

2003 年 9 月 28 日，召开县政协第七届委员会第三次常委会议，政府副县长张凤翔、徐若飞参加会议，交通、城建及政协科室负责人列席会议。会议组织常委视察杨哈线“三改二”工程、城镇建设；听取县政府关于道路建设和城镇建设的情况通报；协商讨论两个情况通报和视察情况。

2004 年 3 月 3 日，召开县政协第七届委员会第五次常委会议，县委、县政府领导冯万成、徐若飞参加会议，政协科室负责人列席会议。会议主要协商讨论优化尚义环境相关事项。

2004 年 7 月 15 日，召开县政协第七届委员会第六次常委会议，副县长张凤翔参加会议，城建房产、土地局、自来水公司、环保局等部门领导及政协科室负责人列席会议。会议组织常委视察小区建设；听取政协关于小区建设管理的调查报告；协商讨论小区建设管理维护问题。

2006 年 10 月 26 日，召开县政协第七届委员会第十三次常委会。会议学习了中共十六届六中全会文件；组织常委协商讨论如何构建和谐尚义问题。

2007 年 9 月 28 日召开县政协第八届委员会第一次常委会议，政协科室负责人列席会议。会议组织常委视察“龙源”和“国华”两个风电项目工程；协商讨论视察风电情况；征集社情民意。会后根据委员们提出的建议和意见，编辑整理了 4 期社情民意供县委、县政府领导决策参考。

第三章 政协主要工作

第一节 协商与监督

政治协商与民主监督是政协履行职能的重要形式，历届尚义政协积极参与全县政治、经济、文化等领域建设，为县委、县政府了解民情、体察民意、集中民智、科学决策发挥了积极作用。

一、政治协商

（一）会议协商 政协主席列席县委常委会议。人大常委会和县长办公会，在必要时，也请政协主席和副主席到会，直接参与重大决策的制定和重要人事安排的协商。

（二）专题协商 政协每季度召开的例行常委会议，围绕广大群众关注的热点、难点或重大事项既定题目，由县委、县政府主要领导到会通报情况，委员在认真调查的基础上提出协商意见，进行面对面协商。1996 年，围绕“关于我县农村小康建设的建议”召开专题协商会，委员们指出了尚义县小康建设工作中存在的亟待解决的问题，提出了加强这一工作的合理化建议，有 4 条建议被县委、县政府制定的《尚义县农村小康建设规划调整方案》采纳。1997 年 8 月，围绕“影响全县教育质量的主要问题及解决问题的对策”连续召开了县城中小学领导、任课老师代表、中学生家长代表 3 种不同类型专题协商会。2006 年围绕“落实优惠政策，促进民营经济发展”，“完善住宅小区的物业管理”问题召开了专题协商会。1989—2010 年召开各类专题协商会 108 次，座谈会 286 次。参与协商的县委、县政府领导对委员提出的意见和建议予以肯定，有的建议已作为决策依据，在县委、县政府的工作安排部署中予以体现，对全县工作起了积极促进作用。

（三）政协全体会议广泛协商 1989—2010 年，在召开的 21 次政协全体会议上，政协委员 252 人次在大会上进行大会发言，发表意见，提出了有价值、高质量的建议，对全县的大政方针进行了协商讨论。

附：《推进我县水资源可持续利用的建议》

政协委员、水务局孟宪丛

水资源是基础性的自然资源和战略性的经资源，只有建设节约型社会，促进水资源的可持续利用，才能为实现我县经济的跨越式发展提供保障。

一、我县水资源开采现状

我县多年平均降雨量 356.4 毫米，全县水资源总量 2.5 亿立方米，其中：地表水 8422 万立方米，地下水 7430 万立方米，过境水 9070 万立方米。在全县 7430 万立方米的地下水资源总量中，坝上地区占 4399.1 万立方米，占全县地下水资源总量的 59.2%。全县地下水可开采量为 2535.1 万立方米。目前，地下水开采区主要集中在坝上的三工地、大青沟大营盘、大苏计、七甲 5 个乡镇，地下水资源开采量为 2360 万立方米，占可开采总量的 93.1%

二、水资源开采中存在的问题

1. 过度开采，水位下降。从20世纪90年代开始，随着各类涉农地下水开发工程的实施，结合农业种植结构的调整，蔬菜种植呈快速发展之势，大面积的地下水开发活动也随之而来、1998年一年就打小井1759眼，到2001年浅井增加到了3518眼，到2003年底，地下水开采量达到了2157.3万立方米，比2000年增加28.7%，开采量接近于全县的可开采总量。2000年，全县蔬菜种植6万多亩，2006年，全县的蔬菜种植面积达到16万亩。据1980年到1985年统计资料，水位下降速率为0.1米/年。如果按照此速度开采，利用澳援项目地下水动态模拟实验结果显示，10年后三工地、大苏计等乡镇地下水开始出现漏斗区，中心区水位下降将达15米左右。

2. 布局不合理，开采不规范。在打井取水的过程中，一是井距不合理。按照规范要求，两井之间的距离随着深度的不同而有定的要求，只有满足了这个要求，才不至于在抽水时形成“漏斗”交叉相互影响水量。但是，我县在开采地下水的过程中，井距都普遍小于规定，特别是农民自发打井，注重的是靠近承包地自己浇地方便，不懂得科学取水。二是没有分层取水。由于没有统一规划，又没有进行分层取水，结果抽取同一含水层的水，在多井同时抽水时出现深井“吊”浅井的现象，造成打新井废旧井，重复投资，加大取水成本。

3. 资源浪费严重，利用率低。截至2006年底，全县建成17.8万亩水浇地，节水灌溉面积只有10.05万亩，节水灌溉面积仅占59%。在利用水资源的过程中，不少采用的是大水漫灌的方式，水资源浪费十分严重。

4. 水资源综合管理不力。由于受经济条件的限制，为鼓励农民打井种菜，开始采用的是“先上车，后买票”的办法，对水资源的开采没有硬性管理，致使水资源综合管理不到位，开发开界呈无序状态，打井取水不履行申报审批手续，想在哪儿打就在哪儿打，想打多深就打多深，缺乏统一规划。

三、对水资源开发与管理的建议

1. 强化水资源管理。一要依法管理。依照《中华人民共和国水法》等相关法律法规，严格执行取水许可制度，凡开采地下水资源的都要履行申报审批手续，经水行政主管部门批准后方可按批复的井深、井位、取水量进行地下水开采。主管水行政部门要对现有的机井要核定取水指标，收取水资源费，避免过量超采要加大水政执法力度，严厉打击违法取水行为，封闭其取水设施，规范取水秩序，达到地下水资源的有序开采，科学利用。二要统筹管理。县政府要发挥好统筹协调能力，制定出台水资源管理及农业用水管理配套法规，加大地下水资源管理的力度，严格管理地下水资源的开发利用。在打井取水的过程中，各单位都要进行协调沟通，进行统一规划开发凡是涉及开发地下水项目的部门都要与水行政主管部门沟通、报批，办理取水许可手续，制止各自为政，随意开采现象的发生。三要规划管理。依据澳援项目在全县建立的21眼机井地下水动态监测网，有效地监测地下水位变化过程，预测其变化趋势，认真分析研究水资源的承载能力，综合考虑水资源的经济、社会和环境效益，组织相关部门制订《尚义县地下水资源开发利用规划》，并严格按照规划开发地下水资源，建立地下水资源开发利用报告书制度，保证宏观规划与微观建设项目相衔接，做到地下水资源的平衡利用、综合利用，实现地下水资源的可持续利用。

2. 强力推进节水灌溉工程。目前，坝上蔬菜种植区的水资源利用效率很低，灌溉用水高达每公顷6000立方米，农业灌溉渠系利用数仅为0.4左右，比全国平均水平高出1～3倍为合理利用有限的地下水资源，在需水量大的蔬菜种植区要强力推行渠道防渗、管灌、喷灌和膜下滴灌等多种节水措施。

3.控制蔬菜种植面积。坝上蔬菜区种植的主要作物以芹菜为主，现行的灌水定额为40～60立方米/亩，一般年份灌水次数为15～20次，属于高耗水作物。因此在合理利用地下水资源、保障水资源的供需平衡上，要适当调整蔬菜种植结构，控制蔬菜种植面积，按照3∶7的比例限制高耗水蔬菜，推广低耗水蔬菜品种，保障地下水资源的可持续利用。

4.发挥水价杠杆作用。为促进节水、降低水耗、减少地下水资源的开采总量，征收农业用水水资源费，并实行阶梯式水价用水价的杠杆作用确保有限的地下水资源实现可持续利用。

5.加大宣传力度。要采取多种措施加大对依法合理开发利用地下水资源的宣传，彻底改变人们认为地下水资源量无穷无尽想怎么开采就怎么开采、别人干涉不着的错误认识，形成依法开发地下水资源、科学开采地下水资源、合理利用地下水资源的良好氛围，最大限度地发挥有限的地下水资源的潜力，为我县社会经济的可持续发展提供保障和支撑。

二〇〇七年一月八日

二、民主监督

（一）征集社情民意 征集社情民意是政协履行民主监督又一种形式，1989—2010年，征集社情民意1095条，经归纳整理后反馈到县委、县政府，这些信息为党政部门科学决策提供了依据。

（二）开展民主评议活动 2000年，对执法部门开展民主评议活动，对法院、检察院、国税局、地税局、工商局、公安局、电力局、交通局8个执纪执法部门采取征求意见、向社会各界发放民主测评和问卷调查、面对面评议形式，进行了民主评议活动。2003年对16个行政执法部门进行了民主评议，通过范围广，覆盖面大的问卷调查、召开各种类型的座谈会形式，征集到社会各界对行政执法部门执法执纪方面的意见建议600条，被评议部门针对这些意见建议进行了认真的整改。此外，1989—2010年期间先后有70名政协委员被聘为行风建设评议员、政法各部门执法监督员，常年开展行政执法、行风行纪方面的监督活动。

（三）视察 对县委、县政府工作部署的实施情况进行视察是政协民主监督的又一项重要内容。1995年8月，县政协常委，部分委员由政协副主席田丽亚带队，先后到甲石河、小蒜沟、大青沟、南壕堑乡镇视察了生态农业工程，视察后召开了座谈会，并就农业生产等问题提出了具体的意见和建议。2009年，县政协组织政协常委和部分驻县市政协委员对龙源麒麟山风电一期工程、鸳鸯河综合治理工程、秀水新区、龙泉源畜禽肉制品有限公司和伦比服饰有限公司的发展情况进行了视察，同时还视察了滨河路建设、污水处理垃圾处理现场工程。1989—2010年，开展78次大型委员视察活动，参观工作进展情况，了解存在的问题和困难，在视察的基础上，提出改进工作意见和建议。

第二节 调查研究

1989—2010年，县政协为了搞好协商监督、参政议政，把调查研究作为一项基础性的工作来抓，抓住县委和县政府工作重点和群众关心的热点难点问题，开展调查研究，为县委、县政府建真言、献良策。开展大型调查研究281项，各类小型调查760项，调研结果通过“尚义县委员会”文件和“调查研究”简报、专题协商、提案方式转县委、县政府参考采纳、办理落实。

1994年6月，由政协副主席赵进、路满带队，组织政协农业科技工作委员会委员，会通农、林、水、牧局和农委、科委有关人员，对县内农业科技推广工作进行了调查，并视察了比较成功的科技示范推广点，形成了《关于全县农业技术推广工作的调查报告》。

1996年8月，县政协经济工作委员会为了进一步落实县委提出的“举开放旗、打优势牌、借科技力、唱牧业戏、念蔬菜经”的经济发展战略，促进外向型经济的发展，就全县发展外向型经济情况进行了调查，并形成了调查报告。

2002年3月，政协主席田丽亚带领部分政协委员，到“一退双还”工程区内的大营盘、大苏计、大青沟、炕塄、八道沟、南壕堑6个乡镇进行了深入细致的调查研究，并形成了专题调查报告。

这些报告都受到县委、县政府的高度重视，转发各乡镇、部门，有效地推动了这些工作的开展。

附：《关于我县实施“一退双还”工程的调查与思考》

尚义县政协办公室

为了促进我县“退耕还林还草”工程的实施，从3月中旬，政协主席田丽亚带领部分政协委员，先后深入到我县“一退双还”工程区内的大营盘、大苏计、大青沟、炕塄、八道沟、南壕堑6个乡镇进行了深入细致的调查研究，并对“一退双还”工程比较集中的区域进行了视察。召开了政协常委扩大会议，听取了林业局乔美局长关于“一退双还”工程情况通报。通过调查、视察和探讨，认为我县“一退双还”试点工程建设取得的成绩令人鼓舞，下一步工程建设任务更大、更艰巨，有待于全县上下同心协力，发扬成绩，总结经验，改进工作，真正使这项工程发挥出应有的生态、经济和社会效益

一、“一退双还”工程进展和成效

2000年，我县借助国家实施退耕还林还草的大好机遇，开始实施“一退双还”试点工程。至2001年底，国家下达给我县实施退耕的任务共3万亩，按照“退一还二”的要求，退耕地及匹配宜林荒山荒地造林面积共计6万亩，涉及6个乡镇，12个行政村，2763户。两年来，我县各级政府、有关部门，把“一退双还”工程作为当前及今后生态工程约重点，作为构筑生态屏障，保护京津的一项政治任务对待，作为改善我县生态环境，提高农业综合效益的一项重要举措来抓，积极组织和带领项目区人民抢抓机遇，认真实施。特别是林业、畜牧部门和项目实施乡镇的干部、技术人员，始终与农民群众一道风餐露宿，奋战在工程第一线。两年来共造林39618亩，其中退耕地造林9618亩，匹配宜林荒山荒地造林3万亩，退耕地种草20382亩，按设计质量标准，圆满完成了任务、工程管理、工程质量均得到有关部门的肯定，大部分工程已按期通过了国家及省、市的验收，取得了一定成绩，积累了一些经验，初步摸索出了一条工程建设的成功路子。

2002年，国家下达给我县实施退耕任务12万亩，匹配荒山荒坡12亩，现已全部落实到各乡镇。

二、对今后实施“一退双还”工程的几点思考

“一退双还”工程是一项涉及面广、政策

性强、工序复杂、群众参与度很高的生态建设工程。这项工程的实施，关系到千家万户的当前收入和长远生计，关系到我县经济、社会的发展等一系列重大问题。为了促进这项工程高标准、高质量地顺利实施，我们结合调查了解到的情况，本着从长远利益着想，认真思考了一些问题提出来与各级领导和群众共同探讨、商榷。

1. 提高思想认识，转变观念，加强“一退双还”工作的组织领导。从调查了解到，我县一些领导对国务院24号文件精神理解不深，将实施这项工程视同于一般项目，特别是一些乡、村领导，认为“一退双还”工程受益的是农民，乡、村两级组织一点也得不到补偿，因抓得不力，缺乏主动性和紧迫感。由于认识上的差距，导致了行动缓慢，对项目的政策要求、管理运行缺乏认真研究。一些职能部门之间也协调不够，配合不力，甚至相互掣肘，当项目实施出现了困难或问题时得不到及时解决。为此，建议我县各级政府要切实提高对实施“一退双还”工程的思想认识，转变观念，改进作风。要把这一工程列为“县长工程”，作为全县工作的重中之重，摆到重要议事日程。要充分发挥领导小组办公室的职能作用，统筹协调这项工程的组织推动、宣传规划和目标任务，适时研究、调度和解决工程进展过程中的重大问题，加强有关部门间的相互配合，强化对项目建设诸环节的责任机制。同时要积极营造全县上下参与“一退双还”工程建设的氛围。在工程实施的主要季节里，可以从各部门抽调一部分人员，在林业部门接受短期培训后，下基层指导协调工程建设，全社会协同作战，把这项工程做好。

2. 抓好宣传发动和政策扶持工作。在调查中，我们通过与项目区的农民座谈，感到有些民对国家政策理解上有偏差，他们只认识到了自己的利益，只知道退耕后领粮领钱，不清楚自己身上应负的责任，造成了一种只要完成任务数量就能全部领粮领钱的错觉，因而存在草率从事不注重质量的问题，为此，建议各级政府必须做好深入细致的宣传工作，把“一退双还”工程的重要性、必要性，尤其是退耕户的权利、义务、责任向群众讲深、讲透，使他们真正认识到“一退双还”工程是改善生态环境的需要，又是调查农业结构，增加经济收入的必然选择，符合自己的根本利益。让他们真正明确在“一退双还”中、自己不仅享受国家的优惠政策，同时还必须保质保量地完成种树种草任务。只有这样才能使“一退双还”成为农民约自觉行动。此外，还应大力宣传“一退双还”的有关技术标准、施工要求。建议印制一些简明扼要、通俗易懂的技术卡片，发到全体退耕户中，让农民把技术掌握在自己手里，以减轻技术力量不足、服务指导任务太大的压力。

3. 研究、制定和完善地方性法规及相关配套措施。“一退双还”工程是一项浩繁和艰巨的长远性工作，同农村经济发展、产业结构调整。农村人口变化、农村土地政策等紧密相关。目前，由于还没有与这一工程相适应的具体的地方性法规以及相关的配套政策，致工程实施过程中一旦出现问题，尤其是涉及政策方面的问题，得不到及时解决。如林牧问题，二轮承包土地的调整问题，撂荒地问题，无劳力户问题，户与户之间退耕面积不平衡问题等，这些问题的存在影响了工程进展和质量。建议根据“一退双还”工程建设的需要，县人大常委会可通过立法程序制定一些地方性法规，使各项工作有法可依。县政府也要认真研究，制定有关“一退双还”方面的政策措施，包括一些具体的操作方法，要在积极探索的基础上周密研究，逐步完善。如责任书的签订，规划的设计，种苗供应；粮食供应，工程验收以及项目管理等，有了相关的政策做保证，在实施“一退双还”工作中出现的困难和问题，能及时得到解决。

4. 处理好二轮承包土地与“一退双还”工程用地的协调工作。随着“一退双还”工程不断的实施，农民退耕造林种草承包责任制的完善，土地承包中出现了新情况新问题。由于项目区占用农民耕地的不平衡，必然导致农民二轮承包土地的调整。调整承包土地政策性很强，如处理不当，后遗症会很大，甚至会给社会带来不稳定因素。应严格按照中共中央2001年18号文件关于农户承包地使用权流转的有关精神，遵循自愿、依法、有偿的原则，采取转包、转让、互换、入股等形式进行。无论利用何种流转形式，确定流转关系后，必须签订合同，以避免日后产生无端的纠纷。各级政府要注意做好宣传教育、统筹规划和相互协调工作，以保证“一退双还”工程的顺利实施。

5. 加强畜牧业发展与“一退双还”工程管护的相互协调工作。管护是“一退双还”工程中的重要环节，只顾“还”，不顾“管”，就会前功尽弃。只有以“管”保“退”，以“管”促“还”，才能达到“稳得住”的目标，我县目前投入“一退双还”工程管护的人员达217人，管护投资每年达17多万元，户与村、村与乡、乡与县共订管护责任书达3894份。但从实际情况看，“一退双还”工程管护问题，并没有从根本上解决。目前最行之有效的办法便是禁牧，只要停止放牧，实行牲畜舍饲圈养，草地植被就会自然恢复，造林种草成活率就会提高，管护难度就会减小，而且还可以减少很大一部分用工和管护费用，从调查看，我县一些乡镇农民饲养绒山羊的数量较大，特别是大营盘和大苏计，仅大营盘乡就有绒山羊6000多只，1只绒山羊一年就能破坏2亩植被，从今年11月1开始，我市将全面实行禁牧，为此，县、乡两级要大力搞好禁牧宣传工作，让农民认识到早禁牧、早主动、早受益，迟禁牧就要被动，受损失；要想方设法积极创造条件帮助退耕农民做好禁牧、发展舍饲的前期准备工作，引导农民搞青贮饲草，帮助农民引进各种优良畜种和高产饲草品种，保证畜牧业与生态环境建设协调发展

6. 要坚持生态优先，生态、经济、社会三大效益相统一的原则。三个效益统一，是退耕还林（草）能等成功推进的关键，既要近期效益，更要长远效益。在保证生态效益的同时，要切实保证农民的生计，解决好农民最重要的吃饭、增收等实际问题，这是关系到稳定大局的大事。为此，建议政府要组织有关专业技术人员，通过认真调查研究，具体分析、测算，从理论上为我县退耕农民如何调整产业结构，如何发展经济提供有说服力的依据。如退耕后留下的基本农田如何合理安排种植计划；饲草种植面积与舍饲牛羊数量的科学比例等。农民据此可有计划、按比例地发展畜牧业，既能使基本农田创造出最大的经济效益，又可保障“一退双还”退得下，稳得住，不反弹，发挥出应有的生态、经济和社会效益。

7. 完善和加强“一退双还”工程的管理机制。调查中我们还了解到，个别退耕区管理机制落实不到位，还留有死角。试点村中程度不同地存在着“大锅饭”，尤其是匹配工程有的村至今没有分到户，影响了今后的苗木管护和补植。各乡镇应对这一问题尽快拿出解决方案，尽快实行任务到户，责任到人，分户施工，合同管理。在匹配荒山荒坡的问题上也存在弊端，

主要是异地匹配，将来会造成管护、收益分配等方面的矛盾，应及早研究解决，并在今后的工程实施中杜绝同类现象的出现。此外，因匹配荒山荒坡，一些乡镇之间，村与村之间过去不引人注意的地界划分问题显露了出来，有关部门或乡镇村应妥善解决好这一问题，以免影响“一退双还”工程的顺利实施。

二〇〇二年四月十六日

第三节　提案办理

提案工作是政协开展“政治协商、民主监督、参政议政”的有效途径，1989—2010年，县政协提案工作进行了由提案数量型向提案质量型转变，注重在提案质量上下功夫。

一、提案征集

每年县政协全体会议召开前，提案委员会都要根据县委、县政府确定的经济和社会发展目标，编写“提案参考题目”提前发给全体政协委员；组织委员学习政协章程、《中国人民政治协商会议全国委员会提案工作条例》并向委员宣传党的方针政策，通报全县政治经济发展形势，使提案工作政策清、方向明。

二、提案办理

提案委员会从每年的提案中筛选出一定数量的反映问题比较集中、党委重视、政府关心、群众企盼的提案，提交政协主席会议确定为重点提案，由各位主席分包，协调办理落实。2006年，委员联名提出的“鸳鸯河大桥及桥南道路亟待修缮”一案，县委、县政府领导重视，县交通局积极争取，鸳鸯河大桥拓宽工程顺利实施，提案委员满意率100%。

1989—2010年，委员提出提案1819件，经审查立案1677件，立案率92.19%，提案涉及尚义各方面的工作及人民群众普遍关心的各类问题。经县委、县政府有关部门的积极办理，有1421件提案得到采纳并逐步落实，占立案提案总数的84.73%，提案反映了民情民意民愿，促进了各项事业的发展。其间，表彰了优秀提案委员278名，优秀提案159件，先进承办单位63个。

附：山道沟——“钱串沟”

走进尚义县套里庄乡山道沟，眼前一片绿色，山是绿的，树是绿的，流水清澈而甘甜，空气清爽而馨香。眼前的景象让人无法相信，8年前，这里是一条乱石成堆的荒山沟。山道沟长达3千米，上游有一座水库，沟里有肥沃的土地，自然条件比较好。新中国成立后虽然陆续栽了一部分树木，但因无技术人员，管理不严，人与牲畜破坏严重，造成大批树木枯死。自然条件得不到利用，也达不到造福于民的目的。

套里庄乡中学教师杨振湖对山道沟关注已久，却苦于心有余而力不足。1990年，杨老师成为政协尚义县第四届委员会委员，他在了解了政协委员提案的职能作用后，于1991年2月政协尚义县第四届二次全会期间，向大会提交了《把山道沟充分开发利用起来》的提案。他建议开发利用山道沟，改山造林，引进栽培优良品种果树，加强管理，有关部门派技术人员进行技术指导等。县林业局接到提案后，立即派出林业技术人员与乡政府研究，对这条沟进行现场勘查规划设计，在原有林木的基础上，山、水、林、田、路做了统一规划，乔、灌、果、草、粮做了科学的安排，然后组织劳力进行统合治理，刨除枯树，修治病树，引进良种，先后栽下了44000棵杨树、210棵果树、38500

株杏扁。同时，县林业局采取现场示范带徒传艺，举办培训班等多种形式，帮助套里庄村培训了一批林果技术和林木管理人员。

时光如水，岁月匆匆，8年过去了，附近村民在山道沟的辛勤劳作已结出了丰硕成果，这里的植被得到很好的恢复，树木葱茏，绿草如茵，梯田层层。林果业已初见效益。村民们展望前景，欣喜地把山道沟称为“钱串沟”。

（1999年9月）

第四节　文史资料征编

文史资料征集整理是一项有益当代、惠及后人的文化事业，是政协工作的重要组成部分。1989—2010年，尚义政协动员全体政协委员和社会各界人士，立足尚义县史实，深挖广采，收集反映历史风貌、沧桑变迁、人文地貌、风土人情史料，撰写稿件169篇5.4万字。1989年征集各类文史资料18篇4.9万字。编辑出版了《尚义县文史资料》第二辑。其中有7篇被《张家口文史资料》采用。1990—1998年征集各类文史资料109篇，25.5万字，编辑出版了《尚义县文史资料》第三、四辑合订本。其中有16篇5.2万字的资料被省、市有关书报刊载。1999—2004年征集各类文史资料42篇15万字，编辑出版了《尚义县文史资料》第五辑。

2007—2010年编辑出版了《委员风采录》第一、二、三集。

第五节　学习与评优

一、学　习

1989—2010年，尚义县政协在中共尚义县委的领导下，各界政协把组织委员学习作为一项重要工作经常性地开展。1989年政协创办了委员《学习园地》，通过《学习园地》学习方针政策，学习时事政治，学习先进模范人物，学习政协工作常识。在此期间，政协内部开展了“学雷锋，见行动”“外学孔繁森、内学卢千林、赵平”活动；经费紧张的情况下，坚持为全体委员订阅《人民政协报》《乡音》《文史精华》刊物，鼓励委员自学，掌握政治理论、人民政协理论和业务知识。

二、评　优

1989—2010年，尚义政协3～8届，荟萃了各界精英、各路模范，每年均有40%左右的政协委员被评为各级先进工作者，模范人物，他们中有省劳动模范，带领全村人在两个文明建设中取得显著成绩的赵平委员；有为尚义县农村小流域治理工作呕心沥血，获“全国先进工作者”称号的卢千林委员；有兢兢业业，为发展坝上蔬菜种植业充分发挥自己的专长，成为全省闻名的女科技工作者的潘和荣委员；有做计划生育手术近万例无事故，获省地“三八红旗手”的武惠芳委员。他们中有150名委员被评为年度“十佳政协委员”，各界政协委员中先后有20人被选拔为县、处级领导干部，成为建设尚义的中坚人物。

附：田丽亚简介

田丽亚，女，1951年出生，尚义县南壕堑镇安宁街人，中共党员，大学文化。1975年张北师范毕业后在尚义县文教局工作，1977年，调县科学技术委员会工作。1982年，政协尚义县第一届委员会成立，被调到政协机关工作。1984—1986年，河北大学在职干部大专班（法律系政治学专业）学习。1987年，任政协办公室副主任；1990年，任政协尚义县第三届委员会秘书长兼办公室主任；1993年，任政协尚义县第四届委员会副主席兼中共尚义县委统战部部长；1998—2007年任政协尚义县第五、六届委员会主席。她在尚义政协整整工作了25年，倾注了她的心血和汗水，奉献了她的青春和大好时光。

在她任五、六届政协主席期间先后召开的全体会议上，委员共有158人次在大会上发表意见，尽诚竭虑，坦诚直言。提出了许多有价值、高质量的建议，对全县大政方针进行了充分的协商讨论。

为了搞好协商监督、参政议政，共开展大型调查研究51项，各类小型调查138项，调查结果通过专题协商、建议案、提案等方式转县委、县政府参考采纳。如《关于中小学生思想品德和纪律教育的调查》《关于小康村建设情况的调查》《关于全县农业技术推广工作的调查报告》等。而她亲自带队带领农口等部分政协委员到“一退双还”工程区内的大营盘、大苏计、大青沟、炕塄、八道沟、南壕堑六个乡镇，进行了深入细致的调查研究，并形成了专题调查报告——《关于我县实施“一退双还”工程的调查与思考》，被县委全文转发了各乡镇、有关部门。

她十分重视提案工作，委员共提出提案898件，经审查立案821件。提案涉及我县各方面的工作及人民群众普遍关心的各类问题。经县委、县政府有关部门的积极办理，共有559件提案得到采纳逐步落实，占立案提案总数的68.09%。充分发挥了党群之间的桥梁纽带作用。

她主持召开“文史资料”征集座谈会10多次，共征集尚义文史资料200多篇，总计75万余字，并编辑出版了《尚义文史资料》一至五辑。其中有19篇6.2万字的资料被省、市有关书报刊载。而她本人辑写的《“三一堂”第一任中国本堂神甫潘少卿》《张励生传略》《天主教在尚义》《张子光先生生平简述》等7篇文史资料被《张家口文史资料》刊载，被省政协评为“资深文史资料工作者”。

1998年，尚义县发生“1·10”地震后。田丽亚与爱德基金会项目考查人员结识后，以她的人格魅力和敬业精神深深感动了爱德基金会的工作人员，从1998年到2007年她共为尚义争取引进爱德基金会援助资金约473万元，建设了20多所农村小学，促进了全县妇女卫生事业的发展。

第六节　统战联谊

1998年2月至2003年4月，六届政协期间，特别注重了与国内外友好人士和有关县市政协的联谊交流和友好交往，其间多次接待了挪威、中国香港等地的友好人士，接待了山西、承德、秦皇岛市县政协的客人；多次走出去向兄弟市县政协学习，并向他们介绍了尚义县的开放政策、投资环境和合作项目，为宣传尚义，加深外地对尚义的了解和认识，做了有益的工作。

1989—2010年，为了团结各界人士，共谋发展大计，政协与县委统战部每年春节前召开各界人士迎春茶话会，届时县委、人大、政府、政协、纪检委、武装部、法院、检察院的领导同各界人士致辞祝福，各界人士代表就全县改革开放、经济建设、社会各项事业发展各抒己见，畅所欲言，共同展望尚义美好未来。

尚义县志

SHANGYI XIANZHI

1989—2010

第八篇

综合政务管理

尚义县综合政务管理部门有县人力资源和社会保障局、民政局、民族宗教侨务局、扶贫开发办公室、安全生产监督管理局、编制委员会办公室、机关事务管理局、信访局、环境保护局、各乡镇政府。1989 年以来，各政务管理部门不断深化内部改革，围绕县政府的中心工作，各司其职，全力配合，履行职责，全县的政务管理工作不断跨越新台阶，为服务，促进县域经济和社会事业发展做出了贡献。

第一章 人事劳动和社会保障

第一节 人事管理

一、干部队伍状况

1989—2010 年，根据省、市干部管理政策和《国家公务员暂行条例》，结合尚义县实际，调配股级以下干部 839 人。

1993 年 8 月 14 日《国家公务员暂行条例》发布，尚义县 1993 年 10 月 1 日起开始过渡公务员。1996 年全县机关过渡公务员 415 人（其中行政 256 人、事业 159 人）、公开考录 5 人、通过市级以上招聘合同制干部 26 人。2007 年，录用公务员 113 人。

2010 年，全县机关公务员 870 人、参照公务员管理 63 人。按学历划分：研究生 8 人、大学 311 人、大专 456 人、中专及以下 95 人；按年龄划分：35 岁以下 215 人、36 ~ 40 岁 257 人、41 ~ 45 岁 153 人、46 ~ 50 岁 138 人、51 ~ 54 岁 96 人、55 岁以上 11 人。全县党、政、群团和企事业单位干部 2988 人，其中妇女干部 1066 人，少数民族干部 29 人，事业单位 2025 人，企业单位 93 人；干部中有硕士研究生学历的 10 人、本科 770 人、专科 1427 人、中专及以下 781 人。

2010 年尚义县公务员、参公人员、事业单位人员情况表

表 8-1 单位：人

分类（级别/数量）		合计	正县处级	副县处级	正乡科级	副乡科级	科员	其他
县委	机关公务员	173	3	20	49	45	56	
	参照管理公务员							
	事业单位人才	11			2	4	5	
政府	机关公务员	375	1	6	61	66	241	
	参照管理公务员	63			9	22	32	
	事业单位人才	2014			8	11	114	1881
	企业单位人才	93					33	60
乡镇	机关公务员	259			41	96	122	
总计		2988	4	26	170	244	603	1941

说明：全县党政机关（含乡镇）未登记公务员 190 人

（一）干部任免调配

干部管理权限，县人事劳动和社会保障局主要负责政府系统正副股级干部的任免。具体程序：由原单位提出任免意见，填写任免呈报表，由人事部门考察后报经县政府党组会议审批。

1989年，尚义县劳动人事局制定了股室、经理级干部的任免办法。1991年，政府党组对215名经理级干部进行了重新任命。1992—1999年，任免141名经理和股级干部。

1997年，完成县人大、政协机关机构改革及部分乡镇区划调整，完成乡镇公务员制度的实施。

1998年，按照省《关于加强干部、人事工作管理的暂行规定》，严格执行干部计划管理，实行增人计划卡制度。落实定编制、定人员、定经费“三定”方案。

1989—2005年，行政、事业单位引入竞争机制，超编单位不进人，缺编单位调剂解决，杜绝干部的逆向流动。全县共调干部589人（次），其中县内调配492人，县外调配97人，调出301人，调入288人。

2005年至2010年10月，县人事部门提请任免股级干部753人，其中任职485人（正股级294人、副股级191人），免职268人。

（二）干部职工考核与奖惩

1989—1993年，尚义县委设立专门的考核办，负责对全县的干部职工进行考核。每年年初制定并下发年度考核目标责任状和相应的考核办法。考核分优秀、合格、基本合格、不合格四个等次。1993年实行公务员制度后，尚义县依据《国家公务员暂行条例》对干部职工的德、能、勤、绩进行全面考核，重点考核工作实绩。公务员的考核分为平时考核、专项考核和定期考核等方式。定期考核以平时考核、专项考核为基础，定期考核的结果分为优秀、称职、基本称职和不称职四个等次。

从2006年7月1日起，公务员和事业单位工作人员依据考核结果晋升级别增加工资。公务员年度考核累计5年称职及以上的，从次年1月1日起在所任职务对应级别内晋升一个级别，级别工资就近就高套入晋升后级别所对应的工资标准；事业单位工作人员依据考核结果晋升薪级工资，年度考核结果为合格及以上等次的工作人员，每年增加一级薪级工资，并从第二年的1月起执行。考核结果为基本合格或不合格的，不能从第二年的1月起增加薪级工资。

2019年实施《中华人民共和国公务员法》后，全面考核公务员的德、能、勤、绩、廉，重点考核政治素质和工作实绩。考核指标根据不同职位类别、不同层级机关分别设置。非领导成员公务员的定期考核采取年度考核的方式。先由个人按照职位职责和有关要求进行总结，主管领导在听取群众意见后，提出考核等次建议，由本机关负责人或者授权的考核委员会确定考核等次。领导成员的考核由主管机关按照有关规定办理。

1. 考核

1989年，考核1998年干部职工2346人，优秀935人，合格1403人，基本合格6人，不合格2人。优秀人员比例为39.86%。称职以上人员超过99.66%。

1991年开始，考核优秀率控制在15%～18%，考核1395人，其中优秀245人，合格1131，基本合格19人。

2002年，开展机关、事业单位干部绩效考评。参评2756人，优秀359人，约占13%，称职2397人。

2003年初，开展了2002年度政府工作人员考核工作，全年共参评工作人员2543人，评出优秀等次298人，占参评人数的11.72%，称职等次的2236人，不评等次的9人。

2010年参加考核人数2988人，其中组织部考核471人，人事部门考核2517人，其中优秀313人，优秀率10.48%。

2. 奖惩

1990年，实施1989年度年终总评工作，晋级奖励10名工作突出的国家干部。1994年，晋级奖励10名干部。1991年，完成1990年度干部奖励工作。晋级奖励9人，3人浮动工资奖励。

2005年，开除党籍1人。2007年行政处罚记大过1人。2008年，留党察看1人、行政降级1人。1993—2010年，全县共有897名干部受到奖励，其中，嘉奖682人、记三等功215人。

（三）专业技术干部管理

1989年，全县专业技术干部管理实行职称评聘制，企事业单位打破干部终身制，引入竞争机制，建立选人用人公开招聘和考试制度，实行专业技术人员年度考核制度。年度考核结果分为优秀、合格、基本合格和不合格四个等次，每年年底进行一次。

1989—2010年尚义县专业技术干部人员情况表

表8-2

年份	正高	副高	中级	初级
1989		13	348	918
1990		12	381	885
1991		13	381	901
1992		11	213	705
1993		9	224	729
1994		9	250	869
1995		9	339	911
1996		12	341	866
1997		15	359	1252
1998		18	351	1249
1999		22	321	1397
2000		28	367	1432
2001		39	583	1415
2002		51	591	1487
2003		55	927	1124
2004		70	975	1053
2005		59	1113	942
2006		98	1109	976
2007		96	1026	683
2008		103	1075	658
2009		129	1033	647
2010	1	185	989	768

1989—2010年尚义县专业技术干部人员年终考核情况表

表 8-3 单位：人

年　度	优　秀	合　格	基本合格	不合格
1989	935	1403	6	2
1990	644	963	4	4
1991	245	1131	19	
1992	387	1413	26	
1993	378	1472	27	
1994	380	1629	13	
1995	276	1684	15	
1996	281	1549	3	
1997	375	2119	3	
1998	439	1936	2	
1999	413	2180		
2000	373	2122	1	
2001	380	2251		
2002	246	2024		
2003	245	2052		
2004	256	2038		
2005	228	2030		
2006	262	2072		
2007	314	1769		
2008	316	1777		
2009	323	1698		
2010	313	1790		

（四）编制管理

1989年，尚义县编制委员会办公室实行控制增设机构、增加人员，完善机构编制管理体制，在县直、乡镇党政机关及全民事业单位和列入财政拨款、补贴的企业管理机构及上述单位的附属机构实行了编制管理卡片制度，对上述单位进行了核编制、核人员、核工资，建立编制管理卡片108本。1991年县政府出台了《行政、事业单位工作人员调进调出实施办法的规定》，规范了全县行政、事业单位人员调动、外县人员调入、军转干部复退、伤残军人的安置和教师改行、大中专毕业生分配的具体程序。

1992年，县委、县政府批转县编制委员会办公室《关于严格控制行政事业单位增编增人有关问题的报告》，行政事业单位机构和人员过快增长得到遏制。

1993年，为推进乡镇机构改革，解决乡镇管理体制中机构设置不合理，人浮于事和农民负担较重的问题，清理整顿乡镇聘用人员。对乡镇自聘人员、县直单位派入乡镇的临时工、批准聘用在干部岗位的超编人员、未批准备案的民办教师、代课教师和工友予以辞退。

1997年，县编制委员会出台《行政、事业单位增编增人的管理办法》以解决日益增长的人编矛盾和财政负担。1999年，按照省、市部署对全县乡镇机关和事业单位不在编人员进行清理和清退。

1997年县编制委员会办公室从县劳动人事局分出，编制工作划转县委编办。

（五）干部培训

1991年，开展国家干部管理条例培训。全县政府系统1536名工作人员参加培训。

1993年，开展涉外经济知识培训，217名专业技术人员参加现代科学干部基础知识培训。

1994年，乡镇聘用人员上岗培训考试，128人取得合格证书。

1995年，全县党政群团机关工作人员关于国家公务员制度普及培训。

1996—2001年，举办计算机、公务员岗位职责等内容的培训班18期，584名专业技术人员、800多名国家公务员参加培训。干部和专业技术人员世界贸易组织知识培训。完成专业技术人员发证建档工作。

2002年，党政机关干部和执法人员法律知识培训。全县856名政府部门工作人员参加了《中华人民共和国行政许可法》培训，并进行了闭卷考试，参训率98%，考试合格率为99%。

2003—2009年，陆续举办专业技术人员和国家公务员英语、计算机、世界贸易组织知识培训、行政执法和公务员任职、公务员“电子政务”培训工作，参训总人数2885名，参训率达97%。

2010年党政干部培训全覆盖，一般干部县内业务培训率达92%，外派培训参训率5%。

（六）干部补充

2000年打破沿用了多年的大中专毕业生分配制度，改为实行双向选择。1989—2010年，大中专毕业生分配共1274人，1994年过渡公务员389人，2007年考录公务员81人，1989年7月安置军转干部32人。

（七）离休退休退职离岗

1. 离休

1989年，全县离休人员227人，其中机关103人、事业75人、企业49人。1994年划归组织部管理，全县离休人员165人，其中机关79人、事业52人、企业34人。

2. 退休

1984年，全县实行男年满60周岁，女年满55周岁（工人50周岁）退休。因病退休，经医院证明完全丧失工作能力的干部（工人）男年满50周岁，女年满45周岁；国家公务员本人提出要求，经任免机关批准，男年满55周岁，女年满50周岁，且工龄满20年或工作年限满30年的，可以申请提前退休；因工致残，经医院证明，完全丧失工作能力的，不受年龄和工作年限的限制，并根据劳动保险的有关规定，对其提供福利生活补助和医疗保障；从事繁重体力劳动，有毒有害的特殊工种的工人，男年满55周岁，女年满45周岁，可以提前退休；符合退休年龄的干部（工人），工作年限必须满10年才能退休。2010年全县退休人员机关191人，事业355人，企业836人，工人3108人。

3. 离岗

1996年政府机构改革开始，为减少行政编制，采取带级离岗、保留在职人员的同等待遇的办法鼓励离岗休息。1996年按正科职男52周岁、女48周岁“一刀切”离岗9人；2002年按正科职男53周岁，女正科职及副科以下49周岁，离岗21人；2010年按正科职男53周岁、女正科职及副科以下49周岁，离岗35人。

4. 老龄工作

老龄工作委员会始建于1985年，原名为尚义县老龄问题委员会。旨在保障老年人合法权益，发展老年事业，弘扬中华民族敬老、养老的传统美德。健全对老年人的社会保障制度，逐步改善老年人参与社会活动的条件，实现老有所养、老有所医、老有所为、老有所学、老有所乐。老龄工作委员会由县政府常务副县长任主任委员，县劳动人事局、县民政局、县老干部局局长任副主任委员，县总工会、县司法局、县文化局、县共青团、县妇联等17个单位副职领导任委员。办公室设在劳动人事局。同时全县各乡镇都由一名副乡镇长主抓此项工作。行政村由村委会主任主抓。县医院、中医院实行老年人看病优先制度，每年组织大型巡回医疗1次。成立了老年庭院经济协会、老年气功研究会、老年书画研究会、关心下一代协会，为老年人提供了发挥余热的场所。开展丰富多彩的老年文体娱乐活动。每年在老年节（农历九月初九）前后开展门球、象棋、吊环、台球等比赛。1990年出席地区老年门球赛获三等奖。县老龄委工作多次被张家口地市评为“先进单位”。1996年10月机构改革，老龄工作划归民政局管理。2010年，开展全县老年人调查摸底工作。登记60岁以上老人30141人，占全县总人口的15%，发放老年人优待证300多个。

二、干部工资及福利待遇

（一）工资

1989年，据上级文件，调升机关事业单位1808名职工工资，月增资总额11391元。提高79名护士的工资标准，月总额增资601元。晋升85名党政机关干部工资，月增资总额504元。

1990年，按照国家人事部和省市要求，完成全县国家机关、事业单位工作人员普调、二步和三步调资。是年，全县有15458人（次）升级，月增资总额126684元。普调中为1055名离退休人员增发了生活费，月增资总额13456元，为2016名机关企事业单位工作人员重新定级，为153名机关事业单位工作人员根据文件进行了翻账改调工资。

1993年，全县1800人进行浮动工资转固定工资工作。104个机关事业单位的889人办理了预发工资手续。49个机关团体的300人增加离退休生活费，月增资总额6125.90元。17个事业单位的347名离退休人员增加了生活费，月增资总额6551.70元。

1994年，贯彻国务院《关于机关和事业单位工作人员工资制度改革问题的通知》，全县机关工作人员实行职级工资制。全额拨款、差额拨款、自收自支三种不同类型事业单位实行分类管理。

1995年，按照省政府文件规定，全县机关、事业单位的194名离休干部、290名退休干部、155退休工人、25名退职人员调整离退休、退职生活费。

1996年，县委出台文件，统招统分的大中专毕业生和转业军人不再给编制，县财政不负担工资，工资根据所在单位财务状况自筹解决。

1997年，部分职工正常晋升工资；乡镇以下中小学工作的教职员工在现行工资标准基础上高定一档职务工资，在高定一档职务工资基础上再上浮动一档职务工资。完成机关事业单位工作人员的级别工资、职务工资调整和工人重新取得技术等级的工资调整以及离退休人员的工资调整。

1999年，根据国务院办公厅关于调整机关、事业单位工作人员工资的精神，调整重新取得技术等级工人的工资、离退休人员工资；机关五年称职的866人调资，事业单位30%调资498人，连续三年优秀升级151人，退伍军人定级237人，大中专生定级216人。

2000年，全县行政人员调资1747人，事业单位调资4409人。其中：全额事业3159人，差额事业656人，自收自支594人；机关离退休人员调资579人，事业单位调资654人。

2001年，调整全县机关事业单位工作人员和企业离退休人员5899人的工资。

改革公务员的职级工资制自2006年7月1日起执行。公务员职级工资制的构成包括职务工资和级别工资两项。职务工资具体标准是，县处级正职领导职务830元，县处级正职非领导职务760元，县处级副职领导职务640元，县处级副职非领导职务590元，乡科级正职领导职务510元，乡科级正职非领导职务480元，乡科级副职领导职务430元，乡科级副职非领导职务410元，科员380元，办事员340元；级别工资主要体现公务员的工作实绩和资历。公务员的级别由15个调整为27个。每一个职务层次对应若干个级别，上下职务对应的级别相互交叉，各职务与级别的对应关系是，国家级正职一级、国家级副职二至四级、省部级正职四至八级、省部级副职六志十级、厅局级正职八至十三级、乡科级正职十六至二十二级、乡科级副职十七至二十四级、科员十八至二十六级、办事员十九至二十七级。

2006年7月1日起，事业单位实行岗位绩效工资制度。岗位绩效工资由岗位工资、薪级工资、绩效工资和津贴补贴四部分组成，其中岗位工资和薪级工资为基本工资。事业单位绩效工资：2009年9月2日国务院常务会议决定，在公共卫生与基层医疗卫生事业单位和其他事业单位实施绩效工资。事业绩效工资分三步展开，第一步从2009年1月1日起先在义务教育学校实施；第二步配合医药卫生体制改革，特别是实行基本药物制度，从2009年10月1日起，在疾病预防控制、健康教育、妇幼保健、精神卫生、应急救治、采供血、卫生监督等专业公共卫生机构和乡镇卫生院、城市社区卫生服务机构等基层医疗卫生事业单位实施；第三步从2010年1月1日起，在其他事业单位实施。事业单位实施绩效工资的同时，对离退休人员发放生活补贴。

改革后的仍实行岗位技术等级工资制，基本工资包括技术等级（职务）工资和岗位工资。技术等级（职务）工资根据技术水平高低确定，一个技术等级（职务）对应一个工资标准。岗位工资根据工作难易程度和工作质量确定，按初级工、中级工、高级工三个技术等级和技师、高级技师两个技术职务设置，分别设若干工资档次。机关工作人员的津贴补贴分为，地区附加津贴、艰苦边远地区津贴和岗位津贴。张家口地区附加津贴分5个行政区域，尚义县和康保县、沽源县属于四类区标准10000元。艰苦边远地区津贴我县属于三类；事业单位津贴补贴，分为艰苦边远地区津贴和特殊岗位津贴补贴。

1989—2010年尚义县干部职工调资情况表

表8-4

时　间	单位类别	参调人数（人）	增资额（元）	人均增资额（元/人）
1989年10月	机关	796	5015	6.50
	事业	1012	6376	6.30
1993年10月	机关	1097	82275	75
	事业	1690	138580	82
1995年10月	机关	1284	19260	15
	事业	2190	45990	21
1997年7月	机关	1389	27780	20
	事业	2380	59500	25
1997年10月	机关	1384	22144	16
	事业	2380	49980	21
1999年7月	机关	1844	208372	113
	事业	2580	314760	122
1999年10月	机关	1840	29440	16
	事业	2530	53130	21
2001年1月	机关	2124	186912	88
	事业	2780	275220	99
2001年10月	机关	2124	174168	82
	事业	2780	219620	79
2002年10月	机关	2125	38250	18
	事业	2780	61160	22
2003年7月	机关	2295	114750	50
	事业	2910	171690	59
2003年10月	机关	2276	50072	22
	事业	2850	116850	41
2005年10月	机关	2295	50490	22
	事业	2889	118449	41
2006年7月	机关	2365	827750	350
	事业	2898	1043280	360
2007年1月	事业	2870	86100	30
2008年1月	机关	2274	77316	34
	事业	2910	87300	30
2009年1月	事业	3010	90300	30
2010年1月	机关	2420	82280	34
	事业	3070	92100	30

（二）干部福利

1. 福利费

提取比例是按干部月工资收入确定比例标准，使用范围是解决干部及其家庭的生活困难，解决家属死亡丧葬费困难，慰问患病住院的干部。使用原则是困难大的多补助，困难小的少补助，不困难的不补助。

2. 丧葬抚恤费

标准根据其死亡性质确定。因公牺牲按其牺牲时的 20 个月的工资计发；因病去世的按其病故时 10 个月工资计发；被批准为革命烈士的，按其牺牲时的 40 个月工资计发。被中华人民共和国主席或中央军事委员会授予荣誉称号的增发 35%；被军区（方面军）授予荣誉称号的增发 30%；立一等功的增发 25%；立二等功的增发 15%；立三等功的增发 5%。

3. 遗属补助

干部死亡后，其直接供养对象无固定收入的女性 50 周岁及以上，男性 60 周岁及以上，子女年龄 16 周岁以下的遗属均可享受遗属补助，标准：干部生前系 1945 年 9 月 2 日前参加革命工作，所有符合供养条件的按每人每月 232 元；1945 年 9 月 3 日至 1949 年 10 月 1 日参加革命工作的，按每人每月 180 元；新中国成立后参加革命工作的按每人每月 150 元发给生活费。

（三）干部假期待遇

1. 产假

为 90 天。如果是难产的增加产假 15 天，多胞胎生育的，每多生育一个婴儿，增加产假 15 天。怀孕 3 个月以内流产的，凭医院证明给予 20 ～ 30 天的产假，在规定的产假期间发产假工资。独生子女、大龄生育假期 98 天。

2. 病假

在两个月以内的发原工资。超出两个月的，从第三个月起按其工作年限长短发给工资：工作年限不满 10 年的发本人工资的 90%，工作年限满 10 年以上的工资照发。病假超 6 个月的，从第 7 个月起工作年限不满 8 年的发给本人工资的 70%，满 10 年以上的，发给本人工资的 80%。

3. 探亲假

凡工作满一年的与配偶不住在一起，又不能在公休团聚的，可以享受探亲假。被临时调往外地工作连续满一年以上，短期内又不能回家的，都可以享受探亲假。探望配偶假每年一次 30 天。探望父母假每四年享受一次 20 天。在规定的探亲假期和路程假期内，往返路费由单位报销 70%，并按照本人的标准工资发给工资。

4. 年休假

工作年限 5 年不满 10 年的，每年休假 7 天；工作年限 10 年不满 20 年的，每年休假 10 天工作年限 20 年以上的，年休假 15 天。遇到国家规定的公休节假时，休假天数可顺延。

（四）工伤待遇

工作人员因公（工）负伤后，所在单位应及时进行抢救积极给予治疗，所需挂号费、医疗费全部报销；在医疗和休养期间，工资、职务津贴和各项补贴照发，工龄连续计算；住院治疗期间享受伙食补助按单位承担三分之二的原则执行；在当地无条件医疗，经批准到外地治疗的，其车船费、因医院床位所限或入院前观察期间所开支的膳食费、住宿费按因公外出的待遇办理；完全丧失工作能力，饮食起居不能自理的，除享受医疗保健外，还可按规定享受护理费待遇。

第二节　劳动管理

一、就业和再就业

1989—1998 年随着国家对企业放开、搞活，企业用工可根据自身生产需要自行安排用工量以及采用不同的用工方式，职工也可根据自己的特长和需要选择企业，劳动部门在劳动管理上为企业和职工提供全方位服务，只要企业需要、职工愿意可随时办理调动手续。1995年后，完全由企业自主决定用工。

1998年尚义县根据省委、省政府《关于贯彻落实〈中共中央、国务院关于切实做好国有企业下岗职工基本生活保障和再就业工作的通知〉的实施意见》，于7月成立尚义县企业解困工作领导小组办公室。按照政策，县外贸、金矿、鞋厂三家企业组建了再就业服务中心，再就业服务中心负责下岗职工的养老保险、失业保险、医疗保险。共有189名下岗职工进中心签订协议，其中外贸145人、金矿20人、鞋厂24人。2000年10月张家口市召开了解困工作会议精神，规定从2001年1月起不准再组建就业服务中心，即第一条保障线退出。

2002年，党中央、国务院下发了《关于进一步做好下岗失业人员再就业工作的通知》，重点围绕解决国有企业下岗失业人员再就业问题，制定了一系列促进就业再就业的政策，确立了我国积极就业政策的基本框架，各级政府要把有劳动能力和就业愿望的男性50周岁以上、女性40周岁以上（即“4050”人员），就业困难的下岗失业人员作为再就业援助的主要对象，提供即时岗位援助等多种帮助。由政府投资开发的公益性岗位要优先安排大龄就业困难对象就业。

2003年，中共河北省委、河北省人民政府印发《关于贯彻中共中央、国务院〈关于进一步做好下岗失业人员再就业工作的通知〉的实施意见》，尚义县开发公益性岗位14人，主要安置在劳动保障协理员岗位，拨付再就业资金12万元，2004年开发公益性岗位清洁工、协助员等104人，累计拨付再就业资金50万元，2005年，开发公益性岗位清洁工、协助员、保绿员共54人，累计拨付再就业资金70万元。

2006年，实行第二轮再就业政策，按照省政府印发的《关于进一步加强就业再就业工作的实施意见》，尚义县开发公益性岗位85人，计拨付再就业资金217万元。

2007年，按照省政府印发的《关于进一步推进就业再就业工作的意见》，尚义县开发公益性岗位154人，累计拨付再就业资金276万元、累计拨付培训补贴200万元。2008年，尚义县开发公益性岗位284人，累计拨付培训补贴420万元。

2009年，实行第三轮再就业政策，按照张家口市人民政府下发的《关于进一步加强就业再就业工作的实施办法》，尚义县开发公益性岗位300人，累计拨付再就业资金500万元。2010年，尚义县开发公益性岗位350人，2010年就业再就业资金累计拨付900万元。

截至2010年10月1日，全县累计安置公益性岗位近1500人，享受灵活就业优惠政策410人，累计拨付就业再就业资金2500万元。

（一）新增就业

1988—1989年，尚义县贯彻执行劳动部门介绍就业、组织起来就业和自谋职业相结合的“三个结合”的就业方针，就业青年583人，其中到全民单位就业的有348人，到集体单位就业的205人，自谋职业的10人，异地安置的20人，就业率为81%。

1990—1995年，认真贯彻国务院下发的《关于做好劳动就业工作的通知》《劳动就业服务企业管理规定》，县劳动服务公司安置待业青年150人，占全县就业总数的33.30%。

1997—2002 年，全县就业服务机构提供就业岗位 2890 个，实际就业 496 人，就业率 53%，待业率为 1.50%。

2003—2010 年，全县城镇新增就业 8735 人。

（二）下岗职工再就业

1995 年 10 月，尚义县下岗职工再就业工作启动。

1997 年 11 月，县政府出台《关于实施再就业工程的试行意见》。全年安置下岗、失业职工 360 人。

1998 年 6 月，县政府下发《关于进一步深化再就业工程的实施意见》。

1999 年，“再就业工程”作为“一把手工程”，全面签订实施再就业工程责任状，落实下岗、失业职工再就业优惠政策。至 2001 年，县地税局为下岗职工审批减免税 30 万元。县工商局为 260 名登记注册下岗、失业职工减免会员费 3000 元，减免工商行政管理费 20.90 万元。金融部门，为下岗职工再就业发放小额贷款 150 笔，贷款金额 300 万元。

2003 年，开展“双百帮扶”和援助“4050”人员活动。县政府下发《关于进一步做好就业再就业工作的通知》。81 名下岗失业职工通过清洁保绿、家政服务等公益性岗位实现再就业。

2004 年，推行求职登记、职业指导、职业培训、鉴定申报、就业介绍、档案托管、社会关系接续“一站式”服务。

2003—2010 年，下岗失业人员再就业 4064 人，其中就业困难对象再就业 2158 人，城镇登记失业率为 4%。

2003—2010 年尚义县下岗职工再就业情况表

表 8-5

年份	累计下岗事业人数（人）	培训人数（人）	发放再就业优惠证（个）	实际再就业人数（人）	“4050”人员再就业人数（人）	再就业率（%）	支付岗位社保资金（万元）
2003	1550	412	1256	365	81	23.50	32
2004	1745	285	335	469	120	26.80	58
2005	1913	265	369	580	199	30	80
2006	2008	290	235	351	207	17.50	122
2007	2210	180	302	326	154	14.70	276
2008	2508	218	207	447	284	17.80	420
2009	2715	368	298	429	300	15.80	500
2010	2920	437	336	513	350	17.60	900

二、农村剩余劳动力转移就业

1990 年，推行农村劳动力“调配证”制度。建立尚义县职业介绍所。

1993 年，按照《河北省劳动力市场管理条例》，开始全面启动劳动力市场建设，组建职业介绍机构2家，发展各类就业网点18个，安置待业人员300人，将失业率控制在2.80%以内。

1995年，14个乡镇建立了劳务输出中心站和劳动事务保障站。1996年，开展失业职工办理人事代理业务，代存档案，代收、代缴劳动保险费事务。1999年，人事代理实现一个窗口办公、一条龙微机服务。

1999—2002年，实施跨地区劳动力流动有序化工程，在北京、大同、石家庄、内蒙古等经济发达的城市建立劳务基地。

2003年，取消对企业使用农民工的行政审批和职业工种限制。

2004年，全县范围实施农村劳动力培训。"阳光工程"启动，免费培训农民工7000余人次，免费职业介绍500人次。

1995—2010年，全县农村劳动力向非农产业转移10.20万人次，输出劳务人员7.52万人，劳务收入占到了全县农民平均收入的48%。

三、劳动争议仲裁

1989年，调整县劳动争议仲裁委员会，新建5个基层调解委员会，充实调整原有30个基层调解委员会。全县拥有基层调解委员会35个，成员152人。受理劳动争议仲裁案件36件，处理结案6起。

1995年，《中华人民共和国劳动法》颁布实施，劳动争议案件急剧上升。受理劳动争议案14起，结案率100%；受理上访信件90人次。

2006年，建立劳动争议仲裁大厅。至2010年10月，累计受理劳动争议案件76起，结案率达90%，接待来信来访7000余次件。

四、劳动关系管理

1989年，开展劳动合同签证和劳动合同的管理工作。完成2894名劳动合同制工人的合同签证，占应签订合同总数的95%，其中1200人签订全民合同、782人集体合同、772人签订县内合同。

1990年，全年签订劳动合同368份。1992年，全年签订劳动合同650份。

1993—1994年，推行签订建档及劳动合同跟踪管理的制度。签订劳动合同670人次，其中乡镇企业劳动合同138人次、集体合同制29人。

1995年，扩大劳动合同签订范围，全年签订3760人次，签订率达95%。

1997—2010年，劳动合同签订12979份，其中2005年、2010年分别为煤矿签订847份、716份。

五、劳动保障监察

1995年，县劳动人事局增设劳动保障监察股。

1996年，全县首次开展企业劳动安全、用工情况及卫生环境检查。受检企业30家，涉及职工3500余人。其中补签劳动合同280份，清退不合理用工30人。

1999年，建立全面检查、临时抽查、举报专查和年度检查等多种形式的监察制度。全年开展了96个单位的劳动用人检查，涉及劳动者1056人，清退擅自招用的外来劳动力30名，补签劳动合同70人，追缴失业保险金2万元，养老保险金42.50万元。

2003年，贯彻执行《河北省劳动和社会保障监察条例》，检查4家国有和集体企业、5家民营企业、12个建筑工地和部分个体工商摊点的劳动用工、劳动合同鉴证、女工权益、使用童工、工资报酬等方面的情况。办理建筑行业用工手续600余人，办理私营企业临时用工手续150余人，新签、补签劳动合同1000余人。查出违法企业15家，处罚12家，补签劳动合同1200份，追发职工工资37万元，追缴社会保险费120万元，催交失业保险60万元；受理群众投诉和来信来访228件次，立案处理5例。

2004年，为粮食系统办理解除劳动合同相关手续。

2005年，办理工人提前离岗县直机关、事业单位15人，乡镇3人。

2006年，重点检查各类用人单位与劳动者订立的书面合同和未按规定解除劳动合同以及非法使用童工等劳动用工方面的违法行为。案件办结率达100%，开展了“清欠农民工工资”“清理整顿劳动力市场秩序”和贯彻落实《禁止使用童工规定》等专项检查活动，共检查各类用工单位285户次，处理劳动违法案件12起。对外贸、建筑公司、饮食服务公司、种羊场、南林场等9家企业改制、破产职工安置方案进行了审批，妥善处理改制中的一系列新问题。开展了劳动保障年审工作，共审查用人单位265户次，补签劳动合同384份。日常巡视检查和专项监察达100余次。涉及劳动者3000余人。共查出违法行为案件3起，处罚2起，结案率100%。

2007年，开展“整治非法用工打击违法犯罪”专项检查，共检查2家国有企业、6家私营企业的劳动用工情况和执行劳动保障法律法规情况。

2008年，检查8家用工企业执行劳动保障法律法规情况。

2009年，及时解决3起拖欠农民工工资事件，涉及工人20人。

2010年，根据《尚义县人民政府机构改革方案》，启用了“尚义县人力资源和社会保障局劳动关系调配（备案）专用章”，废止了“尚义县人事劳动和社会保障局劳动关系调配（备案）专用章”。

六、用工计划调配

1989年，对机关、企事业单位使用计划外用工做出严格规定，通过下达劳动工资计划、审批计划外用工计划和实行工资基金管理，以及对超计划用工单位实行扣减升级面、扣减在编人员经费指标、扣罚单位领导奖金等措施，扼制了计划外用工急剧增长的势头。

1990年，全县国有企业招收全民合同制工人203名，转招计划内临时工100名，招收林牧场工人66名，其中补员招工90名，计划内临时工转招为全民合同制工人102名。

1991—1995年，按照有利于企业和职工双向选择原则招录、调配职工，全面推行全员劳动合同制。

1992年，放开企业的招工权、职工离退休审批权、企业副职和中层干部任免权。县酒厂、县毛纺织厂开展全面推行全员劳动合同制试点工作。

1995年，实施劳动用人制度和综合配套改革，完善以全员劳动合同制为主要内容的劳动制度改革。

1997—1998年，废除固定工、合同工、临时工等有身份界限的用工制度，统一为合同工。

1999年后，大部分企业破产、转制、拍卖等，县内下岗失业人员增多。用人管理职能开始弱化，再就业工作加重。

七、劳动工资管理

（一）工资调整

1989年，根据《关于发布〈大中小型企业划分标准〉的通知》(冀政〔1989〕135号)精神，全县所有企业划出小型一类企业5家，小型二类企业11家，小型三类企业44家。24名企业领导晋升了职务工资。

1990年，企业职工平均一级浮动工资转为标准工资。全县实行浮动工资标准的企业职工2200人，增加标准工资1500人，其中升半级的900人、升一级的600人，全县共计月增资52万元。

1993年，24家企业的505人办理了增加工龄工资，月增资9121.11元。全县国营、集体企业的4200人办理了增资手续。

1994年，69家全民企业、3家集体企业的591人办理了调资手续。全县60名全民、集体企业的5216名离退休人员办理了调资手续。

1995年，技术工人实行考工晋级。全县参加考试技术工人95人，75人晋升工资等级。企业聘任后的专业技术人员执行职务工资。

1999年，根据《关于调整企业职工工资的实施办法》(冀劳〔1999〕78号)文件，全县企业职工调资4275人，企业离退休人员调资865人。

2010年，全县企业职工最低工资标准由每月540元调整到690元。

(二)工资改革

1989年，对59家企业进行工效挂钩测算，首次审批条件已经成熟的8家全民所有制企业和8家集体企业的挂钩方案。

1990年，实行挂钩的企业建立起正常的升级制度。16家挂钩企业的调资方案审批完毕。

1994年，审核18家工效挂钩的国有企业和17家集体企业的工效挂钩指标完成情况，分别约占国有企业总数27家的67%和集体企业总数35家的50%。

1995年，推行岗位技能工资制。实行岗位技能工资制的企业27家、职工2108人，占全县企业总户数的58%、职工人数的35%。

1997年，私营企业、股份制企业、个体工商户大量涌现。十种工资分配形式出现，即定额计件工资、全额计件工资、岗位工资制、浮动工资、产量含量工资、计时百分考核工资、计时加效益工资、效益工资、提成工资、计时加奖励工资等。以计件工资、岗位工资制为多数。

1999—2005年，围绕建立现代企业制度，逐步试行企业自行确定工资水平的办法。

2007年，根据张家口市劳动和社会保障局转发《关于调整我省企业参考工资标准的通知》(张劳社字〔2007〕119号)的通知调整企业职工工资标准，调标从2007年7月1日执行，全县共调整企业工资人数526人；2008年，根据张家口市劳动和社会保障局转发《关于调整我省企业参考工资标准的通知》的通知(张劳社字〔2008〕132号)调整企业职工工资标准，调标从2008年7月1日执行，全县共调整企业工资人数498人；2010年，根据张家口市劳动和社会保障局转发省人力资源和社会保障厅《关于调整我省企业参考工资标准的通知》的通知(张人社字〔2011〕54号)调整企业职工工资标准，调标从2010年11月1日执行，全县共调整企业工资人数441人。

八、工资基金宏观调控

1990年，企业工资开始采取“国家宏观调控和企业自主”形式。核定县属企业工资总额基数，逐月进行审核，纳入宏观管理。

1992—1994年，建立健全企业工资的正常增长机制、工资总量的宏观调控和自我约束机制，推行和完善弹性劳动工资计划，加强对企业工资总额和职工收入的管理。

1995年，加强对工资水平偏高、增长过快的流通领域的公司、经营公司和商业性经营公司工资总额的控制，加强并完善《工资总额使用手册》管理和联审制度，建立了重大分配措施出台逐级申报制度。

1997年，本着“挂钩、封顶、审核、试点”的精神，规范企业工资的行为，对16家挂钩企业的经济效益基数和工资总额基数进行了审核，企业经营者收入审批率达95%，工资总额使用手册覆盖率达100%，企业工资内外收入监督检查面占20%。

1998年，将全部企业纳入了宏观调控之中。全县实行工效挂钩的企业20家、职工2865人，未挂钩的企业实行“工资总额包干”办法。兑现所有企业工效挂钩方案，在总挂的前提下对各类企业实行分挂。

1999—2010年，完善企业工资分级调控和分类管理体制，实行以调节工资水平和调整工资关系为主要内容的工资宏观调控，建立企业自查、主管部门复查、行政部门抽查的监督机制。

第三节　社会保障

一、养老保险

（一）职工养老保险

1986年，尚义县开始实行企业职工养老保险制度，养老保险是最早在全县开展的社会保险险种。参保范围是职工和合同制工人。之后，参保范围扩大到国有、集体企业的全部职工；再后事业单位工作人员参保，参保范围不断扩大，参保人员不断增多。逐步发展到了覆盖城乡的养老保险体系。至2010年10月，全县企业养老保险参保职工达到7355人，离退休人员2458人，机关事业养老保险参保职工达到1286人，退休人员393人。

（二）农村社会养老保险

农村社会养老保障是党和政府为解除农民的后顾之忧，保证老有所养而举办的一项社会福利事业，是农村民政工作的头等大事。其工作对象主要是农民、农村干部、义务兵、民办代课教师和农村幼儿教师，乡镇企业职工。尚义县1996年开始试行农村社会养老保险，2010年初，根据《国务院关于开展新型农村社会养老保险试点的指导意见》，实行新型农村社会养老保险（简称新农保）。新农保是以保障农村居民年老时的基本生活为目的，建立个人缴费、集体补助、政府补贴相结合的筹资模式，养老待遇由社会统筹与个人账户相结合，与家庭养老、土地保障、社会救助等其他社会保障政策措施相配套，由政府组织实施的一项社会养老保险制度，是国家社会保险体系的重要组成部分。已年满60周岁、未享受城镇职工基本养老保险待遇的，不用缴费，可以按月领取基础养老金，但其符合参保条件的子女应当参保缴费；距领取年龄不足15年的，应按年缴费，也允许补缴，累计缴费不超过15年；距领取年龄超过15年的，应按年缴费，累计缴费不少于15年。

2010年，全县共有14350人参加农村养老保险。20人领取养老保险金7万元。

1997—2010年尚义县社会保险费收支情况表

表 8-6　　　　单位：万元

年份	企业养老保险		机关事业养老保险		工伤保险			生育保险	医疗保险	
	收入	支出	收入	支出	收入	支出	收入	支出	收入	支出
1989	11	5	1	1.50	—	—	—	—	—	—
1990	14	7	3	2.90	—	—	—	—	—	—
1991	18	9	7	3	—	—	—	—	—	—
1992	32	28	8	3.20	—	—	—	—	—	—
1993	46	34	9	3.60	—	—	—	—	—	—
1994	75	43	11	4	—	—	—	—	—	—
1995	98	65	13	4.50	—	—	—	—	—	—
1996	156	98	14	7	4	1	4	0.50	—	—
1997	241	146	15	11	6	3	6	1	—	—
1998	331	168	34	9.80	8	4	2	—	—	—
1999	321	216	37	11	11	4.60	2	—	—	—
2000	436	228	60	13	9	2.20	2.60	—	—	—
2001	697	498	65	15.25	12	4	1.80	—	—	—
2002	855	774	70	27	13	7.20	1	—	—	—
2003	985	786	75	36.59	15	3.80	2	0.80	—	—
2004	1011	985	70.70	59.70	14	9	2	—	—	—
2005	1149	1120	177	70.70	22	11	4	0.50	150	—
2006	1562	1321	176.50	91.50	28	8.80	5	1	699	289
2007	3216	2598	948	428	32	18	15	4	825	485
2008	4300	3280	1068	459.50	47	31	22	5	935	455
2009	4400	3246	1020	572.60	47	52	29	4	1195	655
2010	5332	3944	965.40	677.50	41	31	26	5	1659	1012

二、工伤、生育保险

1996年11月，尚义县工伤、生育保险工作正式起步。参保人员为企业在职职工。2007年3月，全县机关事业单位在职工作人员全部纳入生育保险参保范围。至2010年10月，全县工伤参保职工2593人，生育保险参保职工3326人。

三、医疗保险

城镇职工医疗保险 2005年9月和2006年1月，分两个阶段，城镇职工基本医疗保险工作正式启动。企业职工及退休人员、机关事业单位职工和退休人员分别纳入城镇职工医疗保险统筹范围，截至2010年10月，全县参保职工达到9940人。

城镇居民医疗保险　2009年3月，城镇居民医疗保险工作正式启动运行。2010年9月，重新修订《尚义县人民政府关于印发〈尚义县城镇居民基本医疗保险暂行办法（试行）〉的通知》（尚政〔2010〕113号）。至2010年10月，全县城镇居民参保人数17582人。

四、失业保险

1989—2010年，接收破产改制企业28家，失业职工1752人，发放失业金1157万元。

第四节　管理机构

1989—1992年，尚义县劳动人事局设8个股室，分别是办公室、工资股、人事股（老龄委）、安全保护股、仲裁股、劳管股、劳动服务公司、保险所。

1993年，尚义县劳动人事局设8个股室，分别是办公室、工资科、干部科、安全科（安全生产委员会）、仲裁科、劳管科、劳动服务公司、保险所。

1994年，尚义县劳动人事局设9个股室，分别是办公室、工资科、干部科、安全科（安全生产委员会）、仲裁科、劳管科、编委办、劳动服务公司、保险所。

1995年，尚义县劳动人事局设10个股室，分别是办公室、工资科、干部科、安全科（安全生产委员会）、仲裁科、劳管科、编委办、科干科、劳动服务公司、保险所。

1996年，尚义县劳动人事局内设9个股室，分别是办公室、工资保险科、干部科、安全保护科（安全生产委员会）、仲裁科、劳动关系监察科、政务公开办公室、编委办、科干科。下属2个事业单位：劳动就业管理局和社会保险事业管理局。

1997—2001年，尚义县劳动人事局内设9股室，分别是办公室、工资保险科、干部科，安全保护科（安全生产委员会）、仲裁科、劳动关系监察科、政务公开办公室、科干科、再就业办公室。下属2个事业单位：劳动就业管理局和社会保险事业管理局。

2002年6月，县劳动人事局更名为县人事劳动和社会保障局，内设5个职能股室，分别是办公室、干部股、工资股、安全股、劳动管理股。下辖劳动服务公司和保险所两个股级单位，全局行政编制15人，工勤编制2人。

2010年，县由人事劳动和社会保障局更名为县人力资源和社会保障局，科室设置未变，行政编制15人，工勤编制2人。

第二章　扶贫工作

第一节　贫困状况

尚义县由于自然、历史、社会等诸多因素的制约，贫困问题一直没有从根本上得到解决。1986年，尚义县被确定为河北省重点贫困县后，成立尚义县扶贫开发办公室。1989年，被确定为国家重点贫困县，尚义县成立了扶贫领导小组，组长由副县长兼任，下设扶贫开发办公室，列入政府机构序列。1999 年，成立扶贫攻坚大会战指挥部。县委书记任政委，县长任总指挥，指挥部办公室与扶贫开发办公室合署办公。2009 年，扶贫开发办公室增设项目监察大队。

1994—2000 年，尚义县紧紧抓住国家实施“八七”扶贫攻坚计划的有利时机，有组织、有计划、大规模地开展了扶贫开发工作。采取了以特困村为主战场以贫困户为主攻对象的扶贫到村到户战略，取得了阶段性成果。1994 年，全县贫困人口 4.30 万户 15.60 万人。2010 年，全县贫困人口 3.10 万户 9.10 万人。

按照国家各个时期制定的贫困标准，尚义县贫困村、贫困人口情况大致可划分为 3 个阶段。

第一阶段（1989—1993 年） 1989 年尚义县农民人均纯收入 150 元以下的有 14 个乡镇的 68 个村 7146 户 26981 人。农民人均纯收入在 150 ~ 200 元的涉及 14 个乡镇的 96 个村 9569 户 37624 人。

1989—1993 年尚义县贫困情况表

表 8-7

项目 数量 乡镇	人均纯收入低于 150 元村庄				人均纯收入 150 ~ 200 元村庄			
	贫困村数（个）	贫困户数（户）	贫困人口（人）	人均纯收入（元）	贫困村数（个）	贫困户数（户）	贫困人口（人）	人均纯收入（元）
大青沟镇	4	700	2910	116	8	796	3184	161
大营盘乡	7	699	3006	136	6	647	1688	176
大苏计乡	6	472	2008	144	10	897	3588	191
哈拉沟乡	7	689	2756	124	8	816	3264	174
炕塄乡	6	531	936	100	7	721	2884	184
红土梁镇	5	400	1821	128	8	814	3256	188
七甲乡	2	621	2484	126	6	594	2376	176
下马圈乡	8	856	3424	145	7	716	2864	192
小蒜沟镇	9	1061	4244	141	9	924	3696	196
南壕堑镇	2	116	353	124	4	415	1660	186
八道沟镇	2	225	690	145	7	691	2764	166
套里庄乡	3	240	840	121	5	542	2168	180
甲石河乡	4	290	747	128	4	391	1564	180
后石庄井乡	3	246	762	137	7	605	2668	167

说明：统计数据以 1996 年乡镇合并后统计

第二阶段（1994—2000 年） 国家实施“八七”扶贫攻坚战略，全县 14 个乡镇 172 个行政村、6.75 万户、19.09 万人口。人均纯收入在 400 元以下的贫困乡镇 14 个，贫困行政村 125 个；贫困户 2.37 万户；贫困人口 7.58 万人，其中人均纯收入在 200 元以下的特困自然村有 115 个；贫困户 1.69 万户；贫困人口 5.87 万人。

1994—2000 年尚义县“八七”扶贫攻坚阶段贫困村情况表

表 8-8

项目 数量 乡镇	贫困村				特困村			
	村数（个）	户数（户）	人口（人）	人均纯收入（元）	村数（个）	户数（户）	人口（人）	人均纯收入（元）
大青沟镇	12	2088	7064	386	7	1214	4000	200
大营盘乡	8	6392	4872	367	8	296	964	198
大苏计乡	8	1392	4872	352	8	1231	4308	199
哈拉沟乡	6	1044	3654	291	7	1078	3773	211
炕塄乡	11	1914	6660	344	10	1500	5250	170
红土梁镇	11	1914	6670	324	6	924	3234	200
七甲乡	9	1566	5501	317	8	1233	4315	190
下马圈乡	9	1566	5481	300	13	2002	7007	200
小蒜沟镇	10	1704	6096	378	7	1080	3780	197
南壕堑镇	12	2088	7308	333	9	1386	4851	190
八道沟镇	11	1914	6699	297	8	1232	4312	200
套里庄乡	8	1392	4870	300	14	2156	7546	200
甲石河乡	10	1740	6090	361	10	1540	5390	199
后石庄井乡	7	1218	4263	325	11	1694	5929	200

第三阶段（2001—2010 年） 国家制定十年扶贫开发纲要（2001—2010 年）期间，全县人均纯收入在 625 元以下的被列入第一批扶贫对象。有 65 个行政村 18202 户贫困户 57109 个贫困人口；人均纯收入 625 ~ 820 元的被列入第二批扶贫对象，有 36 个村 12880 户 27765 人；其余人均纯收入 625 ~ 820 元的列入第三批扶贫对象，有 30 个村 9314 户 28175 人。

2001—2010 年尚义县第一批扶贫对象情况表

表 8-9

乡镇名称	村数（个）	户数（户）	人口（人）	乡镇名称	村数（个）	户数（户）	人口（人）
南壕堑镇	4	1149	3869	石井乡	8	2633	8310
红土梁镇	5	796	2461	甲石河乡	4	687	1915
大青沟镇	4	1847	5883	三工地镇	5	1502	4895
八道沟镇	4	1481	4580	小蒜沟镇	5	984	2670
大营盘乡	4	1147	3728	炕塄乡	5	1725	5454
下马圈乡	5	824	2416	七甲乡	4	1223	3864
套里庄乡	5	1390	4392	大苏计乡	3	814	2572

2001—2010 年尚义县第二批扶贫对象情况表

表 8-10

乡镇名称	村数（个）	户数（户）	人口（人）
南壕堑镇	3	883	2986
红土梁镇	4	1116	3191
大青沟镇	4	1478	4571
八道沟镇	4	1187	4047
大营盘乡	4	1029	2417
下马圈乡	1	199	622
套里庄乡	1	284	782
石井乡	1	352	1099
甲石河乡	1	198	540
三工地镇	1	264	778
小蒜沟镇	5	997	2866
炕塄乡	1	391	1472
七甲乡	2	498	1612
大苏计乡	4	3924	782

尚义县第三批扶贫对象情况表

表 8-11

乡镇名称	村数（个）	户数（户）	人口（人）
南壕堑镇	2	618	2452
红土梁镇	2	474	1304
大青沟镇	2	750	2195
八道沟镇	2	678	2000
大营盘乡	2	634	2131
下马圈乡	1	355	1028
套里庄乡	3	1208	3463
石井乡	2	412	1306
甲石河乡	2	469	1250
三工地镇	3	802	2396
小蒜沟镇	3	732	1865
炕塄乡	2	773	2445
七甲乡	2	620	2175
大苏计乡	2	789	2165

第二节　扶贫措施

一、扶贫举措

“八七”扶贫攻坚期间，省政府对尚义县等贫困地区实行核减粮食合同订购任务、放开农产品销售价格、减免农业税、免征国家能源交通重点建设基金和免征开发企业所得税等政策。对贫困乡村实行 3 项优惠政策：国家确定的“老、少、边、穷”地区新办的企业，其所得税等在 3 年内予以征后返还或部分返还；县乡政府把本级扶贫资金列入财政预算，保障扶贫开发；对由于生产资料价格放开和粮食提价而增加的农民负担，用地方粮食风险基金对吃返销的贫困户给以适当补贴。重点解决贫困人口的温饱问题。

1994—2000 年，为从根本上改善和提高贫困乡村的基本生产生活条件，在水源条件较好的地方，以打井为重点，辅以旧井配套，科学合理地开发地下水，发展蔬菜产业。如在北部地下水资源较为丰富的区域实施“小水富民”工程，走“户打一眼井，户均五亩菜，人均收入一万块”的小水富民路子，建成了大营盘、三工地、大青沟、大苏计、七甲 5 个重点错季蔬菜种植区，共有 42 重点个村 2.20 万人口稳定脱贫。在水源条件较差的地方，以截潜、建旱水窖为主，实施以截流集雨为重点的旱作农业工程。推广防渗、喷灌、滴灌技术，改革和完善用水机制。在南部坝下山区和河川区截潜、建旱水窖发展以玉米制种、杂粮杂豆、林果育苗，走“树上果，树下菜，一亩收入三千块”等特色农业开发路子，共有17个村1.28万人口稳定脱贫。在中部乡镇，发挥草场宽阔的优势，发展以西门塔尔牛、河北细毛羊、小尾寒羊、瘦肉型猪为主的规模畜牧业。全县培育出西门塔尔牛养殖村35个、河北细毛羊、小尾寒羊养羊重点自然村103个，瘦肉型猪养殖重点自然村46个，使3.47万人稳定脱贫。

2000—2010年，按照国家的扶贫政策，尚义县以产业扶贫开发为重点，改变按贫困人口平均分配资金的形式，转为按项目、生产效益配置扶贫资金，从资金单项输入转变为资金、技术、物资、培训相结合的综合输入、配套服务，引导贫困乡村利用当地自然资源进行开发性生产建设，逐步形成自我积累和发展能力。开发性扶贫以种植业、养殖业和相关的加工业为重点。确立了走产业化扶贫路子，通过扶持龙头企业，抓产地市场和基地建设，带动农民脱贫致富。主要采取了3种模式：“市场＋农户”模式，如在蔬菜产业上，形成了以大青沟蔬菜批发市场为龙头、以大营盘、大苏计蔬菜专业市场为骨干、以恒温库群为基础的蔬菜营销市场体系；“公司＋农户”的模式。如日本三通株式会社发放500万元的籽种、农药、专用肥等，以“订单”实现“公司＋农户”，保证了农民的产品卖得出、卖好价，企业也有了质优、充足的蔬菜来源，实现了互惠互利；“协会＋农户”模式，全县建立了蔬菜协会、养羊协会、草业协会、口蘑协会，发展农民专营合作经营组织160个，辐射带动5万户农户脱贫致富。同时，尚义县紧抓风沙源治理和“一退双还”的机遇，积极开展退耕还林，植树种草，实现生态和经济效益双赢。狠抓以公路建设为重点的公用基础设施建设，改善贫困乡村的交通、通信、教育、医疗卫生条件。

二、扶贫资金

尚义县扶贫开发资金的投入主要来源于国家投入。从1989年开始，国家在原有扶贫资金的基础上对尚义增加了扶贫专项贴息贷款、贫困县县办企业贷款、扶贫专项贷款，各种款项的投入规模逐步扩大。1989年以来，国家每年拨出化肥、地膜、钢材、木材等物资，支持贫困地区的发展。在用好国家投入的同时，县乡两级政府配套扶贫资金。

第三节　社会扶贫

一、中直机关扶贫

2001年，中国铁道建筑总公司实施对口帮扶尚义县。到2010年，累计为尚义县直接投入资金350多万元，协调资金1436万元，实施帮扶农业、畜牧业、教育、卫生、公益事业等项目50多个。

针对尚义县基础设施条件差的现状，中铁建总公司积极主动与国家发改委、国务院扶贫办、团中央等单位取得联系，为尚义县申报了生态工程、水利建设等项目，涉及资金4000万元，下大力气改善扶贫乡村的水、电、路、信等基础设施条件。

针对尚义县境内矿产资源储量不明、矿物品位不清的现状，引进了唐山旭力有限公司投资600多万元，对县域西2平方千米区域内的煤炭资源进行了勘探。出探结果显示煤层深度平均达4米，储量丰富，煤质较好。

为加快旅游业的发展，促成了国家旅游总

局和旅游协会10多人到尚义县实地考察，为尚义县制订了新的旅游发展整体规划。

为了从根本上改变贫困村的贫苦落后面貌，进一步增强“造血功能”，10年来，中铁建总公司的挂职扶贫干部先后对7个乡镇的11个贫困村实施了整村推进，争取资金190多万元，新打机井5眼，发展水浇地117.33公顷，发展膜下滴管100公顷。完成人畜饮水工程2处，修通8千米长的村级公路两条。新建蔬菜大棚120个，新建蔬菜批发市场和文化广场各1处。

三工地镇田家村和南壕堑镇朝力盖村，是中铁十六局帮扶的重点村。中铁十六局为田家村投资41万元，农民自筹资金18万元，新打机井3眼，引进了以色列先进技术，新上膜下滴灌水浇地66.67公顷。同时，投资4万元，为90户农民购买了马铃薯良种9000千克，种植马铃薯6.67公顷。靠种植蔬菜和马铃薯，田家村逐步走上了脱贫致富路。投资56万元，帮助朝力盖村60户农民新上了300头牛的养殖项目。帮助10个养羊户新建圈舍1000平方米，发展养羊300只。新打机井1眼，解决了饮水问题。修通了两条8千米的砂石路，解决了老百姓出行难的问题。

中铁建总公司投资30万元，为红土梁镇建起了一所“希望小学”。为尚义县机关幼儿园配套了7万元的教学设备和学习用品。为蒙古营民族学校配套了价值4万元的教学设施。联系北京中国光华基金会一次向该县捐赠了2.50万册图书，并将韩国培材大学836万元的汉语对外教育基地项目引入尚义县。中铁建总医院派专家对尚义县医院进行技术培训，诊治病人5000余人，并赠送了价值150万元的医疗器械。

为解决尚义县剩余劳动力的就业问题，增加农民的收入，中铁建总公司利用各种关系，为尚义县的劳务输出广辟门路。2002—2010年先后与北京食品加工厂、各大宾馆、饭店、大专院校、保安公司等部门取得联系，累计为尚义县输出劳务3000多人，为农民增收2000多万元。

二、发达地区扶贫

1999—2010年，省委、省政府确定邯郸市对口帮扶尚义县，邯郸市委、市政府从峰峰矿区，邯山区、丛台区、复兴区等17个县区和15个市直单位抽调帮扶干部共有4批54人对尚义县农业产业、农村基础设施、企业发展、教育卫生等方面进行实质性帮扶，其间共组织招商活动54次，引进项目101个，推销农副产品价值1.20亿元，引进无偿资金1405万元，独立引资480万元，协助引资1.60亿元。先后实施了尚义酒厂的新建项目；六十庄、大梁底村的自来水入户；小山进沟、北槽碾村级道路修建、为村小学配备了新桌凳；联系了投资5000万元的饲草储备库项目；帮助住建局测绘队购置了测绘仪器和测绘软件；协助新建了大青沟、大营盘两个蔬菜交易市场和一家脱水蔬菜深加工企业；为尚义的发展提出合理化建议30个，提供有价值信息100条，开展各类技术培训20余场次。

第四节　扶贫成果

一、第一阶段（1989—1993年）成果

投入各类扶贫资金2205万元。修建基本农田1.15万公顷，修建乡村道路58千米。扶持县办工业2个、种植业项目15个、养殖业项目55个、加工业项目6个、建材业项目14个、矿业开发项目1个、其他项目16个。五年中，累计

扶持贫困户 2.60 万户，其中基本解决温饱的有 1.71 万户，占被扶持户的 50.30%。

二、第二阶段（1994—2001 年）成果

截至 2001 年，全县贫困人口由“八七”攻坚前的 15.60 万人，减少到 5.87 万人。一是农民收入明显增加。2000 年全县遭受特重旱灾的情况下，农民人均纯收入达到 1100.61 元，比攻坚前的 1992 年纯增 653 元。二是生产条件进一步改善。实施“八七”扶贫攻坚计划以来，全县新打机井 330 眼，新挖潜流 15 处，修筑防渗渠道 369 千米，新打小石（机）井 6500 眼，新增水浇地 0.41 万公顷，建成旱作基本农田 1.67 万公顷。三是基础建设得到加强。共完成人畜饮水工程 70 处，解决了 5 万人和 1.36 万头大牲畜的人畜饮水困难；实现了全县自然村全部通电；改造了东商线、郭花线、杨哈线、大康线 4 条干线公路，境内主要干线公路实现了柏油硬化，还维修了 21 条乡村道路；新上了 4000 门程控电话；14 个乡镇所在地开通了有线电视，在 88 个收看电视盲点村建起地面卫星接收站；文化、教育、卫生等基础条件也得到明显改善，有 42 个村建起广播室，54 个村建起文化室，14 个乡镇新建和改建了卫生院，全县新建和修缮校舍 300 所，全县农村“普九”教育通过了省、市验收。四是基本形成了蔬菜、马铃薯、口蘑、畜牧四大扶贫主导产业格局。全县以“美国西芹”、“韩国大白菜”为主的各类蔬菜发展到 0.44 万公顷，口蘑栽培面积达到 10 万平方米，全县以牛为主的大牲畜发展到 4.70 万头，羊发展到 20 万只，其中舍饲养殖小尾寒羊 9 万只。蔬菜、口蘑成为农民增收新亮点。2001 年虽然是大灾之年，全县蔬菜总产量达 2.6 亿千克，农民人均蔬菜纯收入 300 元。口蘑栽培采摘鲜菇 800 吨，实现产值 1000 万元。以推广舍饲养殖小尾寒羊的畜牧业大旱之年也充分显示了“铁杆庄稼”的作用。

三、第三阶段（2001—2010 年）成果

以产业扶贫为重点，集中扶持畜牧、蔬菜、口蘑三大产业。畜牧产业，按照“发展规模化、养殖小区化、生产科学化、经营市场化”的思路，抓大户，建园区，突出奶牛和小尾寒羊养殖。在发展养羊上，以实施扶贫“周转羊”项目为突破口，滚动扶持贫困农户发展小尾寒羊。

2004 年，全县牛发展到 1.24 万头，特别是奶牛从无到有，规模不断扩大，2006 年，发展到 3100 头。羊发展到 9.48 万只。在抓发展、抓基地的同时，重点在园区建设、品种改良、牧草种植上下功夫。先后与内蒙古蒙牛集团合作建起大青沟、南壕堑两个奶牛养殖科技示范园区，入园奶牛已达 2500 头，还建起 45 处牛羊改良配种站（点）和 15 个中小型饲草饲料加工厂（点），引导和组织农户走种草养畜的路子，全县农民累计退耕种草达 4 万公顷。蔬菜产业，按照“种植科学化、品种多样化、生产标准化、发展规模化”的思路，以标准化生产基地、蔬菜协会、交易市场和万吨恒温库群为支撑，完善蔬菜产业体系。2005 年全县蔬菜种植基地达到 0.68 万公顷，总产达 5.40 亿千克，实现销售收入 1.40 亿元，被命名为“河北蔬菜之乡”。口蘑产业，按照“公司 + 农户”的发展思路，以实施口蘑“周转棚”扶贫项目为重点，2001—2007 年，投放项目资金 230 万元，全县建起口蘑大棚 600 个，口蘑栽培面积达到 50 万平方米，口蘑种植村达到 55 个，菇农发展到 8980 户。“尚义”牌口蘑产品先后三次被评为“中国北方（廊坊）农副产品交易会名优产品”，2005 年被中国食用菌协会授予“中国口蘑之乡”和“中国口蘑重点县”称号。

附：一枝一叶尽显公仆本色

——中国铁道建筑总公司帮扶尚义县纪实

光阴荏苒，日月如梭。又是一个秋高气爽、硕果累累的金秋。地处塞外高原的尚义县老百姓清晰地记着，9年前，也是在这样一个充满希望的收获季节里，中国铁道建筑总公司（以下简称中铁建总公司）派出的扶贫工作队轻车简从，从北京来到尚义县开展帮扶工作。9年间，李克建、何大成、卢振宇3人挂职扶贫干部就像接力赛跑一样，一任接着一任干，马不停蹄地为尚义县办实事，办好事，解难题，引领和帮助这一方贫困群众走上了脱贫致富奔小康的康庄大道。

9年来，中铁建总公司累计为尚义县直接投入资金350多万元，协调资金1436万元，实施帮扶农业、畜牧业、教育、卫生、公益事业等项目50多个。全县绿色无公害蔬菜产业的悄然兴起，牛羊满圈畜牧业的蓬勃发展，教育、卫生事业的日新月异，一桩桩、一件件，都记载着中铁建总公司及帮扶干部在这片贫瘠的土地上洒下的辛勤汗水，立下的汗马功劳。

在中铁建总公司的大力支持和帮助下，经过全县人民的艰苦努力，到2010年底，尚义县人均纯收入由2002年的1135元增长到了3252元，102个村6万贫困人口实现稳定脱贫。

深入调研理清思路

2002年秋季，以中铁建总公司单位副书记霍金贵为队长的第一批扶贫工作队来到尚义县。初到这个陌生的地方，他们一路上仔细察看，并认真听取了全县经济社会发展总体情况汇报，心情顿时沉重起来，光秃秃的黄山，崎岖不平的道路，低矮的房屋，人们吃水难、行路难、入学难、就医难，这里的贫困程度大大超乎他们的想象。尚义县地处坝上高原，地势偏僻，气候恶劣，交通不便，信息闭塞，冬春漫长，风大沙多，十年九旱，无霜期只有100天，一年只种一茬庄稼，还得看老天爷的脸色吃饭。基础设施条件严重滞后，全县20万人口，每年县财政收入只有几千万元，早在1994年就被确定为国家级贫困县。

一定要让尚义县的父老乡亲尽快摆脱贫困，过上生产发展、生活富裕的好日子。一股不可推卸的责任感，在中铁建总公司帮扶干部心中油然而生。

沉下去，到贫困村去，到贫困群众中去，深深脚印踩出为民情怀。他们跋山涉水，先后深入到全县14个乡镇的40个贫困村、1000多个贫困户家中访贫问苦，调查研究，同当地干部群众共商脱贫致富大计。在掌握了大量第一手材料后，他们根据尚义县草场面积广阔、土地面积大得天独厚的自然资源优势，与乡领导共同确定了帮扶工作的指导思想，坚持走开发式扶贫的路子，进一步增强尚义县的自我发展能力。紧紧围绕畜牧业、蔬菜业和风源业等特色优势产业做文章，努力使其成为富民强县的主导产业。同时，切实加大资金投入，积极改善扶贫乡、村的水、电、路、信等基础设施条件。之后的几年中，中铁建总公司不断加大对尚义的帮扶力度，定期听取挂职扶贫干部的工作汇报，及时研究解决存在的问题，明确帮扶工作的目标任务。并多次召开机关计划、财务、人事等部门协调会，在全系统上下形成了同心协力、扶贫济困的浓厚氛围。

扶贫开发是一项综合性系统工程。中铁建总公司一方面利用国有大型企业的资金优势在尚义县投资项目，积极实施整村推进和产业化扶贫。另一方面利用与国家部委的人脉关系，争取更多的政策倾斜，大力开展招商引资活动。针对尚义县基础设施条件差的现状，中铁建总公司积极主动与国家发改委、国务院扶贫办、团中央等单位取得联系，为尚义县申报了生态工程、水利建设等项目，涉及资金4000万元，下大力改善扶贫乡村的水、电、路、信等基础设施条件。

为把畜牧业这一产业做大做强，中铁建总公司先后派人到江苏、上海等地考察联系，并刊登大幅招商广告。先后引来上海、北京、哈尔滨等地的8家企业到尚义县考察洽谈项目，其中有3家在牛羊肉加工、奶牛养殖、中草药种植项目上达成协议。

针对尚义县境内矿产资源储量不明、矿物品位不清的现状，挂职扶贫干部卢振宇利用个人的人脉关系，引进了唐山旭力有限公司投资600多万元，对县域西2平方千米区域内的煤炭资源进行了勘探。出探结果显示煤层深度平均达4米，储量丰富，煤质较好。为此，卢振宇多次带领县国土局有关人员到河北省国土资源听汇报，积极争取项目立项，终于使这一项目列入了省厅专家项目库，待批复后实施。这一新的重大发现一经实施，将成为尚义县的一大新的经济增长点。

为加快旅游业的发展，挂职扶贫干部何大成同志亲自带着县旅游局长到国家旅游局汇报工作，积极争取项目资金。促成了国家旅游总局和旅游协会10多人到尚义县实地考察，为尚义县制定了新的旅游发展整体规划。

绿了山野富了百姓

如今，走进中铁建总公司实施整村推进扶贫开发的7个乡镇11个贫困村，郁郁葱葱的绿色无公害蔬菜一望无际，家家户户盖起了新房，牛羊满圈，村与村乡间公路纵横交错，处处呈现出一派盎然生机。饮水思源，是中铁建总公司的帮扶，让这一方朴实而勤劳的百姓走上了脱贫致富路。

为了从根本上改变贫困村的贫苦落后面貌，进一步增强“造血功能”，10年来，中铁建总公司的挂职扶贫干部带着感情，扑下身子，奉献爱心，真抓实干。先后对7个乡镇的11个贫困村实施了整村推进，争取资金190多万元，新打机井5眼，发展水浇地117.33公顷，发展膜下滴管100公顷。完成人畜饮水工程2处，修通8千米长的村级公路两条。新建蔬菜大棚120个，新建蔬菜批发市场和文化广场各一处。三工地镇田家村和南壕堑镇朝力盖村，是挂职扶贫干部卢振宇帮扶的重点村。田家村土地平整，地下水资源丰富，适宜种植蔬菜。2008—2010年，卢振宇同志通过多方努力，争取中铁十六局为田家村投资41万元，农民自筹资金18万元，新打机井3眼，引进了以色列先进技术，新上膜下滴灌水浇地66.67公顷。同时，投资4万元，为90户农民购买了马铃薯良种9000千克，种植马铃薯6.67公顷。靠种植蔬菜和马铃薯，田家村住步走上了脱贫致富路。

朝力盖村地处坝沿地带，草场资源丰富。卢振宇同志引进中铁十六局资金20万元，帮助60户农民新上了300头牛的养殖项目。帮助10个养羊户新建圈舍1000平方米，发展养羊300只。

为解决人畜饮水困难，还投入帮扶资金18万元，新打机井1眼，解决了饮水问题。这个行政村有5个自然村，行路难长期制约着群众的出行和农产品销售，直接影响了经济收入。卢振宇同志采取农民出劳力折工3万元，扶贫单位帮扶18万元的办法，修通了2条8千米的砂石路，实现了老百姓多年来梦寐以求的愿望。

扶贫先扶志治穷先治愚

在9年的帮扶工作中，中铁总公司时刻牵挂着尚义县教育事业的发展。他们认为，一个地方的基础教育和经济发展有着密不可分的关系。因此，他们把教育扶贫作为重中之重。

红土梁镇村落分散，办学条件十分简陋。中铁建总公司投资30万元，为他们建起了一所“希望小学”。尚义县机关幼儿园教学设备不足，中铁建总公司下属的北京铁建公茂集团实时送来7万元的教学设备和学习用品。蒙古营民族学校条件差，公司机关党委为他们送去价值4万元的教学设施。尚义县教育系统书籍匮乏，挂职扶贫干部何大成同志利用自己的人脉关系，联系北京中国光华基金会一次向该县捐赠了2.50万册图书，联系中国青少年社会服务中心向该县一次性捐赠了500套图书，共计价值大22万元，并将韩国培材大学836万元的汉语对外教育基地项目引入尚义县。七甲小学桌椅破旧，卢振宇同志又协调北京有关单位及时送去150套桌椅。这些爱心和善举，对于贫困地区的师生来说，犹如禾苗久旱逢甘露。

中铁建总公司积极倡导教育扶贫“一帮一”结对活动。9年来，挂职扶贫干部和有关人员已于50多对中小学生结成了帮扶对子，卢振宇与两名家境贫困的高中生结对子，3年资助了6000元使他们顺利完成了学业。

尚义县人民不会忘记，在大学生难以就业的当今，中铁建总公司在扶贫期间把本县10名专业对口的学生送到了本系统就业。

尚义县人民也没有忘记，在县医院人才、设备紧缺的情况下，中铁建总医院派来专家进行技术培训，诊治病人5000余人，并赠送了价值150万元的医疗器械。

尚义县人民更记得，每逢春节将至，中铁建总公司送来了大米、面粉和棉被等生活用品，那可是“雪中送炭”啊。

为解决尚义县剩余劳动力的就业问题，增加他们的收入，中铁建总公司费了不少心思。他们动员全体机关干部职工利用各种关系，为尚义县的劳务输出广辟门路。先后与北京食品加工厂、各大宾馆、饭店、大专院校、保安公司等部门取得联系，累计为尚义县输出劳务3000多人，为农民增收2000多万元。输送到中国人民大学、北京人与动物环境科普中心的服务生、保洁员等已成为合同工，年收入2万多元。实现了一人就业、全家脱贫致富的目标。衙斋卧听萧萧竹，疑是民间疾苦声，些小吾曹州县吏，一枝一叶总关情。中铁建总公司心系贫困百姓、无私奉献的公仆情怀，开拓进取、艰苦奋斗的优良作风，求真务实、卓有成效的帮扶业绩，如高山流水，源远流长。尚义人民将永远铭记。

第三章　民　政

第一节　抚恤优待

一、伤残军人抚恤

1989—2004年，抚恤对象统称为革命伤残军人，分为特等、一等、二等甲级、二等乙级、三等甲级、三等乙级。农村伤残军人每月领取伤残抚恤金，在职伤残军人领取保健金（低于抚恤金）。

2004年11月，由原四个等级改为一～十级。新旧残疾等级登记对应关系：特等套改一级，一等套改三级，二等甲级套改五级，二等乙级套改六级，三等甲级套改七级，三等乙级套改八级。

二、复员军人抚恤

对在乡老复员军人（1954年以前入伍分抗日战争时期、解放战争时期和新中国成立后），按照不同入伍时间的标准，每人每年分别发放228元、181元、176元的定期补助金。

三、“三属”人员抚恤

1989年后，尚义县严格按照国家有关政策，对全县“三属”（烈士家属、因公牺牲军人家属、病故军人家属）进行定期定量优待抚恤。对伤残军人发放残疾抚恤金。

四、义务兵家属优待

2006年前，优待金以各乡镇为主体发放，从“三提五统”中列支（各乡镇执行标准不一，300～800元）。2006年后，全县统一标准，对现役军人家属发放优待金，用县转移支付款发放。

第二节　退伍军人安置

1989年，尚义县人民政府根据国务院《退伍义务兵安置条例》规定，对农村退伍军人安置贯彻“从哪里来回哪里去”的原则和妥善安置各得其所的工作方针；对符合安排工作的退伍军人实行“按系统分配任务，包干安置和直接向用人单位下达任务”的政府指令性分配，县退伍军人安置办公室负责具体实施，按照“区别对待”的原则，对退伍军人进行分类分档安置。通过文化考试和档案考核，按成绩依次由被安置对象选择单位。对安置人员力争做到发挥特长、专业对口、人尽其才。20世纪90年代，由于出售城镇户口等种种原因，导致城镇退役士兵数量激增，退伍军人安置任务、安置难度逐年加大，除了企事业单位、乡镇外，还安置到了各公办学校。

20世纪90年代后期，政府积极探索在社会主义市场经济条件下安置工作改革和发展的新路子，采取多渠道、多形式，扩大安置途径和领域，鼓励退役士兵到非国有企业工作和自谋职业。1998年，县政府对自谋职业的退役士兵在政策上给予优惠，“经批准自谋职业的退役士兵，可保留两年安置资格”。对二、三等伤残退伍军人，采取各接受单位轮流承担的办法予以安置。2004年，制定出台《尚义县城镇退役士兵安置和自谋职业试行办法》。办法规定：经批准同意自谋职业的城镇退役士兵，由负责安置的部门发给一次性经济补助费，不再为其安排工作。

农村义务兵安置回村，建议乡镇为农村义务兵提供创业平台，多数党团员先后进入村“两委”班子。部分人成为农村致富带头人。

第三节　救灾救济

一、救　灾

1989—2010年，每年大小自然灾害均有发生。每次灾情发生后，县委、县政府积极组织有关部门及时赶赴受灾第一线查看灾情，并针对灾害情况及时采取救灾措施。教育鼓励受灾农民不等不靠，树立战胜灾害、渡过难关的信心，引导灾民因地制宜，积极开展生产自救。并从提供优惠政策和帮助协调贷款，扶持受灾农民发展养殖业、大棚种植业、小手工业、劳务输出等挽回经济损失。同时通过向上级争取救灾支持和在全县开展献爱心捐款活动筹集款物对受灾户、特困户给予救助。其间1998年、2001年、2007年、2009年发生了较为严重的自然灾害。

地震中的孩子 （赵相如　摄）

1998年4月23日，尚义县遭受了严重的冰冻灾害，涉及143个行政村24338户，239公顷蔬菜幼苗遭受冻灾。县政府拨付救灾款63.65万元。

2001年，全县遭受严重的旱灾，4.53万公顷农作物全部绝收，540头大牲畜、8500只羊因啃食沙土或抵抗力较差而死亡。县委、县政府拨付救灾款442.60万元，购买面粉1270吨，下发救灾捐赠衣被10800件。

2007年，全县遭受严重的旱灾。上半年累计降雨量仅为81.40毫米，3.29万公顷农作物绝收，粮食总产量650万千克，年景成数为1.60成。县委、县政府下拨救灾煤6937吨，救灾粮食468吨，解决了13530户25350人的生产生活。

2009年，全县遭受了新中国成立以来最为严重的一次旱灾。全县2.91万公顷农作物全部绝收，绝收面积占全县耕地面积的73%，年景成数为1.80成，粮食总产量仅为837万千克。县委、县政府发放救灾煤535吨，救灾面1964吨，饮水款50万元，用于解决18383户“三无户”25641人的基本生活。

1998—2010年尚义县灾情及救灾粮款情况表

表8-12

年　份	灾情种类	受灾面积（公顷）	成灾面积（公顷）	救灾物资（吨）	款数（万元）
1998	旱灾、洪涝、风雹	49.48	34.23	—	63.65
1999	—	—	—	—	—
2000	旱灾、冰雹、洪水	98.5	93.5	煤1400、面279	88.25
2001	旱灾	116	106	面1270	442.6
2002	旱灾	88.65	82.05	煤2461	305
2003	—	—	—	—	—
2004	冰雹、洪涝、霜冻	4.2	4		26
2005	旱灾、冰雹、洪涝	57.1	54.1	煤810、面100	56
2006	旱灾、冰雹、洪涝	3.36	3.36	—	50

续表 8-12

年　份	灾情种类	受灾面积（公顷）	成灾面积（公顷）	救灾物资（吨）	款数（万元）
2007	旱灾	58.3	58.3	煤 6937、面 468	433
2008	旱灾、冰雹、洪涝	38.7	34.6	煤 1785	214
2009	旱灾	45.7	45.7	煤 1964、面 535	317
2010	旱灾、洪涝	47.77	37.29	—	—

附："1·10"地震救灾情况

1998年1月10日11时50分，尚义、张北交界处发生里氏6.20级地震。地震全县14个乡（镇）、172个行政村、622个自然村全部受损，受灾户47989户，受灾人口147714人，分别占全县总户数和总人数的83.30%和87.70%。

地震发生后当天，县成立抗震救灾指挥部，在县委、县政府的领导下组织全县人民开展自救。其间，党中央、国务院对尚义的震灾十分关注，及时调拨救灾物资，社会各界和慈善组织对尚义伸出援手，慰问函电、捐赠款物源源而至，虽时值隆冬，震区人民温饱无虞。

2月25日，经县委、县政府研究决定，撤去"尚义县抗震救灾指挥部"，成立"尚义县恢复发展生产重建家园指挥部"。根据受灾情况，全县恢复发展生产重建家园任务繁重，建设内容主要涉及民房、教育、卫生、粮食、交通、电力、水利、畜牧水产、农业、6家县办工业企业以及乡镇的重建和维修，共需要资金72133.78万元。

立足于自力更生，灾区人民充分发扬江泽民总书记倡导的"公而忘私，患难与共，百折不挠，勇往直前"的唐山抗震精神，艰苦拼搏，连续作战，到9月底全县民房、学校、卫生院的重建维修工程全部完工。

二、城镇低保

1997年下半年，城镇居民最低生活保障开始进入初始保障阶段。

1998年7月，尚义县人民政府出台《关于城镇居民最低生活保障办法（试行）》（尚政〔1998〕75号）。

1999—2000年，由简单保障阶段进入全面推进实施阶段。从1999年起，保障资金按比例列入县级财政预算管理。保障对象的管理、资金发放等环节进入规范化管理。

2001—2003年，国务院办公厅印发《关于进一步加强城市居民最低生活保障工作的通知》，要求符合条件的全部纳入保障范围。全县城市低保对象由2001年的230人2003年扩大到4501人。

2004年，扩大保障面，提高保障水准，实行阳光操作，分类施保，动态管理下的应保尽保。

2010年，城镇最低保障标准由130元提高到225元，人均补差标准由148元提高到151元。

三、农村低保

1997年，尚义县政府印发《尚义县实施农村最低生活保障制度暂行办法》《尚义县建立农村社会保障制度基本方案》。

1998年，尚义县政府印发《尚义县人民政府关于实行农村最低生活保障制度的通知》。

1999 年，尚义县政府开始简单保障，保障金暂由救灾款支付。

2004 年，尚义县政府印发《〈尚义县农村居民最低生活保障实施细则〉和〈尚义县农村居民最低生活保障试行办法〉的通知》。

2005 年，由简单保障推进到全面实施，保障对象 1710 人。2006 年，保障对象增加到 5849 人。

2007 年，尚义县政府印发《尚义县人民政府关于印发〈农村居民最低生活保障实施细则〉和〈尚义县农村居民最低生活保障试行办法〉的通知》《尚义县人民政府关于进一步加强农村最低生活保障工作的通知》。

2009 年底，全县 70 周岁以上老年人全部纳入农村低保范围，享受低保人数 1547 人。

2010 年，农村低保标准由 870 元提高到 1300 元，月人均补差标由 52 元提高到 70 元。

1997—2010 年尚义县城镇低保情况表

表 8-13

<table>
<tr><th>年份</th><th>保障户数（户）</th><th>保障人数（人）</th><th>补差标准（元/月·人）</th><th>月保障金（万元）</th><th>年保障金（元）</th><th>补助标准</th><th>最低生活保障标准</th></tr>
<tr><td>1997</td><td>6</td><td>13</td><td>—</td><td>—</td><td>3135</td><td>—</td><td>最低生活保障标准每人每年 720 元</td></tr>
<tr><td>1998</td><td>33</td><td>48</td><td>—</td><td>—</td><td>25440</td><td>—</td><td>—</td></tr>
<tr><td>1999</td><td>46</td><td>76</td><td>—</td><td>—</td><td>65917</td><td>—</td><td>—</td></tr>
<tr><td>2000</td><td>87</td><td>114</td><td>—</td><td>—</td><td>93960</td><td>—</td><td>最低生活保障标准每人每年 100 元</td></tr>
<tr><td>2001</td><td>142</td><td>230</td><td>—</td><td>1.0676</td><td>128112</td><td>—</td><td>—</td></tr>
<tr><td>2002</td><td>783</td><td>1300</td><td>—</td><td>7.15</td><td>858000</td><td>—</td><td>—</td></tr>
<tr><td>2003</td><td>2278</td><td>4501</td><td>30</td><td>13.20</td><td>1584000</td><td>—</td><td>2003 年 10 月补差由 30 元调高到 40 元</td></tr>
<tr><td>2004</td><td>2449</td><td>4501</td><td>40</td><td>18</td><td>2160000</td><td>—</td><td>—</td></tr>
<tr><td rowspan="2">2005</td><td rowspan="2">2591</td><td rowspan="2">4622</td><td>40</td><td>1—9 月：23.10</td><td rowspan="2">2842500</td><td>—</td><td rowspan="2">2005 年 10 月补差由 40 元提高到 54 元</td></tr>
<tr><td>54</td><td>10—12 月：25</td><td>—</td></tr>
<tr><td rowspan="2">2007</td><td>1—5：2783</td><td>1—5：4686</td><td>63</td><td>1—5 月：29.60</td><td rowspan="2">4327000</td><td>8—12 月每人每月 15 元猪肉补：35.68 万元</td><td>保障标准由 100 元提高到 130 元</td></tr>
<tr><td>6—12：2918</td><td>6—12：4767</td><td>70</td><td>6—12 月：33.20</td><td>10—12 月每人每月 10 元补助：14.24 万元</td><td>2007 年 6 月补差由 63 元调到 70 元</td></tr>
<tr><td rowspan="2">2008</td><td rowspan="2">3009</td><td rowspan="2">4762</td><td rowspan="2">90</td><td rowspan="2">42.80</td><td rowspan="2">5136000</td><td>上半年：4762×（15+28）×6=122.86 万元</td><td>2008 年 1 月补差由 70 元提高到 90 元</td></tr>
<tr><td>下半年：4762×（30+28）×6=165.70 万元</td><td>—</td></tr>
<tr><td rowspan="2">2009</td><td rowspan="2">3755</td><td rowspan="2">5933</td><td rowspan="2">148</td><td rowspan="2">87.70</td><td rowspan="2">10682000</td><td>一次性补贴：每人 150 元共 89 万元</td><td>2009 年 1 月补差由 90 元提高到 148 元</td></tr>
<tr><td>（含 2009 年扩面 5933 人）</td><td>最低保障标准由 130 元提高到 225 元</td></tr>
<tr><td rowspan="2">2010</td><td>3827</td><td>1—6 月：5938</td><td rowspan="2">151</td><td>89.48</td><td rowspan="2">10740000</td><td>—</td><td>2010 年 1 月人均补差标准由 148 元提高到 151 元</td></tr>
<tr><td>—</td><td>7—12 月：5937</td><td>89.47</td><td>—</td><td>—</td></tr>
</table>

1998—2010 年尚义县农村低保发放情况表

表 8-14

年 份	保障户数（户）	保障人数（人）	月人均补差标准（元 / 人·月）	年保障金额（万元）	补助资金（元）	最低生活保障标准
1998	—	515	—	3.80	—	—
1999	—	515	—	3.80	—	—
2000	—	588	—	3.80	—	—
2001	—	530	—	3.80	—	—
2002	—	540	—	3.80	—	—
2003	—	540	—	3.80	—	—
2004	—	540	—	3.80	—	—
2005	—	1710	—	15	—	最低保障标准每人每年 625 元
2006	5249	5849	15	105.20	—	—
2007	5249	5849	20	140.40	—	最低保障标准每人每年 700 元
2008	7174	8970	32	344.48	上半年每人每月 10 元：538200 元 下半年每人每月 20 元：1076400 元	最低保障标准提高到每人每年 870 元 月人均补差标准由 20 元提高到 32 元
2009	1—3 月：10109	12000	52	803.80	发放一次性补贴 120 万元：每人 100 元	月人均补差标准由 32 元提高到 52 元
	4—9 月：10109	12055	52			
	10—12 月：12691	15417	52			
2010	12759	15417	70	1295.03	—	最低保障标准由每人每年 870 元提高到 1300 元 月人均补差标准由 52 元提高到 70 元

四、特困救助

1996 年前特困职工由各企事业自行帮扶。随着县内企业相继倒闭破产，特困职工群体扩大，特困救助工作提上了日程。12 月，尚义县成立解困领导小组，全县企业解困工作启动，下发《关于进一步解决部分职工生活困难问题的意见》。

1998 年，筹措资金 28 万元，救助特困职工 200 户 650 人。

1999—2010 年，筹集再就业资金 3000 万元，按时发放部分生活困难下岗职工基本生活费、养老保险补贴、培训补贴；解决 12 名企业军转干部基本养老金不足省平均水平的问题；加发基本养老金补贴每人每月 200 元。

2010 年，全县特困下岗职工减少到 286 人。

第四节　社会福利

一、“五保”供养

1989 年，对社会上丧失劳动能力、无依无靠的孤老孤幼实行“五保”供养，即保吃、保穿、保烧、保住、少保教老保葬。在本人自愿的基础上分别实行集中供养或分散供养。1989—2005 年,“五保”对象供养经费由乡镇“三提五统”解决。2006 年，税费改革，“五保”经费始由财政预算支出。

2006 年重新普查全县“五保”对象，“五保”对象共 1506 名，其中集中供养 381 名，分散供养 1125 名。分散供养标准每人每年 1200 元，集中供养标准每人每年 1500 元。2010 年，集中供养标准每人每年 2800 元，分散供养标准每人每年 1900 元。

（一）集中供养

敬老院 1989 年，全县乡镇敬老院 17 所，床位 283 张，入住人员 170 人，工作人员 24 人；2005 年，全县共有五保对象 506 人，其中 14 个乡镇敬老院的院民 130 人。2007 年，全县新建 3 所中心敬老院，分别是大青沟中心敬老院、南壕堑中心敬老院、小蒜沟中心敬老院。全县集中供养对象 452 人，2008 年，全县乡镇敬老院 15 所，床位 452 张，工作人员 57 人。2010 年，新建了大苏计中心敬老院、红土梁中心敬老院。全县集中供养对象 602 人。

福利院 尚义县福利院隶属尚义县民政局，是一所以收养城镇“三无”人员为主的综合福利机构。位于尚义县新兴街，始建于 1964 年 5 月，1990 年重建。占地面积 1.10 万平方米，有房屋 22 间，设宿舍、办公室、活动室、食堂。2008 年，福利院职工 4 人，入住人员 7 人，全县集中供养 452 人，每人每年供养标准 1500 元，2010 年有入住人员 13 人，经费主要来源于民政局事业拨款。

光荣院 光荣院始建于 1999 年 11 月，院址在县城南新工南路东侧。占地面积 2688 平方米，房屋 30 间，建筑面积 1400 平方米。是全县爱国主义教育基地之一，属国家集中供养“三老”优抚对象机构。2010 年，院民 15 人，其中：残疾军人 1 人，在乡复员军人 14 人。管理服务人员 5 名。

（二）分散供养

1989 年，分散供养对象 491 人。2007 年，分散供养对象 1048 名。2008 年，分散供养 1048 人。2009 年，全县五保对象共 1534 名。2010 年，分散供养对象 932 名。

二、福利企业

1989 年 8 月，成立县民政福利厂，为县民政局下属集体企业，安排残疾职工 30 余人，从事皮毛加工、地毯加工、卫生纸生产等。2003 年，因生产经营陷入困境停产。

2007 年 12 月，省民政厅审核认定尚义县五环冲压有限责任公司为福利企业。企业职工 26 人，其中残疾人 16 人。年免税金 30 余万元。

三、福利彩票发行

1988 年，开始发行福利彩票。2007 年，全县共有销售站点 7 个，发行量累计达到 1000 万元。

第五节　婚姻登记

一、结婚登记

1989—2003 年，结婚登记时，当事人双方须亲自到一方户口所在地婚姻登记管理部门申请，申请时须持个人申请、户口簿或户口证明、身份证件、所在单位出具的婚姻状况证明和照片（二寸免冠合影近照 3 张）。1998 年 1 月至 2003 年 9 月底结婚还须持县以上妇幼保健院出具的婚前健康状况证明，即婚检证明，离过婚的还须持离婚证。从 2003 年 10 月 1 日新修订的《婚姻登记条例》颁布实施，结婚登记手续简化，取消婚姻登记由单位或村（居）民委员会出具证明的做法，结婚改由当事人作无配偶及与对方没有禁止结婚的亲属关系的签字声明；适当集中了农村居民办理结婚登记的机关；不强制婚检。同时增加了补办结婚登记、无效婚姻和可撤销婚姻的规定。其中男女婚前检验改为自愿。是年10月，成立尚义县民政局婚姻登记处，婚姻登记全县集中办理，办理结婚登记收取结婚证书工本费9元。

二、离婚登记

当事人离婚时，协议离婚或经所在单位（村）多次调解离婚无效，经人民法院裁决离婚的，双方到一方户口所在地的婚姻登记管理机关申请离婚登记。申请离婚时，双方应持户口证明、身份证件、所在单位或村民委员会或居民委员会出具的介绍信、离婚协议书、结婚证、近期正面免冠二寸单人照片各两张。办理离婚登记收取离婚证书工本费9元。

三、婚姻登记管理

1989年至1992年10月，尚义县婚姻登记工作由驻乡镇民政助理办理，并为乡镇民政助理颁发了婚姻登记人员证书。

1992年10月至1995年5月，婚姻登记工作实行分片集中办理：大青沟镇片，每月农历初三、十三日、二十三日办理。红土梁片、小蒜沟镇片：每月农历初六、十六日、二十六日办理。八道沟镇片，每月农历初九、十九日、二十九日办理。南壕堑镇片：工作日全天办理婚姻登记。

1995年5月至2003年10月，婚姻登记工作由各乡镇民政所负责，民政所长为婚姻登记员。

2003年10月至2010年，民政局在县城设婚姻登记处，集中管理全县婚姻登记工作。

1989—2010年尚义县结（离）婚情况表

表8-15　　　　单位：对

年　份	结　婚	离　婚	年　份	结　婚	离　婚
1989	1512	32	2000	1342	67
1990	1368	39	2001	1060	75
1991	1489	50	2002	1058	75
1992	2194	33	2003	1201	50
1993	1740	48	2004	1075	105
1994	1988	61	2005	1182	127
1995	1775	53	2006	1015	127
1996	1361	61	2007	1023	128
1997	1361	61	2008	1133	164
1998	1209	54	2009	1095	146
1999	1193	79	2010	1117	179

第六节 殡葬管理

殡葬改革的主要内容是改变过去对尸体的土葬方式，实行火化。从20世纪70年代尚义县的殡葬改革工作开始，至1995年火化率一直没有突破4%。1996年10月1日，县委、县政府进一步加大殡葬改革的力度，印发《尚义县人民政府关于废除土葬实行火葬的通告》，采取宣传教育与奖励惩罚相结合的办法，全县殡葬改革工作形成了上下齐抓共管、相互监督的局面，火化率明显提高。

2002年1月，县政府召开全县殡葬改革工作会议。将殡葬工作列入目标考核，并建立惩治机制，严格推行依法殡葬。

为巩固提高火化率，2002年县民政局组建成立以县殡葬管理所为主的殡葬稽查队，协助各乡镇处理火化中遇到的问题。2003年下半年，成立以县民政局为行政执法主体的尚义县殡葬执法稽查大队，并制定依法治葬、阳光操作、杜绝“以罚代化”的殡葬管理工作制度，火化率提高到98%以上。

2010年全县年火化尸体1073具，火化率超过99%。

第七节 基层民主政权建设

根据《中华人民共和国村民委员会组织法》和《河北省村民委员会组织条例》，尚义县从1988—2010年进行了8届村委会换届选举。

1988年和1991年的两届村委会换届选举，由于省市都没有统一的选举办法，全县村委会产生都是直接任命。1994年第三届村委会换届选举，村委会产生基本上是间接选举，以户代表或村民代表会议选举产生村委会的情况普遍。1997年第四届村委会换届选举，依照省出台的《河北省村委会选举暂行办法》，遵循民主、平等、差额、直接、无记名投票的原则，实行村民直选。2000年、2003年、2006年、2009年全县进行了第五、第六、第七、第八届村委会换届选举，四届村委会换届选举均为村委会直接选举。

1994—2011年尚义县六届村委会换届选举结果情况表

表8-16

年 份	届 次	主任（名）	副主任（名）	委员（名）
1994	第三届	168	168	279
1997	第四届	168	168	279
2000	第五届	171	171	203
2003	第六届	172	172	184
2006	第七届	170	170	200
2009	第八届	172	172	203

第八节　勘界地名管理

一、地界现状

尚义县分别与内蒙古兴和县、商都县，山西省天镇县，张家口市的张北县、万全县、怀安县接壤。其中与兴和县边界线长 88 千米，距离最近村位于兴和县团结乡兴胜村，最远村位于兴和县城关镇三道沟村；与商都县边界线长 83 千米，距离最近村是大黑沙图乡十二号村，最远村是大黑沙图乡南大勿登村；与山西省边界线长约为 1 千米，尚义县下马圈乡南槽碾行政村与天镇县大营盘乡平运头村相邻，与张北县边界线长 99.309 千米，距离最近的是大河乡西湾子村，最远是两面井乡安板营村；与万全县边界线长 32.29 千米，距离最近村是洗马林镇西庙沟村，最远是北沙城镇红浅沟村；与怀安县边界线长 24.08 千米，距离最近的是渡口堡乡桃沟村，最远的是渡口堡乡赵家夭村。

二、勘　界

省际线勘界　1999 年 5 月 8 日，尚义县分别与内蒙古兴和县、商都县签订协议，划定了县与县之间交会点的行政区域界限，并设立界桩。

县际线勘界　2001 年 9 月 19 日，制定《万全尚义两县联合勘界工作实施方案》《张北尚义两县联合勘界工作实施方案》《怀安尚义两县联合勘界工作实施方案》。同时联合勘定行政区域界线。万全县与尚义县涉及双方 5 个乡镇 1[illegible] 个村，设置界桩 2 个；张北县与尚义县涉及双方 11 个乡镇 39 个村，设置界桩 3 个；尚义县与怀安县涉及双方 4 个乡镇 13 个村，设置界桩 2 个。

三、地名管理

2008 年，贯彻执行《行政区域界限管理条例》，完成全县地名数据录入工作。制定《尚义县城区地名规划方案》，对县城主要街路重新规划、命名或更名，街路安装标志牌。

2008—2010 年，尚义县城建开展了“三年大变样”活动。本着尊重历史、照顾习惯、体现规划、易找易记的原则，对扩展、新建的街（路）予以命名设标，共涉及 5 条街，分别为平安街、新华街、安宁街、新兴街和秀水街；7 条路，分别是太平南路、太平北路、滨河南路、滨河北路、祥福路、新工路、广场路；34 条巷，分别是文化巷、体育巷、二城门北巷、迎宾北巷、市场北巷、扶贫北巷、扶贫南巷、西沙河巷、司法巷、养老巷、二道巷、烟草巷、信用巷、东沙河巷、交通巷、小区巷北、金融巷、石化巷、灌区北巷、大桥北巷、菜木巷、林南巷、计生巷、市场南巷、二城门南巷、果园巷、新开巷、希望巷、通达巷、迎宾南巷、灌区南巷、公园南巷、南河沿巷、大桥南巷。投资 4.20 万元，设置县城一级街路牌 31 块，安装一号院门牌 91 块。完成县城区地名标志设置的同时，开展了大苏计、八道沟两个乡镇标准地名的标志设置工作，统一制作安装了农村标志牌，共设置二级街路牌 6 块，安装户牌 807 块。

第九节　社会团体和民办非企业单位

1989 年，根据《社会团体登记管理条例》，对 28 个行业协会进行审查、规范、登记注册，完成年度任务。行业协会涉及类别有专业性、行业性、联合性和学术性。分别是尚义县消费者协会、尚义县个体私营企业协会、尚义县维修行业协会、尚义县粮食经济研究会、尚义县交通公路协会、尚义县畜牧兽医学会、尚义县集邮协会、尚义县文学艺术联合会、尚义县蔬菜协会、尚义县红十字会、尚义县大苏计乡用水者协会、尚义县农民合作经济组织联合会、尚义县京张农业协作蔬菜联合会以及大苏计乡六号地扶贫合作社、半个碌碡扶贫互助社、甲石河乡西阳木沟扶贫互助社、甲石河乡碱沟良村扶贫互助社、八道沟镇惠家良扶贫互助社、八道沟镇东水村扶贫互助社、石井乡后石庄井村扶贫互助社、石井乡奎腾台村扶贫互助社、三工地镇李三虎村扶贫互助社。

1989—2010年尚义县民政局从七个方面对民办非企业组织进行规范和管理：一是规范社会团体章程的修订及核准。社会团体确需对章程进行修改、调整的，尚义民政局及时介入，在报会员大会（会员代表大会）审议前，书面征求业务主管单位和登记管理机关意见。章程修改经会员大会（会员代表大会）审议通过后，按照《社会团体登记管理条例》规定，民政局及时核印发。社会团体修改章程未履行规定程序的，登记管理机关不予受理章程核准。未经核准的章程，不作为社会团体开展活动的依据，社会团体不得擅自发布。二是加强对社会团体民主程序的监督。县民政局督促和参加各社会团体会员大会（会员代表大会）、理事会（常务理事会）的召开，领导成员的任期都应遵照章程规定，社会团体在批准期限内完成换届。三是健全社会团体负责人备案制度。及时对各社会团体负责人进行备案，做到了一届一备、变更必备。四是认真审核社会团体负责人任职资格和条件。按照《国务院办公厅转发民政部关于清理整顿社会团体意见的通知知》等文件精神和章程规定，认真对各社会团体负责人的年龄、任期（届）资格条件进行审核。2007—2010年对清理了各行业协会、商会中未经审批的现职公务人员16人。五是规范了社会团体法定代表人任职。六是对社会团体会费标准进行备案管理。社会团体制定、修改会费标准，按照《民政部、财政部关于调整社会团体会费政策等有关问题的通知》《民政部、财政部关于进一步明确社会团体会费政策的通知》经会员大会（会员代表大会）审议通过后，由县民政局和财政部门及时备案。制定或修改会费标准时，违反合理性原则，或者未履行规定程序的，登记管理机关不予备案。严格各社会团体依据备案的标准收取会费，治理超标准收取会费。七是每年对各社会团体年度检查，并按照《社会团体登记管理条例》规定对违规情节严重的，进行处罚。同时，重视社会团体规范化建设，引导社会团体以章程为核心，建立健全法人社会团体以章程为核心，建立健全法人管理结构和民主管理制度，提高自律性和诚信度，逐步形成自我管理、自我发展、自我约束的运行机制。

2009年10月，批准成立了民办非企业察哈尔学会。该学会由察哈尔牧场管理有限公司发起成立。法定代表人由尚义县察哈尔牧场管理有限公司董事长韩继德担任，理事长由全国政协外事委员会副主任韩方明博士兼任。学会办公场所设在尚义县八道沟镇韩家庄。

1989—2010年尚义县社会团体和民间组织一览表

表8-17

名　称	注册年度	名　称	注册年度
河北省自行车行业协会	1999	大苏计六号地扶贫合作社	2003
尚义县消费者协会	1999	半个碌碡扶贫互助社	2004

汉传佛教传入尚义县的时间较晚，20世纪末至21世纪初，由县内一些外出人员传入，后不断有个体经营者、妇女、老弱病残人员皈依佛教。

2008年1月，已取得皈依证的48名佛教徒开始在南壕堑镇东沙河一带定点活动。至2010年，全县有佛教信教人员216人，主要集中在南壕堑镇和大青沟镇的十几个村。

2010年，经市、县宗教部门审批，成立佛堂筹建管理组织，并在县城东北山坡上征地，开始筹建观音寺三圣殿。

二、伊斯兰教

县境有组织、有场所的伊斯兰教活动，开始于清乾隆年间。1989年，全县信仰伊斯兰教的7个回族聚居村、清真寺全部恢复宗教活动，有穆斯林1406人。到2010年，全县开展宗教活动的清真寺6处：三和城清真寺、西城窑清真寺、南洼清真寺、大东山清真寺、西伙房清真寺、王油坊清真寺。

据第六次全国人口普查资料，全县穆斯林1386人。在尚义，伊斯兰教仅传播于回族人口中。

三、天主教

清同治九年（1870），天主教传入尚义县境。

1989年以后，各项宗教政策进一步得到贯彻落实，尚义县天主教正常的宗教活动又逐渐恢复。按照党的宗教政策，县政府经与教管会协商，宗教教产陆续退回教会。

南壕堑天主堂 1989年后，信教群众逐渐增多，后山天主堂已经不能满足活动需求。县政府将原占用的修女院交由教会，并在此基础上建成了一座占地面积450平方米，附属用房25间的天主堂。2010年因地下自来水管道破裂导致地面下陷，该堂及其附属用房成为危房，一度停用。同年，县政府出资150万元将原县城旧大礼堂改建为教堂，改建后的教堂占地面积2384平方米，主教堂面积706平方米，附属用房37间，能容纳上千人活动。2010年10月5日投入使用，重大节日参加宗教活动的信教群众达2000余人。

截至2010年，全县有天主教集中活动场所4处：南壕堑天主堂、南壕堑天主堂下辖的六号、哈拉沟、老虎山下会点。信教群众主要集中在南壕堑镇、八道沟镇15个天主教信教群众聚居村。

四、基督教

历史上只有少量信教群众，没有固定活动场所。改革开放后，随着流动人口的增多，基督教逐渐传入，并在县城内有所发展。1989年，尚义县有信教群众不足10人。2010年，信教群众增加到43人，主要分布在南壕堑镇及红土梁镇。

五、宗教管理机构

尚义县一直坚持宣传党的宗教政策，维护正常的宗教活动、尊重公民宗教信仰自由。1984年10月，尚义县始设民族宗教侨务局，内设民族宗教股，负责全县民族宗教全面工作。1996年10月，县民族宗教侨务局与民政局合署办公，实行一套人马、两块牌子。2010年9月机构改革，县民政局更名为尚义县民政和民族宗教事务局，全县民族宗教事务由民族宗教股负责。2004年县编办为天主教爱国会专设事业编制2名，方便教会与政府有关部门的沟通联系。

附：西城窑清真寺

西城窑清真寺位于西城窑村西南，建于清雍正年间，距今270多年，清光绪十六年

（1890）被清兵烧毁，1915年重修，"文化大革命"期间部分被毁。寺院坐西朝东，建筑风格为中国宫殿式，有房25间，由大殿、望月楼、经堂、浴室等组成，占地面积690平方米，其中古建筑面积约230平方米。所有房屋均为砖瓦结构，院墙和大门用石料垫基，青砖砌垒，较为古老典雅。

清真寺现存正殿1座，南配殿1座，山门1座，其他建筑均作较大改动，但保留了旧建筑基础，北侧两个配殿仅保存两侧山墙及后山墙，东南侧配殿仅保存两侧山墙。山门过廊面阔1间，进深2间，一殿一卷式建筑，前出三级垂带踏跺，正门两侧各一偏门。围墙饰有仿斗拱砖雕。

礼拜大殿坐西朝东，由拜殿、中殿、后窑殿组成，构架形式采用勾连搭。拜殿为卷棚硬山顶建筑、面阔3间，进深1间；中殿为六檩前出廊建筑，面阔5间，进深2间，明间及两次间均开板门，梢间开格楞；后窑殿卷棚硬山建筑，正中上出八角攒尖顶建筑，面阔1间，进深1间。南配殿为硬山建筑，面阔3间，进深1间，明间与东、西次间后砌砖墙隔开，明间开板门，次间开格楞窗。

第五章　安全生产监察管理

第一节　安全生产管理机构

1989—2004年，安全生产由经济委员会（1996年改称经济贸易局）具体负责，在县安全生产委员会领导下开展工作，各工商企业设安全生产科（室）或安监员。2005年10月，成立尚义县安全生产监督管理局（以下简称安监局），列为政府工作序列（正科），内设办公室、煤炭监督管理股、非煤矿山监督管理股、危险化学品监督管理股4个行政股室，下属安全生产应急救援站（挂安全生产培训中心牌子）1个事业单位。行政编制4名，事业编制4名。2010年，机构及编制未变。

第二节　安全生产管理

一、企业安全监管

尚义县安全监管部门除把春秋季和春节前后作为重点外，每季检查、汇报安全生产宣传和执行情况，及时排查、消除安全隐患。1991年县政府安全生产委员会规定每年5月为"安全生产月"，集中宣传安全生产知识和法规。政府召开专门会议，组织经委、公安、劳动、质监、工会等相关部门，对工厂、商店、宾馆饭店及重点易燃易爆单位进行检查，排查安全隐患。

2002年11月《中华人民共和国安全生产法》颁布实施，尚义县重新调整了安全生产委员会，各工商企业设安全生产科（室），相关部门齐抓共管，安全生产逐步纳入法治轨道。

2007年，开展了五一期间安全生产大检查活动。安全生产监督管理局深入县内3家煤矿企业、47家非煤矿山企业、30家危化经营企业、1家民爆器材企业、1家烟花爆竹专营企业和3家建筑施工企业等进行安全隐患排查活动。集中开展严厉打击非法生产、非法盗采国家矿产资源专项行动，查处非法经营企业2家，关闭无证照铁选企业2家。

2008 年，印发了《尚义县迎奥运确保实现矿山、危险化学品行业安全生产工作实施方案》的紧急通知，定期排查整治安全隐患。北京奥运会期间，煤矿、非煤矿山企业进行停产整顿。汲取蔚县“7·14”矿难事件的严重教训，全县范围内开展以“查隐患、补漏洞、抓整改、保安全”为主题的安全生产隐患大排查专项行动。

2009 年，重点开展煤矿等行业领域安全生产的整治和排查工作。开展“安全生产攻坚年活动”。开展“奋战六十天，安全迎国庆”安全生产执法检查特别行动。全面开展尾矿库的隐患排查和整顿治理，开展矿山企业、危化品、烟花爆竹经营领域安全整治活动。开展“迎国庆、保平安、除隐患”大型活动。

2010 年，开展了新一轮深化安全生产承诺落实工作，当年在省安委会安全大检查督导工作中，尚义县顺利通过验收。

二、安全培训

2005 年 9 月，安监局会同卫生局、教育局举办为期一周的人员密集场所负责人和安全管理员参加的安全生产知识培训活动，参训 320 人。2006 年，连续开办 3 期安全管理员、电工、电焊工参加的培训班，参训专业人员 214 人，管理人员 565 人。是年，安监局 15 名安全生产监察员参加省安全生产监督管理局举办的培训班。2007 年组织 12 名危化企业管理人员参加张家口市安监局组织的安全生产培训班。到 2010 年，组织安全生产知识培训班 12 期，参训各类人员 1000 余名。其中危化企业人员 65 名，参加省、市培训班 112 名。

第六章　党政机构改革及编制管理

第一节　党政机构改革

1992—2010 年，全县组织机构进行了 5 次规模较大的机构调整和管理体制改革。

一、县直机构改革

（一）1992 年机构改革

1992 年，根据张家口市委、市政府批复的尚义县机构改革实施方案，对全县重叠的机构进行撤销，相近的机构进行合并。调整后县委工作部门设 10 个：纪检委、党委办、组织人事部、机要局、宣传部、老干部局、党校、总工会、团县委、妇女联合会。合并机构 6 个：保密局、农工部、政法委、直属机关党委、信访办、党史办。县政府工作部门设 21 个：政府办公室、农业委员会、经济计划委员会、体制改革委员会、城乡建设委员会、劳动局、民政局、工商物价局、文化事业局、法制事务局、教育委员会、计划生育委员会、财政局、公安局、卫生局、统计局、交通局、乡镇企业局、审计局、财贸委员会、机关事务局；撤销机构 1 个：劳动人事局。合并机构 20 个：地方志办公室、档案局、目标管理办公室、区划办、农工部、农科教办公室、经济委员会、计划生育委员会、土地管理局、爱国卫生办公室、民族宗教侨务局、地名办、工商局、物价局、标准计量局、文化局、广播电视局、体育委员会、司法局、政法委。

（二）1996 年机构改革

按照市委、市政府、市机构改革领导小组

《关于尚义县机构改革实施方案》的要求，进行全县机构改革。改革的核心任务是推进全县经济体制改革，建立适应社会主义市场经济体制的行政管理体制。县委工作部门设6个：纪律检查委员会、县委办、组织部、宣传部、统战部、政法委。县委6个工作部门行政编制83人，内设科室29个，局级职数25人，股级职数22人。挂靠机构3个：机关党委、老干部局、考核办。政府工作部门设14个：政府办公室、劳动人事局、经贸局、计统局、民政局、财政局、科技局、卫生局、工商局、农业办、审计局、教育局、计生局、公安局；挂靠机构1个，编委办。合署办公机构3个：司法局与政法委合署办公，监察局与纪检委合署办公，农业办与农工部合署办公。政府行政编制242人（不含公安、司法），内设科室69个（不含公安局），局级职数50个（不含公安局），股级职数71个（不含公安局）。

（三）2002年机构改革

6月，根据市委、市政府《关于县（区）、乡（镇）机构改革实施意见》（张发字〔2002〕6号）和市委、市政府批准的《尚义县机构改革方案》（张字〔2002〕24号）文件精神，全县机构改革工作启动实施。这次机构改革的主要目的是调整政府职能，理顺部门间的关系。县委、县政府工作部门由原来的20个调整为26个：纪检委（监察局）、县委办、组织部、宣传部、统一战线工作部、政法委、农村工作部、直属机关党委、政府办、发展计划统计局、经济贸易局、教育局、科学技术局、公安局、民政局、司法局、财政局、人事劳动和社会保障局、国土资源局、建设局、卫生局、计划生育局、审计局、文化旅游局、环境保护局、农业局；直属事业机构由16个（党校、档案史志局、农业局、林业局、水利水保局、畜牧水产局、乡镇企业局、交通局、粮食局、建设环境保护局、土地管理局、技术监督局、文化广播电视局、地质矿产管理局、扶贫办、农开办）精简为8个（扶贫办、林业局、水务局、畜牧水产局、广播电视局、交通局、粮食局、档案史志局），精简53.30%。另设议事协调机构的办事机构1个（编委办）。总的工作机构由36个精简为34个。

（四）2005年机构改革

7月，根据《中共张家口市委办公室、张家口市人民政府办公室关于印发〈尚义县人民政府机构改革方案〉的通知》（张办发〔2005〕28号）文件精神，改革政府职能部门。政府工作部门撤销5个（计划发展统计局、经济贸易局、对外开放办公室、农业局、畜牧水产局）；组建4个（发展改革局、风电办、农牧局、统计局）；事业转行政1个（农牧局）；重新归口2个。县政府设置工作部门18个，部门管理机构1个（工业促进局），议事协调机构的办事机构1个（编委办），直属事业机构5个（林业局、水务局、粮食局、交通局、广播电视局）。

（五）2009年机构改革

9月，根据市委、市政府批准的《尚义县人民政府机构改革方案》（张办字〔2009〕88号）文件精神，改革设置政府工作部门20个：政府办公室、发展改革局、教育和科学技术局、公安局、监察局、民政和民族宗教事务局、司法局、财政局、人力资源和社会保障局、国土资源局、环境保护局、住房和城乡规划建设局、农牧局、商务局、卫生局、食品药品监督管理局、人口和计划生育局、审计局、统计局、安全生产监督管理局；直属事业机构3个：交通运输局、林业局、文化广电新闻出版局。通过改革精简直属事业机构2个（粮食局、水务局），清理部门管理机构 2 个（工业促进局、农业开发办公室），消化自行设置的机构 1 个（风电办）。

1992—2010 年尚义县党政机构变化一览表

表 8-18

时　间	县委机关	政府机关
1989—1992 年	纪检委、党委办、组织部、机要局、保密局、宣传部、农工部、老干部局、政法委、党校、总工会、团县委、妇女联合会、直属机关党委、信访办、党史办	政府办、地方志办公室、档案局、目标管理办公室、区划办、农科教办公室、经济委员会、计划生育委员会、体制改革办公室、土地管理局、爱国卫生办公室、劳动人事局、民族宗教侨务局、地名办、工商局、物价局、标准计量局、文化局、广播电视局、体育委员会、司法局、教育委员会、计划生育委员会、财政局、公安局、卫生局、统计局、交通局、乡镇企业局、审计局、财贸委员会、机关事务局
1992 年	纪检委、党委办、组织人事部、机要局、宣传部、老干部局、党校、总工会、团县委、妇女联合会	政府办、农业委员会、经济计划委员会、体制改革委员会、城乡建设委员会、劳动局、民政局、工商物价局、文化事业局、法制事务局、教育委员会、计划生育委员会、财政局、公安局、卫生局、统计局、交通局、乡镇企业局、审计局、财贸委员会、机关事务局
1996 年	纪检委、县委办、组织部、宣传部、统一战线工作部、政法委	政府办、经济贸易局、教育局、科学技术局、公安局、监察局、民政局、司法局、财政局、劳动人事局、农业办公室、卫生局、计划生育局、审计局、计划统计局、工商行政管理局、物价局、农业办、林业局、水利水保局、畜牧水产局、乡镇企业局、交通局、粮食局、建设环境保护局、土地管理局、技术监督局、文化广播电视局、地质矿产管理局、扶贫办、农开办
2002 年	纪检委、县委办、组织部、宣传部、统一战线工作部、政法委、农村工作部、直属机关党委、档案史志局	政府办、发展计划统计局、经济贸易局、教育局、科学技术局、公安局、监察局、民政局、司法局、财政局、人事劳动和社会保障局、国土资源局、建设局、卫生局、计划生育局、审计局、文化旅游局、环境保护局、农业局、编委办、扶贫办、林业局、水务局、畜牧水产局、广播电视局、交通局、粮食局
2005 年	纪检委、县委办、组织部、宣传部、统一战线工作部、政法委、农村工作部、直属机关党委、档案史志局	政府办、发展改革局、风电办、教育局、公安局、监察局、民政局、司法局、财政局、人事劳动和社会保障局、国土资源局、建设局、农牧局、卫生局、人口和计划生育局、审计局、统计局、环境保护局、安全生产监督管理局、扶贫办、编委办、工业促进局、林业局、水务局、广播电视局、交通局、粮食局
2009 年后	纪检委、县委办、组织部、宣传部、统一战线工作部、政法委、农村工作部、直属机关党委、档案史志局、编委办	政府办、发展改革局、教育和科学技术局、公安局、监察局、民政和民族宗教事务局、司法局、财政局、人力资源和社会保障局、国土资源局、环境保护局、住房和城乡规划建设局、农牧局、商务局、卫生局、食品药品监督管理局、人口和计划生育局、审计局、统计局、安全生产监督管理局、交通运输局、林业局、文化广电新闻出版局

二、乡镇机构改革

2002 年乡镇机构改革按照省委办公厅、省政府办公厅关于乡镇机构改革的指示精神，本着统一、高效、精干的原则进行了乡镇机构改革。其中，一类乡镇可设党政办公室、财经办公室、社会事务办公室、计划生育办公室。二类乡镇可设党政办公室、财经办公室、社会事务办公室。三类乡镇原则上只设一个综合机构，或只确定必要的助理员。乡镇党委要根据党章和有关规定设立纪律检查委员会，并配备必要的专职或兼职人员。乡镇社会治安综合治理委员会办公室与司法所合署办公，一个机构、两块牌子。

乡镇事业单位机构改革与党政机构改革同步进行。除省已经明确了实行双重管理或垂直管理的系统外，其他有关部门管理的站所，原则上都要下放给乡镇；凡中央、省明确要求下放给乡镇的站所，如农技、畜牧、兽医、林业、水利和水土保持、文化广播等涉农机构和为基层服务的机构，都要坚决下放给乡镇；已下放给乡镇的站所，由乡镇根据当地实际和财政承受能力确定设置形式，对分工过细、业务量不大的可打破行业和部门的界限综合设置。对兼有行政职能的站所，将行政职能交由政府承担；对服务型站所，可引入市场机制，探索企业化、社会化的路子；对社会公益型的事业单位，政府可给予适当扶持，积极鼓励社会力量兴办。一般可设置农业综合服务中心、文化广播服务中心、计划生育服务中心等。

2010年尚义县乡镇机构设置：根据转变乡镇政府职能和经济社会发展的需要，按照精简统一效能的原则，人口3万人以上的南壕堑镇党政工作机构设置5个综合办公室：党政办公室、社会事务办公室、经济发展办公室、社会治安综合治理办公室、计划生育办公室。各乡镇财政所在经济发展办公室挂牌子。其他13个乡镇（大青沟镇、小蒜沟镇、八道沟镇、红土梁镇、三工地镇、满井镇、大营盘乡、大苏计乡、石井乡、套里庄乡、甲石河乡、七甲乡、下马圈乡）党政工作机构设置3个综合办公室：党政办公室、社会事务办公室、经济发展办公室。

乡镇事业单位改革的方向是合理区分公益性事业和经营性业务，实行分类管理。属于公益性的，强化服务功能，经费主要由财政保障；属于经营性的，分离出来推向市场。乡镇不再兴办自收自支事业单位。

每个乡镇设置3个事业单位：农业综合服务中心、计划生育服务中心、综合文化服务中心。

第二节　编制管理

尚义县机构改革和机构编制的日常管理工作由机构编制管理工作委员会下设的办公室负责。

1988年12月15日，“尚义县编制委员会”更名为“尚义县机构编制委员会”（简称县编委），“尚义县编制委员会办公室”更名为“尚义县机构编制委员会办公室”（简称县编委办），编委办设在县委组织部，归口县委组织部管理。

1996年，县编委办列入政府序列，挂靠县劳动人事局。1998年单独设置编委办。

2002年6月，县编委办单独设置（加挂事业单位登记管理局牌子），为县编委的常设办事机构、属县委、县政府双重领导的工作机构。内设综合股，核定行政编制3人，事业编制2人。

2010年年底，核定编制5人，实有工作人员4名。

1999年全县编制情况：党政群行政编制817名，其中县直部门编制350名，乡镇编制467名。政法系统编制235名。事业单位共393个，其中全额拨款事业单位236个，差额拨款单位110个，经费自理事业单位47个。全县事业编制4089个，实有人员4621人。其中全额事业编制1928个，实有人员2083人；差额事业编制870个，实有人员970人；经费自理编制1291个，实有人员1568人。

2002年，机构改革编制精减幅度较大，与1998年年底的编制基数比，县直行政编制由340名减为282名，精简17%；乡镇行政编制由474名减为375名，精简20.80%。具有行政职能的直属事业机构编制由455名减为319名，精简30%；乡镇事业编制由318名减为255名，精简20%。全县公安、检察、法院、司法机关政法专项编制均按9%精简。

2008年4月21日，全县各级各类机关、事业单位实行机构编制实名制管理。

2010年年底，全县党政群行政编制985名，其中县直部门编制584名，乡镇编制401名；政法系统编制248名。全县有事业单位276个，涉及21个县直部门和14个乡镇，分布在农、林、水、教育、科研等各个领域，全额拨款的事业单位208个，差额拨款的事业单位45个，经费自理的事业单位有23个。在职人数4271人，占全县财政供养人员总数的76%。

第七章　信访工作

第一节　来信来访

1989—2006年，群众反映的问题主要是农村财务、干群矛盾、土地流转、企业改制等，来访大多数为个体访。18年间，来信来访1807件，平均每年来信来访总量达到100多件次。随着改革开放的深入，信访工作发生了明显变化，要求平反冤假错案和解决历史问题者逐年减少，反映现实问题，尤其反映与经济有关的问题逐年增多。突出表现在部分停产企业职工的生活困难问题；1994年后拖欠干部、职工、教师工资问题；农村土地承包中的问题；农村低保、职工养老金发放存在的问题；基层干部违法违纪损害群众利益问题等五个方面。2007—2010年，是群众来访的高发期，平均每年来信来访总量达到269件次，其中来访占87.30%，来访比例明显加大。四年中县信访局共接待群众来信来访1077件次，其中来信145件，来访932件。仅2009年，群众来信来访就达444件次。在处理群众来信来访工作中，县信访局以党的方针政策和法律法规为依据，以为群众解决问题，为领导决策服务，为经济建设服务为宗旨，以有效化解社会矛盾为目的，对来信来访者切实搞好接待、疏导、说服和依法办结工作。2006年、2010年，尚义县两次被市委、市政府评为信访工作先进县。

第二节　信访接办

一、来信接办

来信主要由县委、县政府领导和县信访局负责办理。信访局设专人负责阅信，如实记录后交信访局领导阅批。一般问题，信访局以书面形式转交问题相关单位处理；较大问题，信访局立案呈报县级主要领导或主管领导，由县领导批示给责任归属单位，限期结案解决；重大问题，县联席会议组织专案组调查。

1989—2010年共接办群众来信1000多件，解决群众来信反映的一般问题498件，批转责任单位解决330件，专案组调查解决172件。

二、来访接办

县信访局（办）为群众来访常设机构，工

作日全日制接待群众来访。1989年以前，尚义县已建立了县级领导接待群众来访日制度，县委书记、县长每月5日、15日、25日三次接待来访群众。2005年，县级领导接待日调整为每周一次，每周四由县委、县政府领导轮流到县信访局接待群众来访。2008年，第29届奥运会在北京举行，尚义县按照上级要求开展了“县委书记大接访活动”，县委书记、县长带头，每天在信访局接待群众来访，直到奥运会结束。2009—2010年，按照上级要求，尚义县建立了“大接访长效机制”，每周一、四由县委、县政府领导到信访接待室接访，每月第一和第三个星期日分别由县委书记和县长到县信访接待室接待群众来访，特殊时期每天安排县级领导到信访接待室接待群众来访；乡镇和科局每个工作日安排副科级以上领导在单位接待群众来访。并要求县级党政领导做好下访和约访工作。对于群众反映的问题，能当场解决的问题当场解决，当场解决不了的由接访领导批示意见后立案交办。1989—2010年，县级领导共接待来访群众1282人次，办结各类案件355件。

三、案件办理

案件办理坚持“分级负责，归口管理”和“谁主管，谁负责”的工作原则。国家信访局以及省、市信访局交办和县领导批办的信访案件实行领导包案责任制，即明确包案县级领导、责任单位、办理责任人、结案时间。群众反映强烈、涉及面广、政策性较强的信访案件，由分管县级领导牵头，组成联合调查组集中办案，直到问题得到彻底解决。1989—2010年，全县共受理国家、省、市要结果案127件，结案率100%。

第三节　信访机构

1989年，县委信访办公室行政编制4人。1996年10月，县级机构改革，县委信访办公室并入县委办公室。同年12月，县机构改革“三定”方案确定，中共尚义县信访办公室定为二级局，行政编制4人，下设综合科。

2000年9月，县委信访办公室更名为尚义县信访局，受县委、县政府双重领导，行政编制4名。2001年2月，信访局升格为一级局，行政编制4人，下设综合办公室。到2010年年底机构设置和人员未变。

尚义县志

SHANGYI XIANZHI

1989—2010

第九篇

综合经济管理

1989—2010 年，全县承担综合经济事务管理的政府部门有发展改革、财政、税务管理、工商行政管理、物价管理、审计、统计、国土资源管理、质量技术监督、食品药品监督管理等。伴随经济体制发生变革，经济事务管理部门各司其职，围绕县委、县政府中心工作，发挥协调服务功能，运用经济、行政、法律手段规范经济行为，维护市场经济秩序，创造公平竞争环境，为县域经济发展和社会和谐稳定服务。

第一章　计　划

全县经济社会事业发展规划和计划的编制与综合管理，一直以来由发展改革局（始称计委，后称发展计划局）负责牵头，相关部门配合，拟订辖区内国民经济和社会发展战略、中长期规划和年度计划。行业规划和专项规划则由县政府各职能部门根据上级要求进行编制，同时抄送发展计划部门。重点领域、行业规划形成规划草案后提交县人民代表大会或常务委员会审议。

从“十一五”开始，五年计划改为了五年规划。1989—2010 年，尚义县经济社会发展经历了“七五”末期及“八五”“九五”“十五”“十一五”5 个五年计划、规划时期。

第一节　计划编制和实施

一、“七五”计划（1986—1990 年）编制实施

1986 年 4 月，经尚义县第八届人民代表大会第三次会议审议批准后“七五”计划实施。“七五”计划的主要任务：进一步为经济体制改革创造良好的经济环境和社会环境，努力保持社会总需求和总供给的基本平衡，使全面改革更加顺利地展开，力争在 5 年或更长一些的时间内，基本上奠定中国特色社会主义经济体制的基础，保持经济持续稳定增长。

到“七五”期末的 1990 年，全县地区总产值达到 21498 万元，比 1985 年增长 13.70%，工农业总产值达到 17342 万元，比 1985 年增长 94.08%，年均增长 14.20%，其中工业总产值 7507 万元，比 1985 年增长 179.85%，年均递增 22.80%，农业总产值 9835 万元，比 1985 年增长 61.71%，年均递增 10%，国民收入达到 9672 万元，年均递增 16.40%，人均国民收入达到 432 元，比 1985 年增长 14.90%；城镇职工年平均工资达到 1002 元，农民人均纯收入达到 226 元。

二、“八五”计划（1991—1995 年）编制实施

尚义县国民经济和社会发展第八个五年计划，是在治理整顿期间制定的。1993 年，由于国际、国内政治经济形势都发生了很大变化，特别是邓小平南方谈话的发表和中共十四大确立社会主义市场经济体制，把经济建设再次推向高潮，跳跃式前进，使尚义县经济陷入更加拮据的境地。因此，县十届人大二次会议通过的“八五”计划已不适应当前阶段经济和

社会发展的要求，一些偏低的指标需要调整，一批新项目需要补充，所以，县十一届人大一次会议通过了《尚义县第八个五年计划调整情况的报告》。“八五”计划调整后，长期规划增加、充实了社会发展内容，由偏重经济建设向经济建设和社会事业并重、关注民生、提高经济效益和社会效益的发展模式转变。调整后的“八五”计划，国民经济和社会发展主要指标：1995 年地区生产总值达到 26374 万元，年均递增 15.10%，比原计划提高 5.10 个百分点。其中，第三产业增加值达到 6846 万元，年均递增 17.60%；社会总产值 43800 万元，年均递增 14.80%，比原计划提高 2.80 个百分点；国民收入 19800 万元，年均递增 22.80%，比原计划提高 11.20 个百分点；工农业总产值 84957 万元，年均递增 13.80%，比原计划提高 4.80 个百分点；乡镇企业总产值 12555 万元，年均递增 25%，比原计划提高 15 个百分点；社会商品零售总额 12000 万元，年均递增 9.20%；地方财政收入 1404 万元，年均递增 15.50%；农民人均纯收入 600 元，年均递增 21.60%。“八五”时期 98% 以上的自然村输通高压电网；计划投资 40 万元，完成县城河南区自来水工程，新增自来水入户 600 户；改造及新修巷道、道路 3 条；新建公厕 5 处；计划投资 40 万元，新增路灯 1000 米；农职高中招生达到 200 人，农职初中招生达到 405 人，普通高中招生达到 400 人，普通初中招生达到 2600 人；人口自然增长率控制在 12‰以内。

三、“九五”计划与 2010 年远景目标纲要（1996—2000 年）

（一）“九五”计划目标

到 2000 年，地区生产总值达到 4.40 亿元，“九五”期间年均递增 11.20%。其中第一产业增加值 1.30 亿元，年均递增 10.70%；第二产业增加 1.96 亿元，年均递增 42.30%；第三产业增加值 1.14 亿元，年均递增 15%。到 2010 年，国内生产总值达到 19.51 亿元，十年内年均递增 16%。农业总产值，2000 年达到 2.38 亿元，“九五”期间年均递增 19.80%。到 2010 年达到 4.70 亿元，十年内年均递增 7%。粮食总产量，按正常年景，2000 年达到 7500 万千克，比 1995 年增加 2749 万千克，到 2010 年达到 1 亿千克，十年内年均递增 2.90%。农民人均纯收入，2000 年达到 2750 元，“九五”期间年均递增 27.30%，到 2010 年达到 12000 元，十年内年均递增 15.90%。乡镇企业总产值，2000 年达到 5.80 亿元，其中工业产值 2.20 亿元，“九五”期间年均递增 23.50%。到 2010 年达到 25.60 亿元，其中工业产值 9.70 亿元，十年内年均递增 16%。全部工业总产值，2000 年达到 4.60 亿元，“九五”期间年均递增 38%，其中乡及乡以上工业总产值 3 亿元，年均递增 46.50%。到 2010 年全部工业总产值达到 19.40 亿元，十年内年均递增 15.50%。全部工业增加值，2000 年达到 1.40 亿元，“九五”期间年均递增 40.60%，其中乡及乡以上工业增加值 9060 万元，年均递增 51.90%。到 2010 年，全部工业增加值达到 5.82 亿元，十年内年均递增 15.30%。实际利用外资，“九五”期间累计达到 2000 万美元。社会消费品零售总额，2000 年达到 2.75 亿元，“九五”期间年均递增 19.20%。全部财政收入，2000 年达到 3080 万元，“九五”期间年均递增 21.40%，其中地方财政收入 1850 万元，年均递增 20.70%。全社会固定资产投资，2000 年达到 1.30 亿元，“九五”期间年均递增 23%。年末总人口，2000 年控制在 19.70 万人以内，“九五”期间自增率控制在 10.80‰以内。

（二）"九五"计划实施情况

2000年，尚义县地区生产总值完成3.73亿元，比1995年增长50%（按不变价计算）。全社会固定资产投资累计完成4.80亿元，比"八五"期间累计完成数增长5倍。郭花线二期工程、杨哈线二期工程竣工通车，县级乡镇间公路相继开通，全县公路总里程达到351千米。生态农业开发、扶贫攻坚和小康建设、农村电网改造等一批重点项目相继开工建设或竣工。

"九五"期间，全县以《张家口市对外开放60条》为指导，不断加大对外开放工作力度，优化了开放政策，出台新的招商引资43条，开放的软件、硬件环境得到进一步改善。

"九五"期间，全县共投入3100万元用于改善办学条件，共新、扩建中小学210所，标准化校舍达到98%；科技工作不断加强，科技贡献率不断提高；卫生事业有了长足发展，"九五"期间，全县共对14所卫生院进行了改造。2000年年末全县总人口19.09万人，五年间人口总数增长1.30%；文化、广播电视、体育、民族、宗教等各项事业有了新的发展；环保意识和社会主义精神文明建设取得丰硕成果。城镇人均住房面积达到20平方米，农村达到18平方米。

四、"十五"计划和2010年远景目标纲要（2001—2010年）

（一）"十五"计划目标

2001—2010年，全县国民经济和社会发展分两个阶段安排。"十五"计划期间，即2001—2005年为第一个阶段，2006—2010年为第二个阶段。国民经济和社会发展的主要奋斗目标：国内生产总值，"十五"期间以年均15%速度增长，到2005年比"九五"末翻一番，2005—2010年年均增长12%以上。

（二）"十五"计划实施情况

地区生产总值年均递增15.60%。"十五"末完成地区生产总值7.50亿元，人均地区生产总值4763元，比"九五"末增加2453元。其中，第一产业、第二产业、第三产业增加值年均递增分别为5.30%、17.70%和15%。2005年全部财政收入3633万元，年均递增16.40%。全社会固定资产投资累计完成14.38亿元，比"九五"期间累计完成数增长3倍。

项目建设 国华尚义满井风电场一期工程并网发电，祥福苑住宅小区开发一期工程、贾海商贸市场相继建成，瑞源食用菌公司口蘑深加工及河北义羊公司肉食品加工投产运营，大青沟、大营盘蔬菜交易市场及大青沟、平山奶牛养殖园区一期工程建成运作，县域工业正在走出低谷。饲草饲料加工、三通（张家口）农牧场、察哈尔私人牧场、满井风电场二三期工程、二工地牧场综合开发、梧桐苑住宅小区开发、大青沟蔬菜深加工、台路煤炭市场、京津风沙源治理、扶贫攻坚和生态文明村建设等一批重点项目相继开工建设或竣工。

基础设施 张尚公路三改二工程、国道连接公路小韭线竣工通车，村村通公路工程相继开通，县道白郭线开工建设，道路交通网四通八达、覆盖城乡。农村电网改造一、二期工程全部完工，城镇电网改造工程基本结束，县城供水工程阶段性竣工并投入运营。县城总体规划修编、主街道拓宽美化、污水管道并网、整顿城乡容貌等多项工作取得丰硕成果。生态环境建设、中低产田改造、人畜饮水工程的大力度连续投入。

经济结构 企业改革改制工作基本完成，民营经济和其他非国有制经济快速健康发展，培植了一大批财源项目。尚义煤矿、承泰公司、液压元件公司等骨干企业技术装备和市场适应能力有所增强，风电开发已成为新型工业的主导，县域工业经济实力明显提升。农业基础设施得到加强，四大特色主导产业初具规模，综合生产能力和抵御自然灾害的能力进一步提高，产业化、市场化经营格局正在形成。通信、金融业保持较快增长，商贸流通改革取得较大进展，综合专业市场建设迈出较大步伐。

招商引资　“十五”期间，全县引进县外资金15.40亿元，外资572万美元。认真组织实施了风电场建设、房地产开发、市场建设、农产品深加工、奶牛园区建设、矿业开发等一大批独资、合资、合作项目。不断加大对外开放工作力度，开放政策进一步完善，开放的软件、硬件环境得到改善。

人民生活　村村通公路、村村通电话、村村通电视工程的实施，使城乡交通、通信、信息条件明显改善，城镇人均住房面积达到23平方米，农村达到20平方米，居民消费结构升级，生活质量明显提高。“十五”末，城镇居民人均可支配收入5627元，农民人均纯收入1891元，大部分贫困人口的温饱问题得到解决，城镇低收入居民生活基本得到保障。

“十五”时期，全县各项经济社会发展目标基本实现，跨越式发展起步上路。这一时期，是尚义发展史上招商引资建设较多的时期；主导产业培育效果良好，农业产业化建设步伐加快；固定资产投入较多，基础条件改善明显，城镇变化较大；多方位培植税源，财政收入增幅最大；民主法治建设和精神文明建设进一步加强，各项社会事业迅速发展；按照跨越式发展目标、扎实推进各项工作，取得显著成效，迈出较大步伐。

五、“十一五”规划及2020年远景规划纲要（2006—2020年）

（一）“十一五”规划经济和社会发展的主要预期目标

到2010年，实现迈向全面建设小康社会的第一步跨越。全县经济保持持续、快速、协调发展，经济运行的质量和效益全面提高，综合经济实力进一步增强。经济和社会发展环境进一步优化，生态环境明显改善，人民生活水平和健康水平有较大提高。初步建成特色农业突出、工业经济较为厚实、生态经济快速发展、城镇化水平较高、产业结构与生态环境相融合的特色尚义。

经济实力　地区生产总值年均递增12.90%，在2005年基础上翻一番，达到22.15亿元；全部财政收入年均递增28.70%，在2005年基础上翻两番，达到1.28亿元；地方一般预算收入年均递增18.20%，达到2650万元。全社会固定资产投资年均递增34%，五年累计完成107.30亿元以上。引进县外资金56亿元，利用外资1000万美元。

人民生活　城市居民人均可支配收入和农民人均纯收入年均分别递增13.90%、14.70%，农村贫困人口基本实现脱贫。农村居民人均居住面积达到25平方米，城市人均公共绿地面积达到15平方米。城镇登记失业率控制在4.40%以内，社会保障水平进一步提高。

人口自然增长率控制在8‰以内。资源节约和综合利用率进一步提高。环境明显改善，空气质量二级以上天数达到11个月左右。县城污水处理率和垃圾处理率达到60%和20%。全县森林覆盖率达到43%。

（二）“十一五”规划的实施

“十一五”时期，尚义县大力实施“生态立

县、项目强县、科教兴县”三大战略，到2010年全县地区生产总值达到22.15亿元，比2005年增长151.71%（按不变价计算），年均递增20.20%；全部财政收入达到1.28亿元，比2005年增长252.50%，年均递增28.70%，其中地方一般预算收入达到6501万元，是2005年的5.80倍，年均递增42%；全社会固定资产投资达到36.50亿元，是2005年的7.10倍，年均递增48%；五年累计完成投资107.30亿元，是预期目标的1.50倍。

项目建设 “十一五”期间，全县共实施重点项目99个，完成投资96.50亿元，其中亿元以上项目39个，完成投资88.10亿元。向国家及省市有关部门争取项目235个，争取资金达20.60亿元。积极创新招商方式，成功引进了龙源、中设建工等一批投资大、实力强的知名企业。五年来，引进县外资金81.04亿元，实际利用外资6078万美元，分别比“十五”期间增长4.30倍和11.90倍。

以打造最佳新型能源展示区为目标，实施了15项风电建设工程，新增装机97.05万千瓦，投产并网82.20万千瓦，全县风电装机达到100.50万千瓦，投产并网85.65万千瓦，如期实现了百万千瓦风电基地县目标。坚持把节水、设施和旱作高效农业作为调整内部结构、发展现代农业的主攻方向。在稳定蔬菜种植基地的基础上，建立创汇基地1300公顷，设施蔬菜164.07公顷，膜下滴灌5000公顷。全面实施舍饲禁牧，推广规模集中养殖和品种改良，促进了养殖方式转变和效益提升。围绕蔬菜、果品、高端肉品等特色农产品，发展龙头加工企业16家、合作经济组织66个，农业产业化经营率达到57.90%，比2005年提高了14.40个百分点。立足培育新型支柱产业远景目标，确立了“一线两翼五区”生态旅游开发战略，实施了南苑森林公园、大青山省级森林公园和鸳鸯河景观等建设项目，为以后高水平开发奠定了良好基础。

以开展城镇面貌“三年大变样”活动为契机，实施了全县城建史上规模最大、投资最多的城市建设工程。“十一五”期间，全县累计投入城建资金13.60亿元，实施了秀水新区、滨河南区开发等项目，完成了污水处理场、垃圾填埋场建设、供水管网改造、秀水广场、森林公园、鸳鸯河综合治理等重点工程，以河为脉、以山为骨、以绿为体的山水型生态宜居城镇已具雏形。围绕统筹城乡发展，重点实施了小蒜沟商贸一条街、大青沟青湖商城、红土梁迎宾大道、新民居示范村创建等工程，其中完成了三村联建“秀水家园”。经过多年的不懈努力，城区规划控制面积达到28平方千米，人口增加到4.88万人，城镇化水平达到39%，比2005年提高16个百分点，城乡一体化发展格局基本形成。

基础设施加速改善，发展环境更加宽松。强力推进以道路建设为重点的基础设施建设，投资12.60亿元，实施了张集铁路尚义段建设工程；投资4.30亿元，新建和改建等级公路89.80千米；投资8513万元，完成107项村村通公路建设工程。完成各类农业生态工程总投资1.93亿元，综合治理小流域面积296.50平方千米，主要公路干线绿化130千米，村村通公路绿化248千米，生态工程造林4.88万公顷。2010年年底，全县有林地面积达到13.53万公顷，森林覆盖率达到26.10%。节能减排力度加大，主要污染物排放总量、单位GDP能耗明显下降，城市污水处理率、生活垃圾无害化处理率等主要指标全部达标。

坚持以人为本，发放退耕还林补贴、粮食综合直补等资金4.60亿元。深化农村税费改革，直接减轻农民负担7750万元。落实教育“两免一补”等政策，群众减少教育支出1690万元。

五年间城镇累计新增就业8735人，转移农村劳动力3万人次，共减少贫困人口4万人。社会保障体系不断完善，城乡义务教育全面实施，农民“看病难、看病贵”的问题得到有效解决。加大住房保障力度，建设廉租住房300套。城乡居民收入不断提高，2010年城镇居民人均可支配收入11419元，年均增长15.20%；农民人均纯收入3252元，年均增长11.50%。社会消费品零售总额完成6.20亿元，年均增长15.30%。

第二节　计划内物资管理

1989年前计划经济体制时期，原计划委员会负责国家指令性计划中计划内物资调拨分配。这是由物资商品短缺向市场初步繁荣过渡的时期。计划内物资管理主要是物资申请计划、物资平衡分配计划、物资供应计划和物资流转计划管理。计划内调拨分配的物资品种主要有建材类（钢材、木材、水泥、玻璃、三合板、五合板、檩檩）、成品油（汽油、柴油、煤油）、机电产品（汽车）。群众所说的“老三件（自行车、手表、缝纫机）”逐渐淡出计划内商品调拨目录。

1991—1994年，对部分物资（主要是钢材、木材）实行“双轨制”，即计划内调拨价和市场指导价并行。

1995年以后，除国家战略储备物资外，其他物资基本不再实行国家指令性计划调拨。

第三节　投资管理

2004年6月之前，投资管理执行立项审批制。县发展改革局负责提出辖区内全社会固定资产投资规模，规划重大项目布局，安排各级财政性建设资金，指导监督政策性投资的使用方向，指导协调全县招投标工作。负责对在建项目的监督检查和竣工项目的组织验收工作，在授权范围内搞好建设项目的立项和可行性研究报告的批复。2004年7月，尚义县投资管理开始执行《国务院关于投资体制改革决定》。

一、风沙源治理工程

2000年6月，尚义县开始启动防沙治沙工程。到2010年，先后组织实施了“一退双还、退耕还林、生态移民、巩固退耕还林成果（2008年开始）、京津风沙源治理”等项生态环境保护及风沙源治理工程。十一年共完成投资29324.10万元。其中，国家投资24066.70万元，地方配套5257.40万元。

二、以工代赈工程

“九五”期间以工代赈项目总投资10338.92万元，其中以工代赈资金累计投入2631.20万元，地方配套累计7707.72万元。“十五”期间以工代赈项目总投资5704万元，其中以工代赈资金累计投入2733万元，地方配套累计2971万元。“十一五”期间以工代赈项目总投资3657万元，其中以工代赈资金累计投入2275万元，地方配套累计1382万元。

第四节　管理机构

1989年，尚义县计划委员会下设办公室、计划科、工财科、坝上生态农业开发办公室（至1992年11月）。1990年7月撤销计划科设综合科（至1992年11月）。1993年3月，尚义县计划委员会并入尚义县经济委员会，称尚义县经济计划委员会。1993 年 4 月，计划工作划归统计局，成立尚义县计划统计委员会，内设办公室、项目管理办公室、综合检查科、计划科、统计科、农村经济调查队、城镇经济调查队和人口调查队。1996 年 10 月项目开发办撤销，项目工作划归计划统计委员会，又改称尚义县计划统计局，行政编制 25 名。内设办公室、项目管理办公室、计划科、统计科、城镇社会经济调查队、农村社会经济调查队、人口调查队。

1998 年 6 月，城镇社会经济调查队升格为副科级机构，隶属县计划统计局管理。2002 年 6 月，尚义县计划统计局更名为发展计划统计局，确定行政编制 25 名（不含农调队编制 8 人），内设办公室、项目管理办公室、计划科、统计科、农业区划办公室、城镇社会经济调查队、农村社会经济调查队、普查中心。

2005 年 10 月，成立尚义县发展改革局（同时挂尚义县商务局牌子），设 10 个职能科室（含工业促进局 2 个），其中行政股室 7 个：办公室、发展规划股、农业区划办、社会事业股、项目办、能源办公室、商贸流通股，下属事业单位民营经济工作站。行政编制 15 个（工业促进局 2 个），事业编制 24 个（含工业促进局 12 个）。

2010 年 4 月，尚义县发展改革局（挂尚义县粮食局、尚义县物价局牌子）为县政府工作部门。内设综合办公室、发展规划股（挂国防动员委员会、国民经济动员办公室牌子）、农业区划办公室、农村经济股、新能源股、社会事业股、投资股、重点项目办公室、粮食市场监测股、粮食购销调控股、物价管理股、价格认证股。机关行政编制 23 个，机关工勤人员编制 2 个。

第二章　统　计

第一节　统计普查

1989—2010 年，尚义县统计局担负着全县国民经济和社会发展的统计调查与分析、统计咨询、统计监督等重要任务。在改革和完善统计体系、统计方法制度、统计数据质量、统计服务水平等方面做了大量工作。1998 年尚义县统计局在第一次全国农业普查中被评为国家级先进集体；2005 年、2010 年第一次和第二次全国经济普查被评为国家级先进集体。

根据国务院决定，1990 年、2000 年、2010 年开展了第四、第五、第六次全国人口普查；1993 年开展了第一次全国第三产业普查；1995 年开展了第三次工业普查；1996 年和 2001 年开展了第一次、第二次全国基本单位普查；1996 年、2006 年开展了第一次、第二次全国农业普查；2004 年、2008 年开展了第一次、第二次全国经济普查。

一、经济普查

第一次全国经济普查　普查的标准时间为 2004 年 12 月 31 日，时期材料为 2004 年度。普查对象是全县从事第二、三产业的全部法人单位、产业活动单位和个体经营户。普查的主要内容包括单位基本属性、就业人员、财务状况、生产经营情况、生产能力、原材料的能源消耗、科技活动等情况。普查结果：全县共有法人单位 475 个，产业活动单位 766 个，个体经营户 5066 户。

第二次全国经济普查 普查的标准时点是 2008 年 12 月 31 日，时期资料为 2008 年度。普查的对象是在尚义县从事第二产业和第三产业的全部法人单位、产业活动单位和个体经营户。普查的主要目的是全面调查了解尚义县第二产业和第三产业的发展规模及布局。普查结果：全县共有法人单位 491 个，产业活动单位 635 个，个体经营户 7916 户。

二、第三次工业普查

根据国务院的决定，1995 年 5 月至 1996 年 6 月进行了第三次工业普查。普查的对象为尚义县域内全部工业企业和附营工业单位。内容主要包括财务、劳动、产、销、存，原材料、能源消耗，技术、设备、产品质量、收支情况等 16 个方面的基本经营情况。

三、农业普查

第一次全国农业普查 1997 年进行了第一次全国农业普查。普查的对象是全县范围内各种类型的农业生产经营单位、农村住户、乡镇企业、行政村和乡镇。普查指标分为时点指标和时期指标。时点指标的标准时间是 1996 年 12 月 31 日；时期指标的标准时期是 1996 年 1 月 1 日至 1996 年 12 月 31 日。普查表分为农村住户调查表、非农村住户类农业生产经营单位调查表、行政村调查表、乡镇调查表、非农乡镇企业基本情况卡片、农业用地卡片。普查表的调查项目为 38 个。

第二次全国农业普查 2006 年开展第二次全国农业普查。普查对象为县内所有从事第一产业活动的单位和农户、所有农村乡镇和村。普查是为了查清农业、农村和农民的发展变化情况。此次普查主要包括 6 个方面内容：一是从事第一产业活动单位和农户的生产经营情况；二是乡（镇）、村委会及社区环境情况；三是农业土地利用情况；四是农业和农村固定资产投资情况；五是农村劳动力就业及流动情况；六是农民生活质量情况。普查的标准时点是 2006 年 12 月 31 日，时期资料为 2006 年度。

四、全国人口普查

根据国务院决定，1989—2010 年尚义县开展了第四次、第五次、第六次全国人口普查。

第四次全国人口普查 标准时间是 1990 年 7 月 1 日 0 时，普查项目共 21 项，比第三次全国人口普查增加户口性质、迁移状况及原因两方面的内容。

第五次全国人口普查 标准时间为 2000 年 11 月 1 日 0 时。第五次全国人口普查第一次采用了长短表的方式，对 90% 的普查对象进行短表调查，共 17 个项目，另外 10% 的人口采用长表，调查了将近 50 个项目。按人填报 26 项，新增人口迁移的内容；按户填报 23 项，新增住房内容。并增加“暂住人口调查表”。数据处理采用光电录入技术。

第六次全国人口普查 标准时点是 2010 年 11 月 1 日零时。按照国务院《全国人口普查条例》的规定，对普查目的、普查原则、普查任务、普查对象、普查范围、普查的组织实施等作出规定。

第二节　统计调查

1989—2010 年，为了及时了解掌握全县国民经济以及各项社会事业运行发展状况，县统计部门不定期按照随机的原则，从全部研究对象中抽取一部分单位，进行详细观察、调查，依据所获得的调查数据，对全部研究对象的数量特征作出具有一定可靠性的估计和推算，以达到对全部研究对象的总体认识。尚义县开展的抽样调查主要有农村住户抽样调查、城镇住户抽样调查及1%人口抽样调查。

一、经常性统计

经常性统计是以统计报表和抽样调查为主要手段的统计调查模式。按照统计报表制度搜集和整理以下方面的统计资料：人口和计划生育，自然资源和国民财产，社会产品和国民收入，农业，工业，建筑业和固定资产投资，交通运输和邮电，国内商业和物资供应，外经，财政，金融，物价，劳资与就业，科技，文教，广播电视业，卫生和体育，气象与环境，服务业，公用事业和旅游业，民政和政法，政治、社会活动，人民生活等。报送时间有年报、季报和月报等。报表需审批才能合法填报，分为基层表和综合表两类。

二、专业性统计

农业统计指标由农村行政组织、人口、生产条件、生产成果、劳动生产率、收益分配、国有农业等方面，构成农村社会经济指标体系，统计范围覆盖全县，调查方法有全面统计报表、典型调查与重点调查、抽样调查。农业统计由统计局专业人员负责，对全县各乡镇、村进行农作物播种面积调查、农产量调查、农业年报、重点专项调查，取得了全县农业的第一手资料，建立了县、乡、村三级统计台账。

三、工业统计指标体系

由生产指标、工业设备指标、经济效益指标、财务成本指标四个方面构成。统计范围包括规模以上（年销售收入500万元以上和国有企业）和规模以下法人及个体工业。工业调查方法以全面调查为主，包括全面调查、一次性普查、重点调查和典型调查等多种调查方法，全县的工业调查规模以上实行月报、规模以下实行抽样调查，涉及工业基本情况、经济效益、科技、工业品价格等多个方面，形成了比较完善的调查网络和数据资料库，并定期对全县工业生产形势做出分析。

第三产业涉及国民经济15个行业大类。1992年开始施行以国民生产总值为核心的核算体系，第三产业统计作为国民经济的重要组成部分得到不断完善。第三产业统计分为流通部分和服务部分两个方面，流通部分包括运输邮电、国内商业、对外经济、物资供销、金融财政保险统计；服务部门包括为生产和生活服务部门、为提高科学文化水平和居民素质服务的部门即科学技术、教育、文化艺术、体育、卫生、社会服务等项的统计工作。第三产业各行业的统计采取不同的统计手段，以报表为主，辅以普查、重点调查等，全县2003年开始了服务业专业统计，45个部门协作完成。在产业调查的基础上，统计工作中还开展了投资、建筑业、国民经济核算、人口、劳动工资、人民生活、物价等调查项目。整个调查体系覆盖了全县各行业所有单位，调查结果全面反映了全县国民经济运行情况和经济发展状况。

四、统计调查报表

1989—2010年，县统计局坚持以提高统计数据质量为中心，认真贯彻国家、省市局统计报表制度和要求，严格实施各项数据质量管理办法。完成了月报、季报、半年报和年报统计报表任务，同时进行了档案资料、基础报表数据的整理归档工作。加强了GDP核算和农业、规模以上工业、固定资产投资等专业的管理和数据评估工作。

统计报表管理方面，自上而下逐级布置，自下而上逐级汇总上报。各部门统计的报表资料，在上报主管部门的同时，报县政府统计部门核审汇总。村委会一级的统计报表资料，上报乡、镇统计站，由乡、镇统计员审查汇总后上报县统计局。县统计部门按时综合汇总全县的统计报表资料，上报省、地（市）统计部门，并做好存档。专题调查、普查、抽查的统计资料，由县政府组织专门小组，由统计部门和有关部门具体组织人员进行调查、分析、统计，再综合复核后上报有关部门和统计部门存档。

第三节　统计服务

1989—2010年，尚义县统计服务水平不断提高。县统计部门每年编制印发《尚义县国民经济及社会发展统计资料》。年度统计资料进行过数次改版，《尚义县国民经济及社会发展统计资料》科学性、实用性逐步提高，统计指标越来越全面。二十二年来，县统计局充分利用统计资料，定期提供统计分析报告、季度统计资料，不定期提供统计信息，年均提供统计分析报告5篇、季度统计资料4期、统计信息50篇、对外提供各种统计咨询服务达80多人次。统计服务的范围和职能作用越来越大，对经济基础形势的准确把握和科学预测成为各级领导了解情况、做出决策的重要依据。

第四节　统计监督

统计监督是国家对社会经济各方面实行监督的重要组成部分，是统计部门的一项重要职能。20世纪80年代以来，特别是《中华人民共和国统计法》颁布实施以后，县统计局加强了统计优质服务和监督职能，在排除对统计数字准确性的干扰方面也做出了不懈的努力。1989年开始，每年进行1～2次统计执法检查，维护了统计数据质量。同时还对重大统计活动进行跟踪执法和专项治理，对虚报、瞒报统计数字的违法行为进行纠正，坚持有喜报喜、有忧报忧，如实反映情况，通过统计分析研究，揭露矛盾，提出问题，供各级领导决策和采取相应措施，有效发挥了统计服务和监督的作用。

第五节　管理机构

1989年，尚义县统计局下设办公室、统计股、城镇经济调查队、农村经济调查队。1992年1月增设人口调查队。1993年4月，统计局与计划委员会合并，改称尚义县计划统计委员会。1996年又改称尚义县计划统计局。2002年6月，尚义县计划统计局更名为县发展计划统计局，行政编制25名，局内设办公室、项目管理办公室、计划股、统计股、农业区划办公室、城镇社会经济调查队、农村社会经济调查队、普查中心。2005年，统计局单设，称尚义县统计局，内设办公室、城镇社会经济调查队、统计股、普查中心、农村社会经济调查队。编制19名。到2010年统计局机构、编制未变。

1986年后，各乡镇设有统计工作站，村一级设统计员。2008年4月按照尚义县委、县政府要求，建制镇统计站至少有2名专职统计人员，乡统计站至少有1名专职统计人员，行政村明确村会计为统计员。乡镇统计站在行政领导上以乡镇人民政府为主，统计业务上以县统计局的领导为主。

第三章　财　政

1989—2010年，财政管理在计划经济与市场调节相结合方针的指导下，编制全县财政预算，有效组织财政收支，合理调剂资金。坚持统一领导、分级管理，遵循行政手段与经济手段相结合的原则，加强预算管理、税收管理、预算外资金管理等，为县政府各项工作的正常运转提供了保障。同时期由于全县财政供养人口增长较快，加之个人政策性增支因素，形成财政支出中绝大部分用于个人工资性支出，财政支出的紧张状况始终未得到根本扭转，成了名副其实的吃补贴县。

第一节　财政收入

一、“七五”计划时期

1989年县本级财政收入625万元，完成预算的117%。其中：工商税收557万元。商业营业税由上年的178万元增加到240万元，增长35%。造纸厂承包经营后，当年上缴利税121.20万元，成为县内骨干企业和财政收入的支柱。

二、“八五”计划时期

“八五”时期累计完成县本级财政收入为3729万元，年均收入745.80万元，比“七五”计划时期年均增长42.79%。1994年，是实行分税制的第一年，财政收入超额完成19.10%。

三、“九五”计划时期

“九五”时期累计完成县本级财政收入为5790万元，年均收入1158万元，比“八五”计划时期年均收入增长55.30%。

四、“十五”计划时期

“十五”时期累计完成县本级财政收入为5629万元，年均收入1125.8万元，比“九五”年均收入增长-2.80%。财政收入减少的主要原因：一是多数工商企业进行改制、出售、租赁承包、破产，税收锐减；二是为了招商引资，县政府出台了一系列减免税收的相关政策。

五、“十一五”规划时期

“十一五”时期累计完成县本级财政收入为18896万元，年均收入3779.20万元，比“十五”时期年均收入增长235.60%。

1989—2010年尚义县财政收入情况表

表9-1

年　份	地方财政收入合计（万元）	比上年增减（%）	地方财政收入（万元）		
			各项税收	企业所得税	其他收入
1989	624.50	16.53	557.60	49.10	17.80

续表 9-1

年　份	地方财政收入合计（万元）	比上年增减（%）	地方财政收入（万元）		
			各项税收	企业所得税	其他收入
1990	682.20	9.24	600.70	50.30	31.20
1991	861.70	26.31	782.40	66	13.30
1992	763.50	−11.40	676.90	46.50	40.10
1993	889	16.44	827	38	24
1994	579	−34.87	493	40	46
1995	635	9.67	591	16	28
1996	920	44.88	806	56	58
1997	1031	12.07	825	62	144
1998	1273	23.47	1034	38	201
1999	1313	3.14	843	50	420
2000	1253	−4.57	832	27	394
2001	1157	−7.66	593	59	505
2002	1069	−7.61	737	47	285
2003	1181	10.48	911		270
2004	1096	−7.20	782	2	312
2005	1126	2.74	722	7	397
2006	1628	44.58	1274	7	347
2007	2275	39.74	1755	19	501
2008	3794	66.77	3062	30	702
2009	4689	23.59	3905	227	557
2010	6501	38.64	5248	425	828

第二节　财政支出

1989年，全县财政支出1557万元，滚动财政赤字134万元。

“八五”计划时期全县财总支出为12356万元，年均支出2471.2万元，比“七五”计划时期年均支出增长63.80%。

“九五”计划时期财政总支出为23319万元，年均支出4663.8万元，比“八五”计划时期年均支出增长96.60%。

“十五”计划时期财政总支出为57512万元，年均支出11502.4万元，比“九五”计划时期年均支出增长146.60%。“十五”计划期间，重点抓支出管理，降低支出水平。2001年削减26个事业单位在职人员工资总额的20%，各项重点支出得到保障。一是兑现了国家统一增支政策；二是加大支农惠农力度，对种粮农民直接补贴全部兑现；三是企业离退休人员养老金当年及时足额发放外，还补发了1997—2000年拖欠的职工养老金；四是发放低保资金，保证了低保人员最低生活水平，为“4050”人员购买了公益岗位，促进了下岗再就业工作；五是改善了乡村农业基础设施和中小学学校条件。

2006 年，全县一般预算支出 19595 万元，占调整预算的 96.20%，比上年增加 3452 万元，增长 21.40%。

2007 年，全县一般预算支出 27133 万元，占调整预算的 95.90%，比上年增加 7538 万元，增长 38.5%。

2008 年，全县一般预算支出 31468 万元，占调整预算的 91.70%，比上年增加 4335 万元，增长 16%。

2009 年，全县一般预算支出 49109 万元，占调整预算的 100%，比上年增长 56.10%。

2010 年，全县财政一般预算支出 68477 万元，占调整预算的 108.40%，比上年增长 21.30%。

1989—2010 年尚义县财政支出情况表

表 9-2　　单位：万元

年份	总计	生产性支出		非生产性支出	
		农业科技	支援不发达地区	公务事业	其他
1989	1557.10	101	—	1456.10	
1990	1946.30	268	—	1678.30	
1991	2006.70	426.80	—	1579.90	
1992	2065	457.70	—	1607.30	
1993	2344	171	—	2173	
1994	2551	549	—	2002	
1995	3390	73	303	3014	
1996	3426	124	156	3146	
1997	4491	225	378	3888	
1998	3803.80	316	29.80	3458	
1999	4460	640	20	3800	
2000	7138	848	968	5322	
2001	7963	684	1119	6160	
2002	9132	858	618	7656	
2003	11276	2496	686	8094	
2004	12998	2442	977	9579	
2005	16143	3368	1342	11433	
2006	19595	2787	1137	15671	
2007	27133	4396	—	22737	
2008	31468	4715	—	26753	
2009	49109	6456	—	42653	
2010	69918	10776	—	59142	

1989—2010 年尚义县财政收支情况表

表 9-3 单位：万元

年　份	收入（财力）情况				支出情况						
	总计	县级收入	财力性补助	专项补助	总计	农林水支出	教育支出	社保支出	行政支出	政法支出	其他支出
1989	1587	625	527	435	1557	97	421	349	277	76	337
1990	1944	682	492	770	1946	120	483	456	314	91	482
1991	2067	862	564	641	2007	159	487	231	265	95	770
1992	1964	764	549	651	2065	131	448	267	365	91	763
1993	2250	889	800	561	2344	105	726	279	609	126	499
1994	2575	579	1289	707	2551	198	38	411	732	233	939
1995	2978	635	1712	631	3390	230	1185	657	400	193	725
1996	3441	920	1726	795	3426	225	1118	533	573	206	771
1997	4394	1031	2030	1333	4491	259	1563	600	650	259	1160
1998	4343	1273	2356	714	3804	229	1273	641	601	264	796
1999	4394	1313	2037	1044	4460	287	1543	621	684	325	1000
2000	6901	1253	2931	2717	7138	272	1748	1600	858	378	2282
2001	7845	1157	4175	2513	7963	381	1969	1791	973	494	2355
2002	9312	1069	5380	2863	9132	751	2405	2393	1028	415	2140
2003	11367	1181	5984	4202	11276	2067	2554	2571	1069	455	2560
2004	13212	1096	7442	4674	12998	2184	3481	2872	1389	504	2568
2005	17150	1126	9632	6392	16143	2290	3926	3058	1893	580	4396
2006	19700	1628	12191	5881	19595	2717	4107	4197	2329	743	5502
2007	27540	2275	16716	8549	27133	3811	6262	7605	4396	1483	3576
2008	33612	3794	19315	10503	31468	4505	7142	8056	5554	1513	4698
2009	47062	4689	24612	17761	49109	6166	12158	8914	7602	3029	11240
2010	70583	6501	27373	36709	69918	10444	12746	4864	7572	3294	30998

1989—2010 年尚义县国家补贴情况表

表 9-4 单位：万元

年　度	补贴款数	年　度	补贴款数
1989	961.9	1996	2521
1990	1260.9	1997	3363
1991	1204.8	1998	3070
1992	1200	1999	3081
1993	1361	2000	5648
1994	1996	2001	6688
1995	2343	2002	8243

续表 9-4

年　度	补贴款数	年　度	补贴款数
2003	10186	2007	25265
2004	12116	2008	29818
2005	16024	2009	42373
2006	18072	2010	63858

第三节　财政监督检查

1989—2010 年，全县通过财政业务活动和经常性的管理，实现事前、日常和事后监督，对各部门进行监督管理，堵塞了资金管理漏洞，杜绝违法违规行为的产生和蔓延，保证财政资金的使用安全。

1989 年，全县开展了行政、事业、企业单位干部职工拖欠公款专项清查。

1992 年，县财政对全县罚没收入进行了一次清理。同年对全县农业“四税”和支农资金进行了专项检查。

1993 年，对财政收支决算和预算内外、统筹资金等进行了检查。

1995 年，开展了“小金库”和“罚没收入”专项检查。

2002 年，开展了“收支两条线”检查。

2003 年以来，每年重点检查社保资金、保障性住房建设项目资金、农业综合开发项目资金、土地开发整理项目资金、大型公益性建设项目资金以及农村沼气项目资金等。

2009—2010 年，重点开展了“小金库”专项治理工作。查出 2 个以会议费、劳务费、培训费等名义设立“小金库”的单位。县统计局 1.50 万元正式进账弥补经费开支；县人口和计划生育局 1.10 万元收缴财政。

1989—1996 年，根据税收财务物价大检查的文件精神，对全县 608 个单位进行了检查，查出违纪单位 68 户，累计违纪资金 106 万元。其中，自查出违纪资金 82 万元，重点检查违纪资金 24 万元。

1997 年起，国务院宣布停止每年进行的税收、财务、物价大检查。

第四节　国有资产管理

一、清产核资

1991 年，组织全县行政事业单位开展了全面细致的国有资产清查及建账建制工作。

1992 年 2 月，县财政局组建了尚义县国有资产管理股，全面负责全县国有资产的管理工作。

1993 年 3 月，由县财政局、县经委、县人民银行、县工商局等部门组成了清产核资领导小组，开始着手清产核资，范围是县属国有企业和未进行清查登记的行政事业单位开办的经济实体。进行清产核资的企业有 25 户，其中：国有工业企业 5 户、商业企业 9 户、物资企业 6 户、粮食工业企业 2 户、医药 1 户、农机 1 户、电影企业 1 户。

通过产权界定、价值重估、土地估价，基本摸清了企业资产存量分布的真实数量和状况，明确了全民与全民、全民与集体、全民与其他企业之间的产权关系，解决了固定资产账面价值与实际价值严重背离的问题，彻底准确摸清了企业占用国有土地情况。

1996年8月，县政府印发了《尚义县行政事业单位国有资产管理实施办法》。

2008年4月，尚义县制定出台了相应的管理制度，基本建立起了符合实际的资产管理制度体系。内容包括资产清查、资产配置、资产处置、国有资产出租出借、资产调剂使用、资产评估、国有资产有偿使用收入、事业单位产权登记、企业化管理事业单位国有资产管理等。

2009年年初，县财政局印发《关于进一步加强行政事业单位国有资产管理工作的通知》。对加强资产清查的后续工作、行政事业单位国有资产处置管理、出租出借行为以及违反国有资产行为的责任追究做了明确的规定。是年底，尚义县107户行政事业单位资产总额为24296.30万元，负债总额8571.50万元，资产负债率为35.28%，净资产为15724.80万元。全县行政事业单位固定资产为11705.90万元，其中行政单位3421.10万元，事业单位8284.80万元，净核增资产184.60万元。

二、资产评估

1992年，尚义县政府制定了《关于国有和县办企业资产评估的实施意见》。评估的范围包括固定资产、流动资产、无形资产和其他资产。评估的程序为申请立项、资产清查、评定估算、验证确认。

1993年全县国有资产评估管理工作开始启动。1997年，按照《资产评估管理暂行办法》《资产评估操作规范意见》承办了14家国有企业、集体企业、个体企业的资产评估业务。1998年，承办了10项资产评估业务。1999年，资产评估项目11项，立项6项，确认6项。

第五节　预算管理

1989年以来，尚义县财政预算管理工作按照“统筹安排，精打细算，保证重点，兼顾一般”的原则，重点保证人头经费和必不可少的公用经费，保证教育、农业经费支出，坚持“一支笔”审批开支制度，对预算外资金实行计划管理和财政代管相结合的办法。

1994年，上下级财政分配关系进行重大调整，为进一步明确中央与地方、地方政府各级事权划分，实行“分税制”财政管理体制，将税种统一划分为中央税、地方税、中央与地方共享税。随着分税制体制的推进与完善，全县从中央财政对地方财政的税收返还和转移支付制度中得到更多实惠。1994年，尚义县开始探索新体制下县级财政管理有效办法，制定了乡镇财政管理体制，理顺了县乡财政关系，调动了乡镇当家理财的积极性。实行定员定编、经费包干、增人不补的管理办法，压缩“三费”（会议费、公务费、修缮费），坚持经费由主管县长“一支笔”审批和财政审查的预算管理制度。

1996年，县财政开展了“双创双扭”（扭赤字县、补贴县，创财政收入亿元县、5000万元县）工作。

1997年，进一步改革乡镇财政管理体制，全面落实上台阶目标责任制。将城建税、土地使用税、资源税、固定资产投资方向调节税和农村信用社缴纳的各种税收（所得税除外）以及基层供销社缴纳的各种税收全部纳入乡镇财政收入范围。层层分解收入目标，将总目标分解成若干分目标，落实到财政、国税、地税、乡镇及企业主管部门，部门完不成任务实行“一票否决”制度。加强税务稽查工作，授予其“三权”，即独立检查权、问题定性权、持票检查直接征收权。同年，省财政对尚义县实行政策性转移支付。

1998 年，实行“零基”预算，加强预算内、预算外资金管理，将全县行政事业单位行政性收费全部纳入预算管理。

1999 年，为解决各乡镇之间因经济发展不平衡导致的财政支出不平衡问题，制定了县对乡财政转移支付办法。

从 2000 年起，预算编制的主要内容，一是体现“一要吃饭，二要建设”的原则；二是落实积极的财政政策，争取更多的国债项目和资金；三是利用中央新增的调整工资专项转移支付资金，确保工资发放；四是积极推进社会保障制度改革；五是全力推进农村税费改革。

2009 年，尚义县被列入“国家重点生态功能区”，当年增加专项补助 3164 万元。

2010 年，尚义县被列入省财政直管县。

第六节　财务管理

一、企业财务管理

1989 年，尚义县财政局管理国有企业 15 户。全县企业继续推行和完善企业承包经营责任制，实行第二轮承包。县财政局代表国家一方，对承包指标进行了严格审核，保证了承包指标的科学性和合理性，正确处理了国家、企业、个人三者利益关系。

1993 年，认真贯彻《企业会计条例》和《企业财务通则》，县财政局在改革上给企业以优惠，实行简政放权，在资金上重点扶持了县造纸厂、毛纺厂等利税大户。

1994 年，国家对企业实行新税制。县有关部门多次深入利税大户帮助建账转制，保证国家税收方针政策的贯彻执行。

1995 年以后，重点以建立现代企业制度，搞好企业内部经营管理，深化国有企业改革为目标，帮助股份制试点企业做好财务管理，提高国有企业经济效益。

1989—2000 年，县财政共向企业基本建设投资、新产品试制、技术改造拨款及筹措周转金 8200 万元，为工业增产、开辟财源提供了有力的支持。

2000 年以后，国有企业相继改制，县财政只对国有资产进行管理。

二、农业财务管理

1989—2009 年，尚义县财政支出中支援农村生产支出类资金达 12616 万元，农林水利气象等部门事业费类资金达 27183 万元。主要用于小型农田水利和水土保持补助；支援农村合作生产组织；支援农技推广和植保补助；农村草场和畜禽保护补助；农村造林和林木保护补助；农村水产补助；农业生产专项资金；发展粮食生产专项资金，农业资源调查和区划、土地管理、其他农林水事业费。

1985 年以后，对农口“事改企”的良种场、苗圃、机井队、林场等单位实行“自收自支，结余留用，亏损不补”的政策，调动了农口干部职工的积极性，收入逐年增加，补贴逐年减少。

三、农税征收管理

1991 年，河北省政府明确规定农业“四税”的征收管理工作由各级财政机关负责，由县政府结合当地情况，执行“以米计算，以款分配，征收代金，以款结算”的办法，确定有关单位和个人代征、代扣、代缴。

农业税　1992 年计税单价根据省、地有关文件精神，做了适当调整，主粮小米价格提高到1.0872元/千克。1996年，河北省农业税计税米价由于提高了粮食征购价格，由原来的1.0812元/千克，提高到1.70元/千克。1998年，为落实中共中央办公厅、国务院办公厅《关于切实做好当前减轻农民负担工作的通知》精神，河北省1998年农业税计税米价下调为1.64元/千克。1999年，农业税计税米价下调为1.24元/千克，以进一步减轻农民负担。农业税附加。农业税附加（又称地方粮）是随着农业税正税附征，由财政部门掌管使用的预算外资金。国家为了减轻农民负担，制止农村任意摊派，对农业税附加的征收比例、使用范围、管理办法等都根据不同时期作出具体规定，农业税附加对发展地方经济建设事业，提高和改善人民物质文化生活水平，都发挥了积极作用。1990—2004年地方附加比例均为15%，但省附加、乡附加的上解和留用每年都有变化。2006年，取消农业税。

农业特产税 在1994年税制改革中，国务院决定取消产品税，将原产品税部分应税科目与原农林特产税归并，统称农业特产税。1989年5月，尚义县制定了《尚义县征收农林特产农业税实施办法》，以平衡农村种养业税收负担，促进全县农村经济的全面发展。从1990年起在全县范围内对林木、水产、果用瓜等农业特产品收入全面征收农林特产税和农业特产税附加，附加随正税一并征收。自1990年起，农业特产税附加由之前的15%降为10%，其中乡留5%，上缴县5%。从1991年起，附加从税率中剔出，仍为10%，县乡各5%。2006年，取消农业特产税。

耕地占用税 耕地占用税实行定额税制，以规定的单位面积的税额作为征收标准，财政部给河北省核定的平均税额为每平方米4.50元，河北省对尚义县规定为每平方米4元。

契税 1988年经国务院批准，在部分城镇实行住房制度改革。为鼓励职工买房，国家给予一次性免征契税的优惠照顾。1992年对职工个人购买住房作了免征契税的具体规定，凡全民城镇集体所有制单位，有当地正式户口的职工，按省、自治区、直辖市人民政府标准价，第一次购买本单位公有住房，在规定住房标准面积以内的，可以免纳契税，免税照顾每户只能享受一次。

1997年10月1日，国务院224号令发布的《中华人民共和国契税暂行条例》开始实施。尚义县财政部门加大了契税征收管理力度，实行了契税委托房产和土地部门代征的办法，当年征收契税6万元。1998年征收契税8万元。2009年征收契税达328万元。

从2010年1月1日起，契税征管划归地方税务局。纳税人申报的房屋交易价格高于最低计税价格的，按申报的价格计算征税；纳税人申报的房屋交易价格低于最低计税价格的，按最低计税价格计算征税。

1989—2010年，全县累计征收契税1253万元。

第七节 预算外资金管理

1988年，尚义县为加强预算外资金管理，掌握各部门预算外收支执行情况，建立了预算外资金收支月报制度。同年，县财政局印发《借用财政专储账户间歇资金管理办法（试行）》，利用预算外资金的时间差解决企业资金短缺，支持企业发展。

1989年财政部门直接管理的预算外资金主要有工商税附加、农业税附加、集体企业折旧基金的30%。代管单位37户，代管收入61万元。

支出管理上，县政府制定《县直行政事业单位预算外资金财政代管办法》和《乡镇预算外资金管理办法》。县直行政事业单位预算外资金实行代管资金报表制度，对已纳入代管的单位实行了编制发放人员经费计划和分日用款计划，规定单位临时用款审批制度，乡镇财政直接管理的预算外资金和乡镇各项统筹资金全部纳入乡镇财政统一管理。乡镇所属的企事业单位的预算外资金实行财政所全额代管。乡镇预算外资金管理达到了统管代管项目、会计科目、核算方式、会计报表“四个统一”。

1993年实行新会计制度，取消企业预算外资金，统一纳入企业自有资金，合并使用。

1994—1995年，全县预算外资金管理从银行开户、收费标准到票据管理和使用等方面进行了彻底清理，清理出的问题进行了纠正和处理。

1996年5月，县人大常委会牵头组织财政、纪委、审计、人行等部门开展了预算外资金执法检查。重点检查了乡镇预算外资金管理情况，17个乡镇的预算外资金全部纳入乡财政代统和代管，避免了因当年撤乡并镇带来的预算外资金管理混乱。

1998年3月，鉴于预算外资金专户储存和“收支两条线”管理中存在的行政事业性收费收入不平衡，单位之间苦乐不均，支出比重失调等问题，成立尚义县预算外资金管理局，专司行政事业性收费、罚没收入、基金附加及非税性财政收入的征收管理工作。尚义县首次实现预算内、外资金统一标准，统一核算，统一管理。5月，开展了对公、检、法、工商四部门落实“收支两条线”情况检查，对四部门及其所属的所、庭、站、股、室进行了认真清理检查。同年，对各执收执罚部门的收费项目、标准、银行账户进行了彻底清理，共撤销账户45个，清理收费项目164个，清理了全县所有的非法票据，统一了票据管理。同年，县财政局制定了《尚义县县直单位预算外资金管理暂行办法》，理顺了与各执收执罚部门关系，建立了收费罚没管理办法和工作程序

1999年5月，全县46个执收执罚部门全部实行“收支两条线”管理规定，有序地规范了收费罚没行为。全年完成收费罚没任务460万元，年终集中资本金、政府调控金120万元，比1998年增长20%。

2000年，收费罚没工作在“收支两条线”的基础上全县实施了“罚缴分离”“收缴分离”，进一步规范和完善了收缴罚没规程，加强了稽查力度。全年完成收费罚没任务530万元，资本金和政府调控金120万元。

2002年，为进一步减轻农民负担，规范农村收费行为，全县推进农村税费改革。鉴于税费改革对财政预算收入的影响和取消乡镇统筹、村提留的实际情况，县政府出台尚义县农村税费改革专项转移支付补助资金分配办法，对乡镇补助资金的安排坚持不减少既得财力、分类支出定额标准一致的原则，明确了乡村两级办学、优抚费、村级管理费财力缺口外补助等。

2004年7月，财政部印发《关于加强政府非税收入管理的通知》，将多年来对预算外资金“两条线管理”改革推向实行政府非税收入分类规范管理的新阶段。当年尚义县行政性收费收入115万元。

2008年，县政府印发《关于调整农村税费改革专项转移支付资金的分配方案》，共安排资金932万元。

2010年，全县非税收入达到828万元。

第八节 会计事务管理

一、贯彻《中华人民共和国会计法》

1993年7月1日,《企业财务通则》和《企业会计准则》正式施行。尚义县财政局对全县国有、集体、私营企业的经理、厂长、会计及财税干部和职业技术学校的学生进行了系统培训,保证了新旧会计制度的顺利衔接。

1996年7月,根据国务院、省、市《关于整顿会计工作秩序的通知》精神和朱镕基总理关于整顿会计工作秩序的“约法三章”,召开了全县整顿会计工作秩序动员大会。截至9月底,全县156个会计核算单位按规定要求进行了自查,自查面达100%,查处了18个存在违纪问题的单位,查出违纪金额38万元。

1997年11月,县直各企业主管部门具体负责所属企业的建账统计工作,全县156个单位,全部纳入建账监管范围。

2000—2010年,全县认真贯彻落实《中华人民共和国会计法》,先后召开两次会计人员普查工作会议,举办了8期《中华人民共和国会计法》培训班,组织了3次会计知识大赛活动,组织开展了全国第四次会计人员普查。

二、会计人员管理

1989年底,尚义县有会计人员406人。其中大专学历13人,中专学历116人,高中及以下277人;有会计技术职称的406人,其中会计师职称的15人,助理会计师职称的130人,会计员职称的261人。

2010年年底,全县有会计人员675人。其中:大学学历111人,大专学历441人,中专123人;有会计技术职称的675人,会计师职称的56人,助理会计师职称的180人,会计员439人。

1991年建立了会计人员档案,分系统、分单位编号登记,会计人员档案一人一卷,分类保管。全面记载了会计人员的基本情况、资质情况及平时各项专业检查中的工作成绩和存在问题。全县组织开展会计工作达标升级活动,加强会计基础工作,健全会计核算体系,强化以法理财观念,全县会计工作开始走上规范化、标准化、科学化的轨道。

1996—2010年,尚义县财政局每年组织举办“会计基础工作规范化展评”活动,开展《中华人民共和国会计法》、会计信息质量检查,并对各乡镇财政所的会计基础工作规范化进行指导和验收。

2009年尚义县开始会计电算化培训和应用,到2010年会计电算化应用单位达到88个。系统内外网络连通,实现了会计信息资源共享。

第九节 控制社会集团购买

1989—2010年,为了正确引导了社会集团消费,杜绝浪费,稳定市场物价,抑制通货膨胀,实现经济的健康发展,尚义县严格执行控购政策,严格控制社会集团购买力,建立了9个定点商店,控制专控商品货源,实行专用发货票管理,有效地控制了社会集团消费。

为贯彻落实国务院从严控制社会集团购买力的决定,按照省、市的文件精神,县控办在全县范围内开展经常性的监督检查,定期或不定期组织人员会同财政、审计、监察、公安等部门,深入基层进行重点抽查、检查,并组织单位互查、联查,发现问题,及时纠正。1989年,严肃查处2起违控购置、假租真购汽车违纪问题。1990年，严格控制社会集团购买力，对各乡镇和行政事业单位进行了全面检查，对存在违控问题的有12个单位，一般违控商品按10%处罚，高档违控商品按20%处罚，并补办手续，罚款全部入库。1995年，进行了自查和重点检查，查出了一批违控商品，挽回了财政损失，正确引导了社会集团消费。是年全县自查面达到100%，自查出违控商品3件，违控金额2万元，对这些单位进行了违控处理。1996年，结合尚义县实际进行了专项检查、自查和重点检查，对被查出的单位，依据政策规定，按照“自查从宽，被查从严”的原则进行了纠正和处理。1997年，根据《河北省小汽车编制管理办法》开始实行小汽车编制管理。2002年，控制社会集团购买力办公室与政府采购办公室合并，由过去专项审批管理向编制管理过渡。2006年后控购管理实行编制管理。

2004年3月，尚义县财政局支付中心

第十节　管理机构

一、县财政局

1989年，县财政局内设预算科、企财科、农财科、综合科、监察科、会计事务科、国有资产管理科，在职干部职工32人。

2010年10月，县财政局内设办公室、预算股、国库股、社会保障股、农财股、企财股、会计事务股、监察股、预算外资金管理中心、信息中心、支付中心，在职干部职工35人。

二、乡镇财政所

1985年1月，全县17个乡镇成立了财政所，每个所设立总会计和出纳各1名。财政所共有工作人员34名。

1996年机构改革，撤并3个乡。全县合并为14个乡镇。每个乡镇设财务所，全县财政所共有工作人员28名。

2002年机构改革，乡镇财政所更名为财经办公室，各乡镇人员编制均为4名，全县14个乡镇总编制为58名。

2010年，全县乡镇财经办公室属乡镇政府内设的股级机构，管理体制由分税制过渡为统收统支。各财政所在行政上受乡镇政府管理，在业务上受县财政部门指导。

第四章　税　务

第一节　税制改革

1990—1993年，尚义县按照规定开征增值税、产品税、印花税、城市维护建设税、房产税等。1991年停征国有企业资金税、国有企业工资调节税、集体企业奖金税，改征企事业单位工资调节税、固定资产投资方向调节税和私营企业所得税3种，1993年增加了合资经营企业所得税以及印花税。

1994年，税制改革前，尚义县征收税种计22种，分别为产品税、增值税、营业税、国有企业所得税、集体企业所得税、私营企业所得税、个人所得税、城乡个体工商户所得税、个人收入调节税、固定资产投资方向调节税、城市维护建设税、国有企业奖金税、集体企业奖金税、事业单位奖金税、国有企业工资调节税、房产税、车船使用税、印花税、屠宰税、牲畜交易税、盐税、城镇土地使用税。

一、分税制

1995年1月，按照国家政治经济体制改革的有关规定，原尚义县税务局分设为尚义县国家税务局、尚义县地方税务局。在机构设置、干部管理、人员编制和经费开支等方面仍实行垂直管理。人员、财产、经费原则上按国税65%、地税35%的比例划分。

两局职能不同，任务各有侧重。国税局将维护国家权益、实施宏观管理所必须划分的中央企业为征收对象，收入全部缴入中央金库。国家税务局系统主要负责下列14种税收的征收和管理：1. 增值税；2. 消费税；3. 进出口产品消费税、增值税、直接对台贸易调节税（委托海关代征）；4. 铁道、各银行、保险公司集中缴纳的营业税、所得税和城市建设维护税；5. 中央企业所得税；6. 地方和外资银行及非银行金融企业所得税；7. 海洋石油企业所得税、资源税；8. 证券交易税；9. 对境内外外商投资企业和外国企业的各项税收及外籍人员（华侨、港澳台同胞）缴纳的个人所得税（按税种分别入中央库和地方库）；10. 出口产品退税的管理；11. 贸易市场和个体户的各项税收；12. 中央税的滞补罚收入；13. 按中央税、共享税附征的教育附加费；14. 国家能源交通重点建设基金、国家预算调节基金。

地税局由地方征收管理的税种作为地方税全部纳入地方各级财政。地税局主要负责下列15种税收的征收和管理：1. 营业税；2 个人所得税；3. 土地增值税；4. 城乡维护建设税；5. 车船税；6. 房产税；7. 屠宰税；8. 资源税；9. 土地使用税；10. 固定资产投资方向调节税；11. 地方企业所得税（包括地方、国有、集体、私营企业）；12. 印花税；13. 契税；14. 地方税的滞纳补罚收入；15. 按地方营业税附征的教育费附加。

20世纪80年代末90年代初，尚义县内的主要税源是商业部门、粮食部门、金融部门及尚义煤矿、刹车元件厂、尚义毛皮厂、造纸厂等厂矿企业。2000年以后，个体经济不断发展，私营企业逐年增加，财政紧张状况明显改善。

2006 年以后，风电企业成为尚义县的支柱产业，并逐渐成为税源大户。2008 年，全县共有纳税户 1005 户。至 2010 年，全县税收支柱产业主要是电力、煤矿、五环机械有限公司、海晟铁精粉加工等企业。

二、农村税费改革

2002 年，按照中央政策尚义县实行了以“三取消（取消乡统筹费、取消屠宰税、取消统一规定的劳动积累工和义务工），两调整（调整农业税政策、调整农业特产税政策），一改革（改革村提留征收使用办法）”为内容的农村税费改革，通过改革全县年均减轻农村税费 1324.39 万元，农民人均减少 79 元。

2003 年，在深化税费改革中，又一次调整了农业税，农业税税率由 7% 调减至 4%，下调后直接减少农民税赋 225.5 万元，人均减少 13.50 元。

2006 年，按照政策全县全部免除农业税，农村公益事业建设“一事一议”制度全面建立，50% 的村建立了村集体财富积累机制。

1989—1994 年尚义县税改前各项税收收入情况表

表 9-5

税　种	年　份	税收总额（万元）	备　注
产品税	1989—1994	321	—
增值税	1989—1994	321	—
营业税	1989—1994	62	—
国有企业所得税	1989—1994	121	—
集体企业所得税	1989—1994	33	—
私营企业所得税	1989—1994	28	—
个人所得税	1989—1994	18	—
城乡个体工商户所得税	1989—1994	12	—
个人收入调节税	1989—1994	6	—
固定资产投资方向调节税	1989—1994	12	—
城市维护建设税	1989—1994	16.05	—
房产税	1989—1994	182	—
车船使用税	1989—1994	61	—
印花税	1989—1994	48	—
屠宰税	1989—1994	30	屠宰税的纳税人为农民和集体伙食单位，为定额税率，按头计征
牲畜交易税	1989—1994	112	—
城镇土地使用税	1989—1994	40	—
教育费附加	1990—1994	9.63	1990 年 8 月 1 日起施行

第二节　国家税务管理

一、国税税种、税率

1995—2010 年，尚义县国家税务局系统征收的税种，流转税类有增值税、消费税；所得税类有企业所得税、个人所得税；财产税类有车辆购置税。

增值税　为中央和地方共享税。增值税纳税人分为小规模纳税人和一般纳税人。1994 年税制改革，尚义县实行基本税率 17%、低税率 13%、零税率三档。

消费税　消费税以特定的消费品的销售额为征收对象，为在中华人民共和国境内生产、委托加工和进口消费税条例规定的消费品的单位和个人。消费税始征于 1994 年，尚义县只对烟、酒、小汽车、贵重首饰、化妆品等 5 类 11 种产品征收消费税。

企业所得税　税法规定，企业所得税的税率为 25%。非居民企业适用税率为 20%。符合条件的小型微利企业，减按 20% 的税率征收企业所得税。国家需要重点扶持的高新技术企业，减按 15% 的税率征收企业所得税。优惠税率为免征、减征等。

个人所得税　尚义县国税局只负责储蓄存款利息所得征收个人所得税。储蓄存款在 1999 年 10 月 31 日前滋生的利息所得，不征收个人所得税；储蓄存款在 1999 年 11 月 1 日至 2007 年 8 月 14 日滋生的利息所得，按照 20% 的比例税率征收个人所得税；储蓄存款在 2007 年 8 月 15 日后滋生的利息所得，按照 5% 的比例税率征收个人所得。从 2005 年 10 月 1 日起，个人为其子女（或被监护人）接受非义务教育（指九年义务教育之外的全日制高中、大中专、大学本科、硕士和博士研究生）在储蓄机构开立教育储蓄专户，并享受利率优惠的存款，其所取得的利息免征个人所得税。

车辆购置税　车辆购置税是由原车辆购置费通过“费改税”转变来的。尚义县从 2001 年 1 月 1 日起施行《中华人民共和国车辆购置税暂行条例》，车辆购置征税范围包括汽车、摩托车、电车、挂车、农用运输车，实行 10% 的统一税率。

1994—2010 年尚义县国家税务局税收情况表

表 9-6　　单位：万元

年　份	增值税	消费税	营业税	企业所得税	个人所得税	车购税	合　计
1994	558	—	32	—	—	—	590
1995	562	—	36	—	—	—	598
1996	636	—	—	—	—	—	636
1997	708	—	20	—	—	—	728
1998	762	—	28	—	—	—	790
1999	550	—	31	—	—	—	581
2000	479	2	26	—	60	—	567
2001	551	40	15	—	117	—	723
2002	624	11	3	—	109	—	747

续表 9-6

年　份	增值税	消费税	营业税	企业所得税	个人所得税	车购税	合　计
2003	745	—	1	—	106	—	852
2004	922	—	—	54	178	—	1154
2005	1392	—	—	—	161	—	1553
2006	1620	—	—	—	199	—	1819
2007	2568	—	—	—	236	—	2804
2008	4512	—	—	35	195	209	4951
2009	3321	—	—	1796	95	485	5697
2010	4592	—	—	1351	7	881	6831

二、国税征收管理

税务登记　1990 年后，全县先后进行过两次换发税务登记的工作。在换发税务登记的同时，对清理出的漏管户、丢失税务登记户，都按政策进行补税罚款处理。2004 年，国税机关将纳税人税务登记纳入信息化管理程序，所有税务登记都在中国税收征管信息系统（CTAIS）中进行录入。

纳税申报　1990 年后，尚义县工商业户的纳税申报制度逐步健全，新修订的税收征收管理法将纳税申报的新形式法定化，允许纳税人和扣缴义务人选择适合自己方便的申报方式。

1994 年前，纳税人申报以手工填写纸质申报表为主，由税收专管员审核签字并据以征收税款。1994 年税制改革以后，一般纳税人增值税通过微机进行申报，小规模纳税人仍以纸质申报为主。2004 年 4 月国税开始推行多元化报税，小规模纳税人实行电话报税，一般纳税人实行网上报税、银行扣税的方式进行。

税款征收方式　对纳税人的税款征收，分情况采取不同的方式。对不能建账和经批准不需建账的小规模纳税人采取定期定额征收和核定征收方式；对能够建账的纳税人实行查账征收方式；对零散税收和个人所得税实行委托代征和代扣方式。

纳税期限　尚义工商业户纳税期限有 3 种形式：一是按期纳税，即国税机关对纳税人主要实行以一个月为纳税期限进行纳税。二是按次纳税，既对于零散税收和代开发票的纳税人实行按次纳税。三是按年计征，既对应缴纳企业所得税的纳税人实行按年计征，分期预缴，年终汇算清缴的方式。

发票管理　1994 年前，根据《全国发票管理暂行办法》的规定，在自印发票上加盖发票监制章，为了防止偷漏税，又对纳税户改为使用剪贴式发票。1994 年，新税制实施后，发票的管理权限按流转税主体税种划分，尚义县增值税纳税人使用的发票由国家税务局管理。如增值税专用发票，工业、商业企业销货发票，加工修理业发票等。营业税纳税人使用的发票由地方税务局管理，如服务业、建筑安装业、运输业、金融保险业等开具的各种发票。发票实行不定期换版制度。县国税机关每年进行一次以发票领、用、存情况为内容的检查，并对基层分局、税务所进行检查或到企业抽查，以监督其发票的使用。

税务稽查　1994 年前，设置尚义县税务稽查分局，内设2个稽查队。1994年8月，税制改革设尚义县国税稽查分局，内设2个稽查队。1995年税务机构分设后，尚义县国税局从完善稽查制度，规范税务执法程序入手，有效提升了稽查工作的质量和效率。1994年税制改革后，国税局积极推行查前告知、查中反馈、稽查建议、查后回访的“阳光稽查”措施。

1990—1999年，完成稽查任务237万元。

2000—2009年，完成386万元。2010年，县局全年稽查直查补税税款46.50万元，企业自查补税72.30万元，共完成118.80万元。

2006—2010年，县国税稽查局共查处73户企业纳税人，查补入库税款83万元，加收滞纳金14.46万元，罚款19.74万元，累计查补入库117.20万元。

减免退税 1994年实行分税制以前，尚义县实行临时性、困难性减免税。中央对地方实行各种不同形式的总额上解决或补贴包干制办法，地方竞相制定优惠政策，使税收调节功能趋于软化的问题，新税制取消了减免税制度，实行税收优惠政策。除法律、法规明确规定的减免税以外，税务机关不再办理任何的临时性、困难性减免税。

2006—2010年，累计减征免征各类税款8003万余元，为风电企业退税4842万元，抵减国产设备进项税税金2500万元。

三、国税税源培植

1995年国税、地税分设后，国税局管辖大量的个体工商户。2000年后，县内个体大户不断发展，私营企业增多。从2006年开始，风电企业逐渐成为县的内支柱产业、税源大户。

2008年国税系统共有纳税户1005户。其中企业216户，个体889户（其中个体双定户起征点以上181户，月定额3.678万元，起征点以下708户）。一般纳税人45户。多元化报税户309户（财税库银联网）。税源上，年纳税100万元以上户有5户。风电产业效果显著，2009年风电企业国华（河北）新能源有限公司、龙源（张家口）风力发电有限公司两个风电企业共缴税4257.30万元，占收入总任务5950万元的71.55%。

2010年，风电企业净入库4257万元。

截至2010年，全县税收支柱产业主要是电力、煤矿、五环机械有限公司、海晟铁精粉加工公司等。纳入国税正常管理的纳税人总户数为1197户，其中一般纳税人52户，小规模纳税人1145户（查账征收285户，起征点以上218户，起征点以下642户）。年纳税1000万元以上的企业有2户（国华风电、龙源风电），年纳税500万元以上1000万元以下的企业有1户（尚义煤矿），年纳税100万元以上500万元以下企业有1户（海晟铁精粉加工有限公司），年纳税50万元以上100万元以下的企业有3户（路腾公路有限公司、义昌煤炭经销公司、通达贸易有限公司）。全局税收收入总量为7000万元。

四、国税管理机构

1995年5月，县国家税务局成立。内设办公室、政工股、征管股、计会股、检察室。派出机构为企业管理所、南壕堑所、大青沟所、八道沟所、红土良所、小蒜沟所等6个税务所。

1996—1999年，企业管理所与南壕堑税务所合并。全局人员为47人。下设办公室、政工股、征管股、计财股、稽查局。派出机构设南壕堑国税所、大青沟国税所和红土良国税所。在职干部职工64人。

2000年，机构改革，撤销乡镇税务所，全县不再设税务所。

2003—2007 年，设置了办税服务厅，派出机构只设置一个南壕堑征收分局。成立了信息中心。提升了稽查局的规格，为副科级单位。撤销政工股，设置人事教育股和监察室。内设机构有办公室、计划统计股、征收管理股、税政管理股、人事教育股、监察室、办税服务厅。直属机构为稽查局和南壕堑征收分局，事业机构票证中心和信息中心。

2008 年，撤销全部税务所等派出机构，全局的所有征管业务全部集中在县城进行办理。全局共有 10 个职能股室：办公室、监察室、人教股、计财股、综合业务股、纳税服务股、信息中心、办税服务厅、税源管理一股、税源管理二股，1 个直属机构稽查局，在职人员 49 人。至 2010 年机构未变。

第三节　地方税务管理

一、地税税种、税率

1995 年，尚义县地方税务系统征收的工商税有 15 个税费项目：营业税、个人所得税、土地增值税、城乡维护建设税、车船税、房产税、屠宰税、资源税、土地使用税、固定资产投资方向调节税、地方企业所得税、印花税、筵席税、地方税的滞补罚收入、按地方营业税附征的教育费附加。到 2010 年年底，地税部门负责征收管理的税费项目有营业税、个人所得税、土地增值税、城乡维护建设税、车船税、房产税、资源税、土地使用税、企业所得税、印花税、社保费、教育费附加、地方教育费附加、文化事业建设费、残疾人就业保障金等。

营业税　1995 年 5 月开征，税率 5%。

个人所得税　1995 年 5 月开征，超额累进税率。

土地增值税　1995 年 5 月开征，四级超率累进税率。

城乡维护建设税　1995 年 5 月开征，税率 7%、5%、1%。

车船税　2007 年 7 月 1 日开征，定额税率。

房产税　1995 年 5 月开征，从价或从租计征 1.20%、4%、12%。

资源税　1995 年 5 月开征，从价定率或从量定额。

土地使用税　1995 年 5 月开征，定额税率。

企业所得税　1995 年 5 月开征，税率 25%。

印花税　1995 年 5 月开征，比例税率或定额税率。

1995—2010 年尚义县地方税务局税收情况表

表 9-7　　单位：万元

税种	年份															
	1995	1996	1997	1998	1999	2000	2001	2002	2003	2004	2005	2006	2007	2008	2009	2010
总计	128.50	369.10	423.10	490.40	532.30	510.70	462.50	774.30	988.40	1322	1834.40	2592.50	3842.20	6198.60	9580	10914.90
一、税收合计	60	356.80	410.60	475.90	515.80	500.30	451.70	526	630.50	771	1007.20	1665	2243.20	3733.10	4824.90	5405.80
营业税	29	134.90	134	204	261.80	255.80	234.90	372	459.90	502.40	525.80	1121.30	1390.30	2728.10	3304.10	2954
企业所得税	2.60	89.70	95.30	38.30	50.10	27	58.90	3.70	4.40	21.40	65.80	77	185	257.90	581.30	775.10
个人所得税	14	10.90	23.50	30.30	16.10	20	36	39.20	45.80	91.40	219.50	166	267.10	260.20	403.40	596.90
资源税	2.90	5.60	10.30	5.40	0	0	22.60	0.70	4	30.30	21.60	77.40	50.70	50	24.80	462.40

续表 9-7

税种	年份															
	1995	1996	1997	1998	1999	2000	2001	2002	2003	2004	2005	2006	2007	2008	2009	2010
固定资产投资调节税	4.70	7.90	0.80	2.90	17.40	0	0	0	0	0	0	0	0	0		
城建税	0.20	20.60	26.50	31.50	21	16.80	25	27.90	31.40	34.60	65.70	74	110.10	132.60	179.50	201.60
房产税	0	30.60	32.30	53.50	40.70	56.60	22.20	27.60	25	32.10	36.10	42.80	58.30	61	41.30	59.80
印花税	3.30	2.20	9.70	4.40	1.60	1.10	1.30	1.30	5	1.80	1.90	44.40	82.80	85.60	166.80	119.20
土地税	3.30	16.30	13.20	30.30	11.20	7.80	11.10	10.80	14.20	18.40	22	32.50	39.40	133.20		
屠宰税		28.70	59.30	68.30	70.80	86.70	5.20	7	0	0	0	0	0	0		
车船税		5.50	5.40	7	25.10	28.50	34.50	35.80	40.80	38.60	48.80	27.30	52.90	17	80.90	120.30
税款滞纳金罚款收入		3.90	0.30													
土地增值税		0	0	0	0	0	0	0	0	0	0	2.30	6.60	7.50	42.80	116.50
二、其他收入合计	68.50	12.30	12.50	14.50	16.50	10.40	10.80	248.30	357.90	551	827.20	927.50	1599	2465.50	4755.10	5509.10
教育费附加收入		12.10	12.30	14.50	16.20	10.30	10.80	22.10	28.30	37.80	28.20	46.90	74.40	120.80	175.10	122
地方教育附加					0.10			0.10		7.90	9.40	16.10	25.10	37	61	72.40
文化事业建设费收入	5.50								0.10	0.10	0.10	0.10	0.20	0.20	0.20	0.20
税务部门其他罚没收入	14.50										0.20	0.40	0.20	1.20	0.90	1.70
义务教育费	29	0.20	0.20		0.20	0.10										
残疾人就业保障金	2.60								0.60	1.50	1.40	2.20	1.90	5	10	15
基本养老保险费收入	14							213.60	310.80	490	739.40	764	1407.10	2206.80	4431.20	5232.10
失业保险费收入	2.90							12.50	18.10	13.70	48.50	97.80	90.10	94.50	76.70	65.70

1995—2010年尚义县地方工商税收情况表

表 9-8

年份	年计划任务（万元）	实际完成合计（万元）	同比增减（%）	实际完成（万元）			
				中央级	省级	市级	县级
1995	230	242.70			80.70		162
1996	270	356.80	47.01		60.70		296.10
1997	410	410.60	15.08		48.10		362.50
1998	448	475.90	15.90		65.90		410
1999	510	515.80	8.38		50.70		465.10
2000	500	500.30	-3.01		36.90		463.40
2001	448	451.70	-9.71		28.20		423.50
2002	472	526	16.45	21.40	59.60	167.10	277.90
2003	530	630.50	19.87	30.10	63.30	102	435.10
2004	670	771	22.28	67.60	79.50	120.50	503.40

续表 9-8

年 份	年计划任务（万元）	实际完成合计（万元）	同比增减（%）	实际完成（万元）			
				中央级	省 级	市 级	县 级
2005	810	1007.20	30.64	171.20	102.50	134.70	598.80
2006	1100	1665.10	65.32	145.80	209.60	198.20	1111.50
2007	1850	2243.20	34.72	271.30	307.20	263	1401.70
2008	2700	3732.90	66.41	310.80	293.30	471.80	2657
2009	4200	4900.40	31.28	591	275.90	730.60	3302.90
2010	5400	5473.20	11.69	823	524		4126.20

二、附加税费征收

1995 年尚义县地方税务局成立后，负责征收的附加税费有社会保险费（养老保险费和失业保险费）、教育费附加、地方教育费附加、文化事业建设费、残疾人就业保障金等 5 种。

1995—2010 年累计征收社会保险费 1770.30 万元、教育费附加 392.70 万元。

三、地税征收管理

税务登记 凡须缴纳地方税的纳税人（只缴纳个人所得税、车船使用税的除外），自领取营业执照之日起 30 日内，持有关证件向地方税务机关申报办理税务登记。未按规定办理的，处以 2000 元以上 1 万元以下的罚款。

发票管理 凡应缴纳营业税的纳税人，在领取税务登记证件后，可向地方税务机关申请领购发票、账簿。

凭证管理 从事生产、经营的纳税人、扣缴义务人按照国务院财政、税务主管部门的规定设置账簿，根据合法有效凭证记账，进行核算。未按规定办理的处 1 万元以下的罚款。

纳税申报 纳税人必须在地方税务机关依法确定的申报期内办理纳税申报，向地方税务机关报送申报表、财务会计报表及其他纳税资料。未按规定办理的，处以 2000 元以上 1 万元以下罚款。

税款缴纳 纳税人必须按照地方税务机关规定的期限缴纳税款，因特殊情况不能按期缴纳的，需填报延期缴纳税款申请审批表，经批准后可延期缴纳，但最长不超过三个月。未按规定缴纳税款的，从滞纳之日起，按日加收滞纳税款千分之二的滞纳金，还要处以不缴或少缴税款五倍以下的罚款。

2010 年底，尚义县地方税务局管理全县纳税人 1580 户，其中企业 255 户，个体工商业户 1325 户（其中起征点以上个体户 216 户）。

四、地税稽查

1995 年 5 月 14 日税制改革，设立派出机构税务稽查大队。

1990—1999 年，完成稽查任务 237 万元。

2000—2009 年，完成 386 万元。

2010 年，全年稽查直查补税税款 43.20 万元，企业自查补税 60.90 万元，共完成 104.10 万元。稽查查补收入入库率 100%，选案准确率 100%，稽查案件结案率 100%。

五、地税管理机构

1995 年 5 月 14 日税制改革，尚义县成立地方税务局，属上级地方税务部门与县人民政府双重管理机构。是年年底全局有34人，内设4个行政股室：办公室、计划会计股、税政管理股、政工股；下辖5个地税所：城镇税务所、大青沟税务所、红土梁税务所、八道沟税务所、小蒜沟税务所；1个派出机构——税务稽查大队。2001年，撤销了小蒜沟税务所、八道沟税务所。2002年，县地税局内设机构办公室、税政征管股、政工股、计划会计股。2003年，撤销了税政征管股，设立了税政管理股、征管法规股。2004年，稽查局设立综合股、选案股、检查股。2005年，撤销红土梁税务所。2008年，撤销大青沟税务所。2009年，撤销了原城镇税务所，成立了第一税务分局、第二税务分局和征收分局。2010年，局内设办公室、政工股、计划会计股、税政管理股、征管法规股；派出副科级机构设第一税务分局、第二税务分局、征收分局、稽查局，干部职工42人。

第五章　审　计

第一节　审计项目

1989—2010年，尚义县主要依据《中华人民共和国审计条例》《中华人民共和国审计法》《中华人民共和国审计法实施条例》等行使审计监督职能。审查监督政府机关的经济计划、预决算的编制和执行情况及财务收支状况，检查财经工作中的违法违纪行为，完善权力制约机制，保证税务机关严格依法办事。其间，尚义县审计局共审计单位1054个，审计总金额144495万元，查出违纪违规金额39669万元，上缴财政491万元，指明要求纠正金额13412万元，核减工程造价2360万元。

1989—1994年，尚义县审计机关主要开展了财务收支审计、企业承包经营审计、资产负债损益审计。1995年,《中华人民共和国审计法》实施，县本级财政预算执行和乡财政决算审计列为法定审计内容，纳入各级审计机关每年必审项目。1998年将支农专项资金审计列为审计重点。2010年，审计覆盖面遍及各行业，审计方式逐步多样化，由单一就地审计发展到送达审计、就地审计、跟踪审计等多种方式。

一、行政事业财务审计

1989年，开始实施全县行政事业单位3年财务实行收支定期审计（每个行政事业单位连续审计3年，3年审遍全县）。至1997年，审计单位数158个，累计查出违纪违规金额520万元。经审计处理，上缴财政4.54万元，罚款2.74万元，归还原渠道资金67万元，纠正违规金额60.80万元。

1998—2004年，主要是对全县行政事业单位“三乱”（即乱收费、乱罚款、乱摊派）现象进行审计，对民政救灾、救济专项资金审计及调查。审计单位数200个，共计查出违纪违规金额2158万元（其中：“三乱”资金152万元）。经审计处理，上缴财政9万元，归还原渠道资金126万元，纠正违规金额1439万元。

2005—2010年，审计工作重点转移到对全县的专项资金综合治理、清理“小金库”的审计。涉及社保专项资金、医保、农村医疗合作基金、“一退双还”资金、京津风沙源治理资金、民政救灾救济资金、土地整理资金、土地招牌挂出让金的审计及审计调查。审计专项资金额25797万元，审计发现有问题资金587万元，纠正220万元，上缴财政4.10万元。

二、财政金融审计

1989—1994年，审计局依照《中华人民共和国审计监督暂行条例》规定，开展对下级政府财政收支的审计监督工作。1991年，开始对乡镇财政决算情况实施审计，按三年轮审一遍的原则进行。1995年1月实施《中华人民共和国审计法》后，县审计局把县本级财政预算执行和乡财政决算审计作为工作重点，县本级预算执行审计每年列入计划，乡级财政决算每三年轮审一次。

财政收支审计开始实行“同级审”与“上审下”相结合的审计监督制度，改变了以往单一的“上审下”制度，扩大了财政收支审计领域，加强了财政收支审计。

2007年开始，县审计部门对地税系统的税收征管和经费收支、2006年及2010年的退耕还林专项资金、2007年的土地出让金和土地开发整理资金进行审计。这些审计项目一般都是由组织项目的审计机关发放统一的实施方案，对审计目标、审计范围、审计对象、审计内容与重点及审计工作要求等都有明确具体的要求，实现了上下联动，资源共享，审计工作做到上下一盘棋，有效整合了审计资源。

1989—2010年，财经贸审计共完成财政、金融单位审计191个次，查出财政违规金额3231.80万元、不规范金额662.50万元、应上缴财政收入25万元、指明要求自行纠正金额1932万元、应调账金额30万元、归还原渠道33万元。

三、建设项目审计

1994年6月，尚义县审计局派员参加了张家口市审计局组织的第一期基建工程审计培训。

1996年8月，在张家口市审计局的帮助与支持下，完成了建局以来第一个基建工程竣工决算审计项目，即尚义县工商银行基建项目的审计。

2003年6—12月，县审计局首次独立完成了张家口市审计局授权项目即省道张尚线张北至哈拉沟段二级公路改建工程项目的审计，审计资金总额25019万元，核减工程造价85万元，查出有问题资金2025万元。填补了尚义基本建设项目审计公路工程项目审计的空白。2008年6—12月，再次独立组织完成了张家口市审计局授权项目省道东商线东号至冀蒙界段公路工程改建项目的审计，审计资金总额22395万元，核减工程造价697万元，查出有问题资金4182万元。2009年参与了丹拉高速公路、张石高速公路（一期）等大型基本建设项目的审计。

截至2010年9月底，共完成基本建设项目审计56个，送审工程决算金额52348万元，审定工程决算499888万元，审减决算金额2360万元，为国家和建设单位节省了大量建设资金。

四、内部审计

尚义县根据《国务院关于审计工作的暂行规定》，印发了《关于建立部门、单位内部审计机构的通知》，明确了设立内部审计机构的范围和任务。1987年12月9日，在县供销社召开第一届内部审计工作现场会。1989年7月，县审计局、县编委办、县监察局联合发文《关于县公安局等单位成立监察审计股的通知》，决定县公安局、县商业局、县联社、县工商局、县粮食局、县经委、县教委、县林业局、县畜牧局、县农业局、县交通局、县水利局、县乡镇企业局、县卫生局、县物资局、县外贸局等16个单位设置监察审计股，开展内部审计监督工作。各单位均设置机构和配备人员，逐步展开监督审计，一定程度上遏制了违规使用财政资金的不良势头。2009年张家口市审计局下文要求各县成立内审协会。

五、社会审计

1989年7月29日，尚义县审计事务所成立。1993年8月审计事务所更名为尚义县审计师事务所。1999年10月，尚义县审计师事务所与审计局脱钩，由于不具备独立办所条件，尚义县审计师事务所被撤销。

六、干部离任审计

1987年开始，尚义对县直工业企业实施承包经营审计是经济责任审计的雏形。1993年开始，尚义县根据1988年《国有工业企业厂长离任经济责任审计办法》，对尚义县鞋厂厂长冯建有实施离任审计，拉开了任期经济责任审计的序幕。2006年受组织部门委托，县审计局对任职时间较长的县直部门“一把手”进行任中审计。1989—2010年，县审计局实施了任期经济责任审计项目共计151项。其中：离任审计132项，任中审计19项，共查出违纪违规资金1316万元，责令上缴财政236万元、归还原渠道158.70万元。通过任期经济责任审计，对领导干部任期内履行经济责任进行了有效监督，为组织部门考核任用干部提供了可靠的决策依据。

七、审计调查

审计调查是随着改革开放的不断深入和发展而进行的一项审计，它对于一些带倾向性、普遍性的问题，开展审计调查，为宏观调控提供可靠的决策依据。1993年对县辖17个乡镇和涉农部门就农民负担进行了专题审计调查，清理了向农民的不合理收费40多项。1995年开展了2个乡4个村上年度村提留、乡统筹等农民负担情况的审计调查，审计调查报告以政府文件全文转发。1998年对县外贸贷款项目情况进行审计调查研究。2001年集中对1998—2000年“普九”“普教”经费的筹集、管理及使用情况进行审计调查。

2002—2010年全县养老保险和待业保险基金征收管理使用情况、农村医保合作基金、民政部门低保资金、救济款物和优抚资金使用情况、退耕还林资金拨付和使用情况等专项审计中审计调查已成为审计工作的重点。其中，对农村医保合作基金、民政部门低保资金的调查报告引起了县政府以及主管部门的重视，采纳了调查报告提出的措施和建议，并转发有关单位执行。

第二节　审计机构

1989年，尚义县审计局内设办公室、行政事业审计股、工业建筑交通审计股、财政金融贸易审计股。1993年5月机构改革，县审计局内部机构设置为办公室、行政事业审计科、工业建筑交通审计科、财政金融贸易审计科。2002年机构改革，编制10人，机构设置为办公室、行政事业审计股、工业建筑交通审计股、财政金融贸易审计股、经济责任审计股。2010年审计局机构、编制未有变化。

2010年7月，尚义县审计部门一线审计人员已全部通过了审计署组织的AO认证考试，计算机审计成为信息化环境下审计工作的发展方向。

第六章 价 格

第一节 价格管理

1989年后，尚义县下放管理权限，改变高度集中的价格管理体系，陆续放开小百货、小文化用品、小针织品、民用小五金、小交电、小日用品、小食品、小农具等1130多种小商品价格，实行工商企业定价。一些重要的工业产品如电子产品和机械产品，也由国家定价改为国家规定基准价格和浮动幅度，企业在规定幅度内自主定价。

1992—1994年，按照建立社会主义市场经济体制的总体要求和政府调节市场的要求，逐步实施市场形成价格，价格引导企业的经济运行机制。除卷烟、民用煤价格、成品油计划内外并轨，一律实行政府定价。县管理的产品价格全部放给企业，地区以上管理的部分产品价格放开。1993年，省及省以上有关部门分工管理价格的商品和交通运输目录下达。除国家、省管重工商品及交通运输有23类111种，国家、省管轻工商品有15类29种，省委托地、市管的14种外，其余全部实行市场调节价。

1994年年初，放开粮食统销价格，价格随行就市。取消粮票，同时发给职工粮食补贴，每人每月5元。当年，放开大部分商品价格，尤其是放开粮价，引起了市场波动，粮油价格上涨，上涨幅度超过20%。为平抑粮价，会同粮食部门进行大量抛售。同时对服务价格加强监督，有效地抑制了物价上涨。之后，尚义县根据上级文件精神，对肉类、鲜蛋、蔬菜、食糖、洗衣粉、小学生作业本6种商品实行差率控制。定期开展市场检查，依法查处串通涨价、囤积居奇，哄抬物价等违法行为。

1999年后，社会商品出现供大于求，社会商品零售价格涨幅降到零以下，经济形势出现疲软。居民消费价格指数为96.80%。2000年，全县物价工作由控制价格上涨转为促使价格总水平适度回升，促进生产，扩大有效需求，增强投资和消费信心。根据国家统一安排，调整邮政、电信、药品、自来水、电价等；放开化肥、农药、农地膜价格，取消申报制。取消对22种人民生活必需品的提价申报制和限价控制措施。

2008年年初，因受国内外市场供应关系变动、产品价格上涨影响，各种食品价格持续上涨，拉动居民消费价格指数明显上升。尚义县成立了临时价格干预工作领导小组，确立了5家调价备案生产经营企业：尚义县太平街双福面粉加工厂、尚义县大青沟宏达面粉加工厂、尚义县供销大厦佳美超市、尚义县亿兆批零审批的6种（类）商品进行了监督检查，对经营者不按规定要求执行价格干预措施以及散布谣言，串通涨价、囤积居奇，哄抬物价等违法行为依法查处。物价局按照河北省对30种城市重点商品和20种农村重点商品价格监测旬报告的要求，对全县市场价格进行了跟踪监测。

一、粮食价格管理

1989—1993年，尚义县粮食价格实行统购统销管理。农村秋粮实行统购管理，城镇居民供应的成品粮价格实行全省统一价，此间，全县粮食价格进行了几次大的调整。

1994年1月1日，国务院决定放开粮食统销价格，实行市场调节。全县城镇居民自1993年12月25日24时，停止了成品粮供应。粮食价格放开后，1994年年初，县内发生了以粮食为主的食品类、家电类商品抢购。为确保粮价改革工作顺利进行，尚义县根据上级部门的部署，采取多项经济调控措施，增加供应，平抑物价，稳定民心。

1989年尚义县秋粮统购价格一览表

表9-9

单位：元/50千克

品种	统购规格	1989年价格	品种	规格	统购价格
春小麦	二等	19.25	谷子	二等	13.54
莜麦	二等	18.47	黍子	二等	15.06
玉米	二等	13.54	胡麻	一等	42.64

2010年尚义县部分粮食市场价格一览表

表9-10

单位：元/50千克

品种	价格	品种	价格
特一粉	141	标准粉	121

二、化肥零售价格管理

1989—1998年，尚义县化肥零售价格全部实行政府定价管理。1999年4月，国务院《关于深化化肥流通体制改革的通知》下发后，化肥出厂价格由政府定价改为政府指导价，确定上下浮动幅度为10%，零售价格一律放开，实行市场调节。化肥价格放开后，随着成本不断提高和市场需求增加，全县化肥市场零售价格逐年呈上升趋势，县工商物价部门加强化肥经营企业和销售市场检查，落实各项政策规定，防止价格异常波动。这期间以进货价格为基准，按照市场价不超过政府指导价10%的幅度进行市场监督控制。

1989—2010年部分年份尚义县化肥价格一览表

表9-11

单位：元/吨

时间	品种	价格	品种	价格	品种	价格	品种	价格
1989年3月	美国产磷酸二铵	1633	—	—	地产碳铵	257	地产磷肥	263
1994年4月	美国产磷酸二铵	2200	美国产尿素	1400	地产碳铵	480	地产磷肥	486
1998年3月	美国产磷酸二铵	2740	美国产尿素	1800	地产碳铵	600	地产磷肥	620
2007年4月	美国产磷酸二铵	3040	美国产尿素	1814	地产碳铵	560	地产磷肥	680
2008年3月	美国产磷酸二铵	5000	美国产尿素	2320	地产碳铵	860	地产磷肥	1100
2009年3月	美国产磷酸二铵	5100	美国产尿素	2340	地产碳铵	880	地产磷肥	1120
2010年4月	美国产磷酸二铵	5180	美国产尿素	2350	地产碳铵	880	地产磷肥	1150

三、食盐价格管理

食盐价由省级物价部门管理，县级物价部门负责监管。1989 年后，县内食盐市场供应充足，价格平稳。2003 年春季“非典”期间，尚义县市场抢购食盐，盐业专营公司积极组织货源，食盐供应充足，物价部门也加大了监管力度，食盐零售控制在专营价格之内，价格未发生大的波动。

1989—2010 年部分年份尚义县食盐零售价格一览表

表 9-12　　单位：元

年　份	原　盐			精粉盐			精制盐			洗粉盐			日晒盐		
	规格	单位	价格	规格	单位	价格	规格	单位	价格	规格	单位	价格	规格	单位	价格
1989	散	吨	780	散	吨	920	—	—	—	—	—	—	—	—	—
1996	2500 克	袋	2.30	—	—	—	1000 克	袋	1.20	—	—	—	—	袋	2.00
2001	—	—	—	—	—	—	—	—	—	—	—	—	200 克	袋	2.00
2003	—	—	—	500 克	袋	0.90	500 克	袋	1.00	500 克	袋	0.80	—	—	—
2006	—	—	—	散	吨	970	400 克	袋	1.00	—	—	—	—	—	—
2007	—	—	—	—	—	—	400 克	袋	1.00	—	—	—	200 克	—	2.20
2008	—	—	—	—	—	—	400 克	袋	1.00	—	—	—	—	—	—
2009	—	—	—	—	—	—	450 克	袋	1.00	—	—	—	—	—	—
2010	—	—	—	—	—	—	450 克	袋	1.00	500 克	袋	—	—	—	—

四、成品油价格管理

1989 年，计划内成品油价格实行政府定价和政府指导价管理，尚义县对成品油实行最高零售限价。计划外成品油须持进货票据由地区级物价部门审批临时价格。

2001—2006 年，县内成品油价受国际市场价格影响，价格波动且呈逐步上升趋势。

2006 年，按照《对部分弱势群体和公益性待业因石油价格形成机制改革增加支出实行财政补贴的意见》，尚义县对种粮农民、国有林业企业和林场苗圃，城市企业，农村道路客运经营者，城市出租车司机按相关规定实行财政补贴。

1989 年尚义县成品油最高零售限价一览表

表 9-13　　单位：元 / 吨

品　种	规　格	单　位	品质比率	零售价格
汽油	70	吨	100	1283
汽油	85	吨	106	1385
柴油	0	吨	100	1135
柴油	+10	吨	96	1105
柴油	−10	吨	106	1185

2009—2010 年尚义县成品油价格表

表 9-14　　　　　　　　　　　　　　　　　　　　　单位：元 / 升

品　种	规　格	单　位	品质比率	最高零售价格	
				2009 年 6 月 1 日	2010 年 4 月 14 日
汽油	90	升	100	5.14	6.10
汽油	93	升	106	5.53	6.58
柴油	0	升	100	5.31	6.42
柴油	-10	升	106	5.53	6.81
柴油	+10	升	96	5.10	6.17

2009 年尚义县继续执行成品油价格补贴政策，县内林场苗圃每亩补贴 2050 元；城市公交车每辆每年补贴 1770 元，城市出租车每辆每年补贴 1480 元，农村道路客运车每辆每年补贴 1770 元。

第二节　收费管理

随着国家经济管理职能的转变，物价职能也逐渐由管价为主向管费为主转变。根据 1989 年 10 月发布的《河北省收费管理暂行办法》，尚义县收费管理规范为三类，即行政性收费、事业性收费和经营服务性收费。通过核发收费许可证，纳入规范管理，一年一审，四年一换，监督管理各单位的收费情况。严格制定收费项目标准，禁止各种乱收费。

一、水价管理

1989—2006 年，尚义县自来水用水价格做过 4 次调整。

1989—2006 年尚义县自来水用水价格调整表

表 9-15　　　　　　　　　　　　　　　　　　　　　单位：元 / 立方米

时　间	机关事业单位	居民生活用水	生产商业、饮食服务业	建筑行业用水	特种行业用水
1993 年	1.20	1.20	1.50	2.00	—
1996 年 4 月	2.00	1.50	2.50	3.00	—
2000 年 2 月	2.50	2.20	3.00	5.00	—
2006 年 7 月	5.00	3.00	6.00	7.00	10.00

2009 年 11 月 25 日，根据国家发改委、住房和城市建设部《关于做好城市供水价格管理工作有关问题的通知》精神，经张家口市物价局批准，尚义县自来水价格由原 6 种价格并为 3 种：

居民生活用水　包括居民家庭用水、学校教学，学生生活用水，3.00 元 / 立方米。

非居民生活用水　包括工业、经营服务业用水和行政事业单位用水，6.05 元 / 立方米。

特种行业用水　包括纯净水、酿酒等以水为原料的制造业生产企业用水，桑拿、洗浴（大众桑拿、洗浴除外），洗车用水，歌舞厅用水等娱乐场所用水，10元/立方米。2010年仍执行此价格。

二、电价管理

县内电力价格实行统一政策、分级管理原则，上网电价和销售电价均由国务院下属的物价部门制定。农村用电实行分类综合电价，分别由省市物价部门制定，县城用电实行国家目录电价。1996年4月全县农村综合电价：居民生活用电每千瓦时（下同）0.45元，农业生产（含排灌）用电0.23元，工副业用电0.64元；县城用电价格：居民生活用电每千瓦时0.22元，非居民用电0.307元，非工业、普通工业用电0.268元；农业生产用电0.218元。1996年6月1日省物价局、电力工业局批准尚义县农村居民生活用电价格为每千瓦时0.50元。1997年4月1日，尚义县农村居民生活用电价格为每千瓦时0.55元。

1999年起，实施电网改造和农电管理体制改革，实现城乡同价，简称“两改一同价”。“两改后”，农村电网实行一户一表，抄表到户。在改造中，电表以下的直接材料费由农民负担（计费电能表、专用表箱由供电部门负责），每户出资250元。

2003年4月1日，全省居民生活用电实行同价，其标准为每千瓦时0.49元，未开征城市公用附加费的城市（含县城）0.475元。实现同价后，农村居民生活用电千瓦时降低6分钱，降幅为12.20%。农村工业和农业生产用电实行过渡电价，标准分别为每千瓦时0.73元和0.37元。

2006年12月10日，城市居民生活用电由每千瓦时0.49调整到0.52元，未开征城市公用附加费的城市（含县城）由0.475调整到0.505元。

2006年6月30日，商业、非居民照明、非普工业用电三类电价合并为一般工商业及其他类电价，实行城乡各类用电同价，合并后的一般工商业及其他类电价，执行峰谷分时电价政策。规定了城乡中小学校教学用电价格统一执行峰谷分时电价政策。

2003年，县政府与国华能源有限公司签发了风能资源合同。9月3日县物价部门为尚义满井风电场逐级申报了上网电价，即每千瓦时0.585元。

2005年1月31日，为天津东方拍卖有限公司尚义石人风电场申报了上网电价，每千瓦时0.60元。

2006年6月、2010年尚义县峰谷分时各类用电价情况表

表9-16

时　间	用电分类	电度电价（元/千瓦时）		基本电价	
		不满1千伏	1～10千伏	最大需量（元/千瓦·月）	变压器容量（元/千伏安·月）
2006年6月	一、居民生活用电	0.49	—	—	—
	二、一般工商业及他	0.6527	0.6427	—	—
	三、大工业电价	—	0.4528	27	18
	四、农业生产电价	0.4252	0.4152	—	—
	五、贫困县农业排灌	0.2402	0.2372	—	—

续表 9-16

时 间	用电分类	电度电价（元 / 千瓦时）		基本电价	
		不满 1 千伏	1 ~ 10 千伏	最大需量（元 / 千瓦·月）	变压器容量（元 / 千伏安·月）
2010 年	一、居民生活用电	0.5050	0.5050	—	—
	二、一般工商业及他	0.7021	0.6871	—	—
	三、大工业电价	—	0.5050	33	22
	四、农业生产电价	0.4552	0.4452	—	—
	五、贫困县农业排灌	0.2702	0.2672	—	—

三、客运出租车价格管理

2007 年，尚义县通达出租客运有限公司正式成立，县物价局按照价格管理权限，核准其收费标准：起步价 2 元（含 2 千米），2 千米以后每千米收 1.20 元，超出 5 千米每千米 1.50 元，夜间 21 点至次日早上 6 点，2 千米后每千米收 1.50 元，超出 5 千米收 1.80 元，要求等待的每 5 分钟按 1 千米收费。

四、行政事业性收费管理

（一）中小学收费管理

1989—1996 年，尚义县中小学学杂费由物价部门批准许可，使用的是财政部门统一印制的专用发票。学生借读费的收取必须符合省政府规定要求。1997 年春季学期开始，学杂费进行了调整，调整后标准：小学，县城每生每学期 40 元，农村每生每学期 25 元。初中，县城每生每学期 60 元，农村每生每学期 40 元。普通高中每生每学期 180 元。职业高中，特殊专业每生每学期 200 元，文科每生每学期 180 元，热门专业每生每学期 600 ~ 800 元。借读费，小学每学期 200 元，初中每学期 300 元，高中每学期 500 元。取暖费，集中供暖，每生每取暖期 20 元，生炉子每生每取暖期 5 元。

2002 年秋季新学年开学起，尚义县农村义务教育阶段中小学收费全部试行“一费制”。全县小学收费标准为 184 元，其中包括教科书费、课堂作业本费、电教教材费、取暖费、原杂费和寄宿制学生住宿费等。初中收费标准在每生每年 260 元，其中包括课堂作业本费、电教教材费、取暖费、学杂费等，寄宿制学生住宿费另收。

2007 年春季开学起，尚义县实行保障机制改革的中小学免收杂费，只按规定代收课本费、作业本费和初中寄宿制学生收取住宿费。

从 2009 年春季开始，取消了住宿费，全县实行保障机制改革的中小学课本费最高限价。1 ~ 2 年级每生每学年 12 元，3 ~ 6 年级每生每学年 17 元，7 ~ 9 年级，每生每学年 28 元。以上规定的课本费和作业本费标准为最高限价，实行“多退少不补”的管理办法，各学校不得突破。因实行“一费制”和免收杂费形成的学校公用经费缺口，按省核定的农村中小学公用经费标准和定额，在上级政府的转移支付资金中予以安排。

（二）民办教育收费管理

尚义县首家民办学校尚义县冠华双语学校于 2004 年 6 月成立，为九年一贯制双语学校。2005 年 5 月，尚义县国风中学成立，为民办完全中学。两个学校的收费标准经县物价局批准后执行。

2004年尚义县冠华双语学校收费标准一览表

表 9-17　　　　单位：元 / 学期

学校	小学		初中	
	培养费	住宿费	培养费	住宿费
冠华双语	780（含杂费、电教教材费）	350（含取暖费、卫生清洁费、洗澡、洗衣费等）	1180（含杂费、电教教材费）	400（含取暖费、卫生清洁费、洗澡、洗衣费等）

（三）电视收视费管理

1995年，尚义县开通有线电视节目传输17套。收视维护费每户每月10元。2003年进行网络改造，新上了有线电视解扰系统，节目传输由17套增加到20套，收视维护费每户每月12元。2009年下半年，县城逐步实施有线数字电视整体转换，节目传输有96套，基本收视维护费城镇居民每户每月26元。到2010年电视收视费仍旧延续，没有变化。

（四）城市污水与垃圾处理费管理

2009年尚义县政府投资建成规模为日处理污水1.50万吨的污水处理厂。同年，新建生活垃圾卫生填埋场一处。经物价局批准，城市污水处理费和城市垃圾处理费自2010年7月16日起按下列标准征收：

1. 城市污水处理费征收标准　居民生活（包括居民家庭生活、学校、教学、学生生活用水）污水处理费（按城市供水和自备井的用水量计算）0.80元 / 立方米，非居民污水处理费（按城市供水和自备井的用水量计算）1.20元 / 立方米，特种行业污水处理费（按城市供水和自备井的用水量计算）2.00元 / 立方米。

2. 城市生活垃圾处理费征收标准　城市居民每户每月3元，暂住人员每人每月2元。国家机关、社会团体、企事业单位、各级各类学校（含幼儿园）按上年末在职人数（包括临时工、合同工、季节工）每人每月1.80元。医院（不含医疗垃圾）、旅店、宾馆、酒店等单位以床位为单位收取，每张床每月4元。其中：旅店、宾馆、酒店按实有床位的60%收取，300张以下床位（不含300张）的医疗机构按宾馆有床位的65%收取，300～500张床位的医疗机构按实有床位的70%收取。

农贸、集贸商场的固定摊位按实际营业场所面积每月每平方米0.50元收取。

商业、服务业、文化、娱乐业等经营单位按营业场所面积每月每平方米0.30元收取。

客运车辆等交通工具，6座以下（含6座）每车每月2元，7～20座（含20座）每车每月3元；20座以上每车每月5元。

建筑垃圾、装潢垃圾及工程渣土每立方米按5元收取。

（五）公路养路费管理

1992年10月6日后，尚义县一般车辆均按费额征收养路费。征收标准：客车每吨每月160元，货车和其他车辆每吨每月150元。其吨位按以下规定计算，货车按底盘标记的载重吨位计策，客车和专用车辆按最高载客人数每10人折合一吨计算，挂车按载重吨位的70%计算，农用柴油车按发动机每14.71千瓦（20马力）折合1吨计算。侧三轮摩托车每月每辆10元，三轮摩托车、小型车每月每辆5元收取。

免征车辆为县级（含副县级）及以上党政机关国家正式定编标准编制内的国家预算内行政经费开支的5人座以下的小型客车、消防车、专用救护车、公路和城市道路养护专用车、防汛专用车以及为老干部配备的车辆，免征公路养路费。

2009年1月1日起，全国范围内统一取消公路养路费、航道养路费、公路运输管理费、公路客货运附加费、水路运输管理费、水运客货运附加费。要求各地要逐步有序取消政府运贷二级公路（含二级公路上的桥梁、隧道）车辆通行费。尚义县按规定执行。

（六）收费许可证管理

1988年5月20日起，收费许可证由省物价局统一印制，各级物价部门核发，有效期2年。1999年1月1日起实施国务院《收费许可证管理办法》，收费许可证核发范围：国家机关、事业单位、代行政府职能的社会团体及其他组织收取行政事业性收费，以及人民法院实施诉讼收费。收费许可证分正本和副本，正本用于收费单位悬挂购买票据，副本用于亮证收费、年审及其他用途，有效期为3年。

第三节　价格监督检查

1989—2010年，尚义县价格监督检查主要是对违反价格政策、法律、法规的行为所进行的监督和检查、审理与处置。价格监督分为政府监督和社会监督两部分，政府监督是价格监督的主要形式，社会监督主要是消费者组织、居民委员会、村民委员会等组织以及消费者对价格的监督、新闻单位对价格的舆论监督。

一、日常监督检查

尚义县物价部门认真落实商品明码标价制度和价格调控监管措施，坚持开展日常检查，妥善应对价格异常波动，有效规范不正当价格行为。2002年以来，物价局通过明察暗访和受理举报，每年都要开展对农资、医疗、交通等19个涉农部门和单位的价费政策执行情况以及14个乡镇涉农收费公示制度落实情况进行检查。开展教育收费专项检查，每年春秋季开学之际，对全县中小学收费情况进行检查，对搭车收费、超标准、超范围等不规范收费进行清退和处理。开通了“12358”价格举报电话，设立价格举报中心，广泛接受价格举报投诉，发动群众参与价格监督。每年元旦、春节、国庆等重大节日期间都要组织市场巡查，重点打击价格欺诈、价格歧视等不法行为，确保市场物价稳定。

截至2010年年底，物价局共受理各类价格举报投诉50起，结案50起，结案率100%。

二、特殊时期物价监管

地震重建物价监管　1998年1月10日尚义县地震后，抗震救灾和重建家园工作全面展开，为防止相关物资价格上涨，县物价部门于1999年5月17日规定了三大用材的最高零售限价（含税金、运费）：水泥325号310元/吨，425号325元/吨；钢材直径6.5毫米2830元/吨，直径12毫米2730元/吨；红砖0.19元/块。

“非典”物价监管　2003年春季，国内发生“非典”疫情，尚义县出现粮食、方便面、食盐等商品抢购。尚义县对防治“非典”相关药品价格进行了干预，实行最高零售限价。重组人干扰素a -2b喷剂，规格10毫升，120喷，每瓶36.80元；12～13层卫生口罩每个4.70元、14层以上5元；板蓝根颗粒剂10克x10袋4.50元。过氧乙酸消毒液和84消毒液实行20%以内的进销差率控制。阿奇霉素、利巴韦林、左氧氟沙星等16种药品实行15%以内的进销差率控制。开展医疗机构、粮店、副食店物价专项检查，共检查医疗单位、药店、个体诊所105家，粮店、副食门市部126家。查封2家销售伪劣消毒液门店，5家抬高粮价的门店被制止，对12家违反价格规定商家给予批评教育和责令改正。

第四节 价格服务

一、价格认证

1991年3月，尚义县成立了物价、公安、检察院、财政、审计等部门相关人员组成的价格评估领导小组，对涉及刑事、民事案件的赃物及资产价格进行评估。

1999年9月1日，尚义县价格事务所成立。

2001年5月，县价格事务所改名为尚义县物价价格认证中心。配备专业人员4名。评估业务范围为有形资产、无形资产，包括企业资产、房产、土地、建筑工程等。2001年6月取得了国家发展和改革委员会的价格鉴证机构资质证。中心配备注册价格鉴证师2名，有涉案物价价格鉴证资格证书人员2名。全县价格鉴证工作基本实现了法治化、规范化和科学化管理。2007—2009年，省政府提出城镇面貌“三年大变样”工作目标，尚义县积极推进落实，县价格认证中心主动配合，拆迁169户，拆迁面积23171.65平方米，补偿金额2199.60万元。

二、价格公共服务

2005年始，县物价部门每年组织开展“价格诚信单位”评选活动。县城个体工商户、民营业主积极参与，妇幼保健院、万隆商场、红雅饭店、邮政局、双桥加油站等5家单位被授予“价格诚信单位”称号。2007—2010年，县物价部门组织开展价格服务进社区、进农户、进企业、进学校、进医院、进商场、进景区为主要内容的“价格服务进万家”活动。

第五节 物价管理机构

1989年，尚义县物价局内设3个科室，行政编制5名，事业编制1名。1992年11月，工商、物价、技术监督局三家合并为工商物价局，内设物价科，负责全县物价工作。1996年3月，物价局从工商物价局分出。2002年，物价局更名为尚义县物价局，内设物价检查所、价格管理科、办公室，行政编制6人，事业编制2人，工勤人员1人。到2010年机构、人员未变。

第七章 工商行政管理

第一节 市场建设

1989年，尚义县内正常开展经营的农贸市场有大青沟农贸市场、南壕堑农贸市场、红土梁农贸市场、小蒜沟农贸市场、大青沟牲畜市场和南壕堑牲畜市场共6处。

1992年，省政府提出市场建设要坚持“人民市场人民建，公益事业大家办；谁投资，谁管理，谁受益”的市场建设方针，坚持国家集体个人一起上，多渠道投资市场建设，尚义县掀起市场建设热潮。

1998年12月，工商行政管理实行省以下垂直管理，市场实行管办分离，工商部门不再投资建设市场。但原有市场资产、人员脱钩过渡缓慢，此情形一直延续到2010年。

2005年年底，全县共有集贸市场15个，注册登记的有8个。其中工商部门兴建的有6个，即尚义县贾海集贸市场中心、南壕堑建材交易市场、大青沟牲畜皮毛交易市场、大青沟瓜果蔬菜批发市场、红土梁综合集贸市场、小蒜沟综合集贸市场。以上6个市场占地面积51248平方米，建筑面积9136平方米，累计投资450万元，年成交额3800万元左右。乡镇部门兴建的市场有5个，即大青沟镇政府和商业局联办的“青沟商城”、套里庄乡的“套里庄综合集贸市场”、小蒜沟镇的“小蒜沟综合集贸市场”、商业局的“供销商城”“南壕堑农贸综合市场”。

附：主要市场简介

贾海集贸中心 贾海集贸市场中心是在原尚义县集贸市场的基础上于1996年11月改建而成，位于县城安宁街中段商贸集聚区。占地面积11342平方米，建筑面积4000平方米，年成交额1500万元左右。有固定摊商150户。固定营业用房97间；固定铁皮营业用棚40间；全封闭交易大厅1个，建筑面积1350平方米，内设售货柜台240米，院内设有半固定布匹售货棚台30个，正面有31间营业用房，产权归县工商局。是县内最大的综合集贸市场。

2004年由个人投资200余万元进行了二次改造建设，改造后四周为二层营业楼，中间为交易大厅的全封闭市场。至2010年市场有固定摊商225户，年成交额2800万元。

南壕堑建材交易市场 市场的前身是南壕堑牲畜交易市场，始建于1988年。位于县城河东街，占地面积8270平方米。由于牲畜市场建成后基本没有交易活动，于1996年总投资21万元，改为建材交易市场，所有权归工商局。个人投资17万元兴建营业用房32间，建筑面积700平方米，投资者有20年的使用权。场内有营业户20家，年成交额280多万元。至2010年市场有固定摊商19户，年成交额2100万元。

大青沟牲畜交易市场 原大青沟牲畜交易市场历史较长，20世纪一直是坝上地区最大的牲畜交易市场，远近闻名。80年代，每年的牲畜成交量达4000多头、匹，交易额最高达100多万元。1983年，牲畜交易市场由原三中南迁至张商公路南、原镇中学东，占地面积27840平方米。该市场建设服务设施比较完善，内设旅店、牲畜棚、装卸牲畜平台、马桩等设施。该市场建成后交易一直比较繁忙，每年都会吸引众多当地和外地客商到此开展交易，带动了大青沟一带经济的发展。后因服务差、收费繁多，再加上邻县市场的兴起，交易逐渐冷清。到1996年，分割成建材和瓜果两个市场部分。到2004年前后基本停市。

2006年11月在大青沟镇东2千米处，新建了大青沟镇牲畜交易市场。占地3.53公顷，总投资50万元，由大青沟镇4名牲畜经纪人筹资建设。市场建有旅店、餐饮、商业等服务区，功能较为齐全。市场内还设有市场管理办公室，工商、公安、检疫等职能部门。仅仅维持了两年左右的时间，就变成了空壳市场。

青沟商城 位于大青沟镇中心原镇政府院内，建成于1993年，当时由大青沟镇政府独家兴建，占地面积6500平方米。1997年经县政府组织协调，与相邻的商业局大青沟百货库贯通，扩建面积5000平方米。2007年12月，由大青沟镇3名个体户集资500余万元对“青沟商城”进行改建，占地面积11500平方米，建筑面积2550平方米。商城呈全封闭状，西、南两面为三层结构楼房，上两层为住宅，下层为经营门店，中间为封闭交易大厅。安置摊位100多个，涉及餐饮、百货、副食等行业，商城水暖电配套齐全，功能完善，物业统一管理。解决了困扰大青沟镇多年的占道经营问题，成为大青沟一处新的商品集散地。

红土梁综合集贸中心　位于红土梁村，属开放的马路市场。集中经营地面积为 4850 平方米，建筑面积 560 平方米，由工商局投资建设，市场经营门店 52 个，累计投资 4 万元。主要经营水果蔬菜等。

小蒜沟综合集贸市场　该市场位于小蒜沟村，1998 年，小蒜沟镇政府将原小学改建为一个占地面积 6800 平方米，营业用房 796 平方米的综合集贸市场，可容纳固定摊位 100 个左右，主要经营水果蔬菜和小百货等，年成交额达 300 多万元。

套里庄综合集贸市场　位于套里庄村，兴起于 20 世纪 90 年代后期。属开放的商业一条街市场，无固定的场址，个人集资兴建营业用房，总投资 21.7 万元，占地面积 18000 平方米，建筑面积 1425 平方米，有固定和临时摊位 100 个，年成交额 200 万元左右。

供销商城尚义县供销社　投资 313 万元兴建，位于县城安宁街中段，2001 年建成投入使用。占地面积 45654 平方米，建筑面积为 7500 平方米。内设货架、柜台 120 多套。以经营小百货、服装、鞋帽、副食品为主。年成交额在 500 万元左右。商城由县供销社管理。

南壕堑猪仔市场　位于县城街心花园原百货一商场西，是自发形成的一个猪仔行市。历史悠久，从民国初期一直延续下来。每年县城周边的农民，肩背担挑到此地出售自己的猪仔。这样的状况一直延续到 2010 年。

大青沟蔬菜市场　1989 年，大青沟没有固定的蔬菜交易市场，村民零星交易十分随意。1996 年以后，大青沟一带开始大面积种植蔬菜，规模性交易最初只在张科村冷库周边。随着全镇种植面积的不断扩大，大批错季蔬菜逐渐进入全国各地交易批发市场，同时每年都会有一些外地客商前往地头采购。1999 年，大青沟镇投资在小五村建起了一个封闭蔬菜交易市场，但由于市场功能不全设施简陋，挂牌后实际并未真正使用。随着蔬菜产量逐年提高，更多的蔬菜需要经过加工打冷才能运到更远的地方销售。从 2003 年起，小五村周边一带，个人投资的恒温库不断建成投入使用。每年 6 月末至 9 月底，蔬菜销售进入旺季，大批外地客商、打工仔、拉菜车辆云集大青沟，不仅快速销售了当地蔬菜，也带动了旅店、餐饮等服务行业的发展。到 2010 年，全镇注册登记的蔬菜恒温库和农民专业合作社达到 11 家，年销售蔬菜三四千万千克。

大营盘蔬菜市场　位于大营盘村，市场水、电、路等基础设施由大营盘乡政府建设，占地面积 9 万平方米，2004 年 9 月底建成。由本地和外地客商共同投资 560 万元兴建恒温库 2000 平方米，建餐饮、住宿、办公房间 80 间。市场可满足周边乡镇的 3300 余公顷蔬菜上市交易需求，为尚义县坝上蔬菜产销提供了极大的方便。

县城早市　位于县城平安西街“街心花园”周边。该市场自发形成，开始主要经营本地农民自产蔬菜、瓜果，逐步发展成为百货、副食等门类繁杂的集贸早市。每天清晨，众多手推肩挑车拉的各类商品陆续上市，开始只有十几摊，逐步发展到近百摊。每天五六点开市，八九点歇市，成为县城居民购买生活必需品的重要场所。

尚义县农贸综合市场　该市场于 2010 年 9 月 25 日投入使用。由县政府投资 280 万元，在拆除原电影院旧址上新建。主体全部采用钢结构，占地面积3000平方米，建筑面积2500平方米。可容纳肉类、蔬菜、水果、调味品、水产品等各类零售经营摊点180多个，基本将平安大街两侧的占道经营摊点全部纳入，成为县城居民的主要菜篮子。拆除了县城唯一的大型影剧院，成为尚义人心中永久的怀念。

1989—2010年尚义县集市贸易成交额情况表

表9-18 单位：万元

年　份	交易额	年　份	交易额	年　份	交易额
1989	816	1997	8215	2005	21365
1990	1215	1998	8650	2006	23415
1991	1285	1999	9520	2007	24783
1992	1490	2000	10890	2008	26135
1993	2448	2001	12550	2009	29156
1994	3915	2002	13950	2010	31560
1995	6342	2003	15680		
1996	7889	2004	18150		

第二节　市场管理

各工商管理所日常对辖区集贸市场进行全面监督管理，检查是否无证经营、是否制售假冒伪劣商品，查处打击欺行霸市、哄抬物价、以次充好、掺杂使假、缺斤少秤等违法违章行为。每年在五一、中秋、国庆、元旦、春节等重大节日期间都要组织大规模市场商品大检查。随着职能转变和市场监督管理的实际需要，又推行了市场巡查制，努力实现对市场主体全方位的动态监管。2005年，工商执法监督实行网络化管理，在完善经济户口的基础上，各工商所将辖区划分为若干个责任区分配给每个执法小组，按照“横管到边、纵管到底、权责分明、不留死角”的要求，各负其责，促进了市场监管到位。

一、物资交流会市场管理

改革开放以后，物资、牲畜交流大会成为全县城乡群众生活中的盛事。1989—1998年，全县每年都要举办1次大型的物资牲畜交流大会和3～5次商品集中展销会。主会场一般设在县城或大青沟镇。其间人们可以集中选购品种相对丰富、物美价廉的各种商品。农民在交流会上买卖、交换自家的牛、马、驴、骡等大牲畜。届时马戏、杂技、飞车、电影等同场演出助兴，各种游乐项目花样繁多，其消费规模已接近或超过商品交易。一年一度的交流会也逐年成为商品交易和文化娱乐的盛宴。交流会期一般7～10天。2007年后“物资牲畜交流会”改称为“物资文化交流会”，原来交流会是以商品交易为主，逐步演变为以文化娱乐为主。

物资牲畜交流大会主要由县工商部门筹备主办，文化、公安等有关部门协作。

1998年后，除县城外，各乡镇每年都要在乡镇所在地主办一次物资交流会。工商部门在物资交流大会期间，一方面为客商提供全方位服务，另一方面查处假冒伪劣商品、打击投机倒把，维护市场秩序，抓好安全等管理工作。会期要收取一定数额的摊位费，本着“取之以会，用之以会”的原则，主要用于交流会人员、水电、场地等方面的开支。

1999—2003年，县城因城建改造未召开交流会。但红土梁镇、小蒜沟镇、大青沟镇、坑塄乡、八道沟镇等乡镇每年都举办交流会。

2004—2007年，县城每年举办一次交流会。

2008年后，因奥运安保、国庆安保以及城镇改造等原因，县城交流大会停办，直至2010年。

1989—2007年尚义县物资交流会情况一览表

表9-19

举办时间	地点	上市摊位（个）					成交额（万元）	人流量（万人次）
		合计	国营	集体	个体	临时		
1989年7月30日	县城	590	40	50	350	150	110	9.50
1989年8月10日	大青沟	535	40	55	300	140	120	10
1989年8月20日	红土梁	320	30	40	150	100	60	4
1989年8月27日	小蒜沟	260	20	20	140	80	40	3
1990年7月25日	县城	490	40	50	300	100	150	10
1990年8月5日	大青沟	480	30	60	280	110	130	9
1990年8月15日	红土梁	330	35	45	150	100	52	5
1991年7月20日	县城	500	40	50	310	100	160	9
1991年8月1日	大青沟	490	30	40	320	100	130	10
1992年7月30日	县城	530	30	40	350	110	150	9
1992年8月10日	大青沟	490	20	30	320	120	140	10
1993年7月10日	县城	520	40	30	350	100	115	8
1993年8月2日	大青沟	430	30	20	300	80	130	8
1994年7月20日	县城	580	20	30	380	150	170	10
1994年8月2日	大青沟	525	20	25	350	130	150	9
1994年8月12日	红土梁	440	15	25	250	150	70	5
1995年7月30日	县城	600	20	30	400	150	180	10
1995年8月10日	大青沟	560	20	30	410	100	150	9
1996年8月10日	大青沟	650	20	30	450	150	190	10
1997年8月1日	县城	640	30	40	400	170	180	10
1998年8月1日	大青沟	505	25	30	300	150	140	7
2004年8月6日	县城	740	20	20	500	200	210	11
2005年7月15日	县城	760	25	20	400	315	230	10
2006年7月20日	县城	770	20	20	400	330	250	10
2007年8月2日	县城	780	15	15	450	300	265	9

二、粮食市场管理

1989年尚义县恢复粮食合同定购，在保证合同定购的前提下，全县粮食市场全年开放。1998年国务院发布了《粮食收购条例》，县工商部门开展了为期40天的粮食市场监管专项检查，查处违法经营粮食案8起，查扣粮食29406千克，没收粮食13232千克，罚款1.50万元。1999年10月，尚义县除坝下玉米外，其他粮食都逐步放开，但经营粮食必须经工商部门注册登记。

到2010年年底，尚义县有粮食加工企业9家，个体工商户经营粮食的门店有120多家。

三、牲畜交易市场管理

尚义县牲畜交易市场历史悠久，交易活动非常活跃。1989年前县工商局在大青沟牲畜交易市场设立市场管理所，常年驻场开展管理和服务。在监管上，工商部门主要是维护市场内正常的交易秩序，收取交易费，取缔和查处场外交易（俗称黑市）行为。全县大牲畜交易大部分都在大青沟牲畜交易市场内进行，上市量和成交额逐年增加，成为坝上远近闻名的“马桥”。

20世纪90年代，随着生产力的发展，牲畜养殖由使役型向食肉型转变，牲畜交易渐现冷清。同时尚义县大力扶持龙头养殖园区，实施畜牧养殖“公司+基地+农户”的产业化生产，各级政府组织批量引进畜禽新品种，订单销售，个体市场交易减少。张北等邻县利用区位优势大量建设牲畜交易市场，分流了市场交易份额，再加上受“三乱”（乱设卡、乱罚款、乱收费）影响，交易量开始急剧萎缩，大青沟牲畜交易市场逐步走向萧条。

四、生产资料市场管理

1989年前，尚义县的生产资料一直由县物资局和供销社下属的有关公司经营。随着改革开放的不断深入，有些生产资料逐步放开，开始允许多家经营。1994年按照国家工商行政管理总局的规定，各级工商部门不仅要依法监督管理消费品市场、生产资料市场，而且还要参与监督管理金融、劳动力、房地产、技术、信息等生产要素市场的管理。1995年和1996年分别在县城、大青沟建成建材市场，上市交易的产品主要有钢材、水泥、木材、玻璃以及其他一些建筑材料和一些家庭装饰材料。入场者大部分是个体工商户，自购自销，现货交易。凡入场交易的都要经

1990年的大青沟牲畜交易市场

工商部门核发营业执照，接受工商等有关部门的监督管理，每月按规定交纳一定的税金和管理费。

化肥、农药、种子等主要由供销社生产资料公司经营。一般小型农机具各乡镇、供销社或个体摊点都有经营。小型拖拉机、农用三轮车和四轮车由原来的农机公司设点经营。农业生产资料每年都是工商部门监督管理的重点。生产要素市场在尚义县形成较晚，受各种因素的制约，到2010年县工商部门尚未介入管理。

五、蔬菜市场管理

1989年以后，尚义县大力发展蔬菜产业。2004年，全县蔬菜种植面积达到6666.67公顷，全年蔬菜产量4亿千克。每到蔬菜集中上市季节，强买强卖、压级压价等现象时有发生。县工商部门除免收市场管理费，为运输蔬菜车辆开辟绿色通道外，并与公安部门和乡镇政府密切配合，深入田间地头开展巡查，打击压级压价、欺行霸市等不法行为，维护市场正常秩序。截至2010年年底，为菜农、外地商贩提供购销信息350多条，处理了75名不法分子。

六、市场经纪人管理

尚义县大牲畜交易经纪人（俗称“牙子”）由来已久，过去一直处于半公开状态。改革开放后，开始正当公开活动，走村串户，活跃在周边省、市，为外地客商购买大牲畜牵线搭桥，为活跃牲畜交易做出了一定的贡献。1989年，全县大牲畜经纪人已经发展到200多人。

1995年，全县农村产业结构调整，蔬菜种植、奶牛园区建设、小尾寒羊养殖、口蘑栽培等逐渐成为县域经济支柱产业。在规模扩大、产量增加、农民增收的同时，蔬菜销售难成了各级政府面临的考验。在各级政府的支持鼓励下，蔬菜协会、干部经纪人和农村经纪人应运而生。1997年全县建立了5个蔬菜经纪人协会，设立蔬菜购销联系点60个，会员人数达1200多人。2007年年底，共发展蔬菜经纪人858人（其中领证登记的195人），蔬菜经纪人同农民签订合同847份，总面积达到4700公顷，交易额达7000余万元。

1997年，县工商局依据《经纪人管理办法》和《河北省经纪资格认定实施意见》，对全县经纪人进行了登记管理、培训、考核、颁发营业执照。

2006年，成立尚义县农村经纪人协会，各乡镇相应成立了经纪人分会。至此，经纪人活动开始向人才、劳务、房地产等领域逐步扩展，尚义县经纪人及经济组织已遍布各个行业。

2010年年底，全县各类经纪人超过1000人。

七、创建文明市场

尚义县根据省、地区制定的“文明集贸市场”标准，制定了“市场管理人员守则”和经营户“文明经营十条标准”，开展了创建文明集贸市场活动。1989年，南壕堑综合集贸市场被河北省工商局评为“文明集贸市场”；1990年，大青沟牲畜交易市场被张家口地区工商局评为“文明集贸市场”；1991—1996年，南壕堑综合集贸市场连续6年被张家口地、市工商局评为“文明集贸市场”。

第三节　个体私营企业管理

一、个体私营经济的发展

1989年前后，全县个体私营经济发展因为担心政策不稳定，加上税费负担重，缺乏竞争力等主客观因素出现了徘徊滑坡现象，一些个体工商户和私营企业有的放弃从业或转行，还有的千方百计挂靠集体企业。

1992 年，邓小平南方发表谈话，提出了“三个有利于”论述，给个体私营经济的发展指明了方向。省委、省政府出台政策，在经营范围、经营方式、注册登记条件等方面都予以放宽，并鼓励个体经济租赁、承包、兼并和参与国有集体企业的改革。尚义县的个体户和私营企业老板吃了定心丸，全县个体工商业发展呈现出了良好发展势头。1998 年年底，达到 4461 户。有限责任公司、独资企业、合伙企业也呈逐年上升趋势。

1999 年 3 月，九届人大二次会议通过的宪法修正案彻底扫除了发展个体私营经济的障碍，尚义个体私营经济开始向规模型、效益型转变。2004 年年底，私营企业由 1998 年年底的 40 户发展到 161 户，私营企业户均注册资金达到 148 万元。

2010 年年底，全县注册登记的个体工商户共 2890 户，从业人员 4629 人，经营资本 10272 万元。其中服务业 642 户（餐饮 305 户、租赁和商务服务 53 户、居民服务 284 户），从业人员 1029 人，经营资本 2083 万元。

二、管理与服务

县工商局和个体劳动者协会每年都要举办各类学习培训、知识竞赛、评先选优等活动，不断推进个体工商户遵纪守法，文明经营，诚实守信，引导个体私营经济健康发展。

1989 年 10 月，县工商局对个体户实行定额收取管理费，按行业和经营地段核定收费标准，对号入座，纠正了随意收取。2004 年实行个体户到工商所缴费的办法，进一步规范了收费工作。

1997 年后在交通、公安交警等部门的配合下，县工商局对全县交通运输业无证运营进行了清理整顿。当年为 200 户补发了长期营业执照，300 户补发了临时执照，对剩余 500 多户主要从事农田拉运的，进行了备案。2003 年 1 月 6 日国务院发布《无照经营查处办法》，尚义县进一步加大了无照经营查处力度，多次开展专项战役。2004—2010 年查处无照经营行为 580 起。

2005 年以后，县政府先后出台了多条支持全民创业的优惠政策，印发了《关于发展个体私营经济的决定》（84 条优惠政策），全县干部职工树立“亲商、护商”的理念，推行政策零库存、环境零干扰、服务零距离制度，降低准入条件。各部门下放登记审批权限，支持培育农村市场主体，服务经济发展。开通绿色通道，登记注册“一条龙”，落实首办责任制，简化工作程序，减免费用，做到当天办、随时办、马上办、热心办、办得好。支持和鼓励下岗失业人员、大学毕业生、退役军人自主创业。

2008 年 9 月 1 日根据国家工商总局有关通知，尚义县全面停止个体工商户管理费和集贸市场管理费的收取。

个体营业执照年度检验是工商部门加强管理的主要手段，每年在上半年进行。届时市管员深入每家每户，现场检查营业执照是否悬挂，是否超范围经营，同时也检查业户的生产经营实际状况，重点看有没有假冒伪劣商品等。符合规定的业户在其营业执照上贴上印花，不符合规定的责令限期整改。

附：1989—2010 年县城部分个体商户和私营企业

餐饮业 张宽熏肉铺（怀安人）、张海熏肉铺、小付熏肉铺、方启熏肉铺、老段饸饹馆、王应中饸饹馆、老戈花园酒家、田富熏鸡馆、宋和旺排骨馆、老索回民牛肉馅饼、马世义面包房、二根饭馆、聋子拉面馆、德园包子店、红雅饭店、养生锅酒楼、老干馅饼。

商贸业 亿兆食品批发部、华龙食品批发部、陈建国副食品门市部、伊利奶品尚义代理、蒙牛奶品尚义代理、三侉副食批发部、云亿食品、世界林玉香粉条加工、三大头豆芽、马兵豆腐、桥头面粉加工、二蔚县牛羊肉、大众家电商城、高杰家电商场、酒友批发部、南方化妆品、小林糕点（浙江人）、何三煤炭销售、琼华窗帘灯具洁具、王贵建筑材料。

眼镜业 明亮眼镜店、大明眼镜店、童武德眼镜店。

服装业 大同门市部（山西人）、三骉皮革城、潘建中服装专卖店、杨占云皮鞋店、白海皮衣万隆商厦。

服务业 迷你发廊（浙江人）、郭美枝理发、任万亮理发（康保县人）、孙贵理发、三羊倌旅店、大台北照相馆、红光照相、王牌装潢、长城装潢、程占利手机店、二虎游戏厅、花园杨生刻章、二拐子修鞋、喜洋洋婚庆公司。

歌舞洗浴业 莲英歌舞厅、海天歌舞厅、城东歌舞厅、伞中情洗浴、净水潭洗浴、四大洋洗浴。

加工制造业 大拐子白铁加工、李玉香裁缝铺、吕富木匠铺、兰五电气焊。

修理业 李金修车行、靳志忠电器修理、高林芳机电修理。

交通运输业 三大汉货运、王占客运、司秀才客运。

建筑业 王美工程队、王富工程队、李平工程队、张荣工程队、张财工程队、忻龙贵工程队、张彪工程队。

第四节 工商企业登记管理

1988 年，依照国务院发布的《中华人民共和国企业法人登记管理条例》和《中华人民共和国私营企业暂行条例》，尚义县工商企业登记由营业登记转变成法人登记。

1990 年，对符合法人企业的 135 户企业核发了中华人民共和国企业法人营业执照，对不符合法人企业的 512 户企业核发了营业执照。

2002 年，尚义县制定扶持企业改革的 18 条实施意见，对 25 户重组的国有集体企业重新进行了登记。对冠用省、市名称的 5 户企业（河北晋蒙义煤炭经销有限公司、河北二绿草业开发有限责任公司、河北义羊肉制品有限责任公司、张家口新苑园林绿化建设有限公司、张家口瑞源口蘑有限责任公司）专门派员帮助到省、市局办理注册登记。

2003 年，全县工商企业开展“诚信企业”教育管理活动，权限设置上实现了初审、收费、检查三分离，人员配备上实行了户籍、巡查、稽查分议，在资料设置上实行了档、卡、账制度，在服务措施上启动了“一审一核制”。

2006 年，开启登记“绿色通道”，全力支持新农村建设。全县在册登记各类内资企业 473 户，注册资金 31704 万元，其中集体企业 315 户，有限责任公司 88 户。

2007 年，简化签字审批手续，加快审批流程。当年共办理登记注册的 941 户，占申请户数的 100%，办理名称登记 81 户，全部为当场核准。印制年检通知书 1000 余份。年检中对登记事项不规范的全部予以修正。对提供虚假年检材料、逾期年检等违法行为进行了处罚，共处罚企业 25 户，罚款 2.95 万元。对 83 户未参加上年度年检的企业予以吊销营业执照。同时加大对煤矿、非煤矿山等涉及安全生产行业的审查，凡是不符合安全生产要求的一律不予通过年检。9月开始，全面使用综合业务系统对市场巡查进行录入，对企业进行信用分类监管，共录入各类巡查信息404户、798条。

截至2010年12月8日，全县注册登记的企业539户，注册资本98194万元。其中私营企业280户，注册资本43595万元；内资企业199户，注册资本42845万元；农民专业合作社61户，出资总额7122.96万元。全县100万元以上规模企业142户。

第五节　外资企业登记管理

1997年，尚义县诞生了第一家中外合资企业——张家口市华玉粮油制品有限公司。该公司系尚义县粮油公司和日本东京玉成株式会社合资的企业，投资总额250万元人民币，其中中方投资150万元，日方投资100万元。董事长由中方刘建堂担任，总经理由日方代理侯权民担任，经营范围为粮食油料及制品加工，经营地址设在尚义县粮食局直属库院内。

2004年，由日本三通国际商事株式会社投资250万元人民币在七甲乡二道洼行政村，注册“三通草原（张家口）生态农牧场”，为外方独资企业，经营范围为蔬菜牧草种植加工。

截至2010年，全县外商投资企业共有3家。

第六节　经济合同管理

一、经济合同监督与管理

县工商部门根据《中华人民共和国合同法》《中华人民共和国担保法》赋予的合同鉴定职能，帮助企业建立合同管理制度，建立合同台账，统一使用河北省工商局监制的合同示范文本，实行业务人员签订经济合同的资格证书制度。为贯彻实施《中华人民共和国合同法》，1989—2005年，县工商局培训合同管理人员1000多人次，接受咨询1000多人次，签订合同11510份，金额3.50亿元。处理合同纠纷105起，为企业追回合同纠纷款100多万元，确认无效合同20份，查处违法合同案件8起。

2006年以后，合同监管的主要职责是打击合同欺诈行为。重点检查房地产开发商、农副产品生产经营企业、房屋中介和旅行社合同。督促房地产经营企业使用商品房买卖合同示范文本。2007年，从严打击发布“房产抵押贷款”“按揭房再贷款”等超越自身经营范围欺骗消费者的违法行为，打击无预售或现售资格发布预售和现售广告，打击利用格式合同欺骗消费者等违法行为。全年共对6家无照或超范围经营房地产业务和2家擅自发布预售广告的企业进行了立案查处。2008—2010年，全县备案登记抵押合同5份，抵押物价值9685万元，帮助企业取得银行贷款5000万元。

二、“重合同守信用”活动

1984年，开始开展“重合同守信用企业”活动。县百货公司和尚义县陶瓷厂等4家企业连续7年被省工商局命名为“重合同守信用企业”；县皮毛厂、尚义县雪城毛纺织厂2家企业连续3年被省工商局命名为“重合同守信用企业”；县供销合作社大青沟供销社连续两年被省工商局命名为“重合同守信用企业”。

1990年，县刹车元件厂、县造纸厂被张家口地区工商局命名为“重合同守信用企业”。

1999年，县石油分公司被省工商局命名为“重合同守信用企业”。

2002年，县酒业有限公司、尚义县建筑公司等3家企业被省工商局命名为“重合同守信用单位”。

2003年，金鑫有限责任公司被省工商局命名为“重合同守信用企业”。

2005—2009年，张家口伦比服饰有限公司连续被张家口市工商局评为“重合同守信用企业”。

2008—2010年，有8家企业被张家口市工商局评为“重合同守信用企业”。

三、经济合同仲裁

20世纪80年代后期，尚义县成立经济合同仲裁委员会。1989—2000年，经济合同仲裁委员会根据《经济合同仲裁条例》及有关经济合同仲裁法规，共调解仲裁合同纠纷案45件。2000年因职责转变，该机构停止工作。

第七节　经济监督检查

1989年，尚义县坚持专项整治和日常整治相结合，对经济领域中走私贩私、对投机倒把、不正当竞争行为、制假售假行为依法给予打击。1999年，开始对具有垄断地位的电信、金融、保险、供电、供水等公共事业行业进行监督检查。

2006年6月11日，成立了治理商业贿赂工作领导小组。当年共查处商业贿赂案8起，其中立案6起，结案4起，罚没款3.20万元。

截至2010年年底，县工商局累计查处各类违章违法案件2500多件，价值125万元，没收违禁物品10万余元，罚没款35万余元，移交司法机关治安处罚或刑事处罚的有12人次。

第八节　商标管理

一、商标注册

随着市场经济不断发展，商标注册日益受到县内企业的重视。

1989—2010年，尚义县认真贯彻落实《中华人民共和国商标法》，加强对商标注册登记进行引导和监管。广泛宣传贯彻《中华人民共和国商标法》，多次举办商标管理人员培训和知识竞赛。每年利用“3·15”活动举办假冒商品展览活动，现场散发商标法宣传材料。工商局认真实施“一所一标”工程，积极推动商标战略的实施，鼓励引导企业和农民专业合作社积极注册商标。同时积极创建著名商标和驰名商标，利用品牌优势提升企业的竞争力。全县累计注册各类商标35个。其中有14个商标因企业破产或关停没有使用。2009—2010年，尚亿、大青沟佳禾两个商标获得了河北省著名商标称号。

1989—2010年尚义县工商企业注册商标登记情况表

表9-20

商标名称	注册时间	核准时间	企业名称	使用范围
雪城	1989年6月	1990年4月	河北省尚义县雪城毛纺织厂	毛纱、绒线
尚华	1989年8月	1990年7月	尚义县商业局食品工业司	罐头
尚隆	1990年11月	1991年11月	尚义县供销社肉类联工厂	罐头
雄图	1991年12月	1992年12月	河北省张家口尚义煤械厂	钻机、泥浆泵
奇达	1992年6月	1993年5月	尚义县粮油制品厂	燕麦食品
哈路	1993年12月	1995年6月	尚义县酿酒厂	白酒

续表 9-20

商标名称	注册时间	核准时间	企业名称	使用范围
金杉	1993 年 12 月	1995 年 8 月	尚义县金杉实业有限公司	羊毛被
尚亚	1996 年 9 月	1997 年 10 月	河北省尚义县造纸厂	箱纸板、纸箱
奥发	1997 年 12 月	1999 年 4 月	河北省尚义县油脂化工厂	亚麻油及化工产品
飘旭	1997 年 9 月	1998 年 11 月	河北省尚义县粉丝厂	纯豆粉皮
SY	1999 年 11 月	2001 年 5 月	河北省尚义酒业有限公司	白酒
尚缘	2000 年 11 月	2002 年 1 月	河北省尚义酒业有限公司	白酒
尚义缘	2000 年 11 月	2002 年 2 月	河北省尚义酒业有限公司	白酒
尚亿	2001 年 8 月	2002 年 9 月	张家口市瑞源口蘑有限公司	蘑菇制品
DRAGONCOM	2002 年 4 月	2003 年 10 月	尚义县察哈尔牧场管理有限公司	工业用化学品
龙浩	2002 年 4 月	2003 年 10 月	尚义县察哈尔牧场管理有限公司	金属建筑材料
坝上	2002 年 12 月	2004 年 9 月	河北坝上林木种苗有限公司	花盆用土、肥料
坝上青	2002 年 12 月	2004 年 9 月	河北坝上林木种苗有限公司	花盆用土、肥料
坝森	2002 年 12 月	2004 年 9 月	河北坝上林木种苗有限公司	花盆用土、肥料
坝青	2002 年 12 月	2004 年 9 月	河北坝上林木种苗有限公司	花盆用土、肥料
君超	2004 年 6 月	2006 年 9 月	闫署海家用电器店	家用电器
伦比	2004 年 6 月	2008 年 1 月	张家口伦比服饰有限公司	服装
金伦比	2005 年 3 月	2008 年 12 月	张家口伦比服饰有限公司	服装
中海隆	2005 年 11 月	2008 年 11 月	刘海水暖店	暖气片、热水器
常顺达	2005 年 12 月	2008 年 10 月	石井乡洪水淖村常成河	肉、鱼制品
石井	2006 年 1 月	2008 年 12 月	赵树成肉食店	肉、肉片
义羊	2006 年 4 月	2009 年 4 月	河北义羊肉制品有限公司	肉制品
圣饵香	2006 年 5 月	2009 年 4 月	邓海粮油店	食用油
大青沟佳禾	2007 年 2 月	2009 年 7 月	尚义县大青沟佳禾食品有限公司	脱水菜、咸菜
昊乾	2010 年 4 月	—	尚义县昊林木业有限公司	木材加工
惠青	2010 年 3 月	—	大青沟青湖蔬菜农民专业合作社	蔬菜种植
七甲山	2010 年 8 月	—	尚义县甲天蔬菜农民专业合作社	蔬菜种植
阿贵山	2010 年 6 月	—	尚义县阿贵山二号矿泉水厂	矿泉水
瑟尔基河	2010 年 3 月	—	尚义高端肉制品加工有限公司	羊肉

二、商标专用权保护

1989—2010 年，县工商局依据《中华人民共和国商标法》对侵犯注册商标专用权行为进行依法查处。累计查处商标侵权案件 13 起，为商标专有人挽回经济损失 230 多万元。

1989—2010 年尚义县查获假冒商标登记情况表

表 9-21

品　名	单　位	数　量	假冒商标	单价（元）	合计金额（元）
自行车	辆	35	凤凰	190	6650

续表 9-21

品 名	单 位	数 量	假冒商标	单价：元	合计金额
自行车	辆	52	飞鸽	180	9360
自行车	辆	15	永久	185	2775
自行车	辆	25	红旗	150	3750
手表	块	45	上海	120	5400
手表	块	10	东风	120	1200
卷烟	条	100	迎宾	6	600
卷烟	条	500	官厅	2.50	1250
卷烟	条	1000	山海关	18	18000
卷烟	条	50	红塔山	150	7500
卷烟	条	80	恒大	45	3600
茶叶	袋	200	龙井	10	2000
白酒	箱	50	龙岩	50	2500
白酒	箱	345	牛栏山	30	10350
洗衣粉	袋	12500	云泉	1.50	18750
啤酒	瓶	1200	钟楼	1	1200
农药	瓶	150	失效	5	750
种子	千克	1500	劣质	3	9000
化肥	吨	150	劣质	1500	225000
饮料	袋	15000	娃哈哈	0.50	750
化妆品	袋	1500	人参珍珠霜	0.20	300
饮食包装袋	个	20000	娃哈哈	0.10	2000
农机配件	件	500	翻修产品	15	7500
潜水泵	台	25	—	500	12500
床垫	块	30	—	200	6000
黑白电视机	台	6	松鹤	375	2250

第九节　广告管理

1989 年，尚义县广泛宣传贯彻《广告管理暂行条例》，帮助指导工商企业实施广告战略，全县广告事业呈现逐年递增的良好趋势。1990 年 9 月，在清理户外广告专项行动中，检查户外广告 155 块，责令期限拆除 5 块，清理乱贴、乱画的 105 条（张），查处广告违章违法案件 15 起。同时，统一规划建成了广告一条街 3 处，计 300 平方米。对经营广告的单位，制做广告的个人进行了逐步规范，进行了注册登记。

1993 年后广告事业发展迅速。由单一的墙壁广告发展到霓虹灯广告、车体广告、招牌广告等多种方式。县工商局将广告管理重点放在户外广告的规范和监管上。

1994 年 10 月，全国人民代表大会常务委员会审议通过了《中华人民共和国广告法》，县工商部门通过举办培训班、开展广告宣传日活动、散发宣传资料、张贴宣传画等形式，进行了广泛的宣传。

1995年3月1日，县工商局为广播电视台核发了广告经营许可证。

2003年8月，按照市政建设要求，在县政府的统一领导下，由县工商局牵头，利用两个月时间，集中对南壕堑、大青沟、红土梁和小蒜沟四个乡镇进行了清理整顿。对路牌、霓虹灯、牌匾不规则、不规范、长短不一、悬挂不齐、有损市容的户外广告进行了清理整顿，统一了标准规格。

2006年12月，县工商局按照《户外广告登记管理规定》要求，集中一个月的时间，对辖区范围内所有的户外广告进行清理整顿。检查违法户外广告21处，立案10起。

2008年，县内房地产开发升温，各种售楼广告铺天盖地，县工商局加大了对房地产广告的监管力度。先后查处了金达房地产开发部违法发布抽奖式有奖售房广告，查处了张家口市融江房地产开发有限公司未取得预售房许可证就擅自违法发布广告。

1989—2010年，共举办各类培训活动43场，印发宣传资料16000多份，发放普法宣传书籍280多套，开展广告执法监管专项整治行动20余次。累计查处各类违法广告案120起，罚款30余万元。

第十节　维护消费者合法权益

1989年，县工商局成立消费者协会，负责维护消费者权益。

1990年起，每年的3月15日都要组织“国际消费者权益日”大型现场宣传咨询服务活动。集中展示、销毁各部门查获的假冒伪劣商品，散发宣传资料，接受消费咨询，受理消费投诉。县广播电视台等新闻媒体全程跟踪报道。“3·15”活动一直延续到2010年后。

2005年年初，5个基层工商分局全部建立了消费者分会，乡镇建起了“一会二站”（乡镇消费者协会分会、行政村消费者投诉站和12315联络站）。乡镇消协分会、行政村消费者投诉工作站实施投诉平台互动，确保消费者投诉及时得以解决。

1989—2010年，累计发布消费预警245次，散发宣传材料6万余份，举办站长培训班15期，接受消费咨询3780人次，共受理各类消费投诉案件达2530件，依法为消费者挽回经济损失252万元。

第十一节　管理机构

1989年，尚义县工商局内设办公室、企业管理股、市场管理股、合同商标管理股、个体经济管理股、人事教育股和财务审计股。下辖南壕堑、大青沟、八道沟、红土梁和小蒜沟工商所，大青沟牲畜交易管理、南壕堑市场管理所。干部职工70人。

1992年11月，工商、物价、技术监督3个局合并，成立工商物价局，内设办公室、财务科、行政事务科、工商一科、工商二科、技术监督科和物价科，干部职工120人。1994年10月增设人事教育科。1996年1月，撤销工商物价局，恢复尚义县工商行政管理局名称，内设办公室、人教法制股、企业股（包括合同、商标、广告）、市场经检股、个体股和财务股。

1998年7月，工商行政管理部门实行省以下垂直管理。2000年，县工商行政管理局成立了党组。内设办公室、人事教育科、法制监察科、财务装备科、市场合同管理科、注册登记管理科和综合执法科，定编24人。直属事业机构3个：个体劳动者协会、消费者协会、家电维修行业管理办公室，定编20人。

2003年10月，河北省工商行政管理局机构改革方案规定，尚义县工商行政管理局为张家口市工商行政管理局的直属机构，负责尚义县市场监督管理和有关行政执法工作。同时工作职能也做了部分调整，原质量技术监督局承担的流通领域商品质量监督管理职能划归工商行政管理局，市场建设服务中心实行管办分离，工商部门不再负责投资建市场。内设机构有办公室、人事教育科、监察室、财务装备科、法制科、注册管理科、经济检查科（挂消费者权益保护科、12315消费者申诉举报中心两块牌子）、市场规范管理科（挂合同监督管理科牌子）。直属派出机构6个，即南壕堑工商所、大青沟工商所、红土良工商所、小蒜沟工商所、七甲工商所、个体车辆营运稽查队。直属事业机构4个，即个体劳动者协会、私营企业协会、消费者协会和维修行业管理办公室。行政编制20名，工商所、队编制51名，事业机构编制20名。

2004年3月，根据省、市工商局关于撤并基层工商所有关通知精神，小蒜沟工商所撤并到红土梁工商所。

2007年1月车辆管理所撤销，成立了经济检查大队，负责查处各类经济领域违法违规案件。5月25日，尚义县局单独设立了消费者权益保护科。12月，全省工商系统工商所升格为副科级机构，改称工商分局。大青沟、南壕堑、七甲和红土梁4个工商所全部升格为工商分局，县局经济检查大队同时调整为副科级。

2010年7月，内设9个职能科室：办公室、人事教育股、法制股、市场维权股（县12315指挥中心）、食品流通监督管理股、注册股、企业监督管理股、商标广告监督管理股和监察室。局机关行政编制21名。派出机构5个：南壕堑工商分局，大青沟工商分局，红土梁工商分局，七甲工商分局，市经济检查支队尚义县大队。直属事业机构4个：个体劳动者协会秘书科（股），私营企业协会秘书科（股），消费者协会秘书科（股），维修行业管理办公室。2010年年底，全局在职干部职工126人，其中公务员73人，事业编制23人，市场服务中心30人。

第八章　质量技术监督管理

第一节　标准化管理

1989—2010年，尚义县质量技术监督承担着辖区内质量监督管理及检验、标准的实施和监督管理；计量监督管理及计量器具的检定；组织机构代码证书的发放及审验；食品质量安全监管；工业生产许可证管理以及特种设备安全监察等项工作。依据国家、省市的相关法律法规，逐步规范全县的产品质量和市场经济秩序。

1988年12月29日，中华人民共和国主席令11号发布《中华人民共和国标准化法》，从此，标准化工作走向法治化管理轨道。

1993年，依据《河北省组织机构代码管理办法》的规定，尚义县开始推行代码标准工作。

1999年，为实现计算机自动化管理和信息交换，与省代码中心联网，向各单位发放IC卡

（代码证集成电路卡）副本。

2001年，国家质检总局出台《无公害农产品标志管理规定》，省质监局出台《无公害农产品标志管理实施细则》。尚义县遵照执行。

2004年，为发挥电子政务互联互通、资源共享、提高效率、降低成本、加强监督的优势，加入因特网，增加本机制卡、多机办证、数字证书的植入，为组织机构代码自主进行网上年检、变更、换证等功能打下技术基础。

从1988年《中华人民共和国标准化法》发布，经过二十多年的实践，尚义县标准化工作进一步改进和提高。到2010年，全县基本建成了成熟完善的标准化管理体系。

一、企业产品标准备案

县内企业生产产品标准按照国家标准、地方标准和企业标准三种形式执行，实行企业备案，上报省市部门批准实施。企业标准一般高于国家标准或地方标准。2010年之前，县砖瓦厂、县酒厂、县面粉加工厂、县饲料加工厂等企业执行的是国家标准。县瓦楞纸箱厂、县醋酱油加工厂、县皮毛厂、县糕点加工厂等执行的是地方标准。县骨胶厂、县粮油加工厂等企业执行的是企业标准。2005年9月，中华人民共和国工业产品生产许可证管理条例施行。由于县内生产企业较少，至2010年，8家面粉加工厂和粮油加工厂发放了生产许可证。

二、组织机构代码证书管理

组织机构代码证是县内企业成立登记的要件之一，记录着企业开业的重要信息。有效期限一般为一年，1993年，依据《河北省组织机构代码管理办法》的规定，尚义县开始推行代码标准工作。1999年，为实现计算机自动化管理和信息交换，与省代码中心联网，向各单位发放代码证集成电路卡（IC卡）副本。

从1993年年初开始，企业每年都要送证上门进行年检验证，贴花盖章。超期不验，自动作废，会影响到企业的信誉和银行、统计等方面业务的开展，按规定要进行行政处罚并责令其补办。1993—2010年，累计有110户（次）企业受到行政处罚。

第二节　计量监督管理

1989年前，根据国务院《关于在我国统一实行法定计量单位的命令》，尚义县逐步将全县木、地、台案秤改用千克秤和定量砣。根据《中华人民共和国计量法》及实施细则，对全县计量器具进行统一管理。改革旧衡器计量单位，使用米尺、千克、千克，废止商用布尺、市制，推行法定计量单位的统一使用。

1990年，向个体工商户发放计量器具强制检定卡，检查市场商贸用计量器具371件，合格率91%。查处计量违法案件5起，没收不合格计量器具23支、砣31个。

1991—2006年依法规范市场计量行为，每年对食品、医疗、建材、粮油、加油站等行业计量器具开展综合检查，没收不合格计量。计量器具定检合格率在92%以上，周检覆盖率在96%以上。

1993年，监督检查商贸用工作计量器具96台件，查处计量违法案件3件，没收杆秤7支，检修计量器具524台件，检验率90%。

1998—2000年，在县内企业开展计量监督检查，对各企业的计量工作实行分类指导，帮助企业建立和完善提高产品质量及经济效益的计量保证体系，计量管理贯穿于生产、经营的各个环节，从整体上提高了企业的基础工作和管理水平。

2003年“非典”期间，对3家县、镇级卫生院在用的X光机、B超、心电图机进行强检。开展粮食、棉花市场计量专项监督检查。与县教育局联合开展“配放心眼镜、看光明世界”活动。同年，新上加油机检定项目，建立二等金属器标准，开始对全县加油机进行法定计量检定，当年检定加油机21台。将加油机检定周期由原来的4个月调整为6个月，当年周期检定加油机63台。

2005年，集贸市场在用计量器具受检合格率达到95%，餐饮业受检合格率达到98%。进入20世纪90年代，全县的计量标准管理工作从体制、机构、职责、权限等方面不断加强，工作重心由过去的长期侧重计量器具检定修理，转变为计量监督管理。

1998年，根据国家技术监督局《定量包装商品监督规定》，县计量所对全县定量包装商品生产和流通企业开展监督检查，当年抽检生产企业定量包装商品净含量合格率为79.30%，流通企业合格率78%。2002年起，国家质检总局在全国开展定量包装生产企业计量保证能力评价，推行计量“C”标志，经验收合格的企业享受商品净含量免检待遇。截至2010年，全县无“C”标志产品。

1989—2010年，随着检测计量器具种类的不断增多，计量器具检定工作由过去简单的检定台秤、案秤等，逐步转变为对加油机、衡器、压力表、医疗器械、眼睛检测仪等计量器具的检测检验，对县域所有加油站及各单位在用的计量器具登记注册，建立计量检定档案，按周期进行检定。同时，对食品、农资、建材、蔬菜、液化石油气等市场商品计量和计量器具进行监督检查。

1996—2010年尚义县计量器具检定情况表

表9-22

年份	检定项目（项）	检修计量器具（件）
1996	12	3240
1997	16	4563
1998	20	5223
2000	20	5464
2001	21	6322
2002	22	7643
2003	25	7844
2004	25	8019
2005	25	8453
2006	26	9192
2007	22	6224
2008	25	7421
2009	22	6848
2010	15	6320

第三节 质量监督管理

1989—2010年，按照河北省质量技术监督局的安排，尚义每年对全县生产企业的产品进行两次抽样检查，全县有6家认证企业建立了企业基础档案及工业企业质量技术基础数据库。对10多家生产小作坊进行了整顿，逐个摸底排查，对检验不合格的产品，帮助查找原因，从管理到工艺等方面进行指导，限期改进。鉴于全县认证企业少，小作坊多的实际状况，在进行定期检验的同时，还不定期地进行抽检。

1994年3月至1996年年底，全县处在市场经济建立初期，一些假冒伪劣产品乘机混入市场，市场产品质量抽检，平均合格率仅为51.25%。质检部门不断加大加强市场监管力度，深入开展打击假冒伪劣活动，市场秩序逐渐好转，商品质量逐步提高。

2003年6月至2006年4月，对全县生产小作坊进行摸底排查，对7家个体私营企业进行了整顿，对检验不合格产品封存并限期改进。

2007年，全县6家获证企业、6类产品、12个批（次）产品合格率为100%。

2008年8月，局稽查队依法对在八道沟镇联通铁塔机务站安装通信设施的保定市邮电器材铁塔安装公司，使用无生产厂名、厂址，无检验报告的通信塔一案进行了查处。

2010年4月，县局稽查队在对县域内的眼镜店进行检查时，发现部分眼镜店的镜片无工业生产许可证，依法查处，责令其改正，并处以罚款。

2008—2010年，受理群众举报20余次，查处私自维修燃油加油机案、加油站改造强制检定计量器具进行计量作弊案5起。

1995—2010年尚义县年产品抽检情况表

表9-23

年份	抽检（批次）	合格（批次）	批次合格率（%）
1995	32	17	53
1996	32	15	46
1997	30	22	73
1998	28	19	68
1999	36	22	61
2000	32	20	62
2001	32	26	81
2002	30	26	87
2003	28	23	82
2004	26	23	88
2005	25	22	88
2006	22	19	86
2007	25	25	100
2008	28	28	100

续表 9-23

年份	抽检（批次）	合格（批次）	批次合格率（%）
2009	30	30	100
2010	32	32	100

第四节 特种设备安全监察

2000年，特种设备安全监察工作由县劳动人事局划转到技术监督局，成立了特种设备安全监察股。主要对全县的锅炉、压力容器、压力管道、特种设备进行检验及安全监察。2002年，开展了全县特种设备普查登记注册工作。

2004年，普查结果显示全县在用锅炉12台，其中8台为承压锅炉，另有液化气站1家、特种设备21台，经安全检查检验合格的发放检验合格书，对报废设备予以注销，确保实际使用特种设备的安全运行。2003年8月至2005年12月，全县在用的特种设备29台，其中锅炉22台、液化气站1家、电梯1部、特种设备5台，检验合格率为100%。2006—2010年每年对特种设备操作人员进行培训，聘请张家口市特种设备工程技术人员讲课现场指导。培训考试合格的，发放上岗操作证书，持证上岗。累计组织安全特种设备监察活动120次，签订安全经营承诺书75份，下达特种设备安全监察指令书60份，查出安全隐患17起，登记注册锅炉73台，定期检验锅炉45台，定期检验压力容器10台，对违法安装、使用起重机械的5家单位进行了依法查处。

第五节 管理机构及行政执法

一、管理机构

1987年，尚义县成立标准计量局，1996年4月组建质量技术监督局。2001年1月，质监局上划省垂直管理，更名为尚义县质量技术监督局，内设办公室、标准计量股、质量监督股（挂锅炉压力容器安全监察股牌子）、稽查股（挂打假办公室牌子），下辖质量技术监督检验所。全局在职职工24人。到2010年机构设置未变，全局有19人，其中行政编制11人，事业编制8人。

二、行政执法

1996年，尚义质监局组建稽查队，2000年公布举报电话12365，宣传贯彻《中华人民共和国产品质量法》等法律法规知识，全面推进产品质量系统工程。从源头抓起，针对不同企业，分类指导，加强产品质量保证体系建设。2000年，对全县14个乡镇的集贸市场进行综合检查，出动执法人员203人次，车辆86次，重点检查食品企业、食品小作坊，对不合格企业及小作坊责令其停业整顿改进，并依法进行处罚。同时开展对重点商品、重点区域、大案要案等专项打假工作。2005—2008年，出动执法人员89次，坚持开展食品安全进校园活动，印发各种食品安全法知识手册、宣传单，指导学生、群众如何识别假货、抵制假货，使自身的健康安全得到保证。2009年至2010年3月，对全县47台加油机进行监督检测，分别对和加油站的油质进行抽样检查，对不合格加油站进行责令其停业整改。有效维护石油市场公平竞争。

第九章　食品药品监督管理

第一节　药品监督管理

一、药品经营监督管理

1989年至2003年3月，尚义县药品经营监督管理工作由县卫生局负责。2003年4月食品药品监督局建立后，开展了“农村药品监督网”和“农村药品供应网”的两网建设工作，基本形成政府推动、药监为主、乡村两级参与的工作局面。村村配备了监管员、协管员、信息员。全县共配三员678人。

2003年开始，探索新的药品供应网络模式，引进张家口天和医药有限公司、张家口盛业医药有限公司万全分公司、张家口润佳医药药材有限公司、内蒙古驻张医药有限公司、河北广汇医药有限公司等企业为县、乡（镇）药品配送企业，形成了辖区药品来源清去向明的药品配送网络。对于偏远乡村，支持开办药店，鼓励药品批发企业向农村配送药品。同时利用“万村千乡市场”工程的优惠政策，规范农村药品供应渠道，形成以新农合医疗网点为依托的农村药品供应网络，农民群众用上了安全、方便、质优、价廉的药品。

2005年贯彻实施《药品经营质量管理规范》，每年对新开办药品经营企业进行GSP认证，对认证企业进行跟踪检查。重点在于质量管理制度的执行、规范进货渠道、完善各种质量档案、健康档案等记录，并对GSP处罚过的经营企业进行回访，在检查过程中针对存在的问题，进行现场指正及警告责令改正。完成全县58家药品经营企业“许可证电子管理系统”数据收集。

2008年7月，按照《张家口市县乡村三级医疗机构药品质量管理检查标准》有关规定，对县内各级医疗机构药品质量进行全面核查，并对医疗机构规范药房的推进实施要求进行了安排部署，对全县试点医院规范化药房建设情况进一步指导，要求试点医院进一步完善各项管理制度，优化内部管理，改善仓储场所、设施设备、环境卫生条件，严格采购验收和药械使用管理，加强特殊药品管理，切实保证用药用械的安全使用。到2010年，县、乡、村级医疗机构药品的仓储及管理基本达到“规范药房”管理的水平。

2001年，全县开始实行一次性使用无菌医疗器械购进验收登记和使用后销毁制度，对二次性无菌医疗器械（含输液器、注射器、采供血器）以及一次性医疗用品的进货验收、临床使用、入库管理以及使用后进行的消毒、销毁进行规范，进一步加强药品和医疗器械的监管。

二、药品药械违法查处

2003—2010年，尚义县境内出售、使用的药品，一律依照法律、法规，实行规范化管理，严防假冒、伪劣、过期、失效药品的经营出售或使用。县食品药品监督局每年都要组织检查，抽查送检药品，对查出的过期、伪劣药品，都要进行集中销毁，对药品经营单位给予相应的处罚。同时，县内积极推进农村药品供应网和药品监督网建设，加强对医疗机构药品药械质量的日常监管，大力开展药品药械流通领域专项整治。主要查处非法渠道进药、经营使用假劣药品、非法行医等案件。累计查处各类违法案件1085起。

第二节 食品监督管理

1989年至2006年9月，尚义县的食品监督管理由县卫生局负责。

2006年10月，尚义县成立由农业、质监、工商、公安、卫生、商务等部门组成的尚义县食品安全监管协调领导小组。全县14个乡镇分别成立了食品安全领导小组。县政府与各乡镇签订了食品安全责任状，各乡镇与行政村分别签订食品安全责任状。全县乡镇和行政村共配备了172名食品安全监督员。

2006年组织人力物力对全县餐饮、食堂、食品生产加工和经销单位等开展摸底调查。全县共有餐饮单位239户，其中300平方米以上餐饮单位4户;101～300平方米餐饮单位11户;51～100平方米餐饮单位27户；50平方米以下餐饮单位197户。239户餐饮单位都持有有效卫生许可证，都进行了食品卫生等级量化评定。其中B级餐饮单位3户、C级餐饮单位236户、学校食堂39个、集体食堂22个。食品生产加工单位总数为19家。其中食品生产加工企业7家（取得生产许可证）;食品生产加工小作坊12家;区域监管数3个;确定重点区域整治数2个;专职监管员数3个。流通领域共有食品经营户991户（餐饮业227户），其中县城418户（餐饮业125户）；乡镇所在地（农村）食品经营户573户（餐饮业102户）。累计建立自律制度食品经营户744户，建立率达到97%。基本实现辖区内所有食品经营主体全部建立并执行索证索票和进（销）货台账、食品退市等制度的预定目标，全面建立了较完善的食品质量责任追溯体系。

2006—2010年，每年的元旦、春节、五一、十一和中考、高考期间，县食品药品监督管理局都要牵头组织农业、质监、工商、公安、卫生、商务等部门开展食品安全联合执法，突出米、面、油、肉、蛋、奶等重点食品和食品超市、农贸市场、学校食堂、风景旅游区、城乡接合部等重点区域进行食品安全大检查。

1989—2010年，由于行业主管部门安全意识相对淡薄、检测设备缺乏，加上部分执法人员素质低下，食品安全监管一般只停留在进店检查，过期变质食品下架封存、批评警告、责令改正等，全县未查办一起有影响的食品安全案件。

2003年8月14日，大苏计乡大苏计村等8个自然村的村民，因吃食大苏计村赵某经营农用三轮车、四轮车配件门市部出售的羊头、羊蹄而发生食物中毒事件，61名村民（其中小学生22名）中毒，其中死亡1人。赵某（男,41岁）被刑事拘留，云某（赵某之妻，42岁）被取保候审。

第三节 食药品管理机构

1989—2003年，药品监督管理工作由县卫生局药政股负责。2003年4月成立尚义县药品监督管理局，实行省以下垂直管理，内设办公室、药品监督股、药品稽查股，编制15人。2006年6月，增设食品股，更名为尚义县食品药品监督管理局。在药品监管的基础上，增加了对食品、保健食品、化妆品综合监督、组织协调和依法对重大事故查处职责。2010年1月，尚义县食品药品监督管理局由省垂直管理划归地方管理，属县政府职能部门。内设办公室、药品监督股、药品稽查股、食品股，编制13人。

2003—2010年，尚义县真实施食品药品放心工程，整顿食品药品市场，突出“农村药品监督网”和“农村药品供应网”建设，通过监管逐步规范全县食品药品经营，保障全县人民的饮食和用药安全。

第十章 国土资源管理

第一节 国土资源利用规划

1997年，尚义县人民政府主持编制了第一轮《尚义县土地利用总体规划》，实行土地分区管理，用途管制，确保规划切实可行。城镇建成区用地面积496.51公顷，农村居民点用地4250.75公顷，工矿用地294.81公顷；规划2000年居民点工矿用地5161.95公顷，规划2010年居民点工矿用地5347.2公顷。

2002—2003年，尚义县人民政府主持编制了第二轮《尚义县土地利用总体规划》，规划了耕地潜力、农村居民点整理潜力、土地复垦潜力、土地开发潜力。

2010年，尚义县人民政府主持编制了第三轮《尚义县土地利用总体规划》。此次规划2015年城乡建设用地5066.66公顷，2020年城乡建设用地4986.67公顷。

2001—2010年尚义县耕地整理潜力规划表

表9-24　　单位：公顷

乡镇名称	耕地总面积	待整理耕地总面积	增加耕地面积
大苏计、大青沟、七甲、大营盘、八道沟	32834.34	13033.33	1255.05
炕塄、南壕堑、石井、三工地、套里庄	31340.27	7039.99	706.01
小蒜沟、下马圈、甲石河、红土梁	7827.93	2846.63	289.63
合计	72002.54	22919.95	2250.69

2001—2010年尚义县农村居民点整理潜力规划表

表9-25　　单位：公顷

乡镇名称	待整理农村居民点面积	增加农用地面积	增加耕地面积
大营盘、红土梁、套里庄	232.18	171.11	126.34
南壕堑、三工地、七甲、小蒜沟、大苏计	302.20	226.92	16.74
下马圈、甲石河、石井、炕塄、大青沟、八道沟	464.38	342.15	8.78
合计	998.76	740.18	151.86

2001—2010 年尚义县土地复垦潜力规划表

表 9-26　　单位：公顷

乡镇名称	复垦总面积	待复垦土地总面积	增加农用地面积
大青沟	66.67	33.33	26.36
套里庄	13.33	10.00	8.10
甲石河、红土梁	15.33	15.33	12.40
合计	95.33	58.66	46.86

2001—2010 年尚义县土地开发潜力规划表

表 9-27　　单位：公顷

乡镇名称	耕地总面积	待整理耕地总面积	增加耕地面积
套里庄、大青沟、红土梁、八道沟	269.99	269.99	244.91
小蒜沟、下马圈、甲石河	919.97	593.30	512.58
合计	1189.96	863.29	754.49

第二节　土地资源调查

一、第一次土地资源利用调查（详查）

1989 年 7 月至 1991 年 12 月，开展全县第一次土地调查。调查结果：全县土地总面积 261752.44 公顷，比 1984 年概查减少 1381.29 公顷。其中耕地面积比概查减少 15773.83 公顷，但比 1989 年年底的统计面积增加 23295.80 公顷。此次调查共涉及 8 个一级地类，31 个二级地类。

同时，编制了县、乡（镇）土地利用现状图、成果图 18 套，县、乡（镇）土地边界结合图表，编写了尚义县土地利用现状调查报告和乡（镇）级说明书，全县共完成 1 ： 10000 影像图 42 幅，1 ： 250000 航片 95 张调绘任务（转绘地形图 31 幅），共调绘图斑 23876 个，线状地物 15921 条，零星地类 10770 个，填写外业调查手薄 270 本，权属界限协议书 437 份，独立工矿野外勘丈表 37 份。

二、第二次土地资源利用调查（详查）

2007 年 7 月，尚义县启动第二次土地资源调查工作，2009 年 2 月底结束，历经 17 个月。完成了土地利用现状调查、基本农田调查、土地利用现状数据库及基本农田数据库建设 3 项工作。

该次土地调查显示，全县土地利用面积 260087.93 公顷（按辖区统计），其中农用地 174715.06 公顷，占 67.17%；建设用地 6776.91 公顷，占 2.61%；未利用地 78595.96 公顷，占 30.22%；共调查图斑 26170 块，线状地物 24842 条，按全国土地分类体系，查清一级地类 12 个，二级地类 29 个。

第三节　土地资源管理

一、耕地保护

1988 年，根据省土地管理局《基本农田保护区实施办法（草案）》和《关于试行建立农田保护区的通知》精神，尚义县从8月开始建区推广工作。1993年基本农田保护区确立后，坚决守住基本农田这条“红线”，实施了“七不准”保护措施，即不准在保护区内建房、不准拉沙取土、不准葬坟、不准荒芜、不准毁田造林、不准改变用途、不准建砖瓦窑。1994年编制土地利用总体规划时，确定保护面积为4.27万公顷；1998年修编中，确定基本农田保护面积为8.28万公顷，其中一级保护面积为2.53万公顷，二级保护面积为3.81万公顷，三级保护面积1.94万公顷；全县共划分了14个保护区，3150个地块，设永久性标志555块；同时，立表制图，建立了台账与档案。

2000年以后，随着京津风沙源治理工程的推进和“一退双还”工程的实施，基本农田布局作了调整，充分体现了耕地优质、集中连片管理、合理避让城镇发展和项目建设等原则。

2010年修编第三轮土地利用总体规划时，最终确定2020年土地规划全县基本农田保护面积为7.07万公顷（包括生态退耕占用的2万公顷），高于市下达给尚义县控制指标。

二、土地整理开发

1989年以后，尚义县依据《中华人民共和国土地管理法》《河北省土地开发整理办法》等法律法规，积极引进国家级、省级、市级土地开发整理项目，开发未利用荒地、滩涂，整理低效农田为水浇地，有效增加耕地面积。2001年起，一些国家、省、市级项目相继落地实施。坝上乡镇实施了土地整理项目，坝下乡镇实施了土地开发项目，基本保持了耕地总量动态平衡。

2002—2010年尚义县土地开发整理成果一览表

表9-28

实施时间	项目名称	总面积（公顷）	新增耕地（公顷）	总投资（万元）	新打机井（眼）	备　注
2002年	炕塄乡白彦不落村土地整理项目	33.33	—	35	—	—
	下马圈乡阳高窖村土地开发项目	20.00	20.00	20	—	—
2003年	小蒜沟镇下纳岭村土地开发项目	20.00	20.00	30	—	省级项目
	小蒜沟镇牛家营保满沟土地开发项目	26.67	26.67	40	—	省级项目
2004年	大青沟师家卜三工地李三虎土地整理项目	644.70	—	1255	68	国家级项目
2005年	下马圈上白窖丹拉高速占补平衡项目	16.00	16.00	27	—	占补平衡
	大青沟马家村丹拉高速占补平衡项目	33.33	33.33	55	6	占补平衡
	南壕堑关村土地整理项目	204.46	6.72	151.80	15	省级项目
2006年	八道沟等（2）个乡镇土地整理项目	661.50	70.88	1281	42	国家级项目
	炕塄乡戈家村土地整理项目	222.98	24.53	268	19	省级项目
	七甲乡大六号村土地整理项目	164.15	17.44	197	16	省级项目
2007年	大苏计乡蔡家村基本农田整理项目	56.67	1.77	60	6	市级项目
	甲石河乡碱土河村土地整理项目	156.98	19.39	188	11	省级项目
2008年	大营盘乡大营盘村土地整理项目	346.92	45.98	416	26	省级项目
	石井乡大特拉村基本农田整理项目	63.33	2.03	60	6	市级项目
	南壕堑镇土城子村基本农田整理项目	46.68	1.63	60	4	市级项目

续表 9-28

实施时间	项目名称	总面积（公顷）	新增耕地（公顷）	总投资（万元）	新打机井（眼）	备 注
2008 年	大苏计乡大苏计村土地整理项目	201.79	21.75	240	16	省级项目
	南壕堑厂棚沟、西平山村土地整理项目	138.67	15.25	181	11	省级项目
2009 年	张集铁路（尚义）耕地占补平衡项目	65	60.14	511.46	—	—
	七甲乡三排地村耕地占补平衡项目	105.88	99.92	413.61	30	省级项目
	尚义县南壕堑八道沟镇基本农田整理项目	54	7.56	77	5	市级项目
	南壕堑镇、七甲乡土地开发项目	25	23.42	53.93	3	市级项目
2010 年	石井乡中达营村土地整理项目	213.33	28.79	403	20	省级项目
	南壕堑镇田家窖村土地整理项目	180	19.98	345	17	省级项目
	尚义县大苏计乡等（2）个乡土地整理项目	569.66	27.58	1140	44	国家级项目
	大苏计乡八义井村土地开发项目	139.07	132.39	728	14	市级项目
	大营盘乡程家村耕地占补平衡项目	133.1189	128.83	577.58	—	—
	南壕堑镇关村、红土梁镇永胜地村耕地占补平衡项目	79.40	76.85	364.98	—	—

三、建设用地保护

县土地管理局对建设用地的保护主要通过核发国家建设用地使用证书、集体建设用地使用证书，保护国家、集体建设用地使用者自身拥有的合法权益。1988 年清查非农业建设用地时，全县共核发集体宅基地证书 36753 本。1991—1995 年城镇地籍调查换发宅基地证 8247 本。1996 年，农村宅基地证专项治理时，核发集体宅基地证 39200 本，城镇国有宅基地证 384 本。1999 年在全县建制镇进行了国有土地使用证书“年检”。2003—2004 年，依托局下属的国土资源所，开展了集体土地使用证书大清查，进一步规范了用地者行为，保护了土地使用者的合法权益。县国土资源局严格依据《中华人民共和国土地管理法》历次修订精神，依据各级政府审批权限，从严审批各类国家建设用地。

1989—2010 年尚义县国家建设用地情况表

表 9-29　　单位：宗、公顷

年 份	用地宗数	耕 地	非耕地	合 计
1989	—	0.47	1.13	1.60
1990	—	0.40	3.20	3.60
1991	—	0.60	3.07	3.67
1992	—	0.07	0.93	1.00
1993	—	0.20	0.87	1.07
1994	—	0.33	0.13	0.46
1995	—	—	1.00	1.00

续表 9-29

年份	用地宗数	耕地	非耕地	合计
1996	—	0.20	—	0.20
1997	4	0.21	0.44	0.65
1998	17	2.64	5.33	7.97
1999	2	0.07	0.28	0.35
2000	2	—	0.20	0.20
2001	4	—	0.10	0.10
2002	1	—	0.10	0.10
2003	18	0.85	1.20	2.05
2004	—	—	—	—
2005	—	—	—	—
2006	1	2.22	—	2.22
2007	2	4.41	—	4.41
2008	5		10.33	10.33
2009	6	61.55	63.10	124.65
2010	4	—	—	9.50

1989—2010 年尚义县农村居民住宅用地情况表

表 9-30　　单位：宗、公顷

年份	用地宗数	耕地	非耕地	合计
1989	—	2.33	41.27	43.60
1990	—	1.40	22.20	23.60
1991	—	1.80	20.27	22.07
1992	—	3.00	24.40	27.40
1993	—	3.00	25.87	28.87
1994	—	4.27	23.87	28.14
1995	—	1.80	26.47	28.27
1996	—	2.33	17.00	19.33
1997	—	—	—	—
1998	1298	4.54	32.98	37.52
1999	311	8.15	2.47	10.62
2000	411	5.72	5.11	10.83
2001	—	—	—	—
2002	76	—	2.36	2.36

续表 9-30

年 份	用地宗数	耕 地	非耕地	合 计
2003	105	—	3.25	3.25
2004	179	—	3.11	3.11
2005	28	—	0.84	0.84
2006	128	—	4.16	4.16
2007	7	—	0.29	0.29
2008	22	—	0.55	0.55
2009	3	—	0.11	0.11
2010	19	—	0.61	0.61

四、地籍调查管理

1991—1993年，在城区和城镇村开展了地籍调查与普查。1993年10月县城区地籍调查结束，县城区共6个街区，19个街坊。编制1∶5000地籍现状图1幅，整理归户卡建台账20册，统计资料3册，整理地籍档案资料5531份。控制测量记录表、平差计算资料、外围界址测量记录、计算资料共23册。查处超占、扩占土地851宗，占地面积21.08公顷，解决权属纠纷25起。

2007—2010年，在县城、大青沟镇、小蒜沟镇进行了地籍调查。初步摸清了全县土地类型、数量、质量、分布以及权属。为合理利用和开发土地奠定了基础。

截至2010年4月，全县国有土地使用证发放12748本，完成发证率的96%；集体土地所有权证发放166本；集体建设用地使用权发证22本；宅基地使用权证发放44993本，完成发证率的87%。全县国有土地使用权初始累计发证1641本，其中划拨444本，出让1187本，国有土地租赁6本，授权经营4本；全县集体建设用地使用权初始累计发证22本，宅基地使用权初始累积发证数308本；全县国有土地使用权抵押权累积发证2本；全县国有土地使用权变更登记发证数1184本，集体土地变更登记发证数49本。

五、土地分等定级

1995年3月，在南壕堑镇建成区开展了土地定级估价工作。建区土地级别划分为三级：一级（地）分布在县城中心，二级地大部分位于一级地的外围，三级地主要为城区边缘地带。制定了基准地价：商业用地一级地247元/平方米，二级地200元/平方米，三级地110元/平方米；工业用地一级地110元/平方米，二级地90元/平方米，三级地75元/平方米；住宅用地一级地110元/平方米，二级地80元/平方米，三级地70元/平方米。

2007年3—12月，土地级别与基准地价进行了更新。具体范围：东至鸳鸯湖，西至菜园街与张尚公路交叉口，南至花园街小尾寒羊饲养中心，北至规划拟建公路，实际定级面积11.10平方千米。与初试定级面积相比，本次定级范围扩大了34.22%，原有定级范围仍是本次定级范围的繁华地段，以该区域为中心，土地质量呈同心圆状向外逐级递减。

2007年尚义县城区土地级别及基准地价更新成果情况表

表 9-31

用地类型	价格类别	单 位	Ⅰ级	Ⅱ级	Ⅲ级	Ⅳ级
商业用地	基准地价	元/平方米	421	281	185	126
		万元/公顷	421.05	280.95	184.95	126
	上下限	元/平方米	522 ~ 323	339 ~ 218	230 ~ 141	156 ~ 94
		万元/公顷	522 ~ 322.95	339 ~ 217.95	229.95 ~ 141	156 ~ 94.05
住宅用地	基准地价	元/平方米	247	173	123	79
		万元/公顷	247.05	172.95	123	79.05
	上下限	元/平方米	308 ~ 191	205 ~ 139	149 ~ 95	98 ~ 63
		万元/公顷	307.95 ~ 190.95	205.05 ~ 139.05	148.95 ~ 79.95	97.95 ~ 63
工业用地	基准地价	元/平方米	202	141	102	75
		万元/公顷	202.05	141	102	75
	上下限	元/平方米	249 ~ 160	171 ~ 112	122 ~ 80	89 ~ 61
		万元/公顷	249 ~ 160.05	11.40 ~ 112.05	121.95 ~ 79.95	88.95 ~ 61.05

六、土地交易转让

1999年秋，在县城工贸市场开始了第一次国有土地使用权拍卖，之后逐步推行了挂牌出让、协议出让。截至2010年，全县共进行了国有土地使用权出让215宗，面积470.80公顷；显化国有土地资产18161.90万元。国有土地使用权的交易，主要表现在国有土地转让、变更登记方面。

2003—2010年尚义县土地出让情况表

表 9-32

年 份	出让宗数（宗）	出让总面积（平方米）	其中：出让面积（平方米）		出让金额总计（万元）	协议（万元）	拍卖、挂牌（万元）
			协议	拍卖、挂牌			
1999	20	3400	600	2800	56	6	50
2000	7	1600	—	1600	34.54	—	28.02
2001	2	5767	—	5767	520	—	520
2002	84	1128	—	1128	34.54	—	34.54
2003	1	37878.30	—	37878.30	454.50	—	454.50
2004	3	50465.50	39133.50	11332	257.37	224.20	33.14
2005	5	17681.10	5174.90	12506.20	849.07	132.07	717
2006	8	31474.70	17857.70	13617	1016.75	186.79	830
2007	14	124040.90	29249.67	94791.23	2137.68	105.68	2032
2008	18	102239.27	36212.57	66026.70	2604.54	843.54	1761
2009	17	115841.59	56218.70	59622.89	3795.67	682.67	3113
2010	36	450090.59	257952.29	192138.30	6401.28	2251.28	4150

七、土地置换

从 2006 年起，县国土资源局按照内涵挖潜的思路，通过对废弃砖瓦窑、废弃村落遗址复垦，进行土地复垦立项，换取建设用地指标。到 2010 年，全县共对 3 宗废弃砖瓦窑遗址、16 宗废弃村落遗址，进行了复垦，总面积 93.58 公顷。

第四节 土地资源执法检查

1988 年，县土地管理局设监督检查科，同年 10 月下旬，各乡（镇）设立土地管理站（所）。1989 年年初，各行政村均配一名土地监察信息员。土地违法案件的查处，一直是土地管理工作的重点，行政处罚主要是侵犯土地所有权和使用权、越权或无权批准土地、未经批准或骗取批准占地、批少占多、非法转让土地、不按照规定用途使用土地等。2008 年后，表现形式还有未批先占、批而未供、未供即用等行为。

1991 年，张家口地区土地管理局提出开展执法模范县和“三无”（无违法批地、无违法管地、无违法批地）乡镇活动。1993 年度，全县有“三无乡”2 个：小蒜沟乡、炕塄乡。1995 年度，全县“三无”乡镇达到 8 个，分别是红土梁镇、南壕堑乡、七甲乡、八道沟乡、小蒜沟乡、勿乱沟乡、下马圈乡、炕塄乡。1996 年度，“三无”乡镇达到 10 个，分别是红土梁镇、南壕堑镇、七甲乡、八道沟镇、哈拉沟乡、套里庄乡、小蒜沟镇、勿乱沟乡、下马圈乡、炕塄乡。

2001—2010 年，全县共查处土地违法案件 16 宗，全部为未报即用违法占地，且全部结案。其中企事业单位违法占地案件 8 宗，村组集体违法占地案件 3 宗，个人违法占地案件 5 宗。2004 年，对尚义县大青沟佳禾食品有限公司未报即用违法占地进行了立案查处，补办用地批准手续。2006 年，对白郭公路、张集铁路、张家口盛隆农业发展有限公司、大青沟牲畜市场未报即用违法占地进行了立案查处，补办用地批准手续。2007 年，对尚义县碧华贸易开发有限公司、沙卜夭饮料加工厂、大青沟镇乔盛雨、大青沟镇吴盘地村委会未报即用违法占地进行了立案查处，补办用地批准手续。2009 年，对尚义县高端肉制品有限公司未报即用违法占地进行了立案查处，补办用地批准手续。2010 年，对忻某胜、李某德、张某星、马某、绿缘蔬菜农业专业合作社、国电大青山风电场未报即用违法占地进行了立案查处，李某德、马某、国电大青山风电场已缴纳罚款。其他未履行的行政处罚事项，已申请人民法院强制执行。

第五节 矿产资源管理

一、地质环境管理

2002 年以前，尚义县有 8 处地质灾害点。县政府组织县国土局、环保局等单位对县矿山企业进行了地质环境现状调查。

2002 年，张家口市地质三大队对全县地质环境进行了全面的调查与评价，确立全县 69 处地质灾害点，并于 2003 年建立了全县群测群防体系。2008 年、2009 年又发现地灾隐患点 3 处。

2008 年，根据省、市政府文件要求，按照“谁开采，谁负责，谁破坏，谁治理”的原则，开始征收矿山生态环境治理保证金，截至 2010 年征收 9 万元。

2010 年，完成省级投资 120 万元的尚义县南壕堑东沟泥石流治理工程，同年申请并立项张家口市尚义县下马圈中心小学滑坡地质灾害治理工程。

二、矿产资源开发利用

（一）煤矿

张家口市尚义煤矿包括大阳坡井、大坝沟井和大永胜井。大阳坡井1964年建成，储量446.70万吨，设计生产力6万吨/年；大坝沟井1989年投产，批准储量527万吨，设计生产能力6万吨/年；尚义煤矿大永胜井，1987年由张家口地质队承担勘探工作，1994年7月提交了《河北省尚义煤田永胜地井田勘探地质报告》，批准储量806万吨，设计生产能力9万吨/年。以上三个煤矿均为国营煤矿。2003年，尚义煤矿大永胜井实行改制，2007年尚义县煤矿大永胜井采矿权进行了转让，转让后的名称变更为尚义永胜矿业有限公司。尚义县新兴煤炭采掘有限责任公司是由86800部队煤矿变更而来，设计年采矿能力3万吨，批准储量20.89万吨。根据国家政策，进行资源整合，2009年尚义煤炭企业联合重组方案获批准，尚义煤矿大阳坡井和尚义县新兴煤炭采掘有限责任公司进行整合，形成一个法人主体，一个采矿许可范围，保留一套生产系统，整合后规模达到9万吨/年；尚义煤矿大坝沟井和尚义永胜矿业有限责任公司单独保留，通过技改生产能力分别由6万吨/年、9万吨/年提高到9万吨/年、15万吨/年。

1986年后，在尚义煤矿生产井的外围出现了以唐山人开采为主的“小煤窑”曾给当地的经济社会带来了一丝活力，分别有尚义亨通煤矿、尚义县红邢煤矿、尚义县红达煤矿、尚义县玉峰煤矿、86800部队煤矿、尚义煤矿劳动服务公司二井、尚义县宏运煤矿等。1999年，受市场、资金、技术因素影响，煤矿的生产能力降至7.16万吨，2000年之后，小煤矿陆续关闭。

（二）铁矿

县内有证铁矿企业是尚义县矿业开发服务有限责任公司，该公司始建于2001年，前身是尚义县小蒜沟铁矿，后几经周折变为现名称。建矿时批准储量39.30万吨，一家分三个采区，一采区（小蒜沟缸房）、二采区（小蒜沟松沟）、三采区（小蒜沟道回沟）。品位23.36%～33.05%，属于鞍山式磁铁矿。建矿以来，一直没有生产。

（三）金矿

尚义县黄金公司成立于1989年，1994年停产，属县办集体企业，下设黄金选矿厂，原属县经贸委主管。

（四）花岗岩矿

小赛花岗岩采石场建于2001年，开采矿种为饰面用花岗岩，由河北省地质三大队做普查价报告，经张家口市地质矿产局批复D级储量204万立方米。

2002年7月变更为尚义县鑫磊石材有限责任公司，该企业拥有固定总产值100多万元、职工50人。该企业于2004年停产。

2010年，全县共有有证矿山企业24家，包括煤矿4家、铁矿3家、白灰厂1家、浮石矿3家、石料厂3家、砖瓦厂10家。

1989—2010年尚义县主要矿产资源产量表

表9-33

矿种（名称）	储（产）地	品位（%）	年采掘量（万吨/千立方米）	1989—2010年累计采掘量（万吨/千立方米）
煤炭	尚义县红土梁大阳坡	—	3.40	71.40

			3.60	75.60
煤炭	尚义县大永胜井	—	3.10	65.10
煤炭	尚义县红土梁镇	—	3.00	63.00
铁矿	尚义县小蒜沟镇松沟	30	2.90	60.90
铁矿	尚义县小蒜沟镇松沟	30.28	2.10	44.10
铁矿	尚义县小蒜沟镇松沟	30.20	2.70	56.70
黏土矿	尚义县大青沟镇安家梁	—	2.50	52.50
紫砂页岩	尚义县甲石河	—	2.06	43.26
黏土矿	尚义县七甲乡	—	3.52	73.92
紫砂页岩	尚义县小蒜沟镇狮子沟	—	3.20	67.20
黏土矿	尚义县大苏计	—	3.40	71.40
紫砂页岩	尚义县韭菜沟	—	7.32	153.72
黏土矿	尚义县七甲乡北营子	—	3.40	71.40
黏土矿	尚义县南壕堑镇六号	—	3.10	65.10
黏土矿	尚义县南壕堑镇	—	3.50	73.50
橄榄岩	尚义县甲石河乡上青杨沟	—	12.30	0
玄武岩	尚义县小蒜沟镇宝满沟	—	24.10	506.10
玄武岩	尚义县小蒜沟镇	—	23.40	491.40
玄武岩	尚义县南壕堑镇	—	12.90	270.90
浮石	尚义县套里庄乡	—	20.30	426.30
浮石	尚义县套里庄乡大卜山	—	6.40	0
浮石	尚义县套里庄乡	—	13.20	277.20
硅藻土	尚义县石门沟	—	3.20	0
石灰矿	尚义县南壕堑镇	—	0.52	10.92
金矿	尚义县二道背	—	0.00000016	0.000013
石墨	尚义县小蒜沟松沟	—	0.02	0
泥炭	尚义县黄花滩	—	0.005	0
花岗岩	尚义县八道沟镇小赛	—	0.036	0

三、矿产资源治理整顿

1989—2000年，县内只对煤炭、黄金、铁矿石、玄武岩等进行了开采。2000年后，全县扩大招商引资，外地企业纷纷进入县内开采铁矿，最多时有38家。由于利益驱动，加上管理滞后，导致无序过度开采，造成资源浪费、植被破坏、河道堵塞、环境污染等一系列问题。从2005年开始进行矿产资源治理整顿，对无证勘查无证开采、以采代探、超层越界、非法转让等违法行为进行了严肃查处。2005年、2006年、2007年分别下发文件17份、26份、50份，整顿规模次数分别为3次、15次、20次，查处无证非法采矿分别为17起、13起、24起。2008年3月5日召开政府常务会对此项工作再次进行了专题研究与部署；之后县政府组织水务、国土、环保、安监、当地乡镇等的联合工作组深入到各矿区，重点对瑟尔基河沿线尾矿无序排放和河道污染事件进行清查和整治，建立了“一矿一卡”。

第六节　管理机构

1988年，尚义县土地管理局成立，与城建局合署办公。1989年，全县17个乡镇成立土地管理所（站）；是年，成立地质矿产管理局，属二级局，挂靠经贸委。1993年，土地管理局、城乡建设环保局、爱国卫生运动委员会合并为尚义县城乡建设委员会，挂尚义县土地管理局牌子。

1994年，爱委会从城乡建设委员会析出。1996年3月，土地局与城建局单独建制，土地局下设地政科、用地科、监察科、市场科、财务科、办公室。是年，地质矿产管理局和黄金局合并，单独组建地质矿产管理局。2002年7月，土地管理局、地质矿产管理局合并，测绘职能从建设局析出，组建“尚义县国土资源局”，设南壕堑所、大青沟所、红土梁所、八道沟所、小蒜沟所5个基层所和办公室、财务股、矿产管理股、稽征股、监察股、土地利用股、储备股7个股室。2005年，增设土地开发整理服务中心、测绘股。

2010年，尚义县国土资源局内设办公室、财务股、信息中心、监察股、耕地保护股（挂土地整理中心牌子）、土地利用股（挂土地储备中心牌子）、规划股、地籍测绘股、矿管和地环股、地勘和储量股，下辖南壕堑所（八道沟所并入办公）、大青沟所、小蒜沟所（红土梁所并入办公）。全局有干部职工119人。

1995年，土地详查工作获国家级奖励；2009年，地质灾害群测群防工作获国土资源部“十有县”建设称号。

尚义县志
SHANGYI XIANZHI
1989—2010

第十篇

基础设施建设

1989—2010年，尚义县基础设施建设进入发展快车道。随着城镇化建设步伐的加快，城乡变化日新月异。县城楼宇林立，街道宽阔通畅，逐步变成宜居、宜业、宜游的园林县城。乡村建设不断向社会主义新农村目标推进。全县水利设施、电力设施、交通设施和信息工程建设均有了长足发展，为县域经济的可持续发展和人民群众的生产生活提供了方便快捷的水、电、路、信服务。

第一章 城乡建设

第一节 建设规划

一、县域城镇体系规划

20世纪80年代初期，尚义县城规模小，公共建设项目少，对规划工作重视不够，部门单位和个人建房多处于无序建设状态，行政办公、居民住宅、工商企业混建，县城建设布局不尽合理。1984年，县政府组织编制了第一版《尚义县县城总体规划（1984—2003）》。一些公共建设、民用建设项目开始由建设主管单位复核审批。但规划监察滞后，跟不上建设步伐，仍存在违规建设现象。

（一）县城总体规划

1984年，县政府组织编制了第一版《尚义县县城总体规划（1984—2003）》。

2003年12月，尚义县政府印发了规划局制定的《尚义县县城总体规划方案》，2004年修订《尚义县县城总体规划方案》，用地规模7平方千米，计划人口5万人。具体规划范围：东起秀水新区，南至白郭线以北，西至污水处理厂，北至麒麟山。县城规划控制用地规模近28平方千米。确立了“以山为骨、以河为脉、以水为韵、以绿为体，打造山水型生态宜居县城”的发展思路。

2006年，编制完成县城城建“十一五”规划。

2010年9月，由县政府委托张家口城市规划设计院对县城总体规划当中的7平方千米范围进行了控规编制。

（二）详细规划和专项规划

2006年，由县建设局编制完成了秀水新区1平方千米范围的控制性详细规划，由县政府委托张家口市规划设计院编制完成了鸳鸯河治理专项规划，规划建设的主要内容是筑坝、蓄水、绿化、美化。

2009年，在县城整体规划的基础上，制订了新区排污、自来水、消防、供电、污水、园林工程等专项规划。

二、镇村规划

2005年前，全县各乡镇以自行规划和建设为主，没有形成完整、系统的规划体系。2006年以后，乡镇规划逐步纳入全县规划体系，将县城、大青沟镇、小蒜沟镇确定为全县三个主要经济聚集区，大青沟镇、小蒜沟镇分别作为坝上和坝下两个重点建制镇的总体规划编制工作完成。2009年，委托张家口市城乡规划设计院编制完成《尚义县城、镇村体系规划（2010—2020年）》。2010年9月，委托张家口市规划设计院编制完成乡镇总体规划。2010年年底，完成全县新民居示范村规划编制任务。

第二节 县城建设

一、新城区建设与旧城改造

2003年，县城开始实施较大规模的旧城改造工程，到2010年，先后对县城平安街、太平南路、太平北路、明德小学周边等地段实施了改造改建。到2010年旧城改造开发建设总投资达4.60亿元，建成祥福苑、梧桐苑、学府新城、集美等20个住宅小区，形成以平安大街、太平路、祥福路两纵一横为格局的3个商贸集聚区，商业用房建筑面积3.60万平方米。

新区开发的容积率、立面造型、楼层标高、绿化、环卫等指标均明确了规划要求，同时完成了前期拆迁工作，拆迁面积3911平方米。

旧城改造按照坚持基础设施建设先行的原则，积极推进新区的建设，着重实施道路、排污、亮化等工程，2003—2008年，先后投资650万元新建府前大街、一中东路两条主要道路，道路路面宽30米，全长1905米；在平安大街实施全长2000米雨水、污水工程；2008年，实施鸳鸯河治理一期工程，治理长度500米，主要包括河道输水、蓄水、防洪工程，同时对河道两岸进行绿化、美化，完成绿化面积33.33公顷，栽植各种绿化树木2.80万株（丛）。

二、市政设施建设

（一）路网、桥梁建设

西环路工程 1989年后，尚义县借助白郭公路、张尚公路建设和改造工程，确立了县城环城公路的南、北框架，减轻了过境车辆给县城城区造成的交通压力。2010年，由省交通运输厅和县政府共同筹资310万元。由县交通运输局实施西环路一期工程。西环路按二级公路标准建设，起点在张尚公路台路村东约500米处，终点为白郭公路土城子村北约400米处，路线全长2.98千米。西环路分两期建设，2010年10月下旬完成一期工程。

“四路一桥”工程 2009年，为落实“三年大变样”目标，实施了县城的“四路一桥”工程（滨河路、希望路、水厂东路、新工路新建工程和鸳鸯河便民桥改建工程）。工程全长4.03千米，总投资2927.19万元。该工程于2009年5月正式开工，9月全部竣工。“四路一桥”工程缓解了县城交通压力，拉开了县城框架，扩展了建设空间，提升了尚义形象。

“六路一桥”工程 2010年，实施了县城“六路一桥”工程。“六路一桥”建设工程共涉及祥福南路新建工程、太平北路改建工程、祥福北路改造工程、平安大街改造工程、滨河北路改造工程、交警巷改建工程、祥福大桥新建工程7个单项工程，总长度5.53千米，总投资3540万元，工程于5月开工，是年9月底全部竣工。

旧街巷改造 1989年，县城仅有主街道为柏油路面，横贯县城东西，东至县外贸公司，西至旧政府招待所，长2520米，宽5.20米，1998年更名为平安大街。1990年以后，随着城镇建设的步伐加快，县委、县政府逐步出资改造县城巷道。1993年，对迎宾巷进行了改造，开挖了排水沟，硬化了巷道，用水泥板铺设了路面。1994年，对百货大楼西巷进行了改造，开挖了排污水渠，混凝土路面。2001年，新建了祥福路。2003年，随着县城的扩建改造，对原王吉华巷进行了拓宽改造，拆迁了部分民房及临街商铺，使该巷由原来的9米拓宽到28米，成为县城最宽的巷道，并更名为太平北路。2005年，先后对旧邮局巷、牛奶巷等巷道进行了改造，巷道铺设了污水管网，水泥砌面。2007 年，改建了交警巷。2009 年，在县城东部出城方向新建了迎宾大道，并与白郭公路相接。2000—2010 年，对县城主街道平安大街实施了两次拓宽改造工程，由原先的 12 米拓宽到 23 米，长度由原来的 2520 米延至 5600 米，大街两侧巷道由原来的 6 条增加到 12 条，且全部实施了硬化改造。

鸳鸯河大桥　1989 年，穿城而过的鸳鸯河仅有一座大桥，随着县城车辆的增加，因桥面较窄，通行压力日趋明显。为缓解压力，2006 年，滨河南路新建工程动工建设的同时，对鸳鸯河大桥进行加宽改建，大桥的宽度由原来的 8 米加宽到 14 米，并增设护栏，使大桥更加安全、美观。

便民桥　2009 年之前，县城西部鸳鸯河（现安宁街小学南）建有一座板涵便民桥，随着县城承载量的增加，已不能满足县城人民出行需要，2009 年 3 月，将旧桥拆除，改建一座彩虹造型桥，总投资 1700 万元，桥梁结构为水泥钢结构架桥：上部设计为钢筋混凝土空心板，下部为双柱式墩台、灌注桩基础。桥长 95 米，宽 7.50 米。

祥福大桥　2010 年，新建一座祥福大桥，桥址位于祥福路鸳鸯河上，大桥于 2010 年 5 月动工建设，总投资 1750 万元，设计为 10 孔跨径 13 米装配式钢筋混凝土空心板，三柱式墩台，桥长 134.06 米，桥梁全宽 18 米，行车道宽 14 米，桥上两侧设不承重造型。

鸳鸯河便民桥未修建前的情景（2006 年）

附：鸳鸯河大桥碑文

鸳鸯河源于西塞坝头一带，因传说河中有鸳鸯戏水而得名。由数十条支流汇合而成，经南壕堑出境，汇兴和县后河入友谊水库。全长四十一点五千米，属季节河，每逢汛期，河水不断，如遇暴雨，山洪倾泻，造成交通受阻，农田被淹。新中国成立后筑堤坝，修水库，虽经多方治理，然大河南北交通不便之处仍未解决，而县城之市政建设也需向河南拓展，故修建大桥已成群众所盼，经济发展所需。因此，县委、县政府决定建造鸳鸯河大桥。在省、地及有关部门的关注与支持下，一九八八年七月二十八日奠基动工，经数月奋战，于同年十月竣工。大桥系钢筋混凝土结构，上部为装配式预制十三米空心板，下部乃单排双柱式墩台，基础是钻孔灌注桩。主桥七孔长九十三点四四米，引道

鸳鸯河便民桥（2009 年）

长五百六十七米。共动土石方一万一千六百立方米。用工一万三千个，总投资一百五十万元。由张家口地区交通局工程大队第二小队承揽施工。大桥之建成不仅沟通了县城与永胜地、大阳坡到郭花公路干线，而且将对促进我县经济发展发挥重要作用。

特立此碑，以示纪念。

中共尚义县委员会

尚义县人民政府

一九八八年十月三日立

（二）县城排水设施

1989年前，县城排水及居民生活污水未经处理，靠排水沟自然排放。2003年，县城开始埋设地下排水管道，但排水仍以地下排水沟为主。2008年，河北省实施城镇面貌“三年大变样”工作，县城排水、污水处理开始列入城镇建设发展规划。2008年，成立了尚义县城镇投资发展有限公司，具体负责城镇的排水、污水处理工作。2009年，投资6881万元，建设污水处理厂，污水处理厂位于县城西南，鸳鸯河县城段下游北侧，占地面积2.40公顷，建筑面积5292平方米，日处理能力1.50万吨。同年，投资4545.60万元，在县城开始实施污水管管网配套工程，铺设污水管网40.80千米，管径¢400～600毫米，主要排除县城的雨水、污水，规划日排污用量1万立方米，2010年10月完工并投入使用。

2003—2009年尚义县县城排水管道建设情况表

表10-1

修建年度	所在街道	类 型	截面管径（毫米）	长度（米）
2003	平安大街	砼管	400	650
2003	祥福路	砼管	400～600	310
2004	贾海集贸市场	砼管	400～600	600
2005	滨河南路	砼管	400～600	300
2006	环城路、县委巷	砼管	400～600	300
2006	县委至教育局巷	砼管	600	260
2006	二中巷	砼管	600	800
2007	环城路西、太平南路出口	砼管	600	300
2009	县城主要街道至污水处理厂	—	400～600	40800

（三）照明设施

1989年，县城有路灯70盏，主要安装在县城主街道平安大街两侧，线路总长2.50千米。1999年始，随着县城逐年发展和新道路的建设，照明设施也不断配套完善，主要干线道路全部实现亮化，灯型为汞灯。2004年全部更换为高压钠灯。2008年，随着城镇建设三年大变样工程的实施，城区东延南扩，建成迎宾大道及滨河南路，新增路灯505盏。到2010年，县城照明设施累计投资160万元，新装及更换路灯575盏，全部为高压钠灯。

三、公用设施建设

（一）公共交通

公交车 2005年尚义县出现公交车。是年8月，尚义县四海公交客运公司成立。该公司拥有正常运营公共汽车34辆，车型为昌河微型客车和五菱之光微型客车，运营线路全场28千米，年客运总量120万人次，年营运里程290万千米，平均每万人拥有公共交通车辆6台。

2005—2010年，全县共有2条公交线路。线路一：从县城西起菜园街，东至落市良。途经菜园街、街心花园、县政府、网通公司、县医院、旧影院、县妇幼保健站、县汽车站、县交警队、县一中、国风中学、落甫良。线路二：绕县环城路到鸳鸯河南。途经县中心幼儿园、县民政局、县乡镇企业局、安宁街小学南大门、阳光小区、县供电所、南壕堑派出所、县国税局、红雅饭店、双桥加油站。

运营时间：7：00—19：00；计费方式：1元/人次。

出租车　2008年3月，石家庄通达出租公司在尚义组建成立尚义县通达出租客运分公司。公司拥有出租车辆（车型为三厢夏利）30辆，从业人员45人，总投入400万元。

出租车营运区域设定及运价核定。营运区域：不同街道、商场、医院、商业区等；营运方式：流动运营。运营时间：6：00—21：00，合理安排部分车辆24小时流动运营。计费方式：初步计费，2千米以内（含2千米）起步价2元，超出2千米以后每千米1.20元。

（二）供水设施

1989年，在县城北杏树山建三级泵站1座，在灌区北山建高位水池1座，为县城居民提供日常生活用水。1996年在杏树山新建三级泵站水池1座。随着县城人口的增加以及住宅楼的建设，居民用水供需矛盾日益凸显。2003年，县政府征地1.67公顷，在县城鸳鸯河南岸建一座自来水厂。厂内设计1000立方米的清水池1座，安装了电子监测系统、中控管理系统。2009年，投资350万元完成县城供水管网改造工程，新铺设管道3514米，旧管道改造完成5935米，建成600立方米清水池2座；水源井2眼，井深100～120米，单井出水量85立方米/小时，日供水能力达到4000立方米。

2010年，投资250万元，新建500千克高位水池2座，铺设铁管2500米，完全能够满足县城的用水需求。

1989—2010年尚义县县城自来水管道安装和新增用户表

表10-2

时间	年安装管道（米）	市政管道		用户管道		年增加用水户		年用水人口（人）
		长度（米）	投资（元）	长度（米）	投资（元）	居民（户）	单位（个）	
1989年前累计	39126	8445	284150	30681	235951	4784	35	—
1990年	2915	76	760	2839	34068	120	3	17000
1991年	5064	260	28431	4804	62264	131	2	18000
1992年	5810	510	756651	5300	63600	89	5	19000
1993年	2384	103	1339	2281	29344	65	3	20900
1994年	1519	56	728	1463	51424	150	4	21300
1995年	2082	80	1040	2002	58897	153	5	21600
1996年	2674	330	30177	2344	77898	132	4	21900
1997年	4244	250	13300	3994	106240	95	6	22100
1998年	2191	116	9932	2075	64902	113	2	22400

续表 10-2

时间	年安装管道（米）	市政管道		用户管道		年增加用水户		年用水人口（人）
		长度（米）	投资（元）	长度（米）	投资（元）	居民（户）	单位（个）	
2000 年	7385	150	5655	7235	380136	140	3	22600
2001 年	40906	2516	213791	38390	92825	165	7	23000
2002 年	8352	2422	108740	5930	122456	122	6	23200
2003—2004 年	5761	144	141710	5617	203123	132	9	23500
2005—2008 年	4710	1400	98188	3310	246756	545	10	24900
2009 年	11521	9449	3800000	2072	27972	202	5	25300
2010 年	6810	2500	1500000	4310	58158	154	4	25600
合计	153454	28807	6994592	124647	1916014	7292	113	—

1989—2010 年尚义县水价调整情况表

表 10-3

时间	批复名称	批复文件号	批复内容
1996 年 5 月	尚义县物价局关于调整供水价格的批复	—	1. 居民生活用水由 1.20 元 / 吨提高到 1.50 元 / 吨； 2. 机关（单位）用水由 1.20 元 / 吨提高到 2.00 元 / 吨； 3. 服务行业、工业用水由 1.50 元 / 吨提高到 2.50 元 / 吨； 4. 建筑及其他用水由 2.00 元 / 吨提高到 3.00 元 / 吨
2000 年 1 月	张家口市物价局关于尚义县自来水价格的批复	张价字〔2000〕第 8 号	1. 居民生活用水由 1.50 元 / 吨提高到 2.20 元 / 吨； 2. 机关（单位）用水由 2.00 元 / 吨提高到 2.50 元 / 吨； 3. 服务行业、工业用水由 2.50 元 / 吨提高到 3.00 元 / 吨； 4. 建筑及其他用水由 3.00 元 / 吨提高到 3.50 元 / 吨； 5. 特种行业用水由 3.00 元 / 吨提高到 5.00 元 / 吨
2006 年 7 月	张家口市物价局关于调整尚义县自来水公司供水价格的批复	张价字〔2006〕第 106 号	1. 居民生活用水每立方米 3.00 元 2. 行政事业用水每立方米 5.00 元 3. 工商企业用水每立方米 6.00 元 4. 建筑行业用水每立方米 7.00 元 5. 宾馆、餐饮等服务用水每立方米 7.00 元 6. 特种行业用水每立方米 10.00 元
2009 年 11 月	张家口市物价局关于调整尚义县城供水分类水价并轨的批复	张价字〔2009〕第 203 号	1. 居民生活用水（包括居民家庭生活、学校教学、学生生活用水）每立方米 3.00 元 2. 非居民生活用水（包括工业、经营服务业用水和行政事业用水等）每立方米 6.05 元 3. 特种行业用水（包括纯净水、酿酒等以水为原料的制造业生产企业用水，桑拿、洗浴，洗车用水，歌舞厅、保龄球等娱乐场所用水）每立方米 10.05 元

（三）供热设施

1989—1996 年，机关单位多为分散的自行集中供热，有县医院、县元件厂、县农业银行、县税务局、县畜牧局等单位，锅炉为每单位 1 台，最大吨数是县医院安装的 2 吨锅炉 2 台。

县城居民没有集中供热源，沿袭着炉火取暖的方式。

2003年，县委、县政府以及县人民武装部、县网通公司、县邮政公司等单位相继新建办公楼，各自形成了集中分散供热体系，单位分散集中供热点增加到15处，供热面积达到3.80万平方米，共铺设供热管道8600多米。

2003年，祥福苑小区投资100万元建成第一个居民住宅小区集中供热系统，供热面积4.5万平方米，供热户数500多户。

2007年，全县首家热力公司鑫隆热力有限公司成立，购置3吨锅炉3台，在秀水新区埋设供热管网600米，可供热面积20万平方米，为南壕堑镇、县法院、县交通运输局运政综合大楼等3家单位集中供热。2010年有9个单位新迁入秀水新区，由鑫隆热力公司集中供热，供热面积达到4万余平方米。

截至2010年年底，全县集中供热面积达到14.80万平方米，占县城人居面积的33.20%。

四、公共建筑

1989年，尚义县城公共建筑二层以上楼房29栋，建筑面积3.2万平方米。县城公共建筑有学校6所、机关幼儿园1所、篮球场、县医院和中医院、县第一、二百货商场、县汽车站、政府招待所、街心花园和县直单位办公房舍等。县城其他公共建筑多为平房。1992年以后，县内的公建项目开始建设，先后建成了麒麟宾馆、贾海集贸市场、县中心幼儿园、县医院扩建等一批建设项目。

1992年1月，县百货大楼建成并交付使用。同年11月，麒麟宾馆落成，成为当时张家口地区最好的县级宾馆，也是尚义县的地标性建筑物。之后，县供销大厦、县汽车站、县财政局办公楼、县民政局办公楼、县教育局办公楼等体量较大的公共建筑相继建成。2000—2010年，先后又有县委大楼、贾海商贸市场、尚义一中教学楼、职中教学楼、国风私立中学、昌农宾馆、县青少年活动中心、天宇购物中心等相继建成。

1992—2010年尚义县县城主要建筑物一览表

表10-4

建筑物名称	地　址	竣工时间（年）	投资额（万元）	楼层数（层）	建筑面积（平方米）	主要功能
百货大楼	太平街	1992	100	3	2000	商贸
麒麟宾馆	太平街	1992	480	5	4800	服务
供销大厦	太平街	1992	283	3	2000	商贸
汽车站	河东街	1996	165	2	1440	运输
口蘑中心	落甫梁	2003	118	3	2223	农业
贾海集贸市场	大市场院	2005	275	2	2565	商贸
国风中学楼	河东街	2005	528	4	7000	教育
中心幼儿园	太平南路	2007	330	3	3800	教育
昌农宾馆	平安大街	2008	655	4	7715	服务
县医院扩建	平安大街	2008	162.70	4	1471	医疗

续表 10-4

建筑物名称	地　址	竣工时间（年）	投资额（万元）	楼层数（层）	建筑面积（平方米）	主要功能
天宇购物中心	平安大街	2009	1070	4	13580	商业
昱锦商厦	平安大街	2009	283	3	4400	商业
县委政府大楼	安宁街	2000	240	5	3871	办公
教育局办公楼	安宁街	2001	994	4	9500	办公
国税局	秀水新区	2003	74.40	4	2706	办公
土地局办公楼	秀水新区	2003	25.07	5	1885	办公
青少年活动中心	秀水新区	2004	129.78	4	1907.50	办公
尚义私立中学	河东街	2005	455.80	3	7300	教育
法院	秀水新区	2006	199.50	4	2300	办公
房管所大楼	秀水新区	2007	323	4	4788	办公
交通征稽大楼	秀水新区	2007	230	5	3320	办公
建设局实验楼	秀水新区	2007	218	3	3220	办公
环保局大楼	交警巷	2007	460	3	7518	办公
检察院	秀水新区	2007	—	4	2350	办公
农业服务综合大楼	河东街	2007	157	5	2279.80	办公
南壕堑镇科技楼	河东街	2007	236	3	2980	办公
看守所监控楼	河东街	2007	117	3	1658	办公
明德小学楼	太平街	2008	128	4	1720	办公
广电大楼	太平南路	2008	287	4	3703	办公
尚义疾控实验楼	秀水新区	2008	104	3	1300	办公

五、居民住宅

1989年，县城民居全部为平房，大多数为砖木结构，亦有少数土木结构的旧房。1991年以后，县城相继出现了县工商银行、县人行、县民政局、县教育局、县交通局、县林业局、县财政局、县国税局、县地税局、县邮政局、县水利局等以各自单位牵头、干部职工集资建设的住宅楼。这些住宅楼房通常建在单位院内，供热和供水与单位同一系统，既无土地证，又无房产证，俗称“带蛋楼”。

2002年，县城开始规划建设住宅小区，普通居民住房开始由平房向楼房过渡。2003年，尚义县建成首个住宅小区——祥福苑小区。楼宇层数沿街为三层，小区内多为五层，总建筑面积为32160平方米，单户面积多为80～100平方米。住宅小区出现的同时，诞生了物业管理服务业，县城居民居住方式开始发生改变。

随后几年建设步伐加快，先后有饮食商用住宅楼、梧桐苑住宅小区等建成，此时，开始进入商品房时期。到2010年，全县建成规模化小区20个。

1989—2010 年尚义县县城主要住宅楼一览表

表 10-5

建筑物名称	地　址	结　构	开发商	竣工时间（年）	投资额（万元）	建筑面积（平方米）
祥福苑住宅小区	祥福路	砖混结构	—	2003	1379	32160
饮食楼工程	平安大街	砖混结构	尚义县商业局	2004	599	11394
天成园小区	太平北路	砖混结构	张家口市天地人房地产有限责任公司	2005	386	5500
阳光商城	环城路北	砖混结构	—	2005	177.10	12950
梧桐苑住宅小区	祥福路	砖混结构	石家庄金达房地产开发有限公司	2006	6000	60000
鑫隆公寓	平安大街南	砖混结构	尚义县鑫隆建筑公司	2006	888	16660
麒麟商城	平安大街	砖混结构	尚义县义利和房地产开发有限责任公司	2006	563	10245
玉竹园	河东街	砖混结构	张家口融恒房地产开发有限公司	2006	692.40	12644
园丁苑小区	太平街	砖混结构	棉毛针织有限公司	2007	308	5000
国岩商住楼	河东街	砖混结构	国岩蔬菜冷冻加工厂	2007	177	1900
东鑫商城	平安大街	砖混结构	尚义县宇鑫工贸有限公司	2007	1222	2007
梧桐苑二期	祥福路	砖混结构	尚义县宇鑫工贸有限公司	2007	12300	20300
荣达住宅楼	河东街	砖混结构	尚义县荣达建筑队	2007	698	11408
集美小区	太平街	砖混结构	张家口市集美房地产	2008	1490	21700
裕兴公寓楼	河东街	砖混结构	尚义县义和房地产开发有限公司	2008	521	7843
融江佳苑	太平南路东	砖混结构	尚义县融江房地产开发有限公司	2008	1000	17100
富源小区	河东街	砖混结构	张家口鼎鑫房地产开发有限公司	2009	104	10299
同利苑	河东街	砖混结构	尚义义和房地产	2009	601	9133
荣盛小区	河东街	砖混结构	尚义县义和房地产开发有限公司	2009	183	2858
泰和家园	太平南路	砖混结构	张家口鼎鑫房地产有限公司	2010	4530	60000
学府新城	太平街	砖混结构	尚义县商业局	2010	2300	33000

2009 年，尚义县开始实施廉租房建设项目，建成廉租住房小区 2 个（果园巷廉租房和霍洞沟廉租住房）。小区建设地点分别位于南壕堑镇太平南路和白郭公路与村路交叉处。两个小区内住宅楼均为 3 栋五层砖混结构，总建筑面积 17790 平方米，共 300 套，总投资 1425 万元，全部为县财政自筹解决。小区路面全部硬化、绿化，并配套相应的供水管路、供电管路、供热管路、排水管路，有线电视、宽带网络全部入户。

六、园林绿化

1989 年，县城园林管理由城建委负责。

1992 年，县城建委设立市政科，负责全县园林绿化管理工作。1992—1995 年，县城绿化覆盖率达 20%，主要以街道及居民庭院绿化为主。

1999 年，县城主要街道两侧以杨树为主，沿街单位在单位庭院内种植花草树木。2003 年起，县财政每年从城市建设维护费中拨出专项经费，用于县城园林绿化建设，先后在县城主要街道种植垂柳树5000余株。2004年，县城绿化是实施区域绿化。累计投资68万元，重点绿化了祥福苑小区、秀水迎宾大道、政府广场，绿化面积20万平方米。栽植杜松、玫瑰、樟子松、油松、桦树等绿化树木1.4万株。

2006年，按照打造山水型生态旅游小城镇的城建构想，在县城及周围实施了麒麟山绿色生态园、鸳鸯河绿色长廊、“张尚线”出入口绿化、“白郭线”通道绿化、绿色小区等5处绿化工程。

到2010年，城区绿地面积达到50万平方米，道路绿化率达到100%，绿化覆盖率达到30%，县城人均占有绿地15平方米。

广场建设 1989年，县城仅有一处“街心花园”，位于县城平安大街西端，建筑面积900余平方米，公园周边种植垂柳，公园内建有假山、凉亭、花坛，是居民休闲娱乐、活动健身的主要场所。2008年，县政府投资420万元在县城秀水新区修建秀水广场，2009年9月建成使用。广场占地4.93万平方米，水泥路面，彩釉砖铺边，设计有甬路、绿地、各种乔灌木、草坪，安装有庭院灯、高杆灯、地埋筒灯。主要设施有亭子、石木桌凳、长廊及各种健身器材。秀水广场集景观、休闲娱乐、健身于一体，也成为县内开展各类较大型活动的主要场所。

森林公园建设 2010年5月，县政府投入500万元在鸳鸯河南岸，白郭线北侧，新建一处占地33.40万平方米的南苑森林公园，于2010年11月建设完工。公园充分利用原有丛林景观，开辟林间小道，并在园内塑造假山，开辟池沼，引种花草，是一处人工与自然完美结合的风景园。

麒麟山公园 2003年，县政府决定利用城北遍布杏树的山体建设麒麟山公园。工程主要铺筑了山道，并在山顶修建2个凉亭，因资金不足，两亭间的连廊只修了一半未能连接。

七、环境卫生

（一）城区保洁

1989—2005年，县城街道有专门保洁清洁队，先后隶属于南壕堑镇和城建局，但人员不多，设备匮乏，资金不足，靠收取卫生费度日。每到冬季，沿街处处可见生活垃圾和冰水混杂堆积在一起。每年开春按照沿街单位位置划分卫生责任区，各自负责门前区域和卫生责任区的卫生清理工作；卫生责任区以外垃圾，发动县城附近行政村的农民进城突击清运。直到2005年之后，县政府安置部分下岗职工再就业，才有专门的清洁工。但因人员少、工作量大，无法完成成区的全部垃圾清理任务，城区的大部分保洁工作还是依靠沿街单位来负责。对于城区周边的垃圾，每年由县政府统一分配任务，各单位组织人员进行清理。

（二）垃圾清运、填埋

2010年6月前，尚义县没有固定的垃圾填埋处理场所，所有的垃圾全部是由各单位负责用小拖拉机拉运到城外的一些沟河倾倒，直到2010年6月之后，尚义县有了固定的垃圾填埋场所。生活垃圾无害化填埋场工程总投资3305.90万元，是尚义县三年大变样重点工程之一，填埋场位于县城南3千米处的半疙瘩山西坡，占地7.87公顷，设计日处理垃圾110吨，总库容59万立方米，设计服务年限10年。工程采用工艺为分层填埋，2009年动工建设，2010年6月底竣工投入使用。

（三）公厕建设

1989年，县城仅有2座旱公厕，到2010年，随着城镇化发展的需求和人口增多，逐步建成旱公厕45座，水冲式公厕3座。

（四）鸳鸯河治理

鸳鸯河县城段约5千米，河道平均宽度120米。20世纪90年代以来，鸳鸯河除雨季行洪外，平时基本处于断流状态，仅是县城的一条排污河。2009年4月，鸳鸯河综合治理工程开工建设，治理长度500米，投资260万元，实施了河道输水、蓄水、防洪工程。工程涉及全长1950米输水路线，其中铺设一条350米长的输水管道，其余为输水明渠。同时在鸳鸯河两岸栽植了大油松、大云杉、大柳树、全株杨、山樱桃等树种2.80万株，林间配种了羊柴、草木樨、苜蓿、沙打旺等花草16.67公顷，河滩、路、坝立体绿化，实现绿化美化面积25.33公顷。

第三节　村镇建设

1989年，全县乡镇党政机关除南壕堑镇外，其余16个乡镇均在平房办公，商店、学校、卫生院以及驻乡镇单位建筑较简陋，除了大青沟镇外，其他乡镇街道都为砂石路。2000年后，随着县域经济综合实力增强，全县乡镇驻地容貌不断得到提升。大青沟镇虽在街区格局上没有变化，但建筑体量在扩充，镇区配套设施不断完善；小蒜沟镇随着白郭公路的建设，重新拉开镇区框架，建设了临街商住一体的楼房；哈拉沟、炕塄2个乡撤乡设镇，分别改为三工地镇和满井镇，为方便人流、物流，镇政府驻地迁址至公路旁，两镇的规划结合镇域经济发展的实际，超前实施，留足未来发展的空间。其余乡镇政府驻地期间都出现了新建筑，均实现了照明路灯化、电话程控化、吃水自来水化、街市路面硬化。到2010年，先后有满井镇、下马圈乡、甲石河、红土梁镇建起党政办公大楼。

进入20世纪90年代，全县村庄建设发展步伐明显加快，这个阶段农村住房建设主要是由过去的土木结构向砖木、砖混结构过渡。到2000年，随着农村进城务工人口增多，农村建房速度放缓。到2010年，农村住房大量闲置和废弃，出现了“空心村”。

第四节　城建建设管理

1989年1月，尚义县城乡建设委员会成立，为县政府职能部门。负责全县城乡规划和建设机构编制、人员编制。

1996年10月，尚义县建设环境保护局成立，县政府直属事业单位。事业编制22人，内设7个科1个室：办公室、财务科、土地管理科、规划科、建管科、安全监督科、规划监察科、村镇科。下属单位有县房管所。

2002年6月，依据县机构改革“三定”方案，不再保留建设环保局，其职能分别由新设置的政府工作部门建设局和环境保护局分别承担。建设局行政编制5人，事业编制9人。内设2个行政股室：综合办公室、监察股；5个事业机构：规划建设服务中心、建筑业管理所、公用事业管理所、质检站和房管所。2006年成立尚义县城镇容貌综合执法大队，属建设局下属事业单位。2009年，县自来水公司由水务局划归建设局管理，属建设局直属单位。

2010年5月，依据县级机构改革方案，尚义县建设局更名为尚义县住房和城乡规划建设局，人民防空办公室职能划归住房和城乡规划建设局管理。住房和城乡规划建设局行政编制22人，事业编制2人。内设行政科室3个：综合办公室、监察科、建筑稽查科；8个事业机构：质检站、建筑管理科、村镇规划科、安监站、规划科、招投标管理办公室、公用事业科、人民防空办公室；下设 3 个直属事业机构：房管所、自来水公司、综合执法大队。

第二章 交通 运输

第一节 公路建设

1989 年，全县各级公路通车总里程 321.50 千米。其中省道东商线 33.64 千米，县道杨哈线 46.66 千米，县道郭花线 50 千米，乡道 11 条计 191.20 千米，通村公路在 1989 年之前基本为空白。1989—2010 年，尚义县公路建设进入迅速发展时期，至 2010 年，全县各类公路新增里程 1073.10 千米，达到 1394.59 千米。其中途经县域的国道从无到有；省级干线公路 2 条（东商线、张尚线）80.30 千米；县级公路 3 条（白郭线二级、白郭线三级、小韭线）123.29 千米；乡镇公路 15 条，计 545.50 千米；通村公路 73 条，计 645.50 千米。

2006 年，张（张家口）集（集宁）铁路开工建设，从尚义县域内经过，填补了尚义县境内没有铁路的空白。

一、国 道

国道 110 线尚义段 国道 110 线，东起北京，西至青铜峡，全长 1357 千米，途经北京市、河北省、内蒙古自治区、宁夏回族自治区。国道 110 线在尚义域内 5.50 千米。1996 年之前为三级公路。1996 年改建为二级公路并升级更名为国道 110 线，1997 年竣工通车。改建后路基宽 12 米，路面宽 11.50 米，尚义县域内路段 1987 年改由怀安县交通运输局负责管理。

二、省 道

东商公路（S344） 东商公路起点位于张北县东号村，止点位于内蒙古商都县，路线全长 97 千米，路线编号为 S344。尚义域内路线途经东山村、马连洼、套里庄房子、大青沟镇、三工地镇，尚义境内全长 33.64 千米。1977 年始建，1987 年年底，东商公路完成油路改造，途经尚义县唯一一条省级干线公路实现了油面铺装。

1998 年，投资 679 万元实施了东商线大青沟至内蒙古商都县五台河段油路改造工程，工程路线全长 15.71 千米。

2007 年 4 月，由市交通局组织实施道路二级改建工程。工程总投资 2.59 亿元。至此，尚义境内所有省级干线公路等级全部提升至二级。

张尚公路（S341） 2003 年前称为杨哈公

2003 年 10 月，新修的张尚公路竣工通车

路，属县级三级公路。公路起点位于张北县杨棚庄，止点位于尚义县南壕堑镇哈拉沟，与内蒙古兴和县境内公路相接，尚义域内路线全长46.66千米。杨哈公路在20世纪80年代一直是一条以砂石路为主的公路，曾进行过多次大修中修。

1998年，杨哈公路在“1·10”地震中遭受破坏。是年对杨哈公路进行改建。工程分两期实施，改建标准为平原微丘三级公路设计，路基宽8.50米，路面宽7米。两期工程共计改建道路66.13千米，完成投资8650万元，全部工程2000年10月10日竣工。

2003年，投资1.13亿元对杨哈公路实施二级改建工程，改建后的公路更名为张尚公路。将原来弯度较大的路段进行了取直设计，改建后的公路路线尚义境内全长46.46千米，设计标准为平原微丘二级，路基宽12.50米，路面宽11.40米，尚义境内设有大桥2座，分别为黄脑包大桥和四合功大桥。工程于2003年10月底全线竣工并通车，并升级为省级公路。张尚公路二级改建工程是尚义第一条二级干线公路，结束了尚义没有二级以上公路的历史。从尚义到张家口的行车时间也由原来的4小时缩短为2.5小时。

1989—2010年尚义县省级公路建设情况表

表10-6

公路名称	起讫点		路线长度（千米）	建成时间	投资（万元）	技术等级	标准		路面结构
	起点	止点					路基宽（米）	路面宽（米）	
张尚公路	K31.438	K78.098	46.46	2003年10月	11298	公路Ⅱ级	12.50	11.40	15厘米沥青碎石路面
东商公路	K24.802	K58.423	33.62	2007年10月	25900	公路Ⅱ级	12.50	11.40	15厘米沥青碎石路面

三、县　道

郭花公路（X 401） 万全县郭磊庄至尚义花尔台，公路路线等级三级。郭花公路郭磊庄至闫家窑段与白郭公路重合。白郭线二级公路改建工程完成后，尚义境内花尔台—闫家窑段未列入改建的路段，更改为乡村公路，由红土梁镇负责管理养护。

1989年，由市交通局和尚义县共同出资5.52万元，对郭花公路水毁路段进行了维修。

1990年，投资30余万元完成了闫家窑段2.31千米的改线任务，在黄脑包修缮水毁工程1处。

1991年，投资近20万元对1.70千米的路段实施了改线。1997—1999年，对郭花公路分三期进行了改建，工程总投资1569万元，改建总里程59千米。2003年，县交通局投资97.20万元，完成郭花线2千米翻浆路段大修工程、水毁修复工程以及勿乱沟大桥加固工程。

白郭公路（X401） 起点位于内蒙古白旗，止点位于万全县郭磊庄。白郭公路尚义段的前身为原郭花公路。该公路郭磊庄至尚义段2005年开始实施了二级公路改建，改建后的路线全长80千米，其中部分路段沿用原郭花公路的旧路段。白郭线二级公路改建工程尚义境内全长56.20千米，路基宽12.50米，路面宽11.40米，工程总投资2.54亿元。该公路从尚义至郭磊庄途经南壕堑、闫家窑、勿乱沟、小蒜沟、甲石河、洗马林，与110国道、京藏高速连接。工程于2006年10月23日全

白郭线通车剪彩场景（2006 年）

线竣工并通车。

2008 年，由县交通局组织施工，对白郭线大青沟至南壕堑段 33.80 千米的三级公路进行了大修，工程于 5 月 16 日动工，8 月底竣工，路基宽 7.50 米，路面宽 6 米，工程总投资 1650 万元，其中市交通局补助 100 万元，张集铁路项目部补助 400 万元，县财政拨付 100 万元，县交通局自筹 1000 余万元。

2008—2009 年，由县交通局组织实施了县道白郭线与张集铁路交叉段连线工程，工程道路全长 3.05 千米，总投资 2943 万元，其中包括全长 440 米、22 孔跨径 20 米预应连续梁大桥 1 座。

小韭公路（X409） 起点位于白郭公路狮子沟桥，止点位于下马圈乡，路线全长 27.74 千米。其中狮子沟至上马圈段 20.50 千米为三级沥青碎石路，路基宽 7.50 米，路面宽 6 米。上马圈至下马圈段 7 千米为四级沥青碎石路面，路基宽 6.50 米，路面宽 4 米。工程于 2004 年 4 月开工，当年 10 月完工，总投资 1300 万元。

1989—2010 年尚义县级公路建设情况表

表 10-7

公路名称	起讫点		路线长度（千米）	建成时间	投资（万元）	技术等级	标准		路面结构
	起点	止点					路基宽（米）	路面宽（米）	
白郭线（X401 二级）	K164.00	K222.29	56.29	2006 年 10 月	25400	公路Ⅱ级	12.50	11.40	15 厘米沥青碎石路面
白郭线（X401 三级）	K114.00	K164.00	50	1987 年 9 月	—	公路Ⅲ级	7.50	6	10 厘米沥青碎石路面
小韭线（X409 三级）	K0.00	K17.00	17	2004 年 10 月	1100	公路Ⅲ级	7.50	6	10 厘米沥青碎石路面
小韭线（X409 四级）	K17.00	K26.15	9.15	2004 年 10 月	200	公路Ⅳ级	6.50	4	沥青碎石路面

四、乡镇公路

2000—2010 年，所有乡镇公路均在原有道路的基础上进行改建、新建，累计投资 7479 万余元，形成了以县城为中心，干线公路为主骨架，乡镇公路相衔接，乡乡（镇）相连，四通八达的公路网。2010年年底，县域内拥有乡镇公路16条，道路总里程566.68千米。2005年县道白郭线二级公路改建时并入白郭线，成为县级公路的一部分。

1989—2010年尚义县乡镇公路建设情况表

表10-8

公路名称	起讫点		路线长度（千米）	建成时间（年）	投资（万元）	技术等级	标准		路面结构
	起点	止点					路基宽（米）	路面宽（米）	
花大线	花儿台	大阳坡	22.18	1997—1999	710	公路Ⅲ级	7.50	6	沥青碎石路面
夏小线	夏家卜	小蒜沟	86.73	2005—2010	1305	公路Ⅳ级	5.50	4	沥青碎石路面
三台线	三圪垯井	台路村	104.81	2004—2010	1575	公路Ⅳ级	5.50	4	沥青碎石路面
大七线	大青沟	七甲山	20.86	2004—2005	315	公路Ⅳ级	5.50	4	沥青碎石路面
套东线	套里庄	东洋河	61.13	2004—2008	915	公路Ⅳ级	5.50	4	沥青碎石路面
东张线	东山村	张活洼	47.48	2004—2008	705	公路Ⅳ级	5.50	4	沥青碎石路面
石三线	石井乡	三工地	30.07	2005—2008	450	公路Ⅳ级	5.50	4	沥青碎石路面
大十线	大苏计	十二号	25.12	2008—2010	375	公路Ⅳ级	5.50	4	沥青碎石路面
大六线	大营盘	六十庄	3.97	2000	80	公路Ⅳ级	5.50	4	沥青碎石路面
头红线	头道路	红土梁	23.59	2000—2010	360	公路Ⅳ级	5.50	4	沥青碎石路面
上上线	上马圈	上白窑	10.66	2004—2010	220	公路Ⅳ级	5.50	4	沥青碎石路面
黄华线	黄旗岔	华东村	22.32	2000—2010	330	公路Ⅳ级	5.50	4	沥青碎石路面
白田线	白彦不落	田家窖	53.93	2004—2010	810	公路Ⅳ级	5.50	4	沥青碎石路面
二夏线	夏家卜	张北二分场	1.60	1989	9	等外公路	5	4	砂石路面
杏友线	杏园沟	友谊水库	46.41	1990	240	等外公路	5	4	砂石路面
戈三线	戈家房	三圪垯井	5.82	1991	10	等外公路	5	4	砂石路面

五、“村村通”公路建设

2004年以前，尚义县通村公路以砂石路为主。1990年，由县交通局组织施工，共完成了全县15个乡镇、总里程223.32千米的12条通村砂石公路，路面标准四级至等外。1999年，全县实施道路扶贫工程，实施了涉及14个乡镇17个行政村、总里程143.60千米的通村公路。其中建成小桥5座，涵洞60道，防护工程4900立方米7处。建设标准采用山岭区四级，完成投资2245万元。

2004年，尚义县正式实施“村村通”公路工程，路面采用柏油和水泥铺设。是年，投资1920万元，完成10个乡镇、36个行政村125千米的村村通工程任务。其中三工地镇6个行政村，建设“村村通”公路25.70千米；大青沟镇5个行政村，总计9.70千米；大苏计乡1个行政村，计4.20千米；大营盘乡4个行政村，总计15.80千米；南壕堑镇5个行政村，总计13.30千米；炕塄乡3个行政村，总计6.60千米；七甲乡3个行政村，总计11.60千米；套里庄乡3个行政村，总计8.60千米；下马圈、小蒜沟两个乡镇6个行政村，总计29.50千米。2004年，全县通路行政村达60个，通村率34.90%。

2005年，省、市下达尚义村村通油路计划项目18个，建设里程163千米，建砂石路项目54个，建设里程251.30千米，总投资3953万元，全部工程于5月份陆续动工，到10月15日全部完工。

2006年，共完成8个乡镇、12个项目的村村通任务，建设总里程53.60千米，完成投资846万元，工程从6月陆续开工，10月15日全部竣工。

2008年，投资944万元，完成累计里程50.60千米的村村通油路工程，工程涉及8个乡镇12个行政村。

2009年，投资210万元，完成通村油路10.40千米，涉及红土梁、大营盘、甲石河、七甲4个乡镇的4个行政村。

2010年，共实施累计里程243千米，12个乡镇63个行政村的“村村通”工程建设任务，完成投资4860万元。工程从5月陆续开工，到9月底全部竣工。

至2010年年底，完成通村公路73条，通达里程645.50千米，其中油（水泥）路252千米，砂石路393.50千米，总投资12733万元，实现了全县所有行政村通油（水泥）路的目标。

第二节　公路养护

干线公路与县级公路养护　1989年，全县设有2个养护工区，分别为大青沟养护工区、红土梁养护工区。

大青沟养护工区　下设张柱梁、马连洼、三义店、白彦堡、落甫梁5个养护道班，从事养护、管理的工作人员75人，实行分片包段、定工定额的目标化管理模式。结合路线分布和工区的地理位置，该工区负责省道东商线33.59千米和县道大尚线32千米的养护工作。

红土梁养护工区　下设南店、小蒜沟、勿乱沟、红土梁、黄土窑、黄脑包、台路7个道班，从事养护、管理的工作人员72人，负责原

村民在养护公路（2007年）

县道郭花线 49.50 千米和原杨哈线 16 公路的养护工作。全县列养的公路除大尚线 32 千米油路外，全部为砂石路。

1999 年，郭花线和杨哈线均改建提升为县道三级公路后，撤销了两个工区下设的 9 个道班，保留了 3 个道班，实行大道班养护。2002 年，大青沟养护工区改为大青沟养护中心，对境内的东商线和大尚线进行重点列养。2003 年，原杨哈线提升为县道二级公路（张尚线），交付大青沟养护中心列养。2004 年县道小韭线改建通车，由红土梁工区列养，同时大尚线也交付红土梁养护工区列养。2006 年，随着县道白郭线二级公路的竣工通车，尚义县交通局列养公路的级别整体提升。至 2010 年，全县列养公路里程共 203.53 千米，其中大青沟养护中心负责东商线、张尚线，列养 80.25 千米；红土梁养路工区负责县道白郭线、大尚线、小韭线，列养里程 123.28 千米。在管理上，推行了“合同管理、计量支付”的模式，年末好路率达 80%。

乡镇公路与通村公路养护 2004 年实施村村通工程以来，尚义县在乡村公路的养护管理工作上，主要采取专业养护、协会管理、群管群养、社会帮扶、以林养路五种管理模式。

专业养护即聘用专职养护人员，对全路段实行统一管理，养护经费由乡镇政府统筹解决；协会管理即组织和发动群众成立了独特的“半工半农”的农村公路养护管理模式，实行政府补助和整合社会资源相结合的办法，由协会统一研究，决定筹资金额和分摊标准，报请当地政府批准后，由协会统一收取、统一管理、统一使用；群管群养即因势利导将养护任务分解到村，再由村分解到户，以签订责任书的形式进行日常养护。社会帮扶管理模式即采取受益企业、对口包扶部门、各乡在外人士及社会各界集资帮扶，受益村出工出劳相结合的办法实施养护，所筹集资金由村委会单设账户，专人管理，节约开支，滚动发展。以林养路即按照“路旁种树、以树养人、以人养路”的思路，坚持谁购买、谁受益、谁养护的原则，将公路两侧的绿化权和树木产权公开拍卖，与购买人签订养护协议，采取树木轮伐种植，获取利益。

2007 年，河北省农村公路现场会在尚义县召开，其间，与会人员参观了尚义农村公路建设养护情况。

第三节 桥梁、涵洞

一、桥 梁

2010 年年底，尚义境内国省干线公路、县级公路、乡镇公路共建有大型桥梁（全长 100 米以上）10 座、中型桥梁（全长 31 ~ 100 米）13 座、小型桥梁（全长 5 ~ 30 米）10 座。其中省级干线公路大、中型桥梁 10 座、小桥 7 座；县级公路大、中型桥梁 13 座、小桥 3 座；乡镇公路中型桥梁 3 座、小桥 5 座；村级公路小桥 35 座。

1989—2010 年尚义县东商公路桥梁情况表

表 10-9

桥梁名称	所在路线	规格				载重		建筑结构		修建时间（年）
		孔数（孔）	跨径（米）	长（米）	宽（米）	汽	挂	上部	下部	
大青沟中桥	东商线	4	11.50	46.60	7.50	公路Ⅲ级		空心板梁	双柱式墩台	2003

续表 10-9

桥梁名称	所在路线	规格				载重		建筑结构		修建时间（年）
		孔数（孔）	跨径（米）	长（米）	宽（米）	汽	挂	上部	下部	
大青沟大桥	东商线	5	20	105.08	12.40	公路Ⅱ级		空心板梁	双柱式墩台	2007

1989—2010 年尚义县张尚公路桥梁情况表

表 10-10

桥梁名称	所在路线	规格				载重		建筑结构		修建时间（年）
		孔数（孔）	跨径（米）	长（米）	宽（米）	汽	挂	上部	下部	
韩家庄中桥	张尚线	3	13	44.06	12	公路Ⅱ级		空心板梁	双柱式墩台	2003
花儿台小桥	张尚线	2	5.52	12.04	12	公路Ⅱ级		空心板梁	重力式墩台	2003
黄脑包大桥	张尚线	8	13	108.06	12.60	公路Ⅱ级		空心板梁	多柱式墩台	2003
黄脑包小桥	张尚线	1	5	6	12	公路Ⅱ级		空心板梁	重力式墩台	2003
四合功大桥	张尚线	8	20	165.08	12	公路Ⅱ级		空心板梁	双柱式墩台	2003
四合功桥	杨哈线	2	17	53.50	8	20	100	石拱桥	重力式墩台	1991
大坝沟小桥	张尚线	1	5	6	12	公路Ⅱ级		空心板梁	重力式墩台	2003
城东河中桥	张尚线	5	13	69.06	12	公路Ⅱ级		空心板梁	双柱式墩台	2003
祥福苑小桥	张尚线	1	13	13	12	公路Ⅱ级		空心板梁	重力式墩台	2000
公沟河中桥	张尚线	3	13	43.10	12	公路Ⅱ级		空心板梁	双柱式墩台	2000
菜园街小桥	张尚线	1	7	8	12	公路Ⅱ级		空心板梁	重力式墩台	2003
二道壕堑桥	张尚线	2	13	26	12	公路Ⅱ级		空心板梁	重力式墩台	2003
台路小桥	张尚线	1	11.60	13	12	公路Ⅱ级		空心板梁	重力式墩台	2003
哈拉沟中桥	张尚线	4	13	57	12	公路Ⅱ级		空心板梁	双柱式墩台	2003
友谊中桥	张尚线	5	13	69.04	12	公路Ⅱ级		空心板梁	重力式墩台	2003

1989—2010 年尚义县白郭公路大、中桥梁情况表

表 10-11

桥梁名称	所在路线	规格				载重		建筑结构		修建时间（年）
		孔数（孔）	跨径（米）	长（米）	宽（米）	汽	挂	上部	下部	
鸳鸯河大桥	白郭线县城段	13	13	161.08	11	公路Ⅱ级		空心板梁	多柱式墩台	2006
十三号中桥	白郭线	4	10	44.08	11	公路Ⅱ级		空心板梁	重力式墩台	2006
永胜地大桥	白郭线	8	13	109.80	11	公路Ⅱ级		空心板梁	重力式墩台	2006
勿乱沟大桥	白郭线	8	18	148.08	11	公路Ⅱ级		空心板梁	双柱式墩台	2006

续表 10-11

桥梁名称	所在路线	规格				载重	建筑结构		修建时间（年）
		孔数（孔）	跨径（米）	长（米）	宽（米）	汽 挂	上部	下部	
新庙中桥	白郭线	7	13	91.60	7.5	公路Ⅲ级	空心板梁	重力式墩台	1999
新庙大桥	白郭线	22	20	440	11	公路Ⅱ级	预应连续梁	双柱式墩台	2009
狮子沟大桥	白郭线	8	13	109.06	11	公路Ⅱ级	空心板梁	双柱式墩台	2006
杏园沟中桥	白郭线	6	13	83.06	11	公路Ⅱ级	空心板梁	双柱式墩台	2006
便民桥	白郭线县城段	7	13	95	7.5	公路Ⅲ级	空心板梁	双柱式墩台	2009
祥福大桥	白郭线县城段	10	13	134.06	18	公路Ⅱ级	空心板梁	三柱式墩台	2010

1989—2010 年尚义县小韭公路桥情况表

表 10-12

桥梁名称	所在路线	规格				载重	建筑结构		修建时间（年）
		孔数（孔）	跨径（米）	长（米）	宽（米）	汽 挂	上部	下部	
瑟尔基河大桥	小韭线	13	13	172.74	7	公路Ⅲ级	空心板梁	钻孔灌注桩	2000—2001
保满沟 1 号桥	小韭线	3	13	39.60	7.50	公路Ⅲ级	空心板梁	重力式墩台	2006
保满沟 2 号桥	小韭线	4	13	52.60	7.50	公路Ⅲ级	空心板梁	重力式墩台	2006
K7+180	小韭线	1	7	7.50	8.50	公路Ⅲ级	空心板梁	重力式墩台	2004
K9+867.67	小韭线	1	7	7.50	8.50	公路Ⅲ级	空心板梁	重力式墩台	2004
K10+178	小韭线	1	7	7.50	8.50	公路Ⅲ级	空心板梁	重力式墩台	2004

1989—2010 年尚义县乡镇公路桥梁情况表

表 10-13

桥梁名称	所在路线	规格				载重	建筑结构		修建时间（年）
		孔数（孔）	跨径（米）	长（米）	宽（米）	汽 挂	上部	下部	
小蒜沟小桥	夏小线	2	7	15.60	8.40	公路Ⅲ级	现浇盖板	重力式墩台	1998
炕塄小桥	白田线	2	8	18	8	公路Ⅲ级	片石砌体石拱桥	重力式墩台	1992
连心桥	夏小线	1	5	5.50	5	公路Ⅳ级	混凝土盖板	重力式墩台	1999
大土台桥	夏小线	2	8	18.50	6.20	公路Ⅳ级	混凝土盖板	重力式墩台	1999
西城窖桥	红套线	1	16	34.40	7	公路Ⅲ级	混凝土石拱桥	重力式墩台	2005
范家村桥	黄华线	12	6	72.80	4.50	公路Ⅳ级	混凝土盖板	重力式墩台	2009
红土梁中桥	花大线	7	8	56.80	7.50	公路Ⅲ级	装配式盖板	重力式墩台	2009
富民桥	套东线	2	8	18.90	8.40	公路Ⅲ级	混凝土盖板	重力式墩台	2002

二、涵 洞

2010年年底，尚义境内国省干线公路、县级公路、乡镇公路共建有涵洞409道，其中省级干线公路涵洞74道、县级公路涵洞230道、乡镇公路涵洞74道、村级公路涵洞31道。

第四节 铁 路

2006年5月开工建设的张（家口）集（宁）铁路途经尚义县小蒜沟镇。在尚义域内总长度为35千米，始于万全县旧堡隧道处，止于尚义县与内蒙古兴和县交界处。沿线1.25千米内涉及5个村2所中小学校、近4000人。尚义段内共有桥梁26座，500米以上特大桥6座。隧道14条，其中3000米以上特大隧道1条。涵洞18个。隧道、桥梁、涵洞总长占尚义段全程的一半以上。在小蒜沟镇建火车站1个，设铁路公安派出所1个。

小蒜沟火车站位于小蒜沟镇北侧，设计年客运能力12万人次，货运能力20万吨。

尚义县在铁路护路、联防工作上发挥着重要作用，铁路通车以来，坚持“打防结合，预防为主”，确保了境内铁路沿线治安秩序持续稳定和铁路安全畅通。

第五节 运 输

一、客 运

1989年，全县只有过境省际班车3辆，从张家口至尚义的客运班车只有7辆，区间客运车辆尚为空白。1990—1998年，客运量以年均3.10%的速度增长。1998年年底，从张家口到尚义县的客运车辆增加到12辆，跨省客运车辆增加到5辆，从事客运的个体车辆达8辆，从事个体客运的从业人员达到28人，年客运量达到5.80万人次。县域内的区间客运班车达到30余辆，除甲石河、套里庄、七甲、南壕堑4个乡镇外，全县有10个乡镇通了区间客车，区间客运年周转量达564万人千米，线路覆盖到全县60%的区域。

1999—2006年，是县内客运业发展较为快速的时期。至2006年年底，县域内区间客运班车拥有量达到69辆，跨县客运车辆达到27辆，跨省客运班车也达到了18辆，客运班线覆盖到了全县所有的乡镇和40%的行政村。

2006年后，全县的客运业得到迅猛发展。到2010年，班线客车已发展到133辆。除主要班线外，农村客运线路已覆盖全县的14个乡镇，客车也比1996年增长了7倍。全县行政村通车率达到96%。到2010年，区间车辆已发展到96辆，省际班线车辆7辆，张家口市30辆。路线延伸到了北京、天津、石家庄、保定、唐山、太原、大同、朔州、呼和浩特、包头、集宁等大中城市，日发班车37班次，区间客运车辆96部，通达全县所有乡镇，年客运量达到了8.50万人次。

二、货 运

1989年之前，尚义县从事道路货物运输的车辆主要为农用四轮车，有个别先富起来的人员经营起了一些零星的货物运输。

进入20世纪90年代，全县的道路货物运输才得以较快发展。1989—2010年，全县道路货物运输以年均6.30%的速度递增，全县货物运输车辆从1996年132辆发展到2010年的1529辆，货运户主由全县仅有的128户发展到

1520户。特别是2002年以后，随着道路运输业的迅速发展，全县从事道路运输业的经营户和从业人员95%实现了个体或联户经营，奠定了全县交通物流业的基础。全县已基本形成以灵活快捷、散装、固体原材料为主，整车运输及多轴化、大吨位、集装箱、特种车为辅的运输新格局。到2010年，全县农用车辆已发展到800余辆。大、中型货运车拥有量达700余辆，其他特种车辆、工程车辆180余辆。全县货运车辆的快速发展，成为拉动县域经济发展的重要力量。

1989—2010年尚义县客货运情况表

表10-14

年份	货运量（吨）	货运周转量（吨千米）	客运量（人）	客运周转量（人千米）
1989	70000	759000	44000	241000
1990	72000	794000	45000	297000
1991	73000	832000	46000	329000
1992	75000	873000	48000	354000
1993	79000	915000	51000	395000
1994	81000	985000	52000	4110000
1995	84000	1165000	53000	4210000
1996	85000	1275000	55000	4400000
1997	92000	1472000	56000	5040000
1998	10000	1600000	58000	5640000
1999	140000	22400000	59000	4720000
2000	159000	31600000	63000	4410000
2001	159000	33180000	63500	4435000
2002	162000	35764000	65000	4500000
2003	168000	40320000	66000	5280000
2004	181000	45250000	68000	5440000
2005	185000	48100000	69000	6210000
2006	227700	59202000	73000	6570000
2007	230000	60103000	76000	7120000
2008	235000	62501000	77000	7650000
2009	241000	70201000	81000	8310000
2010	255000	73502000	85000	8740000

三、公路养路费征收

1989年以来，尚义县养路费征收通过从源头加强稽查，保费收、减漏洞，养路费收入的逐年增加。1989年，全县公路养路费征收额只有81万元。1993年，养路费征收突破100万元。

2008年，全年养路费征收达到历史最高700万元。2009年1月1日，国家税费改革，取消养路费的征收。

1989—2008年尚义县交通局养路费征收情况表

表 10-15

年 份	汽车收费标准（元/吨）	汽车年度计划（万元）	实际完成（万元）	完成比例（%）	小拖收费标准（元/吨）	小拖年度计划（万元）	实际完成（万元）	完成比例%
1989	150	73	75	103	150	6.50	6	92
1990	150	75	77	103	150	7	6	86
1991	150	79	80	101	150	8	6.60	82.50
1992	150	81	82	101	150	8	7	87.50
1993	150	108	110	102	150	18	20	111
1994	190	150	152	101	190	18	21	117
1995	190	200	206	103	190	20	21	105
1996	190	219	235	107	190	22	24	104
1997	190	236	227	96	190	23	37	160
1998	190	236	250	106	190	23	29	126
1999	190	236	245	104	190	25	22	88
2000	190	243	244	100.40	190	35	35.50	101
2001	190	240	238	99	190	30	31	103
2002	190	240	242	101	190	35	52.30	149
2003	190	220	226	103	190	34	53	156
2004	190	350	447	128	190	35	47.20	135
2005	190	450	470	104	190	25	26	104
2006	190	430	541	126	190	43	24	56
2007	190	540	635	118	190	24	14.30	60
2008	190	600	700	117	190	—	—	—

四、运输管理费征收

1989—2008年，全县共征收运输管理费284.27万元，完成货运附加费139.62万元，客运附加费211.09万元。随着国家税费改革，2009年1月1日起，取消了运输管理费的征收，不再针对客、货运输车辆征收运输管理费及客、货运附加费。

1989—2008年尚义县交通局运输管理费征收情况表

表 10-16

年 份	运输管理费（万元）	客运附加费（万元）	货运附加费（万元）
1989	9.70	2.54	3.04

续表 10-16

年 份	运输管理费（万元）	客运附加费（万元）	货运附加费（万元）
1990	10.20	3.68	4.15
1991	12.33	4.17	4.32
1992	12.39	5.16	6.20
1993	13.46	6.95	4.58
1994	16.50	7.14	4.17
1995	16.20	8.65	3.56
1996	19	5.61	0.58
1997	13.74	18.78	8.18
1998	10.19	17.35	8.16
1999	10.76	16.17	7.48
2000	12.10	15.34	7.83
2001	13.84	15.08	7.53
2002	17.98	10.18	7.03
2003	11.44	9.37	6.95
2004	13.01	10.04	8.02
2005	15.13	10.18	8.18
2006	16.08	13.07	11.20
2007	25.46	21.41	21.56
2008	14.76	10.22	6.90
合计	284.27	211.09	139.62

第六节 交通管理

一、机动车维修业管理

1989 年前，尚义县机动车维修经营业以小型维修摊点为主。车辆维修管理主要包括汽车维修企业的开业和停业管理、维修行为管理、维修质量监督管理、维修费用结算管理、技术人员管理、维修合同管理、维修企业等级鉴定、维修技术咨询服务等内容。至 1996 年，辖区内一类维修业空缺，二类维修业户 1 户，三类维修业户 2 户，发展速度比较缓慢。2006 年，二类维修业户发展到 2 户，三类维修业户发展到 12 户，已能基本满足已有车辆的日常维护保养。2006 年之后，县内机动车辆迅猛发展，至 2010 年，机动车二类维修业户发展到 4 户，三类维修业户发展到 18 户，小型维修摊点 38 户。

2008 年后，逐步完善市场经营监管，针对机动车维修业经营每年都要开展资质检查、考核、审验，对市场准入许可严格把关，对无证经营、非法经营维修的摊点进行查处取缔，从源头上规范机动车维修市场的经营秩序。

二、驾驶员培训管理

2001年，尚义县有了第一家从事驾驶员培训的代培点，即金鑫驾校（原旧招待所驾驶员代培点）。该代培点从业人员4人，年培训驾驶员50余人次。2006年年底，辖区内机动车驾驶员培训学校有1处（即华展驾校），从业人员25人。2006年后，县内的驾驶员培训业得到较快发展，至2010年，机动车驾驶员培训学校1家即尚义县华展驾校；代培点7家，分别为军地、鑫旺、平安、四通、邢侠、翔天、金鑫，从业人员80余人，年培训能力达到900人次。为强化县内车辆驾驶员职业培训，提高驾驶员业务技能，扩充驾驶员队伍，促进全县交通运输业的发展起到了重要的作用。

三、路政管理

尚义县交通局公路管理站下属的路政执法大队负责全县公路路政管理工作。1989年以后，全县境内道路运输车辆逐年增加，损坏公路路产的案件也呈逐年上升的趋势，据统计，1989—2010年，全县共发生路政违法案件581起，路政执法大队依法查处路政案件581起，查处率、结案率均达100%。

第七节　交通管理机构

1989—1994年，尚义县交通局内设办公室、路政股、财务股、公路工程服务公司、多种经营办公室，下设养路费稽征站、运输管理站、大青沟养路工区、红土梁养路工区。全局共有干部、职工263人，2002年6月，依据机构改革“三定方案”，确定交通局事业编制55名，内设5个职能股室：办公室、财务股、工程股、公路管理站、地方道路管理站。下辖运输管理站、养路费征稽站、大青沟养护中心、红土梁养护工区。

2009年年底，全局有干部职工398人，其中行政编制169人，事业编制229人，有专业技术职称初级15人，中级8人。内设党委办公室、行政办公室、财务股、审计股、工程股、质监站6个股室，下设公路管理站、地方道路管理站、公路工程一队、公路工程二队、路政管理所、运输管理所6个基层站所和大青沟养护中心、红土良养路工区2个养护单位。2010年，县交通局更名为县交通运输局，职能、机构设置、人员编制未变。

第三章　邮政　通信

第一节　邮　政

1989—1998年，尚义县邮政、电信合营，邮政业务由县邮电局统管，下辖大青沟、红土良、八道沟、小蒜沟4个邮电支局。1998年8月邮电分营，尚义县邮政局成立，承担全县的邮政通信任务。机构设置分职能管理部室和生产班组。职能管理部室设综合办公室、市场经营部；生产管理及营销部门设储汇中心、投递公司、金融业务部、综合营销部。至2010年机构未变，有干部职工60人，其中在岗职工28

人，劳务工 32 人。

邮路 1989 年，全县有二级邮路 1 条，三级邮路 2 条。二级邮路采用 130 牌货车运输邮件，由县邮电局到张北县邮电局交接邮件后原路返回，途经大青沟邮政支局，行驶里程 210 千米。二级邮路 2 条，一条由县局途经红土梁邮政支局、小蒜沟邮政支局交接邮件原路返回，行驶里程 140 千米；另一条由县局到八道沟邮政支局交接邮件原路返回，行驶里程 50 千米。1993 年，自办汽车邮路达到 182 千米。1999 年 3 月，二级邮路采用五十铃集装箱货车运输邮件，从张家口市邮政局邮区中心局出发，途经张北县邮政局、大青沟邮政支局，到尚义县邮政局交接邮件原路返回，行驶里程 310 千米。2008 年 3 月，二级邮路从张家口市邮政局邮区中心局出发，途经万全的孔家庄、洗马林、尚义小蒜沟、红土梁，到达尚义县邮政局，交接完邮件原路返回，行驶里程 220 千米。三级邮路由县局到大青沟邮政支局交接邮件原路返回 1 条，行驶里程 64 千米；由县局到八道沟邮政支局交接邮件原路返回 1 条，行驶里程 50 千米。

邮政设施 1992 年，市、县投资 986 万元在县城西部建尚义邮电通信大楼。随着邮政通讯业务的快速增长，办公条件已不能满足全县邮政通讯业务的发展需求，1999 年 10 月，县邮政局在县城平安街 40 号新建邮政办公大楼。大楼主体面积 2725 平方米，其中营业面积为 718 平方米。2002 年，在办公楼建设信息节点机房 1 个，作为全局的信息处理传输中心，全局计算机发展到 50 台。建立起提供邮政全功能服务的支所 4 个，纯邮政营业支所 2 个，其中电子化支局功能支所 5 个，手工营业网点 1 个；邮政信筒 6 个、信箱 76 个；邮政妥投点 722 个，在县城及各乡镇建有便民服务站 35 处，村邮站 52 处，三农服务直营店 3 处，三农合作店 2 处，通邮村 172 个。有邮政生产用车 4 辆，其中押款车 1 辆，生产服务用车 3 辆。

投递段道 1989—2010 年，全县陆续设立农村投递段道 21 条、城市投递段道 7 条。1998 年 8 月，县内由次日见报实现当日见报。农村投递由以前自行车投递改为摩托车投递。2009 年 5 月，城市投递由自行车改为电动自行车投递。至 2010 年，投递路线总长度为 1526 千米。

邮电局话务组接线场景（1992 年）

邮政业务 邮电分营后，邮政业务不断扩大，从开始的包裹、汇兑、报刊，到代理金融、代理保险、信函、集邮、电子商务、特快专递、农资、酒水、日化产品配送等，邮政业逐步发展成为一个集资金、信息、实物三流合一的企业。

函件业务 分信函、明信片、印刷品和盲人读物 4 种。其中函件又分为平信、挂号、快件、保险信函、有声信函等。按寄递范围又可分为本埠、外埠函件，国内、国际函件。多种函件收寄的规格、大小、长短、重量以及资费多少均由国家统一规定。顾客可根据不同需要选择交寄平信、挂号、快件、普通航空平信或航空挂号信函等。以上业务1998年邮电分营前均已开办。1995年后，在基础业务上延伸拓展，相继开办了邮送广告业务、商业信函业务、邮资封业务、拜年卡业务、旅游门票明信片业务等，1998年5月取消了快件业务。1999年收寄函件22.30万件，2010年收寄函件15.10万件。

包裹 1989—2000年，尚义县邮政包裹种类有普通包裹、商品包裹、快递小包和代收货价包裹等。每年平均收寄包件8900多件。随着市场经济的繁荣，物资极大丰富，包裹邮寄业务逐年下降。2001年8月1日，开办快递包裹业务。2004年按照国家统一规定，全面开办国内、国际包裹业务和快递包裹业务。1989年收寄包件7600件，2010年收寄包件2030件。

汇兑 1989年汇兑业务6000多张。1999年汇兑业务9900张，2002年，尚义邮政局开办电子汇兑业务，主要业务形成有投单汇款、电子汇款、加急电子汇款和特急电子汇款4种。2010年汇兑业务2.10万张。

报刊发行业务 分报纸、杂志两项。发行方式有订阅、零售、代发、寄售、出租和接受委托办理赠送、帖报、交换等多种，订阅和零售是基本方式。1989年报刊发行总流转额57万元，收入10.50万元，1999年报刊发行总流转额75万元，收入16.50万元，2010年报刊发行总流转额141万元，收入35.25万元。

特快专递 1996年尚义开办特快专递业务，业务种类有国内、国际特快专递函件业务，国内、国际特快专递包裹业务。2008年6月新增加代理二代身份证速递业务。1999年特快专递业务量0.18万件，2010年特快专递业务量1.60万件。

集邮 1995年7月，尚义县成立集邮协会，发展一批集邮爱好者，会员发展到218人。1999年集邮业务量17.60万枚，实现收入23.60万元，2010年集邮收入12.63万元。

邮政储蓄 1986年10月，尚义县邮政局在县城建立太平街邮政储蓄所。1988年在大青沟、红土梁分别设立邮政支局，并开办邮政储蓄业务。1990年在八道沟、小蒜沟分别设立支局。

1999年新邮政大楼落成，在县城新建光明路邮政储蓄所。1999年邮政储蓄余额0.16亿元，收入53.30万元；2010年邮政储蓄余额2.60亿元，储蓄收入478.55万元。

代理保险业务 1999年，尚义邮政开办代办财产保险、人寿保险业务，保险产品涵盖传统寿险、新型寿险、意外险、交强险、商业车险等多种类型。代理保险坚持以客户为中心的服务理念，向客户推荐适合需求的保险产品，借助自身的经营、管理和技术优势，为城乡居民提供保险服务。

物流分销 2002年3月，开办利果美化肥配送业务，标志着邮政局物流分销业务的开始，以后逐渐开办有化肥、农药、种子、日化产品、酒水分销等新业务，其中化肥和酒水分销量逐年递增，占到专业业务量的90%以上，为邮政业务发展注入活力。

代办业务 邮电分营后邮政与电信、移动、联通的业务往来一直不断，做到了互惠互赢。县邮政局于1994年10月开办了代收话费、代办移动业务、代办联通业务，2010年9月与供电公司签订协议，开办代收电费业务。代收费业务的开办极大方便了全县居民。

1998—2010年尚义县邮电分营后邮政业务收支情况表

表10-17

项目 / 年份	业务收入（万元）	业务支出（万元）	收支差额（万元）	固定资产（万元）	职工人数（人）
1998	103.21	167.82	−86.27	599.83	47
1999	118.84	146.13	−74.20	599.83	47
2000	114.75	133.12	−50.73	470.99	45
2001	165.10	161.17	−27.76	457.95	46
2002	196.97	164.20	−16.28	483.91	38
2003	231.96	198.22	26.61	557.38	37
2004	242.08	199.99	34.27	597.67	35
2005	283.39	220.72	46.44	501.12	33
2006	356.58	213.06	16.62	555.55	31
2007	450.22	281.53	79.45	528.56	33
2008	388.49	253.51	40.50	515.02	64
2009	541.10	336.89	103.43	515.02	63
2010	651.14	514.05	143.52	515.02	60

1998—2010年尚义县邮政业务量情况表

表10-18

年 份	函件（万件）	包裹（万件）	汇票（万张）	机要（件）	订销报纸（万份）	订销杂志（万份）	邮政储蓄余额（万元）
1998	312	3.10	10.20	176	1092	21	10763
1999	223	3.50	9.90	181	1190	22	15605
2000	1637	4.20	10	154	1104	28	25232
2001	2238	4.30	8.80	138	1144	26	44506
2002	297.90	6.20	7.20	249	1048	22	58721
2003	190.60	4.40	5.80	181	603	22	79525
2004	212	2.20	4.50	236	982	27	94675
2005	87.80	1.90	3.30	37	984	25	113147
2006	78.80	2.10	5	10	1113	32	143170
2007	38	2.10	6	10	1218	32	161812
2008	6.20	1.60	10.80	10	1268	36	190158
2009	23.50	1.70	15.70	15	1317	33	217819
2010	151	2	21	15	1363	39	262090

第二节 网络设施

移动网络 1999年，河北省移动通信公司在尚义建有通信基站2座。2001年，河北省移动通信有限责任公司尚义分公司投资380万元在小蒜沟镇、八道沟镇新建基站2座。2009年通信基站已发展到94座，铺设传输线路420千米，县城内建传输管道8.10千米。至2010年，通信基站达到102座，传输线路525千米，传输管道11.30千米，信号覆盖率99%以上。

联通网络 1989—1991年，县内仅安装开通人工话务台3条线路到张家口，长途半自动电路两条，长途线路基本靠人工话务台座席转接。

1992—1993年，随着通信大楼的建成，新上高低12路张家口至尚义ZM305、ZZD09载波机两端，开通了长途全自动JDK16设备，出局电路增加到5来5去，实现了部分电话全自动功能，为提高接通率提供了良好条件。

1994引入国家一级光缆干线京呼银兰（北京—呼和浩特—银川—兰州）光缆工程，1995年引入段竣工。该工程的实施为实现长途传输数字化奠定了基础。工程竣工后出口电路增加到16来16去，极大地解决了通信拥塞的现象。

1996年开发新业务，开通了数字数据网DDN和分组交换网设备，为金融行业开通专线电路备足了条件。

1997—1999年，开通了PCM专线电路，同时开通了数字会议专线，进行了京呼银兰光缆干线扩容工程，增加了SDH两个系统，开通了数字NO.7号信令系统。

2000—2002年，完成了开通张家口西北环本地网光缆工程，开通了63个2兆电路，同时可视会议系统也测试开通，为实现高速上网、视频点播业务提供了数字通道。

2003年，县城开通了数字宽带网设备烽火AN2200，真正实现宽带高速公路，实现了信息领域最前沿的业务，ASDL宽带上网替代了ISDN窄带拨号上网业务。

2004年，完成了县以下光缆网的铺设，开通县以下光缆传输设备华为光终端622型及155型，13个乡镇同时开通了光纤传输，为保障全县农村各交换点的通信畅通打下的基础。

2005年5月，根据县广播电视局的申请，开通了一条2兆专线电路，解决了尚义人民收看张家口电视台节目的需求。同年7月，县城开通了小灵通市话业务，首次建设55个500毫瓦小基站。对市话业务进行了延伸，覆盖到县城的人口密集区域。随着单位光缆专线业务的开通，光缆传输普及到县城的各个角落。国税局、地税局、保险公司、财政局等单位相继安装了8兆光端机。

2006年，随着宽带ADSL扩容工程的逐步跟进，为全县14个乡镇开通了上网设备，为8个行政村开通了宽带业务，32个村开通了上网设备。

2007—2009年，随着与原联通公司与网通公司的合并，两张传输网络也在不断融合中，原网通公司又增加了手机业务，实现了全业务运营，传输设备和规模在不断扩大，数字10G设备又继续了系统扩容，新增了原联通的34个2G基站。交换点增至43个，数据宽带设备站点增加到38个，实现了村村通电话，乡镇通宽带的目标。

2010年，县城开通了第三代数字移动通信WCDMA制式，真正实现手机上网业务，尚义联通也全面进入WCDMA3G通信服务时代。公司随着“光进铜退”工程的实施，县公司新上远端光终端设备（OLT），交换点上 11 套光终端设备，城区上 45 台 ONU 设备，逐步解决了用户最后一千米的传输瓶颈问题。

市话业务　1989—1991 年，县城内电话交换机只有 HX400 门设备，通信设施简单，县城与乡镇的通话还是“摇把子”磁石电话。

1992 年，随着通信大楼的建成，县局新上了 HJ905 纵横制 1000 门用户交换机，县城与大青沟、八道沟、小蒜沟、红土梁四镇支局实现等位拨号。为了缓解机线不配套的矛盾，县城新架街道电缆 8.20 千米，安装分线盒 20 个，钢线 3.60 千米，立杆 62 根，缓解了用户装机难的问题。

1993 年，经过一次交换机割接，变为 HJ921 纵横制交换机，架设出局铅皮配线电缆 500 米，架空电缆 600 米，新装 1000 回线配线架两架，管道 3 千米。

1995 年，新上 HJD04 自动交换机。实现了全县人民盼望已久的自动电话，从而磁石电话逐步退出历史舞台。程控电话的开通，为尚义直拨全国开通了渠道，同时也提高了通话质量。

1998 年，尚义“1·10”地震中，县邮电局积极组织抢修毁损线路，保障了炕塄、套里庄，红土梁乡镇的正常通信。为了实现村村通的目标，10 月，地震后经过争取资金，市、县共同投资 1200 万元，新安装华为 CC&08 程控交换机 14 套至乡镇，BM 等集中管理系统，实现县局对支局的集中监控，实现了新一代的数字程控电话。

1999 年 7 月，县城首批安装了 12 部 IC 卡电话，分布在汽车站、学校、宾馆、县政府门口、菜市场等人口密集地段，为县城群众提供了便捷的通信环境。根据全县扶贫攻坚计划通信项目的实施，大苏计乡半个碌碡村，满井镇，红土梁镇永胜地村先后开通了程控电话，2000 年开通 450 兆无线市话业务，缓解了偏远地方安电话难的问题。

2003—2004 年开通了河南模块局（环城路南）、祥福苑小区、七甲山、豆腐窑、水泉梁等交换点，开通了大青沟镇 450 兆无线接入设备，解决了坝上地区机线不到位问题。

2005 年，实施“村村通”工程。根据尚义县的地理特点，利用 450 兆、电缆接入等无线及有线方式，为全县 86 个行政村安装了固定电话，其中 55 个村具备了宽带上网条件。4 月县网通公司上 UT 斯达康 PHS 无线设备，完成了 55 个 500 毫瓦小灵通基站的安装和信号调测，达到县城的全覆盖，5 月正式开通运营，首期容量 3500 线，年末在网用户达 1568 户，业务收入 98.60 万元。11 月开通了套里庄乡洗马林窑、甲石河乡化林沟交换点。

2006—2008 年，县城实施宽带提速工程，解决部分棚户区距离远无法上宽带的问题。

2007 年，大青沟、八道沟、红土梁、小蒜沟 4 个支局宽带设备由中兴 8426 更换为中兴 9210 设备，并同时扩容。

2008 年响应省公司号召，实施“光进铜退”工程，尚义新建侯达沟、杏园沟、西城窑、元卜洞、马连洼、北营子、武家坡、三义店、大贲红等远端模块局。IC 卡电话机、公用电话随着手机的普及，加之人为破坏，电话设施多数失去通话功能逐渐被淘汰。

2009—2010 年，建设重点由通电话村逐步向通宽带村转化。2010 年年底，配合基层建设年党员教育网工程的实施，共开通 56 个村，宽带端口容量达到 4212 个。全县共计建设交换点 43 个，交换容量达到 7886 线，2 兆传输端口容量达到 620 个，电缆皮长 856.50 千米，光缆 456.25 皮长千米。

1989—2010 年尚义县电话装机容量表

表 10-19

年 份	城镇电话数（部）	乡镇电话数（部）	交换机装机容量	交换机实占容量
1989	965	356	2686	1321
1990	1245	425	3126	1670
1991	1542	486	3126	2028
1992	1685	498	3668	2183
1993	1756	558	3862	2314
1994	1868	625	3968	2493
1995	2986	652	4012	3638
1996	3152	856	4426	4008
1997	3256	1025	4852	4281
1998	3569	1255	5186	4824
1999	3698	1685	5912	5383
2000	3785	1697	6324	5582
2001	3986	1854	6512	5671
2002	4125	1985	6620	6110
2003	4458	1542	6812	6000
2004	4862	1568	6820	6430
2005	5112	1354	7844	5246
2006	5200	1325	8044	6554
2007	5312	1452	8186	6764
2008	6489	1485	9286	7974
2009	6586	1983	11386	8569
2010	6651	2943	12138	9594

说明：1989—1991 年为磁石电话机与步进制自动电话机装机容量，1992—1995 年为纵横制电话机装机容量，1995 年后为程控交换机电话装机容量

第三节 移动通信企业

一、电 信

2008 年 10 月 1 日，中国电信尚义县分公司在尚义县挂牌成立。该分公司隶属于中国电信河北分公司张家口分公司，是张家口分公司在尚义县设立的县级分公司。公司内设营业厅、办公室。2008—2010 年分公司总人数 8 人。尚义电信分公司在县城有 1 个营业厅，28 家代理商，39 个农村缴费站，分布在全县 14 个乡镇。

电信分公司主要开展2项业务，即固网业务和C网业务。电信固网业务主要是专线、电路、FTTH光纤业务。专线、电路到2010年年底覆盖了全县14个乡镇；FTTH光纤业务从2009年6月开始铺线，2010年覆盖县城及大青沟镇，用户7000户；C网业务2010年年底已发展用户1万余户。

二、移 动

1999年7月，成立河北省移动通信公司尚义县营业部，有职工6人。2000年10月，更名为河北省移动通信有限责任公司尚义分公司。公司在尚义县城、大青沟镇设移动营业代理点4个。

2006年4月，尚义移动公司投资140万元，在县城南壕堑镇河东街购买移动通信公司综合办公楼一座，建筑面积1788.92平方米，集办公、营业、通信机房于一体。在县城建移动营业厅2个，全县设代理点20个。

移动业务尚义移动分公司主要经营移动电话通信（包括话音、数据、多媒体）、IP电话及互联网接入服务等业务。至2003年先后推出“全球通”“燕赵行”“动感地带”等服务品牌，客户号码段有139、138、137、136、135、134。随着公司的不断发展，移动用户日渐增多，2010年网号逐步发展到188、187、159、158、150、151、152。公司在全县建成了立体服务营销渠道网，14个乡镇均建立了自办或合作营业厅，在绝大多数行政村都建立了中国移动通信服务站，开通了网上营业厅、短信营业厅等电子信息渠道。2010年年底，移动公司客户发展到60068户。

1999—2010年尚义县移动通信用户及业务状况表

表10-20

年　度	用户数（户）	业务量（万元）
1999	1000	280
2000	3340	370
2001	6210	545
2002	9460	738
2003	15800	960
2004	22366	1106
2005	30500	1380
2006	35600	1600
2007	44744	1890
2008	55560	2200
2009	59850	2699
2010	60068	3000

三、联　通

中国联合网络通信有限公司尚义县分公司是由尚义县邮电局、尚义县电信局、网通集团有限公司尚义县分公司等演变而来。

1989年，尚义县邮电局承担全县的邮政和电信业务。邮电局下设电信股、邮政股、财务股和办公室。1994年开通无线寻呼业务126人工台和127自动台。1996年无线寻呼剥离划归河北省国信寻呼有限公司管理。1998年10月，邮电分营改革，尚义电信局成立，隶属于张家口市电信局。

1999年7月，移动通信业务从电信局剥离，尚义电信局更名为河北省电信公司尚义电信局。电信局下设市场经营部、计划财务部和综合办公室，5个生产班组，4个农村支局营业部。2002年9月12日，河北省电信公司尚义电信局更名为河北省通信公司尚义县分公司，同年7月被河北省人民政府授予“省级文明单位”称号。

2002年年底电信南北分家，北方11省市电信更名为中国网络通信集团有限公司，简称网通。是年年底，尚义电信分公司更名为中国网通集团有限公司尚义县分公司。

2009年再次经过电信重组，与原联通的G网业务合并更名为中国联合网络通信有限公司尚义县分公司（简称联通）。县分公司行政管理设2个部1个室（建设维护部、市场营销部，综合办公室）；下设6个生产班组，即大客户中心、家庭客户中心、移动组、线务组、设备中心、营业组；4个农村支局，即大青沟支局、八道沟支局、红土梁支局、小蒜沟支局。至2010年，公司内设机构未变，共有职工（包括劳务工）75人。

综合业务　1989—1997年邮电合营期间，电信业务处于起步阶段，仅经营固话业务。1997年，固定电话用户达到4281户，年业务量达到325万元。1998—2007年，县网通公司努力保有传统业务，加快业务发展，力推增值业务，拓展转型业务，实现业务发展新突破。1998—2010年电话初装费由1280元直降到580元，至2003年降至158元。2003年增加了宽带上网业务，2007年在原有固话、宽带业务的基础上新增了转型增值业务，如悦铃业务、信息魅力、宽视界、神眼、黄页广告业务、ICT业务。2007年全县固话用户达到6764户，宽带用户达到2652户，业务收入达到757万元。2008—2010年，固话业务受移动业务的严重影响，呈下降趋势。2010年年底，固话9594户，固网收入896万元；宽带用户达到4023户，宽带收入289万元；小灵通用户1788户，2G用户1.50万户，年收入267万元，业务合计收入1452万元。2010年，随着3G时代的到来，发展3G业务成为重点，2010年年底，发展3G用户1708户，同时，尚义联通网络已实现了县境全覆盖。

电报业务　1989—1994年，尚义县邮电局拥有桑达牌全自动电报机2台，全县电报业务共有报路4条，负责县内外电报的收发，去报12654张，来报13876张，业务收入1.60万元。1995—2005年随着程控电话的普及，2005年去报56张，来报386张，业务收入150元，电报业务呈逐年下降趋势，2006年已不再受理电报业务，业务完全由传真机替代。

无线寻呼业务　1993年，尚义邮电局开办无线寻呼业务，设126人工台和127自动台，当时全县共有BB机用户56户。1993年县城开通了二哥大模拟移动电话，仅在县城范围内使用，1994年开通模拟移动基站，当年县内有“大哥大”用户32户，BB机业务仅限县城使用。

1995 年，尚义无线寻呼业务与全市联网，市域内均可呼叫，用户达 179 户。1999 年电信新上寻呼设备开通 988、989 省内寻呼网，2002 年结束了寻呼业务短暂的历程。

互联网业务　1998 年，张家口市电信局在原有互联网平台上开通因特网接入业务，1999 年全县因特网拨号注册用户 26 户，同时开通公用账号 169 接入因特网。2000 年注册用户 87 户，称为窄带拨号。2003 年上宽带城域网港湾 6806 设备 1 台，同时上烽火 AN2200 设备 1 套，开通宽带 ADSL（非对称数字用户环路）上网业务。2003 年后，继续宽带二期、三期的扩容升级改造。套里庄、小蒜沟、甲石河、石井、七甲、三工地、大营盘、大苏计、哈拉沟等乡镇相继开通了宽带设备中兴 9806H，县城也开通了 5 家光纤网吧用户，互联网业务逐步进入居民生活，到 2010 年，全县互联网个人用户发展到 38760 户。

第四章　水　利

1989—2010 年，尚义县先后实施了以水土保持、打井配套、平田打埂、节水灌溉、饮水降氟、饮水解困、饮水安全等工程，千方百计改善生产生活条件，增强抵御自然灾害能力，提高土地生产力水平。截至 2010 年，全县建有水库 9 座，库容总计 3000 万立方米，可用大口井 80 余口，可用机电井 3470 眼，水窖 2497 个，有效灌溉面积达到 1.27 万公顷，建成饮水工程 327 处，受益人口 128734 人。

第一节　水　库

县境内水库均为 20 世纪 70 年代前后所建。中型水库 1 座，即大青沟水库；小（一）型水库 5 座，分别是南壕堑水库、哈拉沟水库、武家村水库、上纳岭水库和下井水库；小（二）型水库 3 座，分别是套里庄水库、联通水库和甲石河水库。其中南壕堑水库、哈拉沟水库、武家村水库和下井水库 4 座由县水利局下设股级事业单位管理，分别设管理区。上纳岭水库由小蒜沟镇管理。

2000—2010 年，由于干旱和过度开采地下水资源，县域内所有水库蓄水量逐年减少，下井水库、套里庄水库、联通水库和甲石河水库已无水可纳，成为空库。

大青沟水库　大青沟水库是县内唯一一座中型水库。1958 年在大青河干流 30.4 千米处建大青沟中型水库，水库大坝建在大青河中下游，是一座以防洪灌溉为主，兼顾水产养殖等综合应用的中型水利枢纽工程。大青沟水库建成后，一直发挥着社会效益和经济效益。灌溉大营盘境内 1000 公顷耕地，为大营盘乡蔬菜产业发展提供了有力支撑。2002 年 9 月，经市水利水电勘测设计研究所鉴定为三类坝后，由省水利厅批复立项，对大青沟水库实施除险加固工程。全部项目总投资 1408 万元，其中中央预算内专项资金 700 万元，地方配套 708 万元。2006 年 9 月，工程全部完工，加固设计各项标准均比之前有所提高。

南壕堑水库　水库建成于 1972 年。大坝建在鸳鸯河上游，坝址以上主河道长 15 千米，控制流域面积73平方千米，是一座以防洪为主，兼有灌溉、水产养殖等综合运用的小（一）型水库。原设计洪水标准为50年一遇，校核洪水标准为100年一遇。2003年，省水利厅组织有关单位和专家鉴定南壕堑水库为三类坝，存在安全隐患。2009年5月，南壕堑水库除险加固工程开始实施，当年12月完工。工程总投资635万元，其中中央补助资金290万元，地方配套345万元。

武家村水库（八一水库） 1967年建成，控制流域面积30平方千米。坝址以上主河道长7.50千米。是一座以防洪、灌溉为主，兼顾水产养殖的小型水库。

2009—2010年实施除险加固工程，总投资502万元，其中中央投资320万元，省级配套182万元。

哈拉沟水库 1966年在二龙河中游干流建哈拉沟小（一）型水库，控制流域面积96平方千米。是一座以防洪、灌溉为主，兼顾水产养殖的小型水库。

上纳岭水库 水库建在瑟尔基河支流上，控制流域面积14平方千米。

2010年尚义县水库情况表

表10-21

序号	水库名称	建库时间	类型	流域面积（平方千米）	兴利库容（万立方米）	最大坝高（米）	溢洪道最大泄量（立方米/秒）	泄洪洞最大泄量（立方米/秒）	输水洞最大泄量（立方米/秒）	设计灌溉面积（公顷）	建库国家投资（万元）
1	大青沟水库	1958年3月至1978年10月	中型	248	950	18		78	78	1667	57
2	南壕堑水库	1970年5月至1972年10月	小（一）型	73	148.20	16	135		22	1000	46
3	哈拉沟水库	1960年10月至1968年8月	小（一）型	96	227	11.50	219		2.20	667	27.30
4	下井水库	1974—1980年	小（一）型	35	80	19.50	116		33.50	267	75
5	武家村水库	1967年5月至1969年11月	小（一）型	30	82	15.50	0		4.20	1000	32
6	上纳岭水库	1971—1972年	小（一）型	14	45	17	0		31.40	67	20
7	套里庄二库	1958年4—10月	小（二）型	8	8	14	83		13.30	167	15
8	联通水库	1975—1979年	小（二）型	19	26.60	9.50					
9	甲石河水库	1971—1973年	小（二）型	26	38	268					

第二节　灌溉工程

一、灌区工程

大青沟水库灌区　1958年8月大青沟水库建成蓄水后，改变了渠道引水条件。之后，通过几次配套，工程逐步完善。1985年，灌区内开通支渠43条，共长4.48万米，建成干渠建筑物47处，完成工程总投资78.50万元，实灌面积1000公顷。2002年实施除险加固工程时将蓄水放尽后，由于连年干旱，到2010年水一直未能蓄起，灌区水位处于死水位以下。

哈拉沟水库灌区　渠首建在二龙河右岸，干渠全长14千米。1979年，渠系工程及相关建筑物配套完善，但灌区范围内的农田没有搞过水利基本建设，土地高低不平，有效浇灌面积只有400公顷，实灌面积最多只有300公顷左右。2001年在水库下游建成了14千米库灌渠，灌溉土地1000公顷，被誉为“坝上红旗渠”。

武家村水库灌区　1971年灌区工程及相关建筑物基本建成。1980年，对东西两条干渠进行了部分衬砌。灌溉面积533.30公顷。2006年7月，水库经营权租赁给国华风电公司，停止了下游灌溉。

南壕堑水库灌区　位于南壕堑水库下游，该灌区效益差，有效灌溉面积不足66.67公顷。2009年，实施除险加固工程。

二、小石井工程

20世纪80年代后期，尚义县实施“小水富民”工程，加上错季蔬菜的大面积种植，加大了地下水开发力度。县域内主要在坝上地区，菜农先后自己投资建成小石井5000多眼，大多的小石井出水量5吨／小时，保灌面积约1.33公顷，小石井的建设推动了全县蔬菜种植产业的发展，致富了一方百姓。尚义县“小水富民”工程的做法成为全省的先进典型。随着地下水无序开采，水位急剧下降，一度导致人畜饮水困难，菜农打井深度逐步加深，到2004年，全县的小石井全部报废。

三、机井工程

1989年，国务院副总理田纪云考察坝上后，国家决定实施坝上生态农业工程项目。1990—1995年，尚义县以中低产田改造为主，以七甲乡、大青沟镇为试点，投入资金3010.9万元，新打机井601眼，修建防渗渠210.7千米，新增、改善旧有水浇地5604公顷，大部分机井由各村委会组织管理、维护使用。1996—2005年，全县以水、林、草和科技共同开发的农业开发治理阶段，投入资金8652万元，新打机井822眼，修建防渗渠121.9千米，新增、改善旧有水浇地5503.66公顷，其间的机井工程主要集中在坝上7个乡镇，井深70～100米，大部分由各自然村组织种植户自行管理、自行维护使用。2006—2010年，尚义县以农业产业化为发展方向的农业综合开发治理阶段，投入资金4533万元，新打机井164眼，修建防渗渠3千米，埋设地下防渗管道206.3千米，新增、改善旧有水浇地2653.33公顷，其间的机井工程主要集中在坝上及中片的10个乡镇，井深150～200米，大部分由各自然村组织种植户自行管理、自行维护使用。到2010年，全县实有可利用机井3470眼，控制有效灌溉面积7434公顷。其中深机井1823眼，平均出水量在25吨／小时以上，控制有效灌溉面积6181公顷；浅机井1647眼，出水量在10吨／小时以上，控制有效灌溉面积1253公顷。

四、水窖与蓄水池工程

尚义县从2002年开始实施以旱水窖和蓄水池为主的集雨蓄水工程，先后在2002年和2005年实施两批工程。

2002年，下达全县集雨工程补助资金100万元，共规划建设旱水窖2500个，其中由农业部门完成旱水窖1457个，由水利部门完成旱水窖1040个，完成蓄水池3个。全县共计发展果树260公顷，稳产高效田54.67公顷。

2005年，集雨工程下达尚义县补助资金40万元，全部由水利部门完成。根据实地勘查规划，红土梁镇银子湾村、下马圈乡黄草梁村、八道沟镇三股泉村建成蓄水池3个，总蓄水量2360立方米，在甲石河乡青扬沟村建成塘坝1座，蓄水量达23000立方米，完成工程实际投资45.36万元，涉及村民自筹资金5.36万元。蓄水工程建成后，共发展水浇地面积43.30公顷，年增效益可达15.05万元。到2010年全县旱水窖共有2497个，受益果树260公顷，稳产高效田28公顷。

五、节水灌溉工程

1990年，尚义县节水工程主要以混凝土渠道防渗为主，之后逐步推广了喷灌、管灌、滴灌等节水形式，截至2010年，全县共建成节水灌溉面积7666公顷，其中管灌1333公顷、喷灌1333公顷、滴灌5000公顷。

混凝土防渗渠道　1990年，随着农业开发工程项目的实施，尚义县开始大规模兴建混凝土渠道防渗节水工程，主要是U形渠。县政府在北大滩、七甲分别成立指挥部，建设防渗渠。先后建成混凝土防渗渠道20万米，控制节水面积1333.33公顷，由大水漫灌逐步走上了节水灌溉的路子。之后，随着喷灌、管灌、滴灌等节水效果更好方式的运用，防渗渠道灌溉逐步被淘汰。

喷灌　2000年之后，随着全县水浇地面积增加，喷灌节水也大面积推广。截至2010年，全县的喷灌面积达到1500公顷。

管灌　主要是在耕地下面开挖埋设PVC输水管道，以减少灌溉输水过程中水量损失，达到节水效果。2002—2007年，实施了中澳技术合作河北水及农业管理项目，由澳大利亚投资235万元，在三工地、七甲、半个碌碡、武家坡、师家卜、碾盘洼6个村建成地下低压管道，节水灌溉面积327.67公顷，受益农户420户。

截至2010年，全县共建成管灌面积2100公顷。

滴灌　随着种植业的不断调整，高效益、高耗水量以蔬菜为主的经济作物种植迅猛发展，由1990年的不足66.67公顷猛增到2005年的近1.07万公顷，用水供水矛盾日显突出。为提高用水效率，节约水资源，县政府组织各乡镇和水利农开等部门通过到新疆石河子等地考察，从2006年引进膜下滴灌技术，当年推广膜下滴灌面积333公顷。2007年滴灌面积发展到666.67公顷。截至2010年，共建成膜下滴灌5000公顷。张家口市人大常务委员会专门组织省市人大代表进行参观，阿拉善澳援项目办、阿拉善SEE生态协会、张北、康保、赤城等地的领导和技术人员，到此参观、培训和学习。先后被新华社、《农民日报》、《河北日报》、《张家口日报》等媒体宣传报道。市政府3次在尚义召开全市节水农业现场会。

第三节　生态水利工程

一、小流域治理工程

1983—1992年为小流域一期重点治理阶段，共完成治理水土流失面积398.86平方千米，治理度达 46.50%。一期重点治理有上纳岭、松沟、下马圈、车令沟、甲石河上下游、小土台、狼窝沟、刺花沟 8 条小流域，共 440 处工程，全部通过国家验收。平均治理度达到 85%，验收合格率达 100%，均达到部颁标准，并由省水利厅颁发了“综合治理竣工验收合格证书”。其中一期后段（1989—1992 年）累计完成综合治理面积 156.06 平方千米，累计投工 138.40 万个，动土石方 1745 万立方米，投资 696.40 万元，其中国家重点投资 215.70 万元，劳务折款 513 万元。

1993—2002 年，尚义县继续被列入永定河上游全国八片水土保持重点治理县。到 1997 年年底，二期一段重点治理共实施治理水土流失面积 253.72 平方千米，涉及杏园沟、候达子沟、大土台、保满沟、华子沟、上白窨、大山进沟、勿乱沟、菜木梁、大西沟、南壕堑水库上游和胡家村等 12 条小流域，治理保存面积 210.60 平方千米，水土流失治理度达到 83%，全部通过国家验收。

1998—2002 年，二期二段共实施治理水土流失面积 133.96 平方千米，涉及七令沟、东水、南朝碾、小西沟、南水泉、公沟、套里庄、大山进沟、大洼、西湾、庙南沟等 11 条小流域，治理保存面积 105 平方千米，治理保存率 78.40%，水土流失治理度 74.50%。有七令沟、东水南碾、小西沟、南水泉、公沟 6 条小流域，全部通过国家海河委员会的验收。

在小流域治理过程中，建成了不少典型工程。其中小蒜沟镇牛家营机修梯田样板工程，标准高、规模大、质量好，曾受到时任省长岳岐峰的赞赏和高度评价，中国科学院专程到尚义县进行小流域治理科学考察，给予了达到联合国水平的评价，受到水利部、地区行署及主管部门表彰。下马圈人工梯田工程得到水利部

1999 年 11 月，尚义县开展小流域治理工程（杨晓杰　摄）

农水处及有关专家学者的肯定。

通过20年的水土保持重点治理，社会、经济、生态效益显著。治理区内的工程与生物措施的实施，可拦蓄地表径流864万立方米。年均减少淤沙量135万千克；植被覆盖度由15.10%提高到52.20%；建成的水平梯田，亩均增产25千克，年均增收110万千克；经济林、用材林增加一倍以上；人均占有粮食提高了50%。20年小流域重点治理中，在尚义召开5次全市现场会，1987年、1993年两次被评为全国重点治理先进县，4次在全国八片水土保持重点治理区会议上做典型发言。1993年，县水利局局长卢千林被水利部授予“全国八片水土保持工作先进个人”称号。

二、京津风沙源治理水利工程

2000—2010年，尚义县实施了京津风沙源治理项目工程。到2010年，全县京津风沙源治理水利工程累计完成小流域治理208平方千米，完成水源工程250处，完成节水工程529处。造林15600公顷，种草1067公顷，封山育林2467公顷，建谷坊坝2000座，护坝600米，梯田1667公顷。总投资800万元，总投工500万个，动土石方700万立方米。

通过京津风沙源项目工程的实施，项目区林草覆盖率增加幅度为30%；年均大风风沙日数减少10天左右；生态环境向良性方向发展，部分绝迹的野生动物如山鸡、獾子、狍子等再度出现，项目区粮食生产稳步提高，为净化京津地区生态环境建起了一道绿色屏障。

三、21世纪首都水资源可持续利用规划项目工程

21世纪初期，首都水资源可持续利用规划官厅水库上游水土保持工程项目，是按照国务院《国务院关于21世纪初期（2001—2005年）首都水资源可持续利用规划的批复》的要求，由河北省水利厅发文批复，批复的工程投资全部由中央安排解决。

工程分两期实施，一期为尚义县西坪、常青河小流域综合治理工程。工程从2002年10月份开始实施。一期项目实际完成治理面积128.5平方千米，营造水保林3560公顷，种草2187公顷，封山育林2620公顷，建成水平梯田2620公顷，谷坊坝550座，旱水窖295个，工程量760万立方米，完成投资2508万元，2006年12月交付国家验收。

通过一期治理，各类工程年均拦蓄泥沙量达到40多万吨，项目区林草植被覆盖度增加50%以上，提高了项目小流域治理区缓洪减灾能力，遏制了生态环境的恶性循环，减少了下游河道泥沙淤积，有效保护了首都水生态环境。

治理后项目区社会经济效益显著提高，坡耕地改造结合土地利用结构调整，该改则改，该退则退，将基本农田全部改建为水平梯田，其余实行退耕还林还草。治理后，项目区粮食亩产由原来的30千克增加到80千克，年粮食增加效益达370多万元，人均纯收入由治理前的1000元增加到1500多元。

二期为尚义县永胜地、常胜沟、六号小流域综合治理工程，批复治理水土流失面积158.17平方千米，总投资2727.35万元，2009年10月开工实施，2010年年底完成治理面积67.37平方千米。营造水保林2640公顷，封山育林2973公顷，建成水平梯田873公顷，建谷坊坝1644座，工程量135万立方米。

第四节　人畜饮水工程

一、饮水解困工程

人畜饮水困难问题主要集中在坝上大青沟、大苏计、大营盘、后石庄井乡4个乡镇，部分乡村干旱年份尤为突出。1990年大苏计乡的大苏计、小良子、陈家良、陈佃元4个村共3000人，1100头大牲畜，4个村相互距离1000米左右，人口居住较为集中，人畜饮水困难。1999年，县投资13万元，在大苏计打成机井1眼，建水塔1座，埋设地下管道3690米，自来水入户，解决了2000人、350头大牲畜的饮水困难。2005年，投资20多万元，又新打成1眼130米深的水源井，配备变频柜1台，埋设地下管道8400米，建成统一集中供水工程，分别向4个村供水，解决了人畜的饮水困难。组建了大苏计村用水协会，人畜饮水实行协会管理制度，严格控制地下水的私自开采行为，提倡村民节约用水。

2000年，尚义县开始实施人畜饮水解困工程，到2004年，共投资1184万元，先后实施了2期项目工程，建成人畜饮水解困工程169处，解决了63242人22735头大牲畜的饮水困难。

二、饮水安全工程

2005年全县有501个村、144294人存在饮水安全问题，其中有73个村、20672人用水方便程度不达标，有70个村、20011人生活用水量不足，有85个村、24445人饮用水硝酸盐氮严重超标，有189个村、54362人饮水含氟量大于2毫克/升，有84个村、24804人季节性缺水。其他村通过历年人畜饮水解困工程的实施，供水水质符合国家饮用水标准。2005—2010年，全县共投资3059万元，先后建成饮水安全工程158处，解决了176个村、65492人的饮水安全问题。

第五节　水利水保管理机构

1989—1997年，尚义县水务管理机构为县水利水保局。

1997年4月改称尚义县水务局，内设办公室、财务审计科、水土保持科、水资办、工程管理科、农田水利科、水保监察站、抗旱办。

2002年机构改革，县水务局内设综合办公室、财务审计科、农田水利科（挂水政水资源综合管理办公室、节约用水办公室、水政监察大队牌子）、建设管理科、水土保持科（挂水土保持监察科牌子）。防汛抗旱指挥部办公室设在县水务局。

到2010年，县水务局的职能、编制未变化。

第五章　电　力

1989年，全县有110千伏变电站1座，35千伏变电站4座，10千伏配电线路17条528.03千米，配电变压器330台，0.40千伏线路288.80千米；全县用电量11.30万千瓦时。至2010年有110千伏变电站1座，主变压器（以下简称“主变”）2台6.30万千伏安，35千伏出线9路，10千伏出线3路；35千伏变电站8座，主变16台91600千伏安；35千伏线路16条241.342千米，10千伏线路39条1506.06千米；低压线路1245千米。

第一节 输变电设施

一、110千伏变电站

1985年12月建成，总投资175万元。该变电站位于尚义县城东9千米黄脑包村东侧，张（北）尚（义）公路北侧，是尚义县供电枢纽站，占地面积1.85万平方千米，建筑面积1020平方米。1989年，主变1台，容量20000千伏安，出线电压35千伏、10千伏。35千伏出线分别带秀水窑、大阳坡、大青沟、小蒜沟、大满井、大营盘、三工地、土窑沟、煤矿35千伏变电站。10千伏出线分别带七甲乡、八道沟镇范围供电。2000年起，对变电站进行了升级改造或新建。2001年，在主变20000千伏安的基础上，增容31500万千伏安主变1台，2台主变互为备用。2005年，原20000千伏安主变退役，更换为31500千伏安主变，2台主变运行，为全县35千伏变电站供电，并为义缘220千伏开关站提供35千伏站用电源。主变10千伏侧出线分别带七甲乡、八道沟镇范围供电。该站经升级改造，10千伏（含）以上开关均采用户外六氟化硫（SF6）断路器，控制保护采用微机综合自动化保护系统，达到遥控、遥测、遥信、遥调，实现了无人值班。

二、义缘220千伏开闭站

位于八道沟镇红沙坡村南，占地3.33万平方米，建筑部分1154.29平方米。土建部分由河北电力勘测设计院设计，电气部分由华北电力设计院设计，是为尚义风电建设送出专建，始建于2009年，2010年2月投入运行。工程规模为35千伏电源线路进线2条，分别从尚义110千伏站和大满井—单晶河35千伏线路间T接供电。220千伏进线2路，出线2路。220千伏及35千伏开关均采用户外六氟化硫（SF6）断路器，控制保护采用微机综合自动化保护系统，达到遥控、遥测、遥信、遥调，实现了无人值班。

三、35千伏变电站

全县共建有35千伏变电站9个，分别是秀水窑变电站、大阳坡变电站、大青沟变电站、小蒜沟变电站、大营盘变电站、大满井变电站、三工地变电站、土窑沟变电站、尚义煤矿变电站。

2010年尚义县变电站供电范围一览表

表10-22

变电站名称	主变容量（千伏安）	投运日期	供电范围
义缘220千伏开关站	—	2010年2月	—
尚义110千伏变电站	31500×2	1984年12月	秀水窑、大阳坡、大青沟、小蒜沟、大营盘、大满井、三工地、土窑沟、煤矿供电
秀水窑35千伏变电站	6300×2	2003年12月	南壕堑镇区域

续表 10-22

变电站名称	主变容量（千伏安）	投运日期	供电范围
大阳坡 35 千伏变电站	3150×2	1996 年 8 月	红土良镇区域
大青沟 35 千伏变电站	6300×2	2003 年 6 月	大青沟镇、石井乡
小蒜沟 35 千伏变电站	6300×2	2002 年 2 月	小蒜沟镇、甲石河乡、下马卷乡
大营盘 35 千伏变电站	6300×2	2002 年 2 月	大营盘乡、大苏计乡、二工地风电场
大满井 35 千伏变电站	6300×2	2002 年 6 月	炕塄乡、套里庄乡、国华风电场
三工地 35 千伏变电站	6300×2	2010 年 6 月	三工地镇、大营盘乡蒙古营村
土窑沟 35 千伏变电站	8000×2	2010 年	小蒜沟镇矿区及周边村
煤矿 35 千伏变电站	1600、1000	1986 年 11 月	煤矿矿区
35 千伏主变容量合计	100500	—	—

第二节 输配电线路设施

一、输电线路建设

1989 年，尚义县有 6 条输电线路：张（北）尚（义）线 110 千伏线路 1 条，56.60 千米；35 千伏线路 5 条，共计 87.79 千米，分别为黄秀线（黄脑包—秀水窑）、黄青线（黄脑包—大青沟）、黄阳线（黄脑包—大阳坡）、黄小线（黄脑包—小蒜沟）、黄煤线（黄脑包—大阳坡煤矿）。

2000—2010 年，县内 35 千伏输电线路随着变电站的建设，陆续改造、新建了青营线（大青沟—大营盘）、黄满线（黄脑包—大满井）、满单线（大满井—单晶河）、黄县线（黄脑包—秀水窑）、黄阳线（黄脑包—大阳坡）、黄村线（黄脑包—大青沟小五村）、阳铁线（大阳坡—小蒜沟铁路）、义缘线（黄脑包—义缘 220 千伏站）、晶义线（单晶河—义缘 220 千伏站）、青工线（大青沟—三工地）、小土线（小蒜沟—土窑沟）。

二、配电线路设施

1989 年，全县共有 10 千伏配电线路 17 条，全长 528.03 千米，其中国有资产 306.19 千米。共有配电变压器 330 台，总容量 12870 千伏安。

1992 年乡镇所在地均实现通电，通电行政村 128 个，占全县行政村总数的 70.72%。1999 年，通过实施“光明工程”和其后的“消灭十户以上无电村”工程，实现全县村村通电。2001 年，全县农网改造工程完工，按照国家相关规定，将农村用户集资线路无偿转为国有。至 2010 年，全县共有 10 千伏配电线路 35 条、1469.38 千米，其中国有 1149.60 千米，用户资产 319.78 千米。配电变压器 1666 台，容量 129583 千伏安。至此，配电线路覆盖全县所有乡镇、村落。

2010年尚义县35千伏输电线路一览表

表 10-23

序号	线路名称及编号	线路起止地点	出线变电站	线路长度					地线		杆塔基数（杆）		主要杆型	投用时间
				合计（千米）	导线		电缆							
					型号	长度（千米）	型号	长度（千米）	型号	长度（千米）	水泥杆	铁塔		
1	黄—青线 311号	黄脑包—大青沟	尚义110千伏站	24.43	LGJ-70	24.43	—	—	GJ-25	2.91	141	4	直线双杆	1986年1月28日
2	黄—满线 312号	黄脑包—大满井	尚义110千伏站	16.81	LGJ-70	16.81	—	—	GJ-25	2.20	109	1	直线双杆	2002年6月28日
3	黄—阳线 313号	黄脑包—大阳坡	尚义110千伏站	20.36	LGJ-70	20.36	—	—	GJ-25	2.70	118	2	上字形单杆	1985年12月28日
4	黄—煤线 314号	黄脑包—大阳坡	尚义110千伏站	20.50	LGJ-150/25	20.50	—	—	GJ-35	4.11	33	56	铁塔	2008年2月1日
5	黄—秀线 315号	黄脑包—秀水夭	尚义110千伏站	8.87	LGJ-70LGJ-95	8.87	—	—	GJ-25	2.50	51	1	上字形单杆	1976年1月4日
6	黄—县线 316号	黄脑包—秀水夭	尚义110千伏站	8.05	LGJ-150/25	8.05	—	—	GJ-35	2.58	27	8	直线双杆	2003年12月29日
7	义—缘线 318号	黄脑包—义缘站	尚义110千伏站	9.61	LGJ-120/25	9.21	YJLV22-3×185	0.40	GJ-50	9.21	0	41	铁塔	2009年12月26日
8	黄—村线 319号	黄脑包—大青沟	尚义110千伏站	25.50	LGJ-150/25	25.50	—	—	GJ-35	3.77	45	64	铁塔	2008年5月26日

续表 10-23

序号	线路名称及编号	线路起止地点	出线变电站	线路长度					地线		杆塔基数（杆）		主要杆型	投用时间
				合计（千米）	导线		电缆							
					型号	长度（千米）	型号	长度（千米）	型号	长度（千米）	水泥杆	铁塔		
9	青—营线 331 号	大青沟—大营盘	大青沟 35 千伏站	11.29	LGJ–70	11.29	—	—	GJ–25	4.83	90	2	直线双杆	2002 年 2 月 7 日
10	青—工线 333 号	大青沟—三工地	大青沟 35 千伏站	10.55	LGJ–150/25	10.38	YJV22–3×185	0.17	GJ–35	3.58	0	39	铁塔	2010 年 6 月 22 日
11	阳—小线 341 号	大阳坡—小蒜沟	大阳坡 35 千伏站	16.50	LGJ–150/25	16.50	—	—	GJ–35	3.64	19	53	铁塔	2008 年 3 月 15 日
12	阳—铁线 342 号	大阳坡—小蒜沟	大阳坡 35 千伏站	16.02	LGJ–95/15	16.02	—	—	GJ–35	3.10	104	0	上字形单杆	2006 年 8 月 15 日
13	满—单线 371 号	大满井—单晶河	大满井 35 千伏站	15.47	LGJ–70	15.47	—	—	GJ–25	3.13	98	0	直线双杆	2002 年 10 月 15 日
14	小—土线 351 号	小蒜沟—土夭沟	小蒜沟 35 千伏站	13.50	LGJ–150/25	13.50	—	—	GJ–35	3.11	0	42	铁塔	2010 年 12 月 28 日
15	晶—义线 342 号	单晶河—义缘站	单晶河 35 千伏站	10.14	LGJ–120/25	10.14	—	—	GJ–50	10.14	2	48	铁塔	2009 年 12 月 26 日
16	阳—煤Ⅰ线 343	大阳坡站—尚义煤矿站	大阳坡 35 千伏站	0.37	LGJ–95	0.37	—	—	GJ–25	0.37	0	3	铁塔	2006 年 11 月 9 日
17	阳—煤Ⅱ线 344 号	大阳坡站—尚义煤矿站	大阳坡 35 千伏站	0.37	LGJ–95	0.37	—	—	GJ–25	0.37	0	3	铁塔	2006 年 11 月 9 日
合计			—	228.34	—	227.77	—	0.57	—	62.25	837	367	—	—

2010年尚义县10千伏配电线路一览表

表10-24

序号	出线变电站	线路名称及编号	10千伏线路长度（千米）			配电变压器						SF6开关	线路补偿电容器
			小计	国营及代管资产	用户自建自管	小计		国营及代管资产		用户自建自管		（台）	（组/千乏）
						千伏安	台	千伏安	台	千伏安	台		
1	秀水天	521号秀—库	34.56	32.09	2.47	1680	32	560	23	1120	9	2	0
2		522号秀—茂	31.78	30.80	0.98	1195	28	310	19	885	9	2	1
3		523号秀南环	19.76	16.65	3.11	4685	36	2300	12	2385	24	13	1
4		524号秀七	15.23	3.80	11.43	0	0	0	0	0	0	1	1
5		525号秀—纸	10.24	8.49	1.75	6550	38	2770	12	3780	26	3	0
6		526号秀北环	15.07	13.87	1.20	6910	41	3815	18	3095	23	15	0
7		527号秀西外	90.28	73.49	16.79	6595	119	1700	52	4895	67	7	3
8		528号秀龙	6.35	0.00	6.35	500	1	0	0	500	1	0	0
	小计		223.27	179.19	44.08	28115	295	11455	136	16660	159	43	6
9	黄脑包	511号黄—七	30.43	20.21	10.22	2140	40	540	11	1600	29	3	4
10		513号黄—后	62.81	38.27	24.54	3770	74	530	17	3240	57	4	2
11		514号黄—八	96.66	84.29	12.37	4850	113	1470	54	3380	59	4	3
	小计		189.97	142.78	47.19	10760	227	2540	82	8220	145	11	9
12	大满井	573号满—风	3.16	0.00	3.16	1000	1	0	0	1000	1	0	0
13		574号满—炕	73.35	69.35	4.00	1800	66	1390	50	410	16	6	5
14		572号满—套	63.41	59.28	4.130	1850	48	1255	35	595	13	4	2
	小计		139.92	128.63	11.29	4650	115	2645	85	2005	30	10	7

续表 10-24

序号	出线变电站	线路名称及编号	10 千伏线路长度（千米）			配电变压器						SF6 开关	线路补偿电容器
			小计	国营及代管资产	用户自建自管	小计		国营及代管资产		用户自建自管		（台）	（组/千乏）
						千伏安	台	千伏安	台	千伏安	台		
15	小蒜沟	551 号小—矿	12.66	12.66	0.00	2400	9	50	1	2350	8	1	0
16		552 号小—桃	47.09	28.59	18.50	10240	51	115	7	10125	44	3	2
17		553 号小—甲	99.14	83.02	16.12	17505	105	1350	37	16155	68	6	2
18		554 号小—蒜	20.90	20.40	0.50	640	13	405	10	235	3	1	0
19		555 号小—马	68.28	57.40	10.88	3320	50	625	23	2695	27	3	3
20		556 号小—果	18.35	0.00	18.35	4320	12	0	0	4320	12	1	0
小计			266.43	202.08	64.35	38425	240	2545	78	35880	162	15	7
21	大阳坡	541 号阳—陶	34.35	32.36	1.99	1655	13	230	5	1425	8	2	0
22		542 号阳—土	36.77	28.95	7.82	2785	23	545	15	2240	8	2	0
23		543 号阳—匀	47.46	44.48	2.98	1210	35	420	17	790	18	5	0
24		544 号阳—永	39.94	38.38	1.56	1010	40	720	30	290	10	3	0
25		545 号阳—煤	5.39	0.00	5.39	800	1	0	0	800	1	0	0
小计			163.93	144.18	19.75	7460	112	1915	67	5545	45	12	0
26	大青沟	531 号青—镇	26.86	19.18	7.68	2325	33	410	16	1915	17	2	2
27		532 号青—后	81.61	74.35	7.26	3100	83	1650	49	1450	34	4	0
28		533 号青—城	12.15	10.21	1.94	4015	37	2165	13	1850	24	1	0
29		534 号青—君	10.50	0.005	10.50	315	1	0	0	315	1	0	0
30		536 号青—官	35.81	33.38	2.34	2835	44	490	16	2345	28	1	2

续表 10-24

序号	出线变电站	线路名称及编号	10千伏线路长度（千米）			配电变压器						SF6开关	线路补偿电容器
			小计	国营及代管资产	用户自建自管	小计		国营及代管资产		用户自建自管		（台）	（组/千乏）
						千伏安	台	千伏安	台	千伏安	台		
31	大青沟	537号青—工	32.99	9.18	23.81	4395	61	170	5	4225	56	3	1
32	大青沟	538号青—哈	23.44	11.91	11.53	1220	40	270	7	950	33	2	0
小计			223.25	158.20	65.05	18205	299	5155	106	13050	193	13	5
33	三工地	593号三—哈	58.52	45.03	13.49	3675	82	1020	25	2655	57	3	5
34	三工地	594号三—镇	18.80	13.05	5.75	2310	42	350	7	1960	35	2	3
35	三工地	596号三—金	22.17	18.19	3.98	963	22	343	10	620	12	0	0
小计			99.49	76.27	23.22	6948	146	1713	42	5235	104	5	8
总计			1469.38	1149.60	319.78	129583	1666	31288	649	98295	1017	121	54

第三节 电网建设与改造

尚义县农网改造工程是由河北省计划委员会于1999年10月被列为第二批农网建设与改造启动县，2000年5月1日批准立项，后经华北电力集团公司调整，计划项目投资为5943万元。工程从2000年9月启动，2001年12月竣工，实际完成投资5845.52万元。

一、输、变电工程

2005年，改造110千伏变电站1座，新增31500千伏安主变1台；新建35千伏线路3条、43.87千米；新建35千伏变电站3座，主变6台，容量9450千伏安；扩建35千伏变电站1座；更换35千伏主变2台，单台容量6300千伏安；新建10千伏线路19条、192千米，补偿电容安装6000千伏；台区更换低耗能配变607台。

二、农村配电网络改造

2000年至2001年年底，对全县622个自然村低压供电线路进行了改造。延伸和改造10千伏线路168千米。延伸和改造低压线路1153.49千米。主要项目是延伸低压干线，延伸四线，更换大截面的导线，延伸分支线路；改造变压器台区，实现一村至少一台变压器，安装JP柜，提高变压器低压安全保护；缩短供电半径，提高电压质量；为64834户新装了电能表，实现一户一表；安装计量表计集装箱13474个，接户线架设113.40千米，安装三级保护33653台。使农村的电压质量得到了提升，降低了损耗，安全持续供电能力增强，农村供电保障率达到99.80%以上，全县每年可减轻农民电费负担87万元，农村用电量由改造前的1999年1810万千瓦时，上升到2002年的4349万千瓦时。

三、农网升级改造

2007年开始实施农网完善升级改造工程，截至2010年共投资4500万元，新建了三工地、土窑沟35千伏变电站；新建了黄脑包至大阳坡、大阳坡至小蒜沟，黄脑包至大青沟，黄脑包至秀水窑35千伏线路，使以上35千伏变电站有两条线路互为备用，提高了输电线路的可靠供电水平；为35千伏变电站主变增容；消除卡脖10千伏供电线路100余千米。

改造和完善后的尚义电网，规模不断扩大，供电能力不断增强。截至2010年，全县有9座35千伏变电站（含煤矿自备35千伏站），主变18台/容量达到100500千伏安（含煤矿主变2600千伏安），有110千伏单回线路56千米，35千伏线路16条/241.34千米，10千伏线路39条/1506.06千米，低压线路1245千米，配电变压器1630台/124520千伏安。

四、城网改造

2002年7月，县城电网开始改造。工程建设项目主要包括新建10千伏线路30千米，完成投资131.15万元，惠及县城周边3个乡镇；调度自动化涉及光缆架设等，完成投资272.16万元。城电网改造工程于2003年11月全部竣工。同年建成县城环网，实现了“手拉手”供电，增设了10千伏线路分段开关。低压供电增加了公变台数，加大了导线截面，延伸了低压线路，使供电的可靠性和电压合格率显著提高。

第四节 供电公司

1989年10月，尚义县电力局转制为企业，更名为尚义供电分公司，隶属于华北电网有限公司张家口供电公司。1989年，全县有110千伏变电站1座；35千伏变电站4座；10千伏配电线路17条528.03千米，配电变压器330台，0.40千伏线路288千米，为尚义县厂矿企业及通电村供电。全县用电量113万千瓦时。经过改革开放32年的供电设施建设，到2010年，有全民职工83人、张家口盛垣职工123人，地方合同制职工14人，其他类型用工49人。分公司下设4科室即办公室、生技科、用电科、财务科、安保科，实业公司，基层班组有尚义110千伏变电站，秀水窑、大阳坡、大青沟、小蒜沟、大满井、大营盘、三工地、土窑沟和用户尚义煤矿35千伏变电站；有城关、大青沟、大苏计、大营盘、三工地、七甲、黄脑包、大满井、套里庄、红土良、小蒜沟11个供电所、修试所、电能表修校班、司机班。管理着110千伏变电站1座，主变压器2台6.30万千伏安，35千伏出线9路，10千伏出线3路；35千伏变电站8座，主变16台91600千伏安。35千伏线路16条241.34千米；10千伏线路39条，1506.06千米，低压线路1245千米，固定资产原值1.60亿元，为全县14个乡镇172个行政村622个自然村和全县工农业生产人民生活提供着电力供应。

2010年，全县用电量10569.60万千瓦时。

尚义县志

SHANGYI XIANZHI

1989—2010

第十一篇

法　治

1989—2010年，遵照中央“稳定压倒一切”和“服务服从经济建设”的精神，尚义县政法部门紧紧围绕服务全县改革开放和经济建设发展大局，始终坚持对违法犯罪的高压态势，充分履行保驾护航职能，在打击违法犯罪，保障人民群众生命财产安全，维护社会公平正义，加强法治建设，构建和谐社会等方面，同心协力、履职担当，为全县经济发展和社会稳定作出了积极贡献。

第一章 公 安

第一节 公安机构设置

1989年，尚义县公安局内设机构有办公室、政办室、刑警队、交通警察大队、政保股、保卫股、治安股、消防股、预审股、看守所、武警中队（属部队编制）；下设城镇、大青沟、红土梁、八道沟、小蒜沟、集贸市场6个派出所。共有31名干警。1990年，公安局增设法制股、户政股。

1992年7月，大苏计、哈拉沟、后石庄井、大营盘、炕塄、七甲、套里庄、永胜地、勿乱沟、甲石河、下马圈、南壕堑12个乡建立公安派出所。充实警力20名，加上原有人员，基层警力达到51名。12月，办公室、政办室、法制股合并为党政办公室；治安股、户政股、消防股、保卫股合并为治安管理科；原政保股、刑警队合并为侦查大队；预审股、看守所合并为预审看守科。此外，增设行政事务科。

1992年，全国实行警衔制。1993年4月，尚义县实行首次授衔仪式，授一级警督1名、二级警督17名、三级警督19名、一级警司28名、二级警司32名、三级警司10名、一级警员2名、二级警员2名。

1996年10月，成立林业派出所，南壕堑乡派出所并入南壕堑镇派出所，勿乱沟乡派出所与小蒜沟乡派出所合并为小蒜沟镇派出所，永胜地乡派出所并入红土梁镇派出所。1997年1月，成立公交派出所。3月，建立110报警指挥中心和开通110报警服务台。4月，成立公路巡逻民警大队，下设两个中队。1999年10月，成立草原派出所。

2001年4月，组建巡警队。2002年5月，政保科实行队建制改为国保大队。2004年2月，取消刑警大队下设的经侦中队，建立经侦大队，治安科改名为治安大队。内保科与南壕堑镇派出所合并办公，属派出所领导。2005年，规范了非公安民警转任和调任工作，一律参加省级统一招警考试，并做好特殊岗位民警和专业技术民警的招录。2006年3月，成立电力派出所。6月，林业派出所升格为森林公安局（二级局）。8月，成立城管派出所。

2008年，草原派出所、工商派出所、公交派出所、电力派出所、地税派出所、城管派出所同时撤销。

2008年，县公安局内设机构为11个。其中，执法勤务机构5个，即指挥中心、国内安全保卫大队、治安管理大队、交通警察大队、经济犯罪侦查大队；综合管理机构3个，即政工监督室、法制室、警务保障室；选设机构3个，即公共信息网络安全监察大队、巡警特警大队、情报中心。设看守所、拘留所。辖6个镇派出所（南壕堑、大青沟、小蒜沟、红土梁、八道沟、三工地）、8个乡派出所（大营盘、大苏计、石井、七甲、炕塄、套里庄、甲石河、下马圈）。

2006—2010年，全面推进中层领导职务竞争上岗、民警岗位定期轮换制度；完善挂职锻炼制度；加强对优秀年轻干警的培养，每两年推荐一名科级以下干警到省、市级公安机关挂职锻炼，积极稳妥地推进刑侦、技侦专业技术人才队伍建设。

2010年，县公安局内设机构为10个，即指挥中心、国内安全保卫大队、治安管理大队、交通警察大队、政工监督室、法制室、警务保障室、经济犯罪侦查大队、公共信息网络安全监察大队、巡警特警大队，辖14个乡镇派出所。全局共有干警116名，设局领导7名，其中副处级2名、正科级5名；中层领导52名，其中正科级22名、副科级28名、股级2名。

1996年，尚义县公安局被评为全省优秀公安局。

第二节　刑事案件侦查

1989年，全县刑事案件立案89起，比1988年上升16.10%，重特大案件上升85.70%，刑事犯罪性质、作案手段及其危害性均有升级。杀人、爆炸、抢劫、强奸等暴力案件增多，占重特大案件的40.40%。盗窃案件居刑事案件之首，占全部案件的63.60%。

1989年以后，公安机关先后开展“打现行、破大案、挖团伙、追逃犯”、打击“车匪路霸”、“打黑除恶”、“雷霆行动”、“风雷行动”等一系列严打专项斗争，破获了一批有重大影响的案件，依法逮捕了一批刑事犯罪嫌疑人，摧毁了一批流氓犯罪团伙。

1989—1990年，尚义县公安局在全县范围内开展了以打团伙为重点，清查“两乱”（动乱和反革命暴乱）分子，集中搜捕严重刑事犯、流窜犯和在逃犯的统一行动。1989年7月共审查各类人员2852名，查获流窜犯罪分子6名。破获刑事案件11起，治安案件4起。打掉盗窃团伙1个，抓获成员3名，缴获赃款赃物折款300元。

1989—2010年，全县共发生刑事案件1822起，破案1139起，破案率62.51%。其中，重大刑事案件发案493起，破案427起，破案率86.61%；一般案件发案1329起，破案712起，破案率53.57%。其中：1989—2001年、2006—2010年，全县命案破案率保持在100%；全县各类经济案件累计立案37起，破案37起，破案率达100%，挽回经济损失578.28万元。

2010年，全县发生刑事案件298起，破案率95.40%。

1989—1999年尚义县各类刑事案件立案、破案情况表

表11-1

项目	年份	1989	1990	1991	1992	1993	1994	1995	1996	1997	1998	1999
立案数量（件）	重大案件	21	22	12	13	20	22	23	12	18	17	13
	一般案件	23	149	119	70	50	54	46	59	27	26	31
	杀人	1	4	4	2	4	6	1	1	1	4	4

续表 11-1

项目	年份	1989	1990	1991	1992	1993	1994	1995	1996	1997	1998	1999
立案数量（件）	强奸	1	5	3	5	8	6	2	9	4	1	—
	盗窃	27	154	118	66	51	55	53	54	35	21	33
	故意伤害	16	4	5	4	1	3	4	2	1	5	1
	抢劫	—	2	1	—	2	1	4	1	3	2	2
立案数量（件）	诈骗	—	1	—	1	—	—	—	—	—	—	—
	交通肇事	—	—	—	—	—	—	—	—	—	—	—
	损坏公物	—	1	—	—	—	—	—	—	—	—	—
	挪用公款	—	—	—	—	—	—	—	—	—	—	—
	其他	—	—	—	—	4	5	5	4	1	10	4
破案数量（件）	重大案件	16	21	7	9	20	20	19	12	18	17	13
	一般案件	12	29	56	46	40	49	40	55	27	22	29
	杀人	1	4	4	2	4	6	1	1	1	4	4
	强奸	1	5	3	4	8	5	2	9	4	1	—
	盗窃	16	33	50	41	41	49	44	50	35	18	31
	故意伤害	10	35	5	4	1	3	4	2	1	4	1
	抢劫	—	21	1	—	2	1	4	1	3	2	2
	诈骗	—	1	—	1	—	—	—	—	—	—	—
	交通肇事	—	—	—	—	—	—	—	—	—	—	—
	损坏公物	—	1	—	—	—	—	—	—	—	—	—
	挪用公款	—	—	—	—	—	—	—	—	—	—	—
	其他	—	—	—	—	4	5	4	4	1	10	4
破案率（%）	全部	63.60	29.20	48	66.30	85.70	90.80	85.50	94.40	100	90.60	95.40
	重大案件	76.10	95.50	58.30	69.20	100	90.90	82.60	100	100	100	100
	一般案件	52.10	19.40	47	65.70	80	90.70	87	93.20	100	84.60	93.50

2000—2010 年尚义县各类刑事案件立案、破案情况表

表 11-2

项目	年份	2000	2001	2002	2003	2004	2005	2006	2007	2008	2009	2010
立案数量（件）	重大案件	52	27	36	27	41	40	22	18	5	16	16
	一般案件	81	61	18	52	27	45	27	27	56	148	133
	杀人	4	1	3	1	1	4	1	—	1	—	1
	强奸	2	1	2	—	—	3	5	—	—	2	—
	盗窃	107	75	33	59	53	56	23	17	40	120	111

续表 11-2

项目	年份	2000	2001	2002	2003	2004	2005	2006	2007	2008	2009	2010
立案数量（件）	故意伤害	7	4	3	7	4	7	8	11	3	11	11
立案数量（件）	抢劫	3	1	1	2	1	4		7	2	3	4
	诈骗	2		2	2	1	5	1		2	13	8
	交通肇事	1	2	4	1	2	4	7	—	—	—	—
	损坏公物	1	—	—	1	—	—	—	—	—	—	—
	挪用公款	—	—	—	1	—	—	—	—	—	—	—
	其他	6	4	4	5	6	2	4	20	13	18	14
破案数量（件）	重大案件	24	7	20	14	39	28	15	17	4	11	13
	一般案件	53	45	13	45	25	41	25	18	40	44	21
	杀人	4	1	2	1	1	2	1	—	1	—	1
	强奸	1	1	2	—	—	3	5	—	—	2	—
	盗窃	58	39	16	40	49	47	16	9	29	33	13
	故意伤害	5	4	4	6	4	5	6	11	3	8	10
	抢劫	2	1	—	2	1	1	—	6	2	1	2
	诈骗	1	—	1	2	1	5	1	—	2	1	2
	交通肇事	1	2	4	1	2	4	7	—	—	—	—
	损坏公物	—	—	—	1	—	—	—	—	—	—	—
	挪用公款	—	—	—	1	—	—	—	—	—	—	—
	其他	5	3	4	5	6	2	4	19	7	10	6
破案率（%）	全部	57.90	59	61.10	74.70	94.10	82.10	81.60	77.80	72.10	33.50	22.80
	重大案件	46.20	25.90	55.60	57.90	95.10	70	68.20	94.40	80	68.70	81.20
	一般案件	65.40	73.80	72.20	86.50	92.60	91.10	92.60	66.60	71.40	29.70	15.70

第三节　社会治安管理

一、巡逻防控

1997年组建了由110报警服务中心、122救助、巡特警便民服务与9个行业中队和14个乡直中队，193支联防小队组成的治安联防网络。开通110报警服务台，处置突发性、暴力性犯罪的快速反应能力增强。同年，各乡镇成立治安巡逻队，实行院户联防。

2000年以来，随着国家信息化建设的不断推进，为适应新形势下的办案需要，逐年提高对治安网络建设的投入力度。在县城主要街道、路段、商场、居民小区、县城出入口、重点单位等治安复杂区域安装了电子监控器，监控范围基本覆盖全县城。

2005年，形成了省、市、县三级指挥中心网。2006年实现了视频图像前端监控，110接警系统实现了移动电话的地理定位等报警功能。

2007—2010年，实施交巡警联动，形成以派出所民警、巡警、特警、交警、治安等警种为骨干，以巡逻队等群防群治力量和电子监控为补充，以街面防控为主要工作内容的治安网，最大程度地控制了抢劫、抢夺、盗窃等“两抢一盗”侵财性案件及打架斗殴事件的发生。

2010年，对8家民爆使用单位和16家爆破单位安装了远程红外线报警装置和远程监控设施。人民生命财产得到保障，对违法犯罪活动也起到了震慑作用。

二、特种行业管理

1989年，全县特种行业为数不多的十几家，行业经营管理有序进行。

1995年末，尚义县特种行业迅速增加，其中旅店业、歌舞厅、机动车修理业，规模日趋扩大。其间县公安局每年组织对从业人员的管理培训。1999年，严厉打击了“黄赌毒”等社会丑恶现象，对存在问题的11家歌舞厅吊销营业执照，更换了56家执照，对“许可证”进行年检。2003年，全县有特种行业154家，新增加了桑拿洗浴、棋牌室、出租车辆。南壕堑镇14家旅店安装了“旅安通”电脑，将旅店住宿纳入计算机管理。2005年，全县特种行业增加85家，其中，新增网吧14家、美容美发16家。通过清理整顿，2006年特种行业场所降至190家。

2000—2010年，组织全县各网吧经营者统一安装了网吧实名登记系统和远程监控系统。增强了经营业主和上网人员的法律意识、责任观念，实现了对14家网吧的动态监管。

2010年，全县有特种行业129家，其中旅店业21家、歌舞厅28家、网吧14家、机动车修理66家，从业人员249名。全县特种行业管理得到有效防控，控制了侵财、打架斗殴案件的发生，社会治安状况良好。

三、危险物品管理

1989年，对爆炸物品的管理收缴严把“三关”，即审批关、使用单位不出问题关和收缴关。通过农村广播、板报、宣传栏等方式开展了对危险物品管理的宣传。第十一届亚洲运动会、中共十四大、世界妇女代表大会安全保卫期间，共收缴民间枪支326支、炸药380千克、手雷17枚、雷管128枚、导火索520余米。在新中国成立50年和香港、澳门回归庆典安全保卫工作中，对爆炸物品使用单位进行安全检查，发现隐患5处，下达隐患通知书5份，整改4处。查处私自转借、炒制土炸药案3起，查处违法人员10人，收缴了涉枪涉爆物品。

2000年，对民爆器材生产、销售进行了管理。培训行业从业人员112名、管理员31名、爆破员103名，全部合格发证。2001年，实施了爆炸物品一条龙管理办法，公安干警所配枪支集中保管，专人看库，并对配枪相关单位进行了检查。2003年，县公安局枪弹库实现“三铁”（铁门、铁柜、铁栅栏窗），安置了红外线报警器，实行了保险柜双销锁管理方式。对爆炸品使用单位和烟花爆竹经营公司进行安全检查21次，下达隐患通知书23份，整改率达100%。

2008年，在第29届奥林匹克运动会安保工作启动后，按照“不漏管、不流失、不炸响、不打响、不被盗”的基本要求，对储存库、煤矿更衣室、出入井通道安装了4个以上电子监控器；在涉枪涉爆单位安装了视频监控和远程报警系统17套，落实了枪库和涉生化单位“八种台账”（防火检查记录、防火巡查记录、岗位检查记录、消防安全活动记录、动火审批记录、消防值班记录、建筑消防设施器材检查和维修保养记录、火灾隐患整改通知）和“三铁一器”

（铁门、铁窗、铁柜和报警器）管理。

截至2010年，全县民用爆炸物品从业单位全部建立起安全管理制和岗位安全责任制，制定了安全防范措施和应急预案，设置了安全管理机构，配备了专职安全管理人员。

第四节　公共秩序管理

一、街市专项治理

伴随着城镇人口的集聚增加，公共场所的流动人口活动频繁，欺行霸市、违规经营、打架斗殴等违反公共秩序的行为时有发生。

1989年，划分17个责任区，聘用了一批治安片管员，执行昼夜巡逻机制。110、巡特警、基层派出所会同工商、税务、城管等部门对6个大集镇和8个乡所在地摊点和农贸市场秩序进行了整顿。

2006年，在“治痞”行动中，通过治安片管员提供有价值的案件线索26条，巡逻中及时发现并处置了5起、诈骗等治安案件，协助破获5起刑事案件，为群众挽回经济损失10余万元。还将县城各住宅楼和住宅小区作为重点防范部位，强化治安预警信息制度，全年共编播预警周报45期，增强了居民的防火、防盗等安全意识。

2007年，开展治安基层基础会战，整治街头巷尾治安秩序，打击“两抢一盗”、车匪路霸，维护客运秩序。强化了以安全生产为主的专项整治工作，有力地维护了全县的社会治安秩序。全年全力查处各类治安案件26起，查处率100%，无行政复议及行政诉讼案件。调解民事纠纷68起，无民事转刑案件发生。

2009年，菜商张某等一伙为横行霸市，垄断菜价，将张北县到尚义平价售菜的菜商师某（女）踝骨殴打致折，造成了极坏影响并被媒体曝光。公安机关快速出击，对张某等15名涉案人全部予以拘捕，最终张某获“判一缓二”刑期，其余14人处以拘留5日，各罚款5000元作为医疗费结案，有效打击了横行霸市行为。

2010年，县城将流动经营的小商小贩统一搬迁进新建的综合市场，进行统一管理，解决了摊贩拦路叫卖、随意设摊点、阻塞交通的问题。

二、校园周边环境治理

1989—2010年，不断加强学校周边的防控密度。累计配备法制校长32名，民警直接到校工作718次。在32所学校、7所幼儿园建立治安执勤点2个、警务室32个，设立警示牌37个。对二中、安宁街小学、太平街小学周边进行了13次大规模集中整治。

2010年，每日安排16名民警在学生上、下学时段进行守护、站高峰岗，维护治安和交通秩序。切实消除校园内部各类安全隐患和问题，共检查校园60余次，查出各类治安隐患15处，下达治安处罚决定书6份，限期整改通知书6份。全面梳理铤而走险的“武疯子”、涉校矛盾纠纷人员及行为可疑人员等。

第五节　道路交通管理

1989年，县交警大队加强路查路检，加大道路交通管控力度，对县城主街道、主要交通干道，实施定人、定岗、定责的路段承包责任制。全年发生的交通事故4项指数与上年同期相比，出现了2个上升，即事故次数上升33.30%，死亡人数上升20%；2个下降，即受伤人数下降100%，直接经济损失下降45%。

1990—1998年，加大了110国道，尚义经大青沟、满井、小蒜沟到张家口的几条主要公路的交通管理力度，共检查违章车辆8万余辆，违章罚款100余万元，培训各类驾驶员1000余名，审验人员2800余名，换发各种机动车牌照3000余副，消除违章占道建筑920处、摊点286个，年检各类机动车725辆。发生交通事故300余起，伤225人、死48人，直接经济损失50余万元。

1999年，交通事故肇事次数、死亡人数、受伤人数、直接经济损失比上年分别下降了45%、23%、50%、115%。

2001年，开展了机动车假牌假照、无牌无照集中整治活动。整治无牌无证机动车16辆，处罚100人，警告133人，依法处理超速行驶、疲劳驾驶、酒后驾驶及货车、农用车、拖拉机非法载客等违法违规行为，事故起数下降24%，破获1起交通肇事逃逸犯罪案件。

2003—2007年，共查纠超载车辆6321次、无牌照车辆188次，纠正各类交通违章8455人次，交通违法3176人次，扣车187辆次。办理牌照3992副，办证98本，检验车辆2013辆次，审验驾驶本4653个，换领驾驶本600个，办理体验业务3120人次。其间，发生交通事故352起，伤350人，死37人，直接经济损失11.50万元。2007年同比分别下降34%、133%、36%、75%。

2008—2010年，为绿色畅通保驾护航成为道路交通管理工作的主旋律。进入每年秋季，全县错季蔬菜成熟，蔬菜种植区菜商云集，车辆堵塞，引起的矛盾不断，案件随之攀升。为保证菜区蔬菜尽快进入市场，交警与菜区派出所人员对运输绿色产品的各种车辆开放绿灯，即对菜商、菜农的运菜车辆的一般违章行为，实行不罚款、不扣车、不扣证，保证运菜车辆快捷、成本低廉。其间，共出警1280人次，疏导交通150人次，提供各种咨询160人次，调解纠纷80余件。制止酒后预驾车26人次，查纠无牌无证车辆23辆，拘留酒后驾车人员2名，有效预防了超速、疲劳驾驶、病车上路等重大交通事故的发生，促进了菜区的经济发展。

第六节　户政管理

一、户籍管理

（一）农转非　1989年起，改革户口管理制度，统一使用常住人口登记表，逐步取代户口登记簿。改革开放初期，全县对20世纪50年代、60年代初下放农村的城镇户口人员及子女落实户口“农转非”政策，20世纪80年代末90年代初对遗留问题补录为“农转非”。同时，全县对下放知青半家户、民办教师转正后农业户口转为非农业户口。1992年，为解决部分群众进城入户难，以及子女入学、就业、结婚等问题，先后出台“地方户口”政策，办理一批地方户口、蓝印户口。1989—2010年，通过“三投靠”（父母投靠子女、子女投靠父母、夫妻双方相互投靠）、考学、民办教师转正、下放知青半家户、办理地方户口、入伍考取军校等形式，共办理农业户口就地转为小城镇户口24280人。

（二）身份证发放　1989年，按照身份证制作和落实居民身份证后期管理制度，完成了人口卡片的编排工作。1995年，对全县户口进行全面清理整顿。共清理各种不规范户口1923人，其中未上户口836人，因婚未迁户口675人，注销死亡412人。补发身份证1270人，18岁以上公民制作身份证4564件，完成制证任务的125%，制证率达到99%。

1997年，县公安局提前完成19万人户口本更换任务。2002年，彻底纠正了全县身份证重号、错号、一人多号的随意编号行为。共纠正无效证号1352人，重复证号3683人，变更错误信息33520条。录入相片11万张，制作身份证4846人，彻底清理了各类错误信息，为二代身份证的制作奠定了基础。2005年，县公安部门投资30余万元为南壕堑镇、大青沟镇两派出所更换了二代身份证制作设备。开展了二代身份证的换发工作，共纠正居民身份证重点人员470对，制作二代身份证73776个。2010年，纠正居民身份证号码错号67个，其中跨省重证号66个。完成打卡18364人，发证14248人，发到手1058人。

（三）人口信息化 自农村人口城市化管理和人口信息化微机管理试点工作开展以来，县公安局投入力量，从2005年起集中开展第二代居民身份证信息采集工作。全县常住人口信息全部录入微机，并纳入张家口市公安机关人口管理系统。

（四）流动人口管理 随着经济和社会的发展，县城流出人口不断增加，人口大流动直接增加了公安机关的户政管理难度，有的迁出无手续，有的流入不申报，出现“手提户”、重复户等现象。1989年，县公安局抽调5人专门协助城镇派出所清理整顿流动人口。经过分片，逐街、逐巷、逐人进行人口登记，清理暂寄住人口5111人，其中务工经商2454人，投亲靠友2657人。2002—2010年，全县各基层派出所都建立了暂寄住人口、租赁房屋和工作对象信息系统，提高了对流动人口、出租房屋的管理水平。适时开展对“三工三队”（工地生活、工地卫生和工地文化）、娱乐场所、居民小区及城乡接合部等场所的整治行动，消除治安隐患。

二、出国、出入境管理

1989年以来，护照、往来港澳通行证、大陆居民往来台湾通行证等出国、出境证件由县公安局出入境管理部门负责办理。申请人须自己申请，提交相关申请材料，县公安局出入境管理科依法受理后，将申请材料报张家口市公安局出入境管理处审批，由省公安厅统一制发证件。

1996—2001年，为27名入境人员申报办理护照和往来港澳通行证，申报率和登记率均为100%。2002—2005年，每年办理护照和往来港澳通行证200多个。其中2003年，共为19人办理了出国护照，审核制证率100%。2005年，为38人办理出国护照手续，审核制证率100%。2006—2010年，平均每年办证件300多个，管理临时入住外国人20余人。2008年，县公安局被省公安厅授予“全国出入境管理部门文明达标窗口”称号。

第七节　消防管理

1989年，落实“预防为主、防消结合”方针，严格消防监督管理。开展5次大型安全防火检查。共检查了402个单位，发现火险隐患118处，整改了114处，整改率达96.60%。火灾隐患查处率达90%以上。全年发生一般火灾2起，经济损失6000元。

1990—1998年，加强了对零售商店和石油化工行业的专项治理，实施了防火承包责任制。共成立消防安全领导小组9个，签订安全责任状1596份，编写消防安全板报98期，发放和张贴各种宣传材料3100余份，举办各种消防安全知识讲座12次。深入17个乡镇、1个矿区、46个仓库进行了多次防火安全大检查。共检查单位402个，发放火灾隐患通知书12份，查改隐患184处。安全防火“十项标准”一类重点单位全部达标，二类重点单位达标85%。其间，共发生火灾8起，经济损失10万余元。

1999—2001年，开展对易燃易爆化学危险物品生产和储存单位的专项治理。共检查14个乡镇、118个单位、45个商业网点、8个营业所、16个信用社、11个加油站、800间库房、2个雷管炸药库。共发现隐患161处，下达隐患通知书308份，责令限期改正通知书26份，复查意见书26份。对全县的非法加油站全部予以查封，取缔非法加油液化气点2个，批评教育15人，警告8人。其间，共发生火灾10起，直接经济损失4.36万元。

2002—2010年，重点对生产和储存易燃易爆、化学危险品的单位，大型集贸市场，商城，公共娱乐场所、大型建筑单位施工现场进行安全大检查，共检查一般防火单位360家、重点防火单位34个。查封加油站7家，取缔加油站1家；下发各类文书48份，发现整改火灾隐患44处；处罚单位8个，处罚人3人次，共罚款2.08万元；培训重点单位32个。其间，共发生火灾16起，经济损失18.90万元。并对供销商场1处政府挂牌督办的重大火灾隐患单位按期整改。

2010年，县公安局消防队共配有水罐车2部、水罐泡沫联用车1部、行政车2部、个人防护器材12种15件（套）。年内，共计实施灭火救援27起。新建市政消防栓32个，使室外消防栓总数达到56个；建设乡镇“四有消防站”（有专职队伍、固定场所、专业装备、经费保障）8个。80%农村成立了义务消防组织，设立消防宣传牌42块。32个消防重点单位完成“四个能力”建设，即提高检查消除火灾隐患的能力、提高组织扑救初起火灾的能力、提高组织人员疏散逃生的能力、提高消防宣传教育培训的能力。

附：尚义县造纸厂重特大火灾事故案例纪实

1994年2月28日下午5时许，尚义县造纸厂东南12间成品纸箱仓库突然起火。火灾发生后，工厂值班人员立即将消息报告了县委、县政府和公安消防部门。县委、县政府等领导迅速赶赴火场，组成灭火指挥部。县委书记侯文章任总指挥。现场组织公安、武警和造纸厂消防队员灭火，并调集石油公司8吨油罐车3辆运水灭火。经过4个小时的奋力扑救，火势得到控制。为防止再次燃烧，火势再起，侯文章书记立即与市消防大队联系，请求派消防车前来支援灭火。其间，县委、县政府分别向市委、市政府两次汇报了火灾情况。

市消防大队接到命令后，于29日凌晨1点多派来两辆消防车支援救火。通过各方共同努力最终将火灾彻底扑灭。这次火灾，除33吨库存板纸因抢运及时未被烧毁外，其余库内存放的80吨残次品纸箱及部分正品纸箱和250平方米的砖铁混凝土简易仓库全部被烧毁。在扑救过程中，无人员伤亡，造成直接和间接经济损失10万余元。

火灾扑救过程中，县公安局即成立“2·28”火灾侦破组，当夜展开了全面调查。经过4个昼夜的努力，最终查明造纸厂失火是由未成年人玩火引起的。2月28日下午3时许，县安宁街完小学生刘某（男，11岁）和同班同学岳某（男，11岁）一起从造纸厂外围墙豁口处进入纸箱仓库玩耍，用纸板搭成了小房，由于里边很暗，所以两人分别用火柴照亮，后又点燃房内塑料条照亮，塑料条融化后滴到废纸堆上引燃纸箱。着火后，两人试图用脚踩灭，在未奏效的情况下跑回家中。失火前，这几名学生经常到造纸厂玩耍，并且玩火。案件查清后，由于两人为未成年人，县公安局责令其家长严加管教，并通知学校加强防火知识教育，培养安全意识。

第八节　监所管理

1989—2010 年，监所管理工作以安全为重点，加强对在押人员的改造教育工作。与武警中队开展“共建、共管、共保”活动。对在押人员进行人生观、价值观教育，打击牢头狱霸，积极开展深挖余罪工作。狠抓人防、物防、技防三位一体的安全防范体系建设，协同公检法部门完成好拘留、逮捕、判刑的三个环节，确保监所安全无事故。

1991 年 11 月 27 日至 12 月 1 日，在 4 天的时间内先后发生被判处 8 年有期徒刑的严重盗窃犯罪分子王某平越狱逃跑；因卖淫处 15 天治安拘留处罚的段某枝因一氧化碳中毒死于看守所的两起严重事故。相关人员受到了处分，之后不断查隐患，查漏洞，认真落实各项监管制度，加强了监所管理工作。

2010 年，看守所顺利通过了“三级所”达标验收。

第九节　专项治理

一、扫黄打非与禁赌毒

1989 年，尚义县委、县政府决定在冬春之际开展打击、查禁“六害”（卖淫嫖娼、淫秽物品、赌博、拐卖妇女儿童、贩毒吸毒、封建迷信）统一行动。在这次行动中，共收缴黄色书刊 1000 余份、录像带 2 盘，查处“六害”案件 19 起。

1996 年前后，县公安局对下马圈乡韭菜沟、南壕堑镇台路村及大市场等 26 个重点村和部位进行了整顿治理。共查出种植罂粟 135 户，铲除罂粟 25353 株；收缴割烟刀 3 把，缴获鸦片 0.50 千克。2009—2010 年，为打击毒品犯罪，县公安局出动警力 100 余人次，集中开展打击非法种植毒品行动。共铲除罂粟 1993 株，缴获罂粟浆 59.26 克、鸦片 94.24 克。根据举报，破获了 1 起买卖鸦片案件，现场缴获鸦片 494 克。

2000 年，针对“黄赌毒”在全县有所抬头的情况，县公安局适时开展统一清查行动。查封电子游戏厅 13 家、电脑室 4 家，收缴赌博机 231 台。根据群众举报线索，现场抓赌 6 次，查处涉赌人员 267 名。对以开娱乐文化站为名搞赌博的场所进行关停，共关闭 12 家，处理营业人员 7 人。

二、打击“两抢一盗”犯罪

1991—1992 年，破获“5・14”电力局变压器被盗案。破获“8・17”大青沟医药库被盗案后，犯罪嫌疑人黄某某交代了 1987 年来 10 多起盗窃案件，挽回了经济损失 30 余万元。2008 年，在“惊雷行动”中，破获了全县影响最大、群众反映最强烈的大青沟满德堂村刘某抢劫、强奸杀人案。

2009—2010 年，突出打击“两抢一盗”（抢劫、抢夺、盗窃）犯罪，破获了尚义县历史上第一起抢劫出租车案件。

三、开展“追逃”行动

追逃工作开始于 1996 年。在追逃工作中，公安干警登门做逃犯家属工作，采取动员其提供线索的同时，进行秘密监控和请求境外公安机关帮助。1999年，全县共追回逃犯7人，其中协助山西省、石家庄市、张北县追逃5人。2004年，将潜逃在内蒙古巴彦淖尔市（2003年12月撤管巴市）五原县的忻某抓获，发生在2002年炕塄乡大淖村戈某（女）被杀案告破。通过特殊措施，将一直潜逃在外的袁某在内蒙古鄂尔多斯市鄂托克旗棋盘镇黑龙贵村抓获，使发生在2000年省道黄脑包处，以假冒查车为由对过往车辆实施抢劫案件告破。

四、开展“打黑除恶”专项行动

2001年，尚义县公安局开展打黑除恶，对全县治安环境进行集中清理。针对县城居民崔某、胡某多年横行乡里，欺压百姓，肆意伤害他人，敲诈勒索，强行交易，并开设赌场放红利，设陷阱暴力敛财的重大违法行为，县公安局对其实施强制拘留。干警们进北京、赴大同，经过2个月的调查取证，终于将这2个恶势力分子绳之以法。

2002年，全县继续对为非作歹、称霸一方，寻衅滋事的恶势力犯罪进行打击。将扰乱石井乡、哈拉沟乡、大苏计乡的恶势力闫某、刘某、王某抓获，净化了社会环境，刑事案件得到有效遏制。

2005年，在万全公安局的配合下，专案组将平日游手好闲、横行乡里、危害乡里的恶魔刘某抓获，发生在小蒜沟镇马家夭村村民王某元在回家途中被杀案，即尚义“5·19”故意杀人案告破。

五、开展“打拐”行动

1989—2010年，全县多次开展了“打拐”专项斗争，利用电视台、报刊等媒体广泛地宣传打拐信息，公布举报电话，设立举报箱，教育群众防范拐卖妇女儿童犯罪。2000年，县公安干警深入乡村，共解救被拐卖妇女10名，抓获拐卖妇女犯罪嫌疑人1名。

第十节 公安体制改革

1989—1991年，尚义县公安局共有12个股级单位（不含交警队），编制人员占全部警力的66%。全县17个乡镇仅有5个派出所（南壕堑派出所、大青沟派出所、红土梁派出所、八道沟派出所、小蒜沟派出所），31名干警，仅占全部警力的34%。基层警力严重不足。

1992年，按照“精简上层、充实基层、增强活力、提高效率”的原则，搞好公安机关内部机构的改革。在全县17个乡镇全部建立了派出所，充实警力20名。是年12月，将工作内容交叉或专业性质相近的股、室、队进行了合并。以“一室、三科、两队”的形式固定下来，即党政办公室，治安管理科、预审看守科、行政事务科，侦查大队、交警大队。同时解决了派出所所长、指导员和局机关一些中层干部的职级问题，全局上下还制定了目标责任制。实行体制改革后，基层派出所干警增加到51人，加上窗口单位和两个大队的13人，一线干警数量增加到64人，即占全局警力的63%。

2005年，规范了非公安民警转任和调任工作，特殊职位民警和专业技术民警的招录，一律参加省级统一招警考试。实现了人员、经费、装备、训练基地四到位，社区防控网、街面防控网、内部单位防控网、行业场所防控网、重点人员防控网、危险物品防控网，“六张网”建设初步形成体系，确保了基层警力数达到总数的70%以上。实现弹性工作制、倒班制，全天候开展巡逻执勤，压缩违法犯罪空间。在派出所、刑警队、交警队等一线实战单位推行受理案件和接待群众首接责任制。2006年，全面推进中层领导职务竞争上岗、民警岗位定期轮换制度，继续完善挂职锻炼制度，加强对优秀年轻干警的培养。每两年推荐一名科级以下干警到省、市级公安机关挂职锻炼。积极稳妥地推进刑侦、技侦专业技术人才队伍建设。是年6月底前，完成了110、119、122的“三台合一”。

第二章　检　察

1989—2010年，县人民检察院受理公安机关提请批准逮捕和该院自侦部门移送逮捕案件361件452人，审查后，依法批准与决定逮捕案件360件451人，不批准逮捕1件1人；提起公诉373件480人，报市院改变管辖13件16人；立案侦查贪污、贿赂等经济犯罪案件44件47人，提起公诉41件38人；受理渎职侵权案件线索11件，立案侦查9件；受理不服人民法院民商事、行政判决、裁定的案件60件，立案60件，抗诉60件，复判息诉10件，发出再审建议书18份；受理群众来信来访889件，转办移送625件，初查683件，答复889件；共为国家和群众挽回经济损失71.40万元。

第一节　检察机构设置

1989年，县检察院内设办公室、刑事检察科、法纪检察科、经济检察科、监所检察科、控告申诉检察科、税务检察室7个科室。全院干警36人，其中职工3人。

1995年7月，撤销贪污贿赂检察科成立反贪污贿赂局，为二级局，隶属尚义县人民检察院。内设侦查一科、侦查二科和综合科3个科室。设局长1名，局长由主管贪污贿赂检察工作的副检察长兼任，副局长1名，各科科长职数1名。

2002年，机构改革，县检察院内设办公室、政治处（纪检组）、侦查监督科、公诉科、反贪污贿赂局（副科级）、监所检察科（驻看守所检察室）、民事行政检察科、法警队、技术科、反渎职侵权检察科、控告申诉检察科等11个科（局）。

2005年，撤销尚义县人民检察院反渎职侵权检察科，成立尚义县人民检察院反渎职侵权局，规格为副科级机构，配备局长1名，由检察院分管副检察长兼任，原职能不变。将县人民检察院政治处内设的综合科调整为检察院内设机构，并更名为技术股，配备股级职数1名。

2006年，将检察院政治处内设机构法警大队调整为检察院内设机构，机构规格为股级。

2010年，县检察院内设办公室、政治处（纪检组）、侦查监督科、公诉科、反贪污贿赂局（副科级）、监所检察科（驻看守所检察室）、民事行政检察科、反渎职侵权局、控告申诉检察科、技术股、法警大队等11个科（局）。

县级人民检察院是国家的法律监督机关，对同级人民代表大会及其常委会负责并报告工作，同时在工作上受上级人民检察院的领导。

第二节 刑事检察

一、审查批捕

1989年以后，县检察院开展严打斗争。1990年，开展“扫黄”等专项斗争，全年共受理公安机关提请逮捕刑事案件15件16人，批准逮捕15件16人。1989—1992年，全县受理刑事案件49件53人，批准逮捕49件53人。1993—1996年，受理审查批捕54件62人，批准逮捕54件62人。1997年，修订后的《中华人民共和国刑法》实施，受理公安报捕案件18件24人，批捕18件24人。2005年以后，县检察院在办案中，坚持严把案件事实关、证据关、法律关，防止错捕、漏捕现象，保证案件质量。1989—2010年，共受理县公安机关和县检察院侦查部门提请批准逮捕案件361件452人，审查后，批准与决定逮捕451人，不批准逮捕1人。

二、审查起诉

1989—1996年，受理公安机关移送审查起诉的案件118件133人，审查后起诉105件117人，退查13件16人，出庭公诉105件117人。

1997年，实施的新《中华人民共和国刑法》取消了免诉制度，对于犯罪情节轻微、依照刑法规定不需要判处刑罚或者免除刑罚的1件1人，作出不起诉决定。

1998 2010年，受理各类刑事案289件384人，审查后起诉250件339人，判决250件339人。对一部分事实清楚、证据充分、可能判处3年以下有期徒刑、拘役、管制、单处罚金的案件，建议法院适用简易程序审理。

三、审判监督

1989—2010年，县检察院围绕创建平安尚义、法治尚义，构建和谐社会，进一步加强刑事审判监督工作，与审判机关协作，形成打击犯罪合力。注重加强与法院联系，突出对重罪轻判案件和适用简易程序案件的监督，跟踪了解案件的审判、判决情况，对庭审中的违法行为及时提出纠正意见；对审判监督工作坚持做到“三个到位”，即对合议庭组成人员监督到位，庭审程序监督到位，庭审中作出的决定监督到位，纠正法院不当判决裁定和程序违法，注重协调从重从快打击严重刑事犯罪。

1989—2010年尚义县刑事案件受理及批捕情况表

表11-3

年度	受理案件		其中			
			批捕		不捕	退查
	件数（件）	涉及人数（人）	件数（件）	涉及人数（人）		
1989	10	10	10	10		
1990	16	15	16	15		
1991	13	10	13	10		
1992	14	14	14	14		
1993	12	12	12	12		

续表 11-3

年度	受理案件		其中			
			批捕		不捕	退查
	件数(件)	涉及人数(人)	件数(件)	涉及人数(人)		
1994	17	15	17	15		
1995	15	13	15	13		
1996	18	14	18	14		
1997	24	18	24	18		
1998	17	17	17	17		
1999	42	20	42	20		
2000	32	26	32	26		
2001	22	18	22	18		
2002	20	17	20	17		
2003	18	16	18	16		
2004	16	15	16	15		
2005	25	20	25	20		
2006	21	18	21	18		
2007	30	23	30	23		
2008	10	7	10	7		
2009	38	27	38	27	1件1人	
2010	22	16	22	16		

1989—2010年尚义县刑事案件起诉情况表

表 11-4

年度	受理起诉件数		其中								
			起诉		不诉		免诉	退查		出庭公诉	
	件数(件)	涉及人数(人)	件数(件)	涉及人数(人)	件数(件)	涉及人数(人)		件数(件)	涉及人数(人)	件数(件)	涉及人数(人)
1989	13	13	12	12				1	1	12	12
1990	18	17	16	15				2	2	16	15
1991	15	12	13	10				2	2	13	10
1992	17	16	14	14				3	2	14	14
1993	14	14	12	12				2	2	12	12
1994	20	16	17	15				3	1	17	15
1995	16	14	15	13				1	1	15	13

续表 11-4

年 度	受理起诉件数		其 中								
			起 诉		不 诉		免 诉	退 查		出庭公诉	
	件 数（件）	涉及人数（人）	件 数（件）	涉及人数（人）	件 数（件）	涉及人数（人）		件 数（件）	涉及人数（人）	件 数（件）	涉及人数（人）
1996	20	16	18	14				2	2	18	14
1997	25	19	24	18	1	1				24	18
1998	19	19	17	17						17	17
1999	44	22	42	20						42	20
2000	36	30	32	26				4	4	32	26
2001	24	20	22	18				1	1	22	18
2002	25	23	20	17				3	3	20	17
2003	20	18	18	16				2	2	18	16
2004	20	19	16	15				3	3	16	15
2005	36	25	25	20				1	1	25	20
2006	25	22	21	18				1	1	21	18
2007	31	24	30	23	1	1				30	23
2008	19	14	18	13	1	1				18	13
2009	43	27	38	23	5	4				38	23
2010	42	26	40	24				2	2	40	24

第三节 贪污贿赂检察

1989 年，针对贪污、贿赂犯罪在经济犯罪中所占的比例大、危害严重的实际，检察院把反贪污贿赂列为打击经济犯罪的首要工作，加大侦查力度，集中力量查办贪污、贿赂大案要案。全年受理案件线索 3 件，立案侦查 2 件 2 人，其中贪污 2 件 2 人，挪用公款 1 件 1 人，逮捕 2 人，移送起诉 2 件 2 人，移送免诉 2 件 2 人。

1991 年 4 月，根据八道沟乡博岱花村民反映该村信用社会计郭某有贪污问题线索，检察院立即组织力量，3 天时间查清了郭某贪污公款 2.97 万元的犯罪事实，提起公诉后，郭某获有期徒刑 8 年。

1992 年 10 月，在侦查县劳动服务公司经理贾某等人贪污、受贿和偷税案件过程中，挖出张家口地区供销社赵某等 5 件受贿案。为此，县检察院印发《抓住一根藤，牵出一串瓜》的简报。后来，此文被河北省检察院出版的《侦察经验汇编》收录。

1996 年 10 月 6 日，查处了原县富田公司经理刘某贪污一案，为国家挽回经济损失 1 万元，法院对刘作出有罪判决。

1997 年 3 月 15 日，查处了原永胜地乡党委书记白某、乡长徐某、副乡长陈某贪污公款 2.40 万元一案，3 人均承担了相应的刑事责任。

2006 年，检察院接到有关人员联名举报，尚义县第13届人大常委会原委员、县总工会主席、县进修学校副校长刘某某，在任县总工会主席期间，存在巨大的经济问题。2006年12月24日对刘某某立案侦查。经查实，刘某在任县总工会主席期间，利用职务便利，采取重复报销、虚列开支等手段，贪污公款35787.57元，遂于2007年4月30日被提起诉讼，被法院判处有期徒刑3年，缓期4年。

1989—2010年，县检察院共受理案件59件，其中立案查处贪污、贿赂等职务犯罪案件44件47人，批捕犯罪嫌疑人13人，起诉到法院38人，为国家挽回经济损失71.40万元。

1989—2010年尚义县经济案件（贪污贿赂）受理立案起诉情况表

表11-5

年 度	受理（件）	立案（件）	结案（件）	挽回损失（万元）	逮捕犯罪嫌疑人（人）	起诉到法院（人）
1989	3	2	2	1	—	2
1990	3	2	2	1	—	—
1991	2	1	1	1	—	1
1992	2	2	2	1	1	1
1993	4	4	4	10	4	4
1994	3	1	1	5	1	—
1995	1	1	1	3	1	1
1996	3	2	2	2	—	2
1997	2	1	1	1	1	1
1998	3	3	3	2.40	—	3
1999	3	1	1	4	1	1
2000	3	2	2	3	2	1
2001	3	3	3	3	—	3
2002	3	2	2	3	—	1
2003	2	1	1	1	—	1
2004	3	1	1	1	—	1
2005	2	1	1	1	—	1
2006	2	2	2	1	—	2
2007	2	2	2	3	1	2
2008	3	3	3	2	—	3
2009	3	3	3	2	—	3
2010	4	4	4	20	1	4

第四节 其他检察

一、渎职侵权检察

2009年反渎职侵权局成立以前，先后由法纪检察股、渎职犯罪侦查科查办国家工作人员玩忽职守、滥用职权等渎职犯罪或利用职权侵犯公民人身权利、民主权利的侵权犯罪。1999年以前，统称为法纪案件。检察机关在查处这类案件时，坚持以查办大案要案为重点，对不构成犯罪的一般侵权违法行为，做好息诉工作，防止矛盾激化，以增强人民内部团结。

1989—1999年，受理各类法纪案件4件4人，立案2件4人，其中玩忽职守1件3人，起诉2件4人。

2009年7月，成立反渎职侵权局，接受张家口市检察院指定管辖。

2010年，立案查处尚义教育局、尚义职教中心相关领导犯玩忽职守罪和滥用职权罪一案，立案查处3人，起诉2人，判决2人。改变了以往的“只立不诉”或“只诉不判”的局面。通过办案，追究了涉案国家工作人员的法律责任。

2000—2010年，共立案7件11人，起诉5件8人，免诉3人。

1989—2010年，共受理案件11件，立案9件，其中玩忽职守1件，其他案件8件。

二、控告申诉检察

1989—2001年，处理各类信访742件，办理各类申诉案34件。2002年2月，建立检察长接待日制度，每周星期三由检察长、副检察长或党组成员接待群众来访，批阅群众来信。2002—2010年，收到群众控告、申诉、信访和举报来信147件。

三、监所检察

1991年11月27日，看守所在押犯人王某逃跑，11月30日夜晚，在押犯人段某因一氧化碳中毒死亡，检察院就两起事故分别向市检察院、县委、县政府、县委政法委和县人大常委会及时作了报告。事后，相关责任人分别受到撤职和党内警告处分。

2010年2月，为推进派驻检察室与监管场所监控，投资20万元增设网络设施，形成24小时全程监管，消除各类监管矛盾及安全隐患。

1989—2010年，检察看守所1100多次，对判处管制、剥夺政治权利、宣告缓刑、监外执行、释放5种罪犯进行全面监督检察，开展法律政策教育178人次、个别谈心89人次。

四、民事行政检察

1989—1991年，民事、行政、经济类申诉案件，先后由办公室和控告申诉部门受理。配备民事行政检察专干1人，与控告申诉科合署办公，协同办案。1992年，受理并立案复查民事申诉案3件，其中提出抗诉建议1件、维持原决定1件。1993年12月，成立民事行政检察科，对已经发生法律效力的民事、经济和行政诉讼案的判决、裁定情况以及诉讼活动是否合法实施法律监督。截至2010年，民事行政检察受理相关申诉案110件，审查后立案60件，提请抗诉60件，建议上级检察院提请抗诉62件，再审改判40件，息诉10件。

五、职务犯罪预防

在查办国家机关工作人员职务犯罪的同时，查防并举开展职务犯罪预防。1999年4月，检察院成立预防职务犯罪领导小组。与各有关部门齐抓共管、共同参与，建立预防网络。通过出动宣传车、张贴标语图片、散发宣传资料、播发电视新闻、领导电视讲话等多种形式，开展法制宣传和警示教育。2006年，为了深入开展职务犯罪预防工作，开办了警示教育室，利用挂图、展板、影像资料，先后组织金融、土地、财税等县直机关及乡镇工作人员，轮流进行了职务犯罪预防警示教育，结合各地典型案例，细致入微地剖析犯罪成因，使受教者受到深刻的警示教育。截至2010年，开展个案预防44个、系统预防和重点预防44个，提出预防职务犯罪的检察建议66条。

第三章　法　院

第一节　审判机构设置

1989年，县法院内设机构有刑事审判庭、民事审判庭、经济审判庭、行政审判庭、告诉申诉庭、执行庭、办公室，编制37人。1996年，增设政工科和法警队。1997年，增设监察室。2002年，机构改革法院新设民事审判一庭、审判二庭、立案庭、审判监督庭、政治处，同时撤销民事审判庭、经济审判庭、告诉申诉庭和政工科。

1989年有南壕堑、大青沟、小蒜沟、土木路、八道沟5个基层法庭，编制11人。1991年，土木路法庭迁至红土梁镇，更名为红土梁法庭。2001年，撤销小蒜沟法庭和八道沟法庭。

2010年，县法院内设机构有刑事审判庭、民事审判一庭、民事审判二庭、行政审判庭、立案庭、审判监督庭、办公室、政治处、监察室、执行局、法警大队及南壕堑、大青沟、红土梁3个基层人民法庭。全院编制50人。有法官17人，其中高级法官6人、一级法官9人、二级法官2人。

尚义县人民法院进一步加强审判队伍建设，忠实履行宪法和法律赋予的职责，全面开展各项审判工作，通过依法打击犯罪，依法调节民商事关系，监督和支持行政机关依法行政，维护公民、法人的合法权益，为县域经济发展，创造良好的法治环境。1989—2010年，共审结各类案件11902件。其中，刑事案件583件、民商事案件9073件、行政案件35件、再审案件36件、执行案件2175件。

第二节　审判制度

尚义县人民法院属基层人民法院，依法审理刑事案件、民商事案件和行政案件，在案件审判过程中严格执行两审终审、公开审判、合议制、回避制度、陪审制度、审判委员会制度、错案追究制度、审判监督制度、调解制度等。

1989—2010年，县法院审结一审刑事、民商事和行政案件共9707件，当事人上诉至中级人民法院252件。其中，2010年民商事案件上诉18件，二审驳回上诉维持原判15件，部分改判2件，发回重审1件，刑事案件无上诉。

1989—1991年，县法院没有公开审判场所，审理案件均在各庭办公室进行。1992年起，法院及所属基层法庭先后建起了审判庭，基本上解决了公开审判场所。2007 年，县法院建办公大楼的同时，新建了大小两个审判庭，后经装修改造、安装了闭路电视和证据展示投影仪等现代化电子设备。2010 年已达到数字化审判法庭，完全满足了公开审判的需要。1989—2010 年，法院所审结的案件，做到应公开审理的案件一律公开审理，不公开审理的案件一律公开宣判。

1989 年，县法院适用普通程序由合议庭审结案件 356 件，2010 年由合议庭审结案件 105 件，分别占当年审结案件的 71.70% 和 14.80%。

1989—2010 年，县法院审理案件中，审判人员回避共 7 人，其中当事人申请回避的 4 人、审判人员自行回避的 3 人。

1989—2009 年，县法院 4 次聘任 18 名陪审员，聘期 3 ~ 4 年。2010 年 6 月 4 日尚义县第 14 届人大常委会第 19 次会议通过法院选送 5 名人民陪审员。同日，在法院审判庭举行任命仪式，并颁发了任命书。2010 年，陪审员参加审理案件 36 件。其中，合同纠纷 19 件、婚姻家庭纠纷 10 件、权属及侵权纠纷 7 件。

被告人除自己进行辩护外，人民法院认为必要的时候，可以指定辩护人为其辩护。1989—2010 年，县法院为被告人指定辩护律师 6 人次。

1989 年，县法院针对疑难、复杂、重大案件召开审判委员会 26 次。2010 年，经审判委员会讨论的案件 17 件，其中刑事案件 16 件，合同案件 1 件。

县法院从 1996 年开始实行错案追究制度。对当事人多次上访、申诉的案件；上级法院发回重审、改判的案件；检察机关抗诉的案件；纪检监察部门接受反映以及案件评查中发现可能存在违法审判行为的案件，由违法审判责任追究办公室进行复查，实行错案责任追究。错案责任由直接责任人和相关人员按过错程度及后果承担相应责任。决定给予责任人纪律处分的，由纪检监察部门按规定程序办理。

2002 年，县法院设立审判监督庭，负责审查当事人申诉、案件再审及案件评查工作。

1989—2010 年，审结民商事案件 9073 件，其中调解和撤诉 6714 件，约占结案数的 74%。

第三节　刑事审判

1989 年以来，县法院充分发挥刑事审判惩治犯罪、维护社会稳定职能，坚持“严打”方针不动摇，与检察、公安机关通力协作，参与“打黑除恶”等专项整治活动，一批刑事犯罪分子受到严厉打击。

1989—1998 年，刑事案件中故意伤害、盗窃、抢劫和强奸案件占很大比例，特别是故意伤害案件最为突出，仅 1998 年审结故意伤害案 22 件，占当年刑事案件的 45.80%。其次是盗窃案件，县法院将重大盗窃犯罪作为打击重点，对惯犯、累犯、流窜犯以及共同犯罪的主犯坚决予以严惩。1991 年 8 月 10 日，在县城召开公判大会，对崔某等 8 人重大盗窃一案进行了公开宣判，该案主犯被判处有期徒刑 9 年。1993 年，对八道沟乡和炕塄乡两件盗窃农民大牲畜案件，在案发地就地开庭审理、就地宣判，取得了很好社会效果。20 世纪 90 年代末，刑事案件中盗窃抢劫复合型犯罪以及共同犯罪等类型案件突出。1999 年，审结刑事公诉案 16 件，其中共同作案有 6 件，4 人以上作案的 5 件。1998 年前，故意伤害案件绝大部分是自诉案件，对于此类轻微刑事案件，县法院从化解矛盾保护受害人利益出发，结合被告人认罪态度，大多数案件通过调解方式结案。1999 年后，刑事案件类型开始发生新的变化，伤害案件明显下降，交通肇事案件有上升趋势，仅2008—2010年审结交通肇事案12件。

在刑事审判中，针对青少年犯罪日益成为社会治安的突出问题，县法院聘请团委、妇联、教育等部门人员担任陪审员参与审理未成年人犯罪案件。1989—2010年，审结18名未成年人犯罪案件。

1989—2010年，县法院共审结刑事案件583件，其中公诉案件409件、自诉案件174件。已结刑事案件中，故意杀人2件，抢劫25件，强奸35件，故意伤害230件，盗窃105件，诈骗11件，贪污、受贿、挪用公款共55件，交通肇事37件，其他刑事案件83件。刑事案件被告人中，有565人受到刑事处罚，其中被判处10年以上有期徒刑48人，判处5年以上10年以下有期徒刑94人，判处5年以下有期徒刑及其他刑事处罚的423人。

1989—2010年尚义县部分年度法院刑事案件情况表

表11-6 单位：件

年份	结案	故意杀人	抢劫	强奸	故意伤害	盗窃	诈骗	贪污	受贿	交通肇事	其他
1989	21	—	1	3	5	8	1	2	—	—	1
1990	36	—	1	6	11	9	—	—	4		5
1991	38	—	2	3	18	6	1	4	—	—	4
1995	26	—		1	16	2	2		1	—	4
2000	26	1	1	1	8	4	1	2	2	1	5
2005	24	—	1	3	8	3	3	1		4	1
2008	14	—	1	—	2	4	—	1	1	3	2
2009	24	—	1	1	7	6	—	1	1	3	4
2010	20	—	2	—	3	1	—	2	1	6	5

第四节 民商事审判

1989—2001年，法院审理婚姻家庭纠纷、民事侵权及权属纠纷和经济合同纠纷划分为民事审判和经济审判。2002年后，法院民事审判任务进行了重大调整，建立了统一的大民事格局，即民商事审判。

1989—2010年，审结离婚案件3156件，婚约财物纠纷292件，继承案件52件，随着人们婚姻家庭观念的转变和封建包办买卖婚姻现象的减少，婚约财物纠纷明显下降，离婚案件却有上升趋势。2010年，婚财纠纷有4件，离婚案188件，分别比1989年减少25件和增加41件。

1989—2010年，县法院审结损害赔偿案件667件，其中财产损害96件、人身损害571件。审结借款合同与债务纠纷3114件，绝大部分案件以调解方式结案。

20世纪90年代的经济审判工作中，法院

为县内厂矿企业全方位提供法律服务。1992年，县毛纺厂诉山东兖州毛纺厂合同违约和拖欠货款两案，法院依法对两案合并审理，为县毛纺厂挽回经济损失60多万元。1997年，县经贸委诉内蒙古正北华贸易总公司承包合同纠纷一案，依法对被告法人代表采取强制措施，责令其限期移交财产，为企业重新启动提供了法律支持。

进入21世纪，民商事案件类型也发生了新变化，出现了不少新型行业合同纠纷。2001年9月，审结4件影响较大的集团诉讼案件，如大苏计乡田某等14人诉香港利昌有限责任公司订购450吨芹菜合同纠纷。2009年，诉外调解8件农村土地承包纠纷，涉及农户91户。2002—2010年，审结建设工程合同纠纷96件。

1989—2010年，县法院共审结民商事案件9073件。其中，婚姻家庭、民事侵权及权属纠纷5104件，合同纠纷3969件，分别占全部民商事案件的56.25%和43.75%。

1989—2010年部分年度尚义县法院民商事案件情况表

表11-7 单位：件

年份	结案	离婚	婚财纠纷	继承	房屋纠纷	损害赔偿	借款合同	买卖合同	承包合同	建设工程	劳动争议	其他
1989	457	147	29	7	7	26	131	26	6	—	—	78
1990	308	102	30	1	4	21	84	13	1	—	—	52
1991	271	123	22	3	2	17	34	20	—	—	—	50
1995	382	127	10	1	5	27	114	10	2	—	—	86
2000	213	114	11	3	1	26	2	4	3	—	—	49
2005	831	176	12	3	1	48	499	24	8	7	—	53
2008	655	156	7	1	2	41	285	30	11	5	—	117
2009	509	196	3	2	1	60	134	84	6	10	13	—
2010	686	188	4	2	—	50	265	39	—	30	10	98

第五节 行政审判

1989年，县法院设立行政审判庭，在受理行政诉讼的同时，从非诉行政案件的执行入手，支持行政机关依法行政。当年受理1件当事人不服土地管理部门处理决定的案件。经审查，按民事案件做了处理。1991年，在大青沟执行违法占地建房一案，法院通过行政执行程序拆除了违章建筑。1995年，县法院开始受理第一件行政案件，原告张某不服被告县城建委的处理决定，向法院提起行政诉讼，法院依法组成合议庭审理了此案，判决维持了对被告作出的处理决定。1997年，应农机局申请，对全县1600多台无牌、无户、无证小拖车进行了整顿。是年，96%的小拖车在期限内办理了年检，收到很好效果，《河北农机》专刊对此做了专门介绍。2001年7月30日，审理原告孔某诉被告土地局更改土地使用权证行政争议一案，经审理认为被告将原始证据随意更改具体行政行为不当，判决撤销被告处理决定，对原告土地使用权证重新确认，维护了公民的合法权益。

1989—2010年，县法院主动策应行政审判理念的变化，将诉讼调解机制引入审判工作实践之中，行政诉讼案件和解撤诉率提高。其间，受理行政诉讼案件35件，其中行政处罚26件、行政许可2件、行政规划管理4件、行政争议3件。经审理，判决撤销行政裁决4件、驳回诉讼请求10件、原告自动撤诉21件。撤诉率达60%。

第六节　执　行

1989年，县法院受理执行案件109件，执结102件，执结率达93.58%。案件除县法院需执行案件外，有行政机关申请执行的案件和公证机关发生法律效力的债权文书执行案件。随着民事纠纷、经济合同纠纷的增加，进入执行程序的案件也越来越多。

1990年，法院执行庭第一次到异地执行县造纸厂诉天津纸箱二厂欠款纠纷，通过冻结被执行人银行账户划拨现金3万元，扣押汽车抵债，使案件执行。1996年，被执行人马某对市中院终审判决不但不履行，反而擅自变卖法院查封财产，长期在外逃避执行；同年6月将其拘留，最终履行了判决。

县法院在执行工作中，对暂无偿还能力的，采取暂缓执行，制订分批履行计划。对双方对立情绪大，易发生矛盾激化的案件，进行思想疏导力争化解纷争，达到执行和解。2009年，执行运输合同纠纷一案，法院判决被告赔偿原告各项费17257元，因事发后双方矛盾激烈，进入执行程序，被执行人拒绝履行，经执行人员多次做双方工作最终达成和解协议，履行了法院判决。

2010年，执行案件108件，其中执行民商事案件101件、行政非诉案件3件、行政仲裁2件、外地委托执行2件，执结标的992.25万元。

1989—2010年，共受理执行案件2175件，执结2175件，执结率100%，执结标的7037.36万元。

第七节　审判监督

审判监督主要是指审理当事人申请再审案件、县法院决定再审案件、市中院发回重审案件和检察机关抗诉案件。

1989年，县法院受理当事人申诉12件，其中刑事申诉10件均为二十世纪六七十年代的案件，通过审判监督程序，进行了立案再审。驳回申诉维持原判6件、撤销原判宣告无罪3件、部分改判1件、受理民事申诉2件，其中民事申诉1件做了部分改判。

2002年，县法院设立审判监督庭，对当事人的申诉和检察院抗诉的案件进行审查。2008年，法院建立案件质量评查体系，制定案件质量评查标准，对全院的审判活动实施内部法律监督。

1989—2010年，累计审结各类再审案件36件，再审改判纠错率为19.40%。

第八节　信访和复查

1989年，县法院设立告诉申诉庭，负责接待群众来信来访、申诉案件的复查和再审工作，并为群众提供法律咨询。

2002年，受理来信来访和当事人申诉由

立案庭负责，对符合再审条件的及时立案，由审判监督庭负责审理；对不符合立案条件的复查后驳回申诉。同时，法院还设立了院长接待室，院领导轮流接访处理涉诉信访案件。2007 年，把上访老户问题作为信访工作的重点加以解决。采取思想疏导和批评教育的方法，对生活确有困难的主动与相关部门协调，帮助他们解决，最终使信访案件解决。2010 年，涉诉信访案件明显减少，年内受理信访 3 件。

1989—1992 年，受理当事人申诉 38 件，绝大部分是二十世纪六七十年代的案件，经复查后决定立案再审 17 件，其中驳回申诉维持原判 11 件，撤销原判宣告无罪 3 件，改判 3 件。1993 年后，当事人申诉案件明显减少，每年平均有 2 ~ 3 件。2010 年，受理当事人申诉 3 件，检察院抗诉 1 件，经复查后决定再审 2 件，其中维持原判 1 件，改判 1 件。

1989—2010 年，共受理人民群众来信来访 12530 件次，其中依法审查起诉，决定立案 2343 件，调处简易纠纷 835 件，说服息诉 383 件次，解答法律咨询 8969 件次；处理信访老户 12 件次。

第九节 审判体制改革

一、审判机制改革

1996 年起，县法院逐步推进“立审分离、审执分离、审监分离”制度，改变了过去不结不立、自立自审现象。2002 年，设立了审判监督庭和立案庭，在机构的设置和职能的分工上向专业化方向发展。审判监督庭专职负责适用审判监督程序审理的案件，立案庭负责全院的立案审查、立案管理和司法统计工作。2003 年，建立了案件评查制度，对审结的案件进行评查和抽查，发现问题及时纠正。2010 年，成立审判质量管理办公室，制定了审判流程管理办法，建立执法档案，把审判、执行人员履行职责、完成任务以及违法违纪情况记录下来实行内部监督。

二、审判方式改革

1989 年，县法院逐步完善公开审判制度，应公开审理的案件在开庭前 3 天张贴公告，允许公民旁听。1997 年，新修订的《中华人民共和国刑事诉讼法》出台后，审判形式由传统的审问式改为以控辩式为特点的新模式。运用新的审判形式审理案件，审判人员在开庭前既不了解案件的全部情况，也不掌握全部证据，法官的责任是主持庭审、控制询问和辩论的范围。在法庭上，控辩双方均可向被告人提问。举证质证由审判员出示证据改为由公诉人出示。罪名是否成立，完全依赖控辩双方对事实的调查和证据展示。民商事审判方式的改革在 1991 年开始进行改革尝试，逐步改变法院办案以调查取证为主的证据方式，强调当事人的举证责任，注重当庭质证、认证。

1999 年，县法院在民商事审判中，全面推行公开举证质证、公开辩论、当庭宣判的庭审方式，强调谁主张谁举证，法官在庭审中的主要职责是主持庭审和指导举证、说理和认证、裁判。

2002 年，实行内部审限制度，扩大简易程序适用范围，从而缩短诉讼期限，减轻当事人诉累。在执行工作中开展集中统一执行行动，组织执行会战；建立申请人举证制度和执行风险告知制度；对易发生矛盾激化案件，加强思想疏导工作，达到执行和解。

2003 年建立了案件评查制度，对审结的案件进行评查和抽查，发现问题及时纠正。

2010 年成立了审判质量管理办公室，制定了审判流程管理办法，建立执法档案，把审判、执行人员履行职责、完成任务以及违法违纪情况记录下来实行内部监督。

三、便民利民措施

县法院坚持司法为民宗旨，实行一系列便民措施。为诉讼当事人发送诉讼须知，让当事人了解诉讼程序。对交通不便和老弱病残的当事人实行巡回办案，就地开庭，当庭宣判。对经济困难的当事人以及社会弱势群体实行司法救助，减、缓、免诉讼费。

第十节　法庭建设

1989 年，县法院与检察院同在一个大院，法院有 21 间平房作为办公用房，没有专门的审判场所，开庭审理案件在各庭办公室进行。1992 年，县政府建宾馆占用“检法大院”，法院迁到政府招待所办公。1993 年，法院投资 6.50 万元对房屋进行了装修，并将大餐厅改造装修成一个可容纳 100 个旁听席位的审判庭。1999 年，法院购买了县造纸厂宾馆三层小楼，建筑面积 600 多平方米，改造装修成办公楼和一个小型审判庭，同年 7 月 16 日法院迁入。2006 年，法院争取国债资金 150 万元，总投资 370 万元，动工新建办公大楼，2007 年 8 月，正式交付使用。2009 年，审判庭进行了装修，配备了投影仪等附属设备，实现了数字化审判法庭。

1989 年，大青沟法庭新建了 4 间办公室和 1 个小型审判庭。其他 4 个法庭均借用所在乡镇办公室办公，条件简陋。1990 年，全省法院开始抓“两庭”（审判庭、法庭）建设。1991 年，南壕堑法庭建设竣工并投入使用。1992 年，投资 13.50 万元新建了小蒜沟、红土梁、八道沟 3 个法庭，至此 5 个基层法庭均有了办公及审判场所。1993 年，在全省法院“两庭”建设经验交流会上，尚义县法院介绍了经验。2001 年，撤销了小蒜沟和八道沟 2 个法庭。2008 年，3 个法庭均配备了办案用车。

第四章　司法行政

1989—2010 年，经历了全国“一五”到“五五”共 5 个五年普法时期。通过法治宣传教育，人们的学法用法水平得到提高。各级调解组织和人民调解员，调处化解各类矛盾纠纷 3 万多起。对刑释解教人员进行安置帮教，286 名刑满释放人员顺利回归社会，重新做人。10 名社区矫正对象无一人重新犯罪。开展便民利民的公证与律师事务服务，为公民、组织和社会团体提供法律帮助，维护公民、集体的合法权益。

第一节　司法机构

1989 年，县司法局内设机构有办公室、法制宣传股、公证处律师事务所、基层工作管理股。行政编制 31 名，科级领导职数一正二副，股级职数 4 名。

2004 年，增设政治处和法律援助中心，垂直管理14个乡镇司法所。2009年，增设社区矫正工作管理股。

2010年，县司法局内设机构有办公室、法制宣传股、公证处律师事务所、基层工作管理股、政治处、法律援助中心、社区矫正工作管理股，司法行政专项编制29个，有工作人员33人。垂直管理14个乡镇司法所。

第二节 普法宣传

一、“一五”普法（1989—1990年）

重点对象是工人、农（牧、渔）民、知识分子、干部、学生、军人、其他劳动者和城镇居民中一切有接受教育能力的公民。内容是学习宣传“十法一条例”，即《中华人民共和国宪法》《中华人民共和国民族区域自治法》《中华人民共和国刑法》《中华人民共和国刑事诉讼法》《中华人民共和国民法通则》《中华人民共和国民事诉讼法（试行）》《中华人民共和国婚姻法》《中华人民共和国继承法》《中华人民共和国经济合同法》《中华人民共和国兵役法》《中华人民共和国治安管理处罚条例》。基本目标是通过普及法律常识教育，使全县公民增强法治观念，知法、守法，养成依法办事的习惯。其间，县普法办在八道沟建立了普法试点工作，在博岱花行政村开展了以法治宣传教育为主要内容的普法活动，形成了村规民约。全县约有10万人接受了法律教育。

二、“二五”普法（1991—1995年）

重点对象是县级领导干部、司法人员和行政执法人员、中学在校生。内容是以宣传《中华人民共和国宪法》为核心，以《中华人民共和国公司法》《中华人民共和国反不正当竞争法》《中华人民共和国产品质量法》等专业法以及经济法基础知识为重点，这标志着普法活动开始转向学用结合、依法治理的轨道。“二五”普法开始后，八道沟乡在村规民约基础上，修改村规民约为《八道沟乡依法治村章程》，并将此项活动推向全乡。其间，还涌现出七甲乡三义店村的“法律明白墙”，县国税局的“班前法制课”等普法典型。1996年6月，国税局局长霍维被省委、省政府授予“二五”普法先进工作者，并记三等功一次。

三、“三五”普法（1996—2000年）

重点对象是县、处级以上领导干部，司法人员、行政执法人员、企业经营管理人员、青少年。内容是学习邓小平关于社会主义民主与法治建设的理论，继续开展《中华人民共和国宪法》知识、与公民工作生活密切相关的基本法律知识以及与维护社会稳定有关的法律知识教育，着重抓好社会主义市场经济法律知识的普及。基本目标是通过在全县公民中继续深入进行以宪法、基本法律和社会主义市场经济法律知识为主要内容的宣传教育，进一步增强公民的法律意识和法治观念，不断提高各级干部依法办事、依法管理的水平和能力。其间，大苏计乡的“法制一条街”和甲石河乡侯达子沟村“农民普法夜校”在《张家口日报》以《责任区里明事理，一条街上受教育》为题予以报道，省电视台也在《午间快讯》中播出。2001年被收编于《全省社会治安综合治理经验汇编》一书。“普法一条街”成为全省普法典型经验被推广。

四、“四五”普法（2001—2005年）

重点对象是各级领导干部、司法和行政执法人员、青少年、企业经营管理人员。内容是继续学习邓小平关于社会主义民主与法治建设理论；宣传《中华人民共和国宪法》和国家基本法律，学习宣传与公民工作、生活密切相关的基本法律知识以及与维护社会稳定有关的法律知识教育；宣传社会主义市场经济相关的法律法规，宣传保障和促进国家西部大开发、加入世界贸易组织、维护社会稳定等社会发展迫切要求的各项法律法规。基本目标是通过“四五”普法规划的实施，努力实现由提高全民法律意识向提高全民法律素质的转变，实现由注重依靠行政手段管理向注重运用法律手段管理的转变，全方位推进全县各项事业的依法治理。

2003 年，抗击非典型肺炎期间，县司法局发放与抗击“非典”相关的法律宣传资料 28000 余份，制作法律宣传录音盘 21 盘，办板报、宣传栏 450 期（块），出动法律咨询人员 80 人（次），制作过街横幅及粉刷标语 1800 余条，广大干部群众受到教育。

五、“五五”普法（2006—2010 年）

重点对象是领导干部、公务员、青少年、企业经营管理人员和农民。内容是通过开展“法律六进”（进机关、进乡村、进社区、进学校、进企业和进单位）活动和法治县创建活动，以及法治文化建设，全面提升法治宣传教育的文化品位和社会法治化管理水平。基本目标：适应党和国家工作大局，适应整个社会和广大人民群众对法律知识的现实需求，通过深入扎实的法治宣传教育和法治实践，进一步提高全县公民法律意识和法律素质；进一步增强公务员社会主义法治理念，提高依法行政能力和水平；进一步增强各级政府和社会组织依法治理的自觉性，提高依法管理和服务社会的水平。

第三节　人民调解

1986 年 3 月，成立县人民调解委员会，每个调解委员会配有调解员；各镇相继成立镇人民调解委员会，成员由镇综治、公安、司法、信访、妇联等部门组成；各村（居）均成立人民调解委员会。人民调解委员会重视调解员队伍建设与制度建设。开展人民调解员培训活动，1989 年，全县共培训 211 人，参培率 100%，合格率 100%。建立了人民调解工作“五有”“四落实”“六统一”制度，即有标识牌、有固定工作场所、有印章、有规范调解文书、有统计台账；组织落实、制度落实、人员落实、专项经费落实；标牌、名称、印章、标识、程序、文书统一。全县人民调解工作建立了人民调解、行政调解、诉讼调解“三位一体”的调解体系，县、乡、村三级调解防范网络逐步完善。坚持“预防为主，调防结合”的原则，经常性与每月一次集中开展矛盾排查，把问题解决在基层，做到了小事不出村、大事不出乡。大青沟镇魏家村连续保持 23 年全行政村无矛盾激化，被司法部授予全国模范调解委员会称号。

1989—2010 年，全县各级调解组织共调解民间纠纷 16790 件，避免民转刑案件 23 起，调解成功率 99.60% 以上。

第四节　安置帮教

1998 年以后，为预防和减少重新犯罪的发生，全县司法行政系统开始对刑释解教人员实行安置帮教。组建了县、乡、村三级安置帮教组织网络，县司法局增设安置帮教工作机构，设有专职安置帮教工作人员 3 人、联络员 18 人，结成帮教对子 94 个。1998—2010 年，共接收刑释解教人员 286 人，帮教安置 286 人，无一人重新犯罪，帮教安置率 100%。

第五节 社区矫正

尚义县按照全国司法行政机关的统一安排部署，从 2010 年开始试行社区矫正工作，成立尚义县社区矫正工作领导小组，办公室设在县司法局。各镇相应成立社区矫正工作领导小组。建立监管小组志愿者网络和落实公益劳动场所，完善对矫正对象的走访谈话、集中教育和列档管理等系列工作制度，使社区矫正工作逐步规范。推广“严管、普管、宽管”分类管理办法，不断提高矫正对象的悔罪意识和自新意识。当年接收社区矫正对象 10 人，无一人重新犯罪。

第六节 公证律师事务

一、公证事物

公证机构根据自然人、法人或者其他组织的申请，依据法定程序对民事法律行为、有法律意义的事实和文书的真实性、合法性予以证明的活动。公证制度是国家司法制度的组成部分，是国家预防纠纷、维护法治、巩固法律秩序的一种司法手段。在发生民事争议之前，对法律行为和有法律意义的文书、事实的真实性和合法性给予认可，借以防止纠纷，减少诉讼。随着经济社会的发展，各种经济纠纷事件不断出现，办理公证事务的个人、组织增多。1989—2010 年，全县共办理各类公证案件 4518 件，其中民事案件 2627 件，经济案件 1891 件，涉案总标的 7450 余万元，为单位和个人避免和挽回经济损失 5400 余万元。

二、律师事务

为国家机关、社会团体和公民提供法律帮助，保障法律的正确实施和维护国家、集体、公民的合法权益。1989—2010 年，县内有 1 家律师事务所，即铁坚律师事务所，注册律师 3 人。共解答法律咨询 20 余万人次，代写法律文书 2817 件，接受民事、经济代理 678 件，刑事辩护 85 件，办理法律援助事务 268 件。

第七节 基层司法

一、基层法律服务

1989 年，为了强化法律服务，减少企业损失，县直两家规模较大的国企毛纺厂和造纸厂设置了法律服务所和司法所，一套人马办理两种业务，工作人员既是法律服务工作者又是司法助理员。行政由企业管理，业务由司法局领导。后期，为鼓励法律服务工作者走出企业，面向社会，将毛纺厂法律服务所改名为青山法律服务。

2001 年，国家对法律工作者实行统考，尚义县 5 名参考者通过考试获得法律服务工作者资质。

2004 年，县委、县政府出台了《加强全县政法队伍建设的意见》和《尚义县综治基层基础建设三年规划》2 个文件，至此各乡镇单独设立司法所，由司法局垂直管理，司法所所长享受副科待遇。县司法局筹集资金 70.40 万元，新建 6 个省级规范化司法所、8 个县级司法所。

2005 年，张家口市综治委在尚义县召开了全市综治基层基础建设工作现场会，在全市推广了尚义县司法行政基层基础建设工作经验。

二、法律援助

2004年11月，县司法局增设法律援助中心。受理法律援助申请，承办法律援助事项，编制3名，设主任1名。

2004年，以基层法律服务所为依托的乡镇法律援助工作站正式设立。截至2010年年底，全县共有6个法律援助中心，8个法律援助工作站。2004—2010年，全县法律援助机构共接待来访来询1092人次，办理法律援助案件268件，占当事人申请案100%。

尚义县志
SHANGYI XIANZHI
1989—2010

第十二篇

群众团体

1989—2010年，各群众团体围绕县委、县政府的各项中心工作，依据有关章程和相关的法律法规，充分发挥各自的职能，团结带领不同的阶层和不同的群体，积极参与全县两个文明建设，致力于希望工程、送温暖工程、光彩事业、扶贫助残、科普培训、成果推广、巾帼建功、爱心救助、繁荣文化等，为推动尚义县的物质文明和精神文明建设发挥了重要作用。

第一章　尚义县总工会

第一节　工会组织

一、县总工会机构

1989年，县总工会设一室，即综合办公室。

1993年，县总工会设二部一室，即劳动保护部、宣传教育部、办公室，行政编制4名。1996年，县机构改革，将县总工会内设机构合并为综合办公室，行政编制4人。2007年，县总工会内设三部一室：劳动保护部、宣传教育部、女工部、办公室，行政编制5名。

2008年8月，设立“困难职工帮扶中心”。

至2010年，尚义县总工会内设机构四室一部一中心，即办公室、群众工作室、组织宣教室、财务室、女工部、困难职工帮扶中心，编制9名。

2003年4月至2008年5月，县工会常务委员会主席、副主席人选作了4次调整。

2007年6月，县工会主席由同级党政副职担任，尚义县工会主席由县委常委、纪委书记王锐锋担任。2008年5月至2010年12月，县工会主席由县委常委、宣传部部长薛美华担任。

二、基层工会组织建设

1989年，全县职工总数为8414人，其中全民所有制7163人，集体所有制1251人。全县有女职工2460人。全县基层工会发展到142个，工会小组发展到504个，工会会员8343人，其中全民所有制单位7118人、集体所有制单位1225人。有女会员2227人，其中全民所有制单位1959人、集体所有制单位268人。在乡村工会组织中，乡（镇）村企业工会组织发展到30个，会员1197人，分别占全县总数的21.13%和14.35%。全县当年举办工会业务训练班13期，培训工会干部287人，其中女干部44人。全县建成先进模范职工之家16个。工会积极分子发展到1563人，其中优秀工会积极分子141人。

1991年，全县新发展会员212人，涉及电力、计生、书店、第二建筑工程公司等20个单位，第二建筑公司有90人集体入会。1994年年底，全县乡镇企业摊点总数101个，乡镇企业职工总数2284人。符合建立工会组织的8个，当年建立工会组织3个，入会会员136人，占应入会职工463人的29.37%。全县17个乡镇党政机关全部建立了工会组织，兼职工会干部17人。

二十世纪九十年代后期，随着改革开放的深入，受市场经济大潮的冲击，全县的一批国营集体工商企业先后破产、拍卖、改制，职工失业下岗，个体工商户和私营经济有了较快发展，新的经济体制逐步确立。新的形势，给工会组织提出了新课题、新任务，把个体工商户和私营企业吸收到工会组织中来成为新时期工会工作的一个重点。1996—1998 年，工会直属的 3 个较大单位粮油加工厂、外贸、鞋厂停产，涉及职工 323 人。1997 年，私营企业和村办企业 48 家，建立工会组织的有 9 家，入会会员 263 人。1999—2005 年，县总工会根据形势的变化采取了新的工作措施。一方面支持国有企业改制，在非公有制企业继续发展壮大工会组织。另一方面把“重大行业建会、非公有制企业建会、农民入会”作为重点，在全县建立健全县、乡、村三级工会网络，按照省、市工会“六有”的要求指导基层换届选举，即有牌子、有公章、有计划、有制度、有档案、有办公场所，使 170 个基层工会选举产生了新的领导集体。截至 2005 年年底，全县基层工会组织达 174 个，职工总数 11227 人，会员总数 11042 人。其中，国有企业 11 家，会员总数 1857 人，入会率 98%；集体企业 7 家，会员 429 人，入会率 84%；私营企业 57 家，会员 2697 人，入会率 88%；机关单位工会 53 个，会员人数 2142 人，入会率 100%；事业单位工会 46 个，会员 3917 人，入会率 100%。有专兼职工会干部 383 人。2006 年，当年新增基层工会组织 20 个，其中非公有制企业 8 个，新增会员 1203 人。全县基层工会组织发展到 191 个，会员总数 11663 人，会员中农民工 2202 人，约占会员总人数的 19%。依法换届选举产生了 40 个新基层工会委员会。

随着社会主义市场经济的发展，大批农民离开了祖祖辈辈赖以生存的土地，走进工业、商业、建筑业等领域，成为产业工人队伍中的新成员。把农民工吸收到工会组织中来，已经成为顺应新时代潮流的工作重心。2007 年，全县贯彻落实胡锦涛总书记关于扩大工会工作覆盖面的重要指示，按照“不论企业性质，能建会就行；不论职工身份，能入会就行”的组建目标，把普遍关注的农民工入会作为突破口，拓宽领域，建会工作向各行各业延伸。当年新增基层工会组织 15 个，发展新会员 1066 人，其中农民工 766 人。10 月 10 日，县委出台了《关于加强乡镇、村工会的实施意见》。截至年底，全县基层工会达 204 个，职工总数 13140 人，工会会员 12688 人，入会率 90%。

2010 年，全县工会组织发展到 208 个，工会会员有 16288 人（女会员 5910 人），其中发展乡（镇）村工会组织 49 个，农民工加入工会的有 11968 人，分别占全县总数的 23.56％和 73.48％。工会工作人员 154 人，其中专职 28 人。

1989—2010 年尚义县工会基层组织情况表

表 12-1

年　度	基层工会（个）	职工人数（人）		会员人数（人）		专职工会干部（人）
		总人数	其中女职工数	总　数	其中女会员	
1989	142	8414	2460	8343	2227	12
1990	142	8586	2346	8174	2252	15
1991	142	8631	2394	8196	2279	12
1992	140	8643	2399	8251	2303	13
1993	143	8527	2370	8216	2307	6
1994	146	8423	2385	8213	2351	12
1995	153	8542	2412	8262	2369	6

续表 12-1

年　度	基层工会（个）	职工人数（人）		会员人数（人）		专职工会干部（人）
		总人数	其中女职工数	总　数	其中女会员	
1996	148	8563	2425	8285	2373	5
1997	148	8571	2425	8346	2368	7
1998	148	8625	2546	8620	2512	8
1999	151	8710	2612	8706	2600	9
2000	152	8561	2714	8531	2699	9
2001	155	8920	2946	8700	2912	11
2002	162	9312	3100	9135	3009	13
2003	164	9516	3162	9469	3160	13
2004	154	9683	3420	9622	3210	13
2005	171	11227	3412	11042	3326	15
2006	191	11042	3611	11663	3512	15
2007	204	13140	3463	12688	3463	15
2008	221	13529	3641	13529	3641	19
2009	180	14329	4326	14329	4326	28
2010	208	16288	5424	16288	5910	28

说明：会员数含农民入会数

2010 年尚义县工会基层组织构成情况表

表 12-2

单位类别	基层工会（个）	会员人数（人）
行政单位	61	2161
事业单位	51	3062
个体工商	9	627
国有企业	17	1086
非公企业	21	933
行政村	49	8419
总计	208	16288

第二节　县总工会代表大会

1989—2010 年，尚义县总工会共召开 2 次代表大会。

一、尚义县总工会第十次代表大会

1989 年 5 月 2 日召开。大会应出席代表 123 名，实出席代表 117 名，特邀代表 7 名。大会期间，县委副书记安俊杰代表县委作讲话；审议和批准了郭洪德代表县总工会第九届委员会向大会所作工作报告；审议和批准了尚义县总工会委员会的经费收支情况报告和经费审查委员会的工作报告；选举县总工会委员会和经费审查委员会。代表大会闭幕后召开的第一次全体委员会议选举产生主席 1 名、副主席 2 名、常务委员 7 名。

二、尚义县总工会第十一次代表大会

2002年3月28日召开。大会应出席代表124名，实出席代表115名，特邀代表3名。2002年3月28日，尚义县总工会召开第十一次代表大会。大会在总结县工会第十届委员会工作的基础上，研究讨论了工会工作如何开创新局面，更好地适应形势的发展和改革的需要，确立了今后的工作目标和任务。大会选举产生了县总工会第十一届委员会和经费审查委员会，并对女职工委员会进行了调整，切实加强了维护女职工特殊利益的职能。是日召开的第十一届委员会第一次全委会上，选举产生主席1名、副主席3名、常务委员7名。

第三节　工会工作

一、职工劳动竞赛

1989—1995年，县总工会开展以“双增双节”（增产节约、增收节支）和“五个一”（建立一个组织领导机构，制定一个具体实施方案，组织一次有影响的竞赛活动，进行一次总结表彰，形成一本活动台账）为主要内容的劳动竞赛，开展“人节一百元、班组增千元、车间创万元”活动。1989年，全县共节约资金、增加产值实现资金总额218.83万元，职工提合理化建议创经济效益68.39万元。1995年，组织“五个一”劳动竞赛活动，全县共举办各类竞赛10项，学习新技术47项。节支电费17万元、医疗费25.40万元、煤630吨折款8.82万元、节约差旅费20.10万元、土粮变好粮2.25万千克。全县8家亏损企业有5家减亏，共减亏32.50万元，其中帮扶企业1家，减亏20万元。2007年，结合“两提一优”（提高工作效率、提高服务质量，优化发展环境）活动，组织全县80家企事业单位5000名职工开展了“当好主力军，建功‘十一五’，和谐奔小康”和创建“工人先锋号”等竞赛活动，完成技术创新成果6项。2008年，以“同舟共济保增长，建功立业促发展”为主题开展劳动竞赛，参赛企业达到130家，参赛职工8000人。其中，非公企业5家开展“工人先锋号”创建活动，参与创建活动的企事业单位达到60家。2007—2010年，深入开展“安康杯”竞赛活动，每年约有25家企业、5000人参加活动。

二、合理化建议

1991—2008年开展了以“质量、品种、效益年”和卫生环保、节能减排、节支增效、生产安全等为内容，广泛发动职工群众提合理化建议，做到人人进一言、献一策，提一条合理化建议，工会组织做到条条有登记，件件有回音、有落实。1994年开展合理化建议、技术练兵、技术比赛等活动。全县共提出合理化建议4371条，采纳3910条，实施3621条，创价值190.40万元，献技艺4项，创经济效益5.30万元，献工时4268个，增创价值190.40万元。增收节支，创万元的班组13个，创5万元的车间8个，创19万元的车间11个，创29万元以上的企业3家。2005—2008年分别提合理化建议2500多条（其中10万元以上9条）、119条、400多条、500条，2005年、2007年、2008年实现创新成果分别为23项、6项、10项。

三、技术练兵

2005年，开始开展技术练兵8500人次。2006年，在全县各行业广泛开展争创“示范岗位”，争做“创新能手”活动。参加技术练兵职工达1680人次，充分调动了广大职工创造热情。

2008年，开展“创建学习型组织，争当知识型职工”活动中，有针对性地组织开展业务技能培训，参加技能培训职工达3000人次，参加岗位练兵竞赛职工1000人次。2010年，在庆五一活动中，各级基层工会组织单位职工开展技术比武、岗位练兵、的企事业单位达130家，参赛职工达4600人。

四、工会培训

1992—2002年，县总工会每年举办各类培训班7～10期，基层工会组织每年组织各类培训班40～50期，培训内容以安全生产、职工代表师资培训、普法师资培训、锅炉工培训、企业管理培训、经审主任和会计培训等为主，每年培训人员4000～5000人次。

1998年，举办各类培训班50期，培训人数1500多人。并针对农民进城务工人员协助其签订三方协议，签订集体合同950份，有效保障进城农民工的权益不受侵害。2002年，举办各类培训50期，培训人数8000多人，随着“创建学习型组织、争当知识型职工”活动的不断深入开展，参与活动单位62家，人数达4000人。2007—2010年，深入开展“安康杯”竞赛活动，每年约有25家企业、5000人左右参加活动。每年组织大型的安全生产培训6次，受训人数600～1000人次。2010年，参加“安康杯”竞赛企业25家，参赛职工达4600人。

五、困难帮扶

开展“送温暖”活动始于20世纪60年代初。1989—2010年的“送温暖”活动，资金由全县各级基层工会和县财政筹备，利用元旦、春节、五一、七一、八一、国庆节等重大节日开展了家访慰问活动和职工家属扶贫活动。慰问对象主要是省、地、县劳动模范和先进工作者、军烈属、离退休干部、困难职工、病伤残职工、孤寡老人等。

特困户帮扶。1994年，全县各级基层工会共筹备资金2.50万元，对23个厂矿企事业单位的30户特困户进行帮扶，帮扶的项目有四小养（猪、羊、鸡、兔养殖）、小卖部、饭馆、缝纫、庭院经济、地毯加工等19个，有12户基本脱贫。

2002年以后，建立起县总工会帮扶中心，使扶贫帮困工作经常化。

2005年，帮助下岗职工实行再就业，县工会与政府、劳动就业局、县城建局联系，帮助78名下岗职工重新走上工作岗位。同年，全县女工为希望工程捐款6128元。

2006年，尚义县成立了困难职工帮扶中心，办公室设在尚义县总工会，积极主动地为职工服务。共筹措资金7000元，帮扶1人计4500元。2007年，筹措资金5000余元帮扶困难职工20人计5780元。2008年，加强困难职工帮扶中心建设，帮扶实力加强，建立困难职工帮扶长效机制，进一步完善困难职工档案，实行动态管理。积极争取县财政支持，共筹措资金75000元，其中县财政50000元，共帮扶困难职工57人次，帮扶金额15200元。“金秋助学”活动。2006年，得到救助的职工子女9人，救助资金1.30万元。至2010年，共救助职工子女47人，救助资金7.6万元。同时，协同财政、农村信用社办理助学贷款61人36.6万元，救助职工152人5.09万元。

六、大病医疗互助

2008年，尚义县职工医疗互助活动正式启动，有3250人参与了医疗互助活动，占全县职工总数的60%，缴费金额11.62万元，当年救助16人，救助金额1.54万元。2009年，启动二期职工医疗互助活动，参加单位达 66 个，收集互助资金 12.68 万元。救助 44 人，救助补助金额 6.23 万元，及时有效地缓解了大病职工患者的精神负担和经济负担。

2010 年 4 月启动三期职工医疗互助活动，参加单位 62 个，参加人数 3785 人，收集互助金额 13.63 万元。截至 11 月底，补助救助 16 人，补助救助金额 1.99 万元。

七、工资集体协商

2010 年正式启动了工资集体协商“百日行动”，全县 74 家企业，共发出集体协商要约书 69 份。到 11 月底，67 家企业完成工资集体协商工作，全县企业职工工资水平平均增长 10% 左右，最低工资标准全面落实到位。

八、女职工工作

1989 年，全县会员总数 8343 人，女会员 2227 人。2010 年，全县工会会员 16288 人，女会员 5910 人，建立女工委员会 35 个，女工委员 79 人，专、兼职女工干部 87 人。

女职工教育和维护女职工权益。1989 年 6 月，尚义县总工会出台了《尚义县工会女工劳动卫生保护制度》，明确规定从女工怀孕 3 个月起，定期进行检查，并建立孕产期保健卡；在哺乳期提倡婴幼儿一周岁内实行母乳喂养，单位给女职工安排上下午各一次哺乳时间；企事业单位定期给女职工进行防癌普查和妇女病普查。全县企业建立托幼组织 2 个，委托儿童 71 人，保教工作人员 6 人。建立女工洗浴室 2 处，为女职工卫生保护创造了条件。

尚义县各级工会每年组织约有 200 名女职工开展以“四自”（自尊、自爱、自重、自强）教育、《中华人民共和国工会法》《中华人民共和国妇女权益保障法》《中华人民共和国女职工劳动保护条例》《中华人民共和国劳动法》教育为主的学习。1991 年，县造纸厂女工委员会组织临时居住在县城的厂职工家属举办学习班，学习宣传党的计划生育政策，主动自觉地执行计划生育政策。厂女工委员会分别被地、县两级评为先进女工委和计划生育先进集体。1995 年，为迎接世界第四次妇女大会召开，全县开展了“三好一能”活动，即好妈妈、好婆媳、好妻子、女能人。全县评选出“三好一能”女职工 45 人、厂级先进女工 15 人。在女职工保护方面，为 1304 名女职工进行了妇女病检查和治疗。1997 年，尚义县总工会被张家口市总工会评为先进女职工集体。2010 年，县总工会对县内外非公企业女职工专项集体合同签订工作情况进行了实地检查，对检查中发现的问题与企业主随时进行了协商解决。

第四节　工会会费管理

一、工会经费来源

工会经费来源主要有 4 个方面，即会员交纳的会费，建立工会组织的企业、事业单位、机关按每月全部职工工资总额的 2% 向工会拨缴的经费，人民政府的适当补助，其他收入。县总工会在协调财政部门预算和划拨工会经费的同时，协调企事业工会拨缴工会经费，做到应收尽收。

1989 年，县总工会、财政局印发《关于党政机关事业单位按工资总额提取工会经费有关问题的通知》。工业、交通、财贸、基建、农林、水利、气象、学校、科学等生产企业或事业单位的工会组织，按职工工资总额的 2%，每月向工会拨缴工会经费；国家机关的工会组织，按工资总额的 1%；按月向工会拨缴工会经费；行政拨缴的工会经费，基层工会留用 60%，40%

上解县总工会。

2005年11月，尚义县总工会与尚义县地方税务局，签订委托代收工会经费协议书。凡建立工会组织的企事业单位按照每月全部职工工资总额的2%向工会拨缴经费，基层工会留用60%，上解县总工会40%，其上解部分由地方税务局代征。开业满一年仍未依法建立工会组织的企事业单位，按照全部职工工资总额的2%收缴工会筹备金，全额由地方税务局代征。各金融部门、保险、移动、联通、邮政、电信系统上解工会比例为10%，电力部门上解比例为20%，信用联社上解比例为40%，由地方税务局代征。

1989—2010年尚义县工会会费收支情况表

表12-3　　　　　　　　　　　　　　　　　　　　单位：元

项目 年度	总收入		分项支出情况							备　注
	合　计	其中：拨缴经费	合　计	其　中						专项资金支出
				职工活动费	工会业务费	工会行政费	补助下级	上解经费	其他支出	
1989	120887.69	68667.53	117483.62	15581.12	6505.19	37155.15	6052.80	25607.73	26581.63	—
1990	—	—	—	—	—	—	—	—	—	—
1991	104968.22	81182.08	85608.94	13034.63	3573.95	31587.21	3200.00	30022.15	4191.00	—
1992	126660.39	81679.01	90805.50	11535.74	3394.00	37069.76	3991.00	30279.00	4536.00	—
1993	82370.48	69208.29	106217.71	14788.95	3896.30	59426.70	3000.00	24872.76	233.00	—
1994	104626.16	74289.21	134204.36	11496.63	8730.05	78381.52	7144.14	25126.02	3326.00	—
1995	172959.80	148609.15	172209.66	8571.72	10227.80	83072.16	5199.00	50034.68	15401.30	—
1996	190407.71	142784.37	179242.62	14379.34	12375.80	89588.19	4800.00	50198.42	7900.87	—
1997	153345.69	118609.08	172433.24	13745.95	6840.20	90511.44	4400.00	51366.35	5569.30	—
1998	215489.88	130322.24	19175.28	17015.50	11328.30	103479.86	—	51329.62	8604.00	—
1999	135713.53	116466.57	165787.95	13712.00	10803.25	81673.21	8932.00	50667.49	—	—
2000	148151.04	128022.17	164936.5	10188.78	9998.60	99022.97	—	45726.15	—	—
2001	234197.06	139736.90	226796.33	10658.40	13752.30	124972.81	—	40412.82	—	—
2002	343613.91	215705.96	448754.09	22747.20	32378.42	309798.93	—	75829.54	8000.00	—
2003	216310.83	174172.96	386471.57	8625.00	6041.60	209377.49	—	60944.49	19795.02	81687.97
2004	287076.37	216902.89	786522.56	7553.84	13370.00	347459.62	—	76212.38	9082.72	332844.00
2005	977454.28	341703.60	1121648.41	27547.00	139745.00	753360.00	—	122925.00	39085.25	38980.00
2006	424907.18	402648.65	651038.28	30060.00	43803.00	428669.80	—	148487.85	17.63	—
2007	939579.71	568037.34	876505.39	6652.20	31548.00	572538.41	—	203566.78	62200.00	—
2008	989877.58	758685.82	985098.38	9398.00	13641.00	686974.78	—	270624.60	4460.00	—
2009	1268976.30	897301.76	1363887.78	9780.00	35592.15	813601.99	305344.48	197049.85	305344.48	—
2010	1008946.91	672539.77	935754.96	5529.60	23189.20	839306.16	6730.00(资本性支出)	—	61000.00	—

二、工会经费审查

尚义县总工会经费审查委员会从1989年5月设置。经审会成员一般为兼职。主要工作是参加县总工会财务大检查以及审议预算决算和财务总结报告，指导基层工会的财务工作。1991年，全县成立工会经费审查小组105个，经审人员325人。

1991年，对全县工会财务进行大检查。开展自查的单位有66个。检查中，发现有9个单位程度不同存在漏拨、截留工会经费问题。查出三年漏拨工会经费9804.38元（其中1988年1805.69元、1989年3401.90元、1990年4596.79元）；三年少上解县工会经费3921.74元；有2个单位基层工会截留工会经费2009.56元。随后对漏拨、截留经费做了补缴。

2010年财政划拨足额到位，地税代征全面完成，工会经费工作实现了历史性突破。

第二章　共青团尚义县委

第一节　团的组织建设

一、团组织机构沿革

1989年，共青团尚义县委设一室四部，即办公室、组织部、宣传部、工农青年部、学少部，行政编制7名，其中书记1名、副书记3名，下辖22个团委（农村团委17个、学校团委5个）、11个团总支、421个团支部。

1993年12月，内设机构调整为一室二部，即办公室、团务部、实体部。

1996年11月，县级机构改革“三定方案”确定团县委一室二部合并为综合办公室，行政编制4人。

2003年4月，团县委内设综合办公室，行政编制3人，其中书记1人、副书记1人，下辖19个团委（农村团委14个）、18个团总支、248个团支部。

至2010年，团县委机构只设综合办公室，编制为4人，实有2人。全县共有基层团委20个（农村团委14个）、团总支21个、团支部287个。

二、团的队伍建设

1989年，全县团员9645名，团青比例16.60%。共青团尚义县历届委员会在加强自身建设的同时，积极开展团的基层组织建设，加强对团员的管理、教育工作，使团员管理工作适应改革开放的形势。根据团中央十二大的决定精神，从1989年8月开始，为全县3500名团员颁发了团员证和证书。团县委在基层团组织中推行目标管理岗位责任制，定期组织考核、评比，全县涌现出一批先进的基层组织和优秀团干部、模范团员。

1991—1992年，结合农村“社会主义教育”工作，全县17个乡镇全部配齐专职团委书记，对38个社会主义教育村的团支部进行了整顿提高，建起“青年之家”205处，农村团支部书记“三位一体”（村团支部书记、青年星火带头人、科技副主任），配备率达到75%。使农村团组织的瘫痪面大为减少，多数都能正常开展活动。

1992—1997年，加强新经济组织团建工作，先后在23家私营企业中建起了团支部。1991年至2004年年底，新发展团员1450名，共青团员总人数占到全县青年人数的25%。

1998—2005年，共培养青年星火带头人2000多名，指导成立各类青年致富协会145个。全国青年星火带头人、张家口市十大杰出青年忻龙祚，河北省新长征突击手王青，在广大青年中树立了一面旗帜。

2000年以后，大量的青年外出务工，致使农村团的工作“组织发展难、团费收缴难、活动开展难”。团县委一边紧抓“五四”红旗团委、团支部创建活动，一边在“两新”组织（新经济组织和新社会组织）中建立团组织，加强外出务工青年团员的组织管理和思想教育。2005—2010年，在15个“两新”组织中开展对共青团员大型主题教育活动16次，新发展团员8150名，推选优秀共青团员1983人加入党组织。2008年，尚义团县委被团省委评为“河北省五四红旗团委”。

2010年，全县有团员10127人，团青比例达20%。

1989—2010年部分年份尚义县共青团组织情况表

表12-4

年　份	青年数（人）	团员数（人）	团委数（个）	团总支数（个）	团支部数（个）
1989	57983	9645	22	11	421
1990	58147	11090	22	10	417
1998		11911	20	25	481
2000	57452	10900	19	14	248
2003	57539	10127	20	21	287
2004	58651	11096	19	14	248
2005	57452	10991	19	14	248
2006	55564	10960	19	14	246
2007	52438	10240	18	14	209
2009	50916	9343	18	14	185
2010	50635	10127	20	21	287

第二节　团代表大会

一、共青团尚义县第九次代表大会

1987年5月3—5日，共青团尚义县第九次代表大会召开，大会出席代表213名，列席1名。张志军代表上届县共青团委员会作了工作报告。大会以无记名投票的方式选举产生共青团尚义县第九届委员会委员23名、候补委员4名。5日，召开第九届委员会第一次全会，选举常务委员9名、书记1名、副书记1名。

二、共青团尚义县第十次代表大会

1991年5月8日，共青团尚义县第十次代表大会召开，大会出席代表155名，列席3名。中共尚义县委副书记王万珍代表县委讲了话；郭占平代表上届县共青团委员会作了工作报告。

大会以无记名投票的方式选举产生共青团尚义县第十届委员会委员27名、候补委员4名。是日，召开第十届委员会第一次全会，选举常务委员9名、书记1名、副书记2名。

三、共青团尚义县第十一次代表大会

2005年5月18日，共青团尚义县第十一次代表大会在县麒麟宾馆召开。大会出席代表115名，列席12名。中共尚义县委副书记冯万成代表县委讲话；付利军代表上届县共青团委员会作工作报告。大会以无名投票方式选举产生第十一届委员会委员28名、候补委员3名。召开十一届委员会第一次全会，选举常务委员8名、书记1名、副书记2名。此后调整1次。至2010年12月，有书记1名、副书记1名。

第三节　共青团工作

一、团队主题活动

1987—1991年，开展“青年文明生活倡导会”“青年议事会”活动，共建会181个，发展会员3.40万人。同时，在全县服务行业开展“青年文明岗位”“争做文明青年”“三献五小（献计、献策、献力，小发明、小创造、小改造、小设计、小建设）”等活动。全县共提出合理化建议4371条，采纳3910条，实施3621条，创价值190.40万元，献技艺4项，创经济效益5.30万元，献工时4268个，创价值190.40万元。

1991—1992年结合农村“社会主义教育”，组织团员青年开展了“做党的坚强后备军”主题教育活动。全县农村团员普遍接受了两个冬春农闲的社会主义思想和理论教育。

为纪念世界反法西斯战争和中国人民抗日战争胜利50周年，团县委举办了“烽火映长城、星星火炬接力传递”活动。1995年7月16日，“烽火映长城、星星火炬”首传式在县委大院举行，30名先后受省、市、县表彰过的优秀青年向大会宣誓。火炬由县三中传递到县五中，由县五中传递到八道沟镇中学。8月20日，火炬由八道沟镇中传递到安宁街小学。火炬传递活动历时1个多月，行程300多千米，参加人数达500多人。火炬所到之处，歌声嘹亮，纪念活动年富多彩。火炬由老一辈传递到青年一代，由青年一代传递到少年，代代相传，象征着革命精神代代相传。

1998年，中国青少年发展基金会推出了中华古诗文诵读工程，尚义县被中国青少年发展基金会列为首批实施县。2000年9月，在全县启动实施中华古诗文诵读工程，团县委设置中华古诗文诵读工程办公室，在各中、小学中广泛开展“古诗文诵读工程”。2001年8月30日，张家口市“古文诵读”工程现场会在尚义县召开。

从20世纪90年代开始，为适应新时代，引导青年积极向上的生活情趣，团县委联合机关团体、企业经常组织各类文娱活动，唱响青春主旋律。1998年五四期间，团县委联合县文联举办了首届青少年歌手卡拉OK大奖赛。1999年五四期间，在全县广大青少年中开展了纪念五四运动80周年书法、绘画、摄影作品展览活动，1080件作品在县图书馆展出。2000年8月，团县委主办的彩色周末活动“青春旋律”歌舞晚会，在县灯光场举行，全县23个团支部、107名青年演员参加了演出，3000多名观众观看了节目。2004年，由县联通公司赞助，团县委与康保、张北、沽源团县委在尚义举办了首届坝上四县“联通杯”青少年卡拉OK大奖赛。

2001年3月，团县委联合县科协、文明办在县图书馆举办了“反对邪教，崇尚科学”大型图片展览，展出图片300多幅，县直机关干部、职工，县城中小学生5800多人参观展览。

2008年五四期间，团县委联合县教育局在全县各中学开展了“弘扬奥运精神，构建和谐尚义”演讲比赛，2010年2月4日，团县委举办了尚义县首届青年马克思主义理论培训班。开班仪式在县麒麟宾馆举行，各乡镇、县直各部门团委、团支部书记和基层团组织骨干共60多人参加了会议。

二、希望工程

20世纪90年代初，团县委在全县组织实施“希望工程”——救助贫困地区失学少年活动，1990年共捐款1.11万元，除上交团地委一部分外，其余全部用于救助县190名失学少年。1992—1997年，共筹集引进希望工程资金228万元，救助失学儿童3450名，新建希望小学6所，扩建1所。1995年5月,《河北日报》、河北电台等6家新闻单位的8名记者对尚义县希望工程开展情况进行了专题采访报道。2006年10月20日，经团县委积极争取，团中央中国青少年社会服务中心为尚义县第二中学捐赠价值5万元的《中华上下五千年》大型电子阅读丛书。2007年，国华能源投资有限公司并向宝珍希望小学捐赠了价值2万元的体育器材，对10名受资助的学生给予了6000元的爱心助学金。

在争取希望工程的同时，团县委在社会各界、爱心人士资助下，组织开展了“蛋奶工程”。2007年7月11日，团县委组织县青联委员赵艾、师文华等捐资成立的“蛋奶工程”试点启动仪式在套里庄乡桃李小学举行。同年9月27日，国华能源投资有限公司并向宝珍希望小学捐赠现金10万元，用于蛋奶工程。截至2010年年底，在社会各界、爱心人士资助下，“蛋奶工程”项目捐款达110.20万元。

1998年至2010年年底，希望工程共引进各类资金663.10万元，救助失学儿童9261名，新建希望小学14所，改建8所，改善了57所中小学的办学条件。

三、青年就业创业

1992年3月，团县委成立青年人才开发中心，开展劳务输出工作。同年，向北京、天津、石家庄等地输送务工青年310名，涉及机械、建材、缝纫、服务、保安、纺织等11个行业。1993—2000年，先后向内蒙古、北京、天津、石家庄、深圳等地输出务工青年3000多名。

1995年3月，团中央向全国发出“服务万村”的号召。同年4月，尚义被列为全国服务万村行动55个实施县之一，并有10个村成为团中央“服务万村行动”联系试点村。团县委组织实施了脱毒马铃薯繁育、鸭子养殖、蔬菜种植3个脱贫项目。全县涌现出“全国十大杰出青年农民”提名奖获得者赵柱和“全国优秀外来务工青年”杨日山两个全国典型。4月18日，团中央联合国务院扶贫办在山西省大同市召开“服务万村行动”试点工作现场会。团县委书记郭占平作为全国唯一的县级代表出席会议并发言。2004年3月，县委组织部、县政法委与团县委等11家单位联合开展首届“十大杰出青年”评选活动。经过组委会认真审核、严格评议，2005年1月，评选出尚义县10名杰出青年和10名优秀青年。“十大杰出青年”的先进事迹和评选活动受到了全县社会各界和广泛关注。

2005年年初，团县委成立就业指导服务中心，2009年，团县委在佳禾公司、五环机械等6家企业建立了青年就业创业见习基地，为青年提供见习岗位310个。为推进青年就业创业，采取观念引导、技能培训、转移输出、岗位对接、资金扶持等方式，协调县农村信用合作联社为创业青年提供小额贷款。至2010年12月，发放贷款830万元，解决了400多名青年创业项目和扩大规模项目的资金短缺问题。

四、青年志愿者服务

每年3月5日，各级团组织都要组织开展“学习雷锋精神，争当青年志愿者”活动。1995年，团县委配合县委提出的农业工作，全县各乡镇团委以行政村团支部为单位，成立了水利服务协会、蔬菜运销服务协会、林果服务协会等各类服务组织125个，组建34支青年志愿者突击队。在七甲、哈拉沟、八道沟等地种植“青字号工程林”30公顷，维护生态农业工程133.33公顷。

1989—1990年，全县组织全县团员青年共造林2000多公顷。被团省委评为“绿化先进集体”。

1998年“1·10”地震后，团县委开通青年志愿者招募服务热线，热线从照顾老人到家教共有8个类别，268名青年志愿者参加了招募行动，为震区灾民进行了义诊、义演、维修、抗震减灾、破除迷信宣传等活动，受益人数3000多人。

1999年2月7日，经团县委联系，由团中央、科技部组织的“中国青年志愿者百千万科技扶贫下乡”服务队一行25人，到尚义县走访厂矿企业、农民，发放宣传材料1800多份、科技图书960册、蔬菜种子1056袋，价值9875元；为厂矿企业提供合理化建议53条。

2001年，团县委围绕文明村建设，联合县卫生局及各乡镇卫生院、防疫站，组织21支卫生宣传小分队深入到乡村、街道、农户宣传卫生常识，有效地提高了群众的卫生知识和防病能力。

2008年8月，团县委组织5所高校37名回乡度假的优秀大学生和医院部分高级医师以及农业专家，到大青沟、大营盘、大苏计等乡镇开展志愿服务活动，共为群众义诊1000多人次，发放宣传资料2000多份，接待各类咨询人员1000多人。2008年5月12日，汶川地震发生后，实施了“我是应急志愿者”1万多名青年注册登记，全县各级团组织捐款捐物，共计捐款1.24万元。

2009年3月27日，团县委联合县委宣传部在县青少年活动中心组织开展了“尚义县创建文明县城从我做起”万人签名活动启动仪式。发放“爱我美丽家园，争创文明使者”倡议书2000多份。

1989—2010年共青团尚义县委获市以上奖励情况表

表12-5

单位名称	所获称号	颁奖单位	授奖时间
共青团尚义县委	先进集体、社会实践活动先进单位	团省委	1996
七甲乡马奶沟团支部	省级红旗团支部	团省委	2000
共青团尚义县委	中华古诗文经典诵读工程“百县计划”先进单位	中国青少年发展基全会社区、文化委员会	2001

续表 12-5

单位名称	荣誉称号	颁奖单位	授奖时间
共青团尚义县委	中华古诗文经典诵读工程活动奖	中国青少年发展基金会社区、文化委员会	2001
共青团尚义委	文明单位	张家口市委、市政府	2007
共青团尚义县委	文明单位	张家口市委、市政府	2008
	河北省五四红旗团委	团省委	
	2008年度“河北省服务农村青年增收成才奖”先进集体	省科技局、省农业厅、中小企业局	
共青团尚义县委	2010年“青年节”节日文化建设优秀组织奖	团省委	2010

第四节 少先队工作

1989年，全县有少先大队546个、中队1600个、小队16960个，有大队辅导员546名；2010年，全县有少先大队17个，中队276个，有少先队员9593名、大队辅导员17名。

1995年，手拉手互助活动中，尚义县13所乡村小学与北京、天津、石家庄等地的城市小学结为手拉手学校，城乡两地2000多名少年儿童和少先队员结成手拉手好朋友，城市结对小学为尚义的伙伴小学和少年儿童捐赠书刊上万册、衣服2000多件，合计折款1万多元。

1996年劳动节期间，尚义县20多名优秀受助生去北京与新华社外宣部开展了为期一周的联谊活动。

1999年，团县委组织全县少先队员开展了以看百部影片、读百部图书、唱百首歌曲、讲百个故事、树百个典型为内容的“五个百”爱国主义教育活动。

2000年，团县委把“手拉手”活动同传统教育、希望工程、教育教学相结合，并将少先队员之间“手拉手”活动拓展到了辅导员、家长、学校和地区之间。与全国5个省市的11个县区建立了联系，全县有1120名少先队员、194对辅导员找到了“手拉手”好朋友，17所城乡学校结成“手拉手”联谊学校。各学校得到捐赠教学用品1567件、图书1.6万册，建立“手拉手”书屋16个。同年，全县少先队组织开展了雏鹰擂台赛、燕赵少年文明行动等活动，雏鹰假日小队扩展到100支。5月中旬，对200名少先队辅导员进行了业务培训。全县新建少先队活动室92个，新建红领巾广播站10个。聘请50名小记者，一年内小记者采写报道25篇，在各级各类刊物上发表作文60多篇。其中安宁街小学被团市委评为“红旗雏鹰大队”，安宁街小学的曹文慧等10名学生被评为市级优秀少先队员。

2007年5月，团县委、县教育局、县人事局联合聘任41人为副教导主任级辅导员，并按相应的定级落实学校同级行政人员相关待遇。

2008年6月，团县委联合县教育局举办了“红领巾迎奥运”为主题的征文比赛活动。

2009年10月13日，团县委组织全县各中小学开展以“家乡文化我搜索，祖国发展我成长”为主题的庆祝少先队建队60周年系列活动，全县8000多名少先队员参加了纪念建队日活动。

为迎接第六次全国少代会，2010年5月，在全县小学生中开展了“红领巾小提案征集”和“我向少代会说句话”活动，共征集到3518幅手抄报、2085篇作文。

第三章　尚义县妇女联合会

第一节　妇联机构设置

一、县妇联

1989年，县妇联内设一室五部，即办公室、组宣部、城乡部、儿少部、维权部、生产福利部，有主任1人、副主任2人，编制9人；1993年，内设机构调整为一室三部，即办公室、组联部、儿少部、维权部。1996年11月，县级机构改革“三定方案”确定将县妇联一室三部合并为妇女工作科，行政编制4人。至2010年12月，县妇联内设机构未变，有主席1人、副主席1人，行政编制4人。

二、基层妇联组织

1989年，全县17个乡镇均建有妇联会，各配专职妇联主任1名。1996年乡镇合并，乡镇妇联会调整为14个，各设专职主任1名。1998年，乡镇以上妇联主任改称为妇联会主席。2010年全县乡镇设妇联会14个，配专职妇联主席14人。

1989—2010年，全县172个村（街）中全部建立了妇女代表会组织。

1989年，全县行政事业单位妇女工作委员会18个。2010年，全县行政事业单位妇女工作委员会为21个。

第二节　妇女代表大会

1989—2010年，尚义县共召开2次妇女代表大会，选举产生2届执行委员会。

一、尚义县第六届妇女代表大会

1989年3月8日，尚义县第六届妇女代表大会召开，出席大会正式代表230名。会上，张秀荣代表第五届委员会作了工作报告，大会根据通过的《尚义县妇女联合会委员会选举办法》，选举产生了尚义县妇女联合会第六届委员会委员23人。3月9日，第六届委员会第一次会议选举主任1名，副主任2名。

二、尚义县第七届妇女代表大会

2004年11月25日，尚义县第七届妇女代表大会召开，出席代表91名，其中正式代表86名、特邀代表5名。市妇联主席白玉香到会祝贺并讲话，县委、县政府有关领导分别在会上讲话，任建枝代表第六届委员会作题为《与时俱进、开拓创新，为开创妇女事业的新局面而努力奋斗》的工作报告。大会选举产生尚义县妇女联合会第七届委员会委员25名。11月26日，第七届委员会第一次会议选举主席1名、副主席1名。

第三节　妇联工作

一、"双学双比"活动

1989年，尚义县妇联协调11个有关单位在农村妇女中开展"学文化、学技术、比成绩、比贡献"的"双学双比"竞赛活动。到2010年，各级妇联以科技培训、科技结对、科技下乡为依托，服务农民、服务妇女，组织了"三五"科技培训工程（即市、县、乡三级妇联组织各抓好五个村的农村妇女培训）和种植业、养殖业等技术培训。全县共举办各种类型的培训班408期，参加培训的妇女达5.50万人次，85%妇女掌握1～2项实用新技术。

2001年、2002年，先后选送108名农家女到北京农家女技能培训学校接受农业实用技术免费培训，并取得合格证书。发展了以妇女为带头人的龙头项目4个、创建科技示范园区6个。其间，全县涌现出大批科技致富女能手。其中，南壕堑镇毛忽庆村的养羊专业户刘丽花被省妇联评为"双学双比致富女能手"，甲石河乡甲石河村的闫志玲被评为"全国双学双比先进女能手""河北省三八红旗手""河北省科技致富女状元"。

二、"巾帼建功"竞赛

1991年，县妇联在全县城镇妇女干部、女职工中开展做"四有"（有理想、有道德、有文化、有纪律）、"四自"（自尊、自信、自立、自强）女性活动，开展"八五"计划建功（简称"巾帼建功"）竞赛活动，激励女干部、女职工岗位成才、岗位建功。组织开展了"安全文明岗""十行百岗百颗星""巾帼敬老""巾帼建设杯""巾帼文明示范岗"等形式多样的技术比武和竞赛活动。1991—2010年，先后涌现出王金兰、李登岚、肖瑞英、段志芳、徐向敏等一批爱岗敬业、岗位成才的先进典型，李登岚等8人被评为"张家口市巾帼建功明星"，梁立新、马志宏、王燕侠3人被评为"张家口市下岗再就业明星"，县医院、县电信局、县林业局、县妇幼保健院被评为"张家口市巾帼文明示范标兵岗"。

三、"星级"文明家庭创建

1997年，在全县妇女中开展"星级"文明家庭创建活动。以提高村民素质，树立家庭新风为目标，以加强思想道德和科技文化建设为重点，倡导尊老爱幼、男女平等、夫妻和睦、勤俭持家、邻里团结的家庭美德，逐步建立文明、健康、科学的生活方式。县妇联通过广播、板报、电视、标语等宣传形式，在全县开展了的星级文明家庭创建评比活动，1997—2010年，全县共评出"十星级"文明家庭13252户、"十星级"文明标兵250户，马仙梅、贾志清两家庭分别被市委宣传部评为"十佳文明家庭""十佳好婆媳"，赵秀红等3户被评为"全市星级文明家庭标兵户"，七甲乡妈妫沟村被评为"全市星级文明家庭标兵村"。

四、维护妇女儿童合法权益

1989—2010年，尚义县成立县、乡、村三级信访接待站162个，全面开通了12338妇女维权公益热线，先后在14个乡镇成立妇女维权站，共接待来信来访425件（次），办结率100%。县妇联先后重点开展了《中华人民共和国劳动法》《中华人民共和国婚姻法》《中华人民共和国继承法》《中华人民共和国未成年人保护法》《中华人民共和国妇女权益保障法》等法律法规的宣传教育活，并创建了乡（镇）、村妇女维权示范点20个。2004—2007年，县妇联被市妇联连续4年评为“无越级上访县”实绩突击单位。

五、“春蕾计划”活动

1995年，由全国妇联发起，在妇联系统开展以动员社会捐资助学为宗旨，以帮助贫困女童完成学业为目的“春蕾计划”活动。至2010年年底，县妇联为1261名贫困儿童建立了档案，受到省、市、县、乡（镇）各界人士资助的贫困女童达837人（次），资助金额折合人民币计43.70万元。其中3名受助女童被评为省“优秀春雷女童”，在七甲乡三海洼村和大青沟镇完全小学办起2个“春雷女童班”。

六、“两个规划”的实施

根据全国妇联《中国妇女发展纲要（1996—2000）》，以及省、市妇联《妇女发展规划（1996—2000）》《“九五”儿童发展计划（1996—2000）》，县妇联于1996年制订了《尚义县妇女发展规划（1996—2000）》和《尚义县“九五”儿童发展规划（1996—2000）》。2000年，完成了《尚义县妇女发展规划（1996—2000）》和《尚义县儿童发展规划（1996—2000）》的调查评估工作，通过了市级有关部门的验收。2000年制订了《尚义县妇女发展规划（2001—2010）》和《尚义县儿童发展规划（2001—2010）》。1991年，县妇联根据《尚义县“九五”儿童发展规划（1996—2000）》，广泛开展宣传教育，引导全社会都来关注儿童工作。先后组织2.5万名家长收听省广播学校讲座，发放家教教材2000多份；有250多名儿童、300多名家长参加有关“三优”（优生、优育、优教）知识咨询活动；组织10个系统家庭代表队，近百名家长参加“三优”知识竞赛。1993年，县妇联推荐15名儿童参加全国十佳儿童选拔赛，推荐6名选手参加黑龙江“扬声杯”电子琴大赛，县幼儿园孙晶获全国十佳健康儿童称号。各级妇联组织开办家长培训412期，参加培训的家长达2.25万人。1994年，全县开展奉献爱心活动帮助贫困儿童、残疾儿童、单亲儿童的“一献三助”活动，全县捐衣物1.4万件、图书384册、文具255件。1995年“一献三助”活动中，全县捐款25375元，帮助23名贫困辍学儿童重返校园。1997年，全县表彰奖励好家长170名。2010年，县妇联号召女能手、妇女干部，通过与贫困儿童结对子、建立创收基地、动员社会力量捐款捐物三条途径，帮助贫困儿童完成九年义务教育。当年结成帮扶对子336个，帮助贫困儿童500余人，先后与省、市妇联组织及有关部门联系，与县内的44名孤困儿童结成对子，进行救助。

第四章　尚义县科学技术协会

第一节　科协机构设置

1989年，县科学技术协会内设两科一室，即办公室、科普科、协会科，编制为4人，实有工作人员6人。1992年，按照全县机构改革方案，县科协合并到县科委办公，改为县科委的科协科。

1998年，科协与科委分离，单独设置，编制为4人，实有工作人员6人，设办公室、科普科。2007年，按照全县机构改革“三定”方案，内设办公室、科普股、协会股，编制为4人，实有工作人员6人。

2010年，县科协机构、编制未变。

2007年6月，县科技协会第二次代表大会选举产生了第二届县科学技术协会委员会，选举产生主席1名、副主席2名。

第二节　科技工作与活动

一、科普队伍建设

1989年，全县科普队伍主要由具有初级以上技术职称的专业技术人员组成。全县初级以上技术职称的专业技术人员共有2315人。其中，社会科学界占8.10%、自然科学界占91.90%。到1995年，县、乡、村三级配备了专职科技副县长、科技副乡（镇）长、科技副村主任。乡镇建立各类科技服务站67个，村级科技服务小组181个，县、乡、村三级建立起完善的科技服务体系，科技服务覆盖率达到70%。有16名中级以上的专业技术人员从相关科局分流出来，充实到各类企业和公司任职。县毛纺厂、造纸厂、皮毛厂、元件厂、针织厂等企业开展了科技型企业的创建活动，设立了科技副厂长。1992年7月至1997年7月，共申报评定农民中级职称530人、初级2100人，发放绿色证书3000本。

2010年，全县共有各类专业技术人员1905人，其中教育系统1655人、卫生系统202人、农业系统48人。有正高级技术职称1人、副高级207人、中级1145人、初级670人。作为科普队伍的补充，非公有制技术人员也得到加强，由1998年的680人增加到2010年的1872人。

二、科普宣传与培训

1989—2006年，县科协与县委宣传部联合组织农、林、牧、水、卫生、文化等部门，每年利用一周时间开展“科技、文化、卫生”三下乡科普宣传活动，每年平均下乡14次，发放科普技术资料1.2万份，为农民免费诊疗300余人（次）。

从2007年开始，每年举办一次青少年科普活动，开展科普示范基地的创建活动。至2010年，县科协干部职工下乡500多人（次），发放种植、养殖、加工、服务、沼气技术等科普资料20多万份；解答群众提出的养殖业、种植业、加工业等生活生产中的技术难题1000多个；展出反邪教挂图200多幅（张），巡展14场次。

1989—2010年，组织农学、林学、水利、畜牧兽医4个学会的技术人员，利用冬春农闲时节，开展农业实用技术培训活动，先后举办各种实用技术培训班3220期，参加培训群众1.7万人次。围绕无公害蔬菜标准化种植和“阳光工程”“提高农民素质大培训”“巩固退耕还林后续产业培训”等活动，年均举办培训班120多期，年均培训农民1.30万人（次），培训科普骨干3600人次，年均发放技术资料1.20万份、书籍1600册、光盘205张。

三、科技项目引进与示范推广

1989年，县科协组织20名科技人员赴石家庄市赞皇县考察学习西洋参栽培技术，当年在甲石河乡东洋木沟村引进试验种植成功。1990年，西洋参种植达到1000多公顷。2001年，引进安徽亳州中药材种植项目，全县8个乡镇种植防风666.67公顷。面对制约蔬菜发展的地下水严重下降的趋势，2004年，在八道沟镇七甲山村引进新疆石河子膜下滴灌技术并取得成功，而后在全县予以推广，推广面积在期末达到0.50万公顷，节水量达到65%。

1989—1995年，推广应用实用技术和新技术30项以上，共完成科研项目21项，其中市级以上科研成果4项。县农业局农学会在坝上地区完成“高寒区草莓种植”课题研究；毛纺厂“印花割圈绒”项目列入省新产品公关计划并通过专家组验收。1996—2000年，全县累计完成火炬计划、星火计划、农业科技成果等11个省市科研项目，获省科技成果三等奖1项，获市科技进步一等奖2项、二等奖3项、三等奖4项。1999年，在七甲乡妈奶沟村发展5.33公顷科技示范田、示范品种18个，主要有豆类4个、玉米5个、蔬菜类9个，全村人均收入增加206元。同时，配合禁牧政策，开展了舍饲养殖的技术培训和推广。2010年，全县推广舍饲养羊25.44万只、奶牛2800头。

2004年，在大营盘乡成立全县第一家农民蔬菜协会，建成第一个蔬菜产地交易市场。

2006年，大营盘乡蔬菜协会完成国家科技协会的蔬菜种植科技推广项目，获奖励资金20万元。同年4月，大营盘乡蔬菜协会应国家科协的邀请到江西吉安县介绍了创办蔬菜协会的经验，为当地群众培训推广无公害蔬菜种植技术。2010年，尚义蔬菜协会完成国家级协会无公害蔬菜种植科技推广项目，获奖励资金20万元。错季蔬菜高产栽培技术获省科技成果三等奖。各乡镇调整蔬菜产业种植结构，帮助引进十余家拥有自主出口权的县外蔬菜加工企业落地尚义，在大青沟、七甲两个蔬菜主产乡镇建起恒温库群，蔬菜加工产业开始迅速发展。全县蔬菜种植从1995年的不足2000公顷，发展到2010年的1.07万公顷，初步奠定了冀西北无公害蔬菜大县的地位。全县蔬菜无公害环评面积达到6700公顷，年产量达到1亿千克，年销售额达到7000万元，使蔬菜产业迅速崛起为全县新型的支柱产业。同时，创建了一批科技示范企业。到2005年，发展科技示范乡镇1个（大营盘乡）、示范村6个（七甲山村、张活洼村、三工地村、侯达沟村、闫家淖村、白彦不落村）、示范户151户，培育出县级科技示范园区2个（王振山养猪科技示范园区、温春养牛科技示范园区）。

四、科普志愿者行动

从2003年开始，县科协在全县开展了科普志愿者行动。之后每年8月，利用一周时间，组织专业技术人员以小分队的形式奔赴乡村，开展实用技术、法律援助、健康体检、动物防疫等方面的科技服务。截至2010年，全县科普志愿者队伍壮大到3800人，向农民发放农村实用技术书刊4000余册、提供法律咨询200人次、提供健康体检700多人次、动物检疫服务1800余头、只。

第五章　尚义县工商业联合会

第一节　工商联机构设置

1992年5月，尚义县工商业联合会被恢复，设会长1人、副会长若干人。至2007年，尚义县工商联进行4次换届。2008年2月，县工商联会长、副会长职务名称变更为主席、副主席。

2001年12月前，县工商联与县委统战部合署办公。2002年与县委统战部分出，设为独立机构，正科级事业单位。2002—2010年，内设综合办公室，编制为3人。2004—2010年共发展会员151个。

2002年1月，成立尚义县工商联大青沟镇分会。至2005年1月，全县14个乡镇全部成立分会组织。

第二节　工商联代表大会

1992—2010年，尚义县工商业联合会先后召开4次会员代表大会，即第四、五、六、七次会员代表大会。

一、尚义县工商业联合会第四次会员代表大会

1992年5月15—16日，尚义县工商业联合会第四次会员代表大会召开，参会代表64名。会议听取了第三届执委会所作的工作报告，并选举产生了第四届工商业联合会领导机构，选举会长1名、副会长7名。

二、尚义县工商业联合会第五次会员代表大会

1997年3月1日，尚义县工商业联合会第五次会员代表大会召开，参会代表100名。会议听取了第四届执委会所作的工作报告，选举产生了第五届工商联领导机构，选举会长1名、副会长6名。

三、尚义县工商业联合会第六次会员代表大会

2001年12月3日，工商业联合会第六次会员代表大会召开，参会代表86名。会议听取了第五届执委会所作的工作报告，选举产生了尚义县第六届工商业联合会领导机构，选举会长1名、副会长6名。

四、尚义县工商业联合会第七次会员代表大会

2007年1月，尚义县工商业联合会第七次会员代表大会召开，参会代表89人。会议听取了第六届执委会所作的工作报告，选举产生了尚义县第七届工商业联合会领导机构，选举会长1名、副会长15名。

第三节　工商联工作

一、思想政治教育

1992—2010年，县工商联发挥职能作用，利用会议、走访、座谈、考察、培训等形式，宣传党在新时期的方针政策。按照“团结帮助、引导教育”的方针，帮助会员树立正确的人生观、价值观、公私观、信用观、义利观和法制观，引导会员克服“小富即安”“小富则满”的思想，教育会员在“爱国、敬业、诚信、守法”的基础上，把自己的企业做大做强，带动全县民营经济健康、快速发展。为让全县社会各界进一步认识和了解工商联的性质和特点、职能和任务、地位和作用，县工商联先后订阅《中国工商》《中国工商之友》，并印发宣传材料送发各乡镇、县直单位及重点非公有制企业。

1999年，就如何当好政府管理非公有制经济的助手，理顺与党政部门的关系，提出了“尽职而不越位，帮忙而不添乱，切实而不表面”的工作思路，全县非公有制企业家及全体会员发出了倡议书，号召全县企业家在经济活动中，开展“重信誉，信义守法”活动，消除商品销售中的欺诈行为，促进全县经济活动正常运转。

1992—2010年，县工商联深入调研，先后写出《关于我县蔬菜生产基地、销售市场存在的问题及对策》《加大营造宽松环境力度，大力扶持发展壮大民营企业》《关加强信用担保工作进一步拓宽民营企业融资渠道》等调研报告。为县委、县政府决策提供了可靠的数据和依据。

二、商务活动

尚义县工商联采取多种措施引导民营企业代表参加各类招商引资会、洽谈会等商务活动，组团到发达地区参观考察。2002 年 3 月，组织部分民营企业负责人和相关单位人员，赴浙江、上海、温州等地考察工商联工作。2003—2010 年，每年组织 20 多人赴廊坊参加中国·廊坊国际经济贸易洽谈会。其间，还多次组织乡镇基层分会会长和企业家到山东寿光、青岛等地参观考察学习。

2010 年 3 月，县工商联考察团赴台湾考察学习，开展交流活动。其间，拜会台湾当地商会，参观部分企业，考察蔬菜加工与销售企业，促进了县商会与台湾商会的交流与合作。

三、融资服务

开展银企合作，为企业搭建融资平台。2001—2009 年，先后为张家口伦比服饰有限公司等 15 家非公有制企业累计融资 1800 万元。

2010 年 5 月，尚义县工商联民营经济信用担保商会成立。当年为尚义县龙泉源畜禽肉制品有限公司、河北青沟佳禾食品有限公司、尚义县鑫科农业开发有限公司、尚义县昌盛印刷厂、河北源河醇酒业有限公司等 15 家企业授信 3800 万元，有效缓解了全县中小企业融资难的问题。

四、光彩事业

2002—2010 年工商联弘扬“致富思源，富而思进，义利兼顾，德行并重，发展企业，回馈社会”的光彩事业精神，引导会员企业积极投身光彩事业，在 2003 年抗击“非典”中，全县会员企业共捐款 2.8 万元，捐献的商品价值 3.5 万元。2008 年“5·12”汶川大地震后，全县工商联各分会共捐款 18 万多元。

第六章　尚义县残疾人联合会

第一节　残联机构

1989 年 12 月，尚义县残疾人联合会成立，由县民政局代管。残联设主席团、执行理事会；专职理事长 1 人，主持日常工作，编制 5 人。

1994 年 2 月，残疾人联合会独立设置，副科级机构，设理事长 1 人。

1999 年 6 月，残联由副科级升为正科级单位，配备专职理事长。同时，组建成立尚义县盲人协会、聋人协会、肢残人协会、智力残疾人亲友会和精神残疾人亲友会 5 个专门协会，建立残联服务社、残疾人服务社、扶残助残志愿者联络站、康复工作指导站的“四位一体”工作机构。2002 年，由国家、县政府共同投资 42 万元，在全市第一家建起占地面积 168 平方米、建筑面积 504 平方米的残疾人综合服务办公楼。到 2010 年机构未发生变化。

第二节　残疾人联合会代表大会

1989—2010 年，尚义县残疾人联合会共召开了 5 次代表大会。

一、尚义县残疾人联合会第一次代表大会

1989年12月23日，尚义县残疾人联合会第一次代表大会召开，出席大会代表45名，其中残疾人代表35名。大会选举产生主席团委员13名，其中残疾人委员6名，选举主席1名、副主席2名，推举执行理事会理事长1名、副理事长1名。大会通过了《〈中国残疾人联合会章程〉尚义县实施细则》。大会提出了1989—1993年五年发展目标和工作任务，总的发展目标是通过政府、社会、残疾人工作者的共同努力，创造良好的物质和精神条件，在20世纪末使残疾人事业与国家经济同步发展，改善和提高残疾人的政治、经济地位；主要任务是贯彻实施《中国残疾人事业五年工作纲要（1988—1992）》，大力开展残疾人事业的宣传；多层次、多渠道安排残疾人劳动就业，发展残疾人教育和特殊教育事业；积极开展残疾预防和康复治疗；多渠道筹集资金，发展残疾人事业，维护残疾人的合法权益。

二、尚义县残疾人联合会第二次代表大会

1994年1月28日，尚义县残疾人联合会第二次代表大会召开。出席会议代表140名，其中残疾人和残疾人亲友代表75名。大会选举产生尚义县残联第二届主席团委员18名，其中残疾人委员11名。主席团选举产生县残联第二届主席1名、副主席2名，聘请名誉主席1名，推举执行理事会理事长1名。会议确定新的尚义县残疾人事业的主要目标和任务，号召广大残疾人踊跃地投身到社会主义市场经济中去。会议听取和审议县残联第一届主席团工作报告。

三、尚义县残疾人联合会第三次代表大会

1999年6月25日，召开尚义县残疾人第三次代表大会。出席会议代表58名，其中残疾人和残疾人亲友代表30名。选举产生县残联第三届主席团委员20名，主席团选举主席1名、副主席2名；推举产生新一届理事会理事长1名、副理事长1名。会议确定新阶段尚义县残疾人事业的主要目标和任务，号召广大残疾人“自尊、自信、自强、自立”，全面参与社会生活，同时广泛动员社会力量，进一步支持残疾人事业，使这一特殊群体为社会建设做出应有的贡献。会议听取和审议县残联第二届主席团做的工作报告，

四、尚义县残疾人联合会第四次代表大会

2004年6月，尚义县残疾人第四次代表大会召开。与会代表56名，其中残疾人代表38名。大会选举产生了尚义县第四届残疾人联合会主席团委员20名，主席团选举产生县残联主席1名、副主席3名；推举产生新一届执行理事会理事长1名、副理事长2名。大会听取了第三届理事会所作的《振奋精神、努力实现我县残疾人事业健康发展》的报告。

五、尚义县残疾人联合会第五次代表大会

2007年10月，第五次尚义县残疾人代表大会召开。与会代表52名，其中残疾人代表34名。大会选举产生了尚义县第四届残疾人联合会主席团委员20名，主席团选举产生县残联第五届主席1名、副主席2名；推举产生新一届理事会理事长1名、副理事长2名。会议听取了第四届理事会所作的《在新时期内继续推进我县残疾人事业发展》的报告。

第三节 残联工作

1989年，全县残疾人口4347人。其中视力

残疾455人、听力残疾478人、言语残疾144人、肢体残疾2875人、智力残疾206人、精神残疾165人、多重残疾24人。

2010年，全县残疾人口5930人，其中男性3744人，女性2186人。残疾人口占总人口3.04%。残疾人口中视力残疾936人、听力残疾275人、言语残疾301人、肢体残疾3690人、智力残疾504人、多重残疾224人，县内残疾人95.48%分布在农村。

一、宣传教育

1989—2010年县残联广泛动员社会力量，宣传贯彻《中华人民共和国残疾人保障法》，并制定《尚义县人民政府关于切实保障残疾人合法权益的若干规定》。结合助残日主题，开展形式多样的扶残助残活动，增强了残疾人的自尊、自信、自强、自立的信心，其间发放宣传材料4万余份。县残联还联合卫生、妇联、团委等部门，深入各乡镇进行“希望工程”“春蕾工程”等宣传活动。乡、镇组建了残疾人联合会，农村普遍建立了残疾人服务站。

二、助残济困

残疾人就业、升学 1992年6月，筹建地了残联福利针织厂，安排了17名残疾人就业，年底获纯利3.5万元,2010年已有固定资产35万元。

1993—2000年，安排187名成年残疾人在机关、团体、企事业单位就业。其中38人在福利企业就业，并通过劳动部门签订劳动合同，由用工单位缴纳养老保险金。

2010年，县委、县政府联合下发了《尚义县关于推进残疾人事业发展的意见》，出台优惠扶持政策，鼓励、帮助1500名成年农村贫困残疾人家庭从事种植养殖业、个体修理、服务加工等行业，工商、税务、环卫等管理部门对残疾人创业给予优惠照顾，使其成为自食其力、对社会有贡献的人。2000年始，残联与相关部门协调，对残疾人给予多方照顾。无论是镇办还是民政局办福利企业，只要残疾人就业占干部职工总数的35%及以上者，均按国家税收政策享受减免照顾。对残疾人开办的个体修理、服务等行业摊点，工商部门优先核发执照、安排场地予以照顾，并免收占地、卫生、环保、治安等管理费，同时还享受税务部门的减免税照顾。农村中持有残疾证并有一定劳动能力的残疾人，免缴集体提留，免摊义务工；丧失劳动能力的残疾人，免缴各种公益事业费用。

2010年，全县将1459名农村残疾人纳入政府补助救济范围，落实最低生活保障，县政府全年支付贫困残疾人生活保障金13.10万元。

2006—2010年，在县残联的协助下，先后有12名考入大、中专院校的贫困残疾学生得到省、市、县残联1000～3000元的救助金，帮助他们圆了大学梦。

残疾人康复 1990年，在县医院的配合下深入全县17个乡、镇和180个村委会，全面完成了摸底调查和可康复对象筛选任务。并为所有的残疾人登记造册，建立了台账，7月，集中为62名小儿麻痹后遗症患者做了矫正手术，完成了可矫正手术对象70名的88%。并为62名白内障患者做了复明手术。2005年，县残联与卫生部门合作，组织开展“视觉第一·中国行动”。2007年，实施了“长江新里程计划”以及“健康快车行动”等活动，先后为全县农村贫困白内障患者免费实施复明手术258例、肢体矫治手术15例，装配大、小腿假肢16例，完成聋儿语训康复训练13例，培训聋儿家长15名；为66名行动不便的贫困残疾人免费配发轮椅车等残疾人用品用具66件（辆）。

2007年，县残联争取到“中国残联专项彩票公益金贫困精神病患者医疗救助项目”，救助资金5.40万元，使50名贫困精神病患者得到每年360元连续3年的医疗救助。2008—2010年，县残联为贫困白内障患者实施复明手术65例，减免医疗费用22.95万元。

残疾人教育　1989年，全县有21名适龄残疾儿童在县残联帮助下入学，入学率为70%。1990年，与教委配合开展了特殊教育，在8个农村小学为12名盲童办了随班就读，还在1个小学办了特教班。到2010年，全县有58名适龄残疾儿童通过县残联的帮助入学，入学率为88.50%，较1989年增加18.50个百分点，其中在各级特殊教育学校就读的8名，其他残疾少年儿童分散于各个中小学校就读。

1995年，由于各项工作领先，成绩突出，由副县长（残联主席）曹汉武代表政府和残联出席了全国只有尚义一个县参加的全国第八次残联工作会议，并在大会作了典型发言，发言材料发往全国。特教工作受到国家和各级教委的多次表彰，经验推广全国。

第七章　尚义县文学艺术界联合会

第一节　文联机构

尚义县文学艺术界联合会（以下简称文联）成立于1994年9月。文联设主席1名、副主席2名，秘书长1名、副秘书长1名。下设文学工作者协会、戏剧工作者协会、音乐工作者协会、美术工作者协会、舞蹈工作者协会、曲艺工作者协会、民间文艺工作者协会、书法工作者协会、摄影工作者协会、影视工作者协会等10个协会，每个协会设会长1名、副会长若干名。10个协会共有会员98人。办公室设在文化馆二楼。2002年9月，文联设主席1名，副主席1名，秘书长1名。该届文联挂靠在县文化旅游局，办公室设在粮食局二楼。同时将10个协会合并为5个，即书法美术协会、戏剧曲艺协会、民间文学协会、影视摄影协会、音乐舞蹈协会。每个协会设会长（主席）1名，副会长（副主席）1名，5个协会共发展会员102人。2010年4月，设文联主席1名、副主席9名，会员发展到108人。该届文联挂靠县委宣传部。

第二节　文联代表大会

一、尚义县文学艺术界联合会第一次代表大会

1994年9月28日，召开尚义县第一次文学艺术界工作者代表大会，参加会议的代表98人。选举产生了尚义县文学艺术界联合会，选举主席1名、副主席2名、秘书长1名、副秘书长1名。聘请了名誉主席1名、名誉副主席2名，选举产生了28名理事长，15名常务理事，吸收了98名各艺术协会会员。大会制定了《尚义县文学艺术界联合会章程》。选举了文学工作者协会、戏剧工作者协会、音乐工作者协会、美术工作者协会、舞蹈工作者协会、曲艺工作者协会、民间文艺工作者协会、书法工作者协会、摄影工作者协会、影视工作者协会等10个协会的领导机构。

二、尚义县文学艺术界联合会第二次代表大会

2002年9月25日，召开尚义县文联第二次

代表大会，参会代表102名。会议总结了县文联成立以来的工作，提出日后工作任务。大会选举产生了尚义县文学艺术界联合会，选举主席1名、副主席1名、秘书长1名。会议修改并通过了《尚义县文学艺术界联合会章程》，并根据本县各协会活动的实际情况，将原有的十大协会合并为五大协会，即书法美术协会、戏剧曲艺协会、民间文学协会、影视摄影协会、音乐舞蹈协会。

三、尚义县文学艺术界联合会第三次代表大会

2010年5月18日，召开尚义县第三次文联代表大会，参加会议的代表66名。会议总结了第二届县文联的工作，提出日后工作任务。会议修改并通过了《尚义县文学艺术界联合会章程》，选举产生了尚义县第三届文联主席1人、副主席7人、秘书长1人。并选举产生了尚义县作家协会、书法家协会、影视家协会、音乐戏剧家协会领导机构。

第三节　文联工作

县文联自成立以来，先后举办了纪念抗日战争胜利50周年书画展、“墨灌笔耕”书画联展、“中华古诗文”书画展、晋、冀、蒙三省区毗邻县迎春书画展、老干部书画展、“新春联、送农家”等一系列活动，并多次举办了个人书画展。从1994年以来，文学创作涌现出了樊殿武、郭有山、郭亚萍、孟宪丛、杨扬等作家，有300多篇散文、报告文学发表在省级以上报刊。杨扬20多篇报告文学、散文、小说获全国金奖和银奖。省作协会员樊殿武的小说集《秋雪》、郭有山的作品集《沃土春潮》、郭亚萍的小说集《放飞心灵》均在中国文联出版社出版。书画作品入围了省展和全国大展。张志义（中国硬笔书法协会会员、河北省书协会员）作品先后获全国、省、市大赛40多次金奖和银奖，传略和作品被编入20多家典籍，作品还多次在海内外展出和收藏。1998年，出版了《张志义书法作品集》。王存广（市书协会员）有10多幅作品获全国、省、市大赛一等奖、二等奖、三等奖，作品被编入多部典籍。段明（省美协会员）创作的连环画在《奥秘》《读者》《今古传奇》《连环画报》等刊物发表千余幅，主要代表作有《公德礼赞》《国酒风采》《兄弟》等。段明创作的《总书记来到咱坝上》获摄河北省美术精品展优秀奖。协会每年都组织会员举办笔会4～5次，并经常与山西、内蒙古毗邻省区市县开展书画艺术交流活动，为提高尚义知名度，繁荣全县文学艺术作出了贡献。

邓秀的摄影作品有20余幅入选省以上艺术展。温广福编写的电影剧本《援坝》和30集电视剧本《侨星》在长城文艺发表。

戏剧曲艺协会为配合县委、县政府的中心工作，创作了大量群众喜闻乐见的小戏和歌曲，冀东海、梁艾、师学虎、谭宝创作了小戏《忧中喜》《生死缘》《接媳妇》等。梁艾先后创作《送匾》《谢恩人》《尚义明天更美好》等文艺会演节目。2006年，师学虎的二人台剧本《风雪路上》在《张家口艺术》上发表。在2006年的内蒙古自治区二人台戏曲调演中，吕峰、赵锦娥获特别奖。2008年，在中央电视台《非常6+1》和河北电视台国庆电视娱乐活动《家家来欢乐》比赛中吕峰获非常明星奖和最佳人气奖，2008年吕峰被市委宣传部、《张家口日报》评为“感动2007张家口年度十大新闻人物”。

尚义县志

SHANGYI XIANZHI

1989—2010

第十三篇

军 事

尚义县地处长城北麓，历史上各朝各代均有重兵驻守，为塞外进入中原的必经之地。东汉末年境内战事频繁，北魏时期境内有军事重镇柔玄镇。新中国成立后，除继续派驻重兵，还建立以民兵为主体的地方武装。

1989—2010年，县委、县政府不断建立健全县、乡武装机构，整顿加强专武干部队伍建设，积极完成征兵任务，加强民兵、人民防空、国防教育和军民共建等工作。在开展民兵军事训练的同时，还组织广大民兵参加社会主义现代化建设，充分发挥民兵在三个文明建设中的作用。

第一章 地方武装机构

第一节 县国防动员委员会

从1989年中央决定施行国防动员和国防教育以后，中共尚义县委和县人民武装部即着手安排部署有关国防动员的各项准备工作。1990年县成立了国防动员领导小组，1991年5月18日，对县国防教育领导小组成员进行了调整。国防教育领导小组下设办公室，地点设在县人民武装部。同时启用“河北省尚义县国防教育领导小组”和“河北省尚义县国防教育领导小组办公室”两枚印章。

1997年4月25日，根据张家口市人民政府、张家口军分区《关于成立张家口市国防动员委员会的通知》精神，成立尚义县国防动员委员会。县国防动员委员会主任由县委书记、县长兼任，副主任由县委、县政府主管领导和人武部部长、政委兼任，委员由县各科局一把手兼任。下设秘书长和副秘书长，由武装部副部长和军事科长出任，负责国防动员委员会的日常工作。县国防动员委员会设立之初下设4个办公室、1个秘书组，即人民武装动员办公室、国民经济动员办公室、人民防空办公室、交通战备办公室、国防动员委员会秘书组。

1999年，县国防动员委员会进行了机构调整，取消了国防动员委员会秘书组，其他4个办公室设置不变，职责不变。

2001年，县国防动员委员会由4个办公室调整为8个办公室，新增综合办公室、国防教育办公室、科技动员办公室、信息动员办公室。

综合办公室设在县人武部，主要负责国防动员委员会的日常事务，协助委员会领导组织、筹划和协调尚义国防动员工作。办公室设主任1名，由人武部军事科科长兼任。副主任2名，由县委办、政府办副主任兼任。工作人员若干名，由县委办科长、政府办科长、县人武部现役人员兼任。

人民武装动员办公室 设在县人武部，主要负责全县人民武装动员的计划、组织工作，完成县国防动员委员会和上级主管部门赋予的其他任务。办公室设主任1名，工作人员若干名，都由县人武部现役人员兼任。

人民防空办公室 是管理全县人民防空工作的主管部门，办公室设在县政府办公室，设主任1名，工作人员若干名。

交通战备办公室 设在县交通局，主要负责做好尚义县交通战备工作。设主任1名，由交通局局长兼任；副主任1名，由汽车运输公司经理兼任；工作人员若干名，由交通局办公室有关工作人员兼任。

国防教育办公室 设在县人武部，设专职主任1名，专职工作人员1名，由地方干部出任，接受县委和县人武部双重领导。

经济动员办公室 是县国防动员委员会负责经济动员工作的主管部门。设在县发展改革局，主要负责全县国民经济动员的规划、组织工作。设主任、副主任各1名，由发展改革局局长和副局长兼任，工作人员若干名，由发展改革局办公室相关人员出任。

科技动员办公室 县国防动员委员会负责科技动员工作的主管部门，设在县人事劳动和社会保障局，设主任1名，由人事劳动和社会保障局局长兼任；副主任1名，由科技局局长兼任；工作人员若干名，由人社局、科技局办公室相关人员出任。

信息动员办公室 县国防动员委员会负责信息动员工作的主管部门，设在县政府办公室。设主任1名，由政府办班主任兼任，副主任1名，由广播电视局局长兼任，工作人员由政府办、电信局、联通公司、移动公司相关人员组成。

第二节 尚义县人民武装委员会

1989年，县委调整的县武装委员会组成人员，确定由县长任主任，县委副书记、常务副县长、人民武装部政委任副主任，委员由9个部、委、办、局的主要领导担任。2002年，中共张家口市委办公室、市人民政府办公室、军分区司令部、军分区政治部联合下发了《关于设立基层人民武装委员会的通知》，2003年中共尚义县委落实文件精神，全县14个乡（镇）都建立了由乡（镇）党政主要领导、武装部部长、有关部门负责人和建有民兵组织的企事业单位领导参加的基层人民武装委员会，是在同级地方党委领下的人民群众武装力量的专门领导机构。

第三节 尚义县人民武装部

中国人民解放军河北省尚义县人民武装部，1986年4月前为军队编制序列。正团级单位，设部长、政委及副部长各1名。政委任县委常委。机关内设作训科、动员科、政工科。1986年4月，尚义县军事组织改为地方建制，改称河北省尚义县人民武装部。4月29日正式移交尚义县，工作人员改为地方编制，任务不变，实行地方、军队双重领导。人武部为副县级单位，部领导有部长、政委、副部长，县委书记由兼任政委改为兼武装部党委书记。设办公室、政工科、军事科。

1989年增设基地办公室，下设民兵训练基地和武器装备仓库。行政编制20人。

1996年4月，县人民武装部收归军队建制，称中国人民解放军河北省尚义县人民武装部，任务不变，实行地方、军队双重领导，设部长1人，政委1人，副部长1人。下设军事科、政工科、后勤科和民兵训练基地。11月单设了尚义县国防教育办公室，属地方编制，是县国防教育领导小组的常设办事机构。2010年机构未变。

第四节 基层人民武装部

一、乡镇武装部

1989年，尚义县辖2个镇、15个乡。是年9月，撤销土木路乡，设立红土梁镇，为3个镇、14个乡，设17个乡镇武装部。1996年撤乡扩镇，撤销永胜地乡，并入红土梁镇；撤销南壕堑乡，并入南壕堑镇；撤销八道沟乡，设立八道沟镇；撤销小蒜沟乡和勿乱沟乡，合并设立小蒜沟镇。全县共辖5个镇、9个乡，设14个乡镇武装部。1999年，后石庄井乡改称石井乡。2002年，撤销哈拉沟乡，设立三工地镇。2008年，撤销炕塄乡，设立满井镇。2010年，全县共辖7个乡、7个镇，仍设14个乡镇武装部，分别是南壕堑武装部、大青沟武装部、满井武装部、八道沟武装部、三工地武装部、小蒜沟武装部、红土梁武装部、大苏计乡武装部、大营盘乡武装部、石井乡武装部、七甲乡武装部、套里庄乡武装部、甲石河乡武装部、下马圈乡武装部。各乡镇武装部分别设部长1人，共14人。

二、县直单位武装部

1989年，全县有2个县直单位武装部：县直机关武装部，1987年设立，设部长1人，辖7个民兵连，1989年撤销；尚义煤矿武装部，1987年设立，设部长1人，辖4个民兵连。1992年1月设立县造纸厂武装部，设部长1人，辖4个民兵连，1998年造纸厂破产后，造纸厂武装部自然撤销。1992年6月设立县经委武装部，设部长1人，辖4个民兵连，2006年3月撤销。

2010年，全县有1个县直单位武装部，即尚义煤矿武装部，仍设部长1人。

第二章 兵 役

第一节 兵役制度

1984年10月开始实施的《中华人民共和国兵役法》，实行以义务兵为主体的义务兵与志愿兵相结合，民兵与预备役相结合的兵役制度。规定士兵服现役期限：陆军3年，空军、海军4年。1998年12月29日第九届全国人大常委会第六次会议通过修改了的《中华人民共和国兵役法》，删除了原法律规定的义务兵役制度为主体的提法，缩短了义务兵服现役的年限，取消了义务兵超期服役的规定，实行义务兵与志愿兵相结合、民兵与预备役相结合的兵役制度。还规定，士兵服现役期限为陆军、海军、空军一律为两年。基干民兵为第一类士兵预备役，普通民兵为第二类士兵预备役。转业军官组成军官预备役。此后尚义县据此贯彻执行。从1980年12月开始，每年进行一次登记，并建立预备役登记资料卡，设专柜保管。

第二节 征兵工作

1989—2010年，随着市场经济不断发展，人民生活水平不断提高，而部队生活相对紧张艰苦，加之军队改革调整等因素，一度出现“征兵难”。尚义县委、县政府视征兵为大事，层层建立岗位责任制，加强国防教育，强化适龄青年依法服兵役意识，逐年提高服役士兵的优待金，保证了兵员质量和数量。

一、对象和条件

年龄 依《中华人民共和国兵役法》规定，应征男青年为年满18～20周岁，当年未被征集的，在22岁以前，仍可以被征集服现役。应届高中毕业生年满17周岁，本人自愿也可征集。具有高中以上文化程度的，年龄可放宽到21周岁。

文化 1989—2005年，据有关征兵命令，征集农业户口的青年，应具备初中文化程度征集非农业户口的青年，应具备高中(含职业高中、中专、技校)以上文化程度，但对偏僻地区和少数民族文化可以适当放宽。

政治 按照《中华人民共和国兵役法》有关规定，凡拥护中国共产党的路线、方针、政策，坚持四项基本原则，热爱中国共产党，热爱社会主义祖国，热爱人民军队，政治历史清楚，遵纪守法，品德优良，乐于奉献，全心全意为人民服务，决心为保卫祖国，保卫人民和平劳动而英勇奋斗的适龄青年即为具备条件。

身体 凡体健貌端，视、听、嗅觉良好，内无疾病、外无残缺、无传染病史者，即符合身体条件，视兵种不同，身体条件又有差异(空军、海军比陆军要严)。具体条件按国防部颁发的应征公民体格检查标准和其他有关规定执行。

二、报名和审批

报名 农村适龄青年自愿向所在村民兵连提出申请，城镇、县直各单位，厂矿非农业户口适龄青年向所在居委会或街道办事处、户口所在地人民武装部(简称人武部)提出申请。

体检 乡镇和县直人民武装部对报名青年目测，合格者集中上站进行体检，体检由县征兵办公室统一组织，同级卫生行政部门具体负责，统一抽调医务人员组成小组，设立体检站，主要检查项目有身高、体重、外科、内科、五官科等。

政审 机关、团体、企事业单位，村民(居民)委员会和乡、镇人民政府及街道办事新兵处和公安派出所，应当按照征兵政治审查工作的有关规定，根据县征兵办公室的安排和要求，对体格检查合格的应征公民认真进行政治审查。

批准 县征兵办公室在审定新兵时，应当对体格检查，政治审查合格的应征公民进行全面衡量择优批准政治思想好、身体好、文化程度高的服现役，革命烈士和革命伤残军人的子女、兄弟姐妹，本人自愿应征并且符合条件的，应当优先批准服现役。新兵入伍时间一律从当年度12月1日算起。

接送 2005年前为部队派人到地方接兵。新兵入伍之前，村、乡镇和县三级分别召开欢送大会。新兵人人披红戴花，各级领导、新兵和新兵家长代表讲话、然后由接兵部队负责组织编队接运。

三、征兵机构

每年征兵工作开始、各级均建立征兵机构，村一般由村委会主任、民兵连长、治保主任组成征兵领导，具体工作由民兵连长负责。

乡镇由宣传、武装、民政、公安等有关人员组成征兵领导小组、由乡(镇)长任组长。具体负责目、初审各种手续和接送事宜的办理。县政府设征兵领导小组、组长由县长担任，成员由人民武装部、宣传部、民政局、公安局、教育局等有关单位负责人组成。下设办公室、主要工作由县人民武装部具体操办

1989—2010年，县征兵机构严格按照《中华人民共和国兵役法》的各项有关规定，认真做好征兵各个环节的工作，确保了兵员的数量和质量、未发生一起因兵员质量不合格而引起的军地纠纷和退兵现象。

第三章 民 兵

第一节 组织建设

《中华人民共和国兵役法》规定：民兵是不脱离生产的群众武装组织、是中国人民解放军的助手和后多力量。凡年满 18 ~ 35 周岁符合服兵役条件的男性公民，除应征服现役的以外，均编入民兵组织服预备役。

民兵分为基干民兵和普通民兵。25 周岁以下的退出现役的士兵和经过军事训练的人员，以及选定参加军事训练的人员，编为基干民兵；其余 18 ~ 35 周岁符合服兵役条件的男性公民，编为普通民兵。基干民兵组织中建有民兵应急分队、步兵分队、专业技术分队和对口专业分队。

1989 年以来，尚义县民兵工作贯彻控制数量、提高质量、抓好重点、打好基础的方针，在保持民兵群众性和普遍性的基础上，突出质量建设，突出人员素质和队伍精干，减少一般性训练，向正规化、技术化、规范化训练迈进。在经济建设、抢险救灾和执勤保卫等活动中发挥了生力军、主力军的作用。

第二节 政治教育

尚义县人武部党委一直都把做好政治思想工作放在各项工作的首位，作为做好工作的保证和关键所在。

1996 年，认真贯彻执行中央关于县人武部收归建制的指示，顺利地进行了交接。党委在改制过程中，做了大量深入的政治思想工作，推动了改制工作健康有序地开展。

1998 年通过开展讲政治、讲正气、讲团结的“三讲”活动，凝聚了党委一班人的战斗堡垒作用。

进入 2000 年以后，民兵政治教育以“三个代表”重要思想的教育和党的基本理论和路线、方针、政策教育，人民战争思想和民兵光荣传统教育，职能使命和形势战备教育，战斗精神教育，履行国防义务教育为主。

2003—2010 年，依据《民兵和预备役士兵政治教育读本》，认真组织学习科学发展观，广泛开展“赞颂新成就、履行新使命”、中共十七大主题教育，搞好人民战争光荣传统和职能使命教育、社会主义荣辱观教育，增强民兵预备役人员政治上的坚定性、思想道德的纯洁性和履行国防义务的自觉性。依托“青年民兵之家”，在营部、连部统一悬挂民兵誓词和《中国民兵之歌》挂图，办好民兵预备役刊物，广泛开展争创先进单位、争当先进个人活动，促进基层党管武装抓武装的各项工作开展。

第三节 民兵活动

一、民兵军事训练

从 1985 年以后，随着改革开放的深入，民兵训练工作也在不断地改革。训练对象重点放在基干民兵干部训练和专业分队、应急分队的训练。每年进行一次全部集中在县民兵训练基地进行。后各乡镇不再组织训练。

民兵集中训练，最初为普通军事训练，有射击、投弹、爆破、刺杀、利用地形地物等项目；后对专业技术分队进行专业技术基础训练。1989—1998 年，每年集中训练 1 ~ 2 次，年训练 1000 人左右，重点放在队列、擒敌术、打击与防护、盾棍术、射击预习、防暴队形、维护稳定常识等训练项目上。1991 年八道沟乡利用交流会期间，人员集中、时间闲暇之际，举办了军事项目运动会，有意识地设置了射击、投弹、越野赛跑等军事体育项目，既吸引了群众，又强化了他们的国防意识。

新一代训练大纲颁布后，从 1999 年开始，县武装部积极选送优秀的专业武装干部到省、市军（分）区培训，回来根据培训内容，再对其他专业武装干部和民兵进行训练。民兵训练项目也有所增加。2004 年根据年度民兵训练安排，全年分三期进行，第一期为民兵应急分队，第二期为专业技术兵分队，第三期为步兵分队。民兵应急分队训练 15 个训练日，120 小时，参训人员按《民兵军事训练大纲》规定的课目，对民兵应急分队进行共同条令政策法规常识、战备常识等课目的训练。2005 年，第一期为民兵步兵分队集中训练，时间是 4 月 13—28 日，主要对三大条令、队列、战备常识、射击、手榴弹常识、战术基础等内容展开训练。第二期为民兵应急分队训练，时间是 5 月 16—31 日，训练内容包括队列、擒敌术、打击与防护、盾棍术、射击预习、防暴队形、维护稳定常识。2006 年，民兵训练主要集中在提高民兵应急分队打赢能力上。4 月中旬，组织县直、南镇民兵应急分队在西平山民兵训练基地开展大练兵活动，主要进行队列、战术基础、射击、政治思想教育、紧急集合等课目的训练。

二、经济建设

1989 年以劳养武，大办民兵经济实体，共有 7 个乡镇办起了民兵经济实体，年创利税 12 万元；有 12 个乡镇解决了 50% 的民兵训练经费，有 5 个乡解决了部分训练款。

1990 年，小蒜沟乡地上村民兵连指导员赵平带领 35 名民兵义务奋战 500 日，动土 1.2 万立方米，修通了通往怀安县城的 15 千米公路，解决了全村蔬菜、水果运输的问题，为群众增加收入 20 多万元。后石庄井乡陈大伍沟村民兵排长郝万云，带领 6 名基干民兵在罕见的洪水袭击中，冒着生命的危险，奋不顾身跳入淖海里，奋战 24 小时，将冲到淖里的 17 头牛、30 只羊和 5 立方米木材拖到岸上，使群众的财产免受损失，受到县、乡的表彰。

1991 年下马圈乡、小蒜沟镇、勿乱沟乡、永胜地乡、红土良镇 5 个乡镇组成 47 个民兵突击队，集中了三次大会战，共用了 60 天时间，开展了以水土保持为主的小流域工程，共动土方 12.9 万立方米，动石方 4.5 万立方米，修防洪渠 4387 米，整地 171.33 公顷，植树 2.3 万株，完成了小流域治理共 11.9 公顷，整个工程经县水保局验收，达到了国家二级一等工程标准。甲石河乡以民兵连为单位组成了 13 个突击队，动用大小车辆 219 辆，用了 45 天时间在瓦桶沟建设了近年来规模最大的万亩水保工程。

1992 年大营盘乡、大苏计乡两个武装部组织 23 个民兵连，用 40 多天时间，在盐碱滩上营造了一条长 52 千米、宽 54 米，面积 280 公顷的“百里枸杞带工程”。炕塄乡武装部秋季组织全乡 11 个民兵连队，在戈家村突击营造了一处千亩民兵林。

1993 年哈拉沟乡武装部组织 10 个民兵连队，奋战 15 天完成了从三工地至哈拉沟境内

21.5千米杨树带，动土石方8.75万立方米。种植高杆杨13.6万株，挖护林沟4.3万米。大苏计乡武装部组织民兵参加北大滩农业生态工程大会战，投工1.1万个。动土石方2.2万立方米，平整土地186.67公顷。修路1200米，打埂44万米、8500条。南壕堑镇武装部组织两个民兵连，参加了西哈拉沟与兴和县交界5孔13米板桥的建设工程，每天平均在工地奋战10个小时以上，提前20天完成桥梁下部结构工程。

1995年，全县14个乡镇武装部搞农建，建水浇地480公顷，小流域治理新治5000公顷，补治1500公顷，造林453.33公顷，修乡村路49条，580多千米。

1996年，红土梁镇武装部在生态工程中，组织17个连队参加了长150米、宽20米、深5米的“千亩防渗渠”工程会战。大营盘乡武装部在200公顷生态工程中，动用了5个民兵连，利用10天时间，清理了5000米干渠、7000米支渠的淤泥1200立方米。甲石河乡武装部在连遭三次冰雹灾害面前，组织全乡民兵走在生产自救第一线。13个民兵连队堵坝1000米，修危房20间，维修机井20眼，抢救大牲畜30头，帮助军属耕地33.33公顷，补种青莜麦53.33公顷。在为灾区捐款捐物中，共捐款1250元，捐物50余件，受到上级领导机关的好评。

在扶贫工作中，县人武部扶持南壕堑镇大坝沟行政村种植了26.67公顷蔬菜，引进种獭兔150对，建起了股份制形式的饮料加工厂，为全村养殖业提供了便利条件，获得较好的经济效益，使全村310户农民人均总收入2650元，纯收入1260元，达到小康村标准。

1998年1月10日，县境内发生地震后，县人武部发出《关于迅速组织民兵抗震救灾的紧急通知》，要求各基层武装部和民兵连队及预备役人员都要成立抗震救灾领导小组，迅速组织发动民兵全力以赴投入抗震救灾第一线，并组织抢险小分队和巡逻队。领导带岗，加强值班，发动民兵开展自救互助活动。3月25日，河北省人民政府、河北省军区发出通报，表彰人武系统抗震救灾先进单位和个人。1. 单位记集体一等功：尚义县炕塄乡武装部；尚义县套里庄乡元卜洞村民兵连。2. 个人记一等功：尚义县炕塄乡武装部部长刘斌；尚义县炕塄乡白彦不落村民兵连长翟忠。

1999年，集中力量抓了哈拉沟乡武装部成建制地动员民兵参加“万米引水灌溉工程”大会战大营盘乡民兵连长杨日山种菜致富一方和大青沟镇党委、镇政府“倾心支持国防建设、支持武装工作”三个典型。抓了南壕堑镇太平街民兵连队标准化和七甲乡武装部规范化建设。

2003年按照北京军区和省军区党委关于“组织民兵预备役人员搞好防沙治沙，改善生态环境”的要求，紧紧围绕县委、县政府防沙治沙的总体规划，精心组织全县民兵投入这项巨大工程。几年来，14个乡镇武装部，177个民兵连，在建制地参加了农业生态、小流域治理，库区引水、植树造林等项工程。总计投工50万个，累计工程土石方66.7万立方米，完成小流域治理900万公顷，造林533.33公顷，种草800公顷，修路120千米，完成退耕还林9000公顷。

三、执勤保卫

1996年，建立治安巡逻队172个，护秋队630个，协助公安机关破获案件43起，其中，大案7起，参与民事调解，防止矛盾激化77起。

2003年4—8月，尚义县全面处在防控“非典”的严峻形势下，县武装部及时成立防“非典”工作领导小组，制定应急方案，采取封闭式管理办法，严防死守，群防群控，组织出动民兵，配合地方有关部门开展公路检查、清查外来人员、车辆，有效地阻断了“非典”传入渠道。

2008年北京奥运会召开的前后四个月，县武装部组织全县民兵，一方面排查矛盾隐患，一方面加强执勤保卫，确保了奥运会期间尚义县安全稳定。

第四章　国防教育　防空　驻军

第一节　国防教育

尚义县国防教育工作是从1989年开始的，首先从学校开始，然后由民兵、干部、职工，逐步扩展到全县各个居委乃至全社会的广大人民群众，通过教育，进一步增强了全民国防观念、国防意识和国民素质。

一、国防教育阵地

县武装部建立统一高效的组织指挥体系，布局合理的防护工程体系，灵敏可靠的通信警报体系，精干过硬建立“国防教育活动中心”。活动中心经过完善配套，建起了具备教学、培训、开展国防教育活动等多功能的活动场所，并购置了展览图片、有关国防教育内容的书籍和教材，聘请有关领导、老干部、人民教师及武装部人员担任老师每年利用民兵军事训练和重大节日举办活动对民兵、干部进行教育、组织参观。

二、国防教育活动

国防教育内容主要根据各个时期的国内国际形势，有针对性地选择教育内容，进行国防教育。国防教育活动，主要是利用标语、板报、橱窗、广播、电影、电视等多种宣传工具广泛进行宣传。各乡镇结合民兵整组，训练，征兵、重大节日进行了宣传教育。

二十世纪九十年代初，紧密联系国际上发生的东欧剧变等实际，向广大人民群众进行国际主义教育和反腐防变教育。1989年，全县14个乡镇都依托“文化活动中心”建起了“国防教育活动站”，每个行政村利用“青年民兵之家”，建起“国防教育活动室”，开展了学习园地，每逢活动日，民兵连、团支部组织青年及广大群众开展专题活动，进行各种形式的国防教育。在县第二中学、造纸厂和后石庄井乡3个地方进行了国防教育试点工作。总结经验，在全县有步骤地深入开展。1990年结合开展社会主义教育活动，以《河北省国防教育暂行条例》为主要内容，在军事训练、民兵整组、征集新兵等项工作中进行了教育。全县90个民兵连队和社会各界人士，参加了地区和省“华茂杯”国防知识竞赛。1991年根据海湾战争的发生，进行了国际形势教育，向广大人民群众讲清“天下虽安，忘战必危”的道理，使全县人民保持清醒的头脑，克服和平麻痹思想，牢固树立居安思危的观念，从精神上、物质上做好应付各种突发事件的准备。

与此同时，还进行了拥军爱民国防知识教育。对民兵，预备役人员以《国防知识教材》《民兵工作条例》为主要教材，进行系统教育。1992

年 7 月县国教办在关心下一代工作委员会等部门的配合下，在县造纸厂国防教育活动室举办了规模较大，由县五大班子领导、县直各单位干部、职工和县城六所中小学校师生参加的大型国防教育图片展览。1992 年 8 月，县国教办和教委联合下发了《关于进一步加强中小学校国防教育的意见》，建立了中小学校国防教育领导辅导站，主要内容是以课本中国防知识为主，利用主题班会、队会、校内、外活动，为军属做好事等形式，开展一些有国防内容的教育活动，培养孩子崇军尚武、爱国保家的思想意识。为实施对各级领导干部的国防教育，同年 9 月，依托县委党校建立了干部国防教育学校，利用每年举办的党政干部理论培训班之机，进行国防和国防形势教育。1994 年 10 月，县人武部组织各级领导干部、人武干部、专武干部、民兵连（营）长、中学生、小学高年级的学生参加了新中国成立 45 周年国防知识竞赛活动，全县上千人参加竞赛。基中人武、专武干部参赛率达 100%。1995 年，县国教办结合抗日战争胜利 50 周年，与县宣传部、县教委举办了“爱国主义优秀影视片放映周”。组织中小学生、基干民兵、人武、专武干部 4000 余人参加了市报社、军分区政治部、市国教办举办的纪念抗日战争胜利 50 周年国防知识竞赛活动，获得了优秀组织奖。积极与教委、安宁街小学创办“业余少年军校”产生了较大社会影响。

从 2000 年开始在县党校培训干部办班时，将专门开设国防教育课，对全县各级领导干部进行全面系统的国防理论和国防知识教育，以提高他们的国防观念，更好地为国防建设和经济建设服务。

2003 年，在全县中小学校增设国防教育展览室，购置相关挂图、图书、报纸、杂志及计算机等设备。

尚义县每年组织广大干部、中学生积极参与上级组织的国防知识竞赛活动，通过竞赛使他们接受深刻的国防知识教育。

2006—2010 年，县广播电视台举办了“国防教育讲座”，开辟了专题节目，定期播放。全县 17 个乡（镇）和煤矿也相继运用广播举办了国防教育专题节目，每周分 3 次进行播放。

三、学校军训

1989 年以后，在广泛深入地开展国防教育活动中，对中学生实施军事训练，以后形成制度，每年不间断地进行。

军训时间一般安排在每年的 9 月初，新生入学时进行，为时一周。军训内容：一是对学生进行国际主义、爱国主义、军事知识、国际形势等方面的教育，激发学生热爱学习、增强爱国热情，投身四化建设的志向。二是队列训练，教授学生向解放军学习，做到队列整齐，步伐一致，服从指挥，严守纪律。从难从严要

2010 年 7 月，县人武部教官带领学生军事训练

求，进行正规化训练。通过训练，克服骄娇二气和怕苦怕累思想，增强学习勇气，锤炼革命意志，健壮学生体魄，坚定学生树立远大理想和实现宏伟蓝图的信念。三是开展登山越野活动，锤炼学生的毅力和意志，树立争强好胜、不怕困难的信心和顽强拼搏的精神。经过军训以后，学生的思想觉悟有了提高，纪律观念更加增强，更加发愤努力和勤奋刻苦。

在军训中，统一着装，实行解放军班、排编制，一切行动按照军事制度进行。全部为军事化，包括衣貌风纪、被褥叠垛都严格按照解放军的条例要求，必须有礼、有节、有序整齐。培养学生养成良好的生活习惯和革命军人的优良传统。

除县人武部承担每年对职中、一中、二中等学校的军训外，有时还聘请驻地部队到学校进行军训，以加大学生军事训练的力度，使军训质量不断提高。

第二节　人民防空

1992—1993 年县乡机构改革时，设置尚义县人民防空办公室。办公室设在县政府办，为尚义县国防动员委员会常设办事机构，是县政府人民防空工作的主管部门。2000 年移交到尚义县建设局。

人民防空重点建设专业队伍、保障得力的人口疏散体系、现代化的科研和人才培育体系。努力提高人民防空的整体抗毁能力、快速反应能力、应急救援能力和自我发展能力，以应付现代战争和重大灾害事故，有效保护国家和人民的生命、财产安全。坚持人民防空建设与经济建设相协调，与城市建设相结合；坚持人民防空与要地防空、野战防空相结合；坚持战时防空与平时防灾、减灾相结合；坚持长远建设与应急建设相结合；坚持国家建设与社会、集体、个体建设相结合。做到着眼全局，统筹规划，同步建设，协调发展，突出重点，分步实施，科技强业，注重实效，依法建设，依法管理。按照“准军事化”的要求建设人防队伍，实现指挥自动化，办公现代化，管理正规化，服务优质化。

尚义县人防工作开展之初，主要军事目标是防止外国入侵，除国家军事设施建设外，县内也进行军事设施建设。一是在旧县城挖掘地道，用砖、水泥、石头砌成，保障战时人员安全；二是发动各村各户挖地道，全县各村都有地道，形成人人参战的局面。进入 21 世纪，人防工作又有新发展。2001 年县城安装 700 千瓦防空警报器 1 台，2004 年又安装 2000 千瓦防空警报器 1 台，用于防空袭防灾害警报。每年 9 月 7 日进行试演，效果良好。两台设备能覆盖县城三分之一。

第三节　武装部队

1989 年，武警尚义县中队归武警张家口地区支队编制。1993 年，张家口地市合并，更名为武警张家口市支队尚义县中队，一直沿袭至 2010 年年底。主要担负尚义县看守所的外围武装任务。2000 年以来，县武警支队获三等功 1 次，连续 2 年获支队嘉奖，连续 3 年被评为先进中队。

第四节　驻　军

1989 年某部队在红土梁镇和甲石河乡驻防，某部队在甲石河乡驻防，均于 1995 年撤防。

尚义县志
SHANGYI XIANZHI
1989—2010

第十四篇

经济综情

1989—2010年，尚义县在改革开放春风的沐浴下，通过推动经济结构调整，优化经济发展方式转变，全县经济实现了持续快速健康发展，社会事业取得全面进步，人民生活水平显著提高。22年间，经济总量翻了4.80番，年均实际增长13.50%，全部财政收入翻了4.40番，年均增长15.30%，固定资产投资以年均43.30%的速度增长，累计投资额达到127.50亿元，城镇居民人均可支配收入年均增长12.40%，农民人均纯收入年均增长15.70%。

第一章　经济总量与结构

第一节　经济总量

1989—2010年，尚义县经济总量迅速攀升，综合实力稳步提高。1989年，全县地区生产总值7952万元，到2010年，全县地区生产总值达到了22.15亿元，增长4.8倍，年均实际增速达13.50%。1989年，人均地区生产总值439元，到2010年，人均地区生产总值达到了14671元，翻了五番，年均实际增速达14.40%。22年全县的经济发展可分为两个时期：

1989—2003年为第一个时期，这十四年全县经济总量从总体上来看虽然也以年均8.60%的速度增长，但从局部看经济增长可谓跌宕起伏。主要原因是这个阶段全县产业结构单一，经济运行整体质量不高，结构性矛盾突出，抵御风险能力不强，严重制约了经济平稳快速发展。第一产业受“十年九旱”的自然环境影响，旱灾频发，灾年粮食减产严重，进而使总体经济增长受到严重影响；二、三产业受内部结构和宏观经济影响内生动力不足，活力不强，对总体经济的支撑拉动作用较弱。2003年经济总量比1989年翻了2.50番，年均实际增长8.60%。其中，当年增速最高的是1990年的46.70%，最低的是1989年的−39.20%，1989年、1991年、1993年、1999年、2003年五个年度出现大幅度下滑，分别是−39.20%、−9.10%、−21.10%、−23.10%、−3.40%。

2004—2010年为第二个时期，这一时期国民经济进入加速发展的稳步上升期。全县上下在中央一系列改革措施、制定的积极的财政政策和稳健的货币政策及强农惠农政策的支撑下，逐步加快第一、第二产业结构调整步伐，发掘当地特殊的自然资源优势，发展风电产业和现代农业，调整经济结构与转变经济增长方式工作取得突出成果，经济运行质量与效益明显提高，发展活力不断增强，经济保持了平稳、较快的发展势头。2010年经济总量比2003年翻了两番，年均实际增长24.10%。

第二节　所有制结构

中共十一届三中全会以后，尚义县在所有制结构的认识上，突破了单一的公有制模式，实行了以公有制为主体，多种经济成分共同发展的方式，非公有制经济所占比重逐年上升。从工业看，全县各种经济类型的工业企业都得到了发展，尤以城乡私营个体工业发展步伐较快，因而私营个体工业比重大幅度上升，全民所有制工业（国有企业）和集体工业比重相应下降。1978年，全县拥有工业企业43家，当年完成工业总产值1138万元，其中：全民所有制工业14家，完成总产值926万元，所占比重为81.40%；集体所有制工业企业29家，完成总产值212万元，所占比重为18.60%。到1989年，全县工业企业（单位）增加到1216家，当年完成工业总产值5019万元，比1978年增长3.41倍，其中：全民所有制工业企业18家，完成总产值2959万元，比1978年增长2.20倍，所占比重约为59%，比1978年下降了22.40个百分点；集体所有制工业企业59家，完成总产值1138万元，比1978年增长4.37倍，所占比重为22.67%，比1978年上升了4.07个百分点；城乡私营个体工业企业从无到有，发展到1139家，完成总产值922万元，所占比重为18.37%。

1997年以后，根据发展社会主义市场经济的要求，国家对国有经济实行"抓大放小"的战略性调整。按照建立现代企业制度的要求，县内国有和集体企业进行了改制。2005年后随着国华、龙源等一大批"国字号"大型国有企业的入驻，国有及国有控股企业占比再次逐年上升。通过调整和改革，不仅募集了大量社会资金，改善了资产结构和经营状况，而且在建立现代企业制度、促进多元化的投融资体系形成、扩大财政收入渠道、提高经济运行效率方面都发挥了重要作用。虽然国有企业的数量有所减少，但国有经济的总体实力进一步增强。与此同时，国家大力推动非公有经济加快发展。1997年以后，县委和县政府对非公有制经济的发展制定了一系列切实可行的政策措施，非公有制经济由此进入改革开放以来发展最快的时期，显示出蓬勃生机。到20世纪末，非公有制经济在国民经济中所占的份额快速增长，成为经济发展中最具活力的因素，成为支撑尚义县经济增长的基础性力量，撑起了全县经济的"半壁江山"。2010年，全县拥有工业企业（单位）1183家，当年完成工业总产值10.43亿元，比1989年增长19.78倍，其中：国有企业4家，完成总产值5.78亿元，比1989年增长18.53倍，所占比重为55.42%，比1989年下降了3.58个百分点；集体所有制工业企业已经全部改制；城乡私营个体工业单位1179家，完成总产值4.65亿元，比1989年增长39.86倍，所占比重为44.58%，比1989年上升21.91个百分点。

1989—2010年尚义县所有制工业结构情况表

表14-1

年份	全部工业总产值（万元）	按所有制划分					
		全民所有制（国有）		集体所有制		私营个体（含联营）	
		产值（万元）	比重（%）	产值（万元）	比重（%）	产值（万元）	比重（%）
1989	5019	2959	59.00	1138	22.70	922	18.30
1990	5336	3308	62.00	1178	22.10	850	15.90
1991	7650	5326	69.60	1431	18.70	893	11.70
1992	9418	6116	64.90	1585	16.80	1717	18.30
1993	10030	5812	58.00	1362	13.50	2856	28.50
1994	10431	6208	59.50	1905	18.30	2318	22.20

续表 14-1

年　份	全部工业总产值	按所有制划分					
		全民所有制（国有）		集体所有制		私营个体（含联营）	
		产值（万元）	比重（%）	产值（万元）	比重（%）	产值（万元）	比重（%）
1995	12095	5428	44.90	2080	17.20	4587	37.90
1996	18839	5687	30.20	2395	12.70	10757	57.10
1997	28006	5080	18.10	2952	10.50	19974	71.30
1999	11579	1169	10.10	1618	14.00	8792	75.90
2000	12331	807	6.60	823	6.70	10701	86.80
2001	12557	148	1.20	321	2.60	12088	96.30
2002	12341	883	7.20	533	4.30	10925	88.50
2003	12963	974	7.50	399	3.10	11590	89.40
2004	14181	1359	9.60	—	—	—	—
2005	24735	3098	12.50	—	—	—	—
2006	35003	6754	19.30	—	—	—	—
2007	53103	14219	26.80	—	—	—	—
2008	86222	22237	25.80	—	—	—	—
2010	104212	58457	55.40	—	—	46464	44.60

第三节　固定资产投资结构

一、投资主体结构

1989—2010 年，尚义县累计完成全社会固定资产投资 127.53 亿元。其中："七五"后两年投资 641 万元，占 1989—2010 年总投资的比重为 0.05%;"八五"期间投资 9953 万元，占比为 0.78%;"九五"期间投资 4.80 亿元，占比为 3.77%;"十五"期间投资 14.38 亿元，占比为 11.28%；"十一五"期间投资 107.29 亿元，占比为 84.12%。

二、城乡投资结构

1989—2010 年，尚义县城镇固定资产投资 116.45 亿元，占总投资的 91.32%；农村固定资产投资 11.07 亿元，占总投资的 8.68%。其中："七五"后两年城镇固定资产投资 641 万元，占总投资的 100%, 农村固定资产投资为零;"八五"期间城镇固定资产投资 7822 万元，占总投资的 78.59%, 农村固定资产投资 2131 万元，占总投资的 21.41%；"九五"期间城镇固定资产投资 1.70 亿元，占总投资的 35.32%, 农村固定资产投资 3.10 亿元，占总投资的 64.68%；"十五"期间城镇固定资产投资 9.92 亿元，占总投资的 69.02%, 农村固定资产投资 4.45 亿元，占总投资的 30.98%；"十一五"期间城镇固定资产投资 103.99 亿元，占总投资的 96.92%, 农村固定资产投资 3.30 亿元，占总投资的 3.08%。

1989—2010年尚义县城乡投资结构表

表 14-2

年 份	全社会固定资产投资完成额（万元）	城镇固定资产投资		农村固定资产投资	
		数额（万元）	比重（%）	数额（万元）	比重（%）
合计	1275274	1164535	91.32	110739	8.68
“七五”后期	641	641	100.00	—	—
1989	191	191	100.00	—	—
1990	450	450	100.00	—	—
“八五”期间	9953	7822	78.59	2131	21.41
1991	781	781	100.00	—	—
1992	1779	1779	100.00	—	—
1993	1702	1455	85.49	247	14.51
1994	1933	1589	82.20	344	17.80
1995	3758	2218	59.02	1540	40.98
“九五”期间	47972	16945	35.32	31027	64.68
1996	4180	3014	72.11	1166	27.89
1997	4790	2407	50.25	2383	49.75
1998	20568	2658	12.92	17910	87.08
1999	8439	2862	33.91	5577	66.09
2000	9995	6004	60.07	3991	39.93
“十五”期间	143775	99235	69.02	44540	30.98
2001	18429	13216	71.71	5213	28.29
2002	14141	8097	57.26	6044	42.74
2003	19356	9347	48.29	10009	51.71
2004	40379	27659	68.50	12720	31.50
2005	51470	40916	79.49	10554	20.51
“十一五”期间	1072933	1039892	96.92	33041	3.08
2006	90889	84127	92.56	6762	7.44
2007	114002	108145	94.86	5857	5.14
2008	208869	207833	99.50	1036	0.50
2009	293974	280757	95.50	13217	4.50
2010	365199	359030	98.31	6169	1.69

三、投资类型结构

1989—2010年，尚义县投资偏重基本建设和更新改造投资，以项目拉动促进经济增长。22年间基本建设和更新改造累计投资达113.92亿元，占城镇总投资的97.83%；城镇个人建房和房地产开发累计投资2.53亿元，占城镇总投资的2.17%。特别是2004年以后随着一大批重点风电建设项目启动，拉动基本建设项目投资规模进一步扩大，2004年基本建设和更新改造投资突破2亿元，达到2.56亿元，占城镇总投资的92.60%，之后连年快速增长，到2010年达到35.40亿元，占城镇总投资的98.59%。

1989—2010年尚义县城镇投资类型结构表

表14-3

年份	城镇固定资产投资（万元）	基本建设和更新改造投资		个人建房及房地产开发投资	
		数额（万元）	比重（%）	数额（万元）	比重（%）
合计	1164535	1139248	97.83	25287	2.17
“七五”后期	641	526	82.06	—	—
1989	191	146	76.44	45	23.56
1990	450	380	84.44	70	15.56
“八五”期间	7822	6059	77.46	1763	22.54
1991	781	781	100.00	—	—
1992	1779	1779	100.00	—	—
1993	1455	905	62.20	550	37.80
1994	1589	1039	65.39	550	34.61
1995	2218	1555	70.11	663	29.89
“九五”期间	16945	13633	80.45	3312	19.55
1996	3014	2067	68.58	947	31.42
1997	2407	1356	56.34	1051	43.66
1998	2658	2100	79.01	558	20.99
1999	2862	2586	90.36	276	9.64
2000	6004	5524	92.01	480	7.99
“十五”期间	99235	86415	87.08	12820	12.92
2001	13216	7571	57.29	5645	42.71
2002	8097	6130	75.71	1967	24.29
2003	9347	8437	90.26	910	9.74
2004	27659	25613	92.60	2046	7.40
2005	40916	38664	94.50	2252	5.50
“十一五”期间	1039892	1032615	99.30	7277	0.70
2006	84127	84127	100.00	—	—
2007	108145	108145	100.00	—	—
2008	207833	207833	100.00	—	—
2009	280757	278548	99.21	2209	0.79
2010	359030	353962	98.59	5068	1.41

第四节　产业结构

尚义县属农业县，长期以来，尚义的经济以传统的耕作农业为主，以畜牧业和家庭副业为辅。工商业比重较小。新中国成立后，特别是改革开放后，随着国民经济各行业逐步兴起和发展，县内经济结构发生显著变化。总的趋向是第一产业逐步下降，第二产业和第三产业逐步上升。国民经济内部结构在不断调整中优化并趋于相对合理。

1978年改革开放之初，全县地区生产总值2436万元，其中第一、二、三产业的增加值分别为1558万元、457万元和421万元，一、二、三产业的增加值占地区生产总值比重分别为64%、18.80%、17.20%，第一产业所占比重极大。

中共十一届三中全会以后，改革开放给尚义经济带来生机和活力，生产力获得解放，促进二、三产业发展。1990年，全县地区生产总值12327万元，其中第一、二、三产业的增加值分别为5620万元、3213万元和3494万元，一、二、三产业的增加值占地区生产总值比重分别为45.60%、26.10%、28.40%。第一产业比重较1978年下降18.40个百分点，第二产业和第三产业比重分别比1978年上升7.30和11.10个百分点。但第一产业仍然远远大于二、三产业，仍然占据尚义县国民经济的主导地位。

2000年后，县委、县政府加大招商引资力度，大力发展工商业，特别是风力发电产业，二、三产业发展更快，2010年，地区生产总值实现22.01亿元，其中第一、二、三产业的增加值分别为7.59亿元、7.81亿元和6.61亿元，一、二、三产业的增加值占地区生产总值比重分别为34.50%、35.50%、30%。第一产业比重较1990年下降11.10个百分点，较1978年下降29.50个百分点。二、三产业比重较1990年分别上升9.40和1.60个百分点，较1978年分别上升16.70和12.70个百分点。第二产业比重大于第一产业1个百分点，三大产业比例呈3∶4∶3。第二产业首次超过第一产业，成为新的主导产业。

1978—2010年尚义县地区生产总值三次产业构成情况表

表14-4

年份	地区生产总值（万元）	产业增加值及比重					
		第一产业		第二产业		第三产业	
		增加值（万元）	比重（%）	增加值（万元）	比重（%）	增加值（万元）	比重（%）
1978	2436	1558	64.00	457	18.80	421	17.30
1980	2250	1191	52.90	614	27.30	445	16.10
1986	4067	1222	30.10	1308	32.20	1537	37.80
1987	6733	2132	31.70	1748	26.00	2853	42.40
1988	7664	4039	52.70	1826	23.80	1799	23.50
1989	7952	1266	15.90	3156	39.70	3530	44.40
1990	12327	5620	45.60	3213	26.10	3494	28.40
1991	12190	4594	37.70	3538	29.00	4058	33.30
1992	15707	7441	47.40	3767	24.00	4499	28.60

续表 14-4

年　份	地区生产总值（万元）	产业增加值及比重					
		第一产业		第二产业		第三产业	
		增加值（万元）	比重（%）	增加值（万元）	比重（%）	增加值（万元）	比重（%）
1993	13730	4241	30.90	4062	29.60	5427	39.50
1994	22972	10858	47.30	5179	22.50	6935	30.20
1995	27384	15406	56.30	4054	14.80	7924	28.90
1996	32811	15686	47.80	7089	21.60	10036	30.60
1997	35394	12812	36.20	10012	28.30	12570	35.50
1998	44931	21198	47.20	11862	26.40	11871	26.40
1999	33893	14864	43.90	5425	16.00	13604	40.10
2000	36418	15249	41.90	6125	16.80	15044	41.30
2001	36175	12267	33.90	7638	21.10	16270	45.00
2002	42569	16311	38.30	8315	19.50	17943	42.20
2003	53370	23205	43.50	9343	17.50	20822	39.00
2004	65655	29618	45.10	11169	17.00	24868	37.90
2005	75165	31101	41.40	13846	18.40	30218	40.20
2006	91831	38481	41.90	18225	19.90	35125	38.20
2007	123484	44326	35.90	26156	21.20	53002	42.90
2008	157247	63779	40.60	38612	24.50	54856	34.90
2009	165404	54398	32.90	50651	30.60	60355	36.50
2010	220079	75892	34.50	78050	35.50	66137	30.00

第五节　产品结构

一、农业产品构成

尚义的农业产品以种植业产品为主，畜牧业产品次之。1995 年种植业作物中，主要作物以粮食作物为主，油料作物次之，蔬菜产品又次之。1996 年之后蔬菜产业逐渐成为尚义县的主导产业，产量远远超过油料作物，取代粮食作物占全县农产品中主导地位，而甜菜成为农产品的重要产品。1989 年，全县粮食作物总产量 9414 吨，油料作物总产量 1200 吨，蔬菜总产量 7589 吨，甜菜总产量 1404 吨。2010 年，粮食作物和油料作物总产量分别是 5.02 万吨和 5839 吨，蔬菜和甜菜总产量分别是 52.63 万吨和 2.60 万吨。畜牧业产品中，主要有牛、马、驴、骡、猪、羊、鸡等。

尚义县的粮食作物主要以小麦为主，其次是莜麦、马铃薯（山药），其他的还有谷子、大豆、玉米、高粱等。1989—2010 年，粮食总产量最高的是 1996 年为 7.50 万吨，占全县全部农作物总产量的 38.30%，小麦、莜麦、马铃薯（山药）产量分别为 2.12 万吨、1.70 万吨和 1.97 万吨，占粮食总产量的比重分别为 28.20%、22.70% 和 26.20%；粮食总产量最低的是 2007 年仅有 3942 吨，占全县全部农作物总产量的 0.80%，小麦、莜麦、马铃薯（山药）产量分别为 299 吨、66 吨和 1983 吨，占粮食总产量的比重分别为 7.60%、16.70% 和 50.30%。

尚义县的油料作物主要以胡麻为主，其次是油菜籽，从 1998 年开始有葵花籽。1989—2010 年，油料产量最高的年份是 2003 年为 1.40 万吨，占全县全部农作物总产量的 3.50%，胡麻产量为 1.35 万吨，占油料产量的 96%。油料产量最低的年份是 2007 年为 666 吨，占全县全部农作物总产量的 0.10%，胡麻产量为 646 吨，占油料产量的 97%。

1989—2010 年部分年份尚义县主要农产品产量情况表（一）

表 14-5　　单位：吨

年份	玉米	谷子	高粱	小麦	莜麦	豆类
1989	191	493	21	1640	4228	140
1991	1193	991	17	14226	11715	397
1993	455	1038	6	103088	6429	770
1995	385	673	14	14601	11957	3280
1997	624	789	—	7223	5492	4454
1999	655	280	50	7139	5981	1191
2001	830	235	38	391	902	155
2003	8447	2090	253	5696	16736	2602
2005	6280	992	113	4380	5226	1192
2007	678	78	6	299	660	150
2009	2513	220	0	606	771	124
2010	17015	5838	2	5173	5836	1248

1989—2010 年部分年份尚义县主要农产品产量情况表（二）

表 14-6　　单位：吨

年份	薯类	胡麻	葵花籽	油菜籽	甜菜	药材
1989	1767	1132	—	41	1404	—
1991	7935	4344	—	267	2884	—
1993	6074	4462	—	79	2589	—
1995	9766	8302	—	46	10725	—
1997	13268	3175	—	—	7402	1
1999	5805	4982	23	—	5606	—
2001	3766	128	23	—	1055	—
2003	20088	13480	555	4	7393	220
2005	6019	4017	139	1	7836	100
2007	1983	646	19	1	9071	—
2009	3993	981	6	13	25979	—
2010	13926	5851	130	58	25455	0

1989—2010 年部分年份尚义县主要农产品产量情况表（三）

表 14-7　　单位：吨

年 份	蔬 菜	瓜 果	肉 类	奶	羊 毛	禽 蛋
1989	7589	575	4947	371	476	1317
1991	1362	331	5782	564	400	1307
1993	19199	258	5905	480	236	1047
1995	31558	—	7600	459	313	1586
1997	60633	—	8890	913	265	1854
1999	1799000	83	10123	750	340	2050
2001	2600000	900	10740	740	453	2288
2003	321138	2340	9375	900	320	963
2005	536085	225	8734	4500	360	1244
2007	492566	131	9038	5232	338	851
2009	526291	159	7402	6484	369	1903
2010	630165	140	13430	6458	268	2297

1989—2010 年部分年份尚义县主要畜产品产量情况表

表 14-8　　单位：百头、百只

年 份	牛存栏	马存栏	驴存栏	骡存栏	猪存栏	羊存栏	家禽存栏	兔存栏
1989	227	76	46	82	465	1662	3879	590
1991	252	65	49	90	611	1268	3911	711
1993	212	50	51	95	698	833	3144	301
1995	244	32	55	91	800	943	3551	503
1997	292	32	65	96	862	1067	3757	885
1999	305	33	76	88	880	1165	3981	740
2001	301	30	62	78	594	1253	2679	469
2003	316	5	32	37	542	1249	1597	262
2005	369	13	36	35	565	1503	1821	2258
2007	326	3	43	22	432	1203	1663	428
2009	351	5	34	22	394	1305	1742	237
2010	173	6	30	24	365	727	1796	72

二、工业产品构成

尚义县工业经济基础差，工业企业规模小、数量少，主要的工业产品有原煤、红砖、平瓦、液压件、服装和铁精粉等。1989—2010 年，工业产品种类最多的年份是 1989 年，多达 50 多种。

1989—2010年部分年份尚义县主要工业产品产量情况表（一）

表 14-9

年份	原煤（万吨）	木材（立方米）	面粉（万吨）	发电量（万千瓦时）	淀粉（吨）	食用植物油（吨）	罐头（吨）	家具（万件）	白酒（吨）
1989	14.00	—	0.29	—	—	2266.00	70	0.12	—
1994	—	—	—	—	—	1311.00	—	0.10	51
1999	—	651.00	3.26	—	516	916.00	—	4.17	130
2002	—	266.70	—	—	—	1344.60	—	3.04	529
2005	11.85	—	510.00	—	—	0.15	—	0.50	—
2007	18.35	—	480.00	23196	—	900.00	—	0.45	90
2008	14.32	—	500.00	41030	—	1200.00	—	0.40	92
2009	3.28	—	400.00	64260	—	1100.00	—	0.41	90
2010	9.32	—	500.00	114916	—	1200.00	—	—	92

说明：此表只统计了入统（乡及乡以上）工业企业产品数量

1989—2010年部分年份尚义县主要工业产品产量情况表（二）

表 14-10

年份	饮料酒（吨）	砖（万块）	瓦（万片）	酱油（吨）	醋（吨）	饲料（吨）	服装（万件）	皮鞋（万双）	布鞋（万双）
1989	11	7111	261	72	6	2134	14	1	12
1994	—	5102	115	—	498	1357	14	—	2
1999	—	10880	310	234	—	1526	19	1	1
2002	—	2663	2503	—	—	—	2613	—	—
2005	—	987	3395	—	—	—	8	—	—
2007	—	1000	2600	—	—	—	10	—	—
2008	—	1100	2700	—	—	—	10	—	—
2009	—	1200	2800	—	—	—	11	—	—
2010	—	—	—	—	—	—	2.60	—	—

说明：此表只统计了入统（乡及乡以上）工业企业产品数量

1989—2010年部分年份尚义县主要工业产品产量情况表（三）

表 14-11

年份	拖鞋（万双）	皮毛用品（件）	羊剪绒用品（件）	人造毛皮（万米）	毛皮（万米）	洗净毛（吨）	腈纶产品（万件）	机制纸（吨）	纸箱（万平方米）
1989	6	9556	1520	2	—	29	2	4567	325
1994	24	—	—	14	—	—	—	—	—
1999	11	—	—	—	18	—	—	—	—
2002	—	—	—	—	—	—	—	—	—

续表 14-11

年　份	拖鞋（万双）	皮毛用品（件）	羊剪绒用品（件）	人造毛皮（万米）	毛皮（万米）	洗净毛（吨）	腈纶产品（万件）	机制纸（吨）	纸箱（万平方米）
2005	—	—	—	—	—	—	—	—	—
2007	—	—	—	—	—	—	—	—	—
2008	—	—	—	—	—	—	—	—	—
2009	—	—	—	—	—	—	—	—	—
2010	—	—	—	—	—	—	—	—	—

说明：此表只统计了入统（乡及乡以上）工业企业产品数量

1989—2010 年部分年份尚义县主要工业产品产量情况表（四）

表 14-12

年　份	汽油（吨）	柴油（吨）	瓷器（万件）	黄金（千克）	农具（万件）	琉璃制品（万件）	刹车装置配件（万件）	液压件（台）	钢包头（万对）
1989	2	100	5	10	8	11	10	—	—
1994	—	—	—	5	8	20	7	2294	—
1999	—	—	7	—	—	—	—	4798	—
2002	—	—	—	—	—	—	—	—	—
2005	—	—	—	—	—	—	—	4073	116
2007	—	—	—	—	—	—	—	4322	202
2008	—	—	—	—	—	—	—	4399	249
2009	—	—	—	—	—	—	—	3948	104
2010	—	—	—	—	—	—	—	5087	144

说明：此表只统计了入统（乡及乡以上）工业企业产品数量

1989—2010 年部分年份尚义县主要工业产品产量情况表（五）

表 14-13

年　份	氧气（万瓶）	合页（万副）	花炮（箱）	粉丝（吨）	铸件（吨）	香酥豆（吨）	鲜冻畜肉（吨）	白条鸡（吨）	白条兔（吨）
1989	0.80	1	350	15	23	30	789	30	14
1994	1.50	—	—	431	—	—	54	—	—
1999	1.40	—	—	—	95	—	—	—	—
2002	—	—	—	—	—	—	—	—	—
2005	0.80	—	—	—	—	—	288	—	—
2007	0.60	—	—	—	—	—	230	—	—
2008	0.20	—	—	—	—	—	245	—	—
2009	0.20	—	—	—	—	—	252	—	—
2010	—	—	—	—	—	—	—	—	—

说明：此表只统计了入统（乡及乡以上）工业企业产品数量

1989—2010 年部分年份尚义县主要工业产品产量情况表（六）

表 14-14

年 份	烟筒（节）	铸铁炉（万个）	暖气炉（万个）	铁制炉具（件）	地毯纱（吨）	地毯（平方米）	人造金刚石（千克）	蛋白（吨）	糕点（吨）
1989	6100	1	0.10	—	47	—	—	—	—
1994	—	—	—	1987	51	3751	32	80	61
1999	—	—	—	—	—	8702	43	—	—
2002	—	—	—	—	—	—	—	—	—
2005	—	—	—	—	—	—	—	—	—
2007	—	—	—	—	—	—	—	—	—
2008	—	—	—	—	—	—	—	—	—
2009	—	—	—	—	—	—	—	—	—
2010	—	—	—	—	—	—	—	—	—

说明：此表只统计了入统（乡及乡以上）工业企业产品数量

1989—2010 年部分年份尚义县主要工业产品产量情况表（七）

表 14-15

年 份	骨胶（吨）	骨粉（吨）	骨油（吨）	浮石砖（立方米）	浮石骨料（立方米）	水泥预制构件（立方米）	铁精粉（吨）
1989	—	—	—	—	—	—	—
1994	69	246	57	—	—	—	—
1999	—	—	—	2000	5000	960	—
2002	—	—	—	—	—	576	—
2005	—	—	—	—	—	—	—
2007	—	—	—	—	—	—	—
2008	—	—	—	—	—	—	50000
2009	—	—	—	—	—	—	5000
2010	—	—	—	—	—	—	50000

说明：此表只统计了入统（乡及乡以上）工业企业产品数量

第二章　国民经济运行

1989—2010 年，尚义县坚持以经济建设为中心，不断调整和优化经济结构，转变经济发展方式，促进了全县经济持续快速发展。全县累计完成地区生产总值 132.67 亿元，年均增长 13.50%；完成全部财政收入 6.84 亿元，年均增长 15.50%；完成全社会固定资产投资 127.53 亿元，年均增长 43.30%；完成社会消费品零售总额 48.98 亿元，年均增长 11.10%；实际利用外资累计达到7470万美元；城镇居民人均可支配收入年均增长12.70%，农民人均纯收入年均增长14.50%；城乡居民年末储蓄存款余额年均增长19.00%。全县第一、二、三产业的比例结构从1989年的15.9 ∶ 39.7 ∶ 44.4调整到2010年的34.5 ∶ 35.5 ∶ 30.0。

1989—2010年尚义县主要经济指标情况表

表14-16

时间	国内生产总值（万元）	第一产业（万元）	第二产业（万元）	第三产业（万元）	全社会固定资产投资（万元）	全部财政收入（万元）	社会消费品零售总额（万元）	实际利用外资（万美元）	农民人均纯收入（元）	城镇居民人均可支配收入（元）	城乡居民年末储蓄存款余额（万元）
合计	1326688	518613	329487	478588	1275274	68439	489798	7470	—	—	—
“七五”末	20279	6886	6369	7024	641	1307	14503		—	—	—
1989年	7952	1266	3156	3530	191	625	6787		188	929	3230
1990年	12327	5620	3213	3494	450	682	7716		358	1058	4177
“八五”期间	91983	42540	20600	28843	9953	4032	45172		—	—	—
1991年	12190	4594	3538	4058	781	771	7131		307	1159	5535
1992年	15707	7441	3767	4499	1779	764	8443		448	1422	6466
1993年	13730	4241	4062	5427	1702	889	8221		404		8324
1994年	22972	10858	5179	6935	1933	579	9934		660		11905
1995年	27384	15406	4054	7924	3758	1029	11443		824		15336
“九五”期间	183447	79809	40513	63125	47972	8466	82901	920	—	—	—
1996年	32811	15686	7089	10036	4180	1367	13301	12	1034		18908
1997年	35394	12812	10012	12570	4790	1696	14807	2	1149		23230
1998年	44931	21198	11862	11871	20568	1865	17379	193	1431		26875
1999年	33893	14864	5425	13604	8439	1840	17790	700	1084		29073
2000年	36418	15249	6125	15044	9995	1698	19624	13	1101		30815
“十五”期间	272934	112502	50311	110121	143775	12569	115267	472	—	—	—
2001年	36175	12267	7638	16270	18429	1616	20406		919		34873
2002年	42569	16311	8315	17943	14141	2190	21447		1136		39498
2003年	53370	23205	9343	20822	19356	2388	22469		1458		45921
2004年	65655	29618	11169	24868	40379	2742	20426	30	1762	4720	52354
2005年	75165	31101	13846	30218	51470	3633	30519	442	1891	5627	60913
“十一五”期间	758045	276876	211694	269475	1072933	42065	231955	6078	—	—	—
2006年	91831	38481	18225	35125	90889	4502	33787	513	2181	7045	73841
2007年	123484	44326	26156	53002	114002	5407	38268	573	1950	7975	84206
2008年	157247	63779	38612	54856	208869	8795	44906	944	2651	9289	97395
2009年	165404	54398	50651	60355	293974	10556	52853	3104	2810	10230	109776
2010年	220079	75892	78050	66137	365199	12805	62141	944	3252	11419	125152

第一节 “七五”后期

“七五”期间的1989年、1990年两年，全县累计完成地区生产总值2.03亿元，其中“七五”末的1990年，完成地区生产总值1.23亿元，比1988年下降10.80%（按不变价计算）；累计完成全部财政收入1307万元，其中1990年，完成全部财政收入682万元，比1988年增长27.20%，年均增长12.80%；累计完成全社会固定资产投资641万元，其中1990年，完成全社会固定资产投资450万元，比1988年增长87.50%，年均增长36.90%；累计完成社会消费品零售总额1.45亿元，其中1990年，完成社会消费品零售总额7716万元，比1988年增长23.20%，年均增长11%；1990年，城镇居民人均可支配收入达到1058元，比1988年增长55.60%，年均增长24.70%；1990年，农民人均纯收入358元，比1988年增长141.90%，年均增长55.50%；1990年，城乡居民年末储蓄存款余额4177万元，比1988年增长110.40%，年均增长45.10%。

一、第一产业

“七五”后期，受1989年大旱之年影响，农业生产遭受重大损失。1989年当年全县遭受旱灾及其他自然灾害农作物面积达到7.33万公顷，其中旱灾6.87万公顷，成灾人口达16.80万人，因灾粮食减产5.12万吨，油料减产1.34万吨。据统计，“七五”期间的1989年、1990年两年，全县累计完成农林牧渔业总产值1.55亿元，其中“七五”末的1990年，完成农林牧渔业总产值9835万元，比1988年下降0.50%。累计完成种植业总产值7082万元，其中1990年，完成种植业总产值5985万元，比1988年增长8.30%。累计完成林业总产值628万元，其中1990年，完成林业总产值346万元，比1988年增长103.50%。累计完成牧业总产值7477万元，其中“七五”末的1990年，完成牧业总产值3408万元，比1988年下降13.10%。粮食总产量累计达到7.82万吨，其中1990年，粮食总产量6.88万吨，比1988年增长16.50%。油料总产量累计达到1.04万吨，其中1990年，油料总产量7881吨，比1988年下降9.50%。蔬菜总产量累计达到2.65万吨，其中1990年，蔬菜总产量1.89万吨，比1988年下降1.40%。1989年、1990年两年累计造林成活面积达3420公顷，截至1990年年末实有林地面积达到1.60万公顷。1990年年末猪、牛、羊存栏分别为5.43万头、5.40万头和15.48万只，分别比1988年增长44.80%、增长135.80%和下降8.20%。1990年猪、牛、羊出栏分别为3.75万头、0.32万头和7.51万只，分别比1988年增长31.60%、下降25.60%和增长68.40%。1990年肉类总产量5545吨，比1988年增长46.50%。尚义县加大对农业水利设施和现代化机械的投入力度。1990年农田有效灌溉面积5673.33公顷，比1988年增长34.90%；拥有机井471眼，比1988年增加100眼；农业机械总动力21785千瓦，比1988年下降8.80%；机耕面积3.30万公顷，比1988年增长11.20%。

二、第二产业

“七五”期间，尚义县为了加强工业生产，提高经济效益，加快工业企业的改革步伐，把工业的建设重点转移到现有企业的技术改造和改建扩建上来，完成了造纸厂二号纸机和1575纸机的改造，元件厂小拖刹车元件和液压阀新产品开发，县乡联办大理石加工和黄金开采，粮油加工厂净化油生产，印刷厂已有设备改造，皮毛厂制革技术改造，毛纺厂梳纺织造生产线，陶瓷厂琉璃瓦新产品开发等技改项目，工业生产保持持续稳定发展，但经济效益仍然不高，利税、利润有所下滑。“七五”末的1990年，全县全部工业总产值达到5336万元，比“七五”中期的1988年增长7.80%；乡及乡以上工业企业总产值4486万元，比1988年下降5.10%；乡及乡以上独立核算工业企业净产值2181万元，比1988年增长34.80%；乡及乡以上独立核算工业企业产品销售收入5138万元，比1988年增长6.20%；乡及乡以上独立核算工业企业利税总额432万元，比1988年下降18.60%；乡及乡以上独立核算工业企业利润总额319万元，比1988年下降27%。“七五”后期，全县的主要工业产品有原煤、食用植物油、面粉、服装、鞋、砖瓦、刹车装置配件、纸箱、铸铁炉具、皮毛裤、粉丝等50多种。

三、第三产业

“七五”后期，尚义县第三产业快速发展。“七五”末的1990年，全县拥有商业机构1105个，从业人员2744人，全县商品纯销售总值6738万元，比“七五”中期的1988年增长29.70%；社会商品零售总额7716万元，比1988年增长23.20%。“七五”末的1990年，全县拥有其他服务业经营机构188个，从业人员377个。1990年，全县公路货运周转量达到35万吨千米，比1988年增长25%；全县公路客运周转量达到1723万人千米，比1988年增长40.30%。1990年，全县邮电业务总量38万元，比1988年下降7.30%。“七五”末，全县拥有各类学校总数502所，在校学生23696人；拥有各类文化艺术团体（包含文化站）77个；拥有各类卫生机构29个，卫生机构床位数370床，卫生技术人员371人。1990年年末全县金融机构各项存款余额6657万元，各项贷款余额12525万元，分别比1988年年末增加3654万元和4475万元。

四、固定资产投资

“七五”后期，尚义县加大了项目建设力度，固定资产投资特别是更新改造投资大幅增长。完成的投资项目有邮电局营业楼、农业技术推广中心楼、保险公司营业楼、人行办公楼、城镇建设环保局办公楼、建筑公司营业楼、尚义一中教室等基础设施投资项目；林业局的29万元植树造林项目；南壕堑乡童装厂的生产项目等。据统计1989年、1990年两年全县累计完成全社会固定资产投资641万元，其中“七五”末的1990年，完成全社会固定资产投资450万元，比1988年增长87.50%。其中，基本建设投资107万元，比1988年下降8.50%；更新改造投资273万元，比1988年增长152.80%；其他个人建房等零星固定资产投资70万元，比1988年增长366.70%。

第二节　“八五”期间

“八五”期间，全县累计完成地区生产总值9.20亿元，是“七五”期间的2.40倍，其中“八五”末的1995年，完成地区生产总值2.74亿元，比1995年增长29.40%（按不变价计算），年均递增5.30%（按不变价计算）；累计完成全部财政收入4032万元，是“七五”期间的1.60倍，其中1995年，完成全部财政收入1029万元，比1990年增长50.90%，年均递增8.60%；累计完成全社会固定资产投资9953万元，是“七五”期间的5.60倍，其中1995年，完成全社会固定资产投资3758万元，比1990年增长735.10%，年均递增52.90%；累计完成社会消费品零售总额4.52亿元，是“七五”期间的1.50

倍，其中1995年，完成社会消费品零售总额1.14亿元，比1990年增长48.30%，年均递增8.20%；1995年，农民人均纯收入824元，比1990年增长130.20%，年均递增18.10%；1995年，城乡居民年末储蓄存款余额1.53亿元，比1990年增长267.20%，年均递增29.70%。

一、第一产业

“八五”期间，全县农村进一步稳定和完善了家庭联产承包责任制，强化了统分结合的双层经营体制。围绕实施农业生态工程、三北防护林工程、首都周围绿化工程、小流域治理工程和养殖业“两个转移、三项开发”的指导方针，努力发展“两高一优”农业。农业生产在严重遭灾的情况下，除种植业部分年度大幅减产减收外，其他各业均健康发展，农村经济保持了稳定的增长势头。据统计，“八五”期间，全县累计完成农林牧渔业总产值7.45亿元，其中“八五”末的1995年，完成农林牧渔业总产值2.79亿元，比1990年增长183.80%，年均递增23.20%。累计完成种植业总产值3.75亿元，其中1995年，完成种植业总产值1.45亿元，比1990年增长141.80%，年均递增19.30%。累计完成林业总产值3770万元，其中“八五”末的1995年，完成林业总产值731万元，比1990年增长111.30%，年均递增16.10%。累计完成牧业总产值3.51亿元，其中1995年，完成牧业总产值1.27亿元，比1990年增长272.40%，年均递增30.10%。粮食总产量累计达到21.45万吨，其中1995年，粮食总产量4.75万吨，比1990年下降30.90%，年均下降率为7.10%。油料总产量累计达到3.34万吨，其中1995年，油料总产量8500吨，比1990年增长7.90%，年均递增1.50%。蔬菜总产量累计达到8.24万吨，其中1995年，蔬菜总产量3.16万吨，比1990年增长67.20%，年均递增10.80%。“八五”期间，累计造林成活面积达1.78万公顷，截至1995年年末实有林地面积达到2.56万公顷。1995年年末猪、牛、羊存栏分别为8万头、2.44万头和9.43万只，分别比1990年增长47.30%、增长1.70%和下降39.10%，年均分别增长8.10%、增长0.30%、下降9.40%。1995年猪、牛、羊出栏分别为7.22万头、0.54万头和6.02万只，分别比1990年增长92.50%、增长68.80%和下降19.80%，年均分别增长14%、增长11%、下降4.30%。1995年肉类总产量7600吨，比1990年增长37.10%，年均递增6.50%。1995年农田有效灌溉面积0.86万公顷，比1990年增长51.50%，年均递增8.70%；拥有机井652眼，比1990年增加181眼；农业机械总动力33425千瓦，比1990年增长53.40%，年均递增8.90%；当年机耕面积3万公顷，比1990年下降9.10%，当年机播面积2.53万公顷，当年机械收获面积100公顷。

二、第二产业

“八五”期间，县委、县政府把发展工业放在经济工作的突出位置，把增强企业后劲、激发企业内在活力作为振兴地方工业的战略措施来抓，在深入调查研究的基础上，制定了一系列具体措施，有力地促进了全县工业，特别是全民骨干企业的发展。但全县多数企业由于受到历史包袱沉重、资金紧张，原辅材料供应不上，生产费用增加、产品滞销等诸多不利因素的影响，部分企业生产滑坡、亏损增加，再加上国家加强宏观调控压缩基建规模，信贷投入减少利率调高等诸因素影响，一些该上的项目因资金不到位上不去，工业项目开工不足，工业经济后劲不强。从“八五”期间的统计数据来看，工业总产值从1991—1995年之间呈逐年增长状态；全年利润总额在1991—1992为盈利状态，从1993年开始一直是亏损状态。“八五”末的1995年，全县全部工业总产值达到12095万元，比“七五”末的1990年增长126.70%；乡及乡以上工业企业总产值5428万元，比1990年下降15.60%；乡及乡以上独立核算工业企业产品销售收入4065万元，比1990年下降20.90%；乡及乡以上独立核算工业企业利税总额盈亏相抵后累计亏损632万元；乡及乡以上独立核算工业企业利润总额盈亏相抵后累计亏损830万元。1995年全县正常生产的县属独立核算工业企业共有28家，其中有17家是亏损状态，亏损面达60.70%，比“七五”末上升了42.20个百分点。“八五”期间，全县的主要工业产品种类有所减少，主要有原煤、食用植物油砖瓦、液压元件、纸箱、服装、布鞋、人造皮毛、人造金刚石、粉丝等30多种。

三、第三产业

“八五”期间，尚义县第三产业快速发展。第三产业增加值年均增速达到12.10%（按不变价计算），比地区生产总值增速快6.80个百分点，“八五”末的1995年第三产业增加值占地区生产总值的比重为28.90%，比“七五”末提高0.50个百分点。“八五”末的1995年，全县拥有商业机构1472个，比1990年增加367个，从业人员3474人，比1990年增加730人，全县社会商品零售总额11443万元，比1990年增长48.30%。1995年年末，全县公路通车里程达到530千米，比1990年增加175千米。1995年，全县邮电业务总量172万元，比1990年增长352.60%。“八五”末，全县拥有各类学校总数483所，在校学生23951人；拥有医院、卫生院29个，医院、卫生院床位数351床，医生152人。1995年年末全县金融机构各项存款余额17052万元，各项贷款余额26127万元，分别比1990年年末增加10395万元和13602万元。

四、固定资产投资

“八五”期间，尚义县项目建设力度更大，固定资产投资大幅度增长。完成的投资项目：建设银行、农机公司、煤矿、林业局、招待所等70多个基础设施投资项目和制鞋厂、造纸厂、陶瓷厂、毛纺厂、地毯厂、元件厂等13个更新改造项目。据统计“八五”期间全县累计完成全社会固定资产投资9953万元，是“七五”期间的总投资的5.60倍，其中“八五”末的1995年，完成全社会固定资产投资3758万元，比1990年增长735.20%，年均递增52.90%。1995年，城镇基本建设投资448万元，比1990年增长318.70%，年均递增33.20%；更新改造投资1107万元，比1990年增长305.50%，年均递增32.30%；其他集体及个人建房等零星固定资产投资2203万元，比1990年增长3047.10%，年均递增99.30%。

第三节 “九五”期间

“九五”期间，全县累计完成地区生产总值183447万元，是“八五”期间的2倍，其中“九五”末的2000年，完成地区生产总值36418万元，比1995年增长46%（按不变价计算），年均递增7.90%（按不变价计算）；累计完成全部财政收入8466万元，是“八五”期间的2.10倍，其中2000年，完成全部财政收入1698万元，比1995年增长65%，年均递增10.50%；累计完成全社会固定资产投资47972万元，是“八五”期间的4.80倍，其中2000年，完成全社会固定资产投资9995万元，比1995年增长166%，年均递增21.60%；累计完成社会消费品零售总额82901万元，是“八五”期间的1.80倍，其中2000年，完成社会消费品零售总额19624万元，比1995年增长71.50%，年均递增11.40%；2000年，农民人均纯收入1101元，比1995年增长33.60%，年均递增6%；2000年，城乡居民年末储蓄存款余额30815万元，比1995年增长100.90%，年均递增15%。

一、第一产业

“九五”期间,1997年、1999年、2000年三年灾情严重，农业生产遭受重大损失。据统计，1997年、1999年、2000年全县农作物受灾面积均在6.67万公顷以上，占当年农作物总播种面积的90%以上，分别达到7.27万公顷、7.27万公顷和7.13万公顷（除1997年有24666.67公顷遭受虫灾之外，其他大多是旱灾），成灾人口分别为11.70万人、16.70万人和15.10万人，因灾减产粮食分别为45098吨、51109吨、56341吨，因灾减产油料分别为7136吨、8260吨、8852吨。在屡遭重大自然灾害的情况下，全县农村认真贯彻中共中央、国务院关于农业和农村工作的指导方针，坚持以扶贫攻坚和小康建设总揽全局，把调整农业结构，发展特色经济作为实现农业增效、农民增收的根本性战略措施来抓，使全县农业生产按照可比口径做到了不减收，并涌现出一批在重灾年靠蔬菜种植等脱贫致富的典型村户，农村经济形势稳定。据统计：“九五”期间，全县累计完成农林牧渔业总产值152207万元，其中“九五”末的2000年，完成农林牧渔业总产值29986万元，比1995年增长7.40%，年均递增1.40%。累计完成种植业总产值90314万元，其中2000年，完成种植业总产值15899万元，比1995年增长9.90%，年均递增1.90%。累计完成林业总产值3369万元，其中2000年，完成林业总产值867万元，比1995年增长18.60%，年均递增3.50%。累计完成牧业总产值147973万元，其中2000年，完成牧业总产值12324万元，比1995年下降2.90%，年均递减0.60%。粮食总产量累计达到215119吨，其中2000年，粮食总产量17682吨，比1995年下降62.80%，年均下降率为17.90%。油料总产量累计达到34946吨，其中2000年，油料总产量4211吨，比1995年下降50.50%，年均递减13.10%。蔬菜总产量累计达到712549吨，其中2000年，蔬菜总产量198478吨，比1995年增长528.90%，年均递增44.50%。“九五”期间，累计造林面积达21453.30公顷，截至2000年年末实有林地面积达到33260公顷。2000年年末猪、牛、羊存栏分别为7.62万头、3.10万头和10.92万只，分别比1995年下降4.80%、增长27%和增长15.80%，年均分别下降1%、增长4.90%、增长3%。2000年猪、牛、羊出栏分别为9.10万头、0.84万头和9.59万只，分别比1995年增长26%、55.60%和59.30%，年均分别增长4.70%、9.20%、9.80%。2000年肉类总产量10468吨，比1995年增长37.70%，年均递增6.60%。2000年农田有效灌溉面积10900公顷，比1995年增长26.80%，年均递增4.90%；拥有机井696眼，比1995年增加44眼；农业机械总动力5.55万千瓦，比1995年增长66%，年均递增10.70%；当年机耕面积40400公顷，比1995年增长34.70%，当年机播面积33333.30公顷，比1995年增长31.80%，当年机械收获面积8333.33公顷，比1995年增长8233.30%。

二、第二产业

“九五”期间，经济结构调整步伐加快，国有企业改革进入攻坚阶段，国有经济占经济总量的比重有所下降，非公有制占经济总量的比重有所上升。乡镇企业改制工作全面展开，产业结构调整取得进展。改制后的企业生产经营运行状况出现了重大转折，经济效益开始回升。未改制的企业由于资金缺乏，投入不足，产品更新换代不快，产品单一、老化，市场竞争能力差，再加上东南亚金融危机的影响，有出口产品的企业市场受到严重制约，与正常年份相比，出口订单大幅度减少，企业运行低速低效。国有经济在适应市场经济发展条件方面的弊端逐步显现。截至“九五”末全县还有国有企业9家，其中4家停产，5家正在生产的企业利润都有不同程度的亏损。“九五”末的2000年，全县全部工业总产值达到12331万元，比“八五”末的1995年增长105.10%；入统工业总产值1839万元（从1998年开始入统工业由过去的乡及乡以上企业改为国有企业及年销售收入在500万元以上的非国有企业），按照新的统计口径计算比1995年下降52.30%；入统工业企业产品销售收入1622万元，按照新的统计口径计算比1995年下降30.70%；入统工业企业利税总额盈亏相抵后累计亏损228万元，按照新的统计口径计算亏损额比1995年减少503万元；入统工业企业利润总额盈亏相抵后累计亏损310万元，按照新的统计口径计算亏损额比1995年减少476万元。2000年全县入统工业企业12家，正常生产经营的有7家（其中粮油加工厂已经停产但还在销售库存产品），其中有6家是亏损状态，亏损面达85.70%，比“八五”末上升了25个百分点。“九五”期间，全县的主要工业产品种类有减少到20多种，主要有食用植物油、砖瓦、液压元件、白酒、服装、布鞋皮鞋、人造皮毛、家具、面粉、地毯等。

三、第三产业

“九五”期间，尚义县第三产业迅速发展。五年间第三产业增加值增长了90.90%，年均递增13.80%（按不变价计算），比地区生产总值增速快5.90个百分点，“九五”末的2000年第三产业增加值占地区生产总值的比重为41.30%，比“八五”末提高12.40个百分点（三产比重提高幅度如此大一部分是因为第二产业发展迅速的原因，但最主要是第二产业由于受企业改制和市场影响增加值总量大幅度减少影响此消彼长造成的）。“九五”末的2000年，全县社会商品零售总额19624万元，比1995年增长71.50%，年均递增11.40%。五年累计投入资金1645万元，建成各类市场10个，其中消费品市场7个，生产资料市场3个，2000年当年成交额达6898万元。2000年年末，全县境内等级公路里程达到380千米，比1995年增加29千米。2000年，全县邮电业务总量548万元，比1995年增长218.60%。“九五”末，全县拥有各类学校总数416所，在校学生26432人，专任教师总数1778人；拥有医院、卫生院20个，医院、卫生院床位数320床，医生150人。2000年年末全县金融机构各项存款余额37031万元，各项贷款余额35985万元，分别比1995年年末增加19979万元和9858万元。

四、固定资产投资

“九五”期间，固定资产投资保持较快增长，基础产业和基础设施较快发展。完成了郭花公路改建工程、东尚线公路开建工程、杨哈线三期改建工程等公路网络建设项目；完成了尚义煤矿大永胜井、酒业有限公司等扩产项目；完成了信用社、教育局安小、邮政局、县委、县医院等综合办公楼建设项目；完成了地税局、林业局、民政局、邮政局、交警队、一中、水务局、财政局、交通局、人行、教育局、联社等家属楼建设项目。据统计，“九五”期间全县累计完成全社会固定资产投资47972万元，是“八五”期间的4.80倍，其中“九五”末的2000年，完成全社会固定资产投资9995万元，比1995年增长166%，年均递增21.60%。2000年，城镇基本建设投资672万元，比1995年增长50%，年均递增8.40%；更新改造投资4852万元，比1995年增长338.30%，年均递增34.40%；其他集体及个人建房等零星固定资产投资4471万元，比1995年增长103%，年均递增15.20%。

第四节 “十五”期间

“十五”期间，尚义县经济发展开始进入加快发展时期。全县累计完成地区生产总值272934万元，是“九五”期间的1.50倍，其中“十五”末的2005年，完成地区生产总值75165万元，比2000年增长106.40%（按不变价计算），年均递增15.60%（按不变价计算）；累计完成全部财政收入12569万元，是“九五”期间的1.50倍，其中“十五”末的2005年，完成全部财政收入3633万元，比2000年增长114%，年均递增16.40%；累计完成全社会固定资产投资143775万元，是“九五”期间的3倍，其中2005年，完成全社会固定资产投资51470万元，比2000年增长415%，年均递增38.80%；累计完成社会消费品零售总额115267万元，是“九五”期间的1.40倍，其中2005年，完成社会消费品零售总额30519万元，比2000年增长55.40%，年均递增9.20%；2005年，农民人均纯收入1891元，比2000年增长71.80%，年均递增11.40%；2005年，城乡居民年末储蓄存款余额60913万元，比2000年增长97.70%，年均递增14.60%。

一、第一产业

“十五”期间，农业结构调整迈出新步伐，经济作物种植业快速发展，优质农产品的生产能力不断增强，初步形成畜牧和蔬菜两大农业主导产业，同时随着农业现代化及水利化的发展，农业生产抵御自然灾害的能力逐步增强，农村经济出现了加速发展的局面。据统计，“十五”期间，全年第一产业增加值年均增速达到5.30%，比“九五”期间快3个百分点。全县累计完成农林牧渔业总产值244198万元，其中“十五”末的2005年，完成农林牧渔业总产值64279万元，比2000年增长114.40%，年均递增16.50%。累计完成种植业总产值153506万元，其中2005年，完成种植业总产值43095万元，比2000年增长171.10%，年均递增22.10%。累计完成林业总产值17553万元，其中2005年，完成林业总产值4355万元，比2000年增长402.30%，年均递增38.10%。累计完成牧业总产值71111万元，其中2005年，完成牧业总产值16581万元，比2000年增长34.50%，年均递增6.10%。粮食总产量累计达到170576吨，其中“十五”末的2005年，粮食总产量24907吨，比2000年增长40.90%，年均增长率为7.10%。油料总产量累计达到32826吨，其中2005年，油料总产量4160吨，比2000年下降3.60%，年均递减0.70%。蔬菜总产量累计达到2033430吨，其中“十五”末的2005年，蔬菜总产量535890吨，比2000年增长170%，年均递增22%。“十五”期间，累计造林面积达57800公顷，截至2005年年末实有林地面积达到47346.70公顷。2005年年末猪、牛、羊存栏分别为5.65万头、3.69万头和15.03万只，分别比2000年下降25.90%、增长19%和增长37.60%，年均分别下降5.80%、增长3.50%、增长6.60%。2005年猪、牛、羊出栏分别为6.46万头、1.47万头和12.01万只，分别比1995年下降29%、增长75%和增长25.20%，年均分别下降6.60%、增长11.80%、增长4.60%。2005年肉类总产量8734吨，比2000年下降16.60%，年均递减3.60%。2005年农田有效灌溉面积11333.30公顷，比2000年增长4%，年均递增0.80%；拥有机井824眼，比2000年增加128眼；农业机械总动力76356千瓦，比2000年增长37.60%，年均递增6.60%；当年机耕面积40000公顷，比2000年增长1%，当年机播面积30000公顷，比2000年下降10%，当年机械收获面积5000公顷，比2000年下降40%。

二、第二产业

“十五”期间，尚义县继续推进企业改革改制工作，非公有制经济快速健康发展，进一步加大“工业立县”战略实施力度，积极构建适应尚义经济发展的工业框架，深入推进工业结构的调整和优化，“国华”集团在此期间进入尚义，拉开尚义风电产业发展的序幕，风电产业逐步成为新型主导产业，工业经济运行总体效果良好。“十五”末的2005年，全县全部工业总产值达到24735万元，比“九五”末的2000年增长100.60%，年均递增14.90%；实现工业增加值7779万元，比2000年增长87.40%（按不变价计算），年均递增13.40%（按不变价计算）；规模以上工业总产值5446万元，比2000年增长196.10%，年均递增24.30%；规模以上工业企业产品销售收入4984万元，比2000年增长207.30%，年均递增25.20%；规模以上工业企业利税总额盈亏相抵后累计盈利170万元；规模以上工业企业利润总额盈亏相抵后累计亏损203万元，亏损额比2000年减少107万元。“十五”期间，一些市场竞争能力低的产品相继停产，全县的主要工业产品种类减少到10多种，主要有原煤、食用植物油、砖瓦、液压件、服装、家具、面粉、鲜冻畜肉等。

三、第三产业

“十五”期间，尚义县第三产业保持了平稳较快发展，但由于第二产业特别是工业发展速度较快，第三产业年均增速略低于地区生产总值增速，且占生产总值的比重有所下降。五年间第三产业增加值增长了100.90%，年均递增15%（按不变价计算），比地区生产总值增速慢0.60个百分点，比“九五”时期快1.20个百分点。“十五”末的2005年第三产业增加值占地区生产总值的比重为40.20%，比“九五”末下降1.10个百分点。“十五”末的2005年，全县社会商品零售总额30519万元，比2000年增长55.50%，年均递增9.20%。拥有各类商品交易市场8个，其中消费品市场6个，生产资料市场2个，2005年当年成交额达14699万元。2005年年末，全县境内等级公路里程达到400千米，比2000年增加20千米。2005年，全县邮电业务总量2602万元，比2000年增长374.80%。“十五”末，全县拥有各类学校总数226所，在校学生21156人，专任教师总数1517人；拥有医院、卫生院19个，医院、卫生院床位数315床，医生101人。2005年末全县金融机构各项存款余额85688万元，各项贷款余额49294万元，分别比2000年年末增加48657万元和13309万元。

四、固定资产投资

“十五”期间，固定资产投资平稳增长，项目建设取得突破性进展，基础设施得到显著改善。国华尚义满井风电场一期工程完工并且并网发电，祥福苑住宅小区开发一期工程、公安局指挥中心、电信局家属楼、元件厂商贸楼、大青沟恒温库、检察院办公楼、国土局办公楼、供电公司、梧桐苑小区等一批重点项目相继竣工或开工建设，唐山鑫兆公司、国风中学、河北义羊肉制品公司投资建设，电力局电网改造、农网改造工程、大青沟水库加固工程、白郭线尚义段改建工程、秀水大街扩建工程、平安大街拓宽改造工程、风沙源治理工程等一大批基础设施建设相继上马。据统计，“十五”期间全县累计完成全社会固定资产投资143775万元，是“九五”期间的3倍，其中“十五”末的2005年，完成全社会固定资产投资51470万元，比2000年增长415%，年均递增38.80%。2005年，城镇基本建设投资和更新改造投资38664万元，比2000年增长599.90%，年均递增47.60%；其他集体及个人建房等零星固定资产投资12806万元，比2000年增长186.40%，年均递增23.40%。

第五节 “十一五”期间

“十一五”期间，尚义县经济发展开始进入高速发展时期，经济总量逐年攀升，综合实力显著提高。全县累计完成地区生产总值758045万元，是“十五”期间的2.80倍，其中“十一五”末的2010年，完成地区生产总值220079万元，比2005年增长151.20%（按不变价计算），年均递增20.20%（按不变价计算）；累计完成全部财政收入42065万元，是“十五”期间的3.30倍，其中2010年，完成全部财政收入12805万元，比2005年增长252.50%，年均递增28.70%；累计完成全社会固定资产投资1072933万元，是“十五”期间的7.50倍，其中2010年，完成全社会固定资产投资365199万元，比2005年增长609.50%，年均递增48%；累计完成社会消费品零售总额231955万元，是“十五”期间的2倍，其中2010年，完成社会消费品零售总额62141万元，比2005年增长103.60%，年均递增15.30%；2010年，农民人均纯收入3252元，比2005年增长72%，年均递增11.50%;2010年，城镇居民人均可支配收入11419元，比2005年增长102.90%，年均递增15.20%；2010年，城乡居民年末储蓄存款余额125152万元，比2005年增长105.50%，年均递增15.50%。

一、第一产业

“十一五”期间，坚持把节水、设施和旱作高效农业，作为调整农业结构、发展现代农业的主攻方向。在稳定蔬菜种植基地的基础上，建立设施蔬菜71公顷，大面积推广膜下滴灌。全面实施舍饲禁牧，推广规模集中养殖和品种改良，促进了养殖方式转变和效益提升。围绕蔬菜、果品、高端肉品等特色农产品，发展省级龙头加工企业3家，省级农业专业合作社16个，省级专业市场1个，省级蔬菜生产地1个，“十一五”末农业产业化经营率达到45.90%，比2005年提高了8.50个百分点。据统计，“十一五”期间，全年第一产业增加值年均增速达到19.70%，比“十五”期间快14.40个百分点。全县累计完成农林牧渔业总产值531649万元，其中“十一五”末的2010年，完成农林牧渔业总产值144584万元，比2005年增长124.90%，年均递增17.60%。累计完成种植业总产值35692万元，其中2010年，完成种植业总产值96296万元，比2005年增长123.50%，年均递增17.40%。累计完成林业总产值14543万元，其中2010年，完成林业总产值2857万元，比2005年下降38.40%，年均递减9.20%。累计完成牧业总产值136773万元，其中2010年，完成牧业总产值39854万元，比2005年增长140.40%，年均递增19.20%。粮食总产量累计达到123249吨，其中2010年，粮食总产量50210吨，比2005年增长101.60%，年均增长率为15.10%。油料总产量累计达到21377吨，其中2010年，油料总产量5839吨，比2005年增长40.40%，年均递增7%。蔬菜总产量累计达到2770864吨，其中2010年，蔬菜总产量630165吨，比2005年增长17.60%，年均递增2.30%。“十一五”期间，累计造林面积达26933.30公顷。2010年年末猪、牛、羊存栏分别为3.65万头、1.73万头和7.23万只，分别比2005年下降35.40%、52.60%和51.60%，年均分别下降5.80%、13.90%、13.50%。2010年猪、牛、羊出栏分别为7.51万头、2.82万头和18.17万只，分别比2000年增长68.40%、91.80%和51.30%，年均分别增长11%、13.90%和8.60%。2010年肉类总产量13430吨，比2005年增长53.80%，年均递增9%。2010年农田有效灌溉面积12733.30公顷，比2005年增长12.40%，年均递增2.40%；农业机械总动力84213千瓦，比2005年增长10.30%，年均递增2%；当年机耕面积36733.30公顷，比2005年下降8.20%，当年机播面积20733.30公顷，比2005年下降30.90%，当年机械收获面积4400公顷，比2005年下降12%。

二、第二产业

“十一五”期间，尚义县企业改革改制工作全部完成，民营经济蓬勃发展。围绕“工业立县”，以风能资源开发为主的风电产业成为尚义县的支柱产业。光伏发电项目起步良好，由国华投资公司建设的尚义县首个光伏发电项目，已完成1兆瓦的发电示范工程，并实现并网发电。“十一五”末的2010年，全县全部工业总产值达到104212万元，比“十五”末的2005年增长321.30%，年均递增33.30%；实现工业增加值64572万元，比2005年增长498.90%（按不变价计算），年均递增43%（按不变价计算）；规模以上工业总产值69536万元，比2005年增长1176.80%，年均递增66.40%；规模以上工业企业产品销售收入65107万元，比2005年增长1206.30%，年均递增67.20%；规模以上工业企业利税总额盈亏相抵后累计盈利38002万元，比2005年增加37832万元；规模以上工业企业利润总额盈亏相抵后累计盈利33084万元。“十一五”期间，全县的主要工业产品主要有原煤、铁精粉、食用植物油、钢包头、液压件、服装、冷冻蔬菜、面粉、电力、白酒等。

三、第三产业

“十一五”期间，尚义县第三产业高速增长的态势有所减缓，但仍然保持了稳步增长，而且由于第二产业特别是工业高速增长，第三产业年均增速低于地区生产总值增速，且占生产总值的比重有所下降。五年间第三产业增加值增长了83.40%，年均递增12.90%（按不变价计算），比地区生产总值增速慢7.30个百分点，比“十五”时期慢2.10个百分点。“十一五”末的2010年第三产业增加值占地区生产总值比重为30%，比“十五”末下降10.20个百分点。2010年，全县社会商品零售总额62141万元，比2005年增长103.60%，年均递增15.30%。拥有各类商品交易市场6个，2010年当年成交额达26530万元。2010年年末，全县境内等级公路里程达到859千米，比2005年增加459千米。2010年，全县邮电业务总量7042万元，比2005年增长170.60%。“十一五”期间教育系统对各教学点进行了整合，学校布局调整加快，办学条件明显改善。2010年年末，全县有各类学校总数26所，在校学生19468人，专任教师总数

1406 人。卫生事业稳步推进。通过加快县、乡、村三级卫生医疗机构建设，加大卫生技术人员培训，医疗服务能力得到较大提高。“十一五”末，全县拥有医院、卫生院 20 个，医院、卫生院床位数 444 床，医生 131 人。2010 年年末，全县金融机构各项存款余额 194767 万元，各项贷款余额 78420 万元，分别比 2005 年年末增加 109079 万元和 29126 万元。

四、固定资产投资

“十一五”期间，尚义坚持把项目建设作为推动经济社会发展的核心之举，举全县之力攻坚突破，项目建设扎实推进，呈现出数量多、结构优、规模大的良好态势，发展基础更加坚实。“十一五”期间，全县共实施重点项目 99 个，其中亿元以上项目 39 个。向国家及省市有关部门争取项目 235 个，争取资金达 20.60 亿元。积极创新招商方式，成功引进了龙源、中设建工等一批投资大、实力强的企业。五年来，引进县外资金 81.04 亿元，实际利用外资 6078 万美元，分别比“十五”期间增长 4.30 倍和 11.90 倍。据统计，“十一五”期间全县累计完成全社会固定资产投资 1072933 万元，是“十五”期间的 7.50 倍，其中“十一五”末的 2010 年，完成全社会固定资产投资 365199 万元，比 2005 年增长 609.50%，年均递增 48%。2010 年，城镇基本建设投资和更新改造投资 353962 万元，比 2005 年增长 815.50%，年均递增 55.70%；其他集体及个人建房等零星固定资产投资 11237 万元，比 2005 年下降 12.30%，年均递减 2.60%。

第三章　居民生活

改革开放以后，国民经济和社会事业的快速发展，给人民生活带来了前所未有的变化。经济的稳定增长，人均可支配收入增加，人民生活不仅在衣食住行方面得到较大改善，科技、教育、文化事业也快速发展，人民生活水平明显提高，幸福指数不断攀升。

1989 年，全县居民生活水平的社会消费品零售总额、城乡居民储蓄存款余额、城镇居民人均可支配收入、农民人均纯收入分别为 6787 万元、15336 万元、929.14 元和 188.37 元。至 2000 年，社会消费品零售总额增至 28521 万元、城乡居民储蓄存款余额 52354 万元、城镇居民人均可支配收入 4719.5 元、农民人均纯收入 1761.66 元，上述四项数据分别是 1989 年的 4.20 倍、3.40 倍、5.10 倍和 9.40 倍。

2010 年，全县社会消费品零售总额达到 62141 万元，是 1989 年的 9.20 倍；城乡居民储蓄存款余额 125152 万元，是 1989 年的 8.20 倍；城镇居民人均可支配收入 11419 元，是 1989 年的 12.30 倍；农民人均纯收入 3252 元，是 1989 年的 17.30 倍。2010 年，城镇居民恩格尔系数为 35.30，农村居民恩格尔系数为 40.20。城乡居民住房条件逐步改善，城镇居民人均住房面积 29.85 平方米，农村居民人均住房面积 16.10 平方米。22 年间全县经济有了空前发展，人民群众的生活得到了极大改善。

第一节　城乡居民收入

改革开放以后，伴随个体私营经济的快速

发展，城镇居民收入渠道多元化，收入成倍增长。据城镇住户抽样调查，1989 年全县城镇居民人均可支配收入（这个时期为生活费用收入）929.14 元 / 人。2010 年，全县城镇居民人均可支配收入达 11419 元 / 人，比 1989 年增长 11.29 倍，年均递增 4.13%，占全省城镇居民人均可支配收入 13441.10 元的 84.96%。

农村居民由于各项“三农”政策落实，农业产业结构调整，农村个体、私营经济繁荣活跃，农民家庭经营收入明显提高；农村居民收入构成也发生了变化，外出务工人员逐年增加，农村住户转移性收入成为农民收入的一项重要来源。据农村住户抽样调查，1989 年全县农村居民人均纯收入 188.37 元，2010 年全县农村居民人均纯收入达到 2810.39 元，比 1989 年增长 13.90 倍，平均递增 3.05%，占全省农村居民人均可支配收入 4795 元的 58.61%。

1989—2010 年尚义县居民收入情况表

表 14-17

年 份	城镇居民人均可支配收入（元）	农村居民人均纯收入（元）
1989	929.14	188.37
1990	1058.48	358
1991	1159.13	307.33
1992	1422.20	447.83
1993	—	404.32
1994	—	659.95
1995	—	823.95
1996	—	1033.69
1997	—	1148.95
1998	—	1430.64
1999	—	1083.61
2000	—	1100.64
2001	—	918.68
2002	—	1135.79
2003	—	1458.38
2004	4719.50	1761.66
2005	5627	1890.63
2006	7045.38	2181
2007	7974.83	1950.13
2008	9288.78	2650.82
2009	10230	2810.39
2010	11419	3252

说明：1989—1992 年城镇居民人均可支配收入调查项目为生活费用收入

附：庭院经济开发情况调查

尚义县庭院种植、饲养历史悠久，主要以种植蔬菜瓜果自家食用为主，坝上尽管有着宽宅大院，但多数庭院土地利用不充分，生产项目少，收入不高。随着改革开放的深入和农村经济的发展，庭院经济成为农村经济发展的重要组成部分和脱贫致富的重要途径，受到了各级政府的重视和关注。为开发利用庭院土地，最大限度增加土地经济效益，为农民发展庭院经济脱贫致富，为县委、县政府决策提供依据，政府区划办公室于1989年、1991年、1993年和1996年下大力对庭院经济开发进行了四次调查和规划。

（一）1989年的调查

1988年底，全县共有农村庭院46741个，庭院内有井600眼，灌溉面积190亩，总面积19636亩，户均0.6843亩，其中已利用14438亩、利用率73.53%。庭院产值2825.90万元占同年全县农业产值的28.58%，户均604.59元，人均163.60元；庭院收入2185.80万元，占全县农户家庭总收入9604.80万元的2.70%，户均467.64元，人均126.55元。

农村庭院经济模式，大致可分为两种类型，少数户为种—养—加工模式，占全县农户7.10%，多数户为种—养模式，占92.90%。第二种模式又可分为以下4种：菜—猪兔鸡模式，共2543户，占第二种模式农户的58.57%；果（菜）—猪鸡兔模式共3973户，占9.15%；林—猪鸡兔模式。共11452占户26.37%；粮油—猪鸡兔模式，共2570户，占5.91%。

从调查看，农村庭院经济开发尚处在初级阶段，庭院经济发展的主要问题：一是发展不平衡，户均庭院总面积，坝上为0.7359亩，坝下为0.5303亩，户均已利用面积，坝上为0.3521亩，坝下为0.18亩。户均庭院面积坝上大于坝下，户均庭院收入坝上大于坝下。同时乡与乡、村与村、户与户之间也存在着不平衡的问题。庭院利用率高的100%，低的不足30%。二是产业结构不合理，在庭院产值中种植业和牧业占91.70%、工副业占8.30%，仓储业是个空白，在庭院收入中，种植业和畜牧业占98.60%，工副业占1.40%，仓储业也是空白。三是管理水平低，经济效益差。多数庭院生产条件差，管理粗放，经济效益不佳。有的庭院果品、蔬菜、粮油单产尚未达到庭院外经营水平高的地块。四是商品率低，多数庭院经济都是“小而全”自给型的，向社会提供的商品量极少。大苏计乡大贲红村吴国生，带动了全乡庭院经济的发展。1987年，吴国生在院里打井1眼，配了微型水泵1台，建2.70分地大棚1个，棚内种青椒、黄瓜，棚外3.30分地种韭菜、西红柿等收入高的蔬菜。在农艺师潘和荣的精心指导下，大旱之年获得大丰收，6分院纯收入1600元。村民们见他开发庭院得了利，也纷纷在院里打井种菜。从1987年秋到1988春季，在县水利局的支持下，投资4.15万元，投工1950个，动土石3000立方米，打井108眼，庭院蔬菜面积达到185，建大棚13个，产菜46.25万千克，收入7.40万元，在这个村的带动下，这个乡在庭院种菜的行政村由1987年的1个增加到6个，大棚由13个增加到39个。

1987年南壕堑镇达营子村，户户院里有井，树上果实累累，树下蔬菜郁郁葱葱，粮食亩产200千克，油料亩产83.4千克，蔬菜亩产1765千克，果品亩产911千克，而有的村庭院因无水利设施，抗灾力不强，果树落果，禾苗枯死，几乎绝收。1988年，全县向庭院投资4.36万元，打井320眼，配套80眼，新增灌溉面积100亩，果树进院5.23万株。1989年县政府决定，开发庭院经济，每打一眼井县里补贴100元。这一政策决定，调动了广大农民开发庭院经济的积极性。庭院经济开发出现了好势头。

（二）1993 年的调查

从 4 月开始到 9 月结束，历时 5 个月，调查了 7 个乡（镇）的 20 个行政村、200 农户，占全县总农户的 0.40%，还调查了 13 个庭院经济专业村。根据抽样调查推算，1992 年底共有农村庭院 49387 个，庭院总面积 31585 亩，户均 0.6395 亩。已利用面积 11581 亩，户均 0.2345 亩。在已利用面积中，种植业占地面积 6059 亩，占 52.32%；养殖业占地 5040 亩，占 43.52%；加工业占地 276 亩，占 2.38%；第三产业占地 206 亩，占 1.78%。庭院纯收入 3555.69 万元，占全县农户家庭纯收入的 34.92%，户均 719.96 元，人均 209.01 元。

农村庭院经营模式，大致可分 7 种类型：种—养—加模式 940 户，占全县总农户 1.90%；种—养—服模式 623 户，占 1.30%；种—养模式 22170 户，占 44.90%；养—加模式 929 户，占 1.90%；养—服模式 1530 户，占 3.10%：种—加模式 157 户，占 0.30%；种—养—加—服等专业经营模式 20410 户，占 41.30%。这次调查与 1988 年相比，庭院总面积、可利用面积减少，利用率下降，种、养业占地减少，加工业、服务业、仓储业增加。庭院总面积减少 400 亩，减少 1.25%：已利用面积减少 2857 亩庭院产值及纯收入均比 1988 年有所提高，第三产业提高更快。1992 年庭院产值增加了 2670.38 万元，增长 94.50%，庭院纯收入增加 1369.89 万元、增加 62.67%，户均增加 252.32 元。

（三）1996 年的调查

这是一次农村庭院经济动态调查。从 10 月开始到 11 月结束，历时 1 个月，从首次调查的 200 户中，抽取 50 个样户，占全县农户总数 1%。重点调查了农村庭院中种植业、养殖业和第二、三产业的产值、纯收入及各业在农村庭院经济中的比重，逐户测算了全家全部经营性收入，并与上次调查的结果进行了分析比较。调查结果表明，三年来，尚义县农村庭院经济有了长足发展，已经成为广大农户脱贫致富奔小康的一条重要增收渠道。50 个调查户，1996 年庭院经济总产值 115164 元，户均 2303.30 元。庭院经济纯收入 74673 元，户均 1493.50 元。家庭经营性总收入 250365 元，户均 5007 元。庭院经济纯收入占全家全年全部经营性纯收入的 46%。

通过调查农村庭院经济发展变化趋势：1. 经营效益提高，产值、收入增长。50 户农村庭院经济总产值比上次调查的 1993 年增加 59010 元，增长 105%，三年平均年增长 35%；庭院经济纯收入比 1993 年增加 40198 元，增长 116.60%，三年平均年增长 38.90%。2. 第三产业比重加大。第三产业产值占农村庭院经济总产值的比重比 1993 年增加了 11.40 个百分点。3. 庭院经济纯收入占家庭全部经营性收入的比重增加。1996 年，庭院经济纯收入占家庭全部经营性纯收入的 46%，比 1993 年的 32.52% 增加了 13.48 个百分点，平均每年增加 4.49 个百分点。4. 发展不平衡，经营效益差距大。庭院经济产值，最高户达 12700 元，最低的户 600 元；庭院经济收入，最高户 6350 元，最低户只有 360 元；庭院经济纯收入占全家全部经营性纯收入的比重，最高的户占 91%，最低的户只有 10%。在调查的 50 户中，有 3 户有庭院，无经济，无产值，无收入。

第二节 城乡居民消费

城镇居民消费水平随着收入水平的增加而明显提高。据城镇住户抽样调查，1989 年全县城镇居民人均消费支出（生活费支出）951.55 元。

2010 年全县城镇居民人均消费支出达

5954.29 元，比 1989 年增长 5.26 倍，年均递增 9.10%。农村居民消费水平也随着收入的增加，逐步提高。据农村住户抽样调查，1989 年全县农民人均生活消费支出 357.12 元。2010 年全县农民人均生活消费支出达 2758.16 元，比 1989 年增长 6.72 倍，年均递增 10.20%。

1989—2010 年尚义县居民消费情况表

表 14-18

年　份	城镇居民人均消费支出（元）	农村居民人均生活消费支出（元）
1989	951.55	357.12
1990	1020.15	321
1991	1201.81	377.12
1992	1199.06	486.90
1993	—	523.37
1994	—	464.94
1995	—	531.51
1996	—	655.63
1997	—	833.72
1998	—	684.40
1999	—	639.37
2000	—	733.16
2001	—	802.78
2002	—	823.36
2003	—	1121.55
2004	—	1467.87
2005	—	1506.99
2006	4045.11	1819.32
2007	4435.24	2068.62
2008	4435.24	2406.92
2009	5649.06	2474.26
2010	5954.29	2758.16

说明：1989 年、1990 年城镇居民人均消费支出调查项目为生活费支出

第三节　收入差别

1989—2010 年，县内城乡居民生活均有较大改善，但城乡居民收入仍然存在很大的差距。据全县 1989—2010 年国民经济统计资料，1989 年农民人均纯收入 188.37 元，城镇居民人均可支配收入 929.14 元，城乡居民收入人均差距为 740.77 元；2010 年农民人均纯收入 3252 元，城镇居民人均可支配收入 11419 元，城乡居民人均收入差额 8167 元，比 1989 年扩大 7426.23 元。

附：对2008年农民收入结构的调查与思考

解决好“三农”问题是全党农村工作的重中之重。“三农”问题的核心是农民问题，关键是增加农民收入。农民收入的构成，在一定程度上反映着农村产业结构状况。近年来，我县适应农业和农村经济发展的新变化，大力调整农业结构。农业结构调整的如何？农民收入结构怎样？如何有效促进农民增收？带着这些问题，我们对2008年农民收入结构进行了调查。调查后的印象：

农民收入结构中的主题要素，在热与冷的交替中变奏。

收入结构：热与冷的主题变奏

调查时间：2008年12月

调查地址：七甲乡七甲村，南壕堑镇毛忽庆村、西平山村、田家天村。

调查收入年度：2008年。

调查对象：除大型专业户外的基本农户，共26户（附调查统计表）。

调查方法：随机抽样调查。召集座谈了解与登门入户访查相结合，答题询问与介绍情况相结合。

调查基本情况

调查26户，其中七甲村6户，毛忽庆2户，西平山8户、田家天10户。26户，共89口人，55.50个劳力。户主平均年龄48.10岁。文化程度，普及大专4名，高中5名，初中12名，小学5名。26户承包耕地35.67公顷，退耕地21.87公顷。家庭拥有主要生产生活资料，住房面积1739平方米，其他房产面积1275平方米。拥有洗衣机10台，电冰箱10台，摩托车23辆，营运汽车两辆，拖拉机10台，大中型运输及加工机械3台（套），彩色电视26台，手机及电话47部。

收入构成：

（一）家庭经营收入：第一产业160810元，其中蔬菜产业50400元，畜牧养殖业24290元；第二产业3000元；第三产业68000元。家庭经营收入合计231810元。

（二）工资性收入：合计221900元，其中在外地务工收入88000元，在当地务工收入133900元。

（三）转移性收入：合计69314元，其中退耕还林补贴52496元，其他惠农直补16818元。

（四）第一产业生产经营费用（已在上述收入中扣减）92480元。

（五）总收入合计523024元。

人均收入测算。按调查人数89人直接除以总收入数，人均收入5876元。考虑到26户人均收入在全县农户中分类权重及代表性，设定七甲村6户代表全县蔬菜种植户，其余20户代表全县一般农户。按照加权平均法计算，全县2008年实播面积33933公顷，其中蔬菜种植面积6838公顷，其他作物面积27095公顷，两者分别占比为20.15%和79.85%。按照权重计算公式分别以不同权重乘以七甲村和其余3个村的收入之“和”的人均值，即为26户在全县人均收入代表值。这个人均收入代表值列式为：

七甲村6户人均收入（其他3村20户人均收入×79.85%）=（77755.4×20.15%）+（5221.95×79.85%）=1562.71+4169.73=5732.44元。

2. 收入结构比重：（一）家庭经营收入占总收入的44.32%，其中第一产业收入占家庭经营收入的69.37%，占总收入的30.74%。

第二、第三产业收入分别占家庭经营收入的1.29%和29.33%；分别占总收入的0.57%和13%。在第一产业中，蔬菜和畜牧养殖业收入分别占第一产业的31.34%和15.10%；分别占家庭经营收入的21.74%和10.47%；分别占总收入的9.63%和4.64%。

（二）工资性收入占总收入的42.43%，是家庭经营收入的95.72%。

（三）转移性收入占总收入的13.25%，加上工资性收入，人均可支配现金3272元，占人均纯收入的57%。

收入比重出现热与冷的主题变奏

统计资料表明，（一）第一产业占比由热变冷。1995年，全县农民人均纯收入824元，其中第一产业收入占44%，与今年占比30.74%比较，在农村经济结构调整中，农业比重由热变冷，非农产业由冷变热。

（二）蔬菜收入比重已经降温。与2005年比，2005年全县农民人均纯收入1890元，其中蔬菜人均收入714元，占比38%，畜牧业人均收入290元，占比15.30%元。与2008年比较，相隔3年，蔬菜人均收入占比由38%下降到9.63%，下降了29个百分点。即使在蔬菜产业区七甲村，调查6户蔬菜收入55400元，占其总收入178375元的31.10%，比2005年全县蔬菜人均收入占比下降了7个百分点。

（三）畜牧养殖业收入跌入谷底。从26户的调查中，无养殖户8户。18个养殖户中，养羊户8户，大户李斌养羊20只，其余在10只以下，且都是传统放牧。3户养牛户，主要是使役，每年卖1头牛犊。7户养猪，除两户养母猪繁殖出售外，其余5户自宰自食，“养猪为过年嘛”。2008年，26户养殖业人均收入比重仅4.64%，比2005年全县人均占比15.39%下降了10个多百分点，其原因主要是比较效益下降。

（四）工资性收入绝对值在热膨胀中。2005年，全县农民非农收入首超农业收入时，人均劳务收入502.11元，而这次调查26户人均劳务收入达2493.25元。

26户农民增收的多元亮点

这26户农民在农村改革发展的历史进程中，从业方式由“只能种地”发展到多领域就业，谋生范围由“不出村”伸向五湖四海，生活方式由单调简朴变得丰富多彩，使他们从“面朝黄土背朝天”的传统方式“破茧”而出，在富有中国农民时代特征的26户农民身上，折射出寻求实惠中的多元“裂变”亮点。

亮点之一：惠农政策济民生。26户的统计数字见证了2008年农民收入的增长。党中央每年出台的1号文件，以政策、税收、价格、补贴等多种杠杆促进农民收入增加。从2001年以来持续实施退耕还林补贴，这26户农民每年增加5.30万元，人均590元。2005年国家决定取消农业税，以及相继采取的种粮直补等“四项补贴”，有效缓解了种粮收益与成本倒挂问题，缩小了出现新的“剪刀差”。

亮点之二：投入亮起转向灯。据26户调查，2008年用于第一产业经营费用93730元，收益只有160810元，投入产出比为0.58∶1。而1990年（1990年为不变价折算代表年份），投入产出比为0.43∶1，显然投入加大13个百分点。调查显示抑制生产成本增加的一个重要的因素是人的文化科技素质。26户农民中，高中以上文化的9户，投入产出比为0.52∶1，而小学文化的5户投入产出比为0.82∶1，经营成本与文化程度成反比。投入亮起转向灯——文化水平定收成。

亮点之三：“铁杆庄稼”农民工。“农民工”成为当今时代一个最受牵群体的集体称谓、调查26户有19户，2008年劳务收入221900元，26户总收入的42.40%、占19户劳务输出户家庭经营收入334990元的66.20%。田家夭村马启，4口人，人均纯收入9636元，家富依靠劳务输出“姐妹花”。大女儿在北京从事营销，二女儿在包头从业理发，两人一年收入3万元，是父母在家种地收入的6倍。

亮点之四：土地流转奔“钱”程。为了实现集的化经营和专业化生产，按照“依法、自愿、有偿”的原则，在26户中有13户的耕地进行了转包、租赁。其中7户出租土地77亩，租金收入15910元；6户租入土地119亩，支付租金17550元。出租者与承租者各得其所，各奔“钱”程。七甲村高录有耕地10亩，除留1亩种山药外，出租9亩水地，租金收入2700元。他在村里打工洗菜收入1万元。田家天村郭荣茂租赁他人耕地20亩，扣除1800元租金和生产费用当年净收入11850元。

亮点之五：扎根乡土更光荣。七甲村徐广军，种菜收入8500元，当蔬菜经纪人收入6.50万元，不仅鼓了自己的腰包，还为本村销菜100多万千克，奋斗富了自己也照亮了村人。田家天村郝树清，引进良种长毛牛，一个牛犊卖了2000多，他感到了养牛的日子有奔头。七甲村非农业户口种田状元杨军，出资租地种菜60亩，加上他当蔬菜经纪人收入共计15万元，种菜感受黑土情，牵住增收的牛鼻子。

促进农民稳定增收是一项复杂的系统工程，政策固然很重要，但最根本的是要靠提高农业的素质、效益和竞争力。从26个调查情况看，目前面临跨过四道坎：

第一道坎是蔬菜生产标准化在严峻考验着蔬菜产业发展；第二道坎是水源渐枯，大田叫“渴”，节水灌溉呼唤着上级加大补贴；第三道坎是畜牧业处在保护和开发之间，“禁牧”，保护生态革了牛羊大发展的“命”，“舍饲”在广大农户中推行需要觉悟、需要过程、需要等待；第四道坎是农技推广处在“十字”路口，“网破、线断、人散”是全国农技梗阻的通“病”第五道坎是开发乡土人才，缺乏实用牌。培养“田秀才”有“四忧与四盼”：“四忧”令人心揪，乡土人才数量少，整体素质仍不高，乡土人才地位低，发挥作用平台小；“四盼”翘首以待，盼加大培养力度，盼升级评价奖励，盼拓展“表演”平台，盼政策更加到位。

荀子在《劝学篇》中有句哲理名言：“登高而招，臂非加长也，而见者远；顺风而呼，声非加疾也，而闻者彰。”其内涵在于顺势发展的功用非同小可。古为今用，用到农民增收课题上，就是要借十七届三中全会之“势”，走农民增收之路。促进农民增收须有新思路田家天村主位李焕生说：“要牵住增收的牛鼻子，干啥事都要选对路子，路选准了，就要步一个脚印走出个样儿。”从26户调查情况看，牵住增收的牛鼻子要做好“三篇文章”，抓住“四化”要点。做好“三篇文章”：

大力发展设施农业。设施农业是高效农业，是降低自然风险的根本措施，有利于提高农业综合素质。在26户调查中，只有七甲村6户有低层次的农业设施，除部分水田设施膜下滴灌新技术外，其他设施的科技含量较低。在西平山和田家天村18户中，种植业投资配套滞后，前些年建的养殖业的舍饲圈养设施闲置，零星牛羊养殖户仍然沿袭传统的放牧方式。田家天村属丰水区，只是水位低、打井深、开发成本高些，如今只打了7眼井，700亩水田节水设原始陈旧，传统种植，加上道路不配套等，车进不去、出不来，导致每年种植蔬桌菜销售受阻赔本。2008年白世亮种葱头12亩，产量高达45000千克，销售不畅，亏了5000元。这村农民说起种菜谈虎色变、偃旗息鼓。

统筹城乡就业，发挥聚集效应。调查26户就业形式，在富余劳力就业上，既有阵地型，也有“候鸟型”，七甲村兼营性就业者居多，在菜区就地打工就业较充分。统筹城乡就业就是要解决用工单位“民工荒”和农民就业不充分的问题。成功的做法：

一是建立管理体系，完善优惠政策，建立城乡统一劳动力市场，为农民就业创造宽松环境和均等机会。二是健全信息网络，解决好农村劳务经济信息不对称问题。三是实施“阳光工程”，加强劳动力转移培训、提高就业能力。四是发展非正规就业，拓展就业领域，引导兼业劳力在发挥聚集效应中充分就业。在市场经济条件下，增产不增收的现象较为普遍，特别是蔬菜生产。从传统农业向现代农业转型中，农户也需从纯粹的生产主体向生产经营主体转变，产业顺序由计划经济的产、供、销，转向销、供、产。市场的千变万化、信息不对称、农业生产季节性强和周期性长等因素，进一步增加了农户准确把握市场变化和规避市场风险的难度。市场需求决定产业结构、决定商品价格，必须立足市场做文章，要善于用工业化的思维谋划农业发展。通过研究市场供求规模、结构、价格因素、变化态势等，合理确定调整产业结构的方向和重点，切实做到以销定产，以产增效。

抓住“四化”要点：

要点之一：农业经营产业化。农业增效低，农民增收慢，其重要原因是城乡分割、工农分离，一、二、三产业脱节。从26户调查看，不仅商品率低，而且出售的均是初级产品，生产链条短、附加值低。因此，必须发展包括经入中介组织在内数量多、规模大、带动力强的龙头企业。同时，对组织方式不断创新，探索建立“公司＋合作社＋农户”的利益连接模式。

要点之二：农业生产标准化。农产品标准化即对产品品种、规格、质量、成本、无公害卫生标准等的“规格化”。目前，农产品标准化生产围绕订单要求进行，实施技术标准化、操作规范化，产品品牌化。一些无订单产品，农民生产随意性大，造成产品不合规格销售难。七甲村杨军租种60亩蔬菜就是力证。其中订单面积30亩，收入7万元；另外30亩，无订单，产品标准化水平低亏损3万元。

要点之三：农民组织合作化。农民组织化程度低，是制约农业和农村发展的重要因素。成立合作社改变过去一家一户经营方式，统一规划种植规模、品种，发展订单农业，提高农民的市场谈判地位，建立稳固的销售渠道，规避风险保障农民利益。创办农民专业合作社要创新农业经营模式。一是以订单农业为载体的项目型专业合作社；二是以土地流转为组带的适度规模经营模式，如炕塄乡脑色底村农民马铃薯专业合作社；三是着眼贸工农一体农业整体开发，形成以农民土地经营权入股与集体资产合作模式，如毛忽庆建立村社合一的农村新经济制度。

要点之四：农业服务社会化。调查26户农业社会化服务状况，七甲村主要是经纪人的产后销售服务，田家夭村3名村干部，个人贷款购置大中型机具，为村民提供机耕和榨油服务。但这些还只是浅层次的初级形态服务。健全农业社会化服务体系，一是要把农业的标准化融入生产、加工、销售各个环节；二是积极发展农民营销组织、运销大户和经纪人队伍，进一步疏通和拓展农产品营销渠道；三是加强市场环境建设，完善市场规则，强化市场监管，整顿和规范市场秩序。

曹富真

二〇〇九年一月

尚义县志
SHANGYI XIANZHI
1989—2010

第十五篇

农　业

尚义县属于传统农业县。1989—2010年，尚义县围绕“保粮、稳菜、壮特、强牧”的发展思路，始终把发展农业放在各项经济工作的首位，不断增加农业投入，加大生态农业综合开发力度，强化农业基础设施建设。坚持以农业农村经济为主题，以市场需求为导向，以科技进步为支撑，以转变农业发展方式、优化种养结构为主线，以农畜产品质量安全为标准，以建设现代农业为目标，提升品质、壮大特色、创新品牌，全面提升发展能力和市场竞争能力，实现农业增效，农民增收。

1989—2010年，全县农业增加值由0.13亿元增长到7.59亿元，农民人均纯收入由188.37元增长到3252元。

第一章　农业综情

第一节　农业生产情况

1989—2010年，年均实现第一产业增加值23580万元，年均增长25.60%。1989年，实现第一产业总产值5639万元，2010年实现第一产业总产值144583万元，是1989年的25.63倍。1989年实现第一产业增加值5049万元，2010年实现第一产业增加值75892万元，是1989年的15倍。

1989年，全县粮食产量9414吨，蔬菜产量7589吨，鲜奶产量371吨，油料产量1260吨，肉类产量4947吨，鲜蛋产量1317吨。主要农产品不能满足全县人口需要。2010年，全县粮食产量5.02万吨，蔬菜产量63.02万吨，鲜奶产量6458吨，油料产量1.34万吨，肉类产量1.34万吨，鲜蛋产量2297吨。主要农产品全部自给有余。

1989—2010年尚义县农业总产值构成情况表

表15-1

年份	农业总产值（万元）	其中									
		种植业		林业		牧业		渔业		其他农业	
		绝对额	比重（%）	绝对额	比重（%）	绝对额	比重（%）	绝对额	比重（%）	绝对额	比重（%）
1989	5639	1097	19.50	282	5	4069	72.20	11	0.20	180	3.20
1990	9835	5985	60.90	346	3.50	3408	34.70	12	0.10	84	0.80
1991	7425	3280	44.20	516	7	3542	47.70	16	0.20	71	0.90
1992	11361	6161	54.20	1076	9.40	4008	35.30	19	0.20	97	0.90
1993	8200	3712	45.30	569	6.90	3900	47.60	19	0.20	—	—
1994	19624	7765	39.60	878	4.50	10917	55.70	30	0.20	—	—
1995	27908	14469	51.80	731	2.60	12693	45.50	15	0.10	—	—
1996	29425	18982	64.50	693	2.30	9729	33.10	21	0.10	—	—
1997	24180	13332	55.20	563	2.30	10233	42.30	52	0.20	—	—

续表 15-1

年份	农业总产值（万元）	其中									
		种植业		林业		牧业		渔业		其他农业	
		绝对额	比重（%）	绝对额	比重（%）	绝对额	比重（%）	绝对额	比重（%）	绝对额	比重（%）
1998	39392	26597	67.50	642	1.60	11348	28.80	61	0.20	744	1.90
1999	29224	15504	53	604	2.10	12239	41.90	62	0.20	815	2.80
2000	29986	15899	53	867	2.90	12324	41.10	74	0.20	822	2.80
2001	25666	12766	49.80	779	3	11447	44.60	54	0.20	620	2.40
2002	35856	22019	61.40	965	2.70	12100	33.80	85	0.20	687	1.90
2003	54499	31298	57	7836	14	15211	28	64	0.50	90	0.50
2004	63898	44328	69.40	3618	5.60	15772	24.70	60	0.10	120	0.20
2005	64279	43095	67	4355	6.80	16581	25.80	128	0.20	120	0.20
2006	73574	47431	64.50	4642	6.30	19121	26	128	0.20	2252	3
2007	86053	54363	63.20	2122	2.50	24891	28.90	113	0.10	4564	5.30
2008	123783	88419	71.40	2180	1.80	27853	22.50	131	0.10	5200	4.20
2009	103635	70412	68	2742	2.70	25054	24.20	227	0.20	5200	4.90
2010	144583	96296	66.60	2856	2	39854	27.60	227	0.20	5350	3.60

说明：此表所有产值都按当年价计算；1989—1994 年其他农业指副业；2003—2009 年其他农业指农林牧渔服务业；1993—1997 年其他农业产值与种植业合并计算

1989—2010 年尚义县第一产业增加值及构成情况表

表 15-2　　单位：万元

年份	合计	种植业	林业	牧业	渔业	服务业
1989	5049	2583	242	2214	10	—
1990	4215	2465	294	1445	11	—
1991	3130	1500	170	1451	9	—
1992	3910	2881	560	466	3	—
1993	4241	1898	174	2155	14	—
1994	10845	4406	325	6091	23	—
1995	15406	6755	350	7577	8	716
1996	16212	9589	347	6011	12	253
1997	13299	5720	268	6850	43	418
1998	21666	13887	291	7195	51	242
1999	15293	7052	300	7579	51	311
2000	15603	7251	512	7466	58	316
2001	12490	4757	512	6958	43	220
2002	16600	11118	211	5069	66	136
2003	23716	15649	1176	6845	19	27

续表 15-2

年 份	合 计	种植业	林 业	牧 业	渔 业	服务业
2004	29896	22192	542	7097	18	47
2005	31572	21987	1494	8004	38	49
2006	37372	24594	1857	9561	64	1296
2007	43912	28187	849	12446	57	2373
2008	63779	45978	873	14205	65	2658
2009	54398	37501	1097	13028	114	2658
2010	75892	51583	1142	20325	114	2728

第二节 农业区划

1989—2010 年，结合产业发展情况，根据区位、气候、土壤、植被等不同的环境和条件，尚义县的农业区划有两次较大调整。

1989 年，全县种植业区域规划为三大片区。坝上北部牧草粮油区（包括大苏计、大营盘、大青沟、哈拉沟、后石庄井 5 个乡镇），坝上中部粮油牧草区（包括炕塄、八道沟、七甲、南壕堑 4 个乡镇），坝下浅山杂粮区（包括下马圈，小蒜沟、甲石河、套里庄、土木路、永胜地、勿乱沟各一部分）、坝下河谷经作区（包括小蒜沟、甲石河、套里庄、土木路、永胜地、勿乱沟各一部分）。

1992 年，尚义县农业区划办公室副主任潘何荣（右）被省委命名为优秀共产党员，她经常深入菜地和大棚，传授栽培技术，推广蔬菜新品种

牧业区域划分为 2 个大区、8 个亚区，即坝上牧业区（包括北大滩牧业区、北部林牧区、中部牧农区、坝缘牧林区）、坝下林牧区（包括青山牧业区、河谷经作区、大火堆山林牧区、南部林果区）。

1996 年，明确了三大片区的区域布局：

北部平原区 大青沟、大苏计、三工地、大营盘和七甲 5 个乡镇。发展节水型、设施型、高效型蔬菜生产，兼顾发展亚麻、莜麦、小麦、马铃薯等传统种植业和畜牧业。

中部丘陵区 八道沟、满井、套里庄、石井、南壕堑等 5 个乡镇。发展舍饲育肥牛羊和生态休闲、观光农业为主的特色生态养殖业和农家游。

南部浅山区 小蒜沟、甲石河、下马圈、红土梁等 4 个乡镇。走“协会连农户，农户带基地、基地成园区”发展路子，发展暖棚养猪，马铃薯、杂粮杂豆等旱作农业。

第三节 农业生产条件

一、耕 地

1989—2010年间，随着城镇化建设步伐加快，大批农民外出务工，尚义县耕地状况发生很大变化。耕地面积2010年比1989年减少1.23万公顷，其中2007年耕地面积最少，为5.09万公顷，农业人口人均耕地0.33公顷。农业投资逐年加大，水浇地面积逐步扩大，农业设施逐渐完善配套，节水灌溉技术逐步推广，耕地质量有所提高。

1989年，全县总耕地面积77480公顷，其中水浇地面积4733公顷，占总耕地面积的6.11%；旱地72747公顷，占总耕地面积的93.89%。农业人口人均耕地面积0.46公顷。

2010年，全县总耕地面积6.52万公顷，其中水浇地面积1.1万公顷，占总耕地面积的16.87%；旱地5.42万公顷，占总耕地面积的83.13%。农业人口人均耕地0.44公顷。

二、农村劳动力

1989年，全县农业人口16.94万人，占总人口的92.87%；农村劳动力8.57万人，占农业人口的50.59%，其中男劳动力4.99万人，女劳动力3.58万人，分别占农村劳动力的58.23%、41.77%。

2010年，全县农业人口14.83万人，占总人口的76.32%；农村劳动力10.14万人，占农村人口的68.37%。

三、农业作业机械

1989年，全县拥有大中小型拖拉机1039台，配套农机具951台（件），农机总动力23913千瓦。1993年，全县拥有大中小型拖拉机2809台，配套农机具3572台（件），农机总动力23793千瓦。全县机耕面积3.35万公顷，机播面积2.70万公顷，机械铺膜0.18万公顷。2010年，全县大中型拖拉机3249台，配套农机具6784台（件），农机总动力84213千瓦。全县机耕面积4.06万公顷，机播面积3.51万公顷，机械铺膜1.05万公顷，机收面积1万公顷。

农产品加工机械 1989—1993年，全县有柴油机1495台，合21282.39千瓦，碾、磨粉机、饲料粉碎机、铡草机、打浆机、脱粒机、割草机633台。1993年电动机增加到6246台。2010年，全县拥有碾、磨粉机、饲料粉碎机、铡草机、打浆机、脱粒机、割草机等各类农产品加工机械6784台（套）。

1989—2010年尚义县农机情况表

表15-3

年 度	农用汽车（部）	大中小拖拉机（台）	柴油机（台）	配套农具（台）	脱粒机（台）	碾米磨面机（部）	农用水泵（部）	胶轮大车（辆）	农用机械总动力（千瓦）
1989	17	1039	820	—	841	1581	131	9725	23913
1990	17	1084	96	—	844	1581	252	9818	21785
1991	4	1145	67	—	502	954	176	8734	23285
1992	4	1245	67	—	502	954	176	8734	23342
1993	19	2809	16494	—	583	633	266	2770	23793
1994	24	2946	22326	—	667	129	326	2770	28699

续表 15-3

年 度	农用汽车（部）	大中小拖拉机（台）	柴油机（台）	配套农具（台）	脱粒机（台）	碾米磨面机（部）	农用水泵（部）	胶轮大车（辆）	农用机械总动力（千瓦）
1995	28	1619	—	3655	697	819	369	—	33425
1996	34	1650	—	3933	831	90	456	—	27461
1997	39	1729	—	1700	865	100	697	—	32257
1998	40	1933	—	5403	633	—	913	—	46878
1999	56	2460	—	6009	690	—	1715	—	49839
2000	60	2589	—	6050	699	40	1884	—	55500
2001	—	2567	—	6051	—	—	2573	—	57414
2002	—	2673	—	6414	—	—	2638	—	66470
2003	—	2822	—	6627	—	—	2650	—	70441
2004	—	3005	—	6722	—	—	—	—	75363
2005	—	3068	—	6738	—	—	—	—	76356
2006	—	3120	—	3785	—	—	—	—	78030
2007	—	3148	—	6705	—	—	—	—	79151
2008	—	3175	—	6724	—	—	—	—	80418
2009	—	3243	—	6754	—	—	—	—	83184
2010	—	3249	—	6784	—	—	—	—	84213

四、农资消耗

用电用水 1989年，农业用电1万千瓦、用水0.8万立方米。2010年农业用电达36万千瓦、用水880万立方米。

地膜覆盖 20世纪90年代，地膜覆盖技术被广泛应用到玉米、甜菜、蔬菜种植中。1991年，地膜玉米717.93公顷，平均亩产398.1千克。2005年，全县地膜覆盖面积达到0.8万公顷，其中膜下滴灌266.67公顷。2010年，全县膜下滴灌面积发展到0.50万公顷。

温室大棚 伴随着蔬菜产业的兴起温室大棚发展起来。西芹、大白菜、圆白菜、生菜、菜花、莴笋等绝大部分蔬菜都需要经过大棚育苗后移植到大田。到2009年，全县温室大棚620公顷，其中80%温室大棚用于育苗。1989年全县化肥使用量35000吨，2010年达到132500吨。

1989—2010年尚义县耕地面积情况表

表 15-4 单位：公顷

年 份	总面积	旱 地	水浇地	人均耕地面积
1989	77480	72747	4733	0.46
1990	77480	71807	5673	0.46
1991	77480	71000	6480	0.48

续表 15-4

年 份	总面积	旱 地	水浇地	人均耕地面积
1992	77477	70161	7316	0.45
1993	77113	69457	7656	0.45
1994	77823	69812	8011	0.46
1995	87464	78743	8721	0.45
1996	77464	67960	9504	0.46
1997	87503	78909	8594	0.41
1998	77492	66828	10664	0.46
1999	77861	66828	11033	0.45
2000	77050	66150	10900	0.46
2001	76765	65772	10993	0.46
2002	68892	57640	11252	0.41
2003	56667	45303	11364	0.34
2004	56667	45344	11333	0.34
2005	77055	65722	11333	0.35
2006	52196	40863	11333	0.32
2007	50933	41792	9141	0.33
2008	51234	41803	9431	0.32
2009	65132	53799	11333	0.39
2010	65185	53852	11333	0.44

第二章 农业综合开发

第一节 农业产业化

1989年，全县以獭兔养殖、加工及外贸出口为主形成了尚义县初始的产业链条。1995年，河北省发展特色产业会议之后，县委、县政府根据尚义县的实际情况，制订全县农业产业化规划，实施农业结构调整。1995—2010年的16年间，全县先后培育了奶牛养殖及奶产品加工，玉米种植、制种及加工，口蘑栽培及营销，无公害蔬菜种植及营销，生猪养殖等五大特色主导产业。

一、奶牛养殖及奶产品加工

按照市委、市政府“发展百万头奶牛行动计划”的要求，2003年年初，县农业产业化办公室起草《关于“大力发展奶牛”行动的实施意见》《关于“大力发展奶牛”行动的贷款贴息管理办法》《关于“大力发展奶牛”行动的考核办法》等一系列政策。是年，在南壕堑镇投资2800万元建设平山奶牛园区，园区建有圈舍1.80万平方米计1200个牛床位，永久性青贮窖61个5800立方米，配套日挤奶能力20吨的奶站2个和年加工饲草料8000多吨的“三绿”大型饲草料加工厂以及兽医站、改良配种站等配套设施，建有科技培训、防疫灭病、饲料供应、鲜奶收购等完整的服务体系。同年，在大青沟镇东部投资3000万元，建立一处占地40万平方米的奶牛园区，园区共建成养殖单元110个，圈舍建设面积2万平方米，青贮2万立方米，2004年配套技术服务站300平方米（包括兽医站配种站、培训基地），2008年奶牛养殖高峰期园内有奶牛1046头。西平山、大青沟两个集养殖、收购、饲料加工于一体的综合现代化奶牛园区的建成，成为全县奶牛园区化养殖示范点，填补了尚义乳业空白。辐射带动全县8个乡镇1985户农民，养殖奶牛2520头，产奶3688吨。同时，县财政列出专项资金60万元，用于加强良种繁育、防疫灭病以及检测体系基础设施建设。同时拿出50万元资金用于养殖大户、专业养殖村新购进奶牛的贷款贴息。2007年全县新建圈舍18万平方米，饲养奶牛1.88万头，产奶5232.20吨。2010年，全县饲养奶牛2800头，产奶6458吨。

二、玉米种植、制种及加工

为提高玉米产量，尚义县于从1990年起开始在坝下小蒜沟镇的地上村进行玉米杂交制种生产，随后逐年扩大制种面积。1995—2000年，杂交种子生产品种由单一的冀417品种增加到由冀承单3号、反交掖单2号、冀单33等10多个品种。全县玉米制种田平均每年3000亩左右，亩产250～400千克。种子除了满足尚义县使用外，主要供应中国南方二作区用种。同时，寻找就地转化增值新途径变传统产业为全县的优势产业，既为玉米加工企业提供原料，也为日益壮大的养殖业提供充足的饲料保障。2004年，全县优质玉米种植面积2413.33公顷，覆盖农户4万户，年产玉米971万千克。2010年，全县玉米种植面积2733.33公顷，年产玉米10660万千克。

附：尚义县种子公司

尚义县种子公司的前身是农业局种子站。公司于2004年注册成立，是尚义县农业局下属事业单位，是张家口市坝上四县首家具有经营与生产杂交种子资格的公司。承担全县农作物及蔬菜新品种引进、试验示范及推广工作等工作。

从1990年起开始在坝下小蒜沟镇的地上村进行玉米杂交制种生产，随后逐年扩大制种面积，1995—2000年，杂交种子生产品种由单一的冀417品种增加到由冀承单3号、反交掖单2号、冀单33等10多个品种。全县玉米制种田平均每年20公顷左右，亩产250～400千克。种子除了满足尚义县使用外，主要供应中国南方二作区用种。由于种子生产、经营扩大，公司经济效益以及社会效益显著。特别是由于玉米杂交制种生产收益给小蒜沟镇地上、土窑沟农民增加收入，这两个村率先在尚义县通了农村电网用电。同时公司在坝上各乡镇引进、试验、示范推广了马铃薯新品种：费乌瑞它、克新1号、坝薯8号、坝薯10号、冀张薯8号、夏菠蒂、大西洋等十几个品种，替代了20世纪80年代前的虎头、跃进等品种，实现了马铃薯的脱毒化；莜麦由20世纪80年代的品字化更新为坝莜1号、坝被3号、坝莜5号、坝莜6号、冀张莜4号、花早2号、花中2号、花晚6号等十几个品种；亚麻由“7669”“7544”等更新为坝亚6号、坝亚3号、坝亚7号、坝亚9号、坝亚11号、定亚17等新品种；小麦、蔬菜同时引进推广几十个新品种。使全县良种普及率从1989年以来一直稳定在90%以上。推广的脱毒马铃薯应用技术获市科委科技推广一等奖。被市、县两级政府评为双文明单位，被县工商行政部门评为质量信得过单位。

1989年，公司总产值30万元，种子销售收入13万元，利税2万多元。到2005年，生产玉米杂交种100多万千克，实现总产值280多万元种子销售收入210万元，销售利税30多万元。受市场因素，到2006年玉米制种业务停止，公司不再生产，重点放在了青贮玉米经销上。2008年，贯彻执行国务院关于种子企业改制文件精神，农业局取消种子公司，人员全部归属于县农业局。

三、蔬菜种植、加工业及营销

1994年，尚义县开始蔬菜基地建设，先在南壕堑镇、七甲乡、大青沟镇小五村、套里庄乡大西沟村、小蒜沟河川区建设规模蔬菜生产基地，重点发展了2个大片、4个大村、60户大户。在县城周围示范推广特菜生产373.33公顷，主要种植生菜、菜花、西芹、大萝卜、荷兰豆、金丝瓜、袖珍西葫芦、小甘蓝等品种。是年，蔬菜种植面积2600公顷，实现总产7000万千克，产值2500万元。

1997年，尚义县确立了“念蔬菜经，唱特色戏，做规模文章，建主导产业”的蔬菜发展战略，成立尚义县蔬菜总公司。培育了65个蔬菜重点村，形成了以南壕堑镇为轴心的万亩高效错季商品蔬菜生产基地，从小蒜沟镇地上行政村到套里庄乡、南壕堑镇的百里万亩蔬菜绿色长廊，从县原种场、大营盘乡的郭家村、付家村为轴心的万亩特菜生产基地。蔬菜品种增加到43个，种植面积4200公顷，总产1.80亿千克，产值9300万元。大营盘乡农民杨日山种植西芹1.87公顷，收入23万元。蔬菜远销广东、上海、湛江、北京、天津、丹东等10多个大中城市的40多个批发市场。2000年，境内无公害蔬菜产业以河北青沟佳禾食品有限公司、尚义县甲天蔬菜农民专业合作社为龙头，以尚义县泓源设施蔬菜种植园区、七甲乡三和城村设施蔬菜种植园区、大苏计乡郝家地村、大苏计村设施蔬菜种植园区、三工地镇王二来村设施蔬菜种植园区、大青沟镇小五村设施蔬菜种植园区、南壕堑镇菜园街设施蔬菜种植园区、大营盘乡大营盘六十庄村设施蔬菜种植园区等为全县代表性的园区为基地，辐射带动其他乡镇加快发展。

大青沟镇蔬菜恒温库大萝卜进行出口前清洗（2009年）（姚旭东　摄）

到2002年，尚义县大营盘乡蔬菜协会、尚义县龙扬蔬菜种植专业合作社、尚义县甲天蔬菜农民专业合作社、小蒜沟镇蔬菜惠农协会、尚义县欣源蔬菜专业合作社相继成立。2002年，尚义县被河北省农业厅命名为“河北蔬菜之乡”。

大营盘乡蔬菜交易市场西芹交易场景（2004年）（邓平 摄）

2003年，投资1500万元，建成了集蔬菜批发市场、净菜加工厂、“蔬菜水”生产、恒温库为一体的大青沟镇、大营盘2个无公害绿色蔬菜产地批发大市场。蔬菜市场年销售量54万吨左右。2006年，全县有大型蔬菜交易市场11处，蔬菜恒温保鲜库100多座。全县蔬菜藏储能力达4000吨，为菜农直接增收5000多万元。

2010年，蔬菜面积1.07万公顷，其中无公害基地面积0.67万公顷，产量63万吨，产值5.40亿元，出口9040万吨，创汇510万美元，无公害蔬菜种植成为全县一大主导产业。经营模式实现了由分散经营为主向集中种植、大户经营为主的转变，集中产区蔬菜种植面积8100公顷，占全县蔬菜种植面积76%。品种有7大类30多种100余个品种，仅名特优品种40多个。大路菜主要有白菜、甘蓝、白萝卜、芹菜等，细菜以甜瓜、尖椒、青椒、西红柿、黄瓜、茄子、生菜等为主。尚义县成为河北省蔬菜生产基地县、省级“菜篮子工程”示范县、北京市“食品放心工程”基地县和冀、京、津三省市首批10个符合无农药残留生产条件的基地县之一。是年，河北省出入境检验检疫局“出口产品质量安全标准化示范县”在尚义县挂牌。尚义县被列入全国露地蔬菜标准园创建县。蔬菜出口量连续七年名列张家口市第一名。

附：尚义县佳禾蔬菜公司

公司创建于2005年5月，坐落在尚义县蔬菜集中产区的中心地带大青沟镇，公司厂区占地10万平方米，建筑面积1.24万平方米。拥有设施先进的蔬菜自营示范基地200万平方米，被评为“河北省农村科普示范基地”；2条蔬菜脱水、腌制加工生产线；1个功能完善的蔬菜产地交易批发市场和3000平方米库容的蔬菜保鲜恒温库及1万吨蔬菜储藏窖。2007年6月申请注册了“大青沟佳禾”商标。公司下设办公室、生产车间、销售部、财务部、仓储部、质检部和安全保卫部，管理和技术人员180名。

主要经营蔬菜种植、蔬菜食品加工及销售，蔬菜仓储、自营进出口业务，农副产品加工、熟食加工（坝上冷冻、冷藏）及销售。主要产品有“大青沟佳禾”牌保鲜菜、脱水菜、腌制菜。产品远销京、津、沪、江、浙、粤等16个省市、港澳台地区，并出口日本、韩国。

2010年年底，公司总资产达到7807万元，固定资产达到3626万元，负债率为34%，实现销售收入8514万元，其中出口创汇200万美元，实现利润820万元。

2010年，企业加工生产及销售各类保鲜菜26450吨，脱水菜900吨，腌制菜2500吨，2011年公司出口销售200万元，主要出口国家及品种：1. 马来西亚、阿联酋等国保鲜蔬菜160吨，结汇160万美元；2. 日本、韩国腌制菜92吨，结汇14万美元；3. 泰国、香港干菜出口结汇26万美元。

公司成立后，先后获得河北省农业产业化重点龙头企业、河北省扶贫龙头企业，被河北省文明委等11个部门授予“河北省诚信企业”称号，被中国中小商业企业协会评为“2008年中国成长型中小企业100强”，被中国发展行业研究中心和中国经济调查监测中心评为“中国信誉质量服务AAA级企业”。2009年8月，公司生产的“大青沟佳禾”脱水蔬菜被河北省消费者协会授予“河北省第八届消费者信得过产品”证书。2010年被张家口市人民政府认定为市级龙头企业。董事长郭志美被农业部和河北省科学技术协会分别授予“2007年中国农村致富带头人”和“河北省农村科普带头人”称号。

四、口蘑产业

20世纪90年代，县农业科技人员忻龙祚通过野菇人工驯化栽培，成功培养出了“褐口蘑”，产品保留了野生口蘑风味，也解决了野生口蘑“难去泥沙”难题，达到了国内领先水平，填补了食用菌领域的空白。1997年，成立尚义县口蘑开发中心。2004年，注册张家口市瑞源口蘑有限责任公司。总公司占地面积7.8万平方米、建筑面积3753平方米，设有研究所综合楼、口蘑产品综合加工车间、鲜菇冷藏库、菌种厂及鲜菇脱水车间等，标准日光温室生产大棚74座，总面积1.48万平方米。产品有白灵菇、杏鲍菇、香菇、金针菇、鸡腿菇六大类。

2001年，“尚亿”牌口蘑被评为“第五届北方副产品交易会名优产品”。口蘑产业化开发项目被科技部列入国家级星火计划和科技扶贫项目。

2002年，尚义县把口蘑生产作为调整产业结构、增加农民收入、发展农村经济重要举措，以瑞源口蘑有限责任公司为龙头，采取“公司+基地+农户”的发展模式，建成大苏计、七甲、炕塄、南壕堑、大青沟、八道沟、套里庄、三工地、大营盘、红土梁10个食用菌生产基地，覆盖80多个自然村、1万多户农户，栽培面积50万平方米，年产鲜口蘑3000吨。产品由总公司按约收购，统一加工出售，经营户户均增收万元左右。栽培基地辐射万全、张北、兴和、商都、宣化、怀来、怀安和承德市栾辛、山西省文水县等10多个周边市县。2002年5月16日，“尚义县口蘑产品推介会”在北京举办，褐口蘑被中国食用菌协会列为最有价值的食用菌品种之一。

尚义县瑞源口蘑公司产品包装车间（2002年）

2004年，中国食用菌协会授予尚义县“中国口蘑生产重点县”“中国口蘑之乡”称号。

五、生猪养殖及营销

1993年，县人大会通过“关于建立瘦肉型商品猪基地县的决议”。县政府建立瘦肉型商品猪技术服务工作站，落实基地7处（外贸公司、原种场各1处，乡镇5处），为养殖户提供仔猪500口。1995年，以种猪场为龙头，采取供仔猪、供技术、供饲料的办法，发展重点村90个，重点户129户。瘦肉型猪饲养量34475头，占猪总数的30%。套里庄乡猪只全部实现了瘦肉化。1997年，县委提出全民大唱“牧业戏”的思路，大力发展以瘦肉猪为重点的商品猪规模养殖。猪饲养量达到16.50万头，出栏8.60万头。2009年，全县暖棚养猪快速发展，达到4.50万头，占全县养猪总量的46.90%。2010年猪饲养量12.88万头，年底存栏4.60万头，母猪0.61万头。

2008年9月尚义龙泉源畜禽肉制品有限公司成立，注册资本1000万元。是尚义县规模最大的一家集种猪繁良、商品猪养殖和肉制品加工生产于一体的万头猪现代化大型畜牧龙头企业。公司占地6.67万平方米，位于县城东北5千米处的南壕堑镇四合功村。建成种猪繁育标准化猪舍8000平方米，栏舍全部安装夏季通风降温设施和冬季地暖保温设施，分娩、保育全部采用高床饲养，全程采用自动化料线饲喂。设立血清化验检验室，建有配合饲料储存库房500平方米，青饲料地下储存库房300平方米，配套进入厂区的人、车消毒通道及病死猪加工高蛋白有机肥无害化处理设备1套。截至2010年年底固定资产投资约3500万元。基础母猪800头，年出栏1.5万头，年销售3000万元，年利润500万元。被河北省政府评为“河北省农业产业化重点龙头企业”，多次被张家口中小企业协会评为“结构调整转型升级先进企业”。同时为农户提供优良猪只、优质精液，提高生产产能，并为养殖户及农户提供防疫、技术、饲料，销售一条龙服务，培养了大批的养殖技术型人才，辐射带动200个养殖大户提高养殖水平，直接带动农户及贫困户1200户，为增加贫困农民收入起到了积极的作用。

六、獭兔养殖及产品加工

1989年，全县家兔养殖达到历史高峰期。兔饲养量达49万只。进入20世纪90年代，由于闲散劳动力大量外流，加之坝上乡镇的蔬菜产业迅速发展，家兔养殖数量减少。1995年，由于兔肉和兔皮在国际市场走俏，家兔养殖量增加。大青沟镇率先引进皮用家兔新品种——獭兔998只。当年年底发展到6000只。为推动全县獭兔养殖，1990年，从尚义职中专业毕业生中录用25人充实到乡（镇）任养兔协助员，负责养殖、防疫、收购等技术及业务指导。到1996年年底全县家兔饲养量达21.70万只。规模50只以上户2000多户，100只以上户500多户。2000年，由于毛皮市场较好，家兔养殖再次兴起，饲养量达30万只。养兔大户61户。南壕堑镇大坝沟村成为獭兔养殖专业村，存栏2500只。

1989—2004年，县外贸公司、毛纺厂、皮毛厂的产品深加工，为獭兔养殖增值，并形成产业化创造了条件。

外贸公司肉食加工厂1989年投资固定资产原值556万元，设备有单、双级制冷压缩机各1台，悬挂式链条生产线1条，160千瓦发动机1台，配备300吨冷库1座。企业收购、加工白条兔，兔头、兔腿、兔肉等分割产品销往北京、天津、山西、内蒙古等周边地区。1991年，销售收入496.70万元，利税7.60万元。尚义县皮毛厂与省外贸公司合作，改进产品技术工艺，依托当地的獭兔养殖业优势资源，生产的皮毛产品一直受到欧美、韩国、日本等国家和地区经销商和消费者的青睐。1989年，总资产375.65万元，机器设备219台（件），生产皮毛用品9556件，绒用品1520件，人造皮毛2万米，绒拖鞋6万双。尚义县雪城毛纺厂通过招商引资成功开发出人造毛皮系列产品，企业先后投资4300多万元开发新产品，逐步形成了割圈毛皮、床上用品、毛皮被、汽车装饰、儿童玩具等40多个系列产品。产品销售国内12个省、市、自治区，部分产品出口日本、韩国和东南亚等国家和地区。

2004年，由于市场原因，家兔养殖量再度下滑，饲养量仅为14.50万只。2009年，全县饲养量18.20万只，出售12万只。2010年全县饲养量16.2万只，出售11.70万只。

第二节　农业示范园区建设

1989年以来，尚义县把农业结构调整作为促进农业和农村经济发展重大举措，优化农业生产布局，统筹农业农村各业协调发展。扶持了一批示范园区。农业综合开发示范区建设成为全县农村经济发展新的增长点。

1999—2001年，大青沟示范区利用三年时间建成“南种优质草、北造速生林、中抓高效田、示范园中园”的农业综合开发区0.13万公顷，实现了水浇地建设园田化、农田林网化、道路砂石化、灌溉节水化、区域产业化、结构名优化、农业机械化、种植科学化、服务体系化、农业现代化。

2002年，七甲乡二道洼农业综合示范园区建成。工程区涉及3个自然村、262户、917人。工程区内修高标准田间路2万米，栽植路旁全株杨树3万株，挖路边沟埂12万米，新打机井60眼，建机井房60个，铺设地下节水管道2万米，修建水浇地面积380公顷。建多功能大棚6个，简易大棚5个，建成标准化圈棚138间，青储窖69个。按照“坚持以市场为导向，以科技进步为动力，以典型引路为目的，引导农民合理流转土地，广招有识客商、优良品种，实行科学种田，力促园区布局区域化，种植名优化，经营产业化，实现农业增效，农民增收”的思路，进行结构调整。2010年，共诚招日本三通国际会社，山东、河南等地客商12家，承包耕地146.67公顷，种植以白菜、脱毒薯、萝卜为主的示范品种12个。同时，还吸引县城干部、技术人员以及当地乡村干部15名，承包耕地33.33公顷，种植药材、苗木、饲草等高效作物。

2003年9月，半个碌碡综合养殖园区开发兴建，该综合养殖园区由半个碌碡村和六号地村两个园区组成。总占地16公顷，发展肉鸡养殖大户14户，建鸡舍0.81公顷；在六号地兴建与此配套的雏鸡孵化厂1处，在大苏计村建成年加工能力为50万只禽类园区，建0.60公顷口蘑种植大户1户，恒温库和小尾寒羊养殖场各1处。

第三节　农业综合开发项目

农业综合开发工作是党中央国务院加强农业的一项重大决策，是国家支持和保护农业的重要措施。1988年，张家口市列入开发市。1990年，尚义县开始实施农业综合开发。

1990—2010年，全县共投入农发资金11113.47万元，群众自筹4934.47万元，完成新打机井1587眼，兴修小型水利工程50处，修建防渗渠365.66千米，埋设地下防渗管道358.94千米，架设农田输电线路356.71千米，修农田路199.86千米，完成中低产田改造1.47万公顷。其中：新增、改善旧有水浇地1.38万公顷，建高效田27.13公顷，建良繁基地876.67公顷。林业建设2.23万公顷。其中：造林2.22万公顷，新建苗圃154公顷。草场建设2.28万公顷，科技示范推广1.01万公顷，建蔬菜恒温库2座，建工厂化育苗基地1处，建饲草饲料加工厂1个，建舍饲示范养殖点9处，建口蘑培植中心1处。建蔬菜产地批发市场1处，建脱水菜加工和腌渍菜加工生产线2条，建万吨蔬菜保鲜库1座，建5000吨速冻保鲜蔬菜库1座，土建总面积1.98公顷，购置设备380台（套）。

一、生态农业综合开发项目

1989年，国务院副总理田纪云考察坝上后，国家决定实施坝上生态农业工程项目。该项目1990年立项，到2010年，经历了七期建设、三个发展阶段：1990—1995年，以中低产田改造为主、林草补充的农业开发建设阶段；1996—2005年，以水、林、草和科技共同开发的农业开发治理阶段；2006—2010年，以农业产业化为发展方向的农业综合开发治理阶段。

第一期（1990—1992年） 投入农发资金628.51万元，自筹资金197.39万元。新打机井329眼，修建防渗渠133.31千米，架设农田输电线路71.58千米，兴修小型水利工程7处，新增、改善旧有水浇地3204公顷，造林1533.33公顷，草场建设2113.33公顷，新建苗圃36.67公顷。

第二期（1993—1995年） 投入农发资金976.50万元，自筹资金1208.70万元。新打机井272眼，修建防渗渠107.40千米，架设农田输电线路58.40千米，兴修小型水利工程14处，新增、改善旧有水浇地2400公顷，造林3813.33公顷，草场建设4400公顷，科技示范推广1866.67公顷，新建苗圃30.67公顷，建高效田0.13公顷，建良繁基地130公顷，建设舍饲示范养殖点1个。

第三期（1996—1998年） 投入农发资金1159.50万元，自筹资金442.60万元。新打机井375眼，修建防渗渠53.90千米，架设农田输电线路35.30千米，兴修小型水利工程10处，新增、改善旧有水浇地1480公顷，造林6000公顷，草场建设4800公顷，科技示范推广5820公顷，新建苗圃26.67公顷，建高效田27公顷，建良繁基地413.33公顷，建设舍饲示范养殖点3个。

第四期（1999—2002年） 投入农发资金2815.96万元，自筹资金969.47万元。新打机井253眼，修建防渗渠61.05千米，埋设地下防渗管道34千米，架设农田输电线路62.35千米，兴修小型水利工程10处，新增、改善旧有水浇地2480公顷，造林1.02万公顷，草场建设8666.67公顷，科技示范推广833.33公顷，新建苗圃53.33公顷，建良繁基地333.33公顷，建设舍饲示范养殖点2个，建设蔬菜恒温库2座，建设工厂化育苗基地1处。

第五期（2003—2005年） 投入农发资金2220万元，自筹资金886.31万元。新打机井194眼，修建防渗渠7千米，埋设地下防渗管道118.58千米，架设农田输电线路75.10千米，修农田路104.66千米，新增、改善旧有水浇地1543.33公顷，造林366.67公顷，草场建设1386.67公顷，科技示范推广233.33公顷，建设舍饲示范养殖点3个，建饲草饲料加工厂1个，建口蘑培植中心1处。

第六期（2006—2008年） 投入农发资金1916万元，自筹资金763万元。新打机井116眼，修建防渗渠3千米，埋设地下防渗管道123.06千米，架设农田输电线路36.12千米，修农田路60千米，兴修小型水利工程6处，新增、改善旧有水浇地1580公顷，造林153.33公顷，草场建设1200公顷，科技示范推广1273.33公顷。

第七期（2009—2010年） 投入农发资金1397万元，自筹资金467万元。新打机井48眼，埋设地下防渗管道83.30千米，架设农田输电线路17.86千米，修农田路35.20千米，兴修小型水利工程3处，新增、改善旧有水浇地1073.33公顷，造林106.67公顷，草场建设200公顷，科技示范推广6公顷，新建苗圃6.67公顷。

2005年，农业综合开发项目的产业化经营项目立项。2005—2010年，累计争取农发资金1064万元。

2005年，投入农发资金210万元，建成尚义县大青沟蔬菜产地批发市场，交易大厅5860平方米，恒温库2座2400平方米。2006年，投入农发资金210万元，建成尚义县大青沟脱水菜加工项目，土建面积2750平方米，购置主要设备68台。2007年，张家口市尚义县5000吨腌渍菜加工扩建项目，投入农发资金404万元，土建面积3650平方米，购置主要设备310台（件）。2009年，张家口市尚义县万吨蔬菜保鲜库扩建项目，投入农发资金150万元，土建面积1700平方米，购置主要设备20台（套）。2010年，尚义县500万千克蔬菜速冻保鲜扩建项目，投入农发资金90万元，土建面积1990平方米，购置主要设备39台（套）。

2005—2010年，利用210万元农开资金，撬动社会资金1000万元，组建了五年扶持省级龙头企业——河北青沟佳禾食品有限公司，建蔬菜产地批发市场一处，新上一条蔬菜脱水生产线，年加工能力达到1万吨。2007年，投资700万元，建起了腌制、酱菜制作车间和污水处理厂，新上一条自动烘干蔬菜脱水生产线。2009年，投资2300万元，新上冷冻真空干燥菜和蔬菜保鲜藏储两条生产线。公司实现了从贴标到拥有自主知识产权的转换，取得了企业产品进出口自营权，其生产的“大青沟佳禾牌”脱水菜产品被评为“河北省第八届消费者信得过产品”。

附：工厂化育苗简介

2000年，县农开办以河北省农科院蔬菜花卉研究所为技术依托，投资105万元（其中：农发有偿资金25万元，无偿资金60万元），在尚义蔬菜的中心腹地——大青沟镇小五村，建起全天候日光温室10栋，配套了先进的加压供水设施，引进了以色列微喷技术，采用穴盘无土育苗工艺，当年培育美国西芹、西兰花、樱桃西红柿、白皮洋葱等蔬菜种苗1000万株，移植面积达100公顷。农民种上了不用缓苗、提前上市的“科技苗”，每斤菜价提高近1倍。穴盘工厂化育苗基地的建立，为尚义蔬菜大发展，发挥了积极的示范推动作用。2001年，科技带头人郭志美承包了日光温室，进一步规范了工厂化育苗的生产和经营。通过对蔬菜穴盘工厂化育苗、千吨蔬菜恒温库、蔬菜交易市场这些硬件设施的全面整合，农开办组建成立了尚义县绿园农业开发总公司，并因地制宜地开展了以蔬菜种苗供应、技术服务、贮藏加工、市场交易为核心的系列化服务，拓展了开发领域，延伸了产业链条。是年，农民在产业链条的延伸和拓展中，获得了颇丰效益。2002年，在新上中科太阳能供暖设施、聚苯乙烯空心增温膜、周年标准化口蘑大棚等设施的基础上，农开办又引进了空中旋转微喷设施、移动苗床、电动卷帘机、电脑蔬菜价格信息网页等先进设备，提高了工厂化育苗的科技含量。并同省农科院蔬菜所、中国农大联合协作，在工厂化育苗基地附近，建立了66.67多公顷特菜种植示范基地，开展了穴盘育苗、冬季食用菌生产、优质特菜种植、无公害品牌认证等10多项试验示范项目，积极引导农民种植名优特菜，激活了农民的市场意识和品牌意识，蔬菜产业步入了科学化、集约化经营轨道。日光温室的8个棚室，育葱头苗0.16公顷，品种有空知皇0.12公顷，巨熊2号0.04公顷，出苗220万株，移植大田7.33公顷。1个架式大棚栽植口蘑，太阳能棚室也种上细菜，年收入3万元。

二、农业综合开发高新产品建设

1990年，农业综合开发项目区种植多以春小麦、莜麦、马铃薯、亚麻等农作物为主。1999年，七甲乡种植“晋春”9号小麦233.33公顷，平均亩产达到260千克，最高亩产突破500千克大关。随着农业生产条件的改善，“美国西芹”“韩国大白菜”“日本大白萝卜”等蔬菜品种引进，水浇地种植格局发生了革命性的变化。2007年，农开办在八道沟镇碾盘洼村实施水浇地开发，当年建成高标准农田50公顷，并配套了膜下滴灌节水设施，种上了蔬菜，实现收入180多万元，人均纯收入10000多元，成为全市现代节水农业的典型。2008年，农开办在小蒜沟镇闫家窖项目区，引进“张杂谷3号”新品种13.33多公顷，平均亩产500千克。在小蒜沟镇牛家营试种大日期品种“张杂谷5号”、在红土梁镇大西沟、七令沟等积温较低、初霜较早的村试验生长期较短的“张杂谷6号”，也能正常成熟。2009年，在八道沟镇豆腐磨项目区引进、试种杏鲍菇新品种，采用林下覆土和日光温室覆土两种栽培模式，取得了成功。林下栽培2000棒，总产约800千克，日光温室栽培1200平方米，总产6000多千克，产值5万多元。

三、农业综合开发项目管理

项目规划　依据农业发展中长期规划和国家农业综合开发政策，县农开办坚持农业基础设施建设与改善和保护生态环境相结合，坚持农业结构调整与农业产业化建设相结合，坚持依靠科技进步，增加科技投入，提高农业综合开发科技含量，因地制宜，统筹规划，制订了《尚义县农业综合开发总体规划》及阶段性开发方案，在此基础上，建立了土地治理项目库和产业化经营项目库，把一批可行的项目储备到项目库，为年度项目立项打下基础。

项目申报　按照“产业化农业、生态型农业、特色化农业、科技型农业”发展要求，县农开办严把项目申报关。在项目安排上，选择基础条件好、产业优势明显、干群开发积极性高、开发成效显著的乡镇，整合、优化配置资源，集中人力、财力、物力实施重点开发。在项目布局上，因地

新建的大青沟镇蔬菜交易市场（2003年）

制宜，根据项目区的供水资源、地域分布、林网布局、道路设置等情况和方田齐整化、渠系合理化、道路便利化、林网配套化、灌溉节水化、作业机械化的建设要求，井、渠、地、林、路、埂、电、泵、房，综合配套，合理布局。在项目编制上，先进行实地测量完成规划布图，再依据建设标准及规范完成工程概算，最后融入文字形成整个项目设计书。项目设计书做到三统一，即实地与设计统一、工程与概算统一、图表与文字统一。

1989—2010年，县农开办共完成土地治理和产业化经营项目编报212个，按项目类别划分，土地治理项目207个，产业化经营项目5个；按项目期限划分，第一期（1990—1992年）56个，第二期（1993—1995年）55个，第三期（1996—1998年）39个，第四期（1999—2002年）34个，第五期（2003—2005年）9个，第六期（2006—2008年）11个，第七期（2009—2010年）8个。

项目实施 1990—2005年，水利工程由农开办牵头实施，林草项目由林业局、畜牧局组织实施。其间，批准立项实施的项目，通过招投标确定建设单位，组建专业队严格按照设计图纸和工程预算规范施工。为确保工程的施工质量和进度，县农开办推行了“三级监管”的项目管理机制。上级部门聘请有资质的专业人员对项目实施进行全程监理；县农开办采取主任、技术人员包片区、包工程、包质量、包进度的“四包”责任制，有重点地进行监管；项目工程开工建设时，乡、村选派组织纪律性强，有责任事业心、有爱岗敬业精神的村民作为农发工程专职监管员，对农发工程的组织施工、工程进度、施工标准和质量等进行监督。

项目运行 工程全面竣工后，农开办将产权移交给项目村，明确产权主体，项目交由项目村管理，监管员负责对工程的投入运行及效益情况实时进行跟踪评价；项目工程投入运行中，监管员负责对水利设施、电力设施、林路框架等工程进行管护，项目运行管护费用按照“谁受益谁负担”“以工程养工程”的原则筹集。

四、农业综合开发资金管理

农业综合开发项目资金是国家专门用于扶持农业发展的专项资金，投资方向明确，使用严格。农业综合开发项目资金管理实行县级财政报账制，在财政局开设资金专户，建立专账，配备专人审核、记账，做到编报时预审、实施中监督、完工后验收。

根据财政部《农业综合资金报账实施办法》，县财政局会同县农开办于2002年制定了《尚义县农业综合开发财政资金县级报账制实施细则》。细则明确了农业综合开发项目资金的筹集、拨付、使用原则、使用范围、报账程序等项管理内容，建立了相应财务核算管理制度。

五、农业综合开发成果

1990—2010年，实施农业综合开发覆盖全县14个乡镇、165个行政村。

1990年，首次建设生态农业工程，项目区全部种植春小麦、莜麦、马铃薯、亚麻等农作物，“美国西芹”“韩国大白菜”“日本大白萝卜”等蔬菜品种，水浇地的种植格局发生了重大变化。2002年，蔬菜主产区——大青沟镇，建起了张家口市坝上第一座恒温库。2010年，全县蔬菜种植面积1.07万公顷，总产量60万吨，销售48万吨，实现销售收入4.50亿元，连续7年蔬菜出口量位居全市第一位。

2006年，积极探索节水模式，成功引进膜下滴灌。八道沟镇碾盘洼村配套膜下滴灌节水设施，种植蔬菜正品率高，销售价格高，投资减少，成为全县乃至全市现代节水农业典型。

全县森林覆盖率由开发前的5.60%提高到26.10%，仅农发一项工程净增20.50个百分点。草场盖度较立项前提高了30～60个百分点。据县气象局统计，2010年大风日数为32天，比项目实施前的55天减少23天。植被增加、环境改善，野生动物种类、数量增多。

1996年、1997年，尚义县农业开发办公室被河北省农业开发办公室评为坝上生态农业工程综合评比第三名。1998年、2001年、2003年、2004年四个年度尚义县农业开发办公室夺取了“河北省农业开发办公室授予坝上生态农业工程项目建设创业杯”奖。2004年尚义县农业开发办公室被河北省农业开发办公室、省人事厅授予河北省农业综合开发系统先进集体称号。

附：缚得风沙织锦绣“十年九旱”也丰年

当你在夏季驱车行驶在这片土地上，映入眼帘的是成行的林带，成片的草场；一片碧绿连着一片碧绿，一块农田接着块农田，金色的油菜花、紫色的胡麻花向你诉说着这里的欣欣向荣。

如果告诉你这就是曾经“十年九旱”“丰年吃饭肚，灾年日夜愁”的坝上地区河北省尚义县，你是否会惊异于如此反差的昨天和今天？

是坝上生态农业工程，唤醒了沉睡的蛟龙，滋润了干涸的土地；是坝上生态农业工程，再现了秀美的山川，温暖了农民的心田。

一、生态治理养为先，誓叫荒漠变草滩

尚义县地处北京北面，这一地区生态环境的好坏与京津冀息息相关。多年来，由于干旱少雨过度放牧，天然草场退化严重，这里的生态环境得不到治理，首都北京就永远不会有蓝天碧水，就永远避免不了风沙、尘暴的危害，如果这一地区环境得不到治理、当地农民的生产、生活和经济建设，就没有保障。所以，生态农业工程始终走的是一条以农业为基础，重点发展林牧业、种草种树的路子。

1990年，坝上生态农业工程开始启动，开启了挑战自然，重塑大地的新篇章。生态农业工程开始后，改变了坝上地区“饮料靠草滩，牲畜靠放牧”这一延续了千百年的养殖习俗。是生态农业工程，让习惯了“粗放经营，靠天吃饭”的坝上农民，开始了人工种草的新尝试。实行人工种草和舍饲禁牧以来，饲草产量增加。为了充分利用牧草资源，县开发办按照县委、县政府立草为业，发展畜牧业的新思路，于2003年立项投产大青沟饲料加工厂。以草木樨、紫花苜蓿等为原料，加工成草粉和颗粒饲料，加工能力5000吨，调动了农民种草、管草的积极性，实现了“绿利双赢”的目标。

截至2007年底，生态工程完成植树造林2.20万公顷，建设苗圃110.67公顷；建设草场221.67万公顷生态农业工程，使“再造坝上秀美山川”成为现实。1990—2007年，全县森林覆盖率由开发前的5.60％提高到30.40％，净增24.80个百分点。草场覆盖度较立项前提高了30～60个百分点。据县气象局统计，2007年大风日数为33天，比项目实施前减少了22天。植被增加、环境改善，为野生动物创造了良好的生存条件，喜鹊、乌鸦、野兔、山鸡、半翅明显增多，连珍禽白天鹅也来哈拉沟水库驻足嬉戏，呈现了出尚义县多年未见的奇观。

二、巧做节水大文章，粮满口袋菜满筐

农业是安民心稳天下的支柱产业，在尚义这个农业大县表现尤其突出。农民解决温饱离不开农业，农民脱贫致富离不开农业，财政增长离不开农业，县域经济发展离不开农业。然而，发展农业离不开“水”这个生命之源，没

有水，富农增收就无从谈起。面对尚义县这种缺水少雨的自然特点，尚义农开办积极探索农田节水模式，开始了一场“节水革命”。

1990—1996年，主要以在地表修筑防渗渠、大水漫灌为主。自1997年引进喷灌设施有效地解决了蔬菜产业发展与地下水之间的矛盾。大青沟镇张科村闫爱，原来渠灌仅能种植10亩蔬菜，收入1.6万元左右，采用喷灌种植后，蔬菜面积扩大到22亩，收入4万多元。

至2006年成功引进膜下滴灌，开始了尚义农田节水新篇章。膜下滴灌技术的推广应用，实现了坝上高寒干旱区农业生产过程的三大转变：一是由传统的“浇地”向“浇作物”转变；二是由向作物“输水”向“输液”（化肥、农药随水注入）转变；三是由一年一熟向一年两熟转变。以碾盘洼项目区为例，按管道灌溉66.67公顷，设计了10眼机井，配套膜下滴灌后，仅用6眼井就完成灌溉66.67公顷，机井数量减少40%膜下滴灌提高了经济效益，膜下滴灌蔬菜正品率高，销售价格高，又能减少投资。2007年，膜下滴灌白萝卜纯收入比喷灌和管灌分别高出174元和1036元，膜下滴灌生菜亩纯收入喷灌和管灌分别高出519元和1093元，膜下滴灌长白菜亩纯收入比喷灌和管灌分别高出223元和596元。用受益户的话说，膜下滴灌是一次投资，当年回本，二年纯赚。多年受益的八道沟镇碾盘洼村，过去一直靠天吃饭。2007年，实施水浇地开发工程，当年建成水浇地50公顷，并配套了膜下滴灌节水设施，全部种上了蔬菜，仅种菜一项，就实现收入多万元，人均纯收入1万多元。碾盘洼成为全县乃至全市的现代节水农业典型。

三，培育经济增长点，蔬菜产业大发展

1990年，尚义县建设生态农业工程之初，项目区全部种植春小麦、莜麦、马铃薯、亚麻等农作物，“十年九旱”的坝上高原逐渐呈现出“粮满仓、秸满场”的新景象，贫穷的农民开始稳步解决温饱。随着农业生产条件的改善，尚义农开办开始引进美国西芹、韩国大白菜、日本大白萝卜等蔬菜，改变了水浇地种植格局，农民收入明显提高。1998年，蔬菜面积扩大到6666.67公顷，仅北部六乡镇就达3333.33公顷，在绵延几十里的生态农业区形成道靓丽的绿色风景线。

大营盘乡青年农民杨日山，是尚义种菜的带头人。1999年种植6.67公顷西芹，纯收入20多万元；2000年种植10公顷纯收入30多万元；2001年种植13.33公顷，纯收入50多万元，先后获得了首届“优秀外来青年”提名奖、“全国青年星火带头人”等荣誉称号，也带动了广大农民种菜的积极性。

近年来，尚义县蔬菜种植面积持续稳定在1.07万公顷左右，2007年，全县蔬菜总产量54万吨，销售45万吨，销售收入2.90亿元。

七甲乡二道洼村是省农开办的扶贫点，全村262户、917人，耕地380公顷，其中水浇地266.67公顷，人均水浇地达到0.30公顷。2003年种植大白萝卜、大白菜、洋葱等蔬菜之后，实现了人均纯收入达到2880元，成为全县闻名的富裕村。村民们表达感激之情，给省农开办送上了“扶贫架起连心桥，开发圆了致富梦”的牌匾。

四、产品多了咱不怕，实现农业产业化

坝上生态农业工程经过多年的实施，促进了农民的增产增收，尚义年产蔬菜产量已经达到6亿千克左右。面对这种情况，如何销售，如何确保市场价格等等问题就摆在了农开人的眼前。尚义农开办认识到，农业产业化是农业在市场经济条件下进一步发展的必然选择。为了充分发挥农业综合开发在发展现代、建设社

会主义新农村中的作用，尚义农开办积极争取产业化经营项目落户坝上。

2005年，国家农发投资210万元，建起了尚义县第一个蔬菜产地批发交易市场大青沟蔬菜市场。运行3年来，共计交易各类蔬菜10万吨，同时为500万人提供了就业岗位，为菜农和客商打造了良好的交易平台。

2006年，大青沟佳禾脱水蔬菜加工项目，投资1200万元，其中争取国家农发资金210万元，新上蔬菜脱水生产线一条，累计加工脱水菜1250吨，外销保鲜菜8800吨，腌制蔬菜300吨，创利税470万元，带动和辐射2万农户实现脱贫致富。2007年，大青沟佳禾蔬菜腌制项目，工程总投资700万元，其中国家农发资金投入404万元，2007年3月开工建设，计划建成蔬菜腌制、酱菜制作车间、污水处理厂，新上一条自动供干蔬菜脱水生产线。蔬菜交易市场和脱水、腌制加工厂的建成投产，不仅降低了销售风险，而且提高了农产品的附加值，增加了农民收入，有力地促进了蔬菜产业的发展。

随着基础建设规模的不断扩大和龙头企业的投产运营，基地、市场、龙头企业“三点一线”的发展运营模式，逐步成了农业生产市场化、产业化的典型体现，促进了农业生产由传统模式向市场农业、产业化农业的转变。

坝上生态农业工程，尚义县项目涉及全县14个乡镇、165个行政村，农民得了最大的实惠，高标准农田一派丰收景象龙头企业为农产品插上翅膀，国内外著名公司把先进技术和现代经营理念带到坝上。

曾经荒凉的土地，呈现出勃勃生机，曾经贫穷的人们，正在走向富裕。1990年，全县地方财政收入579万元，农民人均收入549元。2007年在遭受百年不遇的特大旱灾情况下，全县完成地方财政收入5407万元，农民人均纯收入达到1950元。

这一切真实地说明，生态农业工程，是德政工程、民心工程。对改善生态环境、优化产业结构、延伸产业链条、促进富裕文明、构建和谐尚义发挥了重要作用。如果说农业是尚义的支柱，生态工程就是支柱的基石。

2007年11月，县委召开扩大会之际，八道沟镇武家坡村村民把一块写着“情系百姓”的牌匾抬到了会场。这一群众自发组织的行动，让所有人对农业综合开发18年来为构建和谐尚义作出巨大贡献有目共睹，拍手称道，农业综合开发，为尚义县县域经济实现可持续发展提供了源源不断的动力，我们相信，它的希望之路会越走越宽。

——《科学发展观的忠实执行者》中国文史出版社

——2009年5月出版《张家口日报》张家口市农业综合开发20年成果展示系列宣传

第三章 种植业

尚义县农业种植以粮食、油料、马铃薯、杂粮杂豆等传统品种为主。除蔬菜外，其他作物均为年种一茬。1989—2010年，尚义县以蔬菜、食用菌为重点，推进种植结构调整，形成了区域布局、品类多元、高产高效的种植业发展格局。

第一节 粮食作物

尚义县坝上地区粮食作物主要有春小麦、莜麦、谷子、黍子、马铃薯、荞麦，坝下粮食作物有谷子、黍子、玉米、高粱、马铃薯、蚕豆、豌豆、大豆及芸豆等，为杂粮生产区。1989—2010年，粮食年均种植面积4.05万公顷，占年均总播面积69.22%，年均总产3645.80万千克，平均亩产60.04千克。其间，小麦种植面积稳定，杂粮杂豆、马铃薯种植面积增加，莜麦种植面积明显下降。1989年和2007年，全县因灾种植业大面积减产或绝收。

1989年，粮食种植面积5.08万公顷，占总播面积69.42%，总产941.4万千克，平均亩产12.30千克。

2007年，粮食种植面积少至2.13万公顷，占总播面积67.32%，总产394.2万千克，平均亩产12.33千克。

2010年，粮食种植面积2.44万公顷，占总播面积59.42%，总产5021万千克，平均亩产137.47千克。

后石庄井乡奎腾台村群众向国家交售公粮（1992年）

小麦 1989—2010年，年均种植面积1.07万公顷，占年均粮食播种面积26.35%，年均产量775.30万千克，平均亩产48.10千克。1989年，种植面积1.01万公顷，占粮食总播面积的19.92%；产量164万千克，平均亩产10.80千克。2010年，种植面积0.67万公顷，占粮食总播面积的27.40%。产量517.30万千克，平均亩产51.67千克。

莜麦 1989—2010年，年均种植面积1.30万公顷，占年均粮食播种面积的32.11%，年均产量887万千克，平均亩产46.52千克。1989年，种植面积2.42万公顷，占粮食总播面积的47.65%；产量422.80万千克，平均亩产11.90千克。2010年，莜麦种植面积0.64万公顷，占粮食总播面积的26.29%。产量583.60万千克，平均亩产60.80千克。

马铃薯 1989—2010年，年均种植面积0.75万公顷，占年均粮食播种面积18.61%，年均产量961.66万千克（为保持与其他粮食作物的可比性，马铃薯产量为实际产量的五分之一），平均亩产107.63千克。1989年，种植面积0.74万公顷，占粮食总播面积的14.65%；产量176.7万千克，平均亩产15.80千克。2010年，种植面积0.38万公顷，占粮食总播面积的15.77%；产量1392.60万千克，平均亩产241.87千克。

谷黍 1989—2010年，年均种植0.11万公顷，占粮食总播面积的2.75%；年均产量138.93万千克，平均亩产94.68千克。1989年，种植面积20万公顷，占粮食总播面积的3.45%；产量49.30万千克，平均亩产18.80千克。2010年，种植面积0.11万公顷，占粮食总播面积的4.41%；产量583.8万千克，平均亩产362.73千克。

豆类　1989—2010 年，年均种植 0.46 万公顷，占粮食总播面积的 11.44%；平均产量 234.70 万千克，平均亩产 43.68 千克。1989 年，全县豆类种植面积 14.60 公顷，占粮食总播面积的 4.50%；总产 14 万千克，亩产 6.40 千克。2010 年，豆类种植在面积 0.11 公顷，占粮食总播面积的 4.50%；总产 124.80 万千克，平均亩产 75.87 千克。

第二节　经济作物

尚义县经济作物主要有油料、甜菜、蔬菜瓜果、中药材等。

一、油料作物

1989—2000 年，全县油料种植面积稳定在 1.67 万公顷左右，占总播面积的 22.70%。1989 年，全县油料总产量 120 万千克，平均亩产 4.80 千克。2010 年，全县油料总产量 583.90 万千克，平均亩产 57.80 千克。品种主要有胡麻、油菜籽、臭兰蛋、葵花等。胡麻种植面积最大，分布全县，坝上多于坝下。油菜籽全县均有种植，但面积不大，坝下多用于间作套种。葵花全县均有种植，坝上村庄多在田间地头、庭院少量种植。

二、蔬菜瓜果

品种主要有西芹、白菜、甘蓝、白萝卜、生菜、菜花、西兰花、莴笋、洋葱（俗称葱头）、胡萝卜、大葱、豆角、韭菜、菠菜、水萝卜、青萝卜、芥菜、蔓菁、甜椒、番茄、大蒜、辣椒、黄瓜、西葫芦、南瓜、西瓜、甜瓜等。

1989 年，尚义县蔬菜种植面积 1720 公顷，品种单一、产量小。

1994 年，尚义县开始蔬菜基地建设，先在南壕堑镇、七甲乡、大青沟镇小五村、套里庄乡大西沟村、小蒜沟河川区建设规模蔬菜生产基地。

1995 年，蔬菜种植面积发展到 3026 公顷，产量 0.30 亿千克，实现产值 4000 万元。坝上部分农民自筹资金打小石井种植西芹，北营子、白沙泉、小五村、白土坡等村农民在生态区水浇地种植甘蓝、白菜，获得丰收，成为致富典型。

1997 年，县委、县政府确立了“念蔬菜经、唱特色戏、做规模文章、建主导产业”发展战略，加大农业结构调整力度，把农业发展重点放在了蔬菜种植和食用菌栽培上，推进区域化布局，培养龙头企业，壮大基地规模，探索“龙头企业（公司）+ 基地 + 农户”的发展模式。全县蔬菜品种增加到 43 个，种植面积 3539 公顷，总产 0.60 亿千克，产值 9300 万元。

2002 年，尚义县被河北省农业厅命名为“河北蔬菜之乡”。

大营盘乡省扶贫开发项目入户示范户种植的彩椒（2005 年）

2010年，蔬菜面积7451公顷，其中无公害基地面积0.67万公顷，产量63万吨，产值5.4亿元，出口9040万吨，创汇510万美元，无公害蔬菜种植成为全县一大主导产业。经营模式实现了由分散经营为主向集中种植、大户经营为主的转变。

全县具有代表性的园区：尚义县泓源设施蔬菜种植园区、七甲乡三和城村设施蔬菜种植园区、七甲乡荞麦夭村设施蔬菜种植园区、大苏计乡郝家地村设施蔬菜种植园区、大苏计乡大苏计村设施蔬菜种植园区、大苏计乡夏家卜村设施蔬菜种植园区、甲石河乡侯达沟村设施蔬菜种植园区、石井乡谷家梁设施蔬菜种植园区、满井镇戈家村设施蔬菜种植园区、三工地镇王二来村设施蔬菜种植园区、大青沟镇厂库伦村设施蔬菜种植园区、南壕堑镇二号村设施蔬菜种植园区、大营盘乡六十庄村设施蔬菜种植园区；代表性企业：河北青沟佳禾食品有限公司；代表性合作社：尚义县龙扬蔬菜种植专业合作社、尚义县甲天蔬菜农民专业合作社、小蒜沟镇蔬菜惠农协会、尚义县欣源蔬菜专业合作社；种植大户：甲石河乡侯达沟村种植大户闫志玲、七甲乡三和城种植大户张天督。

三、甜　菜

尚义县一直以来有种植甜菜的传统，农民多小面积种植，多用于熬制糖稀，渣滓喂猪。

1989年后，因张北、兴和糖厂原料需求，坝上地区农民开始在盐碱地大面积种植。1995年，张北糖厂企业改制后，甜菜实行订单式种植，向农民提供菜籽、纸筒、农药、化肥及技术服务，从育种、栽植到采收全程机械作业，种植规模进一步扩大。2010年，总产量2545.50万千克，平均亩产1368千克。

四、中药材

20世纪70年代起，开始栽培中药材，2001年栽培面积1602.79公顷，其中枸杞1493.33公顷，党参66.67公顷，甘草37.73公顷，黄芩2.40公顷，红花1.33公顷，生地1.33公顷。总产量33.8万千克，实现产值139.38万元。2003年，安徽省亳州客商在尚义县注册了“尚义县药材开发协会”，种植药材，品种有柴胡、板蓝根、黄芩、黄芪等，坝上乡镇集中种植。

七甲乡种植的硬质西红柿（2008年）

尚义黄芩　黄芩别名山茶根、土金茶根，是唇形科黄芩属多年生草本植物；肉质根茎肥厚，略呈圆锥形，棕褐色；叶坚纸质，披针形至线状披针形，总状花序在茎及枝上顶生，花冠紫、紫红至蓝色，花丝扁平，花柱细长，花盘环状，子房褐色，小坚果卵球形，花果期7—9月。尚义黄芩根入药，味苦、性寒，有清热燥湿、泻火解毒、止血、安胎等功效；还可加工成黄芩茶，茶色金黄明亮、茶味甘醇郁香、风味独特。

尚义黄芪是河北省张家口市的特色产品之一。尚义黄芪呈圆柱形，质坚而绵，条直、均匀；外观黄褐色，表面有不规则纵沟；根断面外白内黄，粉性足，韧皮部黄白色，有放射状的裂隙；木质部淡黄色似菊花心，约占半径的2/3。尚义县是“防风”“黄芪”等中药材的原产地，特殊的地理环境，使得黄芪等药材产量高、品质好，近似天然的特点深受山东、安徽等地药材市场和收购商青睐。

1989—2010年尚义县种植业结构情况表

表 15-5

年度	农作物播种总面积（公顷）	粮食作物		经济作物油料作物		其中			
						油料		蔬菜	
		播种面积（公顷）	占比总播面积的比重（%）	播种面积（公顷）	占比总播面积的比重（%）	面积（公顷）	占比总播面积的比重（%）	面积（公顷）	占比总播面积的比重（%）
1989	73240	50846	69.40	22394	30.60	16913	23.10	1720	2.30
1990	73353	52240	71.20	21113	28.80	16514	22.50	1620	2.20
1991	73347	51333	70	22014	30	17753	24.20	1487	2
1992	73400	52847	72	20553	28	17047	23.20	1353	1.80
1993	72887	54900	75.30	17987	24.70	14327	19.70	1153	1.60
1994	72557	52881	72.90	19676	27.10	15728	21.70	2135	2.90
1995	72793	51114	70.20	21679	29.80	16842	23.10	3026	4.20
1996	72732	51518	70.80	21214	29.20	16569	22.80	3323	4.60
1997	73529	52732	71.70	20797	28.30	15992	21.70	3539	4.80
1998	73324	51327	70	21997	30	16574	22.60	3964	5.40
1999	70424	50373	71.50	20051	28.50	15089	21.40	3424	4.90
2000	72796	48815	67.10	23981	32.90	16361	22.50	4338	6
2001	45083	32056	71.10	13027	28.90	3296	7.30	4428	9.80
2002	62623	38721	61.80	23902	38.20	12239	19.50	5576	8.90
2003	49893	28117	56.40	21776	43.60	11342	22.70	5545	11.10
2004	38264	27828	72.70	10436	27.30	7916	20.70	7170	18.70
2005	38037	28885	75.90	9152	24.10	7596	20	6832	18
2006	33933	24441	72	9492	28	8006	23.60	6838.3	20.20
2007	31664	21315	67.30	10349	32.70	8722	27.50	7466	23.60
2008	32067	20964	65.40	11103	34.60	9218	28.70	7656	23.90
2009	39747	23041	58	16706	42	7945	20	7030	17.70
2010	40980	24351	59.40	16629	40.60	6734	16.40	7451	18.20

1989—2010 年尚义县种植业生产情况表

表 15-6

年　度	农作物播种总面积（公顷）	粮食作物		经济作物播种面积（公顷）	其　中				种植业产值（万元）
					油料作物		蔬　菜		
		面　积（公顷）	总　产（吨）		面　积（公顷）	总　产（吨）	面　积（公顷）	总　产（吨）	
1989	73240	50846	9414	22394	16913	1200	1720	7589	1097
1990	73353	52240	68782	21113	16514	7881	1620	18875	5985
1991	73347	51333	39574	22014	17753	4930	1487	1362	3280
1992	73400	52847	61960	20553	17047	10088	1353	15243	6258
1993	72887	54900	28869	17987	14327	4743	1153	19199	3712
1994	72557	52881	36571	19676	15728	5096	2135	15047	7765
1995	72793	51114	47512	21679	16842	8500	3026	31558	14469
1996	72732	51518	75000	21214	16569	10875	3323	100000	18982
1997	73529	52732	30750	20797	15992	3355	3539	60633	13332
1998	73324	51327	69804	21997	16574	11500	3964	173538	26597
1999	70424	50373	21883	20051	15089	5805	3424	179900	15504
2000	72796	48815	17682	23981	16361	4211	4338	198478	15899
2001	45083	32056	7000	13027	3296	151	4428	260000	12766
2002	62623	38721	28100	23902	12239	4621	5576	351800	20828
2003	49893	28117	57434	21776	11342	14039	5545	321138	31298
2004	38264	27828	53135	10436	7916	9855	7170	562262	44328
2005	38037	28885	24907	9152	7596	4160	6832	535890	43095
2006	33933	24441	30644	9492	8006	5747	6838.3	536172	47431
2007	31664	21315	3942	10349	8722	666	7466	491566	54363
2008	32067	20964	30534	11103	9218	8125	7656	586670	88419
2009	39747	23041	8369	16706	7945	1000	7030	526291	70412
2010	40980	24351	50210	16629	6734	5839	7451	630165	96296

第三节　农技农艺

一、粮食新优品种推广

1990年，尚义县在坝下小蒜沟镇地上村进行玉米杂交制种生产，玉米制种田2公顷。

1995年，玉米制种田发展到200公顷，种子品种由黄417品种增加到冀承单3号、反交掖单2号、冀单33等10多个品种。在坝上各乡镇引进、实验、示范推广了马铃薯新品种，以费乌瑞它、克新1号、坝薯8号、坝薯10号、冀张薯8号、夏菠蒂、大西洋等十几个品种，替代了20世纪80年代前的虎头、跃进等品种，实现了马铃薯脱毒化。示范推广了莜麦新品种，由20世纪80年代的品字化更新为坝莜1号、坝莜3号、坝莜5号、坝莜6号、冀张莜4号、花早2号、花中2号、花晚6号等十几个品种。示范推广了亚麻新品种，由“7669”“7544”等更新为坝亚6号、坝亚3号、坝亚7号、坝亚9号、坝亚11号、定亚等17个新品种。小麦品种有内麦21、小冰麦、康选9。20世纪80年代引进的墨娜、东升号、晋春9号等品种因混杂、抗病性差、产量低等原因被淘汰。

2008年，由张家口市农科院引入张杂谷系列品种，张杂谷5号、张杂谷3号、张杂谷6号。在小蒜沟、红土梁等5个乡镇推广张杂谷333.33公顷，平均亩产400千克，较旧有品种亩增产120%，取代了农家品种玉黄谷及20世纪80年代引入的跃进4号和赤选1号。2010年，全县种植谷子0.21万公顷，其中杂交谷0.20万公顷。

1989—2010年，不断进行种子改良更新，全县良种普及率一直稳定在90%以上。

二、耕作技艺

1989—2010年，尚义县耕作技艺变化主要体现在土地耕作、土壤改良、栽培技术3个方面。

（一）土地耕作轮茬倒茬

1990年，全县轮茬压青0.60万公顷，上秋翻压后下年种粮0.28万公顷，平均亩增产13.60%。2000年后，轮茬压青逐年被轮作倒茬所取代。合理安排作物茬口，避免重茬、迎茬现象，实施轮作倒茬。主要方法：豆类—小麦—莜麦—亚麻—马铃薯；马铃薯—谷子—小麦—莜麦；豆类—谷黍—玉米或高粱；小麦—胡麻—马铃薯—谷黍。露地蔬菜因重茬引发蔬菜病虫害，影响蔬菜的品质、产量，也实行与大田作物的倒茬轮作，如芹菜—玉米—小麦。

间作套种　坝下河川区历来就有间作套种习惯。如玉米间作大豆、芸豆、玉米、高粱套种绿豆、红小豆，马铃薯间作芸豆、绿豆，谷子间作大黄菜籽，瓜地间作蔓菁、芥菜等。坝上地区也有马铃薯地间作芸豆、芥菜的习惯，近年全县间作套种面积在6700公顷左右。

耙压保墒　秋耕后及时耙耱保墒，春季表土刚解冻时顶凌耙耱，以弥合地表裂缝，切断毛细管，防止水分蒸发，达到保墒目的。

机械耕种　20世纪90年代，农业机械化发展迅速，尤其是坝上平旷地区，田间作业基本实现机械化。到2009年，全县机耕面积占总耕面积90%以上。

合理密植　根据作物品种、地力和水肥条件科学合理密植，能起到很好的增产效果。如坝下种植旧有农家品种谷子一般定苗在2.30万～3万株，张杂谷因其分蘖率较高，栽培管理上侧重发挥个体优势，宜稀不宜密，一般旱地留苗0.80万～1万株，水浇地留苗1万～1.2

万株。马铃薯采用起垄种植，在不减少苗株数的前提下，加大行距，缩小株距，便于机械作业，能够增加产量。坝上一般用4行、5行播种机，小麦每亩下种12.50～15千克，莜麦每亩10～12.50千克，胡麻4～5千克，马铃薯机播每亩下籽125～150千克。坝下玉米一般定苗2500～3000株。

中耕灭草 中耕锄草能够提高地温、保墒，促使根系发达、苗全苗壮。尚义坝上农民对莜麦、小麦、胡麻大部分只锄一遍，马铃薯锄两遍。坝下农民对中耕锄草历来十分重视，有“谷锄一寸，赛如上粪”“谷锄八遍，八米二糠”之说。谷子、黍子、玉米、高粱普遍锄三遍。露地蔬菜一般最少进行三遍中耕锄草。马铃薯规模化种植后，除草剂、中耕覆土设备的应用使中耕灭草的劳动强度极大降低。

深耕纳雨 保墒尚义县十年九旱，历年春旱严重，降雨集中在秋季7、8、9三个月。秋后进行及时深耕有利于蓄水保墒。秋耕地比春耕地0～15毫米土层含水量高2.40%～3.60%。全县大部分耕地采取秋耕，少数泛风地块采用春耕。

（二）土壤改良

传统措施 铺沙压碱，抑制移植盐分上升；引洪淤灌，既可以压碱，腐殖质还可以肥田。

生物措施 增加植被，减少蒸发。强度盐碱地种植枸杞、碱蓬等；中度盐碱地种植草木樨、紫花苜蓿等；轻度盐碱地种植甜菜、西芹等耐盐碱作物。

机械工程措施 针对“白干土”改良，2000年，尚义县通过省外专家引智项目，引进日本专家研制的“四段心土混层犁”，通过机械耕作改变作物生长环境，效果明显。

水利工程措施 按照“盐随水来，盐随水去”水盐运行规律，建立排水系统，降低地下水位，并引水洗碱，排出洗碱高矿化水。同时采取传统和生物措施，治理效果更加显著。

（三）栽培技术

保护地栽培技术 1990年，在坝下小蒜沟等5个乡镇示范推广玉米地膜覆盖技术256.03公顷，平均亩产606.90千克，较当年露地玉米平均亩产增产100.20%，增产粮食214万千克，纯增经济效益45万元，亩均纯增收176元。1991年，推广地膜玉米71.73公顷，其中坝下种植663.40公顷，据百户调查，平均亩产398.10千克；坝上试种54.53公顷，平均亩产201千克。

1995年，全县地膜覆盖面积900公顷，其中地膜瓜菜294.53公顷，日光温室发展到93个，8.20公顷；大中小棚发展到253个，5.33公顷。1996年，地膜覆盖玉米技术0.05万公顷，增产50%以上。1997年，推广保护地栽培技术533.33公顷，其中地膜覆盖500公顷。2005年，全县地膜覆盖面积达到8000公顷，其中膜下滴灌266.67公顷。2010年，全县膜下滴灌面积发展到5000公顷。

日光温室生产技术 随着蔬菜产业的发展，县内普遍使用温室大棚育苗、种菜。1994年，全县实施“农业白色革命”工程，全县新建日光温室1.13公顷，塑料大棚4.53公顷，当年实现产值15万元，并且实现了亩纯收入8000元以上的典型。南壕堑镇菜园街张户富利用0.60亩日光温室种植蔬菜，年纯收入7000元。1997年，推广保护地栽培技术533.33公顷，其中温室10公顷，大小塑料拱棚23.33公顷，日光温室绝大部分亩收入达万元以上。菜园街李荣德温室创下亩收入1.80万元的纪录。

到2009年，全县温室大棚620公顷，其中80%的温室大棚用于育苗。到2010年，随着蔬菜园区的发展，温室大棚更多用于种植错季蔬菜。全县温室大棚 816 公顷。

配方施肥技术 1990 年全县配方施肥面积 3.61 万公顷，占总施肥面积 72.10%，占总播面积的 49.20%，较上年增长 63%，据 38 个试点抽样调查，配方施肥较习惯性单一施肥或氮磷配比不合理施肥亩平均增产 20.10%。1991 年，配方施肥面积 4.19 万公顷，占总播面积的 58%，比单一施肥平均增产 17.90%。1995 年，实施优化配方施肥 0.53 万公顷，增产 100% 以上。

微肥应用技术 1991 年，以小麦、玉米、亚麻、蔬菜为主要对象，使用增产素、锌肥 300 千克，面积 0.15 万公顷，平均亩增产 10% 左右。1996 年，采用棚室、二氧化碳气肥增产技术 0.13 公顷，增产 30%，蔬菜品质有所提高，推广施用“绿风 95”、综合微肥和马铃薯专用肥 1 万公顷，增产幅度均在 25% 以上。1997 年，推广棚室二氧化硫气肥施用技术 2 公顷。

叶面宝喷施技术 1990 年，在全县各乡镇选择不同作物进行喷施，面积 1997.53 公顷。示范结果表明，该植物生长调节剂在各种作物上使用均有增产效果，一般增产幅度 5% ~ 10%，其中蔬菜增产效果最为明显，最高 40%，平均增产 15%。1991 年，叶面宝喷施 0.16 万公顷，马铃薯增产 30% ~ 40%，莜麦、小麦增产 10%，蔬菜增产 50%。

模式化、规范化栽培技术 1990 年，全县完成小麦、莜麦、亚麻三大作物高产配套栽培技术 3.77 万公顷，平均增产 18.23%，共计增产粮油 742.80 万千克。1996 年，小麦、莜麦旱作栽培技术 3.03 万公顷，增产 50% 以上，亚麻抗病高产栽培技术 1.33 万公顷，莜麦高产配套技术 0.67 万公顷，增产 15% 以上。1997 年，推广小麦高产栽培技术 0.67 万公顷，增产 15% 以上。1997 年，推广小麦高产栽培技术 1.07 万公顷，推广夏秋季蔬菜高产高效栽培配套技术 0.02 万公顷，推广脱毒马铃薯高产栽培技术 0.67 万公顷。

三、植物保护

（一）农作物病害

尚义县农作物病害种类主要有禾谷类黄矮病、燕麦坚黑穗病，谷子白发病、黑穗病、谷瘟病，胡麻立枯病、炭疽病、枯萎病、锈病、白粉病，玉米粗缩病、丝黑穗病，高粱黑穗病，马铃薯晚疫病，大白菜软腐病和白斑病，西芹斑枯病、叶枯病，黄瓜霜霉病、白粉病、灰霉病、细菌性角斑病、镰刀菌枯萎病，生菜顶烧病，番茄病毒病、早疫病、晚疫病、灰霉病、叶霉病等。1995 年以来，危害较重的病害是西芹斑枯病、叶枯病，大白菜软腐病，白萝卜黑心病等。

2004 年，全县实施农田节水工程，图为八道沟镇花台村农民铺设地膜场景

（二）农作物虫害

主要有土蝗、黏虫、麦秆蝇、粟灰螟（谷子钻心虫）、谷三甲（粟返死甲、粟茎跳甲、褐鳞斑叶甲）、菜青虫、蚜虫、小菜蛾、草地螟（罗虫）等；地下害虫主要有蛴螬、蝼蛄、金针虫、地老虎、根蛆等。

（三）农作物虫害防治

1989—2010年，虫害预测预报工作，每年从5月1日开始，9月15日结束。测报工作以田间调查为主，黑光灯系统、糖醋液诱杀为辅。年均发出病虫情报6～8期，指导全县农作物及蔬菜防治面积近百万亩（次）。20世纪90年代，植保机在病虫害防治领域得到广泛应用，农业、化学、生物、地理等防治技术综合使用。小菜蛾、菜青虫和蚜虫，一般用来福灵、齐满素、杜邦万灵、氯氰菊酯防治；地下害虫主要采用药剂拌种、撒施毒饵、药剂土壤处理、药剂灌根等化学方法防治。1995年以后，农药残留日益受到关注，生物和物理防治方法广泛应用。比如，利用白僵菌防治蛴螬，利用黑光灯诱杀具有趋光性的害虫成虫，利用田间插草把引诱黏虫产卵集中烧毁等。

1989年地上地下害虫防治4700公顷；为全县挽回粮油损失250.40万千克，折合632.06万元。1996年，尚义县境内小菜蛾、草地螟、斑潜叶蝇和马铃薯晚疫病中等偏重发生。

1997年和1999年，全县发生两次较大作物病虫害灾情。1997年5—7月，由于持续干旱高温，加大了草地蝗虫越冬数量，致使全县14个乡镇的70667公顷耕地，不同程度地发生了草地蝗虫虫害。国家、省、市农业部门植保专家，分别到大清沟镇、大营盘乡、七甲乡的大片农田考察研究草地蝗虫虫害情况，并传授蝗虫预防和消灭虫害的有效办法。1999年5—7月，全县草地螟大爆发，各个乡镇都不同程度发生虫害，受灾总面积达4.01万公顷，成灾面积2.27万公顷，因虫灾导致绝收面积达0.33万公顷。虫口密度超过每平方米100头。大营盘乡最严重地块每平方米达到750～800头。

（四）农作物病害防治

病害防治从农作物生长的各个环节，采用农业防治、物理防治、生物防治、化学防治等多种措施进行防治。其中化学防治是主要防治措施，药剂拌种、浸种、包衣是防治大田作物病害的有效手段。如：用75%甲拌磷或40%甲基异柳磷乳油浸种，有效防蚜根治禾谷类黄矮病；用拌种剂（立可季、三唑醇、多菌灵、福美双等）处理莜麦种子，有效防治莜麦坚黑穗病；用阿普隆拌种，防治谷子白发病、谷瘟病；用50%多菌灵或40%拌种、双拌种，防治谷子黑穗病；使用包衣剂的玉米种子可有效防治玉米丝黑穗病；用“农用链霉素+甲霜酮或农用链霉素+菜丰宁”，防治大白菜软腐病；多菌灵、百菌清、甲托、代森锰锌、杀矾交替使用，每周喷施一次防治西芹斑枯病、叶枯病。1989年，全县推广农作物病虫害综合防治技术，防治小麦、莜麦黑穗病35333公顷，占总播面积98.60%，防治率98%；防治谷子白发病1867公顷，占播种面积98%，防治率达99.30%；开展亚麻苗期病害综合防治67公顷。

第四节　农业管理与服务

一、农业工作机构设置

1989—2005年，尚义县农业工作在县委农工部指导下，由县农业局负责管理全县农业生产和技术指导，由农业开发办公室组织实施全县的农业开发工作。

1989年，尚义县农业局内设行政科室2

个：办公室、财务股；事业科室5个：农业技术推广中心、农机技术推广中心、农广校、经营管理股、生产股；下辖站所6个：种子公司、农机公司、原种场、农科所、农贸公司、拖拉机站。其中大学本科11名，专科19名，中专26名，在职职业技术人员中中级6名，初级24名。

1993年，按照《尚义县县级机构改革总体方案》的要求，农业局整体转移为“农业、农机服务中心”，实行总经理负责制，副总经理由总经理聘任。农业农机服务中心领导由原来的4人增加到6人。下设单位分为三种类型，即服务型、服务经营型和经营型，131名干部职工进行合理分流，其中17名实现创收。

1996年，根据县机构改革领导小组对农业局机构改革“三定”方案的批复意见，农业局推（试）行国家公务员制度。全局设3个行政科室，即办公室、财务科、生产科，共有15人过渡为国家公务员，其中局长1名、副局长3名、副主任科员1名、科长3名、科员7名。撤销了农业、农机两大服务中心，恢复了农技推广、植保、土肥3站和农机推广、农机管理、农机监理3站。

1997年，农业局及局属各单位共有干部、职工97名（其中大学本科10名，专科11名，中专38名，在职专业技术人员中副高级1名，中级6名，初级17名），下属事业单位11个（农业技术推广站、植保植检站、土肥站、农机监理站、农机管理股、农机推广站、科技股、种子公司、农科所、原种场、坝上口蘑开发中心）。下属企业性质经济实体2个，即农机加油站和二连昌农贸易公司。蔬菜中心的机构和职能移交到县政府设立的蔬菜开发公司。

2002年，乡镇企业局并入农业局，农业局除承担农业、农机管理职能外，还承担原乡镇企业局、蔬菜总社、新能源办公室和原县政府农业办公室经管科的行政职能。全局干部职工109人，其中编内人员69人。

2005年9月，农业、畜牧两局合并，称农牧局。下设办公室、财务科、农业综合执法大队3个行政科室，兽医站、饲料工业办、畜牧站、动物检疫站、种子公司、土肥站、植保站、农广校、新能源办公室、农业技术推广站、农机监理站、农机管理股、信息中心、草原站等事业科室。全局拥有干部职工146人，其中编内人员84人。

2010年尚义县农牧局内设行政科室3个：办公室、财务股、农业行政综合执法大队；事业科室16个：农业技术推广站、农机技术推广中心、农广校、农机管理站、农机监理站、植保站、土肥站、草原站、信息中心、畜牧站、兽医站、动检站、新能源办公室、种子公司、农机公司、原种场。编制86人，实有人员129人，其中大学本科33名、专科32名、中专37名，在职职业技术人员中高级5名、副高17名、中级32名、初级37名。

1989年组建成立河北省尚义县坝上生态农业建设工程办公室，隶属于计委，是计委下设的一个职能科室。1992年2月搬迁至原武装部后院独立办公。1993年1月，经县委、县政府批准，撤科单设，单位名称仍沿用河北省尚义县坝上生态农业建设工程办公室。1997年，经县机构编制委员会办公室审核批准，内设综合股、工程股两个职能股室。2002年6月，根据市委、市政府批准的《尚义县机构改革方案》，农业开发办公室调整为财政局管理的事业机构，内设综合股、工程股两个职能股室，事业编制11名，科级领导职数一正一副，股级职数3名。2004年4月，正式更名为尚义县农业开发办公室。2006年，根据工作需要增设多种经营股。

2009年6月，经省人事厅批准，同意农业开发办公室参照公务员法管理，并将农业开发办公室职责划入财政局，在财政局挂农业开发办公室牌子。2010年，尚义县农业开发办公室属尚义县财政局管理的事业机构，事业编制11名。有在职干部职工38人，其中干部15人，职工23人，内设综合股、工程股、多种经营股3个职能股室。

二、农机管理与服务

（一）农机管理

1985—1993年，农机化管理是执行国家对农田作业拖拉机实行农用平价柴油供应政策，根据农田作业量多少，按季度分配到各农机户。全县每年供应平价柴油指标800～1000吨，平价柴油价格为0.54元，议价柴油价格为1.40元，供应范围是大中小型拖拉机、无电区米面加工和排灌机械。农机服务管理工作主要依靠农用油这个经济杠杆的调控作用，对农用车实行管、供、修、研训实行一条龙管理服务，取得较好的管理效果。

1994—2004年，农业部发布了《农用拖拉机及驾驶员安全监理规定》《联合收割机及驾驶员安全监理规定》《联合收割机跨区作业管理暂行办法》《中华人民共和国农机化促进法》，河北省先后出台了《河北省农业机械管理条例》《河北省农业机构安全监察管理办法》《河北省农业机械维修管理办法》。随着农机管理体系的不断完善和农机各项法律、法规的出台，农机化的管理逐步进入到法治化管理时期。规定了农机部门依法实施对拖拉机的管理权。到2004年，共有农机安全监理执法人员8人，农机维修执法人员5人，依法年检验拖拉机1780台，检验三轮、四轮农用运输车130辆考核审验农机驾驶员1440人。审定维修摊点考核发证80个，维修人员等级考核发证80人。2004年，《中华人民共和国道路交通安全法》颁布后，三轮、四轮农用运输车划归公安、交通部门进行管理，取消了农机部门对三轮、四轮农用运输车的管理权。因机构改革需要，尚义县决定2009年12月30日将原农机监理人员整体转到县公安部门。

2006年，根据中央1号文件精神，国家实行农机具购置补贴政策，按30%的补贴比例对农机具购置户进行补贴。当年发放补贴资金20万元，购置拖拉机11台，农具41台，总投资89.176万元，受益户34户。2009年，中央补贴资金190万元，购置拖拉机87台，联合收割机6台，农机具53台（套），总投资600万元，受益户达73户。

1995年，农业局技术推广站石岫魁、冯美在西寨莜麦地调研

2006—2010年尚义县农机具购置及补贴情况表

表15-7

年　度	中央补贴资金年度（万元）	省补资金（万元）	总投资（万元）	受益户（户）	拖拉机（台）	收割机（台）	农具（台）
2006	—	20	89.176	34	11	—	41
2007	—	30	115.717	44	44	—	44
2008	46	—	183	34	27	2	32
2009	190	—	600	73	67	6	53
2010	39	20	—	52	—	—	—

（二）农机经营销售

1989—2010年，全县有国营农机公司1个，联户供应5个，个体经营户9个，其中南壕堑镇4个，大青沟镇2个，大苏计乡1个，红土梁镇1个，小蒜沟镇1个。县国营农机公司主要经营柴油机、大、中小型拖拉机各种零配件、磨面机、饲料粉碎机、播种、脱粒机、各种悬挂犁、收割机。联户及个体经营户经营销售则以常规零配件、小型农机具和部分农副产品加工机械为主。2010年国营农机公司改制，注销。

农田作业机械主要品种　1989—1993年，大型拖拉机：老式铁牛-55型和新式天津60型；小型拖拉机是长春-12（15）型，河北-12（15）型、泰山-12（15）型、东方红（洛阳）-12（15）型、北方-12（15）型、运域-（15）型，作用主要以农业运输、机耕、机播、机械收获和机械铺膜为主，1993年，全县拥有小型拖拉机1398台，大中型拖拉机13台，配套农机具3572台（件），农机总动力23793千瓦。农机具主要有：轻悬二铧犁、重型单铧犁，四行播种机、185型收割机、铺膜机和小拖车。大型农机具主要品种有轻悬挂五铧犁、重型三（四）铧犁、机孔耙、施耕机。至1993年，机耕面积2.67万公顷，占宜机耕地面积85%，机播面积4万公顷，机械铺膜0.03万公顷。农机推广项目主要是农机节能新技术的推广应用，县农机技术人员组织集中进行S195技术改造50台，改装后，每千瓦每小时平均降低油耗15克，推广密封胶2800袋，冷启动液3400桶，起动惯性冲压阀50件，推广地膜玉米0.02万公顷。共节约柴油23吨。

农业运输机械　1989年，全县仅有小量农用三轮车和四轮农用运输车，全县拥有三轮车53台，四轮农用运输车19台，农用三轮车型号主要有全蛙-15型、巨力-15型、飞彩-15型；四轮农用运输车主要有宇康牌、聚宝牌、飞彩牌、里豹牌等，之后由于新型产品的不断研发，少数型号的产品逐年被替代或淘汰。

农产品加工机械　全县主要农产品加工机械拥有柴油机1495台，28936千瓦，碾、磨粉机、饲料粉碎机、铡草机、打浆机、脱粒机、割草机633台，实现了农副产品力工机械化，随着电力事业的发展，用于农副产品加工的柴油机逐年减少，电动机逐年增多，至1993年电动机增加到6246台。这些机械主要用于米面加工，饲草、饲料加工和其他副业加工。

1994—2004年，农田作业机械品种主要有大型拖拉机：天津-60型、维方-30型，欧

豹 -50（30），小型拖拉机是中原 -180 型、河北 -180（200）型、时风 -180 型、邢台 -180（200）型等，从拖拉机马力型号发生了替代变化，主要用途是农田运输、耕作、机播、机耙压、施耕、机械收获。到 2004 年拥有农机总动力 75363 千瓦；机耕面积 4.67 万公顷，机播 2.80 万公顷，机收面积 1.80 万公顷。

2005—2010 年，全县农机具中拖拉机每年 3000 多台，农具每年 6700 多套。到 2010 年全县农机具中拖拉机 3249 台，农具 6784 套，农用机械总动力 84213 千瓦；机耕面积 4.06 万公顷，占总耕地面积的 90% 以上。机播 3.51 万公顷，机收面积 3.51 万公顷。

（三）社会化服务

1989—2010 年，县农业（农机）局下设的农机服务中心，负责全县农机管理、监理、推广、科技培训等项服务。设立乡（镇）农机管理综合服务站 14 个，有农机科技服务人员 16 人，其中工程师 1 人、助理工程师 3 人、技术员 12 人，共有乡（镇）农机技术员 16 人。县建立农机化技术培训学校，配备兼职教师 6 人，教练员 2 人，技术辅导员 3 人。在拥有 20 台以上拖拉机的大村建立农机协会组织 35 个，协会联络员 35 人。2005 年农业局、畜牧局合并后为农牧局下属农机服务中心，在拥有 20 台以上拖拉机的大村建立农机协会组织 18 个，协会联络员 18 人。

1989—2010 年尚义县农机监理站机耕机播、脱粒情况表

表 15-8　　单位：公顷

年度	农机耕地	机播	机耙	铺膜	脱粒	年度	农机耕地	机播	机耙	铺膜	脱粒
1989	43.10	27.70	60.40	0	27.10	2000	52.10	44.20	20	3.80	44.20
1990	49.50	40.50	70	0	40.10	2001	52.30	44.50	19	3.90	44.40
1991	50.10	41.20	30	2.10	40.20	2002	53.30	45.10	19	4	45
1992	50.20	40	30	2.50	40.10	2003	54.10	45.50	19	4.10	45.50
1993	50.30	41	29	2.70	41.20	2004	55.20	46.70	17	14.50	56
1994	50.50	41.80	29	3	41.10	2005	55.30	47.10	17	14.20	47.10
1995	50.70	42.10	27	3.20	42	2006	57.70	48.20	16	14.50	48.20
1996	51	43	27	3.50	43	2007	58.50	49.10	16	14.30	49.10
1997	51.30	43.50	27	3.70	43.70	2008	59.10	50.10	16	14.80	50.10
1998	51.50	43.70	27	3.60	43.90	2009	60.30	52.50	15	14.90	52.50
1999	51.70	43.80	27	3.70	43.10	2010	60.90	52.60	15	15.70	52.60

三、种子管理与服务

1989 年以来，农业局种子管理站，与工商、公安等部门相互配合，深入集镇市场，监督检查种子销售，保证种子市场的正常秩序，维护全县农民的利益。尚义县种子监督管理工作由尚义县种子监督管理站负责。主要采取如下管理措施：春季制种企业申报种植面积、种植地域、隔离条件、种植品种、亲本来源等情况，确保制种的安全和农民的利益。春季、秋冬季市场管理，建立有序的市场运行环境，严厉打击套购种子等扰乱市场的不法行为。田间检验，从源头上抓种子质量，花检不合格的制种田坚决予以报废，确保来年农民用种安全。给种子生产者、经营者分别发放种子生产许可证、种子经营许可证，并依照《中华人民共和国种子法》规定的条件对其进行严格审核，规范管理，不规范者坚决取缔。

1989—2010 年，尚义县种子站和种子公司先后以马铃薯、亚麻、莜麦、玉米和各类蔬菜为主引进、实验、示范、推广了上百个新品种，并不断进行种子改良更新，全县良种普及率一直稳定在 90% 以上。2004 年，县种子公司投资 40 万元，新上成套种子加工、包衣、包装设备一套。种子公司统一供货，统一包装，统一价格，保证了合格种子进入市场。为方便各村、户用种，县种子公司在 17 个乡镇建立供种站，形成以县种子公司为龙头的供种网络体系。

四、农药管理

1998 年，尚义县成立农药管理工作站，严格贯彻落实《农药管理条例》。每年通过广播电视、科技下乡，发放宣传材料等形式进行宣传，联合工商、技术监督、公安等部门对大青沟镇、小蒜沟镇、红土梁镇、南壕堑镇等市场农药经营户进行不定期检查清理，对无证经营户实施查封、整改、限期办证等措施，对不听劝告者，依法进行处置，有效地净化了农药市场。

第五节 农业科技培训

县农业部门坚持实际实用实效的原则，面向千家万户，按需办班，按需施教，使培训呈现了内容实用、教材通俗、方法多样的特点。1989—2010 年，全县的科技培训大体分为四个阶段：

第一阶段：1989—1985 年。培训的主要见容是莜麦、亚麻、小麦、马铃薯、玉米制种新品种的引进、实验、推广。培训的方式以举办乡镇级科技讲座。年均完成培训任务 5 万人次，其中农业 4 万人次，农机 1 万人次，成人职业技术教育 250 人左右。这一阶段的培训，使多数农民能够主动接受传播应用，接受和应用新品种和新技术，并且能够达到与科技人员的密切配合，完成新品种的引讲和新科技的推广应用等。

第二阶段：1996—1999 年。培训的主要内容是以“两高一优”农业种植、灭病等为主的培训。部分乡镇开始了蔬菜种植、栽培培训。

第三阶段：2000—2003 年。主要围绕全县的 1.33 万公顷马铃薯、0.67 万公顷错季蔬菜、0.67 万公顷饲用玉米、10 公顷口蘑 4 个基地的生产技术难题，开展了大规模的技术培训。培训乡村干部 1000 多人，培训农民 6 万人次。并派出技术干部参加了县里组织的文化、卫生、科技“三下乡”活动。每年开展技术咨询技术培训 20 多次。此外，农业局还投资 11 万元购置了摄像、非线性编辑等设备并装修了演播室，培训了工作人员，使农技电波入户工程得以顺利实施。

第四阶段：2004—2010 年。主要实施了“阳光工程”“基层干部素质工程”和“新型农民”培训。

“阳光工程” 2004—2008 年主要是以农村劳动力转移就业前的短期职业技能培训为重点，培训对象以外出务工农民为主。2004 年尚义县完成培训任务 6650 人，其中，引导性培训5000人，技能性培训650人，农民科技培训1000人；从2009年全国阳光工程办公室要求培训对象由单纯的外出务工向就近、就地转移就业转变。由服务城市发展向支持农村经济社会发展转变，推进城乡统筹、协调发展和社会主义新农村建设。2009年尚义县完成培训任务2850人，其中，引导性培训1000人，技能性培训1000人，农业科技培训850人。2010年尚义县完成培训任务3500人，其中，示范性培训600人，地方特色职业农民培训200人，引导性培训2700人。

基层干部“素质工程” 根据省委组织部、省教育厅下发的《关于继续开展农村基层干部正规化学历教育的实施意见》的精神，2004—2006年共招收河北省素质工程成人高等专科学历教育学员318人。招收对象主要是村干部，学制三年，毕业后取得大专学历，提高了村级干部的整体素质。

新型农民培训 2006—2007年，经农业部、财政部审核批准，尚义县被确定为全国新型农民科技培训工程项目实施县。按照发展“一村一品”的思路，以村为单位组织培训。两年间，共深入63个村办班，187名教师进村236次，培训农民3323人次，培训内容涉及市场营销、蔬菜种植，口蘑栽培、畜禽养殖等内容。

第四章　畜牧水产业

第一节　畜禽养殖

传统畜牧业以分户养殖、散放牧养为主，一直是尚义县农民的重要收入渠道。1989—2010年，畜牧业向规模经营、舍饲养殖转变。舍饲畜牧业已经成为尚义县第一产业的重要支柱。

一、大牲畜养殖

20世纪90年代，尚义县大牲畜养殖开始由使役型向商品型转变，使役畜马驴骡所占比例逐渐减少，商品畜牛所占比例逐渐增加。1989年，全县大牲畜饲养量53222头，年底存栏43152头。1996年，全县提出发展三大规模养殖，形成了以西门塔尔牛为重点的肉牛规模养殖。1997年，县委提出全民大唱“牧业戏”的思路，大牲畜饲养量增长1.60%。2010年全县大牲畜年底存栏3.19万头，比1989年增长6倍。

二、奶牛养殖业

2004年，按照省、市《发展百万头奶牛行动计划》要求，县域北部、中部大力发展奶牛，奶牛养殖成为大牲畜养殖的一个重要组成部分。全县确定以南壕堑、大青沟、炕塄、八道沟、石井乡镇为重点，按照自繁、改良、外购相结合，小区（基地）和散户发展相结合的工作思路，组织奶牛扩群。当年奶牛饲养量达2520头，比2003年增长33.40%。同时，建成了南壕堑镇西平山和大青沟镇两个奶牛养殖园区。2006年年底，全县奶牛发展到了1.50万头。建立奶牛保险基金，降低了奶牛养殖风险。2010年，奶牛饲养出现萎缩，饲养量2800头。

1989—2010年尚义县奶牛饲养生产情况表

表 15-9

年 度	饲养奶牛（头）	牛奶产量（吨）	年 度	饲养奶牛（头）	牛奶产量（吨）
1989	287	371	2000	520	730
1990	341	491	2001	513	740
1991	340	564	2002	550	820
1992	305	314	2003	580	900
1993	320	480	2004	2520	3688
1994	395	578	2005	10000	4500
1995	401	459	2006	16000	4626.8
1996	435	601	2007	18800	5232.2
1997	470	913	2008	9600	15875
1998	503	720	2009	2800	6484
1999	510	750	2010	2800	6458

三、育肥牛业

进入21世纪，积极引导全县农民采取规模育肥和散户育肥相结合发展肉牛业。全县建起牛改站26个，利用西门达尔等优质肉牛，对现有牛群实施二元和三元杂交，每年完成冷配8000头。在石井、满井、八道沟等乡镇建起6个肉牛育肥养殖场，发展了一批育肥牛规模养殖户。全县年育肥牛1200多头。

西平山奶牛园区挤奶车间（2008年）

四、羊养殖

尚义县农民素有养羊传统，曾经一直以放牧为主。1991年，省委对坝上实行倾斜政策，提倡大力发展“四良”养殖。年底，羊存栏达到12.68万只。1996年，县委提出发展三大规模养殖，全县养羊业持续健康发展。羊饲养量16.80万只，存栏10.30万只。1997年，县委提出全民大唱“牧业戏”的思路，大力发展以河北细毛羊和小尾寒羊为重点的商品羊规模养殖，羊饲养量16.50万只，存栏10.70万只，其中小尾寒羊和绒山羊超万只。1999年，张家口市畜牧水产局下发了《关于搞好小尾寒羊生产的通知》。2000年，尚义县小尾寒羊发展到6万只。2001年，尚义县利用省长基金从山东梁山县引进小尾寒羊3500只，采用“三年借五还六”的方式周转，大力发展小尾寒

2005年，石井乡农民在省畜牧局技术员的指导下，通过胚胎移植，由当地土种牛成功繁殖黑白花纯种奶牛

羊养殖。2002年，开始尝试用个体产肉量高品质好的特克塞尔、无角道塞特等公羊作父本进行杂交。2004年，县委、县政府出台加快舍饲养羊业发展的意见，在全县范围内实施禁牧舍饲，采取政府协调、协会运作、基地服务、分户经营的运作方式发展舍饲养羊业，推进养羊业由数量型向质量型转变，由分散型向规模集中型转变。2006年，杂交实验成功，培育出繁殖率高、产肉多、生长速度快，具有尚义特色的肉用商品羊。每只改良成羊比纯种小尾寒羊重20千克，出肉率增加12个百分点，肉质变优，口感更好，产毛量增加2千克，可增加效益80～120元。全县肉用种公羊发展到313只。2008年，全县小尾寒羊发展到20万只，河北细毛羊逐年减少。2009年饲养量达9.50万只，年底存栏13.10万只。2010年，全县饲养量达23.60万只。

五、猪养殖

1989年，猪饲养量8万头，年底存栏4.60万头。1993年，县人大会通过《关于建立瘦肉型商品猪基地县的决议》。县政府建立瘦肉型商品猪技术服务工作站，落实基地7处（外贸公司、原种场各1处，乡镇5处），发放种猪132头。年底，种猪场种猪发展到100头，年出栏肥猪200头，为养殖户提供仔猪500头。1995年，以种猪场为龙头，采取供仔猪、供技术、供饲料的办法，发展重点村90个、重点户129户。瘦肉型猪饲养量34475头，占猪总数的30%。套里庄乡猪只全部实现了瘦肉化。1997年，县委提出全民大唱“牧业戏”的思路，大力发展以瘦肉猪为重点的商品猪规模养殖。猪饲养量达到16.50万头，出栏8.60万头。2002年，由于市场波动，饲料价格上涨，生猪养殖量减少。2009年，全县暖棚养猪快速发展，达到4.50万头，占全县养猪总量的46.90%。2010年猪饲养量128800头，年底存栏36500头，母猪6100头。

六、兔养殖

20世纪80年代后期，全县家兔养殖达到历史高峰期。1989年，兔饲养量达49万只。进入20世纪90年代，由于闲散劳动力大量外流，加之坝上乡镇的蔬菜产业迅速发展，家兔养殖数量减少。

1994年，全县饲养量7.14万只。比1989年减少84.90%。1995年，大青沟镇率先引进皮用家兔新品种——獭兔998只。当年年底发展到6000只。

1996年，由于兔肉在国际市场十分走俏，家兔养殖量增加，年底家兔饲养量达21.70万只。规模50只以上户2000多户，100只以上户500多户。2000年，由于毛皮市场较好，家兔养殖再次兴起，饲养量达30万只。养兔大户61户。南壕堑镇大坝沟村成为獭兔养殖专业村，存栏 2500 只。2004 年，由于市场原因，家兔养殖量再度下滑，饲养量仅为 14.50 万只。2009 年，全县饲养量 18.20 万只，出售 12 万只。2010 年全县饲养量 16.20 万只，出售 11.70 万只。

七、家禽养殖

县内家禽以蛋鸡为主，兼养肉鸡、柴鸡、山鸡、鹅、鸭。多以散养为主，规模化养殖较少。1989 年，鸡饲养量 61.20 万只。1993 年，南壕堑镇安宁街村民陶云兰办起了第一个半现代化规模养鸡场，养殖规模 300 只，当年获利 1500 元。2003 年，大苏计六号地村建起了占地面积 3 公顷的肉鸡养殖园区 1 个，养殖肉鸡 2 批 2.20 万只，由于经营管理不善，后倒闭转产。2001 年，柴鸡养殖在全县兴起。2006 年套里庄乡绿壳蛋柴鸡养殖达 1 万只，2009 年全县柴鸡饲养量达 2 万只。2009 年，全县鸡饲养量 34.30 万只，其中 1500 只以上的规模养鸡场 21 个，存栏鸡 9.50 万只。红土梁镇土木路王建锋鸡场鸡存栏量 2.20 万只，年获利 40 万元。

1990 年，尚义县养鸡专业户给鸡打防疫针

八、特种养殖

县内特种养殖品种主要有山鸡、貂、貉子、野猪、狐狸等。20 世纪 90 年代，县外贸公司曾养殖貂，后因管理不善，半途而废。山鸡养殖主要在南壕堑镇西平山奶牛养殖园区内，2006 年开始养殖量为 500 只，2009 年存栏山鸡 3500 只。全县的宠物养殖主要有猫、狗、鸟。养殖方式主要是居民散养，没有形成规模养殖。

第二节　渔　业

全县渔业生产主要集中在淖泊和水库。水源补给主要来自洪水，水域面积随年降雨变化而变化。1989 年全县水域面积 219.40 公顷。2010 年水域面积 130 公顷，比 1989 年减少 40.70%。

一、养　殖

1989—2010 年，全县共引进鱼苗 25298 千克，分别投放到大青沟水库、南壕堑水库、上纳岭水库、哈拉沟水库。

1990 年，在南壕堑水库进行网箱育种试验，获得成功。

1991 年，全县利用各种类型水面面积 175.47 公顷（占可利用养鱼面积的 96.30%，比 1989 年增加 22.73 公顷），投放鱼种 5118 千克，放养面积 163 公顷，分别比 1989 年增加 63% 和 55%，完成水产品产量 38 吨，比 1989 年增加 26.70%。

1992 年，全县利用养殖面积 175.46 公顷（占可利用面积的 96.60%，其中水库 139.33 公顷，淖泊养面积 34 公顷，池塘 2.13 公顷），投放鱼种 1605 千克，放养面积 101 公顷，水产品捕捞 43 吨。

1992 年，通过推广增养、化肥养鱼和公鱼移植等措施，进行低产水面改造，全县改造低产水面 76.67 公顷，平均每亩增产 10.10 千克，增收 38 元。

1994 年，通过技术培训、资源增殖及池沼公鱼放流等措施，改造低产水面100公顷，亩增产2千克。全县捕捞渔船全部实行持证捕捞，防止乱捕捞损害渔业资源现象发生。

2010年，全县渔业养殖面积130公顷，水产品产量151吨。

二、捕　捞

随着渔业养殖技术提高，鱼产品产量逐年增加，1989—2010年，全县累计捕捞鱼1882吨，1989年，全县渔业产值11万元。2010年渔业产值227万元，是渔业产值最多的一年。

第三节　养殖方式

一、传统养殖方式

1989年，传统养殖方式占据养殖业主导地位。圈舍以普通的土木结构小房为主，管理粗放，防疫不严格。

大牲畜　大牲畜养殖以传统的白天放牧为主，晚上补喂夜草，使役季节补喂饲料，其余时间不补饲料。

羊　立夏至小雪7个月野牧，大雪到谷雨5个月枯草季节，早晚补以青干草或豆科作物秸秆及树叶，产羔母羊及羔羊补以精饲料。

猪　以农户散养为主，饲料以糠、麸、野菜、马铃薯为主，猪只生长缓慢。

兔　以农户庭院养殖为主，多喂饲草，很少补料。户养多则二三十只，少者十几只。

鸡　每户一窝鸡，白天放出，晚上入窝。以杂粮为主饲，兼以糠菜，繁殖小鸡用母鸡孵化。

二、现代养殖方式

20世纪90年代，随着养殖园区建设加快，现代化的养殖成为主要养殖方式。实行良种、良料、良舍、良法“四良”养殖，逐步走向规模化、专业化。

良种选用　2009年，牛、羊、猪、鸡、兔的良种率分别达90%、85%、90%、85%、80%。牛以西门塔尔、黑白花奶牛为主，羊以小尾寒羊、河北细毛羊为主，猪以长白、杜洛克等为主，兔以獭兔、塞北兔为主，鸡主要以海蓝为主。

圈舍建设现代化　高标准圈舍是现代科学养殖的保证。截至2009年，全县现代化高标准圈舍发展到28万平方米，均为砖瓦暖棚结构，冬春季保温，夏秋季通透，为畜禽提供了优良舒适的生长环境。

饲料改进　配方饲料、青贮饲料、草粉等优质饲料成为畜禽的日常饲料。

科学防疫　科学规范的防疫免疫成为现代

甲石河乡农户圈养山羊（2000年）

养殖方式的支撑。

园区养殖 2003年，南壕堑镇西平山、大青沟镇大青沟村2个奶牛养殖园区建成，设计养殖规模均为4000头，成为规模养殖的典型。

2010年，规模50头以上养牛场2个，养猪场35个，1500只以上养鸡场21个，200只以上养羊场16个。

第四节 草 场

一、草场资源

尚义县草资源丰富。坝下为阴山余脉，山场广阔，坝上草原，一望无垠，自古为少数民族游牧地。1989年，全县可利用草场面积8.33万公顷，占土地总面积26.33万公顷的31.60%。其中，有天然草场6.97万公顷，人工草场1.36万公顷，按全县共有大牲畜2.33万头，羊16.60万只，兔59万只，折合羊单位38.20万个，每个羊单位平均占有草场0.22公顷。草场产草1.4亿千克。2010年，全县可利用草场面积达6.97万公顷，其中天然草场9.60万公顷，人工草场0.70万公顷。共有大牲畜4.979万头，羊7.27万只，兔0.72万只，共折合羊单位35.258万个，每个羊单位平均占有草场1.67公顷。2010年，人工种植多年生牧草1000公顷，累计种植8.02万公顷。

牧草种类 尚义县内牧草种类丰富，共74科，250属，364种。其中优良牧草62种，占15%，中等牧草95种，占23.20%，低劣牧草207种，占50.60%，毒草46种，占11.20%。禾本科牧草是县内主要牧草，占牧草总量的50%～70%，草质好，耐干旱，抗碱性强，易贮藏。豆科牧草营养丰富，是制草粉的最佳原料，可代替饲料。其他可食性牧草还有柳兰、绍生、柳叶菜、光华柳叶菜、兴安柴胡、狭叶柴胡、北柴胡、防风、泽芹、黄蒿、海浮萍、鹅绒藤、地稍瓜、田旋花、银灰旋花、打碗花、枸杞、百里香、黄芩、香麦兰、香薷、荆条、兰萼香花菜、车前子、中华卷柏、香蒲、泽泻、灯芯草、曲枝、天门冬等。

草场等级 以草群品质优劣划等：全县一等草场1.13万公顷，占草场总面积0.20%；分布于小片肥沃土地上，草种多是禾本草，羊杂草。二等草场0.91万公顷，占13%；分布于大苏计乡、大营盘乡、后石庄井乡、八道沟镇、七甲乡等区域低湿草甸；大青山、大火堆山地草甸，生长着较好的羊草、隐子草、苔草、地榆等，是较好的牧草。三等草场3.48万公顷，占41.85%；分布于坝上和坝头各处。四等草场2.05万公顷，占29.44%。五等草场0.54万公顷，占7.70%。四、五等草场皆属退化草场，分布在离村较近的过牧草场，以及荒山荒坡、盐碱地上。以产草量为标准，共分七级：一级草场，全县有亩产鲜草800千克的一级草场0.51万公顷，占草场总面积7.40%。二级草场，经普查，县内没有亩产鲜草600～750千克的二级草场。三级草场，全县有亩产草400～600千克的三级草场0.39万公顷，占草场总面积的5.60%。多分布于永胜地、勿乱沟、下马圈、小蒜沟等乡境内的灌木草丛和半灌木蒿草类以及低湿牧地。四级草场，全县有亩产鲜草250～350千克的四级草场0.94万公顷，占13.50%。分布于大青山，边墙山和坝沿一带，植被组成，以苔草、蒿草为主；五级草场，全县有亩产鲜草150千克的五级草场3.10万公顷，占44.40%。分布于土木路东、甲石河西、小蒜沟北一带低山黄土坡，以针茅、隐子草、寸草苔为主；坝上分布在北大滩蒙古营一带。六级草场，全县有亩产鲜草100～150千克的六级草场0.79万公顷，占11.30%。主要分布于哈拉沟、大青沟、大苏计、后石庄井和炕塄乡的丘陵地带。植被组成有隐子草、蒿类草、杂草等。七级草场，亩产鲜草50千克，面积1.24万公顷，占17.80%。主要分布在炕塄、八道沟、套里庄等乡村庄附近的草滩。植被组成多系杂草。草场小，载畜量大，产草量低，属过牧退化草场。

二、基本草场建设与改良

尚义县一直承担河北省基本草场建设项目，到2010年，累计投资1320万元，建成基本草场1.10万公顷。基本草场全部以铅刺丝或铅丝网片加水泥柱围栏。人工种植多年生牧草，实行专人管理，草场植被盖度达90%以上，优质牧草占95%以上，每亩产草量达600公顷，比建设前提高了60%。

过去由于养殖业缺乏科学合理规划，特别是羊只数量超出草场载畜量，造成草场退化。2000年以来，并决定淘汰对草场危害严重的山羊。2002年，山羊被彻底淘汰。同年，实施禁牧。同时大量种植多年生牧草，改造盐碱地。到2010年，累计改良草场5.68万公顷。部分草场恢复了生态环境，植被盖度增加30%～40%，产草量比改良前提高60%。

1989年以来，飞播牧草、牧草籽种田，牧区育草基金、京津风沙源治理工程等项目在全县不断实施，草场产草量和草质有不同程度的提高。1989—2010年，尚义县内累计种植多年生牧草8.02万公顷。其中飞播牧草1.38万公顷，分布6个乡镇15个行政村32个自然村。

1991年，种植多年生牧草0.21万公顷，其中万亩模拟飞播种草有效面积达85%以上。成功引进优质豆科牧草蒙古岩黄芪，种植面积668.67公顷。1999年，国家立项的牧区育草基金项目在尚义县实施，种植多年生牧草0.40万

大营盘农民收割牧草

公顷。飞播 0.13 万公顷，共种草 0.40 万公顷。2000 年，坝上“一退双还”试点工程在尚义县实施，完成多年生牧草种植 870 公顷。2000 年，县畜牧局先后从中国农科院、四川、宁夏、承德、保定、张家口等地引进 20 种青（兼）用饲料玉米品种进行对比种植试验，青（兼）玉米中原单 32 号、纪元 005、黄 417 号等品种亩产青体 5000 余千克，并可亩产籽粒 200 ~ 250 千克。2002 年，京津风沙源治理工程在尚义县实施，共种植多年生牧草 1.06 万公顷。1989—2010 年，全县累计种植当年生牧草 8.02 万公顷，亩产干草 200 千克，共产干草 9.60 万千克。当年生牧草，坝上以青莜麦、青玉米为主，坝下以青玉米为主。2002 年，开始在全县范围内大面积推广种植。此外，种植少量胡萝卜、甜菜等作物，用来饲喂牛、羊、猪。

1989—2010 年尚义县人工种草情况表

表 15-10　　单位：公顷

年　度	当年种植面积			累计种植面积	
	多年生牧草		青饲草	多年生牧草	
	公顷数	其中飞播		公顷数	其中飞播
1989	1866.67	—		1866.67	—
1990	2133.33	—		4000	—
1991	2066.67	—		6066.67	—
1992	2066.67	666.67		8133.33	666.67
1993	866.67	400		9000	1066.67
1994	933.33			9933.33	—
1995	2333.33	—		12266.70	—
1996	1533.33	—		13800	—
1997	3000	1333.33		16800	2400
1998	2400	1066.67		19200	3466.67
1999	4000	1333.33		23200	4800
2000	3733.33	666.67		26933.30	5466.67
2001	4666.67	—		31600	—
2002	10600	1000		42200	6466.67
2003	3000	—		45200	—
2004	6600	4666.67		51800	11133.3
2005	1066.67	—		52866.70	—
2006	17666.70	2666.67		70533.30	13800
2007	4000	—		74533.30	—
2008	3333.33	—		77866.70	—
2009	1333.33	—		79200	—
2010	1000	—		80200	—

说明：1. 多年生牧草有沙打旺、紫花苜蓿、草木樨、披碱草、沙蒿、羊柴、老芒麦。2. 青饲草有青玉米、青莜麦

三、草场保护与管理

尚义县历来十分注重草场保护和管理工作，重点抓了防火、治虫、灭鼠、围栏建设等管护工作，保障草场长期高效利用，提高草场生产能力。

1992 年，采取全员承包、分户和联户承包的形式，推行了草地有偿承包责任制。坝上 10 个乡（镇）共落实草地责任制 3.44 万公顷。

1994 年，成立草原防火指挥部，配备了必要的交通、通信、灭火设备，其中消防车 2 辆。

2010 年，全县防火设备达 2000 套。

1989—2010 年，全县累计治虫 8 万公顷，灭鼠 5 万公顷。综合治理 5.40 万公顷。累计安置招鹰架 400 个。1989—2010 年，全县累计围栏面积 3.50 万公顷，分布 14 个乡镇 170 个行政村。围栏内的植被盖度，普遍提高 40% 以上，亩产青干草由 20 千克提高到 50 千克。

第五节　饲草、饲料

一、青贮饲草

1989—2010 年，全县青贮窖发展到 15000 个，累计青贮饲草 29800 万千克，主要用于饲喂牛、羊，主要是奶牛。青贮饲草以青玉米为主。

二、饲　料

全县所产莜麦、玉米、高粱、谷子、荞麦、豆类、糜黍等都是畜禽优质饲料。截至 2010 年县内有饲料加工厂 2 家，分别是尚义县恒泰饲料加工有限公司、尚义县华冠饲料加工有限公司。主要生产牛、猪、鸡配合饲料，年生产饲料 1200 吨。饲料经营单位 11 家，主要经营配合饲料。

第六节　畜禽品种与改良

一、畜禽品种数量及分布

尚义县内家畜有牛、马、骡、驴、猪、羊、兔。坝上牛、驴居多，坝下山区骡、驴居多，猪羊兔遍及全县。

牛　1989 年年底，全县牛存栏 22728 头，其中良种 10871 头，占存栏牛总数的 47.80%。品种以草原红牛为主，占牛存栏数的 79%。2010 年年底，牛存栏 17300 头，其中良种 10467 头，品种以西门塔尔杂交牛后代为主，占 65%。全县奶牛存栏 2200 头。

马　1989 年，马存栏 7644 匹，分布全县各地，有 5 个优良品种，7412 匹，挽乘兼用。20 世纪 90 年代后，马的数量逐年减少。到 2010 年年底，马存栏 600 匹，主要分布于下马圈、甲石河、小蒜沟等乡镇。

骡　1989 年，骡存栏 8210 匹，分布全县各村，土种占多数。2010 年，存栏 2400 匹，分布全县各村，良种居多。

驴　1989 年，存栏 4580 头，良种率 40.20%，分布于全县各村。2010 年，存栏 3000 匹，良种率 90%，分布于全县各村。

羊　1989 年，饲养量 25.60 万只，存栏 16.60 万只。2000 年，禁养山羊后，坝下以大尾羊为主，坝上以小尾寒羊为主。2010 年，发展到 23.60 万只，年底存栏 7.27 万只。

猪　1989 年，发展到 8 万头，圈存 4.60 万头。2010 年，发展到 12.88 万头，圈存 5 万头，11 个杂交品种，良种率达 90%。

兔　1989 年，饲养量达 49 万只，年底存栏 5.90 万只。2010 年，饲养量达 16.20 万只，年底存栏 4.50 万只，主要以皮用獭兔为主，兼有塞北兔等肉用兔。

二、牛改良

1990 年，县政府出台了《关于加强畜禽改良工作的决定》，坚持改良与引进繁育相结合，以牛羊改良为重点，培育优质高产的毛肉和乳肉兼用型品种，发展质量型畜牧业。全县建牛改站 45 处，比 1989 年增加 19 处，牛改面由 1989 年的 10 个乡扩大到 13 个乡。鉴定公牛 989 头，选留合格种公牛 7 头，比较理想公牛 15 头，去势土劣公牛 967 头。配种改良牛 8002 头。

1996 年，根据市政府“金牛银羊工程”及“畜禽良种工程”要求，重点推动以西门塔尔牛冷配为重点的畜禽改良工作。增设冷配站点 7 处，达到 56 处，从中国西门塔尔牛育种协会引进优质精液粒 2.20 万粒，解冻 2 万粒。冷配牛 6182 头。

2004 年，引进纯种黑白花奶牛冻精，对乳肉兼用牛和杂交奶牛进行改良，购黑白花细管冻精 1.30 万支。牛胚胎移植成为牛改的新途径，2004 年引进牛胚胎 100 枚，在石井乡开展胚胎移植，实际移植 73 枚，怀胎 24 头，产活犊牛 20 头，胚胎移植技术缩短了牛改良进程，由传统的 5 ～ 6 代缩短到一代。

2005 年，奶牛市场价格下降。牛改重点转向用西门塔尔、夏洛莱等优质肉牛冻精改良当地黄牛。

1989—2010 年尚义县牛匹改良配种情况表

表 15-11

年　度	牛改良配种数（头）	怀胎数（头）	受胎率（%）	年　度	牛改良配种数（头）	怀胎数（头）	受胎率（%）
1989	8002	6737	84.20	2000	14683	11215	76.40
1990	8165	6832	83.70	2001	12184	8473	69.50
1991	8230	6973	84.70	2002	11500	9860	85.70
1992	8127	6936	85.30	2003	11647	9790	84.10
1993	8003	6780	84.70	2004	12078	9113	75.40
1994	7925	6676	84.20	2005	24571	18454	75.10
1995	7986	6776	84.80	2006	23000	19550	85
1996	6182	5342	86.40	2007	18100	16470	91
1997	12589	10869	86.30	2008	17000	14791	87
1998	10739	9486	88.30	2009	14100	12300	87.20
1999	13560	11000	81.10	2010	11000	10450	95

三、绵羊改良

1990 年，县政府出台了《关于加强畜禽改良工作的决定》，决定用五年时间，将当地绵羊全部改良成河北细毛羊。当年建羊改站点 112 处，比 1989 年增加 61 处，羊改面覆盖全县各乡村，改良羊 104360 只。从御道口牧场引进良种公羊 25 只，自培公羊 50 只，为 13 个乡镇解决种公羊103只。

1991年，羊改站增加8处，坝下增加3处绒山羊人工授精站。改良配种102926只，怀胎98152只。

1995年，引进小尾寒羊160只，绒山羊种公羊210只。1998年，坝上乡镇引进河北细毛羊种公羊120只，调剂种公羊560只，购配种器材15套，建人工授精站43个。2002年，尝试用个体产肉量、羊肉品质好的特克塞尔、无角道塞特优质肉用公羊与小尾寒羊进行杂交改良，培育适应性强、生长快、繁殖率高的肉用商品率。在小尾寒羊养殖重点村增设8个人工授精点，开展常温配种，全年配种羊2100只。2003年，引进肉羊细管冻精2000支，在李三虎、半个碌碡村对小尾寒羊进行改良。2010年，全县羊只良种率达到90%。

1989—2010年尚义县绵羊改良情况表

表15-12　　单位：只、%

年　度	改良配种数	怀胎数	受胎率	年　度	改良配种数	怀胎数	受胎率
1989	91463	85700	94	2000	54493	48982	90
1990	104360	98262	94	2001	63843	58459	92
1991	102926	98152	95	2002	58120	55300	95
1992	65100	60548	93	2003	56730	47893	84
1993	65100	59892	92	2004	52321	44034	84
1994	51050	46915	92	2005	51978	43733	84
1995	55968	51469	92	2006	96000	81600	85
1996	54692	48920	89	2007	11820	10172	86
1997	56324	49701	88	2008	12178	11021	90
1998	54466	48948	90	2009	12730	11817	93
1999	56723	49187	87	2010	90000	81000	90

四、猪改良

1991年，引进北京黑种公猪14头，开展猪改良。1992年，引进良种猪94头，其中种公猪19头，全县改良种猪2801头，种公猪累计达到33头。1993年，县第十一次人大会通过了《关于建立瘦肉型商品猪基地决议》，发展瘦肉猪成为猪改良的主要方向。县种猪场从北京引进冀H白猪母猪40头，种公猪3头。1994年，良种母猪发展到1560头，瘦肉型猪饲养量达到3000头，涉及12个乡镇，猪改站点达21处。在南壕堑镇席麻沟村建起人工配种服务中心，引进良种公猪8头。1996年，引进种公猪61头。全年配种改良10140窝（次）。1998—2000年，共引进种公猪132头。截至2010年，累计引进良种公猪900头，良种猪发展到8.80万头。

五、家兔改良

1989年，全部家兔均为良种，存栏5.90万只。1992年，大青沟镇率先引进毛用獭兔新品种998只。此后在各乡镇先后推广。随着县外贸企业破产，獭兔销路不畅，农民养殖积极性下降，到2010年全县獭兔存栏7200只。

第七节　疫病防治

一、防疫灭病

1989年，县内设兽医工作站、动物检疫站、兽医卫生监督所。兽医站负责全县防疫工作，动检站负责全县检疫工作，卫生监督所负责兽药、饲料监督管理和渔政执法工作。基层防检分站负责辖区具体动物防疫、检疫和疫病监测工作。

全县各级政府对畜禽防疫灭病工作都很重视，采取了综合防范措施，每年组织春、秋两次防疫，使畜禽常见病和多发病及各种疫病的发病率普遍下降。1987—1992年尚义县连续五年蝉联张家口地区畜禽保护“冠军杯”。

县内畜禽有多种传染病，其中传染快，死亡率高，难防治的烈性传染病有牛羊猪口蹄疫、猪瘟、鸡新城疫、牛瘟、猪蓝耳病、禽流感、羊肠毒血症、兔瘟等。

口蹄疫　1989—2009年，县内发生过两次口蹄疫流行。1999年9月2日，经确诊，南壕堑镇商贩从外地调进生猪定点屠宰场的36口“口蹄疫”病猪，畜牧、公安、商业等部门对病猪进行了焚烧和深埋处理。1999年10月，石井乡马章盖村和套里庄房子村、八道沟镇三股泉和杨达营子村、大青沟前官地村发生牛、猪口蹄疫，发病牛99头，发病猪22头，确诊后县政府组织有关部门立即对疑似病畜全部扑杀销毁，对未发病牲畜进行紧急预防注射。

猪瘟　1983年，彻底扑灭。1989—2010年，尚义县未发生猪瘟。

1989—2010年尚义县猪、羊、牛口蹄疫注苗情况表

表15-13

年　度	猪口蹄疫（万头）	羊口蹄疫（万只）	牛口蹄疫（万头）
1989	3.86	6.88	1.96
1990	3.98	6.90	1.95
1991	4.09	6.85	1.98
1992	4.18	6.99	2.02
1993	4.35	7.15	2.06
1994	4.51	7.36	2.09
1995	4.68	7.55	2.13
1996	4.85	7.68	2.08
1997	4.88	7.85	2.11
1998	5.06	7.88	2.10
1999	5.15	8.05	2.12
2000	5.16	8.08	0.08
2001	6.20	8.26	2.11
2002	5.82	9.60	2.41

续表 15-13

年　度	猪口蹄疫（万口）	羊口蹄疫（万只）	牛口蹄疫（万头）
2003	5.50	9.10	2.36
2004	5.60	10.20	2.30
2005	5.10	9.98	2.30
2006	6.46	10.01	4.32
2007	5.45	11.20	3.38
2008	5.26	11.85	3.62
2009	5.56	9.93	7.58
2010	5.12	21.60	5.50

1989—2010 年尚义县猪瘟接种情况表

表 15-14

年　度	防疫乡数（个）	防疫村数（个）	猪瘟接种数（万头）	接种密度（%）
1989	17	622	3.86	100
1990	17	622	3.98	100
1991	17	622	4.09	100
1992	17	622	4.18	100
1993	17	622	4.35	100
1994	17	622	4.51	100
1995	17	622	4.68	100
1996	14	622	4.85	100
1997	14	622	4.88	100
1998	14	622	5.06	100
1999	14	622	5.15	100
2000	14	622	5.16	100
2001	14	622	6.20	100
2002	14	622	5.82	100
2003	14	622	5.50	100
2004	14	622	5.60	100
2005	14	622	5.10	100
2006	14	622	6.46	100
2007	14	622	5.45	100
2008	14	622	5.26	100
2009	14	622	5.56	100
2010	14	179	12.5	98

兔瘟 1989—2010年，实行定期预防接种，全县只是零星发生，无大面积流行。

鸡瘟（新城疫） 1983年彻底扑灭。1989—2009年，坚持预防接种，无该病发生。

高致病性禽流感 2004—2005年，中国受周边国家的影响，突发禽流感疫情，县委、县政府高度重视，精心安排防治禽流感工作。县委、县政府成立了防治高致病性禽流感指挥部，指挥部办公室设在县畜牧局。根据省政府下发的《河北省突发重大动物疫情应急预案》，结合实际制定了《尚义县高致病性禽流感防治应急预案》和《尚义县亚洲1型口蹄疫防治应急预案》，并按照各预案要求建立了县、乡、村三级疫情监测报告网络，同时还建立起防疫监督机构系统、畜牧兽医行政系统、政府报告系统三级监控体系，形成“三级网”“三条线”的疫情报告机制，确保疫情报告及时、准确、有效。同时建立重大疫情值班制度，指挥部办公室实行24小时值班和领导带班，并将值班电话通过媒体向社会公布。每日实行零报告制度，各乡镇每天上午9点前报县指挥部，县指挥部于每天上午10点前报市指挥部。按照预案，还建立了由畜牧、公安、工商、卫生等部门组成的疫情处置应急预备队，成立了动物流行病学调查组、专家诊断组。各乡镇也制定了自己的应急预案和组建了自己的应急预备队伍。一旦发生疫情，立即启动预案，按要求迅速有效处置疫情。为了保证一线人员的安全和疫情防控工作的需要，县财政还积极筹措资金，储备了两个疫点处置所需的各类防疫物资。通过一系列的有效防控措施，禽流感防控工作深入人心，真正实现了群防群控，取得了防控工作的阶段性成绩。

1989—2010年尚义县鸡新城疫接种情况表

表15-15

年 度	防疫乡数（个）	防疫村数（个）	防疫接种数（万只）	接种密度（%）
1989	17	622	6.56	100
1990	17	622	6.82	100
1991	17	622	6.85	100
1992	17	622	7.28	100
1993	17	622	7.52	100
1994	17	622	7.52	100
1995	17	622	7.66	100
1996	14	622	7.98	100
1997	14	622	8.18	100
1998	14	622	8.32	100
1999	14	622	8.25	100
2000	14	622	9.57	100
2001	14	622	9.88	100
2002	14	622	10.60	100
2003	14	622	10.80	100
2004	14	622	11.20	100

续表 15-15

年 度	防疫乡数（个）	防疫村数（个）	防疫接种数（万只）	接种密度 %
2005	14	622	11.20	100
2006	14	622	11.55	100
2007	14	622	11.38	100
2008	14	622	12.06	100
2009	14	622	12.11	100
2010	14	179	47.22	98

布氏杆菌病 2005 年 6 月 3 日，七甲乡北营子自然村发生布病，为全县首例。6 月 9 日，经市兽医站实验室血清学试管凝集试验，共检出阳性羊 107 只，阳性牛 5 头。6 月 10 日，检出的阳性畜全部进行扑杀和深埋，对受威胁的畜群实施圈养隔离，同时对污染的场所、用具、物品进行严格消毒。10 月，对疫区和受威胁区内的易感动物进行了免疫接种。

猪囊虫病 据县动物检疫站统计，1989—2010 年，检出囊虫病猪 102 头，染病率 2.30%。

二、兽医卫生检疫

20 世纪 90 年代，兽医卫生监督管理工作成为畜牧工作的重要组成部分。

1991 年，县、乡配备检疫员 30 名，检疫监督员 4 名。共检疫大牲畜 493 头、猪 2512 头、羊 17210 只、兔 466 只、鸡 2309 只，肉类 166.70 吨，消毒羊毛 88 吨、皮张 12610 张、车辆 108 辆。1993 年，成立尚义县兽医卫生监督检验所，全县监、检人员统一编号，统一证章的使用办法，动检工作逐步程序化和规范化。当年，全县共检疫大牲畜 9727 头（匹）、生猪 17885 头、羊 21277 只、鸡 11900 只、家兔 8322 只、肉类 245 吨，消毒羊毛 116 吨、皮张 11267 张、车辆 56 辆。1994 年，调整充实检疫队伍，县动检站由原来的 14 人增加到 16 人。基层检疫人员由 23 人增加到 29 人。1996 年 6 月 1 日，在县城、大青沟、红土梁三镇实施生猪定点屠宰。1998 年，制定《尚义县畜禽产地检疫实施办法（试行）》，实行“以人定岗，以岗定责，以责定收，以收定酬”的岗位责任制，开展产地检疫的乡镇达 100%，受检率达到规定标准。全县“放心肉”工程得以实现，散养动物产地检疫达到 100%。

2010 年，全县检疫大牲畜 2150 头、羊 32516 只、猪 14298 头、禽兔 8300 只，消毒羊毛 152 吨、车辆 453 辆。

第八节 管理与机构

一、管理机构

1989 年，尚义县畜牧水产局隶属县人民政府。内设办公室、财务股、兽医站、动物检疫站、畜牧站、草原站、畜牧兽医综合服务中心、水产站，下辖二工地种羊场、15 个国营配种站。干部职工 115 人。

2005 年 10 月，畜牧水产局撤销，并入原农业局，成立尚义县农牧局，为县政府工作部门，承担原畜牧水产局和原农业局的全部职能。内设 3 个行政股、室、队，下属 16 个事业单位。行政机构为办公室、财务股、农业行政综合执法大队。下属事业单位：农业技术推广站、土肥站、植保植检站、农机管理站、农机技术推广站、农机监理站、科教中心、草原监理监测站、兽医站、畜牧水产站、动物检疫站、饲料工业办公室、新能源工作站、种子公司、草原派出所、农业信息中心。干部职工 191 人。

2008 年，草原派出所撤销，职能移交森林公安分局。2009 年 12 月，农机监理站人员和业务整体转移公安局。

二、兽医药政管理

1991 年，县畜牧水产局从经销和使用单位两方面入手，对全县 1 个经销单位、17 个乡镇畜牧兽医站使用兽药单位进行不定期检查，卡死伪、劣、假、陈旧药品流入县内市场的漏洞。1995 年，重申乡兽医站兽用生物药品订购管理办法，明确县兽医站是唯一合法经营单位。2000—2010 年，组织 8 次大检查，规范疫苗供应，保证防疫工作落到实处。对兽药市场进行 24 次执法大检查，无假劣药品案件发生。

三、科技下乡

1989 年，尚义县开展人工培育天然牛黄活动，1990 年，专门成立牛体育黄站，加强对植黄牛的饲养管理和技术跟踪服务，当年对 1800 头牛体进行了植黄手术。1991 年，“四良”养殖列入全县科技推广项目之一。1991 年，发展县级示范村 5 个，乡级示范村 17 个，改建畜禽圈舍 26021 平方米，饲养畜禽 63485 头（只）。1996 年，全县“四良”养殖户达 4005 个，饲养畜禽 82523 头（只），改建畜禽圈舍 30 万平方米，饲养畜禽 447150 头。

附：三工地原种场、尚义县种养场

三工地原种场始建于 1951 年 3 月，位于尚义县三工地镇政府西北，西与内蒙古商都县接壤，北邻五台蒙古营，南接东商公路。属于尚义县人民政府下设的二级事业单位，经济独立核算，自收自支。全场总面积 133.34 公顷，其中耕地 66.67 公顷，草地 66.67 公顷。2010 年在职职工 10 人，退休职工 7 人。场区占地面积 2.53 公顷，其中办公室 9 间，职工房 18 间，羊舍 0.10 公顷，羊饲养量 188 只。经营方式为职工承包和社会承包。

尚义县种羊场建于 1988 年，位于大营盘乡境内，东邻大苏计乡的冀家村，西至察汗淖，南至四刘元，北与商都县四台房子村接壤。属县政府下设二级事业单位。1989 年，全场总面积 2133.33 公顷，其中自然草场 1260 公顷，草围栏 666.67 公顷，耕地 2000 公顷，有牛 127 头，种羊 1450 只，种驴 11 头。全场干部职工 98 人，其中干部 4 人，固定工人 92 人，合同工人 2 人。固定资产 38 万元。

种羊场尽管拥有大面积草场和土地，但由于长期过度开发和经营体制、投资力度等原因，土地大面积碱化，草场退化严重，生态环境恶劣，其原先承担的种羊良繁扩繁、品种更新职能已无法履行，发展陷入困境，从 1993 年至 2004 年，职工从未进行过调资晋级，也没缴纳社会基本养老保险金。离职及退休人员每月只能领到百余元基本生活费，大部分生产工举家外迁，另谋生计。2004 年，按照国家、省、市相关农牧企业改制的有关政策，对种羊场进行彻底改制。改制前，全场在册职工 73 人，其中固定工 68 人，合同制工人 3 人，干部 2 人。退休人员 13 人，病休人员 2 人。全场总面积 2193.33 公顷，其中耕地面积 320 公顷（包括退耕地 133.33 公顷），草地 1873.33 公顷。有机井 10 眼，10 千伏高压线路 2 套，移民工程新建房 29 间，人畜饮水地下管道 1 套。固定资产总额 109 万元；改制后，在职职工全部解除劳动关系，发给解除劳动关系经济补偿金，缴纳社会养老保险和失业保险。已退休人员由保险机构发放退休金。对种羊场的资产和土地使用权由唐山鑫北经贸有限公司进行整体购买。改制期间种羊场设留守处，留守处在县畜牧水产局领导下开展工作，具体负责进行产权移交、清收债权、进行“一退双还”和“防沙治沙”工程管理，以及负责鑫北公司受让土地使用的监督管理等工作。

第五章 林果业

1989年，尚义县有林业用地37008.40公顷，其中有林地16373.33公顷，疏林地2416.07公顷，灌木林地1648.93公顷，森林覆盖率6.50%。2010年，全县林业用地37008.40公顷，疏林地698.20公顷，灌木林地18043公顷，森林覆盖率23.21%。尚义县2004年评获市政府退耕还林先进县，2005年评获省政府退耕还林先进建设单位，2006年度评获张家口市林业局民主评议行风成绩突出单位，2007年获评全省防沙治沙先进单位、全省防沙治沙先进单位，2008年获评河北省农田林网建设先进县，2010年获评河北省三北防护林体系建设突出贡献单位。

1989年，全县防护林面积18022.26公顷。2010年，全县防护林面积609398公顷。

第一节 树种及分布

一、经济树种

1989—2010年，主要栽植的树种有小美旱杨、榆树、杏树、枸杞、沙棘、樟子松、落叶松、柠条、欧李、玫瑰、文冠果。生态林的栽植为改善生态环境发挥了重要作用。

杨树落叶乔木 耐寒耐旱，适应性强，对土壤要求不高，耐轻盐碱，是尚义生态林的主要造林树种，在各个乡镇均有分布。

榆树落叶乔木 喜光，耐寒耐旱，耐瘠薄，不择土壤，适应性强。根系发达，抗风力、保土力强。萌芽力强，耐修剪，生长快，寿命长。不耐水湿，具抗污染性，叶面滞尘能力强。八道沟、石井乡、套里庄、满井镇、大青沟镇分布较多。

杏树 喜光，耐寒耐旱，耐瘠薄，适应性强，主要分布在坝下山区小蒜沟镇、甲石河、下马圈乡、红土梁镇，八道沟镇、南壕堑镇。

枸杞落叶灌木 沙棘，喜光，枝干粗壮，抗风沙，耐水湿，耐寒耐热，对土壤要求不高配，悬崖陡壁，河渠河地均可生长。

樟子松 松科大乔木，耐旱耐寒，适应性强，不苛求土壤，根系发达，固土能力强，对二氧化硫及病虫害有一定抗性。

落叶松 落叶乔木，强阳性树，性极耐寒。对土壤的适应性强，喜深厚湿润而排水良好的酸性或中心土壤。

1989年，全县经济林面积4924.07公顷，果品产量50吨。到2000年，全县经济林面积9845.61公顷，果品产量94吨。分别比1989年增长99.20%、88%。

二、水果类

杏 有土杏和接杏两种，接杏有“金刚圈”，果大，色鲜，嫩甜，为优质家杏。家杏分布在小蒜沟镇、甲石河乡、红土梁镇、南壕堑镇部分村庄。1989年，4273.13公顷。2010年，

11797.68 公顷。年产杏果 5 万千克，土杏较多。

苹果 有大苹果、中型苹果、小苹果三种。大苹果有黄魁、国光、黄元帅，分布在地上、大虎沟、缸芳、保满沟一带，面积 22.07 公顷，7044 株；中型苹果有金红（俗称 123）、七月鲜，分布于全县各地，面积 216.60 公顷，67917 株；小型苹果有花红、黄太平、人秋果，分布在坝下乡镇，坝上部分村庄，面积 114.80 公顷，21100 株。

李子 有北方一号、吉林 6 号，绥李 3 号三个品种，分布在南壕堑、小蒜沟、甲石河乡部分村庄庭院，南壕堑林场有 4.07 公顷、1507 株。

梨 有秋梨和苹果梨，分布在甲石河乡和小蒜沟乡的部分村庄少数庭院中，共 0.80 公顷，200 株左右。

三、干果类

大杏扁（仁用杏） 杏肉干薄不能食，杏核大而扁，椭圆形，相当于一般杏核的 2 倍，杏仁甜香，可加工成多种高级食品。1989 年，小蒜沟镇保满沟大队 66.67 公顷杏扁基地，年产杏核 250 千克左右。

山杏核 山杏分布在坝下乡镇各个村庄。1989 年山杏 557.67 公顷，2010 年山杏 11797.68 公顷，年产杏核 5 万千克左右。

文冠果（木瓜） 因经济价值低、销路不畅，栽种量逐年减少。坝下地上、大虎沟、瓦桶沟等村农户院内有少量栽种，供观赏。

第二节 植树造林

一、义务植树

1989—1995 年，义务植树成为全县绿化家园、美化环境的一项制度。县政府每年组织全县机关企事业单位开展植树活动。

2005 年后，全县义务植树活动蓬勃开展，县林业部门统一规划基地，统一配置苗木，统一时间，按单位分配具体造林任务。当年共有 5 万多人次参加了义务植树，植树 200 多万株，绿化面积 13333.33 多公顷。

2005—2006 年，麒麟山绿色生态园 333.33 公顷。2007 年，森林公园景观建设 33.33 公顷。2008 年，鸳鸯河绿色长廊 2.50 千米。2009—2010 年，绿化“张尚”“白郭”主要干线 96.80 千米。绿化县城主要街道 5 千米、15 个新建机关大院、17 所校园和 30 个新民居建设村。

二、工程造林

1989—2010 年，尚义县先后实施首都周围绿化工程、京津风沙源治理工程及退耕还林工程等，累计完成人工造林 10.99 万公顷，封山育林 1.90 万公顷，飞播造林 0.67 万公顷。

第四期京津风沙源治理工程 2000—2010 年，累计实施人工造林 0.63 万公顷、封山育林 1.63 万公顷、飞播造林 0.67 万公顷。共完成投资 3965 万元。分年施工情况：

2000 年完成人工造林 667 公顷，投资 50 万元。涉及南林场和南壕堑镇。2001 年完成造林 667 公顷，投资 50 万元。涉及大营盘乡和下马圈乡。2002 年完成人工造林（农田林网）1333 公顷，飞播造林 667 公顷，封山育林 2000 公顷，共完成投资 530 万元。涉及八道沟镇、南林场、下马圈乡、大营盘、大苏计、大青沟、石井、三工地 7 个乡镇和 1 个林场。2003 年完成人工造林（农田林网）333 公顷，飞播造林 667 公顷，封山育林 3333 公顷，共完成投资 520 万元。涉及甲石河乡、小蒜沟镇、下马圈乡、南林场、七甲、八道沟、南壕堑镇6个乡镇和1个林场。2004年完成人工造林（农田林网）133公顷，封山育林4000公顷，共完成投资440万元。涉及南壕堑镇、八道沟镇、红土梁镇、套里庄乡、小蒜沟镇、甲石河乡、南北林场、大青沟镇、炕塄乡8个乡镇和2个林场。2005年完成封山育林1667公顷，共完成投资175万元。涉及红土梁镇、小蒜沟镇、甲石河乡3个乡镇。2006年完成飞播造林1333公顷，封山育林2667公顷，共完成投资520万元。涉及南壕堑镇、红土梁镇、套里庄乡、小蒜沟镇、甲石河乡、下马圈乡、南北两个林场。2007年完成人工造林667公顷，飞播造林667公顷，封山育林1333公顷，共完成投资360万元。实施在大营盘乡、石井乡、七甲乡、大青沟镇、八道沟镇、炕塄乡、红土梁镇、套里庄乡、小蒜沟镇、甲石河乡、南壕堑镇，南林场和北林场。2008年完成人工造林1000公顷，封山育林1333公顷，共完成投资290万元。实施在大青沟、三工地镇、石井乡、南壕堑镇、红土梁镇、套里庄乡、小蒜沟镇、下马圈乡、甲石河乡、南林场。2009年完成人工造林2000公顷，飞播造林1333公顷，共完成投资540万元。涉及三工地镇、南壕堑镇、炕塄乡、红土梁镇、小蒜沟镇、下马圈乡、甲石河乡、南北林场。2010年完成人工造林1333公顷，飞播造林2000公顷，共完成投资760万元。涉及三工地镇、南壕堑镇、炕塄乡、红土梁镇、小蒜沟镇、下马圈乡、甲石河乡、南北林场。

国家重点公益林项目 全县国家级公益林共23893.30公顷。2006—2010年，全县国家级公益林18380公顷，上级为尚义县共拨付森林生态效益补偿金752.11万元。其中2006年124.07万元，2007年、2008年、2009年均拨付130.96万元，2010年拨付235.16万元。

首都周围绿化工程 1989年尚义县被列入首都周围地区绿化重点县之一，2001年工程结束。采取人工造林、封山育林、飞播造林三种形式分年度实施，累计完成工程建设任务3.68万公顷，其中人工造林3.41万公顷，封山育林0.27万公顷。

退耕还林工程 2000年在尚义县开始试点，到2008年年底，共实施6.96万公顷。其中退耕地造林3.63万公顷，荒山匹配3.33万公顷，工程涉及全县14个乡镇3个农林牧场，退耕户46183户15.20万人，分别占全县农户和农业人口的90.10%和89.90%。国家累计投资54248万元，全县退耕农民共获得粮食补助1950万千克，“粮改现”补助生活费补助及种苗费补助51518万元，人均受益3191元。

2000年，完成0.20万公顷，其中退耕地0.10万公顷，荒山匹配0.10万公顷，完成投资390万元。工程涉及大青沟镇和大苏计乡2个乡镇，其中大青沟镇6个行政村、大苏计乡4个行政村。其中补造林1308.93公顷，种草691.07公顷。

2001年，完成0.20万公顷，其中退耕地0.10万公顷，荒山匹配0.10万公顷，完成投资630万元。造林面积1334.80公顷。

2002年，退耕还林工程0.80万公顷，荒山匹配工程0.80万公顷，主要规划在沿边沿坝风口地带，形成沿边、沿坝两条带，种植乔木6392.77公顷，灌木9607.22公顷，总用苗量2757.38万株（条）。

2003年，退耕还林1.07万公顷，荒山匹配1.07万公顷涉及全县14个乡镇11个行政村，退耕户2241户。省级示范工程位于南壕堑镇大尚、杨哈公路交会处，涉及西平山、太平街两个行政村。市级0.07万公顷枸杞工程规划为大

八道沟镇组织群众在退耕还林区抗旱保苗（2003 年）

苏计乡，涉及半个碌碡、大苏计两个行政村。县级示范，以乡镇为单位，每个乡镇建设一处窗口地带面积千亩以上的示范工程。共栽植乔木 7654.73 公顷，灌木 13678.60 公顷。

2004 年，退耕还林工程 0.65 万公顷及匹配工程 0.68 万公顷，涉及全县 14 个乡镇和 2 个国有林场，112 个行政村，退耕户数 14526 户。共栽植乔木 6511.75 公顷，灌木 6821.58 公顷，用苗 53721586.80 株。

2005 年，退耕还林 0.78 万公顷及匹配工程 0.20 万公顷，涉及全县 13 个乡镇和南林场，103 个行政村，退耕户数 14058 户，总用苗量 3531 万株（条），其中乔木 5308.90 公顷，灌木 4491.10 公顷。

2006 年，退耕还林工程 0.13 万公顷及匹配工程 0.07 万公顷，涉及全县 11 个乡镇和 2 个林场，69 个行政村，退耕户数 3987 户。总用苗量 505.5 万株，其中容器苗用苗量 150 万株，乔木 426.33 公顷，灌木 1573.67 公顷。

2007 年，0.13 万公顷退耕还林工程荒山荒地造林，涉及 4 个乡镇和 1 个林场、7 个行政村，退耕户 1916 户，工程区涉及 30827 人。总用苗量 213.75 万株，乔木 566.67 公顷，灌木 766.67 公顷，全部设计为营养杯造林。

2008 年，0.07 万公顷退耕还林工程荒山荒地造林，涉及 5 个乡镇 8 个行政村，退耕户 18667 户，工程人口 98000 人，乔木 274.17 公顷，灌木 392.50 公顷。

2009 年，0.07 万公顷荒山荒地造林工程，涉及 5 个乡镇和 2 个林场 17 个行政村，均为乔木林。

2010 年，0.05 万公顷涉及 3 个乡镇 1 个林场，其中落叶松 181 公顷，30.14 万株；榆树 245.67 公顷，用苗量 40.91 万株，杏树 31 公顷，2.60 万株；杨树 9 公顷，用苗量 1.50 万株。

第三节 林木种苗

一、采 种

1989—2000 年，林木种子采集量不大，林业部门年调运经营种子约 9680 千克。2000 年后，随着京津风沙源治理和退耕还林工程的实施，种苗需求量增加，林木种子采集调运量逐年增大。2000—2010 年，全县林木种子调运量 7.22 万千克，其中柠条调运量最大，用种量 213007 千克，杏核为 97056.90 千克，其余分别为沙棘、油松、草籽、羊柴等，分别为沙棘 7500 千克，油松 2500 千克，草籽 389912 千克，羊柴 12113 千克。全部由县林业局种苗股调运。

二、育　苗

1989—2010年，全县育苗以国有林场苗圃、村级集体苗圃为主，个人育苗为辅，形成三级育苗体系。尚义县共有两个国有林场及1个苗圃，总面积约55.27公顷，育苗面积约30.47公顷。苗木以林业造林苗木为主，园林绿化苗木为辅。林业造林苗木约25.73公顷，园林绿化苗木约4.73公顷。2000年实施退耕还林后，把新品种引进和培育作为千亩苗木基地建设的重点，先后引进了新灌木，引进了沙冬青、花棒、沙地柏、饲料桑等18个灌木新品种，大面积引进和培育了樟子松、云杉、杜松、油松等针叶树种，大量引进培育了丁香、玫瑰、丹东桧柏、河北杨、新疆杨、漳河柳、榆叶梅等常绿树种和花灌木。

2001—2003年，北林场成功引进两项现代育苗新技术。一是全省首家引进了“无土轻型基质网袋容器育苗技术和设备”，使全县苗木培育跃居全省先进行列。二是2002年从中国林科院引进了爬山虎、葛藤2个新树种，在坝上地区首家开展了沙生藤本植物试验，被列入国家“948”科技研究项目。

2001年，林场购买了播种机、作床机、旋耕机、起苗机、断根机等现代农机具，全部作业实现了机械化，结束了育苗生产人工操作的历史，工作效率提高80%。

2008年，尚义县抗旱节水农业试验园区进行了林间食用菌种植。“冀北高寒地区设施葡萄间作技术研究”课题，通过成果验收，并推广。垂榆和新品种金叶榆的嫁接改造成功。

全县种苗生产初步形成了以国有苗圃为主体、社会育苗为补充的苗木生产体系。全县育苗面积达到66.67多公顷，育苗户最高达到28户，年产苗木8000多万株。

第四节　森林资源保护

一、病害防治

杨树腐烂病有两种，一是干腐病，另一种是枝枯病。第一种病较多，危害树干和大枝分叉处，6～9年树龄发病最多，30年以上大树受害轻。坝上每年春秋发生两次：4月底至5月初始发,6月后缓发,9月回升;坝下3—4月发病，9月后停止。防治方法：及时拔出病株烧掉。

杨树根腐病　发生在较大片的杨树林中，病树根部周围生长出许多红色伞形蘑菇，俗称“杨口蘑”，食用价值很高，树叶呈黑绿色，翌年枯死。发病树木6～10年生的占80%，每年处暑开始生蘑，到寒露止。北石堺林场桂沟山南林场林区都有发生。

落叶松枯梢病　危害1～37年生树的当年新梢，6～13年生树发病最多。发病时间6月下旬到8月上旬。防治方法：及时拔除病株烧掉。

苹果树腐烂病　危害大小苹果树、海棠树。坝上坝下均有发生，发病部位主要在主干、大枝阳面和大枝的交叉处。症状初生病斑为红褐色，水质状，梢有突起，组织松软，用手指按压病部则下陷，并有黄褐色汁液流出，有浓烈的酒糟气味。剖开表皮，可见皮层发生黄褐色腐烂。4月下旬到5月下旬开始发病。7—8月进入高潮，11月初停止。2008年，甲石河乡囫囵村、小蒜沟牛家营大面积的123果树发生腐烂病基本上果树病死。防治方法：加强栽培管理，增强树势。刮治病疤发现病斑后，要及时刮除。割治涂药。

幼苗立枯病　苗期普遍发生的病害，染病快，严重，死苗率往往在50%以上。主要危害油松、落叶松等针叶树种。

二、虫害防治

杨毒蛾　单食性害虫，幼虫蚕食杨树叶。虫害一经发生，三五日内即可将大片树林的树叶全吃光。2003 年 6 月，甲石河乡瓦桶沟村南大面积的杨树发生虫害，像冬天的树枝一样。

舞毒蛾　又称秋千毛虫，蚕食杨树、榆树、柳树、落叶松和各种果树叶子。危害甚大，一旦发生，在很短的时间内能把整个林区树叶吃光。

松毛虫　又名毛虫食害松科、柏科。大旱时连年发生，毛黑，食松叶尽而且树立枯，作茧松枝上，冬天还在松枝上。

红蝮叶蜂　落叶松害虫。5 月下旬至 6 月下旬开始群集蚕食落叶松嫩叶，继而分散各树，有时一夜吃光一棵树的叶子。

天幕毛虫　又名卷叶虫，俗称顶针虫。4 月中旬孵化幼虫，取食果树、杏树幼芽及叶片，发生时常将叶片食光，不但影响林木生长，甚至会造成植株枯死。防治方法：蛹期有天敌寄生，据调查午毒蛾黑瘤姬蜂，寄生率可达 72%；人工摘卵环，在 4 月前和 8 月后采集卵环，集中烧毁；利用群居和昼伏夜出的习性在幼虫分散前捕杀，或利用振动树干使幼虫丝落地后捕杀；幼虫期喷药。

梨星毛虫　俗称梨狗子、饺子虫。主要危害梨、苹果、海棠等果树。越冬幼虫出现后先食害新芽，5 月间为害梨叶，吐丝将叶缘卷起，成饺子形，伏于内部食害叶肉。防治方法：冬春季刮树皮，消灭粗皮裂缝中越冬幼虫；喷药防治。

桃小食心虫　俗称蛆，又称钻心虫，专门危害苹果、梨、杏、海棠等果实的害虫。

苹果红蜘蛛　危害后使花、果脱落，因其繁殖快，数量多，常常造成灾害。

果树虫害的防治方法　苹果害虫主要有三种苗圃害虫，一是鳞翅目的地老虎类，二是鞘翅目的蛴螬（金龟子幼虫），三是金针虫（叩头虫）、象甲类直翅目的蝼蛄。这些害虫栖居于土壤中，取食为害刚发芽的种子或幼苗的根部，嫩芽及叶部幼芽，常造成较为严重的缺苗断垄，影响苗木的产量和质量。主要发生在苗圃和林场，每年均有发生。采取在地下埋毒饵喂杀和地面上喷洒药剂的办法，效果较好。

三、鼠兔害防治

县内鼠兔害历年来发生比较严重，主要集中在坝下山区一带。2010 年 4 月，鼠害发生面积 0.21 万公顷，防治方法主要以推广拒避剂的应用为主，造林时用拒避剂拌种、蘸苗，未成林造林地幼苗涂抹拒避剂。

四、植物检疫

1989 年起，全县林木、种子、苗木、花卉等森林植物检疫工作由县森防检疫站负责。实施产地调运检疫，防止病虫害的传入和蔓延。2000 年，为防止检疫害虫红脂大小蠹从山西省传入河北省。林业局全体干部职工到各乡镇对全县成林地进行调查、监测，特别是与山西等疫情发生区接壤的林地进行了重点详查，并在每个乡镇、林场、苗圃设立病虫害监测点，测报站点有专人负责，调查病虫害情况，并及时发布虫害信息。对全县苗圃地、果园、花卉栽培、药材种植的单位及个人进行产地检疫。对外地调入尚义县的苗木进行严格检查，检查是否有检疫证明，并进行苗木复检，尤其是对从山西省调入的苗木加大复检力度，发现疫情就地销毁或作除害处理，严防疫情扩散。

五、公益生态林保护

2001年，尚义县被列入河北省森林生态效益补助试点县，完成了国有林场和各乡镇区划界定工作，完成编制《尚义县森林生态效益补助资金试点方案》及试点方案报批、实施。配备专职护林员205名。全县国家级重点公益林面积共1.84万公顷，包括14个乡镇的166个行政村，2个国有林场和1个水库。其中集体公益林面积1.34万公顷，国有林场公益林面积0.45万公顷，个人公益林面积0.05万公顷。补助标准为每年每亩5元，全县年受补资金235.18万元，主要用于森林保护和管理，包括护林员工资、购置防火车及森林防火器材、森林病虫害防治以及公益林抚育。

2006—2010年，尚义县接受国家森林生态效益补助资金752.11万元。

六、森林防火

尚义县森林防火办公室成立于2004年，属于林业局管理，负责森林防火日常工作。2006年5月，为森林公安局的内设机构之一，负责全县的森林草原防火具体工作。森林公安局班子成员包片，组建了小蒜沟、大青沟、南壕堑3个执法巡逻队，日夜盯防严守，巡逻在全县各处山野村庄。每年逢春节、清明节、中元节、冥阴节，县、乡（镇）、村三级联动，各级主要领导任组长，协调指挥，数千名防火员在坟头严防死守，发现零星火灾，及时扑灭。连续数年来，全县境内未发生一起重大火灾。

第五节　古树名木

一、杜松群

杜松群位于尚义县小蒜沟镇中乌拉哈达村海拔1200米的半阳坡处，面积13334平方米，共计105株。其中树龄200年以上的11株，不足200年的94株，均分布在坡度30° 山坡上。传说，这些树是候鸟吃了杜松子途经此地，松子粪便落入石缝中而生存下来，历经数代，形成杜松群。杜松树冠呈塔形，如一座座绿色的宝塔，生长旺盛，苍翠秀美，尤为壮观。其中最大的一株，树龄400年左右，树高13米，胸围240厘米，冠幅7×8米，被载入《河北省林业志》和《河北古树志》，属特级保护名木。

二、华北第一边界标志榆——古白榆

位于尚义县甲石河乡杏园沟村，尚义县与

古白榆

万全县交界处，树高7米，胸围327厘米，树冠南北较长，东西稍短，冠幅10×11米，树龄500年以上。古榆主头已死，从基部分为三杈，粗细基本相同，长势粗壮苍劲。一杈因上香烧火被烧毁，另一侧分枝，匍匐生长，树枝边缘着地，整个树冠呈蒙古包状。相传，这是一颗神树，由此南来北往的行人经常在这里烧香、祭拜，最远的来自常州，可见此村知名度之高。由于此村位于尚义与万全交界处（俗称"边墙"），故名"华北第一边界标志榆"，属一级保护名木。

三、大柳沟古柳

树高9米，胸围404厘米，胸径128厘米，树冠覆盖418平方米，东西长19米，南北长22米。

此树树根裸露，树皮开裂，分枝多且下垂，裸露的树根犹如几条巨蟒缠绕在一起，然后又深深地抓到地里，由于受尽百年沧桑，树根底部发生空洞，足可容纳两个人在树根底乘凉。传说村西边有一座坟墓，坟墓脚蹬村庄，对村庄的人不利，而这棵树则正对着这个坟墓，是坟墓的克星，村里每年之所以能风调雨顺，人才辈出，就是因为这棵树在保佑着他们，因此村里人每到逢年过节或者家里有什么不顺心的事就在树上摆上供品，烧香许愿，以求得神的保佑。

第六节 林业管理

一、林业管理机构

1978年3月，成立林业局。1995年4月，林业局改设一室一所四站，设办公室、林业公安派出所、造林站、种苗站、经济林站、林政检疫站。

1996年12月，县机构改革"三定方案"确定林业局事业编制34名（含工勤人员3名），内设办公室、林政站、检疫站、派出所（以上4个科室均参照过渡公务员），造林站、种苗站、经济林站（以上3站均不参照过渡公务员）。下属企业有南林场、北林场、中心苗圃。

2002年6月，依据机构改革"三定方案"，确定林业局事业编制26名，内设办公室（含财务室）、林政股、林业公安派出所（所长由县公安局派）、造林工程股、种苗检疫股、经济林股6个职能股室。下属南林场、北林场和中心苗圃3家企业。

2006年11月，机构改革确定林业局为参照公务员法管理的单位，事业编制26名，经费形式是财政性资金基本保证费。

2010年，林业局下设办公室、财务科、工程林股、种苗股、经济林股、林政检疫股。辖2个局3个场1个圃，即森林公安局、旅游局、南壕堑林场、北石塄林场、塞北林场、中心苗圃。2010年12月，全局人员95人。

二、林权管理

个人或其他经济组织所有的林木和使用的林地由林业主管部门进行林权登记。办理林权证须提交，林权登记申请表，个人身份证明或其他组织的资格证明，申请代表人或者负责人的身份证明，法定代理人或者委托代理人的身份证明和载明委托事项和委托权限的委托书，申请登记的森林、林木和林地权属证明文件等。县林业主管部门对申请登记的森林、林木和林地位置以及界限、林种、面积或者株数审核、勘测后，登记台账。自受理之日起10个工作日内，在森林、林木和林地所在地进行公告，公告期为30天，无争议后填写、发放林权证。林权证由县政府核发。全县共发放林权证13000本。

三、森林执法

1994 年，森林执法由林业公安派出所和林业局林政站共同负责。2002 年，林业公安派出所开始独立执法，查处滥伐、盗伐林木等林业行政案件，林政股负责查处滥占林地案件。2006 年 5 月，尚义县森林公安局正式组建成立，同时内设防火办，负责全县的森林防火工作。开始独立执法，负责全县的涉林案件查处工作。2010 年，森林公安局有工作人员 24 名，其中正式警察 5 人（包括局长），其他干部职工 19 人。

1989—2010 年，共查处林业案件 95 起，罚款 10 万余元。

1989—2010 年尚义县植树造林及林业发展情况表

表 15-16

年度	年末实有林地（公顷）	当年造林（公顷）	其中				四旁植树（万株）	育苗（公顷）	退耕还林（公顷）	封山育林（公顷）
			用材林	防护林	经济林	其他				
1989	18066.70	4923.33	—	1100	—	—	60	48.80	—	11712
1990	18486.70	—	—	—	—	—	71	176.13	—	11712
1991	16000	3626.67	1533.33	2093.33	—	—	48.80	153.33	—	11713.30
1992	17353	11608	2330	8938	340	—	85	18	—	2667
1993	17821	2884	434	2433	17	—	74	100	—	2667
1994	21450	3367	800	2308	259	—	72	109	—	2667
1995	25587	3667	2000	671.33	416	533	71	111.33	—	2667
1996	26261	3667	1765	1295	71	536	66	111	—	2667
1997	—	3667	1670	16	114	283	65	135	—	2667
1998	33261	4000	1402	1801	111	686	621	135	—	2667
1999	33261	4000	333	3229	138	300	61	135	—	2667
2000	33261	6467	637.33	5840	123	—	61	140	2000	3333
2001	38594	4667	—	4625	42	—	62	267	2000	3333
2002	38593	4747	—	4747	21	—	36	533	16000	2000
2003	40600	30586	—	30586	—	—	45	—	21333.30	3333.33
2004	42600	14407	—	14407	—	—	23	—	13333.30	4000
2005	47347.10	3393	—	3393	—	—	23	400	98000	1666.67
2006	75600	10466	—	10466	—	—	30	100	2000	2666.67
2007	90000	6200	—	6200	—	—	75.45	133	1333.33	1333.33
2008	9706	6333	—	6333	—	—	135	133	666.67	1333.33
2009	—	4279	—	4279	—	—	82	53.33	666.67	—
2010	—	—	—	—	—	—	—	66.67	466.67	—

1989—2010 年尚义县林木采伐情况表

表 15-17

年 度	采伐量（立方米）	年 度	采伐量（立方米）
1989	—	2000	—
1990	—	2001	711
1991	300	2002	—
1992	440	2003	—
1993	485	2004	—
1994	303.76	2005	—
1995	470	2006	99.10
1996	450	2007	883
1997	830	2008	663.80
1998	939.41	2009	163.89
1999	—	2010	489.75

附：国有林场

1. 国有南壕堑林场

总面积 5166.67 公顷，有林地 3400 公顷，主要造林树种有落叶松，其次是杨、油松、樟子松。1989—2000 年，营造林实施杨树低质林，由过去小叶杨更换成新品种小美旱，改造 256.67 公顷，年均 23.33 公顷；实施中幼林抚育工程 333.33 公顷；实施工程造林、封山育林生态造林、小流域治理、飞播造林和退耕还林 3200 公顷，主要造林树种有落叶松、杨树、沙棘、榆树和山杏；实施新育苗 66.67 公顷，留床管理 22 公顷，主要树种有樟子松、油松、云杉、杨树、榆树、山杏、沙棘、枸杞、丁香等。林场配备森林消防车 1 辆，风力灭火机 50 台，对讲机 20 部、建瞭望塔 4 处、修防火通道 40 千米。与周边乡村建起了联防制度，做到山有人管、林有人护、路有人巡、责有人负。

2. 国有北石堺林场

总面积 3953.33 公顷，有林地 1926.67 公顷，主要树种是杨树，其次是落叶松、油松。1989—2000 年，实施杨树低质林改造 302 公顷，年均 25.20 公顷，由过去小叶杨更换成新品种小美旱，提高了林分质量；实施疏伐定株 480.27 公顷，修枝 433.33 公顷；实施工程造林、封山育林生态造林、小流域治理、飞播造林和退耕还林 3400 公顷，主要造林树种有落叶松、杨树、沙棘、榆树和山杏；实施新育苗 203.40 公顷，留床管理 223.27 公顷，主要树种有樟子松、油松、云杉、杨树、榆树、山杏、沙棘、枸杞、丁香、玫瑰、黄刺玫等。

3. 中心苗圃

1979 年 7 月在南壕堑镇西部建立县办苗圃中心，由南壕堑林场拨苗圃地 4.13 公顷，是全县苗木供应基地之一。1989年，县政府取消了差额补助，为林业局下属自收自支事业股级单位。每年种植从4月开始，10月收获。1989—2002年，苗圃中心种植基地4.13公顷，种植落叶松、杨树、榆树、油松、123果树、樟子松等苗木，年均生产苗木60万～70万株，盛年时达近100万株，提供给全县三北防护林苗木。2003—2010年，苗圃中心种植基地扩展到近4.67公顷，种植榆树、沙棘、枸杞、落叶松、云杉、丁香、杜松等苗木；经过工作人员数年努力，2003年培育成杜松苗0.133公顷，亩产8万余株；年均生产苗木100万～110万株，盛年时达120万株，提供给全县各乡镇退耕还林区苗木。

尚义县志

SHANGYI XIANZHI

1989—2010

第十六篇

工业与建筑业

1989—2010年，尚义县工业经济发展经历了转换经营机制、产权制度改革、淘汰落后产能、新能源开发等不同发展阶段。1997年后，国家对国有经济实行“抓大放小”的战略性调整，国有经济结构逐步趋向优化，按照建立现代企业制度的要求，境内国有企业和集体企业全部进行了改制。20世纪末，非公有制经济在国民经济中所占的份额快速增长，成为经济发展中最具活力的因素，成为支撑全县经济增长的基础性力量，撑起了全县经济的“半壁江山”。2004年，大型国有企业国华、龙源等企业落户尚义，能源成为县域发展的支柱产业。私营工业由此进入改革开放以来发展最快的时期，显示出勃勃生机。2010年，全县7家规模以上企业完成增加值5.46亿元，同比增长53.80%。风电装机容量达到100.50万千瓦。全县拥有工业企业1183家，完成工业总产值104212万元，比1989年增长19.80倍，其中：国有企业4家，完成总产值58457万元，比1989年（2959万元）增长18.80倍，所占比重为55.40%，比1989年下降了3.60个百分点；城乡私营个体工业单位1179家，完成总产值46464万元，比1989年增长49.40倍，所占比重为44.60%，比1989年上升26.30个百分点。

1989年，全县仅有一家有资质建筑企业，即尚义县建筑工程公司。1992年，又成立了两家建筑企业，并依成立次序分别取名第一、第二、第三建筑工程公司。2010年，全社会建筑业完成增加值1.35亿元，同比增长13.50%。全县有资质建筑企业3家，从业人数达7523人，实现产值6.16亿元，同比增长599%；建筑施工（竣工）面积44.90万平方米，同比增长308.90%。

第一章 工 业

第一节 国有工业企业改革

一、工业企业改革

（一）建立经济责任制与经营承包制 20世纪80年代，县域工业企业改革的基本思路是对企业扩权让利和实施利改税，主要措施是推行承包经营责任制，对小企业实行租赁经营，实现政企职责分开、所有权与经营权分开。1983年，29家县属工业企业试行经济责任制和经营承包制，即按照责、权、利相结合的原则，将企业生产经营计划总指标加以分解，层层落实到职能部门和车间及职工个人的经营管理制度。县元件厂首先推行经济责任制改革。1984年，在县元件厂经济责任制改革基础上，全县工业企业全面推行经济责任制改革。县属工业企业根据各厂实际情况，采取“全额计件工资”“销售提成奖励”等多种形式的责任制。县内推行经营承包责任制的形式主要有6种：以定额管理为主要内容的经济责任制、工资含量包干经济责任制、个人计划工资责任制、集体计件工资责任制、个人承包经济责任制、集体承包经济责任制及盈利企业上缴利润递增包干和亏损企业减亏包干责任制。

1987年，在县元件厂、毛纺厂、陶瓷厂、金刚石厂、造纸厂、印刷厂等企业推行首轮集团经营承包制，即政府与承包集团签订承包合同，实行“包死基数，确保上缴，超额分成”的集团承包经营责任制。企业内部把车间、班组、个人收入与承包指标挂钩进行浮动分配。

1990年，29家县属企业二轮承包开始，县经济委员会将承包指标进行分解，与企业签订承包合同，年终进行审计，大张旗鼓地兑现奖罚，一度使企业活力得以增强。是年，全县31家企业实现利润166.67万元，上缴县财政69.60万元。

1993年，县属企业三轮承包相继开始，受宏观经济形势的影响，生产要素供应不足，企业外部经营环境形势日趋严峻，企业经营越来越困难，多数企业难以完成承包指标，有的出现亏损，企业承包经营“负盈不负亏”的弊端开始显现。到1994年，县内企业承包经济责任制终止。是年，尚义县落实《全民所有制工业企业转换经营机制的条例》，在小型工业企业中推行“公有私营”经营形式的改革措施；在乡镇企业中推行“股份合作制”经营形式的改革措施；在流通企业推行不同形式的国有民营改革措施。按照“因企而宜、分类指导、抓大放小、一厂一策、先易后难、稳步推进”的原则，进一步深化企业改革，不断增强企业活力。当年造纸厂、制鞋厂等企业的改制工作进展顺利；县建材厂股份制改造后全面投入运营；木器厂、综合二厂（服装生产）改制工作基本结束。

随着改革开放的深入，1994年3月1日，县第三建筑公司改制为有限责任公司。同时，根据《中华人民共和国劳动法》和省、市精神，从3月17日起到6月底以前，全县所有制企业全部实行劳动合同制，从根本上解决劳动制度“双规制”问题，使用工机制发生了根本转变。11月，县刹车元件厂开始进行股份合作制企业改革。

（二）企业产权制度改革 1989—1998年，县属企业经过实行承包经营责任制，建立现代企业制度，对企业进行改革。经营机制出现了一定的变化，企业开始面向市场，但没有触及国有企业体制的根本。随着国有企业建立以现代企业制度为核心的国企改革逐步推进，国企改革开始取得实质性的进展，向理顺产权关系、建立公司制、股份制改造方向发展。这一阶段，由于企业改制不彻底，县内部分企业产权、人事等遗留问题一直未得到彻底解决。

1999—2010年，按照上级“抓大放小、国退民进”的战略部署，启动企业产权制度改革试点，积极推行不同形式的产权制度改革。2002年，国有企业尚义县刹车元件厂在实行全员抵押承包的基础上，经过清产核资、划分股权、制定章程等工作，实施股份制改革，经过改制组建成立股份制公司——尚义县五环机械有限责任公司。

按照国有资本退出一般竞争领域的基本思路，对停产半停产的工业企业进行改制、改造、改组，加强对工业经济结构的战略调整，即“三改一加强”。这一阶段正是全县工业经济艰难“转型”时期。全县出现大部分国有、集体企业停产、半停产状况，企业员工大批下岗，再就业问题十分突出。

2005年，全县累计下岗职工4700多名。除政策性安置2000多名下岗工人外，其余职工只能自谋职业，自谋生路。在深化企业改革中，企业由国营、集体性质转变为股份制、股份合作制、租赁、转让等多种形式的经营体制。对资不抵债、停产的企业，实施破产、拍卖等改制形式，大部分企业实现了国有资本的全部退出。

（三）重组与优化组合 1998年，县造纸厂宣告破产。2000年，县皮毛厂宣告破产。2002年，县刹车元件厂重组为县五环机械有限责任公司。

2004年7月，县酒业有限公司、制鞋厂出售给私营企业北国春酒业公司。2007年12月，县毛纺厂、印刷厂、金刚石厂宣告破产。2008年3月，县大修厂实施改制，出让资产，职工买断工龄，与企业解除劳动合同，企业注销。2007年12月，县建筑材料厂实施改制，出让资产，职工买断工龄，与企业解除劳动合同，企业注销。2009年12月，县陶瓷厂宣告破产。

至2010年，县属27家工业企业先后进行了体制改革，其中国有工业企业8家：大修厂、陶瓷厂、皮毛厂、元件厂、造纸厂、印刷厂、金刚石厂、毛纺厂；县办集体企业20家：农机二厂、综合二厂、综合一厂、服装二厂、服装一厂、木器厂、建筑材料厂、制鞋厂、酒业公司、针织厂、粮油加工厂、饲料公司、食品工业公司、肉联厂、外贸加工厂、地毯公司、建筑公司、机井队、福利皮毛厂、骨胶厂。改制的形式有四种：一是整体出售。整体出售的企业有大修厂、建筑材料厂、制鞋厂、酒业公司、木器厂、地毯公司。二是破产后出售。破产后出售的企业有造纸厂、皮毛厂、毛纺厂、印刷厂、金刚石厂、陶瓷厂、粮油加工厂、食品工业公司、外贸加工厂。三是实行股份制改造，如元件厂。四是租赁经营。实行租赁经营的企业有服装二厂、针织厂、骨胶厂、农机二厂。

二、工业企业改制

（一）尚义县建筑材料厂改制 1998年3月份，经全体职工同意，建材厂实施股份合作制改革，成立“尚义承泰建材股份有限公司”。2007年，按照“国退民进”的企业改革精神，企业实施第二次改制，在册干部职工83人转换身份，集体资本全部退出。由出资人和自然人购买企业资产，资产全部出售所得资金用来安置职工。

（二）尚义县酒厂改制 2004年与尚义县制鞋厂联合实施企业改制。

（三）尚义县陶瓷厂改制 2009年12月22日尚义县人民法院根据县陶瓷厂提出破产申请，下达民事裁定书受理破产。2010年1月5日，宣告破产。

（四）尚义县雪城毛纺厂改制 2007年8月30日县党政联席会议批准尚义县毛纺厂企业改制预案。2007年11月25日依据《企业工会工作条例》召开了全体职工大会，讨论通过了改制方案。2007年12月10日，县法院受理了该厂破产申请，下达了破产裁定书，进入了破产程序。2008年1月法院召开了第一次债权人会议。3月县审计局对破产企业进行审计，5月底结束。6月由河北正祥会计师事务所对企业资产进行评估。9月法院召开了第二次债权人会议。2009年4月27日县政府召集土地、城建、社保、就业、财政等相关部门召开了企业资产变现协调会。2010年11月土地、资产实现变现，改制完成。

（五）尚义县皮毛厂改制 2000年，尚义皮毛厂因产品销售、经营、管理不善宣告破产。

（六）尚义县地毯公司改制 2002年，乡镇企业局组织对地毯公司实施改制，这次改制没有动产权，只对企业部分职工做了必要安置。2009年12月22日尚义县人民法院根据企业提出破产申请，下达〔2010〕尚破字第2—1号民事裁定书受理破产，并于2010年1月5日起宣告该企业破产。企业资产公开拍卖，所得资金用来处理债务、交纳拖欠养老金和安置职工。

（七）尚义县印刷厂改制 2007年12月10日，县法院受理了该厂破产申请，下达了破产裁定书，进入了破产程序。2008年1月法院召开了第一次债权人会议。2008年6月县审计局对该企业进行审计，7月底结束。2008年8月由河北正祥会计师事务所对企业资产进行了评估。2008年9月法院召开了第二次债权人会议。2009年4月27日县政府召集土地、城建、社保、就业、财政等相关部门召开了企业资产变现协调会。2010年11月公开挂牌拍卖，资产实现变现。12月完成对职工安置，改制完成。

（八）尚义县服装二厂改制 2009年10月，该厂向主管部门县工业促进局提出改制申请，主管部门最终以租赁形式出租私人经营，并签订租赁合同。

（九）尚义县粮油加工厂改制 2001年9月，县委、县政府成立改制工作组，进驻粮油加工厂，开展改制工作。拍卖了库存品，处理了部分设备，置换出的资金，补发了停止前拖欠的职工工资，缴纳了部分养老金。2009年，粮油加工厂土地、资产按照法定程序，挂牌出让，所得收益用于职工安置，到2010年上半年，职工与企业中止了劳动合同，领取了经济补偿金，企业改制完成。

第二节 工业所有制构成

一、全民所有制工业

1989年，全县全民所有制工业企业18家，分别为煤矿、元件厂、拖修厂、粮油加工厂、外贸、皮毛厂、造纸厂、印刷厂、陶瓷厂、饮料公司、毛纺厂、机井队、二道背金矿，以及5家商办工业。完成总产值2959万元，比1978年增长2.20倍，所占比重为59%，比1978年下降了22.40个百分点。1997年后，国家对国有经济实行“抓大放小”的战略性调整。按照建立现代企业制度的要求，90%以上国有和集体企业进行了改制。2003年8月，尚义煤矿属地管理，由张家口市煤炭工业局划归县政府管辖。2005年后，随着国华、龙源等一大批“国字号”大型国有企业的入驻，国有及国有控股企业占比再次逐年上升。2005年完成总产值3098万元，同比增长128%，所占比重为12.50%。2010年，国有企业4家，完成总产值58457万元，比1989年增长18.80倍，所占比重为55.40%，比1989年下降了3.60个百分点。

二、集体所有制工业

1989年年底，集体所有制工业企业59家，其中县办工业15家：农机二厂、综合一厂、综合二厂、建材厂、木器厂、服装一厂、服装二厂、制鞋厂、针织厂、食品加工厂、肉联厂、地毯总公司、骨胶厂、银山煤矿、福利皮毛厂；乡镇办工业44家。完成总产值1138万元，比1978年增长4.40倍，所占比重为22.70%，比1978年上升了4.10个百分点。2000年，随着新一轮企业产权制度改革深入推进，县属集体和城镇集体工业企业基本改制为民营企业。2003年，产值399万元，所占比重3.10%。县属集体和城镇集体工业企业全部改制为民营企业。

县印刷厂印刷车间（1989年）

三、个体私营工业

1999年5月，尚义县陶瓷厂质检人员进行质量检测

1989年，县内个体工业经济总量较小，完成总产值922万元，占全县工业总产值的18.30%。随着全县工业企业改革的不断深入，市场经济迅速发展，通过兼并、联合、改制和重组，全县个体私营工业不断壮大。1997年以后，县委和县政府制定了一系列鼓励非公有制经济发展的政策措施，非公有制经济由此进入改革开放以来发展最快的时期，显示出蓬勃生机。到20世纪末，非公有制经济在国民经济中所占的份额快速增长，成为经济发展中最具活力的因素，成为支撑全县经济增长的基础性力量，撑起了全县经济的“半壁江山”。2001年年初，小蒜沟镇缸房自然村、松沟自然村建有铁精粉选矿厂；2002年八道沟镇黑老洼自然村建有铁精粉选矿厂。2003—2006年，在小蒜沟镇、下马圈乡、甲石河乡、红土梁镇河道建立了30余家铁精粉选矿厂。因铁精粉含量品位低，省国土资源部门不予办理采矿手续，县矿产资源主管部门与采矿业主签署协议开采。短期采掘，短暂刺激当地经济发展，增加地方财政收入，但对生态环境造成了破坏。2010年，城乡个体私营工业单位1179家，从业人员4.66万人。完成总产值46464万元，比1989年增长49.40倍，所占比重为44.60%，比1989年上升26.30个百分点。

1989—2010年尚义县各所有制工业结构情况表

表16-1

年　份	全部工业总产值（万元）	按所有制划分					
		全民所有制（国有）		集体所有制		私营个体（含联营）	
		产值（万元）	比重（%）	产值（万元）	比重（%）	产值（万元）	比重（%）
1989	5019	2959	59	1138	22.70	922	18.30
1990	5336	3308	62	1178	22.10	850	15.90
1991	7650	5326	69.60	1431	18.70	893	11.70
1992	9418	6116	64.90	1585	16.80	1717	18.30
1993	10030	5812	58	1362	13.50	2856	28.50
1994	10431	6208	59.50	1905	18.30	2318	22.20
1995	12095	5428	44.90	2080	17.20	4587	37.90

续表 16-1

年份	全部工业总产值（万元）	按所有制划分					
		全民所有制（国有）		集体所有制		私营个体（含联营）	
		产值（万元）	比重（%）	产值（万元）	比重（%）	产值（万元）	比重（%）
1996	18839	5687	30.20	2395	12.70	10757	57.10
1997	28006	5080	18.10	2952	10.50	19974	71.30
1999	11579	1169	10.10	1618	14	8792	75.90
2000	12331	807	6.60	823	6.70	10701	86.80
2001	12557	148	1.20	321	2.60	12088	96.30
2002	12341	883	7.20	533	4.30	10925	88.50
2003	12963	974	7.50	399	3.10	11590	89.40
2004	14181	1359	9.60	—	—	12822	90.40
2005	24735	3098	12.50	—	—	21637	87.50
2006	35003	6754	19.30	—	—	28249	80.70
2007	53103	14219	26.80	—	—	38884	73.20
2008	86222	22237	25.80	—	—	63985	74.20
2010	104212	58457	55.40	—	—	45755	44.60

第三节　工业门类

尚义县经济落后，工业基础薄弱，工业门类较少，人们生产生活必需品多从县外调入。1989 年，全县工业主要有采矿、造纸、机械、陶瓷、皮毛、纺（针）织、服装、制鞋、地毯、印刷、粮油、饲料、糕点、建材等门类。1999 年增加了白酒、人造金刚石 2 个门类。20 世纪末，县内企业的产品市场竞争力下降逐渐被淘汰，一些企业也相继停产、关闭、破产。2010 年，金矿因资源枯竭停止开采，低品位铁矿受市场价格影响时开时停，造纸、陶瓷、皮毛、纺（针）织、制鞋、地毯、印刷、粮油、饲料、人造金刚石等门类都相继停产，机械、服装、建

尚义县煤矿（1995 年 2 月）

材、白酒、糕点等门类也都转制私营或个体企业生产。

一、采掘业

（一）金属矿采掘

县境内金属采矿业主要是黄金和铁精粉的开采。1988年县黄金公司建成投产，年产黄金10千克。1992年，企业被武警黄金部队承包。1994年，生产黄金5千克。1995年，因国家部队政策调整，终止承包合同，企业停产。2008年6月，企业改制。1989—1991年累计生产黄金229千克。2001年初小蒜沟镇始建铁精粉选矿厂，2002年八道沟镇建铁精粉选矿厂。2003—2006年，县坝下区域河道内私营业主开设铁精粉选矿厂达30余家。2007年起，开展了全县矿产资源秩序治理整顿，逐步规范了以探代采行为。

小蒜沟镇铁矿选矿场景（2006年）

（二）非金属矿采掘

尚义县非金属采矿业有煤炭、花岗岩、大理石等。1992年，套里庄乡石料厂建成投产，主要产品有轻型建筑材料，浮石骨料，浮石空心砌块等。1999年，生产浮石骨料5000立方米、浮石砖2000立方米。

套里庄乡浮石矿加工（2005年）

二、制造业

（一）造纸与纸制品业

20世纪80年代末，尚义县造纸厂新上亚麻造纸项目，该项目被列为国家轻工业部科技开发项目和国家“七五”期间“星火”发展计划，改变了过去只能生产粗麻、二粗麻单一的产品的局面。其间，企业还成功研制开发出亚麻瓦楞原纸、亚麻箱板纸等不同规格的系列产品20多种。1989年，生产机制纸4567吨，纸箱325万平方米。1992年，县造纸厂成功研制出亚麻漂白浆和新闻纸，填补了国内造纸业利用草浆生产高档纸的空白。亚麻种植带动和辐射周边内蒙古、山西等8个县旗，有效促进了贫困地区的农民脱贫致富的步伐。在市场经济体制冲击下，国有企业的管理、经营体制越来越不适应市场经济的发展。加之严重的环境污染，1998年造纸厂宣告破产。

造纸厂破产后，企业下岗职工或私人开办造纸企业，围绕纸制品深加工而产生的纸箱加工企业发展到5家。其中，经营发展势头最为突出的是尚义县包装有限公司，2000年公司有长期职工32人，季节工40人。两套加工设备，年生产各种规格的纸箱、纸盒100多万平方米，远销其他地区蔬菜种植基地，经济效益逐年提高，年纳税3万～4万元。2004年，新上一台辅助彩印设备，发展了彩印包装，填补了周边县区彩色包装的空白。2010年，公司逐步拓宽销售市场，与全国各地86家企业建立了业务联系，是年，实现销售收入300万元。

（二）机械制造业

尚义的机械加工业起步于20世纪50年代末，1958年尚义县刹车元件厂建厂。1989年，生产刹车配件10万件。2002年，国有企业尚义县刹车元件厂经过改制组建成立股份制公司——尚义县五环机械有限责任公司。公司成立后，积极挂靠河北宣化工程机械股份有限公司、徐州工程机械集团企业集团，大力开发新产品，成功地研制出拖车、工程车辆液压刹车元件，出口劳保鞋钢包头3大类40多种系列产品，企业21种产品获“省优产品”称号。成为省级机械加工业定点厂家，市场份额不断扩大，销售收入和经济效益逐年提高，在市场激烈竞争中不断发展壮大。

2010年，公司拥有员工380名，固定资产800多万元，各类生产设备200多台。有铸造、冲压和机械加工3个生产车间。铸造车间采取国内较先进的消失模工艺，年产铸钢件500吨，铸铁件500吨。熔炼炉采用0.50吨中频感应电炉，最大铸件单重为100千克；冲压车间主要设备有160吨、100吨、80吨冲床共20台，3×2000毫米、5×2000毫米剪板机3台，折弯机3台，静电喷涂烘干生产线1套，全自动淬火炉1套；机加工车间有各种型号车、铣、钻、磨等加工设备86台，有完善的热处理工艺、检测设备。公司生产的主要产品安全鞋钢包头。是年，出口钢包头500万对，为国内各推土机厂家配套生产165、220、320型转向制动器1800台套。实现产值1041万元，利税92万元。

（三）陶瓷制造业

尚义县陶瓷厂始建于1961年，主要产品粗瓷大缸，产品档次低、生产工艺落后。1989年，固定资产116万元，注册资金30万元，占地面积6240平方米，建筑面积4420平方米，职工88人。是年，陶瓷厂积极开发新产品，先后开发研制出仿古琉璃瓦、棕色工艺瓷产品，改变了产品单一的格局，年内生产陶瓷5万件，玻璃制品11万件。1995年后，企业经营连年亏损，开始出现拖欠退休工人养老金和在职工人工资的情况。1998年全面停产，累计亏损101万元，总负债280万元。2010年1月5日，宣告破产，补发了拖欠职工的工资，为职工缴纳了养老金。

三、针织服装

（一）针织

尚义县棉毛针织厂成立于20世纪70年代，1989年生产毛衣、毛裤等针织产品2万件。1998年企业停产。2001年9月实施改制，出租给私人进行生产经营。受市场因素影响，2002年企业停产歇业。

（二）纺织

尚义县雪城毛纺厂是一家国有中型企业，占地面积2.30万平方米，建筑面积1.30万平方米，拥有固定资产2367万元。80年代后期，通过招商引资成功开发出人造毛皮系列产品，企业先后投资4300多万元开放新产品，逐步形成了割圈毛皮、床上用品、毛皮被、汽车装饰、儿童玩具等40多个系列产品。产品销售国内12个省、市、自治区，部分产品出口日本、韩国和东南亚等国家和地区。受市场经济及国有体

尚义雪城毛纺厂生产车间（1996年8月）

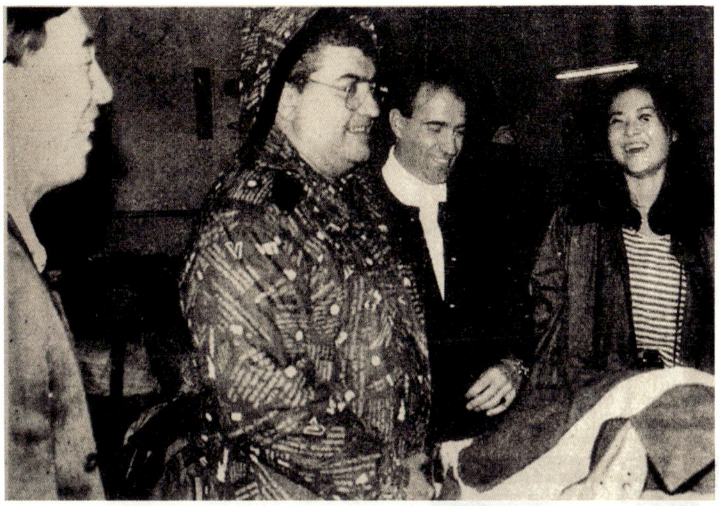

1996年，西班牙客商在尚义县雪城毛纺厂订货

制等因素的影响，企业效益逐年下滑，2001年年底企业全面停产。2007年10月，企业负债7661万元，在册职工420人，退休人员58人。2007年开始实施企业破产。

（三）服装

尚义县服装行业始于1955年。服装二厂占地面积720平方米，属集体工业企业。1989年，生产服装14万件。1998年年底，企业停产，有房屋20间，20世纪50年代的缝纫设备23套，固定资产净值10413.76元，企业负债335431.44元。2009年10月，整体出售集体资产，出售后的资金用于安置企业职工。

尚义县童装厂始建于1987年，2004年企业改组成立张家口伦比服饰有限公司，注册资本600万元，有各类专业设备350台（套）。员工146人，其中技术人员30人。是张家口地区规模最大、配置最先进的服装品牌生产企业。公司先后与李宁服装公司、361°公司、劲霸公司等多家品牌公司合作，开发出了5大系列80多个品种的“金伦比”牌服饰产品、6条西服和西裤标准生产线，年生产西服15万套、西裤30万条。产品销往北京、天津、石家庄、包头、张家口等10多个大中城市。2004年注册“伦比”“金伦比”商标，2005年取得了ISO质量管理体系认证，2011年被认定为河北省著名商标。产品先后获“河北省中小企业质量信得过产品”“河北省中小企业名牌产品”“消费者信得过产品”“河北省优质产品”“河北省名牌产品”“河北省消费者信得过单位”“河北省质量诚信AAA品牌企业”等称号。

四、皮毛、地毯与制鞋业

（一）皮毛

20世纪80年代末，尚义县皮毛厂与省外贸公司合作，改进产品技术工艺，依托当地的畜牧业优势资源，生产的皮毛产品一直受到欧美、韩国、日本等国家经销商和消费者的青睐。1989年，有职工228名，总资产375.65万元，机器设备219台（件），生产皮毛用品9556件，羊剪绒用品1520件，人造皮毛2万米，羊剪绒拖鞋6万双。2001年，市场经济及

县皮毛厂加工毛拖鞋（1996年）

国有体制等因素的影响，企业效益逐年下滑，宣告破产。

（二）地毯

尚义县地毯公司始建于1986年，为集体企业，固定资产126万元，占地面积10264.40平方米，建筑面积2624.20平方米，有干部、职工45人。主营90～250道地毯深加工自营业务。1989年，生产地毯纱47吨。1994年，生产地毯纱51吨，地毯3751平方米。其间，公司采取“公司+农户”模式，加工产业覆盖全县，解决了农村3000多名剩余劳动力的就业，增加了农民收入。1997年，产成品59.30万元，销售收入183.14万元，实现利润60.50万元。1998年全面停产，企业负债635万元。2010年1月5日起宣告该企业破产。

（三）鞋类

尚义制鞋厂于1956建厂，属县办集体企业，1992年企业由县城安宁街扩模搬迁至新华街，固定资产原值115万元，占地面积6222.60平方米，建筑面积2494.20平方米，在册职工25人。主要产品有布鞋、棉鞋、劳保鞋。1989年，生产皮鞋1万双，布鞋12万双；产值81万元，利税5.60万元。1996年因传统产销不能适应当时市场经济的发展，产品销售受阻，维持经营。1997年年底终因经营管理不善，企业全面停产。2004年企业实施改制，整体出售资产，所得资金用于安置职工。

五、印刷业

1989年，全县印刷企业1家，即尚义县印刷厂。印刷厂有固定资产125万元，产值34万元，利税2万元。1998年，企业停产。截至2007年10月，企业资产负债124万元，在册人员49人。2010年11月企业资产公开挂牌拍卖，资产实现变现，12月完成对职工安置，改制结束。2000年私营昌盛印刷厂成立，承揽全县的印刷业务。2010年年底，昌盛印刷厂营业收入430万元，上缴利税12万元。

尚义县地毯公司地毯生产车间（1999年）

六、饮食业

（一）粮油

尚义县粮油加工厂1991年销售收入519万元，利润104万元。1994年销售收入1443.60万元，利润26万元。1998年销售收入1071.40万元，利润4万元。2000年，尚义县粮油加工厂主业停产，实施转产，开发口蘑生产项目，终因气候、技术等因素制约，未能取得预期成效。2001年9月，开展改制工作。拍卖了库存品，处理了部分设备，置换出的资金补发了停止前拖欠的职工工资，缴纳了部分养老金。2009年，粮油加工厂土地、资产按照法定程序，挂牌出让，所得收益用于职工安置，到2010年上半年，职工与企业中止了劳动合同，领取了经济补偿金，企业改制基本完成。

（二）副食

1989年，食品工业公司下设糕点、醋酱、糖果、罐头4个加工车间，1个批零门市部，2个副食零售门市部，职工66人。1990年实现利润15万元。1995年，企业严重亏损。1996年4月罐头车间划归县审批公司，成立独立核算企业。糕点车间实施承包经营，其余车间、门店由内部职工全员承包。2000年，企业资不抵债，经营困难，实施破产。

（三）肉类

尚义县肉类联合加工厂，始建于1985年，注册资金204万元，属县供销合作社管理。1989年，固定资产原值556万元，设备有单、双级制冷压缩机各1台，悬挂式链条生产线1条，160千万发动机1台，配备300吨冷库1座。企业主要经营活体牛、羊、鸡、兔收购，加工牛羊卷肉、白条羊、白条鸡、白条兔，产品销往北京、天津、山西、内蒙古等周边地区。1991年，销售收入496.70万元，利税7.60万元。1997年，因政策、管理等原因，企业出现亏损，是年停产。

（四）白酒

1989—1999年，县内白酒酿造主要有食品公司糕点加工厂利用风干马铃薯等原料生产的白酒、炕塄酒厂纯粮食酿造的哈路泉牌白酒。1999年9月尚义酒厂成立，固定资产原值105万元，办公房屋、厂房从县制鞋厂租赁，主营白酒，职工59人。生产的尚义缘牌系列白酒以其物美价廉曾一度远销内蒙古、山西等地，企业效益颇佳。1999—2003年，共生产各类白酒1800吨，实现产值1462.50万元，销售收入1036万元，入库税金211万元。2003年年底，企业进入停产半停产状态，后因经营不善，于2004年实施企业改制。企业整体出售给个人经营，更名北国春酒业有限公司，当年生产白酒600吨，销售收入1200万元。2010年，生产白酒200吨，销售收入400万元。

七、新能源产业

（一）产业概况

尚义县在风力发电方面具有天然的优势，受东亚季风的影响，常年劲风不断，特别是冬春季风力更大。境内坝上为地势起伏不大的丘陵地带，地形空旷，极具风能开发潜力，是全国少有的风能集中区。尚义县境内光照充足，年均气温4℃。全县年均日照时数为2815小时，年均太阳辐射总量为139千卡/平方厘米，年折合满负荷发电时数约为1600小时，属太阳能资源分布二类地区，适宜开发光电容量潜力约200万千瓦。

县政府立足当地资源积极发展县域工业，依托风能、太阳能资源发展新兴产业。2004年，通过招商引资，外来资本涉足风电能源领域逐步成为全县工业经济的重要组成部分。2004年

2007 年 5 月，省委书记白克明在国华风电场调研

全面开工建设。

2010 年年底，共有国华（河北）新能源有限公司、龙源（张家口）风力发电有限公司、国电电力河北新能源开发有限公司、国水投资集团尚义风电有限公司、河北华电尚义风力发电有限公司、尚义县察哈尔风电有限公司、三峡新能源尚义风电有限公司、中国广核集团有限公司（简称中广核）等 8 家风电集团在尚义县投资，共有 12 处风电工程竣工投产，并网总装机容量达到 85.65 万千瓦。

7 月，国华尚义满井风电场一期工程开工建设，尚义县风力资源开发和利用迈出了实质性步伐。2006 年，国华满井风电一、二期工程实现并网发电，总装机规模达到 8.40 万千瓦，累计发电 1.30 亿千瓦时，完成产值 6000 万元，上缴税金 800 万元。2007 年，全县风电总装机容量发展到 15.15 万千瓦，位居全省第一。2008 年，全年新增风电装机 17.55 万千瓦，累计达到 32.70 万千瓦，全年发电 4.20 亿千瓦时，销售电量 4.01 亿千瓦时，实现产值 1.85 亿元，完成税金 1450 万元。其中，国华满井风电场装机投产达到 18.30 万千瓦，成为当时国内单体规模最大的风电场。2009 年 10 月，国华（河北）新能源有限公司 1000 千瓦光伏发电项目开工建设，并于年底投产发电。2010 年 1 月，首期 1000 千瓦的风光互补科研示范项目并网发电；投资 3 亿元的国华尚义 1 万千瓦光伏并网发电项目

（二）风电场

1. 国华满井风电场　装机容量 18.30 万千瓦，总投资约 17.50 亿元。一期工程装机容量 3.45 万千瓦，投资额 36400 万元。2004 年 7 月开工，2005 年 10 月竣工投产；二期工程装机容量 4.95 万千瓦，投资额 46866 万元，2005 年 10

风电安装（邓平　摄）

月开工，2006年11月竣工；三期工程装机容量4.95万千瓦、投资额46866万元，2006年7月开工，2007年11月全竣工投产；四期工程装机容量4.95万千瓦，投资额约44831万元，2008年10月竣工。2010年，满井风电场全部竣工，成为当时全国单体规模最大的风电场。

2. 国华七甲山风电场　建设规模20万千瓦，安装单机容量1500千瓦的风机133台，总投资17.50亿元人民币。工程于2008年7月开工建设，2009年完成装机14万千瓦（吊装93台），2010年12月所有风机实现并网发电。2010年，国华（河北）新能源有限公司，建设规模1万千瓦的光伏发电项目开工建设，首期1000千瓦的风光互补科研示范项目并网发电，为国家发展风电、光电互补进行了新的探索。

3. 龙源石人风电场　总投资5.40亿元。2007年开工建设，工程装机容量163万千瓦。2009年7月工程扩建，装机容量38万千瓦，年发电量15000万千瓦时。

4. 龙源麒麟山风电场　工程投资13亿元。一期工程于2008年10月建设，装机容量40万千瓦，2009年投产，年发电量34000万千瓦时。

2010年6月，二期工程启动，装机容量10万千瓦。

5. 国水投资集团尚义风电有限公司　国水投尚义风电有限公司成立于2009年7月14日，注册地位于河北省尚义县南壕堑镇，注册资本金1.20亿元，为中国水利投资集团公司全资子公司，负责尚义石井风电场的开发建设及运营工作。公司经营范围为风电场开发、建设及运营管理，风电设备制造及维修，风电开发技术咨询、服务，风力发电物资、设备采购。

6. 国水投尚义石井风电场　2009年规划总装机容量为20万千瓦。项目一期4.95万千瓦工程于2010年5月开工建设，2010年年底建成投产。

7. 河北华电二工地风电场　太阳能光伏发电项目，投资4.60亿元。2009年9月，开工建设，装机容量4.95万千瓦。2010年，投产发电，年发电量8500万千瓦时。

8. 河北华电王悦梁风电场　工程投资4.41亿元。装机容量4.95万千瓦。

9. 察哈尔韩家庄风电场　2010年4月，一期工程开工建设，装机33台，单机容量1500千瓦，装机总量为4.95万千瓦。是年投产，年发电量11885万千瓦时。

10. 三峡新能源石井风电场　2010年4月，投资50499万元，开工建设石井风电场一期工程，装机总容量4.95万千瓦，年可发电10855万千瓦时。

11. 中广核东山风电场　2010年8月建设东山风电场，风电场位于尚义县石井乡境内，占地面积22.77平方千米，装机33台。

2004—2010年尚义县风电场建设情况表

表16-2

公司名称	工程名称	开工时间	容量（万千瓦）	并网发电时间
国华（河北）新能源有限公司	满井风电场一期	2004年7月	3.45	2005年10月
国华（河北）新能源有限公司	满井风电场二期	2005年10月	4.95	2006年11月
国华（河北）新能源有限公司	满井风电场三期	2006年7月	4.95	2007年11月
国华（河北）新能源有限公司	满井风电场四期	2007年6月	4.95	2008年10月

续表 16-2

公司名称	工程名称	开工时间	容量（万千瓦）	并网发电时间
国华（河北）新能源有限公司	张家口坝上第一批百万千瓦风电基地工程七甲山风电场	2008 年 7 月	2.55	2009 年 8 月
龙源（张家口）风电有限公司	石人风电场一期	2007 年 7 月	4.95	2008 年 4 月
龙源（张家口）风电有限公司	石人风电场一期续建工程	2009 年 4 月	2.55	2009 年 8 月
龙源（张家口）风电有限公司	张家口坝上第一批百万千瓦风电基地工程麒麟山风电场	2008 年 6 月	15	2009 年 12 月
尚义县察哈尔风电有限公司	韩家庄风电场一期	2010 年 4 月	4.95	—
国水投尚义风电有限公司	石井风电场一期	2010 年 5 月	4.95	—
河北华电尚义风力发电有限公司	二工地风电场一期	2010 年 5 月	4.95	—
国电电力河北新能源发展有限公司	张家口坝上第一批百万千瓦风电基地工程大青山风电场	2010 年 7 月	10	—

（三）光伏发电

全县年均日照时数为 2815 小时，年均太阳辐射总量为 139 千卡 / 平方厘米，年折合满负荷发电时数为 1600 小时，属太阳能资源分布二类地区，适宜开发光电容量潜力约 200 万千瓦。2006 年，尚义县先后与国网新源、国华、国电、华电、台湾科丰 5 家签订太阳能光伏发电项目。2009 年 10 月，国华（河北）新能源有限公司投资 0.81 亿元的 1 兆瓦光伏发电项目开工建设，并于年底投产发电。2010 年 1 月，投资 3 亿元的国华尚义 10 兆瓦光伏并网发电项目全面开工建设。

八、其他工业

（一）饲料加工业

1989 年，全县有饲料加工企业 1 家，即县饲料公司，属县粮食局管理的县办工业企业。年产量 1000 吨，销售额 120 万元。1990 年，县政府拨款 30 万元进行设备技术改造，新上时产 5 吨大型饲料加工机组，当年生产配合饲料 1900 吨，销售额 228 万元。1995 年，粮食部门取消计划供应，饲料放开经营。2000 年，饲料公司停产，职工自谋职业。2007 年，饲料公司破产。其间，县内经营饲料个体户出现，但不成规模。2010 年，王凤亭投资 200 万元建成县第一家私营饲料加工厂，即尚义县恒泰饲料公司。当年生产颗粒饲料 1.50 万吨，销售额 5050 万元；配合饲料 1 万吨，销售额 2500 万元。

县饲料公司兴办的獭兔养殖场

（二）人造金刚石

1992 年，县投资 220 万元新上了人造金刚石厂，占地面积 2709 平方米，建筑面积 720 平方米，年产能力达到 200 千克。1994 年，生产金刚石 32 千克。1998 年，企业停产。1999 年 4

月至2002年4月，私人租赁经营。截至2007年12月，资产总额225.43万元，在册人员33人。2007年12月，依法实施破产。

第四节　工业经济指标

1989—2004年，反映工业经济发展的主要经济指标包括县内全部工业企业工业总产值、工业增加值、销售收入、利润、税金和主要工业产品产量。2005年后，工业管理部门主要统计规模以上工业的经济指标有工业总产值、工业增加值、销售收入、利润、税金5项指标。尚义县工业经济基础差，工业企业规模小、数量少，工业产品种类不多，主要的工业产品有原煤、红砖、平瓦、液压件、地毯、服装和铁精粉等。

1990—1998年部分年份尚义县工业企业主要经济指标完成情况表

表16-3　单位：万元

年　份	项　目	工业增加值	销售收入	利　润	税　金
1990	总计	—	—	432	—
	县办工业	—	—	—	—
	乡镇工业	—	—	—	—
1991	总计	2204	5402.30	230.60	141.90
	县办工业	1730	4028.80	189.50	76.90
	乡镇工业	474	1373.50	41.10	65
1992	总计	2351	6375	333.40	137.50
	县办工业	1856	5423	296	72.70
	乡镇工业	495	1312	37.40	64.80
1994	总计	1609	7550	−0.40	189.60
	县办工业	1110	5812	76.80	92.80
	乡镇工业	499	1738	−77.20	96.80
1997	总计	2124	4737.11	−56.48	285.23
	县办工业	1657	4737.11	−56.48	285.23
	乡镇工业	467	—	—	—
1998	总计	1960.8	3512.16	−123.98	272.98
	县办工业	1583.8	3512.16	−123.98	272.98
	乡镇工业	377	—	—	—

2001—2010年尚义县规模以上工业企业主要经济指标完成情况表

表16-4　单位：万元

年　份	工业总产值	工业增加值	销售收入	利　税
2001	946.80	484.90	1180	38.60
2002	1729.50	867.20	1420	164.20
2003	2539.10	1233.40	2672.30	40.10
2004	3445	1784	3351	28.80

续表 16-4

年 份	工业总产值	工业增加值	销售收入	利 税
2005	5446	2989	4984	170
2006	8847	5832	8739	228
2007	16030	11285	16629	4168
2008	23967	18489	24611	8294
2009	40099	29600	40721	17475
2010	69536	54486	65107	38002

第五节 工业管理

20 世纪 80 年代，县内工业企业规模小、层次低，基本上是全民集体所有制，政府对企业的管理主要是通过计划手段来管理，管理内容包含人、财、物、产销、分配等各个层面，企业严重缺乏自主权，企业内部管理方式粗放，效率低下。80 年代中后期，乡镇企业迅速兴起，乡镇企业充满活力的经营机制带动政府管理企业方式的不断调整。1989 年，乡镇企业实现营业收入 5356 万元。随着市场竞争逐步加剧，承包经营、放开搞活在县办企业中逐步推开，政府对企业也由微观管理逐步转向宏观管理。1989 年，县办工业实现产值 3176 万元，利税 293 万元，比承包前的 1986 年分别增长了 77.60% 和 101%。2000 年以后，民营经济逐渐成为县内工业主体，加之国家宏观管理体制的一系列调整，县级政府对企业管理更多地体现在加强法律意识、融洽银企关系、运用激励政策等层面。

2009 年，全县民营企业发展到 281 家，个体工商户发展到 2891 户，从业人员 3.50 万人，实现营业收入 24.80 亿元，同比增长 24.70%；完成增加值 11.70 亿元，同比增长 41.50%；上缴税金 4641 万元，同比增长 28%，民营经济对县财政贡献率达到 44%。

一、自主经营权落实

1989—1995 年，县属国有企业以建立企业内部管理责任制为重点，推行承包经营责任制和厂长（经理）负责制，实行“包死基数、确保上交、超收多留、歉收自补”的承包责任制经营，起到一定的激励约束作用。但是在实际执行中，仍然存在包盈不包亏、责权不对等，企业难以真正做到自主经营。1991—1993 年，以转换企业经营机制为重点，深化企业改革，推动企业进入市场。1992 年 7 月，根据国务院《全民所有制企业转换经营机制暂行办法》，明确国有企业享有 14 项经营权，下放给企业的自主经营权得到落实，企业在生产经营、投资决策、产品定价等方面的自主权有了较大改善。1994—1997 年，围绕公司化改革、现代企业制度试点、优化资本结构、资本运营等几个方面开展国有企业改革，并提出“抓大活小”的改革改制政策。对具有优势生产要素而自身无力的企业，实行外引内联、兼并重组。2000 年以后，随着企业改制进一步深入和民营企业发展壮大，政府对企业管理逐步由微观向宏观转变，企业自主生产经营权得到充分释放，自主经营、自负盈亏的企业管理模式基本确立。

二、人事管理

1989—1995 年，县属国有企业全面推行“厂长负责制”，厂长的权力得到极大提升，厂长作为企业的法人代表，全面负责，处于中心地位，厂长实际上处于无从监督的地位，不利于调动职工的生产积极性，不利于企业的发展。企业的干部职工的调配由行政主管部门负责，企业只拥有雇用一定临时工的权力。

1991 年 10 月，为了加强企业管理，县政府整合厂矿企业，成立了九大服务公司（造纸业开发、皮毛业、工美开发、机械加工开发、食品加工开发、建筑业开发、建材开发、化学工业开发、矿业开发服务公司），统筹协调全县九大行业发展，公司负责人多由行政干部担任。1992 年 8 月，九大公司解体。

1995—2010 年，随着用工制度的改革，企业自主权不断扩大，厂长有权任命副厂长和中层干部，有权组织车间优化整合，有权开除严重违纪的职工，职工也有停薪留职的权利，企业市场经营活力明显增强。

企业人员退休报主管部门呈请县劳动局批准执行。专业技术人员的职称评定报县主管部门评定，企业有聘用员工的权力。

三、产品质量管理

1989 年开始，14 家国有企业设立了全面质量管理机构，建立了全面质量管理队伍，从后勤管理到车间班组组建了不同形式的质量管理小组（QC 小组），全县工业产品严格按照国家或部颁质量标准组织生产，进行质量管理。对产成品、原辅材料进行检验，产品经过检验后再出货。对不符合国家规定、不具备生产条件、缺乏质量保证条件的企业，及时进行整顿。同时，对县属企业的产品质量进行检查和整顿。

2010 年，伦比西裤获河北省质量信得过产品称号，尚义佳禾食品有限公司获得河北省中小企业技术创新示范企业称号，五环机械有限责任公司通过了 ISO9000 质量体系认证。

四、财务管理

（一）物资管理 1989—2010 年，企业的生产物资由国家计划分配改为企业自主采购，企业配备专职保管员、管理员和采购员，负责物资的管理、使用和购进。在物资的使用上，制定原材料生产消耗定额，实行物资代金券、购买卡，以减少原材料的消耗。企业产前定计划，产后有考核，以考核结果定奖惩，实现物尽其用、财尽其值、机尽其效。2005 年，县属国有、集体工业企业全部停产。民营经济开始占主导地位，物资管理经营受市场调控。

（二）产销管理 1989—2000 年，企业生产经营自主权不断扩大，自主选择经营方式，安排产、供、销，确定产品的销售价格和方式。企业根据自身的特点，探索新经营方式、新销售观念，逐步实现了由计划引导生产向市场引导生产的转变。县属国有、集体工业企业全部停产后，民营经济发展成为县域经济的主导力量，生产管理完全由市场引导和支配。2010 年，工业主管部门协调解决工业运行发展中的有关问题并提出政策建议，指导和推进民营企业改革和发展。

（三）财务管理 1989—2000 年，企业主管部门对企业的财务管理实施监督，考核企业财务制度的执行情况，并对企业财务报表进行审查。收缴企业管理费。督促企业完善财务管理制度。其间，企业大多采取“计件工资”“计时工资”“效益工资”“聘任工资”等计酬方式，极大地激发了职工的生产积极性。2010 年以后，民营企业财务管理不规范、不科学，建立现代企业财务管理制度势在必行。

五、管理机构

（一）工业综合管理机构

1989年，全县工业经济由尚义县经济委员会主管。11月，县政府决定，撤销尚义县经济协作办公室，合并至县经济委员会。内设党委办公室、行政办公室、生产科、技术科、经协科、财务科6个科室。

1992年11月，县计划委员会和县经济委员会合并成立县计划经济委员会。1993年3月，撤销县计划经济委员会，成立县工业计划委员会。原计划委员会的职能整体划入计划统计委员会。同时，加强对全县商贸流通企业的指导，成立县商业委员会。

1996年3月，县政府机构改革，撤销县商业委员会和县工业委员会，合并成立县经济贸易局。内设党委办公室、行政办公室、经济运行科、市场监管科、武装部6个科室。

2005年10月，县政府机构改革，撤销县经济贸易局。除工业行业管理职能外，经贸局所有职能及县农业局承担的乡镇企业管理职能划入新组建的发展改革局（挂商务局、中小企业局牌子）。组建工业促进局（二级局），归发展改革局管理，负责全县工业经济发展和未改制工业企业的改制工作，人员由已并入县农业局原县乡镇企业管理局人员与县经济贸易局部分人员组成，内设办公室和工业促进中心2个股室。

2010年3月，县级机构改革，撤销县工业促进局，组建县商务局，挂工业和信息化局牌子。内设办公室、招商联络股、市场管理股、民营经济股、工业和信息化股5个行政职能股室。

（二）乡镇工业管理机构

1993—2002年，县乡镇企业管理局主管全县乡镇工业。各乡镇主管辖区内乡镇工业企业（乡办工业、村办工业、组办工业、联户办工业、户办工业），内设办公室、项目办、企业股和生产股4个股室。2002年6月，撤销县乡镇企业管理局，其职能划入县农业局（挂乡镇企业管理局牌子）。

第二章　建筑业

第一节　建材业门类

一、黏土砖瓦

1989年，全县共有13家砖瓦厂，其中县办1家、乡镇办12家，均生产实心黏土砖瓦。年生产红砖7111万块、平瓦261万片。县办企业尚义县建筑材料厂，位于七甲乡北营子，有固定资产0.92万元。年生产红砖500万块、平瓦25万。产品主要供应县内需求并销往内蒙古商都、兴和和山西天镇等地。20世纪80年代后期，建材厂引进隧道窑生产工艺，结束了自然干燥生产平瓦的历史。1998年3月，建材厂实施股份合作制改革，改组成立尚义承泰建材股份合作公司。2001年，总资产510万元，下设6个分厂，即3个黏土红砖生产厂、3个紫色页岩砖瓦厂。年生产红砖3000万块，平瓦3000万片，

县建材厂制瓦车间（1998年）

是年实现利税53万元。2007年，企业实施第二次改制，在册干部职工83人转换身份，集体资本全部退出。新成立的尚义县鼎弘页岩煤渣多孔砖厂，设备工艺先进，产品生态环保深受市场青睐，2010年，实现销售收入196万元。南壕堑、大青沟、大苏计、哈拉沟、西赛、瓦桶沟等乡办砖瓦厂相继完成了产权转换为私营企业。2009年年底，全县生产红砖1200万块、平瓦2800万片。

二、水磨石地砖

20世纪80年代后期，新建了尚义县水磨石厂、席麻沟水磨石厂、菜园街水磨石厂等。这一时期水磨石成为县内室内地面装饰的主要材料。年均生产水磨石地砖5万多块，年销售收入15万余元。90年代初，随着建材市场新型产品的出现，尚义县水磨石厂退出历史舞台。

三、木材加工

20世纪80年代前，全县木器制造除县木器厂外多以流动工匠为主，主要加工农具和家具。1955年尚义县木器厂成立，注册资本10万元，年销售额50万元。产品有木犁、学生课桌、板凳、家用箱柜家具、桌椅、办公桌椅外，还加工沙发、棺木等。1988年，木器厂实施企业改制。80年代后期，自制组合家具成为时尚。1995年后，私营家具店开始出现。2002年，年加工木材266.70立方米。之后，木材加工淡出市场。

四、石膏天花板

1992—2002年，尚义县共有3家石膏天花板厂，年产14.40万块。

第二节　建筑队伍

1989年以后，随着各项事业复兴，基建投资体制改革，投资规模持续增长，县城形成建房热，建筑队伍逐步扩大，机械设备日趋先进完备，建筑工艺不断更新。县内民用建筑沿袭传统工艺，公用建筑采用新型结构。1989年，全县有建筑队1家。全县有破碎机、压刨机、搅拌机、水磨石机、洗灰机等20多台。20世纪90年代后，建筑施工操作基本实现机械化，设备有皮带运输机、推土机、挖掘机、混凝土搅拌机、翻斗车、塔吊、钢筋调直机、平面刨床、带锯等。2010年，全县有正规建筑队9家，农村临时建筑队（组）15个，乡镇建筑队（组）近百个。

一、专业建筑队伍

1989年，尚义县仅有尚义县建筑工程公司一家建筑企业。进入90年代，建筑企业蓬勃发展。1992年，全县共有建筑企业3家。建筑技术工种增多，由过去的砖工、木工、副工，增加为砖、木、石、混凝土、钢筋、架子、电焊、水管、油漆、电机、机修等工种。1989—1993

年，县城乡建设委员会采取内部培训与送外深造相结合，离职进修与业务自学相结合的办法，先后举办13期培训班，对建筑企业领导、财会人员和施工员，分类培训，受训人员450人次。1993年，经市建设委员会考核，授予技术职称的施工员13人，建筑安装工人技术等级三级以上达55.50%。

尚义县建筑工程公司 成立于1989年，由股级升为副科级，归口县城建委员会管理。资质为土建三级企业，注册资金100万元。有员工31人，具有中级职称5人，初级职称8人，取得项目经理资格证书的7人。拥有10万元以上大型机械设备60多台。具备道路、桥梁、供水管道、污水管道、热力管道、低压燃气管道、液化气贮罐场等建筑施工能力。1989—2010年参与完成的重点工程有县政府麒麟宾馆、祥福苑一期、二期、梧桐苑一期、二期及县城亮化工程。

尚义县第二建筑工程公司 1992年，经县政府批准成立了尚义县第二建筑公司，属国家3级企业。拥有固定资产600余万元。共有员工123人，其中工程师6人，助理工程师15人，技术员26人。建筑机械设备11套，总功率达200千瓦。创市级优良工程1个，县级榜样工程2个，优良工程有县麒麟宾馆等4个优质工程。

二、个体建筑队伍

1996年，乡（镇）建筑队和个体建筑队共有职工411人，管理人员67人，工程师33人，助理工程师8人，技术员18人。2010年，全县已发展到3家具有三级资质等级的建筑企业，拥有设备齐全的建筑机械，具备承建各种类型的工业、民用建筑和道路、桥梁工程的能力。

第三节　工程建筑

一、土木工程建筑

1989年以来，县内建筑房屋追求高大宽敞成为时尚，建筑结构普遍采用抗震结构，钢筋水泥等高强度建筑材料大量使用，施工技术要求不断提高。乡村民宅基础多为块石浆砌而成，深度、厚度较传统一般房屋都有加大，墙体增加构造柱和上下圈梁。县城平房民宅开始仿照楼房厅室设计，并配套有暖气管道等。楼房基础多采用上铺钢筋网，注混凝土外加钢材串联框架，与整座建筑内外墙一体。墙体采用红砖砌墙，楼层间采用预制楼板。从2000年开始县城楼体建筑结构标准提升，多在打好基础后，墙体采用红砖砌墙，楼层间采用混凝土浇筑楼板，取代了预制楼板。楼顶开始采用彩钢瓦坡屋顶。

到2010年，全县房屋建筑施工面积达到44.93万平方米，建筑业总产值达到13478万元。

二、线路管道和设备安装业

1989年以来，县城不断增加和完善了电力、电话、广播电视等各种线路的架设安装，自来水、排污水管道等建筑设备、生产设备的安装随之增多。1989—2010年，县内线路安装主要以主管部门工程施工队为主；自来水管道安装，以县自来水公司施工队为主；城市下水管道安装以市政工程队为主；设备安装（如塔吊等），以取得资质的建筑公司专业人员为主；生产机械设备安装多以销售厂家派专业安装人员进行；各类楼房的电（包括电话、电视、宽带等）、水、暖安装一般由取得资质的建筑公司，在有关部门专业人员的配合下，根据设计图纸安装。

县机井队预制厂加工的机井涵管（1997年）

三、装修装饰

1989年以来，各种建筑物重视装修装饰。外墙多以涂料、水刷石或瓷砖装修，内墙刷998胶、玻璃漆，底部贴瓷砖或以各色胶木板装修装饰，谓之“墙裙”，室内门沿多以胶木板包角装饰，地板多铺瓷砖或大理石。一些宾馆、酒家、办公大楼、公共活动用房及富裕户的住宅，室内以彩色宝丽板、石膏板吊顶和豪华型吊灯、壁灯装饰，外门普遍装钢制防盗门，窗外装有防盗网。进入21世纪后，城乡一些大型建筑及富裕人家住宅，多在屋面边沿或整体饰以彩色瓷砖或琉璃瓦，这些新款式房屋更显得雍容华贵和古朴典雅。这些装修装饰大多由业主自行设计，聘请城乡专业装修装饰工匠进行施工。

第四节　建筑管理

1989年，建筑行业由尚义县新成立城乡建设委员会负责管理。随着建筑业不断发展，尚义县从政府到各级建筑系统的管理机构，坚持“百年大计，质量第一”的施工原则，不断加强市场管理，完善施工安全措施，使全县建筑业健康有序地发展。

一、质量管理

1989年，尚义县城乡建设委员会成立伊始，便制定了一系列建筑行业质量管理制度，加强对建筑行业的质量管理。1992年，县城乡建设委员会制定《关于加强基本建设管理工作的若干规定》。1996年，成立县城乡建设施工管理站，对建筑业进行全面摸底检查，对符合要求的登记发证。对专业建筑工程公司和农村施工队伍，在全县城乡或外出施工时，负责审批和办理手续，按施工队伍的等级，择优安排。2003年，成立了尚义县建筑工程质量安全监督站，对建筑工程，从下基到竣工，进行质量监督。县建设局建筑工程安全监督站、建筑工程质量监督站，对建筑施工过程实行一条龙管理。建筑材料禁止使用不符合标号的水泥、无螺纹钢材，必须使用达标水泥和螺纹钢材。2006年，县建设局成立建筑材料检测实验室，主要进行水泥、钢材、砌砖墙、建筑用砼、砂浆配合比、建筑防水材料等试验检测及地质勘查。2006—2010年，质监建筑项目126个，面积8.2万平方米，其中市级优良工程3个。

二、施工安全

进入21世纪后，县建设管理部门对建筑企业施工现场制定了更加完善的施工制度和操作规程。主要内容：凡施工现场都必须围挡工地，实行大门标牌装饰化、材料堆放标准化、生活设施整洁化、职工行为文明化。做到施工不扰民，现场不扬尘，运输垃圾不遗撒，工地现场实行全封闭，严禁闲人入内，施工入口处标明工程项目、建筑面积、建设单位、施工单位和施工平面示意图，划分各工种施工范围及各工种岗位责任制，仓库物资堆放整洁有序。并有施工日志存档备查。县内自上而下层层建立安全生产管理机构。县政府成立安全生产委员会，建设局设安全股，各公司设安全处，项目部设安全科，工地配备安全员。坚持“安全第一，预防为主”的原则，做到“安全生产，人人有责”；凡进入施工现场必须赔戴安全帽；建筑物周围全部用密蔽网封闭；建立事故报告制，工地现场一旦发生事故及时上报，并实施应急预案组织好现场急救。

三、招投标管理

2004年，成立尚义县建筑业管理科和招投标管理。县境内凡30万元以上的建筑工程，纳入公开招标投标范围。持有营业执照、资质证书的建筑企业，不受地域和所有制限制，均可参加公开招标投标。

四、管理机构

1989年，建筑行业由尚义县新成立城乡建设委员会负责管理。1996年10月，由新成立的尚义县建设环境保护局负责管理。2002年6月，由新组建县建设局管理。2010年5月，县级机构改革，尚义县建设局更名为尚义县住房和城乡规划建设局，负责城乡基本建设管理工作。

尚义县志
SHANGYI XIANZHI
1989—2010

第十七篇

商贸流通　服务业

中共十一届三中全会以来，县内商贸流通领域开始实行多种经济成分、多条流通渠道、多种经营方式体制。1989—2010年，尚义县商贸服务领域经历了由计划经济体制向市场经济体制的转化和过渡。进入20世纪80年代后期，流通体制改革不断深化，逐步形成以国有商业为主导，供销集体商业和个体私营商业齐发展的新格局。商贸服务范围也逐步由与人们生活密切相关的柴、米、油、盐、棉等主副食品及日用小百货向餐饮旅馆、商务服务、休闲娱乐、生活服务、旅游等产业拓展。在流通体制改革过程中，国有和供销集体商贸企业的市场份额日趋缩小，到90年代末期，市场经济体制下的个体私营商业快速发展，流通体制的根本性变化，极大地促进了商品贸易的繁荣，新兴商贸服务不断涌现，市场商品丰富，购销方便，行业风气和行业形象大为改善，人民群众的满意度明显提高。

1989年，尚义县社会消费品零售总额6787万元。2010年，尚义县社会消费品零售总额62141万元。

第一章　商贸流通体制改革

第一节　商业流通体制改革

一、商业管理机构改革

1982年5月，成立尚义县商业局。随着商业流通体制改革不断深化，县政府对县商业局行政经费拨付方式进行了改革，商业局人员工资、办公经费，在税前从下属管理公司提取管理费。之后，企业亏损，商业局经费遇到困难。1990年，成立尚义县酒类商品专卖管理局，负责全县的酒类商品生产销售监督管理，挂靠县商业局，合署办公，一套人马、两块牌子，抽取管理费。设五股二室，辖8家企业，全系统544人。

1993年1月，为解决机关经费不足问题，兴办实体搞创收，成立商业总公司，企业性质属商业局附设机构。2月，进行机构合并，精减行政人员，商业局由五股二室合并为二科一室，即综合办公室、财务业务科、人事保卫科。人员由原来的22人精减为14人，8人安排到局办实业开发公司。2002年8月6日，依据《尚义县机构改革实施方案》，撤销县商业局，其行政职能是由县经济贸易局承担，业务职能由原商业局下属公司承担。因在职人员未做安排，机构改革没有达到预期效果。

2004年12月30日，县政府下发《关于对商业局职能划转的实施意见》，在原商业局基础上组建商业办公室和商业中心，行使商业局职能。同时，把酒类商品专卖管理局更名为酒类监督管理局，承担全县酒类市场监督执法工作，一套人马、三块牌子。2005年10月，县级机构改革中，行政职能由新组建的县发展改革局承担。

二、商业零售门店改革

20世纪80年代起，为解决分配中的平均主义，吃“大锅饭”的问题，首先对微利、亏损、

副食第二门市部的售货员为顾客服务（1989年）

偏僻的零售门店实行经营责任制。

1989年，除了6个肉食零售门市部仍实行经营责任制外，27个零售门店实行了“国家所有，集体经营，照章纳税，自负盈亏”改革办法，同时还将5个饮食服务门店租赁给个人经营。

1993年，全系统零售、饮食、服务门店增加到41个，引进个体经营机制。微利、亏损、偏僻的22个门店商品拍卖给内部职工个人经营。对商品库存大、职工无力购买的大型商场，如百货大楼、百货一商场，全部实行柜组承包。对经营管理较好食品工业公司3个门店，实行绩效工资，职工多销多得。对五金公司的2个门店和国营旅馆3个门店，实行大包干，定额上缴承包费、税金、统筹金、租赁费和折旧费，超额部分由承包方自主分配，完不成任务工资抵顶。对糕点、醋酱生产车间实行了计时、计件工资制。

1998年9月，县委、县政府在商业系统召开体制改制大会，所有企业一律实行“国有民营”，个人经营积极性极大提高。2000年，职工买断企业资产，成为个体经营者，参与市场竞争。

三、商业企业改革

1989年，9家企业在承包经营基础上，实行了经理（厂长）负责制。承包形式鉴于各单位经营状况，因地制宜。五金、百货、饮食公司采取“包死基数、确保上缴、超额分成、歉收自补”方式；食品公司采取“包死基数、确保上缴、超收分成、亏损全补”方式；红土梁综合贸易公司采取承包期间利润不上缴财政，全部用作弥补亏损；小蒜沟商业购销站因业务潜力小，实行“超利全留、歉收自补”的承包经营方式。承包后的企业有了活力，实现了销售、利润同步增长。是年，9家批发企业实现系统利润的80%。1990年，承包到期的百货、五金、饮食、食品、小蒜沟站、糖酒公司、商品工业公司、红土梁贸易公司，继续实行滚动承包。

1992年2月，在学习推广重庆市国合企业“放开经营、放开物价、放开用工、放开分配的‘四放开’”经验中，境内商业企业转换经营机制，打破“铁饭碗”。

1993年，全系统有1568万元贷款，不能偿还本息。企业经营越来越困难，出现企业拖欠职工工资现象。是年，累计亏损100多万元。

随着市场经济的逐步完善、个体私营经济不断壮大。1995年，全县有私营企业1938家，从业人员3301人，资金1003万元。国有企业受到冲击，市场占有率下降，经营陷入困境。食品公司、糖酒公司留下看守人员，职工放长假。其他企业处于半瘫痪状态。

1998 年，对所有的商业企业实行“国有民营”改革办法（挂国有公司的牌子），部分企业起死回生。红土梁批发企业当月销售额增长 7 个百分点，赊进商品 11 万元，职工收益回升。小蒜沟综合贸易公司拓展业务范围，销售逐月增加，利润稳定增长。2000 年后，随着经济发展，市场开放，国有集体商业企业逐步退出历史舞台。

四、产权改革

20 世纪 80 年代末开始，随着市场经济发展，商业外部环境发生巨大变化，多渠道、多元化、多格局的市场体制逐步建立，商业经营失去了垄断优势，商业系统销售利润大幅度下降，虽然采取了一系列改革措施，人浮于事的旧体制仍不能适应市场经济的发展。

1989—1998 年，商业企业经过实行承包经营责任制，建立现代企业制度，对企业进行改革。经营机制出现了一定的变化，企业开始面向市场，但没有触及商业企业体制的根本。随着国有企业建立以现代企业制度为核心的国企改革逐步推进，国企改革开始取得实质性的进展，向理顺产权关系、建立公司制、股份制改造方向发展。这一阶段，由于企业改制不彻底，县内部分企业的遗留问题一直未得到彻底解决。

县招待所餐厅（1989 年）

1998 年 3 月 20 日，县委、县政府召开流通系统会议，议定了职工买断工龄、企业整体拍卖、职工优先买断企业资产的转制方案。由于涉及职工切身利益，职工一时难以接受，反响强烈，甚至出现了对抗抵触情绪，因此一直未能实施。部分企业长期放假，职工待岗。

1999—2010 年，按照上级“抓大放小、国退民进”的战略部署，积极推行不同形式的产权制度改革。在深化企业改革中，企业由国营、集体性质转变为股份制、股份合作制、租赁、转让等多种形式的经营体制。对资不抵债、停产的企业，实施破产、拍卖等改制形式，大部分企业实现了国有资本的全部退出。

1999 年，原早晚门市部改制承包后的个体商户（邓平 摄）

2000 年，食品工业公司出现严重亏损，资不抵债。依法实施破产，职工与企业解除劳动关系，成为社会自然人。

2005 年 4 月，以五金公司为试点，经过职工反复讨论，通过改制方案，之后全县商业企业陆续启动企业改制工作。2007 年 8 月饮食服务公司完成改制。2008 年 3 月百货大楼完成改制。2008 年 8 月糖酒公司。2008 年 12 月百货公司改制。所有改制企业职工领取了工龄补偿金，与企业解除劳动关系，完成改制任务。红土梁综合贸易公司、小蒜沟综合贸易公司，街面中心门店多，为职工提供了较好的经营场所，由职工租赁经营。

五、人事制度改革

1998年，在绩效经营体制改革同时，鼓励职工停薪留职。在岗一般职工，企业收取个人工资总额的20%作为统筹金；副经理以上的干部，除每年交20%的统筹金外，另交管理费50元。愿意停薪留职的职工，公司给付一定创业资金，自付利息，自谋职业，企业不收取统筹金。3年期满后不交回本金及利息者，视同自动离职处理，单位予以除名。对不在岗又不停薪留职职工，按待岗处理。第一个月发生活费60元，以后每月减10元，半年后停发生活费，自谋职业。全系统17人办理了停薪留职手续，并进行了公证。改革后企业的隶属关系不变，国有性质不变，职工身份不变。工资正常调级，作为档案工资，到国家法定退休年龄办理退休手续。

第二节　粮食流通体制改革

粮食流通体制改革是以粮食企业的改革、粮食流通体制改革、粮食政策调整为重点，粮食企业改革是粮食流通体制改革的重要组成部分。

一、粮食企业改革

1989年粮食系统所属商业企业（12家）：直属库、大青沟粮站、大营盘粮站、哈拉沟粮站、八道沟粮站、炕塄粮站、七甲粮站、土木路粮站、红土梁粮站、甲石河粮站、后石庄井粮站、议价公司；工业企业（2家）：饲料公司、粮油加工厂。

早在1987年，尚义县粮食企业按照所有权与经营权分离的原则，通过转换经营机制，开展四项内部改革：实施简政放权，扩大基层企业自主权；推行厂长（经理）任期目标责任制；理顺平议关系，强化议价机构；深化企业内部改革，调动职工积极性。

1989年在全省粮食商业实行财务承包的背景下，全县粮食企业推行承包经营责任制。为了促进责任制的落实和各项任务的完成，实行了四项制度：一是承包经济指标实行利润基数包死、利润分成、差额自补、超收多留，工作目标管理实行千分考核，与企业留利和承包人收入挂钩。二是实行经济效益、工作质量与职工工资挂钩的办法。三是扩大职工劳动优化组合。四是实行风险抵押金制度。

1991年，全县粮食企业实行第二轮承包经营责任制。企业承包责任制内容主要有以下三部分：经济指标，包括补后利润、议价利润、食品附营利润、资金管理、费用管理五大项八小项；粮油购销调指标，粮油收购、平价粮油销售、粮油调拨三小项；目标管理指标，分粮食商业、粮油加工厂、饲料公司、议价公司和食品楼五种类型。

1992年，为适应新的形势搞好粮食机制转换，县粮食局制定《粮食商业企业1992年目标责任制管理办法》将全部考核目标划分为项目指标、效益指标、粮油购销调存及精神文明指标。同时实行全员风险抵押金制度，凡不缴纳抵押金的年末不参加奖金分配，但同样承担罚金。

1993年1月，粮食商业企业的财务体制由省财政管理下放到地区财政，并实行定额补贴办法。县粮食局对粮食商业实行“补贴包干，分月到位，包死利润，确保上缴，亏损自负，超收分成”的总承包办法。并实行“三保一挂”（保利润、保上缴、保固定资产增值与局长工资奖金挂钩）责任制。并鼓励企业积极参与市场竞争。

1995 年 2 月，按照“统一领导，两线运行，分别核算，搞活经营”的改革原则，粮食商业企业实行“两条线运行”，即业务分开，财务分开，人员分流。把政策性业务和商业性经营分开，建立两套账，实行分别核算。政策性财务由基层政策性单位向县局报账，统一核算然后汇总上报。商业性经营财务分别由基层独立核算单位核算并逐级汇总上报。

1996 年，县粮食局根据形势变化和工作需要，加强和改进了企业领导班子管理工作。主要内容：企业法人代表全部实行聘任制，聘期一年，末位淘汰；企业副职由正职聘任，县局备案；企业主管会计由县局直接选派，参加企业领导班子。

1997 年，为了提高劳动效率，创造更高的经济效益，全县粮食企业推进减员增效，实行定编、定员、定岗位“三定”管理，实施“三三制”分流，即三分之一职工从事粮油购销业务，三分之一职工发展多种经营，三分之一职工开办家庭粮站。

1998 年，随着粮食流通体制改革的推进，企业改革也随之展开，改革力度是空前的。改革的原则：企业分设，业务分离，人员分流。改革前，全县独立核算的国有粮食企业 13 家。改革时，企业分设分两步进行。第一步，整体划转。根据经营范围和政策规定，确定为粮食附营企业的 4 家，确定为收储企业的 9 家。第二步，切块分离。9 家收储企业根据政策性经营业务与非政策性经营业务的区别，进行了业务分离。切块分离出附营业务并组建新的附营企业 11 家。资产分离情况，9 家收储企业原有实收资本 605.3 万元，划入附营企业 237.2 万元，占 39.2%；原有固定资产净值 475.5 万元，划入附营企业 210.09 万元，占 44.2%；原有议价粮价值 1279.55 万元，划入附营企业 298.45 万元，占 23.3%；划入附营企业包装物价值 10.59 万元，应收款 146.05 万元，应付款 4.36 万元，银行贷款 422.84 万元。改革后，全县粮食企业增加了 11 家，达到 24 家（其中，收储企业 9 家，附营企业 15 家）。新增 11 家企业中，南壕堑、大青沟、红土梁粮油贸易公司、食圆酒家 4 家企业，因职工多、资产多等原因，实行独立经营、独自管理；其他 6 家企业在领取执照，独立核算的基础上，由原收储企业代管。

2004 年《国务院关于进一步深化粮食流通体制改革的意见》中提出“按照政企分开，推进兼并重组，消化历史包袱，分流富余人员，建立健全法人治理结构的总体要求，加快推进国有粮食购销企业改革”。6 月 28 日，县政府批复《尚义县粮食局国有粮食购销企业改革工作方案》，全县粮食购销企业改革工作正式启动。9 月 6 日，县政府批复《尚义县粮食局国有粮食购销企业改革工作方案的实施意见》，粮食购销企业改革进入实质性运作阶段。到当年年底，全县粮食购销企业改革工作全面完成。在企业布局方面，依据市粮改领导小组下达的计划，经县政府批准，根据地理位置、人口密度、资源状况等客观因素，保留了南壕堑、大青沟、套里庄、小蒜沟国有粮食购销库等 4 家企业，拟定大营盘、石井、七甲、八道沟、炕塄国有粮食购销库等 5 家购销企业取消法人资格，改为购销站，作为报账单位（此举最后没有实施）。

2007 年，饲料公司土地及资产整体转让，企业改制方案获得县政府批准。2008 年上半年，职工在领取经济补偿金后，与企业中止了劳动关系，改制任务基本完成。

南壕堑粮油贸易公司于2008年完成了改制任务，职工与企业中止了劳动关系。

2009年尚义县粮油贸易公司土地出让后，随即进行企业改制，2010年职工与企业解除劳动合同，中止劳动关系，企业改制任务基本完成。2009年，粮油加工厂土地、资产按照法定程序，挂牌出让，所得收益用于职工安置。到2010年上半年，职工与企业中止了劳动合同，领取了经济补偿金，企业改制工作基本完成。

2004—2008年，只有大青沟、小蒜沟国有粮食购销库达到信贷等级，还能取得一定的收购贷款，开展收购业务。2008年后收购信贷政策发生变化，全县粮食企业没有信贷支持，粮油经营全面停顿。

2006年11月，保留的4家粮食购销企业在履行了财务审计、清产核资、资产评估等一系列规定程序后，完成股份制改造工作。国家占70%的股份，自然人占30%的股份。新企业在工商行政管理部门注册登记，取得法人资格，成为独立的市场主体。南壕堑国有粮食购销库改组为尚义县恒兴粮业有限责任公司，大青沟国有粮食购销库改组为尚义县恒旺粮业有限责任公司，小蒜沟国有粮食购销库改组为尚义县恒发粮业有限责任公司，套里庄国有粮食购销库改组为尚义县恒达粮业有限责任公司。因原企业的资产，没有全部投入新组建的股份制企业中，故原企业还保留法人资格。

2008年大青沟国有粮食购销库将部分仓房改造成恒温库，开展蔬菜冷藏加工。同年，套里庄国有粮食购销库引进客商，合资生产荞面方便面、莜面方便面。2009年，炕塄国有粮食购销库仓库租赁给满井镇政府，种植口蘑。

2010年粮食系统所属收储企业（8家）：大青沟分公司、大营盘分公司、后石庄井分公司、七甲分公司、八道沟分公司、炕塄分公司、红土梁分公司、小蒜沟分公司；附营企业（14家）：南壕堑粮油贸易公司、大营盘粮油贸易公司、大青沟粮油贸易公司、石井粮油贸易公司、七甲粮油贸易公司、八道沟粮油贸易公司、炕塄粮油贸易公司、红土梁粮油贸易公司、小蒜沟粮油贸易公司、食物酒家、豆制品开发公司、饲料公司、粮油加工厂、粮油贸易公司。

二、人事制度改革

1988年4月，县劳动人事局会同县粮食局联合组成试点工作组，在大清沟粮站进行了“效益工资”和“搞活固定工”的试点工作。企业利润基数与职工工资总额挂钩，职工工资实行以岗位工资为主的结构工资制，由基础工资、岗位工资、工龄津贴、绩效工资等四部分组成。职工选聘制程序：本人申请、职工推荐、选聘考核小组全面考核、选聘组合、签署聘任合同。

1993年，县粮食局出台企业内部劳动管理办法，实行内部退养制度。规定年满55周岁的男职工、年满50周岁的女职工因身体状况欠佳，如本人提出书面申请经企业同意、县局批准可以坐休，坐休期间领75%的基本工资，到离退休年龄时正式办理退休手续。

1995年，粮食企业实行全员劳动合同制的劳动用工制度，在企业内部取消干部、全民合同制职工、地方合同制职工的身份界限。

1997年，改革工资分配制度，在企业工资总额不变的前提下，实行由岗位工资、效益工资、创收工资三部分组成的与绩效挂钩的新的工资分配办法；鼓励职工停薪留职，自谋职业，企业负责为停薪留职职工续订劳动合同；男年满50周岁、女年满45周岁，本人申请，企业批准，县局备案，可以内部退休，退养期间，工龄满20年的发全额工资的90%，不满20年的发全额工资的80%。是年，分流职工357名，占职工总数的64.7%。

1998年，职工状况：在职在岗职工505人，内部退养职工38人，停薪留职职工13人，离休干部20人，退休人员57人，退职3人，遗属30人。人员分流情况：9家收储企业原有在职在岗职工293人，停薪留职13人，内退38人，离休20人，退休42人，退职2人，遗属24人。分流结果：收储企业通过工龄、年龄、行龄等条件考核，保留120名在岗职工，同时内退、离休、退休、退职、遗属等126人由收储企业管理；新组建的附营企业划入在职在岗职工173人，停薪留职13人。附营企业在岗职工中，有15人随煤炭公司的上划而分流，已不属粮食职工，有158名附营职工需安置就业。

1999—2000年，对新组建的粮食附营企业实施了用工、分配、产权等一系列改革。一是实行定编定员，9家商贸附营企业保留经营管理人员26人，占职工总数的18%，保留人员发放60%的工资列入企业费用，40%的工资通过自营创收解决，不进入企业盈亏核算。二是分流人员，9家商贸企业分流职工121人，占职工总数的82%，分流人员不承担企业经营责任和风险，但个人的工资及养老金等权益和义务由本人负责。三是实行以承包、单干为主要形式的经营责任制，企业的摊点、门店全部承包给职工个人经营，没有摊点门店的，企业垫付一定的流动资金，职工单干，自谋职业。2000年，粮油加工厂、粮油贸易公司、饲料公司等企业，先后停业歇业，职工放假，企业濒临倒闭。2001年，饲料公司资产整体出租给尚义县酒业有限公司，收取租金，给职工发放生活费。2004年租赁到期后，资产切块承包给了内部职工。

2004年9月6日，县政府批复《尚义县粮食局国有粮食购销企业改革工作方案的实施意见》，粮食购销企业改革进入实质性运作阶段。在劳动关系调整和职工安置方面，每个企业暂时保留了两名管理人员（法人代表、主管会计）；企业离退休人员、供养遗属的各项待遇，仍按照原标准执行；距法定退休年龄不足5年（截至2004年9月底）的、连续工龄满30年的职工，脱离工作岗位，实行内部退养，由企业发放生活费，到法定退休年龄办理退休手续；非管理人员、非内退人员全部与企业解除劳动合同，由企业发给一次性安置费或经济补偿金，安置费标准是上年企业平均年工资的3倍，补偿金的标准是每个工龄年补偿1个月的工资。结果是：9家粮食购销企业的143名在职职工中，保留管理人员18名，56名符合条件的职工实行内部退养，69名职工与企业解除了劳动合同，成为社会自然人。

三、粮食政策调整

粮食既是商品，也是战略物资，事关人民生活、经济建设和社会稳定。因此，国家对粮食流通体制的改革，慎之又慎，是渐进式推进的，经历了若干个重要阶段。

1985年4月1日起，国家取消了粮油统购政策，实行粮油合同定购制度，这是1954年以来的第一次粮食流通体制改革。合同定购的粮食，国家按“倒三七”比例计价，即定购粮食量的三成按原统购价收购，七成按超购价收购。农民定购外的粮食，可以自由上市。如果市场粮价低于原统购价，国家按原统购价，敞开收购。从而形成了合同定购与市场收购相结合的“双轨制”，即粮食商品总量中的一部分，其收购数量、方式和价格，均由政府确定；而粮食商品总量中的另一部分，其收购数量、渠道和价格，均由市场供求状况来确定。

1998年是粮食流通体制改革的攻坚年。是年5月10日，国务院颁发了《关于进一步深化粮食流通体制改革的决定》。是年5月29日，尚义县召开县委、县政府联席会议，研究部署粮食流通体制改革工作。按照“四分开一完善”的办法进行了粮食流通体制的改革，即实行政企分开、中央与地方责任分开、储备与经营分开、新老财务账目分开，完善粮食价格机制。会议之后，敞开收购、顺价销售、收购资金封闭运行三项政策在很短的时间内得到贯彻落实。9月15日，县政府召开专题会议，部署企业分设、业务分离工作。到年底，尚义县整体转移为附营企业的有4家企业，从收储企业中切块分离出附营企业11家。改革后，全县独立核算的粮食企业达到23家，其中粮食收储企业9家，粮食附营企业14家。

1990年2月省政府决定，将粮油合同定购明确为国家定购，并指出粮食定购任务是国家指令性计划，必须保证完成。同年9月国务院决定，建立国家粮食储备制度，粮权在国务院，地方必须服从统一调度，未经批准任何地区和部门不得擅自动用。国家通过储备粮的“丰吞歉吐”，来达到平抑粮价、稳定粮食生产的目的。

1991年1月，省政府决定粮食购销包干顺延两年，食油购销包干顺延一年；城镇居民口粮供应价格提高50%，购销倒挂现象有所缓解。1992年再次调整城镇居民粮食供应价格，提价幅度为50%，实现了购销同价，这是深化粮食流通体制改革的重大步骤。

1992年9月，省政府决定加快推进油脂购销体制改革步伐，在全省范围内，油料不再执行定购政策，放开购价，实行指导性计划经营。

1993年1月，全省油脂购销价格放开，包括食用油在内的油脂供应、销售，价格随行就市。5月，粮食销售价格放开。

1993年2月，国务院决定建立粮食收购保护价制度。未放开粮食收购价格的地方，对原定购粮食要执行国家定价。对专项储备的粮食要执行国家规定的专储价格。已经宣布放开粮食收购价格、取消定购任务的地方，要采取经济合同的办法，按原定购粮食数量与农民签订购粮合同，这部分粮食在市价低于保护价时按保护价收购。为保证落实粮食收购价保护制度，中央和省（区、市）两级建立了粮食风险基金制度。粮食风险基金主要用于中央和地方调控市场、平抑价格形成的风险支出。

1993年2月，省政府作出“统一政策，分散决策，稳购放销，精心组织，逐步推进”的决策，决定从当年4月1日起除张家口地区外，各地将先后放开城乡粮食销售价格。

1994年1月1日，市委、市政府决定：放开怀来、涿鹿、阳原、蔚县、怀安、万全、赤城、崇礼、张北、康保、尚义、沽源县粮食统销价格。

1994年5月，国务院决定，继续实行国家定购，并适当增加收购数量，要求定购粮食落实到户，此外还下达了议购计划，落实到县级政府，议购粮食随行就市，不能搞成“二定购”。

1995年2月，中央明确提出“米袋子”省长负责制。“米袋子”省长负责制，是指县级以上人民政府应当加强对粮食流通工作的领导，按粮食工作行政首长负责制的要求，负责各自行政区域内粮食的总量平衡和粮食安全。实行“米袋子”省长负责制，是中央为解决粮食总量平衡和地区平衡而采取的一项关键性措施。1995年起，粮食部门实行“两线运行”的改革。改革原则是“统一领导，两线运行，明确职责，分别核算，稳定市场，搞活经营”。“两条线运行”的关键是业务分开，财务分开，人员分流。政策性业务和商业性经营分开，建立两套账，实行分别核算。政策性财务由基层政策性单位向县局报账，统一核算然后汇总上报。商业性经营财务分别由基层独立核算单位核算并逐级汇总上报。同年，国家组建中国农业发展银行，凡承担农业政策性业务的粮、棉、油收购、调销、储备、批发、加工企业，必须按规定在中国农业发展银行开户，不得在其他银行开户。并由中国农业发展银行实行“三统一”管理，即统一办理存款与结算，统一发放和管理货币资金，统一代理各级财政拨付费用补贴和风险基金。

1996 年 3 月，省政府《关于粮食部门深化改革实施两条线运行的通知》中明确指出：“省、市（地）、县三级粮食局机构要稳定，特别是县级粮食局，是粮食管理的基础单位，机构要保留，力量要加强，以适应两条线运行的需要。”

1999 年 10 月，国务院《关于进一步完善粮食流通体制改革政策措施的补充通知》指出，要按照“三项政策，一项改革”的要求，不断完善措施，在严格市场管理和经过省级人民政府审批的前提下，允许粮食加工、饲料、饲养、酿造、医药等用粮大中型企业直接到农村收购，但仅限于自用，不得倒卖；中央对地方粮食风险基金补助实行包干后，地方政府可以适当调整和完善对粮食购销企业的超储费用补贴办法，但不得将超储补贴用企业降价销售的价差补贴。

2000 年 2 月，国务院办公厅《关于部分粮食品种退出保护价收购范围有关通知》指出：对国务院规定退出保护价收购范围的部分粮食品种，要拓宽收购渠道，允许和积极鼓励经省级或地（市）工商行政管理部门会同粮食行政管理部门批准的粮食加工、饲料、饲养、酿造、医药等用粮企业和粮食经营企业直接收购、经营；国有粮食购销企业也可以按照“购得进，销得出”的原则进行收购；鼓励粮食生产者通过批发市场和集贸市场出售，粮食集贸市场要常年开放。退出保护价收购范围的部分粮食品种，中国农业发展银行要继续做好对国有粮食购销企业收购资金的供应工作，按照“库贷挂钩、以销定贷、以效定贷”的原则提供贷款，积极支持粮食购销企业的购销活动。是年，省政府决定包括尚义县在内的坝上地区，取消粮食国家定购，春小麦、莜麦和杂粮退出保护价范围，实行市场调节。2001 年 10 月，玉米退出保护价范围。

2002 年，省政府《关于进一步深化粮食流通体制改革的意见》中，对于调整保护价粮食收购范围、完善粮食风险基金包干补贴办法、强化粮食省长负责制下的粮食市长负责制、完善粮食储备制度、调整农业结构、培育粮食市场体系、做好退耕还林和贫困地区的粮食供应等方面，作出明确的规定。

2004 年 6 月 28 日，按照国务院颁布的《粮食流通管理条例》，国务院确定的粮食流通体制改革的总体目标：在国家宏观调控下，充分发挥市场机制在配置粮食资源中的基础性作用，实现粮食购销市场化和市场主体多元化；完善对种粮农民直接补贴的机制，保护粮食主产市、县（区）粮食生产积极性和种粮农民的利益，加强粮食综合生产能力建设；深化国有粮食购销企业改革，切实转换经营机制，发挥国有粮食购销企业的主渠道作用；加强粮食市场管理，维护粮食正常流通秩序；建立健全适应社会主义市场经济发展要求和中国国情的粮食流通体制，确保粮食安全。此后，省、市政府相继出台粮食流通体制改革政策：从 2004 年 6 月 1 日起，全面放开粮食收购市场和收购价格；推进兼并重组，消化粮食财务挂账，分流富余人员，建立健全法人治理结构的总体要求，加快推进国有粮食购销企业改革；建立省、市两级储备粮管理体系；加强粮食市场监管；完善粮食风险基金管理办法，确保省、市配套资金及时足额到位。

粮食价格调整：1989年至1993年12月，尚义县粮食价格实行统购统销管理，农村秋粮实行统购管理，在此期间进行了一次调整。供应城镇居民的成品粮价格实行全省统一价，在此期间，进行了两次大的调整。1994年1月1日，国务院决定放开粮食统销价格，实行市场调节，城镇居民自1993年12月25日24时，停止了成品粮供应。

四、管理机构

1989年粮食局内设机构：办公室、财务股、购销股、人保股、保管股、审计股。1990年增设计划调运股、食品办公室。1992年3月购销股和计划调运股合并，财务股和审计股合并，撤销食品办公室成立了多种经营开发部。1992年10月成立尚义县粮油总公司，与粮食局一套人马、两套牌子，行使经营、管理、服务三项职能。1996年12月“三定方案”编制34人，设办公室、财务审计科、人事保卫科、仓储科、业务科、多种经营管理科。2002年6月“三定”方案编制26人，设办公室、购销调控股、仓储基建股、财务审计股、人事保卫股。2010年3月粮食局划入发展改革局，并挂粮食局牌子（仍独立运行）。

第三节　供销合作社改革

从1989年起至2010年，供销社改革经历了以政府主办改民办，从民办恢复到集体所有制性质。以同农民结成经济利益共同体办成农村经济综合服务中心为目标，先后走过了恢复“三性”（组织上的群众性、管理上的民主性、经营上的灵活性）、“五突破”（经营、价格、用工、分配、服务范围），建立农村社会化服务体系和构筑市场型合作新体制的一系列改革，初步形成了适应市场经济的自主经营的企业机制基本框架。总县和基层两级社退出政府序列，实行了独立核算、自主经营、自负盈亏向国家缴纳所得税的企业制度；管理制度上实行了社员代表大会下的民主管理制度和主任（厂长）、经理任期目标责任制；在经营机制上探索了多种资产实现形式，突出自主经营、自负盈亏、自我发展、自我约束的法人实体和市场主体。

一、管理机构改革

1989年，县供销社性质为集体企业，负责

基层供销社售货（1989年）

哈拉沟供销社收购鸡蛋（1992 年）

指导、管理下属企业和基层社的人员调配、财产监督等管理工作，依靠下属各企业上缴管理费来维持企业运转。1992 年，系统所属企业承包经营，上缴县社管理费逐年减少，县供销社出现拖欠职工工资现象，职工工资挂账到 2008 年。1996—2010 年，县基层供销社先后由按行政区建社变为按经济区建社。1996 年，县供销社组建供销集团总公司，总公司下设生产资料公司、副食品公司、供销大厦、土畜产公司、肉联厂五大支柱企业。1998 年组建了盐业公司。2000 年组建烟花爆竹公司，对烟花爆竹实行了专营。1989—1992 年全系统共有 130 个零售网点，6 个饮食服务摊点。1993—1997 全系统零售网点增加到 154 个，饮食服务业网点 4 个，1998—2001 年零售网点 151 个，饮食业网点 4 个，2002 年后全部变为个体经营。

2008 年 12 月，根据河北省委、省政府《关于进一步推进供销合作社改革与发展的意见》和张家口市委、市政府《关于加快供销合作社改革与发展的实施意见》，县联社由集体企业改组为正科级事业单位。2010 年，县联社下设 14 家企业，县供销社在职干部职工 31 人，基层供销社系统人员 580 人，全系统流动资产 4805 万元。

二、经营机制改革

1989 年，随着商品、经营渠道的逐步放开，社会上个体经营、私营企业不断增加，供销系统经营举步维艰，改革势在必行。

1989—1994 年，随着国家经济体制改革的进展，尚义县供销社主要是推行主任、经理（厂长）任期目标责任制。对企业法人代表实行任期目标管理，以年度责任制度规定考核；基层社以调整和转换经营机制为重点，以打破“三铁”（铁交椅、铁饭碗、铁工资）为突破口，把农村家庭联产承包责任制形式和个体经营者灵活经营机制引入企业，实行集体所有、个人经营风险抵押、借本付息、经营自主，用工自选，分配自定，盈亏自负，包利保税，定额上缴；

后石庄井供销社（1991 年）

全系统130个零售门店陆续实行了职工经营承包，承包方式为“三自一包一保”，即自筹资金、自主经营、自负盈亏、包利保税。对8个饮食服务业点实行“全额抵押、利润包干”责任制；县直批发企业直属仓库采用职工组合承包，联毛利计酬的责任制形式这一时期内，国家采取了控制社会需求和紧缩财政信贷的政策措施。经过对供销社系统数十年来的经营进行清理，全县因政策性亏损、经营性亏损、库存商品损失、扶持商品生产损失，欠息、待摊等多种原因，形成经济包袱，1994年累计达1603万元。经济包袱的不断增加，企业资金紧缺，经营受困，至1994年年底有3个县级公司被兼并（地产品公司、综合贸易公司第二副食品公司）。县级留存6家企业，基层社调整留存13个，全系统干部职工总人数达685人，商品销售从1989年的3500万元增扩至1994的4700万元，上缴各种税金总额730万元，平均年税122万元。

从1995年起至1998年年底，是供销社完全适应市场经济的重要时期。1995年2月，中共中央国务院发布了《关于深化供销合作社改革的决定》，对供销社组织体制、管理体制、经营机制、基层社建设提出明确目标和要求。尚义县这一时期供销社改革，一是坚持供销合作社集体所有制性质，承包经营对集体财产不量化到个人，不分掉集体财物；二是把农村一家一户办不了的或办不好的事情办起来，把千家万户的分散经营通过供销社与大市场连接起来，走产、供、销、贸工农一体化的路子；三是坚持自愿互利、民主、平等的合作制原则，让农民参与管理，保证农民在供销合作社活动中的应有的权利。这期间县社为改变经营资金紧张状况以及个别资不抵债企业无力启动的被动局面，动员全系统职工和社员大力扩股，开展扩股壮社活动。至1998年扩股总额达209万元，社会融资达182万元。全县由哈拉沟社、大青沟社、炕塄社、小蒜沟社组建了为农民服务的种植、养殖专业合作社7个，大青沟供销于1996年建立了农民协会。基层社创建农资服务部14个，全县供销社步入了与农民结成利益共同体的运行轨迹。在供销管理体制上，所属企业全部推行了主任（经理）负责制。基层社与上级社实行了自下而上多种形式的联合，全县成为一体的供销联合社。基层供销合作社为社员社，业务经营上实行农副产品分购联销、工业品联购分销、创利比例分配，联合社对社员社的人、财、物统一管理。1996年县级企业组建了供销集团总公司，成为尚义县流通领域四大集团总公司之一，体现了经营上的整体性。1998年底，供销社资产总额达5385万元，其中固定资产948万元（净值），商品销售达4289万元，存贷788万元。

在这一时期内，由于企业历史贷款欠银行利息的逐年累计增加，造成供销社经济包袱越增越多。1995年时2193万元，至1997年增至3299万元，1998年达到4687万元（其中政策性947万元，经营性3740万元）。土畜产公司、食品加工厂、肉联厂等企业因资不抵债，被迫停业。至1998年年底全县零售网点165个，其中承包经营的114个，职工人数784名。

1999—2003年，供销社主要是参与农业产业化，由经营型变为经营服务型。开始发展以加工、销售企业为龙头的贸、工、农一体化，产、供、销一条龙经营模式，强化了供销社为农服务功能。供销社自身进行转轨变型，结构调整。县级土畜产公司、肉联厂建加工贸易型龙头企业，供销大厦建成了工业品销售龙头企业，方法上采用“公司＋农户”、基地式生产的办法。肉联厂被河北省供销社评为2000年度全省争创龙头企业先进单位；基层供销社进行全面改制，改制采取保留基社，出租、出售或承包，拍卖、转让方式，对无力启动的县级企业采取分立重组、合理配置资源，留存公司实行股份制改造。基层社所建专业合作社由5个发展为11个。大青沟供销社1998年对全部零售门店52年长期承包，房屋一次性作价职工出资使用，之后小蒜沟社、八道沟社、大营盘社先后效仿进行。至2000年年底，全县201个零售门店全部实行了职工自主经营、自缴税费、自负盈亏。保留基层社逐步创办新体制，走与农民结成利益共同体参与大市场之路。原基社承担的经营职能随之停止，变为管理服务型，走全新体制。企业改制后原职工保留身份，自谋职业。

从2003年起至2010年间开始，县供销社和基层社联合发展新型市场，先后建起工业品销售大市场两座，营业面积3000平方米，大型超市（佳美超市）1座，营业面积1600平方米，建起了烟花爆竹专营公司，并在基层设立了专业零售点。食盐销售和管理建立了盐业专营公司，保证了食盐专营。从2003年起至2009年，县联社对县直公司采取了资产货币和资本置换活动，对存量资产进行了盘活。先后将南壕堑社零售门店房屋、大青沟土产库、南壕堑副食库以及县社2000年以后开发的门店部分房屋作价出售，全系统资产货币化达430万元，盘活存量资产320万元。到2005年后全县彻底实行了以经济区建基层供销社，2010年设置为6个基层供销社。2005年，参与省政府启动的“万村千乡”和“双百”市场工程以及农超对接工作，供销社与农民一起开辟农副产品批发市场及工业品批发市场工作中。至2010年，供销社系统全部资产总额5424元，其中流动资产4805万元，固定资产439万元，产品纯购进达1985万元，纯销售1971万元。

2010年，除食盐、烟花爆竹仍实行专营外，其他商品全部放开。至此，供销社经营机制转变为市场化经营。

三、劳动人事制度改革

尚义县供销社自1976年与国营商业局分建后，直至2010年一直是单列建制。原固定工由国家分配调入，新吸收用工由劳动部门批准审定。

1989年全系统共有干部职工602名，其中固定工430名。行政管理系采用县社、基层社两级分级管理，县级批发企业（公司、加工企业）人、财、物属县供销社管理。1989—1994年，实行“三定一包”，即定人员、定库存、定资金、包利润。对行政管理人员实行定员，工资全额浮动，联职联利百元含量工资制，上不封顶；零售门店承包人员实行交足国家集体的剩下全是自己的大包干办法，上不封顶下不保底。自谋职业和离岗职工收入问题自行解决。1994年，全系统735名职工全部实行了招聘合同制，沿用多年的职工身份界限彻底打破，在不断完善多种形式的经营承包责任制的同时，大力推进劳动、人事、工资三项制度的改革。实现了干部能上能下，职工能进能出，工资能升能降灵活的用工和分配制度。

1995年，全系统805名人员全部改为全员劳动合同制，工资改为岗位技能工资制，同时所有人员都参加职工养老保险和社会统筹。体制改革后，规定职工可进可出，承包零售门店人员由职工自由组合。1996年，县级企业组建了供销集团总公司后，对各社社的领导成员采取了民主选举。对副职实行了职工推举，正职聘用制。对行政管理财务计统及业务人员均由领导班子集体聘任，对有职称的人员由县联社聘任使用。

1998年后，职工可开辟第二、第三职业。至1998年年底，全系统基层社自谋职业职工204名，一线门店承包人员248名。

至1999年年末在册人员770名，其中实行承包人员258名，离岗人员248名。2010年全系统有干部职工 588 人。

经济包袱。县供销社由于计划经济时期的遗留问题，历史积压商品、财产损失、政策性商品挂账损失等造成的经营性亏损、待摊费用、待处理商品损失、潜亏、利息、投资损失等至 1999 年经济包袱达 217 万元。此后由于银行贷款利率的提高，造成旧贷款无力偿还，部分资金由各企业挂账列入经济包袱至 2010 年。

1989—2010 年尚义县供销社系统机构一览表

表 17-1

时　间	企业数量（个）		
	合计	其中县直	基层社
1989 年	22	8	14
1990—1991 年	21	7	14
1992—1993 年	23	9	14
1994—1995 年	21	8	13
1996 年	18	6	12
1997 年	17	6	11
1998—2004 年	16	6	10
2005 年	15	6	9
2006—2007 年	14	6	8
2008—2010 年	12	5	7

1989—2010 年尚义县供销社系统企业情况表

表 17-2

企业名称	存续时间	备　注
生产资料公司	1989—2010 年	
土畜产公司	1989—1991 年 1994—2010 年	1992 年、1993 年两年分建土产、畜产回收公司
副食品公司	1989—2010 年	1998 年分建盐业公司，与副食品盐业合署办公
贸易公司	1989—1995 年	
第二副食品公司	1989—1991 年	
地产品公司	1989—1996 年	
食品加工厂	1989—2010 年	
肉联厂	1989—2010 年	
小蒜沟供销社	1989—2010 年	
南壕堑供销社	1989—2010 年	
大青沟供销社	1989—2010 年	
哈拉沟供销社	1989—2010 年	

续表 17-2

企业名称	存续时间	备　注
后石庄井供销社	1989—2004 年	
大营盘供销社	1989—2010 年	
大苏计供销社	1989—1996 年	1997 年并入大营盘供销社
八道沟供销社	1989—2010 年	
炕塄供销社	1989—2008 年	2008 年并入八道沟社
七甲供销社	1989—2006 年	2006 年并入八道沟社
红土梁供销社	1989—2010 年	
城镇供销社	1989—1996 年	
甲石河供销社	1989—1994 年	
套里庄供销社	1989—1996 年	

第四节　外贸流通体制改革

20 世纪 80 年代初期的尚义县外贸公司，人员、业务、财务直接受张家口地区外贸局领导，业务受地区外贸局计划指导，县外贸公司负责组织尚义县区域内的农副产品的收购、调拨，再统一由地区外贸组织出口创汇，县外贸局是张家口地区外贸的出口供货单位，财务管理实行报账制。

1988 年 1 月 1 日起县外贸公司下放地方管理。从 1988 年起，尚义县外贸企业经营范围逐步扩大，开展计划外自营业务，向自负盈亏、自我发展过渡。后因经营管理不善，企业常年亏损。1998 年，企业开始实施破产，2002 年，职工买断工龄，自谋职业。

1998 年，县机构改革撤销县对外贸易局，保留外贸总公司，县对外贸易局的行政管理职能划入县经济贸易局。

20 世纪 90 年代后期，政府鼓励生产企业申办自营进出口权，以增强企业的出口创汇能力。2010 年，县佳禾食品有限公司、县伦比服饰有限公司取得自营进出口权。

第五节　物资流通体制改革

计划经济时期，县物资局业绩曾经一度辉煌。此间，冶金、化工、建筑、煤炭材料等物资由国家计划分配，销售按县计委下达的供应指标供应。随着经济体制改革的不断深入，物质流通体制实行计划分配和议价议销并存的“双轨制”。1992 后，尚义县物资系统管理机构由行施政府职能的物资局变为企业化经营的物资企业，政府物质调配职能逐渐弱化。

1993 年，成立尚义县物资总公司（与县物资局一套人马、两块牌子）。物资流通完全放开，国有资本退出，实行市场调节运营，县物资总公司逐渐失去了物质调配的垄断地位，企业效益逐年下滑。

1998 年，县政府机构改革撤销物资局，保留物资总公司，部分职工买断工龄，下岗自谋职业。

2002 年，依据《尚义县经济体制改革领导小组关于县物资局深化企业改革方案》文件的批复，干部职工统一放长假，并办理请假手续，合同制职工全部解除劳动关系，公司进行了全面改制，各分公司自行消亡。2002年7月，物资总公司成立尚义县民爆分公司，由部分职工维持公司的运营。

2002—2010年，县政府积极转变职能，构建新型物资流通管理体制。政府主要负责流通发展战略、产业政策、行业规划、行业标准的制定和组织实施工作，信息的引导和应急调控，实施行业指导、监督、管理和服务。一批新兴的民营物资流通企业和个体物资流通商户诞生。

第二章　商业类型

第一节　国有商业

1989年，尚义县商业企业有食品公司、百货公司、五金交电化工公司、饮食服务公司、糖业烟酒公司、食品工业公司、红土梁综合贸易公司七大公司，1993年9月成立了小蒜沟商业综合贸易公司。在县城零售网点主要有百货一商场、二商场、三商场、新华街百货门市部、五金第一门市部、第二门市部、综合零售门市部、糖酒批零门市部等。至2010年，除食品公司的3家定点屠宰企业仍在维持经营外，其他国有商业全部改制。

一、食品公司

1989年，食品公司下设4个中心收购站、9个分站、1个活畜库、1个屠宰场、6个肉食零售门市部，全公司113人。销售额687.70万元，利润为零。1994年4月，经营陷入困境。在商业改革中，实行分立重组，保留原公司。分离出南壕堑食品公司，下属1个食品库，2个零售门市部，职工45人；大青沟食品公司，下属1个食品库，1个零售门市部，4个收购站，职工28人；红土梁食品公司，下属1个食品库，2个肉食部，职工7人；小蒜沟食品收购站并入小蒜沟综合贸易公司。重组后的各食品公司，部分人员承包门店，部分人员停薪留职。1996年6月1日，县实行生猪定点屠宰，确定南壕堑食品公司、大青沟食品公司、红土梁食品公司为定点屠宰点。部分职工回企业上班，公司经营出现转机。2010年，3家定点屠宰企业仍在维持经营。

二、百货公司

1989年，百货公司下设业务股、会计股、办公室3个管理机构。大青沟设百货批发库、批零门市部；县城设南壕堑批发库、百货一商场、二商场、三商场、新华街百货门市部。是年，实现销售额986.60万元，利润5.20万元。1991年7月，大青沟批发仓库、零售门市部并入大青沟综合公司。1995年年底，百货公司下属百货一商场、百货大楼，南壕堑批发库、批零门市部，饭馆（外租），职工108人。是年，实现销售额115.30万元，利润4.20万元。1998年8月，职工分租门店实行个体经营。2008年8月，公司整体拍卖，职工买断工龄自谋职业。

三、五金交电化工公司

1989年，五金交电化工公司下设大青沟、县城2个批发仓库。县城设五金第一门市部、第二门市部、3个综合零售门市部、1个家电修理部和1个废品收购组；大青沟设1个五金零售门市部，全公司31人。是年，实现销售额514.80万元，利润7万元。1991年7月，大青沟批发仓库、零售门市部并入大青沟综合贸易公司。1995年年底，下属五金批发部、五金第一门市部、五金第二门市部、综合第一门市部、综合第二门市部、装潢门市部。其中，综合第一门市部、装潢门市部由内部职工承包，其余各网点实行效益工资。是年，销售额202.90万元，利润2.20万元。1998年，挂国营牌子，个体经营。2005年5月，国有资产整体拍卖，职工买断工龄自谋职业。

四、饮食服务公司

1989年，饮食服务公司下设8个批零、饮食、服务网点，职工65人。下设营业网点有国营旅馆、国营饭馆、回民饭馆、街心花园饭店、环城路饭馆，4个综合门市部、信托门市部、批发部、冷饮部，全公司78人。当年销售额26.70万元，利润21万元。1995年，销售额7.90万元，利润0.70万元。1996年，企业经营出现困难，在商业改革中，全部实行国有民营和租赁承包。2005年，企业改制，职工买断工龄自谋职业，企业关闭。

五、红土梁综合贸易公司

1989年，红土梁综合贸易公司下设车马大店、醋酱加工厂、红土梁饭馆、百货门市部、照相馆、大阳坡饭馆、大店、零售门市部、红土梁五金门市部、批发部。是年，销售额58.60万元，亏损8.50万元。1995年年底，下设大阳坡百货门市部、五金门市部、酱菜店、鞋店、食品加工厂、国营旅馆、新兴餐厅、综合批发部，职工39人。1995年4月，国营旅馆、新兴餐厅实行承包经营，其余7个门店实行国有私营经营。是年，销售额8万元，亏损1.20万元。

六、小蒜沟商业综合贸易公司

1993年9月，小蒜沟食品库并入小蒜沟商业批发站，更名位小蒜沟商业综合贸易公司，全公司15人。负责小蒜沟、甲石河、勿乱沟、下马圈4个乡的批发业务。下设百货、五金、糖酒、石油4个批发仓库，1个食品收购组，2个零售门市部，新建加油站1个。是年，销售额87.60万元，利润1.30万元。1998年9月，实施国有民营改革方式，职工分得门店搞个体经营。

七、糖业烟酒公司

1989年，糖业烟酒公司下设南壕堑、大青沟2个批发部，主营糖类、酒类商品。县城设1个批零门市部、1个零售门市部。是年，销售额288万元，利润1.90万元。1991年7月，大青沟批发部并入大青沟综合公司。1994年6月，实行酒类商品专卖。1995年年底，设办公室、财务科、南壕堑大批发部、东批发部、零售门市部，职工43人。1996年7月，新增城西批零门市部。进入21世纪，公司效益逐年下滑。2005年，企业职工长期放假。2008年8月，企业实施改制，职工买断工龄下岗自谋职业。

八、食品工业公司

1989年，食品工业公司新建罐头厂，在生产糕点、醋酱、硬糖、挂面、饮料、豆制品、酱菜产品基础上，开始生产以苦菜、水果为主的罐头产品，年生产5万瓶。生产的糕点，醋酱的粮、油、面原料，均由国家按计划指标，由粮食局作平价供应。是年，销售额53.40万元，利润6万元。1990年10月，省政府决定，停供平价粮油，原料一律自行采购。1996年，罐头厂分建，成为独立核算的公司级食品加工企业。90年代后，食品工业公司受到私营企业冲击，效益不佳，车间、门店由职工承包。2000年1月，县食品工业公司第一家宣告破产。

1989年尚义县国营批发网点一览表

表17-3

批发网点	人数（人）	批发种类	批发额（万元）	所属公司	地　址
百货批发部	18	百货	509	百货公司	南壕堑
百货批发部	14	百货	398	百货公司	大青沟
五金批发部	8	五金	231	五金公司	南壕堑
五金批发部	7	五金	150	五金公司	大青沟
糖酒批发部	3	糖酒	92	糖酒公司	南壕堑
糖酒批发部	11	糖酒	36	糖酒公司	大青沟
糕点批发部	6	综合商品	28	食品工业公司	南壕堑
饮食公司批发部	3	综合商品	97	饮食服务公司	南壕堑
红土梁批发部	9	综合商品	55	红土梁综合贸易公司	红土梁
小蒜沟批发站	16	综合商品	132	小蒜沟商业购销站	小蒜沟

第二节　集体商业

1989年，县供销合作社系统所属7家社有企业，即生产资料公司、土畜产公司、副食品公司、大青沟肉联厂、大青沟食品加工厂、综合贸易公司、汽车队；辖17个基层社，即南壕堑、大青沟、哈拉沟、后石庄井、大营盘、大苏计、七甲、八道沟、炕塄、红土梁、土木路、套里庄、永胜地、小蒜沟、甲石河、城镇供销社和合作商店。其间，经过改革调整，县基层供销社先后由按行政区建社变为按经济区建社。到2010年，全系统有8家公司，即生产资料公司、土畜产公司、副食品公司、大青沟肉联厂、大青沟食品加工厂、烟花爆竹专营公司、盐业专营公司、供销大厦；8个基层社，即南壕堑、大青沟、哈拉沟、大营盘、七甲、红土梁、小蒜沟和合作商店。

1996年，县供销社组建供销集团总公司，总公司下设生产资料公司、副食品公司、供销大厦、土畜产公司、肉联厂五大公司。1998年组建了盐业公司。2000年组建烟花爆竹公司。2009年除食盐、烟花爆竹两类商品仍实行专营，其他商品全部放开经营。

1989年，全系统共有130个零售网点，6个饮食服务摊点。1997年，全系统零售网点增加到154个，饮食服务业网点4个。2001年，零售网点151个，饮食业网点4个。2002年后全部变为个体经营。

2010年，供销社重点社有企业：

一、生产资料公司

尚义县农业生产资料公司，成立于1952年，主营化肥、农药。计划经济年代，管理物资实行调拨供应业务。1992年国家放宽农资经营，化肥市场全面开放，生产资料公司停业。

二、土畜产公司

尚义县土畜产公司，成立于1961年，隶属于县供销社合作的直属单位。经营日杂、畜产品、木材、五金交电、土特产品、废旧物资回收。1989年，销售收入205万元，利润1万元。

三、烟花爆竹公司

（见专营商业第三节）

四、肉类联合加工厂

尚义县肉联厂始建于1985年，厂址位于大青沟镇，注册资金204万元，集体企业，属县供销合作社管理的直属单位。1989年，固定资产原值556万元，设备有单、双级制冷压缩机各1台，悬挂式链条生产线1条，160千瓦发动机1台，配备300吨冷库1座。企业主要经营活体牛、羊、鸡、兔收购，加工牛羊卷肉、白条羊、白条鸡、白条兔，产品销往北京、天津、晋蒙等周边地区。20世纪90年代初期，年销量300吨，年实现利润2万元。1997年，因政策、管理等因素，企业出现亏损，停产歇业。

五、供销大厦

供销大厦隶属县供销社，集体企业，独立核算。占地面积4666.67平方米，固定资产总额283万元，职工52人。大厦主体楼3层，营业面积2000平方米，下设15个商品柜组。1992年11月23日开业，以零售经营为主，经营粮油、肉禽蛋奶、水产品、蔬菜、水果、烟酒、化妆品、日用品、奶制品、针织棉布、药品十几大类万余种商品，是县域规模最大、购物环境最佳、设施最先进、食品最齐全的大型综合性零售商场。1993年，完成销售额240万元，上缴税金6万元。1998年，完成销售额450万元，上缴税金6.80万元。2002年9月16日，成功加盟张家口市佳美连锁超市。是年，完成销售额385万元，上缴税金3.40万元。2006年，供销大厦成为县“万村千乡”农家店连锁超市配送总部。是年，完成销售额510万元，上缴税金1.30万元。2010年，完成销售额661万元，上缴税金2万元。

第三节　民营商业

1989年后，尚义县商业结构趋于多元化，国有、集体、私营和个体商业竞相发展。1993年，引进个体经营机制，全县国有商业实施体制改革，承包、租赁等经营模式逐渐取代传统的计划指令模式。对22家零售、饮食、服务门

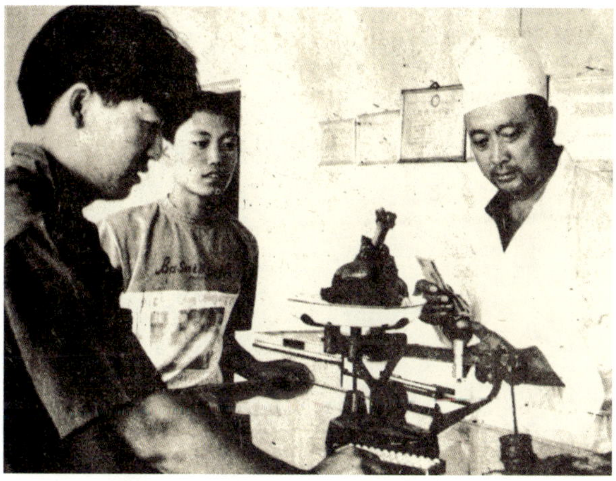

1996年9月，共产党员张宽退伍后在尚义从事个体服务业

大青沟手表修理个体户（1990年）

尚义县义羊肉制品公司生产车间（2004 年）

市部进行拍卖，门市部属集体所有个人经营。国有企业的“大锅饭”经营分配模式被打破，个体工商户开始成为主流。1995 年年末，民营商贸业发展到 1938 家，从业人员 3301 人，注册资金 1003 万元。

2010 年，县内从事商品经营的除供销大厦外多为私营、个体工商户，进货渠道日益多元化。大型超市有政府招商引进的华林商场、亿兆超市等，知名连锁店有力帆商场、海尔家电等。进货渠道一般由总部统一配货或生产企业直接送货上门。私营、个体工商户大多是到外地大型批发市场进货，如鞋帽服装到北京、石家庄、白沟等地进货；五金电器到张家口、石家庄、北京等地进货；小商品一般到周边小商品批发市场批发，并发展到网上订货、物流企业配货，进货渠道更为方便、快捷。工商部门从办理执照、验照贴花、日常巡查等途径进行监督管理。企业内部由投资方组成的厂长经营管理。是年，全县民营服务业发展到 642 户，其中餐饮 305 户、租赁和商务服务 53 户、居民服务 284 户，从业人员 1029 人，经营资本 2083 万元。

第三章　商品经营

第一节　粮　油

1989 年，全县因灾情严重，粮油大幅度减产，上级减免了粮油定购任务，粮食部门按议价收购农民出售的余粮。1993 年，取消粮油票证和粮油平价销售，全面放开粮食购销市场，个体粮行、粮店进入市场，粮油市场销售呈现多元化。2000 年，粮食购销企业全面放开，粮油购销市场和价格完全迈上了市场经济轨道。2008 年后，信贷政策发生变化，全县粮食企业得不到信贷支持，国有粮食购销企业的粮油经营全面停顿。2010 年年底，尚义县有粮食加工企业 9 家，个体经营的粮食门店 120 多家。

一、粮油收购

（一）合同订购

1988 年，恢复坝上粮食合同定购制度。尚义县粮食合同定购任务 2500 吨，油脂合同定购任务 2250 吨。粮食购、销、调包干，三年不变。实行平价化肥、柴油，发放预购定金与粮油定购“三挂钩”政策。每 50 千克小麦、莜麦、玉米挂钩平价优质标准化肥 15 千克，挂钩柴油 3 千克，预购定金按合同购价 20% 发放。1989 年，全县因灾情严重，粮油大幅度减产，上级减免了粮油定购任务，同时取消“三挂钩”奖励政策。农民出售余粮，粮食部门按议价收购。

（二）国家订购

1990年2月，根据国务院决定，将合同定购改为国家定购，作为指令性计划、刚性指标。国家定购政策的实行，加之有力的落实措施，保证了国家粮食收购计划的完成。是年，全县定购粮食入库2600吨，油料3740吨，完成了国家定购任务。1991年，县域灾情较重，上级调减了国家任务。是年，全县收购入库粮食1250吨，油料2150吨，超额完成任务。1992年9月，全省范围内，油料不再执行定购政策，放开购价，实行指导性计划经营，取消油料收购挂钩化肥，并降低了粮食定购挂钩化肥标准。1993年2月，张家口地区行署给尚义县下达粮食定购任务2500吨，油料收购指导性计划1400吨。是年，粮食定购任务没有完成，粮食议购计划超额完成。

1994年，河北省政府原定于4月1日起实行粮食定购保量放价政策（粮食定购数量不变，价格随行就市），因先后两次出现全国性“粮食风波”，发生粮食抢购问题，粮价大幅上涨现象，“保量放价”政策并没有得到真正的落实。国务院两次发出通知，规定“除承担国家粮食收购任务的单位和具备规定资格并经核准的粮食批发企业外，其他单位和个人都不许到农村直接采购粮食”。从6月起，提高了粮食定购价格。是年，国家定购粮食入库1800吨。

1995年，国务院决定实行“米袋子”省长负责制（各省区的行政首长要对各省区范围内的粮食供需平衡和粮食市场的稳定负全面责任）。同年10月，定购小麦在现行价每500克0.54元的基础上，实行价外补贴，不分品种等级每500克补贴0.06元。同时恢复了油料定购制度。价外加价政策的实行，保障了粮农的利益，调动了农民的售粮积极性，促进了定购任务的完成。是年，尚义县入库定购粮食2510吨，市场收购粮食7200吨，收购油料2875吨。

1996年，入库定购粮食2505吨，超额完成国家定购任务，收购粮食进度名列全市第一。1998年6月，国务院颁布《粮食收购条例》，条例严格要求国有粮食收储企业要贯彻执行敞开收购、顺价销售、收购资金封闭运行“三项政策”，对粮食收购实行保护价制度。条例施行后，全县粮食市场秩序大有好转，为完成国家定购任务创造了条件。

2001年，尚义县所有粮食品种全部退出了保护价范围，国有粮食购销企业全面走向市场，粮食购销价格全部实行市场调节。此后，尚义县粮食收购市场呈现出多种经济成分、多种经济组织平等竞争的局面，真正实现了粮食商品化，经营市场化。

（三）议价收购

粮油议价收购简称议购，是指在国家下达的收购计划之外，粮食企业本着购销双方平等自愿原则，根据市场价格、供求关系，通过调节价格进行收购的一种经济活动。

1988年，尚义县恢复粮食合同定购制度以后，定购任务不是很重。正常年景农民除了完成定购任务，仍有余粮出售。当时规定以县为单位，完成定购任务以后，随即开展议购，不仅满足了农民的售粮愿望，也补充了国家粮食库存。

（四）市场收购

尚义县粮食品种杂、产量低，商品量较小，加之产地局限性等原因，粮食收购市场不太活跃，没有大型的专业交易市场，也没有繁荣的集市贸易。2000年以前，粮食市场处于时开时关状态。国家定购任务入库期间，通过县政府发布通告，工商、粮食、物价部门联合巡察执法等形式，关闭收购市场，强化市场管理。定购任务完成以后，市场随即开放。

2000年，坝上地区的纯小麦、莜麦和杂粮退出定购和保护价范围，实行市场调节。

粮食市场全面放开，国有粮食企业失去了得天独厚的政策保护和市场优势，与其他经济成分的粮食经营者平等地参与市场竞争。受粮食信贷政策的限制，2007年以前，全县只有大青沟国有粮食购销库、小蒜沟国有粮食购销库能取得收购信贷支持，开展收购活动。其间，小蒜沟国有粮食购销库的杂粮杂豆经营曾辐射到东北、华北地区，在市场上有较大的影响力和带动能力。大青沟国有粮食购销库的油料经营曾触及内蒙古、山西。

2008—2010年，由于缺乏收购信贷支持，全县国有粮食企业全部退出收购市场，经营全面停顿。个体户及其他经营者取代国有粮食企业，成为收购市场的主力军，他们走村串户，经营灵活，满足了农民出售余粮所需。收购的杂粮，流向了城市，胡麻籽流向内蒙古、宁夏等地，杂豆流向港口城市。出口创汇收购品种主要有杂粮杂豆、玉米、莜麦、小麦。粮食加工企业主要有尚义县宏达面粉加工厂、利康面粉加工厂、尚义县双福面粉加工厂、尚义县大营盘四号地粮油加工厂。

二、粮油供应

（一）城镇粮油供应

1989—1992年，城镇居民口粮油实行定量供应。供应对象按照职别、工种、年龄及其他条件，分为特殊重体力劳动者、重体力劳动者、轻体力劳动者，党政机关、社会团体及其他脑力劳动者，大、中专学生，一般居民及分年龄段的儿童等若干个等级。等级不同，供应数量也不同。口粮标准13.75～15千克，食油定量外，每月补助0.25千克，定量内每月调供副食豆0.5千克。1992年以后，供应政策调整频率和幅度都比较大，改革步伐加快，直至取消定量供应，放开粮食销售市场，实现了经营市场化。

1994年1月1日，全国通用粮票、河北省地方粮票停止流通使用。

2001年5月1日，全国范围内取消市镇居民粮食供应转移证明。城镇居民户口在全国范围内迁移，农业户口转为非农业户口，不再办理市镇居民粮食供应转移证明。

（二）军粮供应

尚义县军粮供应主要是口粮供应，供应部门有驻地野战军、武警部队、消防部队、县武装部。1989年，全县有甲石河粮油食品站、红土梁粮油食品站、直属库等3家粮食企业承担军供任务。1993年，驻地部队撤离，只留直属库1家粮食企业承担武警中队、消防中队、县武装部的供应任务。2002年7月，军粮供应采取军供粮（油）源由张家口市军粮供应部门统一集中采购，各县军供站负责供应的管理办法。2008年，尚义县军粮由各部队上级后勤部门直接配送，军供站不再供应。

（三）工商行业用粮供应

尚义县工商行业用粮，主要有工业用粮、食品业用粮、副食业及酿造业用粮等几类。工商行业用粮，一般由用粮单位或其上级主管部每年编制用粮计划，经县粮食局审批，以季核定指标，定点按月供应。1989年，工业用粮实行议价粮供应；酿造业用粮，农村人口按每人每年0.50千克，非农业人口按每人每年3千克标准供应；招待所、旅馆粮食供应采取粮票购粮、发证控制的办法，以季核定供应指标。1993年10月1日，行业用粮退出计划供应，实行议价粮供应。

（四）农村救灾粮供应

尚义县农业自然灾害频发，农村粮食供应工作在整个粮食工作中占有很大比重。1989年，县域农村灾情十分严重，受灾人口众多，救灾粮由粮食部门统一调拨，专粮专用。是年，粮食部门购进大米815吨、面粉1755吨，投放农村市场。1990年，县借销粮指标400吨。1992年4月，借销指标1500吨。1993年，发放农村救灾粮1400吨。1994年，采用借销的形式动用定购内救灾粮指标150吨。1996年，针对尚义县坝下部分乡镇上年遭受罕见霜冻灾情较重的情况，为“三无户”和“特困户”安排了救灾指标，在供应上实行分户发证、建立底账、按月供应、过期作废的制度。2000年，放开粮食市场和粮食价格以后，农村救灾粮发放工作由民政部门组织实施，粮食部门不再承担救灾粮发放任务。

三、“一退双还”粮食供应

2000年，党中央、国务院作出西部大开发战略及加快生态环境建设的总体部署，实施“以粮代赈、退耕还林还草（简称‘一退双还’）”工程，每亩退耕地每年补助粮食（原粮）100千克。经济林补助5年，生态林补助8年。粮源由河北省级人民政府统筹安排，粮食供应的品种由省政府根据退耕区农民的生活习惯、退耕地原种品种、当地粮食库存等实际情况合理确定粮食供应品种及搭配比例。“一退双还”补助粮每年供应两次。新开工程在完成植树种草任务经检查合格后，供应一次，供应量占总量的一半（即50千克／亩）；次年，经验收保证林草成活率后，再行供应一半。此后，便一次性供应一个年度的补助粮。

2000年，大青沟镇、大营盘乡承担退耕还林还草试点任务0.10万公顷。2001年8月，试点工程的第一个年度补助粮分两次发放完毕，总计兑付粮食1500吨。其中，大青沟粮库发放676.60吨，大营盘粮库发放823.40吨。供应品种：小麦占75%，莜麦占25%。“一退双还”补助粮的按时足额发放，促进了“一退双还”工程的顺利进行和不断扩展。2002年，全县“一退双还”工程达到1万多公顷，分布14个乡镇，77个行政村，14571户农户。总计兑付粮食15000多吨。2003年，全县“一退双还”面积达到2.07万公顷，工程分布在14个乡镇，3.60万户农户。总计兑付粮食3.10万吨。

2004年，“一退双还”补助粮由发放粮食实物改为发放粮食补助资金，“专款专用、专户储存、专账管理、封闭运行、兑现到户”，补助标准不变，仍按每亩100千克、每千克1.40元标准，由财政部门通过信用社直接发放到退耕户手中。此后，直至补助年限。

截至2010年，全县退耕6.85万公顷，国家投资54247万元。其中，国家补助种苗费5185万元，折粮款42917万元，现金补助6145万元。

第二节　农业生产资料及农副产品

1989年，供销合作社依然是国家政策规定的农业生产资料和农副产品（除粮油外）购销的主营流通企业。县内农业生产资料经营主要以化肥和农药为主，农副产品主要品种有羊皮、羊毛、鸡蛋、药材及杂粮杂豆。随着改革开放的不断深入，农副产品收购也出现一系列变化，收购企业

县生产资料公司技术员到大青沟镇推广复合肥新品种（2008年）

县土产公司检验羊毛皮（1989年）

出现多元化，供销社收购的垄断格局被打破。

1989年，供销系统的经营仍沿用计划经济时期的方式，以农资物资供应、畜产品购销、日杂品购销、废旧物资购销为重点。基层供销社实行综合经营、零售为主。1990年，日用工业品放开经营，扩大了基层社经营自主权。1996年进货渠道彻底放开，个体经营、私营企业的不断发展，使得商品流通日渐活跃。2002年后全部变为个体经营。

21世纪以来，适应统筹城乡经济社会发展和社会主义新农村建设的新形势、新要求，县供销社通过深化体制机制改革，全面推进基层社、社有企业改制，加快推进新农村现代流通服务网络工程建设，不断扩大业务范围和服务领域，积极参与农业产业化经营，组织发展农民专业合作社，改革发展取得了新突破。2010年，全系统资产总额6794.40万元，业务收入1906万元，上缴各种税费7.90万元。

1996年，农副产品购销不再统计。

1989—1999年尚义县供销合作社联合社商品流转及效益情况表

表17-4

项目	单位	年度完成情况										
		1989	1990	1991	1992	1993	1994	1995	1996	1997	1998	1999
购进	万元	276	3598	4503	3608	3721	3702	3235	1672	1644	3727	4082
其中农副产品	万元	849	982	1017.3	1098	284.4	230	232	356	621	201	462
畜产品购进	万元	936	895	521	598	435	478	521	0	90	17	97
废旧物资购进	万元	24	29	31	33	35	26	23	20	5	0	0
食盐购进	吨	450	520	600	909	743	445	495	979	487	1377	915
烟花爆竹购进	万元	1.8	2	2	2.5	3	3.2	3.6	0	4.8	4.7	0
销售	万元	2872	4190	4763.7	4216	4054	3827	3901	1627	1956	4289	4598
1. 农业生产资料销售	万元	301	334	439.8	408	403	467	509	397	649	947	347
其中化肥销售	吨	2247	2290	2185	2321	2230	1872	2144	1853	2745	5736	4720
2. 生活资料销售	万元	1015	1121	1193	1204	1188	1203	1326	1230	1398	2291	2073
其中食盐销售	吨	610	680	585	931	582	812	655	942	1092	1116	946
烟花爆竹销售	万元	2.2	2.8	2.5	3.1	3.8	4	4.7	0	6	6	0
社办工业总产值	万元	289	313	354	391	204.5	107.1	129.8	214.3	288.8	35	31
上缴各种税费	万元	98.2	111.5	127.8	91.5	73	51.2	53.7	20.7	21.6	70	25.4
利润	万元	−77.8	5.7	43.5	5.4	0	0	0	0	0	0	0

2000—2010 年尚义县供销合作社联合社商品流转及效益情况表

表 17-5

项 目	单 位	年度完成情况										
		2000	2001	2002	2003	2004	2005	2006	2007	2008	2009	2010
购进	万元	4375	4375	5109	3299	2110	2344	2416	2609	2745	3857	3391
其中农副产品	万元	314	426	478	510	428	463	491	591	591	695	581
畜产品购进	万元	95	166	0	0	0	0	0	0	0	280	0
废旧物资购进	万元	18	0	0	0	0	0	0	0	0	0	0
食盐购进	吨	1010	1011	1148	1016	1129	1073	1233	1230	873	965	510
烟花爆竹购进	万元	0	14	38	28	29	40.5	58	67	86	93	165
销售	万元	4930	4930	4975	3534	2432	2658	2675	2918	3289	4563	4003
1. 农业生产资料销售	万元	562	778	600	400	690	700	727	848	1219	804	680
其中化肥销售	吨	3740	5060	4260	1965	3797	3340	3340	3488	3900	3222	2520
2. 生活资料销售	万元	2535	2354	4338	3111	1633	1948	1948	2070	2070	3759	3323
其中食盐销售	吨	931	1338	1155	1058	1457	1193	1306	965	1023	905	630
烟花爆竹销售	万元	0	17.3	42.5	38.5	41	56.5	79	91	123	130	150
社办工业总产值	万元	21	18	16	10	0	0	0	0	0	0	0
上缴各种税费	万元	23.5	22.9	24.7	24.1	13.2	14.2	14.3	12	10	7	0
利润	万元	0	0	0	0	0	0	0	0	0	0	0

一、农业生产资料购销

化肥购销 1989 年，县供销系统化学肥料主要产品有碳酸氢铵、尿素、硫酸二胺、磷肥，销售总量超过 500 吨，其中碳铵 200 吨、尿素 100 吨、二胺 100 吨、磷肥 100 吨。20 世纪 90 年代后期，化肥品种齐全，不仅有传统的氮、磷、钾及混合肥，一些微量元素如镁、锰、锌等专用肥或复混肥也大量进入流通和使用领域。1996 年，依据国务院文件精神，生产厂家、农业科技服务部门和民营企业等均可以上市经营化肥，改变由供销社独家经营的局面，供销社的市场份额逐步减小。

农药购销 1989 年，县供销系统销售农药 1 吨，总值 5000 元。主要品种是乐果和甲胺磷。此后，农药进入高速更新换代期，传统的高毒、高残留农药被国家陆续禁令停产、停销停用，新型农药不断上市，以往用化学性质记名分类的统计方法不再使用，而以杀虫、杀菌、杀草等用途来划分。同时对具体品种的农药在零售上不以传统的论包、吨计量，而是以袋、克等计量。在统计上难以精确到具体品种，而以总值、总量统计。1997 年起，农药经营由供销社独家专营变为由供销社、农业部门、生产厂家等多方经营。

1989—2004 年尚义县化肥销量表

表 17-6

年　份	销售额（万元）
1989	154
1990	160
1991	190
1992	203
1993	210
1994	230
1995	246
1996	255
1997	275
1998	198
1999	305
2000	314.10
2001	754
2002	652
2003	686.20
2004	677.50

二、土产日杂品购销

1989 年以后，随着流通体制改革的不断深入，土产日用品已实行多渠道经营，尤其是随着个体商业成分不断增大，到 20 世纪 90 年代供销合作社主渠道经营的格局已完全被打破，绝大部分市场已被民营商业所占有。1996 年，供销系统销售额 1485 万元。此后放开经营，亦不再进行专项统计。

第三节　商业日用品

20 世纪 80 年代中期至 90 年代初，国有商业日用品供应逐渐向市场化转变，取消了部分商品凭票供应制度，原由省、市计划调拨、实行票证制供应的小件日用工业品如火柴、肥皂、棉布、棉纱等取消票证购买，而手表、自行车、缝纫机这“三大件”以及黑白电视机等大宗商品仍凭票购买。90 年代初，人们生活质量明显提高，手表、自行车、缝纫机和电视机等商品成为县内百姓家中的必备日用品，至此，计划经济凭票凭证供应成为历史。

国有商业处于计划经济时期，进货渠道实行垂直管理，上承省、市一、二级批发供应站，下供城市基础供销社、商场、商店、商业综合公司。县百货公司、五金交电化、糖酒公司为县级三级批发站，在省市一、二级批发站设日用品采购办公室。1989 年，购进货物总额 925.30 万元，批发 1728 万元。县商业局根据批发业务的需要，合理设置批发机构，在县城和大青沟镇有百货、五金、糖酒批发仓库。1991 年 7 月，大青沟百货、五金、糖酒批发仓库合并成立大青沟综合贸易公司，实行批零兼营。小蒜沟商业购销站负责小蒜沟、甲石河、勿乱沟、下马圈四片的批发业务，经营百货、五金、糖酒、烟草、医药、石油等品种达 6000 余种，年批发额 150 多万元。20 世纪 90 年代中期，商业企业国退民进，计划经济逐步萎缩，市场经济开始建立，国有企业批发业务全部退出市场。

1989 年，大型商场经营缝纫机、自行车、摩托车、黑白（彩色）电视机、电风扇、收音机、录音机、洗衣机、电冰箱、抽油烟机、VCD、手表、铝锅等紧俏商品。1989 年商品零售额 2743 万元，1995 年零售额 5122 万元。1991 年，筹集资金 100 余万元，在第二、三百货商场原址上动工兴建县百货大楼。1992 年 10 月，县百货大楼剪彩开业，建成尚义县商业系统最大的三层零售大楼，营业面积 2000 平方米，分大百货、小百货、棉布、针织、五金、副食、钟表、化妆等柜组，职工 60 余人，年销售额 200 万元。20 世纪 90 年代中期，随着商品市场的开放和不断扩大，多种经济成分的商业企业蓬勃兴起，国有体制下统购统销的经营模式逐步被私营和个体所取代。

1989 年尚义县商业系统经营情况表

表 17-7　　单位：万元

公司指标	购　进	销　售	利　润	年末库存
食品公司	590.5	6877	0	950
百货公司	2027	9866	52	6297
五金公司	585	5148	71	853
饮食服务公司	38	267	21	487
红土梁综合贸易公司	—	586	-85	305
小蒜沟商业购销站	—	127.5	23.10	287
糖业烟酒公司	694	2880	19	756
食品工业公司	—	534	60	208.80

1995 年尚义县商业系统经营情况表

表 17-8　　单位：万元

公司指标	购　进	销　售	利　税	年末库存
食品公司	—	329	—	50
百货公司	1174	1153	42	4741
五金公司	1790	2029	22	1412
饮食服务公司	469	127	27	370
红土梁综合贸易公司	210	80	2	164
大青沟综合公司	1419	1404	7	1308

1989—1995 年尚义县商业系统各公司经营情况表（一）

表 17-9　　单位：万元

年　度	食品公司				百货公司			
	国内购进	销售额	利　润	年末库存	国内购进	销售额	利　润	年末库存
1989	5905	6877	0	950	2027	9866	52	6297
1990	3965	4785	147	606	4719	7940	166	6070
1991	4035	4691	108	136	4863	8819	167	7880
1992	1091	995	24	99	2082	4001	107	5746
1993	882	936	5	936	794	3055	99	5095
1994	—	511	—	511	784	1587	24	4636
1995	—	329	—	329	1174	1153	42	4741

说明：1995 年后，统计部门不再统计商业经营情况

1989—1995 年尚义县商业系统各公司经营情况表（二）

表 17-10　　单位：万元

年度	五金公司				饮食服务公司			
	国内购进	销售额	利润	年末库存	国内购进	销售额	利润	年末库存
1989	585	5148	71	853	38	267	21	487
1990	4196	6561	217	1254	867	285	80	646
1991	4249	6128	220	954	1721	467	88	795
1992	4241	4370	128	1397	731	450	56	623
1993	3387	4305	99	1112	804	288	63	388
1994	3766	3481	37	1408	206	256	42	301
1995	1790	2029	22	1412	469	127	27	370

1989—1995 年尚义县商业系统各公司经营情况表（三）

表 17-11　　单位：万元

年度	红土梁综合贸易公司				小蒜沟商业购销站			
	国内购进	销售额	利润	年末库存	国内购进	销售额	利润	年末库存
1989	—	586	-85	305	—	1275	23.10	287
1990	581	1053	22	276	958	1094	57	723
1991	992	1351	30	530	1039	1049	23	555
1992	540	893	19	492	866	912	18	587
1993	665	745	20	424	635	876	13	526
1994	415	392	20	298	763	853	15	370
1995	210	80	2	164	787	848	25	547

1989—1995 年尚义县商业系统各公司经营情况（四）

表 17-12　　单位：万元

年度	糖业烟酒公司				食品工业公司			
	国内购进	销售额	利润	年末库存	国内购进	销售额	利润	年末库存
1989	694	2880	19	756	—	534	60	208.80
1990	2065	2639	60	759	—	555	123	290
1991	2548	2853	38	540	—	467	53	357
1992	1206	1314	23	543	—	455	58	404
1993	676	884	24	373	—	286	44	282
1994	1226	1051	22	377	—	107	10	335
1995	2092	1763	15	606	—	79	7	248

1989—1995 年尚义县商业系统主要商品销售情况表（一）

表 17-13

年份＼品名	食糖（千克）	卷烟（条）	酒（千克）	其中白酒（千克）	啤酒（千克）	棉布（米）	呢绒（米）
1989	390563	14892	271789	157756	105389	367100	—
1990	346703	17887	340498	252506	79642	194400	—
1991	133766	22156	683645	504155	165712	197800	—
1992	29348	8812	54694	41705	9855	124500	—
1993	105931	9696	318841	220455	85548	92500	145
1994	74860	11649	434076	263978	162984	30900	150
1995	53874	11654	547037	241826	258588	44100	30

1989—1995 年尚义县商业系统主要商品销售情况表（二）

表 17-14

年份＼品名	绸缎（米）	服装（件）	毛线（千克）	鞋（双）	其中皮鞋（双）	胶鞋（双）	洗衣粉（千克）
1989	72165	21900	4463	155390	13675	58405	45847
1990	37331	7660	1272	148748	7331	55116	34816
1991	24426	5890	1072	94544	5624	42765	63970
1992	17808	620	2051	58031	4730	20230	39645
1993	15717	1150	—	192	—	52	15946
1994	3740	1180	753	12233	870	4659	21167
1995	2881	2450	1692	20771	3359	5756	14895

1989—1995 年尚义县商业系统主要商品销售表（三）

表 17-15

年份＼品名	缝纫机（架）	铝锅（个）	手表（块）	机制薄纸（千克）	制板纸（千克）	元钉（千克）	铁丝（千克）
1989	790	528	1735	35991	—	38627	63912
1990	379	267	612	32862	—	22533	43141
1991	615	271	480	27533	—	44100	76300
1992	557	169	256	19090	—	70600	153500
1993	304	139	29	1127	—	274	332
1994	235	131	11	5492	10	9218	18330
1995	90	263	366	7286	15	2440	4464

1989—1995 年尚义县商业系统主要商品销售表（四）

表 17-16

年份＼品名	自行车（辆）	摩托车（辆）	黑白电视（台）	彩色电视（台）	录音机（台）	电风扇（台）	洗衣机（台）
1989	3272	3	2061	378	875	—	122
1990	2503	12	2492	269	594	—	80
1991	3506	14	4953	741	545	1	119
1992	2646	15	3379	744	835	—	173
1993	1899	5	1805	667	478	2	308
1994	1264	58	795	596	408	—	216
1995	578	18	302	432	109	3	155

1989—1995 年尚义县商业系统主要商品销售表（五）

表 17-17

年份＼品名	电冰箱（台）	抽油烟机（台）	VCD（台）	化妆品（万元）
1989	4	—	—	—
1990	3	—	—	—
1991	38	—	1	—
1992	43	—	11	—
1993	106	14	1	11.4
1994	154	13	—	11.4
1995	88	13	—	19.2

第四节　食　盐

食盐是一种不可或缺的关系国计民生的重要产品，与人民身体健康密切相关。20 世纪 90 年代，国家对食盐进行专营管理。

一、专营体制

1998 年 9 月，尚义县盐业专营公司成立。隶属于县供销社，行使盐品专营、盐业行政执法与盐政管理职能。内设办公室、财务室、保管科、市场监测科 4 个职能科室，职工 28 人。

20 世纪 80 年代初，食盐未实行专营，城镇由商业局营业网点销售，农村由农村供销社、代销点经营。1996 年以前，境内居民均以原盐作为食用盐。1996 年以后市场停止原盐供应，全部改供加工盐。90 年代实行专营后，食用盐年销售额 10 万～40 万元。1998—2007 年，县盐业公司购进粉盐，加碘加工成包装单膜 400 克、450 克、500 克、100 克装精制盐和 200 克装日晒盐，从此城乡居民入口食盐全部改供加碘盐。2000 年，按照省、市盐务部门的部署，发放碘盐零售许可证，盐业公司指定渠道，做到配送到片、送盐到位。2007 年以后，境内食用盐由县盐业公司统一从河北省盐业集团公司购进，实行自营直销直达零售终端的经营配送体制。2010 年，购进盐产品 659 吨，销售额 108 万元。

二、专营管理

公司成立以来，加强日常管理，持续开展《食盐专营办法》宣传周活动、“5·15”全国碘缺乏病防治活动日的同时，全面落实以全民食用加碘为主的综合防治措施；盐业部门严把碘盐生产和供应关，加强食盐市场查缉私盐的力度，确保碘盐质量，为全县实现消除碘缺乏病目标打下良好的基础。

2003 年春季“非典”期间，县内发生食盐抢购事件。盐业专营公司积极组织货源，加强市场供应，市场食盐供应充足。

1999—2010 年，共查处盐业违法案件 30 余起，查缉私盐 50 余吨。

1989—2010 年尚义县盐业公司经营情况表

表 17-18

年　度	购进（吨）			销售额（万元）			利　润（万元）	人　员（人）
	精　盐	日晒盐	其　他	精　盐	日晒盐	其　他		
1998	252	0	0	36	0	21	0	28
1999	431	0	0	43	0	38	0	19
2000	313	0	0	42	0	43	0	18
2001	965	0	0	52	0	34	0	18
2002	284	0	0	53	0	48	0	18
2003	559	0	0	58	0	53	0	20
2004	668	437	10	52	28	40	0	22
2005	263	666	16	63	44	19	0	21
2006	350	625	17	78	52	21	−5.50	21
2007	607	354	11	62	36	12	−9.70	22
2008	387	284	8	71	36	7	−6.30	21
2009	450	315	12	64	30	9	−5.80	21
2010	298	361	10	64	34	10	−8.20	18

第五节　烟草专卖

控制烟草生产，规范卷烟销售市场，对保护人民身体健康具有十分重要的意义。1985 年，尚义县成立烟草公司，开始对烟草实行专卖。

一、专卖体制

1985 年 4 月，尚义县烟草公司成立，独营卷烟批发业务。1986 年 7 月，组建尚义县烟草专卖局，与烟草公司合署办公，一套人马、两块牌子，属县政府领导。负责县内卷烟市场管理、各类烟草专卖许可证的发放和卷烟销售业务。1991年9月，尚义县烟草专卖局上划归中国烟草总公司河北省公司管辖，更名为河北省烟草公司尚义县公司。尚义县烟草公司在南壕堑、大青沟、红土梁设批发部，2004年5月，取消了县级公司法人资格，取消了下设的南壕堑、大青沟、红土梁3个批发网点，尚义县烟草专卖局、尚义县烟草公司更名为尚义县烟草专卖局、尚义县卷烟营销部。卷烟实行配送体制，县局不再设立仓库，不再独立经营卷烟。内设机构有办公室、专卖科、卷烟配送部、客户服务部4个部门。2009年6月，县烟草专卖局下设办公室、专卖监督管理科、营销配送科、政工纪检科4个科室。

2010年，县烟草专卖局（营销部）在册职工38人，实行以张家口市烟草专卖局（公司）为经营主体的经营模式，各部门相互配合，各项工作进展顺利。

二、烟草销售

1989年，各商场、商店兼营卷烟零售业务，销售品牌以“迎宾”“山海关”“发绿”“石林”为主，增销外烟“希尔顿”“万宝路”等品牌。是年，卷烟销售数量5035箱，销售额501.60万元。1999年，3个批发网点，零售户460户，其中国营集体39户，个体421户。是年，销售卷烟8371箱，销售额2250万元，同比减少了11%。2002年，重新换发许可证。全年卷烟销量5748箱，销售额1872万元，较1989年增长近3倍。2005年，县局（营销部）启动“一级访销，二级配送”新的营销体制，实行“电话订货，网上配货，电子商务结算”的现代物流网络运行模式，烟草专营变得快捷、高效。2009年1月，全市烟草商业系统正式运行“烟信通”，上线以来，尚义县烟草专卖局（营销部）共有313户“烟信通”客户，上线率占总客户数的54.53%。

2010年，全县销售卷烟4834箱，销售额5607.45万元。销售品牌以“中华”“玉溪”“云烟”“白沙”和张家口烟厂生产的“钻石”系列为主，

1989—2010年尚义县烟草公司基本情况表

表17-19

年份	职工人数（人）	销售数量（箱）	销售总额（万元）	利润（万元）	上缴税金（万元）
1989	42	5035	501.60	12	—
1990	44	4442	529.70	13.78	16.13
1991	52	9320	1212.10	37.06	16
1992	48	9170	1378.30	73.30	38
1993	48	8809	1290.90	73.30	38
1994	48	7519	1115	—	8.9
1995	47	6779	1238	—	29
1996	48	5802	1328.68	22.20	7.30
1997	48	7352	1818	71.10	—
1998	49	9596	2525	2.30	—
1999	49	8371	2250	8.13	—
2000	47	4643	1228	—	30

续表 17-19

年　份	职工人数（人）	销售数量（箱）	销售总额（万元）	利润（万元）	上缴税金（万元）
2001	47	4756	1442	10	61
2002	42	5748	1872	86	60
2003	47	—	—	—	—
2004	46	4385	2476.58	—	—
2005	44	4437	2786.59	—	—
2006	43	4490	3204.31	—	—
2007	41	4608	3667.17	—	—
2008	40	4561	4239.83	—	—
2009	36	4718	4865.47	—	—
2010	36	4834	5607.45	—	—

三、专卖管理

1989—2010年，累计查处无证经营、不正常渠道进货、以零代批、假冒伪劣、走私外烟各类违规违法案件100余起，查获涉案的各类卷烟586件又7846.89条，价值300余万元，罚没人民币55719元。

第六节　燃　料

1989—2010年，尚义县客货运输、农耕、工程建设、矿山开发、救灾保障等油品供应由尚义县石油公司承担。历经了20多年变革，石油的经营实现了由计划经济到市场经济的转变，并逐渐由单一的柴油、汽油、润滑油石油产品销售向多元化商业产品销售方向发展。

一、经营体制

20世纪80年代末，石油业务从县物资局煤炭石油公司中析出，成立河北省石油公司尚义县石油支公司，为省属企业，隶属于张家口石油分公司，由县计划经济委员会代管。县石油公司管理机关下设办公室、业务股、财务股，下设南壕堑镇、大青沟镇2座油库，承担油品储存与销售。两座油库分别可储存成品油（汽油、柴油、煤油）600吨、500吨。2000年，两座油库停止运营。

1992年，尚义县第一加油站建成开业。至2010年，又先后建成大青沟加油站、红土梁加油站、南石楞加油站、小蒜沟加油站、八道沟加油站、六十庄加油站、三工地等加油站。

2000年，石油公司上划至中石化。2001年，石油公司改制，成立隶属于上市公司中国石油化工股份有限公司的河北尚义石油分公司。2002年，公司设经理1人，财务代表1人。人员和业务归属中石化河北张家口石油分公司所属部门负责管理。

二、购　销

1987年起对所有成品油实行定量凭证供应。因经济发展需要，尚义石油公司在上级计划分配之外自行组织货源，采取平价议价“双轨制”办法。从1993年开始，石油市场完全放开，许多行业、单位自建加油站销售议价油。

1998年，按照国家、省、市有关文件规定，进行石油市场清理整顿。到2005年，尚义石油公司以联营、租赁、兴建等方式拥有加油站和加油网点10座。2006年，将一些运营差、效益低的加油站、网点关闭，解除联营，保留了品质略高加油站6座。中石化河北张家口尚义石油分公司成为境内成品油市场经营主渠道单位。2010年，中石化尚义石油分公司年销售成品油5.66吨。

2010年年底，中石化加油站3家，网点3家；中石油加油站2家。境内还有社会加油站3家，加油点14家。

1989—2010年尚义县石油公司油品销售情况表

表17-20　　单位：千克

年份	汽油	柴油	合计
1989	2213	1492	3705
1990	2249	1507	3756
1991	2358	1454	3812
1992	1833	1045	2878
1993	1612	503	2115
1994	1503	735	2238
1995	1680	821	2501
1996	1885	698	2583
1997	1721	912	2633
1998	1918	510	2428
1999	1628	733	2361
2000	1478	851	2329
2001	1694	1020	2714
2002	1700	1155	2855
2003	1756	1248	3004
2004	1628	2553	4181
2005	1695	3168	4863
2006	1837	3371	5208
2007	1840	2842	4682
2008	1440	2821	4261
2009	1821	2730	4551
2010	2248	3413	5661

第七节 其他物品

一、烟花爆竹

2001 年 6 月，尚义县成立烟花爆竹公司，隶属于县供销社合作社，设经理 1 名。公司从张家口市烟花爆竹公司统一购进产品，县域内销售。2001 年，产品购货总额 19.18 万元，销售收入 17.35 万元。2010 年，产品购货总额 103.55 万元，销售收入 130.23 万元。

二、民爆物品专营

国家规定危险爆炸物品由物资部门专营，任何单位和个人均不准经营。2002 年 7 月，县物资局成立民爆公司，专营民爆物资，主要有炸药、雷管、导火索。2010 年，销售炸药 400 余吨，收入 412 万元，利润 91 万元。

2001—2010 年尚义县烟花爆竹公司销售情况表

表 17-21

年　份	销售（万元）	年　份	销售（万元）
2001	17.30	2006	79.30
2002	42.50	2007	91.40
2003	38.50	2008	123.20
2004	41.20	2009	130.30
2005	56.60	2010	130.20

第四章　物　资

第一节 物资经营

1989—1997 年，物资经营以实行计划为主、市场调节为辅的经营管理体制。1997 年后，随着商品市场的发展，物资供应全面放开。2002 年，物资系统所辖国有主营公司全部改制。

1989 年，全县经济建设所需的煤炭，木材，钢材、铝材等金属材料以及化工原料由计划配置。1991—1994 年，值由物资商品短缺向市场初步繁荣过渡的时期。计划内调拨分配的物资品种主要有钢材、木材、水泥、玻璃、三合板、五合板、椽檩等建筑材料；汽油、柴油、煤油及汽车等机电产品。对钢材、木材等部分物资实行“双轨制”，即计划内调拨价和市场指导价并行。1995 年以后，除国家战略储备物资外，其他物资基本不再实行国家指令性计划调拨。1997 年，物资市场全面放开，竞争加剧，生产资料的经营由国有转向民营。国有企业经营难以为继，绝大多数企业职工下岗，自谋职业。

2010年年底，全县经营钢材、木料、水泥、瓷砖等非农业生产资料的个体户、民营企业有12家，从业人员103人。

第二节　物资企业

一、木材公司

1989年，县木材公司承担全县城镇建设、农村住房兴建以及防汛所需木材的计划供应工作。1995年起企业由职工承包经营。2001年停业。2002年企业改制，与职工解除劳动关系。

二、金属材料公司

1989年，县金属材料公司通过调剂兑换、补偿贸易、联购、参加物资交流会等形式，组织计划外货源，承担全县重点工程建设和重点企业加工生产所需金属材料。1995年以后，物资逐步放开经营，市场渐被私营经营者主导，企业经营陷入困境。2001年，职工全员下岗。2002年，实施企业改制，职工与企业解除劳动关系。

三、机电设备公司

1989年，工业、水利、农用机电设备仍由国家统一计划调配。县机电设备公司负责全县交直流电机、裸铝铜线、漆包线等的经营调拨。1990年以后，市场全部放开，机电设备公司不再独家经营，企业效益下滑，职工渐次下岗。2002年，企业实施改制，职工与企业解除劳动关系。

四、燃料公司

1989年，煤炭仍实行计划经营。煤炭市场和价格放开经营后，公司业务受个体经营者冲击，经营陷入困境。1995年，职工全员下岗。2002年，企业实施改制，职工与企业解除劳动关系。

五、大青沟综合物资公司

1989年，大青沟综合物资公司主要经营木材、钢材等物资。1995年以后，放开经营，私营经营者加入市场竞争，公司业务逐步萎缩。2001年职工全员下岗。2002年企业实施改制，职工与企业解除劳动关系。

第三节　物资管理机构

1989年，尚义县物资管理由县物资局承办。机关内设机构有办公室、财务股、业务股，干部职工49人。1993年，为适应市场变化的需求，成立县物资贸易总公司，内设机构不变，有办公室、财务科、业务科，与县物资局一套人马、两块牌子。总公司辖木材公司、金属材料公司、机电设备公司、燃料公司、劳动服务公司、大青沟综合物资公司等企业。1995年，县物资贸易总公司企业全部实行国有民营，公司门店、场地、货场由职工租赁或承包经营。

2001年，总公司总资产440万元，总负债635万元。职工108人，其中干部、固定工51人，合同制职工46人，离退休11人。2002年，依据《尚义县经济体制改革领导小组关于县物资局深化企业改革方案》（尚改字〔2002〕1号）文件的批复，干部职工统一放长假，并办理请假手续，合同制职工全部解除劳动关系，公司进行了全面改制，各公司自行消亡。7月，物资局成立民爆公司，专营民爆产品。2005年10月，县级机构改革，物资局职能划归县发展改革局。

第五章 外 贸

第一节 出口商品与贸易方式

1989—2010年，全县出口贸易实现跨越发展，肉制品加工、部分杂粮、蔬菜出口成为县域经济重要增长点。

1989—1994年，尚义县出口贸易由外贸公司采取下乡设点和发展个体商贩等方法组织收购、调拨，由上级外贸负责外销出口。出口商品主要有农副产品和工业品两大类。农副产品主要有兔肉、牛肉、马肉、活羊、鸡蛋、兔皮、貂皮；小米、玉米、谷子、黍子、小豆、大豆、芸豆、蚕豆、豌豆、菜花、胡麻等。工业品主要有羊剪绒拖鞋、地毯、骨粉粒等。主要出口日本、美国、德国、意大利、比利时、新加坡、俄罗斯、波兰等国家和地区。1989年出口总额达到90多万美元。

1995年，省、市、县三级外贸机制脱钩分离。县外贸公司除承担张家口市各县外贸加工、出口冻肉的代存和中转任务外，还承担着全县的肉制品加工出口任务和部分杂粮收购及出口转汇任务，供应市场所需的部分内销肉食品。1996年，尚义县外贸公司取得自营出口权。同时，县内一些企业通过河北省外贸公司、天津市外贸公司出口肉牛、羊绒制品等工农业产品。20世纪90年代后期，政府鼓励生产企业申办自营进出口权，以增强企业的出口创汇能力。

2000年后，坝上无公害蔬菜以其独特的品质，深受国内外消费者好评，蔬菜系列产品出口额逐年增加。全县将蔬菜企业自营出口作为经济重要增长点，着力培育蔬菜出口企业。2010年，全县有自营蔬菜出口企业5家，出口蔬菜总额达52万美元。2000—2010年，蔬菜出口达1000万美元。

第二节 管理机构

尚义县的外贸出口工作，随着改革开放的不断深入和经济综合实力不断提升，实现了持续快速发展。1989—2010年，对外贸易职能先后由县对外贸易局、县外贸公司、县经济贸易局、县发展改革局、县商务局承担。

1989年6月，外贸公司内设办公室、财务室、企业股、审计股、汽车队、商检室，下设鸡兔加工厂、牛羊肉加工厂、罐头厂、肥皂厂、农产品公司、工业品公司、养貂场、大青沟收购库，全公司干部职工193人。1994年，恢复尚义县对外贸易局称谓，局和公司并存。之后，在市场经济激烈竞争中，公司经济效益连年下滑，亏损严重。公司内部进行较大幅度改革，各部门变为独立核算、自主经营、自负盈亏，将公司经营权彻底放开。先后成立食品冷库、冷库加工厂、车队、农产品出口公司、机电安装公司、多种经营办公室。改革既调动各部门积极性，又确保公司主营业务开展，但公司整体处于亏损状态。1993年，公司严重亏损，经营难以维持，大部分职工放假，企业处于全面停产状态。1994年，经多方面筹集资金注入企业，公司恢复生产。1998年，县机构改革撤销县对外贸易局，保留外贸总公司，县对外贸易局的行政管理职能划入县经济贸易局。2005 年，县机构改革成立发展改革局，承担对外贸易职能。2010 年，成立尚义县商务局，组织、指导和协调全县的招商引资、外经外贸工作，内设办公室、市场管理股、招商联络股、工业和信息化股、民营经济股。

第六章　服务业

第一节　餐饮与旅店业

一、餐饮业

1989年，从事正餐服务的饭店有回民饭馆、国营饭馆、政府招待所 3 家，为国有或集体性质，部分对外出租或承包经营。营业面积 4000 平方米，从业人员近 100 名，其中有等级厨师 5 余人。年营业收入 60 多万元。随着改革开放的政策逐步深入，餐饮市场放开，到 2010 年年底，饮食服务业遍布城乡。全县规模较大的饮食企业有红雅饭店、昌农宾馆、养生锅酒楼、玉兴酒楼、花园酒家、笑回头酒楼等。

快餐服务由过去国营、集体经营为主转为个体经营，主营项目为各类面点，富有特色的主要是油条、大麻花、煎饼。2010 年，不仅快餐店、熟食店、熏烤店、小吃部经营快餐，休闲娱乐场所也兼营快餐业务。

附：红雅饭店

“红雅”1995 年创业，2007 年自筹资金创建“红雅饭店”大楼，2010 年注册为张家口市“红雅餐饮服务有限公司”。十年多来，“红雅”始终体现和保持着红雅精神和红雅优良传统，秉承“诚信为重，服务为先，员工为首，顾客为尊”的经营理念，以“精诚团结、永不放弃，做好做强，树立品牌”为信念和目标，在不懈的努力中，稳步发展，却没有停留追求进步和创新的脚步，因而前进的道路宽而广，前景美而好！

红雅饭店地处尚义县城开发区中心黄金地带，地理位置优越，环境优美，占地面积 2100 平方米，建筑面积 6000 平方米，是按照三星级标准建造的商务饭店，饭店拥有 30 间温馨舒适设备齐全的客房，容纳 40 人的中型会议室。建有可同时容纳 400 人和 200 人的大型、小型婚宴厅，22 间大小、风格不同的就餐雅间。餐饮以中餐、蒙餐、火锅为特色。2010 年，饭店有员工近 100 人，实现营业额 800 多万元，上缴税金 45 万元。

二、旅店业

1989 年，全县旅店 81 家，从业人员 128 人。1992 年，县政府招待所迁址建成麒麟宾馆，有客房 130 间，床位 370 个，配有大小会议室、饭堂，职工 40 余名。之后，私营旅店发展迅速。到 2010 年，全县旅馆共有 175 家，从业人员 300 人。

第二节　休闲娱乐业

一、歌舞厅

1989 年，县文化馆、尚义影院等设有歌舞厅。20 世纪 90 年代后，以歌舞厅为代表的多种休闲娱乐方式相继出现，有露天卡拉 OK，一些宾馆、饭店也开始自办歌舞厅，尤其以设施简陋的大众舞厅最多，宾馆舞厅兼营酒吧、其他游乐项目。1995 年，全县有歌舞厅 28 家。2002 年一度增加到 80 余家，吸引内蒙古、山西等周边客人来娱乐消费。之后，部分歌舞厅服务项目存在低俗化倾向，在全县开展“扫黄打非”活动中，县内歌舞厅经过清理整顿，部分关闭。2010 年，开设的量贩式 KTV 和大众歌舞厅有 10 家，其中县城 4 家、大青沟镇 1 家，其余均在各宾馆附设。消费群体多为同学联谊会和年轻人聚会，同时也是群众歌咏比赛的练歌房。

二、游戏机室网吧

20 世纪 90 年代，全县城乡开始出现了游戏机室和网吧，成为青少年休闲的新场所。1998 年，县内有个体电子游戏经营户 2 家，从业人员 5 人。2000 年出现了网吧，网吧成为广大群众查询、下载资料的重要场所。2010 年增加到 9 家，从业人员 36 人。由于部分游戏机室和网吧管理不善，严重影响青少年身心健康。2003—2010 年，公安、广电和工商等部门先后取缔黑游戏机室和网吧 5 家，并在游戏机室经营管理和机型机种准入、未成年人进入等方面，强化管理，增强社会满意度。

第三节　生活服务业

一、美容美发

1989 年，国有理发业歇业，90 年代中期私营美容美发业兴起，欧美、日韩时尚发型流行。

2010 年年末，全县共有美容美发店 44 家，从业人员 381 人。网点遍布城乡社区、街道，烫发、染发、护发、盘发工艺先进，面膜、美眉等新项目越来越多。男士理发价格也由 1989 年的 1 元左右增至 2010 年的 10 元，妇女烫发价格由 1989 年的 3 ～ 5 元，增至 60 ～ 80 元。

二、沐浴足疗

沐浴　1989 年，境内有浴池 1 家，属县造纸厂开办，以男女普浴为主，从业人员 10 人，营业总面积 100 多平方米，年营业额 3 多万元，在 1992 年县城改造中拆除。2000 年前后，私营浴室、浴城发展很快，有四大洋、昌农洗浴、海洋、伞中情、四海浴池 5 家，从业人员 36 人，营业总面积 1500 多平方米，年营业额 50 多万元。后逐步引进桑拿、蒸汽等高档浴种，融沐浴与休闲于一体。2010 年，经工商部门登记的沐浴经营户 6 家，从业人员 24 人，营业总面积 700 多平方米，年营业额 20 多万元。

足疗　进入 21 世纪，浴室陆续从传统洗浴发展到捏脚、刮脚、搓脚、洗脚等服务。2008 年开始，沐浴业中的捏脚业务逐渐演变成现代足疗保健，出现针灸足疗商号。2010 年，全县经工商部门登记的个体足疗商户 8 家，从业人员 27 人，其设施功能和卫生服务档次明显提高。

三、摄影轻印

摄影　20 世纪 80 年代后期，摄影材料有了新发展，开始使用柯达、富士、乐凯彩色胶卷，代替了黑白照片。1989 年，全县有从事照相业照相馆 5 家，其中县城 3 家，其余分布在乡镇，从业人员 25 人。2010 年，全县专业摄影经营个体户发展到 8 家，其中较有名气的有文化馆照相馆、喜洋洋婚纱影楼、红光照相馆、大台北影楼、开元照相馆、紫薇影楼等。

轻印　1989 年前，尚义县有轻印业 3 户，其中国营 1 户（县印刷厂）。20 世纪 90 年代后期，境内个体文印业开始兴起，陆续出现居家式打字复印店，均为铅字打印机，客户多为单位，业务量不大。随着时代的发展，文印店大都添置电脑、复印机、半自动油印机等文印设备，主要经营打字、复印、名片制作、各种人像证卡制作、电脑刻字、制作牌匾、烫金字等业务，一些规模较大的店从事快印业务。截至2010年年底，全县经工商登记注册的轻印业主发展到8户。

四、家政家装服务

尚义家政服务业起步晚，发展慢，1993年后，才出现为居民提供家政服务的个体户。县内家政服务业务没有专门商户，服范围仅限于房屋修缮、管道疏通、家电维修、搬家服务。2010年，做饭、搞卫生、带小孩、照顾老人等家政服务开始出现，从业人员大多是没有经过专业培训的农民工。

尚义县装饰业起步较晚。1989年前，全县没有一个正规的装饰队伍，居室装修仅为有一技之长的农民工所干。至2010年，全县装饰专业户发展到18户。

五、婚丧喜庆服务

县城和农村婚丧喜庆服务的流动队伍和经营项目也逐年增多。1989年，县城约有100人从事婚丧喜庆上门服务，大都是来自附近农村1～2人的熟人组合，主要提供主持、烧饭、记账和帮工等单项服务，工资一般按天（桌）计算。2000年，从业人员增加到180多人，出现2～5人的婚丧喜庆服务的流动队伍，开始包揽用车、宴席、仪式、彩篷、临时桌椅板凳租赁等服务。2010年，全县经工商登记的婚庆服务商户8家，从业人员27人，年收入8万元。

六、维修洗染化妆品

维修 20世纪80年代后期，尚义县个体经济发展迅速，随着家电增多，修理门类不断扩大。1989年，全县修理服务业80户130人。家电维修、农机摩托修理、自行车修理、手表修理、门锁修理、钉鞋等遍及城区及各集镇。截至2010年年底，全县修理业注册登记105户，未登记约100户，从业人员800余名。

洗染 1989年，境内有从事洗染业务的店面13家，从业人员28人。步入21世纪，境内洗染业开始发展，一般是家庭洗染店。截至2010年年底，全县有35家从事干洗、整烫、皮衣上光等洗染业务，从业人员200多人，营业额300万元。其中，经工商登记的商户25家。

化妆品 1989年前，尚义县没有专门的化妆品经营户，各商店仅附带经营一些雪花膏、搽脸油之类的润肤品。1995年后，县城青春化妆品店开业，为县城首家日用化妆品店。2010年底，全县共有化妆品门店70余户，有名气的有青春、新世纪、南方、上海化妆品店等，从业人员200余人。

尚义县志
SHANGYI XIANZHI
1989—2010

第十八篇

金融业

1989—2010 年，尚义县金融业在改革开放中不断发展和完善，人民银行的职能进一步明确，各专业银行转变为国有商业银行，政策性银行开始组建并逐步发挥职能作用。

1989 年，尚义县有银行 4 家，即中国人民银行尚义县支行、中国工商银行尚义县支行、中国农业银行尚义县支行、中国人民建设银行尚义县支行。另有尚义县城市信用社 1 家城市合作金融机构。1996 年 12 月，设立中国农业发展银行尚义县支行。同年，农村信用社和农业银行脱钩，组成新的尚义县农村信用合作社联合社。1999 年 8 月和 2000 年 9 月，中国建设银行尚义县支行和中国工商银行尚义县支行先后撤销。2000 年 10 月，尚义县城市信用社并入尚义县农村信用合作社联合社。2008 年 6 月，尚义县邮政储蓄银行成立。

2010 年，尚义县有银行 4 家，分别是中国人民银行尚义县支行、中国农业银行股份有限公司尚义县支行、中国农业发展银行尚义县支行、尚义县邮政储蓄银行。另有尚义县农村信用合作社联合社 1 家农村合作金融机构。

1989 年，全县金融机构各类存款为 5011 万元。到 2010 年年底，各类存款达到 185771 万元，是 1989 年的 37.07 倍；1989 年全县各类银行贷款为 10680 万元。到 2010 年年底，全县金融机构各项贷款余额为 78420 万元，是 1989 年的 7.34 倍。同时，保险业也开始成长起来，保险险种逐年增多，保险范围进一步拓宽。1989 年全县收入各种保险费 45.02 万元。2010 年保险费收入达到 880.22 万元，是 1989 年的 19.55 倍，为各行业的发展提供有力的资金支持和保障。

第一章 银 行

第一节 中国人民银行尚义县支行

中国人民银行尚义县支行（以下简称县人民银行）是张家口中心支行的派出机构，其机构设置、人员、财务均由上级银行垂直管理。属国家银行机构。

1989 年，县人民银行共有员工 26 人，内设人事秘书股、会计国库股、货币发行股、计划资金股、金管稽核股和保卫股。1996 年，设立农金股，对农村信用社进行监督管理。1999 年，内设部门调整为办公室、会计国库股、综合监管股、合作监管股、货币发行股和保卫股。2001 年 3 月，撤销发行库，货币发行股和保卫股相应撤销。2003 年年末，中国银行业监督管理委员会张家口监管分局尚义办事处正式设立，县人民银行的银行业监管职能至此全部划归尚义县监管办事处。原人行 3 人划转到该办事处。

2008—2010 年，内设机构调整为综合办公室、综合业务部、金融管理部、纪检监察审计室。2010 年年末共有员工 26 人。

1989 年以后，全县各金融机构各项存款快速增长。到 2010 年年底，各项存款余额达到 185771 万元。其中，农业发展银行各项存款余额为 57 万元；农业银行各项存款余额为 55908 万元；农村信用合作社各项存款余额为 96817 万元；邮政储蓄银行存款余额为 26210 万元；其他存款 6779 万元。

1989 年以后，全县各家金融机构信贷经营活动范围进一步拓展。到 2010 年年底，全县金融机构各项贷款余额为 78420 万元。其中，农业发展银行贷款余额为 5597 万元；农业银行贷款余额为 3859 万元；农村信用联社贷款余额 66630 万元；邮政储蓄银行贷款余额 2352 万元。

1989—2010 年尚义县各项存款情况表

表 18-1　　单位：万元

年度＼项目	合　计	企业存款	财政存款	机关团体存款	储蓄存款	农业存款	其他存款
1989	5011	662	53	156	3230	732	178
1992	9857	943	20	183	6466	1893	352
1995	17052	1198	46	254	15336	42	176
1998	31342	2462	67	483	26875	814	641
2001	44184	1745	213	1967	34873	4889	497
2004	71857	6484	4642	4313	52354	2445	1619
2007	122609	12346	10905	7513	84206	7268	371
2009	158785	10578	8779	16400	109776	12324	928
2010	185771	19047	6778	20469	125152	13035	1290

1989—2010 年尚义县各项贷款情况表

表 18-2　　单位：万元

年度＼项目	工　业	商　业	农　业	建筑业	固定资产（中长期贷款）	个体工商业	其他借款	合　计
1989	2004	5556	2069	63	455	37	496	10680
1992	3506	8229	3382	100	765	88	51	16121
1995	3879	12847	3517	136	2281	130	2619	25409
1998	4830	13227	6111	202	9737	301	2448	36856
2001	1700	10685	10793	0	12172	30	3577	38957
2004	1701	7870	16242	0	12914	2051	3892	44670
2007	5281	7393	32665	20	9086	0	5973	60418
2009	6000	5579	47899	0	4729	3162	2897	70266
2010	3959	5097	65364	0	3000	0	1000	78420

2005 年 5 月，大额实时支付系统在尚义县上线运行，为跨行提供快速、高效、安全的支付清算服务，满足了金融机构通汇的需求。

2009 年 3 月，取消了同城票据交换所，由县内各银行业金融机构通过大小额支付系统进行交换。

第二节　中国工商银行尚义县支行

中国工商银行尚义县支行（以下简称县工商银行）是张家口中心支行的派出机构，其机构设置、人事、财务均受上级银行垂直管理，在业务上受县人民银行的协调、指导、监督和检查。属国有商业性银行。

1989 年，支行内设人秘股、信贷股、计划股、营业室。下设大青沟办事处、红土梁办事处、大阳坡办事处、太平街储蓄所和安宁街储蓄所。2000 年 9 月，县工商银行撤销，其存款业务划归县农村信用联社，贷款业务划归张北县工商银行。

第三节 中国农业银行股份有限公司尚义县支行

中国农业银行股份有限公司尚义县支行（以下简称县农业银行）是张家口中心支行的派出机构，其机构设置、人事、财务均受上级银行垂直管理，在业务上同时受县人民银行和银监办事处的协调、指导、监督和检查。属国有商业性银行机构。

1989 年，尚义县农业银行在职员工 194 人，营业网点 25 个：1 个支行营业室、6 个营业所（南壕堑、大青沟、八道沟、红土梁、小蒜沟、河南）、2 个储蓄所（南壕堑、安宁街）和 16 个信用社（大青沟、大营盘、大苏计、哈拉沟、南壕堑、城关、七甲、八道沟、炕塄、套里庄、土木路、永胜地、勿乱沟、下马圈、小蒜沟、甲石河），信用社的主管部门是县农业银行信用合作股。

县农行出纳员张淑华办理存款业务（1993 年）

1995 年农村信用社与农行脱离行政隶属关系。1996 年 12 月农业发展银行分设。1997 年 3 月农行按照总行精简机构的要求相继撤并基层营业网点，2002 年 9 月南壕堑储蓄所最后撤并。

2009 年 1 月 15 日，改制为中国农业银行股份有限公司尚义县支行。

2010 年，尚义县农业银行对外只有一个营业室，全行在职员工 29 人。年底，农业银行各项存款余额为 55908 万元，各项贷款余额为 3859 万元。

2010 年 8 月 21 日，在县城供销大厦增设 POS 机，实现了以卡购物的非现金结算业务。到 2010 年年底，县农业银行是全县 ATM 网

1996 年 9 月，尚义农行南壕堑储蓄所场景

点拥有量最多的支行。在全县主要乡镇、县城有需求的商铺、摊点布放转账电话160台。全县农业银行卡超过3万张，网上银行开通1000多个，成为全县网上银行增长率最快的银行。

第四节　中国建设银行尚义县支行

中国建设银行尚义县支行（以下简称县建设银行）是张家口分行的派出机构，其机构设置、人事、财务均由上级行垂直管理，在业务上接受县人民银行的指导、监督和检查。属国有商业性银行。

1989年，中国人民建设银行尚义县支行，内设办公室、信贷计划股、会计出纳股。

1996年3月，县建设银行全称改为中国建设银行尚义县支行。

1999年8月24日，县建设银行撤销。其存款2399万元划归县农村信用联社，各项贷款业务划归张北县建设银行。

第五节　中国农业发展银行尚义县支行

中国农业发展银行尚义县支行（以下简称县农发行）是张家口分行的派出机构，其机构设置、人事、财务均由上级行垂直管理，在业务上同时接受县人民银行和县银监办的指导、监督和检查。属国有政策性银行。

1996年12月，尚义县农业发展银行正式挂牌成立，次年1月1日对外营业。内设办公室、信贷业务部、营业部。全行干部职工22名。2001年4月，按照省分行关于“三定”工作要求将内设机构由两部一室改为两部：综合会计部和信贷部。是年12月撤销综合会计部，设立办公室、会计出纳部、信贷部。2010年，设立办公室、会计出纳部、信贷部。

中国农业发展银行成立以来，国务院对其业务范围进行过多次调整。

1998年5月，尚义县农发行承办的农村扶贫、农业综合开发、粮棉企业附营业务划转回农业银行，划转扶贫开发性贷款7000万元，划转附营业务贷款2790万元。1998年5月后，县农发行主要以办理粮、棉、油收购、储备、调销、建仓贷款等信贷业务。2010年主要业务范围又增加了农业小企业贷款和农业科技贷款、农业基础设施建设贷款、农业综合开发贷款、农业生产资料贷款和发行金融债券等。

第六节　尚义县城市信用社

1988年5月，尚义县人民银行、尚义县建设银行和尚义县财政局三家各出资10万元组建成立了尚义县城市信用社，开展存贷款业务。1995年2月划归张家口市信用联社管理，1998年10月划归尚义县农村信用联社管理。

第七节　尚义县农村信用合作社联合社

1989年农村信用社的主管部门是县农业银行信用合作股。1994年3月，尚义县农村金融体制进行改革。5月组建了第一届尚义县农村信用合作社联合社，内设办公室、业务科、财务科、保卫科。1995年10月，组建了营业部，农村信用社与农行脱离行政隶属关系。从此，尚义县农村信用合作社联合社实现由管理型到经营管理型的过渡。1996年8月，人民银行张家口中心支行对尚义县信用合作社联合社直接监管，并承担了行业管理职责，内设办公室、业务科、财务科、稽核科、保卫科。全县有15个农村信用社，共有干部职工105人。各行政村都设有信用代办站，全县共173个，代办员173人，分别由各乡镇所在地的农村信用社管理。2000年6月，联社内设综合办公室、业务科、财务科、稽核科、保卫科和纪检监察室。下设独立核算的农村信用社15个、联社营业部1个，信用分社1个，储蓄所3个，在岗干部职工137人。信用代办站136个，代办员136人。2003年6月，尚义县农村信用合作社联合社受张家口监管分局代为管理。联社下设综合办公室、业务信贷科、财务科、稽核科、安全保卫科、清非办、纪检监察室、电脑信息科。下辖1个营业部，15个农村信用社，2个信用分社，3个储蓄所，136个信用代办站。在岗干部职工139人，代办员136人。2005年12月，按照上级要求，全县所有信用代办站撤销，业务收归其原来所辖的农村信用社。联社内设部门有六科一室，分别是业务信贷科、财务会计科、稽核监察科、安全保卫科、资产保全科、电脑信息科和综合办公室；下辖1个营业部、15个农村信用社、2个信用分社、2个储蓄所。全社干部职工共有152人。2010年机构设置没有变化。

1996年前，全县各基层信用社对货币资金的管理是通过农行营业所实现的。信用社提取现金时，先向农行营业所报送现金使用计划，由营业所根据信用社的资金需求和库存限额进行拨付。与农行脱钩成立联社后，各基层信用社的现金上存于联社营业部，同时联社营业部在人民银行尚义县支行开立账户，上交转存款和存款准备金。各信用社提取现金时直接向联社业务科做现金计划，业务科与营业部进行核对汇总后由营业部直接拨付。各信用代办站的现金管理是根据其业务量的大小和离社远近由管辖信用社负责，实行每个月三次报账。2005年年末信用代办站撤销，现金管理并入农村信用社。

尚义县农村信用社信贷业务主要面向全县广大农户、农村个体工商户、农村经济组织、农村工商业。主要开办保证贷款、抵押贷款、质押贷款、贷款证贷款、个人消费贷款、农户小额信用贷款等。

2001年起尚义联社开始逐步推行“农户小额信用贷款”和“农户联保贷款”。农户小额信用贷款实行“一次核定、周转使用、随用随贷、余额控制”。被评为信用户的农户拿上“贷款证”可直接到信用社办理贷款。2005年年末，全县共创建信用村45个，信用乡1个（炕塄），信用户37574户，支农贷款23644万元，占贷款总额的89%，成为农民发家致富的好帮手。炕塄乡成为第一个信用乡，八大家村成为第一个

1993年，甲石河乡为帮助农民搞好春耕生产，组织发放贷款，支持群众购买化肥27.5万千克

信用村。2010年年底，尚义县农村信用社贷款余额为66630万元。

1996年与农行分门办公时存款余额为7072万元。2005年年末各项存款达到36774.40万元，是1996年存款余额的5.20倍。2010年存款余额为96817万元。

第八节　尚义县邮政储蓄银行

1995年，尚义县邮政局为满足群众实际需求，在县城太平街新建1个储蓄网点，即太平街储蓄所，这是邮政储蓄银行的前身。

2008年6月，中国邮政储蓄银行尚义县支行正式成立，开办贷款业务。成立之初在县邮政局二楼办公，共3名工作人员。

2010年，中国邮政储蓄银行尚义县支行设立邮政储蓄所，下设大青沟、小蒜沟、大苏计3个乡镇邮政储蓄所。年末，贷款余额为2352万元，存款余额26210万元。

第二章　保险业

第一节　中国人民财产保险股份有限公司尚义县支公司

中国人民财产保险股份有限公司尚义县支公司，是张家口市分公司下辖的县级的支公司（以下简称县人保财险公司），实行垂直领导，系统管理，业务上接受省保险监督局监督检查。

尚义县人保财险公司成立于1984年，其后多次更名。1989年，称中国人民保险公司尚义支公司。1996年11月更名为中保财产保险股份有限公司尚义支公司。2000年6月，更名为中国人民财产保险股份有限公司尚义支公司，直至2010年。1989年，县人保财险公司内设办公室、计财股、业务股3个股室，在岗员工10人。2010年，县人保财险公司内设综合部、业务部、理赔部、营业厅4个部门，公司在编人员8人，营销人员18人。

人保财险公司承保险种主要有机动车辆保险、企业财产保险、家庭财产保险、工程保险等。

1989—2010年，累计承担风险15亿元，累计保费收入1216万元。

1989—2010年尚义县人保财险支公司保险经营情况表

表18-3

年　度	保费收入（万元）	赔款支出（万元）	简单赔付率（%）	备　注
1989	45.02	28.13	62.48	—
1990	88.37	45.81	51.84	—
1991	84.94	114.61	134.93	—
1992	95.07	131.66	138.49	—

续表 18-3

年 度	保费收入（万元）	赔款支出（万元）	简单赔付率（%）	备 注
1993	88.51	56.89	64.28	—
1994	118.22	57.29	48.46	—
1995	132.29	65.30	49.36	—
1996	150.29	94.84	63.10	—
1997	171.18	68.64	40.10	—
1998	170.30	331.12	194.43	—
2000	130.02	95.61	73.53	—
2001	150.84	104.95	69.58	—
2002	135.10	88.30	65.36	—
2003	145.90	101.90	69.84	—
2004	182.71	115.54	63.24	—
2005	190.50	107.30	56.33	—
2006	204.40	131.50	65.33	—
2007	265.52	114.84	43.25	—
2008	408.17	271.51	66.52	—
2009	556.04	208.09	37.42	—
2010	880.22	274.26	31.16	—

说明：1999 年数据不详

1989 年以来，开展以提高理赔质量，加快理赔速度为目标的“理赔无忧——车险快捷”服务承诺活动，做到大案 10 日内赔付，中等案 7 日内赔付，小案 3 日内赔付。1989—2010 年，共处理各险种赔案 3521 起，累计赔付 1086 万元。

1998 年 1 月 10 日，尚义县与张北县交界地带发生 6.2 级强烈地震。是年 6 月，按照理赔程序，人保财险尚义支公司为全县 11 个乡镇、30 个行政机关、3000 家保户办理了保险理赔，累计赔付 240 万元，有力支持了当地的抗震救灾工作。

随着风电产业在尚义县发展迅速，人保财险尚义支公司积极为其进行保险服务。2008 年 2 月 28 日为国华（河北）新能源有限公司三期工程承保了“财产一切险”收取保费 27.20 万元，综合费率 0.73%。2008 年 9 月 14 日，尚义县出现雷暴天气，国华（河北）新能源有限公司三期工程风电设备遭雷击，造成直接经济损失 100 多万元。现场进行勘查后，人保财险尚义支公司赔付国华（河北）新能源有限公司各类经济损失 107.50 万元。

第二节 中国人寿保险股份有限公司尚义县支公司

中国人寿保险股份有限公司尚义县支公司（以下简称县人寿保险公司）是张家口分公司的支公司，实行垂直领导，系统管理。

1996 年 2 月财产保险、人寿保险分业经营后，中国人寿保险股份有限公司尚义县支公司成立。1999年1月更名为中国人寿保险公司尚义县支公司。2000年4月10日，成立中国人寿保险股份有限公司尚义营业部。2003年6月，尚义县支公司更名为中国人寿保险股份有限公司尚义县支公司，内设经理室、业务办理科、财务科、有正式干部6人，代办员5人。2010年，公司有正式干部6名，业务办理人员12名，营销员61人，农村网点4个。

1996年开办的人寿险种有88型终身保险、99型终身保险、66鸿运A型保险、66鸿运B型保险、鸿寿养老保险、重大疾病终身保险、重大疾病定期保险及附加住院医疗日额给付保险。1999年6月，中国人寿保险公司出台99版条款，包括3大类50多个险种，其中有学生平安保险、团体人身意外伤害保险和附加保险。2001年以后先后出台了一系列分红险种，如国寿千禧理财、国寿鸿泰俩全保险、国寿鸿瑞俩全保险等10多个险种。

2000年，县人寿保险公司实收保费36万元。2001年实收保费78万元。2002年，保费收入102万元突破大关。2003年，实现总保费125万元，比上年纯增23万元。2000—2010年的十年间，总保费达2000万元，保费增长达55倍。

2000—2010年，人寿保赔付款98万元，年均赔付9万元，赔付率20%。赔付最少的是2000年为2万元，赔付率是10%。赔付最高的年份是2010年13万元，赔付率为144%。

尚义县志

SHANGYI XIANZHI

1989—2010

第十九篇

教　育

1989—2010 年，尚义县坚持社会主义办学方向，注重教学研究、教学改革和教学管理，教育事业在改革和调整中发展。通过优化教育结构，形成了学前教育、小学教育、初中教育、高中教育、特殊教育、成人教育以及其他教育完整的教育体系。改革办学体制和投资体制，教育硬件设施不断提高；调整中小学布局，整合教育资源，办学条件得到改善；普及九年义务教育，通过省和国家验收；推行素质教育，创建校园文化，学生得以全面、健康发展；通过整顿和实施再教育，教师结构不断优化，素质提高。随着教育方针的贯彻落实和教育法规实施，净化了教学环境，形成了全社会尊师重教，助推教育发展的浓厚氛围。

第一章　学前教育

第一节　发展规模

1989 年以来，随着学前教育的不断规范，全县逐步形成以县城幼儿园为龙头，各小学学前班为主体，个体民办幼儿园为辅助的学前教育格局。全县各小学每年 7 月在所属服务村服务片的范围，招收 5 岁半至 6 岁儿童报名入学，编入本校学前班。1989 年，全县有幼儿园 5 所，学前班 181 个，在园幼儿 5653 人。

1989 年，全县有幼儿园 5 所，教育部门办 1 所、其他部门办 2 所，集体办 2 所。在园学生 3653 人，教师 31 人；共 181 个班，其中全县小学附设学前班 174 个。全县 3 ~ 6 周岁儿童 7246 人，入园率 50.41%。

1998—1999 学年，根据学前教育发展的需要，大青沟镇、红土梁镇充分利用因并点合校而闲散的校舍，先后办起中心幼儿园。招收幼儿年龄放宽到 3 ~ 6 周岁。学制按年龄大小确定在 1 ~ 4 年。入学时间不限。据 1999 年 9 月统计，全县有幼儿园 13 所 53 个班（其中学前班的 23 个），在园学生 3139 人，教师 36 人、保育员 7 人。2002—2003 学年全县幼儿园 8 所（尚义县机关幼儿园、大青沟镇中心幼儿园、大苏计村幼儿园、六号地幼儿园、大贲红幼儿园、双井子幼儿园、半个礄碌村明德幼儿园、太平街特色幼儿园）19 个班（其中学前班的 4 个），在园学生 546 人，教师 27 人、保育员 6 人。

随着教育体制的改革，尚义县民办幼儿园逐渐兴起。民办幼儿规模都比较小，多数幼儿园入园幼儿 20 ~ 30 人，最少的 10 来人，最多的也不足 50 人；民办幼儿园园址一般都设在自家院内，教学设备较为简陋，配备了课桌椅、饮水设备、小型活动等器材。教师没有资格证，在教学中幼儿教育小学化较为普遍，但被家长、社会认可，所以起步虽晚，但发展速度较快。

2006 年，全县有各类幼儿园 27 所，其中教育部门办 15 所、民办 12 所，全县幼儿园班数 135 个，在册专任教师 32 人。县城有教育部门办园幼儿 2 所 11 个班，在园学生 899 人。在园 4 ~ 6 周岁入园幼儿 3652 人，入园率 87.61%。

2010 年，全县各类幼儿园 25 所，其中教育部门办 10 所、民办 15 所。全县幼儿园班数 175 个，在册专任教师人 54 人。4 ~ 6 周岁入园幼儿 3674 人，学前三年教育普及率 88.70%。

1989—2010 年部分年份尚义县学前教育基本情况表

表 19-1

学 年	园 数（个）	班数（个）		入园人数（人）		在园人数（人）		教职员工（人）		
		计	其中：小学附设学前班	计	其中：小学附设学前班幼儿	计	其中：小学附设学前班幼儿	计	教 师	保育员
1989—1990	5	181	174	3653	3454	3653	3454	33	31	0
1993—1994	4	199	194	2252	2160	2290	2160	45	43	1
1995—1996	3	31	26	3019	2959	3412	3292	56	51	3
1996—1997	3	31	26	3321	2541	3471	2677	54	47	4
1997—1998	3	33	29	2245	2123	2639	2267	54	49	4
1998—1999	3	31	21	2494	2084	2774	2334	46	37	6
1999—2000	13	53	23	2698	733	3139	974	48	36	7
2000—2001	15	56	26	2234	980	2962	1427	55	45	7
2001—2002	7	63	47	1196	1008	1816	1332	37	28	—
2005—2006	8	97	79	1738	1509	2289	1769	36	29	2
2006—2007	15	117	80	1710	1205	2271	1426	42	32	3
2007—2008	12	163	159	1217	1200	2079	2060	68	48	9
2008—2009	10	116	103	1355	1173	2135	1914	64	54	2
2009—2010	10	84	43	1043	623	2027	987	61	54	7

说明：表中统计数据为教育部门和其他部门办的幼儿园、学前班数据，不包括不在册民办幼儿园数据。

第二节 学前教育管理

1989—1999 年，在学前教育的管理体制上，尚义县强化了“幼小一体化”管理。坚持因地制宜原则，把农村幼儿教育与小学教育作为一个整体管理，将农村幼儿教育纳入农村义务教育管理范围，让幼儿园（班）附属于小学，统一管理。教育部门把学前教育同其他各类教育统规划、统一部署、统一督查、统一考核，政府督导室建立了学前教育专项督导评估体系。幼儿园的教学业务由县教育局（教委）教研室负责，经常组织教研员到机关幼儿园听课、看课、评课，进行业务指导。小学学前班纳入小学管理范畴，由教育股管理。1999 年起，县政府教育督导组将县机关幼儿园纳入国办单位考评范围。

1997 年前，民办幼儿园由县工商管理局审批办照，教学业务指导由文教部门负责。1997 年 7 月 31 日国务院颁布《社会力量办学条例》，2003 年 9 月 1 日《中华人民共和国民办教育促进法》实施，民办幼儿教育管理有法可依。

1997 年后，民办幼儿园依法由县教育局审批，颁发办学许可证，并对办园规模、教职工配备、教材使用、教学原则、教师培训、招生与放假等实施全面管理。

2002—2010 年，县教育局配备幼儿教育专职干部，负责幼儿园业务指导。

1989—2010 年，幼儿园收费标准由县物价部门根据上级精神制定和监督执行。公办幼儿园收费主要用于改善办学条件，民办幼儿园收费用于支付教职工工资和改善办学条件。

一、学制、课程、教材

1989—2010 年，幼儿园分别设小、中、大班，招收 4 ~ 6 周岁幼儿。小学附设的学前班，只招收 6 周岁儿童。

1989 年年初，全县幼儿园使用省编教材《幼儿园用书》，开设语言、计算、常识、体育 4 门课程；使用人教版教材的，开设语言、计算、常识、体育、美术、音乐 6 门课程，兼有手工制作和娱乐内容。1992 年采用全国统一教材，开设语言、计算、常识、音乐、美术、体育等课程，并辅以游戏活动。1997 年改用省编教材《幼儿画册》，配有教师指导用书、教学挂图等，开设语言、计算、常识、美术等课程。

2007—2010 年，乡镇幼儿园和民办幼儿园基本选用广州出版社编写的教材，开设语言、数学、音乐、体育、美工、常识（包括健康、社会科学、珠心算）等课程，分学前班、大班、中班、小班，集中授课。周一至周五，上下午各两节课，小班每节 20 分钟，中班 20 ~ 25 分钟，大班和学前班 30 ~ 35 分钟。

2010 年，幼儿园开设课程：健康、社会、语言、英语、常识、计算、音乐、美术、体育等，增加了口头作文训练和“多元珠心算”课程。

二、幼儿教育

1989 年，各幼儿园（班）根据《幼儿品德教育大纲》规定要求，向幼儿进行品德教育，使其学会文明礼貌用语，并通过自我服务性劳动，培养其热爱劳动、遵守纪律和生活自理能力，同时，通过收看电视中的英雄人物故事，使幼儿提高辨别是非能力。同年 6 月，机关幼儿园组织大班幼儿集体开展建构游戏“我心目中的家乡”，让幼儿根据自己心中的愿望设计“美丽的家乡”。

从 1990 年开始，各级各类幼儿园每年都组织幼儿进行各种形式的迎国庆活动。有歌咏比赛、英雄故事表演赛、观看英雄人物事迹影片等。

针对《幼儿行为规范》的要求，各级各类幼儿园从 1998 年以后，一日活动中每一个环节都要向幼儿直观讲解，使幼儿学以致用。让幼儿在游戏中、兴趣中接受教育。为鼓励先进，鞭策后进，经常检查、评比幼儿行为习惯，发放小红花。

1999 年，为庆祝新中国成立 50 周年，机关幼儿园开展了幼儿绘画展、诗歌朗诵会、舞蹈表演等活动。同年 12 月，为庆祝澳门回归，幼儿园组织全体幼儿诗歌朗诵、歌咏比赛。

2000 年以后随着设施硬件的改善，着力发展幼儿的素质能力，书画、健康、科学、舞蹈、电子琴、特色课程逐渐丰富起来。

三、保育工作

在重视幼儿教育的同时，全县把幼儿安全卫生列入日程。

1989 年以后，各幼儿园要求教师每天亲自打扫卫生，开窗通风，并要求每天带幼儿在户外一定时间的活动。同时，对幼儿的餐具，水杯，玩具实行蒸汽消毒。平时向幼儿讲授讲卫生、保清洁的方法及必要。让每位小朋友养成讲卫生的好习惯，每周进行评比。要求家长在家中养成孩子不挑食、不吃零食的习惯，尤其不购买过期、变质的小食品。整日制的幼儿园，高度重视幼儿饮食安全、卫生，科学膳食。从1990年起，幼儿园开始制定代量食谱，每日一餐一点，两周更换一次食谱。

1997年起，幼儿园食物采购，严把质量关。不买三无产品，实行定点采购，现吃现买，不吃隔夜食物。2000年，县教育局制定《幼儿园安全防范措施》和“代量食谱一餐一点、制作生熟分开”制，生活用具、教室、宿舍实行蒸汽和紫外线消毒，完善医疗保健制度，切实保证幼儿人身安全。

各乡镇（村）小学附设幼儿园（班），单设幼儿园（班）的安全措施、制度，由乡镇中心小学根据具体情况自行制定，并坚持督促、检查。为保证幼儿的安全，学校要求幼儿家长每天接送孩子。大青沟镇师家卜行政村的几个自然村，18个幼儿的家长自行组织，每个幼儿每年出资500元租车，天天接送幼儿到10里以外的镇中心幼儿园。2001年，机关幼儿园根据周围开设早市的实际，配备了交通协助员1人。严禁小商贩在门口经商。加强了门卫管理，不允许陌生人随意进幼儿园。节假日值班实行双卫制，领导带班制，把好安全关。2002年以来，各幼儿园将定期检查园内设施、器材制度化。

1989—2010年，每年由县医院、防疫站、妇幼保健站联合对县城幼儿园及各小学的幼儿、小学生进行预防肝炎的体格检查与肝功能体检，杜绝了肝炎的流行，并建立小学入学前与幼儿园入托前的健康检查制度。2000年，为完善医疗保健制度，园内配有保健员1名，班内有晨午检记录表及每名幼儿的药袋，由保育员巡回检查记录，重点检查带药幼儿的身体状况。2003年，“非典”疫情暴发，幼儿园食堂配备了消毒柜，教室、宿舍安置紫外线消毒设施。培训教职工防“非典”知识及消毒液的使用、存放，很好地防御了“非典”疫情。2008年，甲型H1N1流感蔓延，幼儿园及时宣传甲型H1N1流感知识，预防流感的发展，园内采取措施各种防流感，密切注意幼儿的身体状况，严格落实晨、午、晚体温检测、通风消毒、门卫值守班、零报告制度。

第三节　幼儿园

一、公办幼儿园

1989年，全县有公办幼儿园2所，即尚义县机关幼儿园和煤矿办幼儿园。入园幼儿140人，从业教师14人，保育员8人。2007年，新建公办尚义县中心幼儿园，入园幼儿206人，专任教师18人。至2010年，因县内民办幼儿园的发展，公办幼儿园招生规模并未随人口增加而扩大，全县10所公立幼儿园中，县城3所公立幼儿园15个教学班，入园幼儿389人。乡镇中心幼儿园8个，74个教学班，入园幼儿1638人。

大青沟幼儿园2008年成功申报省农村一类幼儿园。连续十一年获评市、县“幼教先进集体”。2005年，机关幼儿园获评市级“普及学前三年教育先进单位”。

二、民办幼儿园

改革开放以来，民办幼儿园作为新生事物在全县快速发展。1997年，办起个体幼儿园，年招生最多达70人，从业教师3人。1997—2005年，先后经审批合格由个人出资26万元，兴办了12所民办幼儿园，其中县城7所、乡镇村5所。在园幼儿最多时达800余人，到2010年，全县民办幼儿园15所，入园幼儿增加到1281人，从业教师38人。

民办幼儿园的兴建，缓解了公办幼儿园（班）不能满足群众需求的矛盾。但全县民办幼儿园存在师资、规模、场所、设施等不符合河北省办园标准，管理也不健全的差距。

2007年，全省普及学前三年教育现场会在尚义县召开

三、改善办园条件

1989—2005年，全县教育投入侧重“普九”（普及九年义务教育），全县附设在小学的学前班办学条件随之得以改善。

2005年以来，尚义县将“普三”（河北省省普及学前三年教育）列入全县教育发展目标，增投入，扩规模，抓队伍，提质量，使全县学前教育工作实现了质的飞跃。2005年，全县幼儿园占地面积21084平方米、校舍建筑面积3314平方米、教学及辅助用房1858平方米、教师办公用房254平方米、户外活动场10850平方米。是年，尚义县“普三”通过省级验收，2007年全省普及学前三年教育现场会在尚义县召开，尚义普及学前三年教育步入了全省的先进行列。

2006年，投资70万元新建4所乡镇幼儿园，投资35万元为全县幼儿园添置了设备。2007年，县政府在县城中心地段划拨土地8600平方米，投资330万元，新建1所高标准县直中心幼儿园。是年，全县利用撤并学校闲置的校舍建园、村委会搬迁房屋建园，节约建园资金63万元。2008年，全县累计投入493万元用于幼儿园的改扩建、新建和教育教学设备的添置。2009年，结合上档升类和校园文化建设工作，累计投入523万元用于软件、硬件建设，县中心幼儿园还争取企业捐资50万元用于基础设施建设。2010年多方累计投入557万元用于园舍文化设施建设。

2010年全县幼儿园占地面积26015平方米、校舍建筑面积8846平方米、教学及辅助用房5912平方米、教师办公用房687平方米、生活用房2117平方米、户外活动场5170平方米。多方累计投入557万元用于园舍文化设施建设。

2006—2010年，全县民办幼儿园因师资、规模、场所、设施等不符合河北省办园标准要求，一直处于整顿状态，因而没有享受到国家普惠政策。

第四节 学前班

尚义县学前班又称育红班或“半年级”。国家原来规定小学一年级入学年龄为7周岁，各小学同时招收6周岁左右的学龄前儿童入学，或单独设班，或附设在一年级教学班中，作为一年级预备班。1983年秋，全县将育红班改为学前班，多附设在小学一年级班内，只招5～6周岁的幼儿。1989年统计，全县有学前班391个，其中单设班25个，幼儿951人，教师31人。

1993年，县教委根据国家教委指示精神，从入学年龄、师资、教学设施、收费等方面对小学附设学前班进行规范和整顿。经过整顿，全县保留学前班72个，入学幼儿904人，专任教师68人。1994—1997年，单的学前班稳定在30个以内，每年入园人数约2500人。

1998年，全县学前班达到142个，其中单设班29个，入学幼儿2267人，专任教师40人。2001年后，由于学前三年教育纳入正规教育序列，小学入学年龄提前，各类幼儿园快速发展，加之各校教室紧张，学前班渐失存在的条件，至2010年，县城三所小学仍设立学前班14个，在园学生646人，其他学校附设学前班29个。

附：尚义县机关幼儿园

尚义县机关幼儿园创建于1961年，园址几经变迁，最初在南壕堑天主教堂东北角，后迁至原职中后院（现政府大院西侧），2012年迁至后操场（现老干部局西侧），园舍占地面积2100平方米，建筑面积705平方米，属“省标二类园”。2010年有教学班5个，其中小班1个，中班2个，大班2个。在园幼儿200名，教职工19名。

该园以现代教育理论为指导，立足于“安全、快乐、启智、向上”的保教宗旨，全面推进幼儿素质教育。2005年，获评“普及学前三年教育先进单位”，2008年，获评“张家口市三八红旗集体”，2009年获“中小幼艺术家文艺会演三等奖”，2011年获“2010—2011学年度文艺活动先进单位”。

机关幼儿园以“一切为了孩子，为了孩子的一切，为了一切孩子”为办园宗旨，提出“内强素质，外树形象，提高水平，创建名园”的奋斗目标，实施主题式教学，即以一个中心内容为主，通过讲故事、做游戏等形式，完成对幼儿的培养教育任务。

根据幼儿特点、特长，开设英语、珠算、心算、舞蹈、美术、电子琴、字宝宝乐园、安全、礼仪等课程，采用师幼互动方式，教学内容由单一变综合，让幼儿在玩中学，在学中玩，达到品德、智力、身体、全面发展。其中幼儿英语、幼儿礼仪是该园的特色课程。英语教学，成立英语教研组，推荐英语课代表，组建英语沙龙社，配备专业英语教师11名。幼儿入园3年，学会许多英语单词，能用英语指认教室内器物，同学间能做简单对话、交流。礼仪教育，成立礼仪教育特色活动小组，开设礼仪课程，利用光盘、图片、现场表演、礼仪三字经朗读等形式，让幼儿学习待人接物的基本礼仪、公共场合礼仪、节日问候礼仪等，并在课堂上进行礼仪演示，教育孩子养成讲礼貌、懂礼仪的良好习惯。

附：尚义县中心幼儿园

尚义县中心幼儿园是由县政府投资330万元建成，占地7000平方米，建筑面积达3800平方米，2008年8月启用，分设大、中、小班，共10个教学班。教职员工43名，达标率100%。园内环境优雅、设备齐全，园内有多块活动场地，园内设电子琴教室、音乐舞蹈教室、围棋室、海洋球室等16个专用教室。设有沙地、多功能组合大型玩具、戏水池和种植园地等。室外大型玩具齐全，自制玩具2600

件，桌面玩具10组。每班都配有教室、寝室、卫生间。每个幼儿配有一巾、一杯、一碗，并配有电子琴、录音机，深受幼儿家长的喜爱。在这里，孩子们可以尽情、安全地开展丰富多彩的活动，发展自己的兴趣爱好。园内教育活动及管理运行顺利，受到社会各界及家长的赞誉。

开办特色园，注重艺术性，举办美术、舞蹈、电子琴、跆拳道等特色培训班，多方面、多角度开发幼儿的智力，使幼儿从小学会做人、学会学习、学会共同生活。

通过全体教师的努力，中心幼儿园被评为尚义县“2009年校园文化建设先进单位”，2009年被列为“城市一类园”。

第二章 小学教育

第一节 发展规模

1989年，全县小学实行六年学制，共有小学475所，教学班1007个，在校学生18510人，专任教师996人。

至1998年，十年多，全县小学校减少了30多所，1989—1999学年全县小学447所，其中1人1校的208所，教学班1058个，专任教师1100人。在校学生18639人。2000年，将学校因位置偏僻，服务范围居民减少，生源急剧下降的290所小学改为乡村教学点，全县小学校数146所。

2005年以后，随着农村劳动力的转移，小学生流动加快。在切实保障农村适龄儿童、少年接受九年义务教育的前提下，为优化资源配置，逐步实现教育公平，全县开始实施学校布局调整。由2004年的125所减少至80所。2007年8月，在全县学校布局调整过程中，县城新华街小学因位置偏僻，服务范围居民减少，生源急剧下降，加之交通不便，撤销。县城县直小学由4所减少至3所（安宁街小学、太平街小学、新兴街小学）。

2009—2010学年，除县直3所小学外，每个乡镇只设1所小学，全县小学18所（保留蒙古营小学建制），另有10个教学点，全县共有教学班275个。农村小学生源向县城集中，县城小学共有学生5847人，占全县小学生总数11079人的52.78%。

普及程度 1989年，小学在校学生18510人，学龄儿童入学13565人，入学率98.5%、巩固率98%、普及率64.6%，升学1218人，升学率100%，毕业1171人，毕业率99.4%。1997—1998学年全县有小学适龄儿童19334名，入学19375名（包括县外学校入学生），入学率99.79%；1998年11月14日，尚义县顺利通过“普九”省验、国检，提前一年实现了“普及九年义务教育”。残疾儿童少年195名，入学142名，入学率72.82%。小学上学年初在校学生17711名，学年内辍学14名，辍学率0.08%。1999—2000学年，全县小学适龄人口19306人，在校生19297人（包括县外学校入学生），入学率99.95%；毕业年级学生2691人，毕业2690人，毕业率99.96%；15周岁人口2050人，受完初等教育2037人，完成率99.37%。

2009—2010学年，全县7～12周岁适龄人口10619人，在校学龄人口10299人，入学率96.99%；在校生11079人，上学年毕业年级学生2084人，毕业2066人，毕业率99.14%；招生1700人。

1989—2010年部分年份尚义县小学基本情况表

表19-2

学年	学校数（个）	教学点（个）	班数（个）	复式班数（个）	在校生人数（人）	师资（人）	
						专任教师	民办、代课教师
1989—1990	475	—	1007	—	18510	996	576
1991—1992	462	—	1027	—	17264	—	—
1992—1993	473	—	1057	—	16741	1091	496
1993—1994	472	—	1049	590	15937	1064	—
1994—1995	489	—	1014	—	18553	—	—
1995—1996	460	—	1039	562	17276	1055	420
1996—1997	465	—	1044	582	17347	1160	385
1997—1998	461	—	1059	568	18066	1082	382
1998—1999	447	—	1058	540	18639	1100	392
1999—2000	146	290	1049	506	18778	1120	362
2000—2001	145	252	1004	504	19307	1143	138
2001—2002	137	196	915	367	17704	1036	214
2002—2003	128	156	859	291	15911	985	269
2003—2004	125	128	793	188	14620	989	262
2004—2005	80	161	729	150	13979	994	313
2005—2006	57	158	654	89	13049	988	315
2006—2007	52	142	542	61	12034	945	203
2007—2008	48	118	475	83	11854	913	192
2008—2009	28	37	350	14	11540	892	135
2009—2010	18	10	275	0	11079	890	166

1989—2010 年部分年份尚义县小学办学条件情况表

表 19-3 单位：平方米

学 年	学校占地面积	校舍建筑总面积	教学及辅助用房						行政办公用房		生活用房	其他用房
			计	其 中					计	其中：教师办公室		
				普通教室	实验室	图书馆	微机室	语音室				
1993—1994	583416	59729	45966	45531	230	215	—	—	2560	2300	1822	11463
1995—1996	729944	63449	46477	40634	988	854	—	—	11661	10976	3832	—
1996—1997	597942	64988	46703	43703	2251	749	—	—	14414	14414	3871	—
1997—1998	675443	68435	49332	47034	1190	1108	—	—	13924	12399	5179	—
1998—1999	675443	78715	59814	48707	5388	5719	—	—	14140	13344	4761	—
1999—2000	675443	78715	59814	48707	5388	5719	—	—	14140	13344	4761	—
2000—2001	675443	78715	59814	48707	5388	5719	—	—	14140	13344	4761	—
2001—2002	664907	87720	53246	44157	6039	2335	504	44	11471	10726	7278	15725
2002—2003	648201	87402	53472	43668	6560	2306	654	44	10860	10091	7848	15222
2003—2004	651660	61729	42063	42063	6016	2719	614	44	10207	9466	7919	14966
2004—2005	684553	81893	52354	42299	5969	2861	1055	80	11023	9313	8905	9611
2005—2006	719980	95062	53319	41631	6442	3329	1659	80	11268	9613	19637	10838
2006—2007	748737	105402	57678	44221	6708	3561	2187	475	11801	10130	22945	12978
2007—2008	647564	91986	51319	39741	5811	3201	1848	528	10496	9519	29227	944
2008—2009	436657	68306	35601	27536	3391	2260	1696	568	7701	6804	25004	—
2009—2010	304787	51581	26677	21467	1679	1309	1264	958	5841	5821	19063	—

第二节 教学与课程设置

一、教 学

1989 年前，全县小学推行应试教育，以学生升学考试成绩作为考核学校和教师工作的主要依据，并和评模、选优、晋级挂钩。由此，在小学毕业班一度出现“题海战术”、“猜题押宝”、占用假期补课、大量留课外作业等不良倾向。1989 年起，研究探讨“以教师为主导，以学生为主体、以训练为主线”的“三为主”教学模式，试行“情境教学”“快乐教学”，全县小学教育模式开始转型。

1993 年起，贯彻《中国教育改革和发展纲要》，全县小学逐步由应试教育转向素质教育。

要求面向全体学生，全面提高学生的思想道德、文化科学水平，劳动技能和身体、心理素质，促进学生生动活泼地发展。1996年9月，县教委制定了《关于在全县中小学推行素质教育的意见》；1998年县教育局制定了《关于在全县中小学进一步推行素质教育的实施意见》。1998年起，取消小学升初中考试制度，在小学阶段实行“等级加评语”的激励评价办法，推动素质教育的落实。2000年，全县小学实施《张家口小学管理规程》，要求教学过程科学化、管理程序民主化、管理措施精细化，严格执行课程计划和教学大纲，开全课程，开足课时，优化教学过程，师生互动，提高课堂教学质量。2002年，太平街小学、安宁街小学、新兴街小学被评为张家口市素质教育示范性学校。2005年县召开教学工作会议，要求牢固树立以教学为中心的办学指导思想，在提高教学质量上寻求突破。同年，县教育局制定了《尚义县中小学教师工作考核方案》，把教学作为考核校长和教师的硬指标，并与评职、评优、晋级挂钩。

二、课程设置

1990年前，全县小学执行国家教育委员会颁发的全日制农村小学教学计划，一、二年级开设思想品德、语文、数学、体育、音乐、美术，每周23课时；三、四年级增设自然常识，每周25课时；五年级在四年级基础上增设地理常识和劳动，每周25课时；六年级取消自然、地理，增设农业常识和历史常识，每周25课时。其间，小学一度开设英语课，后因师资缺乏停止。

1991年，小学执行国家教育委员会颁发的义务教育全日制“五四”制小学教学计划，一年级开设思想品德、课文、数学、自然、体育、音乐、美术等课程，每周30～31课时；二年级增设劳动课，每周32课时；三、四、五、六年级增开社会课，每周34课时。

1994年，开始执行河北省教委制定的实行新工时制全日制小学课程（教学）计划调整方案。其中，执行调整后的九年义务教育“六二”学制全日制小学课程设置的，一年级调整为每周27课时，二年级调整为28课时，三、四、五、六年级调整为每周30课时；执行九年义务教育“五四”学制全日制小学课程设置的，一年级调整为每周28课时，二年级每周29课时，三、四、五年级每周30课时；执行义务教育五年制复式小学课程设置的，一、二年级每周26课时，三年级每周29课时，四、五年级每周30课时。

2000年以前，全县小学配合课本的练习册一般有两套，配发一套，自购一套。各小学均执行双休日制度。学生每天在校时间最长7小时，每天上课六节，每节课45分钟；小学一、二年级不留书面家庭作业，三、四年级家庭作业不超过30分钟，五、六年级不超过45分钟。其间，县城小学出现一些教师在家中开办收费补习班，鼓励学生参加。一些教师让学生到指定私人书店购买辅导性书籍和练习册，家庭作业量大，远超过规定时限，节假日尤甚，导致学生学业负担较重。

2000年1月，张家口市教委下发关于减轻中小学生过重负担的规定。2001年4月，下发义务教育阶段学生到校、在校时间的规定。规定要求严格按照国家课程计划开课，不准增设计划外课程；严格按河北省中小学教学用书目录征订教学用书；严禁各中小学利用假期开办文化知识补习班，小学一、二年级不留书面作业，其他年级作业量控制在1小时以内；小学学生早晨到校时间不得早于7点50分，小学五、六年级每日在校时间不得超过6小时，其他年

级适当减少

2007年7月，省教育厅制定《河北省义务教育课程计划》。小学课程设置：一、二年级品德与生活、语文、数学、外语、体育、音乐、美术、信息技术，每周29课时；三年级把品德与生活改为品德与社会，增设科学，每周31课时；四、五、六年级在三年级基础上增设综合实践，每周31课时。

县城小学、乡镇中心小学，一般按国家和省定课程计划，开全开足规定课程，并因校制宜开设校本课程。农村教学点受师资和办学条件限制，外语、信息技术等，多数学校无法开办。国家要求的校本课程，法治教育、文明礼貌教育、安全教育、民族知识教育、心理健康教育、环境教育、禁毒教育、预防艾滋病教育等，各小学尚处于起步、探索阶段。

1992年尚义县九年制义务教育“六三”学制全日制小学、初级中学课程表

表19-4

课程		小学						初中			九年		合计
		一	二	三	四	五	六	一	二	三	小学总课时	初中总课时	
学科	思想品德	1	1	1	1	1	1				204		404
	思想政治							2	2	2		200	
	语文	10	10	9	8	7	7	6	6	5	1734	568	2302
	数学	4	5	5	5	5	5	5	5	5	986	500	1486
	外语 1							4	4			272	272
	外语 2						4		4	4	4	400	404
	社会				2	2	2				204		608
	历史							2	3	2		234	
	地理							3	2			170	
	自然	1	1	1	1	2	2				272		702
	物理								2	3		164	
	化学									3		96	
	生物							3	2			170	
	体育	2	2	3	3	3	3	3	3	3	544	330	874
	音乐	3	3	2	2	2	2	1	1	1	476	100	576
	美术	2	2	2	2	2	2	1	1	1	408	100	508
	劳动			1	1	1	1				136		336
	劳动技术							2	2	2		200	
	周学科课时	23	24	24	25	25	25	32	33	27	4964	3074	8038

续表 19-4

一		小学						初中			九年		合计
二		一	二	三	四	五	六	一	二	三	小学总课时	初中总课时	
活动	晨会	每天 10 分钟											
	班团队活动	1	1	1	1	1	1	1	1	1	204	100	304
	体育锻炼 科技文体活动	4	4	4	4	4	4	3	3	3	816	300	1116
	周活动课时	5	5	5	5	5	5	4	4	4	1020	400	1420
地方课程		2	2	3	3	3	3			5	544	166	710
周课时总量		30	31	32	33	33	33	36	37	36	6528	3634	10162

三、入学与考试

1989—2010 年，适龄儿童入学年龄均为 7 周岁，全部划片就近入学，入学不考试。

每学年阶段性考试分为期中、期末两次，每学期 1 次。考试科目为语文、数学、英语，全部为百分制。

小学升初中考试由县统一组织，称“小考”。1990 年前，小学升学考试由县统一命题，乡镇统一组织，县教研室阅卷。考试科目为语文、数学、常识。1991—1997 年，改由市（地）教研室命题，县统一组织考试，乡镇划片设考点，由县统一阅卷，考试科目语文、数学、常识。

1998 年，根据上级指示，取消小学升学考试，只进行小学毕业考试。

1999—2010 年，考试科目为语文、数学、英语，全部为百分制。

第三节　小学德育

20 世纪 80 年代初，全县小学贯彻落实教育部颁发的《小学生守则》，进行“五讲”“四美”“三热爱”教育。“五讲”：讲文明、讲礼貌、讲卫生、讲秩序、讲道德；“四美”：心灵美、语言美、行为美、环境美；“三热爱”：热爱祖国、热爱社会主义、热爱中国共产党。随着改革开放的发展，向学生进行建设中国特色社会主义理论教育和法治教育，小学政治课改为思想品德课。1988 年，贯彻落实《小学德育纲要》，重点向学生进行“爱祖国、爱人民、爱劳动、爱科学、爱社会主义”的“五爱”教育。同年，《小学生日常行为规范》颁布，以此加强小学生文明礼貌教育和行为训练。

1991 年，贯彻实施《中华人民共和国国旗法》，各小学依法执行升降旗制度，教育学生尊敬、爱护、保卫国旗、国徽。1992 年，在各小学开展“学雷锋、创三好”活动，号召学生争做有理想、有道德、有文化、有纪律的“四有”新人。至 1998 年，全县小学在校生遵守行为规范合格律达到 90% 以上。1999—2003 年，贯彻落实中共中央《关于进一步加强和改进学校德育工作的若干意见》，开展“五爱”教育、文明习惯养成教育、公民法治教育、心理健康教育；进一步加强和改进青少年的思想品德教育，教育学生学会做人、学会做事、学会合作、学会学习，做品格高尚、身心健康的人。其间强调加强德育制度和德育基地两个基本建设，开

1995 年 5 月，尚义县关工委老干部为下一代小学生讲传统

展学校、班级、学生德育考核，形成学校、家庭、社会三结合的德育网络，初步做到教书育人、管理育人、服务育人、环境育人、活动育人、全程育人。2004—2005 年，贯彻落实中共中央和国务院《关于加强和改进未成年人思想道德建设若干意见》，各小学把德育放在首位，切实发挥学校实施德育的主渠道作用，健全组织，落实制度，周密安排，做到全员管理，全程管理，年有主题，常抓常新。2006 年起，广泛开展社会主义荣辱观教育，并结合学校实际，开展文明礼仪教育。县城小学成立文明礼仪队，由六年级少先队员组成，轮流上岗，佩带礼仪标志，每天早晨和午后在校门口排成两行，迎接进校师生，向老师敬举手礼，并检查学生是否佩戴红领巾和胸卡。

德育形式不断创新，各具特色。县城各小学坚持开展古典诗文诵读活动、争当升旗手活动、国庆节“快乐成长月”主题活动、教师节向老师问好活动、建队纪念日“我为红领巾增光添彩”活动等。开展“五心”“五星”和“我能行”活动（五心：中心爱祖国、爱心献社会、孝心敬父母、关心送他人、信心给自己；五星：道德品德星、遵规守纪星、文明礼貌星、好人好事星、学习上进星；我能行：相互鼓励行、使用大家行、你在这点行、我在那点行、今天若不行、明天努力准能行）。县城安宁街小学开展“做文明好少年”“创优秀班集体”活动，以班为单位，由班主任组织实施，每月一评，凡被评为文明好少年的学生，登班级荣誉榜，给家长发喜报。学校还推行“班级的人，人人有事做，班级的事，事事有人做”，培养学生的责任意识。新兴街小学利用主题队会、主题班会，开展“如何以实际行动爱祖国”“怎样做诚实守信好少年”“怎样尊敬老师、孝敬父母”“如何认识早恋”“如何改掉完不成作业的坏习惯”等活动。学校还把每年的 11 月 22 日定为诚信日，教育学生有一说一、有二说二，说一做一、说二做二，从小养成诚实、讲信用的习惯。

第四节 小学校园文化建设

20 世纪 80 年代初至 1991 年，全县小学建设以改善办学条件为主，校园文化建设没有提上日程。2005 年，县教育局出台《加强校园文化建设实施意见》，并多次组织中心小学校长和教师到承德市丰宁等先进市县参观学习。2007 年召开全县校园文化建设工作会议。当年投资 50 多万元，硬化学校路面 2500 平方米，栽植风景树 1000 多株，建花圃 50 多个。2009 年，全县校园文化建设初显成效，各中心小学制定出各具特色的校训、校风、教风、学风，并书写在校园明显位置。各校因地制宜，在校园内开辟绿地草坪，修建草池花坛，栽种花草树木。校园墙壁刷写具有教育性、激励性、警示性标语，楼道内、办公室、教室、功能室布置各具特色的校规校纪、小学生守则、学生行为规范等。办公楼、教学楼、宿舍楼张贴、悬挂学校职能示意图、学校简介、教职工照片、师生书画作品、摄影作品、学校荣誉榜、名人名言等，形成独特的楼道文化，彰显学校个性魅力和办学特色。各教学班也有自己的班级文化，班风、班训、宣传栏、光荣榜、各种制度上墙。

附：尚义县小学简介

尚义县安宁街小学

安宁街小学位于县城中心。其前身为天主教会创办的学堂。1928年，由张北县立案，改称张北县第四完全小学，1935年改称张北县立南壕堑完全小学，有校长1人，教师5人，学生六级五班108人。是新中国成立前县内校舍、设备最好的一所学校，1944年改称尚义县南壕堑小学。

1972年改名为安宁街完全小学。1989年全校有校舍87间，桌凳单人套1000套。1998年

安宁街小学的课外活动（1989年）

建综合楼780平方米，2003年建教学楼820平方米。2007年8月布局调整，新华街小学并入安宁街小学。2008年10月底全校实施集中供暖，结束了炉火供暖的历史。至2010年，学校共占地12760平方米，建筑面积3870平方米，全校有教职工94人，其中专任教师84人。专任教师中本科学历13人，专科学历51人，教师学历合格率100%；高级职称1人，中级职称50人，助级职称32人。教学班26个，学生1507人；学前班5个，幼儿295人。

20世纪50年代推广高年级语文讲读法和自然直观教学法经验。1955年教师杨成龙指导学生制作一具骆驼模型，获教育部金质奖章。中共十一届三中全会后，学校注重教学研究，组成低、中、高三个年级的教研组。培养学生的自学能力，开发学生智力，提高教学质量。校内开辟了第二课堂，有书法、美术、围棋、故事会、写作小组。1980年，段新光、郝炎民两名四年级学生的想象画受到美术家协会河北省分会的奖励。1982年学校被地区行署教育局授予“学雷锋树新风先进集体”奖，学生团结友爱，尊敬师长形成风气。围棋队、滑冰队在地区比赛中分别在1984年和1985年获得优胜奖。1986年开始实行电化教学。之后，在体育、卫生等方面均获得过省、地表彰。教师张廷模，1983年被评为全国模范班主任；教师吴果，1998年获省级“优秀教师”奖，2001年获省级“特级教师”称号，2006年2月，学校被张家口市教育局评为贯彻《学校体育工作条例》首批示范学校，同年3月获张家口市教育系统“六好党支部”，8月获市级“文明单位”称号，10月获“全国小学作文教改实验学校”称号；2008年12月被张家口市国防动员委员会评为“先进少年军校”；2009年7月学校音美组被张家口市教育局评为“艺术学科先进教研组”，

县安宁街小学师生与共青团等有关部门共同庆祝六一国际儿童节（1990 年）

2009 年 12 月二年级组荣获河北省“先进职工之家”称号。

历经一百多年的发展，安宁街小学积累了丰厚的办学经验，探索出一条与时俱进的教学方法，教育科研和教学实际相结合，形成了“以养成教育为突破口，全面提升教育质量，育合格加特长学生”的办学理念。

尚义县大青沟小学

大青沟小学位于尚义县大青沟镇，始建于 1921 年，新中国成立后成为一所公办学校，办学规模及师生人数呈现稳步上升的趋势。1984 年，学校体制改革后成为镇办小学。为了适应新时期基础教育改革的发展要求，在上级有关部门的关心支持下，1996 年镇政府争取到北京市政府 20 万元的资助，新建大青沟京都希望小学一所，占地面积 6469 平方米，建筑面积 750 平方米。

1998 年镇政府又筹措资金 76 万元在希望小学新校址上建教学楼一幢，在原有占地内新增建筑面积 1712 平方米，至此建筑面积达 2462 平方米。2000 年春学校全部迁入新校址（原大青沟完小旧校址改建为大青沟中心幼儿园）。

由于学校布局调整的需要，2005 年学校申请寄宿制学校项目立项，2005 年 7 月镇政府投资 13.50 万元又新征耕地 11790 平方米，县政府专项资金投入 104 万元，扩建校舍 59 间、1559 平方米；2006 年由县政府筹资 29.60 万元，镇政府筹款 11.60 万元对教学楼及部分平房安装暖气设施。2008 年争取到专项国家资金 7 万元，为全部教室安装暖气设施，并争取到宣明会资助 6 万元、镇自筹 23.30 万元用于配备自动化办公设施、校园全部硬化。

随着国家实行的“以县为主”的教育体制和新课程改革的不断深入，教育教学工作得到了各级政府的高度重视，使得办学条件有了极大改善。学校进一步更新了教育观念，确立了“树根立魂，培基强体”办学目标，提倡“乐教会教，乐学会学”教学理念，注重运用新的教育技术和网络媒体手段。2000 年年底，学校自筹资金 15.60 万元购置电脑 48 台，建成了计算机教室，开设了信息技术课。2004 年 3 月筹措资金连接河北远程教育网。2007 年筹资 3 万元，建成学校电子备课室，学校电脑全部接入宽带网。

至 2010 年，学校已成为尚义县农村办学规模最大的一所寄宿制小学。学校总占地面积 22404 平方米，总建筑面积 4021 平方米。有教师96名，其中专任教师89名，教师学历合格率100%；在校学生1240人，寄宿生155名；生均占地面积18.00平方米，生均建筑面积3.25平方米。学校拥有仪器室、实验室、计算机教室、多媒体室、电子备课室、图书室、美术室、卫生室、体育器材室、劳动器材室、音乐教室和少先队科技活动室。图书室藏书31915册，有文体器材528件，自然仪器664件，电教器材134件，各类教学软件、硬件基本能够满足教学需要，信息技术与学科整合有效地运用在教学领域中。

大青沟小学近百年的历史，创造了辉煌的业绩，省市县各级对学校取得的成绩给予充分肯定。1998年学校被评为张家口市“安全文明单位”；2000年学校被评为张家口市“安全文明学校”；2002年学校少先队被评为张家口市“雏鹰红旗大队”；2006年学校先后被评为“全国小学作文实验学校”、张家口市“环保征文、小发明”优秀组织奖及“张家口市德育工作先进单位”；2008年学校获市级“教育教学工作先进单位”、尚义县“五星学校”称号；2009年获评张家口市“五星学校”“教学工作先进单位”“德育工作先进单位”。

尚义县太平街小学

尚义县太平街小学位于县城太平街太平北路76号。学校始建于1983年，当时占用的是尚义二中搬迁新校区后留下的旧校址，占地9300平方米，仅有一排平房，建筑面积不足600平方米。建校时，学校只开设一至四年级，共4个班，有学生200名、教职工14名，第一任校长为李秀。

到1985年，新建教室两排，建筑面积增加到1800平方米，增设五、六年级，成为完全小学。1989年发展为标准的两轨12个班办学规模，学生增加到500多人，教职工32人。

随着学生的增加，学校占地和建筑面积远远不能满足教学需求，2005年，县政府协调购置了学校西侧倒闭的原针织厂，教育行政部门争取“台塑”集团援建了“明德”教学楼，学校占地扩大到12000平方米，建筑面积达到4000平方米，在校生增加到1200人。学校更名为尚义县太平街明德小学。

之后，随着县城建设力度加大，常住人口的增加，学校办学规模逐年扩大，到2010年，建筑面积为6600平方米，共有教职工112人（专任教师108人），在校生2000多人，设42个教学班，学校配备有图书室、阅览室、广播室、少先队活动室和实验、仪器、计算机、音乐、美术专用教室，拥有260台教学用计算机、5万多册图书、价值80多万元的教学仪器设备，接入了20兆光纤，所有班级都配备有多媒体，成为全县规模最大的完全小学。学校也陆续获得“河北省现代信息技术实验学校”“张家口市示范性小学”等称号。但随着在校生人数迅速增加，生均占地面积和建筑面积不足问题越来越突出，一定程度影响了正常教育教学工作的开展和省政府对尚义县教育督导评估的验收。

多年来，太平街小学一直以“办人民满意的教育”为目标，努力创新“管理立校、质量强校、和谐兴校”办学理念，逐步完善“人文关怀、民主参与、文化引领，制度规范”管理模式，全力打造“和谐校园”和“人文校园”，营造出了蓬勃向上、凝聚共进的工作氛围，磨砺出了勤奋严谨、团结务实的“太小精神”。学校注重通过扎实有效的课堂教学和丰富多彩的校园活动来促进学生全面发展，校园呈现出“环境布置别具特色、设施配置科学合理、师生活动多姿多彩、教研课改扎实有效、教学成绩蒸蒸日上”的良好发展态势，已连续七年在尚义县教育系统年终综合业务考核测评中名列全县小学首位，受到了学生、家长和社会的普遍赞誉。

近五年内，学校已先后获张家口市“教育系统先进集体”“教学工作优胜单位”“校园文化建设先进单位”“德育工作先进集体”“书香校园”“文化建设百强校”，以及尚义县“教育教学工作先进单位”等30多项。

尚义县新华街小学

新华街小学始建于1972年，校址在县城新华街西梁头，俗称“西梁小学”。学校占地面积4533平方米，建筑面积792平方米，有校舍40间。建校时学制为“五四制”招收5个单班，首任校长李秀。1995—1996学年有教学班7个，在校生233人，教职工29人，其中专任教师26人。2002—2003年学校为一轨制6个班，在校学生191人，教职工31人，其中专任教师26人。小学占地面积4528平方米、建筑面积1395平方米，全部为平房，其中教辅用房666平方米、办公用房477平方米、生活用房54平方米、其他用房198平方米。2005年学生约100人。2007年秋，因生源不足停办。

新华街小学少先队开展文艺歌唱活动（1992年）

尚义县新兴街小学

随着新兴街（原称河南街）居民不断增加，适龄儿童越来越多。为方便儿童就近入学，县委、县政府决定在县城西南、鸳鸯河南的新兴街新建一所安宁街小学分校。工程于1993年春季动工，1994年秋季竣工。学校占地面积12502平方米，建筑面积1500平方米。两排平房：后排10个3间大的教室，前排西5个教室，东14个单间办公室。

1994年11月中旬，安宁街小学分校正式成立，当初有小学班9个（一、三、四、五年级双轨，二年级单轨），学前班3个。全校学生447名（其中学前班147名），六年级留在安宁街总校。学校日常工作由田均老师负责。学校领导刘海仕、王利、秦学文、张廷模轮流值周。1995年3月，学校正式与安宁街小学分离，独立成校，并更名为新兴街小学。

2010年，学校占地面积12502平方米，生均占地面积11.4平方米，学校拥有三幢教学楼，总建筑面积6058平方米，生均建筑面积5.52平方米，学校有一至六年级26个教学班，在校生1096人，学校活动场总面积8690平方米，生均活动场面积7.93平方米，学校绿化面积1050平方米，生均0.96平方米，校园环境整洁明净，绿树成荫，景色宜人，是莘莘学子成长的摇篮。

学校布局合理，设施齐备，学校有图书室、阅览室各1个，图书室藏书31000册，生均图书28.28册；科学仪器室、数学仪器室各1个，实验室1个，教学仪器设备总值58.6万元，生均教学仪器设备值534.7元；美术室、少年科技活动室、卫生室、体育器材室、计算机教室2个、劳动器材室、舞蹈兴趣室、电子琴兴趣室，学校教辅用房总面积4746平方米，生均教辅用房面积4.33平方米；每班都安装了电子白板或触摸电视，连通了远程教育网和Internet宽带网，学校还配置有摄像机、打印机、速印机、扫描仪等现代化办公设备，教师办公室配备办公电脑。学校师生工作、学习环境优越。

学校教师队伍业务能力较强、素质优良。现有教职工69人，其中专任教师65人，学历合格率100%，大学本科学历30人，专科及以上学历56人，占教师比例85%以上，中级及中级以上教师39人。近年来，学校有多位教师主持的省市级科研课题成功结题，并获得市级以上奖励，同时学校也获得了“全国教育科研先进单位”“张家口市教育科研先进单位”等各种称号。

学校始终坚持“科学制定、民主参与、精细管理，处处有效，家长满意”的办学理念，确定了“把学校办成发展学生个性，提高学生整体素质，有一定特色能适应和推动社会发展的省级示范性小学”的办学目标，逐步形成了“爱心创和谐、书香浸人生”的校训，“科学民主，求实创新”的校风，“博学多识，善教会育”和教风和“乐学善悟，睿思向上”的学风。近年来学校教学质量稳步提高，学校各项工作成绩显著，多次受到上级部门、学生家长以及社会各界的一致好评。

第三章　中学教育

第一节　发展规模

1989年，全县普通初中19所，教学班107个，在校生4845人。其中县直初中4所、企业办中学1所；普通高中1所18个班，在校生918人；尚义县第一中学，为河北省省级重点高中，教职工71人，其中专任教师74人。

随着城镇化建设的加快，全县人口向县城集聚。乡镇中学因生源减少逐步撤并，县城初中规模扩大。1996年撤销土木路中学，1997年9月撤销了尚义第五中学，1998年9月撤销了尚义第四中学。至1999年10月，全县普通初中共14所。教学班105个，在校学生4001人。

2002—2003学年，全县县直初中2所（尚义二中、三中），矿办初中1所（尚义煤矿中学），乡镇初中14所（包括石井乡九年一贯制韩雪梅希望学校中学部）。

2004年9月冠华双语九年一贯制民办学校成立，2005年先后撤销了大营盘、大苏计、炕塄、甲石河、下马圈乡的5所中学，2005年，成立了民办尚义县国风完全中学，设初中班16个，在校初中学生682人，高中部招收一年级4个班，学生160人。到2005年9月，全县初中减少到12所。

2006年撤销南壕堑镇中学和七甲乡中学，2006—2007学年，全县初中减少至8所，教学班182个减少至178个。2008年撤销了大青沟镇中学、石井乡中学，同时将套里庄乡文汇中学、桃李小学和部分小学合并为套里庄乡九年一贯制学校。

2009—2010学年，全县普通中学布局调整为高级中学1所、完全高中1所、初中4所、九年制学校1所：尚义县第一中学、尚义县完全中学、尚义县第二中学、尚义县第三中学、尚义县八道沟中学、尚义县小蒜沟中学、尚义县九年一贯制中学。全县普通中学共有教学班155个，其中初中123个、高中32个，在校学生初中6935人、高中1674人，专任教师568人。

2010年，尚义县第一中学有24个教学班，1238名学生，有教职工143人，专任教师109人。民办完全中学未招收新生，二、三年级9个班，在校学生445人。

1989—2010年部分年份尚义县普通初中基本情况表

表19-5　　　　单位：个、人

学年	学校数	其中		班数	在校学生数	毕业生数	招生数	师资配置	
		教育部门、集体办	其他部门办					专任教师	代课教师
1989—1990	19	18	1	107	4845	1279	1049	336	21
1992—1993	19	18	1	108	4450	961	1544	362	55
1993—1994	19	18	1	107	4216	947	1465	418	20
1995—1996	18	17	1	123	5503	971	2121	454	46
1996—1997	17	16	1	125	5732	1817	2048	457	47
1997—1998	16	15	1	124	5711	1632	1666	443	37
1998—1999	14	13	1	109	4857	1655	1546	399	47
1999—2000	14	13	1	105	4001	1516	1454	404	33
2000—2001	14	13	1	115	4873	1272	2279	411	—
2001—2002	17	16	1	150	7411	1510	3523	468	70
2002—2003	17	16	1	182	8930	2034	3788	477	81
2003—2004	17	16	1	187	9501	2198	3157	633	46
2004—2005	16	16	—	170	8660	2888	2412	628	92
2005—2006	10	10	—	182	7501	3248	2360	590	68
2006—2007	7	7	—	178	6881	2835	2390	584	3
2007—2008	5	5	—	180	7336	1926	2514	619	5
2008—2009	5	5	—	177	7402	2225	2120	613	2
2009—2010	4	4	—	155	6935	2312	2051	568	24

1989—2010 年尚义县普通高中基本情况表

表 19-6

学年	学校数（个）			班级（个）、学生数（人）									
	总计	高级中学	完全中学高中部	小计		一年级		二年级		三年级		毕业生数	招生数
				班数	学生数	班数	学生数	班数	学生数	班数	学生数		
1989—1990	1	1	—	18	918	—	—	—	—	—	—	292	320
1991—1992	1	1	—	18	991	—	—	—	—	—	—	—	—
1992—1993	1	1	—	18	858	—	—	—	—	—	—	351	220
1993—1994	1	1	—	18	776	6	270	6	220	6	286	352	270
1995—1996	1	1	—	18	862	6	300	6	292	6	270	220	300
1996—1997	1	1	—	18	973	6	310	6	296	6	367	187	310
1997—1998	1	1	—	20	884	6	304	6	289	8	291	309	304
1998—1999	1	1	—	20	958	6	363	6	306	8	289	212	363
1999—2000	1	1	—	20	905	6	322	6	324	8	259	259	322
2000—2001	1	1	—	20	984	6	359	6	303	8	322	263	359
2001—2002	1	1	—	21	1032	6	—	6	—	9	—	291	339
2002—2003	1	1	—	17	812	4	207	6	298	7	307	330	207
2003—2004	1	1	—	22	1103	10	591	5	203	7	309	307	591
2004—2005	1	1	—	27	1376	12	696	10	494	5	186	309	696
2005—2006	2	1	1	32	1622	12	620	12	574	8	428	186	620
2006—2007	2	1	1	43	2159	21	1089	12	610	10	460	459	1089
2007—2008	2	1	1	45	2086	15	737	13	806	17	543	460	737
2008—2009	2	1	1	41	1979	11	543	12	598	18	838	543	543
2009—2010	2	1	1	32	1674	8	477	11	569	13	628	838	477

第二节　中学教学与课程设置

一、教　学

20 世纪 80 年代至 90 年代初，各中学普遍受“应试教育”影响，把高考、中考录取人数以及考取学校的类别作为评价教学工作的主要依据，学校和教师把主要精力放在应对升学考试上。研究高考大纲，分析升学试卷，揣测命题走向，编写复习资料，进行摸底和模拟考试，甚至加大语文、数学、英语课时量，削减与升学无关学科的授课时间。其间，在全县中学曾移植和推行过尝试教学法、单元教学法、六课型最优单元教学法、情境教学法、发散思维教学法等。

1991 年，为提高教学质量和升学率，按照上级要求，全县初中贯彻教学常规，把传统常规纳入学校管理和日常教学活动系列之中。

1993 年起，按国家要求，由应试教育转向素质教育。尚义县第二中学以举办艺术节的形式，展示师生书画、剪纸、木刻、雕塑作品，进行素质教育的探索。1995 年，引进布鲁姆倡导的目标教学模式，首先在尚义县第二中学和尚义县第三中学试点。进行课前目标展示，课堂达标教学及监测，课后目标补救及深化，在精选目标和明确目标的前提下，使学生抓住重点，突破难点，攻克关键点，把握知识点，减轻学生学业负担，提高教学效果。

1997 年，目标教学模式在全县中学推广。1998 年，县教育局制定《全县中小学进一步推行素质教育的实施意见》，按照国家“德育为首，教学为中心，五育（德、智、体、美、劳）并举”的方针，正式提出由应试教育向素质教育转轨。实施以加强学生思想教育为基础，以提高学生身体素质和艺术兴趣为突破口的全面发展教育。尚义县第一中学、尚义县第二中学、尚义县第三中学等学校，相继举办体育运动会，歌咏比赛、诗歌朗诵比赛、书画展、摄影展。2002 年，尚义县第二中学、尚义县第三中学和八道沟中学 3 所中被评为张家口市素质教育示范性学校。2004 年秋，全县开始使用义务教育课程和实验教科书。县教研室教研员、中小学各科教师相继接受市、县新课标教材培训。课堂教学体现以学生为主体，教师为主导，实行师生互动，通过教师合理的课堂设计，正确引导，激发学生自主学习的兴趣和热情。在教师指导下，学生通过动脑、动口、动手，增强独立思考能力、创新能力和实践能力。2006 年，县教育局围绕素质教育，建立新的教学评估机制。教师教学评估标准，包括职业道德、专业水平、专业发展、课堂教学 4 个一级指标和 20 个二级指标。标准要求：90 分以上为优秀，70 ～ 89 分为良好，40 ～ 69 分为一般，39 分以下为不合格。学校教学评估标准，包括教学管理、课程管理、教学条件、校本研修、评价研究 5 个一级指标 22 个二级指标。标准要求：90 分以上为优秀，60 ～ 89 分基本达标，59 分以下为不达标。对评估达标学校和教师给予表彰。其评估成绩以总分的 60% 记入年底考核成绩。

二、学制、教材与课程

初中　1991 年，县内初中使用全国统编教材，学校执行“六三”制全日制初级中学教学计划。初一开设思想政治、语文、数学、英语、历史、地理、生物、体育、音乐、美术、劳动技术课，每周 31 ～ 32 课时。初二开设思想政治、语文、数学、英语、历史、地理、生物、体育、音乐、美术、劳动技术课，每周 29 课时；初三增设物理、化学课，减去地理、历史课，每周 30 课时。

1994—2010 年，河北省按新工时制对初中教学计划进行调整。初中课程安排为：初一开设思想政治、语文、数学、英语、历史、地理、生物、体育、音乐、美术、劳动技术课，每周 29 课时；初二增设物理课，每周 29 课时；初三在初二基础上增设化学课，减去地理、生物课，每周 25 课时。

高中　1982 年中学全部实行三三制，即初中三年、高中三年。

1989 年，使用人教版中学教材，普通高中一年级开设语文、数学、英语、政治、历史、地理、生物、体育、音乐、美术。1991 年后，全县高中使用全国统编教材，课程按教育部颁发的教学计划开设。高一开设政治（政治经济学、辩证唯物主义常识）、语文、数学、英语、物理、化学、历史、地理、生物、体育、音乐、劳动课。高二起文理分科，理科班开设语文、数学、英语、政治、物理、化学、生物、体育、劳动；文科班开设语文、数学、英语、政治、历史、地理、体育、劳动课。

1991 年尚义县高中周授课课程安排表

表 19-7　　单位：节

科目＼时数＼年级	高中		
	一年级	二年级	三年级
政治	2	2	2
语文	5	4	4
数学	5	5	5
外语	5	5	4
物理	4	3	4
化学	3	3	3
历史	2	2	—
地理	2	2	—
生物	2	2	—
生理卫生	—	—	—
体育	2	2	2
音乐	2	—	—
美术	2	—	—
进修课	—	4	4
劳动技术	4 周	4 周	4 周
每周时数	29	26	26

说明：高中文理分科，文科上地理、历史，理科上物理、化学

九年一贯制　学校一至六年级课程安排：一、二年级开设思想品德、语文、数学、自然、体育、音乐、美术课，每周一年级 21 课时，二年级 22 课时；三年级增设劳动课，每周 24 课时；四、五、六年级增设社会课，每周 25 课时。七至九年级课程安排：七年级开设语文、数学、英语、历史、地理、生物、体育、音乐、美术、思想品德、信息技术、班会、校本课程，每周 35 课时；八年级增设物理课，减去校本课，每周 35 课时；九年级比八年级增设化学课，减去地理、生物课，每周 35 课时。

第三节　中学招生考试

一、初中招生

1990 年前，尚义县初中招生由县统一命题，乡镇统一考试，县教研室阅卷。按先重点学校后一般学校程序录取。招生考试科目为语文、数学、常识。

1991—1997 年，初中招生改由市地教研室命题，县统一组织考试，乡镇划片设考点。由县统一阅卷，录取为先国办中学后乡镇中学。考试科目语文、数学、常识。

根据上级指示，1998 年以后，取消小学升学考试，只进行小学毕业考试，学生就近升学。

1989—1997 年，初中划片招生。根据小考成绩，先由国办初中录取，再由乡镇中学录取。县城 3 所国办小学毕业生全部升入尚义县第二中学。尚义县第三中学从大青沟镇、大营盘乡、大苏计乡、三工地镇、石井乡招生；尚义四中从八道沟镇、炕塄乡、套里庄乡、七甲乡招生；尚义五中从小蒜沟镇、红土梁镇、甲石河乡、下马圈乡招生。

1998—2006 年，尚义县第二中学、尚义县第三中学划片招生范围不变。八道沟中学招生范围为八道沟镇、炕塄乡、套里庄乡、七甲乡小学毕业生。小蒜沟中学招生范围为小蒜沟镇、甲石河乡、下马圈乡小学毕业生。

2007—2010 年，仍然实行划片招生。尚义县第二中学招生范围为南壕堑镇、县城 3 所小学毕业生。尚义县第三中学招生范围为大青沟镇、大营盘乡、大苏计乡、三工地镇、石井乡小学毕业生。八道沟中学招生范围为八道沟镇、炕塄乡、套里庄乡、七甲乡小学毕业生。小蒜沟中学招生范围为小蒜沟镇、甲石河乡、下马圈乡小学毕业生。2010 年，红土梁九年一贯制学校负责本镇小学毕业生招生工作。

二、中 考

中专、中师、中技、高中通过考试从初中毕业生中选拔新生，称为“中考”，每年一次。

1996 年前，因中专、中师、中技毕业学生由国家统一分配工作，中考与高考具有同样的社会关注程度。1996 年后，初中毕业生升学流向主要是普高和职高。

中考考试科目：1991—1999 年为语文、数学、外语、政治、物理、化学。2000 年后改为语文、数学、外语、综合理科（物理、化学）、综合文科（政治、历史）。1994 年，河北省把体育列入中考范围，规定凡报考高中、农（职）高中、技工学校、中等专业学校、中等师范学校的考生，都必须参加体育考试。2007 年后，体育考试由县招生办公室组织实施，委托所在学校测试。1995 年，中考加试理、化实验操作，主要测试学生使用仪器设备、实验操作过程、实验报告撰写及简单的误差分析等，测试分只作为中考的资格分，不记入中考总分。1996 年起，理、化实验操作计入中考总分。2003 年起，现代信息技术列入中考内容，全市统一命题，制定评分标准。

2003 年前，每年中考时间为 7 月 21—22 日，从 2003 年起改为每年的 6 月 21—22 日。县内考生集中到县城参加考试。每年中考都列有一定优惠条件，少数民族考生、省级三好学生、省级优秀学生干部等分别加分。

1989—2010 年尚义县中考情况表

表 19-8

年 度	参考人数（人）	平均分（分）	及格率（%）	优秀率（%）	备 注
1989	1310	64.9	70.50	5.02	—
1990	1006	63	52.40	10.0	—
1991	879	67.28	69.45	2.03	—

续表 19-8

年　度	参考人数（人）	平均分（分）	及格率（%）	优秀率（%）	备　注
1992	785	69.37	71.36	2.13	加考生理卫生
1993	546	68.50	76.60	31.30	加考生理卫生
1994	573	73.10	74.70	26	加考生理卫生
1995	649	72.50	65.30	9.30	不考生理卫生加考体育
1996	887	83.20	94.50	17.70	加考体育
1997	1266	79.80	83.80	13.80	加考体育
1998	1211	81.20	80.40	15.60	加考体育
1999	1242	508.30	94.10	25.50	加考体育
2000	844	387	67.30	9.12	加考体育
2001	816	81.06	95.60	53.50	加考体育理化实验操作
2002	939	79.10	89.90	12.80	加考体育理化实验操作
2003	1352	223.45	59.54	6.43	加考体育理化实验操作
2004	1795	345.85	72.26	2.95	加考体育理化实验操作
2005	1896	411.24	86.02	7.54	加考体育理化实验操作
2006	1069	412.02	85.04	30	加考体育理化实验操作
2007	1260	414.12	84	10	加考体育理化实验操作
2008	1443	429.08	94.01	29.38	加考体育理化实验操作
2009	1828	437	93	34	加考体育理化实验操作
2010	1686	433	91.50	31	加考体育理化实验操作

三、高中会考

1992年起，按照教育部和省教委部署，尚义实行高中毕业会考制度。会考采取考试和考查两种形式。考试科目为语文、数学、外语、政治、物理、化学、生物、历史、地理；考查项目为劳动技术和物理、化学、生物的实验操作。体育由各校按规定内容和标准考试。会考为每届学生三学年考三次，学完一科考一科，高一下学期考地理；高二下学期考物理、化学、生物、外语、历史；高三下学期考语文、政治、数学。1994年起，调整会考科目，高二考地理、历史、物理、化学、生物；高三考外语、政治、语文、数学。每届学生三学年改为考两次。

会考由省统一命题，统一实施，统一评卷、统计、分析和报告成绩。科目原始得分用百分制，报告成绩用分等制，即按学生实际得分，分成A、B、C、D四等，C以上为合格，D为不合格。会考成绩不合格科目允许补考。考查项目由县、市根据统一会考标准命题，组织实施，学生成绩只分合格与不合格两等。毕业证由省教委印制，市教委验印，学校颁发。

四、高 考

1977年恢复高考制度。高考实行全国统一命题，统一时间考试，由省、市、自治区组织考试、评卷，按分数线择优录取。1982年起，由国家统一组织考试。全国统一考试时间为每年的7月7—9日三天。尚义县高考工作由县高考工作领导小组负责，全县只设尚义一中一个考点。

1991—2001年，理科考试科目有语文、数学、英语、物理、化学5科，文科考试科目有语文、数学、政治、英语、史地5科。其中语文、数学各120分，其他科各100分，总分640分。

2002年起，河北省高考科目“3+X”改革。其中“3”代表语文、数学、外语，X为理科、文科考生共考科目，满分各150分，其中数学又分理科数学和文科数学；“X”代表小综合，分为理科综合和文科综合，各300分，理科综合包括物理、化学、生物，文科综合包括政治、历史、地理。外语加考听力测试。

2003年起，高考时间调整为每年的6月7—8日两天。

1990—2000年的历次高考报名、考试、录取等程序由人工办理。2001年起，考生基本情况逐项录入微机，建立考生电子档案，实现录取现场无纸化。录取程序从本科一批到专科六批，全部通过远程网和局域网完成。

1989—2010尚义县年高考情况表

表19-9　　单位：人

年度	报名人数			上线人数				
	小计	理科	文科	本科（理）	本科（文）	专科（理）	专科（文）	合计
1989	420	—	—	12	8	34	8	62
1990	435	—	—	7	—	67	—	74
1991	450	—	—	12	—	63	—	75
1992	485	—	—	7	—	46	—	53
1993	490	—	—	14	—	49	—	63
1994	503	—	—	21	—	37	—	58
1995	380	—	—	24	—	43	—	67
1996	373	—	—	22	—	41	—	63
1997	354	—	—	18	—	58	—	76
1998	327	222	105	14	2	35	27	78
1999	374	249	125	13	1	140	50	204
2000	430	307	123	32	2	177	58	269
2001	431	315	116	107	20	218	75	420
2002	399	281	118	112	27	231	80	450
2003	402	301	101	44	22	156	103	325
2004	317	209	108	139	33	189	68	429

续表 19-9

年度	报名人数			上线人数				
	小计	理科	文科	本科（理）	本科（文）	专科（理）	专科（文）	合计
2005	204	121	83	36	9	82	74	201
2006	472	245	227	21	21	93	99	234
2007	543	321	222	34	23	236	136	429
2008	410	223	187	26	30	144	73	273
2009	510	298	212	13	18	105	77	213
2010	336	183	153	9	3	150	78	240

第四节　中学校园文化建设

1989—1995 年，全县中学校园文化建设相对滞后。1996 年，县教委印发学校常规管理规定，要求校园环境达到“四化”：净化、绿化、美化、教育化；校园卫生环境做到“三无”：无果核、果皮，无垃圾死角，无痰迹纸屑。1998 年，省政府对尚义县“双基”达标工作进行验收，校园环境建设引起重视。中学各校量力而为，有的用水泥或砖铺设路面，有的在校园栽杨柳、种花草，有的在墙壁书写醒目标语、清理卫生，力争校园干净整洁。2005 年起，随着学校建筑楼房增多，校园文化品位不断提升。尚义县第一中学等校在校园种植景观树，铺设草坪，墙壁上绘制历史名人画像、书写励志警句，并做到图文并茂。2006 年，学校办起《冰凌花》校刊，校园电视台和校园广播；举办“校园文化建设成果摄影作品展”，“校歌大家唱”比赛；组织“书香校园”活动，在师生中掀起读书热潮，通过读书会、演讲会、老师论坛，展示读书成果；开展“十个一”建设活动：一训（校训）、一徽（校徽）、一歌（校歌）、一旗（校旗）、一报（校报）、一站台（广播站、网站、电视台）、一室（校史陈列室、荣誉室）、一箱（校长信箱）、一廊（校园文化长廊）、一团（学生社团或科技兴趣小组）。八道沟镇中学还将体育运动的简笔画画在操场墙壁上。有的学校举办书法、绘画、小制作和摄影展览，有的学校开展“爱我中华、爱我家乡”读书教育活动、“中华古诗文经典诵读”活动。各校都制定了校训、校纪、校风、教风、学风，并书写在学校显著位置，便于师生学习、遵循。

国风中学

第五节 民办学校

改革开放以来，私人在尚义县投资办学始于2004年。在县政府政策支持下，先后办起了冠华双语学校和国风完全中学。

冠华双语学校成立于2004年9月。由石家庄藁城人徐某投资，校址租赁县城东原地毯厂院，占地面积13340平方米，建筑面积4800平方米。当年招生初中学生3个班，120人。招生小学生6个班，180人。在校学生300人。一线教师24人，教辅人员6人。教师多从尚义本县聘用。学校先后投资300万元，建成2400平方米的教学楼1栋，并配套了相应的教学设备。

国风完全中学成立于2005年9月，学校由个体老板张世清投资，县政府划拨用地在尚义县城东新建，当年建设当年招生。至2008年总投资2400万元，校园占地面积6.67万平方米，建筑面积1.22万平方米。先后投入使用的设施：1幢面积为0.48万平方米教学楼，2幢面积为0.56万平方米的师生公寓，1幢面积为0.12万平方米集餐饮、会议、文娱活动为一体的多功能大厅和30间平房，其他设施一应俱全。学校实行四轨制，至2009年，全校18个教学班，在校学生800人。专任教师40人，教辅人员8人。

两所学校全部实行封闭式管理，采用新颖的管理手段和教学方法，赢得了学生和家长的认可。

附1：尚义县第一中学

尚义县第一中学的前身是创办于清光绪二十四年（1898）的养正学堂。校址在县城西（现平安街西县政府大院西侧）。1928年，养正学堂高级部改为养正中学，是全国最早创办的六所教会中学之一。1952年6月，政府将原“养正中学”改为短期师范班，同年8月，校名改为“尚义县初级师范学校”。1954年7月开始招收初中生，第二年改名为“尚义县南壕堑初级中学”。1958年，学校改名为“尚义县南壕堑中学”，1965年学校发展到11个教学班，在校学生680名，教职工达39人，其中专任教师26人。1967年，校名改为“向阳中学”。1976年，校名正式改为“尚义县第一中学”。尚义一中是县内唯一一所全日制普通高中。1979年学校被列为张家口地区重点中学，1984年7月，高中改为三年制，学校成为河北省重点中学，也是全县唯一的一所全日制普通高级中学，六轨制。2004年晋级为省级示范性高中。2010年，学校有24个教学班，1238名学生，有教职工143人，专任教师109人。专任教师中本科学历以上4人，本科97人，专科8人。高级44人，中级50人，初级13人，无职称2人。从建校至2010年，共培养出17届高中毕业生2669名，16届初中毕业生2100名。其中有402名考入大专以上院校，330名考入中专、中师。

1988年在县城东滩建新校址，1994年完成了新址的全部搬迁工作，学校占地面积7.44万平方米，建筑面积2.24万平方米。校园由教学区、试验区、生活区、运动区、文化区五部分组成，校舍设计科学，布局合理。学校教学设备先进，建有高标准的多媒体教室、微机教室、语音室，具备电子备课室，音乐室、美术室、舞蹈室，理化实验室达到国家一级标准。

学校始终重视教学研究和教学改革。1982年以后，学校逐步实行党政分开，建立校长负责制。1986年，改革了机构，将原教导处分设为教育处和教学处，总务处改为生活管理处，各学科组改为年级组。1988年秋，考虑到教育、教学的不可分割，又将教育、教学二处合并为教导处，把生活管理处改为总务处，增设党政办公室，负责处理学校日常党政事务。学校坚持德育为首，突出德育工作的针对性、时代性和实效性。经过多年的探索实践，形成了“三主题三循环”的德育模式，形成了一套科学、完善的教育管理体系。德育工作在学校已形成了自己的特色，体现出“时时活动皆如春风化雨，处处环境都可塑造灵魂”的德育效果。2000年，学校出台了《尚义一中教学改革工作规划》，进一步完善了三级监督交流教改制。从2000年11月至2003年7月，分三步实施以“模式改革”为核心的全校教改，涌现了大量全新的教改模式，都极富创造精神，充分体现学生的自主学习精神。有“注重积累，培养习惯”作文教学模式、“一课一练教学法在复习课中的运用”化学教学模式，“阅读.说疑.解析.讨论.归纳.训练”政治教学模式等。2001年被省教育厅命名为“河北省心理健康教育实验校”，被市教育局命名为“张家口市教育科研先导型实验校”。2004年，学校被确定为全国“十五”规划重点课题《我国北方农村中小学音乐教师培养与高师音乐教育专业教学改革研究》实验学校。“十五”期间申报1个市级科研课题，立项15个县级科研课题。

1978—1982年，除1980年197名学生中，65人升入大中专院校，高考升学率近30%外，其他年份升学率均徘徊在10%左右。1986年，32名学生考入本科院校，其中李燕冰、安立刚、刘喜平、赵赤云、陈东雨等6名同学被北京大学等名校录取，录取率排名张家口地区第二。

2001年以来，高考成绩逐步攀升，2001年，高考上本科线89人，上专科线386人，学校本科万人上线率名列张市十三县第九，专科万人上线率名列全市第七，开始摆脱1997年以前两率全市末二位的尴尬局面。2002年，高考上本科线138人，上省专科线183人，上市专科线77人，本科万人上线率攀居全市第八名，专科万人上线率攀居全市第七名。2004年，高考上一本5人，二本4人，三本145人，学校首次荣获市高中教学质量进步奖。2010年，高考上一本线8人（含艺体类），二本以上9人，三本以上50人。

学校把“德教双馨、团队协作”作为队伍建设方向，以培养青年教师、打造名师队伍为工作重点，先后实施了“青蓝工程”和“名师战略”，通过培养和引进相结合的办法，不断优化师资队伍结构。2004年，学校有全国优秀教师2人，3人进修了硕士研究生课程，3名省优秀教师，1名省骨干教师，5名市骨干教师，12人在省、市级评优课活动中获奖，200余篇教师论文获奖或发表，8人次获得各级课件制作比赛奖项。2007年从私立学校选聘回6名业务强、声望高的教师，使全校师资力量进一步增强。学校已建起了一支以中高级职称教师为核心，以本科以上学历的中青年教师为骨干的教师队伍。

1974年以后，贯彻党的教育方针，开展勤工俭学，创收增收，改善办学条件，改善师生生活，学校先后搞起了电机修理、铸造、制蜡等车间，到1983年，累计收入9000元。1985年以来，学校又开办了白铁、电焊、摩托车和自行车修理等车间，截至1987年年底，收入1万余元。

尚义一中是张家口市体育项目传统学校，在篮球、田径等方面取得了优异成绩。20世纪80年代学校男女篮球队在地区中学生篮球赛上屡获冠军，1994年，学校男子田径队在地区中学生田径赛获第五名。

学校从2000年到2009年，先后被授予“河北省安全文明达标单位”“河北省心理健康实验校”“张家口市教育科研先导型实验校”“张家口市信息技术教育装备示范校”“张家口市信息技术教育先进集体”“张家口市普及实验教学示范校”“张家口市高中教学质量进步奖”“张家口市绿色学校”“张家口市文明单位”等称号。

附2：尚义县第二中学

尚义县第二中学位于县城南壕堑镇太平街太平北路，始建于1974年，属全日制国办初级中学。建校初全校12个教学班，师生总数不足500人。1989年，教学班总数发展到18个，外加一个补习班，在校生人数接近千人，成为全县最大规模的国办初级中学。2010年，办学规模50个教学班，在校生3394人。全校有教职工167人，其中专任教师154人，本科学历60人，专科学历94人，教师学历合格率100%；高级职称教师6人，中级职称教师55人。

1994年，县委、县政府和教育局认真调研，详尽了解二中现状后，改组、充实了二中的领导班子，加强了对教师队伍的管理。1998年中考成绩获得全县第一。教学成绩实现了历史性的跨越和转折。为充实教师队伍，学校领导开门纳贤，先后有近20名优秀青年教师入选。

2000年后，全县的生源不断涌入二中，教学规模不断扩大，学校基础建设严重滞后。

2001年，学校对建校之初的基础设施进行了大规模的改扩建。其中改建教室和教师办公室30间，教室的实际饱和容量扩大到80人。2004年，投资139万元，面积2300平方米的综合科教楼竣工并投入使用。是年按照学校后勤管理社会化的思路，经政府批准，通过社会方式，由私人出资342万元，可容纳1000人住宿的学生公寓楼及其附属工程竣工并投入使用。投资32万元400米跑道运动场地建成。投资60万元将校园全部硬化。教学配套设施也紧随其后，投资13万元装备72座标准化语音室一个，投资20万元装备微机教室2个，学生用机增加到132台。借助国家实施贫困地区信息技术工程的机遇，投资10万元装备多媒体教室2个；投资4万元购买36英寸彩电及DVD各43台；建成了“班班通”校园电视网；投资20多万元新上标准化理、化、生实验室各一个，新购置了10万元的理、化、生实验仪器设备。理、化、生演示实验、分组实验开出率达到100%。在改善教室办公条件方面，投资6万元统一配备了办公桌和转椅。

2000年以来，学校在进一步提升教学质量，完善管理上采取了一系列措施，提出了“把教学工作做优做精，打造教学质量高品质的坝上名校、市级名校，力争走向全省成为河北省名校”的目标。在不断探索中，制定出一系列科学高效的管理制度。学校管理真正做到了制度化、科学化、规范化、精细化。

2003年7月以来，尚义二中先后获省市10多项称号：2004年4月被市委、市政府评为“张家口市2002—2003年度文明单位”；2006年3月被评为2005年度全市“教育系统六好党支部”；2006年8月被市委、市政府评为“张家口市2004—2005年度文明单位”；2008年8月被市委、市政府评为“张家口市2006—2007年度文明单位”；2008年8月被市委、市政府评为“张家口市文明单位”；2008年6月被教育部中国中小学幼儿教师奖励基金会评为全国“科研兴教先进单位”；2009年1月被评为“张家口市廉政文化建设示范学校”；2009年3月被评为“2008年度迎省教育教学督导评估工作先进单位”；2009年3月被评为“2008年度张家口市电化教育工作先进单位”；2009年7月定为全国教育科学“十五”规划重点课题“我国北方农村中小学音乐教师培养与高师音乐教育专业教学改革研究”实验学校；2009年12月被评为“张家口市2009年度教学工作先进单位”；2007年9月，教师高海霞被教育部授予“全国优秀教师”称号。

学校每年向河北省各地重点高级中学和其他学校输送大批优秀人才。

附3：尚义县第三中学简介

尚义县第三中学，是一所农村寄宿制初级中学，创建于1956年，在大青沟镇东北。2008年布局调整，由上级财政拨款新建的校区，并于2009年9月搬迁至大青沟镇南希望巷。服务大青沟镇、石井乡、大苏计乡、大营盘乡、三工地镇五个乡镇的7万多人口。

学校占地40500平方米，建筑面积11900平方米。校园布局合理，各功能室应有尽有，室内设备齐全，基本能满足教育教学的需求。

全校现有教学班16个，在校学生538人，教职工86人，其中专任教师62人，特岗教师15人。专任教师学历达标率100%，本科学历人数占专任教师的81%，其中中学高级教师31人。专任教师中：省特级教师1人；市骨干教师11人、市教学能手3人；县级骨干教师为16人、县学科带头人6人、县教学能手4人。

近四年来，学校抓住义务教育均衡发展和“全面改薄”的历史机遇，投资300多万元用于校园基础设施建设、专用教室进行升级改造建设、安全设备及教育教学辅助设备建设，不断提升了学校的硬件水平，极大地改善了办学条件。在管理上，狠抓教师队伍管理，加强师德培养，强化教育教学工作目标管理责任制，力促各项制度的落实，教育教学质量稳步提升。

大投入带来大效益，近年来为上一级学校输送了大批优秀人才。2015年的“汉字大比拼”活动，尚义县第三中学获得张家口市“乡镇组第一名”，河北省第六名的优异成绩。几年来被上级政府和教育主管部门授予“张家口市群众最满意的五星级学校”“张家口市文明单位”“张家口市德育教育工作先进集体”“张家口市思想政治工作先进集体”“张家口市行风建设先进单位”“张家口市师德建设先进集体”“尚义县教育教学先进单位”“尚义县精细化管理示范学校”等称号。

第四章　职业教育

第一节　发展概况

1983年建立农职高中1所——尚义县农业技术中学，校址在大青沟镇。初建与尚义县第三中学合署施教，在校生105人；农职初中2所，在校学生137人。1984年新增农职初中1所。农技初中、高中共开设农、林、牧等专业5个。为了把县农职高中建设成培养农村实用人才的“龙头”，1987年11月，成立了由县农、林、水、牧等单位参加的农职高中校务委员会，加快了深化教育改革、使教育更好地为当地建设服务的步伐。该校开办了缝纫、钟表修理、电器维修等短训班，初步形成了教学、科研、生产、技术推广、信息交流中心。

1989年，全县职业中学4所，其中农职高中1所（大青沟），农职初中3所。

一、农职高中

1983年将大青沟镇尚义县第三中学的高中部分改为农职高中，学校总面积21312平方米，有教室12个共36间，宿舍22个共44间，办公室24间，实验室12间，其他房含35间，小礼堂一个。

学校高初中为整体建制，校长由副县长兼任，学校设三名副校长。

（一）发展情况 1989年农职高中学校共有农业、畜牧、林果和电器修理等5个专业，8个教学班，在校学生182人，全县农职高中在校学生与普通高中在校学生的比例为1∶13.94。教职工34人，其中专任教师16人。教师中大专以上的16人，中级职称2人，初级职称4人。学校有图室一个，藏书5000余册，其中专业书450册。文体器材有单双杠、跳箱，两个篮球场。文娱器材缺乏。

1991年，农职高中共招收12个教学班，其中有六届9个班的学生参加了对口升学考试，有6人考入河北农大，18人考入河北林业专科学校、张家口农业专科学校等院校。1991年10月，尚义县农业技术中学迁址到尚义县城安宁街原一中旧址，并更名为尚义县职业技术中学。

1995年9月，“尚义县职业技术教育中心”在原职业技术中学基础上组建而成，为社会进行职业技术教育、成人教育、新技术推广等多种形式的短期教育，是一所集职业高中、职业中专、普通中专、成人中专等教育为一体，多规格、多层次、多种办学形式的综合性职业技术学校。学校共有5个专业，9个教学班，在校学生410人，专任教师51人。

1996年设立尚义县职业教育普通幼儿教育中专班，学制三年，定向为全县乡镇培养幼儿教师。当年招收学生54人。1996—1998年，县职教中心从乡镇定向招收了三届幼儿教育专业学生155人，

2006年职业技术教育中心占地面积25000平方米，建筑面积6634，教辅用房2014平方米（其中教室1514平方米，图书馆100平方米，实验室400平方米），行政用房992平方米，生活用房3628平方米。非学校产权运动场地30000平方米。图书35000册，教学用计算机125台。固定资产总值663万元。

到2010年，学校共有8专业，26个教学班，在校学生1400人，专任教师66人。共计投入建校资金2350万元，先后建起了学生公寓楼2幢、办公楼1幢和可容纳800～1200人就餐的多功能餐厅一栋、面积5700多平方米的实训楼。建成配有教学宽带网的微机室4个，舞蹈训练室1个，多媒体教室1个，琴房2个，画室2个，机电实验室1个，48座语音室1个，200多台计算机的电子阅览室1个，图书室藏书1万册。

1995年通过省职教中心验收，2006年11月顺利通过省级重点中等职业学校验收。

（二）实训基地 1989年学校勤工俭学和基地建设项目有豆腐坊、小卖部、养兔场、养猪场，蔬菜基地，新栽果树500棵。校田8.67公顷，农业实验基地26.4公顷，年纯收入2万元。1992—2001年，共建成实习基地5处。县城后山的杏树坡、南壕堑镇土地3.33余公顷8个日光温室成为学校嫁接李树、菜籽、良种山药、食用菌技术各种花卉、药材等方面的栽培实验实习基地，另有投资1000万元，面积14.33公顷建成农林实验实习基地。

二、农职初中

1983年尚义县农职初中2所，在校学生

137 名。1984 年新增农职初中 1 所。学制为四年，开设农、林、牧等专业 5 个。1989 年，哈拉沟农中、炕堺农中、红土梁农中 3 所农职初中 16 个班，在校学生 677 人，专任教师 49 人。学校开设农业、畜牧、林果、体育和电器修理等专业，建有 10 ～ 20 亩的实验基地。2000 年，3 所学校 20 个班，在校学生达到 1268 人，专任教师 70 人。2002 年 9 月，3 所农职初中撤销。

1989—2010 年部分年份尚义县职业教育基本情况表

表 19-10

年度	学校数（个）			班数（个）、学生数（人）								专任教师（人）
	计	初中	高中	计		初中				高中（职教中心）		
				班数	学生数	班数	学生数	毕业生数	招生数	班数	学生数	
1989—1990	4	3	1	24	859	16	677	206	169	8	182	65
1993—1994	4	3	1	20	547	16	431	82	170	4	116	77
1995—1996	4	3	1	22	933	16	664	76	309	6	269	80
1996—1997	4	3	1	25	1014	19	729	87	287	6	285	97
1997—1998	4	3	1	23	927	19	723	134	296	4	204	102
1998—1999	4	3	1	24	1122	20	871	165	322	4	251	106
1999—2000	4	3	1	25	930	19	660	193	249	6	270	108
2000—2001	4	3	1	26	1268	20	908	192	433	6	360	108
2001—2002	1	0	1	6	318	0	0	0	0	6	318	36
2002—2003	1	0	1	—	—	—	—	—	—	9	434	47
2003—2004	1	0	1	—	—	—	—	—	—	14	405	53
2004—2005	1	0	1	—	—	—	—	—	—	20	488	49
2005—2006	1	0	1	—	—	—	—	—	—	21	416	48
2006—2007	1	0	1	—	—	—	—	—	—	24	748	46
2007—2008	1	0	1	—	—	—	—	—	—	27	1119	49
2008—2009	1	0	1	—	—	—	—	—	—	24	1276	50
2009—2010	1	0	1	—	—	—	—	—	—	26	1400	66

第二节 学制、专业与课程

农职初中学制四年，设农、林、牧三个专业。在课程设上，除英语课外，其他文化课与普通初中一致。专业课以外，不定期地为在校生举办短期培训，让学生在学好专业知识，掌握专业技能外，能够一专多能，增强其适应能力。

职业高中学制3年，职业中专学制弹性，学制原则3年，面向市场灵活设置的专业。教材与课程根据所学专业设置，执行国家课时计划，即文化基础课课程共7门课程和三项实训活动共1488学时，实训5周。专业必修课所设专业内容各异，共1464学时。面向市场灵活设置的专业有幼儿教育。1998年，兼顾职业中专，开始招收职业高中生，专业以计算机应用和果林为主。

2000—2004年，以就业为导向，职业高中在幼儿教育、数控、计算机应用三个专业的教学中实施弹性学制。2004年，普通中专有企业管理、计算机应用、财会电算化三个专业。职业中专有计算机应用、电子技术、幼儿教育、服装裁剪、建筑装潢五个专业。2005年职业高中普通中专增设电子电工、移动通信专业。2006年普通中专又开设机电一体化专业；职业高中有果林、计算机及应用、信息技术类新专业、幼儿教育、旅游服务五个专业。2008年，开设专业有数控技术、陶瓷工艺、机电一体、电子技术、幼儿教育、计算机应用、果林、风电八个专业。其中，幼儿教育、机电、风电为品牌专业。

2009—2010学年职业高中设13个教学点，18个教学班，分种植技术和养殖技术两个专业。是年，投资27万元，学校建起了第一个无盘工作站，拥有计算机37台，供计算机专业班上机实习。投入4.50万元购置了相关的装潢器械、原料等，供学生实习，和对外承担业务。

第三节 招生、升学与就业

一、招 生

农职初中招生所在地及周边乡镇应往届小学毕业生。1989年招生169人，2000年招生433人。学生毕业后参加了对口升学考试，进入职业高中就读。

职业高中招生面向县内外应往届初中毕业生。职业高中阶段考试规定三种形式，一是阶段性学业测试，每学期分期中、期末两次；二是会考，三是高考（对口升学）。1991年，学校招收了一个畜牧专业班，学生32人。1992—1993学年，开办了幼儿园，武术班，学生60人。1995—1996学年，开设企管班、计算机班，共招生150人。新设旅游服务、服装裁剪、建筑装潢专业，学生120人。1996—1998年，开设幼儿教育专业，3届共招收6个班155人。2009年共招生755人，分种植技术和养殖技术两个专业。2010年26个班，招收学生432人。

1989—2010年尚义县职业高中各专业招生情况表

表19-11 单位：人

年度	果林	畜牧	农学	计算机	幼儿教育	财会	企业管理	旅游服务	建筑装潢	电子	陶瓷	医士	数控	钢铁冶炼	移动通信	平面设计	服装	养殖	种植	招生合计	毕业合计
1989			39																	39	47
1990	35																			35	42
1991		31																		31	31
1992			30																	30	25
1993																				0	21

续表 19-11

年度	果林	畜牧	农学	计算机	幼儿教育	财会	企业管理	旅游服务	建筑装潢	电子	陶瓷	医士	数控	钢铁冶炼	移动通信	平面设计	服装	养殖	种植	招生合计	毕业合计
1994																				0	18
1995				50			50													100	29
1996				100		50		15	12								15			192	0
1997				22		50														72	0
1998	12			26																38	100
1999			8		32															40	192
2000				17						62		15								94	72
2001	8			12						38										58	38
2002			32	40	34															106	40
2003	34			36																70	94
2004	44			48	10								45							147	58
2005	16			49	40						45		68			76				294	99
2006	72			71	70					19	20		30			35				317	67
2007	48			139	128					42			31			80				468	131
2008				16	21					15					26	12	118			208	276
2009	24			33	17					7				4	3	31		430	294	843	305
2010	8			11	21					12						5		149	57	263	427

二、升　学

职业高中1986—1991年有3届6个班的390学生参加了对口升学考试，有6人考入河北农大，18人考入河北林业专科学校、张家口农业专科学校等院校。1991—1994年对口升学高考中有5人考入本科院校，8人考入专科院校。2001—2003年职业高中毕业的学生参加河北省对口升学考试。2004—2008年职业高中毕业的1008人学生参加河北省对口升学考试。2009—2010年职业高中毕业的380人学生参加河北省对口升学考试。

三、就　业

1991年，职业高中推荐10名学生到河北电建一公司工作。是年，响应国家号召应征入伍的有26人，其中有8人提干。1995年、1996年按市计委招生计划招收普通中专学生150名，毕业后全部分配到各乡（镇）、县各行政、企事业单位，享有国家干部待遇。职业中专毕业的学生，经过学校推荐，对口安置，就业率达98%。由于学生专业技能过硬，就业巩固率达到90%以上。有的学生成为任职单位的骨干力量，有的成了农村致富带头人，为促进县域经济的发展发挥了重要作用。1997—2003年，就业巩固率一直保持在90%以上。2005—2010年学生就业稳定率达91%以上，毕业生“双证”取证率为97.90%。被张家口市阳光工程办公室授予“张家口市农村劳动力转移培训基地”。

四、成人职业培训

1993年，全县职业中学开始定期举办短期职业技能培训。职业高中先后组织干部职工、医护人员、财会人员、农村剩余劳动力、待业青年、下岗工人、初高中毕业生等进行了种植、养殖、医疗、计算机、市场营销、修理、幼儿教育等方面的技能培训。职业初中以口蘑栽培、农作物新品种引进推广、种植、养殖、家电维修、农机具修理为主，培训在乡农民。到1998年培训多达200余次150000余人次。

1999年尚义县职教中心设立成人教育组织机构，配备了教师，对县城各行业机关有关人员进行了5期微机技能操作培训，共计培训200多人次。为计算机现代办公手段进入行业机关以及办公自动化打下了一定的基础。之后，随着办公手段现代化的迅速发展，全县各行业的干部职工大面积全方位地接受计算机技能的培训教育。

2004年，学校被张家口市阳光工程办公室授予“张家口市农村劳动力转移培训基地”，承担了尚义县农村劳动力转移培训。2004—2010年，每年培训农村劳动力5万~6万人。

2010年尚义县职业技术中心附设成人中专学校1所，教职工26人，专任教师18人，聘请校外教师14人。招收中职非全日制学生765人，在校学生765人。

第五章 成人教育

第一节 师范教育 教师进修

一、师范教育

1983年9月成立了尚义县师范学校。校址设在教育局南院。从具有三年以上教龄、初中以上文化程度、35周岁以下的本县在职民办教师中招收学生。学制两年，教学使用四年制师范教材。学生毕业后原则上回原乡镇任教。校长由教委副主任兼任，常务副校长负责本校学校管理。1983年，招收学生50人，专任教师12人。

1984年，在校学生77人，专任教师16人，此后每年尚义县招生22人。到1989年共招收7届236名学生，其中尚义县190人，1988年、1989年两年还为万全县代培46人。1989年尚义县师范学校有教职工23人，其中专任教师11人，在校生48人。1990年停止招生。

尚义县师范学校为全县各学校培养了一批优秀教师，全部充实到中小学教学第一线。他们的学历得到了提高，教学方法得到了更新，成为尚义县教学的骨干。

二、教师进修

（一）进修学校

1989—2010年，尚义县教师培训工作主要由县教师进修学校承担。

尚义县教师进修学校（简称进校）从事教师培训和语言文字工作。成立之初与教育局合署办公，内设师资培训办公室及数学、语文两个教研组，专兼职教师3人。1989年教职工10人，专任教师7人。学校设4个年级，在校生234人。

1998—2001年，投资34万元，建成地面卫星接收站、多媒体教室、语音室、购置计算机、图书资料等，办学条件不断优化，2001年12月，进修学校通过省政府验收。

2001年，教育局将办公南楼拨给进校。南楼3层共48间，建筑面积1200平方米。经重新装修，增设了微机室、语音室。新添图书6000余册，基本满足需要。后不断添置、更新，提高配置。到2010年，学校占地面积1976平方米，建筑面积1360平方米，拥有图书12000余册，计算机30台，语音座位30座，教学设备总值达50多万元。

2010年进校有教职工26人。专任教师18人，其中：本科学历9人，专科学历9人。还聘用了14名兼职教师，结业学生1006人。

（二）继续教育

1991年进校开始第一轮小学专职教师继续教育。培训对象是小学教师中已取得合格学历、教龄较长或只有初等专业技术职务的教师，课程主要有《小学教师思想品德修养》《小学语文教学大纲学习与研究》《小学语文教学心理学》《小学数学教法研究》《整数基础知识》《小学班队工作》《现代科学技术基础知识》等。至1997年年底，首轮小学教师继续教育结束。其间，800余名在职小学教师接受了培训，学习成绩合格率100%。

1999年起，启动第二轮教师继续教育。新教师岗前培训、上岗培训608人，音乐、美术教师培训49人，教育系统干部培训110人，骨干教师培训118人，幼儿园教师培训42人。

2000—2010年，3384名在职小学教师参加了继续教育培训，学习成绩合格率100%。

从2009年全县开始培训新招考的特岗教师，到2010年，共培训特岗教师160人。

（三）三沟通教育

1991年开始初中教师“三沟通”（通过卫星电视教育、自学考试、高师函授学历培训形式使教师达到“专升本”）培训。第一期招收学员112人，到1995年有94人领取大学毕业证书。1995年又招收104人，1998年7月毕业。

1997年启动了以自学考试为主的“三沟通”，共招生118人，毕业76人。同年又组织了具有中师、中专学历的在职教师参加“小学教育专科”培训，学校招收122人，毕业94人。

第二节　成人学历教育

20世纪80年代初期到90年代，尚义县掀起了成人学历教育的热潮，学习形式主要有电大、自学考试、党校学历教育、农业广播电视学校和各类培训。其间，全县中青年踊跃报名参加学习，他们的学习动力一是满足自身求知欲望，二是通过取得学历实现职工转干、干部提职晋级、家属“农转非”。截至2010年，全县共有936人分别取得了中专、专科、本科学历，干部职工、农民的文化素质得到了大幅度提高。

一、电大教育

广播电视大学是面向在职成人的一种新型教育形式，主要采用网络教育和面授辅导的形式开展教学，着重培养学生自主学习能力。学生的毕业证书由中央广播电视大学统一发放，由教育部统一电子注册；不仅在国内享有国民高等教育学历的待遇，而且在欧美等国家都得到认可，被誉为“国际学历绿卡”。

1979 年，尚义县设立广播电视大学工作站，开设大专法律、大专中文、本科金融、本科中文等学科。学员多为县内干部、职工、教师。

1991 年，学校教学设施有：卫星地面接收站设备 1 套，教学卫星接收机 1 套，闭路电视 1 套，网络微机 7 台，视频投影仪 1 台，网络教室 1 个，教学微机 22 台，电视机 4 台。1989—2006 年，先后举办了汉语言文学、文秘、医学基础理论、金融、经济法、会计、英语、法律、工商企业管理、计算机应用基础等 10 多个专业 70 多个教学班，培养出大专生 480 人，本科生 120 人。2007 年后，不再招生。

二、自学考试

高等教育自学考试简称自学考试、自考，1981 年经国务院批准创立，是自学者以学历考试为主的高等教育国家考试。

自考在招生对象、考试时间及学制与普通高考和成人高考不同，自考是“宽进严出”。考生参加国家考试机构统一组织的单科考试，合格一门，发放一门的合格证书，所有科目合格后，方可申请毕业（申请本科毕业的学生还需提供国家承认的专科毕业证）。

1989—2010 年，全县共开考高等教育自学考试专业 8 种，报名考生共 121 人，毕业 86 人。其中专科毕业生 66 人，本科 20 人。自学考试毕业生的质量得到社会的普遍认可。

三、党校函授教育

1992 年 12 月，县委党校向省干部教育领导小组提出举办“在职干部政工专业中专业余专修班”的请示，请示批复后，从 1993 年开始，先后举办函授中专班、大专班和本科班，招收学员 1129 人，为全县培养了一批人才。1993 举办函授 1993 级中专班 1 期，招收学员 91 人；1994—2003 举办公共管理大专班 9 期，共招收学员 608 人。1998—2006 年举办经济管理和法律专业本科班 8 期，共招收学员 430 人。2010 年前学员全部毕业。

第三节 农民教育

一、农业技术教育

1989 年，尚义县县级成人教育学校 1 所，在校人数 1100，结业学生 100 人，专职教师 13 人兼职 38 人；乡办农民技术培训学校 17 所、教学班 632 个、在校学生 15957 人，初级班 15677 人，中级班 280 人。专职教师 5 人兼职 128 人；村办农民技术培训学校 181 所，学习人数 21694 人，扫盲班人数 1710 人，技术班人数 18552 人，其他班人数 1432 人。专职教师 2 人兼职 284 人。

1990 年，由县农科教办公室牵头，以县、乡科委和科协为依托，以农村干部为骨干，以农民技术员和科技示范户为主体，形成农村科技培训网络。乡镇农技校开始创办一年以上学制、有固定学员的培训长班，把农技校的培训层次由巩固扫盲成果与传授农技知识的初级阶段，提升到以培训农村科技人才的中等层次。

1998 年起，成教工作重点转向农村科技培训。根据尚义县实际和农民需要，确定培训大棚蔬菜种植技术、羊改牛改技术、除草剂和农药使用技术、玉米杂交良种推广、食用菌栽培技术、山杏嫁接技术。

1999 年农民技术培训学校 196 所，教学班 1363 个，结业学生 67508 人。196 所农民技术培训学校中，县办农民技术培训学校 1 所、教学班 5 个，结业学生 54 人，乡办农民技术培训学校 14 所、教学班 358 个、结业学生 29454 人，村办农民技术培训学校181所，1000个教学班，结业学生38000人。

随着农村产业结构的调整，从2000年开始，培训工作以扶贫攻坚为重点，以大力促进农村经济增长方式转变，实现富民强县为目标。

2002年共培训29856人次，其中在乡中学生培训2687人次，基层干部培训1607人次，农技人员培训54153人次，科技示范户1848人次，劳动力转岗培训4990人次，农村实用技术培训14572人次。2007年培训6030人次，其中劳动力转移培训639人次，实用技术培训892人次，林果栽培技术培训256人次，畜牧养殖培训578人次，种植业培训2431人次，“三产”培训313人次，设施蔬菜种植与管理培训696人次，汽车驾驶与运输培训68人，劳动法规培训125人次，社交礼仪培训32人。

到2010年底，全县共举办培训班689期，注册学生62350，结业学生52000人。其中种植业28000人次，养殖业16800人次，林果业1760人次，农机2250人次，其他方面2100人次。培训中以《农村实用科技》为基本教材，还印发各类技术培训材料50910份。通过有计划、有目的培训，推动了农村经济的发展，增加了农民的收入。

二、扫盲工作

1989年，全县87087名青壮年中，文盲数2397人，面对这种现状，全县动员各方面力量参与，逐步完成基本扫除青壮年文盲的历史任务。县成立扫盲协调领导小组，乡镇配备成人教育总校长，行政村设扫盲和成人教育领导小组，县乡村每年投入成教的资金15万～20万元。在全社会齐抓共管下，文盲数逐年减少。1989年，村办农民技术培训学校181所，扫盲班人数1710人，专职教师2人兼职284人。

1997年，农民初等学校扫盲学校14所，250个教学班，结业学生514名，其中女107名，招生学生379名，其中女44名，在校学生611名，其中女107名，兼任教师233名。是年，尚义县扫盲工作达到“四率”：非文盲率，1996年已达到97.66%；脱盲人员巩固率，达到99.71%；办学率，各乡镇村全部建起农技校；堵盲率，重点是防止产生新文盲，全县学龄儿童入学率99.24%，小学巩固率99.83%。

1998年，扫盲学校181所，400个教学班，结业学生300名，其中女270名，招生学生529名，其中女460名，兼任教师292名。通过省检查验收，10月通过国家检查验收。此后，扫盲工作进入了巩固提高阶段。

2000年，全县参加短班学习的就有1680人，参加长班学习的有1025人。脱盲人员继续学习的巩固率达98.20%。非文盲率提高到99.20%。

2005—2008年，青壮年人口中非文盲率达99.50%。

2008—2010年，青壮年人口中非文盲率达99.60%。

第四节 职工教育及下岗职工再就业培训

职工教育主要内容是岗位培训。1989年，成人职工学校2所，职工总数中干部2766人、工人4104人，参加学习的分别为1016人、2225人。结业学生15人，招生学生11人，在校学生39名，兼任教师5名。

1989—1990年，全县有3238人参加岗位培训，2187人参加资格培训，1235人参加技术等级培训，高中文化补修有310人取得毕业证书。

1990—1998年，全县成人职工中学一所，兼任教师5名，每年结业学生15~20人，招生学生10 ~ 15人。

1999年成人职工中学一所，结业学生20人，招生学生17人，在校学生39名，兼任教师5名。职工技术培训学校1所，教学班40个，结业学生1098人。

2000年，为帮助下岗职工提高业务素质，增强再就业的技能，县劳动人事局、教育局协同有关部门，根据下岗职工的特点和社会需要，制定了下岗职工再就业培训规划，培训注重实用性和实效性。共聘请各类专业技术人员97人，以县职教中心为主要培训基地，辐射全县各行各业的下岗职工。举办了以服务、农机、修理、电器维修、电脑打印、建筑、装潢、粮油食品加工、错季蔬菜种植、畜牧饲养、市场营销等培训班25期。参加培训1802人，其中有1129人走上了新的工作岗位，剩余人员自谋职业。

2001—2010年，通过教育部门培训干部职工17835人次。其中，乡镇企业干部职工培训11807人次，高级职工培训386人次，下岗职工培训441人次，计算机培训512人次，建筑业培训5374人次，采矿业培训551人次，职工岗位培训528人次。

第六章　其他教育

第一节　特殊教育

尚义县历来重视特殊教育工作，尽力为残疾儿童提供受教育机会，培养智力障碍儿童的学习和生活能力、克服心理障碍，提高他们的自信心和自尊心，让他们幸福健康地学习成长。

1989—2008年，全县残疾儿童分散在各小学随班就读。

1991年，哈拉沟乡沙河庙小学教师樊树连在探索盲童随班就读方面取得成功经验，并在《金钥匙文萃》杂志上发表了《开启盲童心扉，探索随班就读的新路》一文，她的经验在县内逐步推开。

1999年尚义县残疾儿童入学率达到85%，巩固率达100%。是年，尚义县被河北省评为特殊教育先进县。

2006年4月13日，由尚义县政府联系资助的挪威欣康公司特殊教育培训班开班。在全县选了30名比较适合从事特殊教育工作的教师参加了培训。

2008年9月，尚义县特殊教育学校成立，设在县城秀水小学院内，由秀水小学统一管理。特殊学校占地面积3800平方米，建筑面积284平方米。有教室3间，劳动技能室、康复训练室、办公室各1间，学生宿舍2间。与普校学生共用活动室、图书室、微机室及教学仪器、文体器材。2008年在校学生13人；2009年在校学生21人（视力残疾1人，听力残疾3人，智力残疾16人，其他1人）。学校有教职工6人，其中专任教师3人。学校开设语文、数学、常识、写字、美工、体育、音乐、信息、劳技、第二语言等10门课程，部分学科由秀水小学教师兼任。

至2009年，全县共有残疾儿童136人，除在秀水小学就读的21人外，其余仍分散在各小学随班就读，秀水小学的专任教师巡回对这些小学的教师进行业务指导。2009—2010年，投入建设经费15万元，进一步改善办学条件，社会各界共捐赠价值6万余元的各类办公用品和生活用品。特殊教育学校的学生实行免费就餐，并全部纳入农村寄宿制学校蛋奶工程享受范围。2010年10月，尚义县特殊教育工作顺利通过省政府验收。

第二节 少数民族教育

1989—2001年，全县独立设置的民族中学有五台蒙古营学校1所，少数民族小学校6所。1995年，全县独立设置的少数民族小学校5所，在校生106人，教职工9人。其中普通中学1所，小学5所。1999年因生源不足，撤销五台蒙古营民族中学，改高为蒙古营民族小学，全县民族小学由5所增加至6所（七甲乡三和城、南洼、三义店民族小学，套里庄乡西城窑民族小学、五台蒙古营、八道沟东山民族小学）。2002年保留了3所民族小学，截至2008年年底，受生源和学校布局调整的影响，这些学校整合到乡镇中心小学校，少数民族学生随班就读数。

1999-2000学年，独立设置少数民族普通中学1所，在校学生8人，教职员工6人，其中专任教师5人。其他随班就读的少数民族初中在校学生数27人，毕业生数28人，招生数7人，毕业班学生12人；小学少数民族毕业生数27人，招生数21人，在校学生数158人，毕业班学生24人。教职员工总计21人，其中专任教师19人。其中独立设置少数民族学校的学校6所，在校学生139人，教职员工12人，其中专任教师10人。

2010年随班就读的少数民族中学在校学生42人，毕业生10人，招生15人，毕业班学生13人，专任教师2人；随班就读的少数民族小学在校学生数27人，毕业生数11人，招生数5人。教职员工总计12人，其中专任教师10人。

附：尚义县五台蒙古营小学简介

新中国成立后，蒙古族人民的文化教育、生活水平和居住条件各方面都有了很大改善。五台蒙古营学校始建于1950年，当时政府在经济十分困难的情况下，拨出15石小米建校，由蒙古族巴图任教。不同年级使用蒙古语汉双语语教学，蒙古语语文课本由巴图自编，1957年政府拨款1300元，为五台蒙古营打水井一眼，解决了人畜饮水问题。1958年“大跃进”至“文化大革命”前，由青年那木色任教，仍采用双语教学，但使用汉文课本，用蒙古语讲授，读写均用蒙文。当时学校生源有限，设一～四年级，采用复式教学形式。“文化大革命”期间停止蒙古文授课，只用汉文。“文化大革命”后由公办改为民办。1980年恢复公办，由河北省教育委员会批准成立尚义县五台蒙古营民族中学，国家拨款新建了49间办公室和校舍，1982年开始招生，实施双语教学，教材从内蒙古引入。学生最多时达65名，教师最多时达16名。校长、教导主任配置齐全，并配置了中小学教学实验设备，生源除来自尚义四台、五台蒙古营及个别散居蒙古族家庭外，还有来自张北三台蒙古营的学生。1988年11月，又投资11万元输入高压电线路，解决了照明，看上了电视。到2000年，全校只有学前班和初小生五六人，教师六七人。到2003—2004学年，全校9名学生有6名升入初中，其余3人自行转学，学校停办。五台蒙古营学校曾有两个阶段实施蒙古语汉语双语教学，即1950—1966年，1982—2002年，共36年。学校停止招生后，学生想学蒙古语文的只能到内蒙古的学校就读。

第三节　校外教育

尚义县青少年校外活动中心

尚义县青少年校外活动中心于2005年被列为国家首批扶持的青少年学生校外活动中心建设项目单位之一，中心选址在南壕堑镇秀水街13号。位于尚义县城区5所中小学和县城各社区的中心地带，与尚义县文化广场相连，地理位置优越，交通便利。

尚义县青少年活动中心于2005年7月开始筹建。2006年12月底建成四层综合楼1栋并投入使用，占地面积5000平方米，建筑面积1980平方米。图书10万册。2007年7月，任职教师6名。

尚义县青少年校外活动中心是县教育局主管下属单位，业务工作隶属河北省校外教育研究会。2010年在职教师12人，外聘专业教师14人。承担着全县中小学生的校外教育任务。中心内设图书阅览、钢琴、舞蹈、美术、书法、跆拳道、创新思维训练、古筝、茶艺、民乐、架子鼓、木艺、数字影院、健身大厅14个活动室，室外设健身器材场1个，拥有相应的活动器材和完善的设施，是集教育、培训、活动、娱乐、健身于一体的校外活动场所。每年开班4期分4大类22科，年均接纳学生1000余人次，并多次举办大型汇报演出专场，积极参加省教育厅举办的各届“校外教育杯”系列主题比赛，充分发挥了中心对青少年校外教育的功能。活动中心坚持面向未成年学生，以活动启迪智力、快乐成就未来为理念，以培养兴趣爱好、发展多元智能为目标，开展了一系列有利于青少年学生的校外教育活动，培养学生多方面的兴趣、爱好和特长，培养他们独立思考、动手动脑、勇于实践和创新精神，促进青少年学生全面发展、健康成长，实现了校内外教育之间的衔接和互补，使全县学生得到收益。

第七章　教　师

第一节　教师素质

1989年全县共有教职员工1889人，其中专任教师1524人，专任教师中，幼儿教师34人、小学教师996人、中学教师410人、农职中学教师65人、县师范学校教师11人、县进修学校教师7人。1989年年初，尚义县小学师生比1 ∶ 16.61，中学师生比1 ∶ 15.47，职业学校师生比1 ∶ 15.6。

1999—2000学年度，全县共有教职员工2058人，其中专任教师1749人，专任教师中，幼儿教师36人、小学教师1120人、中学教师473人、农职中学教师108人、县进修学校教师12人。全县小学师生比1 ∶ 17.23，中学师生比1 ∶ 10.37，职业学校师生比1 ∶ 8.61。

2009—2010 学年，全县共有教职员工 1849 人，其中专任教师 1596 人，专任教师中，幼儿教师 54 人、小学教师 890 人、中学教师 568 人、职中教师 66 人、县进修学校教师 18 人。全县小学师生比 1 ∶ 14.25，中学师生比 1 ∶ 15.16，职业学校师生比 1 ∶ 21.21。

1989 年以后，注重教师队伍建设。首先重视校长素质的提高，校长队伍建设，尚义县积极推行对校长培训和考核相结合的管理机制，国办中学校长任免由县组织部门考核、县委常委会议研究决定。2003 年之前，农村中小学校长任免由各乡镇决定，县城小学校长任免由主管副县长和教育行政主管部门研究决定。2003 年分级办学、以县为主、规模办学以后，全县小学校长任免由教育局考察提交县政府常务会议研究决定。每年的考核，国办中学校长由县委组织部门考核，其他学校由教育局考核。每年教师节县委、县政府联合发文表彰优秀校长、优秀教育工作者和优秀教师。考核为不称职的校长，在全县通报批评，给予“黄牌”警告，或向上级呈报请示降、免职。建立激励机制，强化校长的竞争意识，学校领导主动承担科研课题，按教育局规划按时听课、评课。学校管理水平上了新台阶。

教师队伍建设，为适应教育改革和发展的需要，师资培训工作的重点，由学历补偿转移到继续教育的轨道上来，使全县中小学教师素质有明显提高。同时，认真落实《中小学教师职业道德规范》，把师德建设与教师个人评优、晋级挂钩，问题严重的实行一票否决。

一、教师来源

1989—1996 年教师增补来源：小学教师由地属 3 所师范、县教师进修学校及中师函授解决，还有一部分由高中、农职高中毕业生代课；中学教师由张家口师专毕业生分配，地区教育学院及各类成人院校培训、结业的教师，其他靠国家分配解决。其间，共安置 210 名师范类毕业生，其中，1989 年尚义县接收师范生 75 人（本科 7 人、专科 4 人、中专 64 人）。

1996 年后国家不再分配大中专毕业生，1997—2001 年，五年间，因财力和编制等原因，全县仅招聘中学教师 102 名。教师改行和流失现象却较为严重，教师队伍出现断层。2002 年县政府开始施行面向社会公开招聘教师。至 2008 年共招聘教师 308 人。2009—2010 年尚义县三年招聘特岗教师 118 人，全部充实到农村小学任教。

1996—1998 年，县职教中心从乡镇定向招收了三届幼儿教育专业学生 155 人，学制三年，毕业生基本上都到各幼儿园（所）从事幼教工作。缓解了全县专业幼儿教师严重不足的状况。

1989 年全县小学有民办教师 576 人、初中 21 人、农职初中 6 人，共计 603 人，占教职工总数 1980 人的 30.45%。根据“二十世纪末基本解决民办教师问题”的基本方针，1994—2000 年，全县 1985 年前参加工作的 223 名民办教职工选招为公办教职工。2002 年之后就不存在民办教师了。

1990 年以后参加工作的民办教师不在注册内，不能转正，称之为代课教师。1995—1996 学年，全县代课教师 476 人，占教职工总数 1918 人的 24.82%。2001 年，多数乡镇按照要求清退了代课教师和代工人员（双代人员），全县共清退双代人员 100 余人。2003 年“以县为主”的农村义务教育管理体制后，代课教师逐年减少，2006—2010 年，全县代课教师控制在了 200 人左右。

到2010年，全县专任教师人数1709人，其中研究生2人，本科生548人，大专生739人，中专生420人。通过国家分配和招聘大中专毕业生以及培训进修，教师素质得到很大提高。

二、学历结构

20世纪70年代，由于种种原因，尚义县中小学教师合格率一直在徘徊中前进，未能有大幅度提高，尤其是初中教师不达标问题尤为突出。到1982年小学教师达标率为77.82%，初中教师达标率仅为31.40%。这种状况严重影响了九年义务教育的贯彻实施。尚义县通过中师函授教育和“三沟通”培训，提高中小学教师的达标率。

1989年小学996名专任教师中，中专师范类745人，高中及以下学历251人（中职101人，助理职190人），民办教师576人，学历合格率74.8%；初中336名专任教师中，本科师范1人、专科师范53人、中专师范282人，民办教师21人，学历合格率16.0%；高中74名专任教师中本科师范19人、专科师范44人，中专师范11人学历合格率25.7%；职业高中16名专任教师中，本科2人、专科11人、中专以下3人，学历合格率12.5%；职业初中49名专任教师中，专科4人，中师及高中43人，学历合格率8.2%。

到1995年10月，有744名小学教师中师函授毕业，使小学教师达标率由1992年的77.80%上升到94%；有103名初中教师“三沟通”培训毕业，7人自考毕业，中学教师达标率由1992年的31.49%上升到67.18%。

1998年全县小学专任教师1097名，学历符合规定要求的1092名。其中高中、中师以上学历1073名，学历合格率99.54%；初中专任教师447名，有138名教师“三沟通”毕业，学历符合规定要求的390名，其中专科以上学历372名，学历合格率87.24%。中小学除101名教龄不满一年者外，全部达到三级教师以上任职资格，其中小学高级教师170名，一级教师815名，二级教师378名，三级教师80名。在62名中小学校长中，接受岗位培训的中小学校长55名，其中小学校长41名。受训中小学校长中取得培训合格证书40名，合格率为72.73%，剩余七名为新任校长。

1998—2001年全县中小学校长培训面达95%以上，在职教师继续教育与“全员教学达标工程”提高了全县专任教师的素质，培养选拔出县级学科带头人10人、市级骨干教师40人、县级教学能手107人。

到2000年年底全县小学教师学历达标率99.03%，略高于全市平均水平；初中教师达标率86.15%，略低于全市平均水平。高中教师学历达标率最低时不足20%。50余名不达标教师通过采取参加成人本科函授、脱产培训、专升本、社会自考、电大二学历的培训进修，顺利毕业，同时有2人进修研究生学历。到2000年年底全县高中教师学历达标率达到62%。

除此之外，还通过招聘（含国家特设岗位计划招聘79人）、继续教育、骨干教师培训、新教师上岗培训、中小学校长培训、新课程培训、普通话培训等形式，进一步提高中小学教师队伍素质。

2001年，全县小学专任教师1118人，其中专科以上学历191人，小学教师专科率达17%，比1998年增长了14.3%；中专高中毕业914人，1986年年底以前任教满20年已评聘职务的8人，符合规定学历的1117人，教师学历合格率达99.91%。全县小学校长40人，接受岗位培训

39人，培训率97.5%。全县初中专任教师498人，其中专科以上学历436人，本科12人，本科率2.4%，比98年增长了1.1%，中专高中毕业59人，取得专业合格证书12人，1986年底以前任教满20年现已评聘职务的15人，符合规定学历的463人，教师学历合格率达92.97%。全县初中校长21人，接受岗位培训20人，培训率95.2%。

2005年，全县中小学教职工总数2932人，其中专任教师总数1875人，专任教师中本科以上学历141人，专科学历849人，中师（专）及高中学历700人，初中学历2人。高中学校（含职业高中）学历达标率55%，初中学校学历达标率66.50%，小学学校达标率99.80%，幼儿园学历达标100%。

2010年，全县中小学专任教师1596人，专任教师中，幼儿教师54人、小学教师890人、中学教师568人、职中教师66人、专任教师中本科以上学历393人，专科学历679人，中师（专）及高中学历447人，初中学历1人。高中教师（含职业高中）学历达标率76.73%，初中教师学历达标率98.10%，小学教师达标率100%，幼儿园教师学历达标率100%。

三、职称结构

1987年中小学公立教师首次职称评审，1988—1989年，中小学民办教师首次职称评审，聘任的基本办法是满龄直聘。首次中小学职称评聘以来，按照《河北省中小学教师职称评审政策说明》精神，在历年的中小学教师职称评审中，在年限计算、职称报评材料的有效性、申报专业技术资格的基本条件、破格申报、任职资格和学历、年度考核、论文、职称外语、业绩成果等方面做了严格规定，职称评聘有序进行。

1989年，小学专任教师中，中职101人、助理职190人；普通中学有高职8人、中职81人、助理职130人；职业中学有中职2人，助理职4人，幼儿园专任教师中，中级职称5人，助级职称4人，其他学校中级职称9人，助级职称7人。聘任办法是在获得相应专业技术资格后，按照单位职称编制总量下发聘任指标。

1998年，中小学除101名教龄不满一年者外，全部达到三级教师以上任职资格，其中中小学高级教师170人，一级教师815人，二级教师378人，三级教师80人。

2005年，全县专任教师总数中，高级职称61人，中级职称788人，助级职称674人，员级职称62人，无职称209人。高中（含职业高中）专任教师中，高级职称16人，中级职称68人，助级职称33人，无职称44人。初中教师专任教师中，高级职称39人，中级职称248人，助级职称227人，员级职称41人，无职称123人，小学教师专任教师中高级职称6人，中级职称463人，初级职称407人，员级职称41人，无职称123人。幼儿园专任教师中，高级职称0人，中级职称9人，初级职称7人，无职称1人。

2010年，全县专任教师中，高级职称135人，中级职称967人，助级职称379人，员级职称18人。其中：高中（含职业高中）专任教师中，高级职称42人，中级职称60人，助级职称55人，员级职称1人；初中专任教师中，高级职称84人，中级职称201人，助级职称114人，员级职称13人；小学专任教师中，高级职称9人，中级职称688人，助级职称201人；幼儿园专任教师中，中级职称18人，助级职称9人。

1989-2010 年部分年份尚义县小学教师学历、专业职称情况表

表 19-12　　单位：人

学 年	专任教师	学 历				职 称					女教师	备 注
		本科师范	专科师范	中师高中	高中以下	小学高级	小学一级	小学二级	小学三级	未评级		
1989—1990	996	0	0	745	251	中职 101 人，助理职 190 人				—	—	—
1992—1993	1091	0	17	545	529	—	—	—	—	—	—	—
1993—1994	1064	0	30	636	398	101	364	450	65	84	—	—
1995—1996	1055	0	59	844	152	151	607	229	12	56	282	—
1996—1997	1160	0	87	979	94	180	720	160	3	97	307	—
1997—1998	1082	0	78	932	38+34	179	715	155	1	32	307	—
1998—1999	1100	3	130	932	35	176	763	115	0	46	320	—
1999—2000	1120	1	184	895	40	172	825	89	0	34	331	—
2000—2001	1143	1	180	939	23	171	850	81	—	41	—	—
2001—2002	1036	—	—	—	—	144	810	72	0	10	341	—
2002—2003	985	0	234	745	6	259	639	74	3	11	343	—
2003—2004	989	7	340	638	4	404	504	28	0	53	343	—
2004—2005	994	9	341	613	31	2+501	410	20	1	60	354	中高 2 人
2005—2006	988	33	388	548	19	7+500	392	17	1	71	355	中高 7 人
2006—2007	945	44	385	484	32	4+551	329	7	1	53	337	中高 4 人
2007—2008	913	60	399	450	4	4+479	359	8	1	62	346	中高 5 人
2008—2009	892	66	396	414	16	2+479	345	6		60	350	中高 2 人
2009—2010	890	76	432	382	0	5+482	354	10	0	39	348	中高 5 人

1989—2010 年部分年份尚义县初中教师学历、专业职称情况表

表 19-13　　单位：人

学 年	小 计	学 历				职 称					女教师
		本科师范	专科师范	中师及高中	高中以下	中学高级	中学一级	中学二级	中学三级	未评级	
1989—1990	336	1	53	282	高职 8 人，中职 81 人，助理职 130 人						—
1992—1993	362	7	107	206	42	—	—	—	—	—	—
1993—1994	347	11	121	186	29	2	45	83	169	48	83
1995—1996	454	24	281	135	14	2	48	171	126	107	118
1996—1997	457	16	322	104	15	2	46	199	100	110	119

续表 19-13

学年	小计	学历				职称					女教师
		本科师范	专科师范	中师及高中	高中以下	中学高级	中学一级	中学二级	中学三级	未评级	
1997—1998	443	27	310	94	12	2	44	216	101	80	131
1998—1999	399	18	311	61	9	3	36	222	55	83	134
1999—2000	404	21	323	54	6	3	33	248	51	69	142
2000—2001	411	26	329	52	4	3	35	268	37	68	150
2001—2002	468	—	—	—	—	4	44	311	30	79	165
2002—2003	477	34	389	53	0	—	—	—	—	—	—
2003—2004	549	101	403	45	0	13	92	276	27	141	236
2004—2005	549	142	385	22	0	17	115	257	29	131	238
2005—2006	489	177	304	8	0	15	148	188	5	133	235
2006—2007	452	161	286	5	0	17	159	186	0	90	210
2007—2008	467	174	288	5	0	29	182	205	0	51	212
2008—2009	472	197	272	3	0	36	223	173	0	40	215
2009—2010	433	183	244	6	0	36	188	170	0	39	198

1989-2010 年部分年份尚义高中教师学历、专业职称情况表

表 19-14 单位：人

学年	小计	学历				职称					女教师	备注
		本科师范	专科师范	中师高中	高中以下	中学高级	中学一级	中学二级	中学三级	未评级		
1989—1990	74	19	44	11	—			—			—	—
1992—1993	74	26	42	6	0	—	—	—	—	—	—	—
1993—1994	71	29	36	6	—	2	7	44	4	14	16	—
1995—1996	60	23	31	6	0	1	10	44	4	1	15	—
1996—1997	68	29	32	5	2	4	20	36	1	7	17	—
1997—1998	69	29	35	4	1	2	18	44	2	3	18	—
1998—1999	69	30	35	4	0	3	14	46	1	5	17	—
1999—2000	69	36	31	2	0	2	18	46	1	2	18	—
2000—2001	70	42	27	1	0	3	19	45	1	2	18	—
2001—2002	70	42	27	1	0	3	18	49	0	0	14	—
2002—2003	70	53	16	1	0	6	22	42	0	0	14	—

续表 19-14

学 年	小 计	学历				职称					女教师	备 注
		本科师范	专科师范	中师高中	高中以下	中学高级	中学一级	中学二级	中学三级	未评级		
2003—2004	84	53	31	0	0	9	53	14	0	8	30	—
2004—2005	79	48	30	1	0	3	26	28	—	22	35	—
2005—2006	101	70	30	1	0	6	29	43	7	16	41	—
2006—2007	132	1+100	31	0	0	15	58	33	—	26	53	研究生 1 人
2007—2008	152	1+133	18	0	0	21	62	27	12	30	61	研究生 1 人
2008—2009	141	1+117	23	0	0	23	65	48	0	5	53	研究生 1 人
2009—2010	135	1+113	21	0	0	28	52	48	0	7	54	研究生 1 人

四、年龄结构

（一）小学教师 1989 年，996 名小学教师中 30 岁及以下 293 人、31 ～ 40 岁 401 人、41 ～ 50 岁 225 人、51 岁及以上 77 人，分别占教师总数的 29.42%、40.26%、22.59%、7.73%；

1999 年，1100 名小学教师中 30 岁及以下 163 人、31 ～ 40 岁 353 人、41 ～ 50 岁 349 人、51 岁及以上 235 人，分别占教师总数的 14.82%、32.09%、31.73%、21.36%；

2010 年，890 名小学教师中 30 岁及以下 89 人、31 ～ 40 岁 192 人、41 ～ 50 岁 322 人、51 岁及以上 287 人，分别占教师总数的 10%、21.57%、36.18%、32.25%

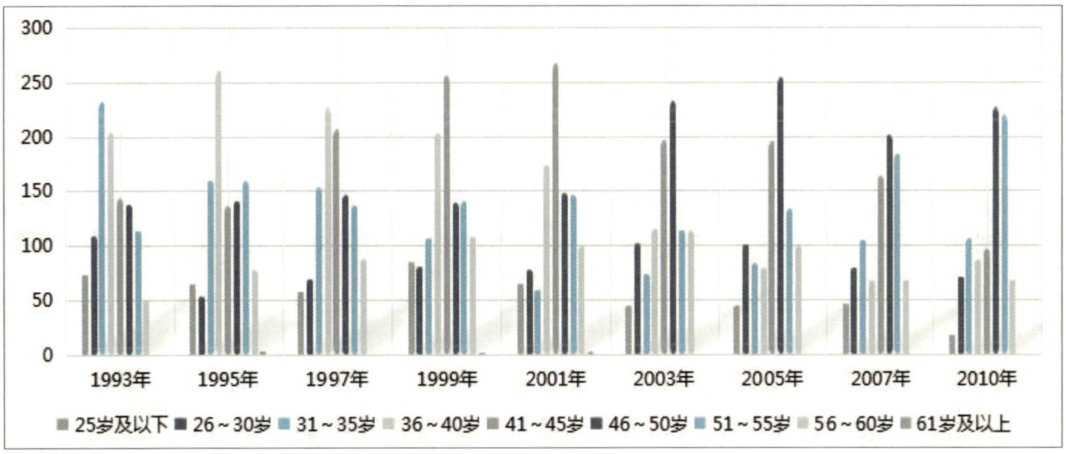

图 19-1 1993—2010 年部分年份尚义县小学教师年龄结构示意图

1989-2010 年部分年份尚义县小学专任教师年龄结构情况表

表 19-15 单位：人

学 年	小 计	25 岁及以下	26 ～ 30 岁	31 ～ 35 岁	36 ～ 40 岁	41 ～ 45 岁	46 ～ 50 岁	51 ～ 55 岁	56 ～ 60 岁	61 岁及以上
1989—1990	996	293		401		225		77		0
1993—1994	1064	74	109	232	204	143	138	114	50	0

续表 19-15

学 年	小 计	25 岁及以下	26 ~ 30 岁	31 ~ 35 岁	36 ~ 40 岁	41 ~ 45 岁	46 ~ 50 岁	51 ~ 55 岁	56 ~ 60 岁	61 岁及以上
1995—1996	1055	65	53	160	261	136	141	159	77	3
1996—1997	1160	107	70	157	236	183	153	156	97	1
1997—1998	1082	58	69	153	226	206	146	137	87	0
1998—1999	1100	81	82	150	203	202	147	151	83	1
1999—2000	1120	85	80	107	203	256	139	140	108	2
2000—2001	1143	97	76	79	215	281	139	147	109	0
2001—2002	1036	65	77	59	174	267	148	146	99	1
2002—2003	985	38	87	73	145	216	195	132	99	0
2003—2004	989	44	102	73	115	196	232	114	113	0
2004—2005	994	31	100	73	94	218	253	124	101	0
2005—2006	988	44	101	83	79	195	254	133	99	0
2006—2007	945	34	83	99	58	172	252	153	94	0
2007—2008	931	46	79	105	67	163	201	184	68	0
2008—2009	892	26	84	101	71	138	203	205	64	0
2009—2010	890	18	71	106	86	96	226	219	68	0

（二）中学教师 1989 年，410 名中学教师中，30 岁及以下 209 人、31 ~ 40 岁 120 人、41 ~ 50 岁 59 人、51 岁及以上 22 人，分别占教师总数的 50.98%、29.27%、14.39%、5.36%；

2000 年，473 名中学教师中 30 岁及以下 225 人、31 ~ 40 岁 151 人、41 ~ 50 岁 65 人、51 岁及以上 32 人，分别占教师总数的 47.57%、31.92%、13.74%、6.77%；

2010 年，568 名小学教师中 30 岁及以下 142 人、31 ~ 40 岁 255 人、41 ~ 50 岁 113 人、51 岁及以上 58 人，分别占教师总数的 25%、44.90%、19.89%、10.21%，其中高中有 3 名 60 岁以上教师仍在岗。

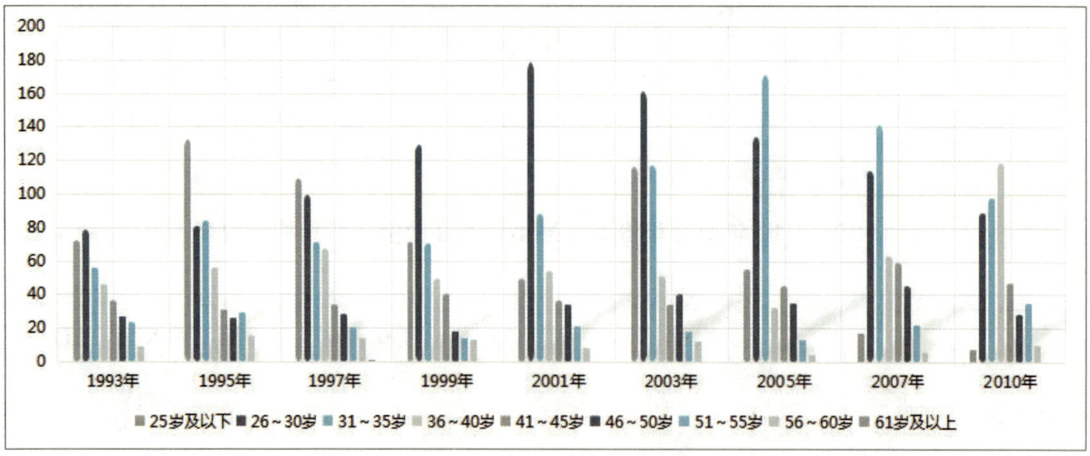

图 19-2 1993—2010 年部分年份尚义县初中教师年龄结构示意图

1993—2010 年尚义县初中专任教师年龄结构情况表

表 19-16 单位：人

学 年	合 计	25 岁及以下	26～30 岁	31～35 岁	36～40 岁	41～45 岁	46～50 岁	51～55 岁	56～60 岁	61 岁及以上
1993—1994	347	72	78	56	46	36	27	23	9	0
1995—1996	454	132	81	84	56	31	26	29	15	0
1996—1997	457	135	103	64	48	37	32	21	17	0
1997—1998	443	109	99	71	67	34	28	20	14	1
1998—1999	399	101	95	74	50	28	19	15	17	0
1999—2000	404	71	129	70	49	40	18	14	13	0
2000—2001	411	62	139	82	42	40	22	16	8	0
2001—2002	468	49	178	88	54	36	34	21	8	0
2002—2003	477	44	172	107	58	34	31	27	4	0
2003—2004	549	116	161	117	51	34	40	18	12	0
2004—2005	549	93	152	138	52	37	47	21	9	0
2005—2006	489	55	134	171	32	45	35	13	4	0
2006—2007	452	45	136	130	32	44	39	21	5	—
2007—2008	467	17	114	141	63	59	45	22	6	—
2008—2009	472	14	99	121	96	62	33	34	13	—
2009—2010	433	7	89	98	119	47	28	35	10	—

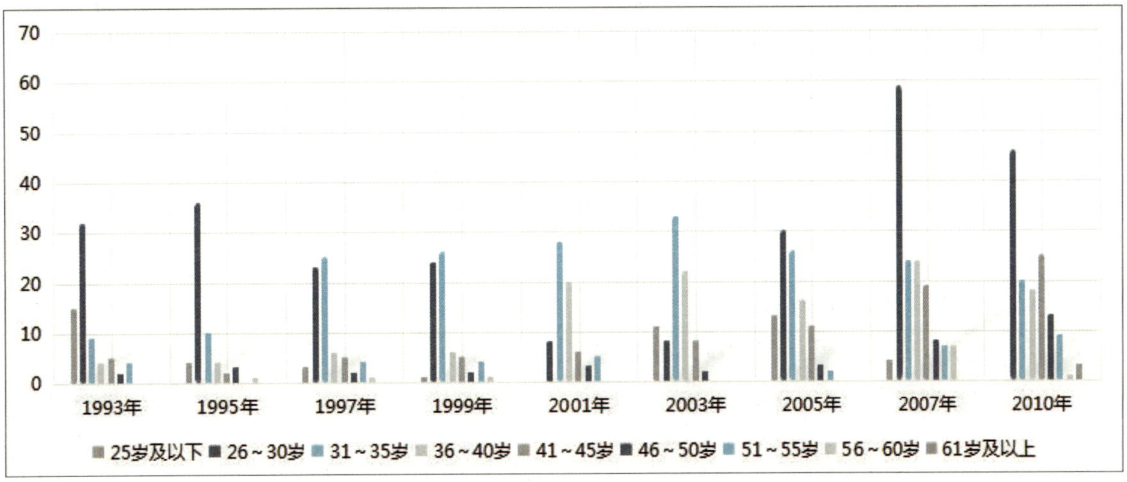

图 19-3 1993—2010 年部分年份尚义县高中教师年龄结构示意图

1993-2010 年尚义高中专任教师年龄结构情况表

表 19-17 单位：人

学 年	小 计	25 岁以下	26 ~ 30 岁	31 ~ 35 岁	36 ~ 40 岁	41 ~ 45 岁	46 ~ 50 岁	51 ~ 55 岁	56 ~ 60 岁	61 岁及以上
1993—1994	71	15	32	9	4	5	2	4	—	—
1995—1996	60	4	36	10	4	2	3	—	1	—
1996—1997	68	5	17	16	9	17	1	1	2	—
1997—1998	69	3	23	25	6	5	2	4	1	—
1998—1999	69	3	20	26	8	5	2	4	1	—
1999—2000	69	1	24	26	6	5	2	4	1	—
2000—2001	70	4	5	31	19	6	1	3	1	—
2001—2002	70	0	8	28	20	6	3	5	0	—
2002—2003	70	0	7	29	19	7	3	5	0	0
2003—2004	84	11	8	33	22	8	2	0	0	0
2004—2005	79	0	28	17	19	8	5	2	—	—
2005—2006	101	13	30	26	16	11	3	2	—	—
2006—2007	132	19	35	37	20	13	3	5	—	—
2007—2008	152	4	59	24	24	19	8	7	7	—
2008—2009	141	3	49	19	24	21	10	10	2	3
2009—2010	135	0	46	20	18	25	13	9	1	3

（三）职业中学 1989 年，职业中学 65 名专任教师中 30 岁以下 24 人、31 ~ 40 岁 18 人、41 ~ 50 岁 17 人、51 岁以上 6 人；分别占教师总数的 36.93%、27.69%、26.15%、9.23%；

2000 年，全县职业中学 108 名专任教师中，30 岁及以下 64 人、31 ~ 40 岁 28 人、41 ~ 50 岁 10 人、51 岁及以上 6 人，分别占教师总数的 59.26%、25.93%、9.26%、5.56%；

2010 年，尚义县职业技术教育中心 66 名专任教师中，30 岁及以下 7 人、31 ~ 40 岁 25 人、41 ~ 50 岁 28 人、51 岁及以上 6 人，分别占教师总数的 10.61%、37.88%、42.42%、9.09%。

第二节 教师业务培训

一、继续教育

1991 年开始，先后分三期对初中教师进行"三沟通"（卫星电视教育、自学考试、高师函授）培训，初中教师学历达标率 85%。

1991—1997 年，第一轮 800 余名小学专职教师接受了师德修养、小学语文及数学教学大纲等 7 门课程的继续教育培训，学习成绩合格率 100%。

根据《河北省小学教师继续教育暂行规定的通知》(冀教字〔1992〕号)，从1994年开始，全面开展了小学教师继续教育。到1997年首轮小学教师继续教育结束，完成总学时596课时。从1999年开始开展了中学教师继续教育和小学教师二轮继续教育。

二、骨干教师培训

1997年，尚义县教育局在全县200多名各级骨干教师中选出27名中青年教师进行为期15天的短期培训。让每位骨干教师都能够带动一校，辐射一片（一个乡镇）。1999年，选派专业教师参加省市组织的一级辅导，回县后组织乡镇辅导员进行二级培训；二级培训后的乡镇辅导员回校后，完成乡镇学校的三级辅导培训。凡属培训范围内的教师必须完成规定课时的学习任务，接受相关的培训及考核，记入年终的职务评定考核中。

之后，县教育局作出了《关于骨干教师的培养、管理的规定》，对骨干教师认真选拔，精心培养，建立档案，组织培训，定期考核，做公开课，逐步形成一定数量质量较高的专家型学者型的骨干教师队伍。

三、新教师上岗培训

尚义县教师进修学校从1994年起，开始新教师上岗培训，逐步纳入正轨，并形成制度。

在新教师培训中，重点是思想、基本功、业务知识建设。通过优秀教师作事迹报告会，培养良好的师德风范。基本功训练重点抓三笔、两画（话）、两能力的训练。1994—2007年共培训新教师540人。

2009—2010年，岗前培训全县新聘118名特岗教师和幼儿教师。

四、中小学校长培训

1989—1991年全县举办3期中小学校领导干部培训班，128人参加。

1992—1995年，举办4期中小学校领导干部培训班，164人参加。

1994年年底培训新任命的47名中小学校长。

1996年4月培训79名中小学校长，并颁发了中小学校长岗位培训合格证书。

2000年，全县有34名小学校长参加了为期一个月的提高培训，系统学习了邓小平教育思想的研究专题。

2003年全县43名小学校长为期15天的信息技术、学生事故处理意见培训。

2005年83名中小学校长参加了中小学学校管理培训，邀请了北京市继续教育学院教授陈丽做了“品牌管理和策略”专题讲座。

2007年首次选派4位校长到东北师大进修学习一年。

2008—2010年，通过以会代训的形式对全县中小学校长进行思想政治建设、学校管理、一校一品建设等培训。

五、中小学教师普通话培训

为提高中小学教师讲普通话、写规范字水平，1989—1999年，全县1718名中小学教师普遍进行了一次全员达标活动，要求教师，用标准普通话讲课，在书写教案、板书、批改作业、填写评语等环节要严格使用规范字，有338人取得“二级甲等”合格证书，1198人取得“二级乙等”合格证书，合格率为90%。2001年1月1日《中华人民共和国国家通用语言文字法》实施以来，全县中小学将语言文字工作纳入教育教学工作的重要议程，并将其纳入学校考核和教师绩效考评，2003 年下半年，培训了普通话测试不达标的教师。2006 年 11 月，全县 700 多名教师参加了普通话升级培训，2007 年 11 月中旬顺利通过了省市评估检查。

第三节 教师待遇

一、政治待遇

1985 年全国第一个教师节，尚义县组织了庆祝大会。此后，县政府先后 21 次召开表彰大会，1679 名先进教育工作者和模范教师代表受到表彰，300 人次受到市级政府以上表彰奖励，1 人获“全国优秀教师”称号。

全国模范班主任张廷模教师在辅导学生做作业（1992 年）

1989 年，全县专任教师中有 198 名党员，占教师总数的 12.99%。小学党员 104 人、团员 145 人，中学党员 71 团员 133 人，职业中学党员 14 人、团员 13 人，其他学校党员 9 人、团员 7 人。

2010 年年底，全县专任教师中有 431 名党员，占教师总数的 27.00%。其中小学党员 250 人、团员 4 人，中学党员 143 人，职业中学党员 24 人，其他学校党员 14 人；先后有 9 人被选为县人大代表，10 人选为政协委员，有 5 人为市人大代表。参政议政的人数增加，机会增多。每年，县、乡（镇）党委、政府教师节组织慰问教师形成惯例。

1989—2010 年尚义县教育系统获市以上奖励人员一览表

表 19-18

姓名	性别	荣誉称号	授奖机关	授奖时间
张廷模	男	河北省特级教师	省政府、省教育厅	1989 年
王　利	男	河北省优秀教师	省人事厅、省教育厅	1991 年 9 月
贾圣莲	女	河北省优秀教师	省人事厅、省教育厅	1991 年 9 月
刘凤祥	男	河北省优秀教师	河北教育委员会、省人事厅	1991 年 7 月
曹树桃	女	河北省优秀教师	省教育厅	1992 年
黄　福	男	河北省优秀教师	省教育厅	1993 年
张　海	男	河北省优秀教师	省人事厅、省教育厅、省总工会	1993 年 9 月
闫焕堂	女	全国优秀教师	教育部、人事部	1993 年

续表 19-18

姓名	性别	荣誉称号	授奖机关	授奖时间
崔占亮	男	河北省优秀教师	河北教育委员会	1994 年 10 月
崔占亮	男	河北省优秀教师	河北教育委员会、省人事厅	1997 年
吴　果	女	河北省优秀教师	河北省教育委员会、省人事厅、省教育工会	1998 年 8 月
肖　忠	男	希望工程园丁奖	中国青少年发展基金会	1998 年 9 月
邓丽茹	女	河北省特级教师	省政府、省教育厅	1999 年
吴　果	女	河北省特级教师	省政府	2001 年 9 月
张　忠	男	河北省师德先进个人	省教育厅、省教育工会	2001 年 9 月
贾圣莲	女	全国优秀辅导员	中国青少年发展基金会中华古诗文经典诵读组委会	2001 年 12 月
孙秀兰	女	优秀教育世家	省教育厅、省教工委	2002 年 5 月
侯志宁	男	河北省师德先进个人	省人事厅、省教育厅总工会	2004 年 9 月
赵占江	男	河北省第一届中小学生优秀作文大赛优秀指导教师	省教育厅基础教育处、河北省教育科学研究所	2006 年 3 月
杨跃升	男	河北省优秀教师	河北省教育厅、省人事厅、省教工委	2007 年 8 月
刘玉江	男	全国教育科研优秀校长	全国中小学幼儿教师奖励基金会	2007 年 9 月
石元宇	男	全国教育科研优秀校长	全国中小学幼儿教师奖励基金会	2007 年 9 月
刘继清	男	全国教育科研优秀教师	全国中小学幼儿教师奖励基金会	2007 年 9 月
通烈平	男	全国教育科研优秀教师	全国中小学幼儿教师奖励基金会	2007 年 9 月
李　海	男	全国教育科研优秀教师	全国中小学幼儿教师奖励基金会	2007 年 9 月
刘　敏	男	全国教育科研优秀教师	全国中小学幼儿教师奖励基金会	2007 年 9 月
高海霞	女	全国优秀教师	教育部	2007 年 9 月
郑夏萍	女	中国青少年喜爱的乡村英语教师	中国教育学会外语教学专业委员会	2008 年 2 月
方志新	女	优秀语文教师	中国语文学会	2008 年 12 月
张福冀	男	全国科研优秀教师	国家基础教育中心	2008 年 12
高海英	男	全国优秀教师	教育部	2009 年 11 月
高海英	男	“三三三”工程人才	省人力资源社会保障厅、省科学技术厅、省教育厅等七部门	2009 年 11 月
李　飞	男	河北省海外基金奖	省海外基金会	2010 年 7 月
李建霞	女	张家口市模范教师	市政府	2010 年 9 月
师桂贤	女	张家口市模范教师	市政府	2010 年 4 月
马　锐	男	张家口市模范教师	市政府	2010 年 4 月
佘启山	男	张家口市模范教师	市政府	2010 年 4 月

二、工资待遇

1989—2005 年，职称改革后，由于教育体制实行分级管理，分级办学，县财政统管全县公立教职工的人头费和民办教师的国家补助部分，即个人部分。公用部分包括公务费、设备购置费、修缮费、业务费等分别由县、乡、村三级管理。县财政负责5所公办中学、3所县城小学、1所县办幼儿园、1所农技高中、1所蒙古族学校和1所县师范学校；乡（镇）管理各乡办中学、乡完全小学；行政村负担所辖各小学。

1989—1993年，全县中小学教师工资待遇除按国家工资制度执行外，还包括教龄津贴、班主任津贴、体育教师、实验人员和特级教师津贴、取暖补贴、少数民族补贴和职工福利费、丧葬费、抚恤金、遗嘱补助费、独生子女和妇女卫生费等职工福利。中小学教师在工资全部进入职称序列后，月工资：中学高级131元，一级105元，二、三级82元。根据省委、省政府通知，对任教满30年的中小学教师退休后，按退休前标准工资百分之百发放。同时，为在职中小学教师提高基础工资10%（从1987年10月补发）。中学教师月平均工资208.15元，小学教师月平均工资162元。同样，为提高民办教师工资偏低问题，县文教局、劳动人事局联合发文，民办教师从1987年10月，公助部分每人每月提高5元，即中学民办教师每月58元，小学每月52元。

1993年，全国工资制度改革后，专业技术人员工资是将1993年9月30日的基础工资、职务工资、工龄津贴合并，按工作年限长短套改，增设福利性补贴64元，就近就高套入本人所聘任的专业技术职务新工资标准，超过聘任职数限额或只有资格没有聘任职务的，其资格不与工资挂钩。套改后，在新的专业技术职务工资标准的基础上提高10%。1994年起，增加年终奖，奖金为本人当年12月份的工资数额，地区津贴按国家标准执行。新晋升职务和职称的教师增加相应档次的工资标准。同时，每两年调整一次工资标准，工资标准调整后，津贴水平相应提高。离休人员按职务工资与津贴之和全额发放，退休人员分工作年限35年以上、30～35年、20～30年、10～20年、10年以下按比例90%、85%、80%、70%、50%发放。民办教师工资2000年为每月220元。

2006年，新的工资制度改革后，专业技术人员工资有了大幅度提高，专业技术人员工资由岗位工资、薪级工资、绩效工资、津贴工资组成，岗位工资、薪级工资分职称按年限对应套改。岗位工资、薪级工资分别提高10%。津贴分教龄和艰苦边远地区两种。离休人员按本人职务工资与津贴之和全额发放，退休人员分工作年限35年以上、30～35年、20～30年、10～20年、10年以下按比例90%、85%、80%、70%、50%发放。聘用在正高级专业技术人员执行四级岗位工资标准，聘用在副高级专业技术人员执行七级岗位工资标准，岗位工资最低标准每月1023元，聘用在中级专业技术人员执行10级岗位工资标准，岗位工资最低标准每月748元，聘用在助级专业技术人员执行十二级岗位工资标准，岗位工资最低标准每月649元，聘用在员级专业技术人员执行十三级岗位工资标准，岗位工资最低标准每月590元。从2006年7月起，年度考核为合格以上等次的人员每年增加一级薪级。“双代”人员工资到2010年每月1200元。

20世纪90年代，因县、乡财政拮据，全县教师工作得不到按时足额发放，一度影响教师队伍的稳定。2003年以后，县财政依据上级转移支付统管全县公立教职工的人头费和民办教师的国家补助部分，教师的工资得以保障。2006年，新的工资制度改革后，教师工资大幅度提高，明显高于县内公务人员的工资水平。

第八章 教育科研

第一节 教育科研机构

县教育局教研室管理和指导全县教师教育科研，1989年内设管理组、中教组、小教组、电教仪器组。2005年教研室更名为教育科学研究所，内设办公室、初中室、小学室、理论室、档案资料室，幼儿教育教研和高中教育教研由部分教研员兼任。

2002年在乡（镇）总校成立了科研领导小组，规划、管理、指导全乡（镇）的教育科研；在国办中小学、乡（镇）中学设立了科研副校长或科研副主任，管理和指导学校的教科研工作的开展、过程实施、成果转化。

2003年，教研工作重心下移到学校，在全县中小学成立中心教研组暨聘任兼职教研员。

2008年聘任中学各学科兼职教研员31人，小学各学科兼职教研员21人。

2010年，增聘中学地理、音乐、美术、体育学科教研员6人；小学音乐、美术、体育、幼儿教育教研员10人。

第二节 教学研究

1989—1997年，全县中小学教科研内容主要包括中小学示范课、观摩课、优质课的研究推广和小考、中考、高考的质量分析。先后有196名教师获得市县表彰。小考、中考、高考的质量分析主要在全县任毕业年级教师中进行，研究教法，改进教学，促进教学质量的提高。

1998年后，全县各中小学相继成立教育科研办公室明确科研课题的申报和研究结果与评模选优、晋升职称挂钩以及其他的奖励办法。1999年县教委印发了《教育科研成果奖励意见》，意见从指导思想、工作管理、成果认定、评选程序与评选标准、成果推广五个方面做了详细规定。2000年以来，每年年底召开全县教科研成果交流研讨会，出一本科研成果专辑，以展示取得的成果，带动全县科研工作的顺利开展。

2002年10月，教育局组织全县20多名主管教育科研的学校管理人员，到石家庄进行了业务学习。2003年3月，尚义县教育局召开了尚义县“十五”课题开题培训会，邀请市级课题专家就课题研究专题培训20余场，中小学科研人员和“十五”课题主持人等，受益教师800多人次。

2004年4月，召开了“十五”课题阶段性成果汇报会，汇报了127项市、县级课题（其中市级15项、县级112项）成果。

2003—2005年，对中小学起始年级进行了课改调研和教师教材培训，覆盖面达100%，同时对全县初三年级教师进行了专题培训，聘请专家对300多名小学教师进行了小学课程专题辅导。

2007年9—12月，县教科所组织开展了全县中小学教师“说、讲、评、考教材”的活动。对全县所有专任教师进行了理论和专业知识统一考试。评选结果高中优秀教师9人，达标教师63人，基本达标教师16人，不达标教师30人；初中优秀教师8人，达标教师289人，基本达标教师45人，不达标教师43人；小学优秀教师9人，达标教师488人，基本达标教师126人，不达标教师114人。

第三节 研究成果

“九五”期间实施教育科学研究以来，全县中小学中先后有3所学校被市教科所确立为“科研先导型学校”，5所学校被确立为县级科研先导型学校。1997年，尚义县第一中学申报了省级科研课题1项、市级科研课题1项；尚义县第二中学在1997年9月引进了由国家基础教育司外语教育研究中心、张家口教科所批准的《英语“四位一体”教学法的实验研究》；教研室有4名教研员申报了课题研究，都获得了市级研究成果鉴定。

“十五”期间，共有135项科研课题立为县级课题，39项教育科研立为市级课题，同时教研室、尚义一中和安宁街小学分别承担了一项省级“十五”课题的子课题。2004年，尚义县教育科研课题通过市级成果鉴定，获一等奖1项、二等奖4项、三等奖1项，并有两项成果被省教育厅、人事厅确定为省级研修班内容。是年4月，在全县“十五”课题阶段性成果汇报会上，有56项课题被确立为优秀课题。

“十一五”以来，全县又申报7个省级科研课题，29个市级课题，110个县级课题。其中，获市一等奖1项、二等奖2项、三等奖1项、结题3项；组织了县级“十一五”课题结题鉴定，共审阅县级课题42项，评出一等奖5项、二等奖14项、三等奖19项、结题4项；同时，组织了县级“十一五”课题补充立项。

1997—2009年尚义县部分课题研究成果一览表

表19-19

时间	课题名称	主要内容	批准单位	研究人员	备注
1997年4月立项2001年7月结题	农村中学劳动技术课教学改革研究	以尚义三中和哈拉沟（现三工地镇）乡中为实验基地。三中建实验大棚一个，占地0.03公顷，哈拉沟乡中建大棚一个，占地0.05公顷，两个大棚以种植各种蔬菜为主。在哈拉沟乡还有0.66公顷耕地，种植马铃薯和亚麻。课题以初中劳动技术课为主进行劳动技术、技能的教育培养，提高学生的综合素质，促进素质教育的发展。同时也为当地劳动者进行劳动技术、技能培训。课题实验成果在全县农村初中得到了推广，并且为当地农民经济的发展起到了示范引路作用	该课题被列为张家口市“九五”重点立项课题	教研室生物教研员王毅主持	
2001年9月立项2004年6月结题	高中生个性心理的培养	课题以高中生为研究对象，以认真尽责性、人际交往能力、适应性、自信等为重点，依据学生个性的“大五”（内外倾向性、社交性、责任感、情绪稳定性、开放性或智能）理论，采用观察法、调查法和实验法等方法进行研究。开展“二十二个一”活动，让学生在学习和生活的实际行为中，从点滴做起，从小事做起，养成良好的习惯进而培养和完善个性。特别是对培养和完善来自贫困农村的、学习成绩一般或较差的学生的个性，产生了良好的效果	该课题是张家口市教科所批准立项的“十五”科研课题	尚义县第一中学教研室主任常佃宏主持	获市级二等奖

续表 19-19

时间	课题名称	主要内容	批准单位	研究人员	备注
2005 年 9 月立项 2008 年 7 月结题	《多媒体技术在课堂教学中最优化应用研究》	课题以“原创共用”为网络和多媒体建设的基本原则，强调网上学习与网上交流为主要特征，重视多媒体技术在课堂中的应用，通过立体化、网状结构的优化整合以及网上网下项目协作，使网络和多媒体成为学习（研究）基地以及网络文化建设载体。课题研究的成果：在学生方面，作为实验对象的初一年级学生的总分成绩与省一级学校学生水平持平，学生在学科整合教学以及信息技术应用方面表现出很强的能力。教师专业发展方面，课题组教师在研究期间先后发表 10 篇教学论文，多个教学课件获省市奖励	该课题是张家口市教育科研规划办公室 2005 年 9 月批准立项的科研课题	尚义县第二中学教科研主任刘继清主持	获市级科研成果一等奖
2005 年 9 月立项 2008 年 7 月结题	初中英语互动式课题教学策略的研究	以新课标下“课堂教学师生互动”为研究对象，从师生互动的内涵、教学模式等具体内容入手。经过两年的研究、实践，教师综合素质得到提高，树立了课堂互动的教学理念；构建了初中英语师生互动教学模式。实验总结出了“互动”产生的过程，构建了以学生为主体，教师组织指导，师生共同积极参与的互动教学模式；优化了课堂教学和学生的学习方法；学生英语成绩快速提高	由张家口市教育科研规划办公室批准立项的“十五”青年专项课题	尚义县第二中学英语教师谷盛言主持	2007 年，县二中学生参加全国中学生英语知识与能力竞赛，获全国一等奖 11 人，二等奖 12 人，三等奖 16 人；获市一等奖 86 人，二等奖 67 人
2005 年 10 月立项 2008 年 7 月结题	探究性学习方式在化学教学中的运用研究	该课题以探究性学习方式在化学教学中的运用所涉理论问题和实践问题为主要研究对象，以探究性学习方式在化学教学中运用的策略为研究的重点，课题研究始终以探究性学习方式在化学教学中的运用的理论创新和实践模式为切入点展开。课题研究有力推动了尚义二中教育教学改革的深化，研究成果在全县初中化学课堂教学中得到推广	该课题是张家口市教育科研规划办公室批准立项的“十一五”重点规划课题	尚义县第二中学化学教师任春新主持	
2006 年 4 月立项 2009 年 12 月结题	文明史范式下高考历史复习策略	课题以“文明史模式下高考历史复习教学策略”作为研究内容与方向，填补了当前中学历史学科教学中复习策略研究方面的部分空白，为中学历史教师在新课改背景下进行高考历史复习提供了切实可行的帮助，为基于文明史范式复习策略研究的深入提供了素材	该课题是张家口市教科所批准立项的“十五”重点科研课题	尚义县第一中学教师张智海主持	2009 年 12 月结题，并获市教育科学“十一五”规划立项课题科研成果三等奖，2010 年 7 月在全国“十一五”教育科研优秀成果评选中获二等奖

续表 19-19

时间	课题名称	主要内容	批准单位	研究人员	备注
2007 年 9 月立项 2009 年 1 月结题	书面表达方面的文学创作策略及师生同行策略	该课题以打破陈旧落后的课堂作文模式为突破口，实现课堂教学的多元化，采用多种形式，不拘一格，全方位、多角度地进行训练，特别是在新课标下，针对农村学生的现状进行的研究。做到课课练，日日练，从局部入手，由易到难，循序渐进，达到作文写作提高的目的。课题不仅适应了基础教育改革的需要，而且符合本校的实际情况，从本校实际出发，对作文教学中学生由原来的不会写、没得写、无从下手写，到下笔如有神。研究改变了作文教学现状，促进了作文教学质量的提高，课题研究成果在全县进行了推广	中国教育学会中学语文教学专业委员会批准立项的“十一五”重点教育科研课题	尚义县第二中学语文教师赵贵和刘敏主持	

第九章　改善办学条件

第一节　方法措施

1989—2010 年尚义县改善办学条件经历了三个阶段：

1989—1995 年，学校改善办学条件的主要任务由 20 世纪 80 年代初的“三配套（校舍、院墙、厕所配套）”步入了“一无两有八配套”（校校无危房，班班有教室，人人有课桌凳，围墙、大门、校牌、操场、旗杆、水源、厕所、花坛八配套）的“普及六年小学”建设。重点是消灭危房，达到班班有教室，学生有课桌凳。1994 年，全县通过市政府普及初等义务教育的评估验收。初中、高中阶段的办学条件相对较差，设施、设备不足，制约着教育的发展。

1995 年在抓巩固“普六”成果的同时开始实施以初中阶段为重点的义务教育。1997 年县委决定调整规划，全面启动“普及九年义务教育”（以下简称“普九”）工作。到 2004 年，尚义县通过了河北省“普九”第二轮复验。

2008—2010 年，改善办学条件工作由“普九”转入以“领导与管理职责、教育经费投入、教育发展水平、校长和教师队伍建设、教学改革与教学质量”为主要内容的教育工作督导评估；教学设备的配置也由 20 世纪 80 年代课桌椅、电教设备转入图书配置和信息化建设上来。

一、自筹自建

2000 年起，尚义县初中生进入入学高峰期，2000—2001 学年在校学生比上学年增加 872 人，2001—2002 学年比上学年增加 2538 人，2002—2003 学年比上年增加 1519 人，2003—2004 年比上年增加 517 人，在校学生达到了 9501 人。特别是县城学校压力问题尤为突出。初中在校生的增加使原本达标水平较低的学校又出现了不达标的因素。为解决入学高峰问题，各乡（镇）村采取了“银行贷一点，施工欠一点，买料赊一点，义务工出一点”等办法，不少乡（镇）的工程采取了边施工边筹款的办法，县教育局购置仪器设备采用了先送货后分期付款的办法，积极改善办学条件。全县乡（镇）村和教育局都因解决入学高峰问题不同程度的背上了债务，全县累计负债近千万元。2001年，在县财力十分困难的情况下，县委、县政府主要领导亲临现场办公，为二中新征3333.33平方米地，投资100多万元，新建36间820.80平方米校舍，维修校舍48间，面积1094.40平方米，订购了13万元的教学仪器，基本解决了二中因初一学生增加而出现的校舍不足问题。石井乡党委、乡政府，2001年投入25万元建起校舍24间，制作了12间房的床板，购置了200单人套课桌凳；红土梁镇投入16万元，新建校舍16间；炕塄乡投入32.85万元，新建校舍28间，翻修校舍9间，新建厕所24间。2001年，全县共新添置学生课桌凳2000单人套，双层钢管床720张，新建成运动场4个，建房302间，总投资496.88万元。

二、项目建设

2007年，向上争取校舍安全建设工程资金422万元，改造了大青沟中学校舍，新扩建校舍面积6040平方米。2009年，实施中央预算内投资项目3项（八道沟中学初中校舍改造工程、小蒜沟中学初中校舍改造工程、尚义县职教中心实训楼），总建筑面积10910平方米，总投资802万元。其中中央预算内投资612万元，地方配套70万元，自筹120万元。2010年，利用校舍安全工程资金投资项目10个（安宁街小学新建教学楼科技楼项目、秀水小学新建宿舍楼项目、大青沟中心小学新建教学楼项目、大青沟小学新建餐厅项目、尚义县第二中学改扩建校舍安全工程、下马圈中心小学滑坡地质灾害治理项目、新建新兴街小学教学楼工程、大营盘中心小学新建教学楼工程、下马圈中心小学校舍建设工程、尚义县第二中学新建学生餐厅工程），总建筑面积24434.80平方米，总投资2445.70万元。其中，校舍安全工程资金1810.70万元，县级配套资金450万元，学校自筹121.30万元，捐助63.70万元。经县委政府批准，尚义县第一中学出售学校周边占地6670平方米，用以抵顶教学楼、宿舍楼建设工程债务480万元。

1989—2010年，全县为改善学校办学条件，投入总额达到12962万元。

第二节 改善教育设施

1989—1991年，县委、县政府在县财政十分拮据的条件下，投资290万元，新建校舍752间，翻新维修校舍408间，新建学校围墙1.50万米，更新课桌凳4908套。1991年，全县小学实现了“一无两有八配套”初级目标，农村小学教育设施较二十世纪七八十年代的“黑屋子、土台子、泥孩子”有了大幅度改善，并被省政府命名为“改善办学条件先进县”。

1992—1995年，全县小学必备办学条件进一步改善，学校图书、教学仪器、文体器材得到充实和加强，校内校外环境得到美化、净化；从业教师通过达标培训，文化业务素质明显提高。

1995年，《中华人民共和国教育法》颁布后，县政府加大了投资，教育设施得到了逐年改善。此后，县政府采取多种途径，改善办学条件。到1998年项目工程学校共投资868万元，其中中央补助217万元、地方财政434万元、社会集资217万元。

1998年新建中小学105所，新建校舍35129平方米，维修学校169所，维修校舍41312平方米。全县小学占地面积666651平方米，生均36.11平方米，建筑面积81576平方米，生均4.42平方米，初中占地面积372753平方米，生均65.84平方米，建筑面积37986平方米，生均6.71平方米。

1998—2001年，全县改善办学条件总投资达2180多万元。其中校舍建设投资1100多万元，新建扩建校舍15600平方米，维修校舍11309.70平方米。县财政投入450多万元，为县城5所中小学共建平房2333.80平方米，维修3594平方米，建教学楼3栋，4110平方米，使县城学校办学条件得到较大改善。在保证教学用房的基础上，加强了实验、图书、阅览、活动等室的配套用房建设。

2001年“普九”第一轮复验时，全县小学占地面积695565.70平方米，生均39.06平方米，校舍建筑面积85451.30平方米，生均4.80平方米。初中占地面积373100平方米，生均50.32平方米，校舍建筑面积38369平方米，生均5.17平方米。中小学均有运动场地，完全小学和初中均有标准运动场地。公办中小学及乡镇中学等17所学校都设有计算机教室。有2所学校建起了校园网。

2004年“普九”第二轮复验时，小学占地总面积584276平方米，生均44.10平方米，建筑总面积84687平方米，生均6.40平方米。初中占地总面积401982平方米，生均51平方米，建筑面积52455平方米，生均6.60平方米。专用教室配备基本符合“普九”巩固提高要求。有3所学校建起了语音室，7所学校建起了多媒体教室，34所学校建成了微机教室，配备微机1065台，29所学校安装了远程教育网小站。

2008年，省政府第一轮教育工作督导评估时，小学占地总面积408409平方米，生均42.52平方米，建筑总面积71769.50平方米，生均7.47平方米。小学中，运动场地达标数57所，装备计算机教室22所，多媒体教室12所，语音室2所，电子备课室3所，“校校通”17所。初中占地总面积379470平方米，生均57.85平方米，建筑面积70533平方米，生均10.75平方米；普通高中占地总面积164463.20平方米，生均82.13平方米，建筑面积38400.40平方米，生均191平方米。语音室、多媒体教室、微机教室、电子备课室、“校校通”、远程教育网小站和各种专用教室均达到省定标准。职业高中占地总面积33800平方米，生均30.12平方米，建筑面积7450平方米，生均6.36平方米。实训教室和基地以及“校校通”、远程教育网小站和各种专用教室均达到省定标准。

到2010年，在省政府第二轮教育工作督导评估时，小学占地总面积296117平方米，生均40.16平方米，建筑总面积50948平方米，生均6.91平方米。小学中，运动场地达标数17所，装备计算机教室17所，多媒体教室10所，语音室2所，电子备课室3所，“校校通”17所；初中占地总面积187176平方米，生均50.01平方米，建筑面积26717平方米，生均7.14平方米。现代化教育技术装备2所，中小学各专用教室齐备，标准较高；普通高中占地总面积75699平方米，生均63.14平方米，建筑面积22435平方米，生均18.72平方米。语音室、多媒体教室、微机教室、电子备课室、“校校通”、远程教育网小站和各种专用教室均达到省定标准。职业高中占地总面积75334平方米，生均118.60平方米，建筑面积20232平方米，生均31.86平方米。现代化教育技术装备及实训教室和基地符合省定标准。

第三节　增加教学设备

1989年，全县中小学实验开出率89%、仪器设备完好率 87%、电化教育学科覆盖率 88%、仪器设备完备率 90%、电化教育教师普及率 86%；1995 年全县中小学实验开出率 94%、仪器设备完好率 91%、电化教育学科覆盖率 92%、仪器设备完备率 95%、电化教育教师普及率 90%。2000—2010 年全县中小学实验开出率、仪器设备完好率、电化教育学科覆盖率、仪器设备完备率、电化教育教师普及率均为 100%。

一、图书仪器

1989—1997 年，全县学校按器材配备分类：二类小学 22 所、三类小学 80 所、不完全小学 372 所；初中：二类学校 22 所。教学仪器、图书和音体美卫劳器材配备未达省定标准。小学、初中、高中生均图书分别为 16 册、21 册、20 册。行政村主校以上学校“两机一幕”只有幻灯机。各种教学用书尚能满足教学需求。

1989—1991 年购置教学仪器 7712 套，购置文体器材 1040 件。

1995 年，接收外援捐助价值 44 万元的图书、仪器和桌凳，还购置价值 72 万元的仪器和体育器材。

1998 年，全县学校按器材配备分类：一类小学 1 所、二类小学 17 所、三类小学 57 所、不完全小学 372 所；初中：一类学校 1 所、二类学校 15 所。教学仪器、图书和音体美卫劳器材配备基本达到省定标准。小学、初中、高中生均图书分别为 20.60 册、22.80 册、26 册。行政村主校以上学校“两机一幕”全部运用于课堂。各种教学用书基本满足教学需求。

2001 年，17 所完全小学和 17 所中学均按照一类标准配备，还有 6 所小学配备了计算机，并且达到了一类标准。有 58 所二类小学，262 所三类小学都按标准配备了教学仪器和图书。

各类设备均有专、兼职人员管理，教学仪器做到入柜，电教、文体器材、图书资料做到入橱、上架，档案、账目清楚规范，管理制度健全并装框上墙。小学、初中、高中生均图书分别为 24.60 册、25.40 册、28 册。各种教学用书基本满足教学需求。

2004 年，初中生均图书 25.71 册，一类小学生均 27.74 册，二类小学生均 21 册，三类小学生均 18.08 册，高中生均 30 册。小学教学仪器、音美体卫劳器材设备达到相应类别的学校分别有 17 所、12 所、12 所、17 所、10 所和 38 所。初中教学仪器、音美体卫劳器材设备达到相应类别的学校分别为 17 所。高中教学仪器、音美体卫劳器材设备达到相应类别的学校分别为 1 所，职中教学仪器设备总价值 680 万元。各种教学用书满足教学需求。

2008 年，初中生均图书 40.23 册，小学生均 25.10 册，高中生均 32 册。小学教学仪器、音美体卫劳器材设备达到相应类别的学校分别有 17 所、38 所、17 所、38 所、17 所和 60 所。初中教学仪器、音美体卫劳器材设备达到相应类别的学校分别为 17 所。高中教学仪器、音美体卫劳器材设备达到相应类别的学校分别为 1 所，职中教学仪器设备总价值 720 万元。各种教学用书满足教学需求。

2010 年，小学、初中、高中教学仪器、音美体卫劳器材设备按省定标准基本配置基本齐全，现代教育技术装备进入课堂，且全部达标。小学、初中、高中、职中生均图书分别为 34.47 册、72.40 册、38.37 册、96 册，职中教学仪器设备总价值 780 万元。

二、教育信息化

1985 年，上级拨给尚义一中一台苹果Ⅱ计算机，这是尚义县教育系统第一台计算机。之后尚义一中逐年增加电教投入，配备语音室、多媒体教室、微机教室、电子备课室、“校校通”、远程教育网小站和各种专用教室。1997年，购进兼容586计算机、兼容高能奔腾计算机、联想233计算机，建成52台微机教室1个。2001年，该教室被评为“省级合格微机室”。2003年，尚义一中被市教育局命名为“张家口市信息技术教育装备示范校”。

1995年起，多媒体教学和远程教育先后进入课堂。尚义县职业教育中心、尚义县第一中学、尚义县第二中学率先建成微机教室，学生开始接受现代信息技术教育。2000年，县一中建成一个教育电视卫星接收站。2001年，公办中小学及乡镇中学等17所学校都设有计算机教室。有2所学校建起了校园网。

2003年，河北省现代远程教育网尚义县学校终端建设工作启动，八道沟镇中学、小蒜沟镇中学首先建成。2004年，全县开始实施“农村现代远程教育工程”，各中学和乡镇中心小学建起微机专用教室和远程教育接收平台，实现与经济发达地区和教育发展先进地区教育资源共享。有3所学校建起了语音室，7所学校建起了多媒体教室，34所学校建成了微机教室，配备微机1065台，29所学校安装了远程教育网小站。

2010年，全县小学装备计算机教室17所，多媒体教室10所，语音室2所，电子备课室3所，“校校通”17所，初中现代化教育技术装备2所，远程教育网和各种专用教室均达到省定标准。

1989—2010年部分年份尚义县中小学改善办学条件情况表

表19-20

年度	学校占地面积（平方米）	学校建筑面积（平方米）	改善办学条件总投入（万元）	生均占地面积（平方米）	生均建筑面积（平方米）	图书总数		仪器设备总值	
						计（册）	生均（册）	计（万元）	生均（元）
1989	—	—	108	—	—	—	—	—	—
1995	854803	95027	206	39	4	38598	2	—	—
2000	912375	108458	646	42	5	260676	12	—	—
2001	1105128	134927	144	46	6	371502	15	707	293
2002	1062737	134609	857	45	6	360484	15	492	207
2003	1072513	140999	949	45	6	553545	23	572	240
2004	1157550	146844	1098	50	6	413722	18	533	232
2005	1266837	175599	1068	61	8	425492	20	479	231
2006	1187013	187768	1037	59	9	483007	24	452	224
2007	1085840	175716	2337	54	9	406339	20	460	228
2008	874933	152036	1753	44	8	356975	19	456	228
2009	704231	136265	1609	37	7	424130	22	603	319
2010	523135	50723	1150	51	5	226515	21	715	712

第十章 教育管理

第一节 管理机构

1988 年 10 月，尚义县撤销县文化教育局，成立尚义县教育委员会（简称教委），为县政府主管全县教育工作的职能部门。教委主任由县政府主管教育工作的副县长兼任，原文教局长任常务副主任。县教委内设办公室、人事股、教育股、计财股、勤工俭学管理股、招生办公室、成人职业教育办公室、教育督导室。教委在岗员工 42 人。1993 年增设文体办公室。

1996 年 10 月机构改革，尚义县教委更名为尚义县教育局，同时挂尚义县体育运动委员会牌子。内设党政办公室、计财股、人事股、教育股、教育督导室、勤工俭学股、成人职业教育教学研究室、招生办公室、教研室、体育办公室、教育系统工会。行政编制 20 人，事业编制 26 人。

2006 年，随着学校布局调整，县教育局内设机构也做了相应调整。行政科室有人事科、计财科、教育科、办公室；事业科室有教育督导室、勤工俭学股、招生办公室、教研室、电教仪器工作站、体卫科、青少年活动中心。行政编制 20 人，事业编制 44 人。

2010 年，县教育局行政科室有办公室、教育、人事股、计财股、法制安全股、电教仪器工作站、规划股、科学技术管理股；事业科室有教育督导室、勤工俭学股、招生办公室、教研室、体卫中心、电教仪器、青少年活动中心。行政编制 20 人，事业编制 99 人。

1989 年，各乡镇文教办公室管理教育工作。乡镇文教办一般由总校长、业教总校长、会计、小学教导主任、工会主席 5 人组成。1997 年 3 月，乡镇文教办改为乡镇总校，组成人员中，业教总校长改称职教总校长。2003 年全国实行“在国务院领导下，由地方政府负责、分级管理、以县为主”的农村义务教育管理新体制。乡镇学校全部收归县管。2008 年，乡镇总校撤销，全县设 4 个学区：大青沟学区（主要服务三工地、大营盘、大苏计、大青沟、石井 5 个乡镇）；小蒜沟学区（主要服务下马圈、甲石河、小蒜沟 3 个乡镇）；八道沟学区（主要服务七甲、八道沟、炕塄 3 个乡镇）；红土梁学区（主要服务套里庄、红土梁、南壕堑 3 个乡镇）。学区受县教育局统一管理。2009 年撤销学区。乡镇小学教学由乡镇中心小学或九年一贯制学校管理，乡镇中学由本中学管理。

第二节 教育督导

1997 年，教育部下发了《普通中小学校督导评估工作指导纲要》修订稿，开始建立中小学督导评估制度。2000 年年底，组建尚义县人民政府教育督导机构。政府配专职督学 1 人（张鸿璐县处级），办事人员 2 人。

2005 年，尚义县人民政府教育督导室（科级）正式成立，机构设置主任督学 1 名（正科），副主任督学 1 名（副科），办公室主任 1 名，工作人员若干，办公室设在教育局。县级人民政府教育督导室实行“双重领导，分级管理”，既受上级督导机构垂直领导，又要接受同级政府的领导。基本职责：一是制订尚义县教育督导工作的具体计划。二是对尚义县所辖乡镇的教育工作以及各类学校的工作进行督导和平时性视导工作，并向同级和上级政府及教育行政部门反映情况。每年视导全县中小学校21所并挂牌督学，做到及时向政府或教育局反馈督导信息。2005—2006年指导和审定推荐的48篇基层学校教师素质教育评价论文中，分别获得省市人民政府教育督导室一、二、三等奖2人、6人、18人和优秀奖22人，1人获评省政府教育督导工作先进个人。2006—2008年连续三年获评市教育局“教育督导工作先进单位”。

2008—2010年，协助政府接受了省政府对尚义县教育工作督导评估验收工作。通过教育督导，“以县为主”管理体制得到落实，政府对教育的投入基本实现三个增长（县政府教育财政拨款增长要高于同级财政经常性收入的增长，在校学生人均教育经费逐步增长，教师工资和学生人均公用经费逐步增长），教育事业协调、均衡发展，教师队伍整体素质不断提升。

2009年1月20日，教育部部长周济在省市领导的陪同下到尚义县慰问中小学教师，并调研绩效工资的实施。

第三节　中小学布局调整

20世纪70年代，尚义县农村中小学按“小学不出村，中学不出社”原则布局，1979年全县有高中19所，初中87所，小学504所。进入80年代，本着“普及小学，调整初中，压缩高中，适当发展职中，提高质量”的原则，重点对一哄而起创办的普通中学进行调整。1989年，全县保留初中19所，小学475所。2001年后，按照省市合理调整学校布局的精神，坚持学校布局调整与危房改造相结合的原则，实施集中规模办学。按照“初中进镇、小学进乡”的思路，采取“低年级就近入学，高年级相对集中”的办法，重点调整和撤并农村小学及小学教学点，增加乡镇中心校和寄宿制小学的投入，有重点地向大青沟、八道沟、小蒜沟、红土梁四大镇投入，促进乡镇示范性小学和四大镇中学的发展。到2005年年底，全县初中由2001年的17所减少到10所，撤并了7所。小学由2001年的145所减少到80所，撤并了65所。

县城新兴街小学建设于1994年。11月，从安宁街小学分流出的师生正式迁入新校上课，当时校名为“安宁街小学分校”，包括一至五年级9个班（二年级1个班），3个学前班，学生290名，教师28名。1995年3月，学校与安宁街脱离，改称新兴街小学。

2007年8月，在全县学校布局调整过程中，县城新华街小学因位置偏僻，服务范围居民减少，生源急剧下降，加之交通不便，撤销。

至2010年，随着生源的逐步减少和外流，全县初中调整为4所：尚义县第二中学（服务县城）；尚义县第三中学（服务北片三工地镇、大营盘乡、大苏计乡、大青沟镇、石井乡五乡镇）；八道沟镇中学（服务中片七甲乡、八道沟镇、满井镇三乡镇）；小蒜沟镇中学（服务坝下片下马圈乡、甲石河乡、小蒜沟镇三乡镇）。九年制学校1所（红土梁镇九年制学校）。全县小学至2010年调整为18所（包括1所九年制学校）。

附：1989年、2010年尚义县中小学校名录

1989年尚义县中小学校名录

教育部门办普通高级中学　尚义县第一中学

教育部门农职高中 尚义县农业技术中学

教育部门办初级中学 尚义县第二中学、尚义县第三中学、尚义县第四中学、尚义县第五中学

企办中学 尚义县煤矿中学

集体办普通中学 南壕堑乡中学、大青沟镇中学、八道沟乡中学、小蒜沟乡中学、土木路乡中学、勿乱沟乡中学、甲石河乡中学、下马圈乡中学、永胜地乡中学、大营盘乡中学、大苏计乡中学、石庄井乡中学、套里庄乡中学、七甲乡中学

农业职业初中 哈拉沟乡农职业中学、炕塄乡农职业中学、土木路乡农职业中学

国办小学 尚义县安宁街小学、尚义县太平街小学、尚义县新华街小学、蒙古营小学

企办小学 尚义县红土梁矿区职工子弟小学、尚义县大阳坡矿区职工子弟小学

县公办幼儿园 尚义县机关幼儿园

乡镇中学

乡镇小学

南壕堑镇：

南壕堑镇高小、哈拉沟小学、台路小学、二道壕堑小学、头号小学、桃卜山小学、六号小学、土城子小学、大霍洞沟小学、小霍洞沟小学、秀水窑小学、十号小学、毛忽庆小学、马莲渠小学、席麻沟小学、大洼小学、田家窑小学、黄花滩小学、三报沟小学、秦家沟小学、官村小学、脑包图小学、高庙小学、傅家窑小学、西平山小学、班定营小学、东沟小学、西沟小学、五大股小学、小坝子小学、八弄达营小学、公沟小学、大厂棚沟小学、小厂棚沟小学、胡家村小学、常胜沟小学、大西沟小学、兴盛隆小学、二号小学、大德堂小学、三号小学、沙卜窑小学、简家村小学、田寺沟小学、大坝沟小学、拉米沟小学、朝力盖小学、古时营小学、郝报沟小学、南水泉小学、大南沟小学、满克图小学、王茂沟小学、窑子沟小学、大忽太小学、瓦窑沟小学、后瓦窑沟小学、烟洞沟小学、十三号小学、坝头小学、打草沟小学、青山小学、东沟小学

大青沟镇：

大青沟小学、陈所梁小学、罗家卜小学、陈老五小学、邢家村小学、李家村小学、小脑包小学、贲贲淖南小学、贲贲淖东小学、白彦堡小学、公家洼小学、四林梁小学、刘先生小学、南海子小学、六号地小学、安家良小学、王悦梁小学、凤龙店小学、大井小学、二韩珍小学、魏家村小学、陈四亮小学、四喇嘛小学、马家村小学、南局子小学、满汉淖小学、囫囵房小学、八大家小学、前官地小学、大银堤小学、小银堤小学、八大家小学、厂库伦小学、汉淖卜小学、苦水淖小学、东号小学、白家村小学、旗地梁小学、白脑包小学、师家卜小学、张科村小学、保德堂小学、长条沟小学、小白彦堡小学、后官地小学、庙沟小学

八道沟镇：

八道沟完小、博岱花小学、德家窑小学、红沙坡小学、南大井小学、豆腐磨小学、汗海子小学、小红沙坡小学、二台子小学、黄脑包小学、剪养囫囵小学、赛儿台小学、西赛小学、东赛小学、小赛小学、武家坡小学、花子沟小学、黑老洼沟小学、东水小学、黑土湾小学、东营盘小学、北石楞小学、南石塄小学、拉米沟小学、三股泉小学、后水泉小学、白土坡小学、闫房洼小学、公家洼小学、狐子窝小学、脑包洼小学、菜家村小学、大东山小学、大东山小学、大脑包小学、十大股小学、小东山小学、白脑包小学、孙家村小学、羊盘小学、石庄洼小学、宣窑洼小学、王宽村小学、惠家梁小学、侯生沟小学、老虎山小学、元山滩小学、

和顺沟小学、杨达营小学、后号小学、碾盘洼小学、七甲山小学、缸房小学

小蒜沟镇：

小蒜沟小学、大虎沟小学、地上小学、东沟小学、土窑沟小学、黄土窑小学、道四沟小学、松沟小学、缸房小学、水泉沟小学、宝满沟小学、红庄科小学、碌轴沟小学、牛家营小学、狮子沟小学、南沟小学、庙南沟小学、新庙小学、南营盘小学、下纳岭小学、下哈达小学、大土台小学、小土台小学、大洼小学、中哈达小学、上哈达小学、大梁底小学、西沟小学、小北沟小学、二道沟小学、后新窑小学、胡雷红小学、善马群小学、马家窑小学、上纳岭小学、勿乱沟小学、闫家窑小学、乌良台小学、红土沟小学、小西沟小学、北朝碾小学、洞上小学、王花窑小学、菜木梁小学、沙卜窑小学、宣付窑小学、白家窑小学

红土梁镇：

红土梁小学、二道背小学、长条沟小学、黄土梁小学、黄土崖小学、头号小学、北立图沟小学、七令沟小学、玻璃沟小学、生金图小学、旧营盘小学、五花背小学、银子湾小学、下井小学、拉米沟小学、永胜地小学、厂汉营小学、黄土窑小学、大囫囵小学、大阳坡小学、榆树湾小学、李家村小学、马家窑小学、土木路小学、山进沟小学、东沟窑小学、王地窑小学、孟楼窑小学、二甲小学、太平窑小学、西坪小学、龙池窑小学、西滩小学、葛令夭小学、豆腐窑小学、五十家小学、大西沟小学

大营盘乡：

大营盘小学、付家村小学、程家村小学、王二宏小学、张柱梁小学、头号小学、孙家村小学、郭宏村小学、刘油坊小学、十二号小学、白花滩小学、六十庄小学、霍洞沟小学、勿乱坝小学、崔家村小学、壕堑小学、刘元地小学、阳高村小学、大井卜小学、王条卜小学、郭家村小学、四刘元小学、二工地学、四工地小学、王悦地小学、四号地小学、补龙湾小学、后湾子小学、五号小学、白家村小学、邓家淖小学

大苏计乡：

大苏计小学、六号地小学、半碌轴小学、大贵红小学、郝家地小学、夏家卜小学、陈家梁小学、小良子小学、三疙瘩小学、八义井小学、白沙泉小学、蔡家村小学、冀家村小学、双井子小学

三工地镇：

哈拉沟小学、陈家村小学、谢家村小学、土城子小学、沙河庙小学、贾家村小学、有德元小学、任家村小学、王油坊小学、刘面换小学、王二来小学、官井小学、田家村小学、智家卜小学、脑包村小学、张活洼小学、胡家梁小学、闫家梁小学、高家村小学、姚家村小学、囫囵窑小学、李三虎小学、八岱花小学、三工地小学

石井乡：

石井乡小学、谷家梁小学、中达营小学、古家村小学、范家村小学、水泉梁小学、大特拉小学、石门沟小学、席梁小学、曹家村小学、小黄旗岔小学、黄旗岔小学、唐王店小学、奎腾台小学、前石井小学、二囫囵小学、马连洼小学、马张盖小学、郭金村小学、东山小学、陈大五小学、大洼梁小学、南苏计小学、洪水淖小学、北苏计小学、二喇嘛小学、戈老五小学、惠家村小学

七甲乡：

七甲小学、三龙泉小学、北营子小学、陆合成小学、大六号小学、大井小学、荞麦窑小学、南洼回民小学、妈妈沟小学、古力半小学、三义店小学、东荞麦小学、三和成回民小学、三海洼小学、二道洼小学、小西村小学、三排

地小学、高家村小学

满井镇：

炕堺小学、大满井小学、喇嘛洞小学、三盖脑包小学、林岳滩小学、韩清坝小学、孙家湾小学、脑包底小学、大俄登口小学、小俄登口小学、二淖小学、银沙背小学、八大家小学、公沟小学、白彦不落小学、小白彦不落小学、凤龙店小学、狐子窝小学、大卜小学、特布不落小学、东山村小学、赛罕不落小学、戈家村小学、戈家村高级小学、张泉梁小学、陈家梁小学、张文彩梁小学、西营子小学、前三岔口小学、后三岔口小学、北哈路小学、东伙房小学、西伙房回民小学、南哈路小学、大淖小学、半个囫囵小学、大囫囵小学、闫家淖小学、大红枣小学、狼卜小学

套里庄乡：

套里庄小学、石人背小学、缸房厂小学、脑包洼小学、石窖小学、南窑小学、洗马林窑小学、天成窑小学、西城窑回民小学、小坝子小学、三里庄小学、鱼儿沟小学、辛窑子小学、小西沟小学、小三近沟小学、黄花洼小学、草碾坡小学、头道路小学、大卜小学、蒙古营小学、大井洼小学、小井洼小学、元卜洞小学、东元卜洞小学、东水泉小学

甲石河乡：

骆驼山小学、南店小学、杏园沟小学、红崖沟小学、瓦桶沟小学、侯达沟小学、下侯达沟小学、下窑小学、碱沟梁小学、碱土河小学、马头山小学、桂白山店小学、西杨木沟小学、东杨木沟小学、黑石现窑小学、西湾小学、菜木沟小学、香亭子小学、花林沟小学、石门沟小学、囫囵小学、青羊沟小学、上青羊沟小学、白沙崖小学、大柳沟小学、上河梁小学、甲石河小学

下马圈乡：

下马圈小学、旧庙小学、正果小学、庄科小学、阳高窑小学、上马圈小学、黄草梁小学、碱窑沟小学、榆卜沟小学、南朝碾小学、韭菜沟小学、马成窑小学、上白窑小学、下白窑小学、常胜湾小学、松沟小学

2010 年尚义县中小学校名录

尚义县第一中学

尚义县完全中学

尚义县职教中心

尚义县第二中学

尚义县第三中学

尚义县八道沟中学

尚义县小蒜沟中学

尚义县九年一贯制中学

尚义县安宁街小学

尚义县太平街明德小学

尚义县新兴街小学

尚义县秀水小学

大青沟镇中心小学

八道沟镇中心小学

小蒜沟镇中心小学

红土梁镇中心小学

三工地镇中心小学

满井镇中心小学

大营盘乡中心小学

大苏计乡中心小学

石井乡中心小学

套里庄乡中心小学

甲石河乡中心小学

七甲乡中心小学

下马圈乡中心小学

蒙古营小学

小学教学点 10 个（略）

第四节 教育经费来源与管理

一、经费来源

尚义县教育经费来源主要有国拨经费、教育费附加、学杂费、社会捐资和集资、国家转移支付资金等，国拨教育经费是主渠道。

（一）政府投资 1989—1995年，县、乡两级政府财政拨款是教育经费来源的主要渠道，全县共投资410万元，其中国家投资164万元，乡村自筹246万元，新建和翻建校舍800间，维修校舍1200间。其间《中华人民共和国教育法》尚未颁布，县乡两级政府依据当年财政收入情况对教育进行投资，渠道单一，经费实际需求得不到刚性保障。

1995年《中华人民共和国教育法》颁布以后，实行县、乡、村及教育行政主管部门多渠道筹集资金办学，逐步建立了以政府财政拨款为主，以征收教育税为辅，收取非义务教育阶段学杂费、校办产业创收、社会捐资集资和设立教育基金等多种渠道筹集教育经费的新体制，确保了教育经费来源的稳定和逐步增长。

1995—2010年尚义县拨付教育经费情况表

表19-21

年 份	投资总额（万元）	增长率（%）	财政拨款占比（%）
1995	714.25	24.33	—
1996	873.79	22.34	—
1997	1053.36	20.55	—
1998	1108.79	5.26	—
1999	1470.84	32.65	—
2000	1748	18.80	—
2001	2331	33.30	—
2002	2825	21.20	87.12
2003	3202	13.30	81.80
2004	4009	25	88.40
2005	4382	9	84.90
2006	4689	7	86.30
2007	6702	43	79.90
2008	7142	14	91.40
2009	12158	70.20	99.80
2010	14655	20.50	97.70

1995—1997年，财政的增长比例分别为13.08%、21.47%和16.64%；财政预算内拨付教育经费分别为714.25万元、873.79万元、1053.36万元，增长比例分别为24.33%、22.34%和20.55%，分别占教育总支出的116.70%、95%、100.30%。

1998年，财政对教育拨款1108.79万元，比上年增长14.23%。1999年，财政对教育拨款1470.84万元，比上年增长32.65%。2000年，财政对教育拨款1748万元，比上年增长18.80%，分别占教育总支出的89%、88.10%。

2002—2003年，两年来县财政对教育拨款分别为2825万元、3202万元，增长率分别为21.20%、13.30%，县财政对教育拨款的增长率较财政经常性收入增长率分别提高了11.40和2.80个百分点。教育总支出中财政拨款所占比例为87.12%、81.80%。

2004—2007年，财政对教育拨款分别为4009万元、4382万元、4689万元、6702万元，分别比上年增长30%、9%、7%、43%。财政对教育拨款的增长率较财政经常性收入增长率分别提高了14.96、7.50、47.88、38.40个百分点。教育总支出中财政拨款所占比例为88.40%、84.90%、86.30%、79.90%。

2008—2010年，县财政对教育拨款分别为7142万元、12158万元、14655万元，分别比上年增长14%、70.20%、20.50%，县财政对教育拨款的增长率较财政经常性收入增长率分别提高了62.60和24个百分点。教育总支出中财政拨款所占比例分别为91.40%、99.80%、97.70%。

（二）教育费附加 1984年开始征收，但因财政紧张，教育费附加不能全用于教育事业，2000年以后逐步好转。

教育费附加包括城镇和农村两部分。农村教育费附加按人口年平均收入计征，乡征乡管，作为教育专用经费。由于各乡镇经济条件不同，部分乡镇完不成征收任务，教师工资、学校办公经费一度受到影响。

城镇教育费附加，以纳税人实际缴纳的增值税、消费税、营业税的税额为计征依据，征收率为3.50%，所征教育费附加，主要用于教育事业开支和教职工工资。1989—2010年共收教育费附加2466万元。

（三）世界银行贷款 1998年，尚义县地震后，教育设施重建和恢复利用世界银行贷款314万美元，加上自筹134万美元完成86所小学重建，建校舍1266间，25320平方米；乡镇中学重建14所，县办中学重建5所，建校舍2192间43840平方米。

（四）学杂费 根据国家规定，九年义务教育阶段只收杂费，免收学费。收费项目和标准执行1988年省教委、财政厅、物价局通知精神。

1997年按张家口市教委转发《关于调整中小学学生杂费收费标准的通知》（张价字〔1997〕第20号）文件。小学县城每生每学期40元，农村每生每学期25元。初中县城每生每学期60元，农村每生每学期40元。高中重点高中每生每学期200元，职业高中：特殊专业每生每学期200元，文科每生每学期180元，热门专业每生每学年600～800元。

借读费 户籍不在学校服务区的学生，要向学校缴纳借读费。标准是小学每学期200元，初中每学期300元，高中每学期500元；借读生在交纳借读费后，不再缴纳学杂费。

高中计划外培养费 按省政府相关规定收取，每生每学期1000元，不再收取学杂费。

为了减轻农民负担，坚决治理中小学乱收费，全县从2003年秋季新学期开学起全部实行“一费制”，小学收费标准为每生每学年160元，上浮最高不超过15%，下调不限。其中包括教

1996年10月，炮兵指挥学院为尚义失学儿童捐款4.8万元

科书费、课堂作业本费、电教教材费、取暖费、原杂费及寄宿制学生住宿费等；初中收费标准为每生每学年260元，上浮不超过20%，下调不限。含教科书费、课堂作业本费、电教教材费、取暖费、原杂费等，寄宿制学生住宿费另收。收费按学期收取，每学期收费标准为年收费标准的50%。

（五）勤工俭学

1989—1995年，全县重视勤工俭学，县政府对勤工俭学在资金政策方面给予了极大的支持，教育局设立勤工俭学股，全县有187所学校开展勤工俭学项目，参加劳动学生2.50万人。总产值289万元。勤工俭学收入既弥补了教育经费的不足，又培养了学生的劳动兴趣和劳动技能。

1995年以来，全县勤工俭学用于改善办学条件的资金13.38万元。1998—2001年，学校创收资金用于“普九”投资81.04万元。

（六）社会募捐和希望工程

20世纪90年代是尚义县财政极度困难之时，农民年人均纯收入不过千元，1995—1997年，社会集资217万元。国外组织或个人援助692.13万元。

1998年1月10日，县内发生了6.2级地震，使尚义各中小学校的校舍受到了不同程度的毁坏，原本脆弱的财政经济更加雪上加霜，抗震救灾，恢复重建成了重中之重。于是国内外一些政府机构、慈善组织、企业集团、社会团体、爱心人士等慷慨解囊，积极支援尚义抗震救灾的重建工作。共计援建中小学校75所，得到教育专项救助款累计1392万元，集资捐资535.57万元，极大地缓解了县政府资金困难。

2000年全县集资捐款104.17万元。这些资金全部用于基建、购置仪器设备等。1999年、2000年两年来共得到图书、设备、微机等价值120万元的无偿援助。2008—2010年集资捐资数额分别为293万元、142万元、135.70万元。

1989—2010年尚义县援建学校情况表

表19-22

援建学校、教学点名称	援建时间	建筑面积（平方米）	投资金额（万元）	援建单位
马连洼小学	1992年	150	6	张家口市教委
大营盘付家村小学	1995年	200	15	北京保健集团
哈拉沟小学	1995年	560	34	邵逸夫基金会
王二来小学	1996年	160	10	建华集团

续表 19-22

援建学校、教学点名称	援建时间	建筑面积（平方米）	投资金额（万元）	援建单位
八道沟镇石庄洼小学	1996 年	60	8	唐山开滦煤矿
大青沟小学	1996 年	960	20	张家口市政府
大满井小学	1997 年	240	12	香港乐施会
石井乡中学	1997 年	720	30（港币）	韩适应夫妇
洗马林窑小学	1998 年	200	18	香港红十字会
桃李小学	1998 年	1140	83	原北京军区后勤部
文汇中学	1998 年	860	54	香港文汇报社
宝满沟小学	1998 年	308	18	张家口财政局
妈奶沟小学	1998 年	284	14	美国唐氏基金
三和成小学	1998 年	404	19	香港爱德基金会
七甲小学	1998 年	437	21	香港爱德基金会
王地窑学校	1998 年	96	4	香港红十字会
孟楼窑学校	1998 年	96	4	香港红十字会
西滩学校	1998 年	120	5	日本红十字会
土木路学校	1998 年	259	10	日本华侨林同春先生
红土梁镇中学	1998 年	1193	45	香港邵逸夫
山近沟学校	1998 年	141	8	爱德基金会
八义井小学	1998 年	240	12	宣明会
小良子小学	1998 年	240	12	北京医器公司
白沙泉小学	1998 年	144	8	宣明会
南哈路小学	1998 年	320	13	香港乐施会
三盖脑包小学	1998 年	240	10	香港乐施会
脑包底小学	1998 年	280	12	香港乐施会
闫家淖小学	1998 年	400	15	香港乐施会
白彦不落小学	1998 年	280	14	香港乐施会
戈家村小学	1998 年	340	17	香港乐施会
赛汉不落小学	1998 年	240	12	香港乐施会
张家村教学点	1998 年	100	5	香港乐施会
小狐子窝教学点	1998 年	80	4	香港乐施会
林岳滩教学点	1998 年	100	5	香港乐施会
寒情坝教学点	1998 年	100	5	香港乐施会

续表 19-22

援建学校、教学点名称	援建时间	建筑面积（平方米）	投资金额（万元）	援建单位
小满井教学点	1998 年	80	4	香港乐施会
红枣坡教学点	1998 年	120	6	香港乐施会
喇嘛洞教学点	1998 年	80	4	香港乐施会
西营子教学点	1998 年	120	6	香港乐施会
八大家教学点	1998 年	200	10	香港乐施会
俄登口教学点	1998 年	100	5	香港乐施会
公沟教学点	1998 年	100	5	香港乐施会
小白彦不落小学	1998 年	30	3	香港乐施会
风龙店教学点	1998 年	100	5	香港乐施会
银沙贝教学点	1998 年	120	6	香港乐施会
东山教学点	1998 年	100	5	香港乐施会
张文采梁教学点	1998 年	120	6	香港乐施会
张泉梁教学点	1998 年	120	6	香港乐施会
狐子窝小学	1998 年	160	8	香港乐施会
西杨木沟学校	1998 年	100	5	香港红十字会
菜木沟学校	1998 年	80	4	香港红十字会
大柳沟学校	1998 年	80	4	香港救世军
陈大五沟小学	1998 年	160	8	香港始达基金会
北苏计小学	1998 年	320	16	香港凯旋基金会
石门沟小学	1998 年	200	10	香港始达基金会
南苏计小学	1998 年	420	20	爱信中国有限公司
水泉良小学	1998 年	200	10	香港始达基金会
范家村小学	1998 年	440	40（港币）	香港大公报社
中达营小学	1998 年	120	5	相声演员马季
谷家梁小学	1998 年	320	20	河北省政协
奎腾台小学	1998 年	320	12	香港爱德基金会
大营盘刘油坊小学	1998 年	320	20	挪威爱德基金会
魏家村小学	2000 年	140	8	宣明会
大营盘十二号小学	2003 年	560	46	挪威爱德基金会

续表 19-22

援建学校、教学点名称	援建时间	建筑面积（平方米）	投资金额（万元）	援建单位
大营盘孙家村小学	2004 年	160	10	河北省发改委
陈所良小学	2004 年	320	20	挪威爱德基金会
狐子窝小学	2005 年	660	40	香港乐施会
大井小学	2006 年	165	8	挪威爱德基金会
黄旗岔小学	2006 年	160	8	挪威爱德基金会
石井乡中心小学	2006 年	320	10	香港爱德基金会
庙沟小学	2007 年	800	40	挪威爱德基金会

二、经费管理

1989—1998 年，教育经费实行县乡分级管理，乡镇中小学教育经费由所在乡镇财政管理，各国（企）办中小学由县财政拨款教育局管理。根据相关文件精神，中小学学费、杂费借读费的收入，全部留归学校掌握使用，主要用于学生用水、公共卫生设施、房屋修缮、课桌凳及教学仪器的购置更新和必要的学生福利以及弥补教学行政费等开支。其间，全县小学向学生收取一定费用，弥补教育经费不足。改革开放后，进城务工人员增多，农村小学生开始向县城流动，有的学校向学生收取借读费和住宿费，收费标准不一，加重了学生家庭经济负担。1999—2002 年，学校收费逐步规范，全县各小学收费项目有学杂费、课本费、作业本费。学杂费每学期 25 ～ 50 元，课本费按定价收取。

从 2003 年起，按照“分级管理，以县为主”的农村义务教育管理体制，全县义务教育教师工资乡筹县管，由县教育局发放。全县中小学教育经费均由县财政拨款，禁止不合理收费，不得收取与入学挂钩的捐款、赞助等费用；不得统一征订教辅资料和开办有偿补习班。实行收费公示制度，主动接受学生、家长和社会的监督。

2004 年，为制止不合理经费开支，杜绝违纪腐败现象的发生，县政府设立县财政教育支付中心，县一级预算单项开支统一由县财政教育支付中心支付。特别是指定项目和用途的专项资金，专款专用，单独核算，不能挪作他用。

2003—2006 年，小学按年级执行“一费制”。

2007 年，县政府作出《关于农村义务教育经费保障机制的实施方案》规定：农村义务教育阶段小学特困和贫困寄宿生，由县财政补助生活费，特困寄宿生每年补助 800 元，贫困寄宿生每年补助 300 元。2008 年起，国家实施“两免一补”（免学杂费、免教科书费、补助贫困寄宿生生活费）政策，全县小学统一执行。学校自行收取的教辅资料费、学具费、校服费、体检防疫费、存车费、饮水费等，一律取消。

第五节 教师管理

一、教师人事管理

1997 年，县财政拮据，教师工资不能按时足额发放，一些教师开始外流。到 2000 年共外流教师57人（含中学）。2003—2005年，尚义县第一中学共流失教师32人。

2001年，按照中央、省、市编制部门要求，制定了中小学教职工编制标准和实施办法。规范学校内设机构和岗位设置，核定中小学教职工人员编制，清理各类在编不在岗人员；建立完善教职工考核制度，调离不能履行职责的教师；严格执行教师资格准入制度，辞退不具备资格的教师。对外流教师给予除名。同时，加强教师有偿家教治理，减轻学生学业负担。2004年11月，张家口市教育局下发《关于禁止在职中小学教师从事有偿家教的规定》，并多次组织突击检查。

1998—2010年，县教育局每年对学校的教学进行等级评估，学校评出优秀、良好、达标、基本达标、不达标五个等级；对教师从职业道德、专业水平、专业发展课堂教学四个方面评估，评出优秀、良好、一般、较差四个等级，并适时公开评估结果。通过教学评估，促进学校加强管理，教师改进教学，提高教学质量。

2002年，首次开展教师资格认定。凡1993年12月31日以后补充到教师队伍、一直在教师岗位的人员，依有关规定认定教师资格。

尚义县为优化教师结构，2000年根据国家教委相关文件精神，全县注册民办教师全部转为正式公办教师。多数乡镇按照要求清退了代课教师和代工人员（双代人员），全县共清退双代人员100余人。至2010年，全县还有288名双代人员尚未清退。县政府实行了全省低工资标准保底，参照公立教师逐年增加各类补贴的办法予以安置。

二、教师职业道德建设

继1997年教育部、中国教育总工会发布《中小学教师职业道德规范》及2008年教育部、中国教科文卫体发布重新修订的《中小学教师职业道德规范》以来，全县各学校通过开展主题学习、研讨会、座谈会等形式，认真组织好《中小学教师职业道德规范》《小学教师专业标准（试行）》《中学教师专业标准（试行）》的相关规定的学习宣传，了解要求，统一认识。通过社会和工作实践，以及读书、报告、讲话等活动，感动、鼓舞和带动教师提高自身师德水平，增强自我反思的自觉意识，也通过自觉意识表现出来的言谈举止，慢慢散发出“润物细无声”的光芒。2010年《国家中长期教育改革和发展规划纲要（2010—2020）》将师德表现作为教师考核聘任和评价的首要内容，县委、县政府责成县教体局以发挥评价导向功能为目的，多元参与，公开透明，研究制定中小学教师师德考核暂行办法，从依法治教、爱岗敬业、关爱学生、严谨治学、为人师表、奖励表彰等方面制定教师师德考核评分标准，同时对师德表现突出的教师予以表彰。2001年，教育系统开展了“师德建设活动月”，以“为人师表，坦诚守信”为主题，对教师进行自尊、自爱和遵纪守法、爱岗敬业教育。

三、教师专业发展

教师专业的发展是教师不间断接受新知识，增长专业技能的过程。尚义县根据教育发展的实际，把教师专业的发展重点放在组织校本研修活动为主，以学校教育教学实践中的实际为研修内容，把教师培训、教育科研、教学研究、学校管理和校本课程开发有机地融为一体，从而改进自身的教育教学行为，使学生感知自己学习进步的体验，提高教师在爱岗敬业、关爱学生的变化。校本研修的主题来源于教师的课堂实践，每位教师在自己的教育教学过程中列出问题清单，教科所在是否“面向全体、尊重差异、科研组织”等考察内容合理可行后观摩、示范，融合集体智慧，实现优势互补，共同发展。

四、教师绩效考核

教师绩效考核是从2008年颁发的《教育部关于做好义务教育学校教师绩效考核工作的指导意见》开始实施的，全县教师绩效考核分为校长绩效考核（按照法定职责及完成岗位职责和工作任务的实绩、师德、教育教学管理、教师专业发展、学校发展）、教师绩效考核（按照法定职责及完成岗位职责和工作任务的实绩、师德教育教学、班主任工作等）和其他教职工绩效考核（履行学校规定的岗位职责和服务教学、师生的实绩）三种，评价量化指标分5大项20小项，全面地反映教师的业绩和贡献。

第六节 学籍管理

一、取得学籍

适龄儿童、少年中，经审查，凡具备中小学生学籍的有关规定取得了入学资格，在办理了报到、缴费、注册等相关手续后，即取得了该学校学籍。非义务的初中学生和高中、职业中学学生入学后第一学期内原则上要进行思想政治、文化考核等方面的审查，凡思想政治不合格、文化考核舞弊的取消学籍。若患有严重疾病不能正常入学或影响他人的按休学处理。

二、注册管理

对已取得学籍的在校生，如不及时履行注册手续按旷课处理，不能及时履行注册手续的，应在规定的时间内返校报名注册，请病事假不能正常到校注册的，取得证明材料后方予注册。

三、动态管理

按照中小学管理规程的相关规定，因户籍变更等有正当理由的允许其转学；对按规定考试课程数门不及格、严重疾病、意外伤残、严重违纪、自愿申请退学或超过休学期限的应予以退学，但义务教育阶段不办理退学；因病、事缺课超过三分之一的，允许其休学；休学或保留学籍期满，取得相关证明材料后允许其复学；户籍不在当地申请借读的，经教育局批准，并缴纳省定标准借读费后，方可借读。

四、结业、肄业、毕业

中小学学生在校因故未完成全部规定的学业要求，未达到毕业规定，按结业或肄业处理；对完成全部计划课程，成绩合格的，学校允许毕业。

第七节 学校安全管理

县委、县政府高度重视学校安全工作，科学定位，建立科学预防、快速有效的应对机制，由政府县长挂帅及教育行政部门、公安司法机关等相关部门一把手参与，组成全县安全工作领导机构，加强对学校安全工作的督导、检查和考核，督促学校建立并落实安全管理制度。要求单位一把手负总责，落实安全工作责任制和责任追究制。各中小学积极响应，成立学校安全工作领导小组，组长由校长担任，主管校长任副组长，教育处、班主任、共青团、少先队、年级组、学校保卫处为成员，并制定切实可行的安全工作考核标准和办法，加强学校安全的管理，使教育教学秩序得以正常进行，师生人身安全得到保障。

一、学校安全管理制度

1990年起，全县中小学以国家教委办公厅《中小学安全须知》、2006年教育部十部委《中小学幼儿园安全管理办法》、2007年国务院办公厅转发教育部《中小学公共安全教育指导纲要》为依据，先后制定了《学校安全工作责任制》《班级安全工作须知》《学校上放学管理措施》《食品安全工作须知》《学校保卫人员职责》等10余个学校安全工作管理制度。2010年12月，河北省人民政府颁布了《河北省学校安全管理规定》，学校实行全面细致的安全管理。

二、学校常规安全教育和安全管理

首先，各中小学组织开展安全教育培训，先后聘请公安、地震、保险等部门专业人员讲课，培训全校师生专门知识，有公安、地震的遵守交通规则、应急演练、组织疏散、逃生、自救、互救演练等，有食药、文化部门的宿舍的用电、防火、食品留存、影像游乐网吧等。其次鼓励自愿购买人身意外保险，提高师生安全意识。第三，制定应急预案，做到临危不乱，应急不慌。1990—2010年，全县中小学共组织各类安全培训16次，参训人数达20000余人。除此之外，政府协调有关部门对学校周边治安环境、校车、私家车进行综合治理。

尚义县志
SHANGYI XIANZHI
1989—2010

第二十篇

科学技术

1989—2010 年，尚义县认真贯彻“经济建设必须依靠科学技术，科技工作必须面向经济建设”的方针，把“科教兴县”作为推动经济发展、促进社会进步战略措施来抓。科学技术局和科学技术协会，积极开展科普宣传、技术培训、技术咨询，坚持以“引进示范，推广创新”为抓手，以争取实施科技项目、招引人才、解决关键技术为重点，以培育科技中介机构、增强科技服务能力、支撑经济发展为目标，全面落实科教兴县工作，科技事业取得新成就，使全县经济建设迈上新台阶。其间，尚义县科技工作通过了国家科技进步考核，科技特派员工作三年被评为全市先进集体。2005 年度获评市科技管理先进集体。2005—2008 年连续获评县农业科技创新先进集体，尚义县成为国家级科普推广示范县和示范基地。

第一章　科技人员

第一节　专业技术职务聘任

1989 年以来，国家统一分配了一批理、工、农、医类大中专毕业生到尚义工作，进入 2000 年以后，县政府出台政策，招聘了一批大专以上的大学生到尚义工作，这些措施，使一批年轻知识分子，逐步成为尚义各行各业的骨干。同时，尚义县又通过县职业技术学校，培养了大批适应性较强的专业技术人才。

1989 年，全县有 2315 人获得各类技术职称，占全县人口总数的 1.30%。全县专业技术职称中，社会科学占 8.10%，自然科学占 91.90%。

2010 年年底，全县共有专业技术人员 2023 人，其中教育系统 1655 人，卫生系统 202 人，农口部门 48 人。全县共有正高级 1 人，副高级 207 人，中级 1145 人，初级 670 人。

第二节　非公职技术职称评定

1989 年，全县申报评定专业职称的农民 680 人，其中农业技术专业 150 人，农机专业 20 人，林业专业 25 人，畜牧专业 40 人，建筑专业 295 人，医疗卫生专业 150 人。

1993 年，专业技术人员职称评定工作由县科委划归县劳动人事局。县科委只负责非公职人员的专业技术职称评定。

2003 年，非公职人员的专业技术职称评定也划归县人事劳动和社会保障局。到 2010 年，全县非公职人员获得中级以下专业技术职称资格的有 1872 人，其中中级 670 人，初级 1202 人。

第二章　科技普及与服务

第一节　科技示范

尚义县在科技工作中，以提高效益为目的，以科技服务为支撑，落实各项科技服务措施，创建了一批科技示范企业。

1989—1992 年，县科协为农民引进新品种、新项目 84 项，引进药材、蔬菜、果树等良种 1500 千克，苗木 3 万株，为发展尚义经济做出了一定成绩。为此，县科协连续五年被评为出席省、地、县先进单位。

1990 年，全县 17 个乡镇全都组建了乡镇科委、乡农技综合服务站，乡镇科普协会共有会员 1100 人，181 个行政村全部组建了村级科技推广小组，并配齐了科技副乡（镇）长和科技副村主任，发展科技示范村 25 个、示范户 460 户，形成了上下贯通的科技管理体系和以县农业技术推广中心为龙头，乡镇农业技术综合服务站为基础，以科技示范村、示范户为骨干的科技服务体系。2 月，县政府做出《关于科技兴农的实施意见》，建立了全县以试验区为中心，以试验点、示范户为经纬线的科技试验示范辐射网络。7 月，成立尚义县农科教结合领导小组，加强了对农业广播电视学校尚义分校和县职业高中的领导，组织大批技术人员生产第一线，实施科技推广活动。区域性综合技术开发项目和丰产工程取得了较好效益，其中地膜玉米平均亩产 500 千克，并且出现了亩产 1000 千克的产粮田，小麦千亩高额丰产田，亩产 300 千克，比一般农田增长了 50%，创造了坝上农业亩产最高纪录。11 月，县委、县政府作出《关于 1991 年开展农业科技推广年活动的决定》。

1991 年，开展了农业科技 40 推活动，同年向省农业厅、地区行署提交了粮食基地县的设计任务书。科技、教育、文化、卫生、计划生育事业改革不断深化。根据《中共中央关于科技体制改革的决定》和省委、省政府科技兴冀的战略部署，确定了科技兴尚、经济建设必须依靠科学技术、科学技术工作必须面向经济建设的指导方针。1992 年，按照县机构改革总体设计，县科协和科委合并组建了尚义县科技服务中心，围绕农业产前，产中、产后展开一体化服务，推广科技成果和高新技术，开发新产品，坚持走试验、示范、推广的路子。抽调 218 名县乡两级科技人员，组建了 37 个技术承包集团，发展科技示范户 1350 户、示范村 28 个，培训农民 8.5 万人次，促进了科技社会化服务。同年展开“科技效益年”活动。各乡镇用于科技投入的资金占至了乡（镇）财政总支出的 1%以上，开展科技大开发、大推广、大培训、大引进活动，增强了全县人民的科技意识，加强了全县靠科技致富的进程，全年共推广省级科技成果 10 项、应用科技成展 7 项、地区指令性工农业科技成果 30 项，创直接经济效益 600 多万元。

科协发动科技人员为经济建设献计献策，组织科技人员在实中编写科普资料，撰写科技论文。水利学会工程师卢千林的论文《坝上地区干旱问题及其对策探讨》被联合国科技组织采纳，本人出席过4次全国性会议，党和国家给了他很高的荣誉。

2003年，面向培育壮大蔬菜产业，开展以蔬菜种植为主要内容的标准化技术规程培训，在大营盘乡指导成立了全县第一家农民蔬菜协会和第一个蔬菜产地交易市场。通过培训，大力调整蔬菜产业种植结构，帮助引进了十几家拥有自主出口权的县外蔬菜加工企业落地尚义。在大青沟、七甲两个蔬菜主产乡镇建起了恒温库群，蔬菜加工产业开始迅速起步发展。同时，创建了科技示范企业，发展科技示范乡镇1个（大营盘乡）、示范村6个（七甲山村、张活洼村、三公地村、侯达沟村、盐家脑村、白岩不落村）。示范户151户（杨日山等）。培育出县级科技示范园区2个（王振山养猪科技示范园区、温春养牛科技示范园区）。

2008年，大力实施“生态立县、项目强县、科技兴县”，贯彻落实科学发展观，坚持以生态经济统揽县域经济发展全局，积极转变发展方式，努力构筑现代产业体系，经济结构持续优化，主导产业不断升级。以打造最佳新型能源展示区为目标，坚持大公司、大集团开发，实施了15个风电建设工程，新增风电装机9705万千瓦，投产并网82.2万千瓦，全县风电装机达到100.5万千瓦，投产并网85.65万千瓦，如期实现百万千瓦风电基地县目标。努力拓展新能源开发领域，实施了1兆瓦光伏发电示范项目，清洁能源开发步入了风光互补综合开发的新阶段。以风电、光电为主的清洁能源已经成长为重要的立县产业，昭示出广阔的发展前景。

立足区域实际，坚持把节水、设施和旱作高效农业，作为调整内部结构、发展现代农业科技的主攻方向。在稳定蔬菜种植面积的基础上，实施蔬菜164.67公顷，膜下滴灌50000公顷，继续拓展旱作高效农业科技新路子，扶持发展抗旱节水农业试验园区，大力推广张杂谷、马铃薯等旱作优良品种，拓宽了农民稳定增收渠道。全面实施舍饲禁牧，推广规模集中养殖和品种改良，各类养殖园区、大型养殖场发展到37个，改良站点38个促进了养殖方式转变和效益提升。围绕蔬菜、果品、高端肉品等特色农产品，发展龙头加工企业16家，合作经济组织66个，农业产业化经营率达到57.9％，比2005年提高了14.4%，延伸了产业链条，提升了产业经营水平。

第二节　科技培训

1989—1996年，县科协先后与农口部门除举办乡镇级科技讲座外，分组走村串户年均完成培训任务5万人次，其中农业4万人次，农机1万人次。成人职业技术教育250人，声像宣传30场次。1996年，全县开展“两高一优”农业技术培训，共集中培训98场，培训师资2000人次，科技示范户和重点户16000人次，印发各类技术资料2万余份。

1997—2007年，全县科技人员下乡1104人次，科技干部巡回全县集中培训257场次，现场教学90场次，广播电视讲座21期，印发科技资料78560份，赠送科技书刊29920册，培训农民技术员4273人次，乡村干部3997人次，培训农民205213人次。完成绿证培训2550人次。2001年，围绕全县1.33万公顷马铃薯、0.67万公顷错季蔬菜、0.67万公顷饲用玉米、10万平方米口蘑4个基地的生产技术难题，全县培训乡村干部1000人，普训农民5万人次。共发放绿色证书3000本。

一、基层干部“素质工程”

根据省委组织部、省教育厅下发的《印发〈关于继续开展农村基层干部正规化学历教育的实施意见〉的通知》（冀组通字〔2004〕7号）精神，受市委组织部及市农广校委托，2004—2006年，全县共招收河北省“素质工程”成人高等专科学历教育学员318人，招收对象主要是村级干部，学制三年，毕业后取得大专学历。同时，在全县开展农函大招生，累计完成招生3124人，通过学习，提高了村级干部和部分农民的整体素质。

二、新型农民培训

2006—2007年，经农业部、财政部审核批准，尚义县被确定为全国新型农民科技培训工程项目实施县。项目结合优势农产品区域布局规划，按照“围绕主导产业，培训专业农民，进村办班指导，发展‘一村一品’”的思路，以村为单位组织培训。两年间，共组织63个村，办班180期，教师进村236次，培训农民3323人次，培训内容围绕市场经济，重点是错季蔬菜种植、口蘑栽培、畜禽养殖等。

三、阳光工程培训

为贯彻落实《2003—2010年全国农民工培训规划》，以及市委、市政府《2004—2010年关于开展农村“双万人培训工程”的实施意见》，2004年，张家口市社会保障和劳动等六部门组织启动实施“农村劳动力转移培训阳光工程”项目，当年，尚义县完成培训任务6650人，其中引导性培训5000人，技能培训650人，农民科技培训1000人。至2008年，共完成农村劳动力转移培训阳光工程任务24380人，其中引导性培训14220人，技能培训5420人，农民科技培训4340人，创业培训400人，2004—2008年，主要是以农村劳动力转移就业前的短期职业技能培训为重点，培训对象以外出务工农民为主。为适应新形势的需要，推动城乡统筹协调发展和社会主义新农村建设，2009年，尚义县完成技能培训1000人，农业科技培训850人。

2010年，全县完成培训任务3500人，其中示范性培训600人（畜禽养殖400人、农村经纪人200人），地方特色职业农民200人，引导性培训2700人。

第三节　科技下乡

1997年，为深入贯彻落实中宣部等十部委联合下发《关于开展文化科技卫生“三下乡”活动的通知》，尚义县成立了文化科技卫生“三下乡”活动领导小组。组长由县委常委、宣传部部长担任，副组长由县政府主管文化、科技、卫生工作的副县长担任，成员由县委办、政府办、宣传部、农工部、科协、县总工会、妇联会、团县委、人事局、文化局、科技局、文体局、卫生局、计生局、公安局、农业局、林业局、水利局、国土局、司法局、药监局、气象局及有关乡镇主要负责人组成，并适时开展了“三下乡”活动。从此，尚义县“三下乡”活动逐步纳入经常化、制度化的轨道。

1997年，科技局、农工部等单位抓住冬春农闲季节开展科普教育活动，培训人员5万余人次，达到每个农户有一个科技明白人；1999年，组织各类科技培训班42期，培训农民8000余人，为种养户散发资料3100册；2000年，农业局的程红霞、苏静，科技局的梁世杰为农民讲解科技种养，发放科技书刊5000余份。2001年5月，农业局的苏静、畜牧局的王秀玲为农民讲解科技种养技术。2002年农业局的李志忠、畜牧局的王秀玲为农民讲解科技种养技术。2004年，农口部门在组织科技人员逐乡镇开展技术培训的基础上，又与赤峰市生物菌肥厂合作，聘请16名农业科技人员组成讲师团，开展科技下乡活动。历时14天，先后深入到全县14个乡镇、159个行政村、330个自然村，举办培训班330期，受训农民17500人。2005年4月，聘请河北农大的杨福存教授在尚义三中礼堂为坝上菜区5个乡镇的1000多名菜农讲授蔬菜科学技术。2006年，省文化厅赠送尚义县10个乡镇各类农业科技图书4000多册。2006年4月，在大青沟的小五村，开展大型“三下乡”活动现场会，农工部、农业局等农口部门聘请河北农大的杨福存教授和市农业局的高华山农牧师讲解了蔬菜种植技术，发放相关资料2800余份。2010年11月，发改委牵头组织科技下乡活动，历时一个月，举办培训讲座50余场次，培训农民2万余人，发放宣传资料5000余份。

第四节　科技成果

1989—2010年，根据《中共中央国务院关于加速科技进步的决定》精神，县委、县政府实施了“科技兴县”战略。先后制订了“八五”“九五”“十五”计划，以及“十一五”“十二五”科技发展规划。

为强化科技工作，切实提升科技管理水平，县、乡、村三级配备了专职科技副县长、副乡长、副村主任。乡镇建立各类科技服务站67个，村级建立科技服务小组181个。形成了县、乡、村科技服务网络，科技服务覆盖率达到70%。

16名中级以上专业技术人员充实到毛纺厂、造纸厂、皮毛厂、元件厂、针织厂等企业开展了科技型企业的创建活动。从1998年开始，全县平均每年引进科技项目2项，先后引进了暖棚养猪、小尾寒羊育肥、蔬菜膜下滴灌、小拱棚蔬菜种植、樱桃西红柿、七彩椒、张杂谷、吊篮西瓜、甜菜、草莓等40余项新技术和新成果。共完成科技项目21项，取得科研成果4项，推广应用适用技术和新技术30项。口蘑产业化开发项目被科技部列入国家级星火计划和科技扶贫项目。县口蘑开发中心承担的农业部、河北省农业厅“褐口蘑栽培及脱水加工技术”研究和“口蘑行业标准”制定等科研课题研究均达到国内同行业领先水平。

“九五”期间，全县整顿健全60个技术服务站，成立专业技术服务团5个，兴建科技园区18个。县科委在基层建立3处试验示范基地，基本形成了县、乡、村三级示范推广网络。蔬菜种植从“八五”末的不足0.20万公顷，发展到期末的1.07万公顷，奠定了冀西北无公害蔬菜大县的地位。全县蔬菜无公害环评面积达到0.67万公顷，年产量达到1亿千克，年销售额达到7000万元，成为全县的支柱产业。1992年，尚义县造纸厂成功研制出亚麻漂白浆和新闻纸，填补了国内造纸业利用草浆生产高档纸的空白。亚麻种植带动和辐射周边内蒙古、山西等8个旗县，有效促进了贫困地区的农民脱贫致富的步伐。尚义县元件厂成功研制出拖车、工程车辆液压刹车元件，出口劳保鞋钢包头3大类40多种系列产品。尚义县粮油加工厂掌握了麻油浸出工艺，提高了出油率，并通过轻工业部产品技术鉴定，获轻工业部“部优”才产品称号。1995年3月，县水利水保局与省灌溉试验中心研究的“春小麦需水规律及经济优化灌溉决策模型研究与应用”

技术获“河北省科技成果二等奖”“河北省水利厅科技进步一等奖”。1995年9月，由县水利水务局机井队试制的“开窗式塑料条缝混凝土滤水管”新产品，通过升级技术鉴定，达到了国内先进水平，填补了省内空白。雪城毛纺厂“印花割圈绒”项目列入河北省1996—1997年新产品攻关计划。农业局高寒区亚麻主要杂草一次性清除除草剂配方研究项目通过市鉴定验收，“高寒区草莓种植”项目，通过省组织的专家鉴定。“九五”期间，全县承担市级以上科技计划项目11个，获省科技成果三等奖1个，获市科技进步一等奖2个、二等奖3个、三等奖4个。连续两年获市科技管理先进单位。

“十五”期间，全县以科技推广为中心，实施小水富民、退耕还林、京津风沙治理、农田水利建设等重大工程，年改造中低产田0.33万公顷，年推广新技术和适用技术30项。全县蔬菜种植面积稳定在1.07万公顷以上。培育出以绿色蔬菜、特色养殖、风力开发等为主的主导产业。全县良种覆盖率达到90%以上，先进技术覆盖率达85%以上。2004年9月6日，由县科技局科技服务中心承担的省科技厅无公害蔬菜标准化生产技术推广计划项目，顺利通过省科技厅组成的验收委员会验收。

为加快科技事业发展，县委、县政府先后制定了一系列政策措施，确保科技管理、科技队伍和科技开发顺利进行。如《关于加强科技工作的决定》《关于大力发展现代农业，扎实推进社会主义新农村建设的意见》《关于大力推进全民创业的实施意见》《关于加强科技特派员工作的意见》等，这些文件为推进科技创新，实施蔬菜、畜牧等主导产业向规模化、效益化方向发展，起到了重要作用。

“十一五”期间，组织实施各类科技项目25个，引进以种植业和养殖业为主的新品种32个，推广新技术32项；转化科技成果30项，示范0.67万公顷。冀北高寒地区设施葡萄间作技术，研究项目通过省级科技成果鉴定。付建堂先后在《中国乡村医生》刊物上发表《5-氟尿嘧啶外涂治疗寻18例》《肾母细胞瘤误诊急性阑尾炎1例》，在《中国煤炭工业医学杂志》上发表《少儿胃癌误诊1例》，技术发明“栅栏状导丝颅表定位器在颅脑手术中的应用研究”曾获张家口市科学技术二等奖。高荣在《中国中西医临床精要》上发表《宫颈痉挛必收缩难产1例报告》，在《中国医药荟萃》上发表《静点催产素致肠套叠1例》，技术发明《宫颈糜烂治疗验方》获得市科技进步三等奖。王君和雷少军在2010年度完成“脑外伤后脑肿胀、硬膜外和硬膜下血肿及继发脑梗死的临床分析及预防”这一科技成果，成果水平为国内领先。

面对当地干旱少雨地下水源不足制约蔬菜发展的趋势，全县推广膜下滴灌新技术取得成功，并在全县推广，从而确保了全县蔬菜种植面积，错季蔬菜高产栽培技术获省科技成果三等奖。在农业、畜牧、林业方面，积极推广了“四良”养殖、病虫害防疫等技术30项。特别是在绿色蔬菜、特色养殖和风力开发上有了新的突破。

2003—2010年，大力发展节水农业，节水灌溉面积发展到666.67公顷，其中，膜下滴灌333.33公顷，尚义县被列入全国农业节水示范县。

2010年，县鉴定登记省级科技成果1项（冀北高寒地区设施葡萄间作技术研究），属国内先进水平。

第三章　科技管理与服务

第一节　科技机构

1989 年后，按照上级指示精神，从省内大专院校、科研单位为县政府配置了主管科技工作的副县长，加强尚义县科委和全县各级科技管理工作的组织领导。全县 17 个乡镇配备了主管科技工作的副乡镇长，172 个行政村都有科技明白人，县直农林水牧等单位都设有科技服务中心。

1989—1996 年，县科学技术委员会是县政府主管科技工作的职能部门，内设办公室、科技干部管理科。

1991 年，县政府做出《关于进一步加强农业和农村工作的决定》，农口 8 个单位建立了 7 个科技服务中心。1992 年配合机构改革，17 个乡（镇）实行农工商公司的运行形式，增强了乡级政府的科技服务功能，恢复、新建乡村郊良种场 50 多个，使提供良种、技术、水利植保、机械、信息、资金、运销、加工等服务落到了实处。

1996 年 10 月改为尚义县科技局。1993 年与县科协合署办公后增设科普科。1996 年 12 月县机构改革“三定”方案，确定科技局行政编制 13 人。内设办公室、科管科、科普科、综合科。

2002 年 6 月，根据机构改革的要求，科协与科技局分开办公。科技局行政编制 6 人。2010 年 3 月机构改革，科技局与教育局合并改名为尚义县教育和科学技术局，地震局独立运行。

第二节　地震监测

1989—2005 年，在科技局下设地震办，全县地震工作一直设在科技局，并由专门人员负责。2006 年县编委下文，成立尚义县地震局，挂靠县科技局，一套人马、两块牌子；2010 年，机构改革，地震局独立运行。

1989—2004 年，在县政府大院设有专门水井，进行数据观察，每天早晨向市局进行报告。全县在 14 个乡镇建立了地震宏观观测点，在毛忽庆、华东村建成了农村民居抗震设防示范村。

按照上级要求，结合尚义县实际，1989—2010 年，先后编制印发了《尚义县地震应急预案》《关于成立尚义县防震减灾指挥部和建立防震减灾工作联席会议制度的通知》《关于设立地震应急避难场所的通知》《尚义县地震宏观观测点情况简介》《关于加强我县建设工程抗震设防的通知》等，这些文件精神，为强化尚义县防震减灾工作起到了重要作用。

附：“1·10”地震纪实

1998 年 1 月 10 日 11 时 50 分，尚义、张北交界处发生里氏 6.20 级地震。全县 14 个乡（镇），172 个行政村，622 个自然村全部受损，受灾户 47989 户，受灾人口 147714 人，分别占全县总户数和总人数的 83.30% 和 87.70%。

重灾乡镇 6 个：套里庄乡、后石庄井乡、炕塄乡、甲石河乡、小蒜沟镇、下马圈乡。

次重灾乡（镇）6个：红土梁镇、大青沟镇、大苏计乡、八道沟镇、七甲乡、哈拉沟乡。

较轻灾乡镇2个：大营盘乡、南壕堑镇。

地震造成重伤6人，轻伤1840人；民房倒塌2448间，严重损坏33096间，中度损坏58403间，一般损坏50341间，分别占民房总间数的1.50%、9.70%、34.80%和30%。全县重灾学校272所，倒塌校舍123间2460平方米，严重危房12152间2400平方米，轻微裂缝校舍1500间3万平方米，毁坏各类仪器设备、课桌凳23840件（套），塌围墙38.57千米。全县18个医疗卫生单位，有12个单位受损，房屋严重裂缝151间2590平方米，一般裂缝93间200平方米，毁坏医疗设备142件，毁坏围墙370米，药品损失1.64万元。全县粮食系统毁坏仓房686间21072平方米，损坏办公室290间8163平方米，损坏生产车间239间6851平方米，毁坏门市部11间330平方米，损坏围墙3050米，损坏储油罐3个。全县邮电系统造成危楼2处1918平方米，损坏车库1处120平方米，损坏三个支局办公用房63间1270平方米，全县5条公路干线、8座桥梁、55个涵洞、1000米护坡不同程度受损。全县9座中小型水为坝体纵横向裂缝，3处万亩灌区有131座建筑物被震毁，全县123眼机电井严重受损，6眼大口井、331眼砖石井、60眼饮水井、8座蓄水池、12.04万米防渗渠和5.98万米供水管都不同程度地遭到破坏，使1.58万人、0.44万头大牲畜和1.80万头、只猪、羊的饮水发生困难。3处主要行洪河道的河体工程33处1.64万米震后出现裂缝倾斜、倒塌，严重影响安全度汛。5个水利工程管理单位的办公用房和水务局办公大楼不同程度受损。全县震毁畜禽圈舍5.20万间，压死畜禽27303头（只），家畜改良站、畜牧兽医站毁坏房屋99间。县农业局1919平方米办公楼多处裂缝，2处大梁断裂，72间1223平方米平房严重裂缝，59间生产科研用房遭到破坏，损坏食品仪器设备1200台（件）。全县县办工业企业倒塌厂房、办公用房2176平方米，严重危房面积达30720平方米，损坏设备61台（套），损坏产品折款232万元。全县乡镇企业系统有118家企业受损，房屋裂缝2791间，机器设备365台（件），产品损失110万元，其他损失115万元。全县商业、供销、物资、医药、烟草、石油、金融、保险建筑等行业和党政机关、事业单位、乡镇机关也都程度不同地受损，共倒塌房屋64万平方米，造成危房13.48万平方米。城镇公用设施也遭到了不同程度的损坏。

地震造成直接经济损失74624万元。

第三节　气象预报与服务

尚义县气象站建于1959年，1991年改称河北省尚义县气象局，隶属河北省气象局，局内设有人工影响天气、综合治理、防雷中心、基础业务测报等科室，承担全县地面气象观测任务和气象服务工作。2010年，县气象局有干部职工6人。

一、公众气象服务

20世纪90年代后期，随着气象卫星综合业务系统的完工，实现了各类气象信息快速交换，气象预报人员可随时在计算机上调阅大气测量图表资料，包括各时次高空图、地面图、卫星云图、雷达回波以及数值预报信息等。1998年1月10日，张北尚义交界处发生地震，尚义县气象局立即组成气象服务小组，为当地抗震救灾提供了可靠的气象安全保障。

1999年9月起在县电视台每日插播1次天气预报，天气预报节目内容由气象局负责制作，并录制成录像带送县电视台播放。2004年天气预报由市气象台制作，县气象局只承担气象服务工作。县气象局天气预报服务内容有短期（24、36、48、72小时）、中期（3～10日）天气预报服务，以及短期气候预测（月、季、年气候预测）服务。

2007年起由县广电局在尚义县有线电视台尚义频道每日播出一次天气预报，由气象局制作完成。值班人员每天两次做好尚义县的天气预报，以电子版向县政府网站发布，以网页的形式向公众预报尚义的天气变化。

围绕构建农村新型气象工作体系，推进现代气象业务体系向农村延伸、气象应急管理体系向农村延伸、公共气象服务向农村延伸，创新气象为“三农”服务模式，每旬将旬预报寄往各乡镇，每次预警信息都及时通过电话、短信告知乡镇领导和办公室做好预防工作。

二、决策气象服务

20世纪90年代以后，县气象局逐步开发《重要天气报告》《专题气象报告》《农业气象信息》《降水公报》等决策服务产品，取代了之前以口头或书信方式向县委、县政府提供情况的方式。每次雷雨、大风、干旱等灾害，都预报灾害天气过程，及时向县委、县政府和有关部门提供决策服务。

2008年9月与网通公司联手开通了气象服务信息平台，通过短信向县委、县政府、学校、工矿、农、林、水、电等部门发布寒潮预警、雷暴预警等相关服务信息。提高了应对突发气象灾害以及气象灾害预警信号的发布速度。

2008年6月10日晚，尚义县八道沟、七甲、炕塄等乡镇遭受短时大风暴雨袭击，其中八道沟镇在不到一个小时的时间里降水量达91.40毫米。县气象局于6月8—9日做出天气报告送到县委、县政府；在10日测报员看到气象雷达强回波及移动走向，又及时通过手机短信给各乡镇发布了雷电及暴雨黄色预警信号。由于预报准确，预警及时，使各乡镇损失降到最低。

三、专业与专项气象服务

20世纪80年代中期，专业气象有偿服务开始起步，主要服务对象为全县各乡镇和相关企事业单位，为其提供中、长期天气预报和气象资料。随着科学技术的不断发展，尚义县气象局也在继续开展服务中不断完善，服务资料涉及预报、土壤墒情、乡镇（月、年）降水总量、重要天气预报、各类预警信号等。1997年8月起将防雷工程从设计、施工到竣工验收，全部纳入气象行政管理范围。负责全县防雷安全管理，定期检查、检测液化气站、加油站、188民爆公司、烟花爆竹、计算机机房和安装防雷装置的单位防雷设施，对不符合防雷技术规范的单位责令进行整改。1990年5月起全县各类新建（构）筑物按照规范要求安装避雷装置。

为开发利用空中水资源，张家口市气象局于2001年为尚义县配备了第一部人工增雨火箭架，并开始实施人工增雨作业。2002年又为尚义县增配了第二套增雨作业设备。两台增雨设备基本能满足全县人工增雨需要。

从2003年到2008年，先后有10多家风电企业与尚义县政府签订开发风能协议，县气象局在此项工作中提供了大量的气象资料和服务，为尚义的经济发展提供了有力支持。气象局还多次为农、林、牧、水等单位做好专项气象服务，为当地农业发展提供有力的气象保障。

2004年春与县林业局、畜牧局合作开展电视森林、草原火险气象等级预报，指导森林、草原防火，防止了重大安全事故的发生。

气象科普宣传利用电视、手机短信、气象简报、网站等渠道，在全县实施气象科普入村、校和社区。每年的“3 · 23”世界气象日，县气象局都要组织气象科普宣传活动，全县众多师生、民众受到气象科普教育。2008 年 7 月以前通过广播、天气预报、纸质材料向政府及公众发布气象灾害预警信息，之后，建立了全县气象灾害预警信息发布平台，通过手机短信方式，将气象灾害预警预报直接及时发至各乡镇、行政村气象信息员手机上。

尚义县志
SHANGYI XIANZHI
1989—2010

第二十一篇

卫　生

1989—2010年，尚义县医药卫生事业经历了从公办、集体办院到推行多种形式的责任制，再到新兴农村合作医疗的开展，既有兴盛期，又有改革阵痛期。其间，县级医疗机构发展壮大，医院基础设施、医疗检查设备与医疗技术逐步完善，住院床位与医护人员逐年增加，疾病治疗范围扩大，治疗手段多样，治疗效果提升。尚义县医院因先进的设备和高超的医疗技术，吸引了张北、康保及内蒙古自治区的兴和、商都等县患者前来就医。乡镇卫生院也随着卫生体制改革的不断深入，特别是新兴农村合作医疗的开展，借助前所未有的发展机遇，设施、设备、人员等都得到了全面提升。

加强了对各种传染病的预防、控制与监测，县内各种传染病得到有效控制，没有疫情暴发流行，特别是碘缺乏病、饮水型氟中毒、布氏杆菌病和克山病等地方病防治效果明显。全民动员，联防联控，科学防治，取得了抗击“非典”的全面胜利。

广泛开展了妇女病普查、婚前检查、科学接生、孕产妇住院分娩保健、母婴保健、托幼卫生保健、儿童系统保健等检查保健活动，妇幼保健工作有声有色。

从职工公费医疗到职工医保、城镇居民医疗保险、新型农村合作医疗，医疗体制改革逐步深化与完善，城镇职工、城镇居民、农村居民参保率逐年提高。

爱国卫生运动健康发展，人们的卫生意识显著增强。

第一章 卫生体制改革

第一节 卫生分配制度改革

中共十一届三中全会以来，医疗卫生改革逐步展开，打破“独家办”“大锅饭”局面，构建适应社会主义市场经济体制的卫生服务体系、管理体制。1988年根据省卫生厅《关于卫生改革实施意见的报告》和张家口地区卫生局关于卫生改革的七条意见精神，尚义县卫生系统进行了一系列改革。

1988年开始，全县推行院（所、站）长负责制，公开招聘院（所、站）长，由卫生局聘任，组织人事部门备案，任期1～3年，副职任命由正职提名。院长对医院业务、行政、财务、人事享有决策权。

1991年之前，乡镇卫生院由县卫生局实施行业管理。1991—1996年，全县全民所有制卫生院由卫生局管理。集体所有制的乡镇卫生院下放到各乡镇管理，实行条块分割、双线管理，人、财、物归乡镇，县卫生局负责业务指导。

1995年，实行工资与绩效挂钩的分配制度。各医疗单位打破档案工资，实行结构工资。县医院在基本工资基础上，另设全勤、效益、超时加班工资，这三部分均根据个人的技术水平、服务质量、贡献大小确定。防疫站和妇幼保健站（院）有偿服务所得，除弥补防保经费不足和各种费用外，按省政府规定的比例分成。

1996年，全县乡镇卫生院重新划归县卫生局管理，人员、业务、经费等由卫生局管理，组织关系归乡镇管理。

1997年，全县医疗卫生单位实行目标责任承包制。卫生局下达承包期内的任务、质量、技术和经济、社会效益指标，各承包单位走“吃饭靠自己，国家补贴搞建设”的路子，承包经营自负盈亏，报酬浮动，提取一定比例的公共积累。卫生事业经费补助由卫生局统一掌握，主要用于基本建设、器械购置、技术投资和预防保健设施建设，给予各乡镇卫生院一定的防保经费。中医院实行以经济效益为中心院科两级核算的目标管理责任制。县医院、中医院和大青沟、八道沟、小蒜沟、红土梁四个中心医院按自给程度和医疗工作指标完成情况确定奖金数额。防疫站和妇幼保健站（院）实行经费核拨与各项任务完成比例挂钩，各项任务按指标完成的，可得到应补经费。各乡镇卫生院按照目标责任制要求扣除一定的公共积累后，工资和奖金实行上不封顶，下不保底。到了1999年，多数乡镇卫生院经济效益下滑，难以保证工资发放，医务人员纷纷停薪留职自谋职业。只有院长留守，一度开成“夫妻诊所”。

2000—2005年，政府鼓励各医疗单位有组织地开展医疗保健服务，收入扣除各项费用后，实行单位与个人分成，个人收入部分不计入奖金数额。允许科技人员集资购置大型医疗器械，其收入在若干年内由入股者分成。允许卫生技术人员以停薪留职或节假日医疗的方式，承包医疗院所或到偏远山区、缺医少药的地方进行医疗卫生保健工作或行医，也可以承包乡村卫生服务项目或到其他单位兼职从事卫生医疗技术工作，收入在扣除物资消耗后，由单位和个人分成。

2001年1月至2006年4月，县中医院先后由数位医生承包经营，院长对本院业务、行政、财务、人事享有决策权，自负盈亏。年平均住院人次为630人次，门诊为4682人次。2006年5月至2009年4月，中医院又由社会人士承包经营，年平均住院人次为965人次，门诊为5950人次。2009年5月，中医院改制收归国有，隶属县医院管理。

2007年新型农村合作医疗管理办法实施，乡镇卫生院得到国家政策、资金、设备的大力支持，原医务人员陆续返岗，业务量急剧增大，乡村医疗服务重新发挥作用。

2010年7月，乡镇卫生院撤并重组改制，每个乡镇只保留一所规模适当、效益较好、人员素质较高的乡镇卫生院或中心卫生院（全县调整为4个中心卫生院、10个乡镇卫生院）。乡镇卫生院均设置预防保健科，并配备专职防保人员。县城城区设南壕堑镇社区卫生服务中心。

第二节　职工公费医疗改革

1989—2005年，尚义县实行医疗费用报销制度。主要对象是机关事业单位在职和离退休人员。其间，有1000多人参加公费医疗。

1989年，尚义县根据河北省财政厅、公费医疗管理委员会、卫生厅《关于加强全省公费医疗管理和深化改革的通知》，职工医疗费改为50岁以上每人每年120元，50岁以下每人每年60元。一般工作人员超过医疗费部分，年底从县财政报销门诊部分的30%，住院医疗费报销70%。大额住院费用，由主管县长批示报销。

1993年，县公费医疗本着“合理利用卫生资源，减少浪费，按照以人定额，分类管理，定点医疗，医药费与个人挂钩，超支分别分担”的原则开展。报销方式：1.门诊医药费为10%，住院医药费为5%，大型检查项目（单价100元以上）为5%。2.新中国成立前参加革命工作的离（退）休及在职人员、二等乙级以上革命残废军人和二等乙级以上因公（工）致残人员、因公负伤人员治疗期间个人不负担医药费。其他人员个人负担总额：在职职工每人每年不超过本人一个月标准工资；退休人员每人每年不超过本人一个月退休费（不含补贴）的50%。离休干部医疗费用，实报实销。

由于费用标准提高和享受公费医疗的职工人数增加，公费医疗费用总额不断上升。

2005—2010年，尚义县启动医疗保险制度改革，保险费由用人单位和职工共同缴纳。

第三节 医疗保险改革

一、职工医疗保险改革

2005年3月2日，县政府常务会议研究启动城镇职工医疗保险工作。是年9月，尚义县人民政府下发《尚义县政府建立城镇职工基本医疗保险制度实施方案（试行）》《尚义县城镇职工大额医疗保险管理暂行办法》《尚义县人民政府关于印发〈尚义县城镇职工基本医疗保险定点医疗保险机构管理办法〉等六个文件的通知》《尚义县城镇职工基本医疗保险门诊特殊病种管理暂行办法（试行）》等文件，2005年10月至2006年1月，分两个阶段，分别将全县企业职工及退休人员、机关事业单位职工及退休人员纳入县城镇职工医疗保险。

（一）基本医疗保险缴费标准

1. 基本医疗保险费由用人单位和职工个人共同缴纳。用人单位按本单位上年度在职职工工资总额与退休人员实发养老金总额之和的4.5%缴纳，在职职工按本人工资总额的2%缴纳，在职职工工资低于全市上年职工平均工资60%的按全市上年职工平均工资计算。退休人员不缴纳基本医疗保险费。

2. 已破产、改制企业退休人员采取一次性缴费参保，缴费标准以上年度全市社平工资为基数，按5.5%缴费，每年以8%的递增幅度计算，由本人一次性缴足10年。

3. 灵活就业人员医疗保险费以上年度全市社平工资的6.5%缴纳，缴到法定退休年龄。退休后次月要以上年度全市社平工资按现行缴费比例，按每年递增8%的比例，一次性补足10年后，才能享受退休后的医疗保险待遇。

（二）大额医疗保险缴费标准

为解决基本医疗保险最高支付限额以上的大额医疗费用，凡是参加基本医疗保险的人员必须参加大额医疗保险，大额医疗保险缴费标准暂定为每人每月8元。

（三）个人账户的划入比例

1. 退休人员以本人缴费工资的2.5%划入（其中新中国成立前老工人以2.8%划入）。

2.45周岁（含45周岁）以上的在职职工以本人缴费工资的2.5%划入。

3.45周岁以下的在职职工以本人缴费工资的2.3%划入。

（四）医疗保险报销办法

1. 基本医疗保险：一级医院起付标准500元，个人自付20%；二级医院起付标准800元，个人自付30%；转张家口市三级医院起付标准1500元，个人自付35%；转张家口外医院（一般只限于北京、天津两地医院）起付标准2500元，个人自付45%。另外，参保人员住院期间，实施目录内特殊检查和特殊治疗、使用目录内的进口一次性材料、使用目录内的乙类药品，由个人先自付30%，再按有关规定报销。基本医疗保险最高支付限额暂定为2万元。

2. 大额医疗保险：除按县基本医疗保险制度方案规定的用药、诊疗范围和相应自负比例后，个人再负担10%。大额医疗保险最高支付限额暂定为8万元。

（五）参保及基金使用情况

医疗保险基金实行社会统筹与个人账户相结合。职工个人缴纳的基本医疗保险费，全部计入个人账户。用人单位缴纳的基本医疗保险费的 30% 左右划入个人账户，剩余部分用于建立社会统筹基金。统筹基金主要支付住院费用，体现社会保险的互济性和公平性。

2006 年，参保人数 5703 人，参保率 59%，征缴医疗保险费 552.34 万元（其中：基本医疗保险基金 286.9 万元，个人账户基金 212.44 万元，大额医疗保险基金 53 万元），支付基本医疗保险基金 137.57 万元（其中：统筹金支付 48 万元，个人账户支付 87.37 万元，大额医疗保险基金支付 2.2 万元），为 301 人次报销医疗费用。

2010 年，参保人数 9597 人，征缴医疗保险费 687.6 万元（其中：基本医疗保险基金 496.6 万元，个人账户基金 103.8 万元，大额医疗保险基金 87.2 万元），支付基本医疗保险基金 712.6 万元（其中：统筹金支付 279 万元，个人账户支付 418 万元，大额医疗保险基金支付 15.6 万元），为 963 人次报销医疗费用。

二、城镇居民医疗保险

2009 年 3 月，尚义县人民政府下发《尚义县人民政府关于印发〈尚义县城镇居民基本医疗保险暂行办法（试行）〉的通知》（尚政〔2009〕31 号），尚义县城镇居民医疗保险工作正式开始启动运行。2010 年 9 月，重新修订下发《尚义县人民政府关于印发〈尚义县城镇居民基本医疗保险暂行办法（试行）〉的通知》（尚政〔2010〕113 号），完善了相关制度。

截至 2010 年，全县参保居民达到 17582 人，参保率 95%。

（一）缴费标准

1. 各类中小学生、幼儿园儿童及 18 周岁以下非在校居民年筹资标准为 140 元（含 20 元大额医疗保险费），其中财政补助 120 元，个人缴纳 20 元。低保对象和重度残疾（1 ~ 2 级）人员医疗保险费全部由财政补助资金承担。

2. 60 周岁（含 60 周岁）以上居民年筹资标准为 390 元（含 40 元大额医疗保险费）。其中财政补助 190 元，个人缴纳 200 元。低保对象和重度残疾（1 ~ 2 级）人员医疗保险费全部由财政补助资金承担。

3. 18 周岁（含 18 周岁）以上至 60 周岁处于劳动年龄段的非从业人员年筹资标准为 390 元（含 40 元大额医疗保险费）。其中财政补助 110 元，个人缴纳 280 元。低保对象或重度残疾（1 ~ 2 级）人员医疗保险费财政补助 290 元，个人缴纳 100 元，同时具备以上两个条件居民医疗保险费全部由财政补助资金承担。

（二）待遇支付

1. 基本医疗保险

一级医院起付标准 200 元，报销比例 85%；二级医院起付标准 300 元，报销比例 75%；转张家口市医院起付标准 800 元，报销比例 60%；转张家口外医院（一般只限于北京、天津两地医院）起付标准 1200 元，报销比例 55%。一年内多次住院的，起付标准依次降低 10%（最低不得低于 200 元）。另外，参保人员住院期间，实施目录内特殊检查和特殊治疗、使用目录内的进口一次性材料、使用目录内的乙类药品，由个人先自付 10%，再按有关规定报销。基本医疗保险最高支付限额暂定为 2 万元。超过最高支付限额的医疗费，由大额医疗保险支付。

2. 大额医疗保险

在一个自然年度内，住院和门诊特殊病超过统筹基金最高支付限额的，由大额医疗保险按基本医疗保险规定的 70% 支付，最高支付限额：各类学生及 18 周岁以下非在校居民为 9 万元；其他城镇居民为 7 万元。

3. 门诊特殊病种

参照职工医保有关政策执行。

第四节　农村合作医疗改革

尚义县是2007年新农合第二批新增试点县，尚义县新型农村合作医疗管理办公室于2007年4月1日正式成立，在小蒜沟镇、八道沟镇、大营盘乡3个乡（镇）共9个村入户调查了450户、共计1267人，并对全县3所县级、3所乡级医疗机构和9所村级医疗机构进行了机构调查，根据调查结果进行科学测算，并结合已开展县好的经验和做法，详细制定了适合本县的实施方案。

2007年4月，参加新型农村合作医疗的农业人口114324人，参合率68.46%。补偿人次34320人次，补偿金额469万元。

2008年，全县共有104445人参加了新型农村合作医疗，参合率62.54%。其中32802人次得到了合作医疗补偿，补偿金额878万元。

2009年，全县共有124360人参加了新型农村合作医疗，参合率74.47%。其中42027人次得到了合作医疗补偿，补偿金额1184万元。

2010年，全县共有131900人参加了新型农村合作医疗，参合率87.44%。其中48710人次得到了合作医疗补偿，补偿金额1750万元。

一、筹资渠道及标准

2007年，中央财政为参加新型农村合作医疗的农民每人每年补助20元，省财政补助11元，市财政补助6元，县财政补助3元，农民个人交费10元，每人每年筹资总额50元。2008年，农民个人缴费每人每年10元，中央财政每人每年补助40元，省级财政补助22元，市级财政补助12元，县级财政补助6元，每人年筹资总额90元。2009年，农民个人缴费每人每年20元，中央财政每人每年补助40元，省级财政补助22元，市级财政补助12元，县级财政补助6元，每人年筹资总额100元。

2010年筹资标准为每人140元，其中参合农民个人缴费20元，中央财政补助每人60元，省、市、县三级财政补助每人合计60元。

二、补偿方式

2007年年底，启动了大病住院二次补偿。

门诊费用补偿每人每年8元，以家庭为单位计入个人账户，用于支付所有家庭成员的门诊费用，用完为止。年内未享受补偿的，可将剩余基金转入下一年度继续使用，但不得冲抵下一年度合作医疗个人缴费基金。

住院费用补偿2007年乡级起付线50元，按60%补偿，最高不超过1.5万元；县级起付线200元，按50%补偿，最高不超过1.5万元；市级以上起付线1000元，按35%补偿，最高不超过1.5万元。

2007—2010年尚义县新农合住院费用补偿标准明细表

表21-1

就诊医院	2007年			2008年			2009年			2010年		
	起伏线（元）	补偿比（%）	封顶线（元）	起伏线（元）	补偿比（%）	封顶线（元）	起伏线（元）	补偿比（%）	封顶线（元）	起伏线（元）	补偿比（%）	封顶线（元）
乡级	50	60	15000	100	80		100	80		150	80	
县级	200	50	15000	300	70	30000	300	70	30000	350	70	40000
市二级	1000	35	15000	1000	55		1000	55		1200	55	

续表 21-1

就诊医院	2007 年			2008 年			2009 年			2010 年		
	起伏线（元）	补偿比（%）	封顶线（元）	起伏线（元）	补偿比（%）	封顶线（元）	起伏线（元）	补偿比（%）	封顶线（元）	起伏线（元）	补偿比（%）	封顶线（元）
市三级、省级	1000	35	15000	1000	50	30000	1000	50	30000	1500	50	40000
省外转诊				1500	50		1500	50		2000	45	

2010 年，各项补偿达到最高。住院费用补偿乡级起付线 150 元，按 80% 补偿，最高不超过 4 万元；县级起付线 350 元，按 70% 补偿，最高不超过 4 万元；市二级起付线 1200 元，按 55% 补偿，最高不超过 4 万元；市二级、省级起付线 1500 元，按 50% 补偿，最高不超过 4 万元；省外转诊起付线 2000 元，按 45% 补偿，最高不超过 4 万元。

正常产住院分娩补助。孕产妇在县内定点医疗机构住院分娩的，顺产补助 100 元，剖宫产和产科合并症、并发症的按住院补偿标准执行。

特殊慢性病大额门诊补偿。2007 年特殊慢性病大额门诊补偿（10 种）起付线 50 元，按 30% 补偿，最高不超过 1000 元；2010 年特殊慢性病大额门诊补偿（15 种）起付线 100 元，按 50% 补偿，最高不超过 4 万元。

2007—2010 年尚义县特殊慢性病大额门诊补偿情况表

表 21-2

2007 年特殊慢性病大额门诊补偿			
病种	起付线（元）	补偿比（%）	封顶线（元）
脑血管病后遗症	50	30	1000
肺源性心脏病	50	30	1000
高血压Ⅲ期	50	30	1000
糖尿病	50	30	1000
慢性再生障碍性贫血	50	30	1000
恶性肿瘤放化疗	50	30	1000
系统性红斑狼疮	50	30	1000
心肌梗死	50	30	1000
肝硬化（失代偿期）	50	30	1000
白血病	50	30	1000
2008 年特殊慢性病大额门诊补偿			
病种	起付线（元）	补偿比（%）	封顶线（元）
各种心脏病合并慢性心功能衰竭	100	45	5000
高血压Ⅲ期高危以上			

续表 21-2

脑血管病后遗症（有严重神经、精神、肢体功能障碍）			
肝硬化、			
尿毒症肾透析			
糖尿病（合并严重并发症）	100	45	5000
恶性肿瘤放化疗			
白血病			
再生障碍性贫血			
系统性红斑狼疮			
2009 年特殊慢性病大额门诊补偿			
病种	起付线（元）	补偿比（%）	封顶线（元）
各种心脏病合并慢性心功能衰竭			
高血压Ⅲ期高危以上			
脑血管病后遗症（有严重神经、精神、肢体功能障碍）			
肝硬化、			
尿毒症肾透析			
糖尿病（合并严重并发症）			
恶性肿瘤放化疗			
白血病	100	50	10000
再生障碍性贫血			
系统性红斑狼疮			
慢性中重度病毒性肝炎			
类风湿性关节炎（有肢体功能障碍）			
精神病			
活动性肺结核			
器官移植后使用抗排斥免疫调节剂			
2010 年特殊慢性病大额门诊补偿			
慢病种类	年起付线（元）	补偿比（%）	年封顶线（元）
糖尿病、高血压Ⅲ级高危、各种慢性心功能衰竭、脑血管病后遗症、活动性结核病、慢性病毒性肝炎、类风湿性关节炎、肝硬化失代偿期	100	50	1500
再生障碍性贫血、精神病、器官移植术后使用抗排斥免疫调节剂	100	50	10000
尿毒症肾透析、恶性肿瘤放化疗、白血病、系统性红斑狼疮	100	60	40000

三、定点医疗机构

2007年，全县共确定定点医疗机构17个，其中县级3个，乡级14个；定点140个村卫生室。2008年，全县共确定定点医疗机构18个，其中县级4个，乡级14个；定点163个村卫生室。2009年，全县共确定定点医疗机构18个，其中县级4个，乡级14个；定点168个村卫生室。2010年，全县共确定定点医疗机构19个，其中县级5个，乡级14个；定点180个村卫生室。

第二章　医疗卫生管理

第一节　医政管理

1989—2010年，卫生系统每年开展医院管理年活动和医疗质量万里行等活动。主要是严厉打击无证行医行为；严肃查处医疗机构聘用非卫生技术人员行医的违法行为；严肃查处医疗机构出租、承包科室的行为；严肃查处非法从事性病诊疗活动的行为；严肃查处利用B超非法鉴定胎儿性别和选择性别的终止妊娠手术的行为。落实了患者安全目标，提高了医疗质量，保证了医疗安全，改善了医疗服务，降低了医疗费用，杜绝行业不正之风。同时，认真贯彻《尚义县医疗机构医患沟通制度》，切实转变服务态度，认真履行告知义务，努力减少并及时化解医患纠纷。

按照《中华人民共和国执业医师法》《医疗机构管理条例》《医疗废物管理条例》《消毒管理办法》等法律法规的要求，加强了医疗市场督导检查和医政执法。全县每年开展医疗机构和医务人员法制宣传教育，严格依法执业，规范医疗机构和医务人员的服务行为；通过开展“打击非法行医专项行动”，严厉打击非法行医，净化医疗市场；严格查处医疗机构和医务人员超范围执业行为，把医疗机构和医务人员的诊疗活动规范在卫生法规准许的范围内。至2010年，全县累计出动监督员1520人次，车辆500多台次，检查医疗机构51家，取缔19家，责令整改33家；检查城区药房82家，责令整改14家。

1989年，全县有个体诊所15家，其中县城10家，乡镇5家，共有15名专业技术人员。县卫生局要求个体诊所开业必须有当地户口、开业场所和执业资格证，由本人提出书面申请，经考试合格后发给行医执照，方可开业行医。20世纪90年代后期，个体诊所数量猛增，遍布城乡，村村有诊所，最多时全县达500多家。2002年开始清理整顿个体诊所，取缔了所有的“黑门诊”。到2010年年底，全县有个体诊所24家，其中县城16家，乡镇8家，共有28名专业技术人员。

乡村医生的管理由卫生主管部门发给行医执照，每月到当地卫生院学习一次，每年到县卫生主管部门考试一次。2010年，全县有乡村医生184人。

第二节　药政管理

1989—2010年，尚义县逐步改革和完善药品集中采购制度，大力推进国家基本药物制度落实，严格规范药品的管理、使用，严肃查处商业贿赂案件，严防假冒、伪劣、过期、失效药品的经营出售或使用，配合价格主管部门控制医药费用不合理增长。

一、药品经营管理

1989 年，县卫生局设医药股，负责全县卫生系统药品经营监督检查。1984 年《中华人民共和国药品管理法》颁布，医药股依法加大药品经营监督检查力度，会同相关部门不定期监督检查全县药品经营市场。

1996 年以来，遵照上级“国营主渠道进药”的原则，在全县范围内推行从国营药品批发企业购药，基本上制止了医疗卫生单位采购药品混乱现象和不规范行为。2000 年，由县纪检委牵头，组织卫生局、工商局、药品管理局，大规模清查了全县药品经营业户。凡涉及有药品回扣和购药等不正之风，由纪检部门进行处理。2001 年，在县级医院实行药品招标采购，共有 9 家药品生产、经营企业参加投标，其中 5 家药品生产、经营企业中标，提供 60 余种常用药品和指定抗生素等药品。

1989 年，采购药品金额约为 935 万元，购进药品品种 900 余种。2010 年，采购药品金额 2000 余万元，购进药品品种约 1500 余种。

二、药品质量管理

尚义县境内出售、使用的药品，一律依照法律、法规，实行规范化管理，严防假冒、伪劣、过期、失效药品的经营出售或使用。县卫生局每年都要组织检查，市药检所每年都要抽查送检药品，对查出过期、伪劣药品，都要进行集中销毁，对药品经营单位给予相应的处罚。

为保证药品质量，县医药公司组建了“质量管理股”设有化验室，配备了多种仪器、设置养护室、有专职养护员。质量管理人员严格执行规章制度，严格对进货渠道、入库验收，质量检验等环节进行严格把关。养护员按规定严格操作，科学养护在库商品，有记载、有记录。以精神类药品、毒麻药、中药材、中药饮片、中药软片、一次性使用无菌医疗器械及质量公报中不合格的药品为重点品种，从民营医院点开始对全县药品市场进行有计划有步骤的监督检查。对药品经营不善和药品质量问题较多的单位，定为重点对象，从严管理，从重处罚。1995 年对全县 40 余家医疗机构的药品管理、使用情况进行监督检查，共依法查封、没收、销毁伪劣药品 39 克；配合县癌症病人门诊使用麻醉药品的专用卡制度。重点加强对个体诊所药品的监督检查，采取定期和不定期抽查的方式，共查封和没收价值 3 万元的药品，对医疗机构药品及一次性无菌医疗器械的进购、管理、使用，销毁等各个环节进行全面整顿和规范，规范各药品经营单位的使用管理。

麻醉药品管理县内医院麻醉药除给癌症疼痛病人和手术病人使用外，一般病人不准使用。麻醉药品实行“五专”（专人负责、专柜加锁、专用账册、专用处方、专册登记）管理，存放麻醉药品的房屋实行“三铁”（门、窗、柜全部是铁制品）保管。购买办法：由县级以上医院出具诊断证明书，所在乡镇、村出具户籍证明，持本人及取药人员的身份证明，在卫生局医药股办理麻醉药品使用卡按规定时间在县医院购药。

第三节　卫生管理机构

一、尚义县爱国卫生运动委员会

尚义县爱国卫生运动委员会（简称爱卫会）

是县政府非常设机构，负责统一领导、统筹协调全县爱国卫生和疾控防治工作。爱卫会办公室（简称爱委办）是爱卫会常设行政办事机构，是县政府主管爱国卫生工作的部门。1987—1992年为独立的机构。1993年合并城建局。1994年，爱委办与卫生局合并。爱卫会的主要职责：研究制订全县爱国卫生工作规划、计划，组织开展群众性的爱国卫生活动；负责全县爱国卫生工作的检查、监督、指导，组织实施农村改水、改厕的技术指导工作；开展除“四害”活动，提供技术服务，努力改善城乡环境卫生；深入广泛地开展健康教育工作，普及卫生防病知识。

二、卫生局

县卫生局是县政府管理全县医药卫生事业的职能部门。

1989年内设办公室、财务科、医药政管股、爱卫办，行政编制11人。1992年增设药政股。1996年10月，医药政管股改为业务科。2003年4月，内设4个职能股室：办公室、财务科、业务科、爱国卫生运动委员会办公室，行政编制7人。2007年1月成立了尚义县新型农村合作医疗管理办公室。2009年10月，业务科改称医政科，同时设立了基妇科、疾控法监科。

2010年，内设办公室、财务科、医政科、基妇科、法监科、应急办、爱卫会、新农合办公室，共有行政编制9人，事业编制11人，工勤编制5人。

三、县医药管理局（医药公司）

1992年1月，按照张家口地区行署要求，成立尚义县医药管理局（科级单位），设在县医药药材公司，一套人马、两块牌子。主要职责：加强全县医药药材市场监管，保证药品质量。2003年4月，与县卫生局药政股一起并入县药品监督管理局。

1989年尚义县医药药材公司是全县经销医药行业性服务单位，为全县人民提供经销医药产品和器具，收购当地出产的药材，储存管理、监管药品器械质量的整理整顿医药市场为主要工作，做好每年验证发证工作，搞好地区之间药材的调拨调剂计划，做好产地药材货源的保护工作。经营中成、西成、草原品种近2000种，库存价值120万元，满足县级4家、乡级12家乡级以下220个医疗单位的用药供应。西药500余种，中草药500余种，其中：草药300余种、成药200余种。1989年公司有固定资产31.31万元，流动资金16.01万元，销售收入730.50万元，实现利润6.05万元。

1999年在企业内部深化改革中，结合本公司的实际情况制定措施和制度，提高技术业务水平，加强企业内部经营管理，扩大药品销售能力。严防假冒伪劣药品进入市场，对医药市场进行整顿。任务层层分解、责任到人，增加销售网点的原则。当年完成药品销售182万元，占计划的76%，实现税金4.10万元，上缴税金3.10万元。

2003年完成销售收入300万元，上缴税金5万元。

附1：尚义县医药公司

尚义县医药公司建于1957年，有占地面积17924平方米，建筑面积2463平方米，仓库面积1506平方米；大青沟批发部占地面积4196平方米，建筑面积926平方米，仓库面积627平方米。尚义县医药药材批发部有暖库5间，面积105平方米，有阴凉库1间20平方米，片剂库5间，分别面积为105平方米，草药库10

间210平方米，地产收购库15间，面积360平方米，办公室30间450平方米。实有干部职工47人。

1989年公司下设大青沟库、尚义库、收购部，一门市部、二门市部、五核算单位：行政下设办公室、财务股、业务股、3个科室，5个独立核算单位。全公司有干部职工54人。

1999年，公司机构设置：尚义批发部、尚义收购、第一门市部、第二门市部、二部分部、大青沟批发部、大青沟门市部、内蒙古批发部。行政下设办公室、财务股、业务股、3个科室，8个独立核算单位，共有干部职工71人。

2003年，尚义医药药材公司下设行政办公室、财务股、质量管理股、业务股。下设2个批发部，尚义县城1个，大青沟镇1个，门市部11个，县城5个，大青沟镇2个，大苏计、炕塄、红土梁、小蒜沟乡镇各1个。有干部职工72人，党员21人，团员9人，中药师3人，中药士5人，助理药剂师1人，助理会计师4人，会计员4人，政工师2人。

2004年，尚义县医药药材公司旧院全部出售后，将收入资金全部作为企业职工干部买断工龄用，企业设备留守处。

附2：尚义医药药材公司销售收入

1989年销售收入730502.97元，实现利润60491.69元，1996年销售收入323万元，1997年销售收入234万元，1998年销售收入131万元，1999年销售收入600万元、实现利润43万元、实现税金13017元，2001年销售收入209.60万元、实现利润36.20万元、实现税金11万元，2002年销售收入253.80万元、实现利润36.40万元、实现税金10.10万元，2003年销售收入300万元、实现利润35万元、实现税金5万元。

附3：尚义县红十字会

尚义县红十字会成立于2006年10月23日，属挂靠县卫生局的社团组织。主要职责：

一、宣传、贯彻《中华人民共和国红十字会法》，执行《中国红十字会章程》组织落实中国红十字会工作的方针、政策；指导全县各级及行业红十字会工作，推动全县红十字会各项工作的开展。

二、开展救灾的准备工作。在自然灾害和突发事件中，开展救护和救助工作；依法接受国内外组织和个人的捐赠，及时向灾区群众和受难者提供人道主义援助。

三、开展卫生救护的宣传和普及工作，组织开展群众性初级卫生救护知识培训。

四、依法参与、推动无偿献血和艾滋病防治的宣传教育工作。

五、组织会员和自愿工作者开展人道领域内的社区服务和社会公益活动。

六、依法开展社会募捐活动；参与国际人道主义救助工作；开展与国际、国内红十字会的合作与交流工作。

七、开展有益于青少年身心健康、弘扬人道主义精神的红十字青少年活动。

八、宣传日内瓦公约及其附加议定书、红十字与红新月运动基本原则，并依照有关规定开展工作。

九、兴办符合红十字宗旨的社会福利事业和经济实体。

十、完成县委、县政府委托和上级红会交办的其他工作。

近年来先后开展了“博爱一日捐”“救助失学儿童”“留守儿童心理辅导”组织“无偿献血”和志愿者等活动。

2006年度，收社会各级捐款3万元，上交张家口市红会3万元。

2007年度，收社会各级捐款4万元，上交张家口市红会4万元。

2008年度，收社会各级捐款38841元，上交张家口市红会3万元，玉树地震捐款2720元。

2009年度，收社会各级捐款120160元，上交张家口市红会3万元，资助下马圈乡政府43000元，贫困个人救助8340。

2010年度，收社会各级捐款126860元，上交张家口市红会5万元，资助满井镇政府2万元，资助石井乡政府1万元，资助三工地镇政府2万元，特困病人救助29900元，资助中心幼儿园1万元，贫困个人救助2500元。

第三章　医疗机构　医务人员

第一节　医疗机构

1989年，尚义县的医疗机构主要有县医院、县中医院、尚义煤矿职工医院和17家乡镇卫生院。县医院是所有医疗机构中规模最大的一家。

1989—2010年，通过“三基”（基本设施、基本设备、基层队伍）、“三化”（规范化、标准化、信息化）等医疗卫生基础设施建设，全县医疗事业发展奠定了坚实基础。特别是从2003年“非典”疫情发生之后，省、市、县加大了对尚义医疗事业的投资。2003—2010年，全县用于县、乡、村三级医疗机构基础设施建设的资金4261万元，年均532.63万元。先后建成了疾病预防控制实验楼、母婴保健综合服务楼、县医院传染病区等工程和县医院改扩建；完成了13所乡镇卫生院的改扩建和1所镇卫生院的新建项目；新建了22所村级卫生室。

1989—2010年，全县医疗设备装备投入454万元。

2010年，全县各类医疗卫生机构发展到227所，其中县直医疗单位5所、中心卫生院4所、普通卫生院10所、村级卫生室184所、个体诊所24家。

一、县医院

尚义县医院是全县唯一的一所综合性二级甲等医院，卫生部十年百项糖尿病项目推广医院，北京军区总医院、解放军二五一医院联合体医院，全县新农合、职工医保、城镇居民医保定点医院以及120急救、产科急救中心。担负着全县医疗、预防、康复、教学科研等任务，参与初级卫生保健，为促进社区人群健康，开展预防和保健活动提供服务，对常见病、传染病、地方病、突发性公共卫生事件实施急救处置和综合治疗。

县医院始建于1953年7月，隶属县卫生局领导。1986年11月由南壕堑镇新华街西沙河东迁到南壕堑镇平安街，占地面积13000平方米，建筑面积由迁址前的6000多平方米，发展至2010年的22000平方米。1989年，设有内科、外科、妇科、儿科、产科、传染科、急诊、口腔、五官、理疗、功能、放射、检验、体检科、病理、中医、手术、药剂等临床医技科室。2004年投资120万元，新建了677平方米的传染病区。2008—2010年先后投资2950万元进行改扩建。2007年，增设超声、CT、脑电等3个医技科室，2008年，增设肿瘤科，2009年，增设糖尿病专科。2007—2010年新增500MAX光机、彩色B超2台、数字胃肠机、螺旋CT、纤维胃镜、腹腔镜、膀胱镜、全自动生化分析仪、糖化血红蛋白仪、化学发光分析仪、心电监护仪等价值1000多万元的设备。2005年，实现了临床科室无纸化办公和收费微机化管理。编制床位由1989年的150张增加至2010年的220张；职工人数由1989年的120人，增加至2010年的200人。其中，副高职称18人，中级职称32人，初级职称68人。1989年，门诊58000人次，住院2100人次；2010年，门诊66325人次，住院5988人次。

内科

1989—2010年，尚义县医院多年积累丰富的临床经验，内科开展糖尿病专科，借助先进的医疗设备和先进的医疗技术，攻克大量的疑难杂症，消化专业科室设有副主任医师，主治医师多名，技术实力雄厚。在治疗急性心肌梗死、各种心律失常、急慢性心衰、慢性阻塞性肺病、呼吸衰竭、等方面具有丰富的临床经验，对糖尿病及其并发症、甲亢、甲低、类风湿性关节炎等内科常见病及疑难病的治疗方法更是独特。

外科

1989—2010年，尚义县医院外科能够独立进行阑尾切除术，各类疝修补术、大隐静脉高位结扎分段剥脱术、胆囊切除术、胆总管探查取石术、胃大部切除术、胃肠吻合术、右半结肠切除术、直肠癌根治术、甲状腺大部分切除术、前列腺切除术、精索、睾丸鞘膜积液鞘膜切除术、颅脑损伤清创缝合术，对不同部位骨折进行外固定支架、内固定术及自锁髓内针固定术，对胸部创伤性疾病，开展外伤性、自发性气胸、胸腔闭式引流术，成功抢救多例多发复合诊疗危重病人。2010年开展经腹腔镜胆囊切除术、经腹腔镜精索静脉高位结扎术、经腹腔镜阑尾切除术，具有创伤小、恢复快等优点。并开展了髋关节置换术，1989—2010年，外科进行各种大、中、小型手术5000多例。

妇产科

1989—2000年，县医院妇产科能够开展子宫肌瘤（包括黏膜下肌瘤、宫颈肌瘤等）剔除术，子宫全切术，子宫次全切除术及各类附件手术、（如卵巢肿物切除、卵巢囊肿剔除术、女扎术、输卵管通液术、宫外孕等），宫颈糜烂各种物理治疗产科子宫体部剖宫产术及各种难产的助产手术等。2000—2010年，又开展了子宫下段剖宫产术、子宫肌瘤消融术，治愈率达98%以上，多次抢救各种难产、产后大出血危重患者，均获成功，赢得广大患者好评。

儿科

1989—2010年，儿科是集呼吸、消化、泌尿、免疫、儿童保健于一体的儿内科室，综合实力位于同级医院先进行列。科内拥有擅长呼吸、消化、泌尿、新生儿等疾病的专科医生。对儿科常见病、儿科急诊等有丰富的临床经验，成功救治了早产儿数十例，无遗留后遗症，在小儿营养不良性贫血、腹泻、呼吸衰竭、心力衰竭的抢救，哮喘治疗，肾病综合征治疗，新生儿窒息，新生儿缺血缺氧性脑病有独特见解和方法，对小儿厌食症治疗效果良好。

眼科

1989—2010年，尚义县眼科年门诊量达3500人次，治愈大量多发病，常见病，治愈疑难病例2100余例，可实施部分眼科常规手术，成功率100%。

口腔科

1989—2010年，口腔科先后购进三台牙科综合治疗台、牙片X线机、根测仪等先进口腔医疗器械，并派人到上级口腔医院学习，听北京专家的口腔最新治疗方法的讲座，先后开展了牙体牙髓病的治疗，口腔修复工作，烤瓷铸造技术，牙齿畸形矫正工作，唇裂修补术，腮腺颌下腺及舌下腺肿瘤摘除术，颌骨内固定术，甲状舌骨囊肿摘除术，口底皮样囊肿摘除术，就诊人次达1000余人。

放射科

1989年，放射科有专业技术人员4人，有一台北京射线机厂生产的200毫安X光机，开展普通摄片、透视及消化道造影，1994年，更换北京万东500毫安双管双床X光机增加了体层摄影，1998年，增加了自动洗片机，从此告别了手工洗片的历史。1999年，在原来X光机基础上，增加了影像增强系统，从而结束了暗室透视的历史。2000年，投入了一台普通单排CT机，为脑外科手术的开展奠定了基础。2003年，中铁十四局扶贫尚义县的李克建联系北京医科大学捐赠一台日本岛津模拟胃肠机。2004年，筹资购置了西门子欢星CT机。2005年，又增加了柯达CR，极大地提高了医院的医学影像学水平。

检验科

1989年，检验科仅有一台显微镜、一台比色仪，体检项目仅限于三大（血、尿、便）常规及一些常规的生化检验。2000年，先后购进三分类血球分析仪、半自动生化分析仪、电解质分析仪、十一项尿液分析仪、半自动血凝仪。2008年，该院更新了一台400测速德国进口全自动生化分析仪、一台全自动尿沉渣分析仪，使医院的检验技术上了一个新台阶。2010年，新购进全自动微量元素分析仪、酶标仪。各种新型仪器的购入，使检验科积极配合临床开展工作，逐步满足临床诊断的需求。

功能科

1989年，功能科有专业技术人员2人，开展心电图、B超检查，年检查6000多人次。1998年，县医院购进1台日本东芝公司生产的彩色超声诊断仪，开展腹部、妇产科、浅表小器官疾病的诊断，2001年，购进日本福田公司生产的自动心电图仪。2010年，有专业技术人员10名，B超开展心脏、血管、肺部、妇产科、浅表小器官、腔内探头检查，心电图增加开展动态心电图追踪检查，同时有脑血流图、脑电图、胃肠镜检查。

医疗急救

1989年，县医院配备急救车1辆，对危急病患者实施紧急救援。2009年，县着手建立医疗急救体系，将120急救中心挂靠在县医院，购置2辆救护车，开设120专用电话，同年底开始运行。经过一年多的运行，2010年，120急救中心已拥有救护车3辆、驾驶员3人，从事急救的医生和护士共15人。

1989—2010年尚义县各种第一例手术一览表

表21-3

手术名称	手术时间	行术医院	行术者
乳腺切除术	1989年1月25日	县医院	刘广智
甲状腺次全切除术	1989年3月27日	县医院	张振宇
子宫次全切除术	1990年5月14日	县医院	王慧琴

续表 21-3

手术名称	手术时间	行术医院	行术者
子宫内膜癌根治术	1990 年 12 月 10 日	县医院	安秀兰
肱骨内上踝骨折内固定术	1991 年 9 月 14 日	县医院	张佃成
肝破裂修补术	1992 年 9 月 6 日	县医院	张军
胆囊切除术	1993 年 10 月 5 日	县医院	张军
子宫全切除术	1996 年 12 月 6 日	县医院	安秀兰
尿道会师术	1999 年 12 月 30 日	县医院	张佃成
开颅术	2000 年 12 月 7 日	县医院	张瑞
髓内针内固定术	2003 年 11 月 8 日	县医院	苏利军
刨宫产手术	2007 年 2 月 7 日	县妇幼保健院	郭凤仙
经腹腔镜胆囊切除术	2008 年 11 月 9 日	县医院	张军
子宫肌瘤消融术	2009 年 5 月 15 日	县医院	高荣
宫颈锥切术	2009 年 6 月 28 日	县医院	高荣

二、中医院

尚义县中医院的前身为县中医诊疗所，1988 年 10 月更名为尚义县中医院，是一所以中医为主的综合性医院。

1989 年，设有内科、外科、妇产科、检验科、放射科、针灸科、中医等科室，有医务人员 10 人。1996 年起开设癫痫、肛肠、肾病等专科，采用纯中药治疗，临床效果明显。其中中药治疗癫痫病的医疗成果，被省中医药管理局批准为 1996—1997 年省级科研项目。该院重点突出心血管科和中风科两个龙头科室，形成了一整套完善的治疗体系，并研制出系列自制药品，取得了较好疗效，中风病人的致残率较前几年有明显下降。2000 年中风科获市卫生局授予的“中医治疗中风病市级重点专科”称号；中药治疗骨伤的成果也被普遍推广，骨伤科 2000 年获市卫生局授予的“中医治疗骨伤病市级重点专科”称号。

2001 年，由于社会医疗水平的不断提高，医院的医疗设备较陈旧，各科人员短缺，被迫关门整改，从 2001 年 1 月至 2006 年 4 月由罗彪承包经营，当时年平均住院人次为 630 人（次），门诊人次为 4682 人（次）。2002 年心血管科开发研制的“参附起搏胶囊”，在治疗心动过缓及房室传导阻滞疾病的临床实践中，被省卫生厅立为科研项目。该院还积极与职教中心联系，与其联合开办了“中医职业中专班”，有 19 名西医人员获中医中专毕业证书，为中医院培养了一批有中专水平的中医药人才和中西医人才。2004 年该院成为张家口市中医名医协会会员单位。2006 年 5 月至 2009 年 4 月，由赵艾承包经营，当时年平均住院人次为 965 人（次），门诊人次为 5950 人（次）。

随着医疗体制的改革，人民健康的需要，按照县委、县政府的要求，2009 年 5 月，中医院改制、收归国有，重新启动正规化的经营，重新购买新的设备，招聘了一批新的医护人员，进入了较正常运转经营，一年多来，中医院严把人员进口关，通过卫生局公开招聘、招考等多种形式，聘用临床硕士研究生 1 人，大学本科生 4 人，专科生 9 人，护理人员 9 人。又增设了儿科、B 超功能科、急诊科、康复理疗科、麻醉科、彩超心电等医技科室，购置了迈瑞 DC-6 彩超、FC-1700 除颤监护仪、LD-10 自动呼吸机、STAR 多参数监护仪、德国数码电子阴道镜、全自动煎药包装机、德国狼牌腹腔镜、全自动生化分析仪和血球分析仪等仪器。床位由 1989 年的 20 张增加到 2010 年的 40 张，职工人数由 1989 年的 28 人增加到 2010 年的 45 人。2010 年住院 739 人次，门诊 7300 人次。

三、中心卫生院

2007 年 6 月，全县乡村卫生院进行整合重组，设立大青沟、八道沟、小蒜沟、红土梁中心卫生院。

小蒜沟中心卫生院 前身是小蒜沟中心医院，始建于 1958 年 10 月。2007 年 6 月，更名为小蒜沟中心卫生院。1998 年地震后由香港红十字会援助重建。科室原有内科、外科、儿科、妇（产）科、预防保健科、西药房。2006 年，增设了化验室、X 光室、心电图室、B 超室。配备了全数字 B 超机、X 光机、心电图机、血液分析仪、尿十项分析仪等。2010 年，增设了急救科、中医科、五官科、中药房、理疗室、治疗室、处置室、消毒供应室、手术室、产房、中药炮制室、煎药室等。病床增加至 20 张，医护人员由 1989 年的 6 人增加到 11 人。

大青沟中心卫生院 前身是大青沟中心医院。20 世纪 80 年代就有本科和大专毕业生陆续分配到大青沟卫生院。1989—1995 年，医护人员有 30 多名，房屋 40 多间，床位 40 张，设备有 X 光机、心电图机、B 超机、化验设备等，能开展中小型手术。这一时期，是大青沟中心医院医疗技术和业务兴盛时期。1995 年后，外地分配来的大学生医技人员陆续调回家乡，本地医护人才也纷纷调往市县医院，大青沟中心卫生院人才匮乏。2000 年前后，财政不予拨款，入不敷出，医务人员多数自谋职业，医院处于门诊状态。2007 年在党的惠民政策的支持下，新型农村合作医疗工作的开展，大青沟中心卫生院又重新组建，同年 6 月，大青沟中心医院改为大青沟中心卫生院，各项业务步入正轨。2009 年国家投资新建楼房 1 座、平房 16 间，同时配备了全数字 B 超、心电图机、血液分析仪、尿十项分析仪等仪器，临时聘用人才 12 人。2010 年又增设了急救室、中医科、五官科、中药房、理疗室、治疗室、处置室、消毒供应室、手术室、产房、中药炮制室、煎药室等，成为条件较好的乡镇卫生院。2010 年，卫生院有职工 12 人。1989 年，住院 185 人次，门诊 1855 人次；2010 年，住院 534 人次，门诊 3165 人次，分别比 1989 年提高 65.40％和 41.40％。

八道沟中心卫生院 前身是八道沟中心医院，始建于 1956 年 6 月。1989 年，设有内科、外科、妇科、儿科及药房等科室。2006 年，购置了 X 光机、B 超机、心电图机、血球分析仪、尿液分析仪等先进仪器，增加了 X 光室、心电 B 超室、化验室。2010 年增加了急诊科、中医科、五官科，职工人数达到 11 人。1989 年，住院 133 人次，门诊 1682 人次；2010 年，住院 541 人次，门诊 3915 人次，分别比 1989 年提高

75.40%和57%。

红土梁中心卫生院　前身是红土梁中心医院，始建于1958年6月。1989年设有内科、外科、妇科、儿科、中医科。2000年增加了放射科和化验室，引进了X线光机1台，双目显微镜1台。2005年，增加了心电图室、B超室、手术室，并配置了心电图机1台、B超机1台、麻醉机1台、手术床1张等。2007年6月，红土梁中心医院改名为红土梁中心卫生院，占地面积约450平方米，有房屋18间，约200平方米。1998年地震后，香港红十字会援建一栋住院楼，房屋28间，面积约420平方米，占地面积扩大到约900平方米。2010年，增加了急诊科、中医科、五官科等科室，编制床位增加到15张，职工人数由1989年的3人增加到8人。

四、乡镇卫生院

1989年乡镇卫生院共有13所。

南壕堑镇卫生院始建于1955年。1991年分设为南壕堑乡卫生院和南壕堑镇卫生院。2005年1月，南壕堑乡卫生院合并到南壕堑镇卫生院。满井镇卫生院原名炕塄乡卫生院，2009年3月改名为满井镇卫生院。三工地镇卫生院原名哈拉沟乡卫生院，2002年6月，随着哈拉沟乡政府撤乡设镇并搬迁至三工地村，哈拉沟乡卫生院改名为三工地镇卫生院。1998年12月，后石庄井乡卫生院随乡政府搬迁改名为石井乡卫生院。2008年6月，由后石庄井村搬迁到石井乡所在地。甲石河乡卫生院1998年地震后，由香港红十字会援建，医院从甲石河村迁至甲石河南店村。1996年，撤销永胜地乡、土木路乡、勿乱沟乡，永胜地乡卫生院、土木路乡卫生院并入红土梁镇中心医院，勿乱沟乡卫生院并入小蒜沟镇中心医院。

2007年乡镇卫生院重组，原大苏计乡卫生院、七甲乡卫生院、下马圈乡卫生院、套里庄乡卫生院、大营盘乡卫生院一并纳入乡镇卫生院序列编制。

2010年有乡镇卫生院10所：南壕堑镇卫生院、满井镇卫生院、三工地镇卫生院、大苏计乡卫生院、七甲乡卫生院、下马圈乡卫生院、套里庄乡卫生院、大营盘乡卫生院、石井乡卫生院、甲石河乡卫生院。

五、尚义煤矿职工医院

尚义县煤矿职工医院始建于1956年7月。1985年6月，由矿区院北搬迁到矿区院南，房屋共计32间，占地面积为4200平方米。1989年，设有内科、外科、妇科、儿科、放射科、检验科、心电图科室，住院为180人（次），门诊为3300人（次）。1994年，增加了B超室。2005年购置了全自动血尿生化分析仪。2008年，新配置了心电图机。2010年，编制床位增加到40张，职工由1989年的16人增加到35人。2010年，住院人次为200人（次），门诊人次为3600人（次），分别比1989年提高11%和9.10%。

六、卫生室　个体诊所

1989年，全县有个体诊所15家，其中县城10家、乡镇5家，共有专业技术人员15人。2010年年底，全县有个体诊所24家，其中县城16家、乡镇8家，共有专业技术人员28人。

2010年，有村级卫生室184所。

1989年，全县有工厂、学校医务室8个。2000年以来，由于企业相继关停，不再保留医务室。2010年，全县有学校医务室4个。

附：新民医院简介

尚义县新民医院于2000年由尚义县居民赵爱筹建，经各级卫生管理部门核准审定为一级综合性医院，于2002年正式开业。尚义县新民医院也是张家口市第一家私立医院，建院初租用平安大街原尚义县汽车站办公楼，后因汽车站办公楼拟另作他用，投资200多万元，又将改革过程中的原医药公司临街办公楼买下，总占地面1000多平方米（含院内一栋小二楼及大院），有各类用房40余间。新民医院整体搬迁至原医药公司大楼。

医院从张家口附属医院、251医院、原空军医院退下来的医务人员中，先后聘请主任医师、副主任医师8名专家，并从外县和尚义县各级医疗机构退休、待岗的医务人员中聘请了部分中坚力量，安排下岗、待岗医技人员36名。医院拥有医护后勤人员55名，病床50张。

尚义县新民医院集门诊、住院、急诊、社区服务于一体，设有内科、外科、妇科、儿科、中医科、理疗科、放射科、超声科、心电科、麻醉科、消毒供应室、药剂等门诊和医技科室，可独立开展肿瘤、甲亢、普外及骨外科等各类大中型手术。当时住院病人最多一天达到了20多人（次），高峰期门诊量为150人（次），年业务收入100多万元。曾独立完成过直肠癌肿瘤切除、甲状腺切除、脾脏破裂吻合等一些大型手术，并取得成功。

2007年，随着市场竞争的加剧，县中医院因种种原因难以为继，处于停业状态。县政府通过公开招标方式启动中医院，新民医院院长赵爱中标承包了中医院，解决了县中医院的下岗职工再就业和养老保险等问题。同时，新民医院整体并入县中医院统一经营。

2009年县政府将县中医院收回，原新民医院医护人员整体并归县中医院管理续用，院长赵爱由政府安排到县医院工作。

第二节　医务人员

1989年，全县有各类医务人员362人。2010年，全县拥有各级各类医务人员533人。

一、医务人员分布

1989年，全县有医务人员362人，其中县级医院138人，中心卫生院37人，乡镇卫生院52人，卫生防疫站17人，妇幼保健院10人，学校卫生4人，药检所19人，其他部门85人；2000年，全县医务人员增至453人。2010年，全县有医务人员533人，其中县级及以上医疗单位卫生技术人员262人，中心卫生院及乡镇卫生院有卫生技术人员162人，卫生防疫站34人，妇幼保健院52人，学校卫生4人，药检所19人。

二、医务人员结构

1. 中西医结构

1989年，全县有10名中医技术人员，西医技术人员314人，全县中西医药技术人员比为3.18 ∶ 100；2000年，有中医技术人员19人，中西医药技术人员332人，全县中西医药技术人员比为5.72 ∶ 100；2010年，有中医人员23人，中西医药技术人员399人，全县中西医药技术人员比为5.76 ∶ 100。

2. 技术职称结构

1989年，全县有医务人员362人，其中副高职称3人，主治医师42人，医师（士）138人，主管护师（士）50人，药剂师（士）32人，检验师（士）13人，其他技术人员46人，管理及后勤人员38人。

2000年，全县有医务人员453人，其中副高职称15人，主治医师49人，医师（士）136

人，主管护师（士）67人，药剂师（士）22人，检验师（士）32人，其他技术人员30人，管理及后勤人员102人。

2010年，全县有医务人员533人，其中副高职称18人，主治医师49人，医师（士）141人，主管护师（士）91人，药剂师（士）26人，检验师（士）36人，其他技术人员38人，管理及后勤人员134人。

全县有中医人员23人，其中4人取得副主任中医师资格，4人已取得主治中医师资格，15人已取得中医师资格。

1989年，尚义县仅有50名护理人员。2010年，尚义县共有护理工作人员91人，其中18人已取得主管护师资格，19人已取得护师资格，15人已取得护士资格，其他人员均取得护士上岗证。

1989—2010年尚义县卫生机构、床位、人员情况表

表21-4

年　度	机构数（个）	床位数（张）	副高（人）	主治医（人）	医师（士）（人）	（主管）护师（士）（人）	药剂师（士）（人）	检验师（士）（人）	其他技术人员（人）	管理人员（人）	工勤人员（人）	人员合计（人）
1989	31	325	3	42	138	50	32	13	46	12	26	362
1990	31	325	5	40	139	48	30	16	43	14	31	366
1991	31	325	5	41	138	50	30	17	41	14	36	372
1992	31	325	6	41	140	51	29	17	40	15	40	379
1993	31	325	8	42	139	54	28	20	40	15	48	394
1994	31	325	8	45	136	55	28	21	36	16	55	400
1995	153	325	8	45	136	57	24	26	33	16	59	404
1996	156	325	10	43	138	60	25	28	33	16	63	416
1997	156	325	13	46	135	59	25	28	32	16	70	424
1998	160	325	13	48	133	62	24	31	30	18	76	435
1999	157	325	15	48	134	65	23	31	31	18	80	445
2000	160	331	15	49	136	67	22	32	30	17	85	453
2001	162	331	16	49	138	67	21	34	30	17	89	461
2002	163	331	18	50	141	69	24	33	31	18	91	475
2003	166	331	17	49	141	68	25	33	32	18	94	477
2004	166	331	17	51	142	70	25	34	34	19	96	488
2005	168	331	18	51	144	71	26	36	34	18	99	497
2006	168	331	18	52	145	69	26	36	36	18	101	501
2007	195	397	18	53	152	71	27	37	38	17	102	515
2008	205	404	20	56	154	74	27	34	31	16	104	516
2009	211	434	23	59	155	81	27	38	43	19	105	550
2010	227	450	18	49	141	91	26	36	38	22	112	533

三、医学教育与科研

1989—2010年，全县医疗机构以“三基三严”（基础理论、基本知识、基本技能，严格要求、严格组织、严谨态度）为主，对医护人员进行开展医学继续教育和岗位培训工作，各级各类卫生技术人员参与率和考试合格率都有了新的提高，农村有部分乡医不同程度地接受了中等专业教育。

2010年5月，县卫生局结合甲型H1N1流感防控救治工作进行了专门培训。同年，为了加强乡村医生队伍建设，全县培训乡村医生184名，培训率100%，合格率100%。1989—2010年先后派166人到石家庄、北京、张家口等地医院进行学习、培训，掌握各种技术，使护理更加规范化、科学化。中医院护理人员均掌握了拔火罐、刮痧、中药灌肠等中医护理技术。

全县医疗卫生单位认真贯彻《尚义县医疗机构医患沟通制度》，切实转变服务态度，认真履行告之义务，尽力减少并及时化解医患纠纷。县卫生局自2005年在全市率先推出医疗安全例会制度以来，每年坚持召开医疗安全例会，由各医疗单位院长及相关负责人参加。同时，严禁超范围执业；全面清理医疗技术岗位的非业务技术人员，确保医疗卫生技术岗位上的人员都具有相应的技术资质。

附：医护人员发表论文

县医院副院长付建堂先后在《中国乡村医生》刊物上发表《5-氟尿嘧啶外涂治疗寻18例》《肾母细胞瘤误诊急性阑尾炎1例》，在《中国煤炭工业医学杂志》上发表《少儿胃癌误诊1例》，技术发明“栅栏状导丝颅表定位器在颅脑手术中的应用研究”曾获张家口市科学技术二等奖。

县医院副院长高荣在《中国中西医临床精要》上发表《宫颈痉挛必收缩难产1例报告》，在《中国医药荟萃》上发表《静点催产素致肠套叠1例》，技术发明“宫颈糜烂治疗宫颈糜烂验方”获得市科技进步三等奖。

县医院内科医生孙振林2008年11月在《中医杂志》发表论文《蛋白尿的中医治疗》；2009年12月，在《山东中医杂志》发表论文《中西医结合治疗胃病综合论40例》；2009年12月在张家口科技局取得科研成果：C-erbB-2、p53和Ki-67蛋白表达对乳腺癌新辅助化疗疗效预测的研究。

县医院医生郭俊山的论文《浅析儿童多动症》发表在《中华临床医药杂志》2000年第七期，《影响中药治疗疾病疗效的各种因素》发表在《中国医药卫生》2004年第九期。

2010年雷少军在《中国煤炭工业医学杂志》上发表《胃痛的鉴别诊断》和《咳嗽晕厥综合征1例》两篇论文。在《中国创新医学杂志》上发表《早期肺癌的临床表现、诊断及治疗方法》。还在天津科学技术出版社的《实用临床危重病学》一书中担任主编。

2010年王君在《中国社区医师》刊物上发表了《脑外伤后急性脑肿胀63例临床分析》《微创治疗硬膜下血肿80例临床分析》《重型颅脑损伤继发脑梗死临床观察及防治》3篇论文。

李红在2008年度完成“中药辨证治疗药物流产出血”的临床研究科技成果。

王君和雷少军在2010年度完成“脑外伤后脑肿胀、硬膜外和硬膜下血肿及继发脑梗死的临床分析及预防”这一科技成果，成果水平为国内领先。

四、职称评聘

1993年后根据省、市相关文件精神开展了卫生系统职称评聘。中高级专业技术职务任职资格由张家口市卫生高评委组织评审；尚义县卫生系统的专业技术职务评聘，1999年年底以前均实行指标管理，由县卫生局向人事主管部门申请中高级指标岗位后，按单位业务量，分别下达高中级岗位后按岗申报。2000年后，对医疗卫生机构实行专业技术职务结构比管理，逐步实现了从指标管理向岗位管理的过渡。

1998年，通过执业医师资格考试并取得执业医师资格或执业助理医师资格者，可聘用至医师或医士岗位。1999年开始医师、医士的任职资格评聘，均需参加全国医师资格考试。

2002年后，尚义县初、中级卫生专业技术资格全部通过全国统一的资格考试；2003年护士执业考试与护理专业初级（士）考试并轨尚义县卫生系统初级职称评审委员会不再承担评审、推荐业务。

截至2010年年底，尚义县通过任命、评审、考试、认定等途径取得卫生高、中、初级任职资格人员400人次。

第四章　疾病防治

第一节　卫生防疫机构

一、县疾病预防控制中心

县疾病预防控制中心的前身是尚义县防疫站，成立于1956年。

2005年1月，原尚义县卫生防疫站分为疾病预防控制中心和卫生监督所。疾病预防控制中心属全额事业单位，岗位设置34人。同年，疾控中心由太平街东沙河搬迁到秀水大街6号。单位建筑面积1380平方米、业务科室460平方米、实验室用房920平方米。2006年，中心建成P2实验室。2007年，建立了艾滋病初筛实验室。2010年实有职工34人。

二、县卫生监督所

尚义县卫生监督所成立于2005年1月，位于秀水大街6号。主要承办食品生产经营单位、餐饮业、集体食堂、公共场所供水单位及其他部门的卫生行政许可事项，对医疗机构的执业资格、执业范围及其医务人员的执业资格、执业注册进行监督检查，对食品生产经营单位、餐饮业及集体食堂的卫生条件、卫生防护设施、生产经营活动及直接从事食品生产经营活动人员的健康进行管理，查处违法行为。

2010年，内设综合科、卫生监督一科、卫生监督二科、稽查与案件调查科、卫生许可审验科。用房12间，建筑面积240平方米。有职工19人。

第二节　预防接种

1989年9月1日，《中华人民共和国传染病防治法》颁布。当年全县0～7周岁儿童入托、入学基础免疫证率 99%；四苗（卡介苗、麻疹疫苗、脊髓灰质炎活疫苗和百白破混合制剂）接种率分别为 85.60%、85.20%、85.40%、85.40%；乙肝疫苗接种率 80.40%。全县预防接种基本上实现单月或双月接种。

2000—2010 年，每年都要进行两轮糖丸查漏补服，服苗率 100%。

2010 年五苗接种率：百白破（百日咳、白喉、破伤风）95.90%、麻疹 98.80%、卡介苗 99.10%、糖丸 99.20%、乙肝 95.80%。建卡建证率 99%，四苗覆盖率 95%，以乡为单位五苗接种率 90% 以上，较 1989 年平均提高 14%。

2010 年，全县有 181 个接种点，县级防疫医师 3 人、乡级防疫医生 19 人，村级防疫员 172 人。每年 4 月 25 日计划免疫宣传日，开展有偿疫苗接种（乙脑、流脑、风疹等）。

第三节 传染病防治

新中国成立后，经过多年防治，天花等烈性传染病在宣化县基本绝迹；到 1988 年，流行性脑炎、麻疹等 21 种传染病得到有效控制。1989—2010 年，县疾控中心依据《中华人民共和国传染病防治法》《突发公共卫生事件与传染病疫情监测信息报告管理办法》，开展了县、乡两级医疗机构防保人员流行病学调查处置、疫情报告等业务知识专项培训，积极控制疫情流行和蔓延。病毒性肝炎报告发生病例构成比发生显著变化，由甲肝为主向乙肝为主转移。2010 年，14 所乡镇卫生院全部开通了疫情网络直报，报告及时率 100%。2010 年，全县共报告乙类传染病 224 例、丙类传染病 218 例，无死亡病例，传染病报告总发病率 244/10 万。依据国家重点传染病监测方案，在县级医疗单位对不明原因肺炎、人感染高致病性禽流感等重点传染病进行了监测，未发现病例。每年冬春季深入各中小学校监督指导学校开展发热病人晨检，规范了学校传染病管理报告工作。对脑炎、肺结核、肝炎、布病、痢疾、麻疹等传染病进行了流行病学个案调查和消毒处理，经过各种疫苗的使用，有效控制了疫情流行和蔓延。

2003 年发生“非典”疫情，16 所医疗机构规范了发热门诊、预检分诊点，认真做好发热病人接诊、转诊。县医院新修建了发热病人住院部，发热病人隔离观察治疗。防疫站成立了流行病学调查组和消杀组。乡镇卫生院设立发热病人隔离观察、治疗室。全县医护人员 24 小时待命，一有疫情立即出发。同时，全县卫生系统共开展专项培训，培训人员共 2800 余人次。流调小分队历时 168 天，外出流调 246 次，书写流调报告 196 份，消毒处置 246 次。其间，县内制作隔离服、防护服 957 件（套），制作、发放医用口罩 5000 个。医务人员参加全县性的“应急行动”20 余次，为 1.40 万人进行了“非典”专项体检，接收隔离观察病人 30 余人（次）。

1989—2010 年尚义县传染病发病情况表

表 21-5

年　度	总人数（人）	发病人数（人）	发病率（1/10 万）	死亡人数（人）	病死率（%）
1989	182390	179	98	0	0

续表 21-5

年 度	总人数（人）	发病人数（人）	发病率（0/10万）	死亡人数（人）	病死率（%）
1990	183058	218	119	0	0
1991	183937	254	138	0	0
1992	184483	276	150	0	0
1993	185790	287	154	0	0
1994	185710	293	158	0	0
1995	187204	301	161	0	0
1996	188451	248	132	0	0
1997	189550	255	135	0	0
1998	189870	253	133	0	0
1999	190059	261	137	0	0
2000	190913	272	142	0	0
2001	191147	197	103	0	0
2002	191457	213	111	0	0
2003	190277	258	136	0	0
2004	189360	198	105	0	0
2005	190222	124	65	0	0
2006	191986	306	159	0	0
2007	193249	340	176	0	0
2008	194308	411	212	0	0
2009	195279	629	322	0	0
2010	194338	476	245	0	0

附：尚义县抗击“非典”工作

一、组织领导

在2003年“非典”突袭之时，在县委、县政府的正确领导下，通过县“非典”指挥部的安排部署，尚义县卫生局成立了以局长为组长的领导小组，领导小组下设办公室、疾病救治组、流行病学调查组和消杀组。所辖卫生医疗单位也同时成立了以一把手为组长的领导小组。尚义县卫生局在“非典”重要时期，高度重视，制定应急工作预案等，组织全县医疗卫生单位按照县“非典”防控工作预案的要求，结合部门职责和岗位职业特点及所承担的工作任务，认真学习、分类培训，并做好了落实责任，使尚义县“非典”防治工作扎实开展，取得了胜利，确保了一方平安。

二、群防群控

（一）宣传培训

县卫生局组织了卫生系统全员认真学习了“非典”防治基本知识，疫情报告与管理，卫生防护，相关法律法规等。全县卫生系统共开展了培训班20余期，培训人员共2800余人次。正确把握新闻媒体的导向作用，科学引导舆论，充分发挥报刊、广播、电视、网络等现代大众传媒的宣传优势，利用咨询热线、板报、宣传手册、宣传单等多种形式，广泛深入开展卫生科普知识宣传。积极组织开展面向社会的心理咨询、心理援助等健康教育和健康促进活动，提高公众对“非典”型肺炎可防、可治、可控制的认识水平，解疑释惑，消除恐慌心理，克服麻痹思想，增强自我防护意识，提高自我防护能力。

（二）加强监测和物资储备

16所医疗机构规范了发热门诊、预检分诊点，切实做好发热病人接诊、转诊工作。县医院新修建了发热病人住院部，对全县发热病人进行隔离观察治疗。防疫站成立了流行病学调查组和消杀组，24小时在固定地点待命，一有疫情立即出发。流调小分队历时168天，外出流调246次，书写流调报告196份，消毒处置246次，小分队全体成员积极应对及时处置为确保尚义县未发现一例疑似病例作出了贡献。流调小组配有应急处置专用车辆2台、连体隔离服15套、长筒胶鞋、鞋套、工作帽、100件12层棉纱、防护眼镜、一次性乳剂手套、8个手压式喷雾器、4个塑料桶、刻度量杯、10米卷尺、1个有效氯含量快速测定仪、20个红外线体温计、过氧乙酸溶液50吨。尚义县对疫情报告实行属地管理的原则，不管哪一级医院隶属关系如何，发现疫情2小时内向县“非典办”报告。对城乡公共场所、人口密集地方进行了全面的清洁消毒工作。在“非典”防控重要时期，县“非典办”和卫生局领导分别深入到全县各级医疗卫生机构进行认真细致的“非典”防治工作督查，全面检查各项工作落实情况，发现存在问题，书面提出督查的整改意见，及时抓紧落实。

（三）积极参战、科学防治，夺取“非典”防治战役的全面胜利

按照县委、县政府的统一部署，尚义县医院组织全体医务人员积极参加全县“非典”防治工作。在整个“非典”防治期间，尚义县医院真正发挥了“主力军”作用。一是抽调24名精兵强将，及时组建了四支“非典”诊治应急分队，保证了非常时期，全县“非典”防治工作的特殊需要。二是从“非典”防治战役初期，尚义县医院和疾控中心组织技术力量，对乡村两级的参战人员，进行了全面技术培训，为全县的防治工作奠定了技术基础。三是根据全县“非典”防治工作的需要，组织力量及时制作隔离服、防护服957件（套），制作、发放医用口罩5000个，为全县的“非典”防治工作奠定了物质保障。四是按照上级的统一要求，有计划、有组织地开展了防治“非典”工作。在整个“非典”期间，共动员组织医务人员参加全县性的“应急行动”20余次，有52人（次）参加了“应急行动”。共接收隔离观察病人30余人（次），共为1.40万人进行了“非典”专项体检。整个工作，为全县积极应对“突发事件”、稳定群众情绪，乃至夺取全县“非典”防治的全面胜利起到了至关重要的作用。尚义县“非典”防控工作取得了显著成绩，卫生局被市委、市政府授予“非典”防控工作先进单位；县医院获评尚义县“非典”防治工作先进集体；多人被县委授予“非典”防控先进个人称号；4人火线入了党。

（四）联防联控

为了有效地防止疫情传入尚义县，卫生局、公安局和交通局等相关单位在三工地、头道路、

哈拉沟、甲石河等地成立了检查站，24 小时对过往人员进行体检、过往车辆进行消毒。

三、建立“非典”防治长效机制

冬春季节，是呼吸道疾病的高发期，“非典”疫情出现反复的可能性是存在的。因此，各级各部门要充分认识到当前“非典”防治工作重要性与紧迫性，在思想上、行动上不能松懈麻痹。要保持高度警惕，加强领导，统筹安排，落实各项预防措施，扎实开展“非典”防控工作。各部门要把“非典”防控工作摆上重要议事日程，主要领导亲自抓、负总责，分管领导具体抓落实，坚持实行工作责任制和责任追究制把防控工作抓实抓细。实行政府统一储备和部门储备相结合的原则。医疗卫生部门要重点落实医护人员的防护物资、紧急救治药品、消毒药品等物资的储备工作。突出重点，切实抓好卫生系统防治“非典”工作。各级医疗卫生机构要认真履行好自己的工作职责，做好党委、政府的参谋，充分发挥在预防“非典”工作中的重要作用，真抓实干，当前要重点抓好以下几方面工作：一是建立完善畅通疫情信息网络，加强疫情的网络直报工作。二是建立医疗救治体系。三是强化医务人员的业务培训。四是加强对医院院内感染的控制工作。五是抓好医院发热门诊的规范化建设。六是加强医疗人员的个人防护工作。七是强化监督管理工作，县卫生局加强对预防“非典”工作的执法检查。八是各级医疗卫生机构要认真按照上级要求，做好呼吸道发热病例，发热肺炎病例、“非典”预警病例等的监测工作，真正建立“非典”防治长效机制，保障人民群众的身体健康。

第四节 地方病防治

1989—2010 年，尚义县按照省、市关于地方病防治要求，开展了碘缺乏病、饮水型氟中毒、布病等地方病防治。

碘缺乏病 防治期间通过库盐监测、居民户盐监测、病情监测、宣传教育和碘缺乏病健康教育等工作的开展，全县碘缺乏病控制在 2.91% 内。

饮水型氟中毒 防治集中对全县 54 个饮水型氟中毒监测村进行监测，采取一系列措施改善和提高农村饮水质量，重病区 40 岁以上的氟中毒人数控制在 10% 左右，中病区 40 岁以上的氟中毒人数控制在 6% 左右，轻病区 40 岁以上的氟中毒人数控制在 3% 左右。

布病防治 1989 年，全县无布病患者。自 2004 年布病发病以来，全县共涉及 11 个乡镇，诊断出布病 450 人。至 2010 年年底，痊愈病人 372 人，跟踪治疗病人 78 人。

克山病防治 历史病区在炕塄乡。1989—2010 年没有新发病例。

第五节 性病和艾滋病防治

1989—2010 年，尚义县认真贯彻《艾滋病防治条例》和有关加强艾滋病防治的方针政策。

1989 年，全县无艾滋病患者。2010 年，全县共管理艾滋病患者 3 人，每月对患者进行电话随访，每季度对患者进行 CD4 监测，了解患者机体免疫状态和病程进展。同时定期深入高危场所，提供有关性、艾滋病相关知识的咨询与解答，提供艾滋自愿检测服务，年检测 600 余人次。通过积极干预，有效提高了高危人群艾滋病防范意识。

1989—2010 年尚义县儿童五苗接种率情况表

表 21-6

年度	儿童总数（人）	五苗接种率（%）				
		HepB（乙肝）	BCG（卡介苗）	OPV（糖丸）	DPT（百白破）	MV（麻疹）
1989	2015	80.40	85.60	85.40	85.40	85.20
1990	2208	85.90	85.90	85.70	85.70	85.40
1991	2196	85.10	85.10	85.10	85.10	85.70
1992	2506	86.20	86.20	85.90	85.90	85.10
1993	2331	86.40	86.40	86.40	86.40	85.30
1994	2301	85.70	85.70	87.20	87.20	86.70
1995	2571	86.70	86.70	86.90	86.90	86.90
1996	2066	86.30	86.30	86.10	86.10	87.80
1997	1980	87.30	87.30	87.80	87.80	87.10
1998	1658	87.50	87.50	87.40	87.40	89.20
1999	1589	88.20	88.20	87.90	87.90	90.30
2000	1736	88.60	88.60	89.30	89.30	91.40
2001	1812	89.40	89.40	89.70	89.70	91.80
2002	1853	91.20	91.20	91.20	91.20	92.60
2003	1387	92.80	92.80	91.70	91.70	92.10
2004	1608	92.70	92.70	91.50	91.50	93.50
2005	2002	93.10	93.10	93.40	93.40	93.70
2006	2306	93.40	93.40	92.80	92.80	94.10
2007	1974	92.80	92.80	94.60	94.60	94.60
2008	2393	92.60	92.60	94.20	94.20	94.20
2009	1912	95.30	95.30	95.30	95.30	95.40
2010	1684	95.80	99.10	99.20	95.90	98.80

第五章　卫生保健

第一节　爱国卫生运动

1989—2010 年，尚义县认真开展以讲究卫生、预防减少和消灭疾病的爱国卫生运动，积极除“四害”（老鼠、苍蝇、蚊子、蟑螂）。

灭鼠　1989 年以来，县爱委会每年都要组织开展两次以上全县性的灭鼠活动，全县统一购买鼠药，发至各乡镇。各乡按照乡镇不漏村，村不漏户、户不漏间标准实施，鼠密度逐年下降，达到了规定范围。

杀蚊、蝇　1989—2010 年，每年县防疫站组织一个消杀灭小分队，带着药品及器材深入到食品加工销售企业、公共场所喷射灭蚊蝇药“溴氢菊酯”。宣传动员广大干部群众开展卫生清扫，铲除杂草，做到垃圾不乱堆、乱放，厕所定期清掏，消灭蚊蝇滋生地，蚊蝇密度逐年下降。爱委会经常向群众宣传蟑螂传染疾病的危害和使用“灭蟑粉”的办法，全县蟑螂少见。

改水改厕　1989—2010 年，全县城镇环境卫生治理制定了“政府组织、地方负责、部门协调、群众动手、科学治理、社会监督”的卫生工作方针，实行专人专项负责。充分发动群众开展农村改水改厕，大力兴建农村自来水。2010 年，全县城镇生活垃圾无害化处理率达到30%，生活污水处理率达到 40%，农村生活饮用水水质卫生合格率达到 60%，农村卫生厕所普及率达到 24.50%。

健康教育　1990 年创建卫生县城初期，“初级卫生保健”开展了大量健康教育，“亿万农民健康促进行动”给健康教育赋予新的活力。全县中小学校健康教育开课率达到 100%，居民卫生知识知晓率均为 88% 以上，卫生行为形成率均为 70% 以上。利用社区优势，举办各种形式和多种内容的健康教育讲座，聘请声誉高的医生、有亲身经历的老干部现场讲演。电视台开设栏目，按照健康教育计划结合当时社会动态进行有针对性的宣传。各居委会都有固定的健康教育宣传栏，各机关、学校、单位都有健康教育内容的板报或宣传栏。结合对公共场的治理，大打控烟宣传牌，较大的公共场所都设立醒目的控烟广告，全县无一处烟草广告。

第二节　公共卫生

一、食品卫生

1983 年 7 月 1 日，国家颁布《中华人民共和国食品卫生法（试行）》，尚义县采取多种方式认真贯彻执行。当年，全县饮食从业人员体检 200 人，合格者 198 人。1989—1994 年，先后组织全县食品从业人员和集体食堂炊管员4000 余人体检，对其中 8 名有传染病者发出调职通知书。1995 年 10 月 30 日，《中华人民共和国食品卫生法》颁布实施，全县预防性健康体检已形成制度。当年，食品及公共场所体检800 多人，发现表面抗原阳性 2 人。1995—2001年，食品从业单位 600 户，体检 5000 多人，监督覆盖率达 100%，发现表面抗原阳性 10 人，体检不合格人员全部调离与饮食相关工作岗位。2002—2010 年，每年元旦、春节、五一、国庆等节假日期间，加强部门联合执法，以食品加工销售企业、餐饮业、学校和幼儿园等单位的生、熟食品作为重点，围绕食品加工、商品流通、食品消费三个重点环节专项检查，严打生产、销售假冒伪劣和有毒有害食品的违法犯罪行为。累计出动执法人员 900 多人（次），车辆180 辆（次），检查 800 家（次），查处食品违法案件 12 起，收缴伪劣食品货值 3 万余元，取缔无照经营户 5 户。

二、学校卫生

1989 年以来，学校卫生主要是加强对中小学生的六种常见病（近视眼、沙眼、蛔虫、贫血、龋齿、营养不良与肥胖）的防治。1990 年4 月 25 日，国务院批准《学校卫生工作条例》后，学校卫生工作步入法治化轨道。中、小学生每年新学期开学后体检一次，并建立健康卡片。到 2010 年，体检率达到 99.90%，较 1989年提高 60%。全县中小学健康教育课、眼保健操开课率达到 100%。学校卫生除体检外，各中、小学增设了卫生课，所有中学都配备了保健医生，做到了有病早治、无病早防。

三、职业病与劳动卫生

1989—2010 年，按照国务院发布《中华人民共和国尘肺病防治条例》和《河北省尘肺病防治条例》，县卫生防疫站对接触有毒有害场所的工人进行周期性体检，重点对煤矿粉尘作业工人进行年检，并协调组织煤矿工人到省职防所进行体检，对确诊病例进行治疗管理。1989—2005年，先后6次对工人进行检查，共查出一期硅肺病患者146人，一般砂肺病患者加肺结核病者10人，二期硅肺病患者29人。2006年7月，查出硅肺病患者13人。2010年9月，尚义煤矿成立职业病防治科，加强职业病防治，定期检查职业病。

四、饮用水卫生

新中国成立前，尚义县属氟中毒主病区之一。病区主要集中在坝上大青沟、大苏计、大营盘、后石庄井乡4个乡镇。至1989年，全县共投资62.18万元，完成降氟发水工程43处，使14661人用上了低氟水。

县城饮水 1989年，在县城北杏树山建三级泵站1座，在灌区北山建高位水池1座，为县城居民提供日常生活用水。1996年在杏树山新建三级泵站水池1座。随着县城人口的增加以及住宅楼的建设，居民用水供需矛盾日益凸现。2003年，县政府征地1.67公顷，在县城鸳鸯河南岸建一处自来水厂。厂内设计1000立方米的清水池1座，安装了电子监测系统、中控管理系统。2009年，投资350万元完成县城供水管网改造工程，新铺设管道3514米，旧管道改造完成5935米，建成600立方米清水池2座；水源井2眼，井深100～120米，单井出水量85立方米/小时，日供水能力达到4000立方米。2010年，投资250万元，新建500千克高位水池2座，铺设铁管2500米，能够满足县城的用水需求。

乡镇饮水 2005年，全县有501个村、144294人存在饮水安全问题，其中有73个村、20672人用水方便程度不达标，有70个村、20011人生活用水量不足，有85个村、24445人饮用水硝酸盐氮严重超标，有189个村、54362人饮水含氟量大于2毫克/升，有84个村、24804人季节性缺水。其他村通过历年人畜饮水解困工程的实施，供水水质符合国家饮用水标准。2005—2010年，全县共投资3059万元，先后建成饮水安全工程158处，解决了176个村、65492人的饮水安全问题。

大苏计乡的大苏计、小良子、陈家良、陈佃元4个村共3000人，1100头大牲畜，4个村相互距离1000米左右，人口居住较为集中，人畜饮水困难。1999年，县投资13万元，在大苏计打成机井1眼，建水塔1座，埋设地下管道3690米，自来水入户，解决了2000人、350头大牲畜的饮水困难。2005年，投资20多万元，又新打成1眼130米深的水源井，配备变频柜1台，埋设地下管道8400米，建成了统一集中供水工程，分别向4个村供水，解决了人畜的饮水困难。组建了大苏计村用水协会，人畜饮水实行协会管理制度，严格控制地下水的私自开采行为，提倡村民节约用水。

2000年，尚义县开始实施人畜饮水解困工程，到2004年，共投资1184万元，先后实施了2期项目工程，建成人畜饮水解困工程169处，解决了63242人、22735头大牲畜的饮水困难。

第三节 妇幼保健

尚义县妇幼保健院前身是县卫生局下设的妇保科，成立于1955年。1978年单独设置尚义县妇幼保健站。2006年8月，建成4096平方米母婴保健服务楼，县妇幼保健站更名为尚义县妇幼保健院。1989年，保健院只有妇保科、诊断室、化验室、手术室、观察室和药房。当年门诊4476人次，住院病人276人次。1992年，增设了妇产科、儿科、内科、中医科。2004年，增设了皮肤科、婚前保健科、妇保科、儿保科、乳腺科、影像科、检验科、B超、心电图、手术室等临床及辅助科室。2006年，增设了分娩室、婴儿沐浴室、待产室等。

2010年，形成了集医疗、保健、急救于一体的医院，成为全县妇幼卫生保健的龙头医院。床位增加至25张，工作人员由1989年的10人增至50多人。全年门诊16747人次，住院病人3376人次。

一、妇女病普查

1989—2010年，全县组织开展了乳腺良性增生、子宫良性瘤囊肿、滴虫病和霉菌性阴道炎等妇女常见病普查。普查妇女6万余人。妇女病得以早发现、早治疗，有效控制子宫颈癌、乳腺癌的发病率。普查的同时，还给予患者治疗，患病妇女当年全部得到及时治疗。

二、婚前保健

为防止父母遗传病传给后代，1998年县保健站开始婚前医学检查。至2003年，全县7647名未婚青年婚检，查出疾病（包括身体异常）1362人，其中查出男性疾病670人，查出女性疾病692人，女性稍多于男性。对查出的疾病和异常情况，医生均提出受孕时间和暂缓结婚的医学指导意见。

2003年10月1日，根据《婚姻登记条例》规定，强制婚检改为自愿婚检。

三、科学接生与分娩保健

1989—2010年，全县加强宣传教育，全面实施科学接生。按照分娩规律采取科学的、针对性强的措施，使分娩顺利进行。遇到异常情况能及时予以纠正，或改变分娩方式，达到安全分娩，提高孕产安全系数。1989年，孕产妇1017人。其中住院分娩685人，住院分娩率67.40%。2007年，申请全国“降消”（降低孕产妇死亡率、消除新生儿破伤风）项目，为每名住院分娩产妇发放住院补助。至2010年，“降消”项目和农村孕产妇住院分娩补助项目合并实施，每名住院产妇补助400元，鼓励其住院分娩，不断提高住院分娩率。2010年，孕产妇1430人，住院分娩1422人，住院分娩率99.40%。

四、三网监测与母婴保健

“三网监测”是指0～4岁儿童生命监测、出生缺陷监测和孕产妇死亡监测。0～4岁儿童生命监测，1992年，全县14个乡镇被定为市监测点。至2010年，被监测乡镇出生婴儿31247人，婴儿死亡216人，死亡率6.90‰。

2002年县医院和红土梁、满井、三工地卫生院列入张家口市出生缺陷监测点。至2010年，县医院、红土梁、满井、三工地镇卫生院出生7567人，出生缺陷27人，出生缺陷率3.60‰。孕产妇死亡监测，1997年孕产妇死亡率102.30/10万。2008年孕产妇死亡率97.20/10万。2010年孕产妇死亡率42.30/10万。

依据1995年6月1日实施的《中华人民共和国母婴保健法》，尚义县实施母子系统管理。包括孕产妇系统管理和0～6岁儿童系统管理。主要是对孕产期妇女进行产前五次检查，产后三次访视和产后42天健康检查；对0～6岁儿童进行三、二、一体检（1岁以内每年查3次，2～3岁每年查2次，4～6岁每年查1次）。对查出的高危孕产妇和体弱儿实行专案管理。高危孕产妇全部实行住院分娩，对体弱儿给予合理治疗，治愈后转为正常儿童管理。

2010年，全县孕产妇1532人，系统管理

1093人，系统管理率71.34%；全县0～6岁儿童数11012人，系统管理数9988人，管理率90.70%。全部实行专案管理。

五、儿童卫生保健

重点是6岁以下儿童的保健管理。为出生后的婴幼儿建立儿童保健系统管理卡，每年定期进行体格检查，监测婴幼儿的发育情况。开展饮食与营养、卫生、科学育儿咨询等，促进婴幼儿、儿童的正常生长发育，减少儿童营养不良的发生及儿童常见病，贫血、佝偻病、腹泻、肺炎“四病”的发生。同时，对体弱儿进行筛查和专案管理，针对不同的病因，对家长进行具体的防治知识指导，采取药物和综合治疗，使其尽早转入正常儿童系统管理范围。对入托儿童、学龄前儿童进行智力筛查，从儿童的观察力、记忆力、想象力、思维能力等方面进行综合评价，检测儿童智力发育水平，对发育异常情况提出医学指导意见和干预措施。开展了儿童口腔保健，预防儿童龋齿发生。1994年12月1日，卫生部、国家教委联合发布《托儿所幼儿园卫生保健管理办法》，尚义县加大对托幼机构的管理和卫生指导，为科学育儿营造良好的生活、教育环境。入托儿童严格体检，教职工每年一次健康体检。定期到各托幼机构检查督导，督促建立规章制度，为儿童提供合理的营养膳食，防止各种营养缺乏病的发生。做好常见病、多发病的预防和报告。

1989—2010年尚义县新法接生及幼儿保健情况表

表21-7　　单位：人

年度	出生	新法接生	接受幼儿保健
1989	1918	1186	1245
1990	1693	1045	1132
1991	1360	1360	957
1992	2445	2427	1427
1993	2476	2318	1231
1994	1956	1869	1564
1995	2174	2019	1652
1996	2056	1988	1689
1997	1685	1594	1356
1998	1258	1186	986
1999	1518	1518	1127
2000	1631	1631	1158
2001	1458	1458	972
2002	2123	2123	1657
2003	1848	1848	1259
2004	1597	1597	1142
2005	2002	2002	1891
2006	2058	2058	1381
2007	1922	1922	1371
2008	1903	1903	1484
2009	1614	1614	1355
2010	1538	1538	1338

尚义县志

SHANGYI XIANZHI

1989—2010

第二十二篇

文化　广播　体育

历史是民族的根，文化是民族的灵魂。文化对民族的凝聚力和民族对文化的认同感，是一个民族团结统一的心理基础和精神支柱。尚义文化作为坝上草原文化的范畴，是中华民族文化的重要组成部分。它上承辽、金、元各代，下续明清直至民国时期，蒙古族文化、汉族文化交融聚集，呈现出众多的自然文化景观与名胜古迹。新中国的成立为尚义的文化事业注入新的活力。特别是改革开放以来，浩荡的春风吹绿了坝上草原，伴随着经济建设的成果与社会的全面进步，这里的文化事业更为一派郁郁葱葱。

1989—2010 年，尚义县各级认真贯彻执行“二为”（为人民服务、为社会主义服务）方向、“双百”（百花齐放、百家争鸣）方针，文化事业伴随着工农业生产、经济建设和各项工作跨上了一个新的高度，有了一个新的更大的发展。全县文化机构不断健全，文化设施不断完善，逐步形成以县文化馆为龙头，各乡镇文化站为基础的城乡群众文化网络；文化馆、图书馆、电影公司、新华书店、影剧院等设备逐步完善，工作日臻活跃。城乡人民群众的文化活动及“三下乡”扎实有效，带着感情为农民送图书、放电影，文艺演出深受群众赞许和欢迎；以弘扬先进文化、丰富群众生活，推动社会政治、经济、文化协调发展为宗旨的“彩色周末”活动蓬勃开展，节日文化活动红红火火。文化领域中的文学、戏剧、电影、曲艺、音乐、舞蹈、美术、摄影、书法等艺术门类都有长足发展，并取得了显著成绩，有些作品走出国门，有些作品在全国、省、市享有一定影响，多次获奖。

广播电视数字化进程和城乡网络建设速度加快，“村村通”工程的实施，实现了全县广播电视信号全覆盖，人民群众享受到不出门便知天下事的便捷。

体育设施逐年完善，篮球、乒乓球竞技水平不断提高，全县体育事业在已有广泛群众基础上得到进一步发展，全民健身运动也在蓬勃开展。

第一章　文化事业

第一节　群众文化

文化馆　尚义县文化馆建馆以来一直是全县群众文化活动的“龙头”，负责全县群众文化活动的组织、协调、创作、群艺辅导等，20 世纪 80 年代初建有 1650 平方米的馆舍，分别有展厅、排练厅、各业务室、办公室等，按业务类别分设为群艺组、美术组、摄影组、文学组创作组、阵地活动组等。

自 1986 年起，每年春节文化活动灯展主会场在街心花园，文化馆院里燃放大型礼花，在街心花园举办元宵灯展。1989 年，群众文化工作尚值余盛之际，各类文艺演出频繁，每逢重大节日都要组织专题晚会。平时还专派群艺组人员赴机关、学校、乡村业务辅导，培训文艺骨干。1992 年以来，文化馆在开展“阵地”活动的同时，走“以文养文”的创收之路，采取有偿服务，利用开办各类文艺培训班、音乐茶座、台球厅、游艺厅，出租房屋场地等形式，弥补经费缺口和职工的差额工资。1989—1994 年，共举办过 5 次青少年歌手比赛，10 多次书法、绘画、音乐培训班，各种主题的书法、绘画、摄影展览。其间举办的尚义县改革开放十周年成果展览、尚义县精神文明成果展览。展览展出时间历半年，各机关、学校、社会团体观展人数达4万多人次。

1997年、1999年，县文化馆组织了庆祝香港回归、庆澳门回归专题晚会。

1996年2月，尚义文联组织书画协会开展书画研讨会

2006年秋，与县联通等单位联合举办了为期一个月的联通杯乒乓球比赛。

2006年6月，创办了以发布文化信息、展现当地文艺创作成果的综合性报纸《鸳鸯河》，出版每月1期，共出版6期，后因经费无以为继停刊。

2007年2月，由县委宣传部联系世界宣明会尚义项目办赞助10万元，修缮了老旧的文化馆。2009年12月，张家口市桥东区委、区政府向尚义县赠送了价值20万元的灯光、音响和乐器设备，交由文化馆管理使用。

2010年3月，在县直机构改革中，文化、广播电视两局合并，文化馆从街心花园南侧搬迁至文化广电新闻出版局大楼办公。原文化馆办公楼拍卖出售，用于补发拖欠职工工资、缴纳养老保险金。

乡镇文化站 20世纪80年代中期，为增强文化站人员配备，全县乡镇文化站人员由“兼职”转为“专职”，即转户转干。1989—2010年，全县乡镇综合文化站都配备了专职人员，少则2人，多则3～5人，不同程度地开展了各种形式的文化活动，有举办书法、绘画、摄影展览以及演唱、街头社火等活动，丰富了乡村文化生活。七甲乡、套里庄乡、大苏计乡、大青沟镇文化站在开展阵地活动的同时，每年春节期间都要组织社火队走村串户表演，活动内容主要有扭秧歌、舞蹈、旱船、踩高跷、说唱等。每年春节、元宵节都要进入县城参加全县组织的社火活动。他们自编节目，歌颂党的惠民政策，歌唱改革开放的大好形势，歌唱农村发生的巨大变化和涌现出的新人新事新气象。

元宵社火 1989—2010年，在春节期间举办的社火、灯展、焰火活动，时间多集中在正月十三、十四、十五、十六。规模逐年扩大，质量逐年提高。社火队伍由20世纪90年代末的10多支逐步发展到20多支，有扭秧歌、踩高跷、划旱船、跑驴、舞龙、威风锣鼓，传统的民俗表演。大型彩车制作充分利用声、光、电技术，体现单位的行业特点。

其间，表演水平较高的有老干部秧歌队、商业局文艺队、县社文艺队、电信局表演队、二中表演队、农口文艺队。乡镇有套里庄、大青沟、大苏计、七甲、红土梁秧歌队，届时进县城表演。

2002年，尚义县元宵节灯展和元宵节文艺演出参加了张家口市级比赛，其中，尚义缘酒灯获得花灯设计一等奖；舞蹈《尚义之春》获一等奖、董燕燕演唱的《草原夜色美》获得女中音二等奖。

节庆晚会 1989年以来，每逢重大节日，尚义县举办各类文艺晚会。1992年，由县委、县政府主办，宣传部、文化局承办了纪念毛泽东100周年诞辰大型文艺晚会；1996年举办了纪念红军长征胜利60周年文艺晚会；1997年7月1日，举办了迎接香港回归大型文艺晚会；1999年举办了迎接澳门回归大型文艺晚会；2000年1月举办了迎千年大型文艺晚会；2002年举办了建党80周年大型系列庆祝活动，举办专场演出5场；2009年举办了建党88周年大型文艺晚会，同年9月30日举办了由全县十大系统参加的庆祝新中国成立60周年大型文艺晚会。1989—2010年，庆七一和十一大型文艺演出30余场。

彩色周末 尚义县彩色周末文化活动从2005年开始，每年7—9月每周末举办一次。内容为文艺演出或放映电影。主要由各单位、中小学、县剧团及青少年活动中心学员演出，至2010年，每年平均演出12场。

业余歌手大奖赛 1989—2010年，全县先后举办了5次青少年业余歌手大奖赛，共有350名歌手参加比赛。1999年7月举办的青少年业余歌手大奖赛，参赛选手90人。2002年，团市委在尚义县举办了张北、康保、沽源、尚义4县青少年歌手大奖赛，尚义县3名歌手在比赛中获奖。

文化下乡 由县委宣传部、县文化部门、科技部门组织实施“文化、卫生、科技”三下乡活动。1989—2010年，县宣传文化部门组织县剧团、文化馆、文联、新华书店、图书馆、电影公司到农村慰问演出，赠送图书。共为农村文艺慰问演出86场，演出电影97场，赠送图书1.5万余册。2000年1月，县文联书法协会会员下乡为农民免费书写春联300余幅。

赶庙会 每年农历四月十八日前后，群众自发组织在大青沟村西奶奶庙赶庙会。庙院里鼓手吹奏，善男信女烧香磕头，许愿还愿。庙院外，唱大戏的、拉洋片儿的、变戏法儿的，小商小贩摩肩接踵，生意摊上食品、布匹、衣服、家具、农具各式各样，应有尽有。会场上，人头攒动，熙熙攘攘，热闹非凡。

第二节 图书阅览

图书馆 1989年，尚义县新建一栋建筑面积1094平方米的三层图书馆大楼，地址新华街东街心花园西侧。设有168平方米的阅览室2个，书库156平方米，藏书1.2万册。图书馆共有成人和少儿两个阅览室，全年开放，每周56小时，年发放图书阅览证400个，年借阅图书、刊物2.4万余册（次），流动书刊平均6000册（次）。寒暑假期间，读书看报、借阅人数中小学生偏多。

2000年后，财政部、文化部不断赠予各类图书，使图书内容有了更新，藏书量不断增加。2003年，图书馆引进社会资助，增加各类图书2万册，报纸杂志50多种，图书总量达到了10万册。同年，尚义县图书馆被评为“国家三级图书馆”。

1998年“1·10”地震，图书馆大楼出现了裂缝，之后逐年加重，成了危楼，2006年8月停业关闭。2008年搬迁到文化馆二楼办公。2010年在文化机构改革中，图书馆又迁至文化广电新闻出版局大楼。2000年后，由于中小学生课外辅导读物增加，电视、电脑网络的发展，图书馆阅览和借阅人数逐年减少。

学校图书 1989 年，全县有藏书在千册以上的图书室 50 个。其中尚义县第一中学规模较大，藏书达 5.5 万册。多为各种工具书、教学参考书及部分小说等，有专职图书管理人员 2 名，年均借阅 2000 人（次）。2000 年前后，由于普及九年义务教育工作的加强，各中小学不断向学生收集书籍，加上各级赠送、社会捐赠，一般学校都达到了 5000 册左右，规模较大的学校达上万册。

农家书屋 2006 年后，随着社会主义新农村建设的推进，农家书屋应运而生。截至 2010 年年底，全县共有农家书屋 60 家。由县财政和省新闻出版局为每个农家书屋配备图书 1500 册、报刊 15 种、音像制品 100 套以及相应的书柜。

新华书店 尚义县新华书店属事业单位、企业管理的独立单位。1989 年店址在街心公园南侧，文化馆西。1998 年上划，隶属河北省新华书店集团。2005 年退出事业编制，改为企业，自负盈亏。县新华书店自成立以来，一直是全县人民特别是青少年获取文化知识的重要场所。到 2000 年，各类文化载体增多，出现了大量通过个人贩售的教辅资料，已有图书摊点在街头出现，导致新华书店营业额逐年下降。之后，县新华书店的生存主要依靠发行全县各学校教辅资料。

1989—2010 年主要经营的图书有社会科学、文化教育、少儿读物、外文图书、大学用书、历史地理、工具书、工农业技术、医药卫生、音体美、艺术、现代文学、幼儿读物、生活用书、教材、音像制品等。1989 年销售图书 15.2 万册。同时，配合农村社会主义精神文明建设，帮助农村建立图书室，定点定额服务网点 4 个。并且每年开展乡村赠送图书等活动，共赠送各类科技图书 58266 册，发放信息资料 1000 余份。到 2010 年年底，全店发行图书 69.17 万册。

第三节　电影放映

尚义县电影公司，1989 年下设四股一院，即宣传股、发行股、拷贝管理股、财务股和电影院，共 25 人。1984 年县电影院竣工后，在影院内设置 2 部固定放映机 (35 毫米东风牌和 35 毫米解放牌放映机各 1 套）和 1 套扩音设备。2010 年，在文化广播电视新闻出版局建成可容纳 200 多人的 2K 数字影院，原尚义影院改建为农贸市场。公司 19 名职工，除经理留用放映，其余人员全部划入文化广播电视新闻出版局。

1989 年，全县有 33 个放映队，其中国办、工矿办 2 个，乡镇办 16 个，村办 4 个，个体办 11 个，放映人员 95 人，按机型分 35 毫米 2 部、16 毫米 32 部。各国办中学也分别配备放映机 1

2010 年，农村电影公益放映队员到村放映电影

部。2010 年全县有农村公益放映队 8 个，全部配备了 0.8K 数字放映机。个体数字影院 3 家。

1989 年，尚义县电影公司因放映成绩突出，被国家广播电视电影部评为电影发行放映先进集体，被省文化厅评为全省电影发行放映先进集体。同年，河北省在尚义县召开电影发行放映工作现场会，广电部和省市县主管领导出席了会议。会上，尚义电影公司做了经验介绍。

1990 年 9 月，县电影公司在全国《人口与健康》科教片放映活动中成绩突出，受到广电部等 12 个部委表彰。同年被评为市、县双文明单位。

1992—1994 年，被评为省市电影发行、放映先进单位。

1995 年后，随着有线电视和录像厅的发展，电影发行放映业务逐年下滑。电影院闲置后对外承包，经营家电、服装等。乡镇电影队也相继解散。

1998 年，抓住国家实行农村电影“2131”工程（即在 21 世纪在农村实现一村一月放映一场电影的目标）的机遇，组建了 4 个农村放映队常年在乡下放映。由于每年超额完成放映任务，加之服务态度好，2003 年，经理曹猛被省文化厅授予全省农村电影放映先进工作者称号。2004 年，尚义县电影公司被评为全省农村电影放映先进单位，省文化厅奖励了价值 3 万元的放映大篷车一个。2005 年被省文化厅评为河北省电影放映“双十佳”单位，并在全省颁奖大会上做了典型发言，会上奖励尚义县电影放映车 1 辆。

2001 年，电影公司由原来的事业单位转为企业，一部分人员继续从事“2131”农村电影放映，一部分人员自谋职业。离退休人员全部纳入社保发放工资。2008 年“2131”工程结束，全国启动农村公益电影放映工程。同年 7 月，尚义县成立了农村电影工作站。组建了 8 支农村放映队负责全县农村的放映任务。至 2010 年，公益放映 2064 场。

第四节 演出团体

尚义县艺术团前身为尚义县晋剧团。1989 年后，晋剧团生存开始走入困境，为迎合群众欣赏需求，增加了歌舞和二人台剧目下乡演出，亦未能挽其颓势。

1992 年，尚义县决定撤团办校，留下 12 名骨干演员充当师资。当年 7 月招收了 50 名学员，成立了尚义县戏剧学校（校址仍在原晋剧团，位于安宁街旧大礼堂北）。1995 年 7 月，学员三年学业完成，戏校改名为尚义县艺术团。受市场经济影响，演出市场低迷，入不敷出，演员工资难以发放，12 名教师内部消化，全部调入文化广播电视局工作，部分演员加入县外演出团体或改行另谋出路。

2005 年，艺术团演员吕峰应聘出任艺术团团长。改制后原剧团的所有固定资产归艺术团无偿使用，县委、县政府在资金补贴、项目引进等方面给予全面倾斜，为其营造宽松的发展环境。艺术团将主打剧种确定在当地群众喜爱的东路二人台上，抽调编创人员收集整理了传统二人台剧目，编排了适合农民口味、富有现代农村气息的现代剧目。更新了东路二人台对唱、联唱、舞蹈、表演唱等形式。先后演出了《山路弯弯》《特殊约会》《农家喜洋洋》《要账》《对比》等 30 多个精品剧目，实现了连演 15 场剧目不重复。

2008 年，艺术团创办二人台艺术学校。先后招收了张家口周边地区 8 个旗县的学员 50 多人。

2009 年，注册成立了锦峰文艺演出有限公司，作为张家口市首批文艺团体改革试点单位之一，被确定为张家口市文化产业示范基地。演出有限公司招聘有特殊演技的人才，聚集了晋冀蒙三省区12个县区的48名演员。2010年，在“洪生杯”第八届河北省戏剧节上，锦峰义艺演出有限公司演出的《山路弯弯》《特殊约会》2个小戏，共获得11个集体奖和单项奖。吕峰多次登上省、市电视台录制节目，2007年，吕峰首登中央电视台《非常6＋1》栏目演出，获得了“非常明星”奖。之后，他和他的团队连续在《星光大道》《向幸福出发》《神州大舞台》亮相。2010年，锦峰文艺演出有限公司演出范围扩大到内蒙古、山西和张家口周边地区的20多个县（旗），全年演出550场，年收入100多万元。

附：尚义县造纸厂歌舞团

1983年年初，尚义县造纸厂为了丰富企业职工的文化生活，成立了尚义县造纸厂歌舞团，师占斌任团长、高春任副团长。1989年由工会主席王新民兼任团长、杭鹏飞任编导，广泛吸纳厂内文艺人才，进一步扩大歌舞团的规模。1990年黄世忠任团长，同年特聘张家口群艺馆任小云老师导演的歌舞剧《梁山伯与祝英台》、杭鹏飞导演并主演的歌舞剧《雪花与火》、刘桂艳的女声独唱《长江之歌》均获“张家口地区首届厂矿企业文艺会演”一等奖。1991年编导杭鹏飞与琴师马福义合作的歌曲《坝上恋》获创作一等奖。1992年春，王进宝任团长，编导杭鹏飞调离尚义，造纸厂为减轻企业负担，剧团开始自负盈亏，服务于周边城乡，同年大型歌舞剧《天仙配》获“张家口地区第二届厂矿企业文艺会演”金奖。1993年孙绍珍任团长，1994年歌舞团解散。十年来，尚义县造纸厂歌舞团一直是张家口地区“厂办剧团”的佼佼者。其间歌舞团涌现出大批优秀演员，主要有刘桂艳、马福义、范文琴、王秀英、贾圣美、刘晓红、崔秀芳、胡登海、孙晓云、高慧平、刘建新等。

民间鼓乐演出　团民间鼓乐演出团是由长期活跃在农村传统的“鼓匠班子”演变而来，是在以唢呐演奏为主的原有基础上，增加了二人台、地方小戏、通俗歌曲演唱等内容的团队组合，演出水平参差不齐，通常服务于丧事。因人员少，设备简，便于游走乡间。1989年，全县有32个民间“鼓匠班”，吹鼓手多为盲人。到2010年，设备有了极大改善，都自行改造了流动舞台车，相继配备了各种新型乐器，“鼓匠班”发展为演出团队，小型“鼓匠班”被淘汰。全县有11个较大型的鼓乐演出团。从以“吹”为主，逐步演变为以“唱”为主。

县文化干部田德瑞1986年创办艺苑音乐舞蹈培训中心，到2010年，先后有30多名学员被输送到各类大中专艺术学校和各类文艺团体。2005年度被省、市音乐家协会评为“优秀辅导教师”。在“华夏之星”2007年全国青少年音乐舞蹈大赛中，获“优秀园丁奖”。

第五节　文化市场管理

尚义县文化市场发展较缓。1989年年底，全县有歌舞厅5家，录像厅6家，电脑打印10家，旱冰场1处，街面台球活动遍布城乡大街小巷。2000年后，文化市场迅速繁荣。包括歌舞厅、网吧、棋牌室以及图书、打印、印刷、艺术装潢等摊点应运而生，丰富了群众的业余文化生活。到2002年年底，全县有网吧20家，装潢打印摊点15家，歌舞厅激增到80家。

1989—1991年，经过多次清理整顿，音像、电子游戏机、书报刊市场得到净化。文化市场已由初期的自发性、盲目性发展，逐步走向正规、健康发展轨道。县文化部门坚持“放开搞活，扶持疏导，面向群众，供求两益”的方针，在文化市场上注重“扶持、限制、监管、协调”，重点规范了文化管理中的市场秩序。特别是音像市场中的走私盗版，娱乐市场中的色情服务和赌博行为，书刊市场中的“贩黄”“传黄”等。2002 年后，文化市场日常检查、突击检查、联合执法检查，每年超过 100 余次。“零点行动”、蹲点守候每年不下 50 人次。2009—2010 年，共出动车辆 80 次，出动执法人员 220 人次，共查处各类违法违规案件 141 起，处理投诉案件 15 起。取缔“黑游戏厅”22 家、“黑网吧”6 家、“黑歌舞厅”3 家，没收违禁书刊 600 余册、违禁传单 2000 份、盗版光碟 240 盘。2010 年 6 月，河南省流窜到尚义县的“假和尚”，以文艺、武术表演等形式，以“开光”治病为手段骗取钱财。接到报案后，文化市场行政执法大队联合公安和民政部门捣毁行骗窝点，抓获犯罪人员 81 人缴获各种行骗道具 300 多种。

2008 年以来，全县对无证经营和证照不全的文化娱乐摊点加大整治力度，文化市场逐步健康、规范、有序。到 2010 年年底，全县歌舞厅缩减到 9 家、网吧 13 家、图书摊点 4 家、音像店 3 家、打印店 3 家、印刷厂 1 家、棋牌室 78 家、艺术装潢店 12 家。

第二章　文学艺术

第一节　文学创作

一、小说创作

樊殿武系河北省作协会员，多届连任张家口市作协副主席，出席河北省第八届作家代表大会代表。于 2004 年由中国作家出版社出版了小说集《秋雪》，2009 年在河北省作协大型文学双月刊《长城》发表了中篇小说《堵车》，并获得了张家口市委、市政府文艺繁荣奖银奖。1989—2010 年，县内涌现出郭亚萍、温广福、王孝廉等一批小说作者。郭亚萍 2010 年出版了小说《中年人那点事》后，同年又在《长城文艺》上发表了中篇小说《婚姻天平》；温广福 2002 年在《长城文艺》发表了中篇小说《高宝山援坝记》，此后又在《东风文艺》《长城文艺》分别发表了中篇小说《梦幻高原》《梅子》。他的中篇小说《追风少年》在《小说月刊》发表后，2010 年获首届“长江杯”网络小说大奖赛三等奖；王孝廉继 1993 年在《珠海》刊物上发表中篇小说《天狼》后，连续在《燕赵文学》《长城文艺》上发表了中篇小说《又哼小曲》《口外草地》等 10 余篇。毕俊厚在各级报纸杂志上发表了小说 10 篇。

附：堵车（节选）

堵　车

樊殿武

最闹心的境况终久生发了。

车给堵在了前后都不袅人烟的地面。日后我才知道，央视直专宣扬了这次高速公路上的空前大堵，结结实实且堵了三天三夜。

我所搭的伊维克给前后两辆高大的集装箱车夹在其间，没有视线，气闷闷的堵得慌。高速路上下八路纵队，车们头尾相接，一个个喘着粗气，绵延不绝，活像一条冻僵的蛇，一动不动地蛰伏在那里。

其时，秋雨飘零，秋虫呢哝，愈发惹得如许断肠堵民惆怅郁闷。

第一天

雨还没有停，绵绵地，一点一点地把时间拖得冗长。

已经是一个深秋的节气，枯萎了的落叶给雨水粘在地皮上，一点没有了它们往日的那种飞舞的飘逸。

我把眼下的堵车算作第一天，实是半天，因为过午时分才堵得彻头彻尾，连三步一停五步一挪的蠕动都不曾有了。人们百无聊赖地闲置在车里，有四五个青皮后生在车座上甩起扑克牌，嘈杂声不时地敲击人的耳鼓。

她静静地斜在座上，头倚着车窗。窗外不时丢进几许雨丝，扑打在她美丽的面皮上，有一绺打湿了的长发被风吹到嘴角里去了。虽然生活对她百般变脸，但那种天生丽质是掩不去的。

“七婶，吃饭哇。”我把泡恰当的康师傅方便面送到她膝前。

“你不敢再喊我七婶啦——！”

“我……”我无言应对。的确，从我携她出逃来那一刻起，她就不再是我的七婶了。这

勾当七叔一万不会察觉。因为我是带着七婶到医院查办胎儿性别的，如是男的便就留下，若是女的要立马做掉。而这时节，我又觉对不过七叔。我是七叔一手扯大的。二十年前，我爹娘在公路上行走，被一辆醉车从背后撞飞了。那时我五岁，七叔二十五岁。八岁那年，七叔为我拎了书包，把我关进了学堂。此后我上学的一切开销便是七叔从牙缝里一点一点挤出来的。上初二那年，我害阑尾疼得死去活来，医生说是穿孔，若不即刻行手术，恐性命不保。可七叔腰里统共没揣几文钱 ，急得在县医院走廊里乱走 一气。亏得有个小护士透风，说楼上有个产后大出血的急买人血，七叔一听跟头流星地穿下去了。那一次七叔卖了六百血，救了我，他却倒在坑上一躺就是两月。那时爷爷家境寒人丁旺，贫困的日月始终追随着我们。后来，娶了娶，嫁的嫁，家只剩爷爷和七叔了。因我爹娘过世，爷爷家又添了我一口。七叔小时害掉相风把嘴抽斜了，虽说是田地里的把式，粗细活计样样都能，只是没有女人乐意做他屋头的人。这些年，乡下时兴种细菜，七叔靠种菜把腰包涨鼓起来。去年花一万五千钱买了一个 20 年岁的黄花女。就是我眼下偷出来的七婶雨竹。现今想起，该是七叔的不是了，他不该把我这只狼仔养大。四年前我从省警校毕业后回县刑警队工作。如今我却背叛了七叔，把他心爱的小媳妇偷了去。

一阵雨点被风卷进来打在了我的脸上，我断开了这冗长的追忆，看着雨竹的侧影。她一点没有要关车窗的意思，任雨滴扑打在她微微仰起的面皮上。长长的睫毛上挂着秀珠，棱角分明的嘴唇在微微翕动，那娴静的样子要我记起了和她的头次见面时的心境。

那要算个多雪的冬天。风卷得雪如白色的游蛇在路上盘旋。我口里吐着白气，推着摩托车望村子而去。这摩托抛锚的地面，虽说可以瞭见我们家房子，但我知道那至少也要三四里的差距。手脚都冻木了，我咬牙持续着。好在可以瞭见我家烟囱里袅起来的青烟，心头便有

一缕暖流掠过。七叔电话里说他买来个小媳妇儿，喜人得很。七叔拉扯我二十多年，熬苦半生，他自家讨上了妻室，我着实打心眼里为他庆幸。

我半年多没回家打过照面，却不知生发了不小的改变。加高了的院墙上密扎扎地安插着尖锐的铁刺，新添置的铁大门垂着两个硕大的铁环，如同两只瞪大了的眼睛在那里张看路人。

我第三次敲响了铁门。

许久，门牙了一道缝隙，抢先挤出来的是白雪。白雪是七叔从野地里捡回来的一只病狗，因它裹一身雪白的皮毛，于是我送一个有点像漂亮女孩儿的名字给它。

白雪长了个头，它双腿搭上我的肩头吻我的脸。

出来开门的是爷爷。爷爷扯住白雪的耳朵丢在一边，“你当心日脏了家安的衣裳！”

白雪又扑来的时候，我紧紧地搂住了它，“爷爷它多时没见我也图个稀罕。”

院子里没有了先前那样的开朗，森森四壁框出一方小小的天地。牛栏里的老黑在不息气地咀嚼，见了我哞地叫出声来。我一回头，爷爷那里早卡喳一声锁了大门。

然而，真正要我吃惊的却是七婶。

七婶瀑布似的一头长发垂下来掩去了半边脸。当她从灶膛前慢慢地立起时，那份憔悴疲惫和无奈像水一样迎面向我泼来。我的心咚地被什么东西掀了一下，一时不能平坦。

这如许表象的东西却没能掩去她与生俱来的清秀俏跋之气。我断定，七婶断不是一般乡间女子。

“这就是城里刑警队上的家安吧？”，七婶许久地望着我，眼里的表情是纷杂的，先是闪亮一下，再就散淡下来，后来又悄悄地避开去。

“七婶，我就是家安。”我说。

“快上炕哇，这冰天雪地，冻煞人嘞。”七叔几近是把我搡到炕上去的。我赶紧剥去鞋子一瞅，那两只脚子早冻成了冰坨。

“可不敢往热炕头上去，且要它慢慢醒着，弄不好这脚就不保啦！”七叔把我弄到坑尾巴上，双手不停歇气地替我搓脚。

这时，七婶上了炕。她端一杯热茶给我，也不看七叔，兀自把我的一双脚搬到她怀里，用那双小手轻轻地揉搓起来……

七婶站起身要下车去，我才从追忆中回过神来，“七婶，去哪？”

“你还叫我七婶？”

“啊，不，雨竹……”我喃喃地说。

“撵了这么远的路，肚子早偏啦，先要给它解解饥。”

我一看车窗外，天哪，白雪不知哪时撵了来。它看着雨竹，发出亲昵的呜呜声。真是难为它跑了许远的路呢，“雨竹，你先吃，白雪我再给它操度些火腿肠来。”

我跳下车去喊叫卖的村妇，白雪在我脚边呜呜地蹭来蹭去。

因为白雪的到来，雨竹的心情一下子好了几许，眉宇间的那一绺忧郁变得疏朗起来。

……我的脚被七婶揣在怀里，她身体里不时有一些东西向我袭来，这里面好像不仅仅是温暖，还有许多莫名的我这个未婚男子不曾阅历的关于女人的种种含义。

七婶眼目不再闪避，有时那幽幽的目光会在我脸上停留，倒是我要屡屡地从她目光里逃开去。“七婶你哪里人？”我在寻找话头。

“四川剑阁。”

“先前做甚来着？”

“四川大学大二学生。”

天呐，我赶忙堵了自家的嘴巴，是哪个作的孽，这哪是婚配，分明是世间最残忍的侮辱和损害。

见我不响，七婶开始叨叨，“日后你一万要仔细，上路先要查找摩托的不是，这冰天雪地机器但有个半道生病可是要不得吆！”

“嗯。”

“这会儿还痛吗？”

“嗯。”

“好点了吗？”

“嗯。”

“……”七婶直直地看着我的脸，“家安，你咋啦？”

“不，不咋。”

这个老历年最是叫我记忆。家里有了七婶的感觉是说不出来的可心。已经临近年关的日子，到处都显出一种忙碌中的期待。不时地由那里传来零星的爆竹声，和那不知从谁家冒出来的杀鸡宰猪的动静。时下的庄稼人富实了，到得年头岁尾养肥的肉猪不再出卖，多数要宰了过年。七叔也少不得要宰杀一头猪。七婶过来时，这头猪仔才刚刚断奶，现如今快到二百分量了。

我家宰猪时节，也照例是叫了叔婶辈分和致男外女们前来吃杀猪菜。乡间杀猪就像小过年的样子，满满一大锅杀猪菜除了三亲六友吃足，余下的还要送给左邻右舍。

日头冒上三杆，家里便开始忙碌，生火、打水、磨刀、洗菜全是要人手的营生。此前，七叔交了我一项顶顶要紧的差事，那就是——看好七婶，不要她趁乱脱逃。

这一天，日头格外的好，天清清明明，风和和顺顺。屋顶上的积雪有些开化，檐头上零零落落地有水滴坠地，间或敲打在倒扣在屋檐下的洋铁桶上，发出悦耳清脆的响动。

而在屠杀前，人们忙碌的种种气氛中，我的心最是不能和平，因为七婶也里里外外干她自家的营生。这还不能像公安看守所式的看她，我只是取了在她忙碌时打个下手的法子。七婶似乎看出了门道，趁我跟着她屁股后头进屋的当口，说：“家安，你不用费心紧盯我啦，你回来过年，我不叫你为难，今儿就是放我出了街我也不敢逃跑！”

“……”我一万不料她会当头揭穿我的勾当，血哗一下子涌上了脑门，迫的我脸热心跳，呼吸急促，那点刑警的颜面当即损坏了大半。

“你冻坏的身子且没复元气，上坑躺着哇，白不咋，你是公安刑警，我纵有三头六臂也逃不出你如来的手心。”七婶把尴尬的我推上炕，强行把我按倒在枕头上。当她下了地，我重又爬起来的时候，她拉下了脸：“咋，你信不过我？”

我看看她的眼睛，不情愿地躺下来。

咚！不知过了多久，重重的老拳砸在身上，“狗日的家安，你咋照顾七婶的来着？眼下人早没影儿啦！”五叔张着铜铃大的眼朝我乱吼。

我当即惊出一身冷汗，蹦起来就朝外蹿。

院子里连个鬼影都没了。人们全部四下里找寻七婶的踪迹去了。院中央宰猪用的案桌、血盆、绳子、猪刀都停候在那里。

我正要往外跑，差好有人喊我。

“家安！”

我竖起耳朵，一时吃不准由哪里飘来的声息，但有一点可以肯定，那确是七婶的嗓音。

“家安！”

这一次我听得分明，是猪圈里传来的。我紧几步过去一看，七婶就在小黑（七婶给猪起的名字）跟前，轻轻地抚摸它的鼻梁、眼睛、耳朵，小黑哼哼唧唧兀自在那里受享。

我明白了，这小黑是与七婶同一个日子进的门槛。白日里一百五买了小黑，夜里一万五买了七婶。小黑是七婶亲手喂大的，如今要宰杀，七婶心有不忍。

我立在猪圈外一动不动地看着七婶的做作。她慢慢地抬起头来，我看见了她眼里闪着泪光。许久，七婶才说话："家安，我和小黑同一日子同一法子来家，会是有同样的后果吧？"

"不，七婶……"

"怕我的命运连小黑都不比。"

"七婶……"

七婶扑闪着大眼睛从头到尾地打看一回我，眼里泛出一丝亮光。我察觉她游移的眼目是在我顶上的国徽上停下了。

天近晌午时分，出去追寻七婶的各路人马陆续转来，当他们看到七婶和我在家里候着，院子里哗啦一下就又喧闹起来了。

第一夜

雨息了气，云还没散去。西天上的乌云还浓黑如烟，东天上的浮云却轻薄如洗。一轮明月挂在梢头，因为有一层浅薄的云笼着，只是显出一片模糊的颜色。

白雪蹲在车窗下瞅着雨竹，不时用舌头舔一下嘴唇。它是饿了，可是她没有吃的东西给它，如今的雨竹身上连一文钱都不曾有了。

该到晚饭时辰了，我买了康师傅方便面、火腿肠和鸡蛋。

"雨竹，填填肚子哇，眼下也只有这一种吃的。"

她接过我泡好的方便面，默默地点点头，却没有赶忙去吃，而是朝我要了火腿肠，仔细地剥去了外衣，递出了窗外，"白雪，你也填填肚皮吧！"

白雪"呜"了一声，把脸转向远处，似乎在看远天上的一片流云。

"白雪，我还有，这是给你的"她把我买的一包火腿肠在车窗口晃了晃。白雪一见"呜"地立起来，爬上了车窗口。

白雪边吃边亲昵地和她"呜呜"地交流着，那种情感上的相通和默契怕只有天知道。

先头又传来音讯，说车堵的越加结实，一时半会儿疏不开。

这是一个极端冗长的夜晚。雨后的潮湿依然在空气中弥散。四下里本就没有灯火，只有偶尔闪亮一下的车灯和人们手里明明灭灭的烟火。

她伏在我的臂弯里，头轻轻地依着我的肩睡了去。这是她几天来头一次阖眼，确是太过疲惫。我一动不动，生恐惊她醒来。我隐约地看到她在睡梦中微笑，那笑容里透着一绺苦涩。年关宰猪的那一幕重又浮在眼前……

六叔是村里有名的屠家，自小练就了一身好功夫，身手麻利得很，猪狗牛羊任由宰割。先是给猪备下了可口泔水，趁猪吃食不备，冷不丁抓住双耳一拧，猪便倒在他膝下，三下五除二就捆了猪嘴，绑了手脚。从口里取下叼着的二尺猪刀，照猪脖子一刀下去，血如喷泉一般飞进备好的盆里。

小黑还在一股一股地嘶嚎，声息却渐渐沙哑下去。六叔手脚才叫干净，拾掇的皮是皮，肉是肉，头是头，肚是肚，一袋烟功夫就刨解清爽了。七婶依在门框上眼里转动着泪水，未了，扭头进屋做她的杀猪菜去了。

七婶很做得一手好菜，猪血、下水、槽头肉和土豆、豆腐、豆芽菜拢在一处，烧得恰到好处，那香喷喷的气味招得人只咽口水。

一家三十几口人，端着大碗菜，挟着油炸糕，吃得希哩哗啦，风卷残云。

七婶给每个人盛好菜，趁人不留意悄悄地出去了。

我端着熬菜，挟了油糕，踩着后脚撵出来。

七婶在院子里站了许久，我心知她是为小黑在伤悲。

“七婶，你吃一口哇，这么下去你的身子吃不消。”

“我一时吃不下，且消停消停再说。”七婶没看我，只是撩起围裙不停地擦着那变得粗糙的手。

“快进屋头哇，外头冷。”我说。

她瞅瞅我的脸，若有所悟地“哦——”了一声。

“你甭误会我，不专盯梢你，真是怕你冷……”我只觉得脸一下热到了耳根。

七婶不经意地扫了我一眼，车身进了我住的东小屋。

这是一个尴尬而又充满温情的老历年。我是在一种极其纷杂的情绪下过完这个年的。它使我尽数体味了一个有了女人的家庭的温馨。女人在日子里有她们永远也做不完的细碎事情，无数日子在锅里袅出的气雾里，在飞针走线的空隙间，在洗衣涮碗的声息中，变成了实实在在的生活。

我以为，七婶拼力作给人的是不要逃离的表象，即或在某个月黑风高夜会突然地消失，然而我又不得不历史地充当了防范七婶潜逃的第一责任人。最让我难堪的莫过于七婶眼里那种游移不定的杂得说不出究竟的目光。但直觉告诉我，七婶还是很乐意靠拢我。

这里的年是一下过不去的，从腊八起，一直持续到二月二龙抬头才算了结。正月里，亲朋好友请吃请喝，左邻右舍聚众赌博，男女老幼看戏取乐。村里请来了县府里的大戏班，晋剧折子戏，二人台地方剧，全是乡里爱看的勾当，一唱就是十几场。

夜幕还没全扯下来，戏台上的大幕已见拉起来，那紧一阵慢一阵的招人锣鼓，敲得人急惶惶的直想尿尿。于是，吃过饭的人们便三五搭伴往戏台那边抢占有利地形去了。

“……”

（本文发表于《长城》2009 年第 5 期）

二、散文创作

1989—2010 年，贾益林、孟宪丛、杨杨、郭亚萍、杨景瑞、马进等一批散文作者在各级报纸杂志上发表了大量作品。1994 年以来，文化馆创作员贾益林连续在各级报刊上发表散文 10 余篇，其中 1994 年和 1995 年在《人民日报》上分别发表了散文《乡韵款款入梦来》《啊，安固里，安固里》。散文作者杨景瑞共发表散文 10 余篇，其中《我的父亲》获中国煤矿网络文学征文三等奖。毕俊厚发表散文 10 余篇。2008 年中国文联出版社出版了郭亚萍的散文集《放飞心灵》。杨杨的散文《走进泥河湾》《石高山，梦幻世界》，分别获得中国散文学会金奖和散文选刊美文天下首届全国旅游散文一等奖。2008 年以来，孟宪丛连续发表了《父亲的扁担》10 余篇散文，其中《父亲的扁担》获散文作家征文二等奖，《圆圆明月，柔柔相思》《幸福，葬死在侥幸中》《“九龙”款款入梦来》分别获得河北新闻网有奖征文二等奖、河北“安全生产月”征文三等奖、《河北日报》“我与健康白酒同行”有奖征文优秀奖。

附：父亲的扁担

孟宪丛

春节，回老家看老父亲。

一进门，父亲就迫不及待地让我看看家里的自来水，水龙头一开，哗哗的水声像一首歌，唱响着父亲新年美好的前景。望着甘甜的自来水，我想起了伴随父亲大半辈子的扁担，想起了扁担里悠长、凄凉、动人的故事……

我的老家在河北坝上的一个小村，全村 100

多户300多口人，多少年来，吃水困难，每到冬春季节，村民只能凌晨3点起床到距村3里多路的地方去挑水。近年来又遇上严重的干旱，缺水更为严重，由于缺水，全村畜牧业不能发展，青壮年不能外出打工挣钱，人们想水、盼水，编织着水的理想。

由于需要远距离挑水，于是每家就有了扁担和水桶。自打记事起，父亲的扁担就是一道抹不去的记忆。父亲曾是生产队的饲养员，每天不知用扁担挑多少水，走多少路，父亲挑水从不歇息，两个肩膀轮流着挑，步伐从容，扁担悠悠。村里办婚白事时，最愁的就是用水问题，东家要选四五个壮男人不间断地挑水，父亲因为身体棒，经常是其中的一员，每每谈起这些，父亲常常眯着眼好一番自豪。过年的时候，也是家家户户用水最多的时候，做豆腐、做粉条、打扫家、洗衣服、洗被褥等，于是父亲便挑水不停，肩膀不离扁担，扁担不离肩膀。大年除夕那天，父亲要倾家里的缸、盆、桶等所有能盛水的器具，把水挑得满满的，为的是能好好地歇息几天。在那些挑水的日子里，父亲在扁担的吱吱声中守望，蕴含了多少艰辛和欢乐！水是父亲心里一辈子的期待，那些起早贪黑的日子，父亲用扁担默默地把汗水变成全家人的希望，挑走了多少艰辛，挑来了多少幸福和梦想。从父亲扁担的春夏秋冬和风霜雨雪里，演绎出多少人间五味……

那一年，县水务局在实施饮水安全工程中，决定解决该村的饮水困难。经过一个多月的奋战，投资17万元、铺设管道3.5千米的引水工程建成，实现了自来水入户。自来水通水的那天，全村人声鼎沸，锣鼓喧天，狂喜的似贫困者突然中了百万彩票那般，男女老少热泪盈眶，庆贺祖祖辈辈多少代人的水梦想变成了现实。父亲激动的手舞足蹈，捧着甘甜的水喝个不够。村里的本家叔叔告诉我说，通了自来水后，叔叔说把扁担扔了吧，父亲说什么也不让扔，要继续留着。没事的时候，父亲站在院子当中，望着土墙上的扁担，久久不移，思绪万千。父亲对我说，他做梦也没想到这一生还能离开扁担喝上自来水。

如今，在不大的院子里，老屋土墙上两根钉在墙里的木棍上面支着父亲用过的那根木头扁担，由于一年多没用，扁担显得很旧了，木头被风雨剥蚀的有些变黑，两端的链钩，也锈迹斑斑，失去了往日的色泽和风采，似曾留下多少岁月的痕迹，成为院子里一缕独特的风景。

有了水，人们的生活开始转变。父亲告诉我，现在村里人开始养羊、养牛，青壮年们开始外出打工挣钱，有几户还安装了太阳能热水器，常年能洗澡。原来想生二胎儿子的表哥，也主动退了生育指标，因为不用愁老了没人挑水了。

我临走的时候，父亲喊住我，接了一杯子自来水，硬让我喝下去。我知道父亲的心事，喝自来水对于一个用了一辈子扁担跳水的老人来说是何等的幸福；我也明白，这杯水是父亲对今后幸福生活的向往；我更明白，这杯水里蕴含了父亲对民生水利工程的感谢和作为水利人儿子的自豪！

（此文刊于《文艺报》2010年6月4日）

石缝里的那棵树

郭亚萍

春季植树，是在一荒凉的山坡上，皑皑的白岩石一块儿挨着一块儿，镐头下去，只是一个隐隐的痕迹。就是在这样的环境里，我看见了一棵树。

这是怎样的一棵树啊。

这是一棵普通的榆树，躯干顽强地从石缝里长出来，向上，向上，扭转着，每一寸树皮都结着伤疤。树根从一石缝里钻出来，又钻进了另一个石缝，像犀利的鹰爪抓着自己栖身的岩石。她只有尺把高，干细枝弱，叶片稀疏……

我呆呆地望着石缝间这个倔强的生命，感动的潸然泪下，这个贫瘠、荒凉的山坡，似乎因为这棵树的存在变得有了生机，一切生命在她面前都显得有点苍白逊色。我在用心读她，用心感受她成长的艰难，风雨雷电，都能夺去她的生命，雪霜干旱，就是强者也难以与之抗衡……曾经几度寒暑，几度春秋，她在困厄的境遇中是如何锤炼自己的？！

她明明知道自己已经成不了栋梁高树，却还努力地生长着，她也明明知道自己不可能荫庇四邻，却还在努力地茂盛着。她不像路边沃土里的杨树，也不像山脚水洼里的柳树，一个个占尽了水肥土美的好地方。她呢，默默地兀立在岩石间，没有放弃，没有抱怨，完全靠自己的力量，长成了一个倔强的生命，努力装饰着这一片天地。

林希的散文《石缝里的生命》里有过这样一段话：

“如果一切生命都不屑于去石缝间寻求立足的天地，那么，世界上将会有一大片的地方成为永远的死寂。飞鸟无处栖身，生命将要绝迹……愿一切生命都敢于去寻求最艰苦的环境……”

确实，人亦如此，那雪域高原上的兵站，西沙群岛的守护者……他们，忠诚地坚守着自己的工作岗位，默默地，从一个春夏秋冬奔向另一个春夏秋冬……

确实，生命只有在最困厄的境遇里，才能锤炼自己，升华自己。

（摘自 2007 年 5 月散文集《放飞心灵》）

三、报告文学创作

1989—2010 年，县内作者创作发表了一大批报告文学，反映了各行各业人物的事迹。2005 年中国文联出版社出版了郭有山的新闻作品集《沃土春潮》，其中收入的报告文学有 15 篇。2007 年郭有山的报告文学《宝剑锋从磨砺出，梅花香自苦寒来》获世纪大采风报告文学一等奖。杨杨的报告文学《卓越的诗人，风采的外交——中国外交部长李肇星》被 30 多家报刊网络转载。《人民不会忘记——共和国总理温家宝》也被多家报刊网络转载；《情暖人间——“中国好人榜”嫂娘杜玉茹》《播撒春风暖人间——记焦裕禄式领导干部王永利》作品曾一度受到社会广泛关注，并得到中组部部长李源潮的肯定；《参天大树——人民公仆杨善洲》改编成影视作品；《走进先生——缅怀文学宗师孙犁》等作品多次获得中国世纪大采风报告文学金奖、中国时代新闻人物报告文学金奖，中国主旋律报告文学金奖、和谐中国报告文学金奖，中国风采报告文学金奖等。杨杨曾被中国时代风采组委会授予“报告文学金奖作家”。

附：作品选录

爱的呼唤——中国坝上老人与一百一十个孩子

（节选）

杨　杨

幸福是什么？

多少人在追问，多少人在困惑，又有多少人在感慨。其实，幸福不是因为得到的多，而是因为计较的少。

一位八十三岁的老人，抚养着一百一十个孩子。几十年默默无闻，几十年风雨春秋，几十年无怨无悔。付出的是心血，留住的是真情，谱写的是大爱，传递的是能量，铭记的是感动！

——作者手记

〔一〕

呜——

哐当——哐当哐——哐当——

每当看着那一列列火车飞驰而过，老人的眼里便会噙满泪水，总有一种说不出的情感与纠结，总有一种绵长的回味与感慨。多少往事禁不住涌上心头。

此刻，一阵山风粗粝地吹过，早已吹乱了老人花白的鬓发，将那衣衫“噗噗”地抖动着，犹如猎猎的旌旗。这时，正有几个半大的孩子，守候在老人的身边，扯着那宽大的衣襟，拉着那粗糙的双手，随着老人浑浊的眼神，凝望着远方。

“爷爷，您开过火车吗？”

“爷爷，火车的路是甚样呀？”

孩子们好奇地问询着，也在憧憬着，渴望着。一双双眸子清澈透亮。

许久，老人喃喃着，似在追忆，又似在讲述……

〔二〕

就在他十三岁的时候，大约一九四五年，全国尚未解放。在河北，在尚义，在甲石河，在一个叫香亭子的小小山村，连续两年大旱，已经颗粒无收了。

原本光秃秃的山峦，看上去狰狞而荒芜，犹如一座座硕大的坟丘。曾经的沟壑里，每到深秋时节，总有几场山洪困兽似的倾泻而下。此刻，唯有干涸的砂石在烈日的暴晒下，滚烫地裸露着，随着山坡下尽有的几株枯树，在朔风中摇曳着，呜咽着，伴着山雀和乌鸦的凄鸣，越加的苍凉了。

远远地望去，依山而建的几户人家，零星地散落着，宛如破碎的棋盘。近乎平坦的屋脊上，低矮的烟囱里，偶尔飘忽着一缕惨淡的青烟，仿佛见证着主人半死不活的存在或远逝的气息。事实上，已经是十室九空了，更多的人家外出逃荒，即便留下来的，早已是皮包骨头或气息幽微了。说不出的啼饥号寒。简陋的屋子里，似乎只有一条土炕铺着一块破旧的席子，就像火烤似的，散发着一股酸臭的异味。空荡荡的米罐里，不知何时落满了厚厚的灰尘。最显眼的大约是那半截水缸随着一个黑漆木朽的柜子，以及门框后竖着的那条扁担，静静地摆放在角落里。除此，屋子里再也找不到一件像样的物件了，唯有窗棂上裱糊的麻纸，在山风中“呼嗒呼嗒”地抖动着，发出了呜呜地怪啸，再也挡不得深秋的寒冷了。一年四季，整个屋子里昏暗着，透不进一丝光亮。一旦到了冬天，随意一场风雪过后，整个山村都会被皑皑的积雪覆盖着，再也没有了丝毫的生机，唯有萋萋的枯草和着乌鸦的凄鸣，萧瑟的一片荒凉了。就是这样的穷日子，也不得安生。很多时候，便有一小股土匪闯进了村子，趁着月黑风高，搜刮一阵。即便是一床破被子或头上戴的烂毡帽，也会被抢劫一空。稍有不从，便是一顿棍棒或皮鞭抽打，甚至干脆吊在屋梁上，用烧红的烙子烫在身上，随着那一阵阵的惨嚎和皮肉的焦灼，没有谁不肯将家底交出来的。也有运气好的人家隐藏到了山上或洞穴里。事实上，躲过了初一休想躲过十五。终究都是灾难。

从此，他来到了姨妈家里。姨妈家里一样的贫寒。即便是喝糊糊咽糠，毕竟还能填饱肚子。临别的那一刻，他没有投到父亲的怀里，也没有挥手的瞬间，更没有掉下一滴眼泪，只是看着父亲远去的背影，默默地，脑子里一片空白了。

多少次，他想起，父亲给姨妈说过的话：从现在起，六根儿就是你的孩子了，只要还能填饱肚子，打骂随你……

他想，不能让姨妈讨厌自己。一定要努力做好所有，做一个懂事的孩子。

就在父亲离别的那个晚上，他竟然失眠了。小小的年纪，原本不懂的失眠。他却两眼一瞬不瞬地睁着，在漆黑的夜里，在姨妈家的土炕上，他却想了很多很多。想着母亲，想着几个哥哥，也想着父亲回去的路上，是否平安，还有被野狼咬伤的脖子，是否还在淌血。就在这时，他倏忽一下坐了起来，就像受到了惊吓。姨妈似乎意识到了什么，小心地问道："六根儿，为啥不睡呀？都累一天了。"

他忽然哭了。

"是不想家了？不哭啊。早点睡吧。姨妈的家就是你的家哩。过些时候，姨妈带你回去看你爹娘……"

说着，姨妈为他小心地拭着眼泪。他哽咽着，到底睡下了。不知什么时候，脸颊上挂满了一道道的泪碱。

就这样，一天又一天，他随着姨妈和姨夫一起干活，一块劳动，共同忙碌着……

后来的日子里，日本鬼子投降了，国民党打过来了，穷苦的生活依旧艰难着……

（作品原载《中国报告文学》杂志 2017 年第五期）

四、诗歌创作

1989—2010 年，毕俊厚、王慧青均在各级报纸杂志发表作品数十篇。县师范教师王艺亦不断有诗歌见诸报刊。毕俊厚因创作成果突出，被《长城文艺》聘为签约作家，被《北京诗人》聘为执行编辑。

附：大青山，我的祖母

毕俊厚

一千九百一十九步，一步一叩首。从一个高度

到另一个高度，除了仰望，仿佛更多的头颅

都是安放在这里的纽扣。如果用词语来换算，足足用尽

古汉语所有潦草的字体

当一座山经历了千百次的劫难，她的从容，更显现出

一种镇定。一座山的诗意，多么富有想象，连绵三千里

像是天宫虚设的一道门槛，凭空将大美景致绊倒在这里

一座山也是专制的，她允许万物的生命在此轮回

只是起伏中，暗藏在天地间的偈语，无人可以破解

此刻，阴山是安静的，她被一池江山之水浸泡

而突破宫腔的大青山，被一匹烈马驮在背上，卷起两千米

瘦骨嶙峋的岩石，无论仰卧，还是侧身，绝对是一排排身着

道袍的仙客，独守着千年的孤僻

在蟾蜍顶，风的走向，一度引诱我的杂念

佛赏赐于我旷野与落日，而我只能顺着石头的纹理

解读人性生存的密码

其实，隐藏在尘世中，最为坚硬的部分

除了石头，更有一种向上的力量。她们像一盏盏

红色的蘑菇，顶穿压在身上的厚土

在大青山，每一级梯田，都是一部绿线缝制的古书，典朴而优雅。

悬挂在山崖之巅，你随便拿一支笔，就可搅开一层一层的绿晕

你还可以呵一口气，吃尽绝妙的清新，让愁肠百结的肺腑

安卧下六百里河川

还有十万亩松海，占据了上好的风水，占据了所有人

内心的波澜壮阔。喷薄的日出，更具有美人痣的意象

一幅铺展而开的画轴，夺走了多少人沉重的欲望

时光注定会在这里停下脚步。廊桥，栈道，窑洞

不断翻新的木鱼之声，敲开一扇扇破旧的窗口，露出光亮的祥云

山脚下氤氲的炊烟，像一轴轴卷曲的经文，升腾起富足的图腾

时间的灰尘，只能淹没一个人的暗伤

而无法掩盖历史的脚印，地老天荒的日历随时可以改写

这些怀揣浩荡之心的人，他们除了可以吞下疼痛

更多的，还会吐出人间气象

大青山，我的祖母，在你的宽襟大袖里

以一种蓝，勾略出山水的颜色。以另一种蓝，勾略出天地的颜色

而我深爱的绿，是你赏赐给子民们

唯一的表情

（此文获河北文学艺术“彩凤杯”诗歌类优秀奖）

第二节 艺术创作

一、美术创作

1989—2010年，以段明为代表的美术工作者创作业绩反映了这一时期县内美术创作水平。

段明 河北美术家协会会员，张家口市美术家协会理事。1989年以来，不断有精品在国内连环画艺术期刊《连环画报》和《中国连环画》发表，并被作为重点画家专题介绍。代表连环画作品有《丑石》《莜麦之家》《北大滩追想》《灰碱梁》《岁月飘过村庄》等。其间有7本连环画单行本出版发行。作为特约作者，他还为《奥秘》《读者》《今古传奇》等畅销刊物完成连环画和插图稿逾千幅，并多次参加全国、省、市美术作品展览。

王殿林 河北省美术家协会会员，张家口美术家协会会员。1999年作品《塞外黑土地》入选新中国成立50周年河北省美术作品展；2001年作品《山魂》获第四届当代中国山水画展获佳作奖、《深山有路》获创新奖；2003年《巍巍太行》获全国“新世纪中国画四百强”称号，并参加第四届“五子杯”海峡两岸书画大展并载入画册；2004年在张家口市首届中小学美术教师基本技能大赛获一等奖；2005年《太行生云处》入选河北报业集团出版的《太行画风》大型画册；2007年在河北省文物保护法书画展获优秀奖。

王江 影视美术师，中国煤矿美术研究会会员，河北省美术家协会会员，山东省历山画院特聘画家，山东郓城水浒好汉城艺术总监，张家口美协会员。1969年9月5日出生于河北省张家口市尚义县满井乡八大家行政村闫家淖村。

国画《洪流》（作者　王江）

1987 年到尚义煤矿工会工作。1988 年在北京人民美术出版社连环画作者培训班学习。1990 年到中央美术学院国画系深造。国画、连环画、插图作品先后在《工人日报》《中国煤炭报》《连环画报》《阳光》等报刊发表。2004 年开始从事影视美术设计，并参与拍摄电视剧《五月槐花香》《大唐游侠传》《贺龙元帅》《汉阳选》以及中央电视台电影频道数字电影《水浒人物谱》等 20 多部。同时在黑龙江、湖南、湖北、山东等地从事景区设计工作。

二、书法创作

20 世纪 90 年代后，尚义书法作者越来越多，代表书法家有张志义、王存广。

张志义　笔名羊我。中国硬笔书法协会会员，河北省书法家协会会员，张家口市书协理事。1988—2010 年，他的硬笔书法和书法作品先后获得国家、省、市级近 40 多个奖项。1998 年出版了《张志义书法作品集》。1993 年在“淮川杯”全国硬笔书法大赛获一等奖；1994 年在“神州杯”全国书法篆刻大展赛获二等奖；1996 年在第二届“英雄杯”全国硬笔书法邀请赛获银奖；2004 年在全国奥基匹克星中华儿女书画大赛获金奖；2005 年在全国“洞庭湖·岳阳楼杯”中国书画大赛获银奖；2006 年获第六届“威龙杯”中华世大采风书法金奖；2001 年，在纪念辛亥革命 100 周年暨庆祝建党 90 周年全国书画邀请展获金奖；在庆祝神舟九号飞船发射成功暨首届“六艺杯”全国书画大赛北京大兴邀请展中获金奖；2008 年，在“秀丽山川·挥毫释情”中国·焦作全国书画家邀请展获金奖；2009 年，在全省少数民族书画摄影展入展。

王存广　笔名博广。张家口书协会员。1998 年在“保险杯”暨全国第二届硬笔书法大赛获精品奖；1999 年作品在全国集邮硬笔书法大赛入选；在深圳正亚达航空公司书法大赛获优秀奖；2000 年在中华翰墨名家博览获二等奖；2003 年第二届河北艺术联展获三等奖；2004 年在中国文化艺术赴欧访问作品获一等奖；在河北省个体私营者协会首届书法美术摄影展获三等奖；在中国书画艺术交流研讨会第三十六次盛会上经专家评审获精品奖。2005 年在“中华名人”全国书画大赛获一等奖；在中华电影百年书画大赛获精品奖；2006 年获“艺术中国”书法三等奖；2007 年获“艺术人生”书法三等奖；2008 年获中国艺术三十年史志“光辉历程”书法二等奖。

郝万贵　中国硬笔书法协会会员，张家口书协会员。2000 年获“华夏杯”全国书画大赛三等奖；2001 年获“世纪书香杯”全国书画大赛三等奖；在“楷圣杯”全国书画大赛获

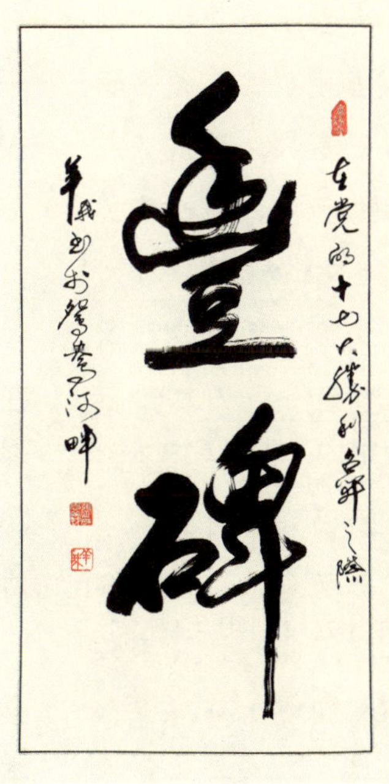

张志义书法

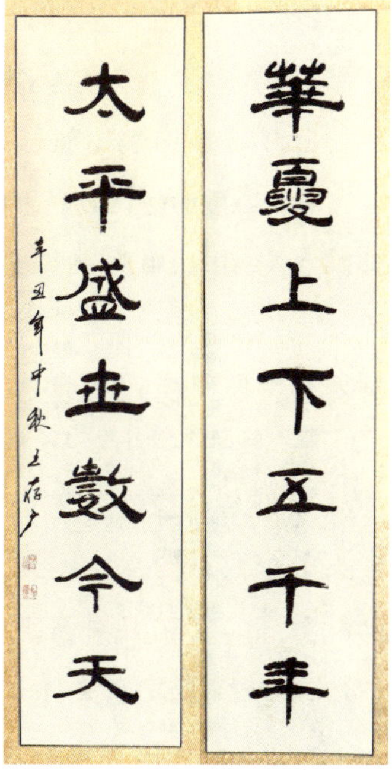

王存广书法

三等奖；2003 年获纪念毛泽东 100 周年诞辰诗词全国书画大赛三等奖；2007 年获张家口军分区纪念建军 80 周年国防教育系列活动书法三等奖；2009 年在张家口市老干部书画展入展；2010 年在张家口市第二届“蓝鲸杯”书法篆刻入展。作品入编《国际硬笔书法博览》《中华硬笔书法人才谱》《20 世纪中华硬坛精英荟萃》《新世纪书画家精品大观》《华夏艺术人才大典》等。

林守新 中国硬笔书法协会会员、张家口书协会员。2001 年在河北省军转干部书画展入展；2005 年在晋冀蒙三省八县书画展入展；2007 年获张家口市纪念建军 80 周年书画大赛二等奖；2009 年获纪念毛泽东诗词创作 60 周年全国书画大赛金奖；作品被编入《中国当代书画名家大观》。

杨世萱 河北省书法协会会员，全国农民书画研究会理事，以楷书知名，耄耋之年仍临池不辍。1991 年，其作品参加全国中外名人文化研究会书画展并被收藏；其间作品多次参加省市举办的书法展览。

靳连忠 河北省书法协会会员，擅行草。作品参加全国老年书法大展获金奖。

孙志新 字伯丁，笔名宜轩，1995 年在“洗笔泉”书法大赛获三等提名奖；在“三龙杯”书法大赛获三段艺术段位奖；在“华星杯”中华燎原硬笔书法大赛获三等奖；在内蒙古第二届国际书画邀请展入展；1996 年在湖北武汉“爱铸楚情”书画作品义卖活动获优秀作品，被授予“慈善艺术家”称号；在中国作品入编《今古墨缘书法精英》《墨海探珠》《中国国际书画篆刻家年鉴》等书中。

王汝刚 是县内最年轻的书法作者，2000 年获“华夏杯”全国书画大赛三等奖、2001 年获“楷圣杯”全国书画大赛三等奖；第五届“希望杯全国师生书画大赛二等奖”；并获得中国校园优秀书画家称号。作品入编《华夏书画艺术人才大典》和《全国校园优秀书画家作品集》。

三、音乐创作

20 世纪 90 年代，县域歌曲创作和音乐的普及呈现出多姿多彩的局面。1995 年，县文化部门为了配合县委提出的“举开放旗、打优势牌、借科技力、唱牧业戏、念蔬菜经”的经济发展战略思路，组织了郭有山和田德瑞等人创作了县歌《尚义，我可爱的家乡》。郭有山、赵锦德、冀东海创作了《团结奋斗、振兴尚义》。之后，县直各单位、中小学、乡镇组织学唱，极大地鼓舞了全县人民团结奋斗的士气。樊殿武作词，方芳作曲，为县毛纺厂创作了厂歌《雪城之歌》，制作了音乐磁盘，在社会上进行传唱。到 2000 年，尚义县不断产生新生代歌曲作者，原县委书记赵占华创作的《大风歌》在全县广为传唱。同时，产生了以薛军、朱利平为代表的歌曲作者。2009 年 9 月，薛军创作的歌曲《坝上，我

选 择

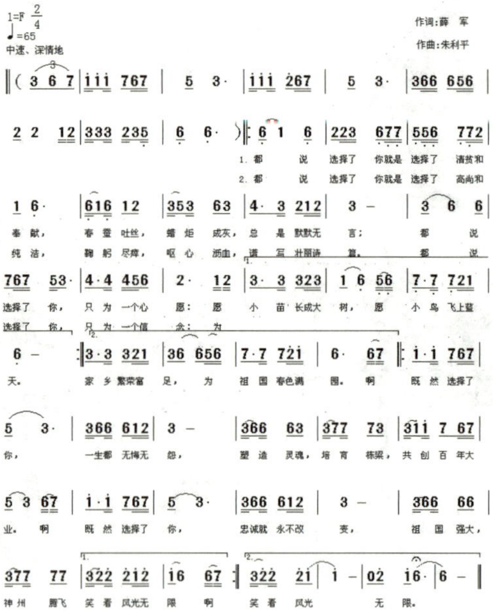

大风歌

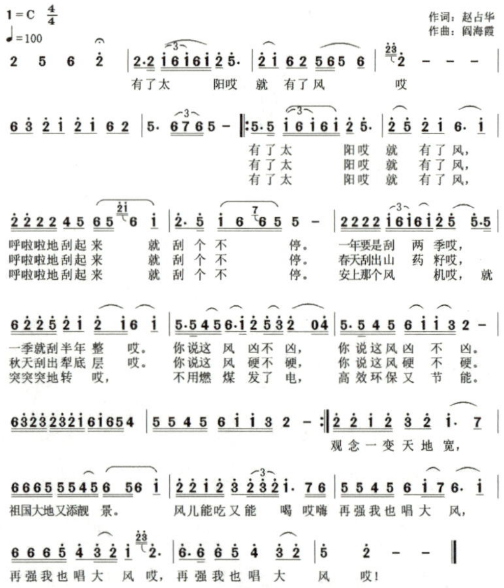

的家》在张家口市首届教师原创歌曲大赛中获得一等奖和作词奖。这首歌后在2012年“我的家乡多么美——全国首届唱我家乡的歌”原创词曲选拔活动中获创作成就奖。他的代表作还有《亲亲尚义》《坝上情歌》《爱我尚义》《又唱二人台》。薛军、朱利平合作的《选择》《只有一个中国》《天地喜洋洋》等歌曲在县内各种庆祝活动中演唱。

四、摄影创作

尚义县摄影20世纪80年代为兴盛时期，在《大众摄影》《人民日报》等刊物上发表。30多幅摄影作品参加地区、省、全国影展，并多次获奖。发展省摄影协会会员2人，地区摄影协会会员3人。

杨晓杰 县委宣传部干事，河北省摄影协会会员、中国新闻记者协会会员。1988年杨晓杰被辑入《中国摄影家名人词典》。其8幅新闻照片在全国、省、地报刊发表。有百多幅艺术摄影参加全国、省、地展览和发表。因受杨晓杰影响，尚义县爱好摄影者有10余人，张有英、邓秀、李登峰等人的摄影作品多次被省、市级报刊登载。

戈跃平 曾任尚义县新闻协会副主席，文联理事，电视协会主席。1985年加入河北省青年摄影协会会员。戈跃平创作的《科技发威贫困让路》获河北省好新闻一等奖（1997年），《丁顺德这个院长》获河北省好新闻二等奖（1993年），《科技局真心办实事》获河北省好新闻二等奖（1997年），《成器书记马万荣》获河北省好新闻三等奖（1993年），《不买嫁妆买寒羊》获河北省好新闻三等奖（1999年）

五、戏剧、影视剧创作

1989—2010年，全县涌现出一批戏剧、影视剧作者，成绩突出者有温广福、樊殿武、谭宝、师学虎、邓绍云。

1992年，温广福在《电影文学之路》上发表了电影剧本《烽火硝烟尼姑庵》。1996年拍摄的7集电视剧《失踪的女人》，成为张家口拍摄的第一部电视连续剧。该剧于当年 7 月在央视二套作为建党 75 周年献礼影片播出。2001 年，国家广电总局与长春电影制片厂就温广福创作的电影剧本《雾灵山神女》（合作），邀请在京专家学者论证。2004 年《老娘，你可走好》电影剧本在新浪宽频发表。2004 年应山西电影制片厂之邀，将小说《高宝山援坝记》改编成电影剧本，市委宣传部与山西电影制片厂联合举办了作品研讨会。2007 年市委宣传部为 30 集电视连续剧《侨星》（合作）邀请北京、天津等地专家召开了作品研究会。2009 年应邀参与了央视 30 集电视连续剧《虎门销烟》的剧本创作；并在《张家口文艺》上发表了电影剧本《梦幻高原》。

2008 年以来，樊殿武连续改编创作了 50 集电视连续剧《泥河湾》和 36 集古装剧《华佗》等，创作的二人台小戏《山路弯弯》《买菜》，获河北省戏剧节优秀编导奖。1991 年，谭宝在内蒙古《北国影剧》发表了《大小嫂卖猪》独幕剧。1991—1993 年连续在《张家口艺术》《张家口日报》《河北工商报》发表了小戏《孟生财卖肉》《真方假药》等。

其间，邓绍云创作了戏剧作品《孟丽君》《铁弓缘》，师学虎创作了戏剧作品《风雪路上》《发财梦》《回尚义》等。

附：戏剧作品选录

风雪路上（二人台）

编剧：师学虎

人物：刘二金，王翠英，年龄均四十上下。

时间：尚义地震之后。

地点：震区，远山近川，白雪皑皑。

〔幕启〕王上

（唱）：麻阴阴天气雪花花飘，迎面面寒风赛如刀。

盘山山小路羊肠道，一步步低来一步步高。心窝窝有事嫌腿慢，恨不得立刻见分晓。蹊跷事情解不开，我吃不下来睡不着。

我叫王翠英，家住前山村，今天有件事，去找卧牛滩的刘二金

不怕你们笑话，我是个寡妇，他是个光棍，去年有人给我俩提亲。

我怕孩子受制，没敢应承。这回地震感受到，政府照顾再好，没男人不是个营生。

（唱）：地震无情人有情，五洲四海献爱心。救灾物资源源来，有件事情费思忖。

我家领回救灾衣，兜里发现了身份证，还有现金两千块，名字正是刘二金。一石击起千层浪，叫我心中难平静。

按道理救灾物资外地来，咋会有他的现金和他的名？

论家景，孤儿寡母我未脱贫，遭地震，房屋倒塌需资金。

这恰似瞌睡有人给枕头，饿了天上掉馅儿饼。

没出家门得外财，有福人不用起五更，冷静考虑细思寻，又觉情理不太通。

若把此钱暗使用，良心自责情不容。今天我去卧牛滩，弄个豆腐拌小葱。

他要是捐衣将款忘兜中，我完璧归赵全还清。

然后再把正事谈，要和他重建家园结同心。

（笑）：这婚事成不成就看这回啦。（笑下）

〔幕后〕刘二金：苦——哇！

（唱）：断了腿的公鸡，瞎了眼的猫，苦水水难咽，我放开嗓子嚎。

骂一声天来骂一声地，骂一声爹娘没给打下好根基。

自小家穷没娶上妻，吃苦受罪谁来替？

棉没人拆，单没人洗，臭汗味顶风风能戗十几里。

长相不好名声赖。哪有个女人愿嫁你？

起了蛆的山药发了霉的米。哪样样能和别人比？

越思越想越伤心，泪蛋蛋跌进鞋钵钵里。

嗯?!哭甚了？唉——!泪是心上的油，不伤心它不会流。

前天——我因为手脚不高贵，结果带了害。唉！栽了——可栽痛了。

（念）：后悔后悔真后悔，不该心上太贪财。只图占个小便宜，到头反而吃大亏。现金丢了两千块，你说心疼能告谁？今天出来碰运气，但愿丢了能找回。时候不早了，我得赶路去（欲下）

〔幕后〕王喊“前面大哥——等一等——”上。

王（唱）：十里地的路程，五里地的山，迷路找不见卧牛滩，

喊住前面行路人，开口问路走上前。

（喊）：前边大哥等一等！

刘（唱）：百灵灵不叫鸟不飞，清凌凌的声音耳边回。

扭回头来我仔细看，呀！天仙美女把我追。

王：大哥！

刘（万分高兴地）哎——!（旁白）呀——!妈妈呀，酸正死个人了。

（唱）：脆圪生生大哥叫的甜，烦心的事情我全忘完。

（夹白）：你看她——

（接唱）：匀圪蛋蛋的身材粉圪去去的脸，通刷刷的小鼻梁梁，毛呼噜噜的眼，

风韵好比十五的月，爱得我浑身兴奋两腿软。

王：大哥！（被刘失态的眼神弄得不好意思）

刘（唱）：大妹子你别担心，有话你就尽管问！

我这人生来心肠好，见了女人格外亲。

王（唱）：问路我去卧牛滩，哪条道路能进村?

刘（唱）：条条大路都能通，远近二字有区分。

要说远路没穷尽，保你三天转板凳。近路你往这边看，马上叫你就进村，我家正住卧牛滩，不知进村把谁寻？

〔王转身掏出身份证看〕

王（唱）：看一眼照片看一眼人，活脱脱正像刘二金。

初次见面语不逊。看来不是省油灯，我拐弯抹角把他问，暂时不能吐真情。

（白）：听说有个刘二金……

刘：（旁白）找我——?唉，对，对对！有有有!

（唱）：逢人只说三分真，不可全抛一片心。是有一个刘二金，找他你有甚事情？

王（唱）：邻居托我来打听，说他有点旧账没还清。

刘：（旁白）地震震得人心惶惶，有钱谁给你打饥荒？我看干脆哄走她算了。

（转身）唉，大妹子，刘二金他死了。

王：死了？不会吧。他是咋死的？

刘：（语塞）唉!

一口气没出上来就死了。不过没死在家里头，究竟咋死的我也闹不清。

王：那他死到哪了？

刘：唉，光棍人没根沙蓬，死到哪谁能说清？

王：唉！既然人死了，那就甚话不说了，可惜呀，可惜。

刘：大妹子，听你这话音好像还有别的

意思？

王：有倒是有，不过……

刘：（忙接话茬）我看这样哇，他到底死没死都是猜测。

等几天地震过圪了，他不死准要回来。我和他是最亲密的朋友……

王：你和他是朋友？

刘：没错！他咳嗽我吐痰。他有好事我心宽，他没老婆我没妻，

同打光棍受可怜。我俩形影分不开，合伙吃的一碗饭。

王：你俩再好，他死了也是枉然，都怨他命苦，有人托我给他提亲。

刘：提亲?!哎呀。这可是好事儿，多少年来他做梦都盼望娶个妇儿。快说！女方是哪的？

王：人都死了，说不说有甚用？

刘：有用！有用！听见给他说老婆，死了一定能返活。

王：（暗自好笑）那我问你，他这个人人品咋样？

刘：（数板）论人品没褒贬，美名传遍卧牛滩，人好心肠好，可惜只是光棍汉。

王：（数板）既然人品这么好，为甚没把对象找？

刘：（数板）好的一直没遇到，一般人才他不要，

前村有个王翠英，三番五次托媒人，他嫌人家长得丑。直到如今没应承。

王：（旁白）听见这话我暗吃惊，幸亏没跟他成亲。

吹牛打胯没影踪。胡说八道脸不红。那我就不说了（欲下被刘拦住）。

刘：哎哎哎，别别别，别走，你不和我说清楚，他死了也不歇心。

王：（冷笑）我看不是他不歇心，正是你不歇心，

其实，我一见面就认出你了，你要不说实话，我绝对不告诉你。

刘：那大姐。你听我说

（唱）：叫大姐你听真，我正是你要问的刘二金。

刚才和你开玩笑。只要是女的就能行。

王：我问你，这个身份证是不是你的？

刘：（惊喜地）哎呀?!身份证！是是是，是我的。

（旁白）这身份证那天和钱装在一块儿，她只要见了身份证，就一定见到了钱。

（转身）哎哟，我的菩萨活奶奶，你快把它还给我哇，还有……

王：还有什么？

刘：还有钱。你快给了我哇！

王：到底咋回事儿？只要你老老实实讲清楚，我可以帮你问寻问寻。

刘：唉！看来只好交实底儿啦。是这么回事儿，地震后的第三天，我随车去乡政府拉救灾物资，到那儿打开库房门一看，哎呀！那东西可多了，要甚有甚，堆的好像山头。装车的时候我看见一件新铮铮亮盈盈的皮夹克，（指身穿）哎，就是这件。我想这么好的夹克我不穿，说不定好活了哪个人。所以，趁别人不注意，三下五除二脱下我的烂褂扔上堆，拿起这件穿上身。回来以后才想起，我那件旧褂里头装了两千块钱和身份证忘了掏。第二天去乡政府一看，库房早就被腾空。

王：你正是偷鸡反被鸡啄了眼，摸狗又被狗咬了脸。

刘：对！我刘二金不是吹。一概都是高庙赶会，眼疾手快，丢个捎码，拾个口袋的急汉，撇浮油可是好手。这回这个失误我万万没料到。大姐，这身份证丢没丢是小事。那两千块钱可

是我大半生的积蓄，打算娶老婆用的。大姐，我的好大姐，既然我把实底都交了，你说甚也得帮帮我。

（唱）：都怨我做事昧良心，见财起意耍聪明。聪明反被聪明误，带出生肉好心疼。

大姐你帮我找回来，我拿出一半谢你恩。这回提亲再不成，回头去找王翠英。

王：（气愤地）刘二金，做你的梦哇。我就是王翠英。

刘：啊！你正是王翠英?!

王：是呀！没想到吧？

刘：（无地自容地）翠英…实在对不起，其实我刚才是趁空儿吹一吹牛，没想到……

王：没想到你是这么一个人。

刘：那——你看咱俩的婚事…

王：我作为一个女人的确需要一个生活伴侣，尤其这回地震，虽然全国和全世界都向我们灾区进行无私援助，但物资终究不能代替夫妻感情，我需一个顶天立地的男人。替我支撑这个家，与我共同体味人生的苦辣酸甜。

刘：（高兴地）那么看来你同意啦？

王：不！你差得很远。给！身份证和两千块钱都在这儿，一分不少，你说的没错，我如数还给你。

刘：（接钱百感交集地）翠英，这钱莫非你真的还给我了？

王：对！这是做人的起码原则。

（唱）：做人必须有原则，金钱面前识品德。别人捐助为赈灾，你却竟把手脚做。

唯利是图我瞧不起，见利忘义受人戳。金山银山总有数，人格的价值谁能说？

刘（唱）：寥寥数语似利箭，箭箭穿进我心间。

人家孤儿并寡母，拾金不昧来还钱。我是一个单身汉，看见便宜想贪占，手捧现金心悔恨，无地自容口难言。

王：装好吧！记住，下次再换，先把兜子掏一掏。（下）

刘：唉！（悔恨而羞愧忽然想起，转身看，王已下场，急忙）

翠英——你站住，给你那一半儿——

〔幕后〕王“我不要，你留下娶老婆哇”

〔幕落〕

——剧终

（原载《张家口文艺》2006年第五期）

六、曲艺创作

1989—2010年，尚义民间的曲艺品种大致有烂席片、干嗑（呱嘴）、快板、数来宝、三句半、小品、相声等数十种。2006年，在张家口市党代会上吕峰表演的干嗑《说说张家口新变化》受到了与会领导和代表的一致好评。在曲艺作品创作上，当代烂席片有梁艾的代表作《重返尚义两眼眼新》，邸孝全、石尚德合作的《我和哥哥的日子过得比蜜甜》，毕俊厚的《新年美景唱不完》《祖国前程无限美》。樊殿武创作的群口呱嘴《说说张家口新变化》。郭有山创作的尚义落子《咱们一起唱大风》、相声《坐席》、数来宝《惠从何来》、三句半《党是太阳党是娘》。

附：曲艺作品选录

当代烂席片

瞅得两眼酸溜溜。麒麟宾馆站一站好像进了上海滩。

环城公路上下行，水连山接入画屏。

窝窝的蚂蚁满山山转，摩托车一停一大片。

手搭凉棚瞧一瞧，天津大发满街绕。

通信杆子往地下移家家安上了电话机。

青山绿水满坡树，有线电视入了户。
疼不过老子爱不过妈，好不过尚义我的家。

重返尚义两眼眼新

梁 艾

鸳鸯河的沙、大石洞的风，
饿不行离开尚义到山东。
眯缝住两个眼眼细思谋，
灰塌塌的尚义没一棵树。
土板板房漏得没法儿住
杨树叶叶紧吃也填不饱肚。
在山东刨敛了二亩地，
害伤寒咽过两回气。
水走千里往大海里绕，
走到哪里也不如家乡好。
山知音来水知情
重返尚义两眼眼新。
三十年河东三十年西，
土房没了高楼起。
供销大厦走一走。

党是太阳党是娘

（三句半）

甲 敲起锣鼓咚咚响，
乙 一家三代齐上场，
丙 庆祝七·一唱大戏，
丁 鼓掌！
甲 党是太阳党是娘，
乙 惠民政策暖洋洋，
丙 九十大寿齐庆贺，
丁 咚咚锵！
甲 公共财政得民心，
乙 人民生活上水平
丙 甜生生的日子好光景，
丁 虚煞人！
甲 老汉今年七十三，
乙 没见过种地税全免，
丙 政府还给咱发红包，
丁 上保险！
甲 “一退双还”送清风，
乙 山绿天蓝水更清，
丙 挡住黄沙和大风，
丁 真日能！
甲 粮食农资综合补，
乙 退耕还林燃油补，
丙 奶牛养殖还有什么补？
乙 看病不贵又不难，
丙 公家出了药费一多半，
丁 没负担。
甲 干部职工医疗险，
乙 城镇医保办了个全，
丙 公家给咱撑得硬棒棒，
丁 腰不软。
甲 没估划农村有低保，
乙 老两口做梦也没想着，
丙 没工作还能领票票，
丁 大母猪！
甲 孙子今年要结婚，
乙 为买家电闹成一窝蜂，
丙 一家伙家电下乡进了村，
丁 快码铜！
甲 义务教育弄得挺日玄，
乙 校舍盖得遮了天，
丙 老百姓不摊一分钱，
丁 少见！
甲 密色色的学生一大片，
乙 没见过娃娃念书不要钱，
丙 天天白吃牛奶和面包，
丁 还有蛋！
甲 那年老伴款款儿得了脑偏瘫，

乙　扑头实堪去医院，

丙　圪采采要了押金一万，

丁　心宽！

甲　党的惠民政策真不少，

乙　优抚敬老和五保，

丙　四零五零失业人，

丁　全纳保！

甲　宽踏踏的马路四处通，

乙　一座座新楼钻云层，

丙　活脱脱三年变了样，

丁　神通。

甲　惠民政策说不完，

乙　我们丢三落四没说全，

丙　敬请各位多担待，

丁　甭刨谈！

说说尚义新变化

（呱嘴）

郭有山

丁　哎，蓝眼！

甲“新农合”一实现，竹板板一打响连声听我细细来叨腾。说说尚义面貌新大伙慢慢往下听。

锣鼓喧天响起来，精神抖擞走上台。

今天举行专场演出会，各界人士来聚会。

普通话说不好，就把方言土语说出来。如今时兴原生态，唱完山曲说呱嘴。

说起尚义早有名，历史源远底蕴深。旧石器在那窑子沟早期人类部落村。

北魏时期有六镇，尚义就有柔玄镇。

贲责淖新石器仰韶文化的一部分。

坝下百里明长城千年烽火边塞风。四台五台蒙古营，古道驿站挺兴盛。

辛亥革命炮声隆，尚义县出了张砺生。第一批先驱老革命民主时期领路人。

抗日旗地十三村联庄力量出了名。方圆百里一条心，打得鬼子进不了村。

吹破天冯子存，莲花落子戳古董。二人台进北京，央视里头有名声。

说完了历史说如今，市委领导真英明。打造强市和名城，绿色崛起目标新。

扶贫攻坚吹响冲锋号，基层建设搞活动。

“三增一做”主题明，基层工作上水平。

尚义县跟得紧，真抓实干抢先锋。全县提起精气神，经济出现了大繁荣。百姓日子挺舒心，交通便捷任我行。座座新桥南北通，幢幢楼房高入云。森林公园独一景，文化广场添神韵。处处都是霓虹灯，路灯照亮不夜城。鸳鸯河，换新容，清粼粼河水映全城。麒麟山下满目春，生态宜居变新城。

说完城建唱大风，尚义人民真日能。开发利用西北风，风能变电把钱生。

说起过去西北风，黄风黑土折腾人。春天刮出山药籽秋天刮出犁底层。

大风曾经害死人，没估划它能把钱生。新世纪的尚义人，西北风里能捞金。满山风车密如林，突突突转成一窝蜂。装机容量年年增，全省风电第一名。

说完风电说蔬菜，绿色蔬菜喜煞人。西芹白菜大萝卜，生菜青椒疙瘩白膜下滴灌全面推，名优精特打品牌。供给奥运世博会，漂洋过海创外汇。

新一届县委有决心，“十二五”目标要完成。党代会发出动员令，全县拧成一股绳生态路要走通，一定念好“三农经”。

立在草原唱大风，区位品牌要打硬。转型增效有决心宜居宜业惠民生。

“三大战略”措施好，“三化”进程快推进。喜迎党的十八大，激情跨越奔前程。

如今尚义挺日玄好事件件说不完。

今天的节目时间短，就拣重要的说几段。

敬请观众多担待，秃嘴笨舌别刨谈。下个节目谁表演，你们接着往下看。

第三节　文艺刊物创办

1994年9月，县文联成立后，创办了《麒麟文艺》小报，办报经费主要靠单位和企业赞助。从1995年开始共不定期办了7期，因经费筹措困难，《麒麟文艺》于1998年停刊。主编郭有山、赵锦德，执行编辑段明、张志义。报头由副县长刘善修题写。2006年7月在《麒麟文艺》小报的基础上，县文联创办了《鸳鸯河》小报，共办了6期。总编樊殿武，特约编辑李志栋、孟宪丛、李雅男，责任编辑龚跃海，美术编辑贾益林，报头题写张志义、赵军湛。又因经费不足于2007年2月停刊。2010年7月尚义县第三届文学艺术界联合会换届后，复刊了《鸳鸯河》报，主编樊殿武，副主编李志栋、孟宪丛，美编段明，报名题写赵军湛、靳连忠。到2010年年底共办了4期。

第三章　文　物

第一节　古遗址古墓葬

全县文物分布广，1989—2010年，尚义县共发现不可移动文物217处，其中古遗址176处、古墓葬26处、古建筑4处、古窟寺和石刻3处、近代重要史迹和代表性建筑8处。此外，境内还发现古迹674处，动植物化石13件。

一、古遗址

2008年全国第三次文物普查，历时一年多，尚义县普查各类遗址338处，其中发现了3处旧石器遗址，即南壕堑镇席麻沟遗址、窑子沟遗址、红土梁镇七令沟遗址。截至2010年年底，尚义县有全国重点文物保护单位土城子北魏柔玄镇遗址1处。省级文物保护单位4处，即大青沟镇赉赉淖遗址、大苏计乡东西营盘遗址、八道沟镇惠家梁遗址、小蒜沟镇大土台村东遗址。

土城子北魏柔玄镇遗址　属于全国重点文物保护单位。属东汉、北魏、元代。位于三工地镇土城子，占地面积110万平方米，古城分内外城，外城东西长1100米，南北宽1006米。内城位于外城正中心，东西长50多米，南北宽100余米。外城现存残基和角楼圆土墩8个，整个古城轮廓清晰可见，1978年、1983年、1985年、2003年，省市文物局、文研所多次对其进行了实地考察，经鉴定为北魏六镇之一的第二大镇柔玄镇遗址，2004年申报通过国家级文物保护单位。

原属于县级文物保护遗址的赉赉淖遗址、新庙村北遗址、大苏计遗址已成为省级文物保护遗址。

石井乡四台蒙古营西梁遗址　为市级文物保护单位，属新石器时期。位于石井乡四合蒙古营附近，2005年发掘出石斧等石器，经专家鉴定为新石器时期西梁遗址。同年被确定为市级文物保护单位。西梁文化在尚义县相当少见，通过发掘可进一步探索及研究西梁文化的深刻内涵，为研究尚义县历史、增厚文化底蕴提供科学依据。

大苏计东西营盘遗址、惠家村遗址、小蒜沟镇大土台村东平遗址属于县级文物保护遗址。

原属于县级文物保护遗址的六号地土城子遗址为未定级遗址。

2010 年尚义县文物已发现古迹和化石数量表

表 22-1

名　称	单　位	数　量
古寺庙	处	1
古遗址	处	292
古墓葬	处	33
旧石器遗址	处	4
新石器遗址	处	331
动物化石	件	10
植物化石	件	3

二、古墓葬

1990 年 4 月中旬，甲石河乡囫囵村农民曹永在自家院内挖自来水管道沟时偶然发现一座古墓。此墓发现后，已遭到严重毁坏。基室因被掘开，故形制与结构不清。用石板构筑的石棺葬具也被拆掉大半，经现场复原，石棺近似长方形。长约 23 米、宽约 15 米、高约 1.04 米。石板用大小略等的暗红色砂岩（此种砂岩出在村西北 3000 米处的上红梁山上）石板构筑而成。挖掘随葬品 56 件。后经专家考证为辽代契丹贵族墓葬。随葬文物中的瓷枕、绿釉鸡冠壶是国家二级文物。1990 年 8 月，尚义县发现辽石板棺墓的消息被《中国文物报》刊登后，引起考古界的重视。到 2010 年，全县已发现的古墓葬 33 处，较大型的古墓葬 9 处。

2010 年尚义县古墓葬一览表

表 22-2

编　号	名　称	位　置	年　代	东西长	南北宽	总面积	说　明
1	驸马坟	套里庄乡驸马营村东 100 米处	唐	40 米	20 米	800 平方米	传说是秦怀王驸马之坟，已破坏
2	下营盘古墓	南镇下营村西北 300 米的山上	不详	30 米	20 米	600 平方米	封土高 2 ~ 3 米，传说为学人之王墓
3	常胜湾古墓	下马圈乡常胜湾村北	辽	—	—	—	此墓是村人打战备洞发现的，挖时看到壁画，两个石门相距近
4	对角沟古墓	下马圈南朝碾村东 200 米处	金	5 米	5 米	25 平方米	该墓 100 米处是一处金代至元代的古墓址，传说是蒙古人的墓
5	大士台古墓	小蒜沟大土台村东 1500 米处	元	25 米	3 米	75 平方米	—
6	大井古义坟	大青沟镇大井村西北 500 米处	清	50 米	30 米	1500 平方米	封土高 1 米，有墓碑上刻清光绪三十四年（1908 年），传说是公共墓地
7	黄土夭赤商坟	永胜地乡黄土夭村南 300 米处	清	15 米	10 米	150 平方米	有石碑、九通、石柱，四个旗杆
8	老令沟杜家坟	永胜地二号村北 500 米处	不详	5 米	4 米	20 平方米	有石桌、石碑（已坏）
9	大苏计村北古墓	大苏计村北 1200 米处	不详	2.5 米	2 米	5 平方米	该墓在植树时发出土青砖 6 块，上有朱砂字迹，290 枚古钱、铜镜一个、青石板一块。已破坏

第二节 馆藏文物

1989年文物保护管理所与文化馆合署办公。1992年投资15万元在县城太平街村委会路南新建县文保所。占地约0.33公顷。有大房6间，小房7间。1994年2月28日晚，县文物保管所失窃，32件文物被盗，其中二级文物2件、三级文物23件、其他文物7件。至2010年年底，案件仍未破获。1994年，尚义县调整了县文物保护管理领导小组，同时印发了《尚义县关于进一步加强文物保护工作的通知》，各乡镇、县直各单位把文物保护工作纳入经济和社会发展及城乡发展规划，纳入各级领导责任制和村规民约。全县依靠群众，依法打击倒卖文物、盗墓等行为，使全县文物得到了保护和管理。2010年，文物保护管理所搬迁至新文化广播电视局大楼。

1989年全县馆藏文物7大类400多件。截至2010年，全县拥有馆藏文物10大类4993件。

2010年尚义县馆藏文物情况表

表22-3

类别	单位	数量	备注
化石类	件	14	其中鸵鸟蛋被借走
瓷器类	件	73	小口黑釉瓷罐、小口暗花黑釉扁壶、白釉大瓷坛、黑瓷碗、绿釉三带小罐、绿釉八角小罐6件，属于三级品
陶器类	件	28	绿釉鸡罐壶（2件）属于二级品，灰陶瓜型罐、鸡形壶、乳釉莲花座壶3件，属于三级品
石器类	件	49	
玉器类	件	4	
铜器类	件	57	铜印、晋鲜卑率善佰长铜印共2件属于一级品（被河北省借走），梅花铜盘属于三级品
铁器类	件	20	铁犁铧、铁犁镜2件、车辖共4件，属于三级品
玛瑙	件	12	
货币	枚	4719	
其他	件	17	其中骨刷1件，属于三级品
合计	件	4993	

第三节 碑 刻

一、“九一九”惨案纪念碑

坐落在尚义县坑塄乡塞汗不落村西南，石砌水泥敷面，由碑座、碑身、碑顶组成。通高3.57米。碑正面书“为有牺牲多壮志，敢教日月换新天”“永垂不朽”，以及烈士姓名。

1946年，八路军战略撤退，9月16日，国民党反动派与地富武装相勾结，在塞汗不落村将身为中国共产党的5名村干部和积极分子杀害。

1969年，中共塞汗不落村支部委员会竖碑纪念。

二、宝满沟烈士纪念碑

坐落在尚义县小蒜沟乡宝满沟村。碑身青石制成，通高1.47米，宽0.50米，厚0.18米。正面碑文："牢记阶级苦，不忘血泪仇"。

此碑为纪念1946年牺牲的农会主任胡魁而立。竖碑时间1970年3月。

三、武家村纪念碑

坐落在尚义县炕塄乡（现满井镇）的武家村西南。砖石砌成，水泥敷面，通高6.50米，由碑顶、碑身、碑座组成。顶部制五角红星。碑身正面书"纪念武银斗、武富斗烈士"。武银斗在1945年任农会主任，在1946年八路军战略撤退时，与兄弟武富斗被敌人枪杀在村南河沟边。此碑由武家村党支部于1970年竖立。

四、八大家纪念碑

坐落在炕塄乡（现满井镇）八大家村和二淖村之间，用石头砌成。高3.7米，已残。1946年八路军战略撤退后，8月17日国民党和当地地主将村干部王吉芝杀害。当地群众为了纪念烈士，于1967年3月竖立此碑。

五、"青字号工程林"纪念碑

坐落在尚义县哈拉沟乡（现三工地镇）圪塔山村西北50米处的山坡上。混凝土构造，高2米，宽0.50米，厚0.10米，碑正面书"青字号工程林纪念碑"，落款为"张家口行署专员王权手书"；碑背面书："为了纪念哈拉沟乡王油房村团支部带领团员青年营造'青字号'工程林1000亩，为建设'三北''绿色万里长城'做出了贡献而特此竖碑。共青团尚义县委员会一九八四年五月立"。

第四节　古驿站

县境内的四台、五台属清代驿站。清朝在蒙古地方共设有五路驿站，即喜峰口道、古北口道、独石口道、杀虎口道和张家口道。清代的驿站，在省者均称驿，为军报而设则称站，设于甘肃嘉峪关口外的谓之塘，设于西北两路的名曰台。此外，还有军台、京塘等称谓。

张家口驿站是由清朝吏部侍郎布彦图和侍读学士额赫礼两人，于清康熙三十二年（1693）负责安设。它从北京北郊的回龙观站开始，经过今怀来、宣化到张家口。从张家口开始，到长城以北，又分为两条驿道，一路向西到归化（今呼和浩特），一路向西北到四子部落。四子部落从北京到张家口215千米，从张家口到四子部落480千米。

四台和五台，属于张家口驿站的四子部落。这条驿路安设之初，主要是到达内蒙古乌兰察布、锡林郭勒二盟的四子部落旗、苏尼特左翼旗、喀尔喀右翼旗（即达尔罕旗）、茂明安等五旗。

清雍正六年（1728），由于准格尔战争形势的变化，清朝政府下令拆除了张家口到归化的驿路，将原来张家口驿站的两路合并为一路。从此，直到民国年间，四子路一路不仅成为张家口外唯一的一条驿道，而且它从内蒙古地区延伸开来，成为清代阿尔泰军台的组成部分。

四台：从哈柳图行20千米至鄂拉呼都克（又名敖来乌日特），现为尚义县石井乡四台蒙古营。

五台：从鄂拉呼都克东行35千米至魁素图（又名奎斯图），现为尚义县大营盘乡五台蒙古营。

第四章　广播电视事业

2008 年 9 月广电大楼建成并投入使用，从根本上改善了宣传和基础设施条件，极大地提高了广播电视的宣传和服务质量。

第一节　广　播

一、有线广播

尚义县有线广播始建于 1958 年。20 世纪 80 年代后期，由于其技术落后、维护经费难以保障，农村有线网逐年萎缩，自然消亡，只有县城主要街道使用 28 个有线音箱广播坚持到 1998 年。取而代之的是无线调频广播，成为尚义县广播的主要覆盖手段。

二、无线广播

尚义县无线广播始建于 1987 年，到 1989 年，与尚义电视转播台共址共塔，在县城广电局院内架有 50 米自立式铁塔，作为节目传送台。除直接覆盖县城外，同时给距县城直线距离 13 千米的小西赛山主发射台传送信号。主发射台在县域中心小西赛山上，海拔 1607.60 米，人口覆盖率 53%。主要功能是代替广播信号专线，为 17 个乡镇广播站传输信号，直接覆盖收音机听众。1997 年对西赛山的主发射台进行了技术改造。扩大了主发射机功率，人口覆盖率达到 96%。

受电视迅速发展的冲击，到 2006 年尚义广播电台基本处于停办状态。

三、节目设置与播出

调频广播电台自办节目主要以《尚义新闻》为主，先后开辟了《理论学习》《科学知识》《法制园地》《文化生活》《地方文艺》等 6 个栏目。播出时间 :《尚义新闻》从周一到周六，每晚播出时间为 10 分钟，安排在中央台新闻联播前播出，次日早上重播一次。其他专题节目每次播

县广播站播音场景（1990 年）

出时间为 15 分钟。《尚义新闻》稿件来源于各乡镇办公室和县直各科局办公室业余通讯员。其余专题节目稿件，一是尚义县广播台编辑搜集整理，二是选用全国各地通讯员寄来的稿件。凡采用播出的稿件，电台均寄发稿酬。

1998 年 2 月，国家广播电影电视部批准尚义县设立尚义县广播电视台。按要求可先开办 1 套广播节目，自办少量新闻和专题节目，播出时呼号：尚义县广播电视台，可通过无线和有线方式传输。2007 年 7 月后，扩大业务范围，广播节目和电视节目在电视公共频道的预留时段内插播当地新闻和经济类、科技类、法制类、农业类、重大活动类专题、有地方特色的文艺节目以及广告等。

第二节　电　视

一、无线电视

尚义电视事业的雏形形成于1984年，当年，在县城炮楼山建立了县历史上第一座电视差转台，差转山西台节目。1987，尚义县实施了“两台一站工程”（即调频广播电台、电视转播台、地面卫星接收站），正式设立尚义电视转播台。电视台与尚义调频广播电台同塔共用，在县城和八道沟镇西赛山分别设立有发射台，电视转播台的建成结束了尚义人看不到电视的历史。特别是 7.30 米卫星接收天线的建成，创下了当时全河北省之最。同年，开始简单地制作一些本县新闻，并不定时插播。

1993 年，西赛山转播台技术改造后，发射机功率由 0.05 千瓦扩大至 1 千瓦，中央电视台 1 套人口覆盖上升至 76%，并可接收县城 7 个频道信号，转播尚义县新闻等节目，使县城及周边乡村群众也能够看到尚义县自办的电视节目。

县电视台《尚义新闻》播出场景（2005 年）

其间，各乡镇村自筹资金发展起了一批乡村卫星电视转播台，补充了县台覆盖的不足。1993—1999 年，建成大营盘、大苏计、炕塄、哈拉沟、小蒜沟、下马圈、勿乱沟 7 个乡级卫星电视转播台；建成大虎沟、土夭沟、牛家营、保满沟、杏园沟、韭菜沟、南槽碾 7 个村级卫星电视转播台。2000—2001 年建成南哈路、戈家村、白彦不落 3 个村级多路卫星电视转播台。

2004 年 10 月，购置微波传输系统，完成了县经济工作会议的电视实况直播，开了尚义县电视直播的先河。到 2006 年，无线台基本处于停播状态，全县电视节目主要以有线方式传输播出。

二、有线模拟电视

尚义县的有线电视，始于尚义麒麟宾馆设计建成的闭路电视系统和 1993 年工商银行家属楼、人行家属楼设计建成的共用天线系统。之后有线电视首先在乡镇兴起，1994 年大青沟镇、红土良镇分别在镇所在地建成有线电视镇网。分别拥有用户 600 户和 700 户，初装费 300 元 / 户，收视费 6 ～ 8 元 / 月，由镇政府和尚义煤矿经营管理。

1996 年，尚义县自行设计、自己施工建成了传输 12 套电视节目的有线电视网络系统。发展用户 6000 余户，入户率 70%，初装费 310 元 / 户，收视费 10 元 / 月，电视实现了无线有线对县城的共同覆盖。同年，设立尚义县有线广播电视台。2002 年，增加了中央电视台 3、5、6、8 套加密频道。前端节目信号源全部采用卫星数字信号，模拟节目信号源关闭。向用户传输 18 套节目。

2003 年在全县开通张家口电视节目，同年，建立了有线电视加解扰系统，实现了用户的微机化管理。为防止非法插播，建起了技防体系。从 2003 年度起初装费上调至 350 ～ 380 元 / 户，收视费 12 元 / 月。至 2005 年年底，全县有线电视用户 7000 余户。

三、有线电视数字化

数字电视是继黑白电视与彩色电视之后的第三代电视。2007—2010 年，按照中央提出的“有线电视网络设备实现数字化过渡，有线电视基本实现干线网和城市网的标准化、规范化、光纤化”的要求，先后投资 1000 多万元，实施了“铜退光进、模数转换”（光缆替代铜缆，模拟电视向数字电视转换）的有线电视数字化工程。

市县联网工程 2007 年下半年至 2008 年年初，投资 290 万元实施了市县联网工程建设。其线路从张家口市经张北、公会，进入尚义县境内，穿越石井乡、大青沟、八道沟、七甲、南壕堑 5 个乡镇，在县境内 54 千米。同时借此线路还实现了县城与大青沟镇的光缆联网。项目的完成实现了县与省、国家网络的联通，同时也为全县实现网络的智能化、数字化、信息化奠定了基础。本网传输模拟信号节目套数由 18 套增加到 30 套。2010 年投资 200 万元建成张家口经万全至尚义县城的坝下环网，在县境内 50 千米，实现了南环北环互为备份自动切换，确保了广电信号的不间断传输。线路经过甲石河乡、小蒜沟镇、红土梁镇、南壕堑镇 4 个乡镇。

电视网络建设 1999 年，县广播电视局与尚义县电信局合作，实现了县乡有线电视光缆联网。建成了小蒜沟、八道沟、套里庄、七甲、炕塄、大苏计 6 个乡镇网，发展用户 1000 余户，并网大青沟、红土梁两个镇网 1500 户。2008 年对大青沟镇网实施了光缆改造，并建立大青沟镇广播电视站，新发展有线电视用户 300 多户。

从 2008 年开始，对县城实施了线路光缆改造。至 2010 年年底，完成全部改造，共架设光纤 33 千米。

收视费 统一执行省网络公司收费标准，新用户交 350 元初装费，收视费 26 元 / 月，可接收数字信号节目 96 套、数字广播节目 20 套。

功能及收费 2009 年 8 月 10 日，有线电视前端机房由广播电视局旧院搬迁到广播电视演播中心大楼新址有线机房，标志着尚义县有线电视从节目的采集、录制、播出、发射和接收实现数字化；从有线机房、客服中心到用户终端实现了标准化，可接收数字信号节目 96 套（其中，中央电视台 15 套、各省电视节目 22 套、河北电视台 8 套、张家口市 4 套、尚义 1 套）、数字广播节目 20 套。同时还提供六大功能：电视节目、广播节目、影视点播、阳光政务、信息服务、实时股情，用户从“看”电视进入了

“用”电视的时代。

收视费统一执行省网络公司收费标准，新用户交350元初装费，收视费26元/月。

至2010年，尚义县内有线电视网络300多千米，用户8600户。其中农网用户2800户。

四、节目设置与播出

1998年，引入数字摄录制作设备。电视台购买了第一台SONY3000P型号摄像机和1套非线性编辑机，新闻拍摄、采编质量大幅提高。

2002—2010年，先后投资100多万元，对电视台进行了采、编、播数字化建设。配置2台SONY250-P型号摄录一体机和4套非线性编辑系统和1套录音设备。到2009年，尚义县节目全部实现了台内摄、录、编、播、传输数字化。

2001年以前，只设编辑部，负责所有新闻、广告、点歌等采编工作。采编播有具体分工，节目制成后由台长审查合成后播出，新闻只以配音的方式播出，从2001年，主持人、播音员开始出镜。2006年下半年，开辟了尚义频道，设计有台标，采用硬盘自动播出系统。2008年，广播电视台实行部室制改革。分设新闻部、专题部、外宣部、民生部、广告部、播控部、播音部等多部门，开设尚义新闻、广告、民生关注、电视剧广场等栏目。由起初的不定期播出逐步变为固定栏目播出。播出时间：每周一、四20：00《尚义新闻》首播，周二、五12：30、20：00重播，每期10～20分钟；每周三20：00《民生关注》等专题首播，周六、日12：30、20：00重播，每期20分钟左右。其他时段以播出电视剧为主，黄金时段转播中央电视台《新闻联播》节目。到2010年，播音员有4人，编辑记者10人。

五、广告经营管理

尚义县电视台广告经营管理，实行专人负责广告的接收制作，台长审批后播出。广告内容主要是县内的个体私营信息服务、企业产品介绍和县外药品广告等，形式以文字广告为主，兼制作图像广告。广告收入从办台初期的数千元逐步增加到2010年的20多万元。

第三节 “村村通”广播电视工程

1999—2010年，实施了4期“村村通”广播电视工程建设，使20户以上的自然村全部实现广播电视覆盖。

1999—2000年，实施第一期“村村通”广播电视工程。国家和省无偿提供设备，县、乡筹集8万元的配套资金，建成82个行政村电视收看室，接收河北卫视节目、中央电视台1套、7套，以及中1广播。2002—2003年，实施第二期“村村通”广播电视工程，中央投资14万元，完成14个新通电行政村的建设任务，执行“2+2”建设标准（中1电视、河北电视、中1广播、河北广播），建成小片网7个、收看室7个。2005年实施第三期“村村通”广播电视工程。完成50户以上自然村“村村通”小片网2个，传输8套电视节目。

2010年实施第四期“村村通”广播电视工程。完成20户以上自然村9个村205户建设任务，采用直播卫星接收方式，每户安装直播卫星接收设备1套。免费收看收听48套电视和20套广播。

截至2010年，“村村通”工程覆盖全县118个村、2330户农户。

2009年，中央、省投资300万元在广播电视演播中心大楼新址院内建起100米自立式铁塔1座，配置100瓦米波段电视发射机1部、300瓦调频发射机2部、300瓦分米波电视发射机1部和返馈系统以及相应的测量仪器。可同时发射中央电视台1套、7套，中1广播、河北广播节目。调频广播覆盖半径28千米，覆盖人口9万余人，人口覆盖率45%；电视覆盖半径15千米，覆盖人口5万余人，人口覆盖率25%。

附：曹振亮简介

曹振亮，男，1961年8月生，河北尚义人。1981年毕业于河北省商业专科学校电视专业，9月分配到尚义县广电局从事技术工作；1991年2月毕业于中国计算机学院微机应用专业；1995年7月评聘为电子工程专业工程师。从1987年2月至2010年年底，历任县广电局副局长兼电视台台长、文化委员会副主任、文化广电局副局长、广电局书记兼河北广电网络集团公司尚义分公司副经理兼尚义广播电视转播台台长兼总工程师、尚义县文化广电新闻出版局副局长（正科）。现为中国电子学会会员、中国管理科学研究院学术委员会特约研究员、河北省“双十双百双千人才”、张家口市“三三三人才”，享受政府津贴，县专业技术拔尖人才、县专家咨询委员会主任委员、香港新时代国际文化出版社科技专家顾问、中国国际交流出版社特约顾问编委、《跨世纪人才》杂志通讯员。政协尚义县第四、五、六、七、八届委员，第六、七、八届常委。

曹振亮多次放弃到张家口市、广东惠州、汕尾工作的机会，三十多年如一日，以一个优秀共产党员的标准严格要求自己，以一当十，勇挑重担，为尚义的广电事业从无到有，从小到大，不断发展壮大作出了突出贡献，功不可没。他独立规划、设计、施工建设了尚义县两台一站工程、尚义县有线电视系统工程等大中型广电技术工程35项，填补了尚义县、张家口市、河北省多个建设项目空白。为尚义建成了完整的广播影视技术体系。多年来，他为县节约资金累计达360余万元。曾21次受到省市县的表彰奖励。

曹振亮刻苦钻研广电科学技术，完成技术改造和革新10项。攻克了实际工作中遇到的许多技术难题，解决了在业界颇有影响的技术问题。1995年“场强简单预测法”获国家实用科技成果，2006年“缺相保护器”获国家发明专利。从1994年以来，在中国核心科技期刊《广播与电视技术》《中国有线电视》等7种国家级刊物上和《中国科学技术文库》（中国科学院院长朱光亚、中国工程院院长周光召任主编）等

技术人员夜间调试卫星接收信号

6种大型典籍上发表有《CATV系统的接头技术与系统的可靠稳定性》等专业技术论文57篇，获省科技论文大赛一等奖1篇，三等奖4篇。分获2006年度、2008年度、2009年度、2010年度“中国广电行业十大科技关键词”评选二等奖、三等奖、二等奖、三等奖。

1995年他应国家科委特约到北京参加了“跨世纪人才科学与文化艺术周”活动，被批准入选中国科技人才信息库。1997年应邀出席了中国科教兴国学术研讨会。独创了“场强简单预测法”、“二带一漆法”、“快速寻星法”、“缺相保护法”、“网络优化法”和“新型避雷技术”，并在全市全省得到推广。曹振亮在广电科技领域取得的专业技术成就在全省乃至全国均有一定影响。

第五章　非物质文化遗产保护

尚义县非物质文化遗产种类丰富，风格特色鲜明，分布广泛。2007年4月，尚义县按照国务院《关于加强文化遗产保护的通知》和河北省《关于加强非物质文化遗产保护工作的意见》，成立了非物质文化遗产领导小组和保护专家咨询委员会，随后开展了普查申报项目和档案管理、数据库建立等项工作。当年，按计划重点普查申报了“尚义东路二人台”“蒙古长调”“干嗑”“尚义方言”“口蘑栽培加工工艺”“郝报沟接骨药”等6个非遗项目，并列入县级保护名录。2007年，“尚义东路二人台”“蒙古长调”“干嗑”三个项目被列为市级非保名录。2008年，“尚义东路二人台”“干嗑”两个项目被列入省级保护名录。邢恩、吕峰被列入二人台省级传承人，田振义、吕峰被列入干嗑省级传承人。“尚义方言”“口蘑栽培加工工艺”“郝报沟接骨药”被列入市级保护名录。

第一节　尚义东路二人台

1919年，民间艺人叶禄组建了第一个“蹦蹦戏”戏班，在县内开始演出。笛子演奏家冯

尚义东路二人台在《非常6+1》表演（2007年）

尚义县二人台传承基地

子存（艺名吹破天）在其中演奏。1923 年，常有禄（艺名愣板头）建起戏班。1934 年，杜荣祥、叶有全（生娃子）、李明、白英贵、温德明、董科、马占林、张茂山相继建起戏班，从业人员增加到 200 多人。

“蹦蹦戏”班的表演形式由踩高跷逐步向打地摊方向发展，并突出道具中的手绢、扇子和霸王鞭的使用技巧。表演形式一般为一男一女，故称“二人台”。表演方法上也逐渐趋于戏曲化，音乐伴奏由只用四胡和锣鼓逐渐增加民间管弦乐器，剧目趋于故事化，情节更加细腻，内容更加丰富，形成独特的尚义东路二人台。

新中国成立后，内蒙古教师高金栓、张来运到尚义县将西口调传入县内，经过融化吸收，使尚义二人台从形式到内容有了很大发展，不局限于二人演唱，丰富了唱腔，引进了西口调牌子曲，吸收了民间吹歌、晋剧等音乐，配备了扬琴、二胡、笙等乐器，形成了独特风格的乐队，道白韵味别具一格，既不是西口调，也不是方言土语，是二者兼有独特的坝上韵白。在表演形式上，完全过渡到第一人称表演，加强了舞蹈，出现了独舞、双人舞和集体舞等。在道具上除了继承传统霸王鞭外，折扇改为彩绸扇，创造了“八角绢”“顶绢”“红绸条”，形成了尚义东路二人台的独特风格。

2007 年，吕峰被评为张家口市文化产业十大领军人物，被确定为省级非物质文化遗产东路二人台第四代传承人。

吕峰，男，1976 年出生，尚义县大营盘乡白花滩村人，擅长呱嘴和传统二人台表演，师从田振义。代表作品有《山路弯弯》《卖油》。他的二人台演出曲牌曲调在传统基础上加以创新，形成了荡气回肠的曲调，插科打诨的台词，短小精干的剧情，酣畅淋漓的表演深受老百姓的喜爱。

第二节 尚义干嗑

干嗑也叫呱嘴，干嗑内容通俗易懂，节目短小精悍，表演形式简单，深受群众赞誉。1923 年，民间艺人常有禄（艺名楞板头）开始说唱干嗑，他目不识丁，但聪敏过人，能把眼前的事情即兴编成呱嘴。他自编自演的“捉跳蚤”“朱副官叼人”“保警队瞎折腾”等节目，内容诙谐，情节跌宕。新中国成立后，一些干嗑民间艺人通过演出，对党的各项方针政策的宣传发挥了积极作用，如《打太原》《枪崩反革命》《童养媳妇得解放》《改造二流子》等。“文化大革命”期间，干嗑一度销声匿迹，20 世纪 70 年代后期，重归民间。尚义干嗑传承人是田振义。

附：田振义简介

田振义，男，1948 年出生，尚义县七甲村人，1962 年被干嗑艺人叶有全发现并在演出过程中收他为徒。他天资聪明，口齿伶俐，学习刻苦，1963 年，开始回村参加了文艺宣传队，并成为骨干。他演出的呱嘴节奏明快，内容诙谐，代表作品有《开发利用西北风》《计划生育好》《说说尚义新变化》。田振义的演出富有灵活性创意性，甚至随口自编、借景生情，合辙押韵，用方言俚语编创的节目脍炙人口，深受百姓的喜爱。田振义因一技之长，1983 年成为尚义县七甲乡文化站专干。退休后他又闲不住，仍然走村串巷为老百姓演出。用他自己的话说：“我这辈子是为干嗑而生，我要下功夫编出更多更好的节目奉献给老百姓，同时，我要教一些学生，让这一文化遗产得以更好地传承。”

第三节　尚义蒙古长调

五台蒙古营是河北省唯一的蒙古族人口聚居村，位于县西北察汗淖尔边。300 多年来，蒙古长调成为五台蒙古营年轻男女表达相互爱恋之情的主要方式。尚义蒙古长调结合了与农耕文化相接的地域特点，声线悠扬豪放，极富感染力。包朝鲁是第五代蒙古长调传承人。

附：包朝鲁简介

包朝鲁，男，1967 年出生，蒙古族，尚义县工商局干部。祖籍内蒙古察哈尔右翼后旗，尚义县五台蒙古营长大。包朝鲁唱歌师从内蒙古乌兰察布盟歌舞团演员乌云毕力格，1986 年开始登台演出。他演唱的蒙古长调区域特点明显，民族特色浓郁，在尚义县颇有影响。代表作品《姑娘，我爱你》，其曲调悠扬、欢快。特别是他对蒙古民歌中的元素领悟透彻，处理得当，蒙古长调的独特韵味经他演绎，令听者迷醉。

第四节　郝报沟接骨药

郝报沟是尚义县南壕堑镇朝力盖行政村的一个自然村。郝报沟接骨药诞生于清同治年间，已经有 140 余年的传承历史。除接骨药的创始人无法追述外，已经经历了张满仓、张永武、张德忠、张佃优、张银平五代传承人。其中张满仓、张永武已故，张德忠已 90 岁高龄，张佃优 59 岁，张银平 38 岁。

郝报沟接骨药全部由中草药构成。主要由麻黄、马钱子、续断、牛膝、三七、琥珀、自然铜、川乌等十几种中草药碾细粉混合而成。制作工艺细、炮制方法精。尚义县大青山海拔高、温差大、野生药材生长时间长，所以郝报沟接骨药绝大部分药材都在此采集。该药具有接骨消炎、止血生肌、舒筋活血、发汗利尿、镇咳祛痰、纤维粘连、骨质续接、通络化瘀、补髓养骨等功效。第四代传承人张佃优、第五代传承人张银平经常应邀到呼和浩特、大同、集宁、张家口附属医院、中国人民解放军张家口 251 医院出诊。接骨成品药远销到北京、天津、石家庄、唐山、张家口等十余个大中城市和地区。郝报沟接骨药具有接骨快、疼痛少、无娄节、疗效好、价格低等特点。因其延续年代长、传承脉络清、患者认可度高，每年治愈患者 3000 ~ 3500 人。治愈率达 100%。

第六章　民情风俗

第一节　方　言

尚义方言属北方晋语区，因地处北京、天津与山西、内蒙古之间，又有华北、华东、西北次方言的特点。与普通话比较，语音、词汇、语法基本相同，但部分汉字的读音带有浓厚的地方特点。由于地理、交通等条件的影响，靠近张北的东部地区说“东路话”，靠近内蒙古商都、兴和两县的地区说“西路话”，东西两路是尚义方言的两大语区，除此之外还有几个特殊的方言村：

大营盘乡的五台蒙古营、石井乡的四台蒙古营是蒙古民族聚居地，当地人们说蒙古语。大苏计村，半个碌碡村多为山西省阳高县移民，当地人多说阳高话。甲石河乡杏园沟村、红崖湾村受万全方言影响，接近万全口音。甲石河乡骆驼山和小蒜沟镇土窑沟、地上三个村受怀安方言影响，发音近似怀安口音。

首部《尚义县志》从语音、特殊词汇、语法等方面对尚义方言作了详尽的记述。2010 年，县进修学校郝树林编写《尚义方言》一书，以尚义方言土语为主，是涵盖呼和浩特、包头、集宁、兴和、商都、沽源、康保、张北、万全、怀安等地的方言土语的专著。

一、语 音

（一）声母

1. 尚义县方言比普通话多两个浊音声母，一个是唇齿浊擦音 V，一个是古根浊鼻音 N，在普通话里，凡属这两个声母的字音，都是零声母。

例字	普通话	尚义方言
哇瓦袜	wa	〔vα〕
窝我卧	wo	〔vγ〕

2. 尚义方言将普通话中大部分舌尖后音声母（卷舌音）zhi、chi、shi、r 发音为 z、c、s、〔z〕。

例字	普通话	尚义方言
张仗涨	zhang	zang
吃迟耻	chi	ci
时史师	shi	si
绕	rao	〔zɔ〕
仍	reng	〔zəŋ〕

3. 尚义方言中有一些字的读音在保持原韵的情况下，声母发生变化。

例字	普通话	尚义方言组词
硬	ying	ning 硬戳戳的
膝	xi	qi 圪膝盖子
挨	ai	nai 挨打虎

4. 尚义方言中将普通话中带“子”的名词如：“车子”“孩子”“房子”“麦子”“桌子”读为“车日”“孩日”“房日”“麦日”“桌日”。“日”为借用字，发入声。

（二）韵母

1. 尚义方言中没有前鼻韵母 en、in、un、ü n 分别并入了 eng、ing、ong、iong。

例字	普通话	尚义方言组词
盆	pen	peng 盆盆（前一个字平声，后一个字去声）
朋	peng	peng 朋锅儿
听	tin	ting 听说（乖巧）
停	ting	ting 停停儿的（别动）

2. 尚义方言中普通话 uang 韵基本上并入了 ang 韵，即没有介音 u。

例字	普通话	尚义方言组词
光	guang	gang 光且且
黄	huang	hang 鸡蛋黄黄
乱	luan	lan 乱人杂手
暖	nuan	nan 暖壶

3. 尚义方言有些字的读音与普通话比较声母相同或相近，韵母却不同。

例字	普通话	尚义方言组词
熟	shu	sou 饭熟了
眉	mei	mi 假眉三道
熄	xi	xie 吹熄灯
直	zhi	zao 直刷刷的

4. 尚义方言中有些字的读音与普通话的声母韵母均发生了变化（如带“—”的字）。

例字	普通话	尚义方言
尾巴	wei	yi
扫帚	zhou	cu
宿舍	su	xue

二、语 法

尚义县方言大多数表现为口语，虽不像标准的书面语言那样规范，但也有约定俗成的语言结构。

紧缩语句，简洁明了。

例：这是怎么回事儿？——咋啦？

你安心在家养病吧！——你圪养的哇！

尚义方言口语中有许多顺理成章的独特成分，是书面语言难以确切表述和描写的。

例：那个活闯干，瞎折腾得勒圪蛋呀！

二后生忽塌半扇的，绕达得跟他大（爸）活脱了个壳壳。

第二节 服 饰

一、服 装

1989年，人们的服装样式比较单调，相当一部分是在裁缝店制作，很少在商店和市场上购买。中青年男性多以中山装、便装和少量西服为主，老年则基本是中山装，衣服面料多为化纤品。春秋时节，配以毛衣毛裤，夏季配以秋衣、衬衣，冬季大都外裹棉绿军大衣御寒，条件好一点的穿皮夹克、呢子大衣和羽绒服。年轻女子多以毛料西服、牛仔裤、慧芳服、应季休闲服饰为主，春秋季、夏季喜欢穿各式健美裤，裙子逐渐开始流行，冬天多是长短羽绒服，穿棉裤的越来越少。中老年妇女的服饰仍然较为传统。

2000年后，服饰品种极大丰富，人们的审美观更加开放，服饰穿着呈现出多样化、个性化的特征。县内年轻女性多喜欢穿牛仔裤等紧身衣裤，突出身材曲线的自然美和青春活力。夏天多穿轻薄休闲服饰、连衣裙，戴凉帽、太阳镜，服装颜色追求艳丽独特。冬天穿保暖内衣、羽绒服、风衣，紧身裤外套皮短裙，颇为时尚。中青年男人基本以西服为主。老年人多穿中山装、运动服、休闲服。内衣多为衬衣衬衫，保暖内衣，穿着上开始挑战自己，在衣服色彩、款式选择比较大胆。人们多从商店购买成套服装，传统的裁缝店渐渐退出了人们的视野。

执法单位工作人员多着统一制服。学校学生、儿童普遍穿校服。农村留守老人穿衣不太讲究，多为晚辈或亲朋好友赠送的半旧衣服。

二、鞋 帽

这一时期，传统的家做鞋基本已经绝迹，居民的鞋子大多数是在市场上购买，人们穿鞋由重结实耐用，变为重美观好看。前期，男人们主要是解放鞋、运动鞋、步鞋、凉鞋、棉鞋、皮鞋，后期又增加了旅游鞋等。年轻妇女平时大都穿高跟皮鞋、皮凉鞋、运动鞋、旅游鞋，冬天还喜欢穿高腰子皮马靴和雪地鞋。在家中，人们普遍开始穿泡沫塑料拖鞋和棉拖鞋。老年人普遍以轻便舒适为主，鞋子的选择比较多样化。

20世纪90年代初期，县内一些男性还保留着戴帽的习惯，基本都是样式呆板的单帽子。随着气候逐年偏暖，到了冬季绒线编织帽、呢质八角帽或鸭舌帽逐步取替了从前的狗皮、狐皮帽。女性夏天多戴太阳帽、围凉丝巾，冬天多戴针织线帽或绒线围脖。农村妇女出于劳动需要，仍然保留着围头巾的习惯。老年人在戴帽方面讲究不大，仍然以保暖、舒服为主。2000年后，男人们的戴帽习惯基本改变，年轻人一年四季少有人戴帽。中老年人夏季多戴太阳帽和凉礼帽，冬季多以绒线帽替代了皮帽。

三、首 饰

随着居民生活水平日益提升，作为主要消费群体的妇女对首饰有了进一步需求。前期主要是银手镯、玉手镯、金戒指、银戒指、金耳环、银耳环等进行装饰，后来发展到以金项链、金戒指、金耳环等为主，银首饰逐渐不为人们喜爱。成年妇女拥有金首饰的人占到八成以上，有的妇女把置办金首饰作为保值理财的手段，重复购买者较多。同一时期，县内部分成功商人和时代男青年也兴时戴大戒指、粗项链显示其身份。2000 年前后，市场上各种质材的头花、胸花、胸针等首饰饰品纷纷进入寻常普通百姓家庭。

第三节 饮 食

改革开放以后，粮食市场逐渐放开，品种繁多且满足供应。居民饮食习俗发生了很大变化，由吃得饱转向了吃得好，开始注重饮食营养价值和搭配。

一、主 食

尚义过去有种春小麦的习惯，后来逐渐少种。坝上多以种植莜麦、胡麻、豆类、土豆等为主，坝下多以种植谷子、黍子、玉米、豆类、土豆等为主。1989 年前后，白面大米在县内居民日常食谱中，占到一半左右，其余以莜面、小米、杂粮等粗粮补充。到 2010 年，白面、莜面、大米成为居民的基本主食，其他为辅助食品。白面馒头、花卷、包子、饺子、馅饼、烙饼、面片等成为家常便饭，莜面窝窝、搓鱼鱼、山药鱼子、擀囤囤、磨擦擦、打块垒、锅饼子、搅拿糕、莜面饺饺等更是人们的最爱。莜麦加工剥皮后，俗称莜面富强粉，莜面制品更是受到本地和外地人的青睐。大米饭成为年轻人的主食。随着社会分工的细化和生活节奏的加快，2000 年前，县城和一些乡镇，出现了专门的面食店，出售馒头、面条、油饼、大饼、莜面、山药鱼鱼等，居民买回家简单加工就可食用，非常方便省事。到 2010 年，从面食店买饭已经成为县城居民的日常习惯。

二、副 食

受气候条件的影响，过去蔬菜基本上就是土豆、圆白菜、大葱、胡萝卜、番瓜、韭菜、豆角等品种。冬天家家户户都要储存土豆、长白菜、圆白菜、大葱等蔬菜。20 世纪 80 年代中至 90 年代初，尚义县出产的白菜都是“青麻叶”，不好存储。县城一些单位要用卡车去保定徐水一带拉大白菜，那里的白菜个头大，菜心抱得瓷实，存放好的可以吃整整一个冬季。其他蔬菜一般都是从菜队（现菜园街）菜农在夏、秋季搭建的菜铺临时购买。1996 年以后，本地蔬菜种植形成规模，夏秋季时，白萝卜、白菜、芹菜、洋葱、甘蓝、生菜等满足供应。农村还是习惯以土豆、圆白菜为主料，熬制大菜。城镇则会丰富一些，大都以各种炒菜配以主食。一些传统副食仍未离开人们的餐桌，有冻板板山药、干山药面大板鱼鱼等。猪肉、鸡蛋、胡麻油为县内城乡居民日常必备副食，前期大部分家庭并不能随意消费，牛羊肉、鸡鱼只在逢年过节、招待亲朋好友、婚丧嫁娶时才能享用。到 2010 年，除贫困家庭外，一般人家基本都可以满足供应和消费。农村家养猪、蛋禽不再出售，留作自家消费。

随着生活水平的不断提高，牛奶也开始成为普通人家的日常补品，居民主食消费比重开始下降，副食消费比重上升。

三、饮 品

县内历来都有饮酒习俗。逢年过节、朋友相聚、婚丧嫁娶、日常生活等无酒不欢，特别是朋友聚会不醉不归。喝酒是男人的天地，大都以高度白酒为主。1989 年以后，逐渐开始向低度白酒过渡，当时主要有沙城白酒、二曲、沙城迎宾、康保老窖等，啤酒成为年轻人消暑的首选。但由于受经济条件所限，当时男人们喝酒有所克制，喝酒总得有个求人办事、过节、来客以及婚丧嫁娶等由头，到 2000 年以后，饮酒开始随心所欲，随时随地，开心喝，忧愁喝，生气喝，烦恼喝，甚至不需要任何由头的喝。到 2010 年，市场上的白酒种类多达几十种。县城人喝酒档次逐渐提高，各种名酒如古井贡、汾酒、泸州特曲、洋河大曲等，在酒桌上也屡见不鲜。各种饮料、雪糕替代汽水、冰棍成为妇女儿童的喜爱也进入了寻常百姓家。

四、水 果

尚义县历史上只有坝下产土杏，坝上无其他水果。20 世纪 80 年代引种苹果树成功，不少人家在庭院都有种植，人们吃上了自产的“一二三”和金光圈杏等。当时，会有“口里”的商贩，赶着驴车，拉着梨和冰果到乡村去以粮换果。当时粮食还不算充裕，换到的果子也有限，尤其冰果孩子们舍不得一下吃完，要装进棉线编织的果笼里挂在胸前，时不时都能闻到扑鼻的冰果味，直到快要腐败才不得已吃掉。县城人平素吃水果的也不是很普遍，每逢中秋节到来之际，县城各单位，乡镇及有条件的村，都要去涿鹿、怀来等地去拉黄元帅、红元帅苹果，人们分到苹果要保存很长时间，有的人家一直要存放到将近过年。到 2010 年，随着交通的便利和商品大范围交流，各地水果不断进入当地市场，南方水果和进口水果市场上常年有货供应，已不是稀罕物。

五、炊 具

由于当地气候寒冷，20 世纪 80 年代前后城乡人家几乎都要盘大炕，垒锅灶，做饭均用大锅蒸、煮、熬、炒，连开水都用大锅烧。到 90 年代以后，县城人家的火炕大都被床取代。农村的火炕带大锅至今还保留，只有少数人家淘汰大锅，改用电磁炉、铝质钢种锅。到 2000 年以后，家庭规模逐渐变小，除农村家庭基本还在沿用七勺大锅外，城镇一般家庭均使用电器、煤气。炊具有电饭煲、电饼铛、电磁炉，既省事又方便。食料和剩下的饭菜，都放入电冰箱、电冰柜内储存。抽油烟机逐步取代换气扇。

第四节 居 家

1989 年前，县内人们的居住条件参差不齐。在农村，大都是传统的土坯房，农家院通常是三间正房，为一堂两屋。院子有二三百平方米，院内或东或西有一两间小偏房。正房内住人，有土炕大锅灶，木框玻璃窗户，报纸糊顶，家门为木门或白铁皮门。偏房放农具、粮食或杂物。院角都有一个露天厕所，另外还有柴草垛和牲畜棚。有的村民土坯房加盖上了红瓦顶，有的修建了里软外硬（外面砖里面土坯）的房子，全部为砖瓦结构的房屋仅为少数。院门基本上都是铁栅栏。街道已经有了统一规划，但大都还是泥土路。农村吃水靠公共水井和自家院子里的手压井。污水无处排放，卫生条件较差。

1989 年，县城部分老城区仍然为土坯房与砖瓦房混居。1991 年，县里开始在鸳鸯河南集中规划了新的居民区（百姓称之为“圪丁村”），全部为三大三小砖瓦结构封闭排子房，面积一般130平方米左右，满面门窗，屋内为白灰吊顶或石膏板吊顶，大理石铺地，外墙一般都是水刷石，居民吃水先是在自家院里打的手压井，后来由供水点逐步实现了自来水。冬季取暖自家烧暖气。附近还建有公共厕所。这个阶段，县工商银行、人民银行、农业银行等经济条件较好的单位陆续建起了办公楼和家属住宅楼。住宅楼四五层高，一般人的建筑面积八九十平方米。

此后的20年间，城乡居住条件大幅得到改善，新建住房普遍为砖瓦结构，基本不再建土坯房。门窗也有原来的木质材料改为铝合金或塑钢，铺地材料也逐渐被不同规格的瓷砖代替。

到2010年，县城已经建成了祥福苑、梧桐苑等居民住宅小区。县城和农村的一些家庭也都在自家平房内安装了干净卫生的土暖气。

1989年前后，县内家境较宽裕的居民都喜欢请木匠来家里制作组合家具和三人长沙发、写字台、大木床等，当时也成为年轻人结婚成家的标配。2000年后，县城出现了多家成品家具店，请木工自己做家具的已经逐步被购买现成家具所代替，机制组合家具以其花式品种多、美观大方，卖方上门安装，受到了用户的青睐。

第五节　出　行

1989年，长途出行靠班车。通往张家口市的道路只有坝上一条柏油路，坝下依然是砂石公路，每天往返对开的班车仅有五六趟对开。人们上下班多以自行车为主，经济条件好的家庭开始购买摩托车。一些执法管理部门和乡镇配备了摩托车，多为幸福250C、金城100、轻骑或偏斗三轮。机关公务用车大部分为吉普车，有小轿车的单位寥寥可数。已经有一些企业和个体老板购买了小型面包车。每年春节、中秋等节假日，就会出现乘车难。在农村，仍然以畜力拉车、自行车作为主要交通运输工具。

1996—2000年，尚义途经张北去张家口的中道、坝下通往张家口的两条柏油路相继开通，县城通往张家口的班车每天多达十几个班次对开。同时增加了通往了外省外县的省际班车。随着“村村通”道路不断建设，县内个体运营车辆迅速增加，各乡镇与县城之间也都通了大小客运班车，大大方便了人们的出行。人员流动开始快速加大。除轻便的女式自行车还在继续保留使用外，加重自行车逐渐退出人们的生活。摩托车基本普及，电动车、山地车开始出现。

2010年，小轿车陆续走进普通百姓人家。机关单位完全实现了小轿车出行。人们旅游、出门等长途行程全部乘坐机动车。在出行方面，还有少数人仍然遵循三、六、九出门远行的习俗，多数人依然忌讳在“杨公忌日”、农历七月十五日、十月初一时出门。

第六节　婚　嫁

1989年以后，随着社会文明开放，男女靠说媒结合的越来越少，自由恋爱相对增多。男女青年在接触一段时间后，感到情投意合，就会进入谈婚论嫁阶段，传统的男女订婚仪式被省略或简化。但不论是别人介绍的还是自由恋爱，男方或女方都会找一个信得过的人穿针引线，充当媒人或红娘，传递双方的意见，促成婚事。

过去，有男方送女方彩礼的习俗。20世纪80年代，彩礼一般为1080元、2080元或3080元，婚礼前必须提前送到女方家中，否则婚事就要被推迟，只有少数人家对彩礼不做具体规定。结婚时，男方必须要有属于自己的房子，一般都是砖瓦结构，最次的也得是里软外硬的房子。如果一时没房子，那就得做出具体承诺，不然结婚后也会吵吵闹闹，影响婚姻稳定。到90年代中期，女方开始要求结婚时，男方家里必须要有组合家具，买电视机、摩托车、首饰、新衣服等等，所以男方父母的压力比较大，特别是家里男孩多的家庭，更是不堪重负。

到2010年前后，结婚费用大幅度攀升，虽然名目不体现在彩礼上，一些农村女子却要求男方在县城购置住宅楼，还有少数要小汽车的。许多家庭掏空全家财力，甚至负债，才能勉强解决男孩子的婚事。当然也有经济条件不错的女方家长，如对这桩婚姻满意，会在孩子结婚时陪送钱、车、房子，这样的人家尚属少数。

一切准备妥当，男女双方开始下请帖，邀请亲朋好友参加婚礼。婚宴一般办两天，头一天晚上铺场，内亲和最要好的朋友参加；第二天中午在正席上随礼（掏大钱），几百、几千、甚至还有上万的，这要看远近关系了。一般宾客都是参加第二天中午的正席，贺礼水涨船高，一年比一年多，最初30元、50元、100元，到2010年前后达到了三五百元。

有不少年轻人存有攀比、摆阔心理，婚礼大操大办。婚礼仪式也是越来越复杂。从最初的简单照张相，挂红布、贴对联、放鞭炮、吹吹打打，在家中办酒席庆贺，逐步发展到全部在酒店操办，一桌饭菜烟酒加起来要五百至八九百元。彩虹门、礼炮、录像、迎亲车队、婚礼司仪等一应俱全，场面越来越宏大。2010年时，一次普通的婚礼花费至少三四万元。

婚礼当晚，要有一些年轻的平辈男女闹洞房，这也是遗留下来的传统习俗。第二天新郎要带着新娘到岳父母家继续参加女方的婚礼，俗称“回门”。婚礼结束后，要么当天返回男方家，要么就要在女方家住三天。至此，一个新的家庭产生，新一轮繁衍开始。

第七节　丧　葬

历史上县域人口大都由外地迁入，各地丧葬习俗也随之带入。经过多年的演变，形成了具有当地特色的丧葬习俗。1989—2010年，县内丧葬习俗变化不大。

一、寿　衣

当地称“装老衣裳”。家中有高寿老人、重病者，提前准备寿衣。早先是在市面上买回绸缎，自做棉袄、棉裤、单袍子、瓜壳帽子、布鞋。用包袱包好，放在衣柜下面备用。后来市面上出现专门经营丧葬用品的门店，人们一般都购买成品。当老人或病重之人即将离开人世的时候，家人会快速把寿衣给他穿上，防止咽气后四肢抽搐僵硬穿不上去。人去世后，在其脸上盖一张白纸，俗称“苫面纸”，用麻绳将手脚简单绑住，防止四肢张开，再用白布或苫单覆盖全身。

二、丧　事

20世纪80年代，尚义县推行殡葬改革，家住县城的一般在次日就拉至殡仪馆停放，三日内火化。家在农村的一般在第三日才拉至火葬场火化。但各民族习俗不尽相同，汉族实行火化，蒙古族实行自愿原则，回族则不火化。人去世后，家人会尽快通知各处至亲，俗称“报丧”，并请来画匠操办搭灵堂，剪岁头纸、写羊葬扳子一应事宜。由于人们的传统观念根深蒂固，一般都会买了木质棺材，再将骨灰入殓棺中。请花匠来画材，画材规格又分下中梧、中梧和上中梧，价钱不等。同时，丧主开始请人打坟。三天时，会请来戏班鼓匠吹吹打打，俗称“稳鼓”。出殡前一天，要举行“烧纸”仪式，至亲都要披麻戴孝，跪在灵棚两侧，手执裹上白纸条的木棍，俗称“丧棒”，在总管的主持下，内亲依次在棺前烧纸钱叩头。邻里和朋友同事来参加悼念的，只在胳膊上系上一条白布，集体鞠躬祭拜。出殡时，把棺木和纸折、花圈运至墓地下葬。丧事办理时间一般是7天，但也有特殊的忌讳，延迟到9天或11天下葬的都有。县城天主教徒较为集中，在丧事方面，仪式相对简单，不戴重孝也不跪地，不请鼓匠，教会自己的乐队演奏，教友诵经。其他民族丧事办理各依自己的习俗办理。

三、安　葬

到2010年，县内没有公共墓地。人们只在自家责任田、荒山荒坡或国有林地间寻找合适的墓地下葬。按照尚义习俗，有祖坟的，家中长子必须安葬在父母脚下，其他儿子可另外立坟。但凡溺水、车祸等意外事故在外面死亡的，尸首不能进村停放，只能在村外操办一应丧事。也有一部分人将父亲或母亲的骨灰寄存在殡仪馆，待另一位去世时一并下葬。下葬后，在坟头立上一块黑色大理石墓碑，上面刻着逝者姓名及生卒年。

四、祭　奠

县内居民素有祭奠先人的传统。老人去世后，其子女后代都会在每年的清明、农历七月十五日、十月初一、大年初一这几个节日在坟头摆上供品，放鞭炮烧纸钱以示哀悼。特别是清明节，身在异乡的游子大都会回来上坟祭祖。

去世时间在三年内的，称为新坟，要提前一天祭奠。家中第一年不贴春联，第二年贴绿色春联。

2000年前后，坝上地区实行退耕还林后，地表植被浓密，每年上坟林火隐患极大。后来政府规定，上坟者不得放炮烧纸钱。每年清明节和农历十月初一，县、乡、村派专人防火，对失火者严惩不贷。

后来，国家专门为清明节规定了法定假日，一些远在他乡谋生的游子，很多人不管多远也要赶回老家给老人上坟。

第八节　交　往

一、邻里关系

1989—2010年，县内人们仍然秉承邻里相互尊重和互相帮助的传统。在日常关系处理上，一直坚持“宁恶远亲，不灭近邻”的习俗。抬头见面，必打招呼，尤其是女人相见，更是寒暄不止。更重要的是，邻里之间相互照应，难事急事都会搭把手，邻居动工、建房、杀猪诸事，都会主动上门帮忙。有婚丧嫁娶之事，必去参加。邻家有事出门，还帮助看门，有老人小孩的，也会帮忙照料。

当地农村有互送油炸糕、互吃杀猪菜的习俗，特别是农忙季节油炸糕被视为最好食物，无论哪家动干锅，炸出糕来先要给左邻右舍每家送一碗，当地流行一句话叫“接壁子送糕，一替一遭”。人们通过保持密切交往来增进感情，有的邻里交情胜过了亲戚。

二、庆贺之礼

1989年前后，县内只有婚礼和婴儿满月庆贺。随着经济的快速发展，又增添了开业庆典。再往后，又有了升学庆典、参军庆典、百岁（百日）庆贺、12岁圆锁等礼仪，规模和范围越来越大，一般都在饭店操办，参加的人都要随份子。人不到礼钱也必须到，如不随礼，就会严重影响双方关系。由于请帖出现频繁，份子钱成为每个家庭较大的开支，人们苦不堪言。

生日庆贺和祝寿一般在小范围内举办，不发请帖。

三、待客礼仪

尚义人性情直率，热情好客。有客上门，就会笑脸相迎，进家落座，上茶递烟。茶水只斟八分满，以免洒到客人身上。谈话时洗耳恭听，不随意插嘴打断客人的话。

客人来了会改善伙食。用餐时，把客人请到正面或正席位置上。给客人斟酒要尽量斟满，以示对客人的尊重。客人不放碗、不放杯时主人绝不先放。饭后主人要陪客人饮茶、吸烟、聊天。对年纪大的、身体不适的客人，适当休息后送其回家。远方来客当日走不了的，晚上就会把家里最好的卧室和被子安排给客人。有经济实力的主人会把客人安排在条件好的宾馆、旅店食宿。

四、串　门

在县内农村，有闲时互相串门的习惯。进院后，先高声跟主人打招呼，然后慢慢进屋，以防看到主人隐私造成尴尬局面。交谈中不谈论别人的缺点，不挑拨是非。当主人要吃饭、休息或有事时，就主动离开。串门时遇到家中只有异性一人，为了避嫌，短暂停留就走开。

五、探　视

县内居民一直有相互探视的习俗。当亲朋好友小孩出生，都要到医院或家中看望。有带红糖鸡蛋的，有带营养保健品和婴儿服的。有人得病住院，亲朋好友也会主动上门探视慰问，探视时间多在上午。探望时，一般带些补品和水果。说话时声音和缓，多是说些关心安慰的话，探视时间一般十来分钟，然后会借故离开。到2010年时，探视物品更丰富，有的还会给病人留现金，几百上千元不等，让病人家属自己选择购买物品。

第九节　节　日

1989—2010年，除传统节日，外来节日也进入了人们的平常生活。2000年前后，年轻人开始流行过“情人节”和“圣诞节”等洋节日。庆祝方式为互赠礼品，请客饮酒，彻夜狂欢。一年内节日繁多，但一些重要节日在人们心目中的地位永远都无法替代。

一、春　节

这是一年最被人们重视的节日，俗称“过大年”。改革开放以来，随着群众生活水平的提高和市场的繁荣，年味更加浓重。进入腊月，人们就开始宰猪、杀鸡，书写春联，购置年画和年货。腊月二十三，俗称“小年”，晚上祭灶。小年后，家家户户开始扫屋去尘洗单子、压粉条、生豆芽、蒸包子馒头、炸干货。外出家人都纷纷返乡，回家与亲人团聚。腊月二十六、二十九，贴春联、窗花，挂红灯笼。除夕饭菜最为丰盛，一般人家都要煮猪头、牛头、骨头、油炸糕。晚上，桌子上摆放上糖块、花生、红黑枣、核桃、葵花子等干果。一家女人边包饺子，边看春节联欢晚会，男人打牌、玩麻将，俗称“熬年年”。到了2010年前后，春节干果品种更加丰富，有了松子、榛子、杏扁、西瓜子、开心果、葡萄干等干果、坚果，有的人家到饭店去吃年夜饭，年轻人还会到歌厅唱歌娱乐。一过午夜，有些人就会在户外开始燃放烟花爆竹，但县内大多数人更注重在凌晨三四点钟隆旺火“接神”，此风一直延续至2010年。初一早上，家家户户都吃饺子，饺子里要包几个硬币，谁吃着了，一年里会有好运降临。1990年前后，在农村还有“迎喜神”这一习俗，初一早上吃过饺子以后，村里的头面人物与平素略懂看“皇历”择日子的先生，胡乱掐指盘算一气，说今年的喜神在某某方向，于是便吆喝着男女老少涌向村外的某个方向，隆起一大堆旺火，上供求神，响炮迎庆，还有年轻人骑马乱窜，人欢马叫甚是热闹。初一上午，人们开始拜大年。拜父母，拜长辈，兄妹、夫妻互祝问过年好。特别是晚辈们去长辈亲戚家拜年问好，长辈则递上早已包好的压岁钱，孩子们欢呼雀跃离去。初一至十五人们都沉浸在过年的氛围之中，其间人们见面都会互问过年好。2000年前后，城里或乡镇的干部职工给自家长辈拜过年后，还要去比自己职位高的上司或领导家中拜年。一般上司或领导家都会事先准备好一桌小菜，拿出家中最好的酒，给上门拜年的人喝。上司领导有小孩的，还要留些许压岁钱。2000年被称为“千禧之年”，通信已经发达，人们在新年钟声响过后就开始发信息打电话互相问好。

二、破　五

农历正月初五俗称“破五”，这天家家户户都吃饺子。正月初五太阳上来之前，人们撩起炕席或炕毡将土炕四周的尘土扫出来，倒至十字路口，而后燃放爆竹，名为“送穷土”。大炕换成床后，人们就把地脚四边的尘土扫起来送出去，后来又演变出了扫地、倒垃圾等做法，但共同点是都要放炮震震穷土晦气。

三、元宵节

农历正月十五又称元宵节，20世纪80年代前后，正月十五是一年中最红火的节日，每逢这个节日的到来，家家都要挂灯笼，那时都是自己动手，用竹条、麻秆、高粱秆或铁丝绑成各种造型的灯笼架，用麻纸、绸布或吹朔纸糊裱，里面放置蜡烛、油灯照明，后演变为电灯泡，造型千姿百态、色彩五彩缤纷，有西瓜灯、蝴蝶灯、跑马灯、宫灯、纱灯等等。到90年代中期，灯笼逐步更换成了购买现成的红纱灯和电彩灯，人工做灯笼的工艺渐次消失。这一天，家家户户都要包饺子，放爆竹，观花灯。2000年后，城里人开始吃元宵。县内每年都要组织元宵节文化活动，动员县直及驻县个单位制作灯笼参加灯展，以系统组织社火队，扭秧歌、踩高跷、跑旱船，中午、晚上上街活动，看热闹的人摩肩接踵、熙熙攘攘，甚是红火。有一年，县里几家省市属单位集资购买了礼花炮，在文化馆楼上燃放烟火，除了县城居民外，乡村居民也驱车进城，车水马龙，甚是拥挤热闹，至此，元宵节放烟火一直延续至2010年后，规模逐年有所扩充。

四、端午节

农历五月初五，俗称“单五”。清晨太阳未出之前，人们争相到郊外拔艾草，归来后插于门上，别于耳际，以避邪气。因“艾”与“爱”谐音，也有赠予亲人表达爱意的意思，送与邻居表达交好之意。其余艾草编成辫状晾干后，可用于泡脚、艾灸，或点燃熏驱蚊虫。

端午节头几天，人们就开始忙碌起来，上街买粽叶、红枣、蜜枣、江米（糯米）、马莲叶等，提前把粽叶、红枣、糯米泡好后，或自己动手，或请亲友帮忙，包成粽子煮熟，凉糕也要在端午节前蒸好。到端午这一天，早晨起来就开始吃粽子，邻里也要互送粽子、凉糕。节日前，人们还要用五色绣线搓成花线绳戴于手腕、脚腕，也有把硬纸剪成带豁牙的方形、菱形或其他形状，用绣线缠成符戴在身上，都是祈福辟邪的意思。10岁以下小孩还要戴“清明圪垞”，把各种彩色布剪成钢镚大小的圆圪，几岁剪几个，再加天、地各一个，然后间隔织机棍穿成串，花花绿绿很是好看，戴在衣扣上或冒顶上，以期避灾长命。2000年以后，市场上常年有粽子出售。2010年时，县内仍然没有制作肉粽的习惯，一般都以红枣、葡萄干等为主料。

此日，本地过去尚有捉蛤蟆之俗，捉到后以墨块塞其口，干制后药用，故有“疥蛤蟆躲单五”之说。但到了2010年，这个习俗当地已经很少有人知道了。戴符或清明圪垞的也很少见了。

五、中元节

农历七月十五即中元节、盂兰盆节。县内民间于此日上坟、祭祖，俗称“鬼节日”。这一节日到来前，家家户户都要发面准备捏面人，请来心灵手巧的捏面人好手到家帮忙，捏出各式各样的面塑造型，有各色面人，有鸡、兔、鱼、龙各种动物，邻里间都要在七月十五这一天相互赠送。面人曾经是孩子们的最爱，会玩耍很长时间，干透吃的时候咬出嘎嘣嘎嘣的声响。但后来孩子们吃的、玩的太多了，面人逐渐被遗忘。到了2010年，只有少数人家还保留捏面人的传统，大部分人家都不再做了。这天晚上，人们的应酬大都会取消，早早回家安歇，避免回家太晚会带回阴气。

六、中秋节

农历八月十五中秋节，是仅次于春节的节日。县内居民历来就有吃月饼的传统习俗，外地工作打工人员一般要赶回家中团聚，故此节又称“团圆节”。1989年中秋节的时候，不少家庭都是自己炕月饼，也有少数家庭条件好的到红炉铺打月饼的。到2000年，大部分人家自己准备好白面、麻油、糖馅，到红炉铺打月饼，也有一部分人家直接去门市部买现成月饼。临近中秋节前十多天，手艺好的红炉铺里老早就排起长队，红红的炉火一直持续大半夜。十五前后，除邻里亲戚互送月饼外，家家都有存货，等不及饭的孩子喊饿，就拿出来哄哄。中秋节期间，每家每户事先就打点下西瓜、苹果、梨等水果，等十五晚上月亮升起来的时候，把月饼和各色水果码在盘里，摆上桌子供奉月亮，赏月吃酒，甚是欢愉。后来随着商品的极大丰富，过节水果也是随吃随买，不再储存。大部分人直接到超市购买月饼，但很有一部分人依旧保留着到红炉铺打月饼的习俗，因为自家带的真材实料打出来的月饼实惠好吃，节日过的也有滋味。

第十节　陋　习

1989—2010年，一些愚昧落后的封建陋习，在县内个别地方时有出现。

县内赌博一直处于半地下状态，且屡禁不止。最早是扑克赌，三打一、摸十点半，也有押宝、投骰子（吊猴），还有推牌九、麻将。赌注有大有小，上瘾者深陷其中不能自拔，荒废了正业，赌输了钱财，造成家庭不和。有的挂了高利贷用于赌博，利滚利难以还清，导致妻离子散。2000年以后，县内出现了一些棋牌室，表面是休闲娱乐，暗中也有在打麻将赌博，有的赌注较大，一场下来输赢几千元，多者上万元。开办者坐享其成，靠收牌桌费、抽红利发财，成为最大的赢家。到2010年，随着社会综合治理力度的加大，各种赌博活动有所收敛，但背地里偷偷赌博的还大有人在。

第七章　体　育

第一节　体育管理机构

1972年3月，尚义县成立体育运动委员会，时有3名工作人员。1988—1992年，工作人员增至5人，其中，3名干部、2名教练。1992年11月机构改革，体委、文化局、广播电视局合并成立尚义县文化委员会（简称文委），设体育科。

1993年12月，尚义县文化委员会更名为尚义县文化广播电视局（另挂体委牌子）。2002年6月县级机构改革，体委从广播电视局分离，成立了尚义县体育局，与县教育局合署办公，体育局下设体育中心，工作人员2名，负责管理全县体育工作。至2010年机构人员没有变化。

第二节　体育设施

尚义县的体育设施主要有社会体育设施和学校体育设施。1989—2010年，全县共建有体育运动场地51个，县体育局操场1个。其中占地面积9000平方米左右，设施面积40～1500平方米的中小学运动场有10个；占地面积16500平方米左右，设施面积在40～2000平方米的中小学运动场有21个。县城运动场地多为水泥或砖铺面，乡村运动场地多为砂石铺面。运动场地按照省定标准配套设施。小学设单双杠、爬梯、排球场、篮球场、乒乓球台、跳高、跳远、60米直跑道和200米环形跑道各4条；初中、高中设单双杠、爬梯、排球场、篮球场、乒乓球台、跳高、跳远、100米直跑道和400米环形跑道各8条。一中操场建有主席台和容纳2000人的看台，占地23100平方米，设施面积700平方米。2004—2005年，县政府和学校共投资73万元，对尚义县第二中学、尚义县第三中学、八道沟中学、小蒜沟中学操场进行了改造和扩建。2009年9月，建秀水广场。2008—2010年，县、乡两级政府投资60多万元，为各中小学和中心校购置了足球、网球、乒乓球、单双杠等体公共体育器材和设施，同时，还接受公益性组织赞助的公共体育器材设施3000余件，总价值200万元，全部用于全民健身活动场所。

第三节　学校体育

尚义县重视学校体育，加强了各中小学校体育设施建设，新建改建操场，配置体育器材，采取了适合当地特点的体育教学内容、教学形式。激发了广大师生参加体育锻炼的兴趣。

根据《中小学教师体育教学大纲》，各校规定教学内容，体育教师明确教学目标；采取“精讲多练，以练为主”的教学方法。各学校开齐开足了体育课，课程设置小学每周3节，每节40分钟；初中、高中每周2节，每节45分钟。教学内容有田径运动，包括跑、跳跃、投掷、体操。根据中小学生体育教材规定，有队列队形的训练、徒手操、跳绳、攀爬、单杠、双杠、体育游戏、武术。球类包括篮球、排球、足球、羽毛球、乒乓球、网球等。除上述教学内容外，学校还结合当地传统、地形、气候特点，开设踢毽子、爬山、滑冰、打雪仗等体育活动。从 2008 年开始，每年中考体育成绩计入总分。1989—2010 年，全县有 10 名体育特长生考入对口大中专院校。

除体育课外，早操和课间操也是学校体育教学的重要形式。1989—2010 年，各校坚持冬春两季上课间操，夏秋两季上早操，上午课间做眼保健操。

课外体育活动是体育教学又一组织形式，根据不同学校学生的兴趣、爱好，开展丰富多彩的课外体育活动，内容花样多，充分提高器械利用率。

每年六一，小学举办田径运动会、汇操比赛，中学每年举办春季或秋季田径运动会，冬季迎新年还举办环城长跑比赛。每学期各校还不定期进行多次小型竞赛活动，如田径单项赛，班级球类赛，对外邀请赛、友谊赛等，激发学生参加体育活动的兴趣，推动了学校体育工作的开展。

1995—2010 年，全县中学新生入学安排为期一周的军训。

此外，全县中小学每年积极组队参加全国、省、市组织的田径运动会和球类比赛，并取得较好的成绩。

尚义县参加张家口地区（市）中学生（高中生）田径运动会成绩：

1991 年，高中团体第七名。

1992 年，男子团体第六名和“道德风尚”先进集体。

1993 年，高中男子组团体总分第六名。

1994 年，高中男子组第五名。

1995 年，男子团体第八名和“体育道德风尚运动队”称号。

2004 年，女子团体第六名。

2010 年，男子团体第九名，男子个人 1500 米第四名，团体获“体育道德风尚奖”。

尚义县参加篮球赛成绩：

2001 年，尚义县中学生篮球队参加了全国在石家庄赛区举办的篮球比赛。

2005 年，尚义县中学生篮球队参加了全国在廊坊赛区举办的篮球赛。

2006 年，尚义县中学生篮球队参加了河北省举办的河北省中学生篮球赛。

第四节　竞技体育

一、篮球比赛

篮球赛事主要以尚义县机关企事业单位干部职工参加的比赛为主，也和周边区县友谊赛、邀请赛。每年最少要举行一次职工篮球赛，1995 年为期 13 天 55 场的“建银杯”职工篮球赛，共有 8 个队 100 多人参加，比赛激烈精彩，吸引了篮球爱好者 2 万多人次观看比赛。县委书记乔登贵等县领导为获奖者颁奖。凡是有国家、省、市举行的大型篮球赛事，尚义县干部职工和中学生、农民都要组队参加。2005 年注

2007 年举办的全县职工篮球赛

册成立篮球俱乐部。

尚义县篮球队参加全国、省、市举行的篮球赛成绩：

1989年，尚义县职工篮球代表队参加张家口市举行的职工篮球赛，获得第一名。

2001年，尚义县中学生篮球队参加了全国在石家庄赛区举办的篮球比赛。

2002年，尚义县职工篮球队参加张家口市在张北赛区举办的职工篮球赛，获得第二名。

2004年，尚义县农民篮球代表队参加了全国在唐山赛区举办的篮球赛。

2005年，尚义县中学生篮球队参加了全国在廊坊赛区举办的篮球赛。

2006年，尚义县中学生篮球队参加了河北省举办的河北省中学生篮球赛。

2009年8月13—20日，尚义县举办了“林业杯”职工篮球赛，全县8个队参加了比赛。

二、乒乓球比赛

尚义县乒乓球比赛较为普遍，除县城机关、企事业单位的干部职工、学校师生每年各类节假日在本单位举行乒乓球比赛外，乡镇和农村也常有乒乓球习练活动。2006年10月1日，体育局和文化馆联合组织举办了尚义县“联通杯”乒乓球团体赛，共有10个单位60多人参赛。2007年5月，尚义县乒乓球协会成立后，每年都要组织县城干部职工，开展乒乓球比赛。先后举办了“动感地带杯”“电力杯”“敬老杯”“健身杯”等赛事，对普及推广乒乓球技术，促进全民健身活动的开展，起到了积极的作用。2009年8月，在县城举办了第三届“电力杯”职工乒乓球赛，分老、中、青年和中学生体育代表队，共有200多人参加了比赛。

三、门球赛

尚义县门球活动从20世纪80年代初由县老干部局组织开展，从1984年组队，到1986年逐步走向规范化。尚义县老年门球队是由国家一级教练员、一级裁判员赵九栓组织开展训练的。1988年建成400平方米的门球场，常年有组织地坚持门球训练，技艺也在不断提高。1989—2010年，凡河北省和张家口市举行的老年门球赛，尚义县老年门球队都积极报名参加。

尚义老年门球队参加省市门球赛成绩：

1989年，参加河北省老年门球赛，获全省第五名。

1989年，参加张家口市在怀安赛区的比赛，获全市第一名。

2000年，参加张家口市在万全赛区的比赛，获得了第二名。

2001年，参加全省在唐山赛区的门球比赛，取得第八名。

2006年，参加河北省邯郸赛区的门球赛，取得第八名。

2009年，尚义县老干部局和体育局邀请兴和县老年门球队与县门球队进行友谊赛，共有8个队参加了比赛。同年，还组织老年门球队参加了张北县门球邀请赛，相互切磋技艺。是年9月，在张家口市举办的老年门球比赛中，尚义县老年门球队获得了第四名。

第五节 大众体育

一、群众体育

县内大众体育活动历史悠久，不同时期活动项目各具特色。改革开放以后，一度沉寂的春节社火活动相继恢复，主要有高跷、秧歌、霸王鞭等。棋类、球类、麻将、扑克等赛事活动遍布每个文化活动室和农村的家家户户。进入20世纪80年代，城乡街头出现台球活动，1987年盛行于青少年中间，之后延续至90年代中期。同期，交际舞开始出现并流行，男女青年在县文化馆、电影院、灯光场、街道开阔处，聚众跳十四步、十六步、慢三步、快四步等，吸引着众多围观者。之后，各单位开辟场地，购置设备，组织内部干部职工举办舞会。90年代中后期，县城歌舞厅一度发展到80多家，卡拉OK、交际舞风行一时。90年代后期到2010年，由于生活水平提高，人们开始追求健身、健美、健康长寿，群众体育活动遍及全县城乡。后操场、秀水广场先后成为县城群众健身的主要场所。转呼啦圈、习剑练拳者甚众，每天早晨，三人一伙、五人一群自由组合，在各自选定的场地相互交流切磋技艺。

2008年以后主要由中年女性参与的广场健身舞开始出现。各队自行集资购买音响、道具和服装，以流行音乐为舞曲，舞姿优美，整齐划一，极具观赏性。

二、社区体育

2009年开始，尚义县认真贯彻落实省、市体育工作会议精神，以“构建全民健身服务体系为龙头，以小康体育工程、社区体育、农村体育为重点”，推进社区体育、农村体育工作的开展。全县5个体育指导站，相继开展了健身周活动。其中大青沟的秧歌队，南壕堑的扇子舞、老年秧歌队，经常举办大型赛事活动。2009年8月，南壕堑健身站举办了秧歌、太极拳、门球、乒乓球、登山5个项目的比赛，有200多名群众参加比赛。县城老年秧歌队、歌舞队还为机关、企事业单位业务洽谈会、开业、竣工、庆典剪彩登台表演，活跃了城乡体育文化生活。

三、农村体育

农村体育多与民间游艺活动相结合，在长期的生活实践中，创造出与他们的生产与休闲相适合、符合他们身体状况和审美情趣的游戏、娱乐方式，世代相传。

20世纪90年代前，青少年体育游艺多为老游戏，演变过程不大。最典型的如跳方、跳皮筋、丢手绢、滚铁环、弹蛋蛋、拿籽子、老鹰捉小鸡、转陀螺、挑绞绞、踢毽子、打宝、抬轿子、捉迷藏、打钢等；成年和老年民间体育游艺多表现为拔河、摔跤、逼牛角、狼吃羊、踩高跷、耍龙灯、扭秧歌、骨牌、挂胡、打扑克等为主。随着科技的进步和城镇化进程加快，传统游戏渐失土壤，儿童游戏兴趣转向了积木、智力拼图和各种折纸等活动。

四、赛羊运动会

尚义县养羊历史悠久。长期以来，牧民们通过长期观察发情期公羊为争夺母羊互斗相抵的现象，从而有意训练、引导公羊间争斗，逐渐发展成为一种自娱自乐活动。

二十纪六七十年代，后石庄井大队的第一、第二生产队在母羊发情时，让两队的种公羊激烈的对抗，从中挑选出优良公羊配种繁育。

2003年，为了满足群众日益增长的物质文化需求，结合推广小尾寒羊养殖工作，后石庄井乡政府筹办了首届赛羊会。赛会设有公羊对抗赛、公羊拉车比赛和肉羊拔河比赛三个项目，参加比赛的全部为小尾寒羊，冠军可以得到几千元奖金。其间，还邀请了地方剧团演出助兴，吸引了周围的群众争相观看。此后每年都要举办一次，会期一般3天。

赛羊会的影响不断扩大，国内媒体蜂拥而至争相报道，山东等地养羊户也闻讯赶来参加比赛，促进了赛羊会的发展。以后又增加了骑马、射箭等内容，2008年因奥运安保停办一届。

2009年，第六届赛羊会移师县四台蒙古营。结合民族元素，赛羊会在传统比赛项目以外又增加了射箭、骑马、摔跤等表演项目，赛羊会被誉为草原上的“羊奥运”。精彩的赛事吸引了大批游客来观赏旅游，赛羊会也成为当地一个重大的群众性活动，规模逐年扩大。到2010年，共举办7届，成为集娱乐、旅游、美食、购物于一体的新型节庆。每年接待北京、天津、内蒙古、山西等地游客上万人，四台蒙古营被命名为省级民族示范村。

第八章 旅游业

第一节 旅游业发展

尚义旅游业开发较晚。2002年7月，在机构改革中，新成立了文化旅游局，承担起了旅游业的职能，负责研究、规划编制、开发旅游产业。之前，县委、县政府曾于1998年成立了旅游开发领导小组，委托县委宣传部开发、经营五台蒙古营旅游景点。当年建成60平方米的大毡包1个，小毡包5个，木屋4个，12间约300平方米的平房。依托0.67万公顷大草原和河北省唯一保持民族语言和生活习俗的纯蒙古民牧业村，开展起了蒙古族风情游。1998年7月28日，察汗淖尔草原度假村举行了开游仪式。这是尚义县第一个旅游点。之后经营规模逐年扩大，景点占地面积13.33公顷，观赏面积达1万公顷。1999年8月，大青沟镇开始自发地开发大青沟水库。投资70多万元建成了二层综合服务楼1栋，并配套了蒙古包、欧式木屋、钓鱼场、游乐场、机动游船等设施，初步形成了集游览、娱乐、餐饮、住宿于一体的旅游景点。

1999年3月，举行了青湖度假村开游仪式。这是尚义县第二个旅游景点。后因各种原因经营不善而歇业。

1999年，四台蒙古营以牧民武兴为主的蒙古族风情家庭旅游业不断扩大规模，吸引了大量游客。

2003年后，察哈尔私人牧场——韩家庄、满井风电山庄、套里庄石人背地质公园、县城森林公园等旅游观光点相继建成，丰富了尚义县旅游项目。

2010年4月，根据县政府机构改革方案，组建了尚义旅游局，职能划归林业局。负责全县生态旅游总体规划编制、旅游项目包装、外宣、生态旅游等日常性工作。

附：察汗淖尔草原度假村简介

五台蒙古营是河北省唯一保持蒙古族语言和生活习俗的纯蒙古民族聚居行政村，草场面积达1万多公顷。村西北的察汗淖尔是华北地区最大的咸水湖。1998年以来，县委、县政府依托这一优势，投资100多万元开发了这一人文自然旅游资源，办起了尚义县第一个旅游景点——察汗淖尔草原度假村，开了全县旅游的先河。它的开办，对于对外宣传尚义、提高尚义知名度、树立尚义形象起到了积极作用。

旅游景点当年建成60平方米的大毡包1个，小毡包5个，木屋4个，12间平房（办公室、厨房、库房、商品部，面积300平方米），并进行了电、路、电话、电视、卫生设施的配套。

1998年7月8日举行了开游仪式。由县委宣传部负责经营，宣传部副部长姜万海任总经理，陈利平任副总经理。之后，景点逐年投入扩大规模。增加了150平方米的多功能大毡包1个，可容纳100人就餐，新增固定小毡包5个、木屋5个、100平方米的歌舞厅1个。2006年，又建成连体蒙古包及平房25间。2008年，又建成面积300平方米的北方农具博物馆1处，展品达60多件，使景点占地面积达到了13.33万平方米，旅游观赏面积达到了近百平方千米。

察汗淖尔草原度假村的主要活动项目有马队迎宾、敬献下马酒、摔跤、射箭、马术表演、羊拉车、放风筝、祭敖包、草原观光、餐中敬酒献歌献哈达、篝火晚会、歌舞演唱等。

在餐饮中逐步形成了三大系列餐饮文化。一是奶茶、奶食、肉食系列，如喝奶茶、吃奶食，吃手把肉、烤全羊、烤羊排、烤羊腿、蒙古粥、蒙古包子。二是以莜麦、土豆为主的坝上餐饮。三是大众文化的餐饮。同时，开发了旅游纪念品业务，如销售蒙古族服装、蒙古族餐具、生活用品、奶制食品等。

因经营不景气于2000年歇业。察汗淖尔草原度假村开游10年，共接待游客10万人。创造利润50万元。

旅游景点还带动了10户牧民开展了家庭旅游业，解放了农牧民思想，增加了牧民收入。

第二节　旅游资源开发

2010年2月10日，中共尚义县委、尚义县人民政府做出了《关于加快生态旅游开发的决定》。决定阐述了加快生态旅游的重要意义、指导思想、基本原则、总体目标、工作重点、保障机制。这是全县第一次系统、全面地提出旅游业开发的总体思路。目标是围绕“一线两翼五区”进行生态旅游开发建设。

2005年，石井乡举办第三届赛羊会，图为公羊对抗赛

“一线”：是以张尚公路为主轴，以两侧良好的生态资源为依托，发展以私人林（牧）场、培训中心为平台的集休闲度假、农业观光、消夏避暑、培训服务为一体的大型旅游景点。

“两翼”：一是依托北部近1.33万公顷的坝上原始草原和五台湿地，发展以蒙古民族特色文化和坝上传统习俗为主的民族风情旅游；二是依托南部独特的地形地貌和丰富的森林资源，重点发展森林旅旅和地质文化旅游。

“五区”：一是依托张尚公路两侧的森林、生态农业等资源，以私人林（牧）场、培训中心为平台的“休闲旅游度假区”；二是在四台、五台蒙古营及察汗淖尔湿地，发展以蒙古族特色文化和坝上传统习俗为主的“民族风情湿地区”；三是在套里庄石人背建设“地质文化浏览区”；四是在大青山、桂沟山、半疙瘩山等森林覆盖率较高、自然景观独的区域，发展“森林公园旅游区”；五是在南壕堑镇桃卜山建设以滑雪、滑草、高尔夫球场为主的“高档文化娱乐区”。

尚义县志

SHANGYI XIANZHI

1989—2010

人 物

人物传

段玉昆

段玉昆（？—？），字碧峰，男，出生于清光绪年间，南壕堑人。南壕堑养正学校毕业，后留学比利时，是坝上第一个留学生。在比利时实业专科学校工艺科完成学业后回国。

1920年任张北县农会会长，1925年卸任后改任实业局局长，管理交通、农林、垦牧、工商、矿务等，其时正值民国初创的变革时期，他借鉴西方经验，力图变革封建落后的生产方式，为地方经济发展作出了积极贡献。1928年坝上旱灾，由乡绅组织赈灾会，公推段玉昆为会长，主持全县赈灾事宜。任实业局局长期间，兼第四区区长和察哈尔省农林实验场场长，积极鼓励农民放荒垦殖，大力提倡植树造林，引进新树种在坝上高寒地带推广。同时掌管张家口水母宫和上堡公园。

1934年，张北县成立参议会，被选为县议员。新中国成立后曾任呼和浩特皮革厂厂长。

于盛春

于盛春（1907—1988），河北省唐县人，1945年参加革命工作，同年加入中国共产党。

1945年抗日战争胜利前夕，在尚义县土木路小学任教员的于盛春成为中共平绥路北工委书记刘雪申发展的中共地下工作人员。日本投降后，在没有干部的情况下，刘雪申率领于盛春、李秋水、石成钧、高清泉、宋致荣等人，赤手空拳接收了南壕堑，尚义回到人民手中。

1947年，在坝上人民和国民党斗争的最艰难时刻，于盛春在兴（和）尚（义）万（全）联合县大队任政委。在认真完成好上级交给的各项任务的同时，与企图叛变的区队长做坚决斗争，在装病的区队长被窝里发现了大量的手榴弹和炸药等物资，击毙了叛徒，铲除了祸害，避免了革命事业的损失。

于盛春

1948年调任中共尚义县委书记，是中共在尚义的第二任书记、新中国成立后的第一任尚义县委书记。其间，组织领导了尚义县的土地革命、镇压反革命、“三反”“五反”等工作。

1953年调任张家口地委组织部副部长，后调任张家口地质大队任政委，之后调任河北省地矿局副局长，兼邯邢地质指挥部党委书记、指挥长。

于盛春于1988年去世。

潘少卿

潘少卿（1913—1983），河北省崇礼县西湾子人，祖籍河北省涿鹿县双树村。祖父潘志国年轻时到西湾子投师学医，之全家移居西湾子，成为天主教信徒，靠行医安身度日。

19世纪30年代，西湾子建成大教堂，教务活动也进入鼎盛时期。在社会和家庭的宗教气氛熏陶下，1923 年，潘少卿进入西湾子教会小学读书。1928 年入小修道院学习，历时七年。1935 年，潘少卿进入山西大同修道院攻读哲学。一年后进入归绥（呼和浩特）天主教哲学院专门学习哲学。1938 年毕业后，又入大同神学院攻读神学。潘少卿各门功课优秀，且精通拉丁文、英文、日文。1943 年 4 月 11 日，因日本侵略军驱逐同盟国籍传教士而提前毕业。

毕业后，潘少卿即被西湾子教区主教石德懋派到南壕堑三一堂任副本堂神甫。一年后，调毗邻的兴和县二十三号教堂（当时是南壕堑三一堂下设的一个小教堂）任本堂神甫。1947 年，潘少卿又被调回养正中学任教。先后担任国文、历史、数学等课程的教学。

1948 年，迁至张家口的养正中学任教，直至 1949 年年初养正中学停办。2 月，他返回南壕堑，担任了三一堂第一任中国本堂神甫。

潘少卿到三一堂任职时，原来主持三一堂教务的外国神甫人员陆续回国。当时，三一堂仍下辖三座小教堂（六号、大苏计、老虎山），有神甫 8 名，其中 2 名外国神甫；修女 5 名，其中 2 名是外国修女；一所孤儿院，内有 18 名病残孤儿；一所养老院，有 9 名孤寡老人。

1950 年，潘少卿自筹人民币（旧币）180 万元资金，开设了南壕堑第一所文具店，后取名为自新文具店。之后，营业额逐步扩大，资金日益增多。加上教堂经营的 2.67 公顷土地，为教会解决了一部分经费，也使他们成了自食其力的劳动者。

新中国成立初期，县委派人深入教会，及时宣传党的宗教政策，鼓励宗教界人士弃旧迎新，摆脱帝国主义的控制，办好中国人自己的教会。这使潘少卿对党和党的政策产生了信任感和依赖感，不但自己思想逐渐转过弯来，还在教务活动中认真做教民的思想工作。

1950 年 9 月 23 日，《人民日报》发表了《中国基督教革新运动宣言》，对全国宗教界以很大的震动。11 月 30 日，四川省广元县天主教人士联名发表《天主教自力革新运动宣言》，响应基督教革新运动。在这种情况下，尚义县县长陈道明召集尚义县神职人员和教徒代表开会，讲清宗教革新意义。潘少卿积极响应政府号召，与赵子信（尚义县各界人民代表大会副主席，县保卫和平委员会委员，天主教徒）等人，共同起草了响应革新的宣言。《察哈尔日报》曾以头版地位刊登了宣言全文。

1951 年 4 月 25 日，尚义县召开了天主教代表会议。其间，成立了天主教抗美援朝委员会，选赵子信为主任，安瑞芳为副主任，潘少卿等九人为委员。会上，制订了抗美援朝宣传计划。潘少卿向教民宣传抗美援朝爱国主义，宣传解释有关政策和形势，还选出教民小组长分片挨门开炕头会进行宣传。还商定了九项爱国公约。经潘少卿提议，将爱国公约油印，每个教民户张贴一份，坚决遵照执行。在 1951 年五一国际劳动节的反帝示威游行中，由于潘少卿的组织与发动，有 600 余名教民参加了游行。他还以教堂名义在抗美援朝“捐献飞机大炮”运动中捐款 200 万元（旧币）。

1958 年，潘少卿独立自主，自办教会，爱国爱教的各项活动在整个西湾子教区颇有影响。2 月，他奉调张家口，随即参加了张家口地区天主教友代表会议。西湾子教区和宣化教区的代表选举产生了由 26 名委员组成的张家口市天主教爱国会，潘少卿被选为副主任。会议期间，4 月 11 日选举潘少卿为西湾子教区正权主教。为张家口市天主教爱国运动积极贡献了力量。

1982 年，潘少卿罹患肝癌。他自觉来日无多，1983 年 1 月 2 日，在病床上口授，老教友吴英执笔，立下遗嘱。要求教区神职人员“拥护党的领导，经常向领导汇报工作”。希望全教区的神甫们都能遵纪守法，爱国爱教，走反帝爱国道路，热爱祖国，热爱圣教会，为祖国社会主义现代化建设贡献力量。

1983年2月5日15时20分，潘少卿在张家口市天主教堂逝世。

刘雪申

刘雪申（1913—2005），河北省曲阳县七里庄人，中共党员。1937年9月至1938年7月，任中共曲阳二区区委书记。1938年7月至1938年10月任中共宛平七区区委书记。1938年10月至1939年7月，任中共易县县委组宣部部长。1939年7月至1941年7月在延安中央党校学习。1941年7月至1945年2月，任中共宛平县委组织部部长、武工队政委。1945年2月至1945年9月，在平绥路北任工委书记。1945年9月至1947年11月，任中共尚义县委书记。1947年11月，任中共冀热察区党委城工部内勤干事。1948年12月调至辽宁锦州，1980年5月离休。

刘雪申

1927年，刘雪申在燕南学校读书，这是一所共产党人和进步人士兴办的学校。在学校里，刘雪申认识了刘培基、牛树才，接触到了进步刊物《苏俄视察记》《莫斯科印象记》，以及共产党办的刊物《检阅周刊》，受到了共产主义的影响，秘密加入了共青团。

1930年3月，刘雪申在阜平县找到红军苏维埃政府，其间转为中共党员，接受了扩大红军的任务。1931年秋，他在阜平参加了农民“抢秋斗争”。1932年年底，发动群众开展了抗捐和分粮斗争。斗争失败后，党组织被破坏，为寻找党组织，刘雪申先后去了正定、石家庄、北平等地寻找地下党组织，最后在北平找到党组织，开始从事工人运动。1934年，在门头沟煤矿秘密发展党员，开展地下工作。

1935年，曲阳县中共组织被破坏，刘雪申接受党组织安排，返回曲阳，以在家织布编席为掩护，从事地下党工作。

据河北省委组织部编纂的《燕赵星火》记载，刘雪申是最早进入尚义开展党的活动的，时间为1945年3月。当时，敌后抗日战争正处于局部反攻阶段，中共冀察区委为开辟察北地区，成立平绥路北地下工委，建立并扩大抗日根据地，派刘雪申等三人化装成商人到尚义开展工作。5月进入尚义境内，在小蒜沟与当地抗日人士取得了联系。乔装成商贩住下，借机宣传共产党的政策。其间，及时向晋察冀党委传递情报，粉碎了国民党部队欲以“旗地十三村”为根据地，占领整个察哈尔省北部的企图。

为了瓦解敌人的力量，刘雪申到尚义北部重镇大青沟开展策反工作，面见伪警察署署长郝在安，晓以大义，郝在安最终率部起义，走上了革命道路。

在察北支队到达尚义之前，以刘雪申为首的地下工委足迹遍及尚义南、中、北地区，既做了上层人士的工作，发动了群众，建立了广泛的统一战线；又打入敌人内部，使大青沟的日伪政权成为两面政权，既保护了地下人员的安全，又先后三次写信，向党组织秘密提供了许多重要情报。为察北支队后来创建根据地、建立党组织、建立人民政权打好了坚实基础。

在此期间，刘雪申还深深扎根于群众之中，传播革命的火种。他在大青沟青年中，秘密组织了青年救国会，把一批苦大仇深、有阶级觉悟、立场坚定的优秀青年组织起来。1945 年 5 月底，刘雪申秘密发展了尚义县第一名共产党员鹿占国。

抗日战争胜利后，刘雪申奉中共察北地委命令，带领骑兵连开进县城，开展接收工作。9 月 28 日，在苏联红军的配合下，刘雪申、李春霖带领部队收复了南壕堑。

尚义县境全部解放后，成立了中国共产党尚义县执行委员会（即县委）和尚义县人民政府。中共察北地委任命刘雪申为尚义县执委会书记。

1983 年 7 月，刘雪申回尚义参加了县党办组织的“尚义县党史征集座谈会”，为尚义编写我党历史留下了宝贵资料。

2005 年 7 月病逝。

李春霖

李春霖（1916—2006），亦名李春林，河北省晋州人。1938 年 8 月参加革命工作，历任陕北抗大学员，易县人民政府教育科长，定易涞地区工委委员。1945 年 5 月加入中国共产党。1945 年 9 月尚义第一次解放，李春霖任尚义县县长。

李春霖

1945 年 6 月下旬，李春霖等一批派往察哈尔省北部开展工作的地方干部在冀察分区书记苏克勤带领下，从冀察区党委驻地涞水县大李各庄出发，到蔚县傅家堡与察南军分区副司令员陈宗坤及察北支队会合。7 月 7 日，由蔚县出发的察北支队，在柴沟堡以此地区突破敌人的防线，越过平绥铁路，进入渡口堡，捣毁了从渡口至阳商一线的敌伪政府，缴获多匹战马，然后由兴和县境转入尚义县南部山区的下纳岭。时在小蒜沟工作的刘雪申也赶到下纳岭会合，苏克勤传达了冀察区关于成立察北地区分委，创建察北抗日根据地的决定。苏克勤、陈宗坤、刘雪申和李春霖等人就如何在坝下建立根据地，并向坝上发展和具体行动方案作了具体研究。成立后的察北地分委，辖 1 个步兵团和 3 个办事处，即张尚办、尚万办和尚兴办。李春霖任尚兴办事处主任，负责到南曹碾、高庙一带开展工作，建立革命根据地。之后，李春霖带十几个地方干部到管辖区开辟地下工作。

到南曹碾后，李春霖等县区干部 7 人在联庄队翁来家住下，白天在家休息，夜间到各村开展抗日宣传。在中共政策感召下，翁来将联庄队 40 多支长枪和子弹交给抗日政府，成立了抗日游击小分队。从此南槽碾村成为尚义坝下抗日根据地的重要组成部分，这支小分队也成了一支抗击日军、消灭土匪、保家卫国，名扬坝头的革命队伍。翁来也逐步走上革命道路，成为民族英雄。

其间，李春霖利用山高地险的有利地形经常出没于兴和县城、高庙和尚义南曹碾一带发动群众相机歼敌。6 月 20 日，李春霖带领武工队突袭日伪高庙乡，烧毁一座公路大桥，切断了日伪的运输线。同时还将高庙村日伪粮库 5 万多千克的粮食发放到周边，解救了群众青黄不接之苦，群众拍手称快，高呼“共产党真是来救咱穷人的”，年轻人主动加入到了革命队伍中来。

他们的行动震慑了兴和、尚义的敌人，扩大了敌后根据地的影响。

1945 年 9 月尚义第一次解放，李春霖任尚义县县长。之后，李春霖和刘雪申一道在县区村建立各级基层政权，并开展了剿匪，反霸，恢复生产，安定社会秩序，改善人民生活的各项工作。1946 年 4 月，全县进行村选县选，召开了村代表会，县议会选举了村公所和县政府，李春霖当选县长。

在尚义期间，李春霖与大青沟进步女青年白木兰结为革命伉俪。

1946 年 7 月，李春霖调察哈尔省工作。此后先后担任华北行委商业局计划处副处长、中央商业干校计划班主任、青海省总工会秘书长、青海省计委物资处处长、河北省物价委员会处长、河北省物价局副局长、河北省物价委员会副主任，1983 年 6 月离休。

2006 年 11 月 10 日，李春霖在石家庄逝世。

杨俊声

杨俊声（1916—1995），山西省盂县张城堡村人，店员出身。1941 年 1 月在山西省盂县三区供销社参加工作。1945 年 5 月加入中国共产党。

杨俊声

1946 年被分配到张家口工作，直至解放初期一直为中共做供销工作，其间在共产党后方根据地四海县供销社东卯办事处工作时，华北解放军开赴东北经过东卯，他积极筹集粮油支援部队。

1952 年，杨俊声任尚义县供销合作社主任，为建立和扩大尚义县供销社组织，帮助农民发展生产，繁荣城乡经济作出了积极的贡献。1956 年 3 月，在中共尚义县首届代表大会上当选为县委副书记。1958 年 12 月，尚义辖区并入张北县，任尚义工作团副团长。1961 年 5 月恢复尚义县建制后，任县委书记处书记，1962 年 7 月任副县长。

1970 年，任南壕堑林场党支部书记，其间，带领职工绿化大青山，支持大学生陈国卫从东北引进“金红”小苹果，在尚义栽种成功，结束了尚义没有果树栽种的历史。1979 年，组织上为杨俊声平反并恢复县领导职务，1979 年 5 月任中共尚义县委常委、县革委会副主任。1982 年 3 月当选为第一届尚义县政协主席，1984 年 1 月离休，仍发挥余热，任尚义县关心下一代工作委员会名誉主席。

1995 年 8 月 10 日在尚义病逝。

刘雪梅

刘雪梅（1917—2007），女，教名亚纳，出生于内蒙古察右前旗的一个小山村，祖辈以务农为业，靠父亲一人种植粮食维持全家五口人的生活，父母的天主教信仰和诵经活动，感化和浸染着她，受父母仁爱、慈善的教化，她从小学亲尊笃信，很受大人们的喜爱。刘雪梅自幼聪明伶俐，心灵慧敏，5 岁时开始在私塾上学，启蒙阅读《千字文》《百家姓》《名贤集》等。村小毕业后，她远赴玫瑰营高小住校读书。玫瑰营高小是一所教会公办的女子学校，学生全部为女生，由女教师担任多门功课的教学。在校期间，她除学习语文、数学、音体美等课程外，还学习《圣经》有关亚伯拉罕出以色列、耶稣救赎、天主保佑等内容，接受天主教会的熏陶。选修课还教同学们学习阿拉伯语言。每当礼拜时同学们都自愿到教堂去念经，听神父讲解天主教经文教义，从此，她也成为一个天主教的忠实信徒。

1936 年，她考取了天津圣历女校，在此加入了方济格玛丽亚传教修女会，成为望会生，走上了修女道路。在校期间，她除完成各门功课学业外，还系统地学习了《圣经》和《崇修引》等必修课程。从而对天主教更加虔诚和信奉，修行也日趋勤奋和执着。天津圣历女校是一所完全中学，在这里她由初中一直读到高中毕业，学习成绩优异。

1943 年 9 月，刘雪梅由天津圣历女校考取了山东烟台神学院，修业三年，于 1946 年返回天津，在天津修学院，专学高级仁爱护士专业，在这所由天主教主办的大学里，她较为全面系统地学习和专修了西医药理知识，掌握了诊断病情技能。经过专业进修，使她的医学技术水平有了很大的提升，特别是对妇科疾病的治疗和婴幼儿的诊断用药、医治护理，有其独特技能优势，为后来走上医学道路奠定了坚实基础。

1951 年 10 月，刘雪梅调到尚义县天主教修女院担任院长，负责对天主教修女的日常事务管理。

1952 年根据中共地方指令，要求凡外籍神职人员，包括司铎、神父、修女教徒等一律遣返出境，实行自主办教政策。当年 6 月，尚义天主教修女院的外籍修女全部回国，在天主教会中，只剩下本国籍的刘雪梅、李修仁两位修女留职。在此期间，她将全部精力投入到教会所办的西医诊疗所的工作之中，为当地老百姓和兴和、商都、张北等外地慕名而来求医的患者医治疾病、解除痛苦，受到了普遍赞誉。

1954 年公私合营后，西医诊疗所的财产、药品登记造册移交县医院，刘雪梅和李修仁两位修女到县医院工作，成为尚义县医院的医务工作者。除了白天坐诊外，晚上还坚持值班，满腔热情地为患者服务，很多来就医者，都慕名要求她诊断治疗。一时间，刘雪梅的口碑和名气誉满塞外，人们都称刘雪梅修女为“刘姑奶”医生。

1959 年，李修仁修女调回老家山西太原后，尚义只剩刘雪梅一名修女她不但在尚义教民间名声显赫，在医务界也是出类拔萃。

1979 年，在县医院工作，使她重新成为一名医务工作者。直到 1986 年退休。

刘雪梅是 1958 年张北县政协委员，尚义县第一届至第五届政协委员，代表宗教界人士参政议政。

2007 年 6 月 25 日在南壕堑逝世。

郝进武

郝进武（1918—1998），教名方济格，张北县公会人。1932 年在张北公会小学完成小学学业，次年入修道院。1940 年到呼市神哲学院任职，1943 年到大同神学院任职，1947 年 7 月晋升司铎。1947 年 9 月到尚义县，先在养正中学教书，1949 年 1 月开始担任南壕堑堂副本堂司铎。1956 年以后先后在南壕堑中学、南壕堑小学、商都县屯垦乡小学、商都二中任教直至退休。

1979 年，郝进武退休后受请回到尚义南壕堑天主教堂做本堂司铎。

郝进武任南壕堑教堂司铎期间，坚决维护党的宗教政策，既重视满足教民正常活动的需求，又善于把宗教教义与弘扬社会主义公德相结合，在教民中力倡遵纪守法。20 世纪 90 年代初，县城周边土城子村和下营盘村一带赌博风气正盛，影响很坏，郝进武知道后到几个村子，向群众晓以赌博的种种坏处，凭其在教民中的威望，很快就止赌了。1997 年教友捐资重建教堂，一名女教友带着 500 元钱来捐献，因个人所捐数额比较大，郝进武就问她钱是从哪里来的，当得知是女教友赌钱赢来的，郝进武坚决退回，并奉劝她今后不要参赌。

1998 年尚义地震后，市、县拨给南壕堑教堂 11 万元用于修缮，郝进武坚持不收，他说，感谢党和政府对教会的关系，但这笔钱应该用于受灾更严重的地方。最终，他号召教民捐资解决了教堂修缮资金。

1998 年 9 月 24 日病逝，遗体葬于县城南半疙瘩山北坡。

林　海

林海（1922—2006），山西省天镇县人。1945 年，林海在尚义县八道沟村私塾任教，因其在家中排行为二，人们尊称“二先生”。

林海

1945 年春，一个叫傅山的中共地下党员，向他传授共产主义知识，并介绍他加入共产党。10 月，由林海介绍，秘密发展张登贵、张登士、王占魁、李宽为中共党员，由此成立了中共在尚义县的第一个党支部——八道沟支部，林海任书记。支部成立后，傅山离开八道沟，林海以私塾先生身份做掩护，在闫房洼村开展地下工作，直至抗日战争胜利。

1945 年年底，八道沟党支部党员发展到 15 人，主要分布在八道沟、郝家房、八岱花、大脑包等村。1946 年年底，国民党在尚义清理抓捕共产党员和翻身农民，林海被保长谭世玉抓到村公所，坐老虎凳，灌辣椒水，严刑拷打逼供，让他承认自己是共产党，并供出组织，林海宁死不屈，后被八道沟村民联名保出。1947 年春，国民党军队强抓林海当兵，乡绅谭世玉告知林是共产党员，眼看无处躲藏，处境十分危险，幸赖士绅程世虎将他藏在家中近两个月，巧妙周旋，才幸免于难。

尚义第二次解放后，林海于 1948 年 11 月任八道沟村粮秣委员。1949 年 2 月参加尚义县干部培训班，3 月任县实业科科员。4 月，在三区（八道沟区）任实业干、助理员。12 月，调七区（十二号区）任实业助理、宣传委员、驻乡指导员、乡书记、副社长。1960 年后在商都县工作。1973 年调回尚义县北石椤林场，任副场长。1983 年 10 月离休。2006 年 10 月 27 日病逝。

崔仲武

崔仲武（1922—1999），男，山西省长治县南呈村人。1946 年 12 月加入中国共产党。1947 年，国民党进攻解放区时，他报名参加了中国人民解放军。1950 年 9 月，朝鲜战争爆发，崔仲武响应党的号召，毅然报名参加了中国人民志愿军，奉命赴朝作战，担任排长职务。他曾先后两次立大功，一次立二等功，数次立三等功，被评为模范排长。

1954 年，崔仲武转业到尚义县，先后担任大苏计乡、八道沟乡、炕塄乡供销社主任，直到 1983 年 10 月离职休养，崔仲武在尚义财贸战线的供销商业部门整整辛勤工作了 30 年，为尚义的经济发展和商业繁荣作出了贡献。

崔仲武担任基层供销社主任以后，他全身心地扑在商业工作岗位上很快由一名不懂商业工作的外行，成为熟悉供销业务的行家里手。崔仲武凭着忘我无私的工作态度，苦干实干的工作精神，在平凡的工作岗位上，做出了不平凡的业绩，受到了上级党委、政府的肯定，得到了人民群众的爱戴。1959年他被评为河北省财贸战线先进工作者，同年10月1日，参加了国庆10周年观礼，见到了毛泽东主席。同时，他还出席了全国群英会，受到了副总理李先念等党和国家领导人的接见，被国务院授予全国劳动模范称号。

1999年7月25日，因病去世。

安立恩

安立恩（1924—2008），山西省五台县西柳院村人。1945年5月参加革命工作。1945年山西省五台县西柳院行政村财政与粮食管理，1946年7月加入中国共产党，1947年任五区东沟交通站站长，1948年调任山西省北岳行署禁烟局科员，冬，转入北岳区后勤司令部支前工作，直到1949年秋。1949年9月，调察哈尔省察北粮食局直属粮库任主任，其间曾出席察哈尔省粮食先进工作者大会。1951—1960年调察哈尔省商都县，先后历任粮食局局长、县检察院检查委员会副主任、检察长，商都县人民政府副县长，中共商都县委常委兼政法委党组书记。

安立恩

1961年调至尚义县，历任副县长，中共尚义县委常委、组织部部长，县长，中共尚义县委副书记、第二书记、书记兼县革委会主任、县武装部政委。1982年调任中共张家口地委统战部副部长，1983年退居二线，任中共张家口地委统战部顾问，副地专级待遇。1984年离休。

2008年9月27日病逝。

高尚武

高尚武（1925—2007），籍贯河北省康保县杨白营村，幼时随父迁至尚义县大苏计乡半个碌碡村。

高尚武

高尚武早年在半个碌碡村育英学校读书，后到南壕堑养正中学读书。1946年7月参加工作，同年12月加入中国共产党，参加工作后经历过武装斗争的考验，打过游击，在基层区委、尚义县委组织部、尚义县委宣传部、尚义县委秘书室等部门工作，历任中共尚义一区代理区委书记，张家口地区《长城报社》通讯和农业组组长，《张家口日报》农业组组长、总编室副主任，中共尚义县委宣传部部长，尚义县哈拉沟公社革委会副主任，尚义县社队企业局局长，尚义县第一中学党支部书记，尚义县革委会副主任，张北师范党总支书记，尚义县人民政府巡视员等职务。1985年12月离休。

1963年，他在历时5天的全县教育工作会议上做了当前形势的报告，在县人委召开的为期4天的宗教界人士座谈会上做形势报告，深入人心，收到良好的宣传效果。

1978年恢复高考后，高尚武担任尚义县第一中学党支部书记期间，面对学校的教育教学管理有诸多方面需要转型，他带领班子成员主动作为，攻坚克难，通过努力，学校明确了办学思路，规范了教学秩序，教学质量不断提高，受到了学生、家长、社会的一致好评。其间，学校增设了日语学科，针对恢复高考后部分往届生求学无门的情况，1978年9月创办了高考补习班，招收了50名学生，这50名学生1979年参加高考，绝大部分被大中专院校录取，升学率为90%以上。

离休后，高尚武积极发挥余热，为尚义的发展建言献策，为青少年的健康成长竭智尽力。担任县关工委主任后，始终把关心下一代工作放在心上，精心谋划、全力推动。每年组织老同志定期巡回全县中小学校向学生们讲述他们自己的革命经历、现身说法进行爱国主义教育，收到了很好的效果。只要是有利于青少年身心健康的事他就千方百计地办好。1991年，尚义一中有一个品学兼优名叫梁玉燕的学生，其父罹患肝癌，两次手术花费近2万元，她在为父亲陪床期间腰部受伤，未能及时就医，导致腰椎结核，如不及时医治，极有可能出现终身瘫痪的不良后果。他得知梁玉燕的情况后，立即赶往组织部、宣传部、团县委商议为梁玉燕筹集看病费用事宜，促成以组织部、宣传部、团县委、关工委四家联合向全县发捐款倡议书，得到社会各界纷纷响应，共收到捐款6000元，梁玉燕的病得到了及时治疗并恢复了健康。

1985年开始高尚武参与了《尚义县志》编纂工作，担任第一、二、六届编纂委员会副主任，第三、四、五、七届编纂委员顾问。从编纂大纲的制定、史志资料的收集、核实、历史事件的回顾、史志初稿的审核、对史志编纂人员的业务指导等方面做了大量的工作，同时撰写了许多章节。

2007年11月在尚义病逝。

陶哈套

陶哈套（1925—2003），蒙古族，尚义县五台蒙古营人。1925年出生在五台蒙古营贫牧家庭。1935年至1936年6月，在五台蒙古营读私塾；此后，开始牧民生涯；1942—1948年，在小庙子当喇嘛；其后又回到五台蒙古营放牧。

新中国成立后，陶哈套长期参加生产劳动，历任民兵队长、文教主任、初级社生产队长、大队长职务。30多年来在牧区辛勤劳作，集体化后带领牧民一起搞水利，改良草滩，使蒙古营的优良草场由20公顷发展到466.67公顷，羊群由223只发展到596只，牛群由99头发展到284头。

1954年，陶哈套出席全国少数民族积极分子代表会议；1964年出席省、地、县劳模会议；1965年被评为先进生产者和先进单位代表。陶哈套是尚义县第一至第五届政协委员，河北省第六届人大代表。

2003年6月病逝。

薛 维

薛维（1930—2000），山西省浑源县人。少年时因家乡遭灾随哥哥薛清落户到尚义黄旗岔村揽活放羊。1946年7月加入中国共产党。尚义第二次解放参加工作，任区组织员、组织委员、区委副书记、书记、公社书记等，后调尚义县先后任县委主管农业副书记、县人大常委会主任，直到1990年离休。

新中国成立后，薛维积极投身到土地改革运动中。在农民觉悟不高、缺乏农具、条件艰苦的情况下，他带领农民组织建立了尚义县第一个农业生产互助组织——黄旗岔村互助组，较好地解决了农户缺劳力、缺耕畜、缺生产资料等实际困难，向农业集体化迈出了第一步。

1951年，他看到农民土地不多，农民生活还很贫困，便带领农民进行生产自救，开垦荒坡荒地，扩大耕地20多公顷，极大地缓解了粮食紧张的局面。同年，被察哈尔省授予“农业劳动模范”称号。

20世纪70年代八道沟公社干部在薛维的带领下都背起了粪筐，为集体积肥，当时在全县全区都很出名。朴素的工作作风影响了其他干部，副书记曹丰贺调任大营盘公社书记还把粪筐背了去。薛维一贯坚持实事求是的原则，他搞农业内行，秋天到田里转一圈就估计出能打多少粮食。在当县人大常委会主任时，经常下乡到田间地头调查研究，并向县常委提出合理化建议。

2000年10月，薛维病逝于尚义。

苏　洧

苏洧（1931—1996），河北蔚县城关镇人，1956年7月加入中国共产党,1950年8月张家口师范学校毕业，同年分配到蔚县西合营小学工作，1953—1954年，在张北中学任教，1954年12月至1957年，任商都中学教导处副主任。1957年9月至1972年3月，尚义中学历任教导处主任、副校长，1972年3月至1974年4月，任小蒜沟中学校长、书记，1974年5月至1976年，在尚义县委宣传部工作。1976—1978年，任尚义县委党校副校长。1978年2月至1983年2月，任尚义县委宣传部副部长。1983年3月至1983年11月，任尚义县委常委、宣传部部长。1983年11月至1987年3月，任尚义县政府县长。1987年3月，张家口教委主任督学。1991年退休。

苏洧出身旧式文人家庭，父亲是晚清进士，在县衙门当文差，他在家排行老小，上有两个哥哥和两位姐姐，家境虽不富裕，但是父母还都让他们在私塾读书。15岁那年，苏洧为了逃脱被抓壮丁，在张家口市一个小店铺当差。在当差期间报考了张家口师范学校并被录取。1950年毕业后在蔚县西河营师范任教。1952年2月又考取了张家口师专历史系，在校两年时间，品学兼优，担任着学生会干部和班级干部。1953年8月毕业，他主动要求去国家最需要、最艰苦的地方坝上张北县中学任教。

在张北县中学、商都中学工作期间，他思想上积极要求进步，已满腔热血投入到自己热爱的教育事业，受到了各级领导的赞扬，时任县长张苏做他的入党介绍人，1956年7月加入中国共产党。

1957年，苏洧调到尚义中学工作，先后任教导主任、校长。他兢兢业业，认真钻研教学，工作中有想法有思路，学校所设的每门课他都要深入课堂。除了自己担课，所有教师的课他不打招呼随时去听课，听后和所任教师讨论如何更好提高课堂教学效率。他关心每一位学生，经常自掏腰包帮助困难学生，负担过多位学生上大学的路费。在苏洧任校长期间，尚义一中的升学率达到三分之一，在省、地区享有盛名。

1978年，组织上对他在“文化大革命”中受到的不公正待遇平反，为他恢复名誉。在恢复高考的时候，有一些人思想观念还停留在首先看重其家庭出身的“左倾”思想上，他非常爱惜人才，只要他听说此事，一定千方百计去有关部门说明他的观点，用不为成分论原则去说服对方，生怕耽误了每一个人才的培养。

1983年，苏洧担任尚义县县长。其间他一心想着如何改善民生，面对尚义县这个经济落后的贫困县，他长年乘坐着破旧的老款伏尔加奔波于全县的各个乡镇村庄、田间地头。在他任期尚义县终于有了一条柏油路，解决了老百姓出行难问题。还盖了县影剧院，建了电网，安装了有线电视塔，结束了尚义无网电的历史。还建了县城第一个洗澡堂，提高了百姓的生活质量。

为了给孩子们营造一个好的学习环境，苏洧到石家庄多次为新一中跑资金、跑校址，终于在他离任前完成了他的夙愿。由于长期废寝忘食地工作，忽视了经常腰疼的毛病，后经检查发现，一个肾早已失去了功能，另一个肾还长满了结石。1985 年，他不得不做了肾结石的手术。

1987 年，苏洧奉调离开尚义。1996 年 7 月 7 日，在张家口病逝。

叶有全

叶有全（？—2002），艺名“生娃子”。1936 年 11 月出生于山西省阳高县城关镇。幼年家境贫寒，拾粪捡柴，撵牛放羊。他的父亲爱好说唱，艺名“一声雷”，是口外地区的说唱佼佼者。因受家庭影响，他对说唱产生了浓厚兴趣。加上当时“戏火”盛行，他随老艺人走村串户，不时帮唱。13 岁时，跟随父亲进了内蒙古集宁市的一个剧团，开始了正式的学艺生涯。

叶有全从小心灵嘴巧，再加上对民间艺术的酷爱，所以很快掌握了说唱本领。但他想从曲艺中创出一条自己的路子，毅然离开剧团，从集宁来到尚义大营盘村落了户，一个人串乡行唱。之后，他受到了口外曲艺“干壳”和“呱嘴”的影响，又把父亲传授的“怀中抱月”“仙人摘豆”“老虎摆尾”等武术功夫，综合运用到说唱艺术中，使呆板的“干壳”和“呱嘴”变为载歌载舞的演唱，使地方曲艺有了新的发展。后又与二人台身段“弓箭步”“云手”“卧鱼”等动作相结合，更加协调、优美。他还把父亲在年轻时走江湖卖艺的“刮金板”打法进行了改革，使用竹板书的大板作为节奏板。这样一来，左手碎板衬花字，右手大板打节奏，协调运用，弥补了“干壳”“呱嘴”的不足。对曲艺的节奏旋律也进行了改进，四四拍改为四二拍，平铺旋律增加跳跃的风味，音调动人。

尚义落子的形成过程，是叶有全勇于开拓创新的过程。1958 年大青沟办起了艺校，叶有全到艺校深造。在内蒙古二人台名艺人高金栓的培养下，他勤学苦练，在充实艺术才智的同时，深感原来口外“落子”的落后。因此，他决心对这个土曲艺，从内容、形式、旋律、曲调到身段动作进行全面改革创新。把“打金钱”这个二人台小表演戏的红绸舞的绸条，改加在他的节奏板上，随着旋律的节奏，在表演者的头顶、胸前飞舞。又把单调的唱腔，用西口调二人台的味道来革新，增加了间奏小过门。为了适应旋律的发展，在曲首加了司腔唱法，采用“哎”字延时下滑音，来进行曲艺起板。结尾速度加快，节奏变化旋律起伏，猛切慢收尾。同时进一步发挥五官的表演感情，把我县地方曲艺推向了新的发展阶段。当地群众称他为“落子”后生，前辈艺人“干壳”土专家“愣板头”曾说，这是“当地落子”。50 年代末 60 年代初，他演唱尚义文化馆编写的“塞上花”“夸草原”，曾到北京和省会演出，获得极高赞誉，并受到薄一波等中央领导的接见。1988 年参加河北省民间艺人大奖赛，获得二等奖。

叶有全善以说唱为教化手段，他根据四巷邻里发生民事、刑事案件，自编自演了许多后来定名为“戳古董”的落子，作品对正义者歌颂，对受害者同情，对流氓恶棍违法犯罪分子进行无情的鞭挞。数十年间，叶有全共自编并表演了72个“戳古董”。这些落子演唱起来，少则一个小时，长则两三个小时，因观众了解故事情节，加上他艺术高超表演，使他的艺名在深深印在了晋冀蒙50多个旗县群众中间。

叶有全的艺术实践结晶品——“尚义落子”成了坝上戏曲宝库中的一颗璀璨明珠。

2002年2月16日，叶有全在尚义县王油坊村家中无疾而终。

曹子衡

曹子衡（1927—2008），祖籍山西省天镇县大营盘村，1936年秋迁往察哈尔省（今河北省）张北县居住。至幼读书。1947年8月考入宣化师范学习，1950年7月毕业，1950年8月至1954年7月，在张北县教育界工作，

曹子衡

历任张北师范附小教导主任、张北师范附小主任。1954年8月至1956年10月，任河北省尚义中学教导主任。1956年11月至1972年5月，任尚义中学副校长。1972年6月至1978年2月，任尚义县大青沟中学革委会副主任。1978年3月至1982年2月，任尚义一中副校长兼教导主任。1982年3月至1983年5月任尚义一中校长。1983年6月至1989年7月，任尚义二中党支部书记。1989年8月退休。

“从严治校”是子衡一贯的做法。每学期对于学校的课程表、时间表、活动表都要亲自安排，确保德、智、体全面发展。他对教学严格要求，亲自检查教师的教案，经常听课，要求学生努力学习，并亲自督促检查学生的作业，深入各班检查自习，使学校形成一个勤奋学习的良好风气。为了搞好教学他以身作则，亲自执教。在他的工作中，尤其突出的是注重加强学生的思想道德教育，使学生逐步提高思想觉悟，树立远大理想，成为德才兼备的有用人才。1973年组织上分配他到尚义县大青沟中学工作，他还是大胆地整顿了学校纪律，抓教学、抓学生的学习，大讲学习文化课的重要性，并带头认真备课，讲课，并大胆地恢复了考试制度，使学校步入了正常的教学秩序。

尚义县第二中学是“文化大革命”期间办起来的一所新中学，由于学校领导力量薄弱，曾有一个时期学校秩序比较混乱。1983年，组织派他到二中任党支部书记，他到二中后加强政治思想工作，解决了教师不团结问题，调动了师生的积极性，扭转了学校的不良风气，受到了社会舆论的好评。

1978年，他调任尚义县第一中学副校长兼教导主任。教导处的工作就由他一人承担，学校的管理工作井井有条。因学校教师紧缺，他还兼任四个初中班和一个高中班的地理课，每天早起晚睡，经常加班加点。20世纪80年代，尚义一中的教学管理和教学成绩是历史上最好的时期。

作为尚义县政协委员、人大代表，他积极参加社会活动，每次开会都积极参加，还为政协撰写了四五篇教育方面的文史资料。县委、县政府抽调他搞些工作，他也都努力完成。

曹子衡于1950年宣化师范毕业后就在坝上张北、尚义从事教育工作，先后四十个春秋。无论在哪所学校，他都兢兢业业，勤勤恳恳，认真负责，埋头苦干。

2008年7月10日，曹子衡因罹患喉癌去世。

王儒琇

王儒琇（1934—1997），尚义县二喇嘛营村人。全国供销社劳动模范、全国供销社基层社“十面旗帜”之一、河北省劳动模范、河北省优秀共产党员、张家口市“十佳”公仆，尚义县第十、十一届人大代表，生前任大青沟供销社主任。

王儒琇

王儒琇1960年参加工作，直到去世一直未离开供销系统。他在大青沟供销社任主任期间，积极推行改革，强化管理，建立健全规章制度，严格执行承包经营责任制，任职八年间使企业利润逐年攀升，商品销售额由202万元提高到812万元，年利税由5.8万元提高到47.5万元。在他的管理下，大青沟供销社连续在1986年、1987年、1988年三年被县、地区、省评为先进企业、全区供销系统先进企业、全省供销系统先进企业。王儒琇被评为1989年度全省供销系统劳动模范。1989年，大青沟供销社获得河北省政府命名的“省级先进企业”奖牌。当时，这一荣誉是张家口地区非工业企业中唯一的。

在以后的几年当中，他不断完善升级企业的经营管理水平、扩规模提效益，班子团结、队伍齐心、百姓认可，在许多基层供销社面临困境的关头，逆势而上，不断创出新高。到1996年年底，全社拥有固定资产120万元，是改革开放初的60倍，自有流动资金达128万元。其间，大青沟供销社作为全国基层供销社的一面红旗名声远扬，前来采访、观摩考察的单位接连不断，受到了业内业外的肯定，也受到了社会各界的好评。他也获得“省级劳动模范”称号，受到省委、省政府、全国总工会、全国供销总社的表彰。

王儒琇任人大代表期间，为帮助农民搞好生产，先后牵头组建了养羊、养兔、养鸡、蔬菜、豌豆、芸豆等专业合作社，积极为农户提供农资、科技、销售等方面的服务。经常带领供销社农机服务组人员，到农业生产第一线，与农民一边劳动，一边了解民情民意，及时向有关部门反映情况、提出建议。

1997年9月26日，王儒琇在准备外出开会行前突发心肌梗死去世。

张 钧

张钧（1945—2000），男，尚义县三工地镇关井村人，于1964年考入张家口农业专科学校，主修畜牧兽医专业。1968年7月参加工作，张钧与一批大学生一并被派到尚义县二工地种牛场工作并劳动锻炼，接受再教育。1970年调回县城，曾当过县委宣传部干事、县电影队宣传员；后又在共青团尚义县委、县政府办公室任秘书、副主任、主任等职。县政府的重要政策、文件均出自他的手笔，1989年，担任县委常委、宣传部部长。1998年2月任尚义县人大常委会主任，2000年在任上去世。

张钧在县委宣传部工作期间，县里重大政策性文件的出台、重要讲话的形成都凝聚了他的劳动，从议定提纲到修改定稿，县委、县政府主要领导都十分看重他的意见。县委宣传部的重要文件、讲话和全县重要新闻稿件，他都要亲力亲为。曾在各大媒体发表过小蒜沟镇大虎沟建桥纪实《深山峡谷架长虹》，大青沟供销社改革系列报道《这里的供销社姓农》等不少新闻报道。还有一些典型经验或调研材料被中宣部、河北省委宣传部转载推送。张钧担任宣传部部长期间，为尚义县培养了一大批优秀通讯员和文秘干部。每年的宣传思想会议工作会议都要以会代训，对来自各乡镇、科局及驻县单位的骨干通讯员进行培训，并对表现突出的通讯员进行表彰，当时张守福、吕瑞峰、张玉忠、樊殿武、智树林等均在表彰之列，这些人都先后走上了各级领导岗位。

当时为抓经济搞创收，县宾馆为接待来客在二会议室办起了舞会，电影公司也开办了第一家“官办”歌舞厅，随后全县歌舞厅雨后春笋般发展起来。紧接着私人书店、棋牌室、台球厅、网吧等文化场所逐步发展起来。张钧虽积极创导推动文化市场的繁荣发展，但却反对领导干部出入歌舞厅，曾在常委会上认真提出过，使得一些爱去歌舞厅的领导干部有所收敛。

1998 年，张钧当选为尚义县人大常委会主任。

2000 年，罹患胶脑质瘤去世。张钧离世遗体告别时，很多人闻讯自发赶去为他送行，悼念这位新中国成立后尚义成长起来一辈子没离开尚义的正处级领导干部。

申兰旺

申兰旺（1951—2010），男，河北清苑人。1969 年中学毕业在尚义县甲石河公社当民办教师；1970 年 11 月进入张北师范学校学习，同年加入中国共产党，1972 年年底毕业分配到尚义县革委会政治部任干事，1974 年调县委宣传部先后任干事、秘书、副部长；1986 年任县委常委、宣传部部长；1989—1995 年任县委常委、纪委书记；1996 年 3 月尚义县委副书记、县长；1998 年任中共尚义县委书记。

申兰旺年轻时一直从事党的理论和宣传工作，20 世纪 80 年代初，他在县委宣传部工作，当时给右派平反宣传部人手少，几乎都是他一个人干，常常加班到深夜，查阅了所有案卷资料，最后提交县委，平反了所有冤假错案。

在他任县委宣传部部长期间，每年都要拿出大量时间搞调查研究，总结推广先进典型。1982 年，为了抓好军民共建的典型，申兰旺带领宣传部干部在杏元沟村一住就是一个多月，大家一起睡大炕，吃派饭，硬是把该村的军民共建推向一个高新水平，军地双方联合在杏元沟开了现场会，并举办展览，总结做法，引起了地委的重视，全区在尚义开了现场会。相关经验介绍文章《适应改革形势，倡导文明生活》在省委内刊上进行了登载。1984 年，为了探讨大包干后如何搞好农村思想政治工作，他带领一队人在下马圈一蹲就是半个多月，走遍每个村，最后总结出《做好新形势下农村基层思想政治工作》的调查报告，引起了省地宣传部门的高度重视。20 世纪 80 年代，乡间一些活跃着一些鼓匠班子，艺人在弹唱中宣传案例，很吸引人。申兰旺对此非常重视，他召集文化部门，让他们组织人多编一些反映法制案例的讨吃调演唱，既丰富了农村文化生活，又起到了对农民法制教育的效果。后来，宣传部总结了《活跃在坝上的文艺轻骑》一篇调查报告，被省委内刊转载。

申兰旺担任县主要领导期间，坚持在抓全局，抓谋划、抓班子，抓落实上下功夫，认真履职，为了尚义的发展，他殚精竭虑谋划县域经济发展思路。他坚持符合尚义实际的“举开放旗，打优势牌，借科技力，唱牧业戏，念蔬菜经”经济发展战略的同时，实施了对外开放、工业、农业、乡镇企业、流通、财政六大工程，实现了农业生产条件和基础设施建设、项目建设和经济结构调整、经济政治体制改革、对外开放和资源开发四个突。

20 世纪 90 年代，尚义县一度财政紧张。为了保障公教人员的工资发放，申兰旺担任县委书记后，狠抓了开源节流，积极引进项目。借助天津塘沽区和邯郸市对口扶贫的机遇，他带队往返两地引进项目不下数十次，使元件厂技改，酒厂新上等一批项目落地尚义。同时注意节俭开支，压缩工资外的一切开支，终于实现了工教人员工资按时足额的发放。

1998 年尚义“1・10”地震后，他赴灾区元卜洞村与灾民共度除夕，为了尽快恢复发展生产、重建家园，他顶风冒雪，废寝忘食，当年 10 月，全县的重建工作完成，灾民得到妥善安置。在他任内，全县实现了自然村全部通电，在边远乡村建起卫星地面接收站 20 个。

2001 年，申兰旺调离尚义任张家口市审计局局长。2010 年病逝。

人物名录

1989—2010 年尚义籍在外地任县级以上职务干部一览表

表 23-1

姓　名	出生地	出生时间	工作单位	职　务
白木兰	大青沟镇	1929 年 12 月	河北省工商局	处长
武国民	小蒜沟镇	1948 年 5 月	天津市机关事务局行政管理处	副处长
吴廷茂	大青沟镇	1948 年 11 月	中国人民武装警察部队天津总队生产管理局	副局长
李文智	石井乡	1954 年	中国人民武装警察部队天津总队生产管理局	副政委
何建平	大苏计乡	1966 年 9 月	某集团军政保处	处长
张　秀	红土梁镇	—	中国人民解放军武警部队交通第二总队	党委常委
胡志福	尚义县人	—	张家口市广播电视大学	校长（正处级）
徐受棠	八道沟镇	1953 年 10 月	河北省粮食局	局长
李　德	满井镇	1965 年 10 月	河北省阳原县政府	县长
白　龙	红土梁镇	1967 年 10 月	张家口市政府	副市长
刘　荣	石井乡	—	中国人民银行总行	党委委员（正厅级）
郭全明	南壕堑镇	—	中国人民银行总行信息安全管理处	处长
温金贵	大营盘乡	—	张家口教育学院	党委书记
张　发	七甲乡	—	张家口市纪律检查委员会	副书记
韩卫东	套里庄乡	—	张家口市人大常委会农工委	主任
苏启君	石井乡	—	张家口市人大常委会农工委	主任
曹　忠	八道沟镇	—	张家口市人事局	局长
杨振山	南壕堑镇	—	张家口市房管局	局长
李　斌	南壕堑镇	—	河北省怀安县人大常委会	主任
李世清	满井镇	—	内蒙古自治区巴彦淖尔市军供处	处长

续表 23-1

姓 名	出生地	出生时间	工作单位	职 务
靳振贵	甲石河	—	张家口市计划生育委员会	主任
王聪著	三工地镇	—	河北省万全县政府	县长

2006年尚义县新中国成立前中国共产党老党员一览表

表 23-2

所在党委	姓 名	入党日期	所在单位
南壕堑镇党委	耿书彩	1939年7月1日	南壕堑镇一居委会
南壕堑镇党委	王玉枝	1945年6月7日	南壕堑镇一居委会
南壕堑镇党委	高文士	1949年6月4日	新华街行政村支部
南壕堑镇党委	武振龙	1949年9月1日	二号行政村支部
南壕堑镇党委	司占成	1946年7月1日	西平山行政村支部
南壕堑镇党委	杨万珍	1949年3月1日	沙卜夭行政村支部
南壕堑镇党委	郭存贵	1946年11月3日	大南沟行政村支部
南壕堑镇党委	张喜奎	1948年8月1日	大南沟行政村支部
红土梁镇党委	肖天玉	1946年3月15日	大西沟村支部
红土梁镇党委	常秉文	1949年8月1日	长条沟村支部
红土梁镇党委	李金荣	1946年8月1日	七令沟村支部
红土梁镇党委	孟召祥	1949年5月1日	豆腐夭村支部
套里庄乡党委	郭世祥	1946年10月5日	小井洼行政村支部
套里庄乡党委	候 石	1949年5月10日	小西沟行政村支部
甲石河乡党委	王凤荣	1949年1月10日	甲石河行政村支部
小蒜沟镇党委	李玉林	1947年12月5日	小蒜沟行政村支部
小蒜沟镇党委	武 贵	1949年9月10日	小蒜沟行政村支部
小蒜沟镇党委	赵生祥	1946年6月20日	小蒜沟行政村支部
小蒜沟镇党委	靳 宝	1949年2月10日	北朝碾行政村支部
小蒜沟镇党委	常 悦	1945年10月18日	勿乱沟行政村支部
小蒜沟镇党委	林生茂	1949年4月8日	闫家夭行政村支部
八道沟镇党委	王志林	1946年6月1日	北石塄行政村支部
八道沟镇党委	李金生	1949年9月1日	赛尔台行政村支部
八道沟镇党委	吕占奎	1948年3月5日	七甲山行政村支部
八道沟镇党委	邵发金	1948年5月15日	博岱花行政村支部
八道沟镇党委	姜中川	1949年9月21日	八道沟行政村支部
炕塄乡党委	张秀德	1946年8月7日	戈家村行政村支部

续表 23-2

所在党委	姓 名	入党日期	所在单位
炕堺乡党委	靳国军	1949 年 6 月 22 日	炕堺乡狐子窝行政村支部
炕堺乡党委	任田福	1945 年 8 月 3 日	三盖脑包行政村支部
七甲乡党委	李如莲	1949 年 5 月 12 日	二道洼行政村支部
七甲乡党委	孟玲香	1946 年 5 月 12 日	妈妈沟行政村支部
大青沟镇党委	付光明	1949 年 9 月 10 日	白彦堡行政村支部
大青沟镇党委	郭巨恒	1949 年 2 月 12 日	南海子行政村支部
大青沟镇党委	罗进成	1946 年 8 月 10 日	南海子行政村支部
大青沟镇党委	李万青	1947 年 9 月 5 日	厂库伦行政村支部
大青沟镇党委	马 俊	1946 年 6 月 15 日	陈所良行政村支部
大营盘乡党委	魏 珍	1946 年 10 月 13 日	程家村行政村支部
大营盘乡党委	杨 艾	1949 年 6 月 11 日	六十庄行政村支部
大营盘乡党委	安保祥	1949 年 7 月 1 日	十二号行政村支部
大营盘乡党委	谢福英	1949 年 10 月 1 日	十二号行政村支部
大营盘乡党委	郅 亮	1949 年 9 月 19 日	十二号行政村支部
大营盘乡党委	孙振才	1949 年 3 月 1 日	大营盘行政村支部
大营盘乡党委	孙焕贵	1949 年 1 月 1 日	王条卜行政村支部
大营盘乡党委	张丙富	1949 年 7 月 1 日	王条卜行政村支部
大苏计乡党委	白有才	1949 年 1 月 6 日	八义井行政村支部
大苏计乡党委	张丙才	1949 年 9 月 10 日	夏家卜行政村支部
三工地镇党委	高 品	1949 年 6 月 1 日	哈拉沟行政村支部
三工地镇党委	罗 永	1949 年 2 月 25 日	王油坊行政村支部
石井乡党委	冯 有	1949 年 7 月 1 日	中达营行政村支部
石井乡党委	付万福	1949 年 4 月 9 日	中达营行政村支部
石井乡党委	戈永兴	1949 年 6 月 2 日	奎腾台行政村支部
石井乡党委	董 录	1946 年 2 月 1 日	黄旗岔行政村支部
石井乡党委	李 福	1949 年 8 月 3 日	黄旗岔行政村支部
石井乡党委	王永虎	1946 年 8 月 1 日	黄旗岔行政村支部
下马圈乡党委	朱 元	1949 年 4 月 12 日	下马圈村支部
下马圈乡党委	贯 应	1949 年 1 月 13 日	旧庙村支部
大青沟镇党委	宁明山	1946 年 8 月 11 日	大青沟行政村支部

2010 年尚义县离休干部一览表

表 23-3

序号	姓　名	性别	出生日期	籍　贯	原工作单位及职务	参加工作时间	加入中国共产党时间	离休时间	备　注
1	张　跃	男	1928 年 1 月	山西广灵	政府巡视员	1949 年 4 月 16 日	—	1989 年 8 月 18 日	县级干部
2	高尚武	男	1925 年 7 月	山西天镇	政府运视员	1946 年 7 月	1946 年 12 月	1985 年 12 月 24 日	县级干部
3	苏　宝	男	1931 年 9 月	河北尚义	县政府干部	1949 年 2 月	—	1989 年 5 月 10 日	
4	陆连章	男	1927 年 12 月	河北安平	县计委主任	1945 年 8 月	1942 年 10 月	1985 年 7 月 17 日	县级待遇
5	郭相山	男	1926 年 8 月	河北赤城	民政局调研员	1944 年 3 月 1 日	1945 年 12 月	1986 年 4 月 26 日	县级待遇
6	胡宝山	男	1925 年 8 月	河北泊头	民政局干部	1948 年 1 月	—	1985 年 11 月	
7	黄志刚	男	1932 年 9 月	河北尚义	察哈尔省军区见习参谋	1949 年 3 月	—	1984 年 4 月	县级待遇
8	秦喜元	男	1930 年 9 月	内蒙古宝昌	县武装部政委	1948 年 5 月	1958 年 1 月	1990 年 10 月	县级干部
9	丁兆奎	男	1930 年 11 月	河北定县	劳动人事局干部	1946 年 8 月	—	1985 年 12 月 9 日	
10	杜布伦	男	1930 年	山西太谷	劳动人事局干部	1949 年 6 月	1979 年	1985 年 12 月 6 日	
11	许　明	男	1925 年 4 月	河北唐县	电影公司干部	1943 年	1943 年	1984 年 11 月 30 日	县级待遇
12	罗　英	男	1929 年 11 月	河北尚义	电影公司干部	1949 年 1 月	1949 年 3 月	1990 年 8 月 24 日	
13	杨秀严	男	1926 年 1 月	河北定兴	选纸厂支部书记	1946 年 1 月	1945 年 11 月	1984 年 7 月 14 日	县级待遇
14	韩玉山	男	1929 年 1 月	河北尚义	套里庄乡干部	1948 年 11 月	1949 年 6 月	1984 年 3 月 21 日	
15	韩玉琴	男	1924 年 1 月	河北景县	餐里庄乡干部	1937 年 10 月	1940 年	1983 年 9 月 7 日	县级待遇
16	刘生飞	男	1929 年 8 月	河北尚义	哈拉沟乡干部	1949 年 1 月	—	1986 年 3 月	
17	杨占祥	男	1915 年 10 月	河北曲阳	医药公司副经理	1945 年 6 月	1945 年 7 月	1982 年 9 月 20 日	县级待遇
18	赵恩录	男	1916 年 1 月	河北宣化	医药公司干部	1946 年 1 月	1944 年 6 月	1982 年 9 月 20 日	县级待遇
19	李有杰	男	1927 年 12 月	河北定县	商业局总支副书记	1945 年 8 月	1949 年 10 月	1983 年 3 月 10 日	县级待遇
20	邓化堂	男	1924 年 1 月	河北景县	商业局股长	1947 年 10 月	1946 年 12 月	1987 年 12 月 22 日	县级待遇
21	张玉梅	男	1930 年 7 月	河北涞水	烟草专卖局干部	1949 年 8 月	1949 年 10 月	1984 年 8 月 27 日	
22	陈秀功	男	1926 年 4 月	河北内邱	食品公司干部	1941 年 5 月	1949 年 4 月	1985 年 2 月 1 日	县级待遇
23	王尚元	男	1924 年 9 月	山西天镇	工商局副局长	1949 年 8 月	1950 年 3 月	1989 年 4 月 22 日	
24	魏化民	男	1925 年 8 月	河北柏乡	工商局干部	1945 年 10 月	1947 年 10 月	1986 年 4 月 25 日	
25	郭景相	男	1921 年 11 月	河北赤城	工商局副局长	1942 年 8 月	1945 年 9 月	1983 年 12 月 26 日	县级待遇
26	彭希宝	男	1922 年 5 月	山西应县	水利局干部	1944 年 8 月	1944 年	1985 年 12 月 6 日	县级待遇
27	宋登礼	男	1928 年 4 月	河北尚义	水利局干部	1948 年 11 月	1951 年 10 月	1988 年 4 月 25 日	
28	李成印	男	1917 年 3 月	河北满城	水利局干部	1947 年 1 月	1945 年 1 月	1983 年 12 月 26 日	县级待遇
29	张宝成	男	1927 年 10 月	河北尚义	水利局干部	1945 年 8 月	1952 年 2 月	1988 年 4 月 21 日	县级待遇
30	胡启万	男	1921 年	河北尚义	水利局干部	1949 年 3 月	1949 年	1983 年 3 月 3 日	
31	刘玉仓	男	1922 年 8 月	河北宣化	南林场干部	1946 年 5 月	1947 年 11 月	1982 年 11 月 1 日	
32	王生有	男	1928 年 9 月	河北尚义	南林场干部	1945 年 2 月	1947 年 3 月	1986 年 1 月 6 日	县级待遇
33	于佃青	男	1922 年 11 月	河北顺平	南林场干部	1949 年 8 月	1949 年 4 月	1983 年 3 月 10 日	县级待遇

续表 23-3

序号	姓 名	性别	出生日期	籍 贯	原工作单位及职务	参加工作时间	加入中国共产党时间	离休时间	备 注
34	杨有才	男	1928 年 4 月	河北尚义	北林场干部	1949 年 9 月	1949 年 9 月	1989 年 7 月 3 日	县级待遇
35	林 海	男	1922 年 11 月	山西天镇	北林场干部	1949 年 3 月	1945 年 9 月 27 日	1983 年 10 月 3 日	县级待遇
36	刘效文	男	1930 年 7 月	河北曲阳	林业局干部	1949 年 9 月	1954 年 1 月	1987 年 7 月 3 日	
37	王逮文	男	1926 年 5 月	山西阳高	林业局干部	1948 年 2 月	1949 年 2 月	1988 年 4 月 22 日	县级待遇
38	刘巨宽	男	1918 年 7 月	北京市	工商银行干部	1945 年 7 月 5 日	—	1984 年 3 月 29 日	县级待遇
39	李 英	男	1930 年 2 月	江北芋县	工商银行干部	1948 年 11 月	1955 年 4 月	1990 年 5 月 12 日	
40	左庆生	男	1926 年 2 月	河北行唐	工商银行干部	1945 年 7 月	1947 年 5 月	1986 年 12 月 15 日	县级待遇
41	齐双驹	男	1923 年 7 月	河北曲阳	工商银行干部	1944 年 1 月	1948 年 3 月	1984 年 4 月 7 日	县级待遇
42	王 庆	男	1927 年 6 月	河北芋县	工商银行干部	1948 年 10 月	1955 年 3 月	1985 年 4 月 13 日	
43	王 富	男	1923 年 1 月	北京延庆	工商银行行长	1947 年 1 月	1946 年 12 月	1985 年 4 月 2 日	县级待遇
44	张振堂	男	1930 年 3 月	湖北光化	工商银行干部	1949 年 8 月	—	1983 年 3 月 15 日	
45	冯有才	男	1928 年 10 月	内蒙古兴和	工商银行干部	1948 年 11 月	—	1985 年 6 月 19 日	
46	谷民柱	男	1923 年 5 月	河北定县	农业局副局长	1946 年 10 月	1943 年 2 月	1984 年 3 月 29 日	县级待遇
47	韩顺喜	男	1922 年 9 月	山西五台	农业局副局长	1942 年 6 月	1945 年 12 月	1983 年 12 月 5 日	县级待遇
48	秦明生	男	1929 年 3 月	河北阳原	农业局副局长	1949 年 3 月	—	1989 年 8 月 25 日	
49	孙寿南	男	1928 年 3 月	河北万全	农业局副局长	1949 年 7 月	—	1988 年 4 月 21 日	县级待遇
50	张恩梯	男	1921 年 3 月	天津宁河	畜牧局干部	1947 年 5 月	1946 年 5 月	1983 年 5 月 12 日	
51	朱明海	男	1923 年 6 月	河南滑县	畜牧局副局长	1949 年 1 月	1949 年 1 月	1983 年 12 月 26 日	
52	李希然	男	1927 年 7 月	山西怀仁	农业局干部	1949 年 5 月	—	1988 年 11 月 5 日	
53	姚树青	男	1921 年 4 月	河北尚义	畜牧局局长	1949 年 7 月	1949 年 9 月	1988 年 11 月 8 日	县级待遇
54	院 荣	男	1927 年 8 月	河北尚义	粮食局干部	1948 年 4 月	—	1984 年 11 月 7 日	
55	闫 余	男	1926 年 10 月	河北尚义	粮食局干部	1946 年 6 月	1948 年	1984 年 11 月 30 日	县级待遇
56	柳 堂	男	1930 年 4 月	河北尚义	粮食局干部	1949 年 4 月	1979 年 4 月	1988 年 4 月 30 日	
57	陈丙瑞	男	1924 年 11 月	河北沽源	粮食局干部	1949 年 2 月	1984 年 3 月	1986 年 11 月 10 日	
58	邢益民	男	1920 年 8 月	河北固安	粮食局干部	1940 年 1 月	—	1983 年 12 月 10 日	县级待遇
59	段培珍	男	1927 年 12 月	张家口市	粮食局干部	1948 年 12 月	1953 年 4 月	1984 年 3 月 21 日	
60	朱宝贵	男	1920 年 1 月	河北怀柔	粮食局干部	1947 年 9 月	1949 年 9 月 14 日	1983 年 12 月 10 日	
61	温增福	男	1923 年 10 月	山西浑源	粮食局干部	1944 年 2 月	1949 年 12 月	1983 年 12 月 10 日	县级待遇
62	王凤祥	男	1922 年 1 月	河北尚义	粮食局干部	1948 年 11 月	—	1984 年 6 月 13 日	
63	付效羽	男	1923 年 4 月	河北尚义	粮食局干部	1949 年 9 月	—	1983 年 5 月 14 日	
64	孙 存	男	1928 年 11 月	河北涞源	粮食局干部	1948 年 1 月	1955 年 2 月	1987 年 7 月 3 日	
65	牛万民	男	1928 年 12 月	河北尚义	粮食局干部	1948 年 12 月	1953 年 4 月	1984 年 11 月 8 日	
66	李 三	男	1913 年	内蒙古武川	粮食局干部	1949 年 9 月	—	1984 年 5 月 8 日	县级待遇
67	荆 海	男	1926 年 9 月	河北尚义	粮食局干部	1945 年 10 月	1945 年 8 月	1984 年 5 月 8 日	县级待遇
68	曹万来	男	1915 年 1 月	河北张北	粮食局干部	1949 年 3 月	1953 年	1983 年 3 月 3 日	

续表 23-3

序号	姓名	性别	出生日期	籍贯	原工作单位及职务	参加工作时间	加入中国共产党时间	离休时间	备注
69	贾祥元	男	1908 年	河北尚义	粮食局干部	1949 年 1 月	1956 年 6 月	1982 年 4 月 10 日	
70	牛生贵	男	1929 年 6 月	河北怀来	粮食局干部	1946 年 8 月	1947 年 12 月	1989 年 8 月 2 日	县级待遇
71	王启瑞	男	1923 年 10 月	河北尚义	粮食局干部	1949 年 1 月	—	1989 年 8 月 3 日	
72	王　晋	男	1930 年 1 月	河北围场	粮食局干部	1948 年 8 月	1952 年 6 月	1990 年 4 月 27 日	县级待遇
73	张跃先	男	1925 年 2 月	北京大兴	卫生局干部	1949 年 1 月	—	1989 年 4 月 4 日	
74	任祖述	男	1930 年 9 月	河北高阳	卫生局干部	1947 年 1 月	1950 年 10 月	1990 年 9 月 18 日	
75	张多德	男	1926 年 3 月	山西山阴	卫生局调研员	1947 年 4 月	1948 年 7 月	1988 年 4 月 30 日	县级待遇
76	李　兴	男	1929 年 4 月	内蒙古商都	卫生局医生	1949 年 1 月	—	1988 年 4 月 20 日	县级待遇
77	丁贮仓	男	1923 年 6 月	山西平鱼	县医院医生	1949 年 9 月 19 日	—	1986 年 3 月 10 日	县级待遇
78	梁士英	男	1921 年 2 月	河北昌黎	县医院医生	1948 年 6 月	1950 年 8 月	1986 年 3 月	县级待遇
79	张广福	男	1929 年 7 月	山西大同	县医院医生	1948 年 12 月	—	1990 年 5 月 5 日	
80	杨慎策	男	1920 年 8 月	河北柏乡	土木路乡教师	1948 年 12 月	—	1983 年 5 月 14 日	
81	刘元富	男	1930 年 10 月	河北万全	南壕堑镇教师	1949 年 2 月	—	1990 年 9 月 30 日	
82	马青宝	男	1929 年 12 月	河北芋县	教委、教师	1948 年 2 月	—	1990 年 4 月 17 日	
83	韩德发	男	1928 年 1 月	河北阳原	教委、调研员	1949 年 7 月	1954 年 9 月	1989 年 7 月 25 日	县级待遇
84	宋致华	男	1919 年 1 月	河北唐县	气象站站长	1941 年	1945 年	1983 年 4 月 15 日	县级待遇
85	蔡存元	男	1926 年 9 月	北京昌平	外贸局副局长	1947 年 9 月	1949 年 9 月	1984 年 5 月 31 日	县级待遇
86	张　浩	男	1924 年 2 月	河北万全	外贸局干部	1949 年 8 月	—	1983 年 12 月 12 日	
87	金焕成	男	1926 年 12 月	河北尚义	税务局副局长	1949 年 5 月	1952 年 6 月	1983 年 3 月 10 日	
88	张志荣	男	1920 年 12 月	河北宣化	人大常委会副主任	1943 年 1 月	1944 年 4 月	1983 年 12 月 26 日	县级干部
89	王占华	男	1927 年 9 月	内蒙古丰镇	人大常委会副主任	1949 年 1 月	1949 年 9 月	1988 年 5 月 14 日	县级干部
90	杨俊声	男	1916 年 11 月	山西盂县	政协主席	1941 年 1 月	1945 年 5 月	1983 年 12 月 15 日	地级待遇
91	康守政	男	1921 年 12 月	山西浑源	政协副主席	1945 年 11 月	1943 年	1983 年 8 月 29 日	县级干部
92	张　义	男	1926 年 4 月	北京延庆	物资局干部	1943 年 1 月	—	1986 年 4 月 8 日	县级待遇
93	曹宏庆	男	1926 年 2 月	河北定县	物资局副局长	1942 年 8 月	1942 年 8 月	1986 年 4 月 26 日	县级待遇
94	王迁相	男	1919 年 5 月	山西浑源	物资局局长	1946 年 2 月	1949 年 12 月	1983 年 8 月 10 日	县级待遇
95	冯殿相	男	1925 年 11 月	山西天镇	司法局调研员	1945 年 9 月	1968 年 1 月	1988 年 11 月 8 日	县级待遇
96	李洪富	男	1919 年 1 月	河北赤城	检察院检察长	1941 年 11 月	1942 年 2 月	1982 年 11 月 1 日	县级待遇
97	李仁伍	男	1919 年 7 月	山西中阳	检察院干部	1947 年 3 月	1948 年 7 月	1983 年 7 月 25 日	
98	汪久月	男	1928 年 9 月	河北涞源	司法局副局长	1946 年 10 月	1948 年 1 月	1989 年 7 月 25 日	县级待遇
99	孙庆祥	男	1907 年	河北易县	供销社干部	1941 年 8 月	1942 年	1984 年 4 月 10 日	县级待遇
100	董锡金	男	1925 年 3 月	河北平山	供销社干部	1943 年 2 月	1947 年 4 月	1984 年 3 月 21 日	县级待遇
101	李克明	男	1928 年 5 月	天津武清	供销社干部	1948 年 4 月	1951 年 12 月	1984 年 3 月 31 日	县级待遇
102	曹承志	男	1919 年 9 月	山西榆柱	供销社干部	1947 年 2 月	1947 年 2 月	1984 年 3 月 21 日	县级待遇
103	赵秉文	男	1928 年	河北玉田	供销社干部	1944 年 4 月	1947 年	1984 年 3 月 29 日	县级待遇
104	侯玉棋	男	1927 年 10 月	河北定县	供销社干部	1947 年 1 月	1949 年 3 月	1985 年 7 月 18 日	

续表 23-3

序号	姓　名	性别	出生日期	籍　贯	原工作单位及职务	参加工作时间	加入中国共产党时间	离休时间	备　注
105	王　钰	男	1925 年	河北尚义	供销社干部	1945 年 9 月	1949 年 2 月	1984 年 3 月 29 日	县级待遇
106	刘天才	男	1911 年 9 月	山西大同	供销社干部	1945 年 7 月	1945 年 1 月	1982 年 3 月 29 日	县级待遇
107	刘跃伍	男	1929 年 2 月	山西浑源	供销社干部	1945 年 8 月	1947 年 10 月	1988 年 4 月 27 日	县级待遇
108	邢贵才	男	1924 年 8 月	山西应县	供销社干部	1944 年 7 月	1946 年 10 月	1984 年 3 月 29 日	县级待遇
109	李占国	男	1927 年 6 月	河北唐县	供销社干部	1947 年 1 月	1956 年 12 月	1990 年 6 月 14 日	
110	张润福	男	1929 年 10 月	河北阳原	供销社干部	1948 年 12 月	1949 年 7 月	1990 年 6 月 14 日	
111	孙之亮	男	1929 年 9 月	河北万全	供销社干部	1945 年 7 月	—	1989 年 8 月 25 日	县级待遇
112	王守康	男	1923 年 7 月	河北怀安	供销社干部	1949 年 3 月	1961 年 5 月	1989 年 6 月 15 日	
113	窦庆章	男	1926 年 5 月	天津宝坻	供销社干部	1949 年 3 月	1949 年 11 月	1988 年 12 月 30 日	
114	袁　铎	男	1905 年 11 月	河北芋县	供销社干部	1949 年 9 月	1949 年	1982 年 4 月 10 日	
115	张文林	男	1929 年 10 月	河北崇礼	交通局调研员	1948 年 10 月	1954 年 8 月	1989 年 11 月 5 日	县级待遇
116	郭玉山	男	1925 年 11 月	山西完县	交通局总支副书记	1944 年 7 月	1953 年 5 月	1985 年 7 月 17 日	县级待遇
117	李松林	男	1929 年 4 月	天津蓟县	交通局调研员	1947 年 8 月	1948 年 8 月	1988 年 4 月 30 日	县级待遇
118	马　凯	男	1928 年 1 月	河北尚义	山西阳泉市财政局副局长	1945 年 8 月	1946 年 5 月	1983 年 3 月 12 日	县级待遇
119	韩克俭	男	1930 年 2 月	河北徐水	老干部局调研员	1944 年 10 月	1944 年 10 月	1990 年 4 月 27 日	县级待遇
120	张全福	男	1929 年 12 月	河北怀安	信访办副主任	1949 年 1 月	1950 年 5 月	1989 年 12 月 28 日	
121	袁　禧	男	1926 年 3 月	山西怀仁	县委巡视员	1945 年 1 月	1947 年 3 月	1986 年 10 月 7 日	县级干部
122	贾振东	男	1926 年 8 月	山西天镇	下马圈调研员	1949 年 8 月	—	1986 年 4 月 26 日	
123	张　福	男	1920 年 1 月	河北尚义	档案局副局长	1949 年 2 月	1950 年 3 月	1982 年 11 月 1 日	县级待遇
124	靳义仁	男	1916 年	河北尚义	经济部干部	1945 年 11 月	1945 年 10 月	1982 年 4 月 10 日	
125	张专海	男	1924 年 2 月	山西灵丘	张家口军分区干部	1944 年 2 月	1940 年 2 月	1985 年 8 月 27 日	县级待遇
126	魏成章	男	1927 年 9 月	河北元氏	老干部局调研员	1944 年 8 月	1958 年 8 月	1988 年 6 月 8 日	县级待遇
127	马振铎	男	1917 年 1 月	河北唐县	老干部局调研员	1943 年 10 月	1943 年 10 月	1988 年 12 月 17 日	县级待遇
128	张登科	男	1919 年 9 月	河北唐县	党校干部	1949 年 1 月	—	1988 年 11 月 8 日	
129	张风来	男	1929 年 11 月	北京通县	县工会主席	1949 年 3 月	1951 年 5 月	1983 年 8 月 10 日	县级待遇
130	张守仁	男	1927 年 6 月	山西五台	农业银行干部	1945 年 8 月	1945 年 10 月	1988 年 12 月 28 日	县级待遇
131	王汉民	男	1930 年 11 月	河北尚义	农业银行干部	1949 年 1 月	—	1990 年 11 月 10 日	
132	王汉英	男	1930 年 8 月	河北尚义	建筑公司干部	1949 年 2 月	1947 年 5 月	1989 年 12 月 28 日	
133	冀　中	男	1922 年 9 月	内蒙古商都	石油公司干部	1949 年 5 月	1949 年 10 月	1984 年 4 月 12 日	县级待遇
134	左大元	男	1925 年 12 月	河北万全	石油公司干部	1945 年 10 月	1947 年 7 月	1984 年 5 月 10 日	县级待遇
135	吴乐勋	男	1928 年 8 月	河北尚义	石油公司干部	1949 年 1 月	1950 年 7 月	1988 年 5 月 4 日	
136	马墨林	男	1925 年 10 月	河北博野	企业局调研员	1945 年 3 月	1945 年 3 月	1985 年 7 月 17 日	县级待遇
137	杨文珍	男	1927 年 6 月	河北沽源	邮电局总支副书记	1947 年 6 月	1946 年 8 月	1988 年 3 月 21 日	县级待遇
138	王学文	男	1929 年 3 月	辽宁北票	科委调研员	1947 年 10 月	1948 年 6 月	1988 年 4 月 30 日	
139	张　兴	男	1925 年 11 月	内蒙古凉城	科委干部	1945 年 9 月	1947 年 5 月	1989 年 12 月 20 日	

续表 23-3

序号	姓名	性别	出生日期	籍贯	原工作单位及职务	参加工作时间	加入中国共产党时间	离休时间	备注
140	田玉英	男	1927年11月	河北阳原	科协调研员	1949年4月	1949年10月	1988年4月30日	县级待遇
141	吉玉	男	1928年5月	河北宣化	科协调研员	1949年1月	—	1988年8月28日	
142	董培荣	男	1925年2月	山西山阴	文化局调研员	1949年2月	1947年11月	1988年11月8日	县级待遇
143	宋振芳	男	1929年3月	河北武强	经委调研员	1947年8月16日	1948年8月	1989年11月5日	县级待遇
144	王德	男	1929年2月	河北尚义	经委调研员	1949年6月	1955年1月	1989年11月3日	县级待遇
145	张有	男	1927年8月	山西浑源	南壕堑镇干部	1948年10月	1950年5月	1988年4月22日	县级待遇
146	闫秀	男	1929年1月	河北尚义	城建局干部	1949年3月	1950年12月	1988年4月27日	
147	杨跃南	男	1929年11月	河北芋县	城建局干部	1948年11月	1961年10月	1990年3月17日	
148	孔令义	男	1929年4月	河南济源	经委干部	1949年4月	—	1989年9月26日	
149	田凤义	男	1928年9月	陕西丹凤	毛纺厂干部	1948年12月	—	1984年12月22日	
150	罗桂荣	男	1934年10月	山西大同	南壕堑镇干部	1949年3月	1950年2月	1990年4月3日	
151	吴连	男	1929年2月	山西浑源	公安局干部	1949年6月	1952年12月	1990年3月17日	
152	田同彦	男	1927年年1月	河北无极	煤矿干部	1945年8月	1945年11月	1987年2月	县级待遇
153	李维周	男	1929年11月	河北昌黎	计生委调研员	1947年10月	1949年7月	1990年11月6日	县级待遇
154	张好相	男	1929年11月	河北怀安	建设银行调研员	1949年7月	1953年4月	1990年2月5日	
155	王新民	男	1928年12月	河北尚义	造纸厂工会主席	1949年2月20日	1989年9月12日	1990年12月12日	
156	刘源	男	1930年8月	张家口市	农业局种子公司经理	1948年9月	1949年4月24日	1990年12月25日	
157	岳占巍	男	1930年8月	河北赤城	机关党委调研员	1946年10月	1949年8月	1991年4月16日	
158	陈永金	男	1930年7月	河北尚义	县医院副书记	1949年3月	1949年12月	1990年11月6日	
159	张贵	男	1929年10月	河北尚义	检察院科长	1949年2月	1956年9月	1991年3月18日	
160	赵越超	男	1930年7月23日	天津市	尚义黄金公司经理	1949年5月	1974年4月29日	1990年11月6日	
161	张满真	男	1930年12月30日	河北尚义	尚义县商业局业务员	1948年11月	—	1991年3月28日	
162	王跃信	男	1930年10月	山东郊平	糖酒公司干部	1949年11月6日	—	1999年3月28日	
163	薛维	男	1930年12月	山西浑源	县委巡视员	1949年5月	1946年7月	1991年1月30日	
164	高玉宝	男	1931年1月	河北尚义	县人大	1949年2月	1950年4月	1991年3月23日	
165	白钧	男	1931年2月	河北万全	税务局副局长	1949年8月	—	1991年5月	
166	张成发	男	1930年1月	北京延庆	县社生产	1947年11月	1949年6月	1990年12月12日	
167	王永山	男	1931年5月	河北尚义	政府调研员	1949年6月	1949年11月	1991年5月20日	
168	刘琛	男	1925年9月4日	河北涞源	元件厂	1945年5月	—	1991年7月30日	
169	成志信	男	1931年10月	河北内邱	保健站	1948年12月	—	1991年11月8日	
170	李玉清	男	1931年11月3日	河北涿鹿	防疫站	1948年12月	—	1991年11月8日	
171	郝明	男	1930年10月	河北尚义	经委副主任科员	1949年9月	1983年3月	1991年11月8日	
172	贾岚峰	男	1930年10月	河北无极	小蒜沟供销社干部	1947年11月	1947年5月	1991年11月8日	

续表 23-3

序号	姓 名	性别	出生日期	籍 贯	原工作单位及职务	参加工作时间	加入中国共产党时间	离休时间	备 注
173	刘 俊	男	1931年1月	山西繁峙	大苏计供销社业务员	1948年4月	—	1991年11月9日	
174	乔高龙	男	1931年8月14日	河北蔚县	南壕堑镇居委会书记	1948年12月20日	1950年4月1日	1991年12月17日	
175	袁丙太	男	1931年11月	张家口市	经委经协办干部	1949年6月	—	1991年11月8日	
176	王伯符	男	1931年6月	山西天镇	粮食局购销股长	1949年9月	1987年2月18日	1991年12月1日	
177	崔 湛	男	1931年10月	河北尚义	税务局副局长调研员	1949年4月	1950年7月	1991年12月11日	
178	樊进才	男	1931年3月	河北尚义	检察院检察员副局长	1949年3月	1963年4月	1992年3月30日	
179	张文龙	男	1930年10月	河北尚义	尚义县城建局	1949年1月	1950年2月5日	1992年2月26日	
180	齐昌明	男	1931年11月3日	河北完县	尚义教委调研员	1949年6月16日	1949年9月13日	1992年3月30日	
181	程玉岗	男	1931年12月	河北尚义	党史办副主任	1949年2月	1953年4月	1992年3月30日	
182	孟宪融	男	1929年9月	天津	烟草公司书记	1949年2月	1950年10月	1992年4月29日	
183	谢志亮	男	1930年9月	河北尚义	饮食服务公司书记	1949年3月	1953年3月	1992年5月14日	
184	韩金壁	男	1932年7月15日	山西文水	物价局干部	1945年10月	1950年3月	1992年8月4日	县级待遇
185	于进江	男	1930年12月	河北唐县	县委办副主任	1947年3月	1952年11月	1992年5月28日	县级待遇
186	何存海	男	1929年12月	河北尚义	财政局干部	1949年2月	—	1992年4月6日	
187	郝 贵	男	1932年7月	河北万全	税务局副局长	1949年3月	1953年3月	1992年8月1日	
188	王进财	男	1929年10月28日	河北芋县	纪检委副书记	1945年6月	1945年10月	1992年9月23日	县级待遇
189	刘步通	男	1930年7月	河北涿鹿	公安局政委调研员	1945年8月	1946年3月	1992年9月20日	县级待遇
190	王家镒	男	1932年10月	山西浑源	党史办主任	1949年1月	1949年10月	1993年2月5日	副县长
191	孙旭波	男	1931年12月	河北万全	教委干部	1949年7月	—	1993年2月5日	
192	柳占堂	男	1931年9月	河北尚义	工商局书记	1949年3月	1950年3月	1993年2月5日	
193	闫廷杨	男	1931年11月	山西天镇	县经委副主任	1949年1月	1982年10月	1993年2月6日	
194	付锦堂	男	1932年8月	河北尚义	尚义县委调研员	1949年1月	1949年12月5月	1992年12月	
195	张有录	男	1931年7月	山西天镇	县计委科长	1949年3月	—	1993年3月12日	
196	罗宝顺	男	1930年7月14日	山西天镇	南壕堑镇干部	1949年3月	—	1993年12月8日	
197	张春英	男	1932年8月25日	河北尚义	县经委调研员	1949年4月	1954年4月	1993年3月16日	副县级待遇
198	李 发	男	1932年12月3日	河北尚义	司法局副局长	1949年5月5日	1958年11月7日	1992年11月7日	副县级待遇
199	闫佃堂	男	1933年3月27日	河北尚义	党校正局调研员	1949年8月	1950年4月	1993年4月30日	副县级待遇
200	陈道新	男	1933年3月	河北易县	七甲乡调研员	1949年8月	—	1993年4月27日	
201	陈永峰	男	1932年11月8日	北京延庆	检察院干部	1948年7月	1986年8月	1993年3月15日	

续表 23-3

序号	姓名	性别	出生日期	籍贯	原工作单位及职务	参加工作时间	加入中国共产党时间	离休时间	备注
202	刘启	男	1932年12月15日	河北尚义	县直机关党委副书记	1949年1月	1949年9月	1993年3月9日	
203	闫廷佐	男	1930年8月	河北完县	建材厂主治医师	1949年3月	—	1993年4月29日	
204	朱玉武	男	1932年4月	河北易县	工商局干部	1949年11月5日	1953年6月15日	1993年12月2日	副县级待遇
205	田广	男	1933年4月	河北尚义	毛纺厂	1949年4月	—	1993年7月	
206	卢志明	男	1932年3月	天津武清	检察院副检察	1948年12月	1979年11月	1993年6月3日	
207	邓大林	男	1933年6月	河北唐县	粮食局干部	1949年2月	1953年3月15日	1993年9月30日	
208	王世英	男	1928年2月	河北保定	政协副主席	1949年3月	—	1993年3月12日	副县级待遇
209	尤思勋	男	1931年	河北易县	政协副主席	1949年2月	—	1993年3月	副县级待遇
210	杨维忠	男	1933年7月	河北尚义	物质局干部	1949年9月	1983年2月	1993年8月14日	
211	曹振华	男	1931年12月	河北尚义	电影公司经理	1949年1月	—	1993年8月	
212	李生艾	男	1933年8月	张家口市	畜牧局干部	1948年12月	—	1993年8月	
213	胡开弼	男	1929年2月	内蒙古兴和	民政局干部	1947年3月	—	1993年8月	
214	温苏生	男	1933年7月	河北尚义	教委教师	1949年1月	—	1993年9月	
215	宋贵福	男	1914年11月	河北唐县	林业局副局长	1937年11月	—	1982年11月1日	县级待遇
216	郭玉德	男	1933年8月	河北尚义	公安局调研员	1949年4月	1960年9月	1994年1月6日	副县级待遇
217	段福林	男	1933年11月	河北尚义	公安局调研员	1949年2月	1958年11月	1994年1月6日	副县级待遇
218	高根全	男	1933年9月	山西浑源	经委调研员	1949年3月	1949年4月	1993年12月9日	
219	樊全	男	1933年11月	河北万全	事务局	1949年1月	1962年1月	1993年4月	
220	吕占吉	男	1933年7月11日	河南焦作	政府办副主任科员	1948年10月1日	—	1993年8月18日	
221	赵明贵	男	1920年1月	河北怀来	套里庄乡干部	1945年7月	1945年9月	1983年6月1日	县级待遇
222	李秉成	男	1919年8月	河北阜平	小蒜沟乡干部	1943年1月	1946年3月	1983年5月18日	县级待遇
223	曹宏	男	1929年2月	河北尚义	小蒜沟乡干部	1949年3月	1953年4月	1988年4月27日	
224	蔡俊	男	1926年2月	张家口市	石井乡干部	1949年1月	—	1984年11月7日	
225	胡尚山	男	1923年5月	河北尚义	37军独立骑兵旅排长	1949年9月	—	1989年6月14日	
226	田景平	男	1929年9月	河北尚义	套里庄乡干部	1949年3月	1949年8月	1989年8月21日	
227	顾忠慧	男	1928年11月	河北蔚县	土木路乡调研员	1945年10月	1947年3月	1988年4月30日	县级待遇
228	曹启	男	1921年10月	内蒙古商都	大青沟镇干部	1949年3月	1962年12月	1983年3月3日	县级待遇
229	黄志新	男	1925年10月	河北尚义	陕西西安建行	1949年2月	1950年1月	1982年12月	
230	尹世海	男	1923年6月	山西大同	食品公司干部	1948年2月	1949年6月	1983年10月	
231	郑万斌	男	1920年12月	河北尚义	林业局副局长	1949年2月	1950年6月	1984年7月20日	县级待遇
232	忻庆旺	男	1928年2月	河北尚义	工商银行干部	1949年3月	1949年3月	1988年4月27日	

续表 23-3

序号	姓　名	性别	出生日期	籍　贯	原工作单位及职务	参加工作时间	加入中国共产党时间	离休时间	备　注
233	杨万才	男	1929年8月	河北尚义	粮食局干部	1949年1月	1958年12月	1988年8月19日	
234	杨存亮	男	1932年4月	河北张北	粮食局干部	1948年10月	—	1988年4月27日	
235	李玉贵	男	1928年6月	山西凡峙	粮食局干部	1948年8月	—	1983年4月27日	
236	刘志中	男	1924年6月	河北尚义	粮食局干部	1948年12月	1949年11月	1983年12月28日	
237	李仲龙	男	1925年5月	山西天镇	粮食局干部	1948年12月	1949年8月	1983年12月10日	
238	董玉民	男	1923年2月	内蒙古兴和	粮食局干部	1947年12月	—	1982年2月	
239	闫　云	男	1923年5月	河北尚义	粮食局干部	1949年1月	1949年3月	1983年7月	
240	杨发华	男	1907年2月	河北阳原	粮食局干部	1947年1月	1946年5月	1982年4月10日	
241	刘　瑞	男	1929年	北京顺义	粮食局干部	1945年8月	1950年	1983年12月19日	县级待遇
242	刘玉民	男	1912年2月	内蒙古兴和	粮食局干部	1946年5月	1950年1月	1982年4月10日	县级待遇
243	裴化明	男	1930年1月	山西平遥	粮食局干部	1944年4月	1949年12月	1986年11月10日	县级待遇
244	马锁珍	男	1928年6月	山西寿阳	粮食局干部	1949年2月	1948年9月	1984年3月29日	县级待遇
245	赵凤成	男	1919年3月	河北献县	粮食局干部	1948年12月	1953年	1983年6月	
246	杨福元	男	1929年7月	河北新城	粮食局干部	1949年3月	1950年12月	1984年11月8日	
247	赵德奎	男	1927年11月	内蒙古商都	粮食局干部	1949年3月	—	1984年11月7日	
248	李世民	男	1924年11月	河北尚义	粮食局干部	1949年3月	1949年2月	1987年12月10日	
249	原　副	男	1928年3月	山西天镇	粮食局干部	1949年3月	—	1988年12月30日	
250	付　智	男	1930年9月	河北尚义	粮食局干部	1949年3月	—	1989年12月26日	
251	胡占来	男	1927年4月	河北曲阳	卫生局干部	1948年10月	1956年3月	1987年7月3日	县级待遇
252	董　敬	男	1928年6月	河北赤城	卫生局干部	1947年4月	1981年5月	1988年5月16日	
253	谷凌华	男	1917年11月	内蒙古傲汉旗	七甲教师	1948年10月	—	1983年9月12日	
254	肖仁智	男	1917年9月	河北尚义	大营盘教师	1949年1月	—	1985年4月30日	
255	王　瑶	男	1914年	河北怀安	税务局干部	1949年2月	—	1982年4月10日	
256	王　忠	男	1922年1月	河北赤城	新华书店干部	1947年3月	1950年1月	1984年11月7日	
257	孙寿伍	男	1916年1月	河北怀来	人大常委会副主任	1942年2月	1942年2月	1983年9月17日	县级干部
258	张念慈	男	1916年9月	安徽	法院干部	1949年7月	—	1985年2月28日	
259	张小山	男	1919年8月	河北尚义	供销社干部	1947年6月	1947年5月	1984年3月21日	
260	崔仲伍	男	1922年6月	山西长治	供销社干部	1947年2月	1946年12月	1984年11月	县级待遇
261	赵如存	男	1926年2月	河北尚义	供销社干部	1949年6月	1949年6月	1984年3月21日	
262	樊廷瑞	男	1921年9月	河北张北	供销社干部	1948年8月	1948年7月	1984年3月21日	
263	刘　斌	男	1926年1月	河北完县	供销社干部	1945年3月	1944年4月	1984年3月21日	
264	戈元仕	男	1927年2月	河北尚义	供销社干部	1949年5月	—	1987年12月22日	
265	刘永明	男	1930年1月	河北万全	供销社干部	1948年12月	1950年2月	1990年6月14日	
266	车佃元	男	1922年9月	内蒙古商都	供销社干部	1949年8月	—	1984年3月31日	1985年6月病故

续表 23-3

序号	姓 名	性别	出生日期	籍 贯	原工作单位及职务	参加工作时间	加入中国共产党时间	离休时间	备 注
267	武成光	男	1928年12月	山西原平	老干部局干部	1948年10月	1950年8月	1985年10月23日	
268	胡明星	男	1923年11月	陕西紫阳	农业银行干部	1948年8月	—	1984年10月15日	
269	武 斯	男	1920年3月	察右中旗	农业银行干部	1946年10月	—	1984年5月11日	1984年2月病故
270	滑德瑞	男	1925年2月	河北尚义	石油公司干部	1948年11月	1947年7月	1983年3月3日	
271	张桂海	男	1922年8月	河北赤城	企业局副局长	1946年4月	1946年1月	1983年3月10日	县级待遇
272	张福宏	男	1929年10月	河北黄华	永胜地乡干部	1948年2月	—	1987年7月3日	
273	王继贤	男	1927年12月	内蒙古化德	陶瓷厂干部	1949年9月	1956年5月	1988年4月22日	
274	黄 俊	男	1925年11月	河北尚义	八道沟乡干部	1949年3月	1949年10月	1990年4月17日	
275	姚九令	男	1933年6月	芋县	大青粮库干部	1948年10月	1963年1月	1992年5月28日	
276	闫生旺	男	1923年12月	河北尚义	大青沟法庭	1949年3月	1949年8月	1983年12月	
277	张仲美	男	1928年4月	河北尚义	大青沟镇干部	1949年1月	—	1992年9月15日	
278	陈道新	男	1933年3月	河北易县	七甲乡调研员	1949年8月	—	1993年4月27日	
279	刘 俊	男	1931年1月	山西繁峙	大苏计乡供销社业务员	1948年4月	—	1991年12月28日	
280	范增山	男	1925年1月	河北涞源	县委副书记	1944年10月	1950年12月	1985年1月	县级干部
281	韩成泉	男	1916年6月	河北蔚县	民政局	1948年9月	—	1982年4月	
282	朱庆秀	男	1929年5月	河北灵寿	劳动人事局副局长	1949年8月	1949年5月	1989年5月	县级待遇
283	郝志成	男	1920年1月	河北尚义	石庄井乡干部	1949年9月	—	1982年4月	
284	武金田	男	1929年3月	河北易县	商业局调研员	1945年8月	1945年8月	1989年4月	县级待遇
285	孙秉乾	男	1923年8月	山东兖州	商业局驻张市主任	1949年9月	—	1983年8月	
286	边绍丰	男	1929年11月	河北大城	小蒜沟批发站干部	1946年3月	—	1989年11月	县级待遇
287	刘加兰	男	1926年4月	四川江津	水利局干部	1949年7月	1952年9月	1986年4月	
288	董 元	男	1929年2月	河北尚义	粮食局干部	1949年9月	1949年9月	1989年2月	
289	侯凤宽	男	1926年1月	河北深县	人大干部	1945年9月	1945年11月	1986年1月	县级待遇
290	张利中	男	1927年6月	河北涞源	政协主席	1945年6月	1945年6月	1987年6月	县级干部
291	张文发	男	1918年	北京延庆	物资局干部	1949年3月	—	1982年4月	
292	金恒均	男	1925年5月	北京市	司法局律师	1949年3月	—	1985年5月	
293	李 皋	男	1922年9月	河北蔚县	供销社副主任	1948年4月	1956年7月	1982年10月	县级待遇
294	杨国华	男	1924年2月	河北深县	供销社干部	1949年6月	1940年4月	1984年3月	县级待遇
295	康道盛	男	1933年3月	北京市	供销社干部	1949年6月	—	1993年4月	
296	马梦和	男	1917年2月	河北任丘	供销社干部	1947年1月	1947年10月	1982年4月	
297	孟繁让	男	1925年7月	河北丰南	县委巡视员	1949年4月	1958年9月	1985年7月	县级干部
298	袁丙太	男	1931年11月23日	张家口市	经委经协办干部	1949年6月	1991年11月8日	1991年12月	

续表 23-3

序号	姓 名	性别	出生日期	籍 贯	原工作单位及职务	参加工作时间	加入中国共产党时间	离休时间	备 注
299	朱立章	男	1910 年 1 月	北京市	县文革副主任	1946 年 1 月	1946 年 1 月	1983 年 12 月 3 日	
300	王治中	男	1927 年 11 月	河北固安	县计委主任	1948 年 11 月	1949 年 7 月	1985 年 7 月 17 日	
301	宋永林	男	1928 年 2 月	河北安国	宗教局局长	1946 年 10 月	1947 年 8 月	1985 年 2 月 19 日	
302	孙久英	男	1916 年	北京怀柔	商业局副局长	1941 年 8 月	1942 年 4 月	1983 年 10 月 13 日	
303	李德荣	男	1919 年 11 月	河北阜平	商业局工会主席	1941 年 3 月	1941 年 11 月	1983 年 10 月 1 日	
304	李树堂	男	1924 年 5 月	河北栾城	红土梁商店干部	1948 年 1 月	1949 年 4 月	1983 年 10 月 1 日	
305	张志南	男	1930 年 5 月	河北深县	烟草局干部	1949 年 6 月	1960 年 10 月	1985 年 3 月 15 日	
306	王巨财	男	1922 年 8 月	山西浑源	百货公司干部	1939 年 6 月	—	1982 年 4 月 10 日	
307	佟树芳	男	1922 年 9 月	河北坝县	饮食公司干部	1949 年 2 月	—	1983 年 9 月 12 日	
308	李成义	男	1928 年 2 月	河北大城	饮食公司干部	1945 年 7 月	1946 年 7 月	1983 年 12 月 12 日	
309	郭双柱	男	1920 年 1 月	河北高邑	工商局副局长	1946 年 2 月	1945 年 1 月	1983 年 8 月 10 日	
310	陈荣贵	男	1916 年 2 月	河北定县	钻井队干部	1937 年 11 月	1937 年 11 月	1987 年 12 月 1 日	
311	李长枝	男	1922 年 2 月	河北怀来	南林场干部	1944 年 11 月	1944 年 3 月	1982 年 11 月 1 日	
312	焦书振	男	1927 年 6 月	河北吴桥	苗圃干部	1948 年 12 月	1951 年 3 月	1983 年 12 月 20 日	
313	宋贵福	男	1914 年 11 月	河北唐县	林业局副局长	1937 年 11 月	—	1982 年 11 月 1 日	
314	王 典	男	1906 年	河北怀来	粮食局干部	1949 年 1 月	—	1982 年 4 月 10 日	
315	刘 崇	男	1910 年 3 月	河北宣化	粮食局干部	1945 年 9 月 12 日	1945 年	1982 年 4 月 10 日	
316	李庆林	男	1927 年 5 月	河北易县	卫生局干部	1945 年 7 月	1947 年 10 月	1984 年 11 月 8 日	
317	贾锡恩	男	1928 年 1 月	河北永清	一中总务主任	1947 年 7 月	1948 年 3 月	1985 年 12 月 6 日	
318	许 斌	男	1930 年 3 月	北京房山	外贸局副局长	1947 年 3 月	1953 年 6 月	1984 年 4 月 14 日	
319	王 璞	男	1921 年 7 月 7 日	河北怀安	新华书店干部	1949 年 6 月	1959 年 10 月	1984 年 11 月 8 日	
320	唐文元	男	1923 年 12 月	辽宁朝阳	人大常委会副主任	1948 年 12 月	—	1983 年 12 月 3 日	
321	曹竹林	男	1924 年 1 月	河北赞皇	人大常委会副主任	1945 年 7 月	1948 年 7 月	1984 年 10 月 15 日	
322	何续田	男	1923 年 5 月	河北宣化	政协干部	1944 年 8 月	1944 年 3 月	1983 年 12 月 6 日	
323	赵有云	男	1919 年 3 月	河北万全	供销社干部	1949 年 1 月	—	1982 年 4 月 10 日	
324	王青科	男	1922 年 9 月	山西昔阳	供销社干部	1947 年 7 月	1948 年 10 月	1983 年 7 月 20 日	
325	胡国志	男	1908 年	河北正定	供销社干部	—	—	1982 年 4 月 10 日	
326	田洛阳	男	1909 年	河北保定	供销社主任	1948 年 4 月	—	1984 年 4 月	
327	南增福	男	1929 年 11 月	张家口市	交通局局长	1949 年 2 月	1956 年 6 月	1982 年 11 月 1 日	
328	王介明	男	1925 年 9 月	河北任丘	财贸政治部副主任	1946 年 12 月	1947 年 8 月	1983 年 4 月 16 日	
329	王德明	男	1926 年 2 月	—	老干部局调研员	1944 年 3 月	1944 年 3 月	1985 年 12 月 13 日	
330	任化民	男	1925 年 8 月	河北迁西	党校副校长	1947 年 1 月	1949 年 9 月	1983 年 12 月 26 日	
331	赵万宝	男	1926 年 2 月	河北宣化	城建局局长	1945 年 7 月	1947 年 4 月	1982 年 11 月 1 日	
332	李文轩	男	1924 年 11 月	河北阳原	文化局副局长	1949 年 3 月	1954 年 7 月	1984 年 12 月 12 日	
333	仝铭兆	男	1925 年 8 月	河北定州	尚义煤矿干部	1944 年 6 月	1949 年 9 月	1986 年 10 月	

续表 23-3

序号	姓名	性别	出生日期	籍贯	原工作单位及职务	参加工作时间	加入中国共产党时间	离休时间	备注
334	马振义	男	1929年12月8日	河北涿州	尚义煤矿干部	1949年9月	1980年5月	1982年11月	
335	兰凤阁	男	1924年	河北丰宁	尚义煤矿干部	1948年3月	1948年5月	1986年10月	
336	王秀章	男	1926年5月	—	张家口运输公司尚义分公司干部	1945年1月	—	1987年10月	
337	赵美	男	1924年8月	—	张家口运输公司尚义分公司干部	1949年6月	—	1986年4月	
338	岳贵廷	男	1932年2月	山西忻州	尚义政协主席	1949年6月	1951年	1993年4月	县级干部
339	昝德全	男	1933年3月	内蒙古集宁	尚义县医院副院长	1948年4月	1949年6月	1995年7月	县级待遇
340	段恩济	男	1935年7月	张家口市	尚义法院院长	1948年12月	1975年9月	1995年8月	县级待遇
341	陈贵明	男	1934年2月	河北怀来	尚义县财政局干部	1949年1月	1975年3月	1994年3月	
342	郭志慧	女	1931年	河北宣化	尚义红土梁干部	1949年7月	1955年	1995年5月	
343	李合群	男	1932年8月	河北定州	尚义石井乡粮库	1949年5月	1952年3月	1993年8月	
344	程静	男	1933年7月	河北尚义	尚义县工商局干部	1949年5月	—	1993年7月	
345	孟仕文	男	1928年2月	河北阳原	尚义二中	1948年2月	—	1996年9月	

1989—2010年尚义县获得省以上劳动模范称号人物一览表

表 23-4

姓名	性别	出生年月	民族	学历	工作单位	表彰单位	荣誉称号	获奖时间
卢千林	男	1951年12月	汉族	大专	尚义县人大常委会		全国先进工作者	1995年4月
程玉忠	男	1944年3月	汉族	高中			全国教育系统劳动模范	1989年9月
张有明	男	1962年5月	汉族	高中			省级劳模	1988年5月
李忠	男	1958年2月	汉族	高中			省级劳模	2009年4月
乔美	男	1952年10月	汉族	大专			省级劳模	2003年11月
武惠芳	女	1933年8月	汉族	高中			省级劳模	1986年5月
李洪	男	1945年3月	汉族	高中			省级劳模	1981年2月
张廷模	男	1939年1月	汉族	初中			省级劳模	1987年8月
郝生玉	男	1954年11月	汉族	初中			省级劳模	2004年4月
赵玉英	女	1936年1月	汉族	小学			省级劳模	1956年6月
刘成修	男	1962年5月	汉族	高中			省级劳模	1988年5月
赵志刚	男	1971年12月	汉族	高中			省级劳模	1999年4月
赵平	男	1951年7月	汉族	初中			省级劳模	1995年4月
王儒秀	男	1934年1月	汉族	高中		中华人民共和国人事部、中华全国供销合作总社	先进工作者	1997年

说明：王儒秀于1997年9月去世

索　引

说明：

1. 本志索引采用主题分析法编制。

2. 全部标引词按首字的汉语拼音音序排列，同音字按声调排列，首字相同按第二字音序排列，以此类推。

3. 标引词后的阿拉伯数字表示内容所在页码。

A

B

C

D

E

F

H

J

K

L

M

N

P

Q

R

S

T

W

X

Y

Z

修志始末

《尚义县志（1989—2010）》的编修工作经历十载耨耕，今将定稿并付梓，因感概系之。

2009 年 12 月，续志编修工作在县委、县政府的高度重视下正式启动，县长高领兼任尚义县地方志编纂委员会主任。为使续志工作顺利开展，县政府在财政紧张的情况下足额拨付经费，其间，改善了修志人员的工作环境，补充了编纂班子的力量，组建了尚义县志编辑部，县档案史志局局长石尚德任主编。

随后，根据上级续志精神，编辑部制定出县志实施方案，并于 12 月 23 日召开由各乡镇和县直各部门主管领导、办公室主任、供稿执笔者参加的全县续修尚义县志动员培训大会。会议明确了续志的目的意义和任务目标，要求各单位把续修县志供稿工作列入重要议事日程，按时保质完成供稿任务。会上，张家口市史志专家朱会林对供稿人员进行了业务培训。

在各单位撰写入志资料期间，为保证供稿质量和供稿速度，编辑人员多次深入各乡镇和县直承编单位进行业务指导。2013 年年初，各单位志稿资料交送编辑部，总体情况看，大家悉已为县志的资料搜求竭尽所能，但有的部门因办公地点迁移诸原因导致档案遗失，造成所提供志稿资料阙如，加大了后期编辑部补充资料的工作量，因此志书进展只好延宕。直到 2017 年，经过编辑人员努力，初稿终于确立了框架，具体做法是借鉴兄弟县区的经验，结合尚义县实际，在篇章结构上进行了细致推敲。着重记述社会经济发展和基础设施建设，按照国民经济行业分类划分篇目，其间，还将篇目初稿送市方志办朱会林等专家审阅指导。其时，尚义县的续志工作因在全省较其他县区进展缓慢，已影响到省、市方志工作进度，省、市方志办主任杨洪进和闫雪卿多次到尚义进行续志工作专题督导。

2017 年 10 月，县委重新调整了尚义县志编纂委员会，将县教科局局长邓平调县档案史志局接任局长，并担任尚义县志主编。但因志稿电子版的缺失，续志工作量陡然大增，在此特别感谢原编辑樊佃亮提供了不完整的志稿电子版（缺凡例、概述、人物、整篇军事和各类插图），大大减轻了扫描工作量。重修之始，发现原初稿从篇目设置、站位立意、内文编排等不尽人意，并缺失大量资料。2018 年 6 月，为加快进度，聘用 6 名尚义当地编辑参与工作。通过查档案、走访亲历者、向社会征集等办法，利用工作台账方式按时进行逐项补缺。主编邓平凭着丰富的阅历、高度的责任心和时不待我的紧迫感，多次深入县档案馆和相关单位查找资料，通读志稿，加班加点亲自参与，逐篇、逐字地统稿，为续志成书付出了艰辛的劳动。副主编秦粉林虚心学习，刻苦钻研，外出采访、收集资料认真细致，在管理调用资料上为编纂人员提供了极大的方便。

2019 年年底，形成了完整的《尚义县志（1989—2010）》初稿。

2020 年 5 月，《尚义县志（1989—2010）》初稿通过县级评审；6 月，由省、市方志办的专家到尚义对志稿进行了省、市级评审；10—11 月，由省地方志办公室进行了终审；12 月，由方志出版社进行审查。四次评审，专家们对志稿提出非常宝贵和中肯的修改意见，按照专家意见，我们每次集中精力对志稿进行了充实和打磨。现在，这本即将面世的续志虽然因资料缺失未能补憾，但十年来两届编辑部悉已竭尽了心力，家园情怀，可见一二。

《尚义县志（1989—2010）》的编修，自始至终得到县委、县政府的正确领导和大力支持，得到省、市方志办的及时指导和帮助，得到多位离退休老干部、老同志的关心和支持，也得到了全县各级各部门和广大干部、群众的鼎力相助，在此一并谢忱！

编　者

2021 年 5 月